麦读
MyRead

最高人民法院民商事判例集要

THE COLLECTION OF
JUDICIAL RULES FOR CIVIL AND
COMMERCIAL CASES OF
THE SUPREME PEOPLE'S COURT

最高人民法院民商事判例集要

·建工房产卷·

·上·

总 主 编 — 杜 万 华

副总主编 — 刘 德 权

本卷主编 — 王　 松

中国民主法制出版社

全国百佳图书出版单位

编辑出版说明

类似案件类似处理、不同案件不同处理，是现代法治的基本原则。我国是成文法国家，人民法院审理案件以法律为依据。然而法律条文具有原则性、普遍性和安定性的特点，由此存在模糊性、不周延性、滞后性等弊端，加之受社会经济发展、司法人员能力、地方执法环境等多种因素影响，给法律适用留下了很大空间，同案不同判的现象也时有发生。

近年来，最高人民法院愈发注重司法案例的规范、指导、评价和引领功能，通过建立和加强案例指导制度、完善类案和新类型案件强制检索报告等工作机制，进一步明晰法律适用，统一裁判尺度，切实解决同案不同判的问题。但由于最高人民法院发布的指导性案例数量很少，目前还无法提供足够多的类案裁判标准。而在司法大数据的辅助下，司法实务人员接触到的类案数量极为庞杂，面对多个"类似案例"时也会产生不知如何比对的困惑。

最高人民法院是我国最高审判机关，监督地方各级人民法院和专门人民法院的审判工作。最高人民法院依法对一审、二审和再审案件作出裁判是对地方法院审判工作的重要指导。鉴于最高人民法院的特殊地位，其作出的裁判案例具有很高的权威性，其中载明的具体裁判理由体现了最高人民法院在个案中对法律适用、裁判方法、司法理念等方面问题的意见，可以为地方各级人民法院审理类似案件提供有指导和参考意义的类案裁判标准。

因此，我们精心编辑出版了这套《最高人民法院民商事判例集要》丛书，希望通过系统梳理最高人民法院公布的裁判案例中所体现的裁判规则，为司法实践中遇到的类似案件和疑难问题提供具有权威性来源的指导和参考。

一

本套丛书是迄今为止第一套集中梳理最高人民法院民商事裁判案例、系统收集最高人民法院民商事裁判观点、精心提炼最高人民法院民商事类案裁判规则的实务指导用书。

目前，最高人民法院的裁判案例较容易通过各类网站获得，但从公布的案例中寻找到具有指导和参考价值的裁判规则，仍然存在极大的困难和不便。一是上网公布的案例数量巨大。2013年，中国裁判文书网开通，截至目前，该网站收录的最高人民法院民商事裁判案例共有2.9万件。另外，据不完全统计，2000年至2013年，通过相关图书、报刊可获取的最高人民法院民商事裁判案例也达6000余件。二是裁判案例本身内容量很大，查询阅读起来耗时耗力，要从中准确、高效地获取有价值的裁判规则尤其需要较高的理论水平和实务经验。

为此，我们组织具有丰富实务工作经验的作者团队，用近三年的时间对这些数量巨大的最高人民法院民商事裁判案例，尤其是其中的判决书，进行收集、整理和研读，通过比对裁判观点、裁判思路和尺度，去旧留新，去粗取精，并对其中最为核心的部分进行提炼，呈现出2600余条对审判实践具有指导和参考价值的裁判规则。

本套丛书还对最高人民法院指导性案例、《中华人民共和国最高人民法院公报》案例进行了收集和整理。这些案例虽然数量不多，但指导价值不言自明。指导性案例确立的裁判规则，地方各级人民法院在审理案件中应当参照。公报案例所涉及的法律理解与适用问题以及所反映的司法价值取向，得到了最高人民法院的认可，在早期是具有指导意义的案例，现在仍具有重要的参考价值。

本套丛书在编辑过程中对案例原文作了必要的剪裁，同时鉴于是作为为专业读者提供的工具书使用，对其中的法律全简称、法条序号等进行了统一，对文书中的个别错别字、标点符号、标题序号等进行了修改，但对于原文中引用的法律文本已经修改的情形，除特别注明的之外未作修改，在此说明。

二

根据最高人民法院民商事案件所涉纠纷类型的占比情况，兼顾纠纷领域的具体情形，本套丛书共计4卷（9分册），即公司卷（2分册）、金融担保卷（3分册）、合同卷（2分册）和建工房产卷（2分册）。全书秉承立足实践、突出实用的编辑宗旨，致力于为广大法官、律师以及其他实务工作者提供具有权威性、系统性、实用性和时效性的实务指导和参考用书。

本套丛书具有以下特点：

第一，全面集中地梳理十多年来最高人民法院民商事案例，提炼具有典型意义的裁判规则。

第二，配套选取承办法官的案件解析，对裁判规则形成立体支撑。承办法官的案例解析是第一手资料，对于防止裁判规则被误读、曲解具有重要意义。

第三，对裁判规则进行体系化编排，通过总目、细目的形式，将散见在不同案例中的裁判规则进行体系化归类，方便查找和理解。

第四，密切关注案例的时效问题，对与现行法律、司法解释规定相矛盾的案例予以筛除。

三

本套丛书栏目设置统一，具体包括以下：

——**裁判规则**。标题即为裁判规则，是编者对个案裁判理由的精华和核心予以提炼和概括后形成的裁判指引。一个案例可以归纳出一项规则，也可以归纳出多项规则。本书对同一个案例有多项裁判规则的进行了合理拆分，从多个法律问题点的进路进行多角度的论述。

——**关键词**。从案例的裁判规则、裁判理由部分筛选出的能够体现法律知识要点、法律问题点的法律词语、术语。

——**案件名称**。由案件双方当事人的姓名或者名称加案由构成，同时注明裁判文书案号、日期或指导案例多少号，便于读者查找全案内容。在同一个标题（裁判规则）下，有多个案件的，称为案件名称Ⅰ、案件名称Ⅱ、案件名称Ⅲ等。

——**裁判精要**。主要是对裁判理由即"本院认为"部分的整理。该部分是法官针对当事人的诉讼请求，根据认定的案件事实，依照法律规定，通过对案件争议焦点所涉及的法律问题进行评析后，形成的对司法理念、法律推理、法律适用、裁判方式等的论述。其是用于提炼裁判规则的核心内容。

——**权威解析**。最高人民法院法官对其具体承办案件的解读与评析，也包括最高人民法院法官对指导性案例、地方法院法官对其承办的公报案件的解读与评析。

——**案例来源**。为方便读者更好地结合完整的案例原文理解裁判规则，特别标明了案例出处信息。

——**编者说明**。由编者对一些裁判规则所涉观点的变更与沿革进行解说，或进行进一步的学理解读，或对法律依据的变化情况进行说明，或对案例之间的关联进行提示。

四

我们特别邀请原最高人民法院审判委员会副部级专职委员，现任最高人民法院咨询委员会副主任、中国法官协会副会长杜万华担任本套丛书总主编，全面指导图书的编写工作。

诚邀俞宏雷、王松分别主持公司卷、金融担保卷、合同卷和建工房产卷的编写工作。两位编者不仅具有丰富的司法实务经验，而且长期致力于对最高人民法院司法观点的研究和梳理工作。

需要指出的是，本套丛书的案例涉及的时间跨度大，对于同一法律问题，最高人民法院在不同时期基于不同的司法政策会有变化，即使在同一时期不同的法官也会有不一致或相互矛盾的观点出现。我们无意对其中的观点妄下评断，只是梳理、展示最高人民法院个案的裁判标准，为广大法官裁判案件提供具体的类案比对规则，为律师诉讼策略安排提供有说服力的支持依据。同时，由于裁判规则仅摘录、提炼相关案例的核心话语，因此，应当结合整个案例的内容对这些规则作全面理解，不能断章取义、照搬照抄。

由于我们所掌握的资料和编写水平有限，对最高人民法院民商事案例裁判规则的提炼可能不尽准确，仅供在司法实务中参考使用，故凡与法律、司法解释不一致的，或者法律、司法解释有新规定的，应当按照法律、司法解释的规定适用。本套丛书的编辑内容和体例尚有可改进之处，请读者给我们多提宝贵意见，以便将来继续修订更新。

刘德权

2019 年 10 月

凡　　例

　　一、法律、行政法规等文件的名称加书名号,名称中"中华人民共和国"省略,其余一般不省略。例如,《中华人民共和国建筑法》简称为《建筑法》。

　　二、法律文件的条文序数,统一为汉数字。例如,《城市房地产管理法》第三十八条。而案例中涉及的约定、协议等的条文序数,与裁判文书保持一致。

　　三、对本书以下出现较多的司法解释,使用简称:

　　1.《最高人民法院关于审理建设工程施工合同纠纷案件适用法律问题的解释》(法释〔2004〕14 号,2005 年 1 月 1 日施行),简称为《建设工程施工合同解释》;

　　2.《最高人民法院关于审理建设工程施工合同纠纷案件适用法律问题的解释(二)》(法释〔2018〕20 号,2019 年 2 月 1 日施行),简称为《建设工程施工合同解释(二)》;

　　3.《最高人民法院关于建设工程价款优先受偿权问题的批复》(法释〔2002〕16 号,2002 年 6 月 27 日施行),简称为《优先受偿权批复》;

　　4.《最高人民法院关于审理商品房买卖合同纠纷案件适用法律若干问题的解释》(法释〔2003〕7 号,2003 年 6 月 1 日施行),简称为《商品房买卖合同解释》;

　　5.《最高人民法院关于审理城镇房屋租赁合同纠纷案件具体应用法律若干问题的解释》(法释〔2009〕11 号,2009 年 9 月 1 日施行),简称为《城镇房屋租赁合同解释》;

　　6.《最高人民法院关于审理涉及国有土地使用权合同纠纷案件适用法律问题的解释》(法释〔2005〕5 号,2005 年 8 月 1 日施行),简称为《国有土地使用权合同解释》;

　　7.《最高人民法院关于适用〈中华人民共和国合同法〉若干问题的解释(一)》(法释〔1999〕19 号,1999 年 12 月 29 日施行),简称为《合同法解释(一)》;

　　8.《最高人民法院关于适用〈中华人民共和国合同法〉若干问题的解释(二)》(法释〔2009〕5 号,2009 年 5 月 13 日施行),简称为《合同法解释(二)》;

　　9.《最高人民法院关于审理买卖合同纠纷案件适用法律问题的解释》(法释〔2012〕8 号,2012 年 7 月 1 日施行),简称为《买卖合同解释》。

第一编　建设工程

第一章　施工合同效力

一、法院主动审查合同效力 / 005

001　对合同效力和性质的认定不必基于当事人的请求,法院应当依职权主动审查/ 005

——上诉人鄂尔多斯市人民政府与被上诉人远洋装饰工程股份有限公司、原审被告鄂尔多斯银行股份有限公司建设工程施工合同纠纷案

——上诉人重庆市圣奇建设(集团)有限公司与被上诉人贵州山城生态移民发展有限公司建设工程施工合同纠纷案

——上诉人甘肃北方电力工程有限公司、青岛华建阳光电力科技有限公司与被上诉人青海中铸光伏发电有限责任公司建设工程施工合同纠纷案

——上诉人兰州二建集团有限公司与被上诉人兰州民族经济开发公司建设工程施工合同纠纷案

002　当事人对合同是否有效作出的判断,不影响法院根据查明事实和相关法律规定对合同效力进行认定 / 009

——上诉人广东中煤地瑞丰建设集团有限公司、广东中煤地瑞丰建设集团有限公司陕西分公司与被上诉人陕西宏兴投资开发有限公司建设工程施工合同纠纷案

003　公司总经理同时作为案涉工程的项目负责人在补充协议上签字,尽管没有加盖公司的公章,并不影响补充协议的效力 / 011

——上诉人辽宁中天建设(集团)有限公司与上诉人阜新中地信房地产开发有限公司建设工程施工合同纠纷案

二、承包人资质对施工合同效力的影响 / 013

004　名为分包实为转包的合同无效 / 013

——再审申请人重庆皇华建设(集团)有限公司与被申请人重庆市万州区清江建筑工程有限公司建设工程分包合同纠纷案

——上诉人江苏省南通三建集团有限公司与被上诉人山东省青岛建设集团公司、山东省青岛建设集团置业有限公司建设工程施工合同纠纷案

合同纠纷案

建设工程施工合同纠纷案

三、发包人逾期不结算 / 186

第三章　工程质量

第四章　工程期限

一、工期认定 / 399

有限公司建设工程施工合同纠纷案

第五章　赔偿损失

一、损失赔偿／435

人刘谋权建设工程施工合同纠纷案

第六章　协作义务

公司建设工程施工合同纠纷案

第七章 建设工程价款优先受偿权

建设工程

施工合同效力

一、法院主动审查合同效力

001 对合同效力和性质的认定不必基于当事人的请求，法院应当依职权主动审查

【关键词】

　│ 建设工程① │ 合同效力 │ 合同性质 │ 招投标 │

【案件名称Ⅰ】②

　　上诉人鄂尔多斯市人民政府与被上诉人远洋装饰工程股份有限公司、原审被

---

　　① 处理建设工程合同纠纷案件的法律依据,主要有《民法总则》(2017 年 3 月 15 日公布)、《民法通则》(2009 年 8 月 27 日修正)、《合同法》(1999 年 3 月 15 日公布)、《物权法》(2007 年 3 月 16 日公布)、《建筑法》(2019 年 4 月 23 日修正)、《城市房地产管理法》(2019 年 8 月 26 日修正)、《土地管理法》(2019 年 8 月 26 日修正)、最高人民法院关于审理建设工程合同纠纷案件的司法解释等。简要介绍三个主要司法解释:

　　(1)《优先受偿权批复》(法释〔2002〕16 号),于 2002 年 6 月 20 日发布,自 2002 年 6 月 27 日起施行。该司法解释共五条,包括:建设工程价款优先受偿权的性质和效力,承包人行使优先受偿权的限制,承包人优先受偿权的范围等。

　　(2)《建设工程施工合同解释》(法释〔2004〕14 号),于 2004 年 10 月 25 日发布,自 2005 年 1 月 1 日起施行。

　　该司法解释共二十八条,分为三个部分:第一部分为第一条至第二十六条,是关于审理建设工程施工合同的规定,是合同之债;第二部分为第二十七条,是关于因未及时履行包修义务而引起的侵权纠纷的规定,是侵权之债;第三部分为第二十八条,是关于司法解释生效的时间、溯及力和法律冲突的规定。

　　第一部分又可以分为两小部分:第一条至第二十一条是关于建设工程施工合同实体方面的规定;第二十二条至第二十六条是关于建设工程施工合同程序的规定。进一步细化,第一条至第二十一条中的第一条至第七条是关于合同效力的规定,分别规定建设工程施工合同无效的情形、合同无效建设工程经验收合格和不合格的情形下如何结算工程价款、人民法院可以适用《民法通则》有关规定收缴当事人非法所得的情形、建设工程竣工前承包人已经取得与承接建设工程相符的资质等级不能认定合同无效、建设工程施工合同中的垫资约定有效、劳务分包不是转包应当认定有效的规定。第八条至第十条分别规定发包人、承包人有权行使合同解除权的情形、合同解除的后果。第十三条至第二十一条是关于建设工程施工合同履行中针对工程价款结算、工程质量、工期、欠付工程价款利息、"黑白合同"等方面的规定。第二十二条至第二十六条是关于建设工程施工合同的程序性的规定,主要包括建设工程施工合同的鉴定问题,适用一般地域管辖原则如何确定合同履行地的规定,总承包人、分包人、实际施工人就工程质量对发包人承担连带责任的规定,在一定条件下实际施工人可以发包人为被告提起诉讼的规定。

　　(3)《建设工程施工合同解释(二)》(法释〔2018〕20 号),于 2018 年 12 月 29 日发布,自 2019 年 2 月 1 日起施行。该司法解释共二十六条,对建设工程施工合同效力、工程价款结算、建设工程鉴定、建设工程价款优先受偿权和实际施工人权利保护等问题作出规定。

　　② 此栏目下的案例如来自中国裁判文书网,则全部标明裁判文书的案号和日期;如来自相关图书、期刊的,则依照原出处标明。

告鄂尔多斯银行股份有限公司建设工程施工合同纠纷案［最高人民法院（2017）最高法民终871号民事判决书，2018.11.5］

【裁判精要】

最高人民法院认为：

本院开庭庭审中，市政府对本院归纳的庭审争议焦点提出异议，要求将案涉《合作协议》是否有效增加为争议焦点。对此，远洋公司当庭提出异议。本院当庭已向双方释明，关于合同效力的审查，属于人民法院依职权主动审查的范围，不取决于当事人是否提出关于合同效力的诉讼请求。

【案例来源】

中国裁判文书网，http://wenshu.court.gov.cn。

【案件名称Ⅱ】

上诉人重庆市圣奇建设（集团）有限公司与被上诉人贵州山城生态移民发展有限公司建设工程施工合同纠纷案［最高人民法院（2016）最高法民终675号民事判决书，2017.3.18］

【裁判精要】

最高人民法院认为：

（一）《施工协议》与《工程进度款支付协议》是否有效

关于《施工协议》的效力。圣奇公司上诉主张原判认定《施工协议》无效，适用法律错误。本院认为，首先，案涉工程系扶贫民生工程，涉及社会公共利益，根据《招标投标法》第三条规定，大型基础设施、公用事业等关系社会公共利益、公众安全的项目，全部或者部分使用国有资金投资或者国家融资的项目，必须进行招标。据此，案涉工程应当招标。其次，《招标投标法》第十条规定，招标分为公开招标和邀请招标，公开招标是指招标人以招标公告的方式邀请不特定的法人或者其他组织投标；邀请招标是指招标人以招标邀请书的方式邀请特定的法人或者其他组织投标。《招标投标法》第十一条规定，国务院发展计划部门确定的国家重点项目和省、自治区、直辖市人民政府确定的地方重点项目不适宜公开招标的，经国务院发展计划部门或者省、自治区、直辖市人民政府批准，可以进行邀请招标。《招标投标法》第十七条规定，招标人采取邀请招标方式的，应当向三个以上具备承担招标项目的能力、资信良好的特定的法人或者其他组织发出招标邀请书。即无论公开招标还是邀请招标，均应遵循公开、公平、公正和诚实信用原则。本案双方当事人均未提交证据证明，案涉工程已履行招投标程序，原判依据《建设工程施工合同解释》第一条规定，认定《施工协议》无效，并无不当。

关于《工程进度款支付协议》的效力。首先,《民事诉讼法》第一百六十八条规定,第二审人民法院应当对上诉请求的有关事实和适用法律进行审查。《最高人民法院关于适用〈中华人民共和国民事诉讼法〉的解释》第三百二十三条规定,第二审人民法院应当围绕当事人的上诉请求进行审理。当事人没有提出请求的,不予审理,但一审判决违反禁止性规定,或者损害国家利益、社会公共利益、他人合法权益的除外。即当事人在平等自愿基础上订立民事合同,在不损害国家利益、公共利益和第三人合法权益前提下,应当受到尊重和法律保护;但是对于合同性质、效力的审查判断并不受上诉请求范围的限制,人民法院有权依职权审查合同性质、效力。

其次,2013 年 12 月 14 日,山城公司与圣奇公司签订《工程进度款支付协议》,其实质是履行《施工协议》中双方对于工程价款支付方式等约定内容的细化和变更,属补充协议,因主合同无效应为无效。原则认定《工程进度款支付协议》第一条基于圣奇公司自认已经履行完毕,第三条不再适用而有效,属于适用法律错误,本院予以纠正。圣奇公司上诉主张《工程进度款支付协议》第二条约定为民间借贷性质,应为有效,事实依据和法律依据不足,本院不予支持。

【案例来源】

中国裁判文书网,http://wenshu.court.gov.cn。

【案件名称Ⅲ】

上诉人甘肃北方电力工程有限公司、青岛华建阳光电力科技有限公司与被上诉人青海中铸光伏发电有限责任公司建设工程施工合同纠纷案[最高人民法院(2016)最高法民终 522 号民事判决书,2017.3.16]

【裁判精要】

最高人民法院认为:

(一)关于案涉《土建及电气安装工程施工合同》的效力问题

《招标投标法》第三条第一款、第二款规定:"在中华人民共和国境内进行下列工程建设项目包括项目的勘察、设计、施工、监理以及与工程建设有关的重要设备、材料等的采购,必须进行招标:(一)大型基础设施、公用事业等关系社会公共利益、公众安全的项目;(二)全部或者部分使用国有资金投资或者国家融资的项目;(三)使用国际组织或者外国政府贷款、援助资金的项目。前款所列项目的具体范围和规模标准,由国务院发展计划部门会同国务院有关部门制订,报国务院批准。"《工程建设项目招标范围和规模标准规定》①第七条规定:"本规定第二条至第六条规定范围

---

① 该规定已被《国务院关于〈必须招标的工程项目规定〉的批复》(国函〔2018〕56 号)所废止。以下同。——编者注

内的各类工程建设项目,包括项目的勘察、设计、施工、监理以及与工程建设有关的重要设备、材料等的采购,达到下列标准之一的,必须进行招标:(一)施工单项合同估算价在 200 万元人民币以上的;(二)重要设备、材料等货物的采购,单项合同估算价在 100 万元人民币以上的;(三)勘察、设计、监理等服务的采购,单项合同估算价在 50 万元人民币以上的;(四)单项合同估算价低于第(一)、(二)、(三)项规定的标准,但项目总投资额在 3000 万元人民币以上的。"本案中,北方公司与华建公司于 2014 年 8 月 3 日签订《土建及电气安装工程施工合同》,约定由北方公司对华建公司所有的青海省××20 兆瓦光伏电站部分工程项目进行施工。根据本案的情况,北方公司承包施工的工程符合必须进行招标的条件,依法应履行招投标程序。而北方公司与华建公司所签订的《土建及电气安装工程施工合同》并未履行招投标程序,违反了《招标投标法》的规定,依法应为无效。一审法院对案涉《土建及电气安装工程施工合同》的性质认定正确。

另,合同的效力是合同对当事人所具有的法律拘束力,是基于对国家利益、社会公共利益的保护而对当事人的合意进行法律上的评价。合同的效力问题,关涉合同的价值判断,对合同的效力和性质认定不必基于当事人的请求,人民法院可依职权主动进行审查。故北方公司在一审时虽未提出有关确认合同效力的诉讼请求,但基于前述分析,一审法院对案涉合同效力和性质认定,并不违反不告不理的民事诉讼原则。

【案例来源】

中国裁判文书网,http://wenshu. court. gov. cn。

【案件名称Ⅳ】

上诉人兰州二建集团有限公司与被上诉人兰州民族经济开发公司建设工程施工合同纠纷案[最高人民法院(2001)民一终字第 105 号民事判决书,2002. 2. 8]

【裁判精要】

最高人民法院认为:

规划院在履行施工合同过程中,根据其与民族公司签订的《联建协议》规定,委托民族公司全权签订 A2 楼施工合同并全权处理工程施工管理、质量监督、验收、竣工、投资等事宜,前期手续仍由规划院办理,委托期限至 A1、A2 楼交付使用;古典公司经兰州二建授权与民族公司签订并经公证的《建设工程施工合同》,系双方真实意思表示,已实际履行,内容不违反法律规定,应为有效合同;规划院于 1996 年 12 月 8 日取得了该项目的规划许可证,2000 年 6 月 7 日补办了施工许可证,故兰州二建以作为联建合同中投资方的民族公司在签订施工合同时未取得规划许可证和施工许可证为由,主张民族公司与兰州二建签订的施工合同为无效合同的理由不成立,本院不予支持,一审判决认定本案合同为有效,适用法律并无不当,应予维持。

【案例来源】

最高人民法院民事审判第一庭编:《民事审判指导与参考》(总第 10 卷),法律出版社 2002 年版,第 260~261 页。

编者说明

合同的效力,又称合同的法律效力,是指法律赋予依法成立的合同具有拘束当事人各方乃至第三人的强制力。[①] 2019 年《全国法院民商事审判工作会议纪要》(法〔2019〕254号,2019 年 11 月 8 日)明确规定:"人民法院在审理合同纠纷案件过程中,要依职权审查合同是否存在无效的情形,注意无效与可撤销、未生效、效力待定等合同效力形态之间的区别,准确认定合同效力,并根据效力的不同情形,结合当事人的诉讼请求,确定相应的民事责任。"

建设工程施工合同的效力,是审理建设工程施工合同纠纷案件首先要审查的内容。无论当事人是否对施工合同的效力提出主张或者抗辩,人民法院都应当主动审查施工合同的效力并在判决书中明确载明。对合同效力的审查,也不依赖于当事人主张,即使当事人对施工合同的性质与效力未产生争议,人民法院也应当就合同的性质与效力依职权进行强制审查,不受当事人请求的影响。当前建设工程施工合同案件审判实践中存在的一个普遍性问题是往往出于个案利益平衡的考虑,回避对合同效力的审查认定,造成合同效力认定的裁判不统一。

前述案件四的裁判观点,与最高人民法院《建设工程施工合同解释(二)》完全一致。《建设工程施工合同解释(二)》第二条第一款规定:"当事人以发包人未取得建设工程规划许可证等规划审批手续为由,请求确认建设工程施工合同无效的,人民法院应予支持,但发包人在起诉前取得建设工程规划许可证等规划审批手续的除外。"

002 当事人对合同是否有效作出的判断,不影响法院根据查明事实和相关法律规定对合同效力进行认定

【关键词】

|建设工程│合同效力│招投标│结算│

---

① 合同的效力,作为法律评价当事人各方合意的表现,是复杂多样的:法律对当事人各方的合意予以肯定的评价时,发生当事人预期的法律效果,当事人各方承受合同条款固定的权利义务;法律对当事人各方的合意予以彻底否定的评价时,发生合同无效的后果,当事人各方承受法定的权利义务;法律对当事人各方的合意予以相对否定的评价时,发生合同得撤销或者效力待定的效果,法律把决定权有条件地交给有权人或者代理人,由其审时度势地决定是否撤销合同或者是否追认合同。参见崔建远:《合同法》(第二版),北京大学出版社 2013 年版,第 78 页。

【案件名称】

上诉人广东中煤地瑞丰建设集团有限公司、广东中煤地瑞丰建设集团有限公司陕西分公司与被上诉人陕西宏兴投资开发有限公司建设工程施工合同纠纷案［最高人民法院（2018）最高法民终 33 号民事判决书，2018.6.29］

【裁判精要】

最高人民法院认为：

第一，关于《承包协议》《施工合同》《会议纪要》《工程造价确认书》《工程造价确认表》《协议书》的效力认定问题。

依据《招标投标法》第三条规定，在中华人民共和国境内进行的大型基础设施、公用事业等关系社会公共利益、公众安全的项目，包括项目的勘察、设计、施工、监理以及与工程建设有关的重要设备、材料等的采购，必须进行招标，前款所列项目的具体范围和规模标准，由国务院发展计划部门会同国务院有关部门制订，报国务院批准。2000 年 4 月 4 日经国务院批准施行的《工程建设项目招标范围和规模标准规定》第三条规定，关系社会公共利益、公众安全的公用事业项目的范围包括商品住宅。第七条规定，商品住宅项目总投资额在 3000 万元人民币以上的，必须进行招标。涉案工程为商品住宅项目，工程造价为 6253 万元余元，根据上述规定，属于必须进行招标的项目范围。宏兴公司与中煤陕西分公司于 2013 年 7 月 1 日签订《承包协议》时，工程未进行招标。《招标投标法》第四十三条规定，"在确定中标人前，招标人不得与投标人就投标价格、投标方案等实质性内容进行谈判"。第五十五条规定，依法必须进行招标的项目，招标人违反本法规定，其行为影响中标结果的，中标无效。宏兴公司与中煤陕西分公司于 2014 年 1 月 6 日签订《施工合同》，该合同虽然经过招投标，但招标之前宏兴公司与中煤陕西分公司已经签订《承包协议》，约定工程由中煤陕西分公司承包，建筑面积约 170000 平方米，工程造价以最终竣工结算为准，还约定由宏兴公司负责招投标，中煤陕西分公司配合等。中煤陕西分公司于2013 年 7 月 2 日至 2013 年 9 月 9 日分 6 次将 1300 万元保证金打入宏兴公司指定账户，并于 2013 年 8 月开始施工。以上事实说明，招投标之前宏兴公司与中煤陕西分公司已就投标价格、投标方案等实质性内容进行谈判，达成合意，双方之间招投标属于明招暗定，影响中标结果，依据上述规定，中标无效。《建设工程施工合同解释》第一条规定，建设工程必须进行招标而未招标或者中标无效的，应当根据《合同法》第五十二条第（五）项的规定，认定无效。《承包协议》未中标，《施工合同》中标无效，均应当认定无效。一审法院该项认定正确，不存在适用法律错误的问题。中煤公司、中煤陕西分公司上诉提出，《承包协议》《施工合同》未违反法律、行政法规的强制性规定，应当认定合法有效，理由不成立。另案当事人未对合同效力产生争议，另案一审、二审法院认为合同有效但未针对合同效力问题作出判决,另案生效判决对合同效力的认定并未产生既判力。当事人对合同是否有效作出的判断并不影响人民法院根据查明事实和相关法律规定对合同效力进行认定。故中煤公司、中煤陕西分公司关于一审法院认定合同无效有悖于诚实信用原则、公平原则等理由不成立。

依据《合同法》第五十六条规定,无效的合同自始没有法律约束力。中煤公司、中煤陕西分公司主张《承包协议》《施工合同》应当予以解除,缺乏法律依据,本院不予采纳。《合同法》第五十七条规定,"合同无效、被撤销或者终止的,不影响合同中独立存在的有关解决争议方法的条款的效力"。宏兴公司与中煤陕西分公司对《承包协议》部分履行停工后,先后于 2016 年 1 月 6 日、2016 年 4 月 25 日形成《会议纪要》,签订《工程造价确认书》《工程造价确认表》《协议书》,确认中煤陕西分公司已完工程造价,并就涉案工程认质认价、工程量、结算、债权债务、竣工验收,包括往来账的核对、竣工材料的整理和交接、余款的结算和支付等作出约定。上述《会议纪要》《工程造价确认书》《工程造价确认表》《协议书》属于对双方既存债权债务的清理确认及解决纠纷事项的后续安排,有结算性质,具有法律效力上的独立性,依据上述规定应当认定有效。一审法院该部分认定正确,应予维持。

【案例来源】

中国裁判文书网,http://wenshu.court.gov.cn。

003　公司总经理同时作为案涉工程的项目负责人在补充协议上签字,尽管没有加盖公司的公章,并不影响补充协议的效力

【关键词】

│ 建设工程 │ 合同效力 │ 签字 │ 公章 │

【案件名称】

上诉人辽宁中天建设(集团)有限公司与上诉人阜新中地信房地产开发有限公司建设工程施工合同纠纷案 [最高人民法院(2018)最高法民终 392 号民事判决书,2018.6.27]

【裁判精要】

最高人民法院认为:

关于《补充协议》效力问题。2012 年 4 月 27 日,中地信公司出具的《授权书》载明,中地信公司法定代表人滕德荣授权总经理滕波办理与中天公司签订《承包协议》事宜。该授权表明滕波作为中地信公司的总经理,已获得对阜新现代城工程项目签

订协议的权利。《补充协议》签订于 2013 年 9 月 9 日,滕波以甲方中地信公司法定代表人和授权委托人名义签字。乙方中天公司法定代表人及授权委托人签字,并加盖公司公章。从协议内容上看,《补充协议》是对《承包协议》的补充,对工程款支付及结算、违约责任等进行了重新约定,是双方真实意思表示,符合当时工程施工的实际情况。从滕波的身份来看,滕波为时任中地信公司总经理,案涉工程的项目负责人。根据以上情形,一审法院认定尽管《补充协议》上没有中地信公司的公章,但并不影响《补充协议》效力,该认定并无不当,本院予以维持。

【案例来源】

中国裁判文书网,http://wenshu. court. gov. cn。

二、承包人资质对施工合同效力的影响

004　名为分包实为转包的合同无效

【关键词】

| 建设工程 | 合同效力 | 分包 | 转包 |

【案件名称Ⅰ】

再审申请人重庆皇华建设（集团）有限公司与被申请人重庆市万州区清江建筑工程有限公司建设工程分包合同纠纷案［最高人民法院（2014）民提字第 80 号民事判决书，2015.4.29］

【裁判精要】

最高人民法院认为：

一、关于案涉合同的效力问题

对比皇华公司与水电八局签订的《施工分包协议书》及皇华公司与清江公司签订的《劳务分包协议书》的内容可知，两份协议书在工程内容、工程承包范围上是相同的。《劳务分包协议书》约定的工程单价包括劳务、材料、机械、质检（自检）、安装、缺陷修复、管理、税费、利润等费用。该约定与《施工分包协议书》的约定也是一致的。因此，案涉合同所涉交易的实质是，皇华公司将其承包的合同再次分包给清江公司。该合同违反了《建筑法》第二十八条、《合同法》第二百七十二条的规定，应认定为无效合同。皇华公司以清江公司仅限于劳务作业、工程主料由业主统一采购和供应、皇华公司提供了工程施工的大型设备以及承担了工程的管理、计量、协调等工作，案涉合同属于劳务分包合同进而有效的观点不能成立。原审判决对此认定正确，予以维持。

【案例来源】

中国裁判文书网，http://wenshu.court.gov.cn。

【案件名称Ⅱ】

上诉人江苏省南通三建集团有限公司与被上诉人山东省青岛建设集团公司、山东省青岛建设集团置业有限公司建设工程施工合同纠纷案［最高人民法院（2007）民

一终字第 33 号民事判决书]

【裁判精要】

最高人民法院认为:

(一)关于合同效力

001 公司与南通三建签订的建设工程劳务施工合同属于转包合同,因违反法律的强制性规定而无效。弘信公司与建设集团签订的建设工程合同,001 公司与建设集团签订的建设工程劳务施工合同,两份合同在承包范围、工期、质量标准、承发包双方权利义务、违约责任、不可抗力等诸多方面的约定内容基本相同,只是合同价款由 1.2 亿元调整为 4000 万元。建设部 2003 年 11 月 8 日通过的《房屋建筑和市政基础设施工程施工分包管理办法》第五条第三款规定:"本办法所称劳务作业分包,是指施工总承包企业或者专业承包企业……将其承包工程中的劳务作业发包给劳务分包企业……完成的活动。"国务院行政法规《建设工程质量管理条例》第七十八条第三款规定:"本条例所称转包,是指承包单位承包建设工程后,不履行合同约定的责任和义务,将其承包的全部建设工程转给他人或者将其承包的全部建设工程肢解以后以分包的名义分别转给其他单位承包的行为。"依据上述规定,本案中 001 公司与南通三建签订建设工程劳务施工合同的行为并不是将其母公司建设集团承包的讼争工程中的劳务作业部分分包给南通三建,而是将承包的全部工程转包给南通三建,从中牟取暴利。《合同法》第二百七十二条第二款、第三款中规定:"承包人不得将其承包的全部建设工程转包给第三人或者将其承包的全部建设工程肢解以后以分包的名义分别转包给第三人。""建设工程主体结构的施工必须由承包人自行完成。"《建筑法》第二十八条规定:"禁止承包单位将其承包的全部建筑工程转包给他人,禁止承包单位将其承包的全部建筑工程肢解以后以分包的名义分别转包给他人。"第二十九条第一款中规定:"施工总承包的,建筑工程主体结构的施工必须由总承包单位自行完成。"国务院行政法规《建设工程质量管理条例》第二十五条第三款规定:"施工单位不得转包或者违法分包工程。"依据上述法律法规规定,建设集团与南通三建签订的建设工程劳务施工合同的性质为转包合同而非劳务分包合同,依据《合同法》第五十二条第(五)项规定,因违反法律、行政法规的强制性规定而无效。建设集团转包工程应对合同无效承担主要责任,南通三建作为专业施工企业,应当知道工程转包属违法行为而与建设集团签订施工合同,亦应当对合同无效承担部分过错责任。

【权威解析】

本案当事人的诉讼请求是在施工合同有效的前提下提出的,即本案当事人均认同合同有效。一审判决对合同效力的表述为"建设集团与南通三建签订的建设工程劳务施工合同,系双方当事人的真实意思表示,双方均应按合同约定履行各自的权利义务",虽没有明确合同有效,但从"真实意思表示""均应按合同约定履行"的表述来看,一审法院认同合同有效。最高人民法院经二审认为,当事人签订的合同名为建设工程劳务施工合同,实为转包合同,应认定合同无效。本案双方签订的合同貌似施工合同中的劳务分包合同,实为转包合同,因违反了《合同法》《建筑法》《建设工程质量管理条例》等法律法规的强制性规定而无效。

对案件的性质和效力人民法院可以依职权进行审查,不受当事人诉讼请求的限制。审判实践中,有不少案件的当事人各方均主张合同有效,但因合同内容违反强制性规定,人民法院应当依职权认定合同无效,不受当事人请求的限制。如合作开发房地产纠纷案件,土地方未缴纳土地出让金,且没有缓缴或者免缴的法定情形,因未缴纳出让金而降低了开发成本,合作各方均主张合同有效,损害国家利益而使各方当事人受益,此时人民法院作为司法机关,应当主动行使国家公权干预当事人的民事行为,不受当事人诉讼请求的限制,目的在于保护国家利益、社会公共利益及案外人利益。[1]

【案例来源】

冯小光:《法院应当依职权认定名为分包实为转包的合同无效》,载《人民司法·案例》2008 年第 2 期(总第 529 期)。

编者说明

住房和城乡建设部《建筑工程施工发包与承包违法行为认定查处管理办法》(建市规〔2019〕1 号)第七条规定,转包,是指承包单位承包工程后,不履行合同约定的责任和义务,将其承包的全部工程或者将其承包的全部工程肢解后以分包的名义分别转给其他单位或个人施工的行为。第八条规定,转包的表现形式如下:(1)承包单位将其承包的全部工程转给其他单位(包括母公司承接建筑工程后将所承接工程交由具有独立法人资格的子公司施工的情形)或个人施工的;(2)承包单位将其承包的全部工程肢解以后,以分包的名义分别转给其他单位或个人施工的;(3)施工总承包单位或专业承包单位未派驻项目负责人、技术负责人、质量管理负责人、安全管理负责人等主要管理人员,或派驻的项目负责人、技术负责人、质量管理负责人、安全管理负责人中一人及以上与施工单位没有订立劳动合同且没有建立劳动工资和社会养老保险关系,或派驻的项目负责人未对该工程的施工活动进行组织管理,又不能进行合理解释并提供相应证明的;(4)合同约定由承包单位负责采购的主要建筑材料、构配件及工程设备或租赁的施工机械设备,由其他单位或个人采购、租赁,或施工单位不能提供有关采购、租赁合同及发票等证明,又不能进行合理解释并提供相应证明的;(5)专业作业承包人承包的范围是承包单位承包的全部工程,专业作业承包人计取的是除上缴给承包单位"管理费"之外的全部工程价款的;(6)承包单位通过采取合

---

[1]　参见冯小光:《法院应当依职权认定名为分包实为转包的合同无效》,载《人民司法·案例》2008 年第 2 期(总第 529 期)。

作、联营、个人承包等形式或名义,直接或变相将其承包的全部工程转给其他单位或个人施工的;(7)专业工程的发包单位不是该工程的施工总承包或专业承包单位的,但建设单位依约作为发包单位的除外;(8)专业作业的发包单位不是该工程承包单位的;(9)施工合同主体之间没有工程款收付关系,或者承包单位收到款项后又将款项转拨给其他单位和个人,又不能进行合理解释并提供材料证明的。此外,两个以上的单位组成联合体承包工程,在联合体分工协议中约定或者在项目实际实施过程中,联合体一方不进行施工也未对施工活动进行组织管理的,并且向联合体其他方收取管理费或者其他类似费用的,视为联合体一方将承包的工程转包给联合体其他方。

工程转包后,转让人即转包人退出承包关系,受让人即转承包人成为承包合同的另一方当事人,通常转包人只收取管理费,对工程建设不提供任何技术和管理,转让人对受让人的履行行为不承担责任。转包在理论上称为合同的转让,是合同权利义务的概括转移。工程转包是违法行为,法律明确规定禁止。

转包的特征主要为:(1)转包人不履行建设工程合同全部义务,不履行施工、管理、技术指导等经济技术责任;(2)转包人将合同权利与义务全部转让给转承包人。实践中,转包往往表现为,转包人在承包建设工程后并不成立项目部,也不派驻管理人员和技术人员在施工现场进行管理和技术指导。

转包属于《建筑法》第二十八条、《合同法》第二百七十二条禁止的行为。《建筑法》第六十七条①、《建设工程施工合同解释》第四条、《建设工程质量管理条例》第六十二条和《建筑工程施工发包与承包违法行为认定查处管理办法》第十五条规定了转包签订的施工合同无效及责令改正、没收违法所得、责令停业整顿、降低资质等级、吊销资质证书等民事或行政责任。

分包是从承包人处分包合同中某一部分工程,一般指非主体、非关键性工程施工或劳务作业方面承接工程。根据《房屋建筑和市政基础设施工程施工分包管理办法》第五条的规定,施工分包包括专业分包和劳务分包。

1. 专业分包。依照住房和城乡建设部《建筑业企业资质标准》(建市〔2014〕159号),专业工程分包的业务范围为地基基础工程、起重设备安装工程、电子与智能化工程、消防设施工程、防水防腐保温工程、桥梁工程、钢结构工程、环保工程、特种工程等36种类别。主要法律依据:《建筑法》第二十九条规定:"建筑工程总承包单位可以将承包工程中的部分工程发包给具有相应资质条件的分包单位;但是,除总承包合同中约定的分包外,必须经建设单位认可。施工总承包的,建筑工程主体结构的施工必须由总承包单位自行完成。建筑工程总承包单位按照总承包合同的约定对建设单位负责;分包单位按照分包合同的约定对总承包单位负责。总承包单位和分包单位就分包工程对建设单位承担连带责任。禁止总承包单位将工程分包给不具备相应资质条件的单位。禁止分包单位将其承包的工程再分

---

① 《建筑法》(2019年修正)第六十七条规定:"承包单位将承包的工程转包的,或者违反本法规定进行分包的,责令改正,没收违法所得,并处罚款,可以责令停业整顿,降低资质等级;情节严重的,吊销资质证书。承包单位有前款规定的违法行为的,对因转包工程或者违法分包的工程不符合规定的质量标准造成的损失,与接受转包或者分包的单位承担连带赔偿责任。"

包。"《招标投标法》第四十八条第二款规定："中标人按照合同约定或者经招标人同意,可以将中标项目的部分非主体、非关键性工作分包给他人完成。接受分包的人应当具备相应的资格条件,并不得再次分包。"住房和城乡建设部《建筑工程施工发包与承包违法行为认定查处管理办法》(建市规〔2019〕1号)第十二条规定："存在下列情形之一的,属于违法分包:……(四)专业分包单位将其承包的专业工程中非劳务作业部分再分包的;(五)专业作业承包人将其承包的劳务再分包的;(六)专业作业承包人除计取劳务作业费用外,还计取主要建筑材料款和大中型施工机械设备、主要周转材料费用的。"如果专业分包行为属于违法分包,则会导致建设工程分包合同因违反效力性强制性规定而无效。

2. 劳务分包。原建设部《建筑业企业资质等级标准》(建建〔2001〕82号)①对劳务分包资质划分了13个类别,包括木工作业、砌筑作业、抹灰作业、石制作、油漆作业、钢筋作业、混凝土作业、脚手架作业、模板作业、焊接作业、水暖电安装作业、钣金作业、架线作业,且部分类别还划分为一级、二级两个等级。住房和城乡建设部《建筑业企业资质标准》(建市〔2014〕159号)对施工劳务序列不分类别和等级,只要满足了第四十九条规定的施工劳务企业资质标准,均可承担各类施工劳务作业。法律不禁止劳务分包,劳务分包也不需要经过发包单位或者总承包单位的认可。《建设工程施工合同解释》第七条规定:"具有劳务作业法定资质的承包人与总承包人、分包人签订的劳务分包合同,当事人以转包建设工程违反法律规定为由请求确认无效的,不予支持。"据此,总承包人、专业发包人可以自由选定劳务分包企业。②

005 公司将中标项目交其分支机构施工,并不为法律所禁止

【关键词】

│ 建设工程 │ 合同效力 │ 分支机构 │

【案件名称】

上诉人青海亿民房地产开发有限公司与被上诉人中鼎国际工程有限责任公司建设工程施工合同纠纷案〔最高人民法院(2018)最高法民终407号民事判决书,2018.9.29〕

【裁判精要】

最高人民法院认为:

一、关于案涉《协议书》性质认定的问题

---

① 该标准已废止。

② 参见常设中国建设工程法律论坛第八工作组:《中国建设工程施工合同法律全书:词条释义与实务指引》,法律出版社2019年版,第182页。

2017 年 6 月 5 日,双方当事人签订的《协议书》,是在平等自愿的基础上,为解决亿民公司拖欠工程款而形成的。该协议约定双方放弃各自在法院委托的工程造价和工程质量鉴定事项,变更为仅就中鼎公司已完工程造价和经济损失进行鉴定,并以鉴定意见为依据,确定亿民公司欠付工程款数额、损失赔偿、补偿以及如何支付工程款和违约责任等问题。从订立协议的目的和内容看,该协议实质上是双方对工程款如何结算的协议。该协议系双方当事人的真实意思表示,不违反法律法规强制性规定,合法有效。案涉工程系亿民公司自主招标的工程,青海省工程建设招标投标管理办公室根据亿民公司的申请向中鼎公司下发了中标通知书,并在青海省工程建设招标投标管理办公室备案,招投标程序不违反《招标投标法》强制性规定,不存在无效之情形。双方据此订立的施工合同和补充协议均属有效。

二审庭审中,亿民公司还提出施工合同签订主体和《中标通知书》记载不一致因此合同无效的抗辩理由。本院认为,虽然《中标通知书》载明案涉工程中标单位为中鼎公司,但公司的中标项目交于其分支机构中鼎国际工程有限责任公司青海分公司(以下简称中鼎公司青海分公司)施工,并不为法律所禁止,且亿民公司与中鼎公司青海分公司签订施工合同和补充协议,明确同意中鼎公司青海分公司施工并支付工程款,亿民公司亦无证据证明中鼎公司青海分公司系借用资质挂靠施工,故亿民公司该抗辩理由不能成立。一审判决认定案涉施工合同、补充协议和《协议书》合法有效并无不当。

【案例来源】

中国裁判文书网,http://wenshu. court. gov. cn。

006 承包人将部分工程分包给有资质的施工人,发包人不持异议,不违反法律、行政法规的强制性规定,合法有效

【关键词】

| 建设工程 | 合同效力 | 分包 |

【案件名称】

上诉人四川公路桥梁建设集团有限公司与上诉人包商银行股份有限公司包头富源支行、被上诉人鄂尔多斯市亿能路桥有限公司、内蒙古天骄公路工程有限责任公司建设工程施工合同纠纷案 [最高人民法院(2017)最高法民终 406 号民事判决书,2018. 3. 26]

【裁判精要】

最高人民法院认为:

《工程协作合同》约定四川路桥公司将其承包的工程部分施工任务交由亿能路桥公司完成,四川路桥公司及亿能路桥公司均具有法定施工资质;而且,根据2014年1月19日签署的《会议纪要》可知,作为发包人的高路公司对于涉案工程分包亦不持异议。因此,《工程协作合同》是四川路桥公司与亿能路桥公司的真实意思表示,且不违反法律、行政法规的强制性规定,合法有效,原审判决认定正确。

【案例来源】

中国裁判文书网,http://wenshu.court.gov.cn。

007 没有资质的实际施工人借用有资质的建筑施工企业名义签订施工合同,应当认定其无效

【关键词】

│建设工程│合同效力│挂靠│

【案件名称】

再审申请人郑南轩与被申请人菏泽市实业开发公司、菏泽市北城建筑工程公司建设工程合同纠纷案〔最高人民法院(2014)民提字第116号民事判决书,2014.12.19〕

【裁判精要】

最高人民法院认为:

本案再审争议的焦点问题是实业公司应向郑南轩支付的工程欠款数额是多少。

实业公司综合楼工程缘起于实业公司与蒋林机、汪帮能签订的《建房合作合同》。在《建房合作合同》中,实业公司与蒋林机、汪帮能明确约定,由后者负责提供建设资金、组织承建,并向实业公司招标的公司提供管理费用。实业公司后对该工程进行了招标,北城建筑公司中标。在中标之前,北城建筑公司与郑南轩签订了《施工合作协议书》,约定北城建筑公司负责投标中的工作和中标后施工单位所需手续的办理,郑南轩承担施工合同中的全部事宜,一次性上交北城建筑公司管理费五万元。由此可见,北城建筑公司虽然参与了实业公司综合楼工程的投标,并在中标后与实业公司签订了《建设工程施工合同》,但这仅仅是为了完善程序和形式之需,事实上北城建筑公司并未实际建设施工,其通过另行与郑南轩签订《施工合作协议书》,将中标项目全部转让给了郑南轩,成为只提供资质、收取

管理费的挂名承包人,郑南轩才是综合楼工程的实际承包人。郑南轩通过借用北城建筑公司的资质取得投标项目并具体施工建设,与北城建筑公司之间形成挂靠关系。实业公司对此完全知情并认可,这也符合其在《建房合作合同》中的预先约定。实业公司工程经营部与郑南轩于 2001 年 12 月 2 日以及 2003 年 1 月 18 日两次签订《建筑安装工程承包合同》,将全部工程交由郑南轩承建,工程完工后实业公司与郑南轩直接进行对账结算等均可以进一步证明此点。《招标投标法》第四十八条规定:"中标人应当按照合同约定履行义务,完成中标项目。中标人不得向他人转让中标项目,也不得将中标项目肢解后分别向他人转让。"《建设工程施工合同解释》第一条规定:没有资质的实际施工人借用有资质的建筑施工企业名义签订的建设工程施工合同应当认定无效。因此,实业公司、北城建筑公司与郑南轩之间签订的《建设工程施工合同》《施工合作协议书》因违反了《招标投标法》和《建设工程施工合同解释》的规定,均应认定为无效。《建设工程施工合同解释》第二条规定:建设工程施工合同无效,但建设工程经竣工验收合格,承包人请求参照合同约定支付工程价款的,应予支持。因案涉的实业公司综合楼工程已经完工验收合格,且交付实业公司,故实际承包人郑南轩有权参照合同约定要求实业公司支付相应的工程价款。本案中郑南轩虽以受让北城建筑公司债权的形式主张工程价款,但其实是郑南轩在借用北城建筑公司资质签订合同的情况下,为解决追偿主体的身份问题而与北城建筑公司协商采取的变通之策,真实意图是由郑南轩自行向发包人实业公司追偿工程款,故本案之本质应为建设工程合同纠纷。因《建设工程施工合同》对土建和主体工程约定了 400 万元的固定价款,而郑南轩亦没有证据证明实际施工的土建和主体工程在原定工程量之外存在增量,故郑南轩仅能参照《建设工程施工合同》的约定,就土建和主体工程部分主张 400 万元的工程价款。

【案例来源】

中国裁判文书网,http://wenshu. court. gov. cn。

008 总承包单位在施工过程中为个人提供大型施工设备和建筑施工材料,并配备专业技术人员的行为,属于劳务分包,不构成违法转包

【关键词】

|建设工程|合同效力|转包|劳务分包|

【案件名称】

再审申请人辽宁中海房地产开发有限公司与被申请人江苏省第一建筑安装集

团股份有限公司建设工程施工合同纠纷案 [最高人民法院（2018）最高法民申5457 号民事裁定书，2018.10.31]

【裁判精要】

最高人民法院认为：

（一）关于江苏一建公司是否构成非法转包以及擅自分包的问题

《建设工程质量管理条例》第七十八条第三款规定："本条例所称转包，是指承包单位承包建设工程后，不履行合同约定的责任和义务，将其承包的全部建设工程转给他人或者将其承包的全部建设工程肢解以后以分包的名义分别转给其他单位承包的行为。"本案中，江苏一建公司与中海公司签订《建设工程施工合同》后，于2008 年六七月份间分别与张国兴、范雷、陈军签订《内部承包协议书》，约定将案涉工程分包给该三人组织劳务人员进行施工，江苏一建公司在施工过程中为该三人提供大型施工设备和建筑施工材料，并配备专业技术人员。上述分包方式属于建设工程的劳务分包，江苏一建公司仍然要承担提供建筑设备材料、负责工程技术和质量、对施工进行管理、与发包人结算工程价款等总承包人的义务。同时，江苏一建公司在一审中举示了《设备租赁合同》《建筑器材租赁合同》等证据，证明该公司按照《内部承包协议书》的约定为案涉工程施工提供了大型施工设备，履行了总承包人的义务。另案沈阳市皇姑区人民法院(2010)皇民三初字第 598 号生效民事判决亦认定江苏一建公司租赁他人设备，用于案涉工程的事实。因此，江苏一建公司将案涉工程分包给个人的行为，仅属于劳务分包，不构成《建设工程质量管理条例》第七十八条第三款所规定的违法转包行为。江苏一建公司未按《建设工程施工合同》的约定就劳务分包征得中海公司的同意，并未导致案涉工程存在质量问题，该事实对案涉工程款的结算不产生影响。据此，中海公司此项申请再审主张不成立，本院不予支持。

【案例来源】

中国裁判文书网,http://wenshu.court.gov.cn。

编者说明

专业承包和劳务分包存在以下区别：(1)合同标的不同。依照建设部《专业承包企业资质等级标准》规定,专业分包包括地基与基础设施、土石方工程、建筑装修装饰工程、消防设施工程、建筑防水工程等60 种方式的专业承包。建设部《建筑业劳务分包企业资质标准》对劳务作业分包的种类作了规定,包括木工、砌筑、抹灰、石制作、油漆、钢筋、混凝土、脚手架、模板、焊接、水暖电、钣金、架线作业等13 种。从上述具体的项目罗列,可以看出专业分包合同标的是建设工程中非主体、非关键性部分的工程,劳务分包合同标的是劳务作业,技术含量低,与工程成果无关。(2)施工内容不同。工程分包中第三人以自己的设备、材料、劳动力、技术等独立完成工程,劳务分包第三人提供的仅是劳动力,分包人提供技术和管理,两者结合才能完成建设工程。(3)责任承担不同。工程第三人就完成的工作成果与分包人向发包人承担连带责任,劳务第三人对工程承担合格责任,一般以监理工程师验收为准。(4)程序要件不同。承包人分包工程必须按照约定或经发包人同意。劳务法律关系限于劳务分包合同双方当事人,无须经发包人或总包人的同意。(5)结算性质不同。工程分包对象是工程,第三人向分包人结算的是工程款,由直接费、间接费、税金和利润组成。劳务分包对象是劳务作业,第三人向分包人结算的是直接费中的人工费以及相应的管理费。①

009 工程已经竣工验收合格,相关缔约阶段合同效力上的瑕疵已部分补正,施工合同可以按照有效处理

【关键词】

│ 建设工程 │ 合同效力 │ 招投标 │ 分包 │

【案件名称】

上诉人中色十二冶金建设有限公司与上诉人本溪庆永房地产开发有限公司建设工程施工合同纠纷案［最高人民法院（2018）最高法民终 1313 号民事判决书,2018.12.18］

【裁判精要】

最高人民法院认为:

第一,关于案涉建设工程施工合同的效力认定问题。

本案中,本溪庆永公司与中色十二冶公司签订《建设工程施工合同》,将其开发的案涉工程发包给中色十二冶公司,该施工合同系双方真实意思表示。但案涉工程在施工合同签约履约阶段,存在多项违规情形,施工合同效力明显存在缺陷,双方主观上存在大小不等的缔约过错。具体分析如下:(1)关于工程招投标。案涉工程主要是用于拆迁安置的公益性建设项目,应当进行招投标。双方当事人均认可应当招投标,而实际未进行招投标,存在不当。但随着国家深化建筑行业改革,缩小并严格界定必须进行招标的工程建设项目范围,放宽有关规模标准;招标范围应当按照确有必要、严格限定原则确定,成为工程建设项目招投标改革趋势。故,根据本案实际

---

① 参见王毓莹:《劳务分包和专业承包有何区别》,载最高人民法院民事审判第一庭编:《民事审判指导与参考》(总第 76 辑),人民法院出版社 2019 年版,第 234～235 页。

情况,尚不足以依此认定案涉合同无效。(2)中色十二冶公司在施工时未取得施工许可证等开工手续,违规擅自开工建设,并因此受到政府主管机关行政处罚。签约阶段,发生未履行招投标程序、未办理开工手续违规施工的主要缔约过错方为发包人,次要责任为总承包人。(3)关于分包问题。本案中,中色十二冶公司在履行施工合同中,将案涉部分工程分包给孔祥革、滕洪超、周福元、国学俭等,存在超出法定劳务分包范围,将部分基础工程和主体结构工程违法分包、转包等的违法违规情形。上述违法违规行为,与签约主体比较显著降低施工主体的施工能力,损害业主方权益,施工总承包人存在主要过错,发包人明知或应知而配合为之,也有一定过错。

综合上述分析,案涉工程存在未经招投标、未办开工手续违规施工、违法分包等违法违规行为,合同效力存在缺陷,发包人、施工人如上所述各自存在大小不同的缔约过错。鉴于案涉工程已经竣工验收合格,相关缔约阶段合同效力上的瑕疵已部分补正。故,原审判决关于案涉建设工程施工合同按照有效处理的认定,本院予以确认。

【案例来源】

中国裁判文书网,http://wenshu.court.gov.cn。

010 发包人与承包人订立合同之时即应知晓其资质等级,在合同履行完毕且工程验收移交之后又以资质为由主张合同无效,严重有悖诚信

【关键词】

│ 建设工程 │ 合同效力 │ 资质等级 │ 诚信 │

【案件名称】

上诉人北京东方博特科技发展有限公司与上诉人贵州瑞溪水泥发展有限公司建设工程合同纠纷案 [最高人民法院 (2018) 最高法民终 698 号民事判决书, 2018.9.25]

【裁判精要】

最高人民法院认为:

首先,瑞溪公司以博特公司无设计、总承包资质为由,主张合同无效,并在二审期间提交了一组资质查询结果和建筑业企业资质标准的新的证据,拟证明因博特公司与博特技术公司不具备冶金工程施工总承包三级以上或建筑机电安装工程一级资质,案涉合同无效,应承担过错责任。本院认为,依据《合同法》第五十二条规定,"有下列情形之一的,合同无效:(一)一方以欺诈、胁迫的手段订立合同,损害国家利益;(二)恶意串通,损害国家、集体或者第三人利益;(三)以合法形式掩盖非法目

的;(四)损害社会公共利益;(五)违反法律、行政法规的强制性规定"。2009年9月,瑞溪公司与博特公司的全资子公司博特技术公司签订《工程总包合同》,约定修建水泥生产线工程。2011年6月,生产线点火成功。2011年12月,生产线工程通过业主方验收,并移交进行试生产。2012年1月,瑞溪公司接收移交内容。2012年3月,第三方质检单位出具《检验报告》,结论为:本案工程生产的水泥合格。故双方订立合同并已实际履行,不存在《合同法》第五十二条所规定的合同无效之情形,瑞溪公司举示了建筑业企业资质标准,但并未主张并举示证据证明博特公司承建工程违反了法律、行政法规的强制性规定,其与博特技术公司订立合同之时即应知晓其资质等级,在合同履行完毕且工程验收移交之后又以资质为由主张合同无效,严重有悖诚信,不能得到支持。

其次,瑞溪公司主张双方签订的总承包合同对合同变更有明确约定,博特公司无权要求追加合同价款。本院认为,原审业已查明,2009年9月博特技术公司与瑞溪公司签订的《工程总包合同》第(10)项对工程变更确有约定,但2009年11月瑞溪公司与博特技术公司签订的《补充合同(一)》对工程范围作了调整,2010年9月博特公司与瑞溪公司签订的《补充合同(二)》又将生产线建设规模由1500T/d调整到1800T/d,故瑞溪公司认为博特公司无权要求追加合同价款与合同的实际履行情况不符,不能得到支持。

【案例来源】

中国裁判文书网,http://wenshu.court.gov.cn。

三、招投标程序对施工合同效力的影响

011　建设工程必须进行招标而未招标的，应认定施工合同无效

【关键词】

│建设工程│合同效力│招投标│

【案件名称Ⅰ】

再审申请人抚顺艺豪房地产开发有限公司与被申请人抚顺市豪拓建筑安装工程有限公司建设工程施工合同纠纷案［最高人民法院(2018)最高法民申35号民事裁定书，2018.1.31］

【裁判精要】

最高人民法院认为：

案涉工程进行招投标前，双方就签订416合同，且合同签订后，豪拓公司即进场施工，后豪拓公司中标并签订723合同。可见，双方明招暗定，在中标前，已对投标价格、投标方案等实质性内容进行谈判，原审依照《招标投标法》第三十三条、第四十一条、第四十三条、第五十三条、第五十五条以及《建设工程施工合同解释》第一条规定，认定416合同、723合同无效，适用法律并无不当。

【案例来源】

中国裁判文书网，http://wenshu. court. gov. cn。

【案件名称Ⅱ】

上诉人黔东南州兴源建筑工程有限责任公司与被上诉人黔东南州欣黔投资开发有限责任公司、镇远县人民政府及一审第三人曾德祥建设工程施工合同纠纷案［最高人民法院(2017)最高法民终933号民事判决书，2017.12.19］

【裁判精要】

最高人民法院认为：

一、本案所涉《二期一标段合同》《二期二标段合同》系无效合同

本案所涉工程系使用国有资金进行投融资建设，属于《招标投标法》第三条第一

款规定的必须进行招投标的项目。兴源公司通过竞争性谈判方式而非公开招投标的方式承建案涉项目,违反了该法的规定,一审法院依照《建设工程施工合同解释》第一条的规定认定本案所涉合同无效是正确的。

根据《政府采购法》第四条的规定,政府采购工程应当进行招标投标的,适用《招标投标法》。本案中,当事人在合同中约定案涉项目由欣黔公司回购,镇远县人民政府承诺,欣黔公司到期不能回购则由其回购。因此,即使依据《政府采购法》的规定,案涉项目也应进行招投标。兴源公司称《招标投标法》仅在招投标活动或程序上适用,没有法律依据,《招标投标法》与《政府采购法》在本案的法律适用上也并无冲突之处。

【案例来源】

中国裁判文书网,http://wenshu.court.gov.cn。

【案件名称Ⅲ】

上诉人中扶建设有限责任公司与上诉人德化金龙置业有限公司建设工程施工合同纠纷案［最高人民法院(2017)最高法民终766号民事判决书,2018.1.18］

【裁判精要】

最高人民法院认为:

(一)关于案涉建设工程施工合同效力问题

《招标投标法》第三条规定,在中华人民共和国境内的大型基础设施、公用事业等关系社会公共利益、公众安全的项目施工,必须进行招标。《工程建设项目招标范围和规模标准规定》第七条进一步明确了施工单项合同估算价200万元以上或者施工单项合同估算价虽低于200万元,但项目总投资额在3000万元以上关系社会公共利益、公众安全的公用事业项目进行施工,必须进行招标。德化县金龙中心城项目包括了总建筑面积71793.34m² 的安置房,工程总造价超过2亿元,属于关系社会公共利益、公众安全的重大项目,依据上述法律规定,必须进行招标。但金龙公司在未履行公开招标程序的情况下,即确定由中扶公司进场开始垫资施工。后金龙公司虽补办了招标手续,中扶公司中标,但双方均确认该招标投标程序仅是为办理相关证件而进行的形式意义上的招标投标。因此,一审法院依据《建设工程施工合同解释》第一条关于建设工程必须进行招标而未招标或者中标无效的,建设工程施工合同应认定无效的规定,认定双方当事人就案涉工程签订的建设工程施工合同及补充协议均无效,并无不当。中扶公司关于案涉工程招投标程序合法,双方签订的建设工程施工合同及补充协议有效的上诉主张,于法无据。

【案例来源】

中国裁判文书网,http://wenshu.court.gov.cn。

编者说明

根据《招标投标法》的规定,2000年原国家发展计划委报经国务院批准发布《工程建设项目招标范围和规模标准规定》(国家发展计划委第3号令,以下简称3号令),明确了必须招标的工程项目的具体范围和规模标准。3号令颁布实施以来,我国形成了较为完善的强制招标制度体系,对促进招标投标制度的推广应用、规范招标投标行为、保障公平竞争、提高招标采购质量效益、预防惩治腐败发挥了积极作用。随着经济社会不断发展和改革持续深化,3号令在施行中逐步出现范围过宽、标准过低的问题。同时,各省区市根据3号令规定,普遍制定了本地区必须招标项目的具体范围和规模标准,不同程度上扩大了强制招标范围,并造成了规则不统一,进一步加重了市场主体负担。

2018年3月,国家发展改革委公布《必须招标的工程项目规定》,对3号令进行了修订,报请国务院批准后印发,规定自2018年6月1日起施行,《工程建设项目招标范围和规模标准规定》同时废止。主要修改了三个方面内容:一是缩小必须招标项目的范围。从使用资金性质看,将《招标投标法》第三条中规定的"全部或者部分使用国有资金投资或者国家融资的项目",明确为使用预算资金200万元人民币以上,并且该资金占投资额10%以上的项目,以及使用国有企事业单位资金,并且该资金占控股或者主导地位的项目。从具体项目范围看,授权国务院发展改革部门会同国务院有关部门按照确有必要、严格限定的原则,制定必须招标的大型基础设施、公用事业等关系社会公共利益、公众安全的项目的具体范围,报国务院批准。目前,国家发展改革委已会同有关部门形成相关具体范围草案,与3号令相比作了大幅缩减,拟报国务院批准后,于《必须招标的工程项目规定》正式实施前发布。二是提高必须招标项目的规模标准。根据经济社会发展水平,将施工的招标限额提高到400万元人民币,将重要设备、材料等货物采购的招标限额提高到200万元人民币,将勘察、设计、监理等服务采购的招标限额提高到100万元人民币,与3号令相比翻了一番。三是明确全国执行统一的规模标准。删除了3号令中"省、自治区、直辖市人民政府根据实际情况,可以规定本地区必须进行招标的具体范围和规模标准,但不得缩小本规定确定的必须进行招标的范围"的规定,明确全国适用统一规则,各地不得另行调整。①

012　《必须招标的工程项目规定》的原则可以适用于既往签订的合同

【关键词】

｜建设工程｜合同效力｜招投标｜

---

① 参见《国家发展改革委公布〈必须招标的工程项目规定〉》,载国家发展改革委网站,http://www.ndrc.gov.cn/fzgggz/flfg/gzdtn/201803/t20180330_880962.html。

【案件名称】

　　上诉人海天建设集团有限公司与上诉人云南金丰谷置业有限公司建设工程施工合同纠纷案［最高人民法院（2018）最高法民终 475 号民事判决书，2018.8.22］

【裁判精要】

　　最高人民法院认为：

　　一、关于金丰谷公司与海天公司于 2014 年签订的《建设工程施工合同》的效力问题

　　本院认为，首先，双方在 2014 年已签订《建设工程施工合同》并实际履行的情况下，又于 2015 年 9 月 15 日经招投标程序后签订一份落款为 2015 年（无具体月日）的《建设工程施工合同》，根据《招标投标法》第四十三条的规定，该中标应归于无效，一审法院并未认定 2015 年（无具体月日）的《建设工程施工合同》有效。其次，根据《招标投标法》第三条第一款及第二款规定，对于大型基础设施、公用事业等关系社会公共利益、公众安全的项目，全部或者部分使用国有资金投资或者国家融资的项目，以及使用国际组织或者外国政府贷款、援助资金的项目，必须进行招标。本案中，海天公司二审庭审中称案涉工程虽名为公务员小区，但建设资金均为开发商自筹，双方均未主张项目资金源于国家投融资，亦不存在使用国际组织或者外国政府贷款、援助资金的情形，案涉项目不属于《招标投标法》第三条第一款第（二）项、第（三）项所规定的必须进行招标的项目；另外，由中华人民共和国国家发展和改革委员会制定，且经国务院批准的《必须招标的工程项目规定》第四条规定，对于大型基础设施、公用事业等关系社会公共利益、公众安全的项目，如果不涉及国有资金、国家融资，不涉及国际组织或者外国政府贷款、援助资金，必须招标的具体范围由国务院发展改革部门会同国务院有关部门按照"确有必要、严格限定"的原则制定，报国务院批准。本案中，案涉项目虽属商品房项目，但《必须招标的工程项目规定》中并未明确规定商品房项目属于关系社会公共利益、公众安全的项目，且行政主管部门对《必须招标的工程项目规定》第四条项下必须进行招标的项目所确立的原则是"确有必要、严格限定"。因此，一审法院对 2014 年《建设工程施工合同》的效力予以认定并无不妥。虽然《必须招标的工程项目规定》系自 2018 年 6 月 1 日起实施，但将该原则适用于既往签订的合同，有利于最大限度尊重当事人的真实意思，且并无证据证明适用的结果将损害公共利益和公众安全。

【案例来源】

　　中国裁判文书网，http://wenshu.court.gov.cn。

编者说明

关于必须招标工程项目的范围,《招标投标法》《必须招标的工程项目规定》(2018 年 3 月 27 日,2018 年第 16 号令,以下简称 16 号令)、《必须招标的基础设施和公用事业项目范围规定》(2018 年 6 月 6 日,发改法规〔2018〕843 号,以下简称 843 号文)等作出了规定,《工程建设项目招标范围和规模标准规定》同时废止。在这些法律法规规定项目范围之外的工程建设项目,属于非必须招标工程,当事人可以自由选择发包方式。

从具体项目范围看,843 号文作为 16 号令的配套文件,就不属于国有资金或外资投资的大型基础设施、公用事业等关系社会公共利益、公众安全的项目必须招标的范围作出明确规定,大幅缩小必须招标的大型基础设施、公用事业项目范围,进一步扩大市场主体特别是民营企业自主权。

具体来说,843 号文坚持"确有必要、严格限定"的原则,将 2000 年《工程建设项目招标范围和规模标准规定》规定的 12 大类必须招标的基础设施和公用事业项目,压缩到能源、交通、通信、水利、城建等 5 大类(对这 5 大类,特别是水利类和城建类项目作了较大缩减),将民间资本投资较多的商品住宅项目、科教文卫体和旅游项目、市政工程项目、生态环境保护项目等从必须招标的工程项目范围中删除,将"其他基础设施项目"和"其他公用事业项目"的兜底条款删除,避免这一范围在执行中被任意扩大,大幅放宽对市场主体特别是民营企业选择发包方式的限制。

前述最高人民法院裁判观点指出,虽然《必须招标的工程项目规定》系自 2018 年 6 月 1 日起实施,但将该原则适用于既往签订的合同,有利于最大限度尊重当事人的真实意思,且并无证据证明适用的结果将损害公共利益和公众安全。

013 案涉工程系商品住宅项目,鉴于国家发展改革委新规定不再将其作为必须招标的工程项目范围,可以参照新规定认定施工合同有效

【关键词】

| 建设工程 | 合同效力 | 招投标 | 住宅 |

【案件名称】

再审申请人中建三局第一建设工程有限责任公司与被申请人南宁金胤房地产有限责任公司及二审被上诉人中建三局第一建设工程有限责任公司广西分公司、中国建设银行股份有限公司武汉东西湖支行、中国建设银行股份有限公司武汉硚口支行建设工程施工合同纠纷案 [最高人民法院(2018)最高法民再 163 号民事判决书,2018.12.12]

【裁判精要】

最高人民法院认为:

一、关于案涉《建设工程施工合同》的效力问题

本院认为,根据《招标投标法》第三条及原《工程建设项目招标范围和规模标准规定》第三条第(五)项的规定,商品住宅属于必须进行招标的关系社会公共利益、公众安全的项目。原判决认定案涉项目不属于必须强制招标的工程项目范围的理由为案涉项目系金胤公司以自有资金建设且采取自主招标方式已获南宁市发改委批复同意。对此,本院认为,因南宁市发改委在《关于"龙胤·凤凰城二期"房地产项目核准的批复》中明确:"由项目法人自主决定项目工程是否招投标以及选择何种招标方式",且南宁市建设工程招标投标监督管理办公室已对案涉发承包关系进行审核,并在《发承包审核通知书》备案单位处加盖"南宁市建设工程招标投标监督管理办公室建设工程备案专用章",体现了当地行政主管部门对案涉发承包关系的认许,故金胤公司邀请中建三局等公司参与项目投标,系依据行政主管部门的行政批复实施,案涉《建设工程施工合同》未经公开招投标程序而签订,不可简单归责于金胤公司。同时本院考虑到,2017年2月21日,《国务院办公厅关于促进建筑业持续健康发展的意见》明确提出,"(二)完善招标投标制度。加快修订《工程建设项目招标范围和规模标准规定》,缩小并严格界定必须进行招标的工程建设项目范围,放宽有关规模标准,防止工程建设项目实行招标'一刀切'。在民间投资的房屋建筑工程中,探索由建设单位自主决定发包方式"。2018年3月27日,国家发展和改革委员会关于《必须招标的工程项目规定》第四条规定,不属于该规定第二条、第三条规定情形的关系社会公共利益、公众安全的项目,必须招标的具体范围由国务院发展改革部门会同国务院有关部门按照确有必要、严格限定的原则制定。其后2018年6月6日,国家发展和改革委员会颁布了《必须招标的基础设施和公用事业项目范围的规定》,进一步明确了不属于《必须招标的工程项目规定》第二条、第三条规定情形的大型基础设施、公用事业等关系社会公共利益、公众安全的项目范围,必须招标的具体范围不包括商品住宅。此情形下,案涉《建设工程施工合同》虽未经公开招投标程序而签订,但该行为的发生已不绝对地损害国家利益或者社会公共利益。参照《合同法解释(一)》第三条"人民法院确认合同效力时,对合同法实施以前成立的合同,适用当时的法律合同无效而适用合同法合同有效的,则适用合同法"的规定精神,从保护市场交易的安全稳定和诚实信用原则考虑,案涉《建设工程施工合同》现应认定有效。

中建三局还主张,《建设工程施工合同》中580日历天的工期条款因违反行政法规"不得任意压缩合理工期"的强制性规定而无效。对此,本院认为,一方面,定额工期通常依据施工规范、典型工程设计、施工企业的平均水平等多方面因素制定,虽具有合理性,但在实际技术专长、管理水平和施工经验存在差异的情况下,并不能完全准确反映不同施工企业在不同工程项目的合理工期。另一方面,本案中,中建三局作为大型专业施工企业,基于对自身施工能力及市场等因素的综合考量,经与金胤公司平等协商,在《建设工程施工合同》中约定580日历天的工期条款,系对自身权利的处分,亦为其真实意思表示,在无其他相反证据证明的情况下,不能当然推定金胤公司迫使其压缩合理工期。中建三局的该项再审主张亦缺乏事实依据,不能成立,本院不予支持。

【案例来源】

中国裁判文书网,http://wenshu.court.gov.cn。

014 双方另行签订的合同对中标合同的造价、支付方式等作出变更,依法应认定该合同无效

【关键词】

| 建设工程 | 合同效力 | 招投标 | 实质性变更 |

【案件名称】

再审申请人海南省核工业地质大队与被申请人海南琼山建筑工程公司建设工程施工合同纠纷案[最高人民法院(2017)最高法民再 249 号民事判决书, 2017. 12. 22]

【裁判精要】

最高人民法院认为:

《招标投标法》第四十六条第一款规定:"招标人和中标人应当自中标通知书发出之日起三十日内,按照招标文件和中标人的投标文件订立书面合同。招标人和中标人不得再行订立背离合同实质性内容的其他协议。"《建设工程施工合同解释》第二十一条规定:"当事人就同一建设工程另行订立的建设工程施工合同与经过备案的中标合同实质性内容不一致的,应当以备案的中标合同作为结算工程价款的根据。"

本案中,地质大队和琼山建筑公司于 2011 年 12 月 8 日依据中标文件签订《建设工程施工合同》并办理了合同备案。该合同约定:工程价款为 15816541.39 元,合同价款采用固定价格方式确定,无论工程是否有变更或工程量是否有增加或减少,工程价款均不得变更。同日,地质大队和琼山建筑公司签订的《合作合同书》约定:建成的职工住宅楼第十七层至十八层共 6 套职工宿舍套房分给琼山建筑公司;地质大队所得的 60 套住房按定死造价每平方米 2280 元结算,总造价约为 13800000 元,项目建设所需的其余建设资金由琼山建筑公司全部承担。2011 年 12 月 18 日,地质大队和琼山建筑公司签订的《补充协议书》又约定:地下室由琼山建筑公司投资建设,工程项目底层架空层临路 27 米长的场地使用权归琼山建筑公司所有;小区道路、园林绿化、围墙工程由琼山建筑公司施工,工程价款另行结算。从《合作合同书》

及《补充协议书》约定的内容看,其均涉及对案涉工程总造价及支付方式的约定,且同招标人和中标人经备案登记的《建设工程施工合同》关于案涉工程款结算的约定不同,属于对《建设工程施工合同》的实质性内容进行变更。因此,《合作合同书》和《补充协议书》因违反法律的强制性规定而无效,案涉工程款的结算应以《建设工程施工合同》为依据。

关于琼山建筑公司主张依据《建设工程施工合同》结算显失公平的问题。《最高人民法院关于贯彻执行〈中华人民共和国民法通则〉若干问题的意见(试行)》第七十二条规定:"一方当事人利用优势或者对方没有经验,致使双方的权利与义务明显违反公平、等价有偿原则的,可以认定为显失公平。"本案中,琼山建筑公司并未提交证据证明其作为投标人与招标人地质大队依据招投标文件签订《建设工程施工合同》存在一方利用优势地位或对方没有经验的情形,且合同显失公平并非认定合同无效的事由,依据《合同法》的相关规定,合同显失公平是合同予以撤销的法定事由。因此,琼山建筑公司的该项主张不能成立。

【案例来源】

中国裁判文书网,http://wenshu.court.gov.cn。

015 案涉工程属于应当招标项目,发包人未经过招投标程序即与承包人签订施工合同,应认定该合同无效

【关键词】

| 建设工程 | 合同效力 | 招投标 |

【案件名称】

再审申请人江西省宜轩投资实业有限公司与被申请人湖北玉立华隆建筑工程有限责任公司、原审被告江西省第一房屋建筑公司、原审第三人徐胜甫建设工程分包合同纠纷案 [最高人民法院(2016)最高法民再 311 号民事判决书,2017.6.10]

【裁判精要】

最高人民法院认为:

(一)关于案涉《合作协议书》是否有效的问题

宜轩公司申请再审关于宜轩公司将案涉工程发包给玉立公司未经招投标程序,故《合作协议书》无效的主张,应予支持。第一,现行法律、行政法规等对特定建设工程进行施工,必须进行招标已有明确规定。《招标投标法》第三条规定:"在中华人民共和国境内进行下列工程建设项目包括项目的勘察、设计、施工、监理以及与工程

建设有关的重要设备、材料等的采购,必须进行招标:(一)大型基础设施、公用事业等关系社会公共利益、公众安全的项目;(二)全部或者部分使用国有资金投资或者国家融资的项目;(三)使用国际组织或者外国政府贷款、援助资金的项目。前款所列项目的具体范围和规模标准,由国务院发展计划部门会同国务院有关部门制订,报国务院批准。法律或者国务院对必须进行招标的其他项目的范围有规定的,依照其规定。"2009年2月23日,都江堰市发展和改革局《关于下达胥家镇实新村统规统建房建设工程投资计划及核准招标事项的通知》可知,核准案涉项目工程进行招标,招标方式为邀请招标。因此,案涉工程属于应当招标项目。而案涉《合作协议书》签订时间是2009年2月28日,约定的是宜轩公司将已指定江西一建作为总包单位的案涉工程,通过玉立公司指派项目经理应聘江西一建项目部经理组建项目部,再与江西一建签订《内部承包合同》的方式让玉立公司实际承建该工程。案涉《合作协议书》约定的权利义务与《内部承包合同》的权利义务是同一权利义务,不能重复享有和履行。玉立公司指定的项目部向江西一建交纳工程总价款1%的管理费,该款由甲方支付乙方工程款中按比例代扣。可见,宜轩公司是将指定给江西一建总包的案涉工程,又通过与玉立公司签订《合作协议书》方式再次发包给玉立公司施工。但该再次发包行为未经过任何招投标程序。而且,2011年5月3日的《中标通知书》载明的中标案涉工程单位仍是江西一建。依照《建设工程施工合同解释》第一条第(三)项"建设工程施工合同具有下列情形之一的,应当根据合同法第五十二条第(五)项的规定,认定无效:(三)建设工程必须进行招标而未招标或者中标无效的"规定,宜轩公司与玉立公司签订的《合作协议书》无效。

【案例来源】

中国裁判文书网,http://wenshu.court.gov.cn。

016 案涉工程项目不属于《招标投标法》规定的必须招标的工程范围,是否经过招投标并不影响案涉工程施工合同的效力

【关键词】

| 建设工程 | 合同效力 | 招投标 |

【案件名称】

上诉人江苏省苏中建设集团股份有限公司与被上诉人包头市恒源房地产开发有限责任公司建设工程施工合同纠纷案[最高人民法院(2018)最高法民终620号民事判决书,2019.5.7]

【裁判精要】

最高人民法院认为：

一、关于案涉《建设工程施工合同》效力的问题

《招标投标法》第三条第一款规定："在中华人民共和国境内进行下列工程建设项目包括项目的勘察、设计、施工、监理以及与工程建设有关的重要设备、材料等的采购，必须进行招标：（一）大型基础设施、公用事业等关系社会公共利益、公众安全的项目；（二）全部或者部分使用国有资金投资或者国家融资的项目；（三）使用国际组织或者外国政府贷款、援助资金的项目。"该条规定的主要立法目的和功能在于，一是规制大型基础设施、公用事业等关系社会公共利益、公众安全的项目建设，即强调的是对诸如民生工程等公共事务范畴的规制；二是规制国有资金或者国际组织、外国政府借款、援助资金等公共资金的使用效益，防止在使用该类资金的工程项目中的资金被滥用。因此，对于必须进行招标的工程项目，应严格限定而不得随意扩大其范围，除非法律、行政法规或根据其授权颁布实施的其他规范性文件另有明确规定，否则，对于纯民营资本投资且不涉及社会公共利益、公众安全的建设工程，一般不应认定为属于必须进行招标的工程项目范围。

《招标投标法》第三条第二款规定："前款所列项目的具体范围和规模标准，由国务院发展计划部门会同国务院有关部门制订，报国务院批准。"由于《招标投标法》第三条第一款并未明确界定"大型基础设施、公用事业等关系社会公共利益、公众安全的项目"的范围，加之该款对国有资金的范围亦未进一步明确，故对本案工程是否属于该法规定的必须进行招标的范围，还需根据该法第三条第二款的规定指引，结合国务院发展计划部门制定并报国务院批准发布的规范性文件的具体规定加以判定。

国家发展计划委员会制定并经国务院批准后发布的《工程建设项目招标范围和规模标准规定》[2000年5月1日起实施，现已被《国务院关于〈必须招标的工程项目规定〉的批复》(2018年3月8日发布，2018年3月8日实施)所废止]第二条规定："关系社会公共利益、公众安全的基础设施项目的范围包括：（一）煤炭、石油、天然气、电力、新能源等能源项目；（二）铁路、公路、管道、水运、航空以及其他交通运输业等交通运输项目；（三）邮政、电信枢纽、通信、信息网络等邮电通讯项目；（四）防洪、灌溉、排涝、引(供)水、滩涂治理、水土保持、水利枢纽等水利项目；（五）道路、桥梁、地铁和轻轨交通、污水排放及处理、垃圾处理、地下管道、公共停车场等城市设施项目；（六）生态环境保护项目；（七）其他基础设施项目。"第三条规定："关系社会公共利益、公众安全的公用事业项目的范围包括：（一）供水、供电、供气、供热等市政工程项目；（二）科技、教育、文化等项目；（三）体育、旅游等项目；（四）卫生、社会福利等项目；（五）商品住宅，包括经济适用住房；（六）其他公用事业项目。"第四条规定："使用国有资金投资项目的范围包括：（一）使用各级财政预算资金的项目；（二）使用纳入财政管理的各种政府性专项建

设基金的项目;(三)使用国有企业事业单位自有资金,并且国有资产投资者实际拥有控制权的项目。"本案中,案涉工程建设的项目内容是酒店、写字楼、商业、地下停车场及附属设备用房。工程开始施工于2011年,2015年竣工验收,2017年当事人对结算事宜达成一致。从行为发生时有效的上述规范性法律文件的规定看,本案工程显然不属于《工程建设项目招标范围和规模标准规定》第二条规定的关系社会公共利益、公众安全的基础设施项目的范围。此外,恒源公司为"有限责任公司(自然人独资)",故案涉工程也非《工程建设项目招标范围和规模标准规定》第四条规定的使用国有资金投资项目的范围。而从《工程建设项目招标范围和规模标准规定》第三条规定的表述看,亦未明确将五星级酒店、写字楼、商业、地下停车场及附属设备用房工程纳入"关系社会公共利益、公众安全的公用事业项目的范围",将案涉工程认定为必须招标的工程项目,依据不足。

此外,国家发展和改革委员会制定并经国务院批准后发布的《必须招标的工程项目规定》(2018年6月1日起施行)第四条规定:"不属于本规定第二条、第三条规定情形的大型基础设施、公用事业等关系社会公共利益、公众安全的项目,必须招标的具体范围由国务院发展改革部门会同国务院有关部门按照确有必要、严格限定的原则制订,报国务院批准。"对此,国家发展和改革委员会制定并经国务院批准后发布的《必须招标的基础设施和公用事业项目范围规定》(2018年6月6日起施行)第二条规定:"不属于《必须招标的工程项目规定》第二条、第三条规定情形的大型基础设施、公用事业等关系社会公共利益、公众安全的项目,必须招标的具体范围包括:(一)煤炭、石油、天然气、电力、新能源等能源基础设施项目;(二)铁路、公路、管道、水运,以及公共航空和A1级通用机场等交通运输基础设施项目;(三)电信枢纽、通信信息网络等通信基础设施项目;(四)防洪、灌溉、排涝、引(供)水等水利基础设施项目;(五)城市轨道交通等城建项目。"可见,对于必须进行招标的"大型基础设施、公用事业等关系社会公共利益、公众安全的项目",虽然《工程建设项目招标范围和规模标准规定》第三条的表述并不非常明确清晰,但从行政主管部门依法进一步明确的必须招标的工程项目的范围看,案涉工程显然并非必须招标的工程项目。

综上所述,案涉工程项目并不属于《招标投标法》第三条规定的必须招标的工程范围,是否经过招投标并不影响案涉《建设工程施工合同》的效力。因此,本院认为,案涉《建设工程施工合同》系当事人真实意思表示,并不违反法律、行政法规的强制性规定,应为有效;一审判决认定案涉《建设工程施工合同》无效,是错误的,本院予以纠正。

【案例来源】

中国裁判文书网,http://wenshu. court. gov. cn。

017 中标通知书对投标文件的价格和工期作出了实质性变更，应认定施工合同无效

【关键词】

|建设工程|合同效力|招投标|实质性变更|

【案件名称】

上诉人中建二局第四建筑工程有限公司与上诉人通辽京汉置业有限公司建设工程施工合同纠纷案 [最高人民法院（2018）最高法民终 244 号民事判决书，2018.12.29]

【裁判精要】

最高人民法院认为：

一、关于案涉《合同协议书》的效力问题

《招标投标法》第三十七条规定，评标由招标人依法组建的评标委员会负责。依法必须进行招标的项目，其评标委员会由招标人的代表和有关技术、经济等方面的专家组成，成员人数为五人以上单数，其中技术、经济等方面的专家不得少于成员总数的三分之二。前款专家应当从事相关领域工作满八年并具有高级职称或者具有同等专业水平，由招标人从国务院有关部门或者省、自治区、直辖市人民政府有关部门提供的专家名册或者招标代理机构的专家库内的相关专业的专家名单中确定；一般招标项目可以采取随机抽取方式，特殊招标项目可以由招标人直接确定。本案所涉工程项目依法属于必须进行招标的项目，而 2007 年 7 月 3 日该项目进行招标活动并没有邀请行政主管部门人员参加，参加投标报价的评委均为京汉置业公司工作人员，未从评标委员会专家库中提选专家评委。原审判决认定招标程序不规范，并无不当。

《招标投标法》第四十三条规定，在确定中标人前，招标人不得与投标人就投标价格、投标方案等实质性内容进行谈判。第五十九条规定，招标人与中标人不按照招标文件和中标人的投标文件订立合同的，或者招标人、中标人订立背离合同实质性内容的协议的，责令改正；可以处中标项目金额千分之五以上千分之十以下的罚款。本案中，中建二局四公司于 2007 年 6 月 25 日向建设单位发出投标书，总工期 299 日历天，计划开工日期 2007 年 7 月 6 日，计划竣工日期 2008 年 6 月 30 日，报价总金额 33967665.5 元。2007 年 7 月 3 日，中建二局四公司向京汉置业公司出具承诺书，承诺同意全部工程总工期为 299 日历天，合同价款为 2906 万元。2007 年 7 月 4 日，京汉置业公司向中建二局四公司发出中标通知书：根据京汉·新城一期住宅一标段施工总承包工程招标文件和中建二局四公司于 2007 年 6 月 25 日提交的投标

文件和末次谈判情况,经评标委员会评审,确定中建二局四公司为该工程的中标人。总工期299日历天,计划开工日期2007年7月6日,计划竣工日期2008年4月28日,中标价格2906万元。中标通知书对中建二局四公司投标文件的价格和工期均作出了实质性变更,违反了相关法律规定。原审判决认定案涉《建设工程施工合同》无效,并无不当。京汉置业公司主张案涉合同有效,缺乏法律依据,本院不予支持。

【案例来源】

中国裁判文书网,http://wenshu.court.gov.cn。

018 双方在招投标之前对工程进行实质性内容的磋商并签订施工合同,应认定施工合同无效

【关键词】

| 建设工程 | 合同效力 | 招投标 |

【案件名称Ⅰ】

上诉人陕西秦安建设工程有限公司与上诉人华亭中驰房地产开发有限公司建设工程施工合同纠纷案 [最高人民法院(2016)最高法民终794号民事判决书,2018.3.23]

【裁判精要】

最高人民法院认为:

案涉工程属于《招标投标法》第三条第一款第(一)项规定的必须进行招标的工程项目,虽然2013年3月18日秦安公司与中驰公司经过招投标签订了《建设工程施工合同》,但早在2012年9月27日,双方已经就该工程项目签订了《建筑工程施工合同补充协议书》,确定秦安公司为案涉工程承包方,并约定了案涉建设工程合同的实质性内容。根据《招标投标法》第四十三条、第五十五条规定,在确定中标人之前,招标人不得与投标人就投标价格、投标方案等实质性内容进行谈判。案涉建设工程的招投标行为违反了法律的强制性规定,属于名标暗定的虚假招投标。依据《建设工程施工合同解释》第一条第(三)项之规定,双方就案涉工程签订的《建筑工程施工合同补充协议书》、两份《建设工程施工合同》及《补充协议》应为无效。一审法院虽然查明了上述事实,但认为案涉《建设工程施工合同》及《补充协议》系当事人通过合法招投标程序签订的有效施工合同,适用法律错误,本院予以纠正。

【案例来源】

中国裁判文书网,http://wenshu.court.gov.cn。

【案件名称Ⅱ】

上诉人远海建工（集团）有限公司与上诉人新疆厚德置业有限公司哈密分公司、被上诉人新疆厚德置业有限公司建设工程施工合同纠纷案［最高人民法院（2016）最高法民终 736 号民事判决书，2017. 3. 30 ］

【裁判精要】

最高人民法院认为：

关于焦点一，《建安工程施工补充协议》及《建设工程施工合同》的效力如何认定的问题。

《招标投标法》第四十三条规定："在确定中标人前，招标人不得与投标人就投标价格、投标方案等实质性内容进行谈判"；第五十五条规定："依法必须进行招标的项目，招标人违反本法规定，与投标人就投标价格、投标方案等实质性内容进行谈判的，给予警告，对单位直接负责的主管人员和其他直接责任人员依法给予处分。前款所列行为影响中标结果的，中标无效。"案涉工程的性质为商品住宅，施工合同估算价超过 200 万元，依据《招标投标法》第三条、《工程建设项目招标范围和规模标准规定》第三条、第七条之规定，属于必须进行招标的项目。双方当事人对于必须进行招标的项目，在招标开始前就签订了《建安工程施工补充协议》，确定了远海公司为施工人，并对工程范围、工期、工程价款等作了具体明确的约定，属于就"实质性内容进行谈判"的情形，违反了《招标投标法》第四十三条规定，故两份《建安工程施工补充协议》应为无效。同时，上述行为影响中标结果，依据《招标投标法》第五十五条规定，中标应认定无效。中标无效后，根据《建设工程施工合同解释》第一条规定，中标后签订的《建设工程施工合同》亦应认定无效，一审判决对此认定并无不当。远海公司主张《建安工程施工补充协议》及《建设工程施工合同》因缔约主体均为分公司、不具备相应资质而应认定无效，但根据《公司法》第十四条规定"分公司不具有法人资格，其民事责任由公司承担"，故虽然《建安工程施工补充协议》及《建设工程施工合同》的缔约主体为分公司，但行为后果和民事责任均由远海公司和厚德公司承担，而根据远海公司提交的资料记载，远海公司具备对案涉工程进行施工的施工资质。故远海公司关于这一点的上诉理由不能成立。

【案例来源】

中国裁判文书网，http://wenshu. court. gov. cn。

【案件名称Ⅲ】

再审申请人湖南湘源建设工程有限公司与被申请人湖南千足珍珠有限公司建

设工程施工合同纠纷案［最高人民法院（2016）最高法民再 123 号民事判决书，
2016.12.27］

【裁判精要】

最高人民法院认为：

（一）关于案涉合同效力问题

根据查明事实，在招投标之前，2007 年 4 月 27 日，湘源公司与千足珍珠公司即
签订《建设工程施工合同》，双方对于工程内容、工期、合同总价款等进行了明确约
定。2007 年 5 月，千足珍珠公司启动邀请招投标程序，并编制了相应的招标文件。
湘源公司按照招标文件的要求编制投标文件，于 2007 年 7 月 2 日以投标总价
6864000 元的价格进行了投标。2007 年 7 月 12 日，千足珍珠公司委托的招标代理机
构湖南英邦工程建设咨询有限公司向湘源公司发出中标通知书，通知由湘源公司中
标"常德洞庭珍珠城加工参观厂房建设工程"，中标价格为 6864000 元，并要求湘源
公司收到中标通知书后十日内与千足珍珠公司签订承包合同。

2007 年 7 月 17 日，千足珍珠公司与湘源公司再次签订了《建设工程施工合同》。
2007 年 7 月 18 日，湘源公司与千足珍珠公司签订《建设工程施工合同补充协议》。

本院认为，根据《招标投标法》，千足珍珠公司在确定中标人前，就施工合同实质
性内容与湘源公司进行谈判磋商。即本应通过法定招标投标程序选定中标人承包
讼争工程，启动招标程序前，已经确定讼争工程中标人（承包人）并就工程的施工范
围、工期、价款、质量标准、结算方式、违约责任等施工合同应当具备的实质性内容达
成共识并直接订立合同。合同当事人旨在通过"明招暗定"形式规避《招标投标法》
等法律、行政法规规定，排斥和损害其他潜在投标人通过竞标方式中标后取得讼争
工程承包建设的合法权益，客观上扰乱建筑市场经济秩序。《招标投标法》四十三条
规定：在确定中标人前，招标人不得与投标人就投标价格、投标方案等实质性内容进
行谈判。第五十五条规定：依法必须进行招标的项目，招标人违反本法规定，与投标
人就投标价格、投标方案等实质性内容进行谈判的，给予警告，对单位直接负责的主
管人员和其他直接责任人员依法给予处分。前款所列行为影响中标结果的，中标无
效。《建设工程施工合同解释》第一条亦规定，"建设工程施工合同具有下列情形之
一的，应当根据合同法第五十二条第（五）项的规定，认定无效：……（三）建设工程
必须进行招标而未招标或者中标无效的"。

建设工程事关公众安全和社会公共利益，是百年大计，当事人契约自由的私权
原则不得违背和对抗保障公众安全和社会公共利益的立法宗旨和立法目的，不得损
害其他潜在投标人通过竞标取得讼争工程项目的建设权益，不得扰乱建筑市场公平
竞争的经济秩序。在本案讼争工程项目启动招投标程序前，双方已就以后应当通过
招投标程序确定的施工范围、工期、结算方式等实质性内容进行谈判并作出具体约

定,违反了《招标投标法》第四十三条、第五十五条以及《建设工程施工合同解释》第一条规定,中标无效,以此签订的《建设工程施工合同》亦无效。一审、二审法院认定系列合同有效属适用法律不当,本院予以纠正。

【权威解析】

根据《招标投标法》的规定,招标人根据投标人的投标文件综合评比后确定中标人,并应同时将中标结果告知所有未中标的投标人。招标人和中标人应按招标文件和中标人的投标文件订立书面合同,不得再行订立背离合同实质性内容的其他协议。即招标人与中标人签订合同内容,需要遵循公平、公正、公开原则,不得背离招标文件和中标文件的实质性内容。

实践中黑白合同在签订时间上存在多种状态:一是与中标内容不一致的合同在中标合同之前签订,根据《招标投标法》的规定,在确定中标人前,招标人不得与投保人就投标价格、投标方案等实质性内容进行谈判,若该行为影响中标结果的,中标无效。投标人不得与招标人串通投标,损害国家利益、社会公共利益或者他人的合法权益。对于中标合同之前签订的合同,可以根据情形,前一个合同为就实质性内容进行谈判或串通投标,应为无效;后一个招投标合同,根据《招标投标法》第五十三条的规定,中标无效,建设工程施工合同亦应无效,即两个合同均为黑合同。比如,最高人民法院(2016)最高法民再123号再审申请人湖南湘源建设工程有限公司与被申请人湖南千足珍珠有限公司建设工程施工合同纠纷案。二是实践中比较普遍的与中标合同实质性内容不一致的合同在中标合同之后签订,根据《建筑法》、《招标投标法》及相关司法解释的规定,如果工期、工程价款、工程项目性质等实质性内容发生变更的,应当以经过备案的中标合同作为工程价款结算依据。[①]

【案例来源】

中国裁判文书网,http://wenshu.court.gov.cn。

编者说明

对依法必须进行招标的建设工程项目,如果在履行法定招标投标程序之前,招标人即与投标人签订了建设工程施工合同,应当如何认定该合同的效力。对此,《招标投标法》第四十三条规定,在确定中标人前,招标人不得与投标人就投标价格、投标方案等实质性内容进行谈判。该规定对实现《招标投标法》的立法目的,即规范招标投标活动,保护国家利益、社会公共利益和招标投标活动当事人的合法权益,保证项目质量具有重要意义。相比

---

① 参见李琪:《建设工程施工合同纠纷案件审理中的疑难问题》,载最高人民法院民事审判第一庭编:《民事审判指导与参考》(总第68辑),人民法院出版社2017年版,第68页。

较"在确定中标人前,招标人不得与投标人就投标价格、投标方案等实质性内容进行谈判",在进行招标投标之前就在实质上先行确定了工程承包人,是对《招标投标法》更为严重的违反。举轻以明重,应当认定当事人的行为违反了法律强制性规定中的效力性规定,故该建设工程施工合同应为无效。①

依法必须进行招投标的工程项目,虽然经过招投标,但招标人与投标人就投标价格、投标方案等实质性内容进行谈判,影响中标结果的,中标无效。中标无效,意味着缺乏有效承诺,施工合同相应无效。明招暗定,是实践中较为常见的中标无效情形。

019　发承包双方在招投标之前进行实质性内容的磋商并签订施工合同,违反了《招标投标法》的强制性规定,应认定施工合同无效

【关键词】

│建设工程│合同效力│招投标│实质性内容│

【案件名称】

上诉人安徽盛仁投资有限公司与被上诉人伟基建设集团有限公司、一审被告滁州城市职业学院建设工程施工合同纠纷案［最高人民法院（2017）最高法民终518号民事判决书,2018.4.8］

【裁判精要】

最高人民法院认为:

（一）关于盛仁投资公司与伟基建设公司签订的《建筑工程施工合同》及《滁州城市职业学院新校区一期工程补充协议》效力的问题

经一审查明,案涉工程项目为滁州城市职业学院新校区建设项目,合同暂定价为2.805亿元,且为政府融资采购项目,属于《招标投标法》第三条及国家发展和改革委员会《工程建设项目招标范围和规模标准规定》第七条规定的必须进行招投标工程。该工程项目于2012年3月8日公开开标,2012年3月9日伟基建设公司收到中标通知书。而在此之前的2012年2月16日,盛仁投资公司与伟基建设公司已就案涉工程签订了《建筑工程施工合同》,对施工范围、开工日期、工程价款和违约责任等内容进行了详细约定。2012年3月12日,盛仁投资公司与伟基建设公司又签订《滁州城市职业学院新校区一期工程补充协议》,该协议明确约定"双方的工程履行

---

① 参见本书研究组:《在履行法定招标投标程序之前,招标人与投标人签订的建设工程施工合同无效》,载最高人民法院民事审判第一庭编:《民事审判指导与参考》（总第39集）,法律出版社2010年版,第290页。

范围、规模和滁州城市学院新校区一期工程结算均以 2012 年 2 月 16 日双方签署的滁州城市学院新校区工程《建筑工程施工合同》为准"。二审庭审中,盛仁投资公司亦承认中标通知书是为了办理施工许可证手续委托招标公司办理的。可见,双方在进行招投标程序之前已经对案涉工程进行了实质性内容的磋商,并签订《建筑工程施工合同》,招投标只是双方根据主管部门的要求履行的形式上的手续。双方的上述行为明显违反了《招标投标法》的强制性规定,所签订的《建筑工程施工合同》及《滁州城市职业学院新校区一期工程补充协议》均应认定为无效。上诉人盛仁投资公司关于案涉合同有效的上诉理由没有法律依据。

【案例来源】

中国裁判文书网,http://wenshu. court. gov. cn。

020　个人借用他人名义签订施工合同,双方就工程实质性内容在招投标之前即沟通并交纳履约保证金,构成串通投标,应认定施工合同均无效

【关键词】

│建设工程│合同效力│招投标│串通投标│

【案件名称】

上诉人安徽亚坤建设集团有限公司与上诉人蒙城广联置业有限公司、原审第三人刘谋权建设工程施工合同纠纷案[最高人民法院(2018)最高法民终 416 号民事判决书,2018. 12. 27]

【裁判精要】

最高人民法院认为:

一、关于 2010 年 11 月 28 日《建设工程施工合同》的效力问题

一审查明,广联公司与亚坤公司于 2010 年 11 月 28 日签订的《建设工程施工合同》是双方在建设行政主管部门登记备案的合同。但在案涉工程招投标及该合同签订之前的 2010 年 3 月,经亚坤公司总经理魏则元介绍,刘谋权即与广联公司法定代表人张涛就案涉工程的具体事项进行过协商,并于 2010 年 10 月 8 日将 1000 万元履约保证金通过亚坤公司账户汇至广联公司汇通财富广场项目基本账户。后广联公司与亚坤公司又于 2010 年 10 月 15 日签订一份《建设工程施工合同补充协议》。上述事实说明,2010 年 11 月 28 日《建设工程施工合同》系刘谋权借用有施工资质的亚坤公司名义与广联公司签订,双方就案涉工程的实质性内容在招投标之前即进行了

沟通,属于串通投标行为。根据《建设工程施工合同解释》第一条之规定,该《建设工程施工合同》无效。一审判决对此认定正确,本院予以维持。广联公司上诉所提该合同有效的理由,与本案事实不符,本院不予支持。

【案例来源】

中国裁判文书网,http://wenshu.court.gov.cn。

021 发承包双方先签订临时施工协议并实际进场施工,且双方签订的施工合同时间早于中标时间,明招暗定,应认定施工合同无效

【关键词】

│建设工程│合同效力│招投标│明招暗定│

【案件名称】

上诉人牡丹江市第一人民医院与上诉人黑龙江四海园建筑工程有限公司建设工程施工合同纠纷案［最高人民法院（2018）最高法民终 828 号民事判决书,2018.10.31］

【裁判精要】

最高人民法院认为:

一、关于案涉建设工程施工合同效力问题

根据已查明的事实,四海园公司与第一医院于 2012 年 6 月 15 日签订《临时施工协议》,主要内容为:第一医院扩建项目的施工招标手续正在办理中,定于 2012 年 6 月 27 日正式开工建设,故同意四海园公司先期进入施工现场,先进行基坑挖掘、护壁桩打桩、降水等工程施工。四海园公司遂于 2012 年 6 月 28 日进场施工。四海园公司与第一医院签订《黑龙江省建设工程施工合同》的时间为 2013 年 6 月 26 日,而第一医院向四海园公司发出《中标通知书》的时间为 2013 年 7 月 1 日。根据上述事实,应认定本案存在先签订《临时施工协议》并实际进场施工,且双方签订的案涉施工合同时间早于中标时间,明招暗定,违反《招标投标法》第四十三条关于"在确定中标人前,招标人不得与投标人就投标价格、投标方案等实质性内容进行谈判"的规定。《建设工程施工合同解释》第一条规定:"建设工程施工合同具有下列情形之一的,应当根据合同法第五十二条第（五）项的规定,认定无效:……（三）建设工程必须进行招标而未招标或者中标无效的。"原审判决认定案涉《黑龙江省建设工程施工合同》无效,证据充分,适用法律正确,本院予以确认。第一医院上诉主张四海园公司 2012 年 6 月进场施工的基坑挖掘、护壁桩打桩、降水等工程内容并非招标的工程施工范围,故施工合同有效。但是,根据双方签订的《黑龙江省建设工程施工合同》

内容,四海园公司承包范围包括土建工程,而第一医院自认基坑挖掘、护壁桩打桩、降水等工程内容与本案有关联,系案涉工程的地下部分,故第一医院以四海园公司先进场施工的工程不属于案涉施工合同项下工程内容为由主张合同有效,理由不能成立,本院不予支持。

【案例来源】

中国裁判文书网,http://wenshu. court. gov. cn。

022 双方当事人先进行施工,后进行招投标和签订施工合同,属于"先定后招"的违法行为,应认定施工合同无效

【关键词】

│建设工程│合同效力│招投标│明招暗定│

【案件名称】

上诉人成都市青羊区建筑工程总公司与被上诉人银川望远工业园区管理委员会建设工程施工合同纠纷案［最高人民法院（2019）最高法民终 44 号民事判决书,2019.4.4］

【裁判精要】

最高人民法院认为:

一、关于案涉施工合同是否有效的问题

《建设工程施工合同解释》第一条规定:"建设工程施工合同具有下列情形之一的,应当根据合同法第五十二条第(五)项的规定,认定无效:……(三)建设工程必须进行招标而未招标或者中标无效的。"案涉工程系政府计划投资建设的城市基础设施项目,属于《招标投标法》第三条规定必须进行招投标的项目。本案青羊公司于2013 年 4 月对案涉工程进行施工,望远管委会于 2014 年 6 月完成案涉工程的招投标手续并于 2014 年 7 月 7 日通知青羊公司中标,之后双方签订案涉《建设工程施工合同》,由此可见,双方当事人先进行施工,后进行招投标和签订施工合同,明显属于"先定后招"的违法行为,应属无效。故一审认定青羊公司与望远管委会签订的《建设工程施工合同》违反《建设工程施工合同解释》及《招标投标法》等法律、司法解释的效力性强制性规定而无效是正确的,青羊公司关于案涉施工合同有效的上诉主张及理由缺乏事实和法律依据,不能成立,本院不予支持。

【案例来源】

　　中国裁判文书网,http://wenshu.court.gov.cn。

023　**发承包双方先签订施工合同补充协议,对施工合同内容进行了实质性约定,后履行招投标手续并签订施工合同,属于先定后招,应认定施工合同无效**

【关键词】

　　│建设工程│合同效力│招投标│先定后招│

【案件名称】

　　上诉人江苏弘盛建设工程集团有限公司与上诉人山东华城金冠置业有限公司建设工程施工合同纠纷案［最高人民法院（2018）最高法民终410号民事判决书,2018.8.22］

【裁判精要】

　　最高人民法院认为:

　　涉案工程涉及社会公共利益及公众安全,属于《招标投标法》第三条规定必须进行招投标的范畴,而本案双方当事人2011年11月6日签订《工程施工合同补充协议》,对施工合同内容进行了实质性约定,2012年12月才对涉案工程履行招投标手续,2012年12月30日签订《建设工程施工合同》,明显属于先定后招,违反了法律、法规的强制性规定。因此,一审法院认定双方当事人之间涉案施工合同因违反《招标投标法》《建设工程施工合同解释》相关条款的规定而无效,认定正确。华城金冠公司作为专业房地产开发企业,江苏弘盛公司作为专业施工企业,对上述行为违反法律、行政法规的禁止性规定应为明知,对涉案合同无效均存缔约过错。对于施工合同无效,讼争建设工程项目权利人、发包人、招标人华城金冠公司应当承担主要过错责任,江苏弘盛公司作为建筑企业明知违法而参与、配合违规招投标行为,亦应当对合同无效承担相应的过错责任。

【案例来源】

　　中国裁判文书网,http://wenshu.court.gov.cn。

024 发承包双方在招投标之前即签订承包协议，就工程范围、质量、工期、竣工结算等实质性内容进行了约定，构成串通投标

【关键词】

| 建设工程 | 合同效力 | 招投标 | 串通投标 |

【案件名称】

上诉人歌山建设集团有限公司与上诉人滁州市顺福房地产开发有限公司建设工程施工合同纠纷案［最高人民法院（2018）最高法民终 821 号民事判决书，2018.11.29］

【裁判精要】

最高人民法院认为：

一、关于案涉工程项目合同的效力问题

原审查明，案涉工程为商品住宅项目，根据《招标投标法》第三条第一款、国家发展计划委员会发布的《工程建设项目招标范围和规模标准规定》第三条的规定，属于依法必须进行招标的工程项目。但歌山公司与顺福公司在尚未招投标之前，即于2010 年 4 月 26 日签订《工程施工承包协议》，确定歌山公司为案涉工程的承包人，并就工程范围、质量、工期、工程款支付进度、竣工结算等实质性内容进行了约定。《招标投标法》第三十二条第二款规定："投标人不得与招标人串通投标，损害国家利益、社会公共利益或他人的合法权益"；第四十三条规定："在确定中标人前，招标人不得与投标人就投标价格、投标方案等实质性内容进行谈判。"歌山公司与顺福公司的行为违反了上述规定，属于串通投标。《建设工程施工合同解释》第一条规定："建设工程施工合同具有下列情形之一的，应当根据合同法第五十二条第（五）项的规定，认定无效：……（三）建设工程必须进行招标而未招标或者中标无效的。"据此，原判决认定歌山公司与顺福公司签订的《工程施工承包协议》《建设工程施工合同》及相关补充协议均属无效，有事实及法律依据。

歌山公司上诉提出，案涉工程为民营投资的商品住宅项目，建设施工合同不应因招投标问题被认定无效。对此，虽然住房和城乡建设部于 2014 年先后下发《关于开展建筑业改革发展试点工作的通知》《关于推进建筑业发展和改革的若干意见》（建市〔2014〕92 号）等文件，指出要调整非国有资金投资项目发包方式，试行非国有资金投资项目建设单位自主决定是否进行招标发包，但本案工程系采取招标发包形式，则招投标程序应符合《招标投标法》的相关规定；另外，一审判决之后的 2018 年 3月 27 日，国家发展和改革委员会经国务院批准发布《必须招标的工程项目规定》（2018 年 6 月 1 日起实施），其中未将民营投资的商品住宅项目纳入必须招标范围，但该规定同时要求"不属于本规定第二条、第三条规定情形的大型基础设施、公用事

业等关系社会公共利益、公众安全的项目,必须招标的具体范围由国务院发展改革部门会同国务院有关部门按照确有必要、严格限定的原则制订,报国务院批准",在目前尚未有具体范围的情况下,一审判决依据当时尚有效实施的《工程建设项目招标范围和规模标准规定》及相关法律、司法解释规定,对案涉合同效力作出的认定,本院予以维持。歌山公司的该项上诉主张,理据不足,本院不予支持。

【案例来源】

中国裁判文书网,http://wenshu.court.gov.cn。

025 双方在招投标之前就工程先行磋商,签订协议,承包人对该工程的中标无效

【关键词】

│建设工程│合同效力│招投标│

【案件名称Ⅰ】

上诉人安阳中广发汇成置业有限公司与被上诉人杭州建工集团有限责任公司建设工程施工合同纠纷案［最高人民法院（2019）最高法民终 275 号民事判决书,2019.5.22］

【裁判精要】

最高人民法院认为:

关于争议焦点一,根据已查明的事实,《20121105 补充合同》形成于经过备案的《20140602 施工合同》之前,且后者条文中明确约定双方工程管理、结算以《20121105 补充合同》为依据,而《20140602 施工合同》系经过招投标程序签订的施工合同。上述事实表明,中广发公司与杭建工公司之间存在"先定后招、明招暗定"的行为,该行为违反了《招标投标法》第四十三条"在确定中标人前,招标人不得与投标人就投标价格、投标方案等实质性内容进行谈判"之规定,损害了其他投标人的利益。结合《合同法》第五十二条第（五）项"违反法律、行政法规的强制性规定"的合同无效之规定,《20121105 补充合同》及《20140602 施工合同》均属无效。而《20140828 补充协议》、《20150321 洽谈记录》及《20150416 补充协议》均系双方在案涉工程施工过程中对施工进度、工程进度款支付、已完工程量确认、资金占用费以及违约金等事项作出的约定,系双方真实意思表示且不违反法律、行政法规的禁止性规定,合法有效。一审对于上述五份协议的效力认定适用法律有瑕疵,但对上述五份合同的效力认定正确,应予维持。

【案例来源】

中国裁判文书网,http://wenshu. court. gov. cn。

【案件名称Ⅱ】

上诉人苏中市政工程有限公司与上诉人全椒奥莱祥能置业有限公司建设工程施工合同纠纷案［最高人民法院（2018）最高法民终1206号民事判决书，2019.4.18］

【裁判精要】

最高人民法院认为：

一、关于案涉《建设工程施工合同》《补充协议（一）》《补充协议（二）》是否有效的问题

奥莱祥能公司与苏中市政公司就案涉工程于2011年12月17日签订《补充协议（一）》,对工程内容、承包方式、工程造价计算方式、工程款结算与支付、履约保证金、工期等进行了约定。2012年1月17日,奥莱祥能公司在全椒县招标采购中心对案涉工程公开招标,苏中市政公司中标,中标标价为壹亿贰仟玖佰玖拾叁万元整。2012年3月18日,奥莱祥能公司与苏中市政公司签订《建设工程施工合同》。案涉工程范围为同乐路、纬七路（滁全路—同乐路）土石方工程,道路工程,桥涵工程,雨污排水工程等,属关系社会公共利益、公众安全的基础设施项目,中标价格为1亿元以上。依据案涉工程招投标时仍然有效的《工程建设项目招标范围和规模标准规定》第二条、第七条规定,案涉工程项目属必须进行招标的工程。苏中市政公司与奥莱祥能公司在招投标之前就案涉工程先行磋商,签订《补充协议（一）》,根据《招标投标法》第四十三条规定,苏中市政公司对案涉工程的中标无效。案涉《建设工程施工合同》第一部分协议书的第六条组成合同的文件约定"组成本合同的文件包括：1. 本合同协议书。11. 发包人与承包人签订的'京沪高铁滁州站南区现代服务业产业园道路工程补充协议（一）',双方有关工程的洽商、变更等书面协议或文件视为本合同的组成部分"。奥莱祥能公司与苏中市政公司于2013年1月23日签订的《补充协议（二）》第五条约定："本协议作为建设工程施工合同的补充协议,是建设工程施工合同的组成部分,具有同等的法律效力。"根据《建设工程施工合同解释》第一条第（三）项规定,原审判决认定案涉《建设工程施工合同》《补充协议（一）》《补充协议（二）》无效并无不当。

【案例来源】

中国裁判文书网,http://wenshu. court. gov. cn。

026 发承包双方在招标前即签订合作框架协议，承包人即进场施工，此后工程的招标投标违反《招标投标法》的规定，该中标无效

【关键词】

｜建设工程｜合同效力｜招投标｜

【案件名称】

上诉人德阳弘扬建设发展有限公司与被上诉人金沙县教育局建设工程施工合同纠纷案［最高人民法院（2018）最高法民终 69 号民事判决书，2018.5.18］

【裁判精要】

最高人民法院认为：

一、关于合同效力问题

《招标投标法》第四十三条规定："在确定中标人前，招标人不得与投标人就投标价格、投标方案等实质性内容进行谈判。"第五十三条规定："投标人相互串通投标或者与招标人串通投标的，投标人以向招标人或者评标委员会成员行贿的手段谋取中标的，中标无效……"第五十五条规定："依法必须进行招标的项目，招标人违反本法规定，与投标人就投标价格、投标方案等实质性内容进行谈判的，给予警告，对单位直接负责的主管人员和其他直接责任人员依法给予处分。前款所列行为影响中标结果的，中标无效。"本案中，2011 年 12 月 8 日，金沙县人民政府与弘扬公司已就案涉工程签订《合作框架协议》；弘扬公司提交的 2012 年 5 月 8 日《金沙职教中心工程首次施工例会会议纪要》等证明弘扬公司在 2012 年 5 月初即进场施工，双方当事人在庭审中亦认可该事实。由于前述协议签订和实际进场施工均是在 2012 年 10 月 15 日金沙县教育局发布《金沙县职业教育培训中心建设项目 BT（建设—移交）模式招商公告》之前，案涉工程的招标投标违反了《招标投标法》第四十三条、第五十三条、第五十五条的规定，该中标无效。《建设工程施工合同解释》第一条规定："建设工程施工合同具有下列情形之一的，应当根据合同法第五十二条第（五）项的规定，认定无效：（一）承包人未取得建筑施工企业资质或者超越资质等级的；（二）没有资质的实际施工人借用有资质的建筑施工企业名义的；（三）建设工程必须进行招标而未招标或者中标无效的。"故本案中金沙县教育局与弘扬公司签订《投资施工合同》《补充协议》均为无效合同，弘扬公司关于《补充协议》的签订符合情势变更情形而合法有效，以及因《招标投标法》第四十六条的规定系管理性强制性规定而不应据此认定《补充协议》无效的上诉主张均不能成立。

【案例来源】

中国裁判文书网,http://wenshu.court.gov.cn。

027 发承包双方先签订合同后招标,且双方在履行法定招标程序之前,已经达成合意并实际履行施工合同,应认定施工合同、备案合同及补充协议无效

【关键词】

│建设工程│合同效力│招投标│备案│

【案件名称】

上诉人中建二局第四建筑工程有限公司与被上诉人黑龙江省日出康城房地产开发有限公司建设工程施工合同纠纷案[最高人民法院(2018)最高法民终922号民事判决书,2018.11.27]

【裁判精要】

最高人民法院认为:

关于中建二局四公司与日出康城公司签订的《工程施工合同》、备案合同及与施工相关的补充协议等是否有效的问题。

《招标投标法》第三条规定:"在中华人民共和国境内进行下列工程建设项目包括项目的勘察、设计、施工、监理以及与工程建设有关的重要设备、材料等的采购,必须进行招标:(一)大型基础设施、公用事业等关系社会公共利益、公众安全的项目;(二)全部或者部分使用国有资金投资或者国家融资的项目;(三)使用国际组织或者外国政府贷款、援助资金的项目。前款所列项目的具体范围和规模标准,由国务院发展计划部门会同国务院有关部门制订,报国务院批准。法律或者国务院对必须进行招标的其他项目的范围有规定的,依照其规定。"《招标投标法》第四十三条规定:"在确定中标人前,招标人不得与投标人就投标价格、投标方案等实质性内容进行谈判。"《建设工程施工合同解释》第一条规定:"建设工程施工合同具有下列情形之一的,应当根据合同法第五十二条第(五)项的规定,认定无效:(一)承包人未取得建筑施工企业资质或者超越资质等级的;(二)没有资质的实际施工人借用有资质的建筑施工企业名义的;(三)建设工程必须进行招标而未招标或者中标无效的。"本案中,案涉工程系面向社会销售的大型商品住宅小区,关系到社会公共利益、公共安全的建设工程项目,根据法律规定应当进行招投标程序。双方当事人虽分别于2012年、2013年经招投标程序,签订了三份《建设工程施工合同》,并报相关行政部

门备案。但是中建二局四公司实际已于 2011 年 10 月进场施工,于 2011 年 12 月与日出康城公司签订了双方合意真实且实际履行的《工程施工合同》,双方当事人先签订合同后招标的行为违反了法定招标程序,并且双方当事人在履行法定招标程序之前,已经达成合意并实际履行《工程施工合同》,实质上是先行确定了工程承包人,违反法律、行政法规效力性强制性规定,故一审法院认定案涉《工程施工合同》、备案合同及与施工相关的补充协议等为无效合同并无不当,本院予以维持。

【案例来源】

中国裁判文书网,http://wenshu. court. gov. cn。

028 施工合同无效,案涉补充协议与解决争议的方法无关,也应认定为无效

【关键词】

│建设工程│合同效力│招投标│明招暗定│

【案件名称】

再审申请人陕西省泰烜建设集团有限公司与再审申请人陕西众和置业有限公司建设工程施工合同纠纷案［最高人民法院（2018）最高法民再 324 号民事判决书,2018. 9. 29］

【裁判精要】

最高人民法院认为:

(一)关于补充协议条款的效力

在案涉工程招标前,双方将案涉工程由泰烜建设公司承建达成一致,双方行为属于“明招暗定”,违反《招标投标法》第四十三条的规定,中标无效。根据《建设工程施工合同解释》第一条第(三)项规定,《合作协议》《协议》《施工合同》和《补充协议》无效。泰烜建设公司援引《合同法》第五十七条规定,称即使施工合同无效,案涉《补充协议》第一条至第四条约定应有效。本院认为,上述各条与解决争议的方法无关,不影响关于效力的认定。因此,原判决关于案涉合同效力的认定并无不当。

【案例来源】

中国裁判文书网,http://wenshu. court. gov. cn。

029 **双方在招投标前进行谈判并达成合作意向，签订框架协议书，应根据该违法违规行为是否影响了中标结果认定施工合同的效力**

【关键词】

│建设工程│合同效力│招投标│

【案件名称】

上诉人新疆华诚安居房地产开发有限公司与被上诉人中国铁建大桥工程局集团有限公司建设工程施工合同纠纷案［最高人民法院（2019）最高法民终 347 号民事判决书，2019.4.30］

【裁判精要】

最高人民法院认为：

一、关于涉案《建设工程施工合同》是否有效的问题

《民法总则》第五条规定："民事主体从事民事活动，应当遵循自愿原则，按照自己的意思设立、变更、终止民事法律关系。"《合同法》第六条规定："当事人行使权利、履行义务应当遵循诚实信用原则。"第八条规定："依法成立的合同，对当事人具有法律约束力。当事人应当按照约定履行自己的义务，不得擅自变更或者解除合同。"本案中，中铁十三局集团有限公司 2012 年 5 月 8 日通过招投标取得合作区蓝领公寓项目工程，2012 年 5 月 9 日，华诚房地产公司与中铁十三局集团有限公司签订涉案《建设工程施工合同》。该合同系当事人真实意思表示，内容不违反相关法律法规强制性规定，系合法有效的合同，双方当事人应严格履行合同约定的义务。

《合同法》第五十二条规定："有下列情形之一的，合同无效：（一）一方以欺诈、胁迫的手段订立合同，损害国家利益；（二）恶意串通，损害国家、集体或者第三人利益；（三）以合法形式掩盖非法目的；（四）损害社会公共利益；（五）违反法律、行政法规的强制性规定。"《建设工程施工合同解释》第一条规定："建设工程施工合同具有下列情形之一的，应当根据合同法第五十二条第（五）项的规定，认定无效：……（三）建设工程必须进行招标而未招标或者中标无效的。"《招标投标法》第四十三条规定："在确定中标人前，招标人不得与投标人就投标价格、投标方案等实质性内容进行谈判。"第五十五条规定："依法必须进行招标的项目，招标人违反本法规定，与投标人就投标价格、投标方案等实质性内容进行谈判的，给予警告，对单位直接负责的主管人员和其他直接责任人员依法给予处分。前款所列行为影响中标结果的，中标无效。"第六十五条规定："投标人和其他利害关系人认为招标投标活动不符合本法有关规定的，有权向招标人提出异议或者依法向有关行政监督部门投诉。"本案中，华诚房地产公司上诉主张，其与铁建大桥工程局在招投标之前，就施工合同实质性内容进行了谈判磋商，本案属

于通过"明招暗定"形式规避《招标投标法》等法律、行政法规规定的行为,本案中标无效,《建设工程施工合同》无效。本院认为,根据前述法律法规的规定,招标人与投标人就合同实质性内容进行谈判的行为影响了中标结果的,中标无效,中标无效将导致合同无效。就招投标过程中的违法违规行为,利害关系人有权提出异议或者依法向有关行政监督部门投诉,对违法违规行为负有直接责任的单位和个人,将受到行政处分。本案中,双方在招投标前进行了谈判并达成合作意向,签订了《建筑施工合作框架协议书》。该协议书中没有约定投标方案等内容,未载明开工时间,合同条款中还存在大量不确定的约定,如关于施工内容,双方约定"具体规划指标与建设内容以政府相关部门最终的批复文件为准",关于合同概算,双方约定"项目建筑施工总概算约人民币叁亿元,具体概算数值待规划文件、设计方案确定后双方另行约定"。《建筑施工合作框架协议书》签订后,双方按照《招标投标法》的规定,履行了招投标相关手续,没有证据证明涉案工程在招投标过程中存在其他违法违规行为可能影响合同效力的情形。华诚房地产公司虽称其自身违反《招标投标法》的规定致使中标无效,但该违法违规行为是否影响了中标结果,华诚房地产公司未予以证明。本案亦不存在因招投标活动不符合法律规定,利害关系人提出异议或者依法向有关行政监督部门投诉,致使相关人员被追责的情形。综上,一审法院认定涉案《建设工程施工合同》真实有效,该认定并无不当,本院予以维持。

《民法总则》第七条规定:"民事主体从事民事活动,应当遵循诚信原则,秉持诚实,恪守承诺。"《民事诉讼法》第十三条第一款规定:"民事诉讼应当遵循诚实信用原则。"诚实信用原则既是民商事活动的基本准则,亦是民事诉讼活动应当遵循的基本准则。在建设工程项目中,设立招投标程序是为了保护国家利益、社会公共利益和招投标活动当事人的合法权益,提高经济效益,保证项目质量;是为了通过法定的强制的公开竞价的方式为建设单位发包工程建设项目提供平台服务,为发包人的工程建设项目选定施工人。在招投标过程中,较承包人而言,发包人掌握一定主动权。本案中,华诚房地产公司作为招标人,明知其与铁建大桥工程局于招投标之前就合同实质性内容进行谈判的行为可能导致双方其后签订的《建设工程施工合同》因违反《招标投标法》的相关规定而被认定为无效,仍然积极追求或放任该法律后果的发生,经招投标程序后与铁建大桥工程局签订了涉案《建设工程施工合同》,华诚房地产公司对该违法行为具有明显过错,应负主要责任。铁建大桥工程局明知违法而参与竞标,最终中标并签订涉案《建设工程施工合同》,亦存在过错,应负次要责任。综上,华诚房地产公司与铁建大桥工程局在案涉项目招投标过程中皆有违诚信原则。现在涉案工程施工过程中以及本案一审中,华诚房地产公司始终未对《建设工程施工合同》的效力问题提出异议,仅在一审中辩称本案不存在合同约定解除或法定解除的情形,不同意铁建大桥工程局有关解除合同的诉讼请求。华诚房地产公司在本案二审中提出涉案《建设工程施工合同》无效的上诉主张,是认为涉案《建设工程施工合同》有效将为其带来不利,或者所带来的利益小于合同无效所带来的利益,其目的是为了规避应承担的付款义务,免除或者减轻一审判决确定由其承担的民事责任。本院认为,合同约定应当严守,诚信观念应当强化。华诚房地产公司作为涉案建设工程的招标人、甲方,主导签订了涉案《建设工程施工合同》,在合同相对方铁建大桥工程局按约履行合同而其并未按约支付工程款,一审判决华诚房地产公司承担相应责任后,华诚房地产公司以其自身的招标行为存在违法违规为由,于二审中主张合同无效,其行为不仅违反诚实信用基本原则,而且不利于民事法律关系的稳定,属于不讲诚信、为追求自身利益最大化而置他人利益于不顾的恶意抗辩行为。合同无效制度设立的重要目的在于防止因为无效合同的履行给国家、社会以及第三人利益带来损失,维护社会的法治秩序和公共道德。而本案中,华诚房地产公司作为违法行为人恶意主动请求确认合同无效,如支持其诉求,意味着体现双方真实意愿的合同约定不仅对其没有约束力,甚至可能使其获得不正当的利益,这将违背合同无效制度设立的宗旨,也将纵容违法行为人从事违法行为,使合同无效制度沦为违法行为人追求不正当甚至非法利益的手段。综上。华诚房地产公司在二审中主张涉案《建设工程施工合同》无效,该主张有违诚信原则,故,华诚房地产公司关于其与铁建大桥工程局于招投标前就合同实质性内容进行谈判的行为违反了《招标投标法》的规定,导致涉案《建设工程施工合同》无效的主张,缺乏事实和法律依据,本院予以驳回。

【案例来源】

中国裁判文书网,http://wenshu. court. gov. cn。

030 违反《招标投标法》规定签订的施工合同,应当认定无效

【关键词】

| 建设工程 | 合同效力 | 招投标 |

【案件名称】

上诉人江苏南通六建建设集团有限公司与上诉人山西嘉和泰开发有限公司建设工程施工合同纠纷案 [最高人民法院(2014)民一终字第 72 号民事判决书,2014.7.5]

【裁判精要】

裁判摘要①:违反《招标投标法》规定签订的建设工程施工合同应当认定为无

---

① 此栏目下的裁判摘要内容来自《中华人民共和国最高人民法院公报》以及最高人民法院相关业务庭室编辑的审判指导与参考类图书。

效。认定合同无效后应依据《合同法》第五十八条的规定进行处理。合同无效或者被撤销后,因该合同取得的财产,应当予以返还;不能返还或者没有必要返还的,应当折价补偿。有过错的一方应当赔偿对方因此所受到的损失,双方都有过错的,应当各自承担相应的责任。

最高人民法院认为:
二、关于涉案合同的效力问题
双方在签订合同时未履行招标程序。2005 年 9 月 22 日,通过补办招投标程序,南通六建中标。2005 年 10 月 15 日,双方再次签订了《百桐园小区二期工程建设工程施工合同》。涉案工程没有经过招投标,事后双方当事人补办的招投标手续,并未向社会公开进行招投标,属于明招暗定行为,违反了《招标投标法》的相关规定,应当认定涉案合同无效。

【权威解析】

本案中,双方当事人争议的焦点是涉案的建设工程施工合同是否有效。对于违反了《招标投标法》规定签订的建设工程施工合同的效力问题,在理论界与实务界均存在争议。

《招标投标法》的有关规定属于效力性规范,而非管理性规范,因此,违反上述规定,应当认定合同无效。《建设工程施工合同解释》第一条明确规定:建设工程施工合同具有下列情形之一的,应当根据《合同法》第五十二条第(五)项的规定,认定无效:(1)承包人未取得建筑施工企业资质或者超越资质等级的;(2)没有资质的实际施工人借用有资质的建筑施工企业名义的;(3)建设工程必须进行招标而未招标或者中标无效的。在此情况下,很难将《招标投标法》的规定视为管理性规范,应当认定建设工程施工合同无效。笔者认为,违反《招标投标法》规定而签订的建设工程施工合同应当认定为无效。理由是:在建设工程司法解释有明确规定的情况下,不应将其认定为管理性规范,而应认定为效力性规范。违反效力性规范,应当认定涉案建设工程施工合同无效。认定合同无效后,违约责任条款就没有适用的余地。但是认定合同无效后虽然涉案工程价款参照合同有效计算,并不等于合同无效与合同有效是一样的法律后果,否则就体现不出国家对于无效合同的否定性价值评判。建设工程施工合同并未脱离一般合同的范畴,因此,合同无效后,也应当适用《合同法》中对于无效合同处理的规定。《合同法》第五十八条规定,合同无效或者被撤销后,因该合同取得的财产,应当予以返还;不能返还或者没有必要返还的,应当折价补偿。有过错的一方应当赔偿对方因此所受到的损失,双方都有过错的,应当各自承担相应的责任。建设工程施工合同中,施工人的劳动以及建筑材料都物化到工程中,合同被认定无效后不能够相互返还,只能折价补偿。折价补偿就体现为参照合同的约定来计算涉案工程价款。同时,有过错的一方应当赔偿对方因此造成的损失,双方都有过错的,应当各自承担相应的责任。本案中,涉案工程没有经过招投标,事后双方当事人补办的招投标手续,并未向社会公开进行招投标,属于明招暗定行为,违反了《招标投标法》的相关规定,应当认定涉案施工合同无效。认定合同无效后双方关于 1600 万元违约责任的规定就不能够再适用。嘉和泰公司若认为因合同无效南通六建给其造成损失,可另寻法律途径解决。①

【案例来源】

中国裁判文书网,http://wenshu. court. gov. cn;最高人民法院民事审判第一庭编:《民事审判指导与参考》(总第 61 辑),人民法院出版社 2015 年版,第 240~241 页。

031 涉及企业商业秘密不能成为认定工程属于不适宜进行招标项目的依据

【关键词】

| 建设工程 | 合同效力 | 招投标 | 商业秘密 |

【案件名称】

上诉人青海西部化工有限责任公司与被上诉人中天建设集团有限公司建设工程施工合同纠纷案 [最高人民法院 (2009) 民一终字第 7 号民事判决书]

【裁判精要】

最高人民法院认为:

关于案涉建设工程施工合同的效力问题。《招标投标法》(2000 年 1 月 1 日起施行)第三条规定:"在中华人民共和国境内进行下列工程建设项目包括项目的勘察、设计、施工、监理以及与工程建设有关的重要设备、材料等的采购,必须进行招标:(一)大型基础设施、公用事业等关系社会公共利益、公众安全的项目;(二)全部或者部分使用国有资金投资或者国家融资的项目;(三)使用国际组织或者外国政府贷款、援助资金的项目。前款所列项目的具体范围和规模标准,由国务院发展计划部门会同国务院有关部门制订,报国务院批准。法律或者国务院对必须进行招标的其他项目的范围有规定的,依照其规定。"该法第六十六条规定:"涉及国家安全、国

---

① 参见王毓莹:《违反招投标法规定签订的建设工程施工合同应当认定无效——江苏南通六建设集团有限公司与山西嘉和泰开发有限公司建设工程施工合同纠纷案》,载最高人民法院民事审判第一庭编:《民事审判指导与参考》(总第 61 辑),人民法院出版社 2015 年版,第 242~243 页。

家秘密、抢险救灾或者属于利用扶贫资金实行以工代赈、需要使用农民工等特殊情况,不适宜进行招标的项目,按照国家有关规定可以不进行招标。"《工程建设项目招标范围和规模标准规定》(2000年4月4日国务院批准,2000年5月1日国家发展计划委员会发布)第七条规定:"本规定第二条至第六条规定范围内的各类工程建设项目,包括项目的勘察、设计、施工、监理以及与工程建设有关的重要设备、材料等的采购,达到下列标准之一的,必须进行招标:(一)施工单项合同估算价在200万元人民币以上的……"第八条规定:"建设项目的勘察、设计,采用特定专利或者专有技术的,或者其建立艺术造型有特殊要求的,经项目主管部门批准,可以不进行招标。"本案建设工程施工合同属于施工单项合同。根据《招标投标法》第三条和《工程建设项目招标范围和规模标准规定》第七条规定,该合同价款暂估550万元,应当属于必须招标的范围。虽然西部化工在向青海省格尔木昆仑经济开发区管委会递交了《申请报告》,提出"由于本项目的一些工艺布局、工艺流程、施工图纸、技术参数尚属世界顶尖技术,属于我公司的高度商业机密,为防止技术泄密,因此特请示对此项工程不采取公开招标的方式,而采用议标的方式进行施工招标",但其所称该公司的"高度商业机密"并不符合《招标投标法》第六十六条规定所称的可以不进行招标的"涉及国家安全、国家秘密"的特殊情况。此外,青海省发展计划委员会向西部化工下发青计工业〔2003〕314号《柴达木天然气—盐湖资源利用基地规划项目示范工程的批复》,以及青海省格尔木昆仑经济开发区开发建设局分别为本案团结湖示范工程项目核发建设用地规划许可证、建设工程规划许可证和建筑工程施工许可证的事实,也不能认定为《工程建设项目招标范围和规模标准规定》第八条规定的项目主管部门对本案工程可以不进行招标的批准行为。据此,本院认为,案涉建设工程属于法律、行政法规规定的必须招标的项目。最高人民法院《建设工程施工合同解释》第一条规定:"建设工程施工合同具有下列情形之一的,应当根据合同法第五十二条第(五)项的规定,认定无效:……(三)建设工程必须进行招标而未招标或者中标无效的。"根据该规定,应当认定本案当事人所签的建设工程施工合同无效。对案涉工程施工合同的无效,西部化工作为建设方,应当承担主要责任。

【权威解析】

1. 因《工程建设项目招标范围和规模标准规定》属于行政法规性质的规范性文件,其第七条规定,施工单项合同估算价在200万元人民币以上的,必须进行招标。该条针对各类工程建设项目(包括项目的勘察、设计、施工、监理以及与工程建设有关的重要设备、材料等的采购)。在项目类别上,该条规定是涵盖了《招标投标法》第三条所规定的三类项目:(1)大型基础设施、公用事业等关系社会公共利益、公众安全的项目;(2)全部或者部分使用国有资金投资或者国家融资的项目;(3)使用国际组织或者外国政府贷款、援助资金的项目。西部化工属于国有企业,其股东包括中信国安集团、青海省石油管理局等,因此在本案工程施工单项合同估算价已经大大超过了 200 万元人民币的情况下,认定其为必须招标的项目,是有法律、行政法规依据的。

2. 关于西部化工所称本案项目涉及该公司高度商业机密的问题。《招标投标法》第六十六条规定,涉及国家安全、国家秘密、抢险救灾或者属于利用扶贫资金实行以工代赈、需要使用农民工等特殊情况,不适宜进行招标的项目,按照国家有关规定可以不进行招标。本案的关键在于,能否将西部化工在申请报告中所称的高度商业机密纳入"国家秘密"。《保密法》实施后,企业的商业秘密如果要成为国家秘密,应当通过中央有关机关与国家保密局会签规范性文件的形式来确认。而西部化工并未举证证明就该公司所称商业秘密已经法定程序上升为国家秘密。所以,本案涉及的公司商业秘密不能认定为"国家秘密"。退而言之,不进行招标在性质上要重于法定招标形式的选择(即不采取公开招标,而采取邀请招标)。对后者,《招标投标法》第十一条规定,国务院发展计划部门确定的国家重点项目和省、自治区、直辖市人民政府确定的地方重点项目不适宜公开招标的,经国务院发展计划部门或者省、自治区、直辖市人民政府批准,可以进行邀请招标。根据举轻明重的法解释原则,如果认定本案工程属于《招标投标法》第六十六条规定的"国家秘密"的范围,至少也应经过国务院发展计划部门或者省、自治区、直辖市人民政府批准。本案中,2003 年 4 月 8 日,青海省发展计划委员会向西部化工下发青计工业〔2003〕314 号《柴达木天然气—盐湖资源利用基地规划项目示范工程的批复》,以及 2003 年 5 月 26 日和 6 月 5 日,青海省格尔木昆仑经济开发区开发建设局分别为本案团结湖示范工程项目核发了建设用地规划许可证、建设工程规划许可证和建筑工程施工许可证的事实,并不足以证明有权机关已经认定西部化工公司商业秘密属于国家秘密且案涉工程项目可以不进行招标的事实。①

【案例来源】

最高人民法院民事审判第一庭编:《民事审判指导与参考》(总第 38 集),法律出版社 2009 年版,第 253~256 页。

编者说明

如何理解和确定《招标投标法》规定的必须招标工程的范围是建设工程施工合同纠纷案件中经常会遇到的问题,其对正确处理相关纠纷意义重大。《招标投标法》第六十六条

---

① 参见辛正郁:《涉及企业商业秘密不能成为认定工程属于不适宜进行招标项目的依据——青海西部化工有限责任公司与中天建设集团有限公司建设工程施工合同纠纷上诉案》,载最高人民法院民事审判第一庭编:《民事审判指导与参考》(总第 38 集),法律出版社 2009 年版,第 257~261 页。

规定:涉及国家安全、国家秘密等特殊情况,不适宜进行招标的项目,按照国家有关规定可以不进行招标。如果建设工程仅涉及企业商业秘密,且该秘密未经主管机关批准上升为国家秘密,不能据此认定该工程"涉及国家秘密"且"不适宜进行招标"。

032　发包人为获得承包人垫资施工利益,未经招投标即允许其进场施工,诉讼中为避免承担合同风险主张合同无效,具有恶意

【关键词】

　| 建设工程 | 合同效力 | 招投标 | 垫资 |

【案件名称】

上诉人山西长实房地产开发集团有限公司、山西晋豪国际大酒店有限公司与被上诉人江苏南通六建建设集团有限公司建设工程合同纠纷案[最高人民法院(2014)民一终字第181号民事判决书,2014.12.4]

【裁判精要】

最高人民法院认为:

(二)关于案涉《施工合同》及《补充合同条款》的效力问题

案涉天天家园项目《建设工程入场交易证明》、2009年7月27日太原市建筑工程交易中心出具的工程招标服务费发票及长实公司的自认均证实,案涉天天家园建设工程项目履行了招投标程序。长实公司和晋豪公司关于案涉《施工合同》《补充合同条款》未履行招投标程序因认定无效的主张,理据不足,本院不予支持。

本案虽然存在南通六建进场施工后,长实公司方将案涉工程进行招投标的事实,但一审判决基于长实公司、晋豪公司并未提供证据证明上述招投标具有《招标投标法》规定的中标无效情形,同时结合案涉工程属于太原市杏花岭区政府招商引资项目"希尔顿大酒店"的相关配套工程,长实公司作为发包方为获得南通六建垫资施工利益,未经招投标即允许南通六建进场施工,诉讼中为避免承担合同风险,主张合同无效,具有恶意的因素,认定案涉《施工合同》《补充合同条款》有效,并无不妥。

山西省太原市规划局也已经为案涉工程核发了建设用地规划许可证,故该建设工程已不再违反城乡规划的要求,就此而言,案涉工程未取得建设用地规划许可证、违反行政管理性规范要求的因素亦已不复存在,故不能作为否定案涉《施工合同》《补充合同条款》效力的理由。

综上,长实公司关于案涉《施工合同》《补充合同条款》无效的主张,一审法院未予支持,并无不当,本院予以维持。

【案例来源】

中国裁判文书网,http://wenshu. court. gov. cn。

033 总包人是项目执行单位而非项目投资建设主体,除非法律规定项目必须公开招标,其有权依照约定确定分包人

【关键词】

| 建设工程 | 合同效力 | 招投标 | 总承包 | 固定价 | 肢解分包 |

【案件名称】

上诉人平煤神马建工集团有限公司新疆分公司与被上诉人大地工程开发(集团)有限公司天津分公司、大地工程开发(集团)有限公司建设工程施工合同纠纷案[最高人民法院(2018)最高法民终153号民事判决书,2018. 5. 4]

【裁判精要】

最高人民法院认为:

(一)关于案涉《合同协议书》和《补充协议》的效力问题

平煤神马新疆分公司关于相关协议无效的理由涉及多个方面,现逐一予以分析评判。

第一,关于需要公开招标的项目经公开招标确定总包人后,总包人依法或依约确定分包人是否仍需要进行公开招标的问题。平煤神马新疆分公司认为,项目使用的资金源头系国有资金,总包人依约确定分包人时仍需要采取公开招标方式。《招标投标法实施条例》第八条规定,国有资金占控股或者主导地位的依法必须进行招标的项目,应当公开招标。根据一审查明,国投哈密公司的资金系国有企业自有资金,哈密一矿选煤厂项目系国投哈密公司建设的煤炭能源项目,属于依法必须进行公开招标的项目。国投哈密公司依照法律规定通过公开招标的方式将哈密一矿选煤厂项目以EPC总包的方式发包给大地公司。该招投标行为符合法律规定。双方签订的《合同协议书》约定:承包商应按照本合同文件对施工单位的资质规定,通过招标的方式选择,确定合格的分包人,并报业主审核同意,以合同形式委托其完成承包合同范围内的部分项目。该协议授权总包方可以通过招标方式确定分包人。作为总包人,大地公司并非项目投资建设主体,而是该项目的执行单位。除非有法律规定的必须公开招标的项目,其有权依照约定的方式确定分包人。此外,资金的源头属性,不能无限制的延伸。国投哈密公司运用国有资金建设案涉项目,相关资金支付给大地公司后,属于大地公司的资产,并非仍是国有资金。因此,大地公司对外

分包,不具有法定必须公开招标的情形。其通过邀请招标的方式确定平煤神马新疆分公司为案涉项目标段B的中标单位,符合《合同协议书》的约定,国投哈密公司对平煤神马新疆分公司施工亦未提出异议,表明其认可大地公司的分包行为。故上述分包行为未违反法律、行政法规的强制性规定,平煤神马新疆分公司有关理由不成立。

第二,关于固定单价和固定总价以及最终价格的确定是否影响合同效力的问题。平煤神马新疆分公司认为招标文件采取的是固定单价,但相关协议约定的是固定总价,且价格几次变化,背离了中标,应属无效。《招标投标法》第四十六条规定,招标人和中标人应当自中标通知书发出之日起三十日内,按照招标文件和中标人的投标文件订立书面合同。招标人和中标人不得再行订立背离合同实质性内容的其他协议。从大地天津分公司制作的招标文件看,固定总价是在固定单价的计价方式基础上根据工程量计算得出。平煤神马新疆分公司在投标函表示,其理解并同意中标价为固定价,即在投标有效期内和合同有效期内,该价格固定不变,表明其认可以固定总价进行结算。后双方据此签订《合同协议书》,约定本合同为固定总价合同,并未背离招投标结果。虽然案涉投标价、中标价、合同价并不完全相同,但一方面,投标价格12669.7万元、中标价格为11900万元以及合同约定价格11776.24万元三个价格之间并无特别巨大的悬殊,另一方面,由于合同总价是根据固定单价计算得出,有关工程量需要双方磋商确认,故经双方协商确定最后价格并无不妥。因此,本案固定单价、固定总价的表述以及价格的调整并不属于《招标投标法》第四十六条第一款规定的招标人和中标人再行订立背离合同实质性内容的其他协议的情形。据此,平煤神马新疆分公司的有关主张,缺乏依据,本院不予支持。

第三,关于肢解分包的问题。平煤神马新疆分公司认为案涉项目有部分由中煤五建公司负责,构成肢解分包。根据一审查明,由于国投哈密公司要求电煤系统二期工程必须年底投运,就产品剩余仓工程,在案涉双方及中煤五建公司参与的情况下,形成2014年9月17日的会议纪要,明确因业主方对施工工期的要求,该项工程转由中煤五建公司全部负责,中煤五建公司与平煤神马新疆分公司自行结算,施工费用由大地天津分公司直接支付等。可见,该被切除的项目是为了发包人利益,由总包人进行协调、经过了各方当事人协商同意,被切除的项目并非属于必须应当由一个承包人完成的建设工程,也没有证据证明总包人以此逃避其管理责任或存在恶意降低建设成本的意图,因此上述部分工程交由其他单位施工的目的、方式、特点与违法肢解并不相同,不属于《合同法》第二百七十二条、《建筑法》第二十四条及《建设工程质量管理条例》第七十八条第二款规定的发包人将工程进行肢解分包的情形。故平煤神马新疆分公司以此要求认定案涉合同及补充协议无效的理由,不能成立。

综上,一审法院认定2013年7月5日大地天津分公司与平煤神马新疆分公司签订的《合同协议书》及2015年4月9日签订的《补充协议》系有效合同,具有事实和法律依据,本院予以维持。

【案例来源】

中国裁判文书网,http://wenshu.court.gov.cn。

034 中标人未实际施工,而将工程转由其他公司施工,依法应认定中标合同无效

【关键词】

|建设工程|合同效力|转包|

【案件名称】

上诉人中国十五冶金建设集团有限公司、中铁四局集团有限公司第七工程分公司、中铁四局集团第四工程有限公司建设工程施工合同纠纷案[最高人民法院(2017)最高法民终743号民事判决书,2018.9.26]

【裁判精要】

最高人民法院认为:

一、关于《A10合同段施工合同协议书》的性质及效力问题

《招标投标法》第五十八条规定:"中标人将中标项目转让给他人的,将中标项目肢解后分别转让给他人的,违反本法规定将中标项目的部分主体、关键性工作分包给他人的,或者分包人再次分包的,转让、分包无效……"最高人民法院《建设工程施工合同解释》第四条规定:"承包人非法转包、违法分包建设工程或者没有资质的实际施工人借用有资质的建筑施工企业名义与他人签订建设工程施工合同的行为无效……"案涉工程经招投标程序,于2009年10月17日由发包人宁德高速公司与中标人中铁四局四公司签订《A10合同段合同协议书》。然而,2009年12月15日中铁四局七公司(甲方)与十五冶金公司第四工程公司(乙方)签订《A10合同段施工合同协议书》。最终,案涉工程部分由中铁四局七公司施工,部分由十五冶金公司第四工程公司施工,中铁四局七公司施工比例为20%多,十五冶金公司第四工程公司施工比例为70%以上。中铁四局四公司系中铁集团下属子公司,属于独立法人。中铁四局七公司系中铁集团下属分公司,不是独立法人。十五冶金公司第四工程公司属于十五冶金公司下属分公司,不是独立法人。由此,中标人中铁四局四公司未实际进行施工,而是将工程转由中铁四局七公司施工,中铁四局七公司又将70%以上的工程分包给十五冶金公司第四工程公司施工,依据前述法律规定,案涉2009年10

月 17 日《A10 合同段合同协议书》和 2009 年 12 月 15 日《A10 合同段施工合同协议书》均应认定为无效。

【案例来源】

中国裁判文书网,http://wenshu. court. gov. cn。

035 当事人主张合同无效，构成恶意抗辩的，原则上不予支持

【关键词】

│建设工程│合同效力│招投标│恶意抗辩│

【案件名称】

再审申请人大连永和圣地建设集团有限公司与被申请人沈阳永来房地产有限公司建设工程施工合同纠纷案［最高人民法院（2018）最高法民申 394 号民事裁定书，2018.6.6］

【裁判精要】

最高人民法院认为：

（一）涉案施工合同效力

永和圣地建设公司向本院申请再审主张,案涉工程项目为商品房住宅,公建项目,依法应当招标而未招标,依据《招标投标法》第三条第一款第（一）项、原国家发展计划委员会发布的《工程建设项目招标范围和规模标准规定》第三条第（五）项规定,讼争工程建设项目属于关系社会公共利益、公众安全的公用事业项目。永来公司因未依法履行招投标程序于 2010 年 7 月 5 日受到沈阳市城市管理行政执法局行政处罚,讼争工程的《建设工程规划许可证》《建筑工程施工许可证》已被撤销。据此,案涉工程未取得工程规划、开工审批手续。依据《合同法》第五十二条、《建设工程施工合同解释》第一条第（三）项规定,本案双方签订的施工合同无效,永来公司对合同无效明显具有过错,应当承担相应责任。

本院认为,2011 年 3 月 10 日,沈阳市建设主管部门为讼争工程建设项目颁发的《施工许可证》备注栏记载:"建筑工程:因未取得施工许可证擅自建设受到行政处罚,2010 年 7 月 5 日已结案。"2015 年 5 月 5 日,《市建委关于杨冲申请政府信息公开的答复》明确,撤销讼争开发项目《建设工程规划许可证》。"因《建设工程规划许可证》是办理《建筑工程施工许可证》的法定要件之一,据此我委按照法定程序将《建筑工程施工许可证》（编号 21010020110310×××）收回。"上述信息表明,一是开工后才取得施工审批手续;二是政府对擅自开工行为予以行政处罚;三是因故规划

审批手续被撤销;四是依照《建筑法》第八条规定,因规划审批手续被撤销,而导致施工许可证被政府主管部门收回。本院认为,结合施工中,前期永来公司将讼争工程建设项目分别发包给不同的施工人并签订施工合同,为此施工人间发生纠纷;施工总承包人永和圣地建设公司将约定由其承建的全部工程建设项目交由尚成远、尚成敏等实际施工人,并允许实际施工人以其名义承揽工程并施工。概括讲,自开工至完工的施工全流程中,本案讼争工程建设项目存在着诸多违约违规行为,工程项目经多家施工人或实际施工人同时或接续施工,建设项目施工管理混乱,承发包双方守法守约的规则意识不强。对此,发包人永来公司故意为之,存在过错,总承包人永和圣地建设公司知道上述行为违规违约而配合为之,亦存在过错。现永和圣地建设公司以存在上述部分违规行为为由,向本院申请再审主张施工合同无效,很大程度上是意图规避其应承担的民事责任。本院认为,上述违规行为及政府有权部门作出的撤销规划许可、进而收回开工许可证的行政处罚决定,尚不足以因此认定讼争建设项目为违法建筑,或者施工行为违法;如行政管理相对人永来公司接受行政处罚后,有权部门可能恢复行政许可证照的既有效力。故,处罚决定尚不足以导致施工合同无效,双方当事人应当依约依规承担民事责任。

本院认为,《招标投标法》第三条第一款、第二款规定,在中华人民共和国境内进行下列工程建设项目包括项目的勘察、设计、施工、监理以及与工程建设有关的重要设备、材料等的采购,必须进行招标:(一)大型基础设施、公用事业等关系社会公共利益、公众安全的项目;(二)全部或者部分使用国有资金投资或者国家融资的项目;(三)使用国际组织或者外国政府贷款、援助资金的项目。前款所列项目的具体范围和规模标准,由国务院发展计划部门会同国务院有关部门制订,报国务院批准。2000年5月1日,原国家发展计划委员会发布的《工程建设项目招标范围和规模标准规定》第三条第五项规定,关系社会公共利益、公共安全的公用事业项目的范围包括:……(五)商品住宅,包括经济适用住房。本院认为,依此规定,本案讼争工程建设项目属于应当招标的工程项目;未履行招投标程序,违反上述经国务院批准的部委规章规定,对施工合同效力产生重大影响,缔约双方明知违规而签约,主观上存在过错。对于违规签约行为,工程项目发包人应当承担主要缔约过错;施工企业明知违规而配合签约,也存在缔约过错。与之相关的是,当前,国家有权机关正在对工程项目必须招标的规模标准等进行改革。《国务院办公厅关于促进建筑业持续健康发展的意见》指出,缩小并严格界定必须进行招标的工程建设项目范围,放宽有关规模标准,防止工程建设项目招标"一刀切"。2018年3月8日,《国务院关于〈必须招标的工程项目规定〉的批复》指出,《必须招标的工程项目规定》施行之日,原国家发展计划委员会发布的《工程建设项目招标范围和规模标准规定》同时废止。2018年3月27日,国家发展和改革委员会发布的《必须招标的工程项目规定》第四条规定,不属于本规定第二条(全部或者部分使用国有资金投资或者国家融资的项目)、第三条

（使用国际组织或者外国政府贷款、援助资金的项目）规定的情形的大型基础设施、公用事业等关系社会公共利益、公众安全的项目，必须招标的具体范围由国务院发展改革部门会同国务院有关部门按照确有必要、严格限定的原则制定，报国务院批准。本院认为，随政府"放管服"改革和建筑业改革等，"缩小并严格界定必须进行招标的工程建设项目范围，放宽有关规模标准"，成为工程建设项目招投标改革趋势，但必须招标的具体的、明确的规模标准尚未出台，并不清晰。此间，根据个案具体情况，确实存在从宽认定针对未履行招投标程序的房地产开发项目签订的施工合同有效的相关案例，本案亦属房地产开发项目，原判认为签约时合同当事人意思表示真实自愿，认定本案施工合同有效，即属于此类情况。从本案实际情况看，施工合同基本履行，房屋已建好，且已部分售出，签约目的已基本实现；现再审申请人主张合同无效，很大程度是为了免除或者减轻生效裁判确定由其承担的民事责任。统筹全案看，原判认定施工合同有效，并未损害社会公共利益或案外第三人利益，符合本案实际，本院予以认可。

【权威解析】

施工前期发包人永来公司将讼争工程建设项目分别发包给不同的施工人并签订施工合同，为此施工人间发生纠纷；施工中，总承包人永和圣地建设公司将约定由其承建的全部工程建设项目交由尚成远、尚成敏等实际施工人，并允许实际施工人以其名义承揽工程并施工；政府有权部门作出撤销规划许可、进而收回开工许可证的行政处罚决定。概括讲，自开工至完工的施工全流程中，讼争工程建设项目自始至终存在着诸多违约违规行为，工程项目经多家施工人或实际施工人同时或接续施工，建设项目施工管理混乱，承发包双方守法守约的规则意识不强。对此，发包人永来公司故意为之，存在过错，总承包人永和圣地建设公司知道上述行为违规违约而配合为之，亦存在过错。现永和圣地建设公司以存在上述部分违规行为为由，向最高人民法院申请再审主张施工合同无效，很大程度上是意图规避其应承担的民事责任。因原审判决永和圣地建设公司承担违约责任，申请再审时，总承包人承认转包或实际施工人借用其资质施工，意图通过主张合同无效免除原判认定违约责任，属于法理上的恶意抗辩行为。故，最高人民法院裁定认为，随政府"放管服"改革和建筑业改革等，"缩小并严格界定必须进行招标的工程建设项目范围，放宽有关规模标准"，成为工程建设项目招投标改革趋势，但必须招标的具体的、明确的规模标准尚未出台，并不清晰。此间，根据个案具体情况，确实存在从宽认定针对未履行招投标程序的房地产开发项目签订的施工合同有效的相关案例，本案亦属房地产开发项目，原判认为签约时合同当事人意思表示真实自愿，认定本案施工合同有效，即属于此类情形。从本案实际情况看，施工合同基本履行，房屋已建好，且已部分售出，签约目的已基本实现。现再审申请人主张合同无效，很大程度是为了免除或者减轻生效裁判确定由其承担的民事责任。统筹全案看,原判认定施工合同有效,并未损害社会公共利益或案外第三人利益,符合本案实际,最高人民法院予以认可。①

【案例来源】

中国裁判文书网,http://wenshu. court. gov. cn。

编者说明

当事人签约时明知合同条件及违法违规的情节,依然缔约。"其后,在合同的存续甚至履行阶段,他发现合同有效于己不利,便请求法院或者仲裁机构确认合同无效的,构成恶意之抗辩。对此,法院或者仲裁机构不宜一律支持,而应区分情况确定规则。对于那些严重背离合同制度的目的,必须予以取缔的合同,法院或者仲裁机构一经发现就应当确认其无效,不论当事人是否请求。与此场合,不以恶意抗辩论处。不过,除此而外的合同场合,当事人关于合同无效的主张,则应被定为恶意之抗辩,法院或者仲裁机构不宜支持,以防恶意之人因主张合同无效而获得大于合同有效时所能取得的利益。"②前述案件中,从再审申请人永和圣地建设公司的再审请求和理由看,其主张施工合同无效,主要目的是免除或者减轻原审判定其承担的违约责任,统筹全案看,原判认定施工合同有效,并未损害社会公共利益或案外第三人利益,符合本案实际,最高人民法院予以认可。

---

① 参见冯小光:《试论施工合同法律效力的判断原则》,载最高人民法院民事审判第一庭编:《民事审判指导与参考》(总第76辑),人民法院出版社2019年版,第123页。

② 最高人民法院多个司法解释体现了不支持恶意抗辩的精神。例如,《建设工程施工合同解释》第五条规定:"承包人超越资质等级许可的业务范围签订建设工程施工合同,在建设工程竣工前取得相应资质等级,当事人请求按照无效合同处理的,不予支持。"第七条规定:"具有劳务作业法定资质的承包人与总承包人、分包人签订的劳务分包合同,当事人以转包建设工程违反法律规定为由请求确认无效的,不予支持。"《商品房买卖合同解释》第六条第一款规定:"当事人以商品房预售合同未按照法律、行政法规规定办理登记备案手续为由,请求确认合同无效的,不予支持。"《国有土地使用权合同解释》第八条规定:"土地使用权人作为转让方与受让方订立土地使用权转让合同后,当事人一方以双方之间未办理土地使用权变更登记手续为由,请求确认合同无效的,不予支持。"参见崔建远:《合同法》(第二版),北京大学出版社2013年版,第87~88页。

四、黑白合同

036 中标合同实质性内容变更的认定

【关键词】

| 建设工程 | 工程价款 | 黑白合同 | 招投标 | 合同变更 |

【案件名称】

上诉人中国房地产开发集团哈尔滨有限公司与被上诉人江苏省苏中建设集团股份有限公司建设工程施工合同纠纷案［最高人民法院（2017）最高法民终 437 号民事判决书，2017.9.15］

【裁判精要】

最高人民法院认为：

一、2013 年 11 月 26 日签订的《施工协议》是否有效

《招标投标法》第四十六条第一款规定："招标人和中标人应当自中标通知书发出之日起三十日内，按照招标文件和中标人的投标文件订立书面合同。招标人和中标人不得再行订立背离合同实质性内容的其他协议。"《建设工程施工合同解释》第二十一条规定："当事人就同一建设工程另行订立的建设工程施工合同与经过备案的中标合同实质性内容不一致的，应当以备案的中标合同作为结算工程价款的根据。"以上规定中所谓合同实质性内容不一致，是指合同在工程价款、工程质量和工程期限等方面与备案合同不一致，因为这三个方面涉及招标人和中标人的基本权利义务。本案中，备案的三标段、四标段《施工合同》签订于 2013 年 11 月 1 日，其中三标段《施工合同》约定工程竣工时间为 2013 年 11 月 15 日；工程价款为暂定价148874850.00 元，采用可调价格方式确定合同价款，执行现行黑龙江省计价依据及有关计价规定，付款方式为中房集团在开工前 5 日内以支票形式支付合同价款 25%的工程预付款 37659862.57 元，按形象进度拨付进度款，竣工结算完成后 15 天内支付完质量保证金以外的所有款项。四标段《施工合同》约定的工程竣工时间为 2013 年 9 月 15 日，工程价款为 1764600.28 元，付款方式与三标段《施工合同》一致。诉争 2013 年 11 月 26 日签订的《施工协议》系针对案涉同一工程项目另行签订的协议，没有经过备案，该协议约定的竣工时间早于协议签订时间，并不真实，且付款方式改为"主体结构十五层以下暂不付款"，亦即主体结构十五层以下由承包人垫资施

工,改变了备案合同关于发包人支付预付款和进度款的约定,明显加重了承包人的义务,对苏中集团的利益影响较大。因此,一审判决认定该《施工协议》属于与备案合同实质性内容矛盾的黑合同,违反《招标投标法》第四十六条第一款的强制性规定而应认定为无效,并无不当。中房集团上诉主张《施工协议》有效,理据不足,本院不予支持。

【案例来源】

中国裁判文书网,http://wenshu.court.gov.cn。

编者说明

《建设工程施工合同解释》第二十一条规定:"当事人就同一建设工程另行订立的建设工程施工合同与经过备案的中标合同实质性内容不一致的,应当以备案的中标合同作为结算工程价款的根据。"实践中,通常将经过备案的中标合同称为"白合同",将与"白合同"实质性内容不一致的另行订立的建设工程施工合同称为"黑合同"。依据该条规定,无论"黑合同"是否为双方当事人的真实意思表示,均不能作为结算依据。

《招标投标法》第四十六条第一款规定:"招标人和中标人应当自中标通知书发出之日起三十日内,按照招标文件和中标人的投标文件订立书面合同。招标人和中标人不得再行订立背离合同实质性内容的其他协议。"该条中"合同实质性内容",是指影响或者决定当事人基本权利义务的条款,涉及招标人和中标人的基本权利义务。

《招标投标法》第四十六条第一款何为"合同实质性内容",可以从两方面考虑:(1)是否影响其他投标人中标。招标人和中标人另行签订协议,改变双方根据招标文件和投标文件所订立的合同的内容,要看这些改变是否足以影响其他竞标人能够中标或者以何种条件中标。排除其他投标人中标的可能,或者提高其他投标人中标条件的内容,则构成《招标投标法》第四十六条第一款中"合同实质性内容"。(2)是否对招标人与中标人的权利义务产生较大影响。招标人和中标人就建设工程所享有的权利义务,体现在招标文件、中标文件、中标通知书和以合同书形式出现的《建设工程施工合同》中。如果双方另行签订协议,较大地改变了双方的权利义务,则背离合同的"实质性内容"。①

一、《建设工程施工合同解释(二)》颁布之前的裁判规则

在《建设工程施工合同解释(二)》颁布之前,最高人民法院通过两个纪要对合同实质性内容作出规定:

1.《全国民事审判工作会议纪要》(2011年10月9日,法办〔2011〕442号),其四、(一)部分规定:"招标人和中标人另行签订改变工期、工程价款、工程项目性质等中标结果的协议,应认定为变更中标合同实质性内容;中标人作出的以明显高于市场价格购买承建房产、无偿建设住房配套设施、让利、向建设方捐款等承诺,亦应认定为变更中标合同的实质性内

---

① 参见最高人民法院民事审判第一庭编著:《最高人民法院建设工程施工合同司法解释(二)理解与适用》,人民法院出版社2019年版,第47页。

容。对于变更中标合同实质性内容的工程价款结算,应按照《关于审理建设工程施工合同纠纷案件适用法律问题的解释》第二十一条规定,以备案的中标合同作为结算工程价款的根据。协议变更合同是法律赋予合同当事人的一项基本权利。建设工程开工后,因设计变更、建设工程规划指标调整等客观原因,发包人与承包人通过补充协议、会谈纪要、往来函件、签证等洽商记录形式变更工期、工程价款、工程项目性质的,不应认定为变更中标合同的实质性内容。"①

2.《第八次全国法院民事商事审判工作会议(民事部分)纪要》(2016年11月21日,法〔2016〕399号),其第三十一条规定:"招标人和中标人另行签订改变工期、工程价款、工程项目性质等影响中标结果实质性内容的协议,导致合同双方当事人就实质性内容享有的权利义务发生较大变化的,应认定为变更中标合同实质性内容。"

综上,所谓"合同实质性内容",一般是指合同中的建设工期、工程价款、工程项目性质(工程质量、工程用途等)。对施工过程中,因设计变更、建设工程规划指标调整等客观原因,承、发包双方以补充协议、会谈纪要、往来函件、签证等洽商记录形式,变更工期、工程价款、工程项目性质的书面文件,不应认定为《招标投标法》第四十六条规定的"招标人和中标人不得再行订立背离合同实质性内容的其他协议"。②

二、《建设工程施工合同解释(二)》确立的裁判规则

对于背离中标合同实质性内容的判断标准,《建设工程施工合同解释(二)》第一条规定:"招标人和中标人另行签订的建设工程施工合同约定的工程范围、建设工期、工程质量、工程价款等实质性内容,与中标合同不一致,一方当事人请求按照中标合同确定权利义务的,人民法院应予支持。招标人和中标人在中标合同之外就明显高于市场价格购买承建房产、无偿建设住房配套设施、让利、向建设单位捐赠财物等另行签订合同,变相降低工程价款,一方当事人以该合同背离中标合同实质性内容为由请求确认无效的,人民法院应予支持。"该条司法解释认可了上述纪要的内容并将之上升为司法解释。

1. 工程范围。工程范围通常由发包人确定,既指建筑物或者构筑物的结构与面积等,

① 参见杜万华主编:《〈第八次全国法院民事商事审判工作会议(民事部分)纪要〉理解与适用》,人民法院出版社2017年版,第484页。

② 基于建设工程特性,不可预测因素较多,施工合同对于招投标文件予以细化是必然的,司法实践中应该把握并非对于建设工期、工程价款、工程项目性质的修改变更,与中标合同不一致的合同,都属于黑白合同或者阴阳合同,而是要根据具体合同情况予以判定。比如,只对工程价款稍有调整、工程期限略有变化,不宜一概认定为属于实质性变更。把握原则是既要保障当事人合同变更权正当行使,又要防止当事人通过签订"黑白合同",作为不正当竞争手段,达到损害招投标市场秩序、损害其他投标人合法权益的目的。招标人和中标人另行签订改变工期、工程价款、工程项目性质等影响中标结果实质性内容的协议,导致合同双方当事人就实质性内容享有的权利义务发生较大变化的,应认定为变更中标合同实质性内容。当事人依据《建设工程施工合同解释》第二十一条规定,请求以备案的中标合同作为结算工程价款根据的,人民法院应当综合另行订立的合同是否变更了备案的中标合同实质性内容,当事人就实质性内容享有的权利义务是否发生较大变化等因素,依据诚实信用原则和公平原则予以衡量,并作出裁判。参见李琪:《建设工程施工合同纠纷案件审理中的疑难问题》,载最高人民法院民事审判第一庭编:《民事审判指导与参考》(总第68辑),人民法院出版社2017年版,第69~71页。

也指是否包括土建、设备安装、装饰装修等。承包人具体施工的工程范围,决定了施工的边界,直接决定承包人的利润,影响承包人的利益。此外,注意有例外情形,尊重当事人合法合同变更权,后面会详述。

2. 建设工期。建设工期是指施工人完成施工任务的期限。每个工程根据性质不同,所需要的建设工期也各不相同,建设工期的合理确定往往影响到建设工程质量,是建设单位与施工单位博弈的焦点。建设单位往往希望缩短工期、尽早使用。但不遵循建设工程技术要求的工期过短,往往造成施工单位忙中出错而发生施工安全问题,或者偷工减料发生工程质量问题。

3. 工程价款。工程价款是指施工建设该工程所需的费用,是发包人根据合同约定应当支付给承包人其施工建设的代价。目前,国务院有关行政主管部门关于建设工程价款范围的规定主要有:住建部、财政部印发的《建筑安装工程费用项目组成》(建标〔2013〕44号)第一条第一款规定,建筑安装工程费用项目按费用构成要素组成划分为人工费、材料费、施工机具使用费、企业管理费、利润、规费和税金;原建设部《建设工程施工发包与承包价格管理暂行规定》规定建设工程价款包括三部分:成本(直接成本、间接成本)、利润和税金。二者虽然表述不同,但内涵基本一致,即工程价款优先受偿的范围包括人工费、材料费、施工机具使用费、企业管理费、利润、规费和税金。实践中,绝大多数案件是因工程价款产生纠纷。

当事人变更价款存在多种形式,常见的是直接让利,即降低中标人投标文件中的工程价款。有的则是变相降低工程价款。本条第二款规定了当事人变相降低工程价款的四种典型形式,包括:约定明显高价购买承建房屋、无偿建设住房配套设施、大幅让利、向发包人捐赠财物。这些实质上是对工程价款的实质性变更,应当认定该承诺无效,双方应按中标合同约定的工程价款进行结算。

4. 工程质量。工程质量是指依照国家现行的法律法规、技术标准、设计文件和合同约定,对工程的安全、适用、经济、环保、美观等特性的综合要求。工程质量是指工程的等级要求,是施工合同中的核心内容。工程质量往往通过设计图纸和施工说明书、施工技术标准加以确定。招标人和中标人另行签订协议,降低工程质量,通常是为了排除其他竞标人能够中标,变更中标合同实质性内容。

三、尊重当事人合法合同变更权

如前述,《全国民事审判工作会议纪要》(2011年10月9日,法办〔2011〕442号)已规定,建设工程开工后,因设计变更、建设工程规划指标调整等客观原因,发包人与承包人通过补充协议、会谈纪要、往来函件、签证等洽商记录形式变更工期、工程价款、工程项目性质的,不应认定为变更中标合同的实质性内容。

1. 合同变更

变更是施工合同履行过程中常见现象。根据2013年《建设工程工程量清单计价规范》的定义,工程变更是指合同工程实施过程中由发包人提出或由承包人提出经发包人批准的合同工程任何一项工作的增、减、取消或施工工艺、顺序、时间的改变;设计图纸的修改;施工条件的改变;招标工程量清单的错、漏从而引起合同条件的改变或工程量的增减变化。[1] 目

---

① 参见本书编委会编著:《建设工程施工合同(示范文本)GF—2017—0201使用指南(2017版)》,中国建筑工业出版社2018年版,第169页。

前,2017版《建设工程施工合同(示范文本)》(GF—2017—0201)通用条款第十、十一条规定,合同履行过程中因设计变更、规划调整、价格异常波动引起合同内容的调整或补充,属于合同的变更,不能认定为实质性内容的背离。2017年版施工合同示范文本在通用条款第十条中对于通常情况下合同变更具体情形进行列举,包括合同内工作的增减,合同外追加额外工作,取消合同中工作,改变合同工作的履行和检验标准,改变合同标的的基线、标高、位置和尺寸等工程基础特征,改变工程的实施时间或其他进度安排等。①

通常情况下,施工合同中的变更发起包括四种情形:一是发包人基于对工程的功能使用、规模标准等方面提出新的调整要求提出变更;二是设计人基于设计文件的修改提出变更,并以设计变更文件的形式提出;三是监理人认为施工合同履行过程中有关技术经济事项的处理不合适,提出针对原合同内容的调整;四是由承包人提出合理化建议,该建议获得监理人和发包人同意后可以变更形式发出。施工合同的变更往往直接导致工程价款的变更,2017年版施工合同示范文本明确指导当事人合同约定变更估价的三原则:(1)已标价工程量清单或预算书中有相同项目的,按照相同项目单价认定;(2)已标价工程量清单或预算书中无相同项目,但有类似项目的,参照类似项目单价认定;(3)变更导致实际完成的变更工程量与已标价工程量清单或预算书中列明的该项目工程量的变化幅度超过15%的,或已标价工程量清单或预算书中无相同或类似项目单价的,按照合理的成本与利润构成的原则,由合同当事人商定变更工作的单价。②

当事人建设工程施工合同合法变更时间,一般应为合同履行过程中,而非发生在合同订立阶段。涉及工程的规模变化、主体结构变化、重大工期变化、功能调整等方面内容时,一般应当遵循当地建设行政主管部门的规定要求,前往当地主管部门进行备案。

2. 因设计变更、建设工程规划指标调整等客观原因合同变更

建设工程开工后,因设计变更、建设工程规划指标调整、主要建筑材料价格异常变动等客观原因,发包人与承包人以补充协议、会谈纪要、签证等,变更有关工程范围、工期、工程质量标准、工程价款等约定,一般并不认为属于《招标投标法》第四十六条规定情形,不属于背离中标合同的实质性内容的协议,当事人请求根据变更的合同约定结算工程价款的,人民法院可予支持。③

四、施工合同备案目前已取消,《建设工程施工合同解释(二)》不再采用"备案中标合同"的表述

建设工程施工合同备案的依据是2001年6月1日原建设部发布的《房屋建筑和市政基础设施工程施工招标投标管理办法》第四十七条第一款的规定:"订立书面合同后7日内,中标人应当将合同送工程所在地的县级以上地方人民政府建设行政主管部门备案。"

---

① 参见本书编委会编著:《建设工程施工合同(示范文本)GF—2017—0201使用指南(2017版)》,中国建筑工业出版社2018年版,第169页。

② 参见本书编委会编著:《建设工程施工合同(示范文本)GF—2017—0201使用指南(2017版)》,中国建筑工业出版社2018年版,第171、176页。

③ 参见李琪:《建设工程施工合同纠纷案件审理中的疑难问题》,载最高人民法院民事审判第一庭编:《民事审判指导与参考》(总第68辑),人民法院出版社2017年版,第69~71页。

2018 年 5 月 14 日发布的《国务院办公厅关于开展工程建设项目审批制度改革试点的通知》(国办发〔2018〕33 号)在"精简审批环节"中有关"精减审批事项和条件"规定,在试点地区"取消施工合同备案、建筑节能设计审查备案等事项"。2018 年 9 月 28 日公布的《住房城乡建设部关于修改〈房屋建筑和市政基础设施工程施工招标投标管理办法〉的决定》第五条规定:"删除第四十七条第一款中的'订立书面合同 7 日内,中标人应当将合同送工程所在地的县级以上地方人民政府建设行政主管部门备案'。"正式取消了施工合同强制备案制度。据此,对于法律规定必须进行招标投标的工程项目和非强制招标投标的工程项目,当事人通过招标投标进行发承包,并根据招标投标结果签订建设工程施工合同即可。鉴于备案制已不存在,所谓"白合同"仅指招标人(发包人)与中标人(承包人)依据招标文件、投标文件等签订的建设工程施工合同,与是否备案无关。

037　合同履行过程中的正常变更,不属于"黑合同"

【关键词】

｜建设工程｜工程价款｜黑白合同｜合同变更｜

【案件名称】

上诉人唐山凤辉房地产开发有限公司与被上诉人赤峰建设建筑(集团)有限责任公司建设工程施工合同纠纷案〔最高人民法院(2015)民一终字第 309 号民事判决书,2016.1.15〕

【裁判精要】

裁判摘要:双方当事人在中标合同履行过程中,为了赔偿一方停工损失而对工程价款结算方式进行的变更约定,其实质为关于损失赔偿的约定,属于合同履行过程中的正常变更,不属于《建设工程施工合同解释》第二十一条规定的"黑合同",其效力应予以认可,可作为双方结算的依据。

最高人民法院认为:

一、关于赤峰建设公司的工程款如何认定的问题

根据已查明事实,赤峰建设公司退场时,本案所涉工程尚未完工。对于其所完成的工程部分的价款如何计算,双方存在以下几方面的争议:

1. 结算方式如何认定。凤辉公司主张应按照 2007 年 12 月 18 日的《建设工程施工合同》约定的可调价方式进行结算;赤峰建设公司主张应按照 2010 年 7 月 10 日的《补充协议书》约定的固定单价方式进行结算。本院认为,上述两协议均为双方当事人真实意思表示,内容不违反法律、行政法规的强制性规定,应为合法有效,双

方应依约履行。因《补充协议书》签订在后，且对《建设工程施工合同》的约定进行了变更，双方应按照《补充协议书》约定的固定单价方式进行结算。凤辉公司虽称《补充协议书》是迫于政府部门、施工进度、工期、返迁等各种压力签订，但并没有否认此协议书的真实性，也没有主张撤销，所以《补充协议书》对其仍有拘束力。最高人民法院《建设工程施工合同解释》第二十一条关于"当事人就同一建设工程另行订立的建设工程施工合同与经过备案的中标合同实质性内容不一致的，应当以备案的中标合同作为结算工程价款的依据"之规定针对的是当事人在中标合同之外另行签订建设工程施工合同，以架空中标合同、规避中标行为和行政部门监管的情形，而《补充协议书》是在双方履行《建设工程施工合同》过程中，为了解决因工程多次停工给赤峰建设公司造成的损失而签订，只是变更了结算方式，《建设工程施工合同》其他条款仍然有效，并且双方在 2012 年 11 月 22 日的《会议纪要》上对此结算方式再次确认，当地住建局工作人员也在《会议纪要》上签字认可。因此，《补充协议书》属于双方当事人在合同履行过程中经协商一致的合同变更，不属于最高人民法院《建设工程施工合同解释》第二十一条规定的情形。2013 年 2 月 1 日《补充协议》约定双方核算工程量及完成产值，但此后双方未能按约进行核算，故凤辉公司认为该《补充协议》已将结算方式由"固定单价"再次变更为"可调价方式"，从而主张按可调价方式进行结算的上诉理由不成立。

2. 采用固定单价如何计算工程款。《补充协议书》约定的固定单价，指的是每平方米均价，针对的是已经完工的工程。根据已查明事实，赤峰建设公司退场时，案涉工程尚未完工。此种情形下工程款如何计算，现行法律、法规、司法解释没有作出规定。一审判决先以固定单价乘以双方约定的面积计算出约定的工程总价款，再通过造价鉴定计算出赤峰建设公司完成的部分占整个工程的比例，再用计算出的比例乘以约定的工程总价款确定赤峰建设公司应得的工程价款，此种计算方法，能够兼顾合同约定与工程实际完成情况，并无不当。

3. 关于造价鉴定问题。《最高人民法院关于民事诉讼证据的若干规定》第二十七条规定："当事人对人民法院委托的鉴定部门作出的鉴定结论有异议申请重新鉴定，提出证据证明存在下列情形之一的，人民法院应予准许：(一)鉴定机构或者鉴定人员不具备相关的鉴定资格的；(二)鉴定程序严重违法的；(三)鉴定结论明显依据不足的；(四)经过质证认定不能作为证据使用的其他情形。对有缺陷的鉴定结论，可以通过补充鉴定、重新质证或者补充质证等方法解决的，不予重新鉴定。"本案一审审理过程中，鉴定机构的选定经过了法定程序，其在鉴定过程中听取了双方当事人的意见，最终作出的鉴定意见经过了庭审质证，鉴定人员也出庭接受了质询，凤辉公司上诉申请重新鉴定，但没有提交证据证明存在上述情形，故对其重新鉴定的申请不予准许。一审法院委托鉴定机构按照定额进行鉴定，是为了确定赤峰建设公司完成的部分占整个工程的比例，而不是直接采用鉴定意见作为工程款数额，并不违背《建设工程施工合同解释》第二十二条规定,不存在适用法律错误的问题。

4. 工程面积如何确定。凤辉公司上诉主张《会议纪要》不具有法律效力,主张 11 号、12 号、13 号、14 号楼这四栋楼地下室面积不应算作商业建筑面积以及对 13 号楼地下室面积记载错误。对此,本院认为,第一,《会议纪要》由双方的工作人员参加,其中凤辉公司的参会人员为张宇、赵晓锁,凤辉公司虽然在二审庭审中称此二人没有得到其授权,但一审时经过双方质证、凤辉公司认可真实性的 2010 年 7 月 14 日《凤辉和赤峰对账情况表》上也有赵晓锁的签字,因此,在凤辉公司对《会议纪要》的形成以及所记载内容的真实性均予以认可的情形下,应认为张宇、赵晓锁的参会行为是职务行为,应由凤辉公司承担相应法律后果。即《会议纪要》的内容由凤辉公司和赤峰建设公司讨论议定,是双方当事人的真实意思表示,应具有协议的法律效力,在双方没有形成新的协议推翻其所记载的内容之前,对双方应具有拘束力。第二,按照《会议纪要》第一条第(二)项记载,11 号、12 号、13 号、14 号这四栋楼的地下室面积列在"商业建筑面积"中,此为双方自愿达成的合意,按照诚实信用原则,凤辉公司应对自己作出的民事行为承担相应的法律后果,故其关于该点的上诉理由不成立。第三,对于 13 号楼地下室的建筑面积问题,《会议纪要》并未单独列明,只是计算了四栋楼的地下室总面积。并且凤辉公司在一审时就此问题并未提出异议,应视为认可,其在二审庭审中陈述的"在一审时没有发现,所以没有提"的理由不能成立,依据《最高人民法院关于适用〈中华人民共和国民事诉讼法〉的解释》第三百四十二条"当事人在第一审程序中实施的诉讼行为,在第二审程序中对该当事人仍具有拘束力。当事人推翻其在第一审程序中实施的诉讼行为时,人民法院应当责令其说明理由。理由不成立的,不予支持"之规定,凤辉公司关于 13 号楼地下室面积计算错误的上诉理由不成立。第四,按照《会议纪要》记载,《会议纪要》所载的工程量建筑面积是以当地住建局房产部门测算为依据。凤辉公司虽不认可该面积,但也没有提出有充分证据证明的新的数据。

5. 应否扣除因质量问题造成的返工、返修费用。凤辉公司虽然在一审答辩时提出案涉工程存在质量问题,但并未就质量问题的存在以及因此发生的返工、返修费用提交相应证据证明,因此其关于此点的上诉理由不成立。其就质量问题可另行起诉。

综上,一审判决对赤峰建设公司工程款的认定并无不当,凤辉公司关于工程款的上诉理由均不成立。

【权威解析】

《建设工程施工合同解释》第二十一条规定:"当事人就同一建设工程另行订立的建设工程施工合同与经过备案的中标合同实质性内容不一致的,应当以备案的中标合同作为结算工程价款的根据。"实践中,通常将经过备案的中标合同称为"白合同",将与"白合同"实质性内容不一致的另行订立的建设工程施工合同称为"黑合同"。依据该条规定,无论"黑合同"是否为双方当事人的真实意思表示,均不能作为结算依据。如此规定,主要是为维护中标合同的法律效力。

所谓"合同实质性内容",一般是指合同约定的工程价款、工程质量、工程期限、工程项目性质。同时,把握何为实质性内容的变更,还应注意以下几点:(1)变更的幅度把握。并非所有就上述实质性内容的修改、变更均属于签订"黑白合同"的情形,必须是会导致双方当事人利益失衡的情况,需要根据具体合同的实际情况予以判定。(2)把握"黑白合同"的签订与正常合同变更的界线。合同变更是法律赋予合同双方当事人的一项基本权利。合同变更权的行使存在于所有的合同履行过程中。如果在合同实际履行过程中存在设计变更、工程量增加等法定或中标合同约定的变更事由影响中标合同的履行时,对中标合同的内容进行修改属于正常的合同变更。如果变更的原因为一方违约责任之承担,变更的目的是为了更好地履行和推进中标合同,也不宜简单认定为"黑白合同",需要根据具体情形判断。

本案中,《建设工程施工合同》约定按可调价方式结算,《补充协议书》约定按固定单价方式结算,从形式上看,是对结算方式的变更,直接影响到工程价款的认定,但根据已查明事实,《补充协议书》是在《建设工程施工合同》签订并履行近3年后,为了解决因工程多次停工给一方造成的损失而签订,其签订不是为了取代《建设工程施工合同》、规避中标行为和行政部门监管,恰恰是为了保障和推进《建设工程施工合同》的履行。并且《补充协议书》只是对结算方式这一点作了约定,对工程质量、工期、工程项目性质等内容并没有涉及,双方在《补充协议书》签订后,也依然以《建设工程施工合同》为主要合同依据继续履行。故从性质上判断,《补充协议书》关于结算方式的变更,实质上是对停工损失赔偿的约定。综上分析,《补充协议书》不属于《建设工程施工合同解释》第二十一条规定的"黑合同",属于双方当事人在合同履行过程中经协商一致的合同变更,可作为双方结算的依据。①

【案例来源】

中国裁判文书网,http://wenshu.court.gov.cn。

① 参见于蒙:《合同履行过程中的正常变更与黑白合同的认定——唐山凤辉房地产开发有限公司与赤峰建设建筑(集团)有限责任公司建设工程施工合同纠纷案》,载最高人民法院民事审判第一庭编:《民事审判指导与参考》(总第65辑),人民法院出版社2016年版,第185~186页。

038 招标人与中标人未按《中标通知书》内容签订施工合同，对签约在先的施工合同不产生变更的效力

【关键词】

|建设工程|工程价款|黑白合同|中标通知书|

【案件名称】

上诉人新疆建工集团第六建筑工程有限责任公司与被上诉人新疆天通房地产开发有限公司建设工程施工合同纠纷案［最高人民法院（2007）民一终字第107号民事判决书］

【裁判精要】

裁判摘要：虽在建设单位与施工企业签订施工合同后，承、发包双方当事人又就同一工程部分履行了招投标程序，但未按《中标通知书》记载的内容签订施工合同，应独立审核施工合同效力。讼争工程项目不属于必须招标的情形，且未违反法律强制性规定，应当认定签约在先的施工合同有效。

最高人民法院认为：

首先，合同的性质、效力和工程取费。

本案为建设工程施工合同纠纷案件。新疆六建具备与承揽的讼争工程项目相适应的法定资质等级。签约时，合同当事人意思表示真实、自愿，合同内容并不违反法律、行政法规规定，应当认定双方签订的建筑工程施工主合同及补充协议有效。

虽然在双方当事人签订施工合同后，就同一工程建设项目又履行招投标程序时，未按照中标通知书记载的实质性内容签订施工合同，但讼争工程项目不属于必须招标的工程建设项目。《招标投标法》第三条规定：在中华人民共和国境内进行下列工程建设项目包括项目的勘察、设计、施工、监理以及与工程建设有关的重要设备、材料等的采购，必须进行招标：（一）大型基础设施、公用事业等关系社会公共利益、公众安全的项目；（二）全部或者部分使用国有资金或者国家融资的项目；（三）使用国际组织或者外国政府贷款、援助资金的项目。前款所列项目的具体范围和规模标准，由国务院发展计划部门会同国务院有关部门制定，报国务院批准。依据2000年5月1日国家发展计划委员会发布的《工程建设项目招标范围和规模标准规定》的规定，本案讼争建设项目不属于《招标投标法》第三条规定的必须进行招标的工程建设项目，天通公司与新疆六建自主签订施工合同并未违反法律强制性规定。本案承、发包双方当事人在履行招投标程序前，已经签订了施工合同，应当依据法律规定独立审核施工合同效力。如前所述，应当认定签约在先的建设工程施工合同及

补充协议有效。天通公司与新疆六建就同一建设项目又履行招投标程序,意在变更施工合同的部分内容,因招标人与中标人未按照《中标通知书》记载的实质性内容签订施工合同,中标合同未成立,对签约在先的施工合同未产生变更的法律效力。工程取费也应当按照签约在先的合同约定确定。至于招标人与中标人在招标机构发出《中标通知书》后未履行正式签订书面合同的行为,违反了《招标投标法》第四十五条第二款和第五章有关"法律责任"部分的规定,应由行政机关处理,不属于民事案件审理范围,不影响签约在先的施工合同的法律效力。

【权威解析】

本案发包人天通公司与承包人新疆六建签订施工合同后,天通公司又向新疆六建发出了《投标邀请书》,意图通过履行招投标程序,变更施工合同造价,招投标管理机构也向新疆六建发出《中标通知书》。这一行为产生了以下争议:第一,此行为是否属于"明招暗定"的情形,如属于,应否认定招投标之前签订的施工合同无效。第二,发出《中标通知书》后,是否应按照《中标通知书》记载的实质性内容变更签约在先的施工合同。第三,招标人与投标人未按照《中标通知书》记载的内容签订施工合同,如何承担法律后果。

(一)签约在先的施工合同单独发生法律效力

本案发包人与承包人签订施工合同时,尚未履行招投标程序,在后通过履行招投标程序发出的《中标通知书》,不应影响签约在先的施工合同效力,应根据施工合同本身内容,独立考核其效力。

首先,本案签约时,当事人意思表示真实自愿,合同内容合法;其次,新疆六建具备与承揽工程相适应的资质等级,不违反《建筑法》第二十六条第二款禁止建筑施工企业超越本企业资质等级许可的业务范围承揽工程的规定;最后,讼争工程项目不属于必须招标的工程建设项目。《招标投标法》第三条规定:在中华人民共和国境内进行下列工程建设项目包括项目的勘查、设计、施工、监理以及与工程建设有关的重要设备、材料等的采购,必须进行招标:(一)大型基础设施、公用事业等关系社会公共利益、公众安全的项目;(二)全部或者部分使用国有资金或者国家融资的项目;(三)使用国际组织或者外国政府贷款、援助资金的项目。前款所列项目的具体范围和规模标准,由国务院发展计划部门会同国务院有关部门制定,报国务院批准。依据2000年5月1日国家发展计划委员会发布的《工程建设项目招标范围和规模标准规定》的规定,本案讼争建设项目不属于《招标投标法》第三条规定的必须进行招标的工程建设项目,天通公司与新疆六建自主签订施工合同并未违反法律强制性规定。

据此,应当认定本案承、发包双方当事人订立的施工合同有效,合同当事人应当按照合同约定内容全面实际履行。

（二）发出《中标通知书》后，未发生变更施工合同价款的法律后果

本案承、发包双方当事人订立施工合同后，天通公司与新疆六建就同一建设项目又履行招投标程序，招标管理机构向施工企业发出了《中标通知书》。比较施工合同与《中标通知书》关于工程造价方面内容，可以看出，施工合同约定的工程造价暂定为2400万元、《中标通知书》记载的中标价为29914500元，有关工程造价方面的内容约定不同，结算方式约定也不同。显然，承、发包双方当事人履行招投标程序的目的是变更施工合同价款等内容。

当事人意图改变施工合同价款的目的能否实现呢？《招标投标法》第四十六条第一款规定，招标人和投标人应当自中标通知书发出之日起30日内，按照招标文件和中标人的投标文件订立书面合同。本案招标人与中标人未按照《中标通知书》记载的实质性内容另行订立变更签约在先的施工合同，中标合同未成立，对签约在先的施工合同未产生变更的法律效力，工程取费也应当按照签约在先的合同约定确定。至于招标人与中标人在招标管理机构发出《中标通知书》后，未履行正式签订书面合同的行为，不影响签约在先的施工合同效力。

（三）未按照《中标通知书》记载的实质性内容签订施工合同，应当接受行政处罚

《招标投标法》第五十九条规定，中标人与投标人不按照招标文件和中标人的投标文件订立合同的，或者招标人、中标人订立背离合同实质性内容的协议的，责令改正；可以处以中标项目金额千分之五以上千分之十以下的罚款。《行政处罚法》第十五条规定，行政处罚由具有行政处罚权的行政机关在法定职责范围内实施。依此规定，中标人与投标人不按照招标文件和中标人的投标文件订立合同的，应当由具有行政处罚权的建筑行政管理部门管理，不属于人民法院民事案件的审理范围。[①]

【案例来源】

最高人民法院民事审判第一庭编：《民事审判指导与参考》（总第36集），法律出版社2009年版，第154～155页。

编者说明

发包人将依法不属于必须招标的建设工程（以下简称非必须招标工程）进行招标后，与承包人另行订立背离中标合同实质性内容的施工合同，如何结算工程价款，最高人民法院《建设工程施工合同解释（二）》第九条规定："发包人将依法不属于必须招标的建设工程

---

① 参见冯小光：《招标人与中标人未按〈中标通知书〉内容签订施工合同，对签约在先的施工合同不产生变更的效力——新疆建工集团第六建筑工程有限责任公司与新疆天通房地产开发有限公司建设工程施工合同纠纷上诉案》，载最高人民法院民事审判第一庭编：《民事审判指导与参考》（总第36集），法律出版社2009年版，第158～159页。

进行招标后,与承包人另行订立的建设工程施工合同背离中标合同的实质性内容,当事人请求以中标合同作为结算建设工程价款依据的,人民法院应予支持,但发包人与承包人因客观情况发生了在招标投标时难以预见的变化而另行订立建设工程施工合同的除外。"据此,对依法非必须招标的工程,当事人采取招标投标程序订立施工合同后,又另行订立合同对中标合同的实质性内容进行变更的,是以中标合同还是当事人实际履行的合同作为工程价款结算依据的问题,本条明确应以中标合同作为结算建设工程价款的依据,但是发包人与承包人因客观情况发生了在招标投标时难以预见的变化而另行订立的施工合同仍然有效。即原则上以中标合同作为结算工程价款的依据,同时兼顾客观情况发生重大变化时的特殊情形。这既维护了招标投标市场秩序,保护其他投标人利益,引导当事人理性投标,又考虑到了施工合同的特殊性和复杂性,兼顾合同公平。

本条"因客观情况发生了在招标投标时难以预见的变化而另行订立建设工程施工合同",是指客观情况变化发生在招标投标之后,且属于重大变化,达到改变了当事人订立合同的基础的程度,即变化后的客观情况会直接导致当事人重新决定是否订立合同或者变更合同对价。如果不允许当事人另行订立合同,会导致当事人利益严重失衡。这种客观情况变化,一般包括:(1)招标投标后建设工程的原材料、工程设备价格变化超出了正常的市场价格涨跌幅度;(2)招标投标后人工单价发生了重大变化;(3)建设工程的规划、设计发生了重大变化。

关于当事人通过招标程序后签订的施工合同与招标投标文件不一致时工程价款结算的依据问题,《建设工程施工合同解释(二)》第十条规定:"当事人签订的建设工程施工合同与招标文件、投标文件、中标通知书载明的工程范围、建设工期、工程质量、工程价款不一致,一方当事人请求将招标文件、投标文件、中标通知书作为结算工程价款的依据的,人民法院应予支持。"参照招投标文件结算工程价款的前提,是招投标活动合法有效。如果招投标无效则这些文件不具有合法性,不应适用本条确定工程价款。在当事人之间就同一建设工程订立的合同均被认定无效的情况下,工程价款的结算适用该司法解释第十一条的规定。

039　建设工程施工中多份无效合同工程价款的结算

【关键词】

　│建设工程│工程价款│招投标│备案│

【案件名称】

上诉人江苏省第一建筑安装集团股份有限公司与被上诉人唐山市昌隆房地产开发有限公司建设工程施工合同纠纷案[最高人民法院(2017)最高法民终175号民事判决书,2017.12.21]

【裁判精要】

裁判摘要:最高人民法院《建设工程施工合同解释》第二十一条规定,当事人就同一建设工程另行订立的建设工程施工合同与经过备案的中标合同实质性内容不一致的,应当以备案的中标合同作为结算工程价款的依据,其适用前提应为备案的中标合同合法有效,无效的备案合同并非当然具有比其他无效合同更优先参照适用的效力。

在当事人存在多份施工合同且均无效的情况下,一般应参照符合当事人真实意思表示并实际履行的合同作为工程价款结算依据;在无法确定实际履行合同时,可以根据两份争议合同之间的差价,结合工程质量、当事人过错、诚实信用原则等予以合理分配。

最高人民法院认为:

(一)原判认定昌隆公司支付江苏一建工程欠款数额及利息是否正确

首先,关于案涉工程价款的结算依据。江苏一建上诉主张本案双方实际履行的合同是《补充协议》,应据此结算工程价款;昌隆公司认为根据《建设工程施工合同解释》规定,《补充协议》为黑合同,应当以《备案合同》作为工程价款结算依据。

第一,《招标投标法》《工程建设项目招标范围和规模标准规定》明确规定应当进行招标的范围,案涉工程建设属于必须进行招标的项目,当事人双方 2009 年 12 月 8 日签订的《备案合同》虽系经过招投标程序签订,并在建设行政主管部门进行备案,但在履行招投标程序确定江苏一建为施工单位之前,一方面昌隆公司将属于建筑工程单位工程的分项工程基坑支护委托江苏一建施工,另一方面江苏一建、昌隆公司、设计单位及监理单位对案涉工程结构和电气施工图纸进行了四方会审,且江苏一建已完成部分楼栋的定位测量、基础放线、基础垫层等施工内容,一审法院认定案涉工程招标存在未招先定等违反《招标投标法》禁止性规定的行为,《备案合同》无效并无不当。

第二,当事人双方 2009 年 12 月 28 日签订的《补充协议》系未通过招投标程序签订,且对备案合同中约定的工程价款等实质性内容进行变更,一审法院根据《建设工程施工合同解释》第二十一条规定,认为《补充协议》属于另行订立的与经过备案中标合同实质性内容不一致的无效合同并无不当。

第三,《建设工程施工合同解释》第二条规定,建设工程施工合同无效,但建设工程经竣工验收合格,承包人请求参照合同约定支付工程价款的,应予支持。《建设工程施工合同解释》第二十一条规定,当事人就同一建设工程另行订立的建设工程施工合同与经过备案的中标合同实质性内容不一致的,应当以备案的中标合同作为结算工程价款的根据。就本案而言,虽经过招投标程序并在建设行政主管部门备案的

《备案合同》因违反法律、行政法规的强制性规定而无效,并不存在适用《建设工程施工合同解释》第二十一条规定的前提,也并不存在较因规避招投标制度、违反备案中标合同实质性内容的《补充协议》具有优先适用效力。

《合同法》第五十八条规定,合同无效或者被撤销后,因该合同取得的财产,应当予以返还;不能返还或者没有必要返还的,应当折价补偿。有过错的一方应当赔偿对方因此所受到的损失,双方都有过错的,应当各自承担相应的责任。建设工程施工合同的特殊之处在于,合同的履行过程,是承包人将劳动及建筑材料物化到建设工程的过程,在合同被确认无效后,只能按照折价补偿的方式予以返还。本案当事人主张根据《建设工程施工合同解释》第二条规定参照合同约定支付工程价款,案涉《备案合同》与《补充协议》分别约定不同结算方式,应首先确定当事人真实合意并实际履行的合同。

结合本案《备案合同》与《补充协议》,从签订时间而言,《备案合同》落款时间为2009年12月1日,2009年12月30日在唐山市建设局进行备案;《补充协议》落款时间为2009年12月28日,签署时间仅仅相隔二十天。从约定施工范围而言,《备案合同》约定施工范围包括施工图纸标识的全部土建、水暖、电气、电梯、消防、通风等工程的施工安装,《补充协议》约定施工范围包括金色和园项目除土方开挖、通风消防、塑钢窗、景观、绿化、车库管理系统、安防、电梯、换热站设备、配电室设备、煤气设施以外所有建筑安装工程,以及雨污水、小区主环路等市政工程。实际施工范围与两份合同约定并非完全一致。从约定结算价款而言,《备案合同》约定固定价,《补充协议》约定执行河北省2008年定额及相关文件,建筑安装工程费结算总造价降3%,《补充协议》并约定价格调整、工程材料由甲方认质认价。综上分析,当事人提交的证据难以证明其主张所依据的事实,一审判决认为当事人对于实际履行合同并无明确约定,两份合同内容比如甲方分包、材料认质认价在合同履行过程中均有所体现,无法判断实际履行合同并无不当。

在无法确定双方当事人真实合意并实际履行的合同时,应当结合缔约过错、已完工程质量、利益平衡等因素,根据《合同法》第五十八条规定由各方当事人按过错程度分担因合同无效造成的损失。一审法院认定本案中无法确定真实合意履行的两份合同之间的差价作为损失,基于昌隆公司作为依法组织进行招投标的发包方,江苏一建作为对于《招标投标法》等法律相关规定也应熟知的具有特级资质的专业施工单位的过错,结合本案工程竣工验收合格的事实,由昌隆公司与江苏一建按6∶4比例分担损失并无不当。江苏一建上诉主张应依《补充协议》结算工程价款,事实依据和法律依据不足,本院不予支持。

关于案涉工程价款利息,江苏一建上诉主张应自2012年1月30日起按照中国人民银行同期贷款利率支付工程款利息。一审法院认为,昌隆公司在施工过程中并无拖欠工程进度款情形,亦无拖欠工程款的主观恶意,且双方对于签订两份无效合同并由此导致工程价款结算争议发生均有过错,因此欠付工程款利息自江苏一建起诉之日按中国人民银行同期同类贷款利率计息。本院认为,《建设工程施工合同解释》第十八条规定:利息从应付工程价款之日计付。当事人对付款时间没有约定或者约定不明的,下列时间视为应付款时间:(一)建设工程已实际交付的,为交付之日;(二)建设工程没有交付的,为提交竣工结算文件之日;(三)建设工程未交付,工程价款也未结算的,为当事人起诉之日。案涉工程于 2011 年 11 月 30 日竣工验收合格并交付使用,案涉两份合同均被认定无效,一方面合同约定的工程价款给付时间无法参照合同约定适用,另一方面发包人支付工程欠款利息性质为法定孳息,建设工程竣工验收合格交付发包人后,其已实际控制,有条件对诉争建设工程行使占有、使用、收益权利,故从工程竣工验收合格交付计付工程价款利息符合当事人利益平衡。江苏一建公司主张从 2012 年 1 月 30 日起按照中国人民银行同期贷款利率支付工程款利息,本院予以支持。

【权威解析】

1. 当事人签订的备案合同因未招先定而无效。《招标投标法》第一条指出该法目的是规范招标投标活动,保护国家利益、社会公共利益和招标投标活动当事人的合法权益,提高经济效益,保证项目质量。招标投标活动应当遵循公开、公平、公正和诚实信用的原则。第三十二条第二款规定,投标人不得与招标人串通投标,损害国家利益、社会公共利益或者他人合法权益。第四十三条规定,在确定中标人前,招标人不得与投标人就投标价格、投标方案等实质性内容进行谈判。第五十五条规定,依法必须进行招标的项目,招标人违反本法规定,与投标人就投标价格、投标方案等实质性内容进行谈判的……行为影响中标结果的,中标无效。本案中,当事人双方 2009 年 12 月 8 日签订的备案合同虽系经过招投标程序签订,并在建设行政主管部门进行备案,但在履行招投标程序确定江苏一建为施工单位之前,一方面昌隆公司将属于建筑工程单位工程的分项工程基坑支护委托江苏一建施工,另一方面江苏一建、昌隆公司、设计单位及监理单位对案涉工程结构和电气施工图纸进行了四方会审,且江苏一建已完成部分楼栋的定位测量、基础放线、基础垫层等施工内容,其实质为招投标之前先行确定工程承包人,故法院认定案涉工程招标存在未招先定等违反《招标投标法》禁止性规定的行为,备案合同无效。

当事人事后达成的《补充协议》因违反法律规定而无效。《招标投标法》立法目的在于保证建设工程项目质量,目前建筑市场中亦与资质管理共同构成维护建筑市场秩序、保障建筑工程质量的"两驾马车"。《补充协议》对备案合同中约定的工程价款等实质性内容进行变更,根据《建设工程施工合同解释》第二十一条规定,《补充协议》属于另行订立的与经过备案中标合同实质性内容不一致的无效合同。

2. 关于多份无效合同工程价款的结算问题。一般情形下,参照实际履行合同结算工程价款。《合同法》第五十八条规定,合同无效或者被撤销后,因该合同取得的财产,应当予以返还;不能返还或者没有必要返还的,应当折价补偿。有过错的一方应当赔偿对方因此所受到的损失,双方都有过错的,应当各自承担相应的责任。建设工程施工合同的履行过程,是承包人将劳动及建筑材料物化到建设工程的过程,在合同被确认无效后,只能按照折价补偿的方式予以返还。《建设工程施工合同解释》第二条规定,建设工程施工合同无效,但建设工程经竣工验收合格,承包人请求参照合同约定支付工程价款的,应予支持。就本案而言,虽经过招投标程序并在建设行政主管部门备案的备案合同因违反法律的强制性规定而无效,并不存在适用《建设工程施工合同解释》第二十一条规定的前提,也并不存在较因规避招投标制度、违反备案中标合同实质性内容的《补充协议》具有优先适用效力。参照合同约定支付工程价款,一般应确定当事人真实合意并实际履行的合同,并以此作为工程价款结算依据。

在无法确定双方当事人真实合意并实际履行的合同时,应当结合缔约过错、已完工程质量、利益平衡等因素,根据《合同法》第五十八条规定由各方当事人按过错程度分担因合同无效造成的损失。一审法院认定本案中无法确定真实合意履行的两份合同之间的差价作为损失,基于昌隆公司作为依法组织进行招投标的发包方,江苏一建作为对于《招标投标法》等法律相关规定也应熟知的具有特级资质的专业施工单位的过错,结合本案工程竣工验收合格的事实,由昌隆公司与江苏一建按6∶4比例分担损失并无不当。江苏一建上诉主张应依《补充协议》结算工程价款,事实依据和法律依据不足,最高人民法院不予支持。①

【案例来源】

《中华人民共和国最高人民法院公报》2018年第6期(总第260期)。

编者说明

关于背离中标合同实质性内容另行签订的协议即产生"黑白合同"的问题,《建设工程施工合同解释》第二十一条规定:"当事人就同一建设工程另行订立的建设工程施工合同与经过备案的中标合同实质性内容不一致的,应当以备案的中标合同作为结算工程价款的根据。"通常将中标合同称为"白合同""阳合同",而另行订立的与中标合同实质性内容不一致的合同由于见不得阳光,不能公开,不能拿到桌面上,被称为"黑合同""阴合同"。第二十一条的规定被称为"黑白合同"规则。司法解释强调维护中标合同的法律效力,以中标合同为结算依据,保障公平竞争,维护建筑市场秩序。

---

① 参见李琪:《建设工程施工中多份无效合同工程价款的结算——江苏省第一建筑安装集团股份有限公司与唐山市昌隆房地产开发有限公司建设工程施工合同纠纷二审案》,载最高人民法院民事审判第一庭编:《民事审判指导与参考》(总第72辑),人民法院出版社2018年版,第226~227页。

2018 年 12 月 29 日,最高人民法院发布《建设工程施工合同解释(二)》,其中第一条第一款规定:"招标人和中标人另行签订的建设工程施工合同约定的工程范围、建设工期、工程质量、工程价款等实质性内容,与中标合同不一致,一方当事人请求按照中标合同确定权利义务的,人民法院应予支持。"应当注意的是:

1. 适用上述两个法条的前提,是白合同有效

白合同有效,是指招标投标程序合法且中标有效。即中标合同与备案的中标合同均应属有效合同。黑合同无效系以白合同为参照,当黑合同的实质性内容与白合同不一致时,法律以其强制力维护白合同的履行,以保证建设工程质量。但当白合同亦无效时,其正当性遭到法律的否定,以其为参照对黑合同予以评价已无意义。此时,如果建设工程已经竣工验收,应当以当事人的真实意思表示为工程款结算的依据,即按照当事人实际履行的合同为结算依据,较为合理。① 在当事人之间就同一建设工程订立的合同均被认定无效的情况下,工程价款的结算适用《建设工程施工合同解释(二)》第十一条的规定:"当事人就同一建设工程订立的数份建设工程施工合同均无效,但建设工程质量合格,一方当事人请求参照实际履行的合同结算建设工程价款的,人民法院应予支持。实际履行的合同难以确定,当事人请求参照最后签订的合同结算建设工程价款的,人民法院应予支持。"前述两个最高人民法院终审案例可供参考。

2.《建设工程施工合同解释(二)》第一条规定扩大了《建设工程施工合同解释》第二十一条的适用范围

《建设工程施工合同解释》第二十一条解决双方当事人因为黑白合同发生结算争议时以哪一份合同为结算依据的问题,适用于双方就工程结算未达成一致且未结算完毕的情形。《建设工程施工合同解释(二)》第一条则扩大了适用白合同处理争议的范围,除工程价款外,有关工程范围、建设工期、工程质量等实质性内容,黑白合同不一致的,均以白合同即中标合同作为处理争议的依据。

040 中标合同无效时,应当以实际履行的合同作为结算工程价款的参照依据

【关键词】

│建设工程│工程价款│中标合同│实际履行│

【案件名称】

上诉人四川晋业建筑工程有限公司与被上诉人朔州市皓鑫房地产开发有限公司建设工程施工合同纠纷案［最高人民法院（2015）民一终字第 409 号民事判决

---

① 参见广东省高级人民法院:《关于 2009 年度广东省法院民事审判工作若干具体问题分析的报告》,载最高人民法院民事审判第一庭编:《民事审判指导与参考》(总第 41 集),法律出版社 2010 年版,第 51 页。

【裁判精要】

最高人民法院认为：

一、关于《建筑总承包合同》和《山西省建设工程施工合同》的效力如何认定问题

本院认为，双方于2012年7月11日签订的《建筑总承包合同》、2012年6月27日签订的两份《山西省建设工程施工合同》，约定建设施工的新御花苑小区和晨虹花苑小区，属于经济适用住房，且项目投资金额在3000万元以上，按照《招标投标法》第三条第一款第（一）项的规定，符合应当进行招投标的工程项目和规模标准，但晋业公司和皓鑫公司在未经招投标的情况下签订了上述合同，故根据《建设工程施工合同解释》第一条有关应依法进行招投标而未进行招投标所签订的建设工程施工合同无效的规定，《建筑总承包合同》和两份《山西省建设工程施工合同》均应认定为无效合同。

二、关于工程价款如何确定问题

1. 关于诉争项目的结算依据问题。《建设工程施工合同解释》第二条规定："建设工程施工合同无效，但建设工程经竣工验收合格，承包人请求参照合同约定支付工程价款的，应予支持。"合同无效时，因合同取得的财产，当事人应负返还、补偿或者赔偿的责任。在《建筑总承包合同》和《山西省建设工程施工合同》均无效的情况下，判断何为因合同取得的财产，应以体现双方真实意思表示并实际履行的合同为准。在本案中，存在着对同一建设工程签订两份合同的问题，此时应当确定以哪一份合同作为结算工程价款依据，尽管《建设工程施工合同解释》第二十一条规定："当事人就同一建设工程另行订立的建设工程施工合同与经过备案的中标合同实质性内容不一致的，应当以备案的中标合同作为结算工程价款的根据。"然而，该条款的适用前提应为备案的中标合同有效，当备案的合同无效时，则不能机械适用该条款。本案中，《工程拨款单》和《工程价款支付情况核实表》业经各方签字盖章确认，其合法性、真实性无异议。从内容上看，上述结算单据载明了实际施工的面积、总价款、质保金等内容，实为工程款的结算。从结算单据看，双方实际是按照《建筑总承包合同》的约定履行的：(1)2014年1月23日的《工程拨款单》明确载明工程单价为900元/平方米，且该《工程拨款单》中载明的实际施工面积和建筑配套面积、价款，与双方庭审中认可的实际施工面积和建筑配套面积、价款完全一致。(2)2014年1月23日的《工程拨款单》载明的合同金额130252014.6元，与2014年4月3日《工程款支付审核表》载明的工程总合同金额131560024.6元基本一致。(3)2014年10月29日新御花苑经济适用房1－17号楼《工程价款支付情况核实表》载明的合同价款71303760元，与2014年1月23日的《工程拨款单》载明的新御1－17号楼的合同价款71303760元是完全一致的。(4)2014年10月28日的晨虹花苑经济适用房2－11

号楼《工程价款支付情况核实表》中的合同价款 70426899 元,扣减了刘向兵实际施工的 2、3 号楼的工程价款 12918439 元,为 57508459.2 元,亦与 2014 年 1 月 23 日的《工程拨款单》载明的晨虹花苑工程价款 57508461 元基本一致。(5)晋业公司庭审后的代理词中自认,皓鑫公司一审提供的"新御花苑、晨虹花苑小区项目成本分析"表明,两小区平方米单价分别为 903 元、916 元,与《建筑总承包合同》约定的每平方米 900 元相近,并非晋业公司主张的每平方米 1300 元。综上,双方实际履行的是《建筑总承包合同》而非《山西省建设工程施工合同》,应当以实际履行的《建筑总承包合同》作为结算工程价款的参照依据。

【案例来源】

中国裁判文书网,http://wenshu.court.gov.cn。

041 施工合同中包含"最后双方认可的工程总价"内容的让利条款,不是附生效条件的条款

【关键词】

│建设工程│工程价款│黑白合同│让利│附条件合同│

【案件名称】

申请再审人沈阳三色空调净化工程有限公司与被申请人沈阳五爱天地实业有限公司建设工程施工合同纠纷案 [最高人民法院(2009)民提字第 64 号民事判决书]

【裁判精要】

裁判摘要:实践中,双方当事人通过签订补充合同等方式,由施工方在合同约定总造价基础上进行一定的返点、让利,是目前建筑行业中较为普遍的一种现象。本案中,双方在施工合同中约定按照"最后双方认可的工程总价"2% 由施工方予以让利。对包含"最后双方认可的工程总价"内容的让利条款如何理解,是否属于"附条件"条款,实务中存在不同认识。对此,应根据双方所签合同的目的、基本文义、所使用的语句以及结合行业惯例和本地区习惯性做法,进行综合判断,作出正确解读。

最高人民法院认为:

(2)对双方关于工程造价让利 2% 条款的理解问题。五爱公司关于"双方认可的工程总价"是确定让利数额的计算基数、不能以双方对计算基数存在争议为由就否定让利关系的存在之观点,理由成立,二审法院作出三色公司应当向五爱公司给予 2% 让利的认定,结论正确。

【权威解析】

对施工合同中双方约定的让利条款应当如何理解的问题。现实生活中,当事人双方通过签订补充合同等方式,由施工方在合同约定工程总造价基础上进行一定的返点、让利,乃目前建筑行业中较为普遍存在的一种现象。不过,本案中双方当事人争议的焦点问题不在于让利条款本身是否有效,而是对让利条款的生效是否属于附条件问题,存在认识上的分歧。

双方在施工合同中约定,按照"双方认可的工程总价"2%由施工方予以让利。对"双方认可的工程总价"应当如何理解,一种观点认为,该约定表明:双方让利2%的意思表示是一致而明确的,关于该条款生效,双方未附加任何条件。让利2%是施工方的义务,取得2%让利是发包方的权利。所谓双方认可的工程总价,不过是确定2%的具体让利数额的计算基础。至于双方对最后的工程总价始终未达成共识,并不是否定让利关系存在的理由。另一种观点认为,双方关于工程总价2%让利条款的约定,是一个附有生效条件的条款,条件就是"双方认可的工程总价"。只有双方认可的工程总价明确、固定时,让利2%的条款才因条件成就而生效,否则,让利条款就未生效。在双方对工程总价尚未达成共识前,根据让利条款约定对应付工程款项作出认定,属于对合同约定内容的误解。按照此种观点,本案"双方认可的工程总价"这一条件一直未能成就,故2%的让利条款未生效,二审法院以及鉴定部门采信该让利条款就是错误的。笔者认为,正确解读合同约定内容,一方面要根据合同的基本文义、所使用的语句,另一方面要结合行业惯例和习惯性做法。前述后一种观点,显然有些牵强,也不符合行业内部的惯常做法。二审法院作出三色公司应当向五爱公司给予2%让利的认定,结论是正确的。[①]

【案例来源】

最高人民法院民事审判第一庭编:《民事审判指导与参考》(总第41集),法律出版社2010年版,第277~284页。

编者说明

本案中,双方在施工合同中约定按照"双方认可的工程总价"2%由施工方予以让利。对包含"双方认可的工程总价"内容的让利条款应当如何理解,是否属于附条件条款,实务中存在不同认识。我们认为,要根据双方所签合同的目的、基本文义、所使用的语句以及结

[①] 参见刘银春:《关于施工合同中的让利条款是否附条件问题的正确解读——沈阳三色空调净化工程有限公司与沈阳五爱天地实业有限公司建设工程施工合同纠纷案》,载最高人民法院民事审判第一庭编:《民事审判指导与参考》(总第41集),法律出版社2010年版,第285~286页。

合行业惯例和本地区习惯性做法,进行综合判断,从而作出正确解读。

此外,最高人民法院《建设工程施工合同解释(二)》第一条第二款规定:"招标人和中标人在中标合同之外就明显高于市场价格购买承建房产、无偿建设住房配套设施、让利、向建设单位捐赠财物等另行签订合同,变相降低工程价款,一方当事人以该合同背离中标合同实质性内容为由请求确认无效的,人民法院应予支持。"当事人变更价款存在多种形式,常见的是直接让利,即降低中标人投标文件中的工程价款。有的则是变相降低工程价款。本条第二款规定了当事人变相降低工程价款的四种典型形式,包括:约定明显高价购买承建房屋、无偿建设住房配套设施、大幅让利、向发包人捐赠财物,这些实质上是对工程价款的实质性变更,应当认定该承诺无效,双方应按中标合同约定的工程价款进行结算。①

042　施工合同存在备案合同和存档合同两个版本,发生争议时应以备案的中标合同作为结算依据

【关键词】

│ 建设工程 │ 工程价款 │ 黑白合同 │ 中标 │ 存档 │

【案件名称】

上诉人西安市临潼区建筑工程公司与被上诉人陕西恒升房地产开发有限公司建设工程施工合同纠纷案 [最高人民法院(2007)民一终字第74号民事判决书,2007.12.7]

【裁判精要】

裁判摘要:最高人民法院《建设工程施工合同解释》第二十一条关于"当事人就同一建设工程另行订立的建设工程施工合同与经过备案的中标合同实质性内容不一致的,应当以备案的中标合同作为结算工程价款的根据"的规定,是指当事人就同一建设工程签订两份不同版本的合同,发生争议时应当以备案的中标合同作为结算工程价款的根据,而不是指以存档合同文本作为结算工程价款的依据。

最高人民法院认为:

(一)关于本案所涉工程应以哪个《建设工程施工合同》文本作为结算依据的问题

---

① 依据《招标投标法》第四十六条、最高人民法院《建设工程施工合同解释》第二十一条之规定,招标人与中标人按照招标文件和中标人投标文件订立建设工程施工合同后,中标人出具让利承诺书,承诺对承建工程予以大幅让利,实质上是对工程价款的实质性变更,应当认定该承诺无效。参见最高人民法院民事审判第一庭:《建设工程施工合同纠纷案件中让利承诺书效力的认定》,载最高人民法院民事审判第一庭编:《民事审判指导与参考》(总第38集),法律出版社2009年版,第175页。

恒升公司与临潼公司于 2003 年 9 月 10 日签订《建设工程施工合同》,2004 年 4 月 5 日在西安市城乡建设委员会进行了备案。双方当事人在一审举证期限内向一审法院提供的《建设工程施工合同》文本内容是一致的,即没有 29.3 条款的内容,长安监理公司出具的《情况说明》也证明《建设工程施工合同》的文本没有 29.3 条款的内容。《建设工程施工合同》第十一条约定了工程进度款问题,对具体的工程进度和付款期限作了明确约定,恒升公司自己也主张已向临潼公司支付工程款 12219182.8 元,而 29.3 条款的内容与《建设工程施工合同》第十一条明显矛盾。

最高人民法院《建设工程施工合同解释》第二十一条规定:"当事人就同一建设工程另行订立的建设工程施工合同与经过备案的中标合同实质性内容不一致的,应当以备案的中标合同作为结算工程价款的根据。"该条是指当事人就同一建设工程签订两份不同版本的合同,发生争议时应以备案的中标合同作为结算工程价款的依据,而不是指以存档合同文本为依据结算工程价款。恒升公司提交的西安市城市建设档案馆存档的《建设工程施工合同》文本,该合同文本上的 29.3 条款是恒升公司何西京书写的,没有证据证明该条款系经双方当事人协商一致。故应以一审举证期限届满前双方提交的同样内容的《建设工程施工合同》文本作为本案结算工程款的依据。一审判决仅凭招投标补办手续档案中有临潼公司向恒升公司出具的"法人代表授权委托书",认定备案合同手续是由临潼公司工地代表张安明办理并按恒升公司提交的存档合同文本作为工程价款结算根据,缺乏事实和法律依据,本院应予纠正。

【权威解析】

本案最具争议的焦点问题是:应以备案合同文本还是存档合同文本作为结算工程价款的依据。

临潼公司与恒升公司于 2003 年 9 月 10 日签订了《建设工程施工合同》,2004 年 4 月在西安市城乡建设委员会办理了该合同的备案手续,双方当事人所持合同文本都是经过备案的。在一审举证期限内临潼公司与恒升公司分别向一审法院提交了《建设工程施工合同》文本,双方提交的合同文本内容一致,即均没有 29.3 款的内容。而在一审诉讼的后期阶段即鉴定报告作出后,恒升公司突然提交了有 29.3 款内容的合同文本,其内容为本工程为乙方垫资工程,以实结算,实做实收,按工程总价优惠 8 个点,工程结算以本合同为准。究竟应以哪个合同文本作为结算工程价款的依据呢?

一审法院的思路是:鉴于备案合同手续是由临潼公司工地代表张安明办理,且一审法院又针对备案合同有关 29.3 款内容到西安市城乡档案馆进行了核查,临潼公司未提供 29.3 款系恒升公司事后添加的相关证据,故应以恒升公司提交的存档合同文本作为结算工程价款的依据。但是,一审法院关于"备案合同手续是由临潼公司工地代表张安明办理"这一事实的认定依据是临潼公司法人代表授权委托书,该授权委托书写明授权张安明为临潼公司办理恒升大厦招投标事宜,抬头是恒升公司而非西安市建设委员会招投标办公室,仅凭该授权委托书推断不出张安明前去办理备案手续的结论。而大量的证据证明,去西安市建设委员会办理备案手续的恰恰是恒升公司的法定代表人何西京。

临潼公司在二审庭审中提交的其委托西北政法大学司法鉴定中心作出的鉴定结论,证实恒升公司在诉讼后期提交的 29.3 款内容是恒升公司的何西京添加的。恒升公司质证时认为该鉴定结论系单方委托,对其真实性表示怀疑,但又没有提出其他反驳的证据及申请法院重新鉴定。《最高人民法院关于民事诉讼证据的若干规定》第二十八条的规定:"一方当事人自行委托有关部门作出的鉴定结论,另一方当事人有证据足以反驳并申请重新鉴定的,人民法院应予准许。"对临潼公司提交的鉴定结论应当予以认定。恒升公司代理律师在二审庭审后提交的代理词中称含有 29.3 款的《建设工程施工合同》是施工方代表张安明和建设方代表何西京一起到建委办理的备案手续,因此张安明对备案合同中填写的 29.3 款内容是知道或应当知道的。西北政法大学的鉴定结论也只能说明 29.3 款是何西京书写,这一点本身不存在任何异议,根本无须通过鉴定加以证明。从该代理词可以看出,恒升公司对 29.3 款系何西京书写这一事实予以认可,但又称是双方一起到建委办理的备案手续,张安明对备案合同中填写的 29.3 款内容是"知道或应当知道的"。既然双方早就知晓 29.3 款的内容,且该内容又对恒升公司非常有利,恒升公司为什么不在一审举证期限届满前就出示该合同文本呢? 恒升公司的辩述显然前后矛盾,经不起仔细推敲。

合同系双方当事人意思表示一致的产物,双方持有的《建设工程施工合同》文本其他内容都一致,恒升公司持有的合同文本添加了其法定代表人何西京书写的 29.3 款,临潼公司对此不予认可,而恒升公司不能证明 29.3 款内容系双方协商确定的,故一审判决以恒升公司提交的存档文本作为结算工程价款的依据,在事实和法律上均不能成立。另外,29.3 款也与合同第十一条约定的按工程进度付款的内容相矛盾,恒升公司自己主张已付工程款 12219182.8 元也与 29.3 款内容相悖。最高人民法院《建设工程施工合同解释》第二十一条规定当事人就同一建设工程另行订立的建设工程施工合同与经过备案的中标合同实质性内容不一致的,应当以备案的中标合同作为结算工程价款的根据。该条是指当事人在订立合同时为了规避法律,故意签订两种不同内容的合同,一个报送存档备案,而双方当事人实际履行的是另一个合同,发生争议时应以备案的中标合同作为结算工程价款的依据,而不是指以存档合同文本为依据结算工程价款。本案中临潼公司与恒升公司持有的《建设工程施工合同》文本都经过了备案,分歧只是在于应以哪份备案合同作为工程价款结算依据的问题,故不适用该条司法解释的规定。[①]

【案例来源】

《中华人民共和国最高人民法院公报》2008 年第 8 期(总第 142 期)。

043 当事人就同一工程另行订立的施工合同与经过备案的中标合同实质性内容不一致的,以备案的中标合同作为结算工程价款的根据

【关键词】

│建设工程│工程价款│黑白合同│

【案件名称Ⅰ】

上诉人浙江宝业建设集团有限公司与上诉人天津老板娘水产食品物流有限公司、浙江老板娘食品集团有限公司建设工程施工合同纠纷案[最高人民法院(2013)民一终字第 67 号民事判决书,2013.6.15]

【裁判精要】

裁判摘要:正常的合同变更受到法律保护。对于一些以变更合同之名,行签订"黑白合同"之实的行为,应当认定黑合同无效。当事人对于工程价款的重大变更,属于合同的实质性内容。依照《建设工程施工合同解释》第二十一条的规定,当事人就同一建设工程另行订立的建设工程施工合同与经过备案的中标合同实质性内容不一致的,应当以备案的中标合同作为结算工程价款的根据。

最高人民法院认为:

关于天津老板娘公司应当向宝业公司支付多少工程款与违约金的问题。

涉案工程款与违约金的计算应当依据双方当事人之间的合同约定。双方当事人前后就一期工程签订了经备案的《天津市建设工程施工合同》与《施工补充合同》。就 G4 冷库工程签订了经备案的《天津市建设工程施工合同》后又另行签订了《施工合同书》。就大门工程签订了《工程施工合同》。上述合同的效力除 G4 冷库工程双方存在争议外,其余双方均不存在争议。

关于 G4 冷库工程,天津老板娘公司主张《施工合同书》有效,应依据《施工合同

---

① 参见吴晓芳:《应以备案合同文本还是存档合同文本作为结算工程价款的依据——西安市临潼区建筑工程公司与陕西恒升房地产开发有限公司建设工程施工合同纠纷上诉案》,载最高人民法院民事审判第一庭编:《民事审判指导与参考》(总第 35 集),法律出版社 2009 年版,第 231~233 页。

书》计算欠付 G4 冷库工程的工程款与违约金。但《施工合同书》并未经过备案，且在工程价款上进行了重大变更，而工程价款属于合同的实质性内容，该《施工合同书》违反了《招标投标法》第四十六条的强制性规定，依法应当认定为无效。《建设工程施工合同解释》第二十一条明确规定："当事人就同一建设工程另行订立的建设工程施工合同与经过备案的中标合同实质性内容不一致的，应当以备案的中标合同作为结算工程价款的根据。"因此，欠付的 G4 冷库工程款与违约金的计算应当以经过备案的《天津市建设工程施工合同》为依据。

天津老板娘公司与宝业公司对于涉案工程已经支付的工程款数额并不存在争议，但对于已经支付的工程款支付的是针对哪个工程的工程款存在争议。天津老板娘公司主张应依据 9·26 协议确定支付工程款的情况。但双方签订的 12·7 协议第（四）项约定，"如甲方在 2011 年 12 月 30 日前仍未履行，则 9·26 协议自行作废，按原签订的相关工程承包合同约定的权利义务执行"。该附条件的约定系双方真实意思的表示，且不违反法律的禁止性规定，应为有效。本案的实际情况是在 2011 年 12 月 30 日前，天津老板娘公司并未依约支付涉案工程款，因此，依据双方合同约定，9·26 协议自行作废。天津老板娘公司认为应依据 9·26 协议确认工程款及违约金的支付，其主张缺乏依据，本院不予支持。

关于应支付的违约金，由于以合同总价作为计算违约金的依据会出现违约金高于欠款本金数额的情况，一审法院在天津老板娘公司提出违约金过高应予调整的请求后，对于过高的违约金数额结合本案的实际情况以欠付的工程款作为计算基数进行了适当调整，并无不当。宝业公司主张违约金数额远低于其实际损失并未提供相应证据，且其主张应将违约金计算至判决生效之日已超出一审的诉讼请求范围，因此，对于其上诉请求，本院亦不予支持。

【权威解析】

本案双方当事人争执的核心问题是工程款的计算依据问题。

就争议的 G4 冷库工程，双方当事人前后签订了两份合同：一份为经备案的《天津市建设工程施工合同》，后又另行签订了一份《施工合同书》。天津老板娘公司主张《施工合同书》有效，应依据《施工合同书》计算欠付 G4 冷库工程的工程款与违约金。理由是《施工合同书》变更了双方当事人在先签订的《天津市建设工程施工合同》。那么，此时就存在一个问题，即如何把握认定"黑白合同"的签订与合同变更的界限问题。从合同法理论上讲，合同的变更是法律赋予合同双方当事人的一项基本权利，是指对合同相关内容进行修改的行为。《合同法》中也对合同的变更作了明确的规定。合同变更权的行使存在于所有合同的履行过程中，中标合同的履行当然也不例外。因此，如何正确区分合同的变更与规避中标合同的界限，在审理建设工程施工合同纠纷中就显得尤为重要。合同变更，是指合同在成立以后，尚未履行或者未完全履行以前,双方当事人就合同的内容进行修改或者补充的行为。合同变更会导致原合同关系相对消灭,在保留原合同的实质内容的基础上产生一个新的合同关系,但仅仅是在变更的范围内使得债权债务关系消灭,变更范围之外的债权债务关系仍然存在。正常的合同变更受到法律保护。对于一些以变更合同之名,行签订"黑白合同"之实的行为,要准确区分。在合同实质性内容之外变更中标合同的,不属于签订"黑白合同"。对于与备案合同不一致的约定,要结合合同履行的具体情况进行认定。比如,只是在工程款稍有调整、工期略微变化的情况下,不宜认定为"黑白合同",否则会导致双方当事人利益失衡的情况。本案中,涉案《施工合同书》并未经过备案,且在工程价款上进行了重大变更,而工程价款属于合同的实质性内容,该《施工合同书》违反了《招标投标法》第四十六条的强制性规定,依法应当认定为无效。《建设工程施工合同解释》第二十一条明确规定:"当事人就同一建设工程另行订立的建设工程施工合同与经过备案的中标合同实质性内容不一致的,应当以备案的中标合同作为结算工程价款的根据。"如何确定背离中标合同实质性内容,是一个比较重要的标准。将这个标准予以量化,虽然是一个比较困难的事情,但原则是明确的,即以中标合同作为结算工程价款的依据。在确定区分界限时,还有一个幅度问题,达到背离合同实质性内容的程度,也需要正确认定。这里存在一个法官自由裁量权的行使问题。总之,在这个问题上,既要使当事人的合同变更权不受限制和排除,又要防止当事人通过签订"黑白合同",作为不正当竞争的手段。①

【案例来源】

中国裁判文书网,http://wenshu.court.gov.cn。

【案件名称Ⅱ】

上诉人中建二局第三建筑工程有限公司与上诉人武汉大陆桥投资开发有限公司建设工程施工合同纠纷案［最高人民法院二审民事判决书］

【裁判精要】

裁判摘要:根据《建设工程施工合同解释》第二十一条的规定,发包人与承包人就同一工程签订与中标合同内容不一致的合同,原则上以中标合同作为结算工程价款的依据,但如果两份合同在工程价款、工程质量和工程期限等实质性内容无差别,

---

① 参见王毓莹:《当事人就同一建设工程另行订立的建设工程施工合同与经过备案的中标合同实质性内容不一致的,应当以备案的中标合同作为结算工程价款的根据——浙江宝业建设集团有限公司与天津老板娘水产食品物流有限公司、浙江老板娘食品集团有限公司建设工程施工合同纠纷案》,载最高人民法院民事审判第一庭编:《民事审判指导与参考》(总第57辑),人民法院出版社2014年版,第170~171页。

亦应认定非中标合同有效。

最高人民法院认为：

（一）关于《2·15协议》及《4·17协议》是否有效的问题

《建设工程施工合同解释》第二十一条规定："当事人就同一建设工程另行订立的建设工程施工合同与经过备案的中标合同实质性内容不一致的,应当以备案的中标合同作为结算工程价款的根据。"该规定表明,建设工程发包人与承包人之间就同一工程签订中标合同与中标合同内容不一致的合同,原则上应以中标合同作为结算工程价款的依据。但如两份合同在工程价款、工程质量与工程期限等内容方面无实质性差异,并不必然导致非中标合同无效。本案双方当事人在项目招标前签订了《2·15协议》。中建公司中标后,双方当事人签订《施工合同》。合同的主要内容与《2·15协议》一致。后双方当事人又签订与《2·15协议》内容一致的《4·17协议》。《4·17协议》虽未备案,但有关工程造价数额、工程质量、工程期限及取价标准等合同主要内容与《施工合同》一致。事实证明,《4·17协议》为双方当事人意思表示真实,内容不违反法律法规的强制性规定,一审判决认定合法有效,适用法律正确。中建公司关于《2·15协议》与《4·17协议》违反了相关法律规定,对其不公平,应认定为无效的上诉主张,没有法律依据。

【案例来源】

最高人民法院民事审判第一庭编:《民事审判指导与参考》(总第42集),法律出版社2010年版,第190页。

编者说明

《建设工程施工合同解释》第二十一条是关于发包人与承包人之间就同一建设工程签订两份不同版本的合同,其中有一份是中标合同、另一份是内容与中标合同不一致的合同,应以哪一份合同作为结算工程价款依据的规定,也就是社会上人们通常所说的"黑白合同"或者"阴阳合同"的效力及其处理问题。① 本条司法解释明确了以下三个方面的内容:

(1)被称为"黑白合同"或者"阴阳合同"的两个不同版本的合同,在签订时间上可以存在三种状态,即与中标合同内容不一致的合同在中标合同之前签订;与中标合同内容不一致的合同在中标合同之后签订;与中标合同内容不一致的合同与中标合同在同一天签订且难以确定先后顺序的。

(2)两份合同不一致的地方必须是在工程价款、工程质量或者工程期限等三个合同实质性内容方面有所违背,而不是一般的合同内容变更或者其他条款的修改。需要注意的

---

① 这类合同之所以被称为"黑白合同"或者"阴阳合同",是因为被称为"黑合同""阴合同"见不得阳光,不能公开,不能拿到桌面上。

是，在中标合同签订后，任何一方当事人都有权依法通过协商变更合同部分条款。如何具体量化和区分"黑白合同"或者"阴阳合同"与依法变更合同的界线，在一定程度上存在着法官自由裁量的问题，需要法官正确掌握裁量的标准。

（3）依法进行招标的项目，招标人在一定的期限内向有关行政监督部门提交招标投标情况的书面报告，是法律规定的对招标投标进行的备案制度，这是体现国家对强制招标项目这些民事活动的干预和监督。设立这种备案制度，并不是说中标结果和中标合同必须经行政部门审查批准后才能生效，而是确定以经过备案的中标合同作为承包人与发包人双方结算工程款的依据。①

所谓合同实质性内容，是指影响或者决定当事人基本权利义务的条款，一般指合同约定的工程价款、工程质量和工程期限。② 工程价款、工程质量和工程期限等三个方面内容涉及固定招标人和中标人的基本权利义务，对当事人之间的利益影响甚大。另行订立的施工合同对备案的中标合同在工程价款、工程质量和工程期限方面进行了变更的，一般应认定为实质性内容不一致。但还应结合该内容的变更是否足以对当事人的主要合同权利义务产生重大影响加以综合考虑，如果并不会对当事人的主要合同权利义务产生重大影响的，则并不构成《建设工程施工合同解释》第二十一条所称的"实质性内容不一致"，按照当事人实际履行的合同的约定结算工程款即可。③

人民法院在司法实践中应当准确把握认定"黑白合同"的标准。由于建筑市场上"黑白合同"呈发展蔓延趋势，如把握标准过严，就意味着大量的施工合同将被认定无效，可能会导致经济活动逆向流转，这样的结果不符合建筑市场现实，不利于经济活动的顺向流转，不利于建筑市场的健康发展；如把握标准过宽，实质是对违法行为的放纵；如执法的分寸把握得当，可以配合人民政府对建筑市场的规范整顿措施，严肃执行《招标投标法》，保障建筑市场的健康快速发展，为国民经济发展大局服务。上述案例再一次重申了司法解释所规定的"当事人就同一建设工程另行订立的建设工程施工合同与经过备案的中标合同实质性内容不一致的，应当以备案的中标合同作为结算工程价款的依据"精神，并以此来认定是否属于"黑白合同"。《最高人民法院关于当前形势下进一步做好房地产纠纷案件审判工作的指导意见》也明确，要依照《招标投标法》和最高人民法院《建设工程施工合同解释》的规定，准确把握"黑白合同"的认定标准，依法维护中标合同的实质性内容；对案件审理中发现的带有普遍性的违反《招标投标法》等法律、行政法规和司法解释规定的问题，要及时与建设行政管理部门沟通、协商，共同研究提出从源头上根治的工作方案，切实维护建筑市场秩序。

---

① 参见最高人民法院民事审判第一庭编著：《最高人民法院建设工程施工合同司法解释的理解与适用》，人民法院出版社 2015 年版，第 149 ~ 150 页。

② 工程价款，是指发包人按照合同约定应当支付给承包人为其施工建设的代价；工程质量，是指建设工程施工合同约定的工程具体条件，也是这一工程区别于其他同类工程的具体特征；工程期限，是指建设工程施工合同中约定的工程完工并交付验收的时间。

③ 参见最高人民法院民一庭：《如何理解〈最高人民法院关于审理建设工程施工合同纠纷案件适用法律问题的解释〉第二十一条所称的"实质性内容不一致"》，载最高人民法院民事审判第一庭编：《民事审判指导与参考》（总第 58 辑），人民法院出版社 2014 年版，第 114 页。

044 发承包双方在签订中标合同后，又签订对中标合同实质性内容进行变更的合同，应当以中标合同作为结算工程价款的根据

【关键词】

　　│建设工程│工程价款│黑白合同│

【案件名称】

　　再审申请人浙江广扬建设集团有限公司与被申请人威海市望海房地产开发有限责任公司建设工程施工合同纠纷案［最高人民法院（2018）最高法民再171号民事判决书，2018.12.17］

【裁判精要】

　　最高人民法院认为：

　　关于焦点一，望海公司是否欠付广扬公司工程款及欠付金额是多少的问题。关于案涉工程价款，双方在签订中标合同（即4月20日合同）后，又签订了4月25日合同，该合同对4月20日合同中工程价款等内容进行了变更，上述变更属于对合同实质性内容的变更，根据《建设工程施工合同解释》第二十一条规定"当事人就同一建设工程另行订立的建设工程施工合同与经过备案的中标合同实质性内容不一致的，应当以备案的中标合同作为结算工程价款的根据"，涉案工程价款结算应以4月20日合同为依据。4月20日合同约定"按实结算"，广扬公司主张依据该合同约定结算工程价款，应当举证证明工程价款金额。其在一审程序中虽然申请对工程造价进行鉴定，但未足额交纳鉴定费用，依据《最高人民法院关于民事诉讼证据的若干规定》第二十五条规定"当事人申请鉴定，应当在举证期限内提出……对需要鉴定的事项负有举证责任的当事人，在人民法院指定的期限内无正当理由不提出鉴定申请或者不预交鉴定费用或者拒不提供相关材料，致使对案件争议的事实无法通过鉴定结论予以认定的，应当对该事实承担举证不能的法律后果"，其应当承担举证不能的法律后果。

　　另一方面，望海公司自行委托同方公司进行工程造价鉴定，并将同方公司出具的工程结算报告书作为证据提交给一审法院。结算报告书记载：审定工程造价24668712.15元、下浮2%后造价24175337.91元。望海公司据此主张应根据此结算报告书认定工程造价。本院认为，虽然同方公司出具的结算报告书是依据4月25日合同约定的计价标准进行的鉴定，但是在广扬公司不能举证证明案涉工程造价金额的情形下，望海公司主张根据此结算报告书认定工程造价，属于望海公司自认的事实。同时，案涉工程已经竣工验收合格，广扬公司作为承包人有权得到工程价款。结算报告书列出了审定的工程造价和下浮2%后的工程造价，因"工程造价下浮

2%"是 4 月 25 日合同的约定,4 月 20 日合同中并无此约定,根据《建设工程施工合同解释》第二十一条规定,关于工程造价应否下浮应适用 4 月 20 日合同,故案涉工程造价应认定为 24668712. 15 元。一审、二审判决对此认定不当,应予以纠正。

【案例来源】

中国裁判文书网,http://wenshu. court. gov. cn。

045 就同一建设工程分别签订的多份施工合同均被认定无效,应当参照双方当事人达成合意并实际履行的合同结算工程价款

【关键词】

│建设工程│工程价款│合同无效│实际履行│

【案件名称】

上诉人汕头市建安(集团)公司与被上诉人北京秦浪屿工艺品有限公司建设工程施工合同纠纷案［最高人民法院（2011）民一终字第 62 号民事判决书］

【裁判精要】

裁判摘要:当事人双方就同一建设工程分别签订的多份施工合同均被认定无效后,应综合缔约时建筑市场行情、利于当事人接受、诉讼经济等因素,参照双方当事人达成合意并实际履行的合同结算工程价款。发包人就其得到的建设工程价值向承包人予以折价补偿,该补偿款中包含建筑工人工资。工程价款优先受偿权的立法目的是为解决发包人拖欠承包人工人工资问题,处于立法政策的考虑,在建设工程施工合同无效的场合,仍然要保护承包人工程价款优先受偿权。

最高人民法院认为:

（一）关于一审判决对本案所涉合同效力的认定是否正确问题

汕头公司第十工程公司、秦浪屿公司、中泰国际投资有限公司于 2007 年 3 月 1 日签订的《工程保证金使用约定》表明,在涉案工程招标前,秦浪屿公司与汕头公司已就涉案工程由汕头公司承建达成合意。双方经招投标,将上述合意体现在 2007 年 4 月 19 日签订的《建设工程施工合同》中。《招标投标法》第四十三条规定:"在确定中标人前,招标人不得与投标人就投标价格、投标方案等实质性内容进行谈判。"第五十五条规定:"依法必须进行招标的项目,招标人违反本法规定,与投标人就投标价格、投标方案等实质性内容进行谈判的,给予警告,对单位直接负责的主管人员和其他直接责任人员依法给予处分。前款所列行为影响中标结果的,中标无

效。"最高人民法院《建设工程施工合同解释》第一条规定:"建设工程施工合同具有下列情形之一的,应当根据合同法第五十二条第(五)项的规定,认定无效:……(三)建设工程必须进行招标而未招标或者中标无效的。"依照上述法律及司法解释规定,秦浪屿公司与汕头公司签订的《建设工程施工合同》应认定无效。从涉案合同的履行看,上述《建设工程施工合同》约定工程价款为79150668元,但秦浪屿公司与汕头公司随后签订的《工程总承包补充协议》约定工程价款为1.85亿元。诉讼中,秦浪屿公司与汕头公司均认可,上述两份协议约定的施工范围没有发生变化。双方针对上述两份协议约定的工程价款之间的差价,签订《建设工程补充施工合同》,并向建设行政主管部门申请,以《建设工程补充施工合同》约定的施工范围为《建设工程施工合同》约定工程外新增加的工程量及配套工程为由,申请直接发包。双方当事人在履行合同过程中,又签订《工程总承包补充协议(二)》及《工程总承包补充协议(三)》,对《工程总承包补充协议》进行补充约定。上述事实表明,双方当事人虽然通过招投标签订了《建设工程施工合同》,但实际上双方另行签订《工程总承包补充协议》,对合同价款进行重大变更,并实际予以履行。《建设工程施工合同》约定的价款明显低于涉案工程的合理成本,并非双方当事人的真实意思表示。《招标投标法》第四十一条规定:"中标人的投标应当符合下列条件之一:(一)能够最大限度地满足招标文件中规定的各项综合评价标准;(二)能够满足招标文件的实质性要求,并且经评审的投标价格最低;但是投标价格低于成本的除外。"《建设工程质量管理条例》第十条规定:"建设工程发包单位不得迫使承包方以低于成本的价格竞标……"依照上述法律规定,本案所涉《建设工程施工合同》亦应认定无效。汕头公司称,《建设工程施工合同》签订时,设计单位仅出具了部分图纸,上述合同是根据当时出具的图纸约定的工程价款。设计单位于2007年10月份才出具全部图纸,故后期签订的合同约定价款为1.85亿元。本院查明事实表明,双方当事人约定工程造价为1.85亿元的《工程总承包补充协议》签订于2007年6月,并非同年10月,汕头公司针对上述合同约定价款的巨大差距所陈述的理由,不具有合理性,本院不予采信。《招标投标法》第四十六条第一款规定:"招标人和中标人应当自中标通知书发出之日起三十日内,按照招标文件和中标人的投标文件订立书面合同。招标人和中标人不得再行订立背离合同实质性内容的其他协议。"《建设工程施工合同解释》第二十一条规定:"当事人就同一建设工程另行订立的建设工程施工合同与经过备案的中标合同实质性内容不一致的,应当以备案的中标合同作为结算工程价款的根据。"依照上述法律及司法解释规定,秦浪屿公司、汕头公司签订的《工程总承包补充协议》及《工程总承包补充协议(二)》、《工程总承包补充协议(三)》应认定无效。本案所涉《建设工程补充施工合同》的缔约目的是使《建设工程施工合同》与《工程总承包补充协议》约定价款之间的差价符合法律规定,并不存在合同中约定的工程量增加及配套工程。因此,北京市延庆县建设工程招标投标管理办公室同意该份合同约定的工程可以直接发包的方式签订合同,延庆县建设委员会将该份合同登记备案,均不能产生对上述合同效力进行补正的法律效果,上述合同亦应认定无效。一审判决认定秦浪屿公司与汕头公司先后签订的《建设工程施工合同》《建设工程补充施工合同》《工程总承包补充协议(二)》《工程总承包补充协议(三)》有效,适用法律错误,本院依法予以纠正。

(二)关于一审判决对涉案工程价款数额的认定是否正确问题

《建设工程施工合同解释》第二条规定:"建设工程施工合同无效,但建设工程经竣工验收合格,承包人请求参照合同约定支付工程价款的,应予支持。"本案所涉建设工程已经竣工验收并交付使用,汕头公司主张依照合同约定支付工程价款,于法有据,应予支持。从本案所涉合同约定看,《建设工程施工合同》约定的工程价款并非双方当事人的真实意思,亦与工程实际造价差距巨大,无法作为结算双方工程价款的参照标准。秦浪屿公司主张依据上述合同结算工程价款,本院不予支持。双方实际履行的《工程总承包补充协议》约定的工程价款数额,体现了双方当事人对工程价款一致的意思表示,作为结算工程价款的参照标准,更符合本案的实际情况及诚实信用原则。对于本案所涉工程的造价,恒信造价公司出具的 1013 号《造价报告结论书》确定工程实际造价为 156640949.11 元。上述鉴定报告载明的鉴定人员无正当理由未出庭接受质询,且上述鉴定报告确定的工程造价并未涵盖汕头公司承建的全部工程范围,不能准确反映本案工程的实际造价数额。一审判决以合同约定的1.85 亿元工程价款为基础,参照上述鉴定报告据实结算的造价,酌情确定工程结算数额为 170820474.56 元,缺乏依据,本院依法予以纠正。汕头公司主张按照 1.85 亿元结算工程价款,理据充分,本院予以支持。

【权威解析】

1. 关于合同效力的认定

本案中,当事人双方针对诉争工程先后签订五份合同,包括:《建设工程施工合同》《工程总承包补充协议》《建设工程补充施工合同》《工程总承包补充协议(二)》《工程总承包补充协议(三)》。对上述合同的效力,存在两种不同意见:一种意见认为,本案所涉合同均应认定无效。本案查明事实表明,在涉案工程招标前,秦浪屿公司与汕头公司已就涉案工程由汕头公司承建达成合意。双方将上述合意体现在经招投标签订的《建设工程施工合同》中。双方的行为属于"明招暗定",违反了《招标投标法》第四十三条规定,中标无效。依照最高人民法院《建设工程施工合同解释》第一条第(三)项规定,《建设工程施工合同》应认定无效。双方当事人签订案涉五份协议的过程表明,双方通过招投标签订《建设工程施工合同》后,另行签订《工程总承包补充协议》,对合同价款进行重大变更,并予以履行。违反了《招标投标法》第四十六条及《建设工程施工合同解释》第二十一条规定,应认定《工程总承包补充协议》及《工程总承包补充协议（二）》、《工程总承包补充协议（三）》无效。本案所涉《建设工程补充施工合同》的缔约目的是使《建设工程施工合同》与《工程总承包补充协议》约定价款之间的差价符合法律规定，并不存在合同中约定的工程量增加及配套工程。因此，延庆县建设工程招标投标管理办公室同意该份合同约定的工程可以直接发包的方式签订合同，延庆县建委将该份合同登记备案，均不能产生对上述合同效力进行补正的法律效果，上述合同亦应认定无效。

另一种意见认为，本案所涉协议应当认定有效。最高人民法院《合同法解释（二）》第十四条规定："合同法第五十二条第（五）项规定的'强制性规定'，是指效力性强制性规定。"上述司法解释颁布在《建设工程施工合同解释》之后，因此，《建设工程施工合同解释》对于合同效力的规定与《合同法解释（二）》相冲突的，应当适用《合同法解释（二）》的规定。《招标投标法》属于行政管理法，该法有关的强制性规定条款，应当认定为管理性强制性规定，排除在认定合同效力的依据之外。依照上述司法解释冲突处理原则，应当废止《建设工程施工合同解释》第一条第（三）项"必须进行招标而未招标或者中标无效的"的规定。从目前建筑市场来看，严格按照《招标投标法》的规定进行招投标的很少，从维护交易的稳定性和秩序考虑，应尽量认定合同有效。从涉案工程的情况看，本案所涉合同均是双方当事人的真实意思表示，合同履行中双方款项的支付及工程建设情况，也是按照合同执行的，一审法院已经认定合同有效了，二审认定合同无效理由不充分。

最高人民法院审判委员会经讨论认为，本案所涉工程属于必须进行招投标的工程。案涉五份合同符合《招标投标法》规定的中标无效情形，应依照《建设工程施工合同解释》规定，认定案涉五份合同无效。《建设工程施工合同解释》中将《招标投标法》有关中标无效的强制性规定作为效力性强制性规定，在《建设工程施工合同解释》相关规定没有经最高人民法院予以废止情形下，不应在个案中废止上述司法解释规定。

2. 关于工程价款的结算

《建设工程施工合同解释》第二条规定："建设工程施工合同无效，但建设工程经竣工验收合格，承包人请求参照合同约定支付工程价款的，应予支持。"该条规定本意是对合同无效情形下，发包人就其得到的承包人承建的工程，对承包人进行折价补偿标准的规定。确定参照合同约定结算工程价款考虑的主要因素是，合同约定的工程价款数额是双方当事人的真实合意，与缔约时的市场行情相符，按照这一标准结算工程价款，利于当事人接受裁决结果；同时，可避免采用委托鉴定方式，增加当事人诉讼成本，延长案件审理期间，增加当事人诉累，符合诉讼经济原则。从上述司法解释规定的原旨分析，当事人就同一建设工程分别签订的多份合同均被认定无效情形下，仍然可以适用上述司法解释规定，参照合同约定结算工程价款。参照合同的确认，要以该合同是否为当事人达成的真实合意为判断标准，该合意可以通过缔约双方在合同中体现的真实意思表示,并结合双方对合同的履行事实予以判断。本案查明事实表明,双方当事人对工程价款的真实合意是《工程总承包补充协议》中约定的1.85亿元,双方并通过签订《工程总承包补充协议(二)》《工程总承包补充协议(三)》,实际履行了《工程总承包补充协议》,故可以参照该协议结算工程价款。①

【案例来源】

最高人民法院民事审判第一庭编:《民事审判指导与参考》(总第55辑),人民法院出版社2014年版,第127~129页。

编者说明

关于就同一建设工程签订的数份施工合同均无效但工程质量合格时,以哪份合同作为结算工程价款依据,最高人民法院《建设工程施工合同解释(二)》第十一条规定:"当事人就同一建设工程订立的数份建设工程施工合同均无效,但建设工程质量合格,一方当事人请求参照实际履行的合同结算建设工程价款的,人民法院应予支持。实际履行的合同难以确定,当事人请求参照最后签订的合同结算建设工程价款的,人民法院应予支持。"该条中的"工程质量合格",既包括建设工程竣工验收合格情形,也包括尚未竣工但已完成建设工程,即在建工程质量合格情形。第一款明确,参照实际履行的合同结算工程价款,符合当事人的合同预期。第二款明确,实际履行的合同难以确定的,采取时间标准,以当事人最后签订的合同,作为当事人的最新合意,根据该合同结算工程价款。

046 **根据多份施工合同的签订时间、签订缘由、更替关系,以及当事人的履行行为,综合认定双方实际履行的是哪份合同**

【关键词】

| 建设工程 | 合同履行 | 实际履行 |

【案件名称】

上诉人浙江鼎元建设有限公司与上诉人九江市暨阳置业有限公司建设工程施工合同纠纷案[最高人民法院(2018)最高法民终524号民事判决书,2018.11.23]

---

① 参见关丽:《就同一建设工程分别签订的多份施工合同均被认定无效后,应当参照双方当事人达成合意并实际履行的合同结算工程价款——汕头市建安(集团)公司与北京秦浪屿工艺品有限公司建设工程施工合同纠纷上诉案》,载最高人民法院民事审判第一庭编:《民事审判指导与参考》(总第55辑),人民法院出版社2014年版,第132~135页。

【裁判精要】

最高人民法院认为：

本院认为，案涉商品住宅项目属于《招标投标法》第三条规定的关系社会公共利益、公众安全依法必须进行招标的项目。暨阳公司与鼎元公司虽然于2013年1月20日根据星子县建设行政主管部门提出的案涉项目应履行招投标程序的要求，签订了一份《建设工程施工合同》并在建设行政主管部门备案，但该份合同仅系为应付主管部门的要求而签订。在该份备案合同签订之前，双方事实上已于2012年10月8日签订一份《建设工程施工合同》，并由鼎元公司进场施工，案涉项目实际并未履行招投标程序。原审判决关于本案中双方于2013年1月20日签订的用于备案的《建设工程施工合同》，2012年10月8日签订的《建设工程施工合同》以及据此双方于2013年8月30日签订的《建设工程施工合同补充协议》，均为无效合同的认定，事实和法律依据充分，本院予以维持。

关于工程价款的结算依据。根据《建设工程施工合同解释》第二条关于"建设工程施工合同无效，但建设工程经竣工验收合格，承包人请求参照合同约定支付工程价款的，应予支持"的规定，本案应当根据双方实际履行的合同来确定工程价款。本案中，鼎元公司在2012年10月8日《建设工程施工合同》签订后即进场施工，2013年8月30日双方签订的《建设工程施工合同补充协议》也是以该份合同作为原合同，且在实际履行过程中，鼎元公司垫资2000万元并在送审的结算书中按税前下浮5%的标准进行工程款结算、请求暨阳公司审核工程进度和支付工程进度款等均是依据该两份合同的约定。而2013年1月20日的备案合同系双方在鼎元公司进场施工后为应付政府监管所签订。因此，结合三份合同签订的时间、签订缘由、更替关系，以及当事人的履行行为，足以认定双方实际履行的合同是2012年10月8日《建设工程施工合同》以及2013年8月30日《建设工程施工合同补充协议》，故本案应当参照上述两份合同作为工程款的结算依据。上诉人鼎元公司关于应当以备案合同作为双方结算依据的上诉理由不能成立，本院不予支持。

【案例来源】

中国裁判文书网, http://wenshu.court.gov.cn。

047 当事人就同一建设工程订立的数份施工合同均无效，但工程质量合格，参照实际履行的合同结算工程价款

【关键词】

｜建设工程｜工程价款｜招投标｜备案｜

【案件名称Ⅰ】

上诉人远海建工（集团）有限公司与上诉人新疆厚德置业有限公司哈密分公司、被上诉人新疆厚德置业有限公司建设工程施工合同纠纷案［最高人民法院（2016）最高法民终 736 号民事判决书，2017.3.30］

【裁判精要】

最高人民法院认为：

关于焦点二，案涉工程价款的结算依据如何确定的问题。

在案涉四份《建安工程施工补充协议》及《建设工程施工合同》均无效的情形下，本案不再适用《建设工程施工合同解释》第二十一条规定，故《建设工程施工合同》虽为中标后签订，但不必然成为双方结算工程价款的根据。根据该司法解释第二条规定"建设工程施工合同无效，但建设工程经竣工验收合格，承包人请求参照合同约定支付工程价款的，应予支持"，案涉工程已经竣工验收合格，应参照合同约定支付工程价款，具体应以哪一份合同作为参照，应结合双方的实际履行情况、工程成本等因素确定。比较同一期工程所对应的《建安工程施工补充协议》及《建设工程施工合同》的具体内容，《建安工程施工补充协议》对工程价款约定了固定平方米均价，《建设工程施工合同》约定了工程总价；《建安工程施工补充协议》约定固定平方米均价不包含采暖、塑钢窗等甲方分包工程的造价，《建设工程施工合同》对此则没有约定。根据一审判决认定，案涉工程的塑钢窗和地暖工程是由第三方而非远海公司施工，远海公司对此未提起上诉，应视为认可。远海公司在二审期间主张《建设工程施工合同》约定的工程总价亦是扣除了塑钢窗和地暖费用之后的价格，但《建设工程施工合同》对此没有体现，其提交的一期工程商务标和二期工程投标书反而在（概）预算书中列明了塑钢窗和地暖费用，投标价与预算费用虽有差额，但该差额与塑钢窗和地暖费用的数额也不能完全对应，故远海公司关于这一点的主张不能成立。综上，从约定的工程价款是否扣除了甲方分包的塑钢窗和地暖费用这个角度来看，双方实际履行的应为《建安工程施工补充协议》，应参照此协议约定的计算标准和计算方法认定工程价款。《建安工程施工补充协议》约定了平方米均价，乘以双方当事人均认可的一审判决认定的案涉工程的建筑面积，案涉工程总造价应为28305284.45 元，一审判决对此认定并无不当，远海公司关于此点的上诉理由不能成立。

【案例来源】

中国裁判文书网，http://wenshu.court.gov.cn。

【案件名称Ⅱ】

再审申请人湖南湘源建设工程有限公司与被申请人湖南千足珍珠有限公司建设工程施工合同纠纷案［最高人民法院（2016）最高法民再123号民事判决书，2016.12.27］

【裁判精要】

最高人民法院认为：

（二）关于工程价款结算依据

根据最高人民法院《建设工程施工合同解释》第二条规定，建设工程施工合同无效，但建设工程竣工验收合格，承包人请求参照合同约定支付工程价款的，应予支持。建设施工合同特殊之处在于合同履行过程中，承包人将劳动及建筑材料物化到建设工程的过程。在合同确认无效后，发包人取得的财产形式是承包人建设的工程，实际是对承包人在建设工程投入的劳务及建筑材料予以折价补偿。

首先，案涉工程2011年6月1日，千足珍珠公司组织施工单位、设计单位、监理单位、建设单位四方主体对本案诉争工程的工程质量进行竣工验收，综合验收结论为"符合设计和规范要求，质量验收合格"。

其次，关于本案实际履行的合同分析。千足珍珠公司与湘源公司针对案涉建设工程于2007年4月27日签订《建设工程施工合同》，约定承包合同总价款为6875000元，其中包括消防施工配套费60000元，该价格为固定价，实际施工时与签订合同时的工程量发生变化，由此引起的费用，可按实际发生额相应增加或减少；若报建需要文本合同，则湘源公司承诺该文本合同只能作资料合同，不作本工程结算依据。

2007年7月2日湘源公司以投标总价6864000元的价格进行了投标。编制说明中声明，本工程未计算在内的分部工程项目有：土方开挖、所有图纸所设计的保温工程、所有附属工程。2007年7月17日签订了《建设工程施工合同》，约定合同价款6864000元。通用条款六、23.2本合同价款采用固定价格合同，合同价款中包括的风险范围：本合同价格包括完成合同规定的工程内容，价格不受国家的政策调价及材料上涨，工资上涨与市场价格影响。如工程另发生增加或减少，其价格按定额相应增加或减少价格。2007年7月18日签订《建设工程施工合同补充协议》约定承包合同总价款为6875000元，其中包括消防施工配套费6万元。

本院认为，本案存在多份无效合同，且当事人对于固定价款下实际施工范围、工程量存有争议。《合同法》第十三条规定，当事人订立合同，采取要约、承诺方式。投标人响应招标、参加竞争投标为要约，招标人发出中标通知书为承诺。根据《招标投标法》的规定，招标人和中标人应当自中标通知书发出之日起三十日内，按照招标文件和中标人的投标文件订立书面合同，招标人和中标人不得再行订立背离合同实质性内容的其他协议。就本案而言,湘源公司按照千足珍珠公司编制的招标文件和本案诉争工程图纸,将图纸中的部分工程项目抽出之后对其余的工程项目编制了工程预算价格再进行的投标,该预算价格中,湘源公司将每一项工程项目的面积、工程数量、单价及工程价格以工程人工、材料、机械数量(价格)汇总表、工程预(结)算表、工程造价表、主要材料汇总及价差调整表的形式详细清楚地予以了体现,并在编制说明中声明本工程未计算在内的部分工程项目有土方开挖、所有图纸所设计的保温工程、所有附属工程。评标委员会根据湘源公司的投标文件,依据有关法律法规的规定确定由湘源公司中标,并由招标代理机构向湘源公司发出中标通知书。此后,湘源公司与千足珍珠公司签订了《建设工程施工合同》及《建设工程施工合同补充协议》,并且按照《建设工程施工合同》的约定,投标书及其附件、图纸、工程报价单或预算书以及双方有关工程的洽商、变更等书面协议或文件均是合同的组成部分。招标文件与中标人投标文件不一致的地方,以投标文件为准。

本案中,千足珍珠公司招标文件确定的6864000元招标标底上限并没有按照全部施工图纸编制预算,湘源公司编制投标文件时所确定的6864000元投标总价也是参照千足珍珠公司招标标底的上限值而作出,该投标总价只是对施工图纸部分工程量编制的投标报价预算价款,对于其余项目则未编制工程预算价格也未进行报价,千足珍珠公司对于这一情况是明知的,并且双方还在《建设工程施工合同》专用条款第六条23.2款约定了"如工程(量)发生增加或减少,其价格按定额相应增加或减少价格",应视为千足珍珠公司对湘源公司投标报价工程量价款的肯定与承诺。此后,双方在《建设工程施工合同补充协议》中约定"实际施工时与签订合同时的工程量发生变化,由此引起的费用,可按实际发生额相应增加或减少",并且双方在《后期工程承诺书》中再次约定"工程未计算增加的实际工程量另行计算",千足珍珠公司还在2011年8月8日对湘源公司的回复函中要求"湘源公司按照原建设工程施工合同、原投标报价书等为依据重新办理决算,对原投标报价书中漏项项目作为增补项目、已报价未施工的项目作为扣减项目"办理竣工结算。以上事实均进一步证明湘源公司与千足珍珠公司在《建设工程施工合同》中所约定的6864000元工程价款只是施工图纸中部分工程量的固定价格,未包含投标报价之外施工图纸中的其他工程量的工程价款。

综上,本案所涉工程的工程款结算应按照双方约定的合同价款6864000元,加上施工图纸之外施工量即签证单部分工程价款以及湘源公司按照图纸施工的合同固定价之外的工程量价款,再扣减湘源公司对投标报价工程量未施工部分项目的工程价款的方法并结合双方的后期补充协议及相关政策予以确定。

根据鉴定结论,本案诉争工程总造价为12144337.25元,其中合同内工程量价款6217918.77元(从合同签约的固定价格6864000元中调减价款646081.23元)、合同外工程量价款4606032.50元、签证单价款319069.77元、土建安装材料价差、人工工资调整款 919198.93 元、冰灾补偿 82117.28 元。千足珍珠公司在 2007 年 8 月 25 日至 2011 年 9 月 22 日期间已向湘源公司支付工程款 7075000 元,还欠付工程款 5069337.25 元。

【案例来源】

中国裁判文书网,http://wenshu.court.gov.cn。

048 当事人就同一建设工程订立的数份施工合同均无效,应先行确定当事人实际履行的合同,再参照该合同确定工程价款

【关键词】

│ 建设工程 │ 工程价款 │ 合同无效 │ 实际履行 │

【案件名称】

上诉人安徽亚坤建设集团有限公司与上诉人蒙城广联置业有限公司、原审第三人刘谋权建设工程施工合同纠纷案〔最高人民法院(2018)最高法民终 416 号民事判决书,2018.12.27〕

【裁判精要】

最高人民法院认为:

二、关于案涉工程价款的结算依据问题

根据《建设工程施工合同解释》第二条的规定,建设工程施工合同无效,但建设工程经竣工验收合格,承包人请求参照合同约定支付工程价款的,应予支持。由于本案所涉三份施工合同均无效,故应先行确定当事人实际履行的合同,再参照该合同确定工程价款。为此,一审查明,亚坤公司 2011 年 1 月 25 日向广联公司提交《开工报告》,载明案涉工程造价为 11749 万元,与 2010 年 11 月 28 日《建设工程施工合同》约定的工程造价相一致;亚坤公司 2012 年 10 月 29 日向广联公司提交函件,载明依据 2010 年 11 月 28 日《建设工程施工合同》,要求广联公司规范付款行为;亚坤公司 2012 年 10 月 31 日向广联公司提交《催款报告》,亦载明依据 2010 年 11 月 28 日《建设工程施工合同》催促广联公司按约付款;2012 年 11 月 2 日,亚坤公司向蒙城县信访局与蒙城县住建委分别提交《关于汇通财富广场项目的情况汇报》,载明系依据 2010 年 11 月 28 日《建设工程施工合同》,请求敦促广联公司按约付款;2013 年 2 月 4 日,亚坤公司委托安徽众鼎招标造价项目管理咨询有限公司对案涉工程进度款进行审计,审计报告亦载明审计依据之一为《建设工程施工合同》。上述事实表明,双方实际履行的合同为 2010 年 11 月 28 日《建设工程施工合同》,故本案应参照该

合同的约定确定工程价款,即应采纳明珠项目公司作出的《工程造价鉴定报告书》的第三种鉴定意见。一审对此认定正确,本院予以维持。亚坤公司上诉所提 2010 年 11 月 28 日《建设工程施工合同》并非双方实际履行的合同,工程价款的确定不应以此为据的主张,与本案查明的上述事实不符,本院不予支持。

亚坤公司还提出,即便采纳第三种鉴定意见,但由于案涉工程的施工图纸直至 2011 年 4 月才最终确定,实际施工面积与 2010 年 11 月 28 日《建设工程施工合同》的约定面积相比,增加了 8000 余平方米施工量,由此产生的工程价款应当予以增加。经查,第一,亚坤公司提供的施工图纸上备注了"修施工图"字样,表明该图纸系对此前设计图纸的变更,而亚坤公司一审提交的工程款支付审批表及编制说明证明,其就图纸变更导致增加的工程款已在施工过程中作为设计变更向广联公司提出,《工程造价鉴定报告书》"按施工备案合同计算的造价"中也已经进行了相应计取。第二,亚坤公司主张遗漏的 8000 余平方米建筑面积,系根据广联公司一审提交的《汇通财富广场商场、地下室竣工验收备案表》显示的商场、地下室建筑面积 65124.31 平方米计算而来,该竣工验收备案表显示的面积虽比《建设工程施工合同》约定面积多出 8000 余平方米,但根据亚坤公司提交的安徽省建筑工程质量第二监督检测站作出的《蒙城汇通财富广场(商场、地下室部分)结构安全性鉴定报告》(报告编号:JKK099 - 2014),商场、地下室面积却为 54970.6 平方米。上述两个文件对于商场、地下室面积的记载并不一致。亚坤公司仅依据广联公司在竣工验收备案表上的单方申报,即得出一审遗漏 8000 余平方米工程量的结论,依据不充分。第三,即便如亚坤公司所称存在遗漏部分工程量问题,但无论是按照合同约定还是行业规则,其应在施工过程中与广联公司形成变更签证等施工文件,而亚坤公司未提交该类证据。综上,亚坤公司上诉主张一审判决遗漏 8000 余平方米工程量的理由,证据不足,本院无法支持。

【案例来源】

中国裁判文书网,http://wenshu.court.gov.cn。

049　当事人对多份补充协议的履行内容存在争议,如何确定协议的最终履行内容

【关键词】

│建设工程│合同履行│履行内容│

【案件名称】

上诉人吉林佳垒房地集团有限公司与被上诉人吉林省东润房地产开发有限公

司、原审第三人大商股份有限公司合资、合作开发房地产合同纠纷案 [最高人民法院(2010)民一终字第 109 号民事判决书,2011 年 10 月 31 日]

【裁判精要】

裁判摘要:双方当事人在签订合同后、履行合同过程中,因情况变化,又签订多份补充协议修改原合同约定的,只要补充协议是当事人的真实意思表示,协议内容符合法律规定,均应认定为有效。当事人对多份补充协议的履行内容存在争议的,应根据协议之间的内在联系,以及协议中约定的权利义务分配的完整性,并结合补充协议签订和成立的时间顺序,根据民法的公平和诚实信用原则,确定协议的最终履行内容。

最高人民法院认为:

本案二审的争议焦点为:(一)双方当事人签订的《合作意向书》《联合开发协议》、6·28 协议及 9·20 协议是否合法有效。(二)6·28 协议与 9·20 协议的关系问题、东润公司是否履行了 9·20 协议约定内容及佳垒公司是否应当向东润公司履行协议约定的给付义务。

关于争议焦点(二),双方当事人签订的 6·28 协议及 9·20 协议,均是对《联合开发协议》的修改和补充。9·20 协议明确约定,6·28 协议是双方真实意思表示,为合法有效的协议。双方只是为更好地履行协议的义务,就协议履行中出现的问题,作出 9·28 协议的新约定。从该两份协议的内容及内在联系判断,9·20 协议是在 6·28 协议的基础上,双方当事人作出进一步修改的意思表示并形成合意,变更修改的部分,以 9·20 协议为准;未变更修改的部分,6·28 协议仍然对双方当事人具有约束力。从 9·20 协议的文字表述看,亦不能作出其是对 6·28 协议予以否定的结论。结合两份协议的内容,双方当事人权利义务的分配才具有完整性。由于佳垒公司没有依据 6·28 协议向东润公司支付投资款,东润公司亦未在该协议约定的期限内引进沃尔玛公司,在双方均未履行 6·28 协议的基础上,双方当事人才形成9·20协议的新的约定。9·20 协议既顺延了佳垒公司的款项给付期限,也相应顺延了东润公司引进沃尔玛公司的时间。在引进沃尔玛公司事项上,东润公司在 9·20 协议约定的时间内,将沃尔玛公司引进,且东润公司、佳垒公司及沃尔玛公司签订了《房屋租赁合同》。从双方当事人权利义务对等的角度判断,东润公司按照 9·20 协议于 2007 年 9 月 30 日完成了与沃尔玛公司的签约工作,佳垒公司应当依据 6·28 协议的约定,履行交付房屋的义务。佳垒公司主张东润公司应当单方承担违约责任,从而免除佳垒公司向东润公司交付房屋的义务,理据不足。此后,在大商公司向沃尔玛公司依据合同约定支付 500 万元补偿金后,沃尔玛公司退出租赁房屋。东润公司在沃尔玛公司引进及退出的问题上,没有过错,亦未构成违约。佳垒公司就该争议问题,并未在二审期间提出相应的证据。根据 6·28 协议的约定,双方已认可售出的 9 套房屋价款 13144873 元为东润公司所有,且在 9·20 协议中约定了款项给付的时间,故佳垒公司应当向东润公司支付该房款及利息。在上述两份协议中,双方均约定,佳垒公司应当返还东润公司的投资款为 2100 万元,扣除已还款项,佳垒公司应返还东润公司 2000 万元及利息。佳垒公司主张,东润公司实际投资款为 1695 万元,且应扣除东润公司的借款 2846229 元,证据不足,不应支持。一审法院上述问题,认定事实清楚,适用法律正确。一审判决佳垒公司依约应向东润公司支付已售房屋的款项及交付其余房屋,并无不当,应予维持。

【案例来源】

《中华人民共和国最高人民法院公报》2013 年第 4 期(总第 198 期)。

五、建设审批手续对施工合同效力的影响

---

050 发包人在合同履行中取得了规划审批手续，应认定施工合同有效

【关键词】

│建设工程│合同效力│规划审批│

【案件名称】

上诉人浙江腾虎建设工程有限公司、浙江腾虎建设工程有限公司平潭分公司与上诉人协力微集成电路（平潭）有限公司、协力（平潭）科技有限公司建设工程施工合同纠纷案［最高人民法院（2018）最高法民终 121 号民事判决书，2018.6.11］

【裁判精要】

最高人民法院认为：

一、关于案涉《建设工程施工合同》的效力问题

虽然案涉《建设工程施工合同》订立时，该合同项下的建设用地及建设工程尚未取得《国有土地使用证》《建设用地规划许可证》，但该合同履行中，协力微集成公司已取得了上述《国有土地使用证》《建设用地规划许可证》。原审判决认定案涉《建设工程施工合同》系双方当事人真实意思表示，合同内容不违反法律和行政法规的禁止性规定，应属有效合同，适用法律并无不当。

【案例来源】

中国裁判文书网，http://wenshu.court.gov.cn。

编者说明

关于未取得建设工程规划审批手续签订合同的效力，最高人民法院《建设工程施工合同解释（二）》第二条规定："当事人以发包人未取得建设工程规划许可证等规划审批手续为由，请求确认建设工程施工合同无效的，人民法院应予支持，但发包人在起诉前取得建设工程规划许可证等规划审批手续的除外。发包人能够办理审批手续而未办理，并以未办理审批手续为由请求确认建设工程施工合同无效的，人民法院不予支持。"该条明确建设工程未取得规划审批手续的，施工合同无效。例外情形是发包人在起诉前取得规划审批手续，可以认定有效。如前述案例。此外，发包人能够办理审批手续而不去办理，基于诚实信用原则，其无权以此为由请求确认合同无效。

051 建设单位应当于建筑工程开工前申领施工许可证的规定，不属于法律强制性规定

【关键词】

│ 建设工程 │ 合同效力 │ 施工许可证 │

【案件名称】

申请再审人北京建工一建工程建设有限公司与被申请人天津金发新材料有限公司建设工程施工合同纠纷案［最高人民法院（2013）民申字第 1632 号民事裁定书，2013.10.23］

【裁判精要】

裁判摘要：《建筑法》第七条关于建设单位应当于建筑工程开工前申领施工许可证的规定，属于建筑业管理规定，不属于法律、行政法规强制性规定。

最高人民法院认为：

关于北京一建在案涉建设工程施工合同履行过程中是否存在违约以及违约责任比例的问题。本院认为，首先，根据最高人民法院《合同法解释（二）》第十四条的规定，《合同法》第五十二条第（五）项规定的合同因"违反法律、行政法规的强制性规定"而无效中的"法律、行政法规的强制性规定"，系指效力性强制性规定。而《建筑法》第七条及建设部《建筑工程施工许可证管理办法》中，关于建设单位应当于建筑工程开工前申领施工许可证的规定，属于建筑业管理规定，且后者从法律效力层级上看系部门规章。因此，北京一建以双方《建设工程施工合同》第三条对开工时间的约定违反法律、行政法规强制性规定为由，认为该约定无效，缺乏事实和法律依据。其次，一、二审判决查明事实一致，均表明北京一建在本案合同履行过程中，未按照约定的时限完成相应的工程进度，造成工程延期，违反了合同约定，双方争议的焦点为造成工程延期的原因。

【案例来源】

中国裁判文书网，http://wenshu.court.gov.cn。

编者说明

施工许可证是由建设行政主管部门颁发的准予建筑工程开工的文件。《建筑法》第七条规定："建筑工程开工前，建设单位应当按照国家有关规定向工程所在地县级以上人民

政府建设行政主管部门申请领取施工许可证;但是,国务院建设行政主管部门确定的限额以下的小型工程除外。按照国务院规定的权限和程序批准开工报告的建筑工程,不再领取施工许可证。"实务界通行观点认为,建设工程未取得施工许可证的,不影响施工合同效力。施工许可证属于行政许可范畴,其目的是通过行政许可环节的审查保证建设行为的合法性。未取得施工许可证,仅表明建设行为非法,施工人不得进行施工,但这属于施工合同的履行范畴,即法律上的履行不能,不能以此认定施工合同无效。建设工程未取得施工许可证的,施工行为构成非法建设,应当受到行政制裁,但在原则上并不影响其在私法上的效力。① 施工许可证是行政主管部门对建设施工行为的行政管理措施,不影响施工合同的效力。

---

① 参见邬砚:《建设工程合同纠纷:254 个裁判规则深度解析》(增订第二版),法律出版社 2019 年版,第 49 页。

工程价款

一、工程价款结算

052 工程计价标准或计价方法原则上有约定的依约定，无约定或不能达成一致的参照政府指导价确定

【关键词】

│建设工程│工程价款│计价标准│政府指导价│

【案件名称】

上诉人盘锦辽东湾新区管理委员会与被上诉人沈阳北方建设股份有限公司、中国医科大学附属盛京医院辽东湾分院建设工程施工合同纠纷案［最高人民法院（2018）最高法民终 258 号民事判决书，2018.5.28］

【裁判精要】

最高人民法院认为：

3. 关于人工费计价标准。《建筑法》第十八条规定："建筑工程造价应当按照国家有关规定，由发包单位与承包单位在合同中约定。公开招标发包的，其造价的约定，须遵守招标投标法律的规定。发包单位应当按照合同的约定，及时拨付工程款项。"《建设工程施工合同解释》第十六条第一款规定："当事人对建设工程的计价标准或者计价方法有约定的，按照约定结算工程价款。"第二款规定："因设计变更导致建设工程的工程量或者质量标准发生变化，当事人对该部分工程价款不能协商一致的，可以参照签订建设工程施工合同时当地建设行政主管部门发布的计价方法或者计价标准结算工程价款。"根据上述规定，对于工程计价标准或计价方法应遵从有约定依约定、无约定或不能达成一致参照政府指导价确定的原则。发包单位与承包单位如果在承包合同中约定了计价方法和计价标准，只要该约定不违反法律、行政法规的强制性规定以及不损害当事人的利益，就应依据当事人约定的工程计价标准来确定工程价款。建设工程定额标准是各地建设主管部门根据本地建筑市场建筑成本的平均值确定的，可以理解为完成单位工程量所消耗的劳动、材料，以及机械台班等的标准额度，属于政府指导价范畴，属任意性规范而非强制性规范，其并不禁止合同当事人随行就市订立与定额标准不一致的工程结算价格。建设工程施工合同约定的工程款结算标准与建筑行业主管部门颁布的工程定额标准和造价计价办法不一致的，应以合同约定为准。本案中，案涉工程施工期间，辽东湾管委会于 2012 年 4

月 3 日印发《关于调整盘锦沿海经济区施工企业人工费支付标准的批复》,将盘锦沿海经济区施工企业人工费调整为力工 80 ~ 100 元/工日、技工 150 ~ 200 元/工日。其后,辽东湾管委会于 2013 年 8 月 27 日就调整案涉工程人工费召开专题会议,决定将案涉工程人工费调整为力工 100 元/工日,技工 200 元/工日,北方建设公司对此予以接受,此举表明双方对人工费标准达成新的合意。虽上述调整后的人工费标准高于辽宁省住房和城乡建设厅及辽宁省财政厅 2011 年下发的《关于调整〈辽宁省建设工程计价定额〉人工日工资的通知》《关于建设工程人工费实行动态管理的通知》确定的标准,但因上述通知文件对建筑市场人工单价的确定属于政府指导价范畴,是任意性规范而非强制性规范,当该指导价与双方约定的人工费标准不一致时,应当以约定的即辽东湾管委会于 2013 年 8 月 27 日调增的人工费标准为准。据此,辽东湾管委会上诉主张案涉工程人工费应当按照辽宁省住房和城乡建设厅及辽宁省财政厅 2011 年确定的人工费标准计取,理据不足,本院不予支持。

关于空调人工费的问题。博兴咨询公司在鉴定过程中,向双方送达《原被告双方补充资料事宜》,该份文件中注明:"以上工程(设备房拆除、空调工程、弱电工程)因无图纸资料,经原被告双方确认以中成建正咨询公司审核金额进入本次鉴定,以上工程不参与人工费、材料费的调整。"北方建设公司在该份文件上签字。二审庭审中,北方建设公司对鉴定机构未对空调人工费进行调增的原因作出了合理说明,空调人工费未在鉴定意见中进行调整系因缺乏空调工程图纸所致。现空调工程图纸能够取得,且辽东湾管委会 2013 年 8 月 27 日的《会议纪要》确定的人工费标准并未排除空调人工费,故空调人工费的计取数量、计取标准能够确定,一审法院按照该《会议纪要》确定的人工费标准计取空调人工费并无不当,本院对辽东湾管委会关于空调人工费不应调增的上诉主张不予支持。

【案例来源】

中国裁判文书网,http://wenshu. court. gov. cn。

053 建设工程施工合同无效,但建设工程经竣工验收合格的,参照合同约定结算工程价款

【关键词】

│建设工程│工程价款│合同无效│竣工验收│

【案件名称Ⅰ】

申请再审人莫志华与被申请人东莞市长富广场房地产开发有限公司、原审原告深圳市东深工程有限公司建设工程合同纠纷案[最高人民法院(2011)民提字第

235 号民事判决书，2011.10.23]

【裁判精要】

裁判摘要：鉴于建设工程的特殊性，虽然合同无效，但施工人的劳动和建筑材料已经物化在建筑工程中，依据最高人民法院《建设工程施工合同解释》第二条的规定，建设工程合同无效，但建设工程经竣工验收合格，承包人请求参照有效合同处理的，应当参照合同约定来计算涉案工程价款，承包人不应获得比合同有效时更多的利益。

最高人民法院认为：

（一）关于涉案工程款的计算依据

关于涉案工程款是应按照合同约定结算还是据实结算。鉴于建筑工程的特殊性，虽然合同无效，但莫志华与东深公司的劳动和建筑材料已经物化在涉案工程中，依据《建设工程施工合同解释》第二条的规定，建设工程无效合同参照有效合同处理，应当参照合同约定来计算涉案工程款。莫志华与东深公司主张应据实结算工程款，其主张缺乏依据。莫志华与东深公司不应获得比合同有效时更多的利益。涉案工程款应当依据合同约定结算。

【权威解析】

从本案的实际情况看，鉴定机构出具了两个鉴定结论：一个是按照据实结算确定的工程价款，另一个是按照合同约定确定的工程价款。以何种标准来计算涉案工程款是本案的关键问题。《合同法》第五十八条规定："合同无效或者被撤销后，因该合同取得的财产，应当予以返还；不能返还或者没有必要返还的，应当折价补偿……"建设工程施工合同的特殊之处在于，建设工程的施工过程，就是承包人将劳务及建筑材料物化到建设工程的过程。基于这一特殊性，合同无效，发包人取得的财产形式上是承包人建设的工程，实际上是承包人对工程建设投入的劳务及建筑材料（一般是工程款），故而无法适用合同无效恢复原状的返还原则，只能折价补偿。由于当前建筑市场中，关于工程价款的计算标准较多，计算方法复杂多样。合同无效后，以何种标准折价补偿承包人工程价款，一直是审判实践中的难点问题。最高人民法院《建设工程施工合同解释》第二条规定："建设工程施工合同无效，但建设工程经竣工验收合格，承包人请求参照合同约定支付工程价款的，应予支持。"如果抛开合同约定的工程价款，发包人按照何种标准折价补偿承包方，均有不当之处，不能很好地平衡双方之间的利益关系。在合同无效的情况下，参照合同约定支付工程款，与法理和现行法律有关无效合同的处理原则明显相悖。但这种处理方式有利于保障工程质量，且这种方式利于案件的审理，平衡当事人之间的利益关系。目前我国的建筑市场属于发包人市场，发包人在签订合同时往往把工程款压得很低，常常低于当年适用的工程定额标准和政府公布的市场价格信息标准,如果合同无效按照建设工程实际造价补偿,就可能诱使承包人恶意主张合同无效,以达到获取高于合同约定工程款的目的,这与无效合同处理原则及制定关于审理建筑工程纠纷案件的司法解释以期达到规范建筑市场、促进建筑业的发展并提供法律保障的初衷相悖。参照合同约定确定工程款数额符合签约时当事人的真实意思,且有利于保证工程质量,平衡双方之间的利益关系。

本案中,莫志华属于挂靠施工,有一定的过错。从逻辑上讲,其不能获得比合同有效更多的利益,因此,其要求据实结算的主张不应得到支持。莫志华认为长富广场公司对其挂靠的事实应当知情,应承担一定的过错责任。但即便如此,也不影响本案的实体处理。过错责任的划分,仅在计算损失赔偿时有意义,对于涉案工程款数额的认定并无影响。依据《合同法》第五十八条的规定,"合同无效或者被撤销后,因该合同取得的财产,应当予以返还;不能返还或者没有必要返还的,应当折价补偿。有过错的一方应当赔偿对方因此所受到的损失,双方都有过错的,应当各自承担相应的责任"。而本案中双方仅对工程款的计算数额存在争议,双方当事人均未提起损害赔偿之诉,因此,过错责任的认定并不影响对涉案工程款数额的计算。关于涉案工程款的数额问题,长富广场公司主张其多支付给莫志华与东深公司480多万元工程款,但从建设工程付款的特点来看,其主张与常理不符。工程款分为预付款、进度款与结算款,所以多支付的可能性几乎不存在。对于钢筋、水泥的价差负担问题,2004年2月28日、2005年3月8日、2005年3月10日直至2005年3月21日的《会议纪要》均表明莫志华与长富广场公司曾在东莞市建设局的主持下,进行过调解。就钢材、水泥价差问题,长富广场公司主张愿意负担50%,在此基础上,长富广场公司另行补偿100万元,约480万,长富广场公司作出该意思表示,同时亦有已多支付480万工程款的行为,应当认定为其自愿补偿给莫志华与东深公司的赠与行为,其现又主张莫志华与东深公司退回多支付的工程款,有违诚实信用原则,不应予以支持。需要说明的是,有观点认为双方已就价差问题达成一致意见,原审法院没有尊重双方当事人的意思自治。但是,从会议记录和本案的实际情况看,莫志华始终不同意双方各担50%的价差,认为过低,因此,虽然不存在多付工程款的问题,但理由不是双方已达成一致协议,长富广场公司愿意负担50%的价差,而是将长富广场公司多支付工程款的行为,视为其自愿补偿行为较为妥当。从本案的处理来看,建筑工程施工合同无效后,应当参照合同约定来计算涉案工程款。人民法院在审理建筑工程案件时,既要尊重鉴定结论,同时要结合案件的具体情况予以合理的调整。①

---

① 参见王毓莹:《建设工程施工合同应当认定无效的,应参照合同约定确定工程价款——莫志华与东莞市长富广场房地产开发有限公司、深圳市东深工程有限公司建设工程施工合同纠纷再审案》,载最高人民法院民事审判第一庭编:《民事审判指导与参考》(总第54辑),人民法院出版社2013年版,第166~167页。

【案例来源】

《中华人民共和国最高人民法院公报》2013 年第 11 期(总第 205 期)。

【案件名称Ⅱ】

中国建筑第八工程局第二建筑公司鲁东公司与青岛创新置业有限公司、张磊、王凌、青岛齐元建设工程有限公司、淄博大安建筑安装工程有限公司建设工程款纠纷抗诉案 [最高人民法院(2010)民抗字第 16 号民事判决书]

【裁判精要】

裁判摘要:本案中国建筑第八工程局第二建筑公司鲁东公司是中国建筑第八工程局第二建筑公司的内设机构,本身没有建筑施工企业资质,故对其以自身名义对外签订并履行的建筑工程施工承包合同应认定无效。但其施工工程经竣工验收为优良并已交付使用,故应参照合同约定计取工程价款。对本案工程的造价,佳恒公司的审计,完全按合同约定而未考虑合同无效的因素,颐和公司的鉴定,仅根据建筑工程造价定额且仅计取定额直接费,未考虑合同的约定,均不能作为确定本案工程造价的依据。参照合同的约定、相似情况下定额计价的因素,考虑合同无效的原因、施工中工程量增减的情况,及双方在自行结算时互相协商让步的情况等,本院判决对本案的工程造价作出了变更的酌定。

最高人民法院认为:

鲁东公司申诉称,根据《最高人民法院关于审理建设工程合同纠纷案件的暂行意见》第十八条"具备法人资格的承包人内部分支机构,在其营业执照的经营范围内对外签订的建设工程合同,应视为承包人对其行为已授权,其签订的合同有效,并应以该承包人的建筑资质等级结算工程款"的规定,鲁东公司系中八二建的内部分支机构,故本案合同应为有效。为此,原审适用法律错误。但最高人民法院并无鲁东公司如上所称的司法解释,故鲁东公司所称原审判决违反司法解释没有根据。本案承包合同是由鲁东公司签订并履行的,鲁东公司系持有营业执照的非法人企业,本身无施工企业资质,其独自签订并履行本案承包合同,却使用中八二建的施工企业资质,原审法院根据最高人民法院《建设工程施工合同解释》第一条的规定,认定其与创新公司所签订的承包合同无效,并无不妥。

但根据原审法院所引述的最高人民法院《建设工程施工合同解释》第二条"建设工程施工合同无效,但建设工程经竣工验收合格,承包人请求参照合同约定支付工程价款的,应予支持"的规定,本案工程经竣工验收为优良,鲁东公司又一直主张按合同约定支付工程价款,为此,本案应参照承包合同的约定,由创新公司向鲁东公司支付工程价款。双方所签订的承包合同对合同内工程量的价款约定为1291万元,一次包死。参照这一约定,并考虑导致本案承包合同无效的原因,本院酌定合同内工程量在合同约定的价格基础上,降10%计取工程价款(即12910000元-12910000元×10%),即为1161.9万元。本案施工过程中,因设计变更增加并经签证认可的工程量,如何计取费用,双方在承包合同中仅约定依据投标书中的收费类别、预算定案计取费用,具体增加的工程量和取费数额事先没有明确约定,但经佳恒公司对双方所报的工程结算资料审查核定,并经双方盖章认可,该部分工程的造价为5489228.46元。考虑以上的酌定因素,并考虑到该部分工程毕竟不属于承包合同约定的价款一次包死的范围,以及本案双方对工程款自行协商结算时,对进一步降低结算标准曾有过共识,本院参照佳恒公司的审查报告结果,酌定该部分工程应计取的价款为佳恒公司审查核定价款的60%,即3293537.07元。综上,本案创新公司应向鲁东公司支付的工程价款取其整数共计为1491万元。鉴于创新公司在本院再审之前已履行1098万元,已支付1173817.39元及其利息,故创新公司应再向鲁东公司支付工程款275万元。

原审法院委托颐和公司对工程造价进行的重新鉴定,对工程价款的计取不仅没有参照合同的约定,而且也没有计取其他直接费等工程费用。以该鉴定结论为准确定创新公司应向鲁东公司支付的工程价款,不符合以上司法解释的规定,也不符合司法实践中建设工程施工合同被确认无效后、对施工方折价补偿的通常做法。鲁东公司一直对原审法院进行的这次鉴定表示异议,对鉴定结论不予认可。原审却以鲁东公司同意此次鉴定且在规定的期限内对鉴定结果没有提出书面异议,应视为对此次鉴定结论认可为由,完全根据颐和公司的鉴定结论确定创新公司应向鲁东公司支付的工程价款不当,本院予以纠正。

【案例来源】

最高人民法院审判监督庭编:《审判监督指导》(总第37辑),人民法院出版社2012年版,第171~172页。

编者说明

《合同法》第五十八条规定,合同无效或者被撤销后,因该合同取得的财产应当予以返还;不能返还或者没有必要返还的,应当折价补偿。建设工程施工合同的特殊之处在于,建设工程的施工过程,就是承包人将劳务及建筑材料物化到建设工程的过程。基于这一特殊性,合同无效,发包人取得的财产形式上是承包人建设的工程,实际上是承包人对工程建设投入的劳务及建筑材料(一般是工程款),故而无法适用无效恢复原状的返还原则,只能折价补偿。由于当前建筑市场中,关于工程价款的计算标准较多,计算方法复杂多样,合同无效后,以何种标准折价补偿承包人工程价款,一直是审判实践中的难点问题。就建设工程施工合同而言,工程质量是建筑工程的生命,《建筑法》及相关行政法规范,均将保证工程质量作为立法的主要出发点和主要目的。《建筑法》及《建设工程质量管理条例》规定,未经验收或者验收不合格的建设工程,不得交付使用。在建设工程经竣工验收合格后,无效合同与有效合同在《建筑法》制定的根本目的上已无很大的区别。如果离开合同约定的工程价款,发包人按照何种标准折价补偿承包方,均有不当之处,不能很好地平衡双方之间的利益关系。工程经竣工验收,已经达到《建筑法》保护的目的。《建设工程施工合同解释》第二条为平衡当事人双方之间的利益关系,便捷、合理地解决纠纷,确定建设工程施工合同无效,建设工程经竣工验收合格的,参照合同约定支付承包人工程价款。

按照该条规定的精神,对于经竣工验收合格的工程,施工合同被认定无效后,承包人可以请求按照合同约定支付工程款,发包人同样可以主张按合同约定支付工程款,无论发包人或承包人选择与否,均应参照合同约定支付工程款,除非双方另行协商一致以合同约定的结算方式以外的其他方式进行结算。理由是:《建设工程施工合同解释》第二条规定的目的是处理建设工程施工合同无效但工程竣工验收合格的基本原则,即参照合同约定进行结算的补偿方式。从《建设工程施工合同解释》的文义内容来看,承包人请求参照合同约定支付工程价款的表述形式,只是在文字表述上以承包人的名义出现而已,不具有其他内涵,不是赋予承包人进行选择的权利。最高人民法院立案二庭在2010年4月20日致江西省高级人民法院的内部函〔2010〕民申字第260号中也明确了以下观点:关于讼争工程价款的确定应依据鉴定结论还是参照合同约定的问题,涉及对《建设工程施工合同解释》第二条的理解问题。《建设工程施工合同解释》对于无效合同的工程价款结算原则上是采取了参照合同约定结算的补偿方式,虽然其在表述中出现"承包人请求参照合同约定支付工程价款",但这并不意味着承包人对于两种折价补偿方式享有选择权。

当然,参照合同约定支付价款是处理合同无效,工程经竣工验收合格时,双方支付工程款的一项基本原则,通常应当依照合同约定来支付工程款。但也有例外情形,如在未完工的建设工程或者建设工程的设计出现大规模修改变化而导致的改变工程量,使其增减较大,从而无法参照合同约定计算工程价款时,就需要根据案件具体情况委托有资质的中介机构来通过评估鉴定的方式认定建设工程的工程价款。①

054　施工合同无效,但工程经竣工验收合格,施工合同约定的工程款计价方式系双方当事人根据建筑市场行情予以确定,可以作为折价补偿的计价标准

【关键词】

　　│ 建设工程 │ 工程价款 │ 招投标 │ 结算 │

---

① 参见最高人民法院民一庭:《建设工程施工合同无效,但建设工程经竣工验收合格,承包人是否有权选择要求发包人参照合同约定结算或者据实结算支付工程价款》,载最高人民法院民事审判第一庭编:《民事审判指导与参考》(总第48辑),人民法院出版社2011年版,第114~118页。

【案件名称】

上诉人中十冶集团有限公司华东分公司、枣庄矿业集团中兴建安工程有限公司、枣庄德圣房地产开发有限公司建设工程施工合同纠纷案［最高人民法院（2017）最高法民终 462 号民事判决书，2018.1.3］

【裁判精要】

最高人民法院认为：

关于一审认定的案涉工程造价是否正确问题。首先，鉴定报告依据中兴建安公司与中十冶华东分公司签订的施工合同鉴定并无不当。案涉施工合同无效，《合同法》第五十八条规定，合同无效或者被撤销后，因该合同取得的财产，应当予以返还；不能返还或者没有必要返还的，应当折价补偿。有过错的一方应当赔偿对方因此所受到的损失，双方都有过错的，应当各自承担相应的责任。《建设工程施工合同解释》第二条规定，建设工程施工合同无效，但建设工程经竣工验收合格，承包人请求参照合同约定支付工程价款的，应予支持。根据上述规定，施工合同无效后，取得财产一方应返还财产或者折价补偿，工程经竣工验收合格，折价补偿的数额可以参照施工合同约定的工程价款计算。根据查明事实，2011 年 12 月 30 日，新大都花园 1#、2#、3#、4#楼以及地下车库的地基与基础部分完成工程质量验收。2012 年 1 月 12 日，上述工程的主体结构部分完成工程质量验收。设计单位、监理单位、中兴建安公司在相关验收记录签字盖章。经一审法院现场勘查，案涉工程已经交付使用。虽然经鉴定，案涉工程室内墙体抹灰存在质量问题，但是可通过修复解决，并不影响工程款的支付。因此，案涉工程可参照施工合同计算折价补偿款。施工合同约定的工程款计价方式系双方当事人根据建筑市场行情予以确定，接近建设工程的实际价值，可以作为折价补偿的计价标准。中十冶华东分公司主张按照 2013 年山东省定额标准及市场价格结算工程价款，缺乏相关法律依据。鉴定报告参照施工合同约定审计工程造价，并无不当。

【案例来源】

中国裁判文书网，http://wenshu.court.gov.cn。

编者说明

《合同法》第五十八条规定，合同无效或者被撤销后，因该合同取得的财产，应当予以返还；不能返还或者没有必要返还的，应当折价补偿。《建设工程施工合同解释》第二条规定："建设工程施工合同无效，但建设工程经竣工验收合格，承包人请求参照合同约定支付工程价款的，应予支持。"即施工合同无效但建设工程质量合格的，也可参照合同约定结算工程价款。

这是因为,建设工程施工合同具有特殊性,合同履行的过程,就是将劳动和建筑材料物化在建筑产品的过程。合同被确认无效后,已经履行的内容不能适用返还的方式使合同恢复到签约前的状态,而只能按照折价补偿的方式处理。从建设工程施工合同的实际履行情况看,当合同被确认无效后,有两种折价补偿方式:一是以工程定额为标准,通过鉴定确定建设工程价值。考虑到目前我国建筑市场的实际情况,有的发包人签订合同时往往把工程价款压得很低,如果合同被确认无效后按照第一种方案折价补偿,将会造成无效合同比有效合同的工程价款还高,这超出了当事人签订合同的预期。二是参照合同约定结算工程价款。这种折价补偿的方式不仅符合双方当事人在订立合同时的真实意思,而且还可以节省鉴定费用,提高诉讼效率。因此,通过对以上两种折价补偿方案的比较,根据我国建筑行业的现状,衡平合同各方当事人的利益,在《建设工程施工合同解释》第二条规定,建设工程施工合同被确认无效以后,建设工程质量合格的,可以参照合同约定结算工程价款。司法解释确立了参照合同约定结算工程价款的折价补偿原则。这与《民法通则》及《合同法》第五十八条的规定并不矛盾,而是在处理无效的建设工程施工合同纠纷案件中具体体现了《合同法》规定的无效处理原则。[①]

055　鉴定机构分别按照定额价和市场价作出鉴定结论的,一般以市场价确定工程价款

【关键词】

│ 建设工程 │ 工程价款 │ 鉴定 │ 市场价 │ 定额价 │

【案件名称】

申请再审人济南永君物资有限责任公司与被申请人齐河环盾钢结构有限公司建设工程施工合同纠纷案 [最高人民法院 (2011) 民提字第 104 号民事判决书, 2011.11.17]

【裁判精要】

最高人民法院认为:

三、关于涉案工程价款的确定依据的问题

[①] 《建设工程施工合同解释》第二条规定适用的无效合同仅指合同标的物为质量合格的建设工程,不包括质量不合格的建设工程。建设工程质量合格,包括两方面的意思,一是建设工程经竣工验收合格,二是建设工程经竣工验收不合格,但是经过承包人修复后,再验收合格。总之,只要建设工程经过验收合格,即使确认合同无效,也可以按照合同约定结算工程价款。参见《依法保护当事人权益,促进建筑市场健康发展——最高人民法院有关负责人就〈关于审理建设工程施工合同纠纷案件适用法律问题的解释〉答记者问》,载最高人民法院民事审判第一庭编著:《最高人民法院建设工程施工合同司法解释的理解与适用》,人民法院出版社 2015 年版,第 7~8 页。

本院认为,第一,本案应当通过鉴定方式确定工程价款。尽管当事人签订的三份建设工程施工合同无效,但在工程已竣工并交付使用的情况下,根据无效合同的处理原则和建筑施工行为的特殊性,对于环盾公司实际支出的施工费用应当采取折价补偿的方式予以处理。本案所涉建设工程已经竣工验收且质量合格,在工程款的确定问题上,按照最高人民法院《建设工程施工合同解释》第二条的规定,可以参照合同约定支付工程款。但是,由于本案双方当事人提供了由相同的委托代理人签订的、签署时间均为同一天、工程价款各不相同的三份合同,在三份合同价款分配没有规律且无法辨别真伪的情况下,不能确认当事人对合同价款约定的真实意思表示。因此,该三份合同均不能作为工程价款结算的依据。一审法院为解决双方当事人的诉争,通过委托鉴定的方式,依据鉴定机构出具的鉴定结论对双方当事人争议的工程价款作出司法认定,并无不当。

第二,本案不应以定额价作为工程价款结算依据。一审法院委托实信造价公司进行鉴定时,先后要求实信造价公司通过定额价和市场价两种方式鉴定。2007 年 1 月 19 日,实信造价公司出具的鲁实信基鉴字(2006)第 006 号鉴定报告载明,采用定额价结算方式认定无异议部分工程造价为 15772204.01 元,其中直接工程费和措施费合计 12097423.01 元,有异议部分工程造价为 39922.82 元。一、二审判决以直接工程费和措施费合计 12097423.01 元作为确定工程造价的依据;山东省高级人民法院再审判决则以无异议部分 15772204.01 元作为工程造价。首先,建设工程定额标准是各地建设主管部门根据本地建筑市场建筑成本的平均值确定的,是完成一定计量单位产品的人工、材料、机械和资金消费的规定额度,是政府指导价范畴,属于任意性规范而非强制性规范。在当事人之间没有作出以定额价作为工程价款的约定时,一般不宜以定额价确定工程价款。其次,以定额为基础确定工程造价没有考虑企业的技术专长、劳动生产力水平、材料采购渠道和管理能力,这种计价模式不能反映企业的施工、技术和管理水平。本案中,环盾公司假冒中国第九冶金建设公司第五工程公司的企业名称和施工资质承包涉案工程,如果采用定额取价,亦不符合公平原则。再次,定额标准往往跟不上市场价格的变化,而建设行政主管部门发布的市场价格信息,更贴近市场价格,更接近建筑工程的实际造价成本。此外,本案所涉钢结构工程与传统建筑工程相比属于较新型建设工程,工程定额与传统建筑工程定额相比还不够完备,按照钢结构工程造价鉴定的惯例,以市场价鉴定的结论更接近造价成本,更有利于保护当事人的利益。最后,根据《合同法》第六十二条第(二)项规定,当事人就合同价款或者报酬约定不明确,依照《合同法》第六十一条的规定仍不能确定的,按照订立合同时履行地的市场价格履行;依法应当执行政府定价或者政府指导价的,按照规定履行。本案所涉工程不属于政府定价,因此,以市场价作为合同履行的依据不仅更符合法律规定,而且对双方当事人更公平。

第三,以市场价进行鉴定的结论应当作为定案依据。实信造价公司根据一审法院的委托又以市场价进行了鉴定,并于 2007 年 9 月 26 日出具的造价鉴定补充说明(二)指出,涉案工程综合单价每平方米 388.35 元,工程总造价 11355354 元。一审法院认为,实信造价公司按市场价结算方式出具的鉴定结论主要是以山东鲍德永君翼板有限公司委托山东正诺工程造价咨询有限公司所作的鲁正基审字(2004)第 0180 号《关于山东鲍德永君翼板有限公司钢结构厂房工程结算的审核报告》为鉴定依据,而该报告委托主体不是合同双方当事人,该报告所涉 452 万元的施工合同是无效合同,且该鉴定结论缺乏较充分的工程同期材料、人工、机械等工程造价主要构成要素的市场价格资料作依据。但是,实信造价公司于 2007 年 8 月 10 日出具的补充说明(一)已经明确载明,鲁正基审字(2004)第 0180 号造价咨询报告中的综合单价 388.35 元,比较符合当时的市场情况。对于这一鉴定结论,双方当事人均未提供充分证据予以反驳。《关于山东鲍德永君翼板有限公司钢结构厂房工程结算的审核报告》委托主体是否为本案合同双方当事人,以及该报告所涉 452 万元施工合同是否有效,均不影响对综合单价每平方米 388.35 元的认定。一、二审和原再审判决对以市场价出具的鉴定结论不予采信的做法不当,应予纠正。本案所涉工程总面积为 29240 平方米,故工程总造价按市场价应为 11355354 元。鉴于永君公司已经支付工程款 11952835.52 元,永君公司在一审判决后没有上诉;二审维持一审判决后,永君公司亦没有提出申请再审,因此,本案工程总造价可按一审确定的 12097423.01 元,作为永君公司应当支付的工程款项。

【案例来源】

《中华人民共和国最高人民法院公报》2012 年第 9 期(总第 191 期)。

056 合同被确认无效后,如果据实结算会造成无效合同比有效合同的工程款还高,故除双方达成结算合意外,应当参照合同约定进行结算

【关键词】

| 建设工程 | 工程价款 | 招投标 | 结算 |

【案件名称】

申请再审人济南市历城区建筑安装工程公司、济南市历下区城乡基础建设工程处与被申请人济南市历城区建筑安装工程公司第十分公司、原审第三人济南市历城区城市建设综合开发公司建设工程施工合同纠纷案 [最高人民法院(2013)民提字第 59 号民事判决书,2013.8.8]

【裁判精要】

裁判摘要:最高人民法院《建设工程施工合同解释》第二条规定确立了建设工程施工合同无效而建设工程经竣工验收合格的情形下,可参照合同约定结算工程价款的折价补偿原则。从本案建设工程实际履行情况来看,合同被确认无效后,如果采取据实结算的结算方式,会造成无效合同比有效合同的工程价款还高,这不仅超出了当事人签订合同时的预期,也会导致合同当事人反而因无效合同获得额外利益。因此,除非双方当事人另行协商一致达成新的结算合意,否则,均应当参照合同约定进行结算。

最高人民法院认为:

本案的争议焦点为涉案工程的工程价款应该如何确定。

综合本案案情,结合相关法律规定,本案应当参照《工程施工协议书》的约定结算工程价款。

首先,建安十分公司与工程处签订的《工程施工协议书》因违反法律的强制性规定而无效。2003 年 10 月 14 日,建安十分公司与开发公司签订《建设工程施工合同》,承建将军小区 12#住宅楼工程,其随后将工程转包给工程处,工程处又将工程交由韩还师负责施工。《建筑法》第二十八条规定:"禁止承包单位将其承包的全部建筑工程转包给他人,禁止承包单位将其承包的全部建筑工程肢解以后以分包的名义分别转包给他人。"最高人民法院《建设工程施工合同解释》第四条规定:"承包人非法转包、违法分包建设工程或者没有资质的实际施工人借用有资质的建筑施工企业名义与他人签订建设工程施工合同的行为无效……"建安十分公司与工程处将工程非法转包的行为违反上述规定,《工程施工协议书》为无效协议。对此建安十分公司以及工程处均有过错,均应承担相应的法律责任。

其次,本案参照合同约定结算工程价款有法律依据。按照最高人民法院《建设工程施工合同解释》第二条规定,建设工程施工合同无效,但建设工程经竣工验收合格,承包人可以请求参照合同约定支付工程价款。该规定确立了建设工程施工合同无效而建设工程经竣工验收合格的情形下,可参照合同约定结算工程价款的折价补偿原则。从本案建设工程实际履行情况来看,合同被确认无效后,如果采取鉴定结论 2 的结算方式,会造成无效合同比有效合同的工程价款还高,这不仅超出了当事人签订合同时的预期,也会导致合同当事人反而因无效合同获得额外利益。因此,除非双方当事人另行协商一致达成新的结算合意,否则,均应当参照合同约定进行结算。

再次,本案工程项目未有重大设计变更,因此不存在据实结算的基础。第一,2003 年 11 月 3 日,开发公司及设计单位山东恒信建筑设计有限公司就出具了《关于高墙王将军住宅小区 9#、12#楼施工图设计的变更说明》，载明"12#楼套用 10#住宅楼图纸"，实际施工人韩还师于 2003 年 11 月 8 日与工程处签订《工程施工协议》，且其本人在上述变更说明上写明于"2003 年 11 月 25 日收到"，而涉案工程于 2003 年 11 月 30 日才开工。由此说明，12#楼套用的是 10#楼图纸施工，且工程处、韩还师对此是明知的。第二，开发公司于 2012 年 12 月 6 日出具的《证明》以及其在一审庭审中的陈述，均证明 12#楼与 10#楼设计相同共用一套图纸，并无从 12#楼设计图纸变更为 10#楼设计图纸的颠覆性变更。第三，工程处虽然主张原合同施工图纸作了重大设计变更，但一直未提交证据证明。另外，建安十分公司与开发公司签订《建设工程施工合同》中第一条"工程内容"已经明确为"阁楼独立户"，而工程处与建安十分公司签订《工程施工协议书》又约定工程承包范围等所规定的条款均执行建安十分公司与开发公司所签订的施工合同。由此可知，所谓"阁楼改为独立户"在双方合同中早已约定，不能视为重大设计变更。第四，本院再审期间，调查了恒信建筑设计公司，该公司亦证实 12#楼套用 10#住宅楼图纸，12#楼阁楼从面积的改造上看，根本不构成重大设计变更。通过上述证据足以认定，涉案工程项目未进行重大设计变更，据实结算工程价款也就失去了存在的基础。

最后，本案参照合同结算工程价款较为公平。建安十分公司、工程处只是名义施工人而非实际施工人，涉案工程的实际施工人是韩还师。建安十分公司与开发公司结算后扣除总造价 9% 作为其收益，其余款项均支付给工程处；工程处将相应款项支付给韩还师。建安十分公司与工程处只是收取固定利益，不承担任何经营风险。经山东正义会计师事务所审核，认定涉案工程总造价为 5322404.47 元，建安十分公司与开发公司对此均予认可。如果本案采纳鉴定结论 2 的工程造价为 7521255.36 元，则作为转包方的建安十分公司不仅不能获得固定收益，反而要补差额 200 余万元。故此，按照鉴定结论 1 结算工程款较为符合本案客观情况，且无显失公平之处，应予采纳。此外，工程处申请再审称收料单中徐禄德的签字系伪造，且徐禄德并非工程处工作人员。但是，工程处虽主张相关单据系伪造，却从未向人民法院申请司法鉴定；并且，在苑功亮诉徐禄德、建安十分公司、工程处买卖钢材货款纠纷一案中，济南中院作出的 (2005) 济民二终字第 212 号民事判决认定，徐禄德给苑功亮出具的欠条落款为徐禄德，并加盖有工程处三处的公章。因此，工程处主张徐禄德不是其工作人员缺乏事实依据，对其主张不予支持。同时原一审判决有关建安十分公司已付款数额的事实认定清楚，证据确凿，工程处并无新的证据予以推翻，故对工程处提出的其他主张均不予支持。

综上，因建安十分公司与开发公司约定，按照单位平方米造价一次性包死，地下室不计算面积，故工程处与建安十分公司的结算工程造价亦应如此。济南中院采纳了鉴定结论 1 的工程总价款，扣除总造价的 9%，同时调增不符合规定的结算资料造价 302468.28 元，再减去建安十分公司已付的款项，得出欠付工程款的数额，此种计算方法并无不当,其判决应予维持;山东高院二审、再审判决均采纳了鉴定结论2据实结算工程总造价,扣除总造价的9%和建安十分公司已付款项后,得出建安十分公司欠付工程款数额的计算方法,因缺乏事实和法律依据,应予纠正。

【案例来源】

中国裁判文书网,http://wenshu.court.gov.cn。

编者说明

2019年《全国法院民商事审判工作会议纪要》(法〔2019〕254号,2019年11月8日)明确,要根据诚实信用原则确定合同无效后的法律后果,不能使不诚信的当事人从合同无效中获利。纪要第三十二条规定:"在确定合同不成立、无效或者被撤销后财产返还或者折价补偿范围时,要根据诚实信用原则的要求,在当事人之间合理分配,不能使不诚信的当事人因合同不成立、无效或者被撤销而获益。合同不成立、无效或者被撤销情况下,当事人所承担的缔约过失责任不应超过合同履行利益。比如,依据《最高人民法院关于审理建设工程施工合同纠纷案件适用法律问题的解释》第2条规定,建设工程施工合同无效,在建设工程经竣工验收合格情况下,可以参照合同约定支付工程款,但除非增加了合同约定之外新的工程项目,一般不应超出合同约定支付工程款。"

057 为了完善招投标程序而签订的施工合同无效且未实际履行,不能体现双方合意,不能作为支付工程价款的结算依据

【关键词】

│建设工程│工程价款│招投标│结算│

【案件名称】

上诉人平顶山市常绿隆华置业有限公司与上诉人福建青隆建筑工程有限公司、福建青隆建筑工程有限公司平顶山市分公司建设工程施工合同纠纷案〔最高人民法院(2018)最高法民终857号民事判决书,2018.12.29〕

【裁判精要】

最高人民法院认为:

(一)关于备案的《建设工程施工合同》的效力及结算依据的问题

1. 根据一审查明的事实,确定青隆公司中标的时间为2010年9月28日,但在中标前,常绿置业已经与青隆公司、设计单位、勘察单位、监理单位进行了图纸会审,青隆平顶山分公司也进行了人工清槽的施工,青隆公司还向监理公司报送施工组织

设计报审表,监理工程师同意按照该方案进行施工。上述行为明显违反《招标投标法》第四十三条、第五十五条的规定。青隆公司中标无效,在中标前就已签订的《建设工程施工合同》亦无效。故原判决认为备案合同无效正确。青隆公司上诉主张《建设工程施工合同》的日期 2010 年 8 月 10 日属于打印错误,但并无其他证据证明,且认定青隆公司中标无效是基于多个违法事实,认定在中标前已经确定了承包方,故青隆公司、青隆平顶山分公司主张备案的《建设工程施工合同》合法有效的理由不成立。

2. 2010 年 9 月 28 日青隆公司中标后,双方将 2010 年 8 月 10 日签订的《建设工程施工合同》于 2010 年 12 月 10 日进行了备案,随后在 2011 年 1 月、5 月另行签订了与中标内容具有实质性差别的《意向协议书》及《施工总承包补充协议》,说明常绿置业和青隆公司仅是将招投标作为工程合规的手段,招投标的程序及结果对双方而言流于形式。从施工过程看,合同项目的分包、青隆平顶山分公司工程进度款的申请均是依据《意向协议书》以及《施工总承包补充协议》,青隆平顶山分公司在履行合同过程中提出降低工程价款优惠率,依据的也是上述协议,因此《意向协议书》及《施工总承包补充协议》是案涉工程发包方与承包方合意实际履行的合同。《建设工程施工合同解释》第一条规定:"建设工程施工合同具有下列情形之一的,应当根据合同法第五十二条第(五)项的规定,认定无效:……(三)建设工程必须进行招标而未招标或者中标无效的。"依据上述法律规定,2010 年 8 月 10 日的《建设工程施工合同》、2011 年 1 月 6 日的《意向协议书》及 2011 年 5 月的《施工总承包补充协议》均为无效合同。《建设工程施工合同解释》第二条规定:"建设工程施工合同无效,但建设工程经竣工验收合格,承包人请求参照合同约定支付工程价款的,应予支持。"因此,本案中合同双方应参照能够体现其真实意思表示的《意向协议书》及《施工总承包补充协议》的约定进行工程价款的结算。而对于为了完善招投标程序而签订的《建设工程施工合同》因未实际履行,不能体现双方合意,故不能成为支付工程价款的结算依据。青隆公司及青隆平顶山分公司上诉称本案应该按照司法鉴定结论中的备案合同价款结算无事实及法律依据,本院不予支持。

【案例来源】

中国裁判文书网,http://wenshu. court. gov. cn。

058 施工合同无效,履行过程中双方达成的结算工程价款协议属于合同结算和清理条款,可以作为计算工程价款的依据

【关键词】

│ 建设工程 │ 工程价款 │ 合同无效 │ 结算 │ 清理 │

【案件名称】

上诉人重庆市渝万建设集团有限公司与上诉人都匀经济开发区管理委员会建设工程施工合同纠纷案 [最高人民法院 (2018) 最高法民终 152 号民事判决书, 2018.5.3]

【裁判精要】

最高人民法院认为:

一、关于本案工程价款应如何计算的问题

都匀经开区管委会上诉主张, 案涉合同被认定为无效后, 因案涉工程未经竣工验收, 不应再按照合同约定的 40 万元/亩计算工程款, 也不应将 872.7 亩认定为计算渝万公司工程量所涉及的土地面积, 而是应按照渝万公司实际完成的工程量据实结算。本院认为, 案涉《向山要地 BT 合同》《向山要地补充协议》因违反法律法规的强制性规定应被认定为无效。案涉工程虽未经竣工验收, 但首先, 都匀经开区管委会已与碧桂园公司签订《碧桂园都匀项目投资开发协议书》, 案涉地块也已由黔南碧桂园公司部分取得国有建设用地使用权并实施了房屋开发建设, 故一审认定案涉工程已被实际使用并无不妥。本院对该项认定予以确认。在此基础上, 渝万公司请求按照《向山要地补充协议》约定的开发成本价计算本案工程价款, 一审参照《建设工程施工合同解释》第二条 "建设工程施工合同无效, 但建设工程经竣工验收合格, 承包人请求参照合同约定支付工程价款的, 应予支持" 的规定支持该请求, 亦无不妥。其次, 从《向山要地补充协议》中 "根据项目实施前期评估并结合各项因素确定本项目开发成本为 40 万元/亩" 的约定内容看, 该条款可以认定为是结算和清理条款, 而《工程预算书》作为《向山要地补充协议》的附件, 是双方约定包干价的基础, 亦应视为结算或清算条款的依据。故一审将《工程预算书》作为认定本案工程价款的依据, 本院予以维持。

【案例来源】

中国裁判文书网, http://wenshu.court.gov.cn。

编者说明

《合同法》第九十八条规定: "合同的权利义务终止, 不影响合同中结算和清理条款的效力。" 据此, 合同终止, 如果该合同尚未结算清理完毕, 合同中约定的结算清理条款仍然有效。结算是经济活动中的货币给付行为, 清理指对债权债务进行清点、估价和处理。① 承发包双方签订的建设工程施工合同因违反《招标投标法》规定而无效, 合同履行过程中

---

① 参见胡康生主编:《中华人民共和国合同法释义》, 法律出版社 1999 年版, 第 165 页。

双方达成的结算工程价款补充协议是否必然无效？有的观点认为,因为承发包双方签订的建设工程施工合同因违反招标投标法律的强制性规定而无效,当事人在施工合同履行过程中作为主合同的补充协议当然无效。

我们认为,应该综合分析协议内容所反映出来的当事人之间权利义务关系性质及与施工合同之间法律关系,并不应以是否冠以"补充协议"称谓而简单认定二者主从关系,如果协议内容属于承发包双方对于既存债权债务关系清理,具有独立性,根据《合同法》第九十八条规定,合同的权利义务终止,不影响合同中结算和清理条款的效力,本案不因建设工程施工合同无效而补充协议必然无效,且从诚实信用原则出发,不当扩大合同无效后果边界亦易导致当事人利益失衡。① 也就是说,承发包双方签订的建设工程施工合同因违反招投标法规定而无效,而合同履行过程中双方达成的结算工程价款补充协议,属于承发包双方对既存债权债务关系的清理,具有独立性,不因施工合同无效而必然无效。

059　施工合同无效,双方在施工中就纠纷处理方案签订协议,该纠纷处理协议属于清算协议,应当作为处理争议的依据

【关键词】

│建设工程│工程价款│合同无效│结算│

【案件名称】

上诉人普定县鑫臻酒店有限公司与被上诉人黑龙江省建工集团有限责任公司及原审被告普定县鑫臻房地产开发有限责任公司建设工程合同纠纷案［最高人民法院（2016）最高法民终 107 号民事判决书,2016. 6. 25］

【裁判精要】

最高人民法院认为:

一、关于《"鑫臻酒店·鑫臻苑工程"建筑工程承包合同》《"鑫臻酒店"工程建筑工程承包合同》《纠纷处理协议》的法律效力问题

《招标投标法》第三条第一款规定,在中华人民共和国境内进行下列工程建设项目包括项目的勘察、设计、施工、监理以及与工程建设有关的重要设备、材料等的采购,必须进行招标:(一)大型基础设施、公用事业等关系社会公共利益、公众安全的项目……前款所列项目的具体范围和规模标准,由国务院发展计划部门会同国务院有关部门制订,报国务院批准。《工程建设项目招标范围和规模标准规定》第三条规

---

① 参见本书研究组:《承发包双方签订的建设工程施工合同因违反招投标法规定而无效,合同履行过程中双方达成的结算工程价款补充协议是否必然无效》,载最高人民法院民事审判第一庭编:《民事审判指导与参考》(总第 70 辑),人民法院出版社 2017 年版,第 257 页。

定,关系社会公共利益、公众安全的公用事业项目的范围包括:(一)供水、供电、供气、供热等市政工程项目;(二)科技、教育、文化等项目;(三)体育、旅游等项目;(四)卫生、社会福利等项目;(五)商品住宅,包括经济适用住房;(六)其他公用事业项目。第七条规定,本规定第二条至第六条规定范围内的各类工程建设项目,包括项目的勘察、设计、施工、监理以及与工程建设有关的重要设备、材料等的采购,达到下列标准之一的,必须进行招标:(一)施工单项合同估算价在200万元以上的……第十条规定,省、自治区、直辖市人民政府根据实际情况,可以规定本地区必须进行招标的具体范围和规模标准,但不得缩小本规定确定的必须进行招标的范围。《贵州省工程建设项目招标范围和规模标准规定》第四条第(五)项规定,关系社会公共利益、公众安全的公用事业项目的范围包括住宅、酒店、写字楼、商场、办公楼等项目。根据上述规定,案涉工程项目属于必须进行招标的项目,双方当事人未履行法律规定的招标投标程序,违反了法律的强制性规定。《建设工程施工合同解释》第一条规定,建设工程施工合同具有下列情形之一的,应当根据《合同法》第五十二条第(五)项的规定,认定无效:……(三)建设工程必须进行招标而未招标或者中标无效的。根据前述法律及司法解释规定,《"鑫臻酒店·鑫臻苑工程"建筑工程承包合同》《"鑫臻酒店"工程建筑工程承包合同》为无效合同。一审判决认定《"鑫臻酒店"工程建筑工程承包合同》有效,属于适用法律错误,本院对此予以纠正。鉴于依据上述法律规定,可以认定《"鑫臻酒店·鑫臻苑工程"建筑工程承包合同》《"鑫臻酒店"工程建筑工程承包合同》为无效合同,故鑫臻房开公司、鑫臻酒店申请本院对刘中义等人是否属于黑龙江建工集团员工身份进行调查取证,从而证明刘中义等人挂靠黑龙江建工集团实际施工而应当认定上述合同无效,已无调查收集证据之必要,根据《最高人民法院关于适用〈中华人民共和国民事诉讼法〉的解释》第九十五条之规定,对鑫臻房开公司、鑫臻酒店上述调查收集证据申请,本院不予准许。

本院认为,《纠纷处理协议》是在本案双方当事人因项目施工发生纠纷,普定县人民政府组织进行协调并达成一致意见的情况下,双方就纠纷处理方案签订的协议。该协议在性质上属于鑫臻房开公司、鑫臻酒店和黑龙江建工集团对双方之间既存债权债务关系的结算和清理,因而具有独立性。《纠纷处理协议》作为清算协议,具有单独的法律效力,应当作为处理双方争议的依据。案涉工程交付、工程款结算及违约责任的确定等,应当根据《纠纷处理协议》的内容确定。

【案例来源】

中国裁判文书网,http://wenshu.court.gov.cn。

060 **施工合同无效，但合同中的奖励性条款不当然无效，鉴于承包人符合奖励条件，发包人应参照合同约定支付奖励款**

【关键词】

│建设工程│工程价款│合同无效│奖励│

【案件名称】

上诉人重庆市吉力建设集团有限公司与上诉人襄阳百洋房地产开发有限公司建设工程施工合同纠纷案［最高人民法院（2018）最高法民终 843 号民事判决书，2018.12.28］

【裁判精要】

最高人民法院认为：

四、关于百洋公司应否向吉力公司支付 190 万元奖励款及鉴定费的分担问题

百洋公司上诉称一审已经认定双方之间签订的《合同》《栋号施工承包合同》无效，合同中约定的奖励性条款亦应当无效，其不应再向吉力公司支付奖励款 190 万元。本院认为，奖励条款的约定实际是以奖励的形式增加工程费用，合同中关于奖励款的约定系百洋公司与吉力公司达成的合意，为了鼓励施工方安全、文明施工，确保施工质量，应遵循诚实信用原则，在吉力公司实际已经符合奖励条件的情况下，百洋公司应参照合同约定向吉力公司支付奖励款。

关于鉴定费的分担，鉴定费用作为诉讼费用的一部分，一审法院根据本案具体情况决定各方当事人各自负担的诉讼费用数额，并不违反法律规定，本院予以支持。

【案例来源】

中国裁判文书网，http://wenshu.court.gov.cn。

编者说明

奖励金，是指工程满足业主设置的某项特定目标或要求时，施工单位有权按照约定获得的超过工程款数额外的奖励费用。学界多认为奖励金不是工程款。例外情形是当事人在合同中的特别约定，此时工程奖励金的性质应尊重当事人意思自治，如双方在施工合同等协议中明确约定奖励金属于工程价款，或者约定包干的工程款内包含工程所涉所有人、材、机以及赶工费、奖励费等，原则上应当予以尊重。①

---

① 参见常设中国建设工程法律论坛第八工作组：《中国建设工程施工合同法律全书：词条释义与实务指引》，法律出版社 2019 年版，第 403 页。

最高人民法院民一庭意见曾认为,建设工程施工合同无效,实际施工人请求发包方参照该建设工程施工合同中的工程进度奖励金约定支付工程进度奖励金的,人民法院不予支持。① 从上述案例看,最高人民法院裁判观点有所改变。

061 工程造价成果文件未按《建设项目工程结算编审规程》进行签章,存在一定瑕疵,但并不能因此直接否定其证明力

【关键词】

│建设工程│工程价款│签字盖章│证明力│

【案件名称】

上诉人普定县鑫臻房地产开发有限责任公司与被上诉人黑龙江省建工集团有限责任公司及原审被告普定县鑫臻酒店有限公司建设工程合同纠纷案 [最高人民法院 (2016) 最高法民终 106 号民事判决书,2016.6.25]

【裁判精要】

最高人民法院认为:

二、关于《修正结算报告》是否可以作为认定案涉工程结算价款依据的问题

第一,关于鑫臻房开公司是否已经解除其与三力公司之间委托合同关系的问题。《纠纷处理协议》约定,针对双方存在分歧的工程造价问题,由普定县住建局牵头,由县审计部门寻找至少 3 家有相应资质的单位,采取以抽签的方式确定 1 家作为审计单位后,立即组织对"鑫臻苑"住宅项目的工程造价进行审计,审计结果作为工程结算的法定依据。2014 年 1 月 23 日,鑫臻房开公司与黑龙江建工集团"鑫臻酒店·鑫臻苑"项目部作为甲方,共同委托三力公司对"鑫臻酒店·鑫臻苑"项目的工程量和工程造价进行审计。本院认为,选定三力公司作为案涉工程造价结算审核机构,符合《纠纷处理协议》的约定。鑫臻房开公司虽主张其于 2014 年 11 月 10 日向三力公司致函,以三力公司明确表示没有且不能进行案涉工程结算审核工作为由,要求取消对三力公司的委托审核,解除了双方的委托合同关系。本院认为,在与三力公司的委托合同关系中,鑫臻房开公司系与黑龙江建工集团"鑫臻酒店·鑫臻苑"项目部共同作为委托方,故解除该委托合同关系,应由委托方共同作出解除之意思表示。且该委托合同系根据《纠纷处理协议》约定,经双方按照协议约定程序,共同

---

① 参见最高人民法院民一庭:《实际施工人请求支付无效建设工程施工合同约定的工程进度奖励金的,人民法院不予支持》,载最高人民法院民事审判第一庭编:《民事审判指导与参考》(总第 43 集),法律出版社 2011 年版,第 146 页。

选定受托机构后签订的,系双方对《纠纷处理协议》的实际履行行为。鑫臻房开公司主张解除该委托合同,系对《纠纷处理协议》约定的违反。且根据普定县住建局2015年1月28日出具的《关于普定县鑫臻房开项目结算情况说明》,在鑫臻房开公司主张解除委托合同之前,2014年10月24日召开的各方协调会议上,已经明确了对工程结算项目逐项核对完成后,再由三力公司在此基础上出具报告,后虽黑龙江建工集团明确表示不再参与核对,但同意审计作出的最终结果。因此,鑫臻房开公司在其单方作出的解除委托合同的函中所称"三力公司明确表示没有且不能进行案涉工程结算审核工作",亦与事实不符。故对鑫臻房开公司所持其已经单方解除了与三力公司之间委托合同关系的主张,因缺乏事实和法律依据,本院不予采信。

第二,关于《修正结算报告》依据资料是否不符合双方约定或法律规定的问题。2014年6月27日普定县住建局作出的《"鑫臻酒店·鑫臻苑"项目纠纷问题协调处理专题会议纪要》载明,各方同意三力公司暂以施工单位提交的资料(含电子版文件)为依据,于2014年7月16日前出具酒店和住宅的结算报告,如建设单位和施工单位对结算报告存在异议可另行协商一致处理。本院认为,根据该会议纪要的内容,三力公司主要依据黑龙江建工集团提交的施工资料进行结算编制,系经各方共同协商决定的结果,鑫臻房开公司现以评估依据不是其提交、未经其确认为由,主张《修正结算报告》违反约定程序,本院不予采信。二审中,鑫臻房开公司向本院提交"鑫臻苑评估审计结算资料"一册,载明该材料系"鑫臻酒店·鑫臻苑"项目部提交的据以结算的资料。该册资料中的工程材料计划表、工程主材材料价格认证表、材料及单价确认表等材料定价资料上,均有鑫臻房开公司盖章或其代表签字。鑫臻房开公司上诉所持三力公司依据未经其确认的主材价格及增减工程价款计算得出工程价款的主张,与其自行提交的证据所显示的内容不符。故对鑫臻房开公司的该项主张,本院亦不予采信。

第三,关于《修正结算报告》是否存在形式瑕疵因而不能作为结算依据的问题。就鑫臻房开公司主张的《工程结算编制协议书》约定结算编制与审核均由三力公司完成,不符合中国建设工程造价管理协会标准规定的问题,本院认为,中国建设工程造价管理协会制定的《建设项目工程结算编审规程》,不属于强制性法律规范,是否违反该规程,不能作为认定案涉《修正结算报告》是否可以作为结算依据的法律依据。而且根据该规程第1.0.5条的规定,"工程造价咨询单位和专业人员不得接受同一项目工程结算编制与结算审查的委托",系为了确保工程结算编制与结算审查的相对独立性。本案不存在三力公司进行案涉工程结算编制的同时或嗣后又进行该工程结算审查的情形,三力公司系受双方当事人共同委托,就案涉工程结算价款出具《修正结算报告》,以作为双方结算依据,不属于上述编审规程所禁止的情形。

就鑫臻房开公司主张造价工程师王程不具备出具《修正结算报告》主体资格的问题。黑龙江建工集团向本院提交了贵州省住房和城乡建设厅政务服务中心出具的《关于注册造价工程师王程的情况说明》,载明造价工程师王程于 2011 年 10 月 9 日至 2015 年 10 月期间在三力公司注册为造价工程师,鑫臻房开公司对该说明的真实性亦予以认可,故对鑫臻房开公司所持上述主张,本院不予采信。就鑫臻房开公司主张《修正结算报告》上没有编制人、复核人签字的问题,本院认为,根据《工程造价咨询企业管理办法》第二十二条的规定,工程造价咨询企业从事工程造价咨询业务,应当按照有关规定的要求出具工程造价成果文件。工程造价成果文件应当由工程造价咨询企业加盖有企业名称、资质等级及证书编号的执业印章,并由执行咨询业务的注册造价工程师签字、加盖执业印章。就此问题,三力公司在向普定县住建局作出的情况说明中称,由于本案并非司法鉴定,其系按照中国建设工程造价管理协会制定的《建设项目工程结算编审规程》的规定要求用章。本院认为,《修正结算报告》在签章上确实存在一定瑕疵,但并不能因此直接得出否定其作为证据证明力的结论。按照《最高人民法院关于民事诉讼证据的若干规定》第二十七条、第二十八条的规定,对于一方当事人自行委托或人民法院委托的鉴定,只有在鉴定结论存在严重缺陷或者鉴定程序严重违法、鉴定人员或机构不具备相关资格等情况,致使鉴定结论不能作为认定案件事实依据的情形,对当事人申请重新鉴定的,方应准许。仅因上述签字盖章瑕疵,不足以推翻《修正结算报告》结论,不能因此全面否定该报告的内容。

综上,本院认为,双方当事人抽签选定三力公司对案涉工程进行结算编制,符合《纠纷处理协议》的约定。虽然在结算初步成果作出后,鑫臻房开公司提出的异议未经全部核对,但在本案一审过程中,一审法院通知三力公司到庭,并向鑫臻房开公司释明,可以将其针对《修正结算报告》的异议提出,由三力公司接受质询并进行补充修正,但鑫臻房开公司明确表示不认可该报告、不愿意逐项核对、拒绝对该结算报告进行补充修正。在此情况下,一审法院将《修正结算报告》认定为双方结算依据并无不当。本案一审、二审期间,鑫臻房开公司既未申请就双方争议工程造价进行鉴定,亦未就《修正结算报告》申请补充鉴定、重新质证或者补充质证等予以修正。鑫臻房开公司于二审中提出的专家证人意见及相关证据,不足以推翻《修正结算报告》,故对鑫臻房开公司基于上述上诉理由,提出《修正结算报告》不应作为认定案涉工程结算价款依据的主张,本院不予采信。

【案例来源】

中国裁判文书网,http://wenshu.court.gov.cn。

062 建设工程施工合同履行过程中双方达成的结算工程价款补充协议属于合同结算清理条款，不因施工合同无效而必然无效

【关键词】

| 建设工程 | 工程价款 | 招投标 | 结算 |

【案件名称Ⅰ】

上诉人重庆锦通建设（集团）有限公司与上诉人贵州世邦房地产开发有限公司建设工程施工合同纠纷案［最高人民法院（2018）最高法民终117号民事判决书，2018.5.15］

【裁判精要】

最高人民法院认为：

（七）关于补充协议的效力

世邦公司与锦通公司在2013年1月4日签订《建设工程施工合同》之后，又先后于2014年8月7日签订《建设工程补偿协议书》，于2015年5月10日签订《中央晶座项目开工延误、误工、保证金利息补偿认定单》，于2015年9月28日签订《设计变更补偿协议书》，于2016年5月13日签订《补充协议》，共计4份补充协议。世邦公司上诉主张该4份补充协议依附于《建设工程施工合同》而存在，《建设工程施工合同》无效，4份补充协议也应无效，不能作为锦通公司主张补偿赔偿的依据。经审查，4份补充协议均系双方因施工方案调整、设计图纸变更、延期开工、停工误工等事由而达成的补偿协议，其内容虽与《建设工程施工合同》存在关联，但并不是《建设工程施工合同》的从合同。《建设工程施工合同》因违反招标投标的法律强制性规定而无效，4份补充协议却并不存在违反法律法规强制性规定的内容。一审认定4份补充协议属合法有效的合同正确，本院予以确认，世邦公司应按照补充协议的约定向锦通公司履行补偿赔偿之义务。

【案例来源】

中国裁判文书网，http://wenshu.court.gov.cn。

【案件名称Ⅱ】

上诉人黔东南州兴源建筑工程有限责任公司与被上诉人黔东南州欣黔投资开发有限责任公司、镇远县人民政府及一审第三人曾德祥建设工程施工合同纠纷案［最高人民法院（2017）最高法民终933号民事判决书，2017.12.19］

【裁判精要】

最高人民法院认为：

二、建设工程施工合同被认定无效后，施工方对合格工程请求支付工程价款时，工程款的数额可以参照当事人的约定

因兴源公司和欣黔公司在合意解除合同时已经对债权债务关系作出处理，一审法院认定案涉工程已施工部分已经结算完毕，不支持兴源公司在本案中提出的重新确定工程造价的请求并无不当。

根据《合同法》第五十八条的规定，合同无效后，因该合同取得的财产应予返还，不能返还的，折价补偿。一审法院在审理过程中已经就合同效力问题对兴源公司进行了释明，但兴源公司坚持不变更其诉讼请求。而在合同无效后，兴源公司是不能依据合同条款向欣黔公司主张工程价款的。《建设工程施工合同解释》第二条也规定，在工程合格的前提下，当事人的约定是工程款支付的参照而非依据。

从《二期一标段合同》《二期二标段合同》的内容看，兴源公司承担的是施工和提供建设资金的义务，一审法院认定兴源公司系带资承建建设工程，有事实依据。根据《解除合同协议书》的记载，兴源公司与欣黔公司解除合同的原因是兴源公司无力继续履行《二期一标段合同》和《二期二标段合同》，双方在该协议中对履约保证金、各施工队的工作量计量及结算、兴源公司的合同外债权债务等均作了一揽子解决方案。《清表方量确认书》《挖方方量确认书》上记载的工程单价与双方当事人和各个工程队签订的《清算表》《结算单》亦一致，可以相互印证，应视为双方对各自的权利义务、案涉工程量和工程价款进行了最终的处理。一审法院对欣黔公司和兴源公司之间债权债务关系的结算和清理予以确认并作为工程款支付的参照并无不当，兴源公司要求按照无效合同的约定计算工程量和工程价款、主张投资回报，并由镇远县人民政府承担连带责任，没有法律依据，本院不予支持。

根据《最高人民法院关于适用〈中华人民共和国民事诉讼法〉的解释》第一百二十一条的规定，当事人申请鉴定的事项与待证事实无关联或对证明待证事实无意义的，人民法院不予准许。由于案涉合同无效，双方当事人也已对工程量和工程款进行了结算确认，对工程造价进行鉴定并非查明本案事实所必须，一审法院对案涉工程造价未进行司法鉴定亦无不妥。

【案例来源】

中国裁判文书网，http://wenshu. court. gov. cn。

【案件名称Ⅲ】

上诉人北海湾春投资开发有限公司与被上诉人浙江横店建筑工程有限公司建设工

程施工合同纠纷案［最高人民法院（2017）最高法民终 918 号民事判决书，2017.12.29 ］

【裁判精要】

最高人民法院认为：

一、关于北海湾春公司应向浙江横店公司支付多少工程款的问题

北海湾春公司虽主张《建设工程施工合同》是通过串标签订的，《解除建设施工合同协议书》存在欺诈、胁迫、重大误解的情形，但均未提交充分证据予以证实。

即使本案工程属于必须进行招标的工程，《建设工程施工合同》因存在串标行为而无效，亦不影响《工程结算书》《解除建设施工合同协议书》等结算和清理条款的效力。《合同法》第九十八条规定："合同的权利义务终止，不影响合同中结算和清理条款的效力。"《建设工程施工合同解释》第十九条规定："当事人对工程量有争议的，按照施工过程中形成的签证等书面文件确认。承包人能够证明发包人同意其施工，但未能提供签证文件证明工程量发生的，可以按照当事人提供的其他证据确认实际发生的工程量。"第二十条规定："当事人约定，发包人收到竣工结算文件后，在约定期限内不予答复，视为认可竣工结算文件的，按照约定处理。承包人请求按照竣工结算文件结算工程价款的，应予支持。"根据上述法律及司法解释的规定，双方对以建设工程的工程量共同进行核算，一致认可的工程价款，是具有独立性的约定，应当作为结算工程价款的依据。本案中，双方于 2015 年 6 月 30 日经双方及监理单位共同确认，三方共同出具的《工程结算书》中明确载明，经双方认真计算、核对，最终同意结算造价、价款（不包括建安劳保费）为人民币 4.18 亿元，该结算造价不受任何情况的影响，均作为最终结算款。该工程价款亦为《解除建设施工合同协议书》、2016 年 6 月 9 日北海湾春公司出具的还款承诺书中一再认可，原判决以《解除建设施工合同协议书》约定的 4.18 亿元价款作为确定案涉工程款的结算、支付、违约责任的依据，是正确的。在结算和清理条款明确有效情况下，一审法院不组织鉴定是合理合法的。

北海湾春公司主张一审法院认定的已付款项有误，但未提交充分证据推翻原判决认定的事实。一审法院对每一笔争议款项以及建安劳保费是否应计入工程款都进行了详细分析认定，对于尚欠工程款的数额认定并无不当，应予以维持。

《解除建设施工合同协议书》第五条明确约定，北海湾春公司未按约定支付款项的，应每月按应付未付款项的 6% 承担违约金。一审中，浙江横店公司自愿将违约金计算标准调整为按月 3% ，一审法院认为该计算标准过高，将该标准酌减为每月 2% ，符合《合同法》关于调整约定违约金的规定，并无不当。北海湾春公司关于工程款数额及利息认定错误的上诉理由不能成立。

【案例来源】

中国裁判文书网,http://wenshu. court. gov. cn。

063 施工合同无效,但双方就结算事宜签订的补充协议不违反法律强制性规定,应认定补充协议合法有效

【关键词】

│建设工程│合同效力│招投标│结算│

【案件名称】

上诉人沈阳东瀛房地产开发有限公司与上诉人浙江花园建设集团有限公司建设工程施工合同纠纷案[最高人民法院(2018)最高法民终325号民事判决书,2018.7.11]

【裁判精要】

最高人民法院认为:

根据已查明的事实,东瀛公司与浙江花园于2011年4月1日签订案涉《承包协议书》后,浙江花园即进场施工。浙江花园中途停工后,双方经沟通协调,于2012年7月11日对浙江花园完成的工程施工部位和工程量进行确认,并于同年10月13日签订《补充协议书》对工程款结算事宜作出约定。该《补充协议书》第六条载明,"2012年11月31日前,在完成招投标手续的前提下,甲方向乙方支付200万元的工程款"。根据上述事实及东瀛公司二审提交的《中标通知书》,应认定本案存在先签订施工合同并实际进场施工,后补办招投标手续的行为,违反《招标投标法》第四十三条关于"在确定中标人前,招标人不得与投标人就投标价格、投标方案等实质性内容进行谈判"的规定。《建设工程施工合同解释》第一条规定:"建设工程施工合同具有下列情形之一的,应当根据合同法第五十二条第(五)项的规定,认定无效:……(三)建设工程必须进行招标而未招标或者中标无效的。"据此,双方签订的《承包协议书》应认定无效,一审判决认定合法有效错误,本院予以纠正。虽然《承包协议书》无效,但是《补充协议书》并无施工内容,且系双方当事人的真实意思表示,内容亦不违反法律、行政法规效力性强制性规定,一审认定《补充协议书》合法有效,并无不当。

【案例来源】

中国裁判文书网,http://wenshu. court. gov. cn。

064 工程价款结算协议与施工合同相对独立，其效力不受施工合同效力影响

【关键词】

│建设工程│工程价款│结算│

【案件名称】

上诉人重庆市合川区万通建设集团有限公司与上诉人贵州省龙里县福临房地产开发有限公司建设工程施工合同纠纷案［最高人民法院（2017）最高法民终622号民事判决书，2018.8.31］

【裁判精要】

最高人民法院认为：

（一）关于案涉相关合同效力应当如何认定的问题

福临公司主张案涉工程系案外人蒋代龙挂靠万通公司施工，《施工合同》因违反法律强制性规定无效，《支付协议》以《施工合同》为基础，《施工合同》无效，《支付协议》亦无效。对此，本院认为，本案系福临公司与万通公司之间的建设工程施工合同纠纷，案涉《施工合同》的当事人为福临公司与万通公司，现有证据并不足以否认万通公司的承包人身份，福临公司主张案涉《施工合同》因存在挂靠情形而无效，依据不足。《支付协议》系双方当事人根据万通公司已施工情况对工程价款结算审核、工程项目移交以及损失赔偿等问题协商一致的意思表示，该协议在性质上属于万通公司与福临公司对双方之间权利义务的结算和清理，与《施工合同》相对独立，其效力不受《施工合同》效力影响。即便案涉《施工合同》无效，《支付协议》亦不因此当然无效。《支付协议》系双方当事人真实意思表示，未违反法律、行政法规的强制性规定，合法有效。福临公司关于《支付协议》无效的上诉主张，依据不足，本院不予支持。

【案例来源】

中国裁判文书网，http://wenshu.court.gov.cn。

065 结算单通常是双方当事人基于种种考虑的妥协产物，故除非有法定事由，应当按照结算单确定工程款数额

【关键词】

│建设工程│工程价款│结算│利息│

【案件名称】

再审申请人陕西省泰烜建设集团有限公司与再审申请人陕西众和置业有限公司建设工程施工合同纠纷案［最高人民法院（2018）最高法民再 324 号民事判决书，2018.9.29］

【裁判精要】

最高人民法院认为：

（二）关于工程造价的认定问题

1. 对《工程造价审核定案表》和《工程决算结算单》的认定。双方对案涉工程是采用《工程造价审核定案表》还是《工程决算结算单》进行结算产生争议。由于《工程造价审核定案表》和《工程决算结算单》均有双方的签章，工程造价数额相差较大，本案就此问题作如下分析：首先，案涉工程造价鉴定机构汉中龙华工程咨询有限责任公司在出具《工程造价审核定案表》时称"陕西众和置业有限公司……请您单位会同施工单位复核认证，于 2015 年 3 月 18 日前在本认证单上签注意见并加盖单位公章后退还我公司"。可见，该定案表仅为工程审核认证，不能推定出双方依此定案表作为结算依据的意思表示。而《工程决算结算单》系根据泰烜建设公司提交的工程决算书，经龙华公司审计后，双方对审计工程造价、施工阶段利息和决算审定价下浮比例等进行决算而形成，体现出双方当事人协商过程和结果，与《工程造价审核定案表》相比较更具真实性。其次，泰烜建设公司为获得本案纠纷的救济以《工程决算结算单》为依据向汉中仲裁委员会申请仲裁，表明其对《工程决算结算单》结算案涉工程款并无异议。故泰烜建设公司称按《工程造价审核定案表》结算工程造价的理由，不能成立。

2. 关于垫资款利息和逾期支付进度款的利息 3035122.28 元应否调减的问题。本案中，案涉《工程决算结算单》是泰烜建设公司将工程竣工经验收合格并交付后，双方就工程结算自愿达成的协议，其内容不违反法律法规强制性规定，不损害国家、社会公共利益和第三人的合法权益，应属有效。结算单通常是双方当事人基于种种考虑的妥协产物，各方都可能作出权利上的让步，故除非有法定事由，应当予以尊重。因此，众和置业公司应当按照结算单确定的数额履行付款义务。二审法院将双方约定的利息予以调减不当，本院予以纠正。

【案例来源】

中国裁判文书网，http://wenshu.court.gov.cn。

066 建设工程经竣工验收合格后，实际施工人与发包人就建设工程价款签订了结算协议，实际施工人有权依据结算文件请求支付工程价款

【关键词】

│建设工程│工程价款│结算协议│实际施工人│

【案件名称】

再审申请人黑龙江省东阳房地产开发有限公司与被申请人郑延利建设工程施工合同纠纷案［最高人民法院民事裁定书］

【裁判精要】

裁判摘要：建设工程经竣工验收合格后，实际施工人与发包方已经就涉案工程签署结算协议的，该结算协议应视为实际施工人与发包方就施工工程价款结算问题所达成的合意。实际施工人请求发包方依据结算协议支付工程价款的，人民法院可予支持。

最高人民法院认为：

1. 关于本案的涉案工程履行主体问题。实际施工人郑延利系基于《伦河商贸城决算》及《还款协议》确定的债权债务关系而对东阳开发公司行使工程欠款请求权。而东阳开发公司主张本案涉案工程建设主体为东鼎公司，该申请理由无事实及法律依据。因此，一、二审判决东阳开发公司按照《伦河商贸城决算》的内容及《还款协议》的约定直接向郑延利承担责任，事实清楚，适用法律正确。

2. 关于乔广华同郑延利结算行为的效力问题。2007 年 11 月 2 日，东阳开发公司出具《委托书》，内容为："东阳开发公司委托乔广华与郑延利决算伦河商贸城工地工程款。乔广华同意负责付工程欠款，以乔广华欠据金额为准。"根据该委托书的内容，东阳开发公司作为委托人，乔广华系东阳开发公司的受托人，委托事项为代为决算涉案工程结算款，因此，乔广华实施结算行为的法律后果基于民事代理关系而归属于东阳开发公司。东阳开发公司主张其所出具《委托书》系附条件的民事法律行为，工程款结算条件未成就，无事实依据，一、二审法院对此事实认定和适用法律正确、恰当。

【权威解析】

实际施工人如果和发包人已经就建设工程价款进行了结算，并签署了结算协议，如果建设工程经竣工验收合格后，实际施工人依据结算文件请求支付工程价款的，人民法院则可以将该结算协议作为工程价款的结算依据。

首先，从实际施工人的制度设计来看，承认实际施工人同发包人之间结算的效力，对于保护实际施工人的利益具有重要的意义。《建设工程施工合同解释》第二十六条规定，实际施工人以转包人、违法分包人以及欠付工程价款的发包人为被告起诉的，人民法院可以进行受理并对案件进行实体审理，以保护实际施工人的利益；而该司法解释第二条又赋予了实际施工人在工程竣工验收合格后参照合同约定的工程价款进行结算的"据实"折价补偿原则，从而进一步为保护其实体请求提供了依据。因此，本案在东阳开发公司未支付工程价款的情况下，赋予实际施工人郑延利直接起诉东阳开发公司的诉权，符合上述司法解释规定实际施工人享有诉权的条件，是正确的，也恰恰体现了实际施工人的制度精神。而在承认郑延利程序诉权的情况下，法院又根据当事人之间的结算协议判决东阳开发公司支付郑延利工程欠款，从而保护其实体上的权利，也体现的是上述司法解释的精神。

其次，实际施工人已经同发包人就工程价款进行了结算，在工程竣工验收合格的情况下，从减少诉讼、促进经济发展的角度，应认定当事人结算的意思表示真实，并予以保护。在实际施工人起诉支付工程价款的建设工程施工合同纠纷中，对于非法转包、违法分包、借用资质等无效合同情况下，《建设工程施工合同解释》第二条确定了参照无效合同约定支付工程价款原则。对此，该规定的精神并非认同无效合同的"有效"，亦非"鼓励"无效合同的签订，而是在建设工程施工合同被确定无效的情况下，基于合同双方当事人返还财产在建设工程施工中无法实现的事实所采取的折价补偿原则；如果实际施工人在工程竣工验收合格的情况下，通过结算而签署了结算协议，则应视同实际施工人同发包人就工程价款折价补偿所达成的合意，在此情况下如果这种合意的意思表示真实，则在发包人不支付根据结算协议应支付的工程款情况下，实际施工人向人民法院请求支付的，应视为实际施工人对于折价补偿权利的行使，从而人民法院应予以保护；而发包人主张对工程进行鉴定或者主张向借用资质等单位支付的，则有违诚信原则，人民法院不应予以支持。

再次，关于本案实际施工人所请求的是工程借款欠款还是单纯的债务清偿问题。本案实际施工人主张其系基于结算协议所确定的债权债务关系而提起还款请求，是单纯的债权债务法律关系，而非建设工程欠款纠纷。对此，尽管本案的当事人请求系以偿还欠债的方式出现，但其实质仍然是建设工程施工合同欠款纠纷，只不过这种欠款纠纷是当事人已经通过结算协议及还款协议而达成了合意。因此，在本案审理中，一、二审法院及最高人民法院均将本案案由确定为建设工程施工合同纠纷是正确的。

对于建设工程施工合同纠纷，是否追加被借用资质单位参与诉讼，需要根据案件事实加以确定。如果在本案案件审理过程中，恰恰查明结算协议中存在第三人建设的部分，则这种结算协议就可能存在侵害被借用资质单位利益的情况，而从工程价款支付的实际权利人保护角度则应该追加实际权利人进入案件诉讼当中，且实际权利人为必要的共同诉讼参与人。

最后,承认结算协议的效力更有利于节约诉讼成本。对于本案诉讼中当事人主张不按照结算协议进行结算,而请求人民法院对案涉工程进行鉴定的,如果法院采纳鉴定的方法必然会造成案件审理的拖延,增加当事人的诉讼负担,不符合诉讼经济的要求,且这种鉴定置当事人对于签署结算协议的真实意思不顾,也是不合理的。故在案件审理过程中,法院未采纳一方当事人关于对案涉工程进行鉴定的请求,是合理的。

在审理建设工程施工合同案件过程中,如果能够通过其他方式确定当事人之间关于争议工程价款的数额的,应避免简单地通过鉴定的方式来对工程价款进行鉴定,从而尽可能地解决鉴定乱、鉴定滥的问题。①

【案例来源】

最高人民法院民事审判第一庭编:《民事审判指导与参考》(总第 49 辑),人民法院出版社 2012 年版,第 170~180 页。

---

067 案涉工程尚未完工,鉴于施工合同无效,已完成工程造价的计价标准应按照双方实际履行情况确定

【关键词】

| 建设工程 | 工程价款 | 招投标 | 未完工工程 |

【案件名称】

上诉人陕西秦安建设工程有限公司与上诉人华亭中驰房地产开发有限公司建设工程施工合同纠纷案 [最高人民法院(2016)最高法民终 794 号民事判决书,2018.3.23]

【裁判精要】

最高人民法院认为:

案涉工程属于《招标投标法》第三条第一款第(一)项规定的必须进行招标的工程项目,虽然 2013 年 3 月 18 日秦安公司与中驰公司经过招投标签订了《建设工程施工合同》,但早在 2012 年 9 月 27 日,双方已经就该工程项目签订了《建筑工程施

---

① 参见仲伟珩:《建设工程经竣工验收合格后,实际施工人与发包人所签订的建设工程价款结算协议,人民法院可予保护——黑龙江省东阳房地产开发有限公司与郑延利建设工程施工合同纠纷案》,载最高人民法院民事审判第一庭编:《民事审判指导与参考》(总第 49 辑),人民法院出版社 2012 年版,第 178~180 页。

工合同补充协议书》,确定秦安公司为案涉工程承包方,并约定了案涉建设工程合同的实质性内容。根据《招标投标法》第四十三条、第五十五条规定,在确定中标人之前,招标人不得与投标人就投标价格、投标方案等实质性内容进行谈判。案涉建设工程的招投标行为违反了法律的强制性规定,属于名标暗定的虚假招投标。依据《建设工程施工合同解释》第一条第(三)项之规定,双方就案涉工程签订的《建筑工程施工合同补充协议书》、两份《建设工程施工合同》及《补充协议》应为无效。一审法院虽然查明了上述事实,但认为案涉《建设工程施工合同》及《补充协议》系当事人通过合法招投标程序签订的有效施工合同,适用法律错误,本院予以纠正。

一、关于案涉工程已完工程量的计价问题

因案涉工程尚未完工,应按照当事人实际完成工程量计算工程价款。对于计价标准,秦安公司主张应按照两份中标通知书及《建设工程施工合同》中约定的"1、2、3、10 号楼按一类工程取费,12 号楼按二类工程取费,其余七栋楼按三类工程取费"的取费标准,而不应依《补充协议》约定的"按甘建价〔2009〕358 号文规定的三类工程取费"计取已完工程造价。本院认为,因案涉《建设工程施工合同》及《补充协议》无效,本案已完成工程造价的计价标准应按照双方实际履行情况确定。本案中,秦安公司一审时在《增加诉讼请求申请书》中自认双方在合同履行中是按照《补充协议》中的合同价款进行结算。同时,参照双方在施工过程中最后签订的《补充协议》中关于"按甘建价〔2009〕358 号文规定的三类工程取费,总价下浮 5%"的约定,案涉工程按照三类工程标准取费为双方真实意思表示。秦安公司主张按照《建设工程施工合同》中约定的标准计算工程价款的主张缺乏事实和法律依据,本院不予支持。对于鉴定意见确定的未按要求施工项目 1078940.73 元,中驰公司对于该部分工程费用计入工程总价虽有异议,但在本案一、二审审理中,其并未提交书面鉴定申请,要求对秦安公司已完成的工程质量进行鉴定,且该 1078940.73 元系秦安公司已完成的以 1∶6 水泥炉渣材料施工工程的实际造价,应计入工程总价款,一审法院认定事实清楚,本院予以维持。

对于中驰公司主张的还应在鉴定结论总造价基础上再下浮 5%,即再扣减 466.58 万元的问题,本院认为,根据甘肃信诺工程造价咨询有限公司甘信鉴字(2015)–217《关于对"中驰·华亭国际商贸城建设项目"已完工程造价鉴定的报告》和《关于对"中驰·华亭国际商贸城建设项目"造价报告异议的答复》,已完工程总造价及异议后调整项目造价均为下浮 5% 之后的计算结果,故不应在鉴定意见确定的总造价基础上再下浮 5%,中驰公司的上述主张没有事实依据,本院不予支持。

综上,一审法院对秦安公司实际完成工程造价的数额认定正确,本院予以维持。

【案例来源】

中国裁判文书网,http://wenshu. court. gov. cn。

068 在没有查清案涉工程招投标的施工范围与实际施工范围是否一致的情形下，不能以招投标价格作为确定争议的工程进度款依据

【关键词】

| 建设工程 | 工程价款 | 招投标 |

【案件名称】

再审申请人黑龙江世纪和瑞房地产开发有限公司与被申请人哈尔滨恒达建筑工程公司建设工程施工合同纠纷案〔最高人民法院（2018）最高法民再 340 号民事判决书，2018.12.27〕

【裁判精要】

最高人民法院认为：

《合同法》第二百七十九条第一款规定：建设工程竣工后，发包人应当根据施工图纸及说明书、国家颁发的施工验收规范和质量检验标准及时进行验收。验收合格的，发包人应当按照约定支付价款，并接收该建设工程。财政部、建设部发布的《建设工程价款结算暂行办法》第十三条第（一）项工程进度款结算方式规定：1. 按月结算与支付。即实行按月支付进度款，竣工后清算的办法。合同工期在两个年度以上的工程，在年终进行工程盘点，办理年度结算。2. 分段结算与支付。即当年开工、当年不能竣工的工程按照工程形象进度，划分不同阶段支付工程进度款。具体划分在合同中明确。第十四条规定：工程完工后，双方应按照约定的合同价款及合同价款调整内容以及索赔事项，进行工程竣工结算。第二十一条规定：工程竣工后，发、承包双方应及时办清工程竣工结算，否则，工程不得交付使用，有关部门不予办理权属登记。

本案中，恒达公司施工的案涉工程已经竣工并使用，入住居民已开始办理产权登记。故案涉工程已具备竣工结算条件，恒达公司与世纪和瑞公司应当及时按照双方合同约定进行工程竣工结算。双方签订的《工程结算补充协议》载明，双方已对案涉工程如何进行结算作出了具体约定。恒达公司 2013 年 2 月 6 日出具的《保证函》表明双方已开始结算工作。本案二审庭审中，恒达公司亦认可双方已经进入结算程序，但因对第三方结算机构的结算意见存在分歧导致双方没有结算完毕。前述事实表明，双方已就案涉工程进入了结算阶段，因工程结算产生争议后，恒达公司提起本案诉讼，诉请给付 35 套房屋对应的工程进度款。对此，本院认为，世纪和瑞公司虽开具了 35 套商品房三联单给恒达公司抵付工程进度款，但该 35 套房屋产权并未转移给恒达公司，以该房屋抵付工程进度款的行为没有完成。诉讼中，世纪和瑞公司

主张其已经超额支付了工程款,因而通知恒达公司不再以该35套未办理过户登记的房屋抵付工程款,并称在开具案涉房屋三联单后,又陆续向恒达公司支付了大约4800万元工程款,同时主张世纪和瑞公司作为担保人代恒达公司偿还的借款应抵扣工程款。而世纪和瑞公司和恒达公司就案涉工程没有签订建设工程施工合同,虽然双方认可案涉工程招投标价格为229721070.81元,但双方诉讼中均未将经过备案的《建设工程施工合同》及《中标通知书》作为确定双方权利义务内容的依据。且双方签订的《工程结算补充协议》载明案涉部分工程不包括在恒达公司施工范围内。故即使按照茂源公司与恒达公司签订的《施工协议书》确定应支付工程进度款的时间节点,因该协议约定的工程进度款系按比例支付,认定世纪和瑞公司应支付的工程进度款与在该时间节点施工的工程量存在直接关联。在没有查清案涉工程招投标的施工范围与恒达公司实际施工范围是否一致的情形下,以招投标价格作为确定争议的工程进度款依据,显属不当。双方诉讼中对案涉工程总造价、已付工程款及欠付工程款均存在争议,在此情形下,恒达公司诉请认为世纪和瑞公司没有交付35套房屋构成违约并负有继续向其支付相对应的工程进度款的依据不充分,其拒绝结算的行为亦不符合建筑行业的交易惯例。

一审法院释明双方应进行工程结算,亦可由法院委托专业机构进行评估确认,在恒达公司不同意结算,坚持其诉请的情况下驳回恒达公司的诉讼请求,认定事实及适用法律正确。二审判决认定世纪和瑞公司应向恒达公司支付工程进度款,缺乏作出裁决的基本事实依据,亦可能导致判决结果损害当事人的合法权益,本院予以纠正。双方当事人对案涉工程竣工结算事宜可另循法律途径解决,本案所涉世纪和瑞公司没有以约定房屋抵付工程款是否构成违约及应否承担责任可在双方结算中一并予以解决。对于世纪和瑞公司主张已代恒达公司偿还79750400元而不是6480万元的事实问题,亦可在结算中进一步核算。

综上,二审判决认定事实不清,适用法律不当,本院予以纠正。一审判决认定事实清楚,判决结果正确,本院予以维持。世纪和瑞公司再审请求成立。

【案例来源】

中国裁判文书网,http://wenshu.court.gov.cn。

069 当事人不否认补充合同上其签章的真实性,又以该合同不是其真实意思为由认为该合同不能作为认定工程价款的依据,系不诚信行为

【关键词】

　　│ 建设工程 │ 工程价款 │ 签章 │

【案件名称】

上诉人安徽万特投资发展有限公司与被上诉人中色十二冶金建设有限公司及原审被告、反诉原告安徽万特投资发展有限公司六安分公司建设工程施工合同纠纷案［最高人民法院（2019）最高法民终 108 号民事判决书，2019.4.17］

【裁判精要】

最高人民法院认为：

一、关于《补充合同》和《补充工程 2》能否作为认定案涉工程价款的依据的问题

2014 年 12 月 22 日，万特公司与中色十二冶公司签订《补充合同》约定，工程名称为六安解放中路人防地下商业街项目补充工程，工程内容为原施工合同增加工程量，合同价款为 2350 万元，工程款支付方式参照主合同执行。2015 年 5 月 10 日，万特公司与中色十二冶公司签订《补充工程 2》约定，工程内容为六安解放中路地下人防商业街及停车场（不含分包项目），承包范围包括市政雨污水截流工程，施工场地维护工程，岩石破除工程，市政原有管道的破除，合同价款为 5000 万元，付款方式参照主合同执行。二审庭审中，万特公司申请吴佐民出庭对双方争议工程价款相关问题作了说明。吴佐民接受万特公司的有偿委托，经审核万特公司提供的材料后认为，《补充合同》和《补充工程 2》存在重大虚假嫌疑，合理的工程造价仅为 10060241.87 元。万特公司在二审庭审中亦认可中色十二冶公司确实对施工图纸外工程进行了施工，只是对中色十二冶公司所施工工程价款是 1000 多万元还是《补充合同》和《补充工程 2》所约定的 7350 万元存在争议。鉴于万特公司未提交充分有效的证据证明《补充合同》《补充工程 2》为双方当事人的虚假意思表示，且在二审中认可中色十二冶公司对施工图纸外工程进行了施工，在《补充合同》《补充工程 2》已经对相关建设工程价款作出明确约定的情况下，原审判决将《补充合同》《补充工程 2》作为认定案涉建设工程价款依据并无不当。诚实信用是合同法的基本原则。严格遵守合同是当事人的义务。万特公司一方面并不否认《补充合同》《补充工程 2》上其签章的真实性，另一方面又以该两份合同不是其真实意思为由认为该两份合同不能作为认定案涉建设工程价款的依据，系不诚信行为。综上，万特公司关于不应将《补充合同》《补充工程 2》作为认定案涉建设工程价款依据的上诉理由不能成立。

【案例来源】

中国裁判文书网，http://wenshu.court.gov.cn。

070 工程为未完工程，工程各施工阶段的施工难易程度、施工成本、所获利润等均存在较大差异，可按照已完工程造价与合同约定工程款总额的占比，酌定让利系数

【关键词】

|建设工程|工程价款|让利|未完工程|

【案件名称】

上诉人江苏新兴建设工程有限公司、安徽盛仁投资有限公司与被上诉人滁州城市职业学院建设工程施工合同纠纷案［最高人民法院（2018）最高法民终305号民事判决书，2018.12.19］

【裁判精要】

最高人民法院认为：

关于工程价款结算的让利系数。盛仁公司主张对于新兴公司的已完工程价款，应当按照双方约定的让利系数下浮13.6%计算。虽然盛仁公司与新兴公司签订的《建筑工程施工合同》约定工程价款按审核后下浮13.6%确定，但该让利系数适用的前提是新兴公司依约将施工范围内的工程全部施工完毕，工程款整体下浮13.6%。鉴于案涉工程为未完工程，且工程各施工阶段的施工难易程度、施工成本、所获利润等均存在较大差异，一审法院依据新兴公司的实际施工进度及本案的具体情况，按照已完工程造价与合同约定工程款总额的占比，酌定让利系数为3.52%，符合实际，并无不妥。

（七）一审审理程序问题

盛仁公司认为一审审理程序违法之处表现在两个方面：其一，一审法院擅自将工程款让利系数变更为3.52%，超出新兴公司的诉讼请求；其二，一审法院未将盛仁公司反诉请求8700万元损失的构成予以列明并审查，损害其诉权。

首先，新兴公司在本案中主张的工程款数额系让利前的数额，一审法院依据新兴公司的实际施工进度酌定让利系数的具体比例，属依法行使自由裁量权的范畴，且较新兴公司的诉讼请求而言，进行了一定程度的调低，并未超出新兴公司的诉讼请求。其次，一审判决已将盛仁公司反诉要求新兴公司赔偿损失问题列为争议焦点，并结合在案证据进行了分析认定，虽未将遗留工程处理及加固费用在判决中列明，存在瑕疵，但针对其反诉主张的损失问题已一并进行了处理，并不存在损害盛仁公司诉权的情形。

【案例来源】

中国裁判文书网，http://wenshu. court. gov. cn。

071 支付进度款的条件与最终结算并非同一概念，合同约定以第三方决算审核金额作为结算价格不影响发包人依约支付工程进度款

【关键词】

│ 建设工程 │ 工程价款 │ 进度款 │ 结算 │

【案件名称】

上诉人敦煌市清洁能源开发有限责任公司与被上诉人国电南京自动化股份有限公司建设工程施工合同纠纷案［最高人民法院（2018）最高法民终 331 号民事判决书，2018. 5. 31］

【裁判精要】

最高人民法院认为：

二、关于支付涉案工程款是否应以第三方决算审核的结算价格为依据的问题

本案双方在合同中约定，中标合同价为 4987 万元，其含义是固定价总承包。关于合同约定工程竣工验收后，以第三方决算审核金额作为结算价格，其义是指结算价格根据第三方最终决算情况对固定价进行必要的变更。但支付进度款的条件与最终结算并非同一概念，在本案工程已按照约定竣工并移交的情况下，原审依据合同约定的中标合同价 4987 万元计付涉案工程的进度款并无不当。各方对涉案工程进行结算时，如存在变更调整影响结算结果，各方可依据合同的约定进行调整。敦煌能源公司以结算条款的约定主张支付进度款条件不成就，没有合同依据。

【案例来源】

中国裁判文书网，http://wenshu. court. gov. cn。

072 分期付款买卖的买受人未支付到期价款金额达到全部价款的五分之一，出卖人可以请求支付全部价款的规则适用于建设工程合同领域

【关键词】

│ 建设工程 │ 工程价款 │ 分期付款 │ 合同解除 │

【案件名称】

上诉人首钢京唐钢铁联合有限责任公司与被上诉人大连绿诺集团有限公司建设工程施工合同纠纷案［最高人民法院(2017)最高法民终 57 号民事判决书,2017.5.26］

【裁判精要】

最高人民法院认为:

二、关于首钢京唐公司是否应当向绿诺公司支付工程款及其利息以及应支付数额的问题

本院认为,既然首钢京唐公司有关案涉《工程总承包合同》不能解除的上诉请求不能成立,该合同应予解除,则根据《合同法》第九十七条之规定,合同解除后,尚未履行的,终止履行;已经履行的,根据履行情况和合同性质,当事人可以要求恢复原状、采取其他补救措施,并有权要求赔偿损失。该法第一百六十七条第一款规定:"分期付款的买受人未支付到期价款的金额达到全部价款的五分之一的,出卖人可以要求买受人支付全部价款或者解除合同。"虽然该条规定针对的是买卖合同,但根据该法第一百七十四条规定,"法律对其他有偿合同有规定的,依照其规定;没有规定的,参照买卖合同的有关规定"。故合同解除后,绿诺公司可以请求首钢京唐公司一次性支付全部剩余工程款,并依照合同约定就欠付工程款支付利息。

鉴于案涉争议是由首钢京唐公司迟延支付工程款引起,一审判决首钢京唐公司在合同解除的情况下,向绿诺公司一次性支付剩余工程款,并无不当。但客观上将合同约定的分十年支付的工程款一次性支付,毕竟会给首钢京唐公司造成较大经济压力,因此,理论上存在由二审法院根据首钢京唐公司的上诉请求对合同解除后首钢京唐公司工程款支付时间进行调整的可能。但二审庭审中,经询问当事人是否有此要求,首钢京唐公司明确表示,不需要二审法院作此调整,请求二审法院判决继续履行合同或者将本案发回一审法院重审。因此,由本院调整首钢京唐公司在合同解除后的工程款支付时间缺少当事人请求的基础。

【案例来源】

中国裁判文书网,http://wenshu. court. gov. cn。

编者说明

分期付款买卖,是指将买卖价款划分为若干部分(至少分 3 次),分月、季度或年定期支付,其与一般买卖的区别在于价款支付方式的不同,具有两个特征:标的物的一次交付性和价金的分期支付性。当然出卖人有不能按期收回价金的风险。为平衡双方当事人的利益,《合同法》第一百六十七条第一款针对分期付款买卖作出强制性规定:"分期付款的买

受人未支付到期价款的金额达到全部价款的五分之一的,出卖人可以要求买受人支付全部价款或者解除合同。"该条规定既是对出卖人的法定救济,又是对分期付款买卖合同的控制。如果买卖双方在合同中没有约定失权条款和期限利益丧失条款,在符合该条规定时,出卖人可以请求买受人支付到期的以及未到期的全部合同价款或者解除合同。分期付款买卖合同中如已约定失权条款和期限利益丧失条款的,出卖人行使上述权利也必须达到该条规定的最低标准,即在买受人未支付到期价款的金额达到全部价款的五分之一时,出卖人才能请求买受人支付全部价款或者解除合同。① 前述最高人民法院裁判文书明确,分期付款买卖的买受人未支付到期价款金额达到全部价款的五分之一,出卖人可以请求支付全部价款的规则适用于建设工程合同等有偿合同领域。

073　不论讼争工程是否办理竣工验收手续,标的物转移占有由发包人管理使用的,工程价款结算条件均已成就

【关键词】

│建设工程│工程价款│竣工验收│结算条件│

【案件名称】

烟台大华装饰工程有限公司与烟台新东方商城实业发展有限公司装饰工程合同欠款纠纷案［最高人民法院(2010)民一终字第8号民事判决书］

【裁判精要】

最高人民法院认为:

讼争工程是否竣工对本案核心争议焦点工程价款结算所产生的影响是工程结算条件是否成就。按照《合同法》《建筑法》等法律、法规规定,建设工程未经验收或者经竣工验收不合格的,不得交付使用。本案讼争工程未经验收即发生标的物转移占有,由发包人管理使用,承发包双方当事人对违法擅自使用讼争工程行为均有过错。最高人民法院《建设工程施工合同解释》第十四条规定,当事人对建设工程实际竣工日期有争议的,按照以下情形分别处理:……(三)建设工程未经竣工验收,发包人擅自使用的,以转移占有建设工程之日为竣工日期。参照此规定和人民法院在此司法解释颁布实施前审理此类案件的司法惯例,不论讼争工程是否办理竣工验收手续,标的物转移占有由发包人管理使用的,工程价款结算条件均已成就。

【案例来源】

最高人民法院网,http://www.court.gov.cn。

---

① 参见最高人民法院经济审判庭编著:《合同法释解与适用》(下),新华出版社1999年版,第761页。

074 房地产开发经营合同的双方未进行最终结算，一方请求对部分争议先行处理的不予支持

【关键词】

│ 建设工程 │ 工程价款 │ 结算条件 │ 先行处理 │

【案件名称】

温州市新业房地产开发有限公司与温州市江滨路鹿城段工程建设指挥部房地产开发经营合同纠纷上诉案 [最高人民法院二审民事判决书]

【裁判精要】

裁判摘要：本案新业公司认为，即使双方尚不具备结算条件，也不影响人民法院对地下车库入口重建及改变安置条件损失部分先行进行处理。但是，本案由于指挥部提出反诉，请求新业公司返还其已多付的安置费用等，且经人民法院审理认为，双方尚不具备最终结算条件。在此情形下，如果本案仅处理因改造地下车库出入口及改变安置条件的损失部分，恐造成双方利益不平衡，以至影响本案的最终处理。因此，新业公司该项请求，不应给予支持。

最高人民法院认为：

本案争议焦点为：(1) 本案是否具备结算条件；(2) 本案能否将地下车库入口重建及改变安置条件损失部分先行进行处理。

1. 关于本案是否具备结算条件问题

本院认为，新业公司与指挥部签订的《安置地块开发建设协议书》至今尚未履行完毕，诉讼中双方当事人亦未提供完整的结算资料，致使鉴定部门无法对双方结算发表意见、作出鉴定。且双方当事人在诉讼中未提出终止合同履行的诉讼请求。故一审法院认定，本案不具备结算条件及无法结算责任应由双方承担是正确的。新业公司该项上诉请求，缺乏事实依据，不予支持。

2. 关于本案能否将地下车库入口重建及改变安置条件损失部分先行进行处理问题

新业公司认为，即使双方尚不具备结算条件，也不影响人民法院对地下车库入口重建及改变安置条件损失部分先行进行处理。本院认为，从本案双方当事人诉讼请求看，新业公司诉讼请求是，判令指挥部对地下车库入口重建及改变安置条件承担损失责任等。而指挥部的反诉请求是，已多付给新业公司安置费用，由于新业公司未完成拆迁安置义务，请求新业公司返还指挥部已多付的款项等。由于本案未进

行最终结算,对指挥部是否已多付安置费用,以及双方当事人在合同履行中的违约责任,尚无法认定,如果本案仅处理因改造地下车库出入口及改变安置条件的损失部分,恐造成双方利益不平衡,以至影响本案的最终处理。因此,新业公司该项上诉请求,理由不充分,不予支持。

【权威解析】

本案有两个相互关联的争议焦点:(1)双方合同约定事项是否具备结算条件;(2)如果不具备结算条件,可否对地下车库入口重建及改变安置条件损失的部分先行处理。

1. 关于是否具备结算条件问题。本案一审法院审理了五年,作了两个鉴定,其确实想为双方当事人了结此案纠纷。但终因双方当事人不能提供相关结算依据,以及双方当事人合同约定事项至今尚未履行完毕,且双方在本案诉讼中,未请求解除或终止合同履行,最终导致本案无法进行结算。因此,终审判决以本案不具备结算条件为由驳回当事人结算请求是正确的。

2. 关于能否将地下车库入口重建及改变安置条件损失的部分先行处理问题。最高人民法院审理认为,由于双方未进行最终结算,本案无法对地下车库入口重建及改变安置条件损失的部分先行处理是正确的。理由为:(1)本案新业公司起诉时虽请求,指挥部赔偿新业公司因单方改变安置条件造成营业房经济损失及因改造地下车库出入口给新业公司造成的共计 5935 余万元的经济损失,但是,本案指挥部提出了反诉,请求新业公司返还指挥部 2 号地块安置结算余款 6657 余万元。从本案事实得知,双方在安置拆迁户时,采用的是先由指挥部付给新业公司安置款,由新业公司建设安置房屋,并安置拆迁户,然后新业公司依照双方合同约定与指挥部进行结算。本案由于双方对安置款未进行结算,导致指挥部主张的已多付安置费用等问题无法认定,在此情形下,如果仅处理因改变安置条件及改造地下车库出入口的损失部分,判决指挥部给付新业公司款项,可能导致指挥部多支付给新业公司款项。(2)由于本案未进行最终结算,对双方当事人在合同履行中的违约责任亦无法划分与确定,如果本案仅处理因改变安置条件及改造地下车库出入口部分,亦有可能造成违约方先行得到补偿的情形,这将给本案的最终处理产生不利影响。①

【案例来源】

最高人民法院民事审判第一庭编:《民事审判指导与参考》(总第 48 辑),人民

---

① 参见孙延平:《双方未进行最终结算,一方请求对部分争议先行处理的不予支持——温州市新业房地产开发有限公司与温州市江滨路鹿城段工程建设指挥部房地产开发经营合同纠纷上诉案》,载最高人民法院民事审判第一庭编:《民事审判指导与参考》(总第 48 辑),人民法院出版社 2011 年版,第 161～162 页。

法院出版社 2011 年版,第 145 ~ 162 页。

075 双方未对承兑汇票贴现损失的承担另行约定,持票人如果提前承兑,应自行承担提前承兑的贴现损失

【关键词】

　　│ 建设工程 │ 工程价款 │ 承兑汇票 │ 承兑 │

【案件名称】

　　上诉人青海省建筑工程总承包有限公司与上诉人王忠诚、洪云彬、王琪博建设工程施工合同纠纷案 [最高人民法院（2018）最高法民终 384 号民事判决书,2018.6.29]

【裁判精要】

　　最高人民法院认为:

　　三、关于青海建总公司主张王忠诚等三人支付未到期承兑汇票贴现损失 36 万元的诉求应否支持的问题

　　青海建总公司与富博公司签订的协议中未约定工程款支付方式,亦无相关解决支付方式争议的条款。青海建总公司在接收王忠诚等三人以承兑汇票的形式支付工程款时未提出异议,且双方亦未对贴现损失的承担另行约定。依据我国《票据法》及结算规则,持票人接受银行承兑汇票享有到期请求支付票面金额的权利,如提前承兑,青海建总公司作为持票人应自行承担提前承兑的贴现损失。青海建总公司主张由王忠诚等三人支付未到期承兑汇票贴现损失 36 万元,缺乏法律依据,本院不予支持。

【案例来源】

　　中国裁判文书网,http://wenshu. court. gov. cn。

076 建设工程施工合同无效但工程质量合格的,发包人应向承包人承担折价补偿责任,折价补偿款应包括规费和利润

【关键词】

　　│ 建设工程 │ 工程价款 │ 合同无效 │ 规费 │ 利润 │

【案件名称】

　　上诉人潍坊雅居园投资置业有限公司与被上诉人晟元集团有限公司建设工程施

工合同纠纷案［最高人民法院（2017）最高法民终 360 号民事判决书，2017.9.1］

【裁判精要】

裁判摘要：（1）建设工程施工合同认定无效后，发包人应向承包人承担折价补偿责任。如果工程验收合格，折价补偿款的计算可以参照施工合同约定的工程款计价方式计算，因施工合同约定的计价方式符合建筑市场行情，接近建设工程的实际价值。

（2）折价补偿款应包括规费和利润。工程项目由发包人占有，发包人应按照工程造价补偿承包人，工程造价包括规费和利润。私法救济目的是使双方的利益恢复均衡，如果自折价补偿款中扣减部分规费和利润，则发包人既享有工程项目的价值，又未支付足额对价，获得额外利益，不符合无效合同的处理原则。①

最高人民法院认为：

本案二审争议的焦点问题如下：原判决认定雅居园公司支付晟元公司工程款数额是否正确。

雅居园公司与晟元公司对案涉工程先进行实质性谈判，签订《工程承包协议书》，后通过招投标签订《建设工程施工合同》，违反法律强制性规定，原判决认定双方所签《工程承包协议书》和《建设工程施工合同》无效并无不当。案涉工程未完工，但是案涉人和广场 A 座 B 座主体分部工程于 2013 年 9 月 29 日、C 座主体分部工程于 2014 年 4 月 20 日通过雅居园公司、晟元公司诸城分公司及监理单位的验收。参照《建设工程施工合同解释》第二条规定，"建设工程施工合同无效，但建设工程经竣工验收合格，承包人请求参照合同约定支付工程价款的，应予支持"。晟元公司请求雅居园公司参照建设工程施工合同约定支付工程款应予以支持。二审中，双方当事人对案涉工程造价及雅居园公司已付款金额存在争议。

（一）关于案涉工程造价问题

经一审法院委托，鉴定机构对案涉工程造价进行司法鉴定，鉴定机构出具的鉴定意见经双方当事人质证，鉴定人员出庭接受质询。一审判决对鉴定意见予以采信。二审中，雅居园公司对工程造价提出异议，本院分述如下：

1. 工程材料价格采用"济南信息价"是否妥当。雅居园公司与晟元公司签订的建设工程施工合同无效，晟元公司将建筑材料、劳动力等物化在案涉项目中，根据《合同法》第五十八条规定，雅居园公司应折价补偿。折价补偿的标准应按照验收合格的建设工程的实际价值结算，施工合同约定的工程款计价方式符合建筑市场行

---

① 参见最高人民法院民事审判第一庭编：《民事审判指导与参考》（总第 74 辑），人民法院出版社 2018 年版，第 213 页。

情,接近建设工程的实际价值。参照《建设工程施工合同解释》第二条规定,鉴定意见按照施工合同约定的材料计价标准"济南信息价"进行鉴定并无不当。

2. 工程造价应否扣除分包配合费、潜水泵排水费用、质保金、防水卷材和油毡费用。关于分包配合费、潜水泵排水费用,一审鉴定的工程造价中包括上述两项费用。雅居园公司一审已提出异议,鉴定机构予以回复,并有相关签证等证据予以佐证。根据查明事实,晟元公司施工期内发生了电梯、回填土方、基坑支护等分包项目。潜水泵排水费用有签证等予以证明。雅居园公司二审未提出其他证据否定鉴定意见,其主张分包配合费未发生、潜水泵排水费用不应支付,依据不足。关于质保金,工程造价包括质保金,故雅居园公司折价补偿的金额应包括质保金。案涉主体分部工程分别于2013年9月29日、2014年4月20日通过雅居园公司、晟元公司诸城分公司及监理单位的验收。晟元公司请求返还质保金具有合理性。根据查明事实,不能认定未能竣工验收系晟元公司的原因造成,雅居园公司主张仍然按照《建设工程施工合同》约定的竣工验收后三年返还质保金,依据不足。关于防水卷材和油毡费用,鉴定意见将该费用单独列出。设计图纸虽未明确载明防水卷材和油毡,但是该项施工并不违反设计要求。晟元公司已实际施工,该费用应包括在工程造价内。

3. 规费和利润应否由雅居园公司与晟元公司分享。在雅居园公司与晟元公司之间,案涉工程的价值为工程造价,包括规费和利润。案涉工程项目由雅居园公司占有,雅居园公司应按照工程造价补偿晟元公司。私法救济目的是使双方的利益恢复均衡,如果自折价补偿款中扣减部分规费和利润,则雅居园公司既享有工程项目的价值,又未支付足额对价,获得额外利益,不符合无效合同的处理原则。故雅居园公司主张在工程造价中扣除50%的利润和规费,缺乏依据。

因案涉主体分部工程已经验收,雅居园公司对工程质量问题已另案诉讼,故本案对于工程质量问题不再予以审查。

【案例来源】

中国裁判文书网,http://wenshu. court. gov. cn。

编者说明

1. 规费。就工程造价的计价方式而言,我国目前通行定额和工程量清单两种方式,此两种方式均包含规费的内容。依照《建设工程工程量清单计价规范》(GB 50500 – 2013)中的术语记载,规费是指按照国家法律、法规规定,由省级政府和省级有关权力部门规定必须缴纳的,应计入建筑安装工程造价的费用。因规费是由省级政府及相关部门规定,故各地的规费内容存在差异。

2. 利润。根据住房和城乡建设部、财政部《建筑安装工程费用项目组成》(建标〔2013〕44号)的规定,利润是指施工企业完成所承包工程获得的盈利。《建筑安装工程费用项目组成》规定:"建筑安装工程费用项目按费用构成要素组成划分为人工费、材料费、施工机具使用费、企业管理费、利润、规费和税金。"因此,利润为工程造价的组成部分。即工程造价中的利润并非财务核算后的利润,而是施工企业依据一定的预算标准计取的利润值。①

077 建设工程分包合同虽无效,但工程经竣工验收合格,实际施工人有权请求支付企业间接费

【关键词】

│建设工程│工程价款│企业间接费│实际施工人│

【案件名称Ⅰ】

申诉人宁夏新月建筑有限公司与被申诉人化某、来某建设工程施工合同纠纷案[最高人民法院(2018)最高法民再 183 号民事判决书,2019.1.25]

【裁判精要】

最高人民法院认为:

(三)化某、来某有权取得企业间接费

本院认为,原审判决支持化某、来某取得企业间接费并无不当。第一,依据相关法律规定及规范,工程价款包含直接费、间接费、利润、税金等,本案建设工程分包合同虽属无效合同,但涉案工程经竣工验收合格交付使用,化某、来某作为实际施工人有权依照法律规定请求支付工程价款。第二,企业间接费包含企业管理费,化某、来某已按照约定向新月公司缴纳了企业管理费,新月公司再行主张企业间接费有违公平。第三,新月公司明知化某、来某不具备施工资质,仍将涉案工程违法分包,对导致合同无效存在过错,其以化某、来某不具有资质为由拒付企业间接费,亦有违诚信原则。原审判决要求新月公司支付化某、来某企业间接费 1237867.23 元及利息正确。

【案例来源】

中国裁判文书网,http://wenshu.court.gov.cn。

【案件名称Ⅱ】

再审申请人元成龙与被申请人延边航北房地产开发有限公司建设工程施工合

---

① 参见常设中国建设工程法律论坛第八工作组:《中国建设工程施工合同法律全书:词条释义与实务指引》,法律出版社 2019 年版,第 286、267 页。

同纠纷案［最高人民法院（2017）最高法民再 229 号民事判决书，2017. 9. 26］

【裁判精要】

最高人民法院认为：

对于案涉《鉴定书》所涉的间接费、利润、税金等费用是否应予以扣除的问题，根据《建设工程施工合同解释》第二条的规定，建设工程施工合同无效，但建设工程经竣工验收合格，承包人请求参照合同约定支付工程价款的，应予支持。案涉建设工程施工合同虽然无效，案涉工程也未经竣工验收，但因航北公司已经占有使用，视为航北公司认可元成龙交付的工程质量符合约定，元成龙有权要求参照合同约定支付相应的工程款项。双方合同中没有约定扣除间接费、利润，航北公司在本院再审中亦认可其尚未代缴其主张扣除的相关税费，据此，原审未从工程造价中扣除航北公司提出的相关综合费和税费，并无不当。

【案例来源】

中国裁判文书网，http://wenshu. court. gov. cn。

编者说明

间接费，是指施工企业为完成承包工程而组织施工生产和经营管理所发生的费用，[①]包括企业管理费和规费两个部分。企业管理费主要包括 14 项：管理人员工资、办公费、差旅交通费、固定资产使用费、工具用具使用费、劳动保险和职工福利费、劳动保护费、检验试验费、工会经费、职工教育经费、财产保险费、财务费、税金、其他（包括技术转让费、技术开发费、投标费、业务招待费、绿化费、广告费、公证费、法律顾问费、审计费、咨询费、保险费等）。[②] 如前述案例，最高人民法院的观点是支持合同无效之后的实际施工人主张间接费的。[③]

078 劳保统筹费是否计入工程造价，取决于当事人的意思自治

【关键词】

│建设工程│工程价款│劳保统筹费│

【案件名称】

再审申请人陕西中辉建设工程有限公司与再审申请人陕西泰洲房地产开发有

---

① 住房和城乡建设部 2017 年 7 月发布的《建设项目总投资费用项目组成（征求意见稿）》。
② 住房和城乡建设部 2003 年和 2013 年发布的《建筑安装工程费用项目组成》。
③ 参见常设中国建设工程法律论坛第八工作组：《中国建设工程施工合同法律全书：词条释义与实务指引》，法律出版社 2019 年版，第 267 页。

限公司建设工程施工合同纠纷案［最高人民法院（2018）最高法民再 418 号民事判决书，2019.1.25］

【裁判精要】

最高人民法院认为：

一、关于劳保统筹费应否扣除的问题

劳保统筹费系建筑行业劳动保险费，本应由施工企业自行向社会保障机构缴纳。为了防止施工单位在收取了建设单位拨付的工程款后，不为从业人员缴纳劳动保险费用现象的发生，国家规定该费用由统筹管理机构统一向建设单位收取，专户储存，在项目施工完毕之后按照规定的比例退还给施工企业。建设工程施工合同中该项费用作为人工费的重要组成部分，在工程造价中列入规费计取，属于工程造价的一部分。因此，劳保统筹费用相对于建设方而言为工程造价，对于施工方而言则是建筑行业劳动保险费。两者在含义和金额上并不完全相同。本案鉴定机构依照建设工程计价规则作出的诉争的劳保统筹费数额是建设单位应当缴纳的数额，属于工程造价的一部分，是否计入工程造价取决于当事人的意思自治，在双方有明确约定的情况下，该约定不违反法律法规的强制性规定，应属有效。因此，泰洲公司根据双方在合同造价条款中"劳保统筹费不计入工程造价"的约定，主张将鉴定意见中计取的该部分造价予以扣除，其该项再审请求有事实依据。二审判决对该部分造价认定错误，依法予以纠正。

【案例来源】

中国裁判文书网，http://wenshu.court.gov.cn。

079 劳动保险费如何计取

【关键词】

｜建设工程｜工程价款｜劳动保险费｜

【案件名称】

上诉人歌山建设集团有限公司与上诉人滁州市顺福房地产开发有限公司建设工程施工合同纠纷案［最高人民法院（2018）最高法民终 821 号民事判决书，2018.11.29］

【裁判精要】

最高人民法院认为：

（二）劳动保险费 509.0623 万元

关于劳动保险费如何计取的问题,双方在合同中亦未约定。但首先,双方在招投标文件中对劳动保险费问题有明确的规定,顺福公司一期招标文件载明该费用按工程造价的 0% 计取,二期招标文件载明按费率为零进行造价计算;歌山公司投标文件对此亦表述为按零进行计算。由此可知,双方在招投标过程中已对劳动保险费的计取达成合意。其次,歌山公司 2011 年 4 月 27 日发出的工程联系单第 2 项对造价取费要求按一类工程的综合费率 30.95% 计取,且明确此费率不含劳动保险费。最后,歌山公司 2013 年 4 月 19 日及 9 月 28 日作出的《决算报告》中也未计取劳动保险费。基于上述,原判决未将双方争议的劳动保险费 509.0623 万元认定在工程总价中,有事实依据,本院予以维持。歌山公司上诉提出,一审判决对此认定错误,理据不足,本院不予支持。

【案例来源】

中国裁判文书网,http://wenshu.court.gov.cn。

080 人工费调差期间当地没有造价信息,可以参考同级其他地市发布的信息并用加权平均方式测算出人工费

【关键词】

│建设工程│工程价款│人工费调整│分公司│

【案件名称】

上诉人黑龙江四海园建筑工程有限公司与上诉人齐齐哈尔医学院附属第三医院建设工程施工合同纠纷案［最高人民法院（2018）最高法民终 965 号民事判决书,2018.11.29］

【裁判精要】

最高人民法院认为:

1. 关于人工费调差的问题

根据案涉《施工合同》专用条款 9.9 款约定的内容,施工期内因人工、材料、设备价格波动影响合同价格时,双方同意采用造价信息调整价格差额,具体调整办法为按照国家或省、自治区、直辖市建设行政管理部门、行业建设管理部门或其授权的工程造价管理部门发布的人工信息进行调整。即《施工合同》明确约定人工费调整价格差额的方式就是造价信息,具体调整办法为按照有关建设行政管理部门、行业建设管理部门或其授权的工程造价管理部门发布的人工信息进行调整。涉案《补充合同》约定,人工费由双方到市场考察咨询后确定。从上述事实看,双方当事人均明知

施工期内人工费应当调整,确定人工费的方法是市场考察咨询,与《施工合同》的约定亦相印证,符合行业惯例,人工费调整价格差额的范围不限于新建病房综合楼工程。齐三院在诉讼中亦不否认应当进行人工费调差,其上诉又提出一审法院未对是否符合人工费价格调整的条件予以审查的理由,没有事实依据,本院不予支持。根据原审查明的事实,案涉工程的实际工期为 2012 年 7 月 1 日至 2015 年 6 月 30 日。因案涉工程实际工期长达数年,2014 年至 2015 年齐齐哈尔市没有造价信息,案涉鉴定机构考虑到一个工程只能有一个调整标准,而按照该省具有可比性的、全省统一管理、统一标准的哈尔滨市造价信息发布的各工种人工费,根据各工种在案涉工程中的占比、平均年度,以加权平均的方式测算基础及主体工程、装饰工程的人工费均高于四海园公司请求的 185 元/工日。原审判决结合鉴定机构对人工费调差的说明、双方当事人的举证情况等,采信鉴定意见按照 185 元/工日调整人工费符合实际情况,具有事实依据,本院予以维持。

【案例来源】

中国裁判文书网,http://wenshu. court. gov. cn。

编者说明

关于人工费调整。将人工费视为调整性因素。人工指导价调整的差额部分如合同没有另行约定,不须让利。但调增后人工工资单价超出人工工资指导价的除外。①

---

081 在施工同期网刊价中,人工费的调整有综合指数调整和每季度建筑市场人工工资的参考价格调整两种方式,当事人没有明确约定调整方式,人工费的调整应符合案件事实情况和法律规定及公平原则

【关键词】

│建设工程│工程价款│人工费调整│

【案件名称】

上诉人大连友兰建筑工程有限公司与被上诉人庄河市林茵置业有限公司、中国农业银行股份有限公司大连庄河支行建设工程施工合同纠纷案 [最高人民法院(2018)最高法民终 99 号民事判决书, 2018. 4. 27]

---

① 参见李玉生主编:《建设工程施工合同案件审理指南》,人民法院出版社 2019 年版,第 404~405 页。

【裁判精要】

最高人民法院认为：

（一）关于人工费调整标准应如何确定的问题

首先，双方对人工费调整标准是否约定明确的问题。林茵公司与友兰公司签订的《补充协议》第四条约定："本工程的计价方式为工程量清单计价。计价依据为GB50500 - 2008《建设工程工程量清单计价规范》；《2008 辽宁省建设工程计价依据》及相应取费标准；人工及材料价格按施工同期网刊价的平均值执行。"而根据维华造价咨询公司"鉴定说明"，《补充协议》约定的"施工同期网刊价"存在歧义，在施工同期网刊价中，人工费的调整有综合指数调整和每季度建筑市场人工工资的参考价格调整两种方式，协议没有明确按哪种方法调整人工费。维华造价咨询公司在出庭接受双方质询时也明确表示"同期就是约定不明，因为同期有综合和市场两种"，友兰公司亦自认网刊价存在综合网刊价与市场网刊价之分。因此，原审判决认定《补充协议》对"施工同期网刊价"是指人工综合指数网刊价还是市场价格网刊价约定不明，并无不当。友兰公司上诉主张"施工同期网刊价"指市场价格网刊价，缺乏充分的事实依据，本院不予支持。

其次，关于人工费应如何调整的问题。原审法院委托维华造价咨询公司对友兰公司已完工程造价进行鉴定，经双方申请复议，于 2016 年 5 月 17 日出具的《复议报告》载明工程总造价236822847 元，并载明人工费是参照人工综合指数的平均值进行调整而得出，如果人工费按网刊每季度建筑市场人工工资参考价格的平均值调整，与以上复议鉴定结论的差值为 52050654 元（正差）。《合同法》第六十二条规定："当事人就有关合同内容约定不明确，依照本法第六十一条的规定仍不能确定的，适用下列规定：……（二）价款或者报酬不明确的，按照订立合同时履行地的市场价格履行；依法应当执行政府定价或者政府指导价的，按照规定履行……"原审依据上述规定，并基于人工综合指数和人工费市场价格的不同特点，且本案工程量巨大，施工周期较长，综合考虑有组织施工的人工费综合提高比率的一般性及具体用工的实际价格的动态性和个例性，按照《复议报告》人工费市场价差值 52050654 元，酌定折半调整计入工程总造价，符合本案客观情况，兼顾了《合同法》规定和公平原则，并无不妥，本院予以维持。友兰公司上诉主张应当按照 52050654 元全额计入工程总造价，缺乏充分的事实和法律依据，本院不予支持。

【案例来源】

中国裁判文书网，http://wenshu.court.gov.cn。

082　施工合同约定表明，虽然为固定价合同，但施工期内人工价格波动影响合同价格时，人工费可以进行调整

【关键词】

　│建设工程│工程价款│人工费调整│固定价│

【案件名称】

　上诉人浙江城建建设集团有限公司与上诉人西宁城辉建设投资有限公司建设工程施工合同纠纷案［最高人民法院（2018）最高法民终781号民事判决书，2018.12.18］

【裁判精要】

　最高人民法院认为：

　第一，关于浙江城建公司主张调整人工费造价应否支持的问题。

　《建设工程施工合同》通用条款第16条约定，"本合同为固定价合同"，同时第16.1条约定，"除专用合同条款另有约定外，因物价波动引起的价格调整按照本款约定处理"，第16.1.2条约定，"施工期内，因人工、材料、设备和机械台班价格波动影响合同价格时，人工、机械使用费按照国家或省、自治区、直辖市建设行政管理部门、行业建设管理部门或其授权的工程造价管理机构发布的人工成本信息、机械台班单价或机械使用费系数进行调整；需要进行价格调整的材料，其单价和采购数应由监理人复核，监理人确认须调整的材料单价及数量，作为调整工程合同价格差额的依据"。上述约定表明，《建设工程施工合同》虽然为固定价合同，但施工期内人工价格波动影响合同价格时，人工费可以进行调整。青建工〔2013〕第417号《青海省住房和城乡建设厅关于调整青海建设工程预算的定额人工费单价的通知》决定对该省预算定额人工费单价进行调整，人工费单价较之前上涨17.67元，可见人工费的价格波动影响合同价格。《合同法》第六十二条规定："当事人就有关合同内容约定不明确，依照本法第六十一条的规定仍不能确定的，适用下列规定：……（二）价款或者报酬不明确的，按照订立合同时履行地的市场价格履行；依法应当执行政府定价或者政府指导价的，按照规定履行……"浙江城建公司主张调整人工费造价4380114.84元应当计入工程价款，具有事实与法律依据，本院予以支持。西宁城辉公司以双方签订的是固定价合同、人工费调整不属于国家政策调整为由主张调整的人工费造价不应当计入工程价款，与事实不符，本院不予采纳。一审法院对该笔款项处理有误，本院予以纠正。

【案例来源】

　中国裁判文书网，http://wenshu.court.gov.cn。

083 施工合同未将人工费列为可调整范围，但因该合同无效，该条款亦无效，对双方当事人无约束力

【关键词】

│建设工程│工程价款│合同无效│人工费调整│

【案件名称】

上诉人安徽亚坤建设集团有限公司与上诉人蒙城广联置业有限公司、原审第三人刘谋权建设工程施工合同纠纷案［最高人民法院（2018）最高法民终 416 号民事判决书，2018. 12. 27］

【裁判精要】

最高人民法院认为：

（一）关于人工费差价 8787941. 89 元，广联公司上诉主张，因《建设工程施工合同》约定人工费属于不可调整范围，故不应计入工程款。经查，双方在 2010 年 11 月 28 日《建设工程施工合同》第 26. 3 条约定："除非合同中另有约定，除下列情况外，合同价格不可调整：（a）受合同专用条款制约的设计变更（包括材料、工程设备、工艺标准或质量变化，或使用替代品引起的该项工作内容发生变化）、材料调价。（b）合同价格中的暂定价。（c）本合同所述项目工程在本合同的投标报价中标后 3 个月内未能开工，且并非因总承包商原因，针对该未建项目双方按照投标报价所确定的基本原则进行协商。"从上述内容看，该条确实未将人工费列为可调整范围，但因该合同无效，该条款亦无效，对双方当事人无约束力。另外，人工费一般属于政策性调整范围，行政主管部门发布的人工费调整文件具有普遍约束力，鉴定机构据此对人工费差价进行调整，不违背法律及政策的规定，对双方当事人亦公平。故一审将人工费差价纳入工程款范围，并无不当，本院予以维持。广联公司提出的该项上诉主张，本院不予支持。

【案例来源】

中国裁判文书网，http://wenshu. court. gov. cn。

084 安全文明施工措施费是包含在综合系数内，还是单独计取，另行单独计入工程总价款的认定

【关键词】

　　｜建设工程｜工程价款｜安全文明施工费｜

【案件名称】

　　上诉人歌山建设集团有限公司与上诉人滁州市顺福房地产开发有限公司建设工程施工合同纠纷案［最高人民法院（2018）最高法民终821号民事判决书，2018.11.29］

【裁判精要】

　　最高人民法院认为：

　　（一）安全文明施工措施费307.4539万元

　　关于安全文明施工措施费是否单独计取，双方虽然在合同中未约定，但首先，顺福公司招标文件中明确规定，安全文明施工措施费包含在综合系数内，投标人不得另行计算；歌山公司在投标文件中列明："1. 预算造价（大写）：玖仟贰佰柒拾柒点玖柒壹捌壹捌万元，RMB：9277.971818万元，其中安全防护、文明施工四项措施费（大写）：贰佰壹拾柒点柒贰壹肆玖柒万元，RMB：217.721497万元。2. 工程报价（大写）：捌仟捌佰捌拾捌万元，RMB：8888万元，其中安全防护、文明施工四项措施费（大写）：贰佰壹拾柒点柒贰壹肆玖柒万元，RMB：217.721497万元。"对于"其中安全防护、文明施工四项措施费"的表述方式，一般应理解为安全文明施工措施费包括在预算造价或者工程报价当中，不再另行单独计取。歌山公司上诉提出其投标文件明确将该项费用在综合系数之外单独列项，故应将该部分费用计入工程总造价的主张，与上述表述方式的一般理解相矛盾，本院不予支持。其次，在歌山公司2011年4月27日报审的工程联系单上，顺福公司明确签署取费执行《工程类别确认通知书》，其他费率执行招标文件中建筑工程造价计算程序。最后，当时尚有效实施的滁州市建设委员会《关于发布滁州市建筑工程安全防护、文明施工措施费率标准的通知》（建安字〔2006〕104号）第四条规定："所有建筑工程项目都应把安全防护、文明施工措施费用列入工程成本。实行建设工程工程量清单计价的安全防护、文明施工措施费率，应按核定的费率在合同中单列；实行定额（估计表）计价的安全防护、文明施工措施费率已含在综合系数内，承包人不得向发包人另行计取。"顺福公司提供的四份《工程类别确认通知书》中亦明确载明"安全文明施工措施费执行滁州市建安字〔2006〕104号文件"。综上可知，安全文明施工措施费已包含在综合系数之内。一审判决对此认定正确，本院予以维持。歌山公司上诉称应将安全文明施工措施费307.4539万元另行单独计入工程总价款的理由，与前述事实相违背，本院不予支持。

【案例来源】

中国裁判文书网,http://wenshu.court.gov.cn。

编者说明

关于安全文明施工措施费,是在合同履行过程中,承包人依照国家法律、法规、标准等规定,为保证安全施工、文明施工,保护现场内外环境和搭拆临时设施等所采用的措施而发生的费用。安全文明施工措施费按各地定额标准计取。安全文明施工措施费作为不可竞争费用,当事人不可以自行约定费率,但是可以约定实现安全文明工地等级标准的目标,从而确定文件规定的奖励费率标准。[1]

085 当事人一方主张安全文明施工费应由行业主管部门核定后才可以计取,缺乏法律依据

【关键词】

│建设工程│工程价款│安全文明施工费│

【案件名称】

上诉人黑龙江安邦房地产开发有限公司与被上诉人江苏金建建设集团有限公司建设工程施工合同纠纷案［最高人民法院（2018）最高法民终 1149 号民事判决书,2018.11.29］

【裁判精要】

最高人民法院认为:

关于待定部分工程费用中,土建签证费用、安全文明施工费用、规费应否计入工程总造价的问题。

（2）安全文明施工费用。安全文明施工费是按照国家现行的建筑施工安全、施工现场环境与卫生标准和有关规定,购置和更新施工防护用具及设施、改善安全生产条件和作业环境所需要的费用。本案中,金建公司提供了有建设单位、监理单位、施工单位签字、盖章的安全文明施工费评价申请表,案涉工程也已施工完毕并投入使用。原审判决认为安邦公司作为建设单位在安全文明施工费评价申请表上签字、盖章,应视为认可该费用的计取,认定鉴定数额 1460648.44 元应计入工程总造价,也无不妥。安邦公司上诉主张该部分费用应由行业主管部门进行核定后才可以计

---

① 参见李玉生主编:《建设工程施工合同案件审理指南》,人民法院出版社 2019 年版,第 404 页。

取,缺乏法律依据,本院不予支持。

【案例来源】

中国裁判文书网,http://wenshu.court.gov.cn。

086 发承包双方在合同履行过程中并未严格按照《项目部印鉴使用责任书》限制项目章的使用,结合承包人的授权委托书上载明项目负责人代表该公司处理现场工程施工一切事务的事实,发包人有理由相信该项目负责人有权代表承包人为施工需要对外借款以及委托还款

【关键词】

| 建设工程 | 工程价款 | 借款 | 项目部印章 |

【案件名称】

再审申请人师宗县天泰房地产开发有限公司与被申请人云南景升建筑工程有限公司建设工程施工合同纠纷案[最高人民法院(2018)最高法民再203号民事判决书,2018.9.28]

【裁判精要】

最高人民法院认为:

(二)关于以房折抵景升公司向李晓宏、胡跃芬的2571000元和2429000元借款

关于此笔款项,天泰公司在一审中提交了借款合同、汇款凭证及电子回单、借款还款承诺、商品房价款单。借款合同中明确约定借款系因项目部建筑工程需要,谷一锋在借款人处签字并加盖项目部印章,天泰公司作为保证人在合同上加盖印章,足以证明借款系用于涉案项目的建设,天泰公司对借款事实和借款用途知晓并提供担保;汇款凭证及电子回单能够证明李晓宏、胡跃芬向谷一锋出借了借款本金350万元;借款还款承诺证明谷一锋作为案涉项目负责人,代表景升公司与天泰公司达成协议,由天泰公司代为偿还借款本息并在支付进度款时予以扣减;商品房价款单证明天泰公司已经以折抵购房款的方式向李晓宏、胡跃芬实际还款,且最终折抵的价款金额为500万元。以上证据能够相互印证,证明天泰公司代景升公司偿还了借款本息500万元。

就双方争议的谷一锋作为景升公司在案涉项目的负责人,其对外借款以及委托天泰公司代为还款的行为能否代表景升公司的问题,本院认为,不论是借款合同还是借款还款承诺书,除了有谷一锋的签名外还加盖有师宗锦苑小区项目部印章,虽

然景升公司与谷一锋、谷明中签订的《项目部印鉴使用责任书》中对项目部印章的使用范围作了限制,但在双方无争议的 54718942.48 元已付工程款中也存在使用项目部印章出具借条、收条、委托书等凭据的情况,表明双方在合同的实际履行过程中并未严格按照《项目部印鉴使用责任书》限制项目章的使用。结合景升公司出具的《法定代表人授权委托书》上载明谷一锋全权代表景升公司处理现场工程施工一切事务之事实,天泰公司有理由相信谷一锋有权代表景升公司为施工需要对外借款以及委托还款。综上,天泰公司主张此笔款项共计 500 万元应当计入工程已付款,本院予以支持。

【案例来源】

中国裁判文书网,http://wenshu. court. gov. cn。

编者说明

关于盖章行为的法律后果问题,最高人民法院审判委员会专职委员刘贵祥在全国法院民商事审判工作会议(2019 年 7 月 3 日)上的讲话可供参考。[①]他指出,实践中,法定代表人或者代理人在从事了某一行为后,公司经常以其加盖的是假章、所盖之章与备案公章不一致等为由否定合同效力,进而要求对公章申请鉴定,有的甚至还以伪造公章涉嫌刑事犯罪为由请求驳回起诉或者中止审理,人为造成诉讼拖延的同时,也使故意使用假章的不诚信当事人从中获益,导致不公平的结果。为此,有必要明确裁判思路,那就是盖章问题的本质是代表权或者代理权问题,关键要看盖章之人在盖章之时是否有代表权或者代理权,从而根据代表或代理的相关规则来确定合同的效力,而不能将重点放在公章的真伪问题上。法定代表人或者代理人在合同上加盖法人公章的行为,表明其是以法人名义从事行为,除《公司法》第十六条等法律对其职权有特别规定的情形外,应当由法人承担相应的法律后果。法人以法定代表人或者代理人事后丧失代表权或者代理权、加盖的是假章、所盖之章与备案公章不一致等为由否定合同效力的,人民法院不应支持。

对于盖章行为的法律效力,2019 年《全国法院民商事审判工作会议纪要》(法〔2019〕254 号,2019 年 11 月 8 日)第四十一条用以下三款作出规定:

(1)司法实践中,有些公司有意刻制两套甚至多套公章,有的法定代表人或者代理人甚至私刻公章,订立合同时恶意加盖非备案的公章或者假公章,发生纠纷后法人以加盖的是假公章为由否定合同效力的情形并不鲜见。人民法院在审理案件时,应当主要审查签约人于盖章之时有无代表权或者代理权,从而根据代表或者代理的相关规则来确定合同的效力。

(2)法定代表人或者其授权之人在合同上加盖法人公章的行为,表明其是以法人名义签订合同,除《公司法》第十六条等法律对其职权有特别规定的情形外,应当由法人承担相

---

① 参见刘贵祥:《关于人民法院民商事审判若干问题的思考》,载《中国应用法学》2019 年第 5 期。

应的法律后果。法人以法定代表人事后已无代表权、加盖的是假章、所盖之章与备案公章不一致等为由否定合同效力的,人民法院不予支持。

(3)代理人以被代理人名义签订合同,要取得合法授权。代理人取得合法授权后,以被代理人名义签订的合同,应当由被代理人承担责任。被代理人以代理人事后已无代理权、加盖的是假章、所盖之章与备案公章不一致等为由否定合同效力的,人民法院不予支持。

也就是说,盖章行为表明代表人或者代理人从事的是职务行为,因此,要根据签约人于盖章之时有无代表权或者代理权,并根据代表或者代理的相关规则来确定合同的效力。纪要强调,不能将重点放在公章的真伪上去,要纠正过分依赖鉴定来解决相关问题的裁判思路。①

087 挂靠人有权收取或处分案涉工程款,其与发包人约定以工程款抵扣其个人债务的,对被挂靠人有效

【关键词】

│ 建设工程 │ 工程价款 │ 挂靠 │ 实际施工人 │

【案件名称】

再审申请人厦门益德兴投资有限公司与被申请人广东恒辉建设有限公司、一审第三人廖飞虎建设工程施工合同纠纷案 [最高人民法院(2018)最高法民再310号民事判决书,2018.12.19]

【裁判精要】

最高人民法院认为:

本案再审阶段当事人争议的焦点问题是益德兴公司已付恒辉公司工程款数额

---

① 参见《增强民商事审判公开性、透明度、可预期性——最高人民法院民二庭负责人就〈全国法院民商事审判工作会议纪要〉答记者问》,载《人民法院报》2019年11月15日第2版。最高人民法院第二巡回法庭2019年第12次法官会议纪要也认为:"商事活动中的职务行为不同于一般自然人之间的代理行为。法定代表人是由法律授权,代表公司从事民事活动的主体,其有权代理或者代表公司整体意志作出意思表示,法定代表人在法定授权范围内代表公司所为的行为本质上是一种职务行为。一个有职务身份的人使用不真实的公司公章假意代表公司意志从事民事活动,该行为是否对公司产生效力,不能仅仅取决于合同所盖印章是否为公司承认的真实公章,亦应当结合行为人所为之行为是否属于其行使职权的范围,即在假意代替公司作出意思表示之时是否存在能够被善意相对人相信的权利外观。即使未在合同上加盖公司公章抑或是合同订立者擅自加盖虚假公章的,只要是法定代表人或者有权代理人代表公司而为的职务行为,并且其在合同书上的签章为真实的,仍应当视作公司行为,所产生的法律后果由公司承担。"参见《公司法定代表人以虚假公章签订合同的效力》,载贺小荣主编:《最高人民法院第二巡回法庭法官会议纪要》(第一辑),人民法院出版社2019年版,第3页。

应当如何认定。

案涉《建设工程施工合同》系廖飞虎借用恒辉公司资质所签,廖飞虎与恒辉公司之间系挂靠关系,益德兴公司和恒辉公司订立合同时对此均明知。廖飞虎作为案涉工程的实际施工人,系工程施工的实际投资人,也是工程款的最终享有者,且案涉《建设工程施工合同》约定廖飞虎有权代表恒辉公司全面负责案涉项目管理和协议的履行。因此,廖飞虎有权收取或处分案涉工程款,其与益德兴公司、乔毅峰签订的以工程款抵扣其个人债务的2013年3月17日《协议书》,应属有效。二审判决关于该《协议书》约定的抵扣行为系无权处分行为的认定错误,应予纠正。廖飞虎在一审中对签订抵扣债务的《协议书》的事实予以确认,恒辉公司漳州分公司就抵扣债务而出具的《收款收据》中的手写笔迹形成时间经鉴定与形成于2013年3月22日时间样材中手写笔迹形成时间未检出存在明显差异,益德兴公司也提供了《工程合作协议》等证据证明所抵扣的债务真实发生。恒辉公司虽主张廖飞虎与乔毅峰、益德兴公司串通,抵扣的债务系虚假债务,但未能提供证据予以证实,故其该项主张不应支持。2013年3月17日《协议书》约定的抵扣行为不属于《合同法》第九十九条规定的抵销行为,恒辉公司关于依据该法律规定抵扣行为无效的主张,不能成立。《建设工程施工合同解释》第二十六条第二款规定,实际施工人可以以发包人为被告主张权利,发包人只在欠付工程价款范围内对实际施工人承担责任。本案实际施工人廖飞虎与发包人益德兴公司约定以工程款抵扣廖飞虎个人债务的行为,并不违反上述规定,恒辉公司关于该抵扣行为不符合上述规定本意,抵扣无效的主张,亦不能成立。恒辉公司未提供证据证明其投入资金用于案涉工程施工,其因案涉工程被相关法院判令承担债务均发生在抵扣行为之后,且其承担责任后,可以另行依法向廖飞虎追偿,故其关于廖飞虎抵扣工程款的行为损害其合法权益,违背公平原则的主张,无事实依据。案涉工程造价为13721565元,扣除益德兴公司已付恒辉公司工程款205万元,抵扣债务的工程款1000万元,益德兴公司尚须支付恒辉公司工程款1671565元(13721565元 – 205万元 – 1000万元)。

【案例来源】

中国裁判文书网,http://wenshu. court. gov. cn。

088 在个案中,当事人所约定的"预付款"的具体范围,应当结合当事人的具体约定及实际付款情况加以认定

【关键词】

│建设工程│工程价款│预付款│合同解释│

【案件名称】

上诉人四川公路桥梁建设集团有限公司与上诉人包商银行股份有限公司包头富源支行、被上诉人鄂尔多斯市亿能路桥有限公司、内蒙古天骄公路工程有限责任公司建设工程施工合同纠纷案〔最高人民法院（2017）最高法民终 406 号民事判决书，2018.3.26〕

【裁判精要】

最高人民法院认为：

二、关于包商银行富源支行应否对四川路桥公司垫付、超付款项承担连带保证责任的问题

本院认为，《工程协作合同》约定四川路桥公司将其承包的工程部分施工任务交由亿能路桥公司完成，四川路桥公司及亿能路桥公司均具有法定施工资质；而且，根据 2014 年 1 月 19 日签署的《会议纪要》可知，作为发包人的高路公司对于涉案工程分包亦不持异议。因此，《工程协作合同》是四川路桥公司与亿能路桥公司的真实意思表示，且不违反法律、行政法规的强制性规定，合法有效，原审判决认定正确。

《预付款担保》约定包商银行富源支行就四川路桥公司提供给亿能路桥公司的预付款进行担保，并对担保金额、担保期限、承担保证责任的方式等进行了约定。2011 年 9 月 6 日，四川路桥公司向包商银行富源支行出具的《询证函》中，包商银行富源支行出具意见表明"预付款担保为我行出具，合法真实有效"，该函加盖的包商银行富源支行公章经内蒙古慧眼司法鉴定所鉴定为真。此外，包商银行富源支行虽为包商银行的分支机构，但根据包商银行富源支行《企业信用信息公示报告》，包商银行富源支行经营范围包括"提供信用证服务及担保"。故《预付款担保》真实有效，当事人之间成立担保法律关系。包商银行富源支行上诉主张《预付款担保》《询证函》因违法取得且包商银行富源支行缺乏担保资质而无效，缺乏相应事实和证据证明，不能成立。

对于包商银行富源支行承担保证责任的范围，本院认为，工程预付款的本质是为建设工程项目所准备的启动资金，广义上包括了开工预付款、材料预付款等在合同履行、工程施工过程中发包方预先支付给承包方的款项；但就个案而言，是否均在广义上使用此概念，当事人所约定的"预付款"的具体范围，应当结合当事人的具体约定及实际付款情况加以认定。本案中，《预付款担保》载明："根据四川路桥公司京新高速集呼一标项目经理部与亿能路桥公司于 2011 年 8 月 20 日签订的内蒙古自治区韩家营（晋蒙界）至呼和浩特市公路工程土建施工协作合同，亿能路桥公司按约定的金额向发包人提交一份预付款担保，即有权得到四川路桥公司支付相等金额的预付款。我方（包商银行富源支行）愿意就你方（四川路桥公司）提供给亿能路桥公

司的预付款提供担保。"但《预付款担保》并未明确其所称的"预付款"的具体指向，其所依据的《工程协作合同》中涉及预付款担保的内容则仅有第五条第(2)项的约定，即"在亿能路桥公司提供担保的情况下，享受同等额度预付款"。而根据《工程协作合同》约定："十、双方的责任和义务……(二)乙方(即亿能路桥公司)责任和义务。10. 除非本合同另有约定，乙方应对其所有作业内容的实施、完工及与之相关的所有工作内容负责，乙方应承担并履行甲方与业主签订的总承包合同项下的所有义务并严格恪守各项工作程序，保证和保障甲方在本合同中应享有的权利不受损害。"故在《工程协作合同》没有详细具体约定的情况下，对其所涉及的担保的预付款的含义，应结合四川路桥公司与高路公司签订的有关合同的约定加以界定。作为四川路桥公司与高路公司合同组成部分的《内蒙古自治区韩家营(晋蒙界)至呼和浩特公路工程土建施工招标文件》"第二节专用合同条款"17.2.1约定："预付款为开工预付款和材料预付款。具体额度和预付办法如下：(1)开工预付款的金额在项目专用合同条款数据表中约定。在承包人签订了合同协议书并提交了开工预付款保函后，监理人应在当期进度付款证书中向承包人支付开工预付款的70%的价款；在承包人承诺的主要设备进场后，再支付预付款30%。承包人不得将该预付款用于与本工程无关的支出，监理人有权监督承包人对该项费用的使用，如经查实承包人滥用开工预付款，发包人有权立即通过向银行发出通知收回开工预付款保函的方式，将该款收回。(2)材料预付款的金额在项目专用合同条款数据表中约定。"可见，当事人在合同中明确区分了开工预付款和材料预付款，同时也明确开工预付款需要出具保函进行担保，但对于材料预付款则无此担保要求。此外，《预付款担保》中涉及按照进度付款证书抵扣的约定，对于进度付款证书，《内蒙古自治区韩家营(晋蒙界)至呼和浩特公路工程土建施工招标文件》约定："17.3 工程进度付款 17.3.2 进度付款申请单本项补充：承包人应在每月25日向监理人提交进度付款申请单，并附相应的支持性证明文件。17.3.3(2)不适用。"该条紧接第17.2.1条，从上下文看，第17.3.3条中的"(2)"就是指材料预付款。故进度付款证书仅应针对开工预付款，并不包括材料预付款。而《预付款担保》约定"担保有效期自预付款支付给亿能路桥公司起生效，至四川路桥公司签发的进度付款证书说明已完全扣清止"，表明其所称的"预付款"对应的应当是"开工预付款"。

从实际付款情况看，四川路桥公司提交的其加盖了四川路桥公司、亿能路桥公司印章的支付工程款及相应款项的对账单及往来款项统计明细显示：2011年9月10日，收到预付款300万元；2011年9月13日，收到材料预付款1500万元；2011年9月29日，收到材料预付款700万元；2011年9月30日，收到材料预付款1100万元；2011年9月30日，收到材料预付款110万元。此后，再无款项性质为"预付款"的收款记载。该付款情况表明预付款仅为开工时所支付，此后就是根据工程进度支付工程进度款以及根据实际发生情况支付相应的工程款或材料款，与当事人的上述合同约定是吻合的。

因此,综合当事人的上述合同约定及付款事实,《预付款担保》中所称的"预付款"应当是指"开工预付款",即《预付款担保》所担保的对象是开工预付款而不包括材料预付款。原审判决认定《预付款担保》是对工程预付款的一种连续担保行为,并对《预付款担保》第二项进一步解释为"从四川路桥公司支付亿能路桥公司第一笔工程预付款始生效,担保责任至四川路桥公司对亿能路桥公司所完工程量与工程预付款扣清时止",并且未区分开工预付款与材料预付款,系对当事人约定的错误解释,并基于此作出的错误认定,应予纠正。

【案例来源】

中国裁判文书网,http://wenshu. court. gov. cn。

089 对合同所使用的语句、订立的原因、背景与目的进行解释,确定承包人是否有权主张人工费调整差价款

【关键词】

│建设工程│合同解释│人工调整费│

【案件名称】

上诉人浙江东源建设有限公司与被上诉人攀枝花市临亚房地产开发有限公司建设工程施工合同纠纷案〔最高人民法院(2010)民一终字第99号民事判决书,2010.10.30〕

【裁判精要】

裁判摘要:合同是当事人通过合意对其未来事务的安排。但限于交易经验和法律知识的缺乏,当事人不可能对未来发生的所有情况事先都有充分的预见。所以,合同出现某些漏洞或当事人对某些条款产生不同的理解,在所难免。这些问题的存在,直接阻碍了当事人及时对合同的约定作出履行,有的由此引发诉讼。对当事人就合同某些条款理解不一致产生的争议,人民法院应根据《合同法》第一百二十五条之规定,按照合同所使用的语句、合同有关条款、合同目的、交易习惯以及诚实信用原则,确定当事人订立该争议条款的真实意思。

最高人民法院认为:

关于临亚公司应否支付东源公司人工费调整价差款的问题。

在双方当事人对《2007补充协议》约定条款如何理解存在争议的情况下,应根

据《2007 补充协议》内容表述以及订立的原因背景进行综合分析,从而作出正确的认定。

涉案《施工合同》约定了东源公司承包的凤凰工程范围、开工、竣工日期、工程款的支付条件及奖惩等条款。《补充协议》就工程取费标准进行了专门约定,即土建部分执行(2000)定额,其管理费不论企业级别和工程类别取综合费率 22% 包干(包括定额内和定额外),如与(94)定额直接费加综合取费 14.5% 误差超出 ±0.5%,再折算成(2000)定额取费调整,水电气部分、室外工程、安装工程、装饰工程等,取费按土建同比率下浮等。《施工合同》与《补充协议》约定条款,作为《2007 补充协议》第一条内容,双方当事人无异议。但第二条与第四条还约定"双方共同委托造价中心进行工程造价审核。根据(94)定额直接费加综合费率 14.5%(包括定额内与定额外)进行工程造价审核;审核结果为最终计算依据"。

另据查明的案件事实,因东源公司认为造价中心为临亚公司单方委托,对其出具的鉴定结论不予认可,一审法院根据东源公司申请,委托严正公司对工程相关事项予以鉴定。严正公司出具的《鉴定书》载明,作为凤凰工程造价的唯一取价标准,为浙江省(94)定额。

事实表明,双方当事人订立《2007 补充协议》的本意是,《施工合同》约定的东源公司承包凤凰工程的范围、开工、竣工日期、工程款的支付条件及奖惩等条款,依然是《2007 补充协议》订立的基础,而对于工程结算标准的重要依据,双方当事人则特别约定根据(94)定额直接费加综合费率 14.5%(包括定额内与定额外)进行工程造价审核,并以该审核结果为最终计算依据。此为双方当事人平等协商一致的意思表示,内容合法有效,对双方当事人具有约束力。

根据最高人民法院《建设工程施工合同解释》第十六条"当事人对建设工程的计价标准或者计价方法有约定的,按照约定结算工程价款"的规定,(2000)定额、管理站为东源公司出具的《答复》以及管理站发布的(2002)1 号《关于 2002 年人工费调整系数的通知》等文件,均不属于法律及行政法规,不能否定双方当事人签订《2007 补充协议》的效力。一审判决认定《2007 补充协议》为双方当事人最终约定的结算方式,应以此结算方式对凤凰工程价款进行结算,证据充分。东源公司关于按严正公司依据(2000)定额鉴定的人工费调整价差款数额为据,请求临亚公司予以支付的上诉主张,证据不足,不予支持。

【权威解析】

双方当事人对《2007 补充协议》载明的"二、双方委托造价中心根据(94)定额直接费加综合费率 14.5%(包括定额内和定额外)对工程造价审核。材料价格按咨询公司已审定价格为准;四、审核结果为最终结算依据"的条款"理解有争议"。

东源公司认为,《2007 补充协议》约定的取费标准与 2001 年 4 月的《施工合同》

及《补充协议》约定的(2000)定额取费标准一致。因此,临亚公司应当依据(2000)定额取费标准支付人工费调整差价款。临亚公司则认为,《2007 补充协议》变更了2001 年 4 月的《施工合同》及《补充协议》约定的取费标准,且《2007 补充协议》为双方最终达成的结算工程款依据。因此,东源公司请求其支付人工费调整差价款,没有合同依据。

《合同法》第一百二十五条第一款规定:"当事人对合同条款的理解有争议的,应当按照合同所使用的词句、合同的有关条款、合同的目的、交易习惯以及诚实信用原则,确定该条款的真实意思。"本案双方当事人签订的《2007 补偿协议》开篇即明确了该协议订立的原因及目的,即"双方就工程款结算问题再次磋商,根据《2006 补偿协议》内容,协商一致达成如下协议"。该条款除援引了 2001 年 4 月《施工合同》《补充协议》及《2006 补偿协议》,第二、四条还特别约定:"双方委托造价中心根据(94)定额直接费加综合费率 14.5%(包括定额内和定额外)对工程造价审核;审核结果为最终结算依据。"

按照一般人通常的理解进行解释,可以得出这样的结论:第一,《2007 补偿协议》的订立,是双方当事人就工程结算标准协商未果,尤其是人工费调整差价款是否应当作为工程款一部分主张不一的情况下,经过再次磋商达成的协议。第二,《2007 补偿协议》订立的目的就是解决工程造价依(94)定额还是依(2000)定额结算的问题。第三,《2007 补偿协议》为双方商定的结算工程款的最终依据,无论市场变化与否,双方均应遵守履行。第四,《2007 补偿协议》中增加的根据(94)定额直接费加综合费率 14.5%(包括定额内与定额外)进行工程造价审核,并以该审核结果为最终计算依据之特别条款,其效力应当优先于合同与协议约定的一般条款的效力。如果分合同规定的是总合同的例外和特殊情况,当分合同条款与总合同条款的意思不一致时,分合同条款优先。

本案另据查明的事实,一审法院基于东源公司的申请,委托严正公司对凤凰小区工程相关事项予以鉴定。(94)定额依然是严正公司对凤凰工程造价取价的唯一标准。事实证明,(94)定额作为凤凰工程造价唯一的取价标准和《2007 补充协议》约定的工程结算依据,为双方当事人平等协商后确定的合意。《2007 补充协议》合法有效,双方当事人理应遵守履行。

综上,最高人民法院根据《合同法》第一百二十五条规定的合同解释原则,结合《2007 补偿协议》所使用的语句、订立的原因、背景与目的进行解释,终审判决"双方当事人订立《2007 补偿协议》的本意是,《施工合同》约定的东源公司承包凤凰工程的范围、开工、竣工日期、工程款的支付条件及奖惩等条款,依然是《2007 补充协议》订立的基础,而对于工程结算标准的重要依据,双方当事人则特别约定根据(94)定额直接费加综合费率 14.5%(包括定额内与定额外)进行工程造价审核,并以该审核结果为最终计算依据。此为双方当事人平等协商一致的意思表示,内容合法有效,对双方当事人具有约束力"。①

【案例来源】

最高人民法院民事审判第一庭编:《民事审判指导与参考》(总第45辑),人民法院出版社2011年版,第179~180页。

---

① 参见张雅芬:《依据〈合同法〉第一百二十五条规定的合同解释原则,探究当事人对合同条款的理解之真意——浙江东源建设有限公司与攀枝花市临亚房地产开发有限公司建设工程施工合同纠纷上诉案》,载最高人民法院民事审判第一庭编:《民事审判指导与参考》(总第45辑),人民法院出版社2011年版,第181~184页。

二、当事人达成结算协议

090 双方当事人诉前达成的结算协议，原则上应当作为结算工程款的依据

【关键词】

│建设工程│工程价款│结算协议│

【案件名称】

上诉人云南今玉房地产有限公司与被上诉人中建四局第五建筑工程有限公司以及一审被告云南锡业房地产开发经营有限公司、昆明林海云霄房地产开发有限公司、姜中云建设工程施工合同纠纷案［最高人民法院（2016）最高法民终253号民事判决书，2016.6.30］

【裁判精要】

最高人民法院认为：

（一）关于涉案工程是否具备支付工程款条件问题

本院认为，中建四局五公司作为涉案工程承包方，按照与今玉房地产公司签订的两份《建设工程施工合同》的约定，完成了涉案A、B区工程的施工任务，并于2013年12月2日，与今玉房地产公司签订了《玉水金岸·水云间A、B区结算协议》《玉水金岸·水云间A、B区结算备忘录》，均确认中建四局五公司承建的A、B区工程的结算价为11.2亿元。上述协议内容不违反法律禁止性规定，是当事人真实意思表示，合法有效。今玉房地产公司虽主张《玉水金岸·水云间A、B区结算协议》不是其真实意思表示、姜中云签订《玉水金岸·水云间A、B区结算协议》的行为未经该公司授权无效，但其结算协议上不仅有姜中云签字，亦加盖有今玉房地产公司公章。姜中云是否经过今玉房地产公司授权签订协议是该公司内部管理问题，不能否定今玉房地产公司在结算协议上加盖公章对外产生的法律拘束力。二审审理期间，今玉房地产公司以新证据为由提供的该公司法定代表人变更情况说明、用章登记等证据不能证明《玉水金岸·水云间A、B区结算协议》是中建四局五公司胁迫所为。今玉房地产公司关于《玉水金岸·水云间A、B区结算协议》不是其真实意思表示、协议无效的主张缺乏事实依据和法律依据，本院不予支持。

关于涉案工程质量问题。2013年6月28日，由建设单位今玉房地产公司、设计

单位云南天怡建筑设计有限公司、监理单位玉溪市工程建设监理有限责任公司、施工单位中建四局五公司以及质检部门玉溪市质量监督管理站共同组成验收组对涉案 A、B 区工程实体质量进行检查,其出具的《工程初验报告》载明,涉案工程实体质量基本符合设计要求和规范规定,同意工程通过初验。且在工程初验之前,涉案工程亦分别于 2012 年 1 月 12 日、12 月 6 日通过了基础分部、主体结构工程的验收。涉案工程虽未进行最终的竣工验收,但在 2013 年 3 月 8 日,今玉房地产公司即在《玉溪日报》发布《交房公告》,载明涉案 A、B 区房屋已经具备交房条件,要求购房的业主在 2013 年 3 月 31 日至 2013 年 5 月 28 日陆续按栋交房,后今玉房地产公司亦将房屋交付使用。一审判决依照《建设工程施工合同解释》第十三条"建设工程未经竣工验收,发包人擅自使用后,又以使用部分质量不符合约定为由主张权利的,不予支持"的规定,对今玉房地产公司以涉案工程存在质量问题为由拒付 A、B 区工程款的主张不予支持,并无不当。今玉房地产公司关于涉案工程不具备付款条件的主张缺乏事实与法律依据,本院不予支持。

【案例来源】

中国裁判文书网,http://wenshu. court. gov. cn。

编者说明

最高人民法院《建设工程施工合同解释(二)》第十二条规定:"当事人在诉讼前已经对建设工程价款结算达成协议,诉讼中一方当事人申请对工程造价进行鉴定的,人民法院不予准许。"当事人在诉讼前已经达成工程价款结算协议,说明双方均已认可结算方式和结算金额,诉讼中一方又申请工程造价鉴定以推翻之前的认可,既没有必要,也有违诚实信用原则,人民法院不应予以准许。

091 当事人在诉讼中达成的结算协议应当作为建设工程价款的结算依据

【关键词】

│建设工程│工程价款│结算│

【案件名称】

上诉人连云港市远通房地产开发有限公司与被上诉人江苏南通二建集团有限公司建设工程施工合同纠纷案[最高人民法院(2017)最高法民终 20 号民事判决书,2017.4.17]

【裁判精要】

裁判摘要:建设工程施工合同纠纷案件中,双方当事人庭外自行委托第三方对工程价款进行审计并出具审计报告,经双方共同确认的,应视为双方对工程价款达成了结算协议,一方反悔但未能提供证据证明该结算协议存在无效或可撤销情形的,人民法院不应支持。①

最高人民法院认为:

(四)关于德晖公司出具的工程结算审计报告能否作为案涉工程价款结算依据

一审诉讼前,远通公司已委托德晖公司对案涉工程节点进度款进行审核。一审诉讼中,南通二建申请对案涉工程造价进行鉴定,一审法院依法委托江苏中恒工程造价咨询有限公司对案涉工程造价进行鉴定。在鉴定过程中,远通公司、南通二建又与德晖公司自行签订《江苏省建设工程造价咨询合同》,共同委托德晖公司对案涉工程造价进行结算审核。同时,南通二建向一审法院撤回了工程造价鉴定申请。因德晖公司是工程造价咨询乙级企业,不具有对案涉工程进行造价审核的资质等级,一审法院专门就此向远通公司、南通二建进行了释明,双方承诺不就德晖公司资质问题提异议。德晖公司出具案涉工程结算审计报告后,双方在该报告的工程结算审定单上签字、盖章予以确认。该工程结算审定单,是双方在德晖公司对工程造价进行审核的基础上,对案涉工程价款达成的结算协议,系双方的真实意思表示,不违反法律规定,双方应当依此结算工程价款。在签订结算协议后,远通公司又出尔反尔,以德晖公司不具有对案涉工程进行造价审核的资质等级为由,主张其出具的咨询报告不能作为结算依据。一审法院对其该项主张不予支持,并无不当。

现远通公司上诉再次提出德晖公司不具备资质等级,其出具的咨询报告不能作为结算依据的意见,本院不予采纳。德晖公司对案涉工程造价进行审核并出具审计报告,系基于远通公司与南通二建的共同委托,并非一审法院委托,不属于司法鉴定,故远通公司关于德晖公司出具审计报告未进行现场勘验,违反司法鉴定程序规范的上诉理由,不能成立。远通公司二审时提交了德晖公司出具的《东方海逸豪园项目工程造价咨询情况说明》《关于东方海逸豪园项目工程造价咨询情况的补充说明》,证明德晖公司此前出具的工程结算审计报告内容有误,不能作为工程价款结算依据,但该两份说明系德晖公司应远通公司单方要求而作出,德晖公司作出说明前并未组织双方当事人对说明中调整的价款进行核算、确认,两份说明上亦无审核案涉工程造价的注册造价工程师的签字或盖章,且对核减工程价款亦未提出明确可信

---

① 参见最高人民法院第三巡回法庭编著:《最高人民法院第三巡回法庭新型民商事案件理解与适用》,中国法制出版社 2019 年版,第 403 页。

的依据。因此,该两份说明不能推翻双方此前达成的结算协议。对远通公司的该项主张,本院不予支持。

远通公司二审时申请证人徐某出庭,证明德晖公司出具的工程结算审计报告有错,但徐某无注册造价工程师资质,并非德晖公司、远通公司或南通二建的工作人员,且其也未参加案涉工程造价审核,本院对其证言不予采信。

【案例来源】

中国裁判文书网,http://wenshu.court.gov.cn。

编者说明

《建设工程施工合同解释(二)》第十三条规定:"当事人在诉讼前共同委托有关机构、人员对建设工程造价出具咨询意见,诉讼中一方当事人不认可该咨询意见申请鉴定的,人民法院应予准许,但双方当事人明确表示受该咨询意见约束的除外。"该条规定明确了以下两点:(1)诉讼前共同委托造价的咨询意见与诉讼中一方申请鉴定的关系。诉讼前共同委托造价的咨询意见,是作为受托人的咨询机构接受委托,按照约定向作为委托人的当事人交付的工作成果。鉴于咨询意见的委托人是当事人,不是司法机关或仲裁机构,咨询意见属于委托合同中受托人完成的工作成果,其与鉴定意见不可以直接替代,不能仅以有咨询意见为由,剥夺当事人申请鉴定的程序权利。(2)有例外情形。双方当事人已接受该咨询意见结果,认可该咨询意见作为证据具有的真实性、合法性、关联性的,事后当事人一方再申请鉴定,意图推翻其之前的自认,基于诚实信用原则,人民法院应当认定鉴定没有意义,对其鉴定申请不予准许。

092 合同解释应当结合双方当事人约定的具体内容与案件的实际情况综合作出认定

【关键词】

| 建设工程 | 合同解释 | 工程价款 | 结算 |

【案件名称】

上诉人沈阳溢利房地产开发有限公司与被上诉人中国建筑第六工程局有限公司建设工程施工合同纠纷案 [最高人民法院(2013)民一终字第168号民事判决书,2013.12.20]

【裁判精要】

裁判摘要:合同的解释应当结合双方当事人约定的具体内容与案件的实际情况

综合作出认定。法官对于合同的解释不能偏离双方当事人订立合同时真实的意思表示。当事人对合同的理解有争议的,应当按照合同所使用的词句、合同的有关条款、合同的目的、交易习惯以及诚实信用原则,确定该条款的真实意思。

最高人民法院认为:

一、关于一审判决认定溢利公司欠付中建六局工程款及利息是否正确的问题

这一问题包括涉案《竣工结算确认书》中的结算价款是中建六局实际施工的工程量价款,还是建设工程施工合同中约定的全部工程量价款,以及一审判决对于其他应扣减项目的认定是否正确。

(一)涉案《竣工结算确认书》中的结算价款是中建六局实际施工的工程量价款,还是建设工程施工合同中约定的全部工程量价款

2010 年 12 月 21 日,双方当事人签订《竣工结算确认书》,明确双方同意达成最终结算意见,即涉案工程总造价确认为 120150000 元;就中建六局承包的建设工程的造价结算,双方不再另行增加任何费用;上述总造价作为本工程最终结算价款;该款尚未扣减甲供材、甲方垫付工程款等;上述应扣减项目尚需双方继续核对。《竣工结算确认书》中约定的内容,是双方当事人真实意思的表示,且不违反法律的禁止性规定,应当认定该《竣工结算确认书》有效。涉案《竣工结算确认书》是双方当事人对于涉案工程造价的最终确认。双方对于涉案工程价款应扣减的项目约定得很明确,即甲供材与甲方垫付工程款等,并不包括甲方外委分包项目。且从常理看,《竣工结算确认书》是在中建六局结束施工已近两年之后签订,若溢利公司应当给付中建六局的工程款中包括 7800 余万元的其他外委分包项目,则应在该《竣工结算确认书中》注明。另,按照溢利公司的主张,扣减 7800 万元后涉案工程造价每平方米仅为 400 余元,亦不符合常理。故溢利公司主张涉案工程《竣工结算确认书》中确认的工程价款包含其外委分包项目,缺乏依据,本院不予支持。

(二)一审判决对于其他应扣减项目的认定是否正确

溢利公司主张,其应支付的工程款中还应扣减冯河商品房抵扣工程款 1035100元、溢利公司车辆抵扣 238 万元、材料款 1421127.98 元、罚款 480360 元以及啤酒款5320 元。从双方抵房协议约定的内容看,抵顶工程款的商品房应按每平方米 5000元计算,冯河领取的房屋面积为 94.1 平方米,故一审认定冯河领取的房屋应抵顶工程款 470500 元并无不当。因针对车辆双方并不存在抵扣工程款的协议,故溢利公司主张车辆抵扣工程款缺乏依据,本院不予支持。关于材料款 1421127.98 元、罚款480360 元以及啤酒款 5320 元,由于上述款项中建六局不予认可,是否为本案工程所支付,以及是否用于中建六局,溢利公司均未提供证据加以证明,且从本案查明的事实看,对于有中建六局签字确认的款项一审法院均已予以扣减。故一审判决对于其他应扣减项目的认定并无不当。

综上,溢利公司主张并不拖欠中建六局工程款缺乏依据。一审判令溢利公司支付中建六局工程款及利息并无不当。

【权威解析】

本案的核心问题是如何理解双方之间签订的竣工结算确认书中所确认的工程的范围。2010年12月21日,双方当事人签订《关于沈阳金碧辉煌国际俱乐部工程竣工结算确认书》,明确双方同意达成最终结算意见,即涉案工程总造价确认为120150000元;就中建六局承包的建设工程的造价结算,双方不再另行增加任何费用;上述总造价作为本工程最终结算价款;该款尚未扣减甲供材、甲方垫付工程款等;上述应扣减项目尚需双方继续核对。中建六局认为竣工结算书确定的工程款数额仅仅是中建六局施工的工程价款的数额,而溢利公司认为这当中包括了溢利公司外委分包项目的工程款的数额。

对于决算确认书中确认的工程造价是否包括外委分包项目,合同中没有明确规定。当事人对合同的理解有争议的,应当按照合同所使用的词句、合同的有关条款、合同的目的、交易习惯以及诚实信用原则,确定该条款的真实意思。本案涉案工程已经施工完毕并投入使用,涉案工程造价中建六局申报的为1.5亿元,双方所签订的竣工结算确认书的工程造价为1.2亿元。在中建六局完成施工后近两年之后,双方签订的竣工结算确认书,不太可能不包括外委分包项目。而且从竣工结算书约定的内容看,双方明确约定了不包括甲供材、甲方垫付工程款,并未注明不包括外委分包项目。且从常理看,确认书是在中建六局结束施工已近两年之后签订,若7800余万元的项目不包括甲方应当给付的工程款中,应在确认书中予以注明。故溢利公司主张涉案工程竣工结算确认书中确认的工程价款包含其外委发包项目,缺乏依据。合同的解释应当结合双方当事人约定的具体内容与案件的实际情况综合作出认定。法官对于合同的解释不能偏离双方当事人订立合同时真实的意思表示。当事人对合同的理解有争议的,应当按照合同所使用的词句、合同的有关条款、合同的目的、交易习惯以及诚实信用原则,确定该条款的真实意思。①

【案例来源】

中国裁判文书网,http://wenshu. court. gov. cn;最高人民法院民事审判第一庭编:《民事审判指导与参考》(总第59辑),人民法院出版社2015年版,第159~160页。

---

① 参见王毓莹:《合同的解释应当结合双方当事人约定的具体内容与案件的实际情况——辽宁省沈阳溢利房地产开发有限公司与中国建筑第六工程局有限公司施工合同纠纷案》,载最高人民法院民事审判第一庭编:《民事审判指导与参考》(总第59辑),人民法院出版社2015年版,第161~162页。

093 合同约定协议自三方签字盖章之日起生效，一般可以理解为签字或盖章后协议即属生效，而非必须同时具备签字与盖章两个条件后协议方生效力

【关键词】

| 建设工程 | 合同解释 | 签字 | 盖章 |

【案件名称】

上诉人黄进涛、北京建工集团有限责任公司与被上诉人海口明光旅游发展有限公司、海口明光大酒店有限公司、北京建工集团有限责任公司海南分公司建设工程施工合同纠纷案［最高人民法院（2018）最高法民终611号民事判决书，2018.12.25］

【裁判精要】

最高人民法院认为：

（三）《停工前工程结算协议》是否生效

2001年4月25日,北建海南分公司向海南省建设厅去函称黄进涛为该公司一分公司经理、明光大酒店项目经理,明光旅游公司盖章证明情况属实。2001年8月30日、2002年4月27日,北建海南分公司先后去函黄进涛,亦称其为第一分公司经理或涉案工程经理。原审法院由此认定北建海南分公司认可黄进涛为其涉案工程停工前的项目经理,具有事实依据。黄进涛既是涉案工程实际施工人,亦是北建海南分公司项目经理,其与明光旅游公司、明光酒店公司签订《停工前工程结算协议》,不违反法律规定。《停工前工程结算协议》第五条约定,协议自三方签字盖章之日起生效。前述约定一般可以理解为签字或盖章后协议即属生效,而非必须同时具备签字与盖章两个条件后协议方生效力。因此,原审判决基于黄进涛其时身份及其签字行为认定《停工前工程结算协议》已经生效,并无不当。北京建工仅从前述协议条款表述的词语文字组合关系,即分析主张协议必须签字并加盖公章后方才生效,并由此主张《停工前工程结算协议》尚未生效,协议确认的工程欠款数额故而不足采信,理据不足。在缺乏充分证据证明前述协议确认的工程欠款数额存有错误的情况下,原审判决据以认定停工前工程欠款数额,符合法律规定。

【案例来源】

中国裁判文书网,http://wenshu.court.gov.cn。

三、发包人逾期不结算

094 合同约定"甲方逾期审核的，视为认可承包方提交的结算文件"，约定有效

【关键词】

│建设工程│工程价款│结算│

【案件名称】

上诉人东建建设集团有限公司与上诉人青海景洲房地产开发有限公司、江西景洲实业有限公司、艾卫平及被上诉人青海景洲房地产开发有限公司共和分公司建设工程施工合同纠纷案［最高人民法院（2018）最高法民终915号民事判决书，2018.10.30］

【裁判精要】

最高人民法院认为：

（一）关于一审判决对案涉工程款的认定是否正确，案涉《工程结算书》能否作为认定工程总价款的依据，质保金应否在本案中一并支付的问题

根据本案查明事实，双方签订的案涉《一期补充协议》《二期补充协议》均在4.3条"竣工结算工程价款的支付"中约定，"本工程经验收进行结算，工程价款的支付甲方从竣工验收合格日起45天内完成审核，逾期视为甲方同意按乙方申报的竣工结算款作为工程总价款……";5.1条"竣工验收"中约定，"乙方承包范围内工程具备竣工验收条件，乙方按国家工程竣工验收有关规定，向甲方提供竣工验收报告和竣工结算文件。甲方收到竣工验收报告后6天内组织有关单位验收，逾期不验或建设单位自行投入使用视为同意接收该工程并按结算程序4.3条执行"。经查，2016年9月8日，青海景洲公司在案涉工程未经竣工验收的情况下投入使用，应视为工程已竣工交付，且符合按照合同4.3条进行结算的条件。2016年9月30日，建设、施工、设计、监理四方又分别在《单位工程质量竣工验收记录》《分部工程验收记录》上签字确认案涉工程质量合格。对此，双方均无异议。从上述事实来看，本案工程一是建设方青海景洲公司已实际使用工程，二是已经通过竣工验收合格，故已具备工程结算和支付工程款的条件。因此，东建公司于2016年12月2日向青海景洲公司提交《工程结算书》后，青海景洲公司应按约在45天内完成对《工程结算书》的审核义务，否则，视为青海景洲公司同意按东建公司申报的竣工结算款作为工程总价

款。但直至东建公司于 2017 年 11 月 17 日起诉之日止,青海景洲公司仍未履行审核义务。由于青海景洲公司在约定的期间未向东建公司反馈审核意见,应视为其同意按东建公司提交的结算款作为工程总价款的结算依据,故一审判决将《工程结算书》作为本案工程总价款的定案依据,并无不当。

青海景洲公司主张东建公司提交的《工程结算书》工程造价计算错误,其中包含:(1)《工程结算书》减层面积未予扣减;(2)工程未验收合格不具备结算审核的条件;(3)《工程结算书》计价标准与合同约定不符。第一,关于减层面积问题,由于青海景洲公司未能对《工程结算书》中哪些内容属减层部分的工程量及工程价款予以明确指出,亦未提交其他有效证据证明结算造价中包含减层面积的造价,故该主张本院不予采纳。虽青海景洲公司在二审期间提出对案涉工程造价进行鉴定的申请,由于双方对工程款的结算和支付有合同约定,应按照合同约定进行结算,没有进行鉴定的必要性;此外,案涉工程已实际使用多年,不再具备鉴定的可能性,因此本院亦不予准许。第二,关于是否具备结算审核条件的问题,青海景洲公司以《建设工程质量管理条例》第十六条规定为依据,认为案涉工程不符合竣工验收条件,亦不具备结算审核条件。本院认为,案涉工程经建设、施工、监理三方召开竣工验收会议,并形成会议纪要。根据会议纪要记载,各单位分组对本工程所有项目进行了实地检查,并与设计单位共同在《单位工程质量验收记录》上签字盖章。上述验收过程表明案涉工程的竣工验收程序符合《建设工程质量管理条例》第十六条关于建设工程项目竣工验收的程序性规范要求,并已验收合格,案涉工程已具备结算审核的条件,故青海景洲公司的该上诉理由不能成立,本院不予采纳。第三,关于计价标准问题,由于青海景洲公司在合同约定的期间未履行结算审核义务,根据合同约定,视为青海景洲公司同意按照东建公司所提交的《工程结算书》确定的竣工结算款作为案涉工程总价款;同理,亦应视为其同意按《工程结算书》所确定的计价标准计算竣工结算款。故青海景洲公司的该上诉理由,本院亦不予采纳。

【案例来源】

中国裁判文书网,http://wenshu.court.gov.cn。

编者说明

《建设工程施工合同解释》第二十条规定:"当事人约定,发包人收到竣工结算文件后,在约定期限内不予答复,视为认可竣工结算文件的,按照约定处理。承包人请求按照竣工结算文件结算工程价款的,应予支持。"该条规定的理由是:一般情况下,应当按照合同约定结算工程价款,工程经竣工验收合格后,双方就应当结算。结算中,一般先由承包人提交竣工结算报告,由发包人审核。而有的发包人收到承包人提交的工程结算文件后迟迟不予答复或者根本不予答复,以达到拖欠或者不支付工程价款的目的。这种行为严重侵害了承包人的合法权益。为了制止这种不法行为,建设部《建筑工程施工发包与承包计价管理办法》第十六条规定,发包人应当在收到竣工结算文件后的约定期限内予以答复。逾期未答复的,竣工结算文件视为已被认可。合同对答复期限没有明确约定的,可认为约定期限均为 28 日。这条规定对制止发包人无正当理由拖欠工程款的不法行为,保护承包人的合法权益发挥了很大作用。为了更好地约束双方当事人,使这条规定更具有可操作性,该条司法解释明确规定,当事人约定,发包人收到竣工结算文件后,在约定期限内不予答复,视为认可竣工结算文件的,按照约定处理。承包人请求按照竣工结算文件结算工程价款的,应予支持,体现了充分尊重合同当事人约定的原则。①

《最高人民法院关于发包人收到承包人竣工结算文件后,在约定期限内不予答复,是否视为认可竣工结算文件的复函》(2006 年 4 月 25 日,〔2005〕民一他字第 23 号)进一步明确:"适用该司法解释第二十条的前提条件是当事人之间约定了发包人收到竣工结算文件后,在约定期限内不予答复,则视为认可竣工结算文件。承包人提交的竣工结算文件可以作为工程款结算的依据。建设部制定的建设工程施工合同格式文本中的通用条款第 33 条第 3 款的规定,不能简单地推论出,双方当事人具有发包人收到竣工结算文件一定期限内不予答复,则视为认可承包人提交的竣工结算文件的一致意思表示,承包人提交的竣工结算文件不能作为工程款结算的依据。"这是因为:(1)司法解释第二十条明确,如果当事人在合同中约定了发包人一定的审核竣工结算文件期限,在该期限内没有答复视为认可该结算文件,则该约定对双方当事人具有约束力。即视为发包人认可竣工结算文件的前提条件是当事人之间的约定,如果当事人在有关专用条款中没有进行特别约定,则不能适用该条规定。(2)承包人提出的竣工结算文件是其单方计算出来的,没有经过发包人的核实审查。一般情况下,从施工惯例来看,承包方的报价都可能有一定的水分,大约高出实际工程价款的 10% ~20%,如果不经发包人审核,只要发包人收到竣工报告后在一定期限内不答复就一律视为发包人认可竣工结算文件,势必会带来不公平的后果,损害发包人一方的权益。(3)建设部《建设工程施工发包与承包计价管理办法》只是部颁规章,不宜作为法院审理有关建设工程施工合同纠纷案件的依据。通用条款第 33 条第 3 款也只是规定了发包人从第 29 天起承担拖欠工程款利息的责任,并不意味着发包人认可承包人提交的竣工结算文件,两者不能相提并论。对通用条款第 33 条第 3 款的理解不能作扩大的解释,字面上没有表示出来的意思,不宜进行推论。"逾期不予答复"等于"认可结算报告"的推论有失严谨,不利于平等保护承包方与发包方的合法权益。②

需要注意的是,履行催告不属于需要承包人履行的义务问题。在建设工程施工合同格式条款中,催告行为是与产生付款并承担相应工程款利息,在施工合同中是被同时规定的,

---

① 参见《依法保护当事人权益,促进建筑市场健康发展——最高人民法院有关负责人就〈关于审理建设工程施工合同纠纷案件适用法律问题的解释〉答记者问》,载最高人民法院民事审判第一庭编著:《最高人民法院建设工程施工合同司法解释的理解与适用》,人民法院出版社 2015 年版,第 11 页。

② 参见吴晓芳:《〈关于发包人收到承包人竣工结算文件后,在约定期限内不予答复,是否视为认可竣工结算文件的复函〉的解读》,载最高人民法院民事审判第一庭编:《民事审判指导与参考》(总第 28 集),法律出版社 2007 年版,第 44 页。

也就是说,承包人向发包人进行催告并不是产生结算依据的前置程序,不是一个必经程序,发包人不得以承包人没有进行催告而提出抗辩,故没有必要将催告作为承包人应当履行的义务和确定结算依据的一个环节。因此,《建设工程施工合同解释》第二十条没有规定催告作为确定结算依据的前置程序。

095 当事人约定,发包人收到竣工结算文件后,在约定期限内不予答复,视为认可竣工结算文件的,按照约定处理

【关键词】

│建设工程│工程价款│竣工结算审核│

【案件名称】

再审申请人北京市建筑装饰设计工程有限公司与被申请人周口欣欣置业有限公司装饰装修合同纠纷案[最高人民法院(2013)民提字第128号民事判决书,2014.4.9]

【裁判精要】

最高人民法院认为:

一、关于马德洲的代理权限及周口欣欣公司是否签收了本案工程竣工决算报告的问题

原二审判决认定马德洲并非建设施工合同约定的周口欣欣公司派驻工地的代表,且2006年3月27日监理例会会议纪要上虽载明竣工报告由马德洲负责,但马德洲系代表项城市建设公司参加会议,会议纪要并未明确竣工报告是指土建还是讼争装饰工程,且之后项城市建设委员会建设工程竣工验收备案办公室2006年6月20日向周口欣欣公司出具了项城市房屋建筑工程和市政基础设施工程竣工验收备案证书,故马德洲无权代表周口欣欣公司签收竣工决算报告。本院审理认为,二审判决的上述认定与事实不符,理由如下:

虽然建设施工合同约定发包商派驻工地的工程师孙石负责水电安装工程,刘锐负责装饰工程,马三奇负责水电安装和装饰工程的签证审核,但实际上马德洲行使了广泛的业主权利,其具有业主授权的代表身份。2005年7月2日德银购物广场项目部发给各施工单位的通知载明:根据业主要求,成立临时质量检查督导小组,由业主代表马德洲任组长。周口欣欣公司系讼争工程的业主和发包单位,据此可以认定马德洲系周口欣欣公司在讼争工程的代表。作为认定工程造价重要依据的工作确认单、工程量确认单等文件,马德洲以"业主现场代表"身份签字40多份,并且其还代表周口欣欣公司在《北京市建筑装饰设计工程公司德银项目经营部往来文函登记》上签字30多份,上述函件的内容涉及工程质量、进度、现场管理、竣工图纸、决算

报告等各方面情况。马德洲的上述签字行为贯穿了讼争工程建设的始终。上述事实足以表明马德洲虽非建设施工合同约定的驻工地代表，但其一直代表周口欣欣公司履行工程派驻工地代表应履行的职责。2006 年 3 月 27 日监理例会，马德洲虽以项城市建设公司名义参加，但马德洲同时还是周口欣欣公司的代表，该例会决定由马德洲负责竣工报告，没有特殊强调是指土建工程报告，实质上是指整个工程的竣工报告，之后的事实也充分印证了这次例会的决定。同年 5 月 15 日，北京装饰公司向周口欣欣公司发出部函字（2006）第 05 号《关于一至三层工程完工移交说明的函》，马德洲代表周口欣欣公司签收。同年 12 月 30 日，马德洲代表周口欣欣公司还签收了北京装饰公司关于工程的竣工资料和相关报告文件。2007 年 1 月 13 日，周口欣欣公司以通知的形式就上述文件向北京装饰公司作出回应，亦证明周口欣欣公司对于马德洲代表该公司的签收行为是认可的。同年 1 月 15 日马德洲代表周口欣欣公司签收了北京装饰公司向其发出的（2007）第 03 号回复函、关于报审竣工决算书的函和工程决算报告。对于马德洲代表周口欣欣公司行使的上述签收行为，周口欣欣公司均没有提出过异议。综上，马德洲有权代表周口欣欣公司签收竣工决算报告，周口欣欣公司对其签收行为亦予以了认可。

二、关于北京装饰公司以工程竣工决算报告主张本案工程款是否有事实和法律依据的问题

本案所涉工程竣工后，未经验收，周口欣欣公司即提前使用（德银购物广场 1、2、3、7 层于 2005 年 12 月 29 日竣工，周口欣欣公司于同年 12 月 30 日未经验收即投入使用；4 层、5 层、6 层分别于 2006 年 10 月 10 日、10 月 29 日、12 月 29 日竣工，周口欣欣公司亦未经验收即已使用）。根据双方所签合同专用条款第 47.5.3 条的规定，"未办理验收手续，发包商提前使用或擅自动用的部分视为已经验收的合格工程，若造成损失时应由发包商负责并承担损失"。《建设工程施工合同解释》第十四条第（三）项亦明确规定"建设工程未经竣工验收，发包人擅自使用的，以转移占有建设工程之日为竣工日期"。因此，应认定本案所涉工程属于竣工合格工程，且竣工日期应为周口欣欣公司开始使用之日。该建筑装修后，最后一层投入使用的时间是 2006 年 12 月 29 日，应为整个工程的竣工日期。

在每部分工程竣工后，北京装饰公司均向周口欣欣公司递交了竣工资料。2007 年 1 月 15 日北京装饰公司向周口欣欣公司报送了竣工决算书，在合同约定的 28 天异议期内周口欣欣公司未提出任何异议。根据《施工合同》第二部分"通用条款"第 33.3 条约定，周口欣欣公司收到竣工结算报告及结算资料后 28 天内无正当理由不支付工程竣工结算价款，其应从第 29 天起按同期银行贷款利率向北京装饰公司支付拖欠工程价款的利息，并承担违约责任。同时，依据该合同第三部分"专用条款"第 35.1 条的约定，该合同"通用条款"第 33.3 条约定周口欣欣公司违约应承担的违约责任：未按约定时间办理竣工结算，逾期视为北京装饰公司的结算价款已得到周

口欣欣公司的认可。《建设工程施工合同解释》第二十条亦明确规定："当事人约定,发包人收到竣工结算文件后,在约定期限内不予答复,视为认可竣工结算文件的,按照约定处理。承包人请求按照竣工结算文件结算工程价款的,应予支持。"综上,北京装饰公司主张不认可鉴定结果,并认为其违背了当事人的真实意思、合同约定及法律规定,本院予以支持。原驻马店市中级人民法院一审判决依据竣工决算报告确定 30095103 元工程价款并无不当。因此,本案再审申请人北京装饰公司提出的应按照竣工决算报告确定的 30095103 元工程价款进行结算的请求,证据充分,法律依据明确,应予支持。

【权威解析】

从本案查明的事实看,周口欣欣公司未经验收即将讼争工程投入使用,根据双方所签合同专用条款第 47.5.3 条的规定,"未办理验收手续,发包商提前使用或擅自动用的部分视为已经验收的合格工程,若造成损失时应由发包商负责并承担损失"。《建设工程施工合同解释》第十四条第(三)项规定:"建设工程未经竣工验收,发包人擅自使用的,以转移占有建设工程之日为竣工日期。"故应认定 2006 年 12 月 29 日为工程竣工日期。周口欣欣公司辩称其未对工程进行验收,双方尚处于验收阶段,验收未予完成因此不予结算的理由不能成立。其在收到竣工决算报告后,既未在合同条款规定的 28 天期限内对竣工决算报告提出异议,又未办理竣工结算。根据《施工合同》通用条款第 33.3 条约定:周口欣欣公司收到竣工结算报告及结算资料后 28 天内无正当理由不支付工程竣工结算价款,从第 29 天起按同期银行贷款利率向北京装饰公司支付拖欠工程价款的利息,并承担违约责任。合同专用条款第 35.1 条约定:本合同通用条款第 33.3 条约定周口欣欣公司违约应承担的违约责任:未按约定时间办理竣工结算,逾期视为北京装饰公司的结算价款已得到周口欣欣公司的认可。《建设工程施工合同解释》第二十条规定:"当事人约定,发包人收到竣工结算文件后,在约定期限内不予答复,视为认可竣工结算文件的,按照约定处理。承包人请求按照竣工结算文件结算工程价款的,应予支持。"涉案工程的竣工和周口欣欣公司的使用情况,双方合同中对于周口欣欣公司接收竣工报告 28 天后不支付工程款违约责任的专门约定,以及最高人民法院的司法解释等,从事实和法律上构成一个完整契合的链条,故最高人民法院判决以北京装饰公司的竣工决算报告确定本案的工程价款。2004 年 10 月财政部、建设部发布的《建设工程价款结算暂行办法》(以下简称《办法》)对于工程价款结算问题亦有明确规定,其第十一条规定工程价款结算应按合同约定办理,合同未作约定或约定不明的,按有关规定处理。其第十四条第(三)项规定了工程竣工结算报告的审查期限:"单项工程竣工后,承包人应在提交竣工验收报告的同时,向发包人递交竣工结算报告及完整的结算资料,发包人应按以下规定时限进行核对(审查)并提出审查意见……"该《办法》按单项工程竣工结算报告的金额分别规定了不同的审查时限,并规定了总竣工结算报告的审查时限。该《办法》第十四条第(四)项规定:"发包人收到承包人递交的竣工结算报告及完整的结算资料后,应按本办法规定的期限(合同约定有期限的,从其约定)进行核实,给予确认或提出修改意见……"该《办法》第十六条第一款规定:"发包人收到竣工结算报告及完整的结算资料后,在本办法规定或合同约定期限内,对结算报告及资料没有提出意见,则视同认可。"本案关于工程价款的问题,不仅合同中有通用条款,而且对违约责任有专用条款的特别约定,此约定符合部门规章的规定。28天的异议和审查期限的约定非常明确,不存在模糊和含糊不清的问题,应按合同的约定处理。从民法学角度而言,当事人的约定体现了当事人的意思自治,法律对当事人的意思自治给予认可,符合民法的精神和对契约的尊重。从经济学角度而言,意思自治理念是以理性人假设为前提,个体根据自身利益最大化原则进行某种行为,在实现个体利益最大化同时实现社会整体利益的最大化。当事人在法律允许范围内基于意思自治所形成的契约具有当然的约束效力,当事人违反契约,应承担法律上的违约责任,所谓"承诺即应担当"。

对于本案工程价款的确定情况,合同有明确约定,法律亦有明确规定,可以直接按合同约定和法律规定处理,对工程价款进行鉴定没有法律依据。另外,从本案调查情况看,双方签订合同暂定的工程价款为1500万元,在原合同基础上增加了以下装修项目:商场一层、二层、三层的装修,商场剪刀梯、商场滚梯、公共卫生间、外立面石材及门头、环廊台阶石材、四层钢结构、楼体广告工程,二、三层立面广告牌,及四层幕墙外不锈钢灯箱制作工程、楼体亮化工程等,工程费用比原合同暂定的1500万元有显著增加,而鉴定报告计算工程款为17193413.17元,与双方所签合同暂定的1500万元差距不大,不符合客观实际情况。因此,不仅鉴定的法律依据不足,而且从事实的角度,鉴定报告亦不应予以采信。

北京装饰公司将工程决算报告报给周口欣欣公司审核前交付了竣工相关资料和周口欣欣公司对每笔材料、人工费等项目的价格确认单,如果工程实际价格如周口欣欣公司而言只有1600万元左右,而报送的工程决算书的价格为30095103元,二者相差近一倍,按逻辑和常理而言,周口欣欣公司应马上提出异议,表示价格太离谱,完全不能接受。而事实上周口欣欣公司在2007年1月15日接到北京装饰公司的竣工决算书后,不仅在28天内未提出异议,在四个月内都未提出异议,如此之长的时间都不对工程价款提出异议,反向亦可推知竣工决算书的价格基本反映了工程的实际价格。[1]

---

[1] 参见吴景丽:《以工程竣工决算报告确定工程价款的问题——北京市建筑装饰设计工程有限公司与周口欣欣置业有限公司装饰装修合同纠纷案》,载最高人民法院民事审判第二庭编:《商事审判指导》(总第38辑),人民法院出版社2015年版,第183~185页。

【案例来源】

中国裁判文书网,http://wenshu. court. gov. cn;最高人民法院民事审判第二庭编:《商事审判指导》(总第 38 辑),人民法院出版社 2015 年版,第 179 ~ 181 页。

096 发包人在签收结算报告时签注待资料完整后进行审核,表明其当时并不认可承包人的结算报告

【关键词】

│建设工程│工程价款│竣工结算审核│

【案件名称】

上诉人苏中市政工程有限公司与上诉人全椒奥莱祥能置业有限公司建设工程施工合同纠纷案〔最高人民法院(2018)最高法民终 1206 号民事判决书,2019. 4. 18〕

【裁判精要】

最高人民法院认为:

(二)关于案涉工程价款结算依据的问题

案涉工程竣工日期为 2014 年 5 月 27 日。2014 年 1 月 6 日,在案涉工程竣工验收之前,苏中市政公司向奥莱祥能公司报送结算报告,不符合《建设工程施工合同》关于竣工结算审核的约定。而且,奥莱祥能公司在签收时已明确签注:竣工结算审核需补充相关资料,待资料完整后,将安排进行审核。这表明奥莱祥能公司当时并不认可苏中市政公司的结算报告。苏中市政公司关于应当以案涉结算报告作为工程价款结算依据的主张不能成立。

【案例来源】

中国裁判文书网,http://wenshu. court. gov. cn。

097 虽然当事人约定了发包人收到竣工结算文件后在约定期限内不予答复的后果,但当事人此后的协商、结算行为表明其对该约定实际上进行了变更

【关键词】

│建设工程│工程价款│竣工结算审核│

【案件名称】

上诉人江苏省苏中建设集团股份有限公司与被上诉人包头市恒源房地产开发有限责任公司建设工程施工合同纠纷案 [最高人民法院（2018）最高法民终 620 号民事判决书，2019.5.7]

【裁判精要】

最高人民法院认为：

二、关于欠付工程款利息应如何计算的问题

根据《建设工程施工合同解释》第十七条的规定，当事人对欠付工程价款利息计付标准有约定的，按照约定处理。本案中，因案涉《建设工程施工合同》合法有效，故对于欠付工程款利息，首先应当根据当事人于合同中的约定计算。《建设工程施工合同》5.1.2 条约定：苏中公司提交结算资料后，恒源公司应当在 60 个工作日内审计完毕，否则视为认可；2.2.2 条约定，工程验收完成付到总价的 90%；2.2.7 条约定，竣工结算后 28 个工作日内付款至工程总价 95%；35.1 条约定，如恒源公司逾期付款，需支付苏中公司月利率 2% 的利息及月利率 1% 的违约金。但此后，因对结算价款存在争议，双方一直在就此事宜进行协商，直至 2017 年 9 月 21 日，双方才形成了《银河游泳馆改造项目（恒源时代中心）工程造价结（决）算汇总表》，对最终结算总造价及欠付工程款的数额达成了一致。虽然当事人在合同中对发包人收到竣工结算文件后在约定期限内不予答复的后果进行了约定，但当事人此后的行为表明其对该约定实际上进行了变更。而直至 2017 年 9 月 21 日，欠付工程款的数额才最终确定。对此，当事人之间并未再对应从何时计算欠款利息进行约定。因此，根据《建设工程施工合同解释》第十八条"利息从应付工程价款之日计付"规定之精神，本院认为，应当自 2017 年 9 月 22 日起计算欠付工程款的利息。

另外，《最高人民法院关于审理民间借贷案件适用法律若干问题的规定》第二十六条第一款规定："借贷双方约定的利率未超过年利率 24%，出借人请求借款人按照约定的利率支付利息的，人民法院应予支持。"本案中，当事人于案涉合同中约定的逾期付款的利息为月利率 2%，即年利率为 24%，参照上述规定，故对苏中公司主张按照合同约定的月利率 2% 的标准计算利息的请求，本院予以支持。

综上，恒源公司应当自 2017 年 9 月 22 日起，按照合同约定的月利率 2% 支付拖欠工程款的利息。一审判决对此问题的处理错误，本院予以纠正。

【案例来源】

中国裁判文书网，http://wenshu.court.gov.cn。

098 双方签订补充协议，约定默示行为方式来表达认可竣工文件的意思表示，不违反法律规定，合法有效

【关键词】

 ｜建设工程｜工程价款｜默示｜竣工结算审核｜

【案件名称】

再审申请人沈阳国际汽车城开发有限公司与被申请人抚顺中通建设（集团）有限公司建筑安装分公司建设工程施工合同纠纷案［最高人民法院（2018）最高法民申549号民事裁定书，2018.2.28］

【裁判精要】

最高人民法院认为：

根据一审、二审判决和汽车城公司再审申请理由及中通公司的答辩意见，本案的主要争议焦点是：案涉工程造价如何确定。

《民法总则》第一百四十条规定："行为人可以明示或者默示作出意思表示。沉默只有在有法律规定、当事人约定或者符合当事人之间的交易习惯时，才可以视为意思表示。"《建设工程施工合同解释》第二十条规定："当事人约定，发包人收到竣工结算文件后，在约定期限内不予答复，视为认可竣工结算文件的，按照约定处理。承包人请求按照竣工结算文件结算工程价款的，应予支持。"根据上述法律规定，中通公司与汽车城公司签订的《补充协议》系双方真实意思的表达，约定默示行为方式来表达认可竣工文件的意思表示，不违反法律规定，合法有效。本案中，2011年4月27日中通公司（乙方）与汽车城公司（甲方）签订《补充协议》，其中甲乙双方对工程竣工结算事宜约定："双方约定甲方审核竣工结算文件期限为45天，即甲方收到乙方工程结算报告及工程结算文件资料后，45天内予以答复并审定完成，且据此按约定额度支付结算工程款。双方约定甲方收到工程结算报告及结算文件资料超过45天，而在约定45天期限内不予答复，视为甲方认可乙方提交的结算文件资料和工程结算总值，即乙方提交的工程结算总值自动生效：甲方按此工程结算总值支付工程款。从第46天起为逾期付款，甲方逾期付款按月息2%承担其利息。双方约定，甲方逾期付款超过60天，甲方抵押、出售、转让、拍卖该工程及房屋所得，乙方优先受偿。"在中通公司依约向汽车城公司交付了工程结算报告及相关结算资料后，汽车城公司未在约定期限内进行回复，没有提出异议，汽车城公司亦未提交证据证明双方此后曾对工程造价进行核算。据此，二审法院对中通公司交付的工程结算报告及相关结算资料予以采信正确。汽车城公司主张《补充协议》正文内容形成于其单位盖章之后，但是，汽车城公司对于协议中单位公章的真实性无异议，对其所提"可能存

在内外勾结"情况亦未提交充分证据予以证明且如其主张成立,其在空白纸盖章后交与中通公司的行为亦应视为其对双方协议内容的认可。据此,二审法院对其申请鉴定的请求未予以准许并确认《补充协议》的效力并无不当,本院予以维持。

《建设工程施工合同解释》第十四条规定:"当事人对建设工程实际竣工日期有争议的,按照以下情形分别处理:(一)建设工程经竣工验收合格的,以竣工验收合格之日为竣工日期;(二)承包人已经提交竣工验收报告,发包人拖延验收的,以承包人提交验收报告之日为竣工日期;(三)建设工程未经竣工验收,发包人擅自使用的,以转移占有建设工程之日为竣工日期。"本案中,汽车城公司主张中通公司提交《交付甲方工程结算文件资料函附明细》的时间结点不是工程完工状态,而应以案涉工程实际使用时间 2013 年 6 月为竣工日期,以后提供的结算文件才属于竣工结算文件。根据二审查明的事实,2013 年 1 月 31 日中通公司向汽车城公司发出《交付甲方工程结算文件资料函附明细》,其内容除明确了工程总造价为 119271471 元之外,还包含工程结算(全部 15 栋楼,2012 年 12 月 16 日已交付甲方,附全部工程量计算、钢筋量计算及 u 盘)、设计变更、签证单、工程联系单、会议纪要、(15 栋楼全部)图纸会审、开工报告、标高记录、施工方案(15 栋楼全部)、施工合同、基础工程验收报告、主体工程验收报告、竣工验收报告、图纸等。该结算文件及所附明细的内容体现的是对整体工程的结算,且一审期间,汽车城公司对该结算进行了核对,虽然对结算数额不认可,但对于中通公司结算采用的标准并无异议。

综上,二审法院依据《补充协议》以及《建设工程施工合同解释》第二十条、第十四条第(二)项的规定确认结算值,符合法律规定,本院予以维持。

【案例来源】

中国裁判文书网,http://wenshu.court.gov.cn。

099 双方明确约定发包人在一定期限内完成对工程结算报告的审核,否则视为对竣工结算文件予以认可,鉴于发包人未在约定期限内答复,可以承包人提交的结算报告认定工程价款

【关键词】

│建设工程│工程价款│竣工结算审核│

【案件名称】

上诉人浙江府都建设有限公司与上诉人江西金湖投资有限公司建设工程施工合同纠纷案[最高人民法院(2016)最高法民终 463 号民事判决书,2017.8.30]

【裁判精要】

最高人民法院认为：

一、关于一审判决以府都公司工程结算书确定的 106217680.05 元为依据认定案涉工程造价是否正确的问题

对于建设工程造价的认定，首先应当尊重当事人的意思自治，即如果当事人按照约定的结算工程款方式进行了结算，则一般应以该结算价款作为工程造价；但如果当事人对结算文件存在争议，认定工程造价则需依据证据规则确定举证责任，由负有举证证明责任的一方通过申请进行工程造价鉴定的方式进行举证，否则将承担不利后果。

本案中，由于双方当事人对案涉工程造价不能达成一致，但又均不申请进行工程造价鉴定，故首先应当根据证据规则确定对工程价款负有举证证明责任的当事人。府都公司系案涉工程的承包人，其提起本案诉讼主张工程款，故对工程价款负有举证证明责任。为了证明其主张，府都公司提交了其于 2013 年 9 月 2 日报送给金湖公司的工程结算书和结算资料，故其已完成初步举证证明责任。对此，金湖公司提交了 2013 年 9 月 29 日通过公证向府都公司送达的通知一份、2013 年 10 月 25 日通过公证向府都公司送达的通知一份以及监理单位的函，证明其已经对府都公司提交的结算文件进行了答复，提出了异议。《建设工程施工合同解释》第二十条规定："当事人约定，发包人收到竣工结算文件后，在约定期限内不予答复，视为认可竣工结算文件的，按照约定处理。承包人请求按照竣工结算文件结算工程价款的，应予支持。"而案涉《建设工程施工合同》及三份子合同均约定：按各单位工程进行工程竣工结算，发包人收到承包人资料完整的竣工结算报告后的 45 天内完成结算审核，审核完毕的 7 天内除留 3% 工程质量保修金外，发包人应全部付清结算工程款。若发包人未在 45 天内完成审核，应视为发包人同意承包人的结算报告，并按结算报告所确定的金额在 7 天内付清。据此，金湖公司应当在 2013 年 10 月 16 日之前完成对工程结算报告的审核，否则，将视为其对竣工结算文件予以认可。金湖公司于 2013 年 10 月 25 日通过公证向府都公司送达的通知，已经超过了当事人约定的审核期限。对于金湖公司 2013 年 9 月 29 日向府都公司发出的通知，该通知中载明金湖公司于 2013 年 9 月 12 日组织双方结算编制人员和结算审查联系人、审计方召开了结算工作会议，在会上提出了补交资料的具体内容，但就 2013 年 9 月 12 日是否召开了上述会议、参加人员以及会议的具体内容，金湖公司没有提供证据证明，故不能认定金湖公司在 2013 年 9 月 12 日召开了上述会议并提出了补交资料的具体内容。在这种情况下，基于金湖公司拖延支付工程款的事实，其发出的两份经过公证的通知，除了要求提供竣工图、桩基础的详细工程数据外，并未明确列出究竟欠缺哪些进行结算所依据的资料，故其对府都公司提交的结算报告的质疑依据并不充分。至于府都

公司在2013年9月29日之后又向金湖公司提交了江南一号5#、6#、12#楼及2#地下室竣工图和江南一号1#、2#、3#、4#、11#、13#、14#楼及1#地下室竣工图,由于竣工图并非进行工程结算所必不可少的资料,故亦不能证明府都公司提供的竣工结算材料不完整。因此,一审法院认定金湖公司未在约定的期限内答复,并根据当事人的合同约定以及《建设工程施工合同解释》的规定,以府都公司提交的结算报告为准认定工程造价,并无明显不当。

【案例来源】

中国裁判文书网,http://wenshu.court.gov.cn。

编者说明

《建设工程施工合同解释》第二十条是关于建设工程施工合同的发包人违反合同约定逾期不结算工程价款的法律后果问题的规定,明确了结算文件成就的条件,即当事人在合同中约定了发包人一定的审核竣工结算文件期限,在该期限内没有答复视为认可该结算文件的,该约定对双方当事人具有约束力。据此,视为发包人认可竣工结算文件的前提条件是当事人之间的约定,如果当事人在有关专用条款中没有进行特别约定,则不能适用该条规定。

100 承包人提交竣工结算文件后,发包人既未提出相反证据也未申请造价鉴定,可依据该结算文件确认工程款

【关键词】

│ 建设工程 │ 工程价款 │ 竣工结算审核 │

【案件名称】

深圳航空城(东部)实业有限公司与广东省化州市第二建筑工程公司宝安分公司、广东省化州市第二建筑工程公司建设工程施工合同纠纷案〔最高人民法院民事判决书〕

【裁判精要】

最高人民法院认为:

建设工程施工合同中,发包人未在约定的期限内就承包人提交的结算文件予以答复,在承包人将竣工结算文件作为确定工程款数额的证据提交后,发包人在一、二审期间均未提出相反的证据,也未申请对涉案工程的造价进行鉴定,在此情况下,人民法院可以以承包人提供的竣工结算文件作为确认工程款的依据。

【案例来源】

最高人民法院审判监督庭编:《审判监督指导》(总第 33 辑),人民法院出版社
2011 年版,第 111 ~ 121 页。

四、固定价合同

101 建设单位根本性违约导致合同中途解除时，施工单位可以突破合同价约定，以定额价结算工程价款

【关键词】

│建设工程│工程价款│固定价│定额│根本违约│

【案件名称】

上诉人青海方升建筑安装工程有限责任公司与上诉人青海隆豪置业有限公司建设工程施工合同纠纷案［最高人民法院(2014)民一终字第69号民事判决书，2014.12.5］

【裁判精要】

裁判摘要：对于约定了固定价款的建设工程施工合同，双方未能如约履行，致使合同解除的，在确定争议合同的工程价款时，既不能简单地依据政府部门发布的定额计算工程价款，也不宜直接以合同约定的总价与全部工程预算总价的比值作为下浮比例，再以该比例乘以已完工程预算价格的方式计算工程价款，而应当综合考虑案件实际履行情况，并特别注重双方当事人的过错和司法判决的价值取向等因素来确定。

最高人民法院认为：

二、关于案涉合同工程价款应当如何确定的问题

第一，就本案应当采取的计价方法而言。本院认为，首先，根据双方签订的《建设工程施工合同》约定，合同价款采用按约定建筑面量价合一计取固定总价，即以一次性包死的承包单价1860元/平方米乘以建筑面积作为固定合同价，合同约定总价款约68345700元。作为承包人的方升公司，其实现合同目的、获取利益的前提是完成全部工程。因此，本案的计价方式，贯彻了工程地下部分、结构施工和安装装修三个阶段，即三个形象进度的综合平衡的报价原则。

其次，我国当前建筑市场行业普遍存在着地下部分和结构施工薄利或者亏本的现实，这是由于钢筋、水泥、混凝土等主要建筑材料价格相对较高且大多包死，施工风险和难度较高，承包人须配以技术、安全措施费用才能保质保量完成等致；而安装、装修施工是在结构工程已完工之后进行，风险和成本相对较低，因此，安装、装修

工程大多可以获取相对较高的利润。本案中,方升公司将包括地下部分、结构施工和安装装修在内的土建＋安装工程全部承揽,其一次性包死的承包单价是针对整个工程作出的。如果方升公司单独承包土建工程,其报价一般要高于整体报价中所包含的土建报价。作为发包方的隆豪公司单方违约解除了合同,如果仍以合同约定的1860元/平方米作为已完工程价款的计价单价,则对方升公司明显不公平。

再次,合同解除时,方升公司施工面积已经达到了双方审定的图纸设计的结构工程面积,但整个工程的安装、装修工程尚未施工,方升公司无法完成与施工面积相对应的全部工程量。此时,如果仍以合同约定的总价款约68345700元确定本案工程价款,则对隆豪公司明显不公平,这也印证了双方当事人约定的工程价款计价方法已无法适用。

最后,根据本案的实际,确定案涉工程价款,只能通过工程造价鉴定部门进行鉴定的方式进行。通过鉴定方式确定工程价款,司法实践中大致有三种方法:一是以合同约定总价与全部工程预算总价的比值作为下浮比例,再以该比例乘以已完工程预算价格进行计价;二是已完施工工期与全部应完施工工期的比值作为计价系数,再以该系数乘以合同约定总价进行计价;三是依据政府部门发布的定额进行计价。

第二,就鉴定意见书能否作为定案依据而言。本院认为,首先,一审法院根据方升公司的申请,委托了规划研究院咨询部就案涉工程方升公司已施工和未施工部分的工程价款进行了鉴定,鉴定机构分别就相应的鉴定内容出具了鉴定意见书。在委托鉴定程序上并不存在违法环节。

其次,方升公司提出上诉主张,鉴定意见书中署名人员为注册造价员,违反了《建设工程造价鉴定规程》。然而,方升公司依据的《建设工程造价规程》(CECCA/GC8－2012)只是行业自律性规范,其对鉴定人员资质要求并不具有强制执行效力,并且该规程在青海省并未施行。

再次,《青海省建设工程造价管理办法》第二十三条规定:"建设工程造价执业人员应当依法取得相应的造价工程师或造价员资格,注册登记后,方可在其资格范围内按照相关职业准则和规范,从事建设工程造价计价活动。建设工程造价文件应由具备相应资格的注册造价工程师、造价员编制。"对于这一问题,在一审审理期间,鉴定机构已向一审法院作出专门说明,此情形符合青海省的实际。虽然鉴定意见书署名人员为注册造价员,但在无证据证明鉴定人员存在违反法律法规的情形下,应当认定该鉴定意见书署名人员具备工程造价编制资质。

最后,尽管鉴定意见属于证据,是具备资格的鉴定人对民事案件中出现的专门性问题,运用专业知识作出的鉴别和判断,但是,鉴定意见只是诸多证据中的一种,其结果并不当然成为人民法院定案的唯一依据。在认定案件事实上,尤其涉及法律适用时,尚需要结合案件的其他证据加以综合审查判断。

第三,就已完工工程价款如何确定而言。本院认为,首先,前述第一种方法的应用,是在当事人缔约时,依据定额预算价下浮了一定比例形成的合同约定价,只要计算出合同约定价与定额预算价的下浮比例,据此就能计算出已完工程的合同约定价。鉴定意见书即采用了该种方法,一审判决也是采纳了该鉴定意见。遵循这一思路,本案已完工程的价款应为:68246673.60元(鉴定的合同总价款)÷89098947.93元(鉴定的全部工程预算价)×40652058.17元(鉴定的已完工工程预算价)=31139476.56元。然而,无论是鉴定意见书还是一审判决,采用这一方法计价存在着明显不合理之处:一是现无证据证明鉴定的全部工程预算价89098947.93元是当事人缔约时依据的预算价,何况合同总价款68246673.60元也是通过鉴定得出的,并非当事人缔约时约定的合同总价款。二是用鉴定出的两个价款进行比对得出的下浮比例,与当事人的意思表示没有任何关联,如此计算出来的价款当然不可能是合同约定的价格。三是如采用这一种方法,隆豪公司应支付的全部工程价款大致为:31139476.56元+13500000元(被隆豪公司分包出去的屋面工程价款)+14600000元(剩余工程价款)=59239476.56元。由此,隆豪公司应支付的全部工程价款将明显低于合同约定的总价68345700元,两者相差910余万元。显然,如采用此种计算方法,将会导致隆豪公司虽然违反约定解除合同,却能额外获取910余万元利益的现象。这种做法无疑会助长因违约获得不利益的社会效应,因而该方法在本案中不应被适用。四是虽然一审判决试图以这一种计算方法还原合同约定价,但却忽略了当事人双方的利益平衡以及司法判决的价值取向。至隆豪公司解除合同时,方升公司承包的土建工程已全部完工,隆豪公司解除合同的行为破坏了双方的交易背景,此时如再还原合同约定的土建工程价款,既脱离实际情况,违背交易习惯,又会产生对守约一方明显不公平的后果。

其次,如果采用第二种方法计算本案工程的工程价款,本案已完工程价款应为:408天(2011年5月15日至2012年6月25日)÷506天(2011年5月15日至2012年10月1日)×68246673.60元(鉴定的合同总价款)=55028938.40元。采用这一种方法,与建设工程中发包人与承包人多以单位时间内完成工程量考核进度的交易习惯相符。隆豪公司应支付的全部工程价款为:55028938.40元+13500000元(被隆豪公司分包出去的屋面工程价款)+14600000元(剩余工程的工程价款)=83128938.40元。隆豪公司应支付的全部工程价款明显高于合同约定的总价68345700元,两者相差14783238.40元,此时虽然符合隆豪公司中途解除合同必然导致增加交易成本的实际情况,但该计算结果明显高于已完工工程相对应的定额预算价40652058.17元,对隆豪公司明显不公,因而也不应采用。

再次,如采用第三种方法即依据政府部门发布的定额计算已完工工程价款,则已完工工程价款应是40652058.17元。隆豪公司应支付的全部工程价款为:40652058.17元+13500000元(被隆豪公司分包出去的屋面工程)+14600000元(剩余工程的工程价款)=68752058.17元,比合同约定的总价68345700元仅高出36万余元。此种处理方法既不明显低于合同约定总价，也不过分高于合同约定总价，与当事人预期的价款较为接近，因而比上述两种计算结果更趋合理。另外，政府部门发布的定额属于政府指导价，依据政府部门发布的定额计算已完工程价款亦符合《合同法》第六十二条第（二）项"价款或者报酬不明确的，按照订立合同时履行地的市场价格履行；依法应当执行政府定价或者政府指导价的，按照规定履行"以及《民法通则》第八十八条第二款第（四）项"价格约定不明确，按照国家规定的价格履行；没有国家规定价格的，参照市场价格或者同类物品的价格或者同类劳务的报酬标准履行"等相关规定，审理此类案件，除应当综合考虑案件实际履行情况外，还特别应当注重双方当事人的过错和司法判决的价值取向等因素，以此确定已完工程的价款。一审判决没有分清哪一方违约，仅仅依据合同与预算相比下浮的76.6%确定本案工程价款，然而，该比例既非定额规定的比例，也不是当事人约定的比例，一审判决以此种方法确定工程价款不当，应予纠正；方升公司提出的以政府部门发布的预算定额价结算本案已完工工程价款的上诉理由成立，应予支持。

最后，经一审法院委托的有关鉴定机构作出的鉴定意见，双方无争议的工程变更、签证项目（廊桥）价格为83361.1元，增加的加气砼墙面抹灰费用50000元，上述两笔费用均已实际发生，因此应当由发包人隆豪公司支付。双方有争议的工程变更、签证项目均由监理单位指派的监理人中冯永贵签字确认，该部分鉴定价格为1451136.16元。根据方升公司提交的《藏文化产创意园项目监理部拟进场人员名单》，冯永贵系监理单位指派的总监代表，双方有争议的工程鉴证单均系冯永贵签署。根据《建设工程施工合同解释》第十九条"当事人对工程量有争议的，按施工过程中形成的签证等书面文件确认。承包人能够证明发包人同意其施工，但未能提供签证文件证明工程量发生的，可以按照当事人提供的其他证据确认实际发生的工程量"的规定，冯永贵作为总监代表，又是现场唯一监理，其在工程签证单上的签字，是对本案建设工程现场施工情况的真实反映。因此，其签署的工程签证单能够证明变更、签证项目的实际发生，变更、签证的工作量应当予以认定。一审判决以签证单上无监理单位签章，隆豪公司不予认可，总监理工程师不知情为由，认定上述签证单是冯永贵超越权限的个人行为，不能作为结算工程款，于事实不符，于法律无据，予以纠正；方升公司提出的变更、签证的工程量应当予以认定的上诉理由成立，予以支持。

综上，本案应当根据实际完成的工程量，以建设行政管理部门颁发的定额取费核定工程价款为依据，计算已完工程价款为：40652058.17元 + 83361.1元 + 50000元 + 1451136.16元 = 42236555.43元。

【案例来源】

《中华人民共和国最高人民法院公报》2015年第12期（总第230期）。

编者说明

根据本案的实际,确定案涉工程价款,只能通过工程造价鉴定部门进行鉴定的方式进行。通过鉴定方式确定工程价款,大致有三种方法:第一种方法是按承包人已完成的工程量,按合同约定的平方米包干价折价计取,即本案一审采取的方法。这种方法看似公平,其前提是不存在当事人一方违约。本案则是发包人单方违约解除合同。第二种方法是按照建设工程承包人单位时间内完成工程量考核进度计算工程价款,采用工期计算,虽然符合发包人中途解除合同必然导致增加交易成本的实际,但该计算结果得出的工程价款明显高于合同约定的相对价款,对发包人不公平。第三种方法是依据政府部门发布的定额标准,即政府指导价计取已完工程价款。这种计价方法算出的价款既不明显低于合同约定价款的相应比例,也不过分高于合同约定的实际成本价款,与当事人签约时的预期成本价款较为接近。因而,比上述两种计算结果更为合理。

在合同履约期限内,因隆豪公司拖欠工程进度款,在方升公司催要工程款后,隆豪公司无法定理由单方解除合同,根据《建设工程施工合同解释》第九条第(一)项"发包人具有下列情形之一,致使承包人无法施工,且在催告的合理期限内仍未履行相应义务,承包人请求解除建设工程施工合同的,应予支持:(一)未按约定支付工程价款的"规定,构成根本性违约。施工合同被单方违约中途解除,导致原合同约定的按建筑平方米固定单价计价方式失去计价的前提,也导致承包人失去不配合报价的基础。[①] 鉴于方升公司并无过错,隆豪公司构成根本性违约,如果采用鉴定单位比例下浮的方法计价,将会导致隆豪公司虽然违反约定解除合同,却能额外获取 910 余万元利益,这种做法无疑会助长因违约获得不利益的社会效应。如果采用定额价结算工程价款,则与当事人签订合同时预期的价款更为接近,也更为合理。[②] 因此,在建设单位根本性违约导致合同中途解除,而原合同计价方式无法

[①] 就整体建筑工程而言,可以分为基础部分、主体部分、装饰部分、安装部分等。各部分的工程体量不同,造价也完全不同。基础和主体部分的实际投入量比装饰工程明显大很多,需要根据地质结构进行大量的、高标号、高强度的钢筋、水泥等建筑材料及工程量投入,而在装饰部分工程量及造价相对较少。建筑工程的利润分布却是呈现出逐渐增多的情形,即在基础、主体部分实现的利润相对很少,在装饰部分稍多一些,整个工程的利润大多是在装饰、安装部分实现的。这在整个建筑行业是不争的事实。所以,整体工程大体量的投入均发生在基础及主体部分,此部分工程利润低,正常施工工程利润大多体现在装饰、安装工程。因此,在施工总承包的情形下,施工单位通常是通过装饰、安装工程获得利润的主要部分,从而弥补基础及主体部分的大量投入,以达到以盈补亏的平衡。如果基础、主体部分和装饰、安装工程,分别由不同的施工单位承包,那么各施工单位分别核算利润,最终整体工程的造价一定高于总承包施工的造价。这是建筑行业的规律和常识。因此,由于本合同的解除是由隆豪公司单方根本性违约所导致,事实上是隆豪公司对合同施工范围的实质性变更,如果签订合同时方升公司就知道其仅能就基础、主体部分获得工程价款,而不进行装饰、安装工程的施工,则双方约定的计价方式必然不会是该平方米固定单价。参见朱树英:《墨斗匠心定经纬:建设工程疑难案件办案思路与执业技巧》,法律出版社 2016 年版,第 6 页。

[②] 突破施工合同约定,以定额价结算工程价款需满足以下条件:(1)因一方根本性违约,导致合同解除;(2)因合同中途解除,无法直接采用合同原有计价方式计算已完工程价款;(3)以定额价结算工程价款更能保护守约方的利益,符合当下司法判决的价值取向。参见朱树英:《墨斗匠心定经纬:建设工程疑难案件办案思路与执业技巧》,法律出版社 2016 年版,第 8 页。

适用的情形下,为保护守约方利益,施工单位可以突破合同价约定,以定额价结算工程价款。

102 双方签订合同时约定采取固定总价方式,承包人主张在固定总价之外收取人工费调整、规费等,没有事实依据

【关键词】

│ 建设工程 │ 工程价款 │ 固定总价 │ 人工费调整 │ 规费 │

【案件名称】

上诉人天津博海缘置业投资有限公司与上诉人北京住总第六开发建设有限公司建设工程施工合同纠纷案[最高人民法院(2016)最高法民终259号民事判决书,2018.1.2]

【裁判精要】

最高人民法院认为:

(一)一审判决认定案涉工程总价款是否正确,利息如何计算

二审中,双方争议的主要有以下几项费用:

1. 鉴定争议项2"人工费调整304326元"。案涉《建设工程施工合同》是固定总价合同,合同价款内已经包含了合同履行期间人工费上涨的风险因素。住六公司提出是因为博海缘公司原因导致停工一年。但是合同专用条款第13.2条"工期延误"约定,承包人了解并同意由任何原因导致的工期顺延并不构成追加合同价款的理由,除非发包人同意该等追加。二审中,住六公司亦未能提供证据证明合同履行期间博海缘公司同意增加人工费调整项目。而且住六公司提供的《备忘录》是在工程竣工验收结束后,该《备忘录》对2009年11月工程复工后人工费调整专项予以补偿没有明确约定。一审判决对住六公司的该项诉讼请求未予支持,并无不当。住六公司主张对该条约定的理解应当是合理工期内应当承担的风险,案涉人工费是合理工期之外产生的,不受合同约束,该主张无事实依据,本院不予支持。

2. 关于设计变更和洽商、签证1342750元费用。鉴定机构将该部分费用列为争议项目。对于其中515683元费用,鉴定机构在一审期间对博海缘公司提出异议的答复意见中明确说明,双方争议的515683元设计变更和洽商、签证的费用,虽然存在相关单位负责人签字不全或签字为复印件问题,但博海缘公司负责人签字均为原件。该事实表明博海缘公司对相应变更工程价款予以认可,故一审判决认定515683元变更和洽商、签证费用,应计入工程总价款,并无不当。博海缘公司上诉主张该项费用不应计入工程总价款,却未能提供证据,本院不予支持。对于另外827067元设

计变更和洽商、签证的费用，因为缺少博海缘公司负责人签字或签字为复印件，住六公司在诉讼中也未能提供其他证据证明，故住六公司上诉主张该项费用应计入工程价款，依据不足，本院不予支持。

3. 规费问题。住六公司投标时是采用综合单价计价，确实没有规费，但是双方签订合同时约定采取固定总价方式，应是住六公司综合分析各方面情况后，对承建案涉工程真实的意思表示。现住六公司主张在固定总价之外单独收取规费，没有事实依据，一审判决不予支持并无不当。

4. 水电费问题。针对博海缘公司的异议，鉴定机构答复称，投标时涉诉工程现场虽有独立水、电表，但不是住六公司自挂的水、电表，双方当事人亦无法共同核实确认博海缘公司实际支付的水、电费中哪些是分包方使用，以及停工期间的水、电费是谁使用，由谁承担，故鉴定时只能依据天津市建委文件规定的甲供水、电退费基数和系数计算出应退水、电费。对此，博海缘公司并未提供足以反驳的相反证据，一审判决根据本案实际情况采信鉴定结论，并无不当。博海缘公司要求住六公司退还其实际缴付的全部水、电费 1067683.30 元，依据不足，本院不予支持。

5. 鉴定意见关于计量计价和漏项的问题。鉴定单位出具鉴定意见初稿后，一审法院依法要求鉴定人出庭质证，住六公司就上述问题提出了意见，针对住六公司的该项意见，鉴定过程中津建公司进行了多次核对，对于合理部分已给予调整，住六公司的其他异议，依据不足，鉴定单位未予调整。住六公司在诉讼中没有提供推翻鉴定意见的相反证据。故对住六公司该项主张，一审法院不予支持，并无不当。

6. 幕墙脚手架租赁费用。住六公司主张在合理工期之外产生的幕墙工程脚手架费用，是博海缘公司拖期施工产生的损失，应由博海缘公司承担。双方签订的《建设工程施工合同》约定案涉工程采取固定总价，根据《建设工程施工合同》约定总包服务费、施工措施费均包含在合同总价内。故一审判决对住六公司要求博海缘公司承担幕墙脚手架租赁费用，未予支持，有合同依据。

关于工程款利息应如何计算问题。住六公司认为，博海缘公司应当支付的款项均属于工程款，且均应于接收到住六公司递交的结算报告后的合理时间内给付，故欠付的工程款利息起算时间应自 2011 年 1 月 28 日起至实际给付之日止。博海缘公司与住六公司签订的《补充条款》对于工程款的支付有明确约定，双方应按约定履行。故一审判决按双方签订的《补充条款》计算应付工程款利息，符合双方约定。关于案涉工程款利息计算问题。《补充条款》约定工程结算完一个月内支付工程结算总造价的 95%，余额为质量保证金，保证金的支付按相关规定执行。因案涉工程竣工验收后，双方对工程结算并未达成一致。故一审判决案涉工程款的利息从住六公司起诉时即 2013 年 11 月 15 日起计算，并无不当。住六公司主张案涉工程款利息应从 2011 年 1 月 28 日起计算缺乏依据，本院不予支持。

【案例来源】

中国裁判文书网,http://wenshu. court. gov. cn。

103 施工合同为固定总价合同，承包人在施工过程中未申请工程造价变更，其在诉讼中主张工程变更的不予支持，应以招标报价为准

【关键词】

│建设工程│工程价款│固定总价│工程变更│

【案件名称】

上诉人中厦建设集团有限公司、芜湖市鸠江宜居投资有限公司与被上诉人安徽无为经济开发区管理委员会建设工程施工合同纠纷案［最高人民法院（2018）最高法民终 423 号民事判决书，2018.9.12］

【裁判精要】

最高人民法院认为：

2. 桩基础施工套用土质类别问题

中厦公司上诉称,虽然其在招投标阶段就桩基础施工按照一类土予以报价,但实际施工时因鸠江宜居公司提交的地质勘查报告为二类土,已经构成工程变更,故应当按照实际施工时使用的二类土定额价格,将争议价款 1237036.01 元计入工程造价中。本院认为,中厦公司该上诉理由不能成立。案涉《建设工程施工合同》为固定总价合同,中厦公司作为具备专业资质的建设工程施工单位,其应当在充分考虑成本、利润、税金、措施费等一切影响工程造价的因素及其经济风险的情况下提出投标报价。即便如中厦公司所称,其在招标时未收到招标人提供的地质勘查报告,但其既未向发包人提出异议,便按照一类地质桩基施工报价,施工中发现土质变化后,也未按照合同约定,申请工程造价变更。因此,桩基施工土质价格应以招标报价为准,一审法院对桩基施工以一类地质计价有事实依据和合同依据,本院予以维持。

【案例来源】

中国裁判文书网,http://wenshu. court. gov. cn。

104 **录音记录和证人证言证明施工人与业主方就工程的增加变更进行过沟通，不是施工方罔顾业主意见擅自扩大施工范围，故工程范围发生了变更增加，可以突破包干总价**

【关键词】

    │建设工程│工程价款│包干总价│

【案件名称】

再审申请人湖北鼎天宏图建设工程有限公司、湖北鼎天宏图建设工程有限公司云南分公司与被申请人云南丽江侨鑫大酒店有限公司装饰装修合同纠纷案［最高人民法院（2018）最高法民再330号民事判决书，2018.11.8］

【裁判精要】

最高人民法院认为：

本案双方当事人争议的核心问题在于，《施工合同》所约定的包干总价1200万元的施工范围，是否包括了承包人实际完成的施工范围，即双方在《施工合同》约定的施工范围之外，是否协商一致新增了工程项目。

《施工合同》关于装修范围的约定是："2.1承包范围：云南丽江侨鑫大酒店室内外装饰装修工程施工。承包内容：房屋室内外所有区域（包括一层大厅内外、宴会厅、各种设备间、升降机、停车场、员工区域二层餐厅包房、KTV室、会议室、健身房；三层会议室、办公室、茶室、棋牌室、二至八层客房等，详见施工图及效果图、现场）的全部装饰装修；包含室内外拆除部分、中空天棚、墙面、地面、门窗、窗帘、须固定安装的家具等（例如壁柜、灯具、洁具、五金件等），所有水、电、电视、电话、网络等系统重新综合布线；外墙涂料、铝合金隔音窗、装饰线条、门头、外围亮化工程、空调拆装调试、弱电、监控改造及消防工程（必须按最新消防法来做，而且全部符合当地消防部门的要求及验收通过合格）的装饰装修。除活动家具、饰品、管理系统、厨房设备、健身器材、棋牌用具、家电不在此次发包范围。"鼎天公司与鼎天云南分公司一审陈述，《施工合同》签订时，原建筑外尚有1140平方米房屋正在施工，侨鑫大酒店在一审答辩时也认可双方签订合同时1140平方米尚在施工中，但主张新增部分应包含在1200万元的包干价中。再审期间，侨鑫大酒店提出1140平方米的认定与事实不符，实际上尚在施工的范围面积为1060平方米。本院认为，无论具体的面积确为多少，双方实则均确认，订立装饰装修的《施工合同》之时，尚有千余平方米的房屋正在施工中。故侨鑫大酒店主张该部分正在施工的房屋也包括在装饰装修施工合同范围之内，应明确指出合同约定。合同条款所载明的"房屋室内外所有区域（包括一层大厅内外、宴会厅、各种设备间、升降机、停车场、员工区域二层餐厅包房、KTV室、会议室、健身房;三层会议室、办公室、茶室、棋牌室、二至八层客房等,详见施工图及效果图、现场)",因原建筑本就存在"一层大厅内外"和"三层会议室",故不能当然认为包含了新建的"三楼会议室"以及"一楼员工区域",还必须结合"详见施工图及效果图、现场"加以认定。经本院反复核实,双方均确认施工图的范围不包括新建部分。侨鑫大酒店虽主张效果图能够证明包括新建部分,但以保管不善为由未向本院提交,其同时主张效果图曾向一审、二审法院提交过,但根据二审询问笔录的记载,审判人员曾向其明确其仅在一审证据清单中写明有效果图,实际提交的证据与证据清单不符。侨鑫大酒店另主张合同所约定的"现场"即表明包含新建部分,但结合双方均确认的订立合同之时尚有千余平方米房屋正在施工之事实,不能认为合同约定"现场"就足以表明要对尚未完成施工的新建房屋部分进行装饰装修。综合以上事实,特别是双方均一致确认施工图范围不包括新建部分,认定《施工合同》所约定的施工范围包括新建房屋部分理据不足。双方在原审诉讼中均一致认可司法鉴定所认定的鼎天云南分公司实际完成工程造价 14848612.26 元,在《施工合同》约定的工程范围仅实际部分完成的情况下,该造价显然已经明显超出 1200 万元包干价。鼎天公司与鼎天云南分公司主张造价增加是因为工程存在变更、增加,但未能提交侨鑫大酒店作为业主要求变更、增加工程的签证或原始凭证,二审即认为这与合同内外的增量增项应是业主提出并同意施工单位才能够进行施工的建筑行业规范和惯例不符。本院查明,鼎天公司与鼎天云南分公司一审提交了录音记录,拟证明侨鑫大酒店时任总经理黎美秀表示"原图纸上没有的(工程内容及工程量)全部算增补",二审提供了昆明汉森图文设计室魏汉军的证人证言,拟证明变更施工图设计方案导致工程增项增量是由设计方、双方当事人协商的结果,非鼎天云南分公司擅自所为。本院认为,虽然鼎天公司与鼎天云南分公司不能提供侨鑫大酒店作为业主要求变更、增加工程的签证或原始凭证,与行业规范和惯例不符,但前述录音记录和证人证言至少能够证明施工人与业主方就工程的增加变更进行过沟通,不是施工方罔顾业主意见擅自扩大施工范围。现双方一致认可实际完成的工程造价为 14848612.26 元,二审仅因缺少业主要求变更增加工程的签证或原始凭证,以 1200 万元包干价折算出实际完成的工程价款为 9890400 元,显与当事人认可的事实不符。根据《施工合同》第 5.2 条的约定,本案施工合同中所约定的不得突破合同约定的包干总价系指合同总价不因工资、物价、费率或政府调价等因素而有所调整,并未约定工程范围发生了变更增加也不得突破包干总价。二审既对工程范围发生变更增加的事实认定错误,对应付工程款也认定错误,本院予以纠正。

【案例来源】

中国裁判文书网,http://wenshu.court.gov.cn。

105 **总价合同中，发包人虽然发送了取消相关项目的工作联系单，但未经承包人和监理单位签字确认，不予扣减**

【关键词】

│建设工程│工程价款│结算│分公司│

【案件名称】

上诉人青海新千房地产开发有限责任公司与被上诉人中国建筑装饰集团有限公司建设工程施工合同纠纷案［最高人民法院（2018）最高法民终 875 号民事判决书，2018.9.30］

【裁判精要】

最高人民法院认为：

（一）关于未对工程减量进行鉴定是否构成程序违法的问题

根据本案查明事实，双方约定合同包干价为 2100 万元，结算方式为合同总价款＋变更签证＋工程联系单；合同通用条款第 29.1 条还约定，因变更导致合同价款的增减及造成的中建公司的损失，由新千公司承担，延误的工期相应顺延。根据 2016 年 5 月 5 日新千公司签字确认的《工程验收移交单》显示，中建公司已完成合同约定范围内全部项目。据此，一审法院在固定包干价 2100 万元和能确认签证单金额 1017468.3 元的基础上，对合同外签证单的工程量及相应价款予以鉴定，结论为：合同外签证单项目价格为 2703449.54 元。

新千公司认为，对工程变更项目进行鉴定既包括增量也包括减量，一审法院仅对增量进行鉴定，对新千公司提出对减量进行鉴定的申请不予准许，程序严重错误。经审查，施工过程中，新千公司虽向中建公司发送了关于取消合同内相关项目的工作联系单，但未经中建公司及监理单位签字确认，中建公司已经为施工做了相应的准备工作，因此给中建公司造成的损失，按约定应由新千公司承担。一审法院根据上述事实确认中建公司已完成合同固定价 2100 万元范围内的全部项目，且未准许新千公司就合同内减项进行鉴定的申请，并无不当，不存在程序错误的情形。在鉴定过程中，案涉双方分别向鉴定机构提供了签证单、工作联系单等资料，鉴定机构系根据人民法院已经质证的相关资料，依据鉴定规则作出鉴定结论，鉴定程序并无不当。新千公司关于本案程序违法的上诉理由不能成立，本院不予支持。

【案例来源】

中国裁判文书网，http://wenshu.court.gov.cn。

106 固定价总承包合同应按照合同条件计付进度款，结算结果对进度款的支付并无影响

【关键词】

│建设工程│工程价款│结算│进度款│

【案件名称】

上诉人敦煌市清洁能源开发有限责任公司与被上诉人国电南京自动化股份有限公司建设工程施工合同纠纷案［最高人民法院（2018）最高法民终 331 号民事判决书，2018.5.31］

【裁判精要】

最高人民法院认为：

二、关于支付涉案工程款是否应以第三方决算审核的结算价格为依据的问题

本案双方在合同中约定，中标合同价为 4987 万元，其含义是固定价总承包。关于合同约定工程竣工验收后，以第三方决算审核金额作为结算价格，其文义是指结算价格根据第三方最终决算情况对固定价进行必要的变更。但支付进度款的条件与最终结算并非同一概念，在本案工程已按照约定竣工并移交的情况下，原审依据合同约定的中标合同价 4987 万元计付涉案工程的进度款并无不当。各方对涉案工程进行结算时，如存在变更调整影响结算结果，各方可依据合同的约定进行调整。敦煌能源公司以结算条款的约定主张支付进度款条件不成就，没有合同依据。

【案例来源】

中国裁判文书网，http://wenshu.court.gov.cn。

107 固定价合同提前终止，未完工程如何结算

【关键词】

│建设工程│工程价款│固定价│结算│

【案件名称】

上诉人唐山凤辉房地产开发有限公司与被上诉人赤峰建设建筑（集团）有限责任公司建设工程施工合同纠纷案［最高人民法院（2015）民一终字第 309 号民事判决书，2016.1.15］

【裁判精要】

裁判摘要:对于在施工合同中约定按照平方米均价进行结算的未完工程,对已完工程部分进行结算时,应尊重当事人的约定。可先以合同约定的平方米均价乘以总面积数计算得出约定的总价款,再通过鉴定确定已完工程的工程量占全部工程量的比例,最后以总价款乘以比例得出已完工程的工程价款。

最高人民法院认为:

一、关于赤峰建设公司的工程款如何认定的问题

根据已查明事实,赤峰建设公司退场时,本案所涉工程尚未完工。对于其所完成的工程部分的价款如何计算,双方存在以下几方面的争议:

1. 结算方式如何认定。凤辉公司主张应按照 2007 年 12 月 18 日的《建设工程施工合同》约定的可调价方式进行结算;赤峰建设公司主张应按照 2010 年 7 月 10 日的《补充协议书》约定的固定单价方式进行结算。本院认为,上述两协议均为双方当事人真实意思表示,内容不违反法律、法规的强制性规定,应为合法有效,双方应依约履行。因《补充协议书》签订在后,且对《建设工程施工合同》的约定进行了变更,双方应按照《补充协议书》约定的固定单价方式进行结算。凤辉公司虽称《补充协议书》是迫于政府部门、施工进度、工期、返迁等各种压力签订,但并没有否认此协议书的真实性,也没有主张撤销,所以《补充协议书》对其仍有拘束力。最高人民法院《建设工程施工合同解释》第二十一条关于"当事人就同一建设工程另行订立的建设工程施工合同与经过备案的中标合同实质性内容不一致的,应当以备案的中标合同作为结算工程价款的依据"之规定针对的是当事人在中标合同之外另行签订建设工程施工合同,以架空中标合同、规避中标行为和行政部门监管的情形,而《补充协议书》是在双方履行《建设工程施工合同》过程中,为了解决因工程多次停工给赤峰建设公司造成的损失而签订,只是变更了结算方式,《建设工程施工合同》其他条款仍然有效,并且双方在 2012 年 11 月 22 日的《会议纪要》上对此结算方式再次确认,当地住建局工作人员也在《会议纪要》上签字认可。因此,《补充协议书》属于双方当事人在合同履行过程中经协商一致的合同变更,不属于最高人民法院《建设工程施工合同解释》第二十一条规定的情形。2013 年 2 月 1 日《补充协议》约定双方核算工程量及完成产值,但此后双方未能按约进行核算,故凤辉公司认为该《补充协议》已将结算方式由"固定单价"再次变更为"可调价方式",从而主张按可调价方式进行结算的上诉理由不成立。

2. 采用固定单价如何计算工程款。《补充协议书》约定的固定单价,指的是每平方米均价,针对的是已经完工的工程。根据已查明事实,赤峰建设公司退场时,案涉工程尚未完工。此种情形下工程款如何计算,现行法律、法规、司法解释没有作出

规定。一审判决先以固定单价乘以双方约定的面积计算出约定的工程总价款,再通过造价鉴定计算出赤峰建设公司完成的部分占整个工程的比例,再用计算出的比例乘以约定的工程总价款确定赤峰建设公司应得的工程价款,此种计算方法,能够兼顾合同约定与工程实际完成情况,并无不当。

3. 关于造价鉴定问题。《最高人民法院关于民事诉讼证据的若干规定》第二十七条规定:"当事人对人民法院委托的鉴定部门作出的鉴定结论有异议申请重新鉴定,提出证据证明存在下列情形之一的,人民法院应予准许:(一)鉴定机构或者鉴定人员不具备相关的鉴定资格的;(二)鉴定程序严重违法的;(三)鉴定结论明显依据不足的;(四)经过质证认定不能作为证据使用的其他情形。对有缺陷的鉴定结论,可以通过补充鉴定、重新质证或者补充质证等方法解决的,不予重新鉴定。"本案一审审理过程中,鉴定机构的选定经过了法定程序,其在鉴定过程中听取了双方当事人的意见,最终作出的鉴定意见经过了庭审质证,鉴定人员也出庭接受了质询,凤辉公司上诉申请重新鉴定,但没有提交证据证明存在上述情形,故对其重新鉴定的申请不予准许。一审法院委托鉴定机构按照定额进行鉴定,是为了确定赤峰建设公司完成的部分占整个工程的比例,而不是直接采用鉴定意见作为工程款数额,并不违背《建设工程施工合同解释》第二十二条规定,不存在适用法律错误的问题。

4. 工程面积如何确定。凤辉公司上诉主张《会议纪要》不具有法律效力,主张11 号、12 号、13 号、14 号楼这四栋楼地下室面积不应算作商业建筑面积以及对 13 号楼地下室面积记载错误。对此,本院认为,第一,《会议纪要》由双方的工作人员参加,其中凤辉公司的参会人员为张宇、赵晓锁,凤辉公司虽然在二审庭审中称此二人没有得到其授权,但一审时经过双方质证、凤辉公司认可真实性的 2010 年 7 月 14 日《凤辉和赤峰对账情况表》上也有赵晓锁的签字,因此,在凤辉公司对《会议纪要》的形成以及所记载内容的真实性均予以认可的情形下,应认为张宇、赵晓锁的参会行为是职务行为,应由凤辉公司承担相应法律后果。即《会议纪要》的内容由凤辉公司和赤峰建设公司讨论议定,是双方当事人的真实意思表示,应具有协议的法律效力,在双方没有形成新的协议推翻其所记载的内容之前,对双方应具有拘束力。第二,按照《会议纪要》第一条第(二)项记载,11 号、12 号、13 号、14 号这四栋楼的地下室面积列在"商业建筑面积"中,此为双方自愿达成的合意,按照诚实信用原则,凤辉公司应对自己作出的民事行为承担相应的法律后果,故其关于该点的上诉理由不成立。第三,对于 13 号楼地下室的建筑面积问题,《会议纪要》并未单独列明,只是计算了四栋楼的地下室总面积。并且凤辉公司在一审时就此问题并未提出异议,应视为认可,其在二审庭审中陈述的"在一审时没有发现,所以没有提"的理由不能成立,依据《最高人民法院关于适用〈中华人民共和国民事诉讼法〉的解释》第三百四十二条"当事人在第一审程序中实施的诉讼行为,在第二审程序中对该当事人仍具有拘束力。当事人推翻其在第一审程序中实施的诉讼行为时,人民法院应当责令其说明理由。理由不成立的,不予支持"之规定,凤辉公司关于13号楼地下室面积计算错误的上诉理由不成立。第四,按照《会议纪要》记载,《会议纪要》所载的工程量建筑面积是以当地住建局房产部门测算为依据。凤辉公司虽不认可该面积,但也没有提出有充分证据证明的新的数据。

5. 应否扣除因质量问题造成的返工、返修费用。凤辉公司虽然在一审答辩时提出案涉工程存在质量问题,但并未就质量问题的存在以及因此发生的返工、返修费用提交相应证据证明,因此其关于此点的上诉理由不成立。其就质量问题可另行起诉。

综上,一审判决对赤峰建设公司工程款的认定并无不当,凤辉公司关于工程款的上诉理由均不成立。

【权威解析】

在约定采用固定价结算而工程又没有完成的情况下,对于已完工部分价款如何结算,存在争议。固定价款确定的依据是工程全部完工,对于未完工程,则无法直接适用固定价款。如在约定每平方米包干的情形下,对于已完工程部分,虽然面积可以确定,但因约定的平方米包干价格针对的是全部完工的完整工程,是根据预估的工程整体造价而得出的均价,在未完工情形下,因各个部分的成本不同,如地下基础工程的成本一般要高于地上部分,主体工程的建设成本一般要高于装修工程等,无法采取直接测量面积再乘以单价的方式确定工程款,此时,对工程价款的确定只有通过鉴定进行。但是在实务中,存在两种不同的鉴定及计算方式:一是根据实际完成的工程量,以建设行政管理部门颁发的定额取费核定工程价款;二是通过鉴定确定已完工程的工程量占全部工程量的比例,再乘以合同约定的固定总价款得出已完工程的工程价款。这两种确定工程价款的方式所产生的结果是不同的。

对于上述两种方式哪种方式更为合理,我们认为,需要结合当事人的诉求及具体案情确定。如果双方当事人均同意对工程造价进行鉴定的,则应允许进行造价鉴定;如果有一方当事人坚持按照合同约定计算工程价款,则应尽量按照合同约定处理,在固定总价款可以计算得出的情形下,可通过鉴定确定已完工程与全部工程的比例,再乘以固定总价款即可得出已完工程价款。

具体至本案,《补充协议书》约定按平方米均价方式结算,是为了解决因工程多次停工给一方造成的损失而签订,是双方当事人在《建设工程施工合同》履行过程中经协商一致的合同变更,应作为双方结算的依据。根据已查明的事实,赤峰建设公司退场时,工程尚未完工。对于已完工部分如何结算,双方虽然均同意进行鉴定,但鉴定后如何计算有很大区别。赤峰建设公司主张对未完工部分进行鉴定,合同约定的单价乘以总面积可得出按固定价计算的总价款,再减去未完工部分,即能得出工程造价;凤辉公司则主张对已完工程按定额进行鉴定。一审法院对双方的主张均没有全部支持,一审法院委托鉴定机构对已完工和未完工部分均按定额作出鉴定,但不以该鉴定结果直接确认工程价款,而是以此确定已完工部分占全部工程的比例,再乘以按平方米均价计算出的全部工程价款,即得出已完工程的价款。我们认为,按定额鉴定以确定比例,一方面实践中比较具有可操作性,另一方面以同一标准确定已完工程占全部工程的比例,也比较科学。这种计算方式既能反映当事人通过合同表达出的真实意思,也能反映施工的客观情况。就本案而言,此种计算方式更为合理,故二审判决对此亦予以了认可。[①]

【案例来源】

中国裁判文书网,http://wenshu.court.gov.cn。

编者说明

本案双方当事人争议的问题是:双方当事人在合同中约定了按照固定价格结算工程价款,但工程尚未完工双方发生纠纷致使合同无法继续履行时,对于已经完成的工程部分的价款如何计算。前述最高人民法院裁判观点可供参考借鉴。

108 双方对固定价施工合同在履行中是否协商一致新增了工程项目存在争议,应当结合合同约定、施工图、签证等证据进行综合分析认定

【关键词】

│ 建设工程 │ 工程价款 │ 固定总价 │ 工程变更 │ 施工图 │

【案件名称】

再审申请人湖北鼎天宏图建设工程有限公司、湖北鼎天宏图建设工程有限公司云南分公司与被申请人云南丽江侨鑫大酒店有限公司装饰装修合同纠纷案[最高人民法院(2018)最高法民再330号民事判决书,2018.11.8]

【裁判精要】

最高人民法院认为:

本案双方当事人争议的核心问题在于,《施工合同》所约定的包干总价1200万元的施工范围,是否包括了承包人实际完成的施工范围,即双方在《施工合同》约定的施工范围之外,是否协商一致新增了工程项目。

[①] 参见于蒙:《约定了平方米均价的未完工程如何进行结算——唐山凤辉房地产开发有限公司与赤峰建设建筑(集团)有限责任公司建设工程施工合同纠纷案》,载最高人民法院民事审判第一庭编:《民事审判指导与参考》(总第67辑),人民法院出版社2017年版,第224~225页。

《施工合同》关于装修范围的约定是:"2.1 承包范围:云南丽江侨鑫大酒店室内外装饰装修工程施工。承包内容:房屋室内外所有区域(包括一层大厅内外、宴会厅、各种设备间、升降机、停车场、员工区域二层餐厅包房、KTV 室、会议室、健身房;三层会议室、办公室、茶室、棋牌室、二至八层客房等,详见施工图及效果图、现场)的全部装饰装修:包含室内外拆除部分、中空天棚、墙面、地面、门窗、窗帘、需固定安装的家具等(例如壁柜、灯具、洁具、五金件等),所有水、电、电视、电话、网络等系统重新综合布线;外墙涂料、铝合金隔音窗、装饰线条、门头、外围亮化工程、空调拆装调试、弱电、监控改造及消防工程(必须按最新消防法来做,而且全部符合当地消防部门的要求及验收通过合格)的装饰装修。除活动家具、饰品、管理系统、厨房设备、健身器材、棋牌用具、家电不在此次发包范围。"鼎天公司与鼎天云南分公司一审陈述,《施工合同》签订时,原建筑外尚有 1140 平方米房屋正在施工,侨鑫大酒店在一审答辩时也认可双方签订合同时 1140 平方米尚在施工中,但主张新增部分应包含在1200 万元的包干价中。再审期间,侨鑫大酒店提出 1140 平方米的认定与事实不符,实际上尚在施工的范围面积为 1060 平方米。本院认为,无论具体的面积确为多少,双方实则均确认,订立装饰装修的《施工合同》之时,尚有千余平方米的房屋正在施工中。故侨鑫大酒店主张该部分正在施工的房屋也包括在装饰装修施工合同范围之内,应明确指出合同约定。合同条款所载明的"房屋室内外所有区域(包括一层大厅内外、宴会厅、各种设备间、升降机、停车场、员工区域二层餐厅包房、KTV 室、会议室、健身房;三层会议室、办公室、茶室、棋牌室、二至八层客房等,详见施工图及效果图、现场)",因原建筑本就存在"一层大厅内外"和"三层会议室",故不能当然认为包含了新建的"三楼会议室"以及"一楼员工区域",还必须结合"详见施工图及效果图、现场"加以认定。经本院反复核实,双方均确认施工图的范围不包括新建部分。侨鑫大酒店虽主张效果图能够证明包括新建部分,但以保管不善为由未向本院提交,其同时主张效果图曾向一审、二审法院提交过,但根据二审询问笔录的记载,审判人员曾向其明确其仅在一审证据清单中写明有效果图,实际提交的证据与证据清单不符。侨鑫大酒店另主张合同所约定的"现场"即表明包含新建部分,但结合双方均确认的订立合同之时尚有千余平方米房屋正在施工之事实,不能认为合同约定"现场"就足以表明要对尚未完成施工的新建房屋部分进行装饰装修。综合以上事实,特别是双方均一致确认施工图范围不包括新建部分,认定《施工合同》所约定的施工范围包括新建房屋部分理据不足。双方在原审诉讼中均一致认可司法鉴定所认定的鼎天云南分公司实际完成工程造价 14848612. 26 元,在《施工合同》约定的工程范围仅实际部分完成的情况下,该造价显然已经明显超出 1200 万元包干价。鼎天公司与鼎天云南分公司主张造价增加是因为工程存在变更、增加,但未能提交侨鑫大酒店作为业主要求变更、增加工程的签证或原始凭证,二审即认为这与合同内外的增量增项应是业主提出并同意施工单位才能够进行施工的建筑行业规范和惯例不符。本院查明,鼎天公司与鼎天云南分公司一审提交了录音记录,拟证明侨鑫大酒店时任总经理黎美秀表示"原图纸上没有的(工程内容及工程量)全部算增补",二审提供了昆明汉森图文设计室魏汉军的证人证言,拟证明变更施工图设计方案导致工程增项增量是由设计方、双方当事人协商的结果,非鼎天云南分公司擅自所为。本院认为,虽然鼎天公司与鼎天云南分公司不能提供侨鑫大酒店作为业主要求变更、增加工程的签证或原始凭证,与行业规范和惯例不符,但前述录音记录和证人证言至少能够证明施工人与业主方就工程的增加变更进行过沟通,不是施工方罔顾业主意见擅自扩大施工范围。现双方一致认可实际完成的工程造价为14848612.26 元,二审仅因缺少业主要求变更增加工程的签证或原始凭证,以 1200万元包干价折算出实际完成的工程价款为 9890400 元,显与当事人认可的事实不符。根据《施工合同》第 5.2 条的约定,本案施工合同中所约定的不得突破合同约定的包干总价系指合同总价不因工资、物价、费率或政府调价等因素而有所调整,并未约定工程范围发生了变更增加也不得突破包干总价。二审既对工程范围发生变更增加的事实认定错误,对应付工程款也认定错误,本院予以纠正。

【案例来源】

中国裁判文书网,http://wenshu.court.gov.cn。

109 虽然承包人在施工中未出具施工蓝图,但其按照方案设计图施工,发包人未提异议,且在之后的工程验收移交单上已签字确认,表明其对承包人未出具施工蓝图的事实予以认可

【关键词】

| 建设工程 | 工程价款 | 固定价 | 施工蓝图 | 签证单 |

【案件名称】

上诉人青海新千房地产开发有限责任公司与被上诉人中国建筑装饰集团有限公司建设工程施工合同纠纷案 [最高人民法院(2018)最高法民终 875 号民事判决书,2018.9.30]

【裁判精要】

最高人民法院认为:

(二)关于工程价款的认定问题

根据查明事实,一审法院依据合同约定及鉴定结论,确认新千公司应付工程款为24720917.84 元[2100 万元 + 变更签证 3720917.84 元(1017468.3 元 + 2703449.54 元)];诉

讼中双方均认可案涉装修工程已付工程款为 11771581.70 元;据此,一审判决最终确认新千公司欠付工程款为 12949336.14 元(24720917.84 元 – 11771581.70 元),事实依据充分,并无不当。

新千公司认为中建公司未按照合同约定出具施工蓝图,致使工程量无法确定,且在施工过程中存在减项的情形,故不应依据 2100 万元固定价结算,应对案涉工程造价进行鉴定,据实结算,该主张不能成立。因双方在合同中已约定中建公司的承包范围,虽中建公司在施工中未出具施工蓝图,但其按照方案设计图施工,新千公司对此并未提出异议,且在之后的《工程验收移交单》上已签字确认,进一步表明其对中建公司未出具施工蓝图的事实予以认可。同时,2015 年 7 月 10 日案涉工程的方案设计图已经确定,双方在签订案涉合同时即依据该图纸确定的施工范围及基本工程量,并据此确定合同固定价为 2100 万元,若在此基础上双方对设计方案有深化或变更,再由双方协商以签证单的方式在固定价的基础上予以调整。由此可见,2100 万元固定价所对应的基本工程量是确定的,新千公司亦签字确认中建公司已全部完成合同约定范围内的项目,故一审判决在 2100 万元固定价的基础上,就签证单所涉工程量及对应的价款在结算中予以调整,最终确定案涉工程价款,并无不妥。新千公司该上诉理由不能成立,本院不予支持。

另外,新千公司认为中建公司向法庭提交的签证单所涉内容属于合同约定施工范围或者中建公司自身职责范围,且多数为复印件,亦不符合双方盖章确认的交易习惯,一审法院依据签证单所作的《司法鉴定意见书》不应予以采信。本院认为,案涉双方在合同中约定,结算按照合同总价款 + 变更签证 + 工程联系单的方式进行,签证单和工程联系单系双方在施工过程中就 2100 万元固定价基础上增减项的确认,鉴定所依据的签证单均经案涉双方质证,鉴定机构依据签证单所作的鉴定意见客观公正,一审法院予以采信,并无不妥。另,双方在合同中并未约定签证单的确认方式,新千公司认为盖章确认签证单才符合双方的交易习惯,对此中建公司予以否认,新千公司亦再无其他证据予以证明,且其对签证单上新千公司工作人员签字的真实性并无异议,故新千公司认为依据签证单所作的鉴定结论不应采信的上诉理由不能成立,本院不予支持。

【案例来源】

中国裁判文书网,http://wenshu.court.gov.cn。

五、工程量

110　相比于当事人一方单方委托且结论的客观性、科学性存在一定瑕疵的审计报告，将经三方工作人员签字盖章确认的汇总表记载的累计工程量作为确定工程总造价的依据，符合实际情况

【关键词】

│建设工程│鉴定│单方委托│工程价款│

【案件名称】

上诉人沈阳实华置业发展有限公司、辽宁实华（集团）房地产开发有限公司与被上诉人北京首钢建设集团有限公司，原审第三人爱斯阿尔房产开发（沈阳）有限公司建设工程施工合同纠纷案［最高人民法院（2016）最高法民终 353 号民事判决书，2016.7.14］

【裁判精要】

最高人民法院认为：

（二）关于涉案工程总造价应如何确定的问题

上诉人上诉主张一审法院采信"七月工程款汇总表及工程款支付证书"以确定工程总造价错误，应当依据《审计报告》确定工程总造价。本院认为，首先，根据本案庭审调查核实，双方当事人均认可被上诉人于 2010 年 8 月 27 日提交了结算报告，2010 年 11 月上诉人委托华阳公司对工程造价进行审计。二审期间上诉人提交的《沈阳 SR 工程结算存在问题会谈提纲》，能够证明在华阳公司审计过程中，被上诉人与华阳公司对工程量进行过核对，据此，可以认定审计事项的发生与上诉人对工程进行结算审核存在关联关系。被上诉人主张《审计报告》的形成完全是上诉人内部事务，与工程价款结算无关，应与事实不符。但由于该《审计报告》系辽宁实华公司单方委托鉴定机构作出，尽管被上诉人在审计过程中提交了相关资料，并对工程量进行过核对，但是双方在审计过程中对所涉争议事项并未达成一致，《审计报告》对双方争议事项也没有进行相应的披露。根据被上诉人一审中针对《审计报告》提出的书面异议及鉴定部门的答复意见，可以认定审计结论中并未包括双方明确约定的停工损失等费用，因此审计结论反映的工程总价款与客观实际情况不符，且鉴定部门对被上诉人提出的钢筋调差数额等异议也没有作出充分说明，审计结论的科学

性无法确定。一审期间,一审法院组织双方当事人对《审计报告》进行质证,鉴定人员也出庭作证,上诉人对审计结论也提出了书面异议,鉴定机构也进行了答复,一审法院在此基础上经过审查,基于《审计报告》系单方委托作出,从客观性、科学性及程序公正性考虑,对该鉴定意见不予采纳,符合法律规定,不存在程序违法之处。

其次,关于一审法院采信的 2010 年 7 月 24 日的"七月工程款汇总表及工程款支付证书",经本院庭审调查,双方当事人对于该汇总表的真实性无异议,并均认可实际施工过程中双方是按照《承包合同》的约定按月申请拨付工程进度款。而根据《承包合同》关于"工程进度款的核实与支付"的约定,被上诉人应在每月 25 日前上报当月完成工程进度款申请资料,月进度工程量中的分项工程,均以楼层建筑面积为单位,经上诉人现场工程师和监理工程师验收合格后的工程作为本月的进度工程量。"七月工程款汇总表"上有合同约定价、至本月累计完成的工程量、本月完成的工程量、已付款数额等,同属一页的"工程款支付证书"中本月完成的工程量与上述汇总表中数额一致,并有沈阳实华公司工程部盖章及相关负责人签字,也加盖了项目监理部的公章及总监理工程师的名章,形式上与《承包合同》约定的进度款核实与支付方式基本吻合。该汇总表中所载明的合同价格与《承包合同》中的约定一致,上诉人对该汇总表中已付 88717997 元的记载亦无异议,而该汇总表中载明的停工损失、代付货款利息的数额与本案相关事实也能够相互印证。因此,根据上述合同约定及双方对工程款实际按月申请拨付方式均予以认可的事实,可以认定在涉案工程即将完工时形成的该汇总表,是经发包方与施工方及监理方相关工程负责人员核对后形成的,各方对已完工程量及工程款支付情况在当时均无异议。虽然该汇总表并非经结算审核后形成的结算协议,也没有加盖上诉人单位公章,但由于双方因结算发生分歧,无法达成结算协议,且对审计结论存在的分歧在诉讼过程中仍无法形成一致意见,在一审诉讼期间双方当事人也均未申请法院对工程量争议部分进行鉴定的情形下,相比于上诉人单方委托且结论的客观性、科学性存在一定瑕疵的《审计报告》,一审法院将经三方工作人员签字盖章确认的汇总表记载的累计工程量作为确定工程总造价的依据,符合本案的实际情况,利于双方纠纷的及时解决。据此,对上诉人主张的一审采信"七月工程款汇总表及工程款支付证书"作为确定工程总造价依据有误的上诉主张,本院不予支持。

【案例来源】

中国裁判文书网,http://wenshu.court.gov.cn。

111 当事人有专门约定，依照约定计算工程量；如果没有约定，应按照国家规定的计量规则计算，直接以图纸尺寸按照相关公式得出工程量

【关键词】

|建设工程｜工程价款｜工程量|

【案件名称】

上诉人山东宁大建设集团有限公司与被上诉人中天建设集团有限公司、中天建设集团有限公司青海分公司建设工程施工合同纠纷案［最高人民法院（2018）最高法民终 1116 号民事判决书，2018.11.8］

【裁判精要】

最高人民法院认为：

（一）关于案涉工程款的认定问题

根据本案查明事实，案涉合同约定工程实行固定综合单价乘以实际完成工程量的结算方式，综合单价为 7050 元/吨（含税，包括主材、辅材料、栓钉、高强螺栓、普通螺栓等费用），竣工后按现场实际完成的收方工程量乘以综合单价结算。一审法院经对案涉合同内容进行审查，认为合同约定"竣工后按现场实际完成的收方工程量乘以综合单价结算"中的"收方"二字，进一步明确了是以宁大公司交付的最终成果或成品计量，并未考虑钢材损耗工程量，应系合同对计量标准的约定，且综合单价中已经包含了栓钉、螺栓等相关费用，故在采纳第二种意见的基础上，扣除栓钉、螺栓的重量，最终确认案涉工程量为 5816.304 吨（5910.714 吨 – 栓钉 93.861 吨 – 螺栓 0.549 吨），工程总价款为 41004943.2 元（5816.304 吨 × 7050 元/吨），并无不妥。

宁大公司上诉认为，案涉合同并未明确约定工程量的计量标准，所约定的"实际完成的收方工程量"并非工程量计量标准的约定，也不应当理解为"按构件实际几何尺寸进行结算"，因而一审判决采信第二种鉴定意见，并擅自扣除栓钉、螺栓的重量后认定案涉工程量错误，本案应采纳第一种鉴定意见。

本院认为，根据案涉合同结算条款约定，案涉工程款应按照实际完成的收方工程量乘以综合单价计算，综合单价在合同中已经明确约定为 7050 元/吨，并无争议，故本案工程款的认定主要取决于如何理解"实际完成的收方工程量"。由于钢结构工程的工程量是以所使用钢材的重量作为计算依据，而工程在完工之后已不可能对所使用的钢材进行实际称量，因而在对工程量的计算方面须有专门的手段和方法。经查，住房和城乡建设部《规范》①规定，当事人对工程量计量依据发生争议，鉴定人

① 系指住房和城乡建设部《建设工程造价鉴定规范》。——编者注

应以现行国家相关工程计量规范规定的工程量计算规则计算,当事人在合同专用条款中明确约定了计量规则的除外;《规定》①关于钢梁、钢柱的工程量计算规则部分规定,"按设计图示尺寸以质量计算,不扣除……不另增加质量……"亦即,如果当事人有专门约定,应按照当事人的约定计算工程量,如果没有约定,应按照国家规定的计量规则计算,直接以图纸尺寸按照相关公式得出工程量。本案中,双方在合同的结算方式条款中约定"竣工后按现场实际完成的收方工程量乘以综合单价结算"的内容,应当理解为对工程款计算方式的约定,而其中"按现场实际完成的收方工程量"的约定内容,实际就是对工程量计量方法的约定,即对于如何计算工程量,已排除按照国家规定的计算规则直接按照图纸尺寸计算,而是按照现场实际完成的工程量计算。而实际完成的工程量,鉴定机构按工程构件实际几何尺寸进行计算,符合客观实际。因而,在当事人对工程量计量方法及工程款计算方式有约定的情况下,一审法院采纳鉴定机构依据当事人约定所作出的第二种鉴定意见作为认定工程量的依据,并根据合同关于综合单价已包括分包范围内主材、辅材料、栓钉、螺栓等费用的约定,扣除栓钉、螺栓的重量,并无不当。

诉讼中,宁大公司认为,其自行核算的案涉工程量为6364.17吨,案涉项目的建设单位、项目管理单位、施工单位(中天青海分公司)、审核单位四家共同确认的工程量为6209.33吨,中天青海分公司自行制作的结算书显示的案涉工程量6364.17吨,均接近案涉鉴定报告书第一种鉴定意见作出的结论6224.32吨,可见第一种鉴定意见更加体现客观事实,应予采信。本院认为,该诉讼理由不能成立。首先,中天青海分公司作为案涉工程的总承包人,其与发包单位结算的数额,系根据发包方与中天青海分公司的合同约定计算而得,该结果仅能约束发包方和中天青海分公司,与分包人宁大公司无关,而中天青海分公司与宁大公司的结算数额只能根据该双方当事人之间的合同约定进行计算,不能以他人的结算结果作为参照;其次,中天青海分公司承包本案工程后,又将钢结构分包给宁大公司施工,其目的就是为了赚取工程分包的差价,若其与分包人宁大公司之间的结算仍依据其与发包单位的结算结果来确定案涉工程量,就无法实现其赚取差价的目的,与常理相悖。综上,宁大公司关于本案应采纳第一种鉴定意见的上诉理由不能成立,本院不予采纳。

【案例来源】

中国裁判文书网,http://wenshu.court.gov.cn。

---

① 系指《建设工程造价鉴定规定》。——编者注

112 监理签字，建设单位未予确认的工程签证能否采信

【关键词】

│建设工程│工程价款│签证│监理│

【案件名称Ⅰ】

上诉人山东兴润建设有限公司淄博分公司与上诉人日照市住房和城乡建设局建设工程施工合同纠纷案［最高人民法院（2017）最高法民终475号民事判决书，2018.2.8］

【裁判精要】

最高人民法院认为：

关于监理加盖印章并签字，建设单位未予确认的工程签证能否采信问题。《BT协议》当事人未约定工程签证必须加盖建设单位印章才能作为计算工程量的依据。监理单位具有确认工程中发生的停窝工损失、增加的施工项目等职能，其在兴润淄博分公司提交的工程签证加盖印章并签字，即认可工程签证记载事项。《最高人民法院关于适用〈中华人民共和国民事诉讼法〉的解释》第一百零九条规定，当事人对欺诈、胁迫、恶意串通事实的证明，以及对口头遗嘱或者赠与事实的证明，人民法院确信该待证事实存在的可能性能够排除合理怀疑的，应当认定该事实存在。日照市住建局并未提交充分证据证明兴润淄博分公司与监理单位存在恶意串通行为，其主张监理确认的签证不应采信，依据不足。

根据查明事实，2011年3月，建设单位确认过部分工程签证，且施工单位编制过部分工程签证，建设单位及监理单位予以确认。上述事实说明至2011年3月，监理仍在履行职责，签证确认工作仍在进行。日照市住建局主张案涉签证系在2010年12月20日之后形成，其与监理单位的合同已经终止，监理无权再确认签证，与各方实际履行行为不符，本院不予采纳。原判决将争议签证造价计入工程总造价，并无不当。

【案例来源】

中国裁判文书网，http://wenshu.court.gov.cn。

【案件名称Ⅱ】

再审申请人营口沿海开发建设有限责任公司与被申请人东北金城建设股份有限公司建设工程施工合同纠纷案［最高人民法院（2017）最高法民申932号民事裁定书，2017.4.25］

【裁判精要】

最高人民法院认为：

6. 原审判决对签证单予以采信并无不当

《建设工程施工合同解释》第十九条规定，当事人对工程量有争议的，按照施工过程中形成的签证等书面文件确认。承包人能够证明发包人同意其施工，但未能提供签证文件证明工程量发生的，可以按照当事人提供的其他证据确认实际发生的工程量。签证单对工程量的发生具有证明效力，涉案部分签证单虽无沿海公司签字，但上述签证单已经监理工程师或监理单位签字盖章，应当作为证据使用。涉案部分签证单出具时间虽相同，但不足以否定签证单的真实性。在沿海公司未提供证据反驳上述签证单的真实性的情况下，原审判决对上述签证单予以采信并作为认定工程量的依据并无不当。

【案例来源】

中国裁判文书网，http://wenshu.court.gov.cn。

【案件名称Ⅲ】

上诉人青海方升建筑安装工程有限责任公司与上诉人青海隆豪置业有限公司建设工程施工合同纠纷案［最高人民法院（2014）民一终字第69号民事判决书，2014.12.5］

【裁判精要】

最高人民法院认为：

双方有争议的工程变更、签证项目均由监理单位指派的监理人中冯永贵签字确认，该部分鉴定价格为1451136.16元。根据方升公司提交的《藏文化产业创意园项目监理部拟进场人员名单》，冯永贵系监理单位指派的总监代表，双方有争议的工程鉴证单均系冯永贵签署。根据《建设工程施工合同解释》第十九条"当事人对工程量有争议的，按照施工过程中形成的签证等书面文件确认。承包人能够证明发包人同意其施工，但未能提供签证文件证明工程量发生的，可以按照当事人提供的其他证据确认实际发生的工程量"的规定，冯永贵作为总监代表，又是现场唯一监理，其在工程签证单上的签字，是对本案建设工程现场施工情况的真实反映。因此，其签署的工程签证单能够证明变更、签证项目的实际发生，变更、签证的工作量应当予以认定。一审判决以签证单上无监理单位签章，隆豪公司不予认可，总监理工程师不知情为由，认定上述签证单是冯永贵超越权限的个人行为，不能作为结算工程款，于事实不符，于法律无据，予以纠正；方升公司提出的变更、签证的工程量应当予以认定的上诉理由成立，予以支持。

【案例来源】

《中华人民共和国最高人民法院公报》2015 年第 12 期(总第 230 期)。

113 承包人报送的工程量报审表有监理单位的审核签字盖章，应认为承包人已举示证据证明其实际完成的工程量

【关键词】

｜建设工程｜工程价款｜工程量｜监理｜

【案件名称】

上诉人重庆锦通建设（集团）有限公司与上诉人贵州世邦房地产开发有限公司建设工程施工合同纠纷案［最高人民法院（2018）最高法民终 117 号民事判决书，2018.5.15］

【裁判精要】

最高人民法院认为：

（三）关于锦通公司实际完成工程量的认定

一审业已查明，锦通公司先后共向世邦公司报送《工程款支付申请(核准)表》7份，前 5 份均有承包人、发包人、发包人现场代表和监理单位的审核签字盖章，后 2份虽无发包人和发包人现场代表签字盖章，但有监理单位的审核签字盖章。7 份《工程款支付申请(核准)表》均附有《工程量报审表》，明确载有已经完成的工程量，故应认为锦通公司已举示证据证明其实际完成的工程量，世邦公司认为不实，则应举示相反的证据予以否认。世邦公司既未举证否定《工程款支付申请(核准)表》所载工程量的真实性，又要求另外通过鉴定的方式重新确定工程量，显与民事诉讼证据规则相悖。一审以 7 份《工程款支付申请(核准)表》认定锦通公司实际完成的工程量并无不当，本院予以维持。

【案例来源】

中国裁判文书网,http://wenshu.court.gov.cn。

114 监理单位系由发包人委托并代表其对施工质量等承担监理责任，监理单位签字确认行为可以证明工程造价的真实性

【关键词】

　│建设工程│工程价款│签证│监理│

【案件名称】

　　上诉人天津国华信达实业股份有限公司、邯郸市华信实业集团有限公司与被上诉人河北建设集团股份有限公司建设工程施工合同纠纷案［最高人民法院（2017）最高法民终 936 号民事判决书，2018.5.3］

【裁判精要】

　　最高人民法院认为：

　　（一）关于工程造价中 59000 元不确定部分的项目应否予以确认的问题

　　鉴定机构出具鉴定意见时指出，该 59000 元工程已经实际施工完毕，因确认单缺乏华信公司的签字，故作为不确定项目单独分类列举。本院认为，河北建设集团关于监理单位系由华信公司委托并代表其对施工质量等承担监理责任故监理单位签字确认行为可以证明 59000 元工程造价的真实性的观点，有一定道理。一审法院基于费用已经实际发生且有监理单位签字，对争议的 59000 元在工程总造价中予以认定，并无不当。华信公司对河北建设集团完成上述工程的事实本身并无相反证据予以反驳，仅以未经其签字确认为由主张一审法院认定该部分工程造价有误的观点，本院不予支持。

【案例来源】

　　中国裁判文书网，http://wenshu.court.gov.cn。

115 仅有监理在签证单审批表上的签注并不能构成对计价方式的变更

【关键词】

　│建设工程│工程价款│监理│签证│计价方式│

【案件名称】

　　上诉人中厦建设集团有限公司、芜湖市鸠江宜居投资有限公司与被上诉人安徽无为经济开发区管理委员会建设工程施工合同纠纷案［最高人民法院（2018）最高法民终 423 号民事判决书，2018.9.12］

【裁判精要】

最高人民法院认为：

1. 深井降水分项工程问题

鸠江宜居公司上诉称，工程监理在工程现场 040、055 号签证单审批表中"深井降水值班人员每天 10 人"的签注，属于该项工程人工费变更事项，应当以此作为计算深井降水人工费的依据，"深井降水"分项工程涉及争议造价 6903022.97 元不应计入工程总造价中。

经查，中厦公司和鸠江宜居公司就"深井降水"分项工程在招标时达成一致意见，适用 2005 年安徽省建设工程消耗量定额予以结算。双方于 2013 年 4 月 28 日会议纪要中再次确认该项工程费用按照"签证工程量套定额计算"，2013 年 8 月 31 日会议纪要亦载明管井降水台班费问题，"结算根据招标文件和合同由最终审计确认"。虽然工程监理在签证单中对施工现场的具体人员安排有签注，但跟踪审计单位在其后写明"以上台班依据招标文件规定及合同约定计算"，建设单位（发包人）芜为经开区管委会亦确认"计量方式为 2013 年 4 月 28 日会议纪要"。根据案涉《建设工程施工合同》专项条款八、工程变更"所有设计变更必须经设计、监理、跟踪审计单位、发包人书面同意方可实施。其他变更须经监理、发包人和跟踪审计单位同意"的约定，监理、发包人、跟踪审计单位并未就该项工程人工量变更采纳监理"深井降水值班人员每天 10 人"的意见，仍确认以定额计价方式予以结算。因此，仅有监理在签证单审批表上的签注并不能构成对计价方式的变更，鸠江宜居公司要求按照签证记录计取人工量的上诉理由不能成立，本院不予支持。

【案例来源】

中国裁判文书网，http://wenshu.court.gov.cn。

---

116 承包人提供工程签证单、造价鉴定意见书等证据，证明案涉零星附属工程系由其负责施工，且本案并无相反证据证明该工程系由案外人施工，故承包人有权主张零星附属工程的工程款

【关键词】

│ 建设工程 │ 工程价款 │ 签证 │ 监理 │

【案件名称】

再审申请人江西昌泰建筑工程公司与被申请人江西省钢城工业有限公司建设工程施工合同纠纷案［最高人民法院（2018）最高法民再 427 号民事判决书，2018.12.21］

【裁判精要】

最高人民法院认为：

（一）关于零星附属工程的工程款认定问题

昌泰公司在一、二审以及向本院提交的证据能够相互印证，足以证明其有权主张零星附属工程的工程款。第一，在一审诉讼中，昌泰公司举证了双方签订的《协议书》以及两份《建筑工程施工协议》，证明了昌泰公司对零星附属工程进行施工的合同依据。第二，昌泰公司还举证了《工程签证单》《工程量结算清单》《建筑工程造价鉴定意见书》。其中，《工程签证单》体现监理单位、施工单位、建设单位共同对合众小路等部分附属工程的签证；《工程量结算清单》体现建设单位与施工单位对附属工程的工程量、单价、总价（8595571 元）的确认；鉴定单位作出的《建筑工程造价鉴定意见书》载明，鉴定人员与本案双方当事人一起到工程现场，对案涉三期园区下水道等零星附属工程进行了勘查，认定零星附属工程造价为 8595571 元。昌泰公司在本案二审时提交的南昌经济技术开发区劳动监察局出具的《关于江西钢城项目拖欠农民工资问题的情况说明》，亦证明案涉零星附属工程系由昌泰公司负责施工。第三，昌泰公司申请再审时向本院提交的《工程现场施工确认》《工程量验收确认单》《现场勘查笔录》等证据，对一、二审证据证明的相关事实进行了补强，证明了昌泰公司对零星附属工程的施工、相应工程量及工程款。加之，本案并无相反证据证明案涉零星工程系由案外人施工。故昌泰公司的此项再审请求有相应的事实依据，本院予以支持。

关于零星附属工程的工程造价。本案中，《建筑工程造价鉴定意见书》鉴定结论载明的案涉三期园区下水道、水泥道路、四号库和合众北承载路、一期和所有厂房雨水排污管、4 号厂房基础等零星附属工程造价为 8595571 元。该工程造价系鉴定人员在现场勘验基础上作出，经过双方当事人质证，鉴定人员亦到庭接受询问，且有相应的合同和事实依据，本院予以确认。

【案例来源】

中国裁判文书网，http://wenshu.court.gov.cn。

117 公司股东在现场签证单上签字的效力

【关键词】

｜建设工程｜工程价款｜签证｜股东｜

【案件名称】

上诉人海天建设集团有限公司与上诉人云南建展房地产开发有限公司建设工程施工合同纠纷案［最高人民法院（2018）最高法民终659号民事判决书，2018.12.21］

【裁判精要】

最高人民法院认为：

1. 土方工程补偿金40万元。海天公司上诉主张，马恒丰作为建展公司的股东，在《现场签证内容》上签字，同意支付海天公司土方工程补偿金40万元，且预应力工程施工合同证明马恒丰曾经作为建展公司的签约代表，代表建展公司对外签订合同，故马恒丰在《现场签证内容》上签字的行为应视为建展公司的行为，建展公司应向海天公司支付土方工程补偿金40万元。本院认为，海天公司仅以马恒丰系建展公司的股东为由，主张马恒丰签字同意支付的土方工程补偿金40万元应由建展公司承担，理据不够充分。马恒丰是否在其他场合代表建展公司订立合同，均不能反证马恒丰在本案中有权代表建展公司与海天公司结算，现建展公司明确表示不予认可，故海天公司仅以有马恒丰签名的《现场签证内容》主张海天公司承担土方工程补偿金，于法无据。

【案例来源】

中国裁判文书网，http://wenshu.court.gov.cn。

118　由分公司签署施工合同并进行施工，且案涉工程款均是由分公司支付给承包人，分公司的结算行为有效

【关键词】

｜建设工程｜工程价款｜结算｜分公司｜

【案件名称】

上诉人南充市华盛建筑工程有限公司与上诉人云南云投生态环境科技股份有限公司、云南云投生态环境科技股份有限公司南充分公司建设工程施工合同纠纷案［最高人民法院（2018）最高法民终1153号民事判决书，2018.12.25］

【裁判精要】

最高人民法院认为：

一、关于案涉工程结算价款数额的认定

华盛公司施工完成的 7 个案涉项目,其施工合同均与云投南充分公司签订。上述合同中,华盛公司合同相对人均为云投南充分公司,合同中也未约定案涉工程结算时,华盛公司需要与云投公司进行结算。且案涉工程款均是由云投南充分公司支付给华盛公司,在该种情况下,华盛公司与云投南充分公司进行的结算结果,可以作为确定案涉 7 项工程工程款的依据。一审中,云投南充分公司原负责人杜其星及委托诉讼代理人对云投南充分公司与华盛公司的结算情况予以自认,该行为属于当事人对自身权利的处分,合法有效。云投公司虽于其后变更云投南充分公司负责人和委托诉讼代理人并否认该结算行为,但并未提供足以推翻上述事实的相反证据。因此,一审法院根据华盛公司与云投南充分公司之间确认的结算确定案涉工程款数额并无不当。在双方已经对案涉工程款进行了结算的情况下,无须启动对案涉工程款的司法鉴定程序,对于云投公司、云投南充分公司要求对案涉工程价款进行司法鉴定的请求,本院不予支持。

【案例来源】

中国裁判文书网,http://wenshu. court. gov. cn。

119 发包人承诺赔偿承包人损失,但发包人对外负有巨额债务,应当审查承包人该项损失是否成立

【关键词】

│建设工程│工程价款│承诺│

【案件名称】

再审申请人江西昌泰建筑工程公司与被申请人江西省钢城工业有限公司建设工程施工合同纠纷案 [最高人民法院 (2018) 最高法民再 427 号民事判决书, 2018. 12. 21]

【裁判精要】

最高人民法院认为:

(三) 关于《承诺函》所承诺的 200 万元款项是否应予支持的问题

钢城公司承诺对昌泰公司弥补由于钢城公司无力支付工程款导致《承诺函》出具前昌泰公司所产生的材料上涨、工人窝工等损失。但由于钢城公司对外负有巨额债务,钢城公司承诺赔偿昌泰公司 200 万元,可能影响钢城公司其他债权人合法债权的实现。因此,应当审查昌泰公司该项损失是否成立。在没有签证单或相关证据证明昌泰公司损失具体组成的情况下,一、二审法院对昌泰公司的该项请求不予支持并无不当,本院予以维持。

【案例来源】

中国裁判文书网,http://wenshu.court.gov.cn。

120 发包人虽向承包人发送了取消合同内相关项目的工作联系单,但未经承包人及监理单位确认,承包人已经为施工做了相应准备工作,因此给承包人造成的损失应由发包人承担

【关键词】

│建设工程│合同变更│联系单│鉴定│

【案件名称】

上诉人青海新千房地产开发有限责任公司与被上诉人中国建筑装饰集团有限公司建设工程施工合同纠纷案〔最高人民法院(2018)最高法民终875号民事判决书,2018.9.30〕

【裁判精要】

最高人民法院认为:

(一)关于未对工程减量进行鉴定是否构成程序违法的问题

根据本案查明事实,双方约定合同包干价为2100万元,结算方式为合同总价款+变更签证+工程联系单;合同通用条款第29.1条还约定,因变更导致合同价款的增减及造成的中建公司的损失,由新千公司承担,延误的工期相应顺延。根据2016年5月5日新千公司签字确认的《工程验收移交单》显示,中建公司已完成合同约定范围内全部项目。据此,一审法院在固定包干价2100万元和能确认签证单金额1017468.3元的基础上,对合同外签证单的工程量及相应价款予以鉴定,结论为:合同外签证单项目价格为2703449.54元。新千公司认为,对工程变更项目进行鉴定既包括增量也包括减量,一审法院仅对增量进行鉴定,对新千公司提出对减量进行鉴定的申请不予准许,程序严重错误。经审查,施工过程中,新千公司虽向中建公司发送了关于取消合同内相关项目的工作联系单,但未经中建公司及监理单位签字确认,中建公司已经为施工做了相应的准备工作,因此给中建公司造成的损失,按约定应由新千公司承担。一审法院根据上述事实确认中建公司已完成合同固定价2100万元范围内的全部项目,且未准许新千公司就合同内减项进行鉴定的申请,并无不当,不存在程序错误的情形。在鉴定过程中,案涉双方分别向鉴定机构提供了签证单、工作联系单等资料,鉴定机构系根据人民法院已经质证的相关资料,依据鉴定规则作出鉴定结论,鉴定程序并无不当。新千公司关于本案程序违法的上诉理由

不能成立,本院不予支持。

【案例来源】

中国裁判文书网,http://wenshu. court. gov. cn。

121 书面合同变更的认定

【关键词】

│建设工程│合同解释│人工调整费│

【案件名称】

申请再审人华太建设集团有限公司与被申请人浙江福得尔电器有限公司建设工程施工合同纠纷案［最高人民法院再审民事判决书］

【裁判精要】

裁判摘要:当事人在合同履行过程中,只要对合同变更协商一致,除法律、行政法规规定变更合同应当办理批准、登记等手续的外,就可以认定合同变更;当事人通过书面形式订立合同的,变更合同原则上也应采用书面形式;或者采用书面以外的如口头形式以及包括事实行为等在内的其他形式变更合同的,只要当事人没有争议,也可以认定为合同变更。如果当事人就除书面形式以外的是否变更合同的情形理解不一致引发争议,就应当适用《合同法》第七十八条的规定,视为当事人对合同变更的内容约定不明,推定为合同未变更。

最高人民法院认为:

关于涉案工程价款如何计算的问题。从双方当事人的约定来看,施工合同第三部分(专用条款)第23.2条约定:"本合同价款采用固定价格合同方式确定,合同价款中包括的风险范围:取费,按工业四类,城区19.3%,不计供求因果增加费。"该合同第23.3条约定:"合同价款的其他因素:因设计变更发生工程量增减及合同和施工图纸外的工程量增加,结算方式相同。"合同第三部分(专用条款)就竣工验收与结算约定:"按通用条款执行,工程量按实结算。"上述约定对工程计价方式是按实结算还是按固定价格结算作出了不同的约定。但从合同的实际履行情况来看,华太公司曾将工程造价交由福得尔公司据实审核结算,福得尔公司也曾出具过审核意见,据此可认定双方当事人均认可工程价款据实结算,福得尔公司主张涉案工程为固定价格缺乏依据。

对于涉案工程价款是按综合费率下浮15.2%还是按总价下浮15.2%计算。合同补充条款约定:"1. 费率下浮15.2%。2. 材料单价以施工期内甲乙双方共同签证的市场价格平均计入,工程量按施工图计算,具体以审计为准。3. 计价依据《浙江省建筑工程预算定额》(94)等。……5. 因停电、停水造成停工……工期按停工时间相应顺延。"从双方当事人合同约定的内容看,工程款的计价依据应当是按照综合费率下浮15.2%。虽然华太公司项目部在工程施工过程中多次按照工程总造价下浮15.2%向福得尔公司报送工程预(决)算书和建筑工程进度报告书,但在最终提交和审核工程结算书时双方发生争议,并未形成一致的变更合同的意思表示。《合同法》第七十八条规定:"当事人对合同变更的内容约定不明确的,推定为未变更。"浙江省高级人民法院再审认定双方当事人在施工中改变合同约定依据不足,应予纠正。华太公司以合同当事人身份主张按照约定的费率下浮15.2%计算工程造价,符合《合同法》规定与当事人之间签订的合同约定,应予支持。综上,应采信鉴定机构出具的鉴定结论中按综合费率下浮15.2%确定工程造价,即工程总造价为8505849元。

【权威解析】

本案争议焦点是,合同中约定的按费率下浮15.2%计算工程造价是否通过当事人的事实行为变更为按照工程总造价下浮15.2%计算工程造价。

在双方当事人履行合同的过程中,作为华太公司指定的负责施工管理和合同履行的代表,华太公司项目部给福得尔公司报送的工程预算书与建筑工程进度报表中,均是按照工程总造价下浮15.2%计取的工程造价。华太公司项目部最终报出的建筑工程结算书中载明工程造价为7722682元,福得尔公司对其进行审核,按工程总造价下浮15.2%计算出工程造价为6784712元。在双方当事人报送和接受工程预算书和建筑工程进度报价书时并没有产生争议。但在最终提交和审核建筑工程结算书时双方发生了争议。假如福得尔公司最终亦接受了华太公司项目部提交的建筑工程结算书并按照该结算书支付了全部工程款,则可以视为双方以事实行为变更了合同约定。推定当事人以其他形式变更合同的前提是,当事人对通过这种形式得出的结果没有异议,即已经取得一致。华太公司项目部作为合同约定的合同履行的代表,也有权代表华太公司实施这种行为。当福得尔公司不同意这种计价结果而引发纠纷时,华太公司以合同当事人的身份主张按照约定的费率下浮15.2%计算工程造价,符合《合同法》规定和当事人之间签订的合同约定。福得尔公司与华太公司在合同中明确约定按费率下浮15.2%计算工程造价,在合同履行过程中双方对此发生了争议。即在最终提交和审核工程结算书时双方发生争议,双方当事人并未形成一致的变更合同的意思表示。根据《合同法》第七十八条关于当事人对合同变更的内容约定不明确的,推定为未变更的规定精神,按照合同约定计算工程价款比较妥当,即应当采信鉴定机构出具的鉴定结论中按综合费率下浮15.2%计算出的工程造价,作为认定本案当事人讼争工程款的数额。[1]

【案例来源】

最高人民法院民事审判第一庭编:《民事审判指导与参考》(总第 47 辑),人民法院出版社 2011 年版,第 189 ~ 190 页。

编者说明

合同变更的实质,是当事人双方订立一个新合同,以代替原来的旧合同。《合同法》第七十七条规定:"当事人协商一致,可以变更合同。法律、行政法规规定变更合同应当办理批准、登记等手续的,依照其规定。"第七十八条规定:"当事人对合同变更的内容约定不明确的,推定为未变更。"据此,合同变更必须当事人双方协商一致。仅当事人一方不能变更合同;当事人双方协商未达成一致,也不能变更合同。对此应当区分合同主要条款和一般条款[2]:如果属于合同"主要条款"的内容,即当事人名称或者姓名、标的和数量,约定不明确,并且不能通过适用《合同法》第六十一条、第六十二条的规定予以确定,即应认定"合同未变更",当事人应当按照原合同履行;如果属于合同"一般条款"的内容,约定不明确,并且不能通过适用《合同法》第六十一条、第六十二条规定的方法予以确定,即应认定该"约定不明确的内容未变更",当事人应当按照变更后的合同履行,仅该项不明确的内容,按照原合同的约定履行。[3]

122 设计过程中发生设计变更,应由建设单位出具书面变更通知单,并由建设单位和设计单位共同签字盖章

【关键词】

│ 建设工程 │ 合同变更 │ 设计变更 │

---

[1] 参见王毓莹:《如何认定书面合同的变更——华太建设集团有限公司与浙江福得尔电器有限公司建设工程施工合同纠纷案》,载最高人民法院民事审判第一庭编:《民事审判指导与参考》(总第 47 辑),人民法院出版社 2011 年版,第 190 ~ 191 页。

[2] 《合同法解释(二)》第一条规定:"当事人对合同是否成立存在争议,人民法院能够确定当事人名称或者姓名、标的和数量的,一般应当认定合同成立。但法律另有规定或者当事人另有约定的除外。对合同欠缺的前款规定以外的其他内容,当事人达不成协议的,人民法院依照合同法第六十一条、第六十二条、第一百二十五条等有关规定予以确定。"主要条款,即《合同法》第十二条第一款前三项的条款,包括第(一)项当事人的名称或者姓名和住所、第(二)项标的、第(三)项数量,是合同成立所必须具备的内容,任何一项主要条款未约定或者约定不明确,均将影响合同的成立;一般条款,即《合同法》第十二条第一款前三项之外的条款,包括第(四)项质量、第(五)项价款或者报酬、第(六)项履行期限、地点和方式、第(七)项违约责任、第(八)项解决争议的方法,这些条款不是合同成立所必须具备的内容,其未约定或者约定不明确,不影响合同的成立。

[3] 参见梁慧星:《读条文 学民法》,人民法院出版社 2014 年版,第 164 页。

【案件名称】

上诉人山东亚新设计工程有限公司与被上诉人烟台昆仑房地产开发有限公司、烟台市清泉综合开发有限公司、山东清泉集团有限公司建设工程设计合同纠纷案［最高人民法院（2013）民一终字第 22 号民事判决书，2013.6.27］

【裁判精要】

裁判摘要：设计变更形成的书面证据是确认设计变更成因，确定责任负担的重要基础事实，其上承载的有关设计变更的权源依据、形成原因、变更范围等事实状态直接影响设计费用的核算与承担比例的确定。在设计单位不能提供建设单位曾向设计单位发出的设计变更任务书、设计变更指令或者有关设计变更的会议纪要而只能提供设计合同补充协议和设计变更文件的情形下，应由设计单位承担举证不能的法律后果。

最高人民法院认为：

（一）鑫卉花园项目设计费应如何确定

一审中，清泉综合开发公司请求对鑫卉花园两幢高层项目工程设计费用进行鉴定，所持理由主要为否认与亚新公司之间签订过设计合同，认为亚新公司主张的设计合同总金额系该公司与昆仑公司恶意串通形成，意在损害清泉综合开发公司的合法权益。据此，一审法院委托中国电子工程设计院，对案涉工程设计费进行鉴定，且于委托要求中明确"鉴定中，要注意设计变更是否符合条件，设计收费是否合理"。2009 年 8 月，鉴定机构依据亚新公司提供的七份设计合同及相关图纸、电子光盘等资料进行鉴定后作出鉴定结论：七份设计合同产生的设计费合计 1146.27 万元。亚新公司和清泉综合开发公司、清泉集团公司均对鉴定报告提出异议。一审法院将各方当事人的异议书、核对意见书反馈给鉴定机构。2011 年 6 月，鉴定机构以所有的鉴定材料均是通过法院提供，鉴定结论是按照亚新公司实际完成的工作量相对应的设计费作出为由，对鉴定结论未作修改。本院认为，就本案鉴定报告形成所采取的鑫卉花园设计费计算的具体方法，一审鉴定机构于其出具的《关于山东省烟台市鑫卉花园设计费鉴定工作的解释和建议》中明确，鉴定依据为一审法院移交的设计合同和设计文件，鉴定机构认为移交的上述设计合同和设计文件已经得到了本案各方当事人的认可，并且得到了一审法院的验证。二审查明事实表明，鉴定机构所持上述关于本案鉴定依据的认识及判断与案涉基本事实明显相悖。在讼争当事人否认设计合同及设计文件的真实性并据此启动鉴定程序的情形下，鉴定机构未能依照一审法院明示的委托要求，就设计变更、设计收费的真实性、合理性进行审查，对设计过程中不符合设计规范的行为予以甄别，显存不妥。

根据一审法院依职权向烟台市莱山区建设管理局所做调查显示,按照正常的工程规划设计程序,建设单位取得土地使用权后,应首先作出规划设计方案,报经规划部门审批。审批通过后取得建设工程规划许可证,再与设计单位签订设计合同,进行施工图纸的设计。在设计过程中,若发生设计变更,应由建设单位出具书面变更通知单,并由建设单位和设计单位共同签字盖章。本院认为,设计变更形成的书面证据是确认设计变更成因、确定责任负担的重要基础事实,其上承载的有关设计变更的权源依据、形成原因、变更范围等事实状态直接影响设计费用的核算与承担比例的确定。在设计单位不能提供建设单位曾向设计单位发出的设计变更任务书、设计变更指令或者有关设计变更的会议纪要而只能提供设计合同补充协议和设计变更文件的情形下,应由设计单位承担举证不能的法律后果。具体到本案,讼争鑫卉花园项目与通常建设工程相比,存在多次且大范围的设计变更,亚新公司主张的设计费用亦远远超出同类工程通常设计费用标准,对此亚新公司均以设计变更系以口头通知方式完成、其依据设计合同中相关设计变更项目的记载完成变更设计为由支撑其主张而未能提供确实有效的证据证明上述设计变更系根据工程实际需要、经相关各方一致认可产生。因此,一审判决关于亚新公司的主张"明显与设计常规相悖,在亚新公司不能提交具体有效的存在设计变更要求、变更条件等证据予以佐证的情况下,仅提供合同和图纸,依据不足,不能证明其主张,亚新公司应承担举证不能的法律后果"的认定,具有事实依据。鉴于此,一审判决综合现有证据,以亚新公司认可的备案合同所对应的合同 5 为根据,采信合同约定及鉴定结论意见,确认本案实际建成的两栋小高层的设计费为 226.2 万元。同时,考虑设计变更情形的存在,亦将合同 1 约定的关于规划许可证取得前设计的四栋五层住宅楼的设计费 44.8 万元列入实际产生的设计费用之中,两项合计,酌情确定鑫卉花园项目设计费为 271 万元,具有合理性,亦能体现对亚新公司实体权利的救济,并无不妥。亚新公司关于本案鉴定机构已作出了科学、客观的鉴定结论,依法应当予以采信的上诉主张,缺乏事实依据,不予支持。一审判决对于鉴定结论部分予以采信的处理方式,符合本案实际情况,予以维持。

【案例来源】

中国裁判文书网,http://wenshu. court. gov. cn。

123 工程重大设计变更导致工程量发生变化，当事人对该部分工程价款不能协商一致的，可以参照签订施工合同时当地建设行政主管部门发布的计价方法或者计价标准结算工程款

【关键词】

| 建设工程 | 工程价款 | 合同无效 | 设计变更 |

【案件名称】

再审申请人武汉第四建设集团有限公司与被申请人武汉市后湖发展区物业有限公司建设工程施工合同纠纷案［最高人民法院（2018）最高法民再166号民事判决书，2018.12.27］

【裁判精要】

最高人民法院认为：

本案争议焦点主要是：嘉锦苑3#楼工程价款应以何种计价方式和标准予以结算。

后湖公司与四建公司就诉争工程建设签订的两份建设工程施工合同因违反法律及行政法规，一、二审法院依法认定无效，双方当事人对此均不持异议，本院予以确认。因案涉工程均已竣工验收合格并办理竣工验收备案手续，依照《建设工程施工合同解释》第二条"建设工程施工合同无效，但建设工程经竣工验收合格，承包人请求参照合同约定支付工程价款的，应予支持"的规定，案涉施工合同虽为无效，但原则上诉争工程价款的结算仍应依法参照合同约定予以认定。后湖公司、四建公司就1#、2#楼工程参照执行合同约定进行结算未持异议，但就3#楼工程结算的计价方式，四建公司认为，案涉嘉锦苑3#楼工程由约定的原建筑结构为地下2层、地上1层，改为地上5层，该重大变更导致工程量增加、工期延误、施工成本大幅增长，实际施工已超出了执行合同的约定范围，且四建公司没有主张诉争工程参照合同结算，工程应当据实结算，原判决适用法律错误。本院认为，《建设工程施工合同解释》第二条是《合同法》关于合同无效后"折价补偿"原则的体现，因建设工程施工合同的特殊性，已竣工验收合格的工程无法"各自返还"，考虑到合同无效后工程价款结算缺乏折价补偿的相关标准，故司法解释规定在工程验收合格的客观基础上，以尊重各方当事人的意思自治及缔约时的市场调节结果即合同约定价格为参考，对工程进行结算。然而，如设计变更、工程建设规模变更等情况导致工程量大幅增加，由于市场、人工等波动因素的影响，工程成本处于变动状态，在此情况下，如承包人未明确同意按照合同价格进行结算，不宜仅以施工方继续施工为由推定当事人具有继续按照合同价格结算的意思表示。具体到本案，案涉嘉锦苑3#楼工程合同约定的原建筑

结构为地下 2 层、地上 1 层,在实际施工过程中,后湖公司变更设计方案,地上结构变更为地上 5 层,并办理了工程规划许可手续的变更。3#楼施工面积大幅增加,相应四建公司工程量亦大幅增加,由于后湖公司设计变更的相关手续未能及时办理,3#楼实际竣工验收时间大大超出了合同约定工期。3#楼工程在设计规划、施工面积、工程量、工期上均超出了原合同约定的范围,应当认定为重大设计变更。因此,除非合同明确约定由施工方承担合同外风险,从公平的角度来看,对于 3#楼的工程价款,应予以适当调整。

在 3#楼施工期间,即 2011 年 4 月 8 日,四建公司向后湖公司出具《工作联系函》要求调整工程价款,2011 年 11 月 20 日,四建公司总经理周健在鄂建〔2011〕145 号文复印件上明确批复:"在 2011 年 12 月 15 日前完成并取得竣工备案证的前提下,就 3#楼主材、人工价格等事宜,我司将结合施工实际参考该相关文件规定,待竣工结算时给予综合考虑并协商处理。"可见,四建公司与后湖公司对于 3#楼工程的结算方式一直处于磋商阶段,后湖公司同意就 3#楼工程结算价格另行协商。四建公司系基于后湖公司承诺另行协商的前提下继续履行施工义务,结合诉争工程发生设计变更、工程量增加、工期延长期间施工主材料、人工价格确有上涨的事实,二审判决按照执行合同的计价标准对 3#楼进行结算确有不当。依照《建设工程施工合同解释》第十六条第二款的规定,因设计变更导致建设工程的工程量或者质量标准发生变化,当事人对该部分工程价款不能协商一致的,可以参照签订建设工程施工合同时当地建设行政主管部门发布的计价方法或者计价标准结算工程款。对此,鉴定机构出具的《3#楼工程造价两种计算方式的比较》,按照定额据实计价和按照合同约定计价差额项目,细化为人工费、材料费、机械费、措施费、安装费、间接费六项。鉴于双方已经于 2011 年 11 月 20 日就调差的范围(主材和人工)达成一致意见,对机械费、措施费、安装费、间接费不再予以调整。至于调差的数额,根据鉴定机构的回复意见,四建公司与后湖公司各自作出的差异计算方式都有一定的合理性,但考虑到后湖公司所主张的合同工期内外分阶段项目及数量界定准确性未经双方当事人认可,四建公司主张实际造价确实远高于合同约定结算方式造价,又考虑到双方当事人对案涉两份建设工程施工合同被认定为无效均有过错,本院依法酌定对差异造价数额673.4 万元(629.62 万元 + 43.78 万元)的 80%(包含鄂建〔2011〕145 号材料中规定的由承包人承担的 5%变化幅度以内的材料价格)予以调整。

据此,3#楼工程实际总造价为 35291960.61 元,后湖公司应付总工程价款为72119948.77 元,扣除后湖公司已经实际支付的工程款 65603227 元,后湖公司尚欠工程款数额为 6516721.77 元。

【案例来源】

中国裁判文书网,http://wenshu.court.gov.cn。

124 合同约定"收方工程量"，应否扣除钢材损耗工程量

【关键词】

│ 建设工程 │ 工程价款 │ 工程量 │ 合同解释 │

【案件名称】

上诉人山东宁大建设集团有限公司与被上诉人中天建设集团有限公司、中天建设集团有限公司青海分公司建设工程施工合同纠纷案 [最高人民法院（2018）最高法民终 1116 号民事判决书，2018.11.8]

【裁判精要】

最高人民法院认为：

（一）关于案涉工程款的认定问题

根据本案查明事实，案涉合同约定工程实行固定综合单价乘以实际完成工程量的结算方式，综合单价为 7050 元/吨（含税，包括主材、辅材料、栓钉、高强螺栓、普通螺栓等费用），竣工后按现场实际完成的收方工程量乘以综合单价结算。一审法院经对案涉合同内容进行审查，认为合同约定"竣工后按现场实际完成的收方工程量乘以综合单价结算"中的"收方"二字，进一步明确了是以宁大公司交付的最终成果或成品计量，并未考虑钢材损耗工程量，应系合同对计量标准的约定，且综合单价中已经包含了栓钉、螺栓等相关费用，故在采纳第二种意见的基础上，扣除栓钉、螺栓的重量，最终确认案涉工程量为 5816.304 吨（5910.714 吨 - 栓钉 93.861 吨 - 螺栓 0.549 吨），工程总价款为 41004943.2 元（5816.304 吨×7050 元/吨），并无不妥。

宁大公司上诉认为，案涉合同并未明确约定工程量的计量标准，所约定的"实际完成的收方工程量"并非工程量计量标准的约定，也不应当理解为"按构件实际几何尺寸进行结算"，因而一审判决采信第二种鉴定意见，并擅自扣除栓钉、螺栓的重量后认定案涉工程量错误，本案应采纳第一种鉴定意见。本院认为，根据案涉合同结算条款约定，案涉工程款应按照实际完成的收方工程量乘以综合单价计算，综合单价在合同中已经明确约定为 7050 元/吨，并无争议，故本案工程款的认定主要取决于如何理解"实际完成的收方工程量"。由于钢结构工程的工程量是以所使用钢材的重量作为计算依据，而工程在完工之后已不可能对所使用的钢材进行实际称量，因而在对工程量的计算方面须有专门的手段和方法。经查，住房和城乡建设部《规范》规定，当事人对工程量计量依据发生争议，鉴定人应某2关工程国家计量规范规定的工程量计算规则计算，当事人在合同专用条款中明确约定了计量规则的除外；《规定》关于钢梁、钢柱的工程量计算规则部分规定，"按设计图示尺寸以质量计算，

不扣除……不另增加质量……"亦即,如果当事人有专门约定,应按照当事人的约定计算工程量,如果没有约定,应按照国家规定的计量规则计算,直接以图纸尺寸按照相关公式得出工程量。本案中,双方在合同的结算方式条款中约定"竣工后按现场实际完成的收方工程量乘以综合单价结算"的内容,应当理解为对工程款计算方式的约定,而其中"按现场实际完成的收方工程量"的约定内容,实际就是对工程量计量方法的约定,即对于如何计算工程量,已排除按照国家规定的计算规则直接按照图纸尺寸计算,而是按照现场实际完成的工程量计算。而实际完成的工程量,鉴定机构按工程构件实际几何尺寸进行计算,符合客观实际。因而,在当事人对工程量计量方法及工程款计算方式有约定的情况下,一审法院采纳鉴定机构依据当事人约定所作出的第二种鉴定意见作为认定工程量的依据,并根据合同关于综合单价已包括分包范围内主材、辅材料、栓钉、螺栓等费用的约定,扣除栓钉、螺栓的重量,并无不当。

诉讼中,宁大公司认为,其自行核算的案涉工程量为6364.17吨,案涉项目的建设单位、项目管理单位、施工单位(中天青海分公司)、审核单位四家共同确认的工程量为6209.33吨,中天青海分公司自行制作的结算书显示的案涉工程量6364.17吨,均接近案涉鉴定报告书第一种鉴定意见作出的结论6224.32吨,可见第一种鉴定意见更加体现客观事实,应予采信。本院认为,该诉讼理由不能成立。首先,中天青海分公司作为案涉工程的总承包人,其与发包单位结算的数额,系根据发包方与中天青海分公司的合同约定计算而得,该结果仅能约束发包方和中天青海分公司,与分包人宁大公司无关,而中天青海分公司与宁大公司的结算数额只能根据该双方当事人之间的合同约定进行计算,不能以他人的结算结果作为参照;其次,中天青海分公司承包本案工程后,又将钢结构分包给宁大公司施工,其目的就是为了赚取工程分包的差价,若其与分包人宁大公司之间的结算仍依据其与发包单位的结算结果来确定案涉工程量,就无法实现其赚取差价的目的,与常理相悖。综上,宁大公司关于本案应采纳第一种鉴定意见的上诉理由不能成立,本院不予采纳。

【案例来源】

中国裁判文书网,http://wenshu.court.gov.cn。

六、审计结论

125 **施工合同明确约定以审计结论作为结算依据的，应当将审计结论作为确定工程款的依据**

【关键词】

｜建设工程｜工程价款｜审计｜

【案件名称】

上诉人重庆市圣奇建设（集团）有限公司与上诉人黔西县人民政府、原审第三人黔西县交通运输局建设工程施工合同纠纷案［最高人民法院（2017）最高法民终912号民事判决书，2018.2.7］

【裁判精要】

最高人民法院认为：

关于焦点一，即案涉工程款的结算依据。

根据一审法院及本院查明的事实，圣奇公司与黔西县政府签订《框架协议》时，于第五条明确约定"工程竣工后，根据审计出具的审计决算为最终造价"；圣奇公司与黔西交通局签订的《工程承包合同》中，关于工程价款结算，于第五条第二款明确约定"工程价款结算支付方式按与政府签订的协议执行"；其后的《工程承包补充协议》中，亦手书注明造价以审计为准。虽然国家审计机关的审计结论并非确定当事人之间工程价款结算的当然依据，但上述约定系当事人之间平等协商一致的结果，对当事人就确定案涉工程款结算依据的约定，双方应予恪守，本院亦予以尊重。一审法院基于当事人的明确约定，认定案涉工程款的结算应以审计部门的审计结果为依据，认定正确。圣奇公司上诉称通过审计确定工程造价的约定是政府部门强加给圣奇公司的不公平条款，但其并未提供证据对相关事实予以证明。另外，圣奇公司在一审起诉状的事实与理由部分引用了黔西审计局的审计结论，在诉讼请求部分，系以黔西审计局的审计结论为基础主张对方欠付工程价款的数额，表明圣奇公司事实上并不反对以审计作为确定案涉工程款结算的方式。

圣奇公司实际上是对一审法院采信毕节市审计局出具的《专项审计调查报告》不服，认为毕节市审计局的强行介入有违平等民事主体之间平等自愿的原则，以毕节市审计局的《专项审计调查报告》作为结算依据明显违反了合同约定。本院认为,《框架协议》《工程承包合同》《工程承包补充协议》仅约定了以审计方式作为确定案涉工程价款的依据,并未明确限定应仅以某一具体审计部门的审计结论为最终依据。而且《审计法实施条例》第四十三条第一款赋予了上级审计机关对下级审计机关的审计业务依法进行监督的权力,第二款进一步规定下级审计机关作出的审计决定违反国家有关规定的,上级审计机关可以责成下级审计机关予以变更或者撤销,也可以直接作出变更或者撤销的决定;审计决定被撤销后需要重新作出审计决定的,上级审计机关可以责成下级审计机关在规定的期限内重新作出审计决定,也可以直接作出审计决定。本案中黔西审计局出具《审计报告》后,其上级审计机关即毕节市审计局以《审计报告》结果存在重大失实为由,撤销了《审计报告》,后又作出《专项审计调查报告》。因黔西审计局的《审计报告》已被撤销,以该《审计报告》作为确定案涉工程价款的依据已无事实基础。在此情况下,一审法院以毕节市审计局的审计结论作为确定案涉工程价款的依据,并无不当。圣奇公司还主张毕节市审计局实地勘测过程及审计报告的作出过程其未参加、不知情,且毕节市审计局存在测量方法不正确、计算依据不充分导致结论不真实的情况。一审法院查明,毕节市审计局决定进行专项审计后,已将相关书面通知通过申通快递通知圣奇公司法定代表人但被拒收,专项审计过程中审计调查组进入施工现场,对案涉工程的相关项目进行了抽查,利用 GPS、现场实测等手段对案涉工程竣工结算进行了复查。圣奇公司并未提供足以推翻上述事实认定的证据,圣奇公司的该上诉理由不能成立。

二审庭审后,圣奇公司于 2018 年 1 月 22 日向本院递交《工程造价司法鉴定申请书》,请求对案涉工程价款进行鉴定,因当事人已约定以审计作为确定工程结算的依据,本案中已经存在审计机关作出的审计结论,圣奇公司未提供充分证据推翻作为定案依据的审计结论,对于圣奇公司的该鉴定申请本院不予准许。至于毕节市审计局撤销其下级审计机关黔西审计局的《审计报告》后又作出《专项审计调查报告》是否有合法依据、是否存在程序违法,民事审判不应僭越。

【案例来源】

中国裁判文书网,http://wenshu. court. gov. cn。

编者说明

《最高人民法院关于建设工程承包合同案件中双方当事人已确认的工程决算价款与审计部门审计的工程决算价款不一致时如何适用法律问题的电话答复意见》(2001 年 4 月 2 日,〔2001〕民一他字第 2 号)指出:"审计是国家对建设单位的一种行政监督,不影响建设单位与承建单位的合同效力。建设工程承包合同案件应以当事人的约定作为法院判决的依据。只有在合同明确约定以审计结论作为结算依据或者合同约定不明确、合同约定无效的情况下,才能将审计结论作为判决的依据。"①本案裁判观点主要有两个:(1)施工合同明确约定以审计结论作为结算依据,应当将审计结论作为确定工程款的依据;(2)下级审计机关作出的审计决定违反国家有关规定的,上级审计机关可以责成下级审计机关予以变更或者撤销,也可以直接作出变更或者撤销的决定。

126 在民事合同中,当事人对接受行政审计作为确定结算依据的约定,应当具体明确,而不能通过解释推定的方式

【关键词】

| 建设工程 | 工程价款 | 审计 | 推定 |

【案件名称】

申请再审人中铁十九局集团有限公司与被申请人重庆建工集团股份有限公司建设工程合同纠纷案 [最高人民法院(2012)民提字第 205 号民事判决书,2013. 3. 20]

【裁判精要】

裁判摘要:(1)根据《审计法》的规定,国家审计机关对工程建设单位进行审计是一种行政监督行为,审计人与被审计人之间因国家审计发生的法律关系与本案当事人之间的民事法律关系性质不同。因此,在民事合同中,当事人对接受行政审计作为确定民事法律关系依据的约定,应当具体明确,而不能通过解释推定的方式,认为合同签订时,当事人已经同意接受国家机关的审计行为对民事法律关系的介入。

(2)在双方当事人已经通过结算协议确认了工程结算价款并已基本履行完毕的情况下,国家审计机关作出的审计报告,不影响双方结算协议的效力。

最高人民法院认为:

本案的争议焦点为:如何确定重庆建工集团与中铁十九局之间结算工程款的依据。

关于重庆建工集团主张案涉工程属于法定审计范围,因此必须按照国家审计机关的审计结果进行结算的问题。本院认为,根据《审计法》的规定及其立法宗旨,法律规定审计机关对政府投资和以政府投资为主的建设项目的预算执行情况和决算进行审计监督,目的在于维护国家财政经济秩序,提高财政资金使用效益,防止建设项目中出现违规行为。重庆建工集团与中铁十九局之间关于案涉工程款的结算,属

---

① 参见刘德权总主编:《新编版最高人民法院司法观点集成·民事卷》,中国法制出版社 2017 年版,第 2061 页。

于平等民事主体之间的民事法律关系。因此,本案诉争工程款的结算,与法律规定的国家审计的主体、范围、效力等,属于不同性质的法律关系问题,即无论案涉工程是否依法须经国家审计机关审计,均不能认为,国家审计机关的审计结论,可以成为确定本案双方当事人之间结算的当然依据,故对重庆建工集团的上述主张,本院不予采信,对案涉工程的结算依据问题,应当按照双方当事人的约定与履行等情况确定。

关于分包合同是否约定了案涉工程应以国家审计机关的审计结论作为结算依据的问题。本院认为,分包合同中对合同最终结算价约定按照业主审计为准,系因该合同属于分包合同,其工程量与工程款的最终确定,需依赖合同之外的第三人即业主的最终确认。因此,对该约定的理解,应解释为工程最终结算价须通过专业的审查途径或方式,确定结算工程款的真实合理性,该结果须经业主认可,而不应解释为须在业主接受国家审计机关审计后,依据审计结果进行结算。根据《审计法》的规定,国家审计机关的审计系对工程建设单位的一种行政监督行为,审计人与被审计人之间因国家审计发生的法律关系与本案当事人之间的民事法律关系性质不同。因此,在民事合同中,当事人对接受行政审计作为确定民事法律关系依据的约定,应当具体明确,而不能通过解释推定的方式,认为合同签订时,当事人已经同意接受国家机关的审计行为对民事法律关系的介入。因此,重庆建工集团所持分包合同约定了以国家审计机关的审计结论作为结算依据的主张,缺乏事实和法律依据,本院不予采信。

从上述分包合同的约定及双方当事人的合同履行情况看,案涉工程于2005年9月8日竣工,同年12月通过验收并于2006年2月6日取得《重庆市建设工程竣工验收备案登记证》。之后,出于为该路段工程岚峰隧道、花沟隧道部分竣工结算提供价值依据的目的,重庆市经开区监审局委托西恒公司对上述工程进行竣工结算审核。2006年8月10日,西恒公司出具审核报告,载明案涉工程范围的工程造价为114252796元。2007年12月5日,重庆建工集团与中铁十九局对分包工程进行结算,确认中铁十九局图纸范围内结算金额为114252795.85元。虽然在本案一、二审期间,双方当事人对西恒公司出具的审核报告是否属于分包合同约定的"业主审计"存在争议,但在该审核报告上,业主、承包人和分包人均签字盖章表示了对审核结果的认可。之后,重庆建工集团与中铁十九局签订结算协议,其确定的结算数额也与上述审核报告审定的数额一致。本院认为,以上事实能够形成完整的证据链,证明2007年12月5日双方当事人签订的结算协议,属于分包合同约定的旨在确定最终结算价格的补充协议。本案一审起诉前,重庆建工集团累计已向中铁十九局支付涉案工程的工程款98120156.63元,数额已经到达结算协议约定结算数额的96%。结算协议的实际履行情况,也佐证了其系双方当事人的真实意思表示。重庆建工集团虽主张结算协议仅是双方就案涉工程款结算的阶段性行为,但未提供相应证据证明,且分包合同未约定需对工程结算进行阶段性审核和阶段性结算,结算协议本身亦未体现其仅是对案涉工程的阶段性结算。因此,对重庆建工集团的上述主张,本院不予采信。结算协议属于合法有效的合同,对双方当事人具有法律拘束力。

结合结算协议的签订和实际履行情况,本院认为,虽然本案审理中,双方当事人对西恒公司出具的审核报告是否就是双方在分包合同中约定的业主审计存在争议,但该审核报告已经得到了案涉工程业主和本案双方当事人的认可,重庆建工集团与中铁十九局又在审核报告的基础上签订了结算协议并已实际履行。因此,即使西恒公司的审核报告与双方当事人签订分包合同时约定的业主审计存在差异,但根据《合同法》第七十七条第一款的规定,双方当事人签订结算协议并实际履行的行为,亦可视为对分包合同约定的原结算方式的变更,该变更对双方当事人具有法律拘束力。在双方当事人已经通过结算协议确认了工程结算价款并已基本履行完毕的情况下,国家审计机关作出的审计报告,不影响双方结算协议的效力。现重庆建工集团提出不按结算协议的约定履行,但未举出相应证据证明该协议存在效力瑕疵,故本院对其主张不予支持;中铁十九局依据上述结算协议要求重庆建工集团支付欠付工程款,具有事实和法律依据,本院予以支持。

【案例来源】

《中华人民共和国最高人民法院公报》2014年第4期(总第210期)。

127 法院对审计机关的审计结果应依法审查质证,决定是否采信

【关键词】

│ 建设工程 │ 工程价款 │ 审计 │ 质证 │

【案件名称】

广东第八建筑工程公司与海南兴业聚酯股份有限公司建筑工程承包合同纠纷案[最高人民法院(2002)民一提字第7号民事判决书]

【裁判精要】

裁判摘要:对国家建设工程造价进行审计,是审计机关依职权所实施的行政行为。但在建筑工程承包合同纠纷诉讼中,审计机关对国家建设项目的决算审计仅是确认工程价款的证据之一,并非最终决算依据,更不能对抗生效判决。法院对审计机关的审计结果应依法审查质证,决定是否采信,并根据查明的事实作出判决。

最高人民法院认为：

兴业聚酯与八建海南公司于1992年11月26日、1993年1月13日签订的两份建筑工程承包合同及1994年6月15日签订的协议书，系双方当事人真实意思表示，内容不违反法律规定，应认定为有效合同，双方当事人均应履行。根据《审计法》第二十三条及《审计法实施条例》第二十一条、第二十二条的规定，海南省审计厅对本案《工程决算书》进行审计是履行法定职责的行政行为。八建海南公司关于该项审计是行政干预司法的违法行为，且不符合法定审计程序的主张，本院不予支持。审计机关出具的《审计意见书》能否采信，应依法审查其与案件事实是否相符。因1993年5月30日兴业聚酯的工地代表在八建海南公司提出的技术经济签证单上签署了"经甲、乙双方市场调查525#水泥同意认定680元/吨，凡C30、C35以上混凝土的水泥用量，价格均按此办理。差价如何处理请示省定额站，按省定额站的通知精神执行"的意见，应认定水泥680元/吨的事实已经双方确认。虽然海南省定额站在本案工程结算前没有对水泥差价的调差方式专门提出意见，但海南省重点工程建设办公室1993年9月11日召开了现场调度会并形成会议纪要（琼重指办〔1993〕16号文件），海南省定额站、兴业聚酯、八建海南公司和其他施工单位均派员参加会议，该会议纪要应是与会各方协商一致的意思表示，所确定的水泥调差方式，应作为本案工程的结算依据。因此《工程决算书》根据双方签证及琼重指办〔1993〕16号文件计算水泥差价是适当的，符合中华人民共和国建设部、中华人民共和国国家计划委员会、中华人民共和国国家经济贸易委员会和中国人民建设银行建建〔1994〕279号《关于进一步做好清理工程款拖欠工作和防止新欠的通知》中关于"及时调整预、结算，防止将价差转嫁给施工企业"的精神。《审计意见书》仅依据海南省定额站琼建定〔1991〕1号的规定，核减主厂房工程水泥价款437670.97元，原料及成品仓库工程水泥价款1017860.25元，未能客观反映本案工程的实际造价，不符合本案的事实和当事人的真实意思表示。在本案二审判决已经生效的情况下，原再审判决认定本案新证据《审计意见书》是本案工程终局性的决算依据，没有法律依据，据此核减水泥价款1455531.22元不当，应予纠正。《审计意见书》对《工程决算书》提出的其他核减项目，本院予以确认。

【案例来源】

最高人民法院审判监督庭编著:《最后的裁判——最高人民法院典型疑难百案再审实录·房地产与公司企业案件卷》，中国长安出版社2007年版，第101～109页。

编者说明

审计机关对国家建设项目的决算审计，是国家对建设单位的一种行政监督，对承建单位并无约束力,也不影响建设单位与承建单位签订的合同效力。在诉讼中法院对已经形成的审计结果应作为诉讼证据进行审查,能否采信取决于其是否具备法定要件。当审计机关对国家建设项目依法审计的工程价款与当事人已确认的工程价款不一致时,一般应以当事人的约定作为法院的判决依据。①

128 施工合同约定以审计结论作为结算依据,但审计机构迟迟不出具结算审核结果的,为解决工程款久拖不决问题,可以根据当事人申请,委托鉴定机构对工程造价进行司法鉴定

【关键词】

| 建设工程 | 工程价款 | 审计 | 鉴定 |

【案件名称】

上诉人盘锦辽东湾新区管理委员会与被上诉人沈阳北方建设股份有限公司、中国医科大学附属盛京医院辽东湾分院建设工程施工合同纠纷案 [最高人民法院 (2018)最高法民终 258 号民事判决书,2018.5.28]

【裁判精要】

最高人民法院认为:

1. 关于工程价款结算依据

本案中,《施工合同》第五条约定:"最终结算按照发包人委托的中介机构及上级审计部门实际审核的结果为准。"案涉工程于 2013 年底至 2014 年初陆续竣工并交付使用后,双方亦按照上述约定对工程价款进行结算,北方建设公司向辽东湾管委会移交了工程结算报告及相关附随资料,辽东湾管委会审核后将相关结算资料移交盘锦市审计局,盘锦市审计局于 2014 年 7 月 18 日委托中成建正咨询公司对案涉工程进行结算审核。但从 2014 年 7 月 18 日起至本案提起诉讼时,审计机构历时两年多仍未出具结算审核结果,辽东湾管委会在本案一审期间提交的相关报告,仍未经上级审计部门审核确认,这导致北方建设公司的工程款数额迟迟不能得到确认。由于审计部门的审计不是确定工程价款的唯一方式,工程价款可以通过司法鉴定的方式予以确定,为解决工程款久拖不决的问题,一审法院根据北方建设公司的申请,

---

① 参见孙基刚:《审计机关对国家建设项目决算审计的性质及在诉讼中的效力——广东第八建筑工程公司与海南兴业聚酯股份有限公司建筑工程承包合同纠纷案》,载最高人民法院审判监督庭编著:《最后的裁判——最高人民法院典型疑难百案再审实录·房地产与公司企业案件卷》,中国长安出版社 2007 年版,第 109 页。

委托鉴定机构对案涉工程造价进行司法鉴定,符合本案实际,亦不违反法律规定,并无不当。辽东湾管委会并无充分证据证明一审鉴定意见抬高了工程造价,导致发包人多付工程款。据此,一审法院依据鉴定结论认定工程价款,并无不当,辽东湾管委会依据《施工合同》第五条的约定否定鉴定结论作为结算依据,本院不予支持。

【案例来源】

中国裁判文书网,http://wenshu.court.gov.cn。

编者说明

当事人约定以行政审计作为工程款结算依据的,按照约定处理。但行政审计部门明确表示无法进行审计或者无正当理由长期未出具审计结论,当事人申请进行司法鉴定的,应予准许。

129 审计部门对建设资金的审计,不影响建设单位与承建单位的合同效力及履行

【关键词】

│建设工程│工程价款│审计│

【案件名称】

上诉人呼和浩特绕城公路建设开发有限责任公司与被上诉人河北路桥集团有限公司建设工程施工合同纠纷案［最高人民法院再审民事判决书］

【裁判精要】

裁判摘要:审计部门对建设资金的审计是国家对建设单位基本建设资金的监督管理行为,不影响建设单位与承建单位的合同效力及履行。除非双方当事人在合同中有约定或者合同约定不明确、合同约定无效,否则审计结论不能作为工程款结算的依据。

最高人民法院认为:

双方当事人的争议焦点为:是否应当以审计结果作为支付涉案工程款的依据。

从一审查明的事实看,绕城路全部工程已经于 2006 年全线通车,河北路桥公司所施工路面工程分验合格后,于 2006 年 11 月 1 日向绕城公路公司提交竣工验收报告。双方也于 2008 年 10 月 21 日对河北路桥公司完工工程量进行汇总后,核定工程

总造价为 105243288 元。该工程价款是在河北路桥公司申报工程量之后,经绕城公路公司审核之后确认的价款。双方对此均无异议,双方已就应支付的工程款总价形成合意,这是双方真实意思的表示,且没有违反法律的禁止性规定,对双方均具有约束力。因此,绕城公路公司主张该工程量仅供审计之用,缺乏依据。依法有效的建设工程施工合同,双方当事人均应依约履行。审计部门对建设资金的审计是国家对建设单位基本建设资金的监督管理,不影响建设单位与承建单位的合同效力及履行。双方当事人并未在合同中约定,将审计结果作为计算涉案工程款的依据。且从一审法院调查的结果来看,审计人员认为审计局函中的初审值数据不准确,因为建设单位提交的相关材料不全面,故无法出具客观真实的审计报告。因此,绕城公路公司的上诉主张,既缺乏合同依据,也缺乏法律依据,应不予支持。

【权威解析】

本案双方当事人争议的焦点在于:审计结论能否作为涉案工程款的结算依据。这就存在一个问题,即如何看待审计行为。

本案中,双方当事人对于合同价款曾进行过书面的确认,但由于本案涉及的呼和浩特市二环路工程作为内蒙古自治区、呼和浩特市两级政府"十一五"计划的重点工程,属于国有投资项目,按照相关法律和政府财政支付的规定和要求,需要进行审计。此时就涉及一个问题,在工程款的结算上究竟是以当事人的约定,还是以审计结论作为计算工程款的依据。

根据《财政部关于加强建设项目工程预(结)算审查管理工作的通知》规定,财政评审中心主要职责是对国家财政投资项目实施监督检查,检查监督建设单位有无违法违纪行为,但这种监督职能不能延伸到民事领域,更不能改变民事合同约定的内容。财政评审中心所出具的审计结论是行政决定,不是人民法院据以审理民事案件的法定依据。在民事案件中,财政评审中心所作出的审计结论性质应为民事证据,若当事人约定以此作为工程款结算依据的,已经转化为民事合同中双方当事人约定的一部分,是双方当事人对于自己权利的处分,当事人双方应当受到合同的约束。此时,审计结论应当作为计算工程款的依据。除此以外,审计结论不能作为计算工程款的依据。

依照《最高人民法院关于建设工程承包合同案件中双方当事人已确认的工程决算价款与审计部门审计的工程决算价款不一致时如何适用法律问题的电话答复意见》(2001 年 4 月 2 日,〔2001〕民一他字第 2 号)的规定,审计是国家对建设单位的一种行政监督,不影响建设单位与承建单位的合同效力。建设工程承包合同案件应以当事人的约定作为法院判决的依据。只有在合同明确约定以审计结论作为结算依据或者合同约定不明确、合同约定无效的情况下,才能将审计结论作为判决的依据。

在本案中绕城公路公司于 2008 年 10 月 21 日对河北路桥公司完工工程量进行汇总后,核定工程总造价为 105243288 元。该工程价款是在河北路桥公司申报工程量之后,经绕城公路公司审核之后确认的价款。双方对此均无异议,双方已就应支付的工程款总价形成合意,这是双方真实意思的表示,审计结论并不能改变双方当事人的合同约定。无论是发包方还是承包方,在双方当事人对于合同价款已有明确约定的情况下,不能主张依据审计结论来作为工程款结算的依据。在司法实践中,虽然双方当事人对于建设工程价款已有明确约定,但发包方往往以等待审计结果来作为拖延支付工程款的借口。而承包方由于在建筑市场中所处的地位,承揽工程时承诺的价格很低,将其他竞争对手排挤出去,工程完工后,发包方又主张对涉案工程进行审计,依据审计结论来计算工程款,这些都是有违诚信的行为,均不应当得到法院的支持。在建设工程施工合同签订阶段,合同双方当事人均很难预测在履行合同中会出现行政机关依照行政职权改变合同约定、变更合同条款的情形发生,如果允许依照审计结论来改变双方当事人的约定,无异于破坏了当事人双方对于合同的预先安排和对于合同的合理预期,有违合同法的精神,也违背民法的平等自愿、等价有偿原则。因此,除非双方当事人有约定或者对于合同价款约定不明确、约定无效的情况,审计结论才能作为工程价款的结算依据。本案中双方当事人对于合同价款有明确的约定,因此,审计结论不能作为结算工程款的依据。绕城公路公司的主张不应得到支持。①

【案例来源】

最高人民法院民事审判第一庭编:《民事审判指导与参考》(总第 52 辑),人民法院出版社 2013 年版,第 156~162 页。

130 只有合同明确约定以审计结论作为结算依据的,才能将是否经过审计作为当事人工程款结算条件

【关键词】

│ 建设工程 │ 工程价款 │ 审计 │

---

① 参见王毓莹:《审计部门对建设资金的审计不影响建设单位与承建单位的合同效力及履行——呼和浩特绕城公路建设开发有限责任公司与河北路桥集团有限公司建设工程施工合同纠纷案》,载最高人民法院民事审判第一庭编:《民事审判指导与参考》(总第 52 辑),人民法院出版社 2013 年版,第 156~164 页。

【案件名称 I】

上诉人兰州市城市发展投资有限公司与被上诉人北京城建建设工程有限公司及一审被告兰州南山路建设开发有限公司建设工程施工合同纠纷案［最高人民法院（2018）最高法民终651号民事判决书，2018.10.31］

【裁判精要】

最高人民法院认为：

一、关于案涉工程造价如何确定的问题

一审法院已经查明，案涉《建设工程施工合同》签订后，北京城建公司于2009年4月13日进场施工，2013年10月30日完工。2014年1月10日，建设单位、设计单位、监理单位、施工单位、勘察单位、邀请单位和接收及管理单位等七家单位共同签发《竣工验收证书》，确认案涉工程质量合格。工程竣工验收后，北京城建公司依约作出结算书，结算价款总计286960075.48元，监理单位作出审核价为286841932.55元，南山路公司审核后确认结算价为262989664.48元。2015年10月25日，北京城建公司、监理单位和南山路公司共同形成《工程（决）算书》，并在各自作出的结算价款上加盖公章进行确认。2015年11月3日，双方当事人将施工资料及各方结算书送交兰州市审计局进行审计，该局委托的甘肃立信工程造价咨询服务有限公司至今未能作出审计结论。《建设工程施工合同》的"通用条款"第33竣工结算部分约定，发包人兰州城投公司在收到承包人北京城建公司提交的竣工结算报告及结算资料后28天内进行核实，给予确认或者提出修改意见。发包人确认竣工结算报告后支付工程结算价款。若发包人收到竣工结算报告及结算资料后28天内无正当理由不支付工程竣工结算价款，从第29天起支付拖欠工程价款的利息。本案中，案涉工程竣工验收合格后，北京城建公司依约作出了结算书，兰州城投公司也在审核后对北京城建公司的结算价款进行了调整，北京城建公司、监理单位和南山路公司共同形成《工程（决）算书》，并在各自作出的结算价款上加盖公章进行确认。据此可以认定，兰州城投公司依约对工程结算价款进行了审核，其应在合同约定的期限内支付下欠的工程款。一审判决以南山路公司的审核价262989664.48元作为案涉工程款的结算依据，并无不当。

兰州城投公司上诉主张，《建设工程施工合同》第三部分"专用条款"第六"合同价款与支付"第26条的约定表明，双方当事人同意将案涉工程最终造价的确定方式约定为审计方式，经审查，上述约定与该合同中第二部分"通用条款"第33竣工结算的约定并不矛盾，不能认定为"专用条款"第26条的约定改变了"通用条款"第33针对案涉工程的竣工结算进行的专门约定,故其该项上诉理由不能成立。①

兰州城投公司关于《工程(决)算书》中作出的审核价是其单位内部无造价资质的工作人员初步审核后形成的,案涉工程的结算价款应委托第三方专业机构进行造价鉴定的上诉理由,亦与合同约定不符,缺乏法律依据,不能成立,本院不予支持。

【案例来源】

中国裁判文书网,http://wenshu.court.gov.cn。

【案件名称Ⅱ】

再审申请人深圳市奇信建设集团股份有限公司与被申请人绵阳市中心医院建设工程施工合同纠纷案［最高人民法院(2018)最高法民再185号民事判决书,2018.9.29］

【裁判精要】

最高人民法院认为:

关于案涉工程款结算条件是否成就的问题。《合同法》第二百六十九条第一款规定,建设工程合同是承包人进行工程建设,发包人支付价款的合同。本案中,《建设工程施工合同》为双方当事人真实意思表示,不违反法律、行政法规的强制性规定,合法有效,对双方当事人均具有法律约束力。案涉工程已于2011年9月13日通

---

① 一审判决理由中指出:兰州城投公司主张合同约定最终结算价按审计为准,因此必须按照国家审计机关的审计结果进行结算。《建设工程施工合同解释》第十六条第一款规定,当事人对建设工程的计价标准或者计价方法有约定的,按照约定结算工程款。也就是说,对案涉工程的结算依据问题,应当依照双方当事人的约定与履行等情况确定。双方当事人可以明确约定以财政部门、审计部门的审核、审计结果作为工程款结算依据。2001年4月2日,《最高人民法院关于建设工程承包合同案件中双方当事人已确认的工程决算价款与审计部门审计的工程决算价款不一致时如何适用法律问题的电话答复意见》(〔2001〕民一他字第2号)中明确:"审计是国家对建设单位的一种行政监督,不影响建设单位与承建单位的合同效力。建设工程承包合同案件应以当事人的约定作为法院判决的依据。只有在合同明确约定以审计结论作为结算依据或者合同约定不明确、合同约定无效的情况下,才能将审计结论作为判决的依据。"由此可知,审计结果作为工程款结算依据,必须明确具体约定,即在合同中约定"以审计部门的审计结论作为竣工结算价款支付依据"。如审计部门是确定的,还应写明审计部门的全称。结合本案,双方在施工合同中约定,对价款结算采用固定价格方式。工程款(进度款)按月结算的方式,每月底按总监理工程师和业主代表确认的进度表支付进度款。工程款支付至合同总额的80%时暂停支付,设计变更及经济签证的费用按照进度款同比例支付,待竣工结算审计后,按审定的金额扣除质保金后在一个月内支付。双方在合同中并没有明确约定,将审计结果作为案涉工程款结算依据,合同中有关审计的约定不明确、不具体。因该项目属国有资金投资的重点建设项目,审计机关对工程建设项目进行审计是一种监督行为。因此,对该约定的解释,应解释为工程最终结算价需通过专业的审计途径或方式确定结算工程的真实合理性,而不应理解为须在业主接受国家审计机关审计后,依据审计结果进行结算。因此,兰州城投公司所持合同约定以审计机关的审计结论作为结算依据的主张,缺乏事实和法律依据,不予采信。——编者注

过竣工验收,并交付绵阳市中心医院使用,绵阳市中心医院应当支付相应的工程价款。根据《审计法》的规定,审计机关的审计行为是对政府预算执行情况、决算和其他财政收支情况的审计监督。相关审计部门对发包人资金使用情况的审计与承包人和发包人之间对工程款的结算属不同法律关系,不能当然地以项目支出需要审计为由,否认承包人主张工程价款的合法权益。只有在合同明确约定以审计结论作为结算依据的情况下,才能将是否经过审计作为当事人工程款结算条件。根据本院再审查明的事实,双方在《建设工程施工合同》中并未约定工程结算以绵阳市审计局审计结果为准,在其后的往来函件中,奇信公司亦只是催促尽快支付工程款,其中两份函件中提及的系恒申达公司结算审计,而非绵阳市审计局的审计。在 2014 年 1 月 8 日的最后一份函件中,奇信公司虽认可"待绵阳市审计局复审后多退少补",但并未认可以绵阳市审计局的审计结论作为工程款结算及支付条件。二审判决以结算条件没有成就为由,对奇信公司支付工程价款的诉讼请求不予支持,适用法律错误,本院予以纠正。

【案例来源】

中国裁判文书网,http://wenshu. court. gov. cn。

编者说明

2001 年《最高人民法院关于建设工程承包合同案件中双方当事人已确认的工程决算价款与审计部门审计的工程决算价款不一致时如何适用法律问题的电话答复意见》明确表示:审计是国家对建设单位的一种行政监督,不影响建设单位与承建单位的合同效力。建设工程承包合同案件应以当事人的约定作为法院判决的依据。只有在合同明确约定以审计结论作为结算依据或者合同约定不明确、合同约定无效的情况下,才能将审计结论作为判决的依据。因此,当事人约定以行政审计、财政评审作为工程款结算依据的,按照约定处理。

但行政审计、财政评审部门明确表示无法进行审计或者无正当理由长期未出具审计结论,当事人申请进行司法鉴定的,可以准许。法院在启动司法鉴定前,应当与行政审计单位沟通,发函确认没有出具审计结论的原因。如果审计机构不予回复或者因审计机构的原因,没有出具审计结论,则法院启动司法鉴定后,行政审计出来了,此时仍然以法院的司法鉴定为准。①

---

① 参见潘军峰:《工程价款结算审判疑难问题研究》,载《法律适用》2019 年第 5 期。

131 审计监督性质属行政监督，审计机关出具的审计报告不具有直接约束平等民事主体之间法律关系的效力

【关键词】

│建设工程│工程价款│审计│

【案件名称】

再审申请人海天建设集团有限公司与被申请人彭泽房地产开发有限公司建设工程施工合同纠纷案［最高人民法院(2018)最高法民再211号民事判决书，2018.8.28］

【裁判精要】

最高人民法院认为：

本案再审审理的争议焦点为：案涉工程造价应以《建设工程结算造价审核定案表》，抑或彭泽县审计局出具的《审计报告》为确定依据。

本案中，海天公司(乙方)与彭泽公司(甲方)签订的《施工合同补充协议》系双方当事人真实意思表示，其内容不违反法律、行政法规的规定，合法有效，应予恪守。案涉工程已由海天公司施工完毕并通过了竣工验收，彭泽公司应依约支付工程价款。关于合同工程价款的确认，《施工补充协议》第一条约定，"工程必须按照政府《六大工程的工程量的确认原则和程序》进行，资金审核组审核后，按'招标文件'规定下浮10%为甲方和县建设局结算确认价，由承建方开正式发票。经审核组签字、盖章后认可为最终价的基础上，发包方再下调12%作为甲、乙方的最终总结算工程款"。根据本案已查明事实，案涉工程价款已由彭泽县审计局委托中信造价公司进行审核，中信造价公司出具了《审核报告》，该审核结果已依约按照造价的10%进行让利，并由彭泽县审计局、彭泽县建设局、海天公司、彭泽公司、中信造价公司五方共同签署《建设工程结算造价审核定案表》，一致认可。一审判决在《建设工程结算造价审核定案表》确定的结算金额基础上，再行下调12%认定案涉工程最终结算价款，合法有据，符合当事人之间的约定，本院予以维持。

本院再审审理查明，《彭泽县县城新区市政工程项目投资建设合同》确系彭泽县人民政府与彭泽公司所签。海天公司并非该合同主体，根据合同相对性原则，不应受该合同约束。且审计监督性质属行政监督，审计机关出具的审计报告不具有直接约束平等民事主体之间法律关系的效力。二审判决径以《彭泽县县城新区市政工程项目投资建设合同》为据，确认海天公司与彭泽公司之间的案涉工程造价应以彭泽县审计局出具的《审计报告》为准，缺乏事实和法律依据，应予纠正。

【案例来源】

中国裁判文书网,http://wenshu. court. gov. cn。

132 财政评审中心审核结论原则上不能作为工程结算依据

【关键词】

|建设工程|工程价款|财政评审|

【案件名称】

长春工业大学与吉林建工集团有限公司建设工程施工合同纠纷抗诉案［最高人民法院再审民事判决书］

【裁判精要】

最高人民法院认为:

依相关规定,含有国家财政性预算内资金投资的工程,结算时须报财政部门进行审查。但财政部门的审查结论只是其行使国家财政性资金监督管理职能的依据,不是当事人结算的法定依据,工程价款的结算应依当事人间合法约定而确定。

【权威解析】

1. 本案所涉工程含有部分国家财政性预算内资金的投资,工程结算须报财政部门进行审查。《预算法》第七十一条规定:"各级政府财政部门负责监督检查本级各部门及其所属各单位预算的执行……"《预算法实施条例》第七十六条规定:"各部门及其所属各单位应当接受本级财政部门有关预算的监督检查;按照本级财政部门的要求,如实提供有关预算资料;执行本级财政部门提出的检查意见。"明确了财政部门有权对国家财政性资金的监督管理职能。财政部的相关规章规定,对有国家财政性资金安排的建设项目,必须经过财政部门(或其委托机构)的审查。这些规定在其职权范围之内,且与法律法规不相冲突,应获得尊重。本案所涉建设工程为吉林省政府预算内资金投资 1500 万元的基本建设投资项目,故工程结算必须报财政部门进行审查。

2. 财政部门的审查结论只是其行使国家财政性资金监督管理职能的依据,而非当事人结算的法定依据。工程价款的确定只能依据当事人间的合法约定,相关法律和司法解释都确定了这一原则,《建筑法》第十八条规定:"建筑工程造价应当按照国家有关规定,由发包单位与承包单位在合同中约定……"最高人民法院《建设工程施工合同解释》第十六条第一款规定:"当事人对建设工程的计价标准或者计价方法有约定的,按照约定结算工程价款。"第二十二条规定:"当事人约定按照固定价结算工程价款,一方当事人请求对建设工程造价进行鉴定的,不予支持。"

财政部门行使监督管理权,可以依据其审查结论调整财政资金的支出,或对违反财政法规的行为予以处罚,在当事人没有约定的情况下,不能要求将审查结论作为工程价款结算的依据,否则就是行政权力对当事人合同的肆意干涉。国家财政部2000年下发的《财政性投资基本建设项目工程概、预、决算审查若干规定》第八条第三款规定:"评审机构报送的基本建设项目工程竣工结算审查报告,经财政部门确认后出具的审查结论,作为建设单位与施工企业工程价款结算及编制竣工财务决算的依据。"这一规定试图用行政审查替代当事人的约定,超越其职权范围,也与《建筑法》规定相悖(2000年前后的规定都未作类似要求),法院不能将之作为裁判的依据。吉林省据此下发的有关规定,亦不能作为裁判依据。①

【案例来源】

最高人民法院审判监督庭编:《审判监督指导》(总第34辑),人民法院出版社2011年版,第196~202页。

编者说明

最高人民法院民一庭意见认为,财政部门对财政投资的评定审核是国家对建设单位基本建设资金的监督管理,不影响建设单位与承建单位的合同效力及履行。但是,建设合同中明确约定以财政部门对财政投资的审核结论作为结算依据的,审核结论应当作为结算的依据。②

133 发包人委托第三人对承包人在工程竣工后提交的决算报告进行审核,承包人对第三人出具的审核意见书予以认可的,该审核意见书可以作为结算依据

【关键词】

| 建设工程 | 工程价款 | 结算 |

---

① 参见马成波:《财政部门的审核(计)报告不是竣工验收的法定依据——长春工业大学与吉林建工集团有限公司建设工程施工合同纠纷抗诉案》,载最高人民法院审判监督庭编:《审判监督指导》(总第34辑),人民法院出版社2011年版,第202~204页。
② 参见姚宝华:《财政评审中心作出的审核结论原则上不能作为工程结算依据》,载最高人民法院民事审判第一庭编:《民事审判指导与参考》(总第34辑),法律出版社2008年版,第58~61页。

【案件名称】

上诉人山东世界贸易中心与被上诉人中国建筑第八工程局建筑工程施工合同纠纷案〔最高人民法院(2003)民一终字第 77 号民事判决书，2004.1.9〕

【裁判精要】

裁判摘要：本案判决主要涉及承包方在工程竣工后提交的决算报告，发包方委托第三人对该报告进行审核，第三人根据审核结果出具《审核意见书》，在承包方对该《审核意见书》予以认可的情况下，能否将第三人出具的《审核意见书》作为认定发包方与承包方决算工程款的依据。建设工程施工合同当中，一般约定承、发包双方自行完成工程款的决算工作。但也存在发包方没有相适应的工程款决算的审核能力，而委托第三人协助其完成工程款决算工作的情况。这一委托中，第三人不是作为专业的工程款审计部门，独立完成工程款决算的审计工作，而是运用其专业力量，协助发包方的工作，完成的审核工作视为发包方对承包方提供的决算报告的审核，属于发包方的内部审核。第三人就其审核工作对发包方负责。当发包方授权或者委托第三人与承包方直接进行工程款决算审核工作时，第三人依据发包方的授权，代表发包方与承包方进行工程款的决算工作，双方达成的一致意见，视为发包方与承包方达成的一致意见，可以作为承、发包双方决算工程款的依据。

最高人民法院认为：

世贸中心与商建总公司于 1996 年 4 月 25 日签订《关于〈山东世界贸易中心一期工程〉预、决算审核工作的协议》约定，由世贸中心物业部预算科和商建总公司下属建设监理公司现有的工程技术人员，共同组成世贸中心一期工程预决算审核小组。审核小组的主要工作是世贸中心一期工程已建成工程的预、决算审核工作。审核小组对施工单位编报的工程预决算进行复核，向世贸中心、集团总公司分管领导汇报，并征得领导的原则同意，与施工单位面对面的核对，直至双方认可，并整理、调整工程预决算，双方签字盖章。世贸中心与监理中心于 2001 年 2 月 6 日签订《工程结算审核协议》约定，双方合作审核工程结算。上述合同履行的实际情况是，监理中心从 1996 年起即与世贸中心共同对中建八局提交的工程决算报告进行审核，并出具《工程决算审核报告》。世贸中心对监理中心的审核工作予以认可，并在部分《工程审核决算书》中签字盖章，监理中心实际上承继了世贸中心委托商建总公司进行的工程款审核工作。上述两份审核协议约定的内容表明，监理中心按照世贸中心的委托及授权，协助世贸中心审核中建八局提交的工程决算书，并非作为专业鉴定单位独立进行工程款结算的审计工作。监理中心这种有偿协助工程款结算审核的经营活动，并没有违反法律、行政法规的强制性规定。监理中心按照世贸中心的委托，将双方的审核结果形成《工程审核决算书》,并提交中建八局。中建八局在该《工程审核决算书》上签字认可,该《工程审核决算书》即对世贸中心与中建八局产生法律约束力。一审法院在庭审中对监理中心出具的《工程审核决算书》组织质证,世贸中心没有提出正当的理由及充分的依据否定上述《工程审核决算书》的真实性及确定的工程款数额的准确性,一审法院以监理中心出具的《工程审核决算书》作为本案认定工程款的依据,适用法律并无不当。世贸中心上诉认为监理中心的审核只针对集团内部,属于内部的审核。监理公司不具有相关的鉴定资质,参加审计的人员未取得相关专业鉴定的资格,故而认为监理公司出具的《工程审核决算书》不能作为本案认定工程款依据的主张没有事实及法律依据,本院不予支持。

世贸中心与中建八局工程承包部签订的 10·26 合同虽然约定,工程欠款的具体数额以经中介机构审计后的审定值扣除世贸中心已经付给中建八局的工程款差额为准,但没有明确具体的中介机构,该结算条款约定不明。双方在本案诉至一审法院前,没有约定委托或者共同委托具有审计资质的具体中介机构进行工程款的审计工作,以完善合同约定不明的结算条款。故 10·26 合同中关于工程款结算的约定,不具备履行的条件。世贸中心上诉称,其在 2001 年 6 月 28 日委托正源会计所对工程结算进行审计。该会计事务所在 2003 年 4 月 3 日出具《基本建设工程结算审核报告》,在该审核报告中所附的各单项工程的结算书中,中建八局负责人员签字予以认可,说明中建八局认可世贸中心委托正源会计所进行审计,并参与了审计工作。以上事实证实双方已实际履行了 10·26 合同中关于结算的约定。根据查明的事实,世贸中心委托正源会计所进行审计,是单方在 10·26 合同签订前进行的委托,其没有提供证据证实中建八局知道委托正源会计所审计的事实并予以认可。《基本建设工程结算审核报告》是正源会计所在一审诉讼期间出具的,中建八局未在上述审核报告中签字,一审庭审中中建八局对该审计报告并不认可,世贸中心提供的《基本建设工程结算审核报告》不足以证明中建八局与世贸中心已实际履行 10·26 合同关于工程款结算的约定。世贸中心没有提供充分的证据证明双方通过实际履行弥补了 10·26 合同中结算条款约定不明的情况,其要求继续履行 10·26 合同中关于结算条款的约定,没有事实及法律依据,本院不予支持。

监理中心出具的《工程审核决算书》具有作为本案认定工程款证据的法律效力。世贸中心主张本案应继续委托正源会计所进行审计或由二审法院委托专业中介机构进行审计的申请,理由不成立,本院不予准许。

双方签订的《工程施工合同》(主体工程)约定,按合同期竣工(考核指标为合同期加上顺延工期),世贸中心付给中建八局 700 万元作为抢工措施费及工期奖,如不能按期完工,取消抢工措施费及工期奖,工期奖分段预支。以上约定表明,中建八局取得工期奖的前提是在合同期内竣工,但中建八局并未在合同期内竣工,故中建八局取得工期奖的条件尚未具备,无权向世贸中心主张工期奖。世贸中心预付的 110

万元工期奖应折抵工程款。一审法院认定中建八局未在合同期内竣工的事实,却判令中建八局有权取得世贸中心已支付的工期奖,违反双方合同约定,应予纠正。

世贸中心认可拖欠中建八局工程款及其应支付中建八局逾期付款滞纳金的事实,一审法院以中建八局在监理公司出具的最后一份《工程审核结算书》上签字的次日作为世贸中心支付逾期付款滞纳金的起算时间,与双方当事人履行合同的实际情况相符。世贸中心提出一审判决确定支付逾期付款滞纳金的起算时间不妥,但没有提出纠正该起算时间的充足理由及证据,故对其认为应纠正一审判决确定的其支付逾期付款滞纳金起算时间的主张,本院不予支持。

世贸中心称一审法院没有相应顺延举证期限,违反法定程序,损害其诉讼权利,理据不足,本院不予支持。

【权威解析】

关于监理中心出具的《工程审核决算书》是否可作为认定工程款的依据问题。

双方签订的几份施工合同,均约定工程款的结算由双方自行来完成。10·26合同中约定由中介机构对工程款进行审计,但双方对中介机构约定不明,该约定没有起到变更双方之间工程款结算方式及程序的法律效果。世贸中心与商建总公司签订《关于〈山东世界贸易中心一期工程〉预、决算审核工作的协议》及世贸中心与监理中心签订的《工程结算审核协议》约定的内容表明,世贸中心委托商建总公司进行工程结算的审计工作,是双方共同组成审核小组,进行工程结算的审核工作。后期世贸中心委托监理中心,也是双方共同进行工程结算的审核工作。监理中心受世贸中心的委托,与世贸中心一同进行工程决算的审核工作,这种工作是协助世贸中心对中建八局提供决算书的审核,在性质上是世贸中心的内部审计,审核结果应当是世贸中心的审核结果。监理公司不是作为审计鉴定单位,独立进行工程款结算的审核工作,出具的审核报告独立于世贸中心。按照双方合同约定,监理中心出具的审核报告在经过世贸中心与集团总公司同意后提交中建八局,这种约定的审批程序表明,监理公司的审计虽然在性质上属于世贸中心的内部审计,但世贸中心同时授权监理公司,在审核决算工作完成后,监理公司可以代表世贸中心出具《工程审核决算书》,并与中建八局据此进行结算。监理公司出具《工程审核决算书》并与中建八局进行决算工作,是基于世贸中心的授权,中建八局在上述决算书上签字认可的行为,应视为世贸中心与中建八局对工程款的决算数额达成一致意见,一审法院将监理中心自1996年至2001年11月28日对中建八局编报的工程价值进行审核,编制了工程审核结算书并加盖了印章,后中建八局在工程结算书上盖章对审定价值予以确认作为认定工程款的依据,符合本案当事人之间的约定及法律规定。监理中心基于世贸中心的委托出具《工程审核决算书》并以之与中建八局进行工程款的决算工作,行为后果应由世贸中心承担。世贸中心认为监理公司出具的报告是内部审计,不具有对外效力的主张不能成立。对于监理公司接受世贸中心的委托,协助世贸中心进行工程款决算的内部审计,是否要具有相关的鉴定资质,人员是否要取得相关的鉴定资格问题,现行法律及相关部门规章中都没有对这种内部审计的资质作出强制性规定。建设部标准定额司认为,协助其他单位进行内部审计,不要求参与内部审计的单位具有相关的资质,协助审计的单位出具的审计报告是针对委托单位,作为委托单位的工作。如果协助审计的单位是独立从事审计工作,并且出具的报告是独立于委托单位,具有对外的效果,则要求审计单位及参与审计的人员具有相关的资质。本案中,监理公司对中建八局提供的结算书的审核属于世贸中心的内部审计,世贸中心并没有就监理中心出具的《工程审核决算书》内容真实性及出具违法性提出异议,故世贸中心认为监理公司出具的《工程审核决算书》不应作为本案的定案依据理由不足,不应给以支持。[1]

【案例来源】

最高人民法院民事审判第一庭编:《最高人民法院二审民事案件解析》(第 3 集),法律出版社 2007 年版,第 89～100 页。

---

[1] 参见关丽:《第三人依据发包方委托对工程结算报告出具审核意见的法律效力——山东世界贸易中心与中国建筑第八工程局建筑工程施工合同纠纷上诉案》,载最高人民法院民事审判第一庭编:《最高人民法院二审民事案件解析》(第 3 集),法律出版社 2007 年版,第 101～102 页。

七、工程欠款利息

134 工程款利息与违约金的区别

【关键词】

│ 建设工程 │ 工程价款 │ 违约金 │ 利息 │

【案件名称】

上诉人中国海诚工程科技股份有限公司与上诉人青岛三利集团有限公司建设工程施工合同纠纷案［最高人民法院（2017）最高法民终 476 号民事判决书，2017.12.15］

【裁判精要】

裁判摘要：建设工程施工方承包的建设工程存在重大质量问题且未予修复或拒绝修复的，对施工方要求支付工程进度款违约金的诉讼请求，不予支持。在当事人没有诉请支付欠付工程款利息的情况下，人民法院不能将当事人诉请工程进度款违约金视为诉请欠付工程款利息，欠付进度款违约金是一种违约责任，而欠付工程款利息是法定孳息，二者在法律性质、法律功能上均不同，应予区别。①

最高人民法院认为：

关于一审判决对工程进度款违约金及工程款利息的处理是否正确的问题。本院认为，根据一审已经查明的事实，海诚公司 2012 年 9 月份的工程进度款为 731 万元，三利公司以海诚公司虚报工程款、工程质量存在严重问题为由未予支付，故三利公司应否支付工程进度款违约金的关键是其拒付工程款是否具有正当事由。双方《设计及施工总承包合同》5.2 约定"工程进度款按月产值付至 80%，每月 5 号前提报上月的产值，甲方最迟每月 25 号前审定拨付完毕进度款"，由此约定来看，海诚公司每月须在完成相应工程量后方能向三利公司申报拨付工程进度款，双方合同义务的履行有明确的先后顺序，即先由海诚公司完成质量合格的工程，然后由三利公司支付工程进度款。而根据生效的 261 号判决认定，涉案工程存在质量问题，海诚公司须支付修复费用 32694348.76 元。《合同法》第六十七条规定："当事人互负债务，

---

① 参见中国应用法学研究所主编：《中华人民共和国最高人民法院案例选》（第一辑），法律出版社 2019 年版，第 151 页。

有先后履行顺序,先履行一方未履行的,后履行一方有权拒绝其履行要求。先履行一方履行债务不符合约定的,后履行一方有权拒绝其相应的履行要求。"因此,在海诚公司施工的工程存在质量问题且未予修复的情况下,三利公司拒绝支付工程进度款,具有合同和法律依据,不应承担违约责任。海诚公司关于要求三利公司支付工程进度款违约金的诉讼请求亦不能成立。

关于欠付工程款利息问题,本院认为,海诚公司第一项诉讼请求是要求三利公司支付工程款,并未主张工程款利息,一审判决认定海诚公司主张的工程进度款违约金应为欠付工程款利息并判决三利公司支付海诚公司工程款利息,超出了海诚公司的诉讼请求范围,本院予以纠正。

【案例来源】

中国裁判文书网,http://wenshu. court. gov. cn。

编者说明

一审法院在不支持施工方违约金诉讼请求的情况下,又认定施工方主张的欠付进度款违约金实为欠付工程款利息,并予以支持,事实上等于支持了进度款违约金,从逻辑论证上前后矛盾,且施工方并没有起诉主张欠付工程款利息,根据民事诉讼辩论主义原则,显然,一审法院判决发包方支付利息超出当事人诉讼请求。①

135 工程款利息为法定孳息,与当事人负有的付款责任同时产生

【关键词】

│建设工程│工程价款│利息│孳息│

【案件名称】

上诉人包头国泰置业有限公司与被上诉人中国第二冶金建设有限责任公司、中国第二冶金建设有限责任公司第二建筑工程分公司建设工程施工合同纠纷案 [最高人民法院(2005)民一终字第 38 号民事判决书,2005. 8. 25]

【裁判精要】

裁判摘要:应从何时开始计算欠付工程款利息。欠付工程款的利息问题到底是

---

① 参见付少军、王永明:《青岛三利集团有限公司与中国海诚工程科技股份有限公司建设工程施工合同纠纷案》,载中国应用法学研究所主编:《中华人民共和国最高人民法院案例选》(第一辑),法律出版社 2019 年版,第 155 页。

作为损失还是法定孳息,过去在法学界和司法实务中一直存在争论。从最高人民法院《建设工程施工合同解释》第十八条规定的精神来看,已经将利息作为一种法定孳息来对待。该条规定:"利息从应付工程价款之日计付。当事人对付款时间没有约定或者约定不明的,下列时间视为应付款时间:(1)建设工程已实际交付的,为交付之日;(2)建设工程没有交付的,为提交竣工结算文件之日;(3)建设工程未交付,工程价款也未结算的,为当事人起诉之日。"该条的三项规定都是将支付利息和支付工程款确定在同一时点。可以说,这条规定在一定程度上明确了利息到底是作为损失还是孳息的问题。因此,承担或者支付利息,作为法律和司法解释规定的一项附随义务,与当事人负有的付款责任同时产生。①

最高人民法院认为:

3. 关于应从何时开始计算欠付工程款利息的问题

承担或者支付利息,作为一项附随义务,与当事人负有的付款责任同时产生。本案双方当事人在《补充合同》中约定的剩余工程款付款金额和期限是,在中介机构对该工程合同进行决算审查后,得出工程造价总金额,以该总金额扣除已付工程款后,得出剩余应付工程款,然后以房屋交易形式的房屋实物支付剩余工程款。由此可见,双方当事人约定的剩余工程款支付起始时间为中介机构出具鉴定结论得出工程造价总金额之日。内蒙古造价总站于2004年7月8日出具《鉴定书》认定的国泰公司应付剩余工程款6793155.29元,以及2004年12月23日出具《补充鉴定》所认定的应付工程款465467元的利息,应当分别自相应的款项得出之日开始计算。一审判决确定应从二冶公司和二分公司向国泰公司实际交付楼房时起计算利息所采用的原则,适用于当事人对付款时间没有约定或者约定不明确的情形,与本案双方当事人约定了付款时间的情况不符。国泰公司主张应自判决生效之日开始计算利息的请求,没有合同依据和法律依据,不予支持,但其主张不应从2002年7月3日起,应自双方约定的付款期限日开始计算利息的理由成立,予以支持。

【案例来源】

最高人民法院民事审判第一庭编:《最高人民法院二审民事案件解析》(第5集),法律出版社2007年版,第114~115页。

编者说明

关于欠付工程款利息的性质,是作为损失还是法定孳息,过去存在争论。从最高人民法

---

① 参见最高人民法院民事审判第一庭编:《最高人民法院二审民事案件解析》(第5集),法律出版社2007年版,第103页。

院《建设工程施工合同解释》第十八条规定的精神来看,是将欠付工程款利息的性质界定为法定孳息。① 该条的三项规定都是将支付利息和支付工程款确定在同一时点,已经将利息作为一种法定孳息来对待。因此,承担或者支付利息,作为法律和司法解释规定的一项附随义务,与当事人负有的付款责任同时产生。② 也有观点认为,利息具有双重属性,在物权法上属于资金的孳息,在损害赔偿法上就是属于损失的一部分。根据《买卖合同解释》等相关规定,工程款逾期支付后,就承包人而言即产生逾期付款损失,此时利息视为损失较为妥当。③

136 双方约定发包方按同期同类银行贷款利率的 2 倍计算欠付工程款利息,合法有效

【关键词】

| 建设工程 | 工程价款 | 利率 |

【案件名称】

上诉人安徽万特投资发展有限公司与被上诉人中色十二冶金建设有限公司及原审被告、反诉原告安徽万特投资发展有限公司六安分公司建设工程施工合同纠纷案 [最高人民法院(2019)最高法民终 108 号民事判决书,2019.4.17]

【裁判精要】

最高人民法院认为:

三、关于是否应按同期同类银行贷款利率的 2 倍计算万特公司欠付工程价款利息的问题

根据案涉《补充协议》约定,发包人欠付工程款将要承担所欠工程款的企业同期银行贷款利率的 2 倍赔偿责任。因万特公司欠付中色十二冶公司工程款,故万特公司依约应当按同期同类银行贷款利率的 2 倍计算万特公司欠付工程价款利息。万特公司认为,按 2 倍利率计算的利息属于违约金,显属过高,应予调减。本院认为,建筑行业属于劳动密集型行业,建筑企业资金通常并非十分充裕。发包人迟延支付建设工程价款可能会导致建筑企业流动资金紧张,甚至需要到各类金融市场上融资。而同期同类银行贷款利率并不能充分反映建筑企业在各类金融市场融资的全

---

① 参见最高人民法院民事审判第一庭编著:《建设工程施工合同司法解释的理解与适用》,人民法院出版社 2004 年版,第 155 ~ 161 页。

② 参见程新文:《如何确定建设工程施工合同中应付工程款利息的起算点——包头国泰置业有限公司与中国第二冶金建设有限责任公司、中国第二冶金建设有限责任公司第二建筑工程分公司建设工程施工合同纠纷上诉案》,载最高人民法院民事审判第一庭编:《最高人民法院二审民事案件解析》(第 5 集),法律出版社 2007 年版,第 103 页。

③ 参见潘军锋:《建设工程价款结算审判疑难问题研究》,载《法律适用》2019 年第 5 期。

部成本。因此,在万特公司未提交充分有效的证据证明按同期同类银行贷款利率的2倍计算利息明显高于中色十二冶公司损失的情况下,原审法院判决万特公司向中色十二冶公司按同期同类银行贷款利率的2倍支付工程款利息,并无不当。

【案例来源】

中国裁判文书网,http://wenshu.court.gov.cn。

137　案涉工程已经竣工并交付使用,发包人欠付工程款利息应从工程交付之日起算

【关键词】

│建设工程│工程价款│利息│

【案件名称】

上诉人黑龙江安邦房地产开发有限公司与被上诉人江苏金建建设集团有限公司建设工程施工合同纠纷案［最高人民法院（2018）最高法民终1149号民事判决书,2018.11.29］

【裁判精要】

最高人民法院认为:

关于欠付工程款利息计算问题。首先,关于利率标准。《决算协议》约定:"按决算总额扣除甲方(安邦公司)付给乙方(金建公司)的工程款及决算里面的利润、税金,剩余部分都是垫资款,垫资款按年利率22%计算,计算时间从乙方进场之日起,垫资利息计算的时间为两年半。"从该约定内容看,双方当事人约定的垫资款实质为欠付工程款,而对垫资款利息的约定也应视为对欠付工程款利息的约定。《建设工程施工合同解释》第十七条规定:"当事人对欠付工程价款利息计付标准有约定的,按照约定处理;没有约定的,按照中国人民银行发布的同期同类贷款利率计息。"据此,原审判决将《决算协议》约定的年利率22%确定为计算案涉欠付工程款利息的利率标准,并无不当。

其次,关于利息起算时间。《建设工程施工合同解释》第十八条规定:"利息从应付工程价款之日计付。当事人对付款时间没有约定或者约定不明的,下列时间视为应付款时间:(一)建设工程已实际交付的,为交付之日;(二)建设工程没有交付的,为提交竣工结算文件之日;(三)建设工程未交付,工程价款也未结算的,为当事人起诉之日。"根据本案查明的事实,2012年9月30日监理公司出具案涉工程竣工验收报告并申请备案,因缺少设计单位意见,未能完成竣工备案。二审庭审中,安邦公司陈述对工程交付之日为2013年3月20日没有异议,但认为工程款利息起算时

间应为金建公司起诉之日 2013 年 10 月 25 日。本院认为,在案涉工程已经竣工并交付使用的情况下,安邦公司以工程没有验收合格为由,主张欠付工程款利息从金建公司起诉的时间开始计算,不符合本案事实,也有违上述司法解释规定。原审判决认定 2013 年 3 月 20 日为工程价款应付之日,将安邦公司应支付的 14545185.83 元工程款利息计算方式确定为自 2013 年 3 月 20 日起,按照年利率 22% 计算两年半至 2015 年 9 月 19 日,自 2015 年 9 月 20 日起按照中国人民银行同期同类贷款利率计算,证据充分,适用法律正确。安邦公司上诉请求从金建公司起诉之日起按照中国人民银行同期同类贷款利率计算欠付工程款利息,理由不能成立,本院不予支持。

【案例来源】

中国裁判文书网,http://wenshu.court.gov.cn。

138 当事人对工程款付款时间没有约定或约定不明,建设工程未交付,工程价款也未结算的,欠付工程款利息应从当事人起诉之日计付

【关键词】

│建设工程│工程价款│利息│

【案件名称】

再审申请人中建七局第二建筑有限公司与被申请人邳州汉华商贸有限公司、徐州安泰顺房地产开发有限公司,一审第三人莫荣春建设工程施工合同纠纷案 [最高人民法院(2018)最高法民申 3946 号民事裁定书,2018.8.30]

【裁判精要】

裁判摘要:建设工程施工合同纠纷案件中,欠付工程款利息从应付工程价款之日计付。当事人对工程款付款时间没有约定或者约定不明,且建设工程未交付,工程价款也未结算的,当事人起诉之日视为应付款时间。①

最高人民法院认为:

(三)关于邳州汉华公司欠付中建七局二公司工程款数额及利息问题

如前所述,莫荣春施工部分工程款尚不具备结算条件,中建七局二公司可待各方对账后另行主张权利。对于中建七局二公司施工部分工程,经一审法院委托鉴定,该部分工程造价为 2598231 元(不含屋面部分钢筋及模板造价)。扣除邳州汉华公司已

---

① 参见最高人民法院第三巡回法庭编著:《最高人民法院第三巡回法庭新型民商事案件理解与适用》,中国法制出版社 2019 年版,第 418 页。

付的工程款 20 万元,原审法院认定邳州汉华公司尚欠中建七局二公司工程款 2398231 元,并无不当。《建设工程施工合同解释》第十八条规定:"利息从应付工程价款之日计付。当事人对付款时间没有约定或者约定不明的,下列时间视为应付款时间:(一)建设工程已实际交付的,为交付之日;(二)建设工程没有交付的,为提交竣工结算文件之日;(三)建设工程未交付,工程价款也未结算的,为当事人起诉之日。"本案中,邳州汉华公司与中建七局二公司对工程款付款时间没有明确约定,案涉工程未交付,工程价款也未结算,原审法院据此认定欠付工程款利息应从中建七局二公司起诉之日即 2013 年 8 月 8 日起算,亦无不当。中建七局二公司关于邳州汉华公司实际欠付中建七局二公司工程款 28898980 元,利息应自 2011 年 4 月 26 日起算的主张,不能成立。

【案例来源】

中国裁判文书网,http://wenshu.court.gov.cn。

139 案涉工程未经竣工验收,发包人即擅自使用,转移占有建设工程之日即为竣工日期

【关键词】

│ 建设工程 │ 竣工验收 │ 擅自使用 │ 利息 │

【案件名称】

上诉人重庆市吉力建设集团有限公司与上诉人襄阳百洋房地产开发有限公司建设工程施工合同纠纷案 [最高人民法院 (2018) 最高法民终 843 号民事判决书,2018.12.28]

【裁判精要】

最高人民法院认为:

二、关于工程欠款利息的起算时间和标准问题

经查,案涉欧典小区 3 号楼、7 号楼、11 号楼于 2014 年 5 月 29 日经竣工验收合格;百洋欧典小区 6 号楼于 2011 年 10 月 10 日开始使用;百洋公司于 2013 年 8 月 31 日发布百洋欧典小区 5 号、8 号、16 号、17 号楼交房公告;于 2013 年 12 月 31 日发布百洋欧典小区 12 号、18 号楼交房公告;于 2014 年 5 月 31 日发布百洋欧典小区 10 号楼交房公告;于 2014 年 9 月 26 日发布百洋欧典小区 1 号、2 号楼交房公告,至 2014 年 9 月 26 日,案涉楼栋已全部施工完毕,并交付百洋公司。

百洋公司上诉称,依据双方签订的《合同》中"单栋楼竣工验收合格后,双方于一个月内办理完该楼的工程总决算,办理完决算后,百洋公司在一个月内付足该栋楼工程总决算 97% 的工程款给吉力公司"的约定,案涉工程应当经竣工验收合格

后,再进行工程价款结算,现案涉工程并未决算,其不存在拖延支付工程欠款。依据《建设工程施工合同解释》第十四条第(三)项"建设工程未经竣工验收,发包人擅自使用的,以转移占有建设工程之日为竣工日期"之规定,百洋公司在案涉工程未经竣工验收的情况下,擅自使用案涉工程,转移占有建设工程之日即为竣工日期。且诉讼中,百洋公司也并未对工程质量存在问题提出有效抗辩,以及提出证据证明双方之间未结算工程款的责任在于吉力公司。因百洋公司已经对案涉楼房行使占有、使用、收益,其亦应当向吉力公司支付欠付的工程款利息。一审鉴于案涉楼栋转移占有时间不一致以及无法区分各栋楼的已付工程款,确定从全部工程最终交付日期2014年9月26日起计算工程欠款利息,并无不当。关于利息标准,《建设工程施工合同解释》第十七条规定,当事人对欠付工程价款利息标准有约定的,按照约定处理;没有约定的,按照中国人民银行发布的同期同类贷款利率计息。根据二审查明的2014年中国人民银行公布的同期贷款基准利率,本院认为,一审结合利息的起算时间酌定按6%的年利率标准亦无不当,本院予以维持。百洋公司上诉称应从鉴定机构出具最终鉴定结果即2018年3月9日起,按中国人民银行2015年10月公布的同期同类贷款利率标准计算利息,无事实和法律依据,本院不予支持。

【案例来源】

中国裁判文书网,http://wenshu.court.gov.cn。

140 双方当事人对于工程没有明确的交接手续,可以工程实际投入使用时间作为计算欠付工程款的起息点

【关键词】

|建设工程|工程价款|交付|投入使用|利息|

【案件名称】

上诉人罗杰与上诉人五矿二十三冶建设集团有限公司、被上诉人中铝国际工程股份有限公司、黄本成建设工程施工合同纠纷案[最高人民法院(2014)民一终字第54号民事判决书,2015.4.16]

【裁判精要】

裁判摘要:双方当事人未就工程交付达成一致意见,亦未有明确的交接手续,可以以工程实际投入使用时间作为计算欠付工程款的起息点。

最高人民法院认为:

三、关于一审判决对欠付工程款利息的起算时间和标准认定是否正确的问题

双方当事人对于工程款的支付进度并未作出约定,罗杰在起诉之前并未向二十三冶公司提交书面的竣工结算资料,二十三冶公司对于自己所应负担的工程款数额并不明确,其主张二十三冶公司承担延期付款的违约利息缺乏依据。关于涉案工程何时交付,双方亦未有明确的交接手续,双方当事人仅认可涉案工程已于2007年12月底投入使用,一审法院综合本案的实际情况,从2008年1月1日起以中国人民银行同期贷款利率计算涉案工程款利息并无不当。

【权威解析】

从法理上讲,工程款的利息属于法定孳息,应当自工程欠款发生时起算,但建设工程多数为按形象进度付款,许多案件难以确定工程款的起算时间。一般来讲,合同对于利息起算时间有约定的,应当遵从当事人的约定。但是,通常当事人对于支付欠付工程价款没有约定或者约定不明确,本案即属于此种情形。在此情况下,应当适用《建设工程施工合同解释》第十八条的规定。该条规定,利息从应付工程价款之日计付。当事人对付款时间没有约定或者约定不明的,下列时间视为应付款时间:(1)建设工程已实际交付的,为交付之日;(2)建设工程没有交付的,为提交竣工结算文件之日;(3)建设工程未交付,工程价款也未结算的,为当事人起诉之日。从上述规定看,建设工程已经实际交付的,应当以交付之日作为计算涉案欠付工程款的起息点。这是因为,交付后发包人对讼争建设工程已经实际控制,有条件对诉争房屋行使占有、使用、收益的权利。这种情况下,发包人已经受益了,仍然欠付承包人工程款,双方的权利义务显然不对等,应从此时计算欠付工程款的利息。问题是对于交付如何理解,应当是既包括现实交付,也包括拟制交付,即将涉案工程的控制权转交发包人。对于双方当事人没有明确的交付行为,亦缺乏明确的交接手续的情形,应当以涉案工程实际投入使用之时,拟制为交付之日。

本案中,关于涉案工程何时交付,双方亦未有明确的交接手续,双方当事人仅认可涉案工程已于2007年12月底投入使用,一审法院综合本案的实际情况,从2008年1月1日起计算涉案工程款利息并无不当。①

【案例来源】

中国裁判文书网,http://wenshu.court.gov.cn。

---

① 参见王毓莹:《双方当事人对于工程没有明确的交接手续,可以工程实际投入使用时间作为计算欠付工程款的起息点——罗杰与五矿二十三冶建设集团有限公司、中铝国际工程股份有限公司建设工程施工合同纠纷案》,载最高人民法院民事审判第一庭编:《民事审判指导与参考》(总第63辑),人民法院出版社2016年版,第184~185页。

141 双方未就合同终止履行后工程价款给付时间作出约定，案涉合同中的通用条款作为建筑行业的合同签订示范文本，体现了行业交易惯例，可以作为认定合理期限的依据

【关键词】

| 建设工程 | 工程价款 | 合理期限 | 通用条款 | 交易惯例 |

【案件名称】

再审申请人浙江花园建设集团有限公司与被申请人陕西盛坤房地产开发有限责任公司建设工程施工合同纠纷案［最高人民法院（2015）民提字第 30 号民事判决书，2015.10.20］

【裁判精要】

最高人民法院认为：

（一）浙江花园公司主张陕西盛坤公司承担延期付款利息及违约金的请求是否成立

本案查明事实表明，浙江花园公司先后于 2011 年 3 月 24 日、2011 年 4 月 22 日向监理工程师报送了十一层至十五层、十六层至十九层工程预算书。案涉合同通用条款第 25 工程量的确认 25.1 约定，承包人应按专用条款约定的时间，向工程师提交已完工程量的报告。工程师接到报告后 7 天内按设计图纸核实已完工程量（以下称计量）。并在计量前 24 小时通知承包人。承包人为计量提供便利条件并派人参加。25.2：工程师收到报告后 7 天内未进行计量，从第 8 天起，承包人报告中开列的工程量即视为被确认，作为工程价款结算的依据。26 工程款（进度款）的支付 12.1：在确认计量结果后 14 天内，发包人应向承包人支付工程款（进度款）。按约定时间发包人应扣回的预付款，与工程款（进度款）同期结算。依照上述约定，浙江花园公司向监理工程师报送工程量报告后，其请求支付工程进度款的合同义务即已履行，监理工程师应当在合同约定时间内进行审核，未予审核产生的合同义务由陕西盛坤公司承担。据此，浙江花园公司 2011 年 3 月 24 日向陕西鼎正监理有限公司送达永辉大厦综合楼十一至十五层工程预算书，主张工程进度款为 2071753 元。工程师应当在 7 天内即 3 月 31 日审核完毕，未审核完毕，依照合同约定应当于 4 月 1 日视为认可该进度款数额，陕西盛坤公司应当于 14 日内支付上述款项。诉讼中，陕西盛坤公司并未提供证据证明其支付了上述款项，应自 2011 年 4 月 15 日起承担迟延支付上述工程进度款的违约责任。2011 年 4 月 22 日浙江花园公司报送十六至十九层工程预算书，主张进度款为 3320113 元。工程师未在合同约定时间内审核，陕西盛坤公司亦未提供证据证明其支付了该款，应当自 5 月 14 日起承担延期付款违约责任。

二审判决认定浙江花园公司未提交监理审核之后确定的应支付工程款数额,故对该公司主张的进度款迟延付款违约金不予支持,认定事实及适用法律错误。本院依法予以纠正。

案涉合同专用条款第35违约35.1约定,若发生发包人延期支付工程款除承担同期银行贷款利息外还应支付每天工程总造价的万分之五的违约金。上述文字中表述的每天工程总造价,从建设工程专业角度,是无法确定及计算的数额,对于建设工程这一常识性认识,双方应当明知。从此角度解释双方合同约定的"支付每天工程总造价的万分之五的违约金"应当解释为"每天按照工程总造价的万分之五支付违约金"。当双方结算工程价款后,该进度款转化为工程款,应当依照工程结算价款的给付约定履行。因此,陕西盛坤公司应自2011年4月15日起至2011年12月12日止,按照人民银行同期贷款利率支付浙江花园公司十一至十五层2071753元进度款的利息及以工程造价24021509.21元为基数,按照日万分之五计算的违约金;自2011年5月14日起至2011年12月12日止,按照人民银行同期贷款利率支付浙江花园公司十六至十九层3320113元进度款的利息。因案涉合同约定进度款的违约金每日按照工程总造价万分之五计算,陕西盛坤公司已经依照上述约定承担了迟延支付进度款的违约金,本笔进度款违约金不再重复计算。

2011年11月2日,浙江花园公司向陕西盛坤公司送达永辉综合大厦结算报告(未审核),主张工程总造价为25173856元。2011年11月3日,经双方协商及监理单位见证,浙江花园公司将临时活动房、围护及施工电梯架子费用以28万元转让给陕西盛坤公司使用。经双方协商及监理单位见证,主体结构修补费用为2万元整,在施工结算中扣除。陕西盛坤公司组织人员进行修补。施工单位不再承担主体结构修补工作。双方当事人在一审询问中认可,浙江花园公司于2011年11月撤场。2011年12月12日陕西盛坤公司工作人员贺晓利向浙江花园公司发送的结算报告的工程款为24281509.21元。上述事实表明,双方已经协商终止合同履行,并完成工程结算。作为商事行为,双方当事人应本着诚实信用原则履行合同终止后的结算及付款义务。一方不应无视己方不履行义务给对方造成的损失并放任损失的扩大。依照上述原则,陕西盛坤公司在确认工程结算造价后,应当在合理期限内支付工程价款。虽然双方未就合同终止履行后工程价款给付时间作出约定,但案涉合同中的通用条款,作为建筑行业的合同签订示范文本,体现了行业交易惯例,可以作为认定合理期限的依据。案涉合同通用条款第33竣工结算33.2约定,发包人确认竣工结算报告后通知经办银行向承包人支付工程竣工结算价款。发包人收到竣工结算报告及结算资料后28天无正当理由不支付工程竣工结算价款,从第29天起按承包人同期向银行贷款利率支付拖欠工程价款的利息,并承担违约责任。依照上述交易惯例,陕西盛坤公司确认工程价款时间为2011年12月12日,应在28天的合理时间内支付价款。《建设工程施工合同解释》第十八条规定:利息从应付工程价款之日计付。依照上述司法解释规定,陕西盛坤公司应自 2012 年 1 月 11 日起按照人民银行同期同类贷款利率支付尚欠工程款利息。双方当事人并未就终止合同履行后,延期支付工程价款的违约责任作出约定,浙江花园公司主张陕西盛坤公司承担延期支付工程价款违约责任的请求不成立,本院不予支持。二审判决认定双方未对工程价款支付期限作出约定,并判令陕西盛坤公司自浙江花园公司提起诉讼时支付承担尚欠工程款利息,认定事实及适用法律错误,本院依法予以纠正。

【案例来源】

中国裁判文书网,http://wenshu. court. gov. cn。

142 工程进度款、工程结算款利息与垫资利息不同,不适用《建设工程施工合同解释》关于垫资利息计算标准的规定

【关键词】

|建设工程|工程价款|结算|垫资|利息|

【案件名称】

上诉人连云港市远通房地产开发有限公司与被上诉人江苏南通二建集团有限公司建设工程施工合同纠纷案 [最高人民法院(2017)最高法民终 20 号民事判决书,2017. 4. 17]

【裁判精要】

最高人民法院认为:

(五)关于案涉工程款利息

远通公司与南通二建在《东方海逸豪园总承包合作协议》中约定,如果远通公司不能按合同约定时间支付工程进度款,需提前二十天书面通知南通二建,由南通二建借款,未付部分的工程进度款利息按南通二建内部借款利率标准支付,但年利率不得高于 15%。一审庭审中,远通公司自认"双方达成一致的是如果我方没有办法支付工程款,我方责任是承担年利率 15% 的利息"。远通公司与南通二建在《连云港"东方海逸豪园"商谈备忘录》中确认,截至 2014 年 4 月 28 日,远通公司已拖欠南通二建工程款 7992 万元、利息 2495 万元。一审法院根据上述约定和自认,认定远通公司应付的工程款利息,并无不当。

远通公司提出《连云港"东方海逸豪园"商谈备忘录》系受黄某、钱某停工要挟被迫签订,欠付 2495 万元利息的约定无效,缺乏证据证明。

本案双方当事人在合同中约定的利息,以及一审法院判令远通公司支付南通二

建的利息均系欠付工程进度款、工程结算款利息,并非垫资利息,故远通公司提出的双方以年利率15%计算工程款利息的约定,违反了《建设工程施工合同解释》第六条关于当事人约定的垫资利息计算标准不得高于中国人民银行发布的同期同类贷款利率的规定,一审法院按此约定判令远通公司支付利息错误的上诉理由,不能成立。

【案例来源】

中国裁判文书网,http://wenshu.court.gov.cn。

143 发包人先后支付的款项,应先抵偿工程欠款分段产生的利息,再抵偿双方约定应支付利息的工程欠款部分,然后抵偿其他未约定支付利息的工程欠款

【关键词】

│ 建设工程 │ 工程价款 │ 利息 │

【案件名称】

上诉人甘肃万城建筑工程有限责任公司与上诉人甘肃盛世豪龙房地产开发有限公司建设工程施工合同纠纷案［最高人民法院（2018）最高法民终397号民事判决书,2018.6.27］

【裁判精要】

最高人民法院认为:

关于已付款3000万元。盛世豪龙公司分别于2013年11月12日,2014年4月14日、5月21日分三笔各1000万元向万城公司支付款项,共计3000万元,形成该款。万城公司认为该3000万元属盛世豪龙公司支付由上述2193.5万元借款及利息转而形成的《借款偿还协议》中最终确定的借款5180万元的相应利息,一审判决按照年利率36%计算,并将该款用于支付利息并无不当;盛世豪龙公司则认为,上述借款并未实际发生,3000万元不应作为上述欠款的利息,应作为已付工程款全部用于折抵未付工程欠款。

本院认为,上述2193.5万元虽系盛世豪龙公司向万城公司先后出具的五张借条构成,但该部分款项实际系盛世豪龙公司欠付万城公司的工程进度款,属万城公司为案涉工程进行施工所垫付的资金,并非借款。根据《建设工程施工合同解释》第六条规定,当事人对垫资和垫资利息有约定,承包人请求按照约定返还垫资及其利息的,应予支持,但是约定的利息计算标准高于中国人民银行发布的同期同类贷款

利率的部分除外。本案中,就该 2193.5 万元款项,双方约定的利率有月息 4%、6% 不等,该约定明显高于中国人民银行发布的同期同类贷款利率,本院仅对人民银行同期同类贷款利率范围内的利息给予保护,对于高出部分,本院不予支持。故万城公司认为该 3000 万元应全部作为借款利息计算的主张本院不予支持;盛世豪龙公司关于该款不应作为利息计算,应全部作为已付工程款的主张本院亦不予支持。

本院认为,该 3000 万元先后到账的已付款项,应依次优先冲抵 2193.5 万元工程欠款分段产生的利息,剩余款项首先用于折抵双方约定应支付利息的 2193.5 万元工程欠款部分,下余部分再折抵其他未约定支付利息的工程欠款。即第一笔 1000 万元到账后,应首先用于支付 2193.5 万元自每张借条出具之日起至 1000 万元到账之日止的同期银行贷款利息,剩余款项用于折抵 2193.5 万元工程欠款本金;当第二笔 1000 万元到账后,亦首先用于支付两笔款项到账日期间的利息,剩余款项同样用于折抵 2193.5 万元工程欠款在上一笔剩余款项折抵后的下余款项;依次类推,当第三笔 1000 万元到账后,先用于支付第二笔与第三笔 1000 万元到账日期间的利息,再折抵 2193.5 万元工程欠款的下余本金;最后剩余的款项,用于折抵其余未约定利息的工程欠款。经核算,按中国人民银行发布的同期同类贷款利率计算,2193.5 万元从每笔款项实际出具欠条之日至 2013 年 11 月 12 日归还第一笔 1000 万元为止,产生的利息为 2314144.94 元(具体计算方式见附表)。因而,首笔 1000 万元在扣除该第一阶段的利息后,剩余 7685855.06 元(1000 万元 − 2314144.94 元)应优先折抵 2193.5 万元工程欠款,折抵后的欠款为 14249144.94 元(2193.5 万元 − 7685855.06 元);此后,盛世豪龙公司又在 2014 年 4 月 14 日支付 1000 万元,该款扣除第二阶段(2013 年 11 月 13 日至 2014 年 4 月 14 日)的利息 336913.12 元后,剩余 9663086.88 元(1000 万元 − 336913.12 元)再折抵工程欠款 14249144.94 元,折抵后的欠款为 4586058.06 元(14249144.94 元 − 9663086.88 元);2014 年 5 月 21 日,盛世豪龙公司再支付 1000 万元,该款扣除第三阶段(2014 年 4 月 15 日至 2014 年 5 月 21 日)的利息 25681.93 元后,剩余 9974318.07 元(1000 万元 − 25681.93 元)再折抵工程欠款 4586058.06 元,尚剩 5388260.01 元(9974318.07 元 − 4586058.06 元)。至此,盛世豪龙公司就双方约定应支付利息的 2193.5 万元工程欠款及其利息已经全部支付完毕,该 2193.5 万元应作为已付工程款从欠付工程款中予以扣除;剩余的 5388260.01 元可再折抵其他未付工程欠款。综上,一审判决将 3000 万元已付款项按照年利率 36% 的标准作为利息计算,其余款项直接冲抵未付工程款的处理欠妥,本院予以纠正。

【案例来源】

中国裁判文书网,http://wenshu.court.gov.cn。

144 施工合同无效，不能依照双方约定的利率标准计算利息损失

【关键词】

│建设工程│工程价款│合同无效│利息│

【案件名称】

上诉人陕西秦安建设工程有限公司与上诉人华亭中驰房地产开发有限公司建设工程施工合同纠纷案［最高人民法院（2016）最高法民终794号民事判决书，2018.3.23］

【裁判精要】

最高人民法院认为：

二、关于中驰公司向秦安公司欠付工程款的利息如何计算的问题

《建设工程施工合同解释》第十七条规定："当事人对欠付工程价款利息计付标准有约定的，按照约定处理；没有约定的，按照中国人民银行发布的同期同类贷款利率计息。"因案涉《补充协议》无效，故本案中不能依照双方约定的同期贷款利率的两倍计算利息损失，中驰公司应按照银行同期同类贷款利率支付工程欠款利息。秦安公司认为应依合同约定之同期贷款利率的两倍计算利息的主张不能成立，本院不予支持。一审法院认为案涉合同约定的工程欠款利率因超过国家法定利率，故而对其不予支持属于适用法律错误，但裁判结果正确，本院对其裁判结果予以维持。

因秦安公司起诉时案涉工程并未完工交付，故依照《建设工程施工合同解释》第十八条之规定，案涉工程欠款利息应从秦安公司起诉之日即2014年8月28日起计算。秦安公司认为应从2013年4月开始的主张缺乏事实和法律依据，本院不予支持。同时，因秦安公司一审起诉请求支付的是截至2014年12月8日的利息，其在二审中主张中驰公司支付自开工之日至欠付工程款付清之日的利息，超出其诉讼请求范围，本院不予支持。一审法院关于欠款利息计算的起止时间认定正确，本院予以维持。

【案例来源】

中国裁判文书网，http：//wenshu. court. gov. cn。

145 施工合同无效，不能按照合同约定支付违约金和欠付工程款利息，但发包人应当根据司法解释的规定支付相应利息

【关键词】

│建设工程│工程价款│合同无效│利息│违约金│

【案件名称】

上诉人广东中煤地瑞丰建设集团有限公司、广东中煤地瑞丰建设集团有限公司陕西分公司与被上诉人陕西宏兴投资开发有限公司建设工程施工合同纠纷案 [最高人民法院（2018）最高法民终 33 号民事判决书，2018.6.29]

【裁判精要】

最高人民法院认为：

第三，关于宏兴公司是否应当给付工程款利息及违约金的问题。

《承包协议》无效，其中约定的非独立存在的违约责任条款亦应无效，中煤公司、中煤陕西分公司主张宏兴公司按照合同约定支付违约金和欠付工程款利息，缺乏依据，一审法院未予支持正确。

宏兴公司欠付工程款，应当支付相应利息，应付利息参照《建设工程施工合同解释》第十七条关于当事人对欠付工程价款利息计付标准没有约定的，按照中国人民银行发布的同期同类贷款利率计息和第十八条关于利息从应付工程价款之日计付，建设工程已实际交付的，应付款时间为交付之日的规定进行计算。

双方在履行《承包协议》的过程中发生纠纷，中煤陕西分公司停工，后宏兴公司将中煤陕西分公司的办公用房拆除自行施工，应视为施工工程已予交付。中煤陕西分公司未办理工程交付手续，亦未证明宏兴公司开始自行施工的具体日期，中煤陕西分公司因对方进场拆除办公用房于 2016 年 4 月 5 日报警，故该日可视为工程交付日和应付款日。宏兴公司未付清工程款，应从该日起按照中国人民银行发布的同期同类贷款利率向中煤陕西分公司支付利息。一审法院对中煤公司、中煤陕西分公司主张的工程款利息判处有误，本院予以纠正。

【案例来源】

中国裁判文书网，http://wenshu.court.gov.cn。

146 施工合同无效，在履行合同中形成的补充协议并不当然无效，承包方有权请求参照补充协议约定支付工程款及其利息

【关键词】

|建设工程|工程价款|合同无效|补充协议|利息|

【案件名称】

上诉人湖北长安建设集团股份有限公司与被上诉人武汉康恒房地产开发有限公司建设工程施工合同纠纷案 [最高人民法院（2018）最高法民终 697 号民事判决

书，2018.12.26]

【裁判精要】

最高人民法院认为：

一、关于康恒公司欠付工程款计息标准问题

第一，建设工程合同签订时因违反强制性规范而无效，但在履行合同过程中所形成的相关补充协议或者条款并不当然无效。长安公司与康恒公司2010年2月8日签订的《工程承包协议书》，因案涉工程项目为教职工宿舍及部分商住房屋，应进行招投标而没有招投标，违反了《招标投标法》的相关规定，应认定为无效合同。但建设工程施工合同具有一般无法返还原物或者恢复原状，且履行周期较长等特殊性，在履行过程中还会存在双方因情况发生变化就相关事宜重新约定等复杂性，故在《工程承包协议书》无效的情况下，双方在此基础上签订的多份补充合同或者相关条款的效力，应当具体情况具体分析。本案在建设工程施工合同履行过程中，先是因发包方康恒公司原因推迟十五个月开工，后又因康恒公司原因导致工程停工，承包方长安公司不但垫资施工，还出借资金给发包方康恒公司，故从案涉项目的施工情况、双方签订补充协议的过程以及补充协议内容来看，案涉补充协议中有关工程欠款及利息、借款利息、履约保证金迟延返还利息的约定，是双方根据康恒公司不依约履行付款义务的事实，就相关款项利息问题所达成的新的合意，工程欠款利息作为垫资施工的融资补偿和借款利息一样实为融资成本，更多体现了补偿性，相对主合同具有一定独立性，不能简单地因为主合同无效而认定无效。

第二，建设工程施工合同无效的情形下，承包方请求参照相关补充协议约定支付工程款及其利息，亦不违反相关法律规定。根据《建设工程施工合同解释》第二条关于建设工程施工合同无效，但建设工程经竣工验收合格，承包人请求参照合同约定支付工程价款的，应予支持规定的精神，案涉《工程承包协议书》因为案涉工程没有进行招投标而无效，但长安公司依据《工程承包协议书》履行了相应合同义务，其所承建的工程已完工封顶，因康恒公司长期不支付进度款而退场停工，长安公司要求支付工程款的请求权应得到法律的保护。其诉请参照补充协议的约定支付工程款利息，亦应根据前述补充协议相关条款签订的实际情况、施工方的实际投入及损失等予以支持。

第三，如因主合同无效从而认定补充合同中关于逾期支付工程款的利息约定亦无效，也会造成诚实履约的长安公司一方利益受损，有违公平原则。因此，康恒公司就欠付工程款应当按照2012年11月21日双方签订的《补充协议书》中约定的月利率2%即年利率24%的利率，自接收长安公司提交的《工程竣工结算书》时间2014年3月21日起支付长安公司利息，截止日以本判决确定的给付之日为宜。

【案例来源】

中国裁判文书网，http://wenshu.court.gov.cn。

147 因发包人未履行招标义务致使施工合同无效,加之发包人迟延支付工程款,造成承包人的资金投入被长期占用,如何确定资金占用损失数额

【关键词】

│建设工程│工程价款│合同无效│招投标│资金占用损失│

【案件名称】

上诉人重庆市渝万建设集团有限公司与上诉人都匀经济开发区管理委员会建设工程施工合同纠纷案〔最高人民法院(2018)最高法民终152号民事判决书,2018.5.3〕

【裁判精要】

最高人民法院认为:

二、案涉工程款利息标准及计算方式应如何确定

根据《招标投标法》第三条的规定,案涉工程属于应当招标的工程。因未经过招标投标程序,案涉《向山要地BT合同》《向山要地补充协议》无效,责任主要应由应当招标而未招标的都匀经开区管委会承担。故都匀经开区管委会作为过错一方应当按照《合同法》第五十八条规定,向渝万公司支付工程款,并赔偿渝万公司因此遭受到的资金占用损失。

都匀经开区管委会认为,根据《建设工程施工合同解释》第十七条"当事人对欠付工程价款利息计付标准有约定的,按照约定处理;没有约定的,按照中国人民银行发布的同期同类贷款利率计息"的规定,双方对工程价款利息没有约定,因此不应当按照月利率1%的标准向渝万公司支付资金占用损失。本院认为,如前所述,本案系BT项目,是由渝万公司作为投资人对案涉工程进行投资建设,在工程建设完成后,享有请求回购、溢价分成等投资利益,与普通的建设工程施工合同中欠付工程款情形不完全相同。因都匀经开区管委会未履行招标义务致使合同无效,加之都匀经开区管委会迟延支付工程款,客观上造成渝万公司的资金投入被长期占用,此种资金占用损失,应当由过错方予以赔偿。对此,一审认定由都匀经开区管委会在欠付工程款的范围内,根据实际占用时间,按照月利率1%向渝万公司支付资金占用损失,[①]符合《合同法》第五十八条的规定,也符合公平原则和诚实信用原则。

---

① 一审判决理由:鉴于案涉工程项目因都匀经开区管委会未依法招标致合同无效,且都匀经开区管委会长时间拖欠渝万公司巨额工程款的行为确有给渝万公司造成损失的事实,都匀经开区管委会在本案纠纷中为过错较多一方,根据公平原则和诚实信用原则,一审法院综合认定都匀经开区管委会按照月利率1%向渝万公司支付资金占用损失。——编者注

【案例来源】

中国裁判文书网,http://wenshu. court. gov. cn。

148 承包人在一审起诉时没有主张欠付工程款的利息,但其根据合同有效主张了逾期付款违约金,故其没有放弃利息

【关键词】

│ 建设工程 │ 工程价款 │ 合同无效 │ 利息 │

【案件名称】

上诉人中建二局第四建筑工程有限公司与被上诉人黑龙江省日出康城房地产开发有限公司建设工程施工合同纠纷案〔最高人民法院(2018)最高法民终922号民事判决书,2018.11.27〕

【裁判精要】

最高人民法院认为:

3. 关于日出康城公司应否支付逾期付款违约金或利息的问题

《建设工程施工合同解释》第十七条规定:"当事人对欠付工程价款利息计付标准有约定的,按照约定处理;没有约定的,按照中国人民银行发布的同期同类贷款利率计息。"《建设工程施工合同解释》第十八条规定:"利息从应付工程价款之日计付。当事人对付款时间没有约定或者约定不明的,下列时间视为应付款时间:(一)建设工程已实际交付的,为交付之日;(二)建设工程没有交付的,为提交竣工结算文件之日;(三)建设工程未交付,工程价款也未结算的,为当事人起诉之日。"本案中,虽然中建二局四公司在一审起诉时没有针对日出康城公司欠付工程款的利息提出明确主张,但是其基于合同有效并根据合同有效主张了逾期付款违约金。中建二局四公司在一审庭审中认可《工程施工合同》、补充协议没有约定逾期付款违约金,可以推定中建二局四公司的本意并没有放弃欠付工程款的利息。因利息具有本金法定孳息的性质,日出康城公司拖欠工程款是事实,其应承担未付工程款部分相应利息的给付义务,故中建二局四公司主张利息的请求,应予支持。关于利息起算时间的确认问题。2014年1月4日,天悦国际B区M9、M10、M11、M12号四栋楼,经日出康城公司、中建二局四公司与监理公司、物业公司四方验收完成交接,并交付物业公司。2014年12月,日出康城公司开始安排A区住宅业主入户,与此同时中建二局四公司撤出本案施工现场,因此可以认定该日期为案涉工程的交付之日。因中建二局四公司主张逾期支付工程款利息的起算时间为2015年1月1日,并未超过案涉工程

的交付之日,故日出康城公司欠付工程款利息可从 2015 年 1 月 1 日起按照中国人民银行发布的同期同类贷款利率计息。一审法院对于日出康城欠付工程款的利息未予支持,属于对中建二局四公司诉讼请求的错误理解,也与权利救济目的不符,本院予以纠正。

【案例来源】

中国裁判文书网,http://wenshu. court. gov. cn。

149 承包人交付的工程质量不合格,且未按要求整改,反而停工违反合同约定,无权要求工程款利息

【关键词】

│ 建设工程 │ 工程质量 │ 利息 │

【案件名称】

上诉人安徽一万纺织有限公司与上诉人中厦建设集团有限公司建设工程施工合同纠纷案 [最高人民法院 (2017) 最高法民终 666 号民事判决书,2018. 12. 28]

【裁判精要】

最高人民法院认为:

五、关于案涉工程款利息是否应予认定的问题

依照《建设工程施工合同解释》第十七条规定,"当事人对欠付工程价款利息计付标准有约定的,按照约定处理;没有约定的,按照中国人民银行发布的同期同类贷款利率计息"。欠付工程款利息本质上属于法定孳息,实质是为了补偿守约当事人的资金被占用的损失。本案中,中厦建设公司在工程质量不合格的情况下没有按照监理单位和建设单位的要求进行及时的整改,反而单方面停工,违反了合同的约定,故一审法院未支持其工程款利息的诉求并无不当,本院予以维持。

【案例来源】

中国裁判文书网,http://wenshu. court. gov. cn。

150 发包人已支付大部分工程款，其违约情节并不严重，如何计算其应付工程款的利息

【关键词】

　| 建设工程 | 工程价款 | 违约 | 利息 |

【案件名称】

　　上诉人浙江鼎元建设有限公司与上诉人九江市暨阳置业有限公司建设工程施工合同纠纷案 [最高人民法院（2018）最高法民终 524 号民事判决书，2018.11.23]

【裁判精要】

　　最高人民法院认为：

　　《合同法》第五十八条规定，合同无效或者被撤销后，因该合同取得的财产，应当予以返还；不能返还或者没有必要返还的，应当折价补偿。有过错的一方应当赔偿对方因此所受到的损失，双方都有过错的，应当各自承担相应的责任。本案中，鼎元公司作为承包人，其已经将劳务及建筑材料物化到案涉工程中，案涉工程经竣工验收合格并早已由暨阳公司占用、处分，则暨阳公司应当及时支付工程款，其拖欠工程款的行为实际系占用鼎元公司的资金，势必会给鼎元公司增加融资成本、造成利息损失，鉴于暨阳公司已支付了大部分的工程款，其违约情节并不严重，根据《建设工程施工合同解释》第十七条关于"当事人对欠付工程价款利息计付标准有约定的，按照约定处理；没有约定的，按照中国人民银行发布的同期同类贷款利率计息"的规定，应当按照中国人民银行公布的同期贷款基准利率计算暨阳公司应付工程款的利息，一审判决按照 1.5 倍计息，与本案事实不符，本院予以纠正。暨阳公司关于不应计付利息的上诉理由不能成立，本院不予支持。

【案例来源】

　　中国裁判文书网，http://wenshu. court. gov. cn。

151 施工合同无效，发包人自实际占有建设工程之日起支付工程款

【关键词】

　| 建设工程 | 工程价款 | 合同无效 | 占有 |

【案件名称】

　　上诉人安徽华冶建设工程有限公司、上诉人合肥美联恒置业有限责任公司与

被上诉人合肥东部新城建设投资有限公司建设工程施工合同纠纷案［最高人民法院（2017）最高法民终 655 号民事判决书，2017.12.15］

【裁判精要】

最高人民法院认为：

（三）关于涉案工程欠款利息应从何时起算的问题

美联恒公司主张其于 2013 年 11 月 30 日接受尚未通过竣工验收的工程非其真实意思表示，美联恒公司与华冶公司对涉案工程进度款的支付节点进行了明确约定，且依约足额支付了款项，华冶公司停工损失非其导致，本案不适用《建设工程施工合同解释》第十八条第（一）项的规定，涉案欠付工程款应自华冶公司起诉之日即 2014 年 10 月 28 日起算利息。

首先，《建设工程施工合同解释》第十八条规定："利息从应付工程价款之日计付。当事人对付款时间没有约定或者约定不明的，下列时间视为应付款时间：（一）建设工程已实际交付的，为交付之日；（二）建设工程没有交付的，为提交竣工结算文件之日；（三）建设工程未交付，工程价款也未结算的，为当事人起诉之日。"本案中，华冶公司与美联恒公司签订的 2009 年 7 月 28 日《工程承包协议书》、2010 年 2 月 1 日《建设工程施工合同》、2010 年 2 月 20 日《"恒缘时代广场"建设工程施工合同之补充协议》均被依法认定为无效，应当依照该条司法解释第十八条第（一）项的规定，以美联恒公司 2013 年 11 月 30 日实际占有涉案工程之日起，向华冶公司给付所欠工程款的利息。原审判决适用《建设工程施工合同解释》第十八条第（三）项规定，系引用法条错误，应予纠正。

其次，原审判决并未判令美联恒公司承担停工损失的利息，其支付进度款状况是否导致华冶公司的停工损失，与工程欠款利息起算日的认定无直接关联。且根据已查明的华冶公司两次停工、肥东县人民政府两次协调等事实，美联恒公司称其按照合同约定足额支付工程进度款、华冶公司两次停工系其单方原因造成，与事实不符。美联恒公司要求自华冶公司起诉之日开始起算欠付工程款利息的主张不能成立，本院不予支持。

【案例来源】

中国裁判文书网，http://wenshu.court.gov.cn。

八、履约保证金

152 双方约定工程完工后返还履约保证金，工程虽未经竣工验收，但已交付发包人并实际使用，应认定返还履约保证金的条件已成就

【关键词】

│建设工程│工程价款│履约保证金│竣工验收│交付│

【案件名称】

上诉人江苏卧牛山保温防水技术有限公司、宁夏润恒农产品市场有限公司与被上诉人江苏润恒农产品有限公司、江苏润恒物流发展有限公司建设工程施工合同纠纷案［最高人民法院（2018）最高法民终906号民事判决书，2018.10.26］

【裁判精要】

最高人民法院认为：

二、关于一审法院判决宁夏润恒公司返还江苏卧牛山公司履约保证金20万元是否正确的问题

2014年5月19日，宁夏润恒公司与卧牛山公司签订了《A冷库合同》，约定卧牛山公司应于合同签订后3日内向宁夏润恒公司交纳20万元履约保证金，工程完工后返还履约保证金20万元。根据卧牛山公司提供的《建行客户专用回单》和《统一收据》，可以证明卧牛山公司已按约向宁夏润恒公司交纳了20万元履约保证金，宁夏润恒公司也收到了卧牛山公司向其交纳的履约保证金20万元。案涉工程虽未经竣工验收，但已交付宁夏恒润公司，宁夏恒润公司也实际使用了部分案涉工程，且双方还于2016年3月19日对案涉工程进行了结算。故一审法院认定返还履行保证金的条件已成就，判决宁夏恒润公司向卧牛山公司返还履约保证金20万元，具有事实和法律依据，并无不当，本院予以维持。宁夏润恒公司此项上诉主张不能成立，本院不予支持。

【案例来源】

中国裁判文书网,http://wenshu.court.gov.cn。

153 被告在诉讼中以抗辩方式行使抵销权，要求以其超额支付的工程款抵销其应返还的履约保证金债务，符合法律规定抵销权行使的构成要件，无须以反诉方式主张抵销

【关键词】

|建设工程|工程价款|履约保证金|抗辩|反诉|

【案件名称】

上诉人安徽盛仁投资有限公司与被上诉人伟基建设集团有限公司、一审被告滁州城市职业学院建设工程施工合同纠纷案［最高人民法院（2017）最高法民终518号民事判决书，2018.4.8］

【裁判精要】

最高人民法院认为：

（五）关于盛仁投资公司主张伟基建设公司多收取的工程款能否与盛仁投资公司应返还的履约保证金相抵销的问题

盛仁投资公司主张其已经支付工程款49816600元，超额部分应与其应当返还的1000万元保证金相互抵销。一审判决返还保证金及利息错误。本院认为，《合同法》第九十九条规定，当事人互负到期债务，该债务的标的物种类、品质相同的，任何一方可以将自己的债务与对方的债务抵销。当事人主张抵销的，应当通知对方。通知自到达对方时生效。根据该规定，行使抵销权是一种单方法律行为，只要具备法律构成要件，依据权利人单方意思表示即能发生权利义务变更或消灭的法律效力。对于抵销权的行使，既可以在诉讼中也可以在诉讼之外而为抵销的意思表示，但在诉讼中的抵销，是为抵销抗辩或者反诉抵销，并无法律明确规定，需要人民法院根据具体情况进行确认。本案中，盛仁投资公司所主张抵销的1000万元债务，系伟基建设公司在进场施工前向盛仁投资公司交付的履约保证金，因案涉建设工程施工合同归于无效，而应由盛仁投资公司返还伟基建设公司。经一、二审查明，盛仁投资公司已经支付工程款数额为49200000元，伟基建设公司实际应得工程款为40111058.63元，盛仁投资公司已超付工程款9088941.37元，伟基建设公司对该部分款项应予返还。因双方互负债务数额已经确定，债权债务明确，且为同一建设工程施工合同法律关系项下发生的款项，标的物种类、品质相同。现双方纠纷已诉至法院，债务均已到期。故盛仁投资公司作为一审被告在诉讼中选择以抗辩的方式行使抵销权，要求以其超额支付的工程款抵销其应返还伟基建设公司的保证金债务，符合法律规定抵销权行使的构成要件，而无须以被告提起反诉的方式主张抵销。一审判决以盛仁投资公司未提出反诉为由未予采纳其抗辩意见不当，应予纠正。盛仁投资公司可在

9088941.37 元范围内与应返还 1000 万元保证金相互抵销。经计算,盛仁投资公司应返还保证金 911058.63 元。关于保证金利息的问题,因案涉建设工程施工合同无效,一审法院判决从起诉之日作为履约保证金的利息起算点并无不当,应予维持。

【案例来源】

中国裁判文书网,http://wenshu.court.gov.cn。

编者说明

关于抵销,2019 年《全国法院民商事审判工作会议纪要》(法〔2019〕254 号,2019 年 11月 8 日)第四十三条规定:"抵销权既可以通知的方式行使,也可以提出抗辩或者提起反诉的方式行使。抵销的意思表示自到达对方时生效,抵销一经生效,其效力溯及自抵销条件成就之时,双方互负的债务在同等数额内消灭。双方互负的债务数额,是截至抵销条件成就之时各自负有的包括主债务、利息、违约金、赔偿金等在内的全部债务数额。行使抵销权一方享有的债权不足以抵销全部债务数额,当事人对抵销顺序又没有特别约定的,应当根据实现债权的费用、利息、主债务的顺序进行抵销。"纪要的规定与最高人民法院上述裁判观点是一致的。

154 施工合同无效,发包人应当返还承包人履约保证金

【关键词】

│ 建设工程 │ 工程价款 │ 合同无效 │ 履约保证金 │

【案件名称】

上诉人陕西秦安建设工程有限公司与上诉人华亭中驰房地产开发有限公司建设工程施工合同纠纷案 [最高人民法院 (2016) 最高法民终 794 号民事判决书, 2018.3.23]

【裁判精要】

最高人民法院认为:

三、关于中驰公司是否应向秦安公司退还全部履约保证金 100 万元的问题

因案涉《建设工程施工合同》及《补充协议》无效,根据《合同法》第五十八条规定,合同无效或被撤销后,因该合同取得的财产,应当予以返还;不能返还或没有必要返还的,应当折价补偿。因此,秦安公司按照《补充协议》第十二条向中驰公司交付的 100 万元履约保证金,中驰公司应予返还。秦安公司该项上诉请求成立,本院予以支持,一审法院适用法律错误,本院予以纠正。

【案例来源】

中国裁判文书网,http://wenshu.court.gov.cn。

155 承包人在承包工程后,按照双方约定组织人员施工,现工程已竣工,其有权请求发包人返还保证金

【关键词】

│建设工程│工程价款│履约保证金│

【案件名称】

上诉人甘肃万城建筑工程有限责任公司与上诉人甘肃盛世豪龙房地产开发有限公司建设工程施工合同纠纷案[最高人民法院(2018)最高法民终 397 号民事判决书,2018.6.27]

【裁判精要】

最高人民法院认为:

1. 关于保证金 120 万元的问题

盛世豪龙公司认为,根据双方协议约定,万城公司应支付 500 万元保证金,但其实际只交付了 420 万元保证金,并未依约足额支付,且在 2014 年 3 月 22 日的对账单中其也确认 420 万元保证金已全额退还,即使因双方记账差异存在 120 万元保证金未退还的情况,该部分保证金亦应在主体全部封顶后退还;一审判决盛世豪龙公司应在 2011 年 10 月 1 日退还并承担逾期违约金缺乏依据。

经审查,案涉《工程协议书》第一条第一款约定:万城公司向盛世豪龙公司支付人民币 500 万元工程保证金。万成公司在签署协议后先交 20 万元,待 2010 年 10 月 31 日前再交 480 万元,并垫资施工至正负零以上二层顶板。在万城公司完成至正负零以上二层顶板时,盛世豪龙公司将返还 300 万元保证金,剩余 200 万元保证金待主体封顶后一周内全部返还给万城公司。本案中,虽然万城公司未足额交纳工程保证金,但在万城公司交纳 420 万元保证金之后,就剩余保证金的交付问题盛世豪龙公司未再主张,且在 2011 年 9 月 30 日,盛世豪龙公司已按照协议约定返还部分保证金,由此可见,其对万城公司未足额交纳保证金的事实已经认可。

另外,案涉双方约定的保证金应属履约保证金,万城公司在承包该工程后,按照双方约定组织人员施工,现工程已竣工,其请求盛世豪龙公司返还其已交纳保证金的请求应予支持。盛世豪龙公司在返还 300 万元保证金后,剩余 120 万元未再返还,虽盛世豪龙公司主张其已全额返还了 420 万元保证金,但其仅提交了返还 300

万元保证金的相关票据,就剩余 120 万元的返还缺乏证据予以佐证,故对盛世豪龙公司该主张,本院不予支持。根据约定,剩余 120 万元保证金应在主体封顶后一周内全部返还给万城公司,但因双方在诉讼中对主体封顶的时间陈述不一,且亦未就此举证证明,一审法院依据 2012 年 9 月 28 日皋兰县住房和城乡建设局出具的《违规项目处理通知书》记载,确认 2012 年 9 月 28 日大部分主体工程已经完工,具备返还剩余保证金的条件,最终认定盛世豪龙公司应于 2012 年 10 月 6 日前返还,事实依据充分,并无不妥。且盛世豪龙公司长期占用该资金,一审法院酌情确定其承担相应利息,符合案件的客观实际,亦无不妥。根据一审查明事实及双方约定,就未返还的 120 万元保证金,盛世豪龙公司应从 2012 年 10 月 7 日起按照中国人民银行同期同类贷款利率支付利息,而一审判决认定应从 2012 年 10 月 1 日起支付,该认定属笔误,对此本院予以纠正。

【案例来源】

中国裁判文书网,http://wenshu. court. gov. cn。

156　发包人未按期返还履约保证金,应按银行同期同类贷款利率支付该保证金的利息至款清之日止

【关键词】

|建设工程|工程价款|履约保证金|利息|

【案件名称】

上诉人安徽万特投资发展有限公司与被上诉人中色十二冶金建设有限公司及原审被告、反诉原告安徽万特投资发展有限公司六安分公司建设工程施工合同纠纷案〔最高人民法院(2019)最高法民终 108 号民事判决书,2019. 4. 17〕

【裁判精要】

最高人民法院认为:

五、关于万特公司是否应向中色十二冶公司返还履约保证金并支付利息的问题

根据案涉《补充协议》第五条的约定,万特公司应在案涉工程竣工验收合格后一周内将 400 万元履约保证金一次性返还中色十二冶公司。《建设工程施工合同解释》第十三条规定:"建设工程未经竣工验收,发包人擅自使用后,又以使用部分质量不符合约定为由主张权利的,不予支持;但是承包人应当在建设工程的合理使用寿命内对地基基础工程和主体结构质量承担民事责任。"案涉工程虽未进行竣工验收,但已于 2014 年 11 月 1 日投入使用,故万特公司应于 2014 年 11 月 8 日返还中色十

二冶公司支付的 400 万元履约保证金。因万特公司并未按期返还保证金,应自 2014 年 11 月 8 日起按银行同期同类贷款利率支付该 400 万元履约保证金的利息至款清之日止。万特公司关于中色十二冶公司应向其提交竣工资料,案涉工程并未达到《施工合同》约定的竣工验收合格的全部条件,履约保证金不能返还,也无须支付利息的主张,不能成立。

【案例来源】

中国裁判文书网,http://wenshu. court. gov. cn。

157 返还履约保证金利息的确定

【关键词】

│建设工程│工程价款│履约保证金│

【案件名称】

上诉人新疆华诚安居房地产开发有限公司与被上诉人中国铁建大桥工程局集团有限公司建设工程施工合同纠纷案 [最高人民法院(2019)最高法民终 347 号民事判决书,2019.4.30]

【裁判精要】

最高人民法院认为:

二、关于华诚房地产公司是否应支付履约保证金利息 4283790.64 元的问题

本案中,《建设工程施工合同》第 41.3 条约定:"……合同价款 10% 的履约保证金(现金或银行转账支票)担保合同作为本合同附件……"《建筑施工合作框架协议书》第七条约定:"当乙方(铁建大桥工程局)按双方针对本项目后续签订的《建设工程施工合同》进行建筑施工,并工程量达到 50% 时,甲方(华诚房地产公司)向乙方(铁建大桥工程局)退付履约保证金的 50%,剩余部分竣工结算时与合同价款一次退付。"华诚房地产公司收到铁建大桥工程局向其缴纳的履约保证金 39849215.2 元。根据铁建大桥工程局提交的其数次向华诚房地产公司要求退还 50% 履约保证金的函件,及涉案《建设、监理、设计、施工、勘察单位主体工程质量验收意见表》,涉案工程的施工量于 2013 年 7 月达到了合同价款的 50%,但华诚房地产公司违反双方约定未予退还履约保证金。华诚房地产公司的违约行为造成了铁建大桥工程局的资金占用损失。综上,一审判决华诚房地产公司以中国人民银行发布的同期同类

一年期贷款基准利率为6%①为标准,向铁建大桥工程局支付自2013年8月1日起至一审起诉状确定的2017年2月28日期间占用50%履约保证金的利息并无不当,本院予以维持。

【案例来源】

中国裁判文书网,http://wenshu.court.gov.cn。

158　双方在合同履行中对履约保证金另行达成协议,将其作为借款本金并确定利息,应认定履约保证金性质已转化为借款

【关键词】

│建设工程│工程价款│履约保证金│结算│借款│

【案件名称】

上诉人湖北长安建设集团股份有限公司与被上诉人武汉康恒房地产开发有限公司建设工程施工合同纠纷案[最高人民法院(2018)最高法民终697号民事判决书,2018.12.26]

【裁判精要】

最高人民法院认为:

二、关于康恒公司应退回的履约保证金600万元应否计息及计息标准问题

根据二审查明的事实,在康恒公司与长安公司签订的《工程承包协议书》中已在违约责任部分明确约定:"7.甲方未按约定日期提供乙方进场施工条件的,工程保证金在延期时段按月息2%计息。"虽然《工程承包协议书》因未经招投标程序而无效,违约条款的约定亦因之无效,但在合同履行过程中,因康恒公司原因导致延期开工、施工过程中多次停工,2012年4月12日康恒公司与长安公司签章确认的《利息确认表》中以包括履约保证金1000万元及2000万元借款在内的共计3000万元为借款本金分段确定利息,备注"2011年9月20日退回保证金300万",2011年9月20日后本金为2700万元,利息在各时间段内起均为3%。可见双方合同实际履行过程中,又对履约保证金及借款事宜另行达成协议,该确认表应视为双方关于工程款结算的约定,履约保证金性质已转化为借款,且约定利率为月息3%。另根据查明的事

---

① 本案一审判决裁判理由部分指出:2013年8月1日中国人民银行发布的同期同类一年期贷款基准利率为6%,一审法院确定2013年8月1日起至2017年2月28日期间涉案50%履约保证金的利息为4283790.64元[(19924607.6元×6%×3年)+(19924607.6元×6%÷12月×7月)]。——编者注

实,康恒公司已于 2011 年 9 月 20 日、2012 年 5 月 19 日共计退还保证金 400 万元。现长安公司仅主张未退的履约保证金 600 万元及 2% 月息,故对履约保证金 600 万元应从康恒公司最后一次退还履约保证金的次日即 2012 年 5 月 20 日起按照年利率 24% 计算利息。一审判决未支持该部分利息,确有不当,本院予以纠正。

【案例来源】

中国裁判文书网,http://wenshu. court. gov. cn。

159 **双方约定履约保证金的返还不再与工程进度相对应,而是在一定期限内,按照明确的时间节点和约定的利率,返还相应的本金和利息,故该约定的性质为借款合同**

【关键词】

│建设工程│工程价款│履约保证金│借款│

【案件名称】

上诉人西安海星科技投资控股(集团)有限公司与被上诉人中铁十五局集团有限公司、原审被告河南海星高速公路发展有限公司、西安海星房地产综合开发有限公司、西安海星现代饮品有限公司、陕西海星连锁超级市场有限责任公司、格力地产股份有限公司建设工程合同纠纷案[最高人民法院(2013)民一终字第 153 号民事判决书,2014.7.14]

【裁判精要】

最高人民法院认为:

(一)关于《委托合同》和《补充合同》的效力问题

本院认为,海星集团公司、海星科技公司联合体与中铁十五局于 2003 年 11 月 26 日订立的《委托合同》,是双方当事人真实的意思表示,双方在合同中对涉案工程项目委托管理的内容和相关的权利义务作出明确约定,合同内容不违反法律和行政法规的规定,合同有效。

2004 年 2 月 26 日,双方当事人订立《补充合同》,对《委托合同》的部分内容进行变更和补充。有关履约保证金的返还,双方在《补充合同》中将《委托合同》第五条第(三)项"甲方按工程进度款的比例每月支付给乙方"的约定,变更为"1.4 亿元人民币履约保证金在扣除中标标段合同总额 10% 的现金履约保证金后的实际使用总额部分(未中标前按 1.4 亿元人民币支付利息)的本金和利息在 2 年之内(即 2005 年 11 月 26 日之前)返还完毕,利息按照银行同期贷款利率执行。还款时间为:2005

年 1 月 10 日前偿还本息 25%;2005 年 4 月 10 日前偿还本息 25%;2005 年 7 月 10 日前偿还本息 25%;2005 年 11 月 26 日前偿还本息 25%",履约保证金的返还已不再与工程进度相对应,而是在 2 年时间内,按照明确的时间节点和约定的利率,返还相应的本金和利息。《补充合同》中有关履约保证金的约定,其性质为借款合同。由于作为资金出借方的中铁十五局系建筑企业,并非以资金融通为常业,其与海星集团公司之间的借款系为生产经营需要所进行的临时性资金拆借行为,不违反国家金融管制的强制性规定,也不存在非法目的及《合同法》第五十二条规定的其他无效情形,故《补充合同》中具有借款合同性质的"履约保证金"的约定有效。海星集团公司关于《委托合同》和《补充合同》形式为委托管理合同但目的为企业间资金借贷、以合法形式掩盖非法目的应当认定无效的主张,缺乏事实依据和法律依据,本院不予支持。

海星集团公司、海星科技公司联合体与中铁十五局在《补充合同》中增加了海星联合体授予中铁十五局 3 个标段(土建 2 个、路面 1 个)的工程任务的内容,并作出"海星联合体必须确保给中铁十五局 3 个标段的工程任务,否则视为海星联合体违约"等约定。海星集团公司主张,《补充合同》的上述内容违反《招标投标法》第三十二条第二款的规定,属于《合同法》合同无效的情形,依法应当认定《委托合同》和《补充合同》无效。本院认为,《补充合同》除约定海星集团公司、海星科技公司联合体将部分工程授予中铁十五局外,另有关于委托管理费、履约保证金等内容。而本案中铁十五局的诉讼请求为偿还履约保证金、利息及支付违约金,有关授予建设工程的约定是否有效,不影响合同整体的效力和有关履约保证金条款的效力。海星集团公司关于《委托合同》和《补充合同》违反《招标投标法》而无效的主张,缺乏法律依据,本院不予支持。

【案例来源】

中国裁判文书网,http://wenshu.court.gov.cn。

160 对工程质量的抗辩主要针对工程款项的支付,而履约保证金、利息、招标代理费均不属于工程款项

【关键词】

|建设工程|工程质量|工程价款|履约保证金|利息|

【案件名称】

上诉人中铁十九局集团第二工程有限公司与上诉人海西冰峰矿泉水开发有限公司建设工程施工合同纠纷案[最高人民法院(2019)最高法民终 237 号民事判决

书,2019.3.29]

【裁判精要】

最高人民法院认为:

(二)关于履约保证金、利息及招标代理费的问题

2017年6月21日结算事宜形成的《会议纪要》第五条载明:"双方同意解除总承包合同,解除总承包合同的条件必须具备以下几项,条件缺一不可:(1)双方已确认完工程结算金额。(2)2017年10月31日前,甲方偿还乙方300万元现金保证金及乙方垫付的18.7万元招标代理费;其中,300万元保证金利息30万元于300万元保证金支付时,甲方支付给乙方。(3)乙方与施工队伍间的债权债务全部由甲方接收承担。"因案涉施工合同已解除,中铁十九局已撤出施工现场,且根据上述约定,海西公司于2017年10月31日之前应返还履约保证金300万元、利息30万元、招标代理费18.7万元,中铁十九局据此请求返还上述费用,合同依据充分,一审法院予以支持并无不妥。因案涉合同系海西公司要求解除,双方在关于结算问题的《会议纪要》中对于返还履约保证金、利息、招标代理费并无条件约束,且根据《建设工程施工合同解释》的相关规定,对工程质量的抗辩主要针对工程款项的支付,而履约保证金、利息、招标代理费均不属工程款项,故海西公司以案涉工程存在质量问题、中铁十九局未移交施工资料为由,认为履约保证金、利息、招标代理费的支付条件尚不具备的上诉理由不能成立,本院不予支持。

【案例来源】

中国裁判文书网,http://wenshu.court.gov.cn。

九、质保金返还

161 当事人对质量保修金的返还有约定的，应从其约定；质量保修金的返还，不影响承包人履行工程保修义务

【关键词】

| 建设工程 | 工程价款 | 质保金 | 保修 |

【案件名称】

再审申请人吉首市新天地房地产开发有限公司与被申请人湖南建工集团有限公司建设工程施工合同纠纷案［最高人民法院（2018）最高法民再 137 号民事判决书，2018.9.27］

【裁判精要】

最高人民法院认为：

（一）原判决关于质量保修金的认定是否正确问题

本院认为，建设工程质量保修金是指发包人与承包人在建设工程施工合同中约定，从应付工程款中预留，用以保证承包人在缺陷责任期内对建设工程出现的缺陷进行维修的资金。当事人对质量保修金的返还有约定的，应从其约定。质量保修金的返还不影响承包人依照法律规定或合同约定应当履行的工程保修义务。本案已查明，《施工总承包合同》专用条款第 13.2.3、13.2.4 条约定"工程竣工验收合格交付，竣工资料移交，工程竣工结算完成后，支付至完成工程结算总价的 95%"，"其余 5% 作为质量保修金，工程竣工验收合格交付满一年后 14 天内，返还保修金总额的 50%，二年后 14 天内返还保修金总额的 30%，五年后 14 天返还余下部分（均无息）"。《水电安装工程施工合同》第 9.2.5 条亦约定"……其余 5% 作为质量保修金……"依上述之约定，案涉工程质量保修金应为工程结算总价的 5%，并依合同约定分期返还。建工公司关于质量保修金应仅限于其所承包的主体土建项目、水电安装项目的主张，缺乏合同依据且与上述《施工总承包合同》专用条款的约定不符，本院不予支持。本案争议的质量保修金为：137738016 元 × 5% = 6886900.8 元。依照《施工总承包合同》专用条款第 13.2.4 条之约定，应分别于 2015 年 12 月 15 日前返还 50% 即 3443450.4 元；2016 年 12 月 15 日前返还 30% 即 2066070.24 元；2019 年 12 月 15 日前返还 1377380.16 元。同时从相应返还之日起按照中国人民银行同期同类

贷款利率计算利息。建工公司关于质量保修金应扣除其已经支付的维修费用355895.58元的主张与上述《施工总承包合同》专用条款约定不符且新天地公司亦不认可,本院不予支持。原判决以欠付工程款12264754.28元为基数扣除5%作为质量保修金并计算利息与《施工总承包合同》的约定内容不符,属事实认定错误,本院予以纠正。故新天地公司应付建工公司工程款为:工程结算总价142711286.30元(主体土建工程137738016元 + 水电安装工程4973270.30元) - 已支付款项130446532.02元 - 未到支付期限质量保修金1377380.16元 = 10887374.12元。

【案例来源】

中国裁判文书网,http://wenshu.court.gov.cn。

编者说明

根据住房城乡建设部、财政部《建设工程质量保证金管理办法》(建质〔2017〕138号),工程质量保证金,是指发包人与承包人在建设工程承包合同中约定,从应付的工程款中预留,用以保证承包人在缺陷责任期内对建设工程出现的缺陷进行维修的资金。一般来说,以工程质量保修金名义收取或预留的资金,应认定为工程质量保证金。缺陷责任期,是承包人对已交付使用的合同工程承担合同约定的缺陷修复责任的期限。缺陷责任期一般为六个月、十二个月或二十四个月,具体可由发、承包双方在合同中约定。[①]

对于质量保证金返还期限,最高人民法院《建设工程施工合同解释(二)》第八条规定:"有下列情形之一,承包人请求发包人返还工程质量保证金的,人民法院应予支持:(一)当事人约定的工程质量保证金返还期限届满。(二)当事人未约定工程质量保证金返还期限的,自建设工程通过竣工验收之日起满二年。(三)因发包人原因建设工程未按约定期限进行竣工验收的,自承包人提交工程竣工验收报告九十日后起当事人约定的工程质量保证金返还期限届满;当事人未约定工程质量保证金返还期限的,自承包人提交工程竣工验收报告九十日后起满二年。发包人返还工程质量保证金后,不影响承包人根据合同约定或者法律规定履行工程保修义务。"本条规定了三种情形:

(1)当事人对返还质量保证金的期限、方式有约定的,遵照其约定。

(2)当事人未约定质量保证金返还期限的,自建设工程通过竣工验收之日起满二年,承包人有权要求返还质量保证金。因为《建设工程质量保证金管理办法》第二条规定,缺陷责任期一般为一年,最长不超过二年,由发、承包双方在合同中约定。

何谓"工程通过竣工验收之日",适用《建设工程施工合同解释》第十四条中的竣工日期:"当事人对建设工程实际竣工日期有争议的,按照以下情形分别处理:(一)建设工程经竣工验收合格的,以竣工验收合格之日为竣工日期;(二)承包人已经提交竣工验收报告,发包人拖延验收的,以承包人提交验收报告之日为竣工日期;(三)建设工程未经竣工验

[①] 参见李玉生主编:《建设工程施工合同案件审理指南》,人民法院出版社2019年版,第406页。

收,发包人擅自使用的,以转移占有建设工程之日为竣工日期。"

(3)因发包人原因导致工程未按约定期限竣工验收的,自承包人提交工程竣工验收报告九十日后起当事人约定的工程质量保证金返还期限届满;当事人未约定工程质量保证金返还期限的,自承包人提交工程竣工验收报告九十日后起满二年。

这里的"因发包人原因建设工程未按约定期限进行竣工验收",指的是工程具备竣工验收条件,承包人已提交竣工验收报告,但发包人无故拖延、不予配合组织竣工验收。

这里的"九十日",依据是《建设工程质量保证金管理办法》第八条规定:"缺陷责任期从工程通过竣工验收之日起计。由于承包人原因导致工程无法按规定期限进行竣工验收的,缺陷责任期从实际通过竣工验收之日起计。由于发包人原因导致工程无法按规定期限进行竣工验收的,在承包人提交竣工验收报告90天后,工程自动进入缺陷责任期。"

在工程自动进入缺陷责任期后,首先,看当事人有没有约定质量保证金的返还期限。如有约定,则自承包人提交工程竣工验收报告九十日后起算约定的缺陷责任期,缺陷责任期满,发包人应当返还质量保证金。其次,当事人对缺陷责任期未作约定的,自承包人提交工程竣工验收报告九十日后起算满二年,发包人应当返还质量保证金。

当然,发包人在承包人提交工程竣工验收报告后九十日内及时组织竣工验收的,则应自工程通过竣工验收之日起算缺陷责任期,而非九十日后。

162 防水工程保修期未满,防水工程质量保证金单独按比例计算支付

【关键词】

│建设工程│工程价款│保修期│质保金│防水工程│

【案件名称】

上诉人大连铭泰房地产开发有限公司与被上诉人大连浩盛建筑工程有限公司建设工程施工合同纠纷案[最高人民法院（2014）民一终字第90号民事判决书,2014.11.17]

【裁判精要】

最高人民法院认为:

三、关于浩盛公司应否以及如何支付维修保证金的问题

根据双方合同约定,除屋面及有防水要求的卫生间(房间)和外墙面防渗漏工程保修期限为五年外,其他工程保修期均为二年。根据《建设工程施工合同解释》第十四条第(三)项规定,建设工程未经竣工验收,发包人擅自使用的,以转移占有建设工程之日为竣工日期。案涉工程虽未经竣工验收备案,但浩盛公司自2009年9月至12月即将工程交付铭泰公司,铭泰公司随即向业主交付使用,故原审判决确定自2009年起算工程保修期并无不当。现除防水工程保修期未满5年外,其他工程均已

超过保修期,铭泰公司在原审法院规定的期限内以及本院二审期间,均未提供防水工程部分的造价,故本院确认原审判决根据浩盛公司提供的防水工程造价 3000187元,认定该部分保修金为 90006 元(3000187 元×3%)并无不当,该保修金应由浩盛公司支付铭泰公司。铭泰公司以案涉工程未经竣工验收,保修期不应开始起算为由,上诉请求按照全部工程总造价计算维修保证金,缺乏事实和法律依据,本院对此不予支持。

【案例来源】

中国裁判文书网,http://wenshu. court. gov. cn。

163 根据双方施工合同的约定,保修期满且无工程质量问题或者所产生的质量问题已得到妥善解决的,发包人方应将保修金返还承包人

【关键词】

│建设工程│工程价款│保修期│质保金│

【案件名称】

上诉人海天建设集团有限公司与上诉人云南建展房地产开发有限公司建设工程施工合同纠纷案［最高人民法院(2018)最高法民终 659 号民事判决书,2018.12.21］

【裁判精要】

最高人民法院认为:

(二)关于返还质保金

海天公司上诉主张,案涉工程质保期已届至,建展公司应向其返还工程质保金。本院认为,按照双方建设工程施工合同的约定,电气管线、上下水管安装工程保修期两年,有防水要求的卫生间、厨房、房间和外墙面的渗漏、屋面防水工程保修期五年。工程竣工验收合格后开始计算保修期,保修期满且无工程质量问题或者所产生的质量问题已得到妥善解决的,发包人应在 14 天内,将剩余保修金和利息返还承包人。故案涉工程质保期虽已届至,但尚须满足无工程质量问题或者所产生的质量问题已得到妥善解决的条件。现双方均认可案涉房屋出现了漏水等问题,并对出现问题的原因各执一词,建展公司并与案外人就漏水修复签订了施工合同进行了部分修复,另有部分房屋质量问题尚未得到妥善解决。因此,海天公司现仅以工程质保期已届满为由主张返还质保金,不能得到支持。

【案例来源】

中国裁判文书网,http://wenshu.court.gov.cn。

164 施工合同无效,质保金条款也无效

【关键词】

│建设工程│工程价款│合同无效│质保金│

【案件名称Ⅰ】

上诉人锦宸集团有限公司与被上诉人呼伦贝尔市天顺房地产开发有限公司、北大荒鑫都房地产开发有限公司建设工程施工合同纠纷案［最高人民法院（2018）最高法民终846号民事判决书,2018.12.24］

【裁判精要】

最高人民法院认为:

关于约定5%质量保证金应否从工程价款中扣除问题。本院认为,根据《建设工程质量保证金管理办法》第二条第一款规定,质量保证金为发包人与承包人在建设施工合同中约定,从应付的工程款中预留,用以保证承包人在缺陷责任期内对建设工程出现的缺陷进行维修的资金。质量保证金的交纳和返还应依当事人约定。本案中,各方当事人对于一审判决认定案涉五份建设工程施工合同无效均无异议。《合同法》第五十六条规定:"无效的合同或者被撤销的合同自始没有法律约束力。合同部分无效,不影响其他部分效力的,其他部分仍然有效。"第五十八条规定:"合同无效或者被撤销后,因该合同取得的财产,应当予以返还;不能返还或者没有必要返还的,应当折价补偿。有过错的一方应当赔偿对方因此所受到的损失,双方都有过错的,应当各自承担相应的责任。"因案涉五份建设工程施工合同无效,故双方关于在工程结算价款中预留5%质量保证金的约定亦无效。一审判决按双方合同约定预留结算价款5%质量保证金缺乏合同和法律依据,显属不当,本院予以纠正。

【案例来源】

中国裁判文书网,http://wenshu.court.gov.cn。

【案件名称Ⅱ】

上诉人中扶建设有限责任公司与上诉人德化金龙置业有限公司建设工程施工合同纠纷案［最高人民法院（2017）最高法民终766号民事判决书,2018.1.8］

【裁判精要】

最高人民法院认为：

因金龙公司、中扶公司确认案涉招投标系为了履行相关手续而进行的形式意义上的招投标，案涉建设工程施工合同无效，双方在 2014 年 4 月 6 日协议中约定备案的建设工程施工合同包括招投标文件作废，故金龙公司关于依据建设工程施工合同及招投标文件应预留 5% 工程款作为质量保修金的主张，缺乏依据。且金龙公司在一审期间也未提出该主张，其该项上诉主张不应支持。如案涉工程在质保期间出现质量维修问题，金龙公司可依法另行主张权利。

【案例来源】

中国裁判文书网，http://wenshu. court. gov. cn。

165 合同中关于质保金的约定属于结算条款，不因施工合同无效而免除承包人留取质保金的义务

【关键词】

│建设工程│工程价款│合同无效│质保金│

【案件名称】

上诉人中建二局第四建筑工程有限公司与被上诉人黑龙江省日出康城房地产开发有限公司建设工程施工合同纠纷案［最高人民法院（2018）最高法民终 922 号民事判决书，2018. 11. 27］

【裁判精要】

最高人民法院认为：

5. 关于应否扣除质保金的问题

本案中，案涉《工程施工合同》约定"工程质保金为最终结算总价的 5%，工程竣工验收满 2 年，甲方无息返还质保金的 70%，竣工验收满 5 年后，甲方无息返还剩余 30% 的质保金"，该约定属于结算条款的一部分，不因合同无效而免除中建二局四公司留取质保金的义务。综上，根据法律规定和合同约定，质保金应当扣留。一审法院认定本案工程虽未经竣工验收，但已实际投入使用，故按照双方当事人合同约定，本案工程质保金期限应从 2014 年 12 月起计算，截至本案判决之日已过 2 年，但未满5 年，故应当扣除。一审法院认定工程总价款 5% 中的 30% 作为本案工程质保金，应扣质保金数额为 8261836. 22 元［（550789081. 66 元 ×5%）×30%］，该认定并无不

当,本院予以维持。

【案例来源】

中国裁判文书网,http://wenshu.court.gov.cn。

166 施工合同无效，施工人仍然负有配合验收和质量保修义务

【关键词】

│ 建设工程 │ 工程价款 │ 合同无效 │ 质保金 │

【案件名称】

上诉人重庆锦通建设（集团）有限公司与上诉人贵州世邦房地产开发有限公司建设工程施工合同纠纷案［最高人民法院（2018）最高法民终 117 号民事判决书，2018.5.15］

【裁判精要】

最高人民法院认为：

（五）关于暂扣工程款

世邦公司(甲方)与锦通公司(乙方)签订的《建设工程施工合同》约定："乙方全部工程竣工验收合格后,乙方应积极配合甲方进行综合验收,同时 10 日内向甲方递交合格的整套竣工验收及完整的决算资料,如决算报量未被甲方批准,乙方应根据甲方提供的合理意见进行修改,再次递交决算报告。在乙方资料完善的情况下,甲方在 3 个月内无论竣工验收备案与否,甲方都要向乙方支付总工程款的 10%，工程竣工验收备案后,甲方再向乙方支付工程款的 7%，质保金 3% 自工程竣工验收合格之日起两年后第二个月内支付。"双方后又签订《补充协议》约定："因甲方原因致使本工程施工周期延长,在时间、精力和资金占用上给乙方造成了一定的损失,所以在本工程竣工结算时,甲乙双方同意扣除 30 万元作为本工程质保金,自乙方交房之日起,满两年后,7 个工作日内无息退还乙方。"即将质保金由总工程款的 3% 变更为 30 万元。

本院认为,本案《建设工程施工合同》为无效合同,仍然依据该合同的约定暂扣 17% 的工程款缺乏依据。根据《合同法》第五十八条之规定,合同无效或者被撤销后,因该合同取得的财产,应当予以返还;不能返还或者没有必要返还的,应当折价补偿。有过错的一方应当赔偿对方因此所受到的损失,双方都有过错的,应当各自承担相应的责任。本案世邦公司因该无效合同向锦通公司返还财产的形式体现为支付工程款,一审依据无效合同的约定判令暂扣 17% 工程款缺乏依据,本院予以

纠正。

虽然锦通公司至今未向世邦公司递交竣工验收决算资料,双方亦未就案涉工程履行转移占有的交接手续,世邦公司并在二审诉讼中提出了要求锦通公司撤场的先予执行申请,本院已裁定驳回,并组织双方进行了释明,告知鉴于世邦公司作为本案的被告并未提出过诉讼请求,故其不能在本案中提出要求锦通公司撤场的先予执行申请,对其要求锦通公司递交竣工验收决算资料和办理撤场交接手续的请求,可另案诉请主张。

至于30万元工程质保金,尽管《建设工程施工合同》无效,锦通公司作为建设工程的施工人仍然负有配合验收和质量保修义务,《补充协议》约定"自乙方交房之日起,满两年后,7个工作日内无息退还乙方",故一审认定未达支付条件正确,锦通公司应待条件成熟时主张。

【案例来源】

中国裁判文书网,http://wenshu. court. gov. cn。

167 合同双方约定了工程保修期和质量保修金,尽管发包人在工程验收前擅自使用,但承包人对地基基础工程和主体结构的质量仍应当承担责任,故在保修期满前,承包人无权要求发包人返还保修金

【关键词】

│建设工程│工程价款│擅自使用│质保金│

【案件名称】

上诉人辽阳亚龙房地产开发有限公司与被上诉人中国建筑第八工程局有限公司建设工程施工合同纠纷案［最高人民法院（2016）最高法民终135号民事判决书,2016.4.12］

【裁判精要】

最高人民法院认为:

三、关于亚龙公司所称工程存在重大质量问题以及应当从工程款中扣减5年期保修金1638958.38元的主张能否成立的问题

《合同法》第二百七十九条第二款规定:"建设工程竣工经验收合格后,方可交付使用;未经验收或者验收不合格的,不得交付使用。"本案业已查明,案涉工程验收合格之前亚龙公司即已实际使用了涉案工程。依据《建设工程施工合同解释》第十三条"建设工程未经竣工验收,发包人擅自使用后,又以使用部分质量不符合约定为

由主张权利的,不予支持;但是承包人应当在建设工程的合理使用寿命内对地基基础工程和主体结构质量承担民事责任"的规定,亚龙公司应当对地基基础工程和主体结构质量以外的已使用部分出现的质量问题自行承担责任,故本院对于其以涉案工程质量不符合约定为由提出的主张不予支持。按照双方签订的《建设工程施工合同》第47补充条款中有关"保修金为承包人结算值的5%。保修满1年之日起15日内返还承包人保修金的50%;保修满2年之日起15日内返还至承包人保修金的90%;保修满5年之日起15日内返还承包人剩余保修金"的约定,以及基于前述认定,尽管亚龙公司存在涉案工程未经验收即擅自使用的情形,但中建八局对地基基础工程和主体结构的质量仍应当承担民事责任。因此,在5年期保修金尚未期满前,中建八局无权向亚龙公司主张返还。经核实,该部分数额应当为1638958.38元(327791676元×5%×10%),此款应当从亚龙公司未付工程款中扣除。原判决就此部分未予扣除不符合双方合同约定,本院依法予以纠正。

【案例来源】

中国裁判文书网,http://wenshu.court.gov.cn。

编者说明

为期5年的保修金一般指向的是包含防水在内的工程质量问题,依据《建设工程施工质量验收统一标准》附录B,建筑工程分部(子部分)工程、分项工程划分、地基与基础部分包含地下防水,故地下防水部分属于地基与基础工程。依照《建筑法》第六十条"建筑物在合理使用寿命内,必须确保地基基础工程和主体结构的质量"和《建设工程施工合同解释》第十三条"建设工程未经竣工验收,发包人擅自使用后,又以使用部分质量不符合约定为由主张权利的,不予支持;但是承包人应当在建设工程的合理使用寿命内对地基基础工程和主体结构质量承担民事责任"的规定,如果涉案工程的地下防水部分存在质量问题,中建八局在建筑物的合理使用寿命内仍应对此承担民事责任。一审法院仅仅看到了亚龙公司擅自使用故而将中建八局的所有质量保修金免除,可能造成中建八局在此范围内法定和约定义务的落空,最高人民法院依法予以改判,在亚龙公司应付工程款中,依照双方约定扣留了5年期的质量保修金。[①]

168 建设工程施工合同解除后,质量保证金条款能否适用

【关键词】

| 建设工程 | 合同解除 | 质保金 |

---

① 参见裴跃:《本案是否符合发回重审的法定条件以及承包人预留保修金义务应否免除》,载最高人民法院第二巡回法庭编著:《民商事二审典型案例及审判经验》,人民法院出版社2019版,第218~219页。

【案件名称】

上诉人中国新兴建设开发总公司与被上诉人国泰纸业（唐山曹妃甸）有限公司建设工程施工合同纠纷案［最高人民法院（2017）最高法民终 252 号民事判决书，2017.11.21］

【裁判精要】

裁判摘要：质量保证金是指发包人与承包人在建设工程承包合同中约定，从应付的工程款中预留，用以保证承包人在缺陷责任期内对建设工程出现的缺陷进行维修的资金。与承包人的法定质量保修义务不同，质量保证金条款依赖于双方当事人的约定。建设工程施工合同解除后，如果双方当事人对合同解除后是否预留质量保证金没有特别约定，在认定发包人应付工程款时，不可直接适用原合同中有关质量保证金的条款，仅在特定情形下有适用余地，法院在认定时应持谨慎态度。①

最高人民法院认为：

关于焦点三，在认定国泰纸业公司应向新兴公司支付的工程欠款数额时，应否扣除质保金的问题。根据双方于 2013 年 12 月 10 日签订的《建设工程施工合同》专用条款第 68 条约定"质量保证金是用于承包人对工程质量的担保。承包人未按约定及有关法律法规的规定履行质量保修义务的，发包人有权从质量保证金中扣留用于质量返修的各项支出""除专用条款另有约定外，工程竣工验收合格满二年后的 28 天内，发包人应将剩余的质量保证金返还给承包人。剩余质量保证金的返还，并不能解除承包人按合同约定应负的质量保修责任"，国泰纸业公司作为发包人返还所扣留的质量保证金的时间是"工程竣工验收合格满二年后的 28 天内"，但这是在工程能够竣工验收合格的情形下。本案中，因资金问题，案涉工程已于 2015 年 1 月停工至今，并且新兴公司在一审时的诉请之一就是解除《建设工程施工合同》，在此情形下，在新兴公司和国泰纸业公司之间，案涉工程不可能再满足竣工这一条件，故有关质量保证金的返还问题不能直接适用上述规定。鉴于案涉工程已于 2015 年 1 月停工，至今已经超出两年，在此期间，国泰纸业公司并未提出证据证明案涉工程存在质量问题以及需要进行质量返修，故其主张应继续扣留质量保证金没有依据，其应按照已经认定的数额向新兴公司支付工程欠款及损失费用。原审判决对此认定不当，本院予以纠正。

---

① 参见于蒙：《建设工程施工合同解除后，质量保证金条款能否适用——中国新兴建设开发总公司与国泰纸业（唐山曹妃甸）有限公司建设工程施工合同纠纷案》，载最高人民法院民事审判第一庭编：《民事审判指导与参考》（总第 74 辑），人民法院出版社 2018 年版，第 195 页。

【案例来源】

中国裁判文书网,http://wenshu.court.gov.cn。

编者说明

本案涉及的问题是,在工程尚未完工、建设工程施工合同解除的情形下,对于已完成工程部分,发包人在支付工程款时,能否以预留质量保证金为由暂扣部分工程款? 即合同约定的质量保证金条款是否仍然适用? 前述最高人民法院裁判观点认为,该种情形下,原则上不可直接适用质量保证金条款;同时,合同解除,也不影响承包人对已完工部分承担保修义务。

169 工程尚未完工但施工合同已经解除,质保金应否退还承包人

【关键词】

|建设工程|合同解除|质保金|

【案件名称Ⅰ】

上诉人沈阳星辰房地产开发有限公司与被上诉人江苏顺通建设集团有限公司建设工程施工合同纠纷案[最高人民法院(2018)最高法民终918号民事判决书,2018.9.28]

【裁判精要】

最高人民法院认为:

第三,关于质保金及工程资料移交问题。《合同法》第九十七条规定,合同解除后,尚未履行的,终止履行;已经履行的,根据履行情况和合同性质,当事人可以要求恢复原状、采取其他补救措施,并有权要求赔偿损失。本案合同履行过程中,星辰公司未按约支付工程款存在违约,顺通公司主张解除合同符合法律规定和合同约定。在一审判决已判令解除案涉建设工程施工合同的情况下,依据上述法律规定,案涉《建设工程施工合同》关于工程保修金的约定尚未履行,依法应终止履行。星辰公司主张扣除质保金已无合同依据。故一审判决不予扣除,并无不当。但合同解除并不影响顺通公司对其已完工工程所应承担的质量责任。如存在质量问题,星辰公司可另行主张。

关于工程资料移交问题,顺通公司作为施工人,负有移交案涉工程施工资料的附随义务。本案一审中星辰公司虽以工程资料移交作为拒付工程款的抗辩,但并未提出反诉,一审法院不予处理并无不当。顺通公司在诉讼中已明确承诺移交工程资

料,且相关手续的办理亦须双方协作完成,该问题双方可另行处理。

【案例来源】

中国裁判文书网,http://wenshu. court. gov. cn。

【案件名称Ⅱ】

上诉人天津国华信达实业股份有限公司、邯郸市华信实业集团有限公司与被上诉人河北建设集团股份有限公司建设工程施工合同纠纷案[最高人民法院(2017)最高法民终936号民事判决书,2018.5.3]

【裁判精要】

最高人民法院认为:

二、关于华信公司主张质量保证金应当按照《施工合同》约定的履行期限进行支付的请求应否支持的问题

华信公司一方上诉认为,建设工程实行质量保修制度,根据双方所签《施工合同》约定,最后剩余3%结算价款应当在工程竣工验收合格后保修期满两年后14日内付清,因本案讼争工程尚未竣工,故应当扣除质量保证金,暂不支付。河北建设集团认为,随着《施工合同》解除,双方关于质量保证金的约定条款也已经解除,当事人无须再履行该项合同义务。而且,合同解除并不影响河北建设集团根据法律规定负有在最低保修期限内履行工程保修义务。本院认为,案涉《施工合同》约定工程造价为两亿多元,至双方发生纠纷时,实际施工工程量仅四千余万元,项目并未进行竣工验收。由于华信公司未能取得施工许可证、未能按期交付后续施工图纸致使合同客观上无法继续履行,且无证据表明已完工程存在质量不合格问题,故一审法院作出确认《施工合同》解除、华信公司应支付已完工程价款及相应利息的认定,并无不当。华信公司一方二审时对一审法院关于合同解除和其应支付工程款的事实认定本身并无明确的诉请,只是对部分工程项目造价和3%尾款支付时间问题提出上诉。双方当事人关于最后剩余3%价款支付问题的约定,本意是要在全部工程竣工验收合格后办理结算并根据结算支付价款。现工程尚未完工、合同已经解除,结合一审法院查明和认定的本案实际情况,加之华信公司支付全部已完工程款后,并不影响其在质量保修期内如发现工程存在质量问题仍然可以依法向河北建设集团主张权利,故对华信公司一方的该项上诉请求,本院不予支持。

【案例来源】

中国裁判文书网,http://wenshu. court. gov. cn。

【案件名称Ⅲ】

上诉人阜康市柏峰房地产开发有限公司与被上诉人新疆兵团水利水电工程集团有限公司及原审被告黄豹、罗帆建设工程施工合同纠纷案［最高人民法院（2016）最高法民终587号民事判决书，2016.12.12］

【裁判精要】

最高人民法院认为：

三、关于质保金应否扣除的问题

水利水电公司在本案中起诉请求柏峰公司支付全部工程款,柏峰公司主要抗辩理由为案涉工程尚未施工完毕、存在质量问题、付款条件尚未成就等。在一审审理过程中,双方当事人均同意解除合同。一审法院在认定柏峰公司违约的前提下,据此判决案涉合同解除并判决柏峰公司支付包括质保金在内的应付工程款。虽然一审法院未将质保金是否应予扣除作为争点并组织双方辩论,但由于柏峰公司在一审中未就此问题作出独立的抗辩,一审程序中双方未就此问题展开辩论,一审程序并无瑕疵。因此,本院二审应在查明该事实基础上作出判决。水利水电公司在二审庭审中主张该事项不属于本案审理范围的理由不能成立。

虽然案涉合同因水利水电公司行使解除权且被一审法院判决确认解除,由于质保金的功能是为应对案涉工程在质量保修期内可能发生的质量问题以暂缓给付相应工程款的形式作出的担保,因此,根据该合同条款的性质,案涉合同的解除并不影响其中的质保金条款,该条款仍应拘束双方当事人。但是,由于双方当事人未在《建设工程施工合同》及《建筑工程施工合同补充协议》中明确约定质保期,参照财政部、建设部发布的《建设工程价款结算暂行办法》第十四条第(五)项的规定,质保金待工程交付使用一年后清算。案涉工程于2014年7月完成主体工程验收,至本案诉讼时,已经超过一年,因此,柏峰公司主张扣除质保金的理由不能成立。

【案例来源】

中国裁判文书网,http://wenshu.court.gov.cn。

170 质量保修期与缺陷责任期系不同概念

【关键词】

｜建设工程｜质量保修期｜缺陷责任期｜质量保修金｜

【案件名称】

上诉人泸州市第七建筑工程公司与被上诉人云南乾泰投资有限公司建设工程施工合同纠纷案［最高人民法院（2018）最高法民终 753 号民事判决书，2018. 10. 16］

【裁判精要】

最高人民法院认为：

三、案涉工程质量保修金返还期限是否届满以及应扣留的质量保修金金额

关于保修期是否届满，泸州七建上诉主张案涉工程中仅防水工程质量保修期为五年，其他工程按缺陷责任期最长两年计算已经届满。乾泰公司认为，因单项工程须竣工验收后才开始计算质量保修期，故全部工程的质量保修期均未届满。本案中，地下工程施工合同约定"竣工验收合格办理完毕结算后支付至结算总价的95%，留5%作为质量保修金，质保期满后支付"；主体工程施工合同中约定"双方办理完毕结算后支付至结算价的95%，留结算价5%作为质量保修金，保修期满后支付"；《工程质量保修书》约定"双方根据国家有关规定，结合具体工程约定质量保修期如下：1. 土建（桩基）工程为合理的使用年限，装饰工程为 2 年，屋面防水以及地下室、厨卫间、墙体、窗台、阳台等其他防水要求的防水工程为 5 年……"首先，虽然在地下工程施工合同中使用了"质保期"的字眼，但联系两份施工合同以及《工程质量保修书》前后文的理解，双方约定的实质是保修金，退还条件是质量保修期届满。因质量保修期与缺陷责任期系不同概念，泸州七建以缺陷责任期最长不超过两年为依据，主张本案工程质量保修期已经届满，理由不充分。其次，根据地下工程施工合同和主体工程施工合同的约定，保修金于保修期届满后返还，而具体保修期是多长在合同中并无约定。《工程质量保修书》约定土建（基桩）工程的质量保修期为合理使用年限；国务院《建设工程质量管理条例》（2017 年 10 月 7 日施行）第四十条规定，"在正常使用条件下，建设工程的最低保修期限为：（一）基础设施工程、房屋建筑的地基基础工程和主体结构工程，为设计文件规定的该工程的合理使用年限……"因此，不论是当事人的约定还是规范性文件的规定，本案所涉的地下工程和主体工程质量保修期均不低于五年，泸州七建上诉主张质量保修期届满，缺乏依据。

关于应扣留的保修金金额，泸州七建上诉主张除防水工程外的其他工程的质量保修期已经届满，而防水工程的保修金仅占总价款的1%，故另4%的价款应当返还。如前所述，因根据《工程质量保修书》的约定案涉工程单项工程的质量保修期均未届满，故其主张的除防水工程外的其他工程的质量保修期已经届满，缺乏事实基础，一审判决扣留工程总价款的5%作为保修金，并无不当。

【案例来源】

中国裁判文书网,http://wenshu. court. gov. cn。

171 建设工程的保修期自竣工验收合格之日起计算

【关键词】

│建设工程│保修期│竣工验收│

【案件名称】

上诉人美建建筑系统（中国）有限公司与被上诉人青海明瑞房地产开发有限公司、西宁城通交通建设投资有限公司、西宁城市投资管理有限公司建设工程施工合同纠纷案〔最高人民法院（2018）最高法民终59号民事判决书,2018.5.22〕

【裁判精要】

最高人民法院认为:

三、关于一审将2017年4月30日作为保修期起算日,并扣除保修金是否正确的问题

《钢结构施工合同》约定,保修期自钢结构工程完工之日起一年。《建设工程质量管理条例》第四十条规定,建设工程的保修期自竣工验收合格之日起计算。2015年12月8日,经设计、勘察、分包、施工、监理等单位共同进行验收,出具《钢结构分部(子分部)工程质量验收记录》,案涉工程验收合格,故本案工程竣工验收合格的日期为2015年12月8日,应以该日期作为保修期的起算日。美建公司同意以《鉴定意见》作出的日期作为结算完成的时间,系当事人对工程款结算及违约金方面的权利处分,但并未对案涉工程的保修期予以变更。因此,保修期自2015年12月8日起算,至今已满一年,明瑞公司应予返还。一审认定2017年4月30日为案涉工程保修期的起算日并扣除4419206.81元保修金是错误的,在此基础上认定明瑞公司欠付美建公司工程款为32223623.17元有误,本院予以纠正:确认明瑞公司欠付美建公司工程款为36642829.98元(32223623.17元+4419206.81元)。

【案例来源】

中国裁判文书网,http://wenshu. court. gov. cn。

172 项目业主、项目公司、监理人并未确定缺陷责任期的起算时间，自公路工程交工验收合格之日起算缺陷责任期，符合建筑行业的一般规范和行业惯例

【关键词】

| 建设工程 | 缺陷责任期 | 质保金 |

【案件名称】

上诉人杭州神通交通工程有限公司与上诉人贵州省公路工程集团有限公司建设工程施工合同纠纷案［最高人民法院（2018）最高法民终 337 号民事判决书，2018.8.28］

【裁判精要】

最高人民法院认为：

（一）关于质保金，《建设工程质量保证金管理办法》（建质〔2016〕295 号）第二条第一款规定，"本办法所称建设工程质量保证金（以下简称保证金）是指发包人与承包人在建设工程承包合同中约定，从应付的工程款中预留，用以保证承包人在缺陷责任期内对建设工程出现的缺陷进行维修的资金"，该条第三款规定"缺陷责任期一般为 1 年，最长不超过 2 年，由发、承包双方在合同中约定"。本案《第 10 合同段交安合同》"合同条款"第 1.1.5.7 条约定"质量保证金（或称保留金）：指用于保证在缺陷责任期内履行缺陷修复义务的金额"。因此，本案质保金的退还应根据杭州神通公司与贵州公路集团在"合同条款"中关于质量保证金和缺陷责任期的相关约定进行认定。

合同第 1.1.4.4 条约定涉案项目缺陷责任期为 2 年。但合同第 19.1 条约定缺陷责任期起算时间以项目业主、项目公司、监理人确定的起算时间为准，但本案中项目业主、项目公司、监理人并未确定缺陷责任期的起算时间。《建设工程质量保证金管理办法》第八条规定，"缺陷责任期从工程通过竣工验收之日起计"。因涉案工程为道路交通工程，杭州神通公司上诉主张自工程交工验收合格之日起算缺陷责任期，符合建筑行业的一般规范和行业惯例，本院予以支持。因涉案工程于 2013 年 12 月 30 日交工验收，缺陷责任期已经届满，质保金应予退还。一审法院认定涉案工程质保金的支付条件尚未满足，系事实认定错误，本院予以纠正。

【案例来源】

中国裁判文书网,http://wenshu.court.gov.cn。

173 发包人向承包人返还工程质量保证金后，并不影响承包人在保修期限内继续承担工程质量保修责任

【关键词】

│建设工程│工程价款│质保金│缺陷责任期│

【案件名称】

上诉人安徽万特投资发展有限公司与被上诉人中色十二冶金建设有限公司及原审被告、反诉原告安徽万特投资发展有限公司六安分公司建设工程施工合同纠纷案［最高人民法院（2019）最高法民终 108 号民事判决书，2019.4.17］

【裁判精要】

最高人民法院认为：

四、关于万特公司是否应当返还工程质量保证金的问题

万特公司与中色十二冶公司在《补充协议》中约定，余款 5% 作为工程质量保修金，质保期 1 年，期满后 14 天内无质量问题全额支付。该协议所约定的工程质量保修金实质是工程质量保证金，而其中关于工程质保期 1 年的约定实质是关于工程质量缺陷责任期的约定，并非是对工程保修期的约定，并不违反《建设工程质量管理条例》第四十条的规定。万特公司向中色十二冶公司返还工程质量保证金后，并不影响中色十二冶公司在《建设工程质量管理条例》规定的保修期限内继续承担工程质量保修责任。原审法院根据《补充协议》的约定和案涉工程投入使用的时间，认定案涉保修金即 14155671.79 元应于 2015 年 11 月 14 日返还，应自该日起计算利息，并无不当。

【案例来源】

中国裁判文书网，http://wenshu.court.gov.cn。

174 工程已超过 2 年的缺陷责任期，发包人主张预留质保金的，依据不足

【关键词】

│建设工程│工程价款│质保金│缺陷责任期│

【案件名称】

上诉人江苏新龙兴建设集团有限公司与上诉人腾冲县金鹰房地产开发有限公

司建设工程施工合同纠纷案［最高人民法院（2018）最高法民终 24 号民事判决书，2018. 3. 30］

【裁判精要】

最高人民法院认为：

关于质保金。金鹰公司二审明确,因第一、第二项工程的质保期已满,故仅主张扣留第三、第四部分工程的质保金。根据《建设工程质量保证金管理办法》第二条规定,建设工程质量保证金是指发包人与承包人在建设工程承包合同中约定,从应付的工程款中预留,用以保证承包人在缺陷责任期内对建设工程出现的缺陷进行维修的资金。缺陷责任期一般为 1 年,最长不超过 2 年,由发、承包双方在合同中约定。本案中,第三项工程"欢乐湖一期二段"工程已于 2014 年 5 月 19 日竣工验收合格,第四项工程"欢乐湖一期二段 B 区"工程也已于 2014 年 12 月 8 日通过竣工初验。根据金鹰公司一审庭审自认,上述两项工程均已经交付使用,截至本案二审期间,已超过 2 年的缺陷责任期。金鹰公司在《承诺书》中亦未向新龙兴公司主张扣留工程质保金,故金鹰公司上诉主张对后两项工程预留 3% 质保金,依据不足。至于金鹰公司提出的工程质量问题,因金鹰公司一审并未就此提起反诉,对于工程是否存在质量缺陷、具体修复费用以及责任承担等问题,不属于本案审理范围,双方可另寻其他法律途径解决。

【案例来源】

中国裁判文书网,http://wenshu. court. gov. cn。

十、管理费

175 实际施工人在施工中实际接受了总包单位的管理服务的，酌定支付相应的管理费用

【关键词】

　│建设工程│工程价款│管理费│分包│

【案件名称】

　　再审申请人上海联众建筑装潢安装工程有限公司与被申请人湖北工程建设总承包有限公司、一审第三人南通长城建设集团有限公司、无锡博达交通工程有限公司、何泽胜建设工程施工合同纠纷案［最高人民法院（2018）最高法民再317号民事判决书，2018.12.24］

【裁判精要】

　　最高人民法院认为：

　　关于管理费。本案中，案涉建设工程已经竣工验收合格，上海联众公司依法可以参照《协作型联营协议书》的约定结算工程价款。根据《协作型联营协议书》约定，上海联众公司应当按照最终审定的结算总额的13%缴纳管理费。上海联众公司认为，湖北工程公司违法分包，其收取的管理费违背客观事实，缺乏法律依据。对此，本院认为，因湖北工程公司将其承包的工程以联营协议的方式分包给上海联众公司，违反了《建筑法》第二十八条，《合同法》第二百七十二条的规定，该协议应为无效。故湖北工程公司要求按照该合同约定收取13%的管理费据理不足。综合考虑到上海联众公司作为实际施工人，在施工中实际接受了总包单位湖北工程公司的管理服务，上海联众公司应向湖北工程公司支付相应的管理费用。结合双方对于合同无效均有过错，且上海联众公司在其法定代表人易王东已与湖北工程公司签订《协作型联营协议书》的情况下，违背诚实信用原则否认案涉协议及授权委托书的存在，过错较大，本院酌定按照审定总价的9%计算管理费，即7371396元（81904400元×9%），超出的管理费3276176元作为工程款由湖北工程公司支付给上海联众公司。上海联众公司的该项再审请求部分成立，本院予以支持。

【案例来源】

　　中国裁判文书网，http://wenshu.court.gov.cn。

编者说明

《建设工程施工合同解释》第四条规定:承包人非法转包、违法分包建设工程或者没有资质的实际施工人借用有资质的建筑施工企业名义与他人签订建设工程施工合同的行为无效。人民法院可以根据《民法通则》第一百三十四条的规定,收缴当事人已经取得的非法所得。关于出借资质的一方或者转包人要求按照合同约定支付管理费的,实践中存在两种观点:第一种观点认为,看是否实际从事管理行为分别处理:出借资质的一方对于借用资质的一方,或者转包人对于分包人实际提供管理服务的,应综合考虑合同履行情况、缔约过错、工程质量等因素,根据公平原则予以衡量。未实际提供管理服务的,对该请求不予支持。如前述最高人民法院裁判观点。《广东省高级人民法院关于审理建设工程施工合同纠纷案件疑难问题的解答》(粤高法〔2017〕151 号,2017 年 7 月 19 日)也规定:"26. 违法分包、转包或挂靠合同涉及的管理费、税费应如何处理? 违法分包、转包工程合同或者挂靠合同中约定管理费,如果分包人、转包人或被挂靠人在工程施工过程中履行了管理义务,其主张参照合同约定收取劳务费用的,可予支持;实际施工人有证据证明合同约定的管理费过高的,可依法予以调整。分包人、转包人或被挂靠人代实际施工人缴纳了税费,其主张实际施工人负担的,应予支持。"①第二种观点认为,管理费属于非法所得,对此不予支持。②如《江苏省高级人民法院关于审理建设工程施工合同纠纷案件若干问题的解答》(苏高法审委〔2018〕3 号,2018 年 6 月 26 日)规定:"6. 出借资质的一方或者转包人要求按照合同约定支付管理费的,如何处理? 出借资质的一方或者转包人要求按照合同约定支付管理费的,根据《建设工程司法解释》第 4 条的规定,不予支持。"

176 内部承包合同无效,转包人实际参与了项目管理的,管理费应被支持

【关键词】

│建设工程│工程价款│管理费│转包│

【案件名称】

上诉人周拥军与上诉人七冶博盛建筑安装工程有限责任公司建设工程施工合同纠纷案 [最高人民法院(2018)最高法民终 587 号民事判决书,2018. 10. 18]

---

① 参见本书编写组编:《建设工程施工合同司法解释配套法律规范与示范文本》,人民法院出版社 2019 年版,第 258 页。

② 有观点认为,对于管理费不应予以支持,以打击转包、违法分包、挂靠等违法行为。对于已经收取的,如果法院未予收缴,属于非法债务,承包人要求返还的,亦不予支持。参见潘军峰:《工程价款结算审判疑难问题研究》,载《法律适用》2019 年第 5 期。

【裁判精要】

最高人民法院认为：

（三）关于扣除管理费

《建设工程内部承包合同》第三部分专用条款的第四十二条补充条款第三款约定："承包人交纳工程总价款的2%给发包人作为公司及项目部管理费用，此管理费在每次工程款支付时发包人按比例从工程款中扣除。"现周拥军也确认周良贵系七冶公司的项目负责人、张世贵系七冶公司项目副经理，故其对于七冶公司实际派员参与了案涉工程管理的事实并无异议。《建设工程内部承包合同》无效系因违反禁止违法转包的强制性规定，实际施工人周拥军没有资质而借用七冶公司名义，对违反禁止非法转包也是明知的，故其不能依据内部承包合同无效而主张不予扣除七冶公司应当收取的管理费，反而因合同无效而获益。七冶公司实际参与了案涉工程的施工管理，其在应付款项中主张扣除相应的管理费用属于相互履行的抗辩，并非必须通过反诉提出，原审参照合同约定的工程总价款的2%在应付款项中扣除管理费用，并无不当。

【案例来源】

中国裁判文书网，http://wenshu.court.gov.cn。

177 **内部承包合同无效，管理费系当事人因履行无效合同获取的利益，鉴于转包人未履行管理职责，其无权取得管理费**

【关键词】

│建设工程│工程价款│管理费│转包│

【案件名称】

上诉人广厦建设集团有限责任公司、广厦建设集团有限责任公司贵州分公司、金沙广金置业有限公司、何开智与被上诉人尚勇、金沙县建设投资集团有限公司建设工程施工合同纠纷案［最高人民法院（2018）最高法民终586民事判决书，2018.12.26］

【裁判精要】

最高人民法院认为：

1. 关于管理费及营业税、所得税等税金

广厦公司和广厦分公司主张，根据《内部承包合同》补充条款约定，尚勇应上交管理费并承担营业税、所得税等一切税金。对此,本院认为,《建设工程施工合同解释》第四条规定,承包人非法转包、违法分包建设工程或者没有资质的实际施工人借用有资质的建筑施工企业名义与他人签订建设工程施工合同的行为无效。人民法院可以根据《民法通则》第一百三十四条规定,收缴当事人已经取得的非法所得。如一审判决所述,《内部承包合同》为无效合同,管理费系当事人因履行无效合同获取的利益,广厦公司、广厦分公司一、二审中亦未提交证据证明其实际履行了管理职责。因此,其该项主张缺乏法律及事实依据,本院不予支持。

【案例来源】

中国裁判文书网,http://wenshu. court. gov. cn。

178 管理费的认定和处理

【关键词】

| 建设工程 | 工程价款 | 管理费 |

【案件名称Ⅰ】

再审申请人徐光武、王成富、徐光石与被申请人鞍山凯达房屋开发有限公司、一审第三人鞍山九建工程有限公司海城分公司建设工程施工合同纠纷案 [最高人民法院(2018)最高法民申 58 号民事裁定书,2018.1.31]

【裁判精要】

最高人民法院认为:

二、关于管理费的认定问题

凯达公司与九建海城分公司签订的《协议书》中约定,"凯达公司向九建海城分公司缴纳工程造价8%的管理费。此管理费包括向税务部门缴纳的各项税费。九建海城分公司应派专人(要求 2 人以上)负责本项目施工管理,全面配合凯达公司做好工程施工质量、安全、进度以及文明施工等各项管理工作"。凯达公司与王成富等人签订的《丽水蓝湾工程施工合同》约定,"王成富等人应上缴的管理费,由凯达公司代扣代缴。凯达公司按工程造价的 11% 抽取管理费"。在本院询问时,凯达公司、九建海城分公司陈述,由凯达公司代扣代缴的管理费包括九建海城分公司实际参与管理付出的管理成本及九建海城分公司向税务部门已缴纳的税费等费用。案涉工程为王成富等人挂靠九建海城分公司承揽施工,税费及九建海城公司在施工过程中付出的管理成本均为实际支出或必然要发生的费用,如不予扣除,王成富等人将因无效合同获得超过有效合同的利益,显不合理。故二审法院将该部分费用从应付工程款中扣除符合《丽水蓝湾工程施工合同》的约定,并无不当。

【案例来源】

中国裁判文书网,http://wenshu.court.gov.cn。

【案件名称Ⅱ】

上诉人浦项建设(中国)有限公司与上诉人首尔星宝置业(烟台)有限公司建设工程施工合同纠纷案 [最高人民法院(2017)最高法民终 154 号民事判决书,2017.12.29]

【裁判精要】

最高人民法院认为:

(一)关于涉案分包合同是否有效、浦项公司应否收取 15% 管理费问题

2009 年 2 月 10 日,浦项公司与星宝公司就涉案工程经招投标后签订了一份《建设工程施工合同》,该合同在山东省烟台市建设行政主管部门审查备案。后在合同履行过程中,双方就施工范围、工期、消防等陆续签订了《一期工程总承包合同补充协议》《关于一期工程总承包合同补充协议书的消防工程变更合同》等多份补充协议。上述合同、补充协议是当事人真实意思表示,不违反法律强制性规定,合法有效。合同履行过程中,双方对浦项公司原承包工程范围"一期设计图纸所有内容"进行了调整并签订《一期工程总承包合同补充协议书》,该协议第三条约定,"原备案合同的工程范围调整为:法律法规、烟台市地方政府主管部门规定、总包单位不能分包的工程除外的全部工程"。即星宝公司同意浦项公司在符合法律规定的前提下,将涉案工程予以分包。实际施工过程中,浦项公司分别与宜昌市四海建筑劳务有限公司、烟台市飞龙建筑劳务有限公司等签订了《劳务分包合同》,双方在合同中就工程价款的结算、取费标准、竣工验收、付款方式等权利义务的约定属于劳务分包合同的内容。据此,根据《建筑法》第二十九条"建筑工程总承包单位可以将承包工程中的部分工程发包给具有相应资质条件的分包单位;但是,除总承包合同中约定的分包外,必须经建设单位认可"的规定,浦项公司依据双方对于分包工程的约定,将涉案劳务、材料等工程予以分包不违反法律强制性规定。一审法院认定涉案工程总承包合同、补充协议及分包合同等为有效协议并无不当。星宝公司称浦项公司将全部工程肢解分包、涉案分包合同无效的主张,没有事实依据和法律依据,本院不予支持。

关于总包工程 15% 管理费问题。浦项公司与星宝公司在《一期工程总承包合同补充协议书》第十二条第一款约定,总包管理费按照分包工程金额的 15% 计算。如前所述,分包合同有效,故星宝公司应按照合同约定支付管理费。对于总包管理费的金额,双方在《烟台韩国商城一期补充变更协议》中确定总包管理费暂定为

18600000 元,星宝公司已付管理费为12871616 元。同时约定,星宝公司在协议签订后 7 日内将向浦项公司支付 3600000 元。说明双方不仅在《一期工程总承包合同补充协议书》中约定星宝公司向浦项公司支付总承包管理费,亦实际履行。据此,一审法院认定星宝公司应向浦项公司支付总包管理费有事实依据与法律依据。星宝公司称浦项公司签订的分包合同无效、星宝公司不应向浦项公司支付 15% 总包管理费的主张不能成立,本院不予支持。

【案例来源】

中国裁判文书网,http://wenshu.court.gov.cn。

【案件名称Ⅲ】

再审申请人广州富利建筑安装工程有限公司与被申请人胡水根及一审被告、二审上诉人保利(江西)房地产开发有限公司建设工程施工合同纠纷案［最高人民法院(2017)最高法民再 395 号民事判决书,2017.7.25］

【裁判精要】

最高人民法院认为:

富利公司作为有资质的建筑施工企业,在明知胡水根无相应建筑施工资质的情形下仍向其违法转包,存在明显过错,且不能举证证明其实际参与了工程建设的相关管理,胡水根作为案涉工程的实际施工人,其实际承担了工程项目的管理工作,二审法院对富利公司的管理费的主张不予支持并无不当。

【案例来源】

中国裁判文书网,http://wenshu.court.gov.cn。

179 非法转包人依照约定要求分包人给付管理费的处理

【关键词】

│建设工程│工程价款│管理费│转包│

【案件名称Ⅰ】

再审申请人腾达建设集团股份有限公司与被申请人姚汉林、姚汉昭建设工程施工合同纠纷案［最高人民法院(2014)民申字第 1277 号民事裁定书,2014.12.23］

【裁判精要】

最高人民法院认为：

（四）关于施工管理费的问题

本案中所涉及《工程施工合同》因属非法转包而无效，合同自成立时起不具有法律约束力，因此该合同中约定腾达公司转包后可向实际施工人姚汉昭、姚汉林收取施工管理费的条款亦无效，故腾达公司根据合同中约定请求姚汉昭、姚汉林支付管理费用，不予支持。腾达公司在施工过程中派出了工作人员参与管理和协调，原审判决酌情确定姚汉昭、姚汉林向腾达公司支付施工管理费 55.6241 万元，并无不当。

【案例来源】

中国裁判文书网，http://wenshu.court.gov.cn。

【案件名称Ⅱ】

再审申请人开封市兴育房地产开发有限公司、开封市教育建筑工程公司与被申请人王军、曾照江、田化庆、耿振瑞，第三人开封市兴杰房地产开发有限公司建设工程施工合同纠纷案［最高人民法院（2014）民申字第 1635 号民事裁定书，2014.10.17］

【裁判精要】

最高人民法院认为：

（四）关于兴育公司和教育公司提出的管理费计算过低的问题

原审判决鉴于教育公司对工程进行了施工管理和组织工作，依照公平原则，酌定以工程款 8236363.09 元为基数，参照教育公司发包小额工程按照造价 2% 收取管理费的实际情况，按照工程价款 1.5% 的比例确定管理费公平合理。

【案例来源】

中国裁判文书网，http://wenshu.court.gov.cn。

编者说明

《建设工程施工合同解释》第四条规定："承包人非法转包、违法分包建设工程或者没有资质的实际施工人借用有资质的建筑施工企业名义与他人签订建设工程施工合同的行为无效。人民法院可以根据民法通则第一百三十四条规定，收缴当事人已经取得的非法所得。"实践中对于是否收缴管理费，倾向认为，对于已经实际收取的管理费，根据住房和城乡建设部《建筑工程施工转包违法分包等违法行为认定查处管理办法（试行）》第十三条的规定,属于违法所得,不应予以保护,应当按照《建设工程施工合同解释》第四条规定予以收缴。对于约定的管理费,因尚未实际发生,对此不属于收缴的对象,出借资质的一方或者转包人要求按照合同约定支付管理费的,根据其实际参与管理情况而作不同对待:出借资质的一方对于借用资质的一方,或者转包人对于分包人实际提供管理服务的,应综合考虑合同履行情况、缔约过错、工程质量等因素,根据公平原则予以衡量;未实际提供管理服务的,对该请求不予支持。① 前述最高人民法院(2014)民申字第 1277、1635 号两案民事裁定书即持此观点。

180 对施工合同中的违法行为是否惩罚,应根据案件实际情况及当事人违法情节而定,不能因为适用惩罚措施而导致当事人之间的利益严重失衡

【关键词】

│建设工程│工程价款│管理费│转包│实际施工人│

【案件名称】

申诉人湖北中民建筑工程有限公司与被申诉人胡俊雄、一审第三人中国化学工程第十六建筑公司建设工程施工合同纠纷案［最高人民法院（2014）民抗字第10 号民事判决书,2014.9.29］

【裁判精要】

最高人民法院认为:

根据《最高人民法院关于适用〈中华人民共和国民事诉讼法〉审判监督程序若干问题的解释》第三十三条的规定,检察机关抗诉的,人民法院应当在抗诉支持当事人请求的范围内审理再审案件。本案需要解决的关键问题是:二审判决判令中民建公司将 105 万元管理费退还给胡俊雄是否适用法律错误。

本案中,中民建公司将承包的案涉工程以设备租赁方式转包给胡俊雄,违反了《建筑法》第六十七条第一款"承包单位将承包的工程转包的,或者违反本法规定进行分包的,责令改正,没收违法所得,并处罚款,可以责令停业整顿,降低资质等级;情节严重的,吊销资质证书"的规定,但承担该"行政处罚性"法律责任的主体应该是中民建公司。而且《建筑法》第七十六条第一款还明确规定:"本法规定的责令停业整顿、降低资质等级和吊销资质证书的行政处罚,由颁发资质证书的机关决定;其

---

① 参见潘军锋:《建设工程施工合同审判新类型问题研究——〈建设工程司法解释〉施行十周年回顾与展望》,载《法律适用》2015 年第 4 期。

他行政处罚,由建设行政主管部门或者有关部门依照法律和国务院规定的职权范围决定。"

《建设工程施工合同解释》第四条规定:"承包人非法转包、违法分包建设工程或者没有资质的实际施工人借用有资质的建筑施工企业名义与他人签订建设工程施工合同的行为无效。人民法院可以根据民法通则第一百三十四条规定,收缴当事人已经取得的非法所得。"上述司法解释通过对"非法转包"等无效行为取得的"非法所得"规定"可以"进行收缴,目的在于平衡当事人之间的利益关系,及时制裁违法行为,进一步规范建筑市场,保证建筑工程质量,进而保证人民生命、财产安全。对建设工程施工合同中的民事违法行为是否惩罚应根据案件实际情况及当事人违法情节而定,不能因为适用惩罚措施而导致当事人利益严重失衡。

本案中,105万元管理费是中民建公司与胡俊雄签订合同后,胡俊雄即支付中民建公司的。此外,《工程劳务分包协议书》约定十六化建公司收取中民建公司管理费130万元,但双方结算时除去工程终审金额630万元外,十六化建公司又补给中民建公司管理费100万元。实际上,中民建公司除了已经取得胡俊雄上交的105万元管理费外,还另外从十六化建公司获得管理费100万元。中民建公司亦承认这个100万元管理费与胡俊雄没有任何关系,是十六化建公司对中民建公司的补偿。胡俊雄组织几十名民工施工,最终完成了挖运工程,且验收合格,其理应获得施工的劳务费。如果将该105万元管理费予以收缴,则胡俊雄仅得525万元劳务费,与其付出的劳动不相符。而非法转包的中民建公司在收取的胡俊雄105万元管理费被收缴后,仍然获得了十六化建公司补偿中民建公司的100万元管理费,势必造成新的不平衡,激发新的矛盾。

二审判决综合考虑上述实际情况,在中民建公司与胡俊雄签订的《设备租赁合同书》因中民建公司非法转包而无效的情况下,判令中民建公司将实际施工前便已经收取的105万元管理费向胡俊雄予以返还,而非予以收缴,充分考虑了司法解释本意和本案具体情况,适用法律并无不当。检察机关上述抗诉意见,不符合本案的实际情况,亦不符合本院司法解释规定的精神,本院不予支持。

【案例来源】

中国裁判文书网,http://wenshu.court.gov.cn。

十一、以物抵债

181 债务清偿期届满后签订的以物抵债协议的性质与履行

【关键词】

│ 建设工程 │ 工程价款 │ 以物抵债 │

【案件名称】

上诉人内蒙古兴华房地产有限责任公司与被上诉人通州建总集团有限公司建设工程施工合同纠纷案［最高人民法院（2016）最高法民终484号民事判决书，2016.12.27］

【裁判精要】

裁判摘要:(1)对以物抵债协议的效力、履行等问题的认定,应以尊重当事人的意思自治为基本原则。一般而言,除当事人有明确约定外,当事人于债务清偿期届满后签订的以物抵债协议,并不以债权人现实地受领抵债物,或取得抵债物所有权、使用权等财产权利,为成立或生效要件。只要双方当事人的意思表示真实,合同内容不违反法律、行政法规的强制性规定,合同即为有效。

(2)当事人于债务清偿期届满后达成的以物抵债协议,可能构成债的更改,即成立新债务,同时消灭旧债务;亦可能属于新债清偿,即成立新债务,与旧债务并存。基于保护债权的理念,债的更改一般需有当事人明确消灭旧债的合意,否则,当事人于债务清偿期届满后达成的以物抵债协议,性质一般应为新债清偿。

(3)在新债清偿情形下,旧债务于新债务履行之前不消灭,旧债务和新债务处于衔接并存的状态;在新债务合法有效并得以履行完毕后,因完成了债务清偿义务,旧债务才归于消灭。

(4)在债权人与债务人达成以物抵债协议、新债务与旧债务并存时,确定债权是否得以实现,应以债务人是否按照约定全面履行自己义务为依据。若新债届期不履行,致使以物抵债协议目的不能实现的,债权人有权请求债务人履行旧债务,且该请求权的行使,并不以以物抵债协议无效、被撤销或者被解除为前提。

最高人民法院认为:

一、关于供水财富大厦A座9层抵顶工程款是否应计入已付工程款中的问题

首先,以物抵债,系债务清偿的方式之一,是当事人之间对于如何清偿债务作出

的安排,故对以物抵债协议的效力、履行等问题的认定,应以尊重当事人的意思自治为基本原则。一般而言,除当事人明确约定外,当事人于债务清偿期届满后签订的以物抵债协议,并不以债权人现实地受领抵债物,或取得抵债物所有权、使用权等财产权利,为成立或生效要件。只要双方当事人的意思表示真实,合同内容不违反法律、行政法规的强制性规定,合同即为有效。本案中,兴华公司与通州建总呼和浩特分公司第二工程处 2012 年 1 月 13 日签订的《房屋抵顶工程款协议书》,是双方当事人的真实意思表示,不存在违反法律、行政法规规定的情形,故该协议书有效。

其次,当事人于债务清偿期届满后达成的以物抵债协议,可能构成债的更改,即成立新债务,同时消灭旧债务;亦可能属于新债清偿,即成立新债务,与旧债务并存。基于保护债权的理念,债的更改一般需有当事人明确消灭旧债的合意,否则,当事人于债务清偿期届满后达成的以物抵债协议,性质一般应为新债清偿。换言之,债务清偿期届满后,债权人与债务人所签订的以物抵债协议,如未约定消灭原有的金钱给付债务,应认定系双方当事人另行增加一种清偿债务的履行方式,而非原金钱给付债务的消灭。本案中,双方当事人签订了《房屋抵顶工程款协议书》,但并未约定因此而消灭相应金额的工程款债务,故该协议在性质上应属于新债清偿协议。

再次,所谓清偿,是指依照债之本旨实现债务内容的给付行为,其本意在于按约履行。若债务人未实际履行以物抵债协议,则债权人与债务人之间的旧债务并未消灭。也就是说,在新债清偿,旧债务于新债务履行之前不消灭,旧债务和新债务处于衔接并存的状态;在新债务合法有效并得以履行完毕后,因完成了债务清偿义务,旧债务才归于消灭。据此,本案中,仅凭当事人签订《房屋抵顶工程款协议书》的事实,尚不足以认定该协议书约定的供水财富大厦 A 座 9 层房屋抵顶工程款应计入已付工程款,从而消灭相应金额的工程款债务,是否应计为已付工程款并在欠付工程款金额中予以相应扣除,还应根据该协议书的实际履行情况加以判定。对此,一方面,《物权法》第九条第一款规定:"不动产物权的设立、变更、转让和消灭,经依法登记,发生效力;未经登记,不发生效力,但法律另有规定的除外。"据此,除法律另有规定的以外,房屋所有权的转移,于依法办理房屋所有权转移登记之日发生效力。而本案中,《房屋抵顶工程款协议书》签订后,供水财富大厦 A 座 9 层房屋的所有权并未登记在通州建总名下,故通州建总未取得供水财富大厦 A 座 9 层房屋的所有权。另一方面,兴华公司已经于 2010 年底将涉案房屋投入使用,故通州建总在事实上已交付了包括供水财富大厦 A 座 9 层在内的房屋。兴华公司并无充分证据推翻这一事实,也没有证据证明供水财富大厦 A 座 9 层目前在通州建总的实际控制或使用中,故亦不能认定供水财富大厦 A 座 9 层房屋实际交付给了通州建总。可见,供水财富大厦 A 座 9 层房屋既未交付通州建总实际占有使用,亦未办理所有权转移登记于通州建总名下,兴华公司并未履行《房屋抵顶工程款协议书》约定的义务,故通州建总对于该协议书约定的拟以房抵顶的相应工程款债权并未消灭。

最后,当事人应当遵循诚实信用原则,按照约定全面履行自己的义务,这是合同履行所应遵循的基本原则,也是人民法院处理合同履行纠纷时所应秉承的基本理念。据此,债务人于债务已届清偿期时,应依约按时足额清偿债务。在债权人与债务人达成以物抵债协议、新债务与旧债务并存时,确定债权人应通过主张新债务抑或旧债务履行以实现债权,亦应以此作为出发点和立足点。若新债务届期不履行,致使以物抵债协议目的不能实现的,债权人有权请求债务人履行旧债务;而且,该请求权的行使,并不以以物抵债协议无效、被撤销或者被解除为前提。本案中,涉案工程于 2010 年底已交付,兴华公司即应依约及时结算并支付工程款,但兴华公司却未能依约履行该义务。相反,就其所欠的部分工程款,兴华公司试图通过以部分房屋抵顶的方式加以履行,遂经与通州建总协商后签订了《房屋抵顶工程款协议书》。对此,兴华公司亦应按照该协议书的约定积极履行相应义务。但在《房屋抵顶工程款协议书》签订后,兴华公司就曾欲变更协议约定的抵债房屋的位置,在未得到通州建总同意的情况下,兴华公司既未及时主动向通州建总交付约定的抵债房屋,也未恢复对旧债务的履行即向通州建总支付相应的工程欠款。通州建总提起本案诉讼向兴华公司主张工程款债权后,双方仍就如何履行《房屋抵顶工程款协议书》以抵顶相应工程款进行过协商,但亦未达成一致。而从涉案《房屋抵顶工程款协议书》的约定看,通州建总签订该协议,意为接受兴华公司交付的供水财富大厦 A 座 9 层房屋,取得房屋所有权,或者占有使用该房屋,从而实现其相应的工程款债权。虽然该协议书未明确约定履行期限,但自协议签订之日至今已四年多,兴华公司的工程款债务早已届清偿期,兴华公司却仍未向通州建总交付该协议书所约定的房屋,亦无法为其办理房屋所有权登记。综上所述,兴华公司并未履行《房屋抵顶工程款协议书》约定的义务,其行为有违诚实信用原则,通州建总签订《房屋抵顶工程款协议书》的目的无法实现。在这种情况下,通州建总提起本案诉讼,请求兴华公司直接给付工程欠款,符合法律规定的精神以及本案实际,应予支持。

此外,虽然兴华公司在一审中提交了《房屋抵顶工程款协议书》,但其陈述的证明目的是兴华公司有履行给付工程款的意愿,而并未主张以此抵顶工程款,或者作为已付工程款,故一审判决基于此对《房屋抵顶工程款协议书》没有表述,并不构成违反法定程序。

综上,涉案《房屋抵顶工程款协议书》约定的供水财富大厦 A 座 9 层房屋抵顶工程款金额不应计入已付工程款金额,一审法院认定并判令兴华公司应向通州建总支付相应的工程欠款,并无不当,兴华公司的该项上诉理由不能成立。

【权威解析】

1. 本案以房抵债协议已成立、生效。兴华公司与通州建总呼和浩特分公司第二工程处于债务清偿期届满后签订《房屋抵顶工程款协议书》,约定:"就乙方承揽施工甲方的供水财富大厦工程,将协商用该楼盘 A 座 9 层房屋抵顶工程款一事达成协议如下:一、抵顶房屋位置:呼和浩特市新华东街以南/丰州路以西路口转角处,财富大厦 A 座 9 层……双方抵顶房屋协议价为 7500 元/平方米,计 1095 万元。二、乙方用通州建总集团有限公司呼和浩特分公司拥有的产权房,坐落在呼和浩特市东洪桥蒙荣中心嘉园 2 号楼 2 单元的 3 套住宅进行置换……总价合计 1527450 元……乙方扣除置换住宅楼价 1527450 元,抵顶工程款计 9422550 元,结算时互相补办手续并签订正式合同……”从双方约定内容看,并无以债权人现实地受领抵债物或者取得抵债物所有权、使用权等财产权利为成立或生效要件的合意,双方当事人的意思表示明确,且不存在违反法律、行政法规规定的情形,故该协议书已经依法成立并生效。

2. 本案以房抵债协议的性质。双方当事人签订《房屋抵顶工程款协议书》,并未约定因此而消灭相应金额的工程款债务,故该协议在性质上应属于新债清偿协议。

3. 以房抵债协议和工程款债务的关系。涉案工程于 2010 年底已交付,兴华公司即应依约及时结算并支付工程款,但兴华公司未能依约履行该义务。此后,就其所欠的部分工程款,兴华公司经与通州建总协商后签订了《房屋抵顶工程款协议书》。对此,兴华公司亦应按照该协议书的约定积极履行相应义务。但在以房抵债协议签订后,兴华公司就曾欲变更协议约定的抵债房屋的位置,在未得到通州建总同意的情况下,兴华公司既未及时主动向通州建总交付约定的抵债房屋,也未恢复对旧债务的履行即支付相应的工程欠款。通州建总提起本案诉讼向兴华公司主张工程款债权后,双方仍就如何履行《房屋抵顶工程款协议书》以抵顶相应工程款进行过协商,但亦未达成一致。而从以房抵债协议的约定看,通州建总签订该协议,意为接受兴华公司交付的供水财富大厦 A 座 9 层房屋,取得房屋所有权,或者占有使用该房屋,从而实现其工程款债权。虽然该协议书未明确约定履行期限,但自协议签订之日起已过去四年多时间,兴华公司的工程款债务早已届清偿期,兴华公司却仍未向通州建总交付该协议书所约定的房屋,亦无法为其办理房屋所有权登记。综合上述情况,兴华公司并未履行以房抵债协议约定的义务,其行为有违诚实信用原则,通州建总签订以房抵债协议的目的无法实现,故通州建总有权选择请求兴华公司直接给付工程欠款。[①]

【案例来源】

《中华人民共和国最高人民法院公报》2017 年第 9 期。

[①] 参见司伟:《债务清偿期届满后的以物抵债协议的性质与履行——内蒙古兴华房地产有限责任公司与通州建总集团有限公司建设工程施工合同纠纷案》,载最高人民法院民事审判第一庭编:《民事审判指导与参考》(总第 70 辑),人民法院出版社 2017 年版,第 135 ~ 141 页。

编者说明

以物抵债协议并非必须为实践性合同,对于没有完成他种给付的,实际上更符合新债清偿(原债和新债并存)的特征。在现行法律没有明确规定的情况下,应充分尊重当事人意思自治,将之解释为诺成性合同。房屋所有权是否完成变动,房屋是否交付仅涉及债是否已经获得清偿问题,不应影响以物抵债协议的生效。《第八次全国法院民事商事审判工作会议(民事部分)纪要》(2016 年 11 月 21 日,法〔2016〕399 号,以下简称《八民会纪要》)第十七条规定:"当事人在债务清偿期届满后达成以房抵债协议并已经办理了产权转移手续,一方要求确认以房抵债协议无效或者变更、撤销,经审查不属于合同法第五十二条、第五十四条规定情形的,对其主张不予支持。"《八民会纪要》对以物抵债协议的性质没有作出明确规定,第十七条是从正面明确对完成产权变更手续的以物抵债协议,当事人没有正当理由不能主张无效或可撤销,但不能因此得出以物抵债协议没有完成产权变更手续即不发生效力的结论,因为合同不生效与合同无效系不同层次的概念。① 关于债务清偿期届满后的以物抵债协议的性质和履行,前述最高人民法院裁判文书可供参考借鉴。

需要说明的是,最高人民法院民一庭曾认为,当事人在债务已届清偿期后约定以物抵债,该约定实为债务的清偿,且系以他物替代清偿,因代物清偿行为为实践性法律行为,在未办理物权转移手续前,清偿行为尚不成立,故当事人要求履行抵债协议的,人民法院应不予支持。② 江苏省高级人民法院审委会会议纪要〔2014〕2 号(2014 年 4 月 14 日)③也规定:"三、关于债务清偿期届满之后以物抵债行为的性质及效力认定。(一)债务清偿期届满后当事人达成以物抵债协议,在尚未办理物权转移手续前,债务人反悔不履行抵债协议,债权人要求继续履行抵债协议或要求确认所抵之物的所有权归自己的,人民法院应驳回其诉讼请求。但经释明,当事人要求继续履行原债权债务合同的,人民法院应当继续审理。"鉴于该意见、纪要与《八民会纪要》观点不一致,在后者出台后应以后者的规定为准。④

关于建设工程施工合同无效后,发包人与承包人之间签订的以房抵顶工程款的协议是否有效问题。实务中,发包人与承包人就已欠工程款签订以房抵顶工程款(即以房抵债)

---

① 参见杜万华主编:《〈第八次全国法院民事商事审判工作会议(民事部分)纪要〉理解与适用》,人民法院出版社 2017 年版,第 324 页。

② 参见最高人民法院民一庭:《债务清偿期届满后当事人间达成以物抵债协议但未履行物权转移手续,该协议效力如何确定》,载最高人民法院民事审判第一庭编:《民事审判指导与参考》(总第 58 辑),人民法院出版社 2014 年版,第 121～124 页。

③ 纪要全文载最高人民法院民事审判第一庭编:《民事审判指导与参考》(2014 年卷),人民法院出版社 2018 年版,第 369～370 页。

④ 债务清偿期届满后当事人达成以物抵债协议,在尚未办理物权转移手续前,债务人反悔不履行抵债协议,债权人要求继续履行抵债协议或要求确认所抵之物的所有权归自己的,如何处理? 实践中对此争论较大:一种观点认为,该行为属于实践性行为,未办理物权转移手续,以物抵债不生效。另一种观点认为,法律、司法解释并未禁止此种情形的以物抵债,应认定为有效。我们认为,根据 2016 年《八民会纪要》第十六条的精神,在不存在虚假诉讼的情况下,此类以物抵债行为应认定为有效。参见江苏省高级人民法院民一庭:《商品房买卖合同案件审判疑难问题研究——〈商品房买卖合同司法解释〉施行十五年回顾与展望》,载最高人民法院民事审判第一庭编:《民事审判指导与参考》(总第 70 辑),人民法院出版社 2017 年版,第 226 页。

协议的情形较为常见。协议签订后,发包人又以建设工程施工合同未经法定招投标程序,违反了法律、行政法规的强制性规定为由,主张双方所签订的以房抵债协议亦应无效。对该以房抵债协议的效力如何认定,存在着两种不同的观点:第一种观点认为,以房抵债,属于施工合同的一部分,施工合同无效,以房抵债协议也无效;第二种观点认为,以房抵债,属双方意思表示一致,应承认其效力。最高人民法院民一庭倾向认为第二种观点是正确的。以房抵债协议的效力是否受施工合同无效的影响,应综合根据该协议的内容进行分析判定。从以房抵顶工程款的协议看,当事人约定的是用房屋(通常是在建房屋)抵顶已欠的工程款。根据相关司法解释的精神,不论施工合同有效与否,发包人都负有支付工程价款的义务。该以房抵顶工程款协议为当事人对欠付的工程款进行结算的约定,性质上属于发包人与承包人对既存债权债务关系的清理。相较于施工合同,以房抵顶工程款的协议具有相对的独立性,根据《合同法》第九十八条的立法精神,应认定其效力。①

2019年《全国法院民商事审判工作会议纪要》(法〔2019〕254号,2019年11月8日)进一步明确,在认定以物抵债协议的性质和效力时,要根据订立协议时履行期限是否已经届满予以区别对待。具体为:

一是履行期届满后达成的以物抵债协议。纪要第四十四条规定:"当事人在债务履行期限届满后达成以物抵债协议,抵债物尚未交付债权人,债权人请求债务人交付的,人民法院要着重审查以物抵债协议是否存在恶意损害第三人合法权益等情形,避免虚假诉讼的发生。经审查,不存在以上情况,且无其他无效事由的,人民法院依法予以支持。当事人在一审程序中因达成以物抵债协议申请撤回起诉的,人民法院可予准许。当事人在二审程序中申请撤回上诉的,人民法院应当告知其申请撤回起诉。当事人申请撤回起诉,经审查不损害国家利益、社会公共利益、他人合法权益的,人民法院可予准许。当事人不申请撤回起诉,请求人民法院出具调解书对以物抵债协议予以确认的,因债务人完全可以立即履行该协议,没有必要由人民法院出具调解书,故人民法院不应准许,同时应当继续对原债权债务关系进行审理。"

二是履行期届满前达成的以物抵债协议。纪要第四十五条规定:"当事人在债务履行期届满前达成以物抵债协议,抵债物尚未交付债权人,债权人请求债务人交付的,因此种情况不同于本纪要第七十一条规定的让与担保,人民法院应当向其释明,其应当根据原债权债务关系提起诉讼。经释明后当事人仍拒绝变更诉讼请求的,应当驳回其诉讼请求,但不影响其根据原债权债务关系另行提起诉讼。"

也就是说,对于以物抵债的性质和效力,纪要区别履行期限届满后签订的以物抵债和履行期限届满前签订的以物抵债两种情形,而异其处理方式。前一种以物抵债协议,当事人可以直接请求履行;后一种以物抵债协议,当事人不能直接请求履行,只能根据原债权债

---

① 参见本书研究组:《建设工程施工合同无效后,发包人与承包人之间签订的以房抵顶工程款的协议是否也应无效》,载最高人民法院民事审判第一庭编:《民事审判指导与参考》(总第64辑),人民法院出版社2016年版,第240~241页。

务关系确定双方的权利义务关系。①

182 双方约定以案涉房屋销售款抵工程欠款，合法有效，但应自当事人实际履行之日起产生消灭原债务的法律效力

【关键词】

│建设工程│工程价款│以物抵债│

【案件名称】

上诉人江苏新龙兴建设集团有限公司与上诉人腾冲县金鹰房地产开发有限公司建设工程施工合同纠纷案［最高人民法院（2018）最高法民终24号民事判决书，2018.3.30］

【裁判精要】

最高人民法院认为：

关于尚欠工程款数额。金鹰公司主张以《承诺书》上载明的单价3220元/平方米，乘于49套房屋总建筑面积4076.21平方米计算，应抵工程款13125402元。对此，本院认为，金鹰公司与新龙兴公司关于以案涉房屋销售款抵工程欠款的约定不违反法律、行政法规的强制性规定，合法有效，但应自当事人实际履行之日起产生消灭原债务的法律效力。根据本院二审查明的事实，双方确认新龙兴公司实际收到房屋销售款8132266元，该部分款项可作为已付工程款，本院予以确认。一审判决认定新龙兴公司实际收到房屋销售款691776元，存在错误，本院予以纠正。金鹰公司上诉主张以约定的13125402元抵扣工程款，无事实依据，本院不予支持。对于金鹰公司主张的以现金代新龙兴公司支付材料款7万元及漏算的已付工程款200万元，一审判决认定并无不当，金鹰公司二审中未提交证据证明一审判决存在错误，对其该项上诉主张，本院不予支持。综上，金鹰公司已支付的工程款为89977980.06元（81390572.06元＋8132266元＋455142元），尚欠工程款28519634.39元（工程总造价118497614.45元－已付工程款89977980.06元）。

【案例来源】

中国裁判文书网，http://wenshu.court.gov.cn。

---

① 参见《增强民商事审判公开性、透明度、可预期性——最高法民二庭负责人就〈全国法院民商事审判工作会议纪要〉答记者问》，载《人民法院报》2019年11月15日第2版。

183 **双方签订以物抵债协议后并未实际履行，对该协议中约定的商铺或商铺所对应的价款可不认定为已付款**

【关键词】

︱合同履行︱工程价款︱以物抵债︱

【案件名称】

上诉人甘肃万城建筑工程有限责任公司与上诉人甘肃盛世豪龙房地产开发有限公司建设工程施工合同纠纷案〔最高人民法院（2018）最高法民终 397 号民事判决书，2018.6.27〕

【裁判精要】

最高人民法院认为：

（5）关于以物抵债行为的认定问题

经查，因盛世豪龙公司未按约定支付工程款，故向李红香、李红星借款 2000 万元以支付拖欠万城公司的工程款，为担保该笔借款的归还，双方签订关于两幢商铺的《商品房买卖合同》，同时又签订了《借款协议书》，约定该两幢商铺抵押登记的价格不作为购买人的实际价格，只能抵顶 2000 万元。但在上述协议签订后至今，该两套房产并未办理至李红香、李红星名下，李红香、李红星也未实际占有该房产，双方在诉讼中对以该房产抵顶工程款的数额存有争议，故可以确认上述协议并未实际履行，一审判决对该协议中约定的商铺或商铺所对应的价款不予认定为已付款，并无不妥。

【案例来源】

中国裁判文书网，http://wenshu.court.gov.cn。

184 **在以房抵债清偿方式实际履行之前，承包人基于建设工程施工合同关系，有权主张对于尚未通过以房抵款方式实际履行的剩余债权直接以支付价款的方式进行**

【关键词】

︱合同履行︱工程价款︱以物抵债︱实践性合同︱

【案件名称】

上诉人曲靖安厦房地产集团有限公司与被上诉人中建四局第五建筑工程有限

公司建设工程施工合同纠纷案［最高人民法院（2018）最高法民终 774 号民事判决书，2018.10.23］

【裁判精要】

最高人民法院认为：

二、中建四局五公司关于安厦公司以支付价款的方式履行尚欠工程款的请求应否得到支持

中建四局五公司一审诉请以现金方式支付尚欠工程款，安厦公司则主张应依备忘录约定的以房抵款方式清偿尚欠工程款。

本院认为，首先，虽然双方签订了备忘录以及《工程款抵房款协议》，但本案债权债务的基础法律关系仍是建设工程施工合同关系，双方之间既未因关于以房抵款的支付方式的约定形成新的债权债务关系，亦未改变原债权债务关系的性质。根据备忘录第二条，双方自备忘录签订后开始确认抵款房源，除已经确定的房源外，其他房源双方仍须通过进一步协商才能确定，以房抵款的具体方案及相关事宜双方另行协商并须签署相关有效抵偿协议。可见，就备忘录中的该约定，以房抵款的房源、房产数量、具体折扣金额、履行程序等均具不确定性，均需要另行协商并签订抵偿协议。

其次，以房抵欠付的工程款的合同通常系实践性合同。事实上，无论是备忘录还是《工程款抵房款协议》，均约定安厦公司将约定的商铺、车位在曲靖市房产管理局全部备案至中建四局五公司名下后双方约定的债权债务方得清除。在以房抵债清偿方式实际履行之前，因就剩余工程款的具体抵偿问题双方未能达成进一步协议，且无证据证明系中建四局五公司存在不当阻挠所致，因备忘录第一条第一款明确载明，双方确认案涉工程决算总金额 34520 万元系经双方多次核算、协商形成，故中建四局五公司基于建设工程施工合同关系，在直接支付价款和以房抵债这两种履行方式中选择的清偿方式，主张对于尚未通过以房抵款方式实际履行的剩余债权直接以支付价款的方式进行，一审法院予以支持并无不当。

【案例来源】

中国裁判文书网，http://wenshu.court.gov.cn。

185 债权一经转让即发生法律效力，是否实际以房抵账即实际履行并不影响债权转让的法律效果

【关键词】

　　｜建设工程｜工程价款｜以物抵债｜

【案件名称】

上诉人新疆金晖兆丰能源股份有限公司与被上诉人河北省第四建筑工程有限公司建设工程施工合同纠纷案[最高人民法院（2018）最高法民终342号民事判决书，2018.5.30]

【裁判精要】

最高人民法院认为：

1. 以房抵账的数额问题

金晖兆丰公司认为根据2016年8月1日各方所签的两份以房抵账协议，应分别抵顶施工款1471697.12元和257997元，共计1729694.12元，一审未予认定错误。对此，河北四建认为上述协议并未实际履行，故不应抵顶。

本院认为，金晖兆丰公司、河北四建及卓立公司所签协议为债权转让合同，即河北四建将自己对金晖兆丰公司享有的施工款债权转让给卓立公司，卓立公司也同意接收上述债权。该协议是三方签订，属各方真实意思表示，债权一经转让即发生法律效力，是否实际以房抵账即实际履行并不影响债权转让的法律效果。河北四建对其已经转让的债权再次予以主张，没有权利根据和法律依据。据此，金晖兆丰公司有关上述1729694.12元款项应从工程款中予以扣减的上诉请求成立，本院予以支持。

【案例来源】

中国裁判文书网，http://wenshu.court.gov.cn。

十二、情势变更

186 合同履行过程中，政府宣布缓建案涉项目，国家相关部委批准案涉项目迁址建设，构成情势变更事由

【关键词】

│合同履行│情势变更│商业风险│不可抗力│

【案件名称Ⅰ】

上诉人中国电力工程顾问集团中南电力设计院有限公司与上诉人艾博特（厦门）设备工程有限公司、上诉人腾龙芳烃（漳州）有限公司及原审第三人交通银行股份有限公司湖北省分行建设工程合同纠纷案［最高人民法院（2018）最高法民终105号民事判决书，2018.6.4］

【裁判精要】

最高人民法院认为：

（一）关于案涉《施工总承包合同》的解除及合同双方是否违约问题

2006年12月20日，艾博特公司与中南设计院签订《施工总承包合同》，后在该合同履行过程中，厦门市人民政府宣布缓建案涉项目，国家相关部委批准案涉项目搬迁，该事件属于当事人在订立合同时无法预见的、非不可抗力造成的不属于商业风险的重大变化，一审法院认定该事件构成情势变更，并无不当。中南设计院关于案涉项目迁址系因艾博特公司、腾龙芳烃公司过错造成的主张，无事实依据。艾博特公司、腾龙芳烃公司关于案涉项目迁址系因不可抗力造成的主张，于法无据。在合同项目建设地发生重大变化后，项目勘察、设计及工期等均随之变化，原合同显然无法继续履行，中南设计院关于迁址对原合同的履行并不产生根本影响，也不影响原合同目的实现的主张，不能成立。艾博特公司、腾龙芳烃公司与中南设计院就迁址后合同继续履行问题进行磋商，但长期不能就合同价款等达成合意，致案涉项目未能根据新情况尽快建成投产。一审法院综合考虑上述情况，并结合案涉项目已发包给案外人施工的事实，认定《施工总承包合同》应予解除，各方当事人对此均无过错，中南设计院与艾博特公司、腾龙芳烃公司不存在违约行为，并无不当。

（二）关于案涉《施工总承包合同》解除前因履行合同产生的成本和费用应如何承担问题

如前所述，因情势变更导致继续履行《施工总承包合同》对双方当事人明显不公

平,且不能实现合同目的。现《施工总承包合同》已解除,双方当事人就合同解除并无过错,中南设计院与艾博特公司、腾龙芳烃公司分别提出系因对方构成违约而应承担相应损失与费用的主张,均不应支持。一审法院基于情势变更对合同的影响,依据公平原则,结合《施工总承包合同》《勘察设计及设备采购总承包合同》约定及《专项审计报告》《审计咨询意见书》,对中南设计院因履行合同产生的成本和费用进行认定,判令艾博特公司、腾龙芳烃公司共同支付中南设计院因履行合同而产生的相应项目开工、停工缓建期间费用及解除合同支付给分包商的费用,并无不当。

(三)关于中南设计院要求艾博特公司、腾龙芳烃公司赔偿可得利润损失问题

案涉项目因情势变更迁址后由案外人施工完成,中南设计院上诉主张艾博特公司、腾龙芳烃公司应赔偿其可得利润损失 17855571 元,于法无据,艾博特公司、腾龙芳烃公司亦不认可,故对其该项主张,本院不予支持。

【案例来源】

中国裁判文书网,http://wenshu.court.gov.cn。

【案件名称Ⅱ】

上诉人中国电力工程顾问集团中南电力设计院有限公司与上诉人腾龙芳烃(漳州)有限公司及原审第三人交通银行股份有限公司湖北省分行建设工程合同纠纷案[最高人民法院(2018)最高法民终 106 号民事判决书,2018.6.4]

【裁判精要】

最高人民法院认为:

(一)关于案涉《勘察设计及设备采购总承包合同》解除原因及双方当事人是否存在违约行为问题

2006 年 12 月 20 日,腾龙芳烃公司与中南设计院签订《勘察设计及设备采购总承包合同》,后在该合同履行过程中,厦门市人民政府宣布缓建案涉项目,国家相关部委批准案涉项目迁址建设,该事件属于当事人在订立合同时无法预见的、非不可抗力造成的不属于商业风险的重大变化,一审法院认定该事件构成情势变更,并无不当。案涉项目在厦门市建设前已依法履行相关审批程序,中南设计院关于案涉项目被政府宣布缓建并迁址系因腾龙芳烃公司过错造成的主张,无事实依据。腾龙芳烃公司关于案涉项目迁址系因不可抗力造成的主张,于法无据。在合同项目建设地发生重大变化后,项目勘察、设计、工期等均随之变化,原合同显然无法继续履行,中南设计院关于迁址对《勘察设计及设备采购总承包合同》的履行并不产生根本影响,也不影响合同目的的实现的主张,不能成立。虽然腾龙芳烃公司与中南设计院从继续就案涉项目开展合作的角度进行磋商,但双方长期不能就合同价款等达成合意,致案涉项目未能根据新情况尽快建成投产,客观上损害了双方权益,现案涉项目已发

包给案外人施工并已竣工。据此,一审法院认定《勘察设计及设备采购总承包合同》应予解除,双方当事人对此均无过错,中南设计院与腾龙芳烃公司不存在违约行为,并无不当。

(二)关于合同解除前因履行合同所产生的成本及费用如何承担问题

如前所述,本案因情势变更导致继续履行《勘察设计及设备采购总承包合同》对双方当事人明显不公平,且不能实现合同目的。现《勘察设计及设备采购总承包合同》已解除,双方当事人对合同解除并无过错,中南设计院、腾龙芳烃公司分别提出的对方违约的主张,均不应支持。一审法院基于情势变更对合同的影响,依据公平原则,结合《勘察设计及设备采购总承包合同》约定及《专项审计报告》《审计咨询意见书》,对中南设计院因履行合同产生的成本和费用进行认定,判令腾龙芳烃公司支付中南设计院为履行合同而产生的相应项目开工、停工缓建期间费用、已支付给分包商设备预付款、设计费、勘测费,并无不当。

【案例来源】

中国裁判文书网,http://wenshu.court.gov.cn。

187 施工期间建材价格大幅上涨,不属于当事人不可预见的情形,不适用情势变更原则

【关键词】

| 合同履行 | 情势变更 |

【案件名称】

上诉人武汉绕城公路建设指挥部与被上诉人中铁十八局集团第二工程有限公司建设工程施工合同纠纷上诉案 [最高人民法院(2007)民一终字第81号民事判决书]

【裁判精要】

裁判摘要:在审理建设工程施工合同纠纷案件过程中,经常会遇到施工方以施工期间建材价格大幅上涨为由,主张建设方进行材料价差补偿。其依据是合同履行期间的客观情势发生重大变化导致当事人权利义务显失平衡。在《合同法》并未明确规定情势变更原则的情况下,借鉴法理调整当事人之间的权利义务关系应当格外慎重。重要的衡量标准之一就是看合同履行期间是否发生了当事人不可预见的基础性情势的重大变化。

最高人民法院认为:

本案的争议焦点有二:一是如何确定案涉工程价款总额;二是指挥部应否对二

公司进行材料差价补偿。

关于焦点二。根据作为当事人《施工承包合同》组成部分的《合同通用条款》第70.1条约定,除非合同专用条款另有规定,凡是合同预期工期在24个月以上者,在合同执行期间,由于……材料的价格涨落因素应对合同价格进行调整。而在案涉工程武汉绕城公路东北段施工(15、16合同段)《招标文件项目专用本》"投标须知修改表"第11.6条约定,本合同在施工工期内不进行价格调整,投标人在报价时应将此因素考虑在内。从以上条款内容可以得出以下结论:公路建设工程工期在24个月以上的,由于材料价格涨落因素应对合同价格进行调整,但合同专用条款另有规定的除外。据此应当认定,本案当事人在合同中已经明确排除了因材料上涨而进行合同价款调整的可能。此外,情势变更原则的功能主要是为了消除由于订立合同时的基础情势发生重大变更所导致的当事人权利义务的显失平衡。而从本案案情看,经一审法院委托鉴定,二公司因材料价格上涨导致的差价损失幅度尚难达到情势变更原则所要消除的当事人之间权利义务显失平衡的严重程度。因此,一审法院适用情势变更原则判决指挥部补偿二公司材料差价损失,依据不充分。指挥部要求驳回二公司有关补偿其材料差价损失的诉讼请求的上诉主张和理由成立,应予支持。一审判决第二项,应予撤销。

【权威解析】

情势变更原则是指在合同有效成立后,合同赖以成立的基础或环境发生不能归责于当事人的异常变动,致使合同无法继续履行或者继续履行合同变得异常艰难并导致当事人之间利益关系的显失平衡,根据诚实信用原则,当事人可以请求变更或者解除合同的法律制度。在大陆法系,情势变更原则是诚实信用原则在债法中的具体体现,其基本功能主要是为了消除由于订立合同时的基础情势发生重大变更所导致的当事人权利义务的显失平衡。

我国《合同法》并未规定情势变更原则,其主要考虑是目前并不存在规定情势变更原则的社会环境必要,且规定情势变更原则有可能将当事人本应承担的合理风险也作为情势变更对待,将对经济发展产生不利影响。在此情况下,如果实践中确实出现情势的异常变动,并有借鉴该原则之必要的情形,只能针对个案严格限制其适用范围。情势变更原则的适用条件为:(1)须存在情势的变更,"情势"包括构成法律行为成立当时之环境或者基础的一切客观情况;(2)须在法律行为成立后,债之关系消灭之前;(3)须为当事人未能预料并且无法预料;(4)须不可归责于当事人;(5)情势变更后,维持原有法律行为之效力须构成当事人之间利益的显失平衡。

本案的关键在于如何理解"不可预见",原因在于其系适用情势变更原则的主观要件,其中:预见的主体为因情势变更而遭受不利的一方当事人;预见的内容为情势变更发生的可能性;预见的时间为合同缔结之时;预见的标准应采取主客观相统一的标准,即一个普通人在正常条件下是否能够预见。如果当事人在订立合同时已经预见或者应当预见,则不能产生"情势变更"的法律效果。确定"预见"的界限应结合具体法律关系的特征。就本案涉及的建设工程施工合同法律关系而言,建材价格的起伏涨落无疑应当是一个普通的建设工程施工合同承包方在确定投标价格时首先应当考虑到的重要因素。而从建筑市场实践看,材料价格随着市场变化出现涨落极为正常,将其认定为非当事人所能预见之"情势"有违一般行业判断标准。否则,以此为依据对合同价款动辄进行调整将成为常态,这不仅会严重损害法律关系的稳定性,更有可能使当事人(尤其是建设方)确定合同权利义务的预判基础大大削弱。因此,有必要将其纳入当事人应当预见的范围。而根据案涉工程的招标文件以及作为当事人施工承包合同组成部分的一系列文件的相关内容看,可以认定建设方已经明确地预先排除了因材料上涨等原因而进行合同价款调整的可能。对此,作为"预见"主体的二公司,不仅是"应当预见"的,而且其据此主张调整合同价款的主张也是有违诚信的。

情势是当事人为一定法律行为的背景,其与法律行为的达成具有社会观念普遍认可其为客观必然的因果关系。确认一个客观事实的巨变是否属于情势变更,关键在于此项变更是否引起质的履行艰难,并且产生不公平的结果。本案中,二公司主张调整的是涨幅超过5%的材料价差部分,这涉及的就是"变动"是否构成"异常"以及是否造成当事人之间权利义务"显失平衡"的问题,对此最高人民法院二审判决亦作出了否定的认定。

此外,指挥部与二公司签订《国道主干线武汉绕城公路东北段项目一期工程合同(土建第十五合同段)》的时间是2003年4月4日。而从2004年7月15日,湖北省交通厅下发的鄂交基〔2004〕314号《关于对在建高速公路项目主要材料涨价实施价格补贴的意见》内容看,其系针对2002年末以来全国建材价格持续大幅度上涨的情况,要求各有关单位根据风险共担、合理补偿的原则,对2002年10月至2003年12月在建的高速公路土建主体工程的水泥、钢筋、钢绞线等主要材料涨价幅度大于5%的实施补贴。这表明本案借鉴情势变更原则还存在另一个障碍,就是尚不符合适用情势变更原则的时间要件。

综上,最高人民法院二审判决撤销了一审判决第二项有关指挥部补偿二公司材料差价损失的判项。①

【案例来源】

最高人民法院民事审判第一庭编:《民事审判指导与参考》(总第34辑),法律出版社2008年版,第162~171页。

---

① 参见辛正郁:《施工期间建材价格大幅上涨不属于当事人不可预见的情形——武汉绕城公路建设指挥部与中铁十八局集团第二工程有限公司建设工程施工合同纠纷上诉案》,载最高人民法院民事审判第一庭编:《民事审判指导与参考》(总第34辑),法律出版社2008年版,第170~171页。

工程质量

一、承包人工程质量责任

188 工程实际存在明显的质量问题，承包人以工程竣工验收合格证明等主张工程质量合格的，法院不予支持

【关键词】

│建设工程│工程质量│竣工验收│修复│

【案件名称】

江苏南通二建集团有限公司与吴江恒森房地产开发有限公司建设工程施工合同纠纷案［江苏省高级人民法院二审民事判决书，2012.12.15］

【裁判精要】

裁判摘要：承包人交付的建设工程应符合合同约定的交付条件及相关工程验收标准。工程实际存在明显的质量问题，承包人以工程竣工验收合格证明等主张工程质量合格的，人民法院不予支持。

在双方当事人已失去合作信任的情况下，为解决双方矛盾，人民法院可以判决由发包人自行委托第三方参照修复设计方案对工程质量予以整改，所需费用由承包人承担。

江苏省高级人民法院二审认为：

一、屋面广泛性渗漏属客观存在并已经法院确认的事实，竣工验收合格证明及其他任何书面证明均不能对该客观事实形成有效对抗，故南通二建根据验收合格抗辩屋面广泛性渗漏，其理由不能成立。其依据《建设工程质量管理条例》，进而认为其只应承担保修责任而不应重作的问题，同样不能成立。因为该条例是管理性规范，而本案屋面渗漏主要系南通二建施工过程中偷工减料而形成，其交付的屋面本身不符合合同约定，且已对恒森公司形成仅保修无法救济的损害，故本案裁判的基本依据为《民法通则》《合同法》等基本法律而非该条例，根据法律位阶关系，该条例在本案中只作参考。本案中屋面渗漏质量问题的赔偿责任应按谁造成、谁承担的原则处理，这是符合法律的公平原则的。

二、屋面渗漏的质量问题不在于原设计而在于南通二建偷工减料，未按设计要求施工，故应按全面设计方案修复。南通二建上诉提出，原设计方案中伸缩缝部位

无翻边设计,不符合苏 J9503 图集要求;原设计方案中屋面伸缩缝未跨越坡低谷点,设计坡度不够;原设计方案中屋面伸缩缝以两种不匹配材料粘接。并认为上述设计缺陷均是造成屋面渗漏的原因。对南通二建所提的异议,工程质量检测中心曾于 2012 年 3 月 15 日出具鉴定意见,对原设计方案是否有缺陷以及与屋面渗漏是否存在因果关系作出说明。二审庭审中,工程质量检测中心的鉴定人员也出庭接受了质询。关于原设计方案中伸缩缝部位无翻边设计的问题,二审认为,苏 J9503 图集并非强制性规定,伸缩缝翻边仅是为进一步保险起见采取的更有效的防水措施,伸缩缝是否做翻边与屋面渗漏之间无必然联系,施工方如果按照原设计规范保质保量施工,结合一般工程施工实际考量,屋面不会渗漏。南通二建欲以原设计方案伸缩缝部位无翻边设计减轻其自身责任的上诉理由缺乏依据。关于原设计屋面伸缩缝未跨越坡低谷点的问题,二审认为,增大屋面坡度并跨越坡低谷点,其虽有利防水防漏,但南通二建严格按原设计标准施工即能防止渗漏,故南通二建该上诉理由亦不能成立。关于原设计中屋面伸缩缝以两种不匹配材料粘接的问题,二审认为,不同种材料原本难言完全匹配,且国家并没有相关规范或标准对材料粘接匹配作出禁止性规定,此点与屋面渗漏亦无必然联系,故南通二建该上诉理由也不能成立。退而言之,合同双方在合同的履行中均应认真而善意地关注对方的权利实现,这既属于合同的附随义务,亦与自身的权利实现紧密关联,故而南通二建的此类抗辩更应事前沟通而不应成为其推卸责任的充分理由。

关于本案屋面渗漏应按何种方案修复的问题,二审认为,根据《合同法》第一百零七条、第二百八十一条规定,因施工方原因致使工程质量不符合约定的,施工方理应承担无偿修理、返工、改建或赔偿损失等违约责任。本案中,双方当事人对涉案屋面所做的工序进行了明确约定,然南通二建在施工过程中,擅自减少多道工序,尤其是缺少对防水起重要作用的 2.0 厚聚合物水泥基弹性防水涂料层,其交付的屋面不符合约定要求,导致屋面渗漏,其理应对此承担违约责任。鉴于恒森公司几经局部维修仍不能彻底解决屋面渗漏,双方当事人亦失去信任的合作基础,为彻底解决双方矛盾,原审法院按照司法鉴定意见认定按全面设计方案修复,并判决由恒森公司自行委托第三方参照全面设计方案对屋面渗漏予以整改,南通二建承担与改建相应责任有事实和法律依据,亦属必要。

三、全面设计方案修复费用应在考虑案情实际的基础上合理分担。二审认为,在确定赔偿责任时,应以造成损害后果的各种原因及原因力大小为原则。一审法院根据天正鉴定所及工程质量检测中心的鉴定意见,认定屋面渗漏南通二建未按设计图纸施工为主要原因,路灯破坏防水层为局部和次要原因。一审法院在鉴定机构就破坏防水层的路灯对屋面防水层整体防水功能的影响程度无法作出明确判断的情况下,鉴于屋面渗漏位置与路灯位置的关系、路灯局部破坏防水层对屋面渗漏整体情形的影响力大小等因素,且南通二建擅自减少工序在先,即使没有该处路灯螺栓孔洞影响防水层,也难免屋面渗漏的事实,酌情减轻南通二建 15 万元赔偿责任尚属得当。至于全面设计方案的费用应否下浮 9.5% 的问题。二审认为,承担全面设计方案的工程造价,是南通二建作为施工人向恒森公司承担的违约责任,与工程实际施工工程款结算分属不同的法律关系,南通二建要求比照施工工程款下浮 9.5% 的方式计算全面设计方案修复费用,缺乏合同依据和法律依据。关于全面设计方案费用中,0～100 毫米厚细石混凝土找平层费用 536379.74 元是否应当扣除的问题。二审认为,0～100 毫米厚细石混凝土找平层是涉案工程原设计方案没有的,系全面设计方案中为配合伸缩缝部位翻边设计而增加的,由此增加的费用 536379.74 元应从总修复费用中扣除。综前所述,南通二建在本案中应支付的修复费用合计为 2877372.30 元(3198436.68 元 + 365315.36 元 – 150000 元 – 536379.74 元)。

【案例来源】

《中华人民共和国最高人民法院公报》2014 年第 8 期(总第 214 期)。

189　承包人因发包人擅自使用案涉工程,不再负有施工中或经验收不合格的质量返修责任,但应对工程质量在保修期内及保修范围内负有保修义务

【关键词】

│ 建设工程 │ 工程质量 │ 擅自使用 │ 验收 │ 保修 │

【案件名称】

再审申请人齐齐哈尔市非凡建筑装饰工程有限责任公司与被申请人泰来县聚洋购物中心有限公司、二审被上诉人泰来县鑫宇房地产开发有限责任公司建设工程施工合同纠纷案［最高人民法院（2016）最高法民再 23 号民事判决书,2016.11.30］

【裁判精要】

最高人民法院认为:

二、关于非凡公司是否应当承担工程质量不合格修复费用的问题

非凡公司再审主张聚洋公司未经验收擅自使用案涉工程,依据双方合同约定及建设工程司法解释第十三条的规定,其不应当对工程质量不合格承担责任,因而不应当承担修复费用。本院认为,施工单位依法应对施工的建设工程质量负责。《建设工程质量管理条例》第三十二条规定:"施工单位对施工中出现质量问题的建设工程或者竣工验收不合格的建设工程,应当负责返修。"第四十条第三款规定:"建设工程的保修期,自竣工验收合格之日起计算。"第四十一条规定:"建设工程在保修范围

和保修期限内发生质量问题的,施工单位应当履行保修义务,并对造成的损失承担赔偿责任。"上述规定表明,施工方对建设工程应承担的质量责任,包括对工程施工中出现的质量问题及经验收不合格工程应承担的质量返修责任,以及对经验收合格的工程在使用过程中出现的质量问题应承担的保修责任。前者系基于建设工程施工合同约定及相关法律法规等规定对工程质量应承担的责任。后者系基于双方签订的保修合同或建设工程施工合同中约定的保修条款及相关法律法规等规定对工程质量应承担的责任。本案双方签订的《工程装修合同书》第六条约定,未经验收擅自使用案涉工程,视为聚洋公司对该工程已经验收合格。聚洋公司在案涉工程竣工后未经验收即开业使用,根据上述约定,自其实际使用之日起即应认定工程已经验收合格,非凡公司不再负有施工中或经验收不合格的质量返修责任,仅对案涉工程质量在保修期内及保修范围内负有保修义务,承担保修责任。聚洋公司于2013年9月24日就工程质量问题提起反诉,未超过《工程装修合同书》第八条约定的一年质保期。据此,二审判决认定作为发包方的聚洋公司未经验收擅自使用案涉工程,应承担工程经合法验收合格之后的法律后果,非凡公司对工程质量负有保修义务符合双方合同约定及法律规定。但是,聚洋公司在原审中是以非凡公司承包的部分装饰装修工程质量没有达到国家规定的质量标准,属于根本违约,应当给付因工程质量不合格而给聚洋公司造成的实际损失为由,反诉请求判令非凡公司承担因装饰装修工程质量不合格所需的返修费用。本院再审庭审中,聚洋公司称,其提起的反诉是针对施工质量不合格提出的,不是使用过程中的保修责任。因此,本案聚洋公司反诉要求非凡公司承担的是因其施工工程质量不合格而产生的质量责任,并非诉请非凡公司履行保修义务,承担保修责任。一审法院基于聚洋公司申请,委托鉴定机构进行鉴定也是针对施工的部分工程质量是否合格及返修需要的费用,并非是针对案涉工程是否出现了属于保修范围的质量缺陷及需要的维修费用。据此,二审法院在认定非凡公司对案涉工程质量应承担的是保修责任的前提下,判决维持了一审判令非凡公司给付聚洋公司工程质量不合格修复费用的判决结果,实际上是判决非凡公司承担了工程施工中出现的或工程经验收不合格产生的质量责任,与非凡公司依据合同约定及法律法规规定对案涉工程应承担的保修责任不一致,适用法律确有错误,本院予以纠正。

由于聚洋公司反诉提出质量异议时案涉工程尚在质保期内,双方对案涉工程的质量争议在本案一审、二审及再审诉讼期间一直持续。质量及修复费用的鉴定报告显示,在双方因质量问题发生纠纷期间,案涉工程已出现了需要维修的质量问题,而且经鉴定亦存在不符合国家规定的合格质量标准的情形。非凡公司作为施工方,对质保期内出现的属于保修范围的工程质量缺陷依法应履行保修义务。但在双方发生纠纷期间,非凡公司并未对工程出现的质量问题是否属于保修范围进行核查并进行维修。鉴于双方当事人在原审中没有对工程出现的质量问题哪些属于保修范围及责任如何承担进行协商及诉辩主张,原审法院亦未对双方就案涉工程质量问题各自应承担的责任进行释明,也没有对经鉴定的工程质量问题是否属于保修范围进行审理认定,且聚洋公司主张其已在鉴定部门现场勘察并作出鉴定意见后自行委托他人对存在的质量问题进行了维修,据此,对于非凡公司应承担的保修义务范围内的工程质量责任,不应因诉讼期间的持续而免除,扣除本案诉讼期间,聚洋公司可在本判决生效后三个月内另行主张权利。

【案例来源】

中国裁判文书网,http://wenshu.court.gov.cn。

190 发包人发出保修要求函件后,双方未按合同约定共同开展现场核查并保留相应记载,发包人委托第三方进行了整改施工,如何确定发承包双方的责任

【关键词】

│ 建设工程 │ 工程质量 │ 保修 │ 证据保全 │

【案件名称】

申诉人福建章诚隆建设工程有限公司与被申诉人厦门经济特区房地产开发集团有限公司建设工程施工合同纠纷案〔最高人民法院(2014)民抗字第79号民事判决书,2015.12.24〕

【裁判精要】

最高人民法院认为:

本案双方签订的建设工程施工合同及保修书,均系双方真实意思表示,符合法律规定,合法有效。双方对于保修书的具体内容及章诚隆公司应当按照保修书约定承担保修责任亦无异议,但对本案应当如何适用保修书的具体条款及特房集团对自行进行的维修整改行为和赔偿购房户的损失是否有权向章诚隆公司追偿存在争议。

特房集团主张本案存在质量保修书第二条约定的承包人移交时单体共用部位及每套房屋室内部分不得遗留有明显的质量问题的情形,但该款明确约定上述移交行为是发生在承包人移交给发包人时,并约定发包人交房时业主所提出的质量问题按保修程序另行处理,该条还约定,对上述移交时的质量问题进行整改后,以发包人在内的各有关方签署验收合格书面文件为依据,确认全部质量问题整改合格,工程质量保修期从其次日起算。而诉争工程由相关设计单位进行设计,施工中有厦门基业衡信咨询有限公司进行监理,竣工后经初验收,承包人进行了相应整改,随后又进

行整体核验收和逐一分户验收,经现场实体检查,包括区质监站在内的各方均已确认工程质量为合格。由此可见,特房集团对本案工程已经通过委托监理单位监理等方式,采取了必要的质量控制措施,在最终的竣工验收时,诉争工程亦不存在质量保修书第二条约定的情形,特房集团援引该条认为其有权径行委托其他施工单位进行整改,与本案事实不符。对于特房集团所主张的房屋出现的质量问题,均应按照双方约定的保修程序另行处理。特房集团称分户验收仅为抽检,实际并未逐一进行,但无证据对该项陈述予以佐证,对其该项抗辩本院不予采信。

按照双方约定,出现需要保修的问题时,特房集团应当以电话方式通知章诚隆公司指定的工程保修负责人,该负责人于接到电话通知后24小时内到特房集团领取《工程保修通知单》,该电话通知以发包人处留存的电话录音为准。逾期未来领取,或电话通知时该保修负责人的联系电话无法接通,为了避免损失扩大,承包人同意由发包人另行委托其他施工单位维修。本案中现有证据显示,特房集团发出的第一份要求维修的通知即为2008年7月15日函件,该函于2008年7月17日发出,章诚隆公司于7月18日收到,特房集团未提交在此之前的电话录音或以其他方式进行通知的相应证据,证明其此前已经发出上述通知,故2008年7月18日之前章诚隆公司未实施维修,不属于违约拒绝保修义务,特房集团认为其在此之前即有权自行委托第三方进行维修,与合同约定不符。

按照双方约定,特房集团发出保修要求后,双方应当会同房屋所有人(使用人)进行现场核查。《建设工程质量管理条例》第四十一条规定:"建设工程在保修范围和保修期限内发生质量问题的,施工单位应当履行保修义务,并对造成的损失承担赔偿责任。"《房屋建筑工程质量保修办法》第三条规定:"本办法所称房屋建筑工程质量保修,是指对房屋建筑工程竣工验收后在保修期限内出现的质量缺陷,予以修复。本办法所称质量缺陷,是指房屋建筑工程的质量不符合工程建设强制性标准以及合同的约定。"第十七条并规定:"下列情况不属于本办法规定的保修范围:(一)因使用不当或者第三方造成的质量缺陷;(二)不可抗力造成的质量缺陷。"双方签订的保修书中也明确约定,承包人负责施工的所有工程项目,如出现施工质量缺陷或施工质量隐患,承包人必须履行保修义务。综上本院认为,保修所针对的对象是质量缺陷,而质量缺陷是指房屋建筑工程的质量不符合工程建设强制性标准以及合同的约定,因此特房集团主张其发出保修通知后,章诚隆公司即对通知所述内容负有完全的修理义务,与上述规定和约定不符。对特房集团要求修理的内容,应当通过现场核查,确认需要保修的范围,即使对于保修范围或其责任存在争议,亦应在共同核查时固定相关事实以便日后解决。

本案中,在特房集团发出上述函件后,双方虽进行过洽商,但未按照合同约定共同开展现场核查并保留相应记载。特房集团虽然以公证的方式进行了证据保全,但其也承认在发出通知和进行证据保全之前已经委托第三方进行整改施工,因此章诚隆公司抗辩称由于特房集团原因造成现场情况改变,现场核查基础已与房屋交接时不符的理由成立。章诚隆公司收到特房集团发出的上述函件后,对此项情节未及时提出反对意见,也未就收到通知时涉案房屋的状况及双方后续会商、核查情况保留必要的证据。综上,对本案工程需要保修的内容现已无法核实的后果,应由特房集团承担主要责任,章诚隆公司承担次要责任。

与此同时,即使特房集团按照约定有权委托第三方维修,其维修仍应以解决现有质量问题为限,对于不必要、不合理的维修费用,不应由章诚隆公司承担,并应由特房集团对上述维修工作的必要性和合理性承担举证责任。特房集团所提交的委托建行造价咨询中心进行保修工程审价的相关证据,只能证明上述工程价款的真实性,不能证明相关维修工作对于工程存在的质量问题的必要性和合理性,故其数额不能当然作为本案工程维修整改的全部合理损失。在本院再审中,特房集团仍然仅强调所有质量问题均应由章诚隆公司完成保修,对上述问题仍未举证证明,故其以对外委托维修的总价款作为向章诚隆公司主张赔偿的依据,理由不足。

综合以上两点,加之本案工程已经整改完毕,再进行现场核查及维修必要性等方面的鉴定亦无可能,本案现已无法判定真实合理的保修内容和特房集团支出的合理维修费用数额并进而作为确认双方责任的基础。鉴于双方合同约定以结算款的3%作为质量保修金,这一比例也符合建筑行业惯例,说明上述款项基本能够满足正常工程保修所需,故在诉争工程已经双方验收为合格、特房集团无法举证证明其合理维修数额的情况下,本院酌定以此为准作为章诚隆公司未能及时回复特房集团保修要求并进行相应核查而应承担的责任数额,且章诚隆公司于本案中请求返还的50%质量保修金亦可用于抵扣,抵扣后章诚隆公司应赔偿特房集团工程维修整改费用401574.88元,对特房集团所主张的其他维修整改费用,均由特房集团自行承担。对上述款项的利息损失,亦由双方按此各自分担。

【案例来源】

中国裁判文书网,http://wenshu. court. gov. cn。

191 政府发布通知限制使用的工程技术(产品)中虽包括材料,但该通知发布于工程施工完成之后,且仅依据该通知不能证明工程使用的材料与工程质量缺陷间存在因果关系,故造成案涉工程质量缺陷的责任不在发包方

【关键词】

| 建设工程 | 工程质量 | 因果关系 |

【案件名称】

再审申请人汪清县宝泉房地产开发有限公司与被申请人江苏长安建设集团有限公司及一审第三人长春市博亚建筑设计有限公司建设工程施工合同纠纷案［最高人民法院（2018）最高法民再235号民事判决书，2018.10.31］

【裁判精要】

最高人民法院认为：

根据吉林省建筑工程质量检测中心出具的《司法鉴定意见书》，案涉外墙保温工程存在施工中玻璃丝棉复合板黏贴面积等六项不满足标准要求以及工程外墙外保温做法与设计不符的问题。长安公司在其出具的两份外墙脱落施工方案中自认施工中存在"粘结点没达到规范要求，没有按规范要求打锚栓，锚栓过少所导致复合岩棉保温板开裂、脱落"等施工不到位的问题。上述司法鉴定结论及长安公司在纠纷发生前对外墙保温工程质量缺陷作出的自认，均表明案涉外墙保温工程质量缺陷系因施工人施工不符合规范标准或设计要求等造成。长安公司在与宝泉公司等往来函件及本案诉讼中主张，宝泉公司及设计单位也应对该工程质量缺陷承担责任，但并没有提供充分证据佐证其主张。2015年7月30日，吉林省住房和城乡建设厅发布《关于吉林省建筑节能外墙保温工程技术（产品）限制使用的通知》，限制使用的外墙保温工程技术（产品）中虽包括本案争议的外墙保温材料，但该通知发布于讼争工程项目施工完成之后，且仅依据上述通知载明的限制使用的保温工程技术（产品）存在"抗拉强度低，吸水率高，易变形，耐久性差，不能满足严寒地区建筑工程外墙外保温薄抹灰系统标准要求"等缺陷，无证明本案工程使用的材料存在的缺陷与出现的外墙保温工程质量缺陷间存在直接因果关系的证据的情形下，缺乏得出案涉外墙保温工程质量缺陷与使用的材料选择不当有关的结论的充分依据。故，在案证据证明，造成案涉外墙保温工程质量缺陷的责任在施工方，即长安公司。一审法院认定案涉工程质量缺陷系因施工原因造成，事实依据充分。二审法院认定不能排除出现质量问题与材料玻璃棉选择不当有关，缺乏充分证据支持，本院予以纠正。

【案例来源】

中国裁判文书网，http://wenshu.court.gov.cn。

192 发包人使用的房屋面积在整个工程中占比较小，位置在一楼，故不属于建设工程司法解释规定的擅自使用房屋情形

【关键词】

| 建设工程 | 工程质量 | 擅自使用 |

【案件名称】

再审申请人汪清县宝泉房地产开发有限公司与被申请人江苏长安建设集团有限公司及一审第三人长春市博亚建筑设计有限公司建设工程施工合同纠纷案［最高人民法院（2018）最高法民再 235 号民事判决书，2018.10.31］

【裁判精要】

最高人民法院认为：

《建筑法》第五十八条规定，建筑施工企业对工程的施工质量负责。建筑施工企业必须按照工程设计图纸和施工技术标准施工，不得偷工减料。工程设计的修改由原设计单位负责，建筑施工企业不得擅自修改工程设计。本案中，长安公司作为工程的承包人也即施工人，负有按照施工合同约定以及国家有关建筑工程质量、安全标准施工，并对承建工程质量负责的合同义务和法定义务。如前所述，造成案涉外墙保温工程质量缺陷的责任在施工方即长安公司，长安公司应当依法依约承担工程质量缺陷的民事责任。

长安公司主张发包人宝泉公司未经工程验收擅自使用，依据《建设工程施工合同解释》第十三条"建设工程未经竣工验收，发包人擅自使用后，又以使用部分质量不符合约定为由主张权利的，不予支持"的规定，宝泉公司向长安公司提出工程质量缺陷应当承担民事责任的主张不应支持。本院认为，根据本案查明的事实，2012 年5 月 8 日，宝泉公司与长安公司签订《建设工程施工合同》及补充条款，约定将宝泉公司开发的案涉工程发包给长安公司施工。2013 年 11 月 30 日，案涉工程完工并交付给宝泉公司，但在宝泉公司组织验收时，因已完工程存在质量问题需要整改，未能通过竣工验收。2014 年 5 月，案涉工程外墙玻璃丝棉保温板发生脱落。长安公司与宝泉公司的往来函件内容表明，双方曾多次就外墙保温工程质量缺陷进行沟通协商，有关主管部门也多次出面协调，长安公司亦曾提出过修复解决方案，并曾请求宝泉公司对存在质量缺陷部分予以甩项后办理竣工验收手续，宝泉公司拒绝在工程质量缺陷问题解决前办理竣工验收手续。案涉工程至本案纠纷发生时尚没有进行竣工验收。基于本案上述事实，可以认定作为发包人的宝泉公司在工程完工后依约履行了工程验收义务，因长安公司施工的工程存在质量缺陷问题而未能通过验收。

《合同法》第二百七十九条第二款规定，建设工程竣工经验收合格后，方可交付

使用;未经验收或者验收不合格的,不得交付使用。故在双方协调解决工程质量问题期间,发生中行延边分行擅自使用其买受的尚未经竣工验收合格部分房屋的违法行为,宝泉公司作为发包人及房产出卖人存在过错,但宝泉公司与中行延边分行签订的《商品房买卖合同》载明:中行延边分行买受的商品房层高为1层,建筑面积600平方米。再审期间,宝泉公司举示的证据证明中行延边分行购买的底商房产位于案涉楼房一层西侧边角位置。吉林省建筑工程质量检测中心出具的《司法鉴定意见书》载明,案涉工程为地上26层,地下2层,建筑面积为49283平方米。鉴定意见内附各鉴定项目勘验结果汇总表显示,鉴定机构分别从案涉工程的东侧、北侧自二层至二十五层进行质量勘验。故,二审认定宝泉公司未经验收擅自使用的事实依据,即中行延边分行购买的房屋面积在整个案涉工程中占比较小,位置在一楼,且无证据表明因该部分房屋使用对讼争案涉外墙保温工程质量缺陷的责任认定及修复构成影响,不足以认定属于《建设工程施工合同解释》第十三条规定的擅自使用部分房屋情形,并据此认定本案符合该条款规定的适用条件。

至于长安公司主张宝泉公司对案涉工程内部进行装修并使用的问题,长安公司在原审及本院再审期间并未提供证据证明宝泉公司对案涉工程内部装修及使用的具体情形,以及对发生的外墙保温工程质量缺陷责任及修复产生何种影响。另外,案涉工程为酒店用房,发生质量争议的系外墙保温工程,即使宝泉公司在协商解决工程质量缺陷的同时进行酒店内部装修,在不影响解决质量问题的前提下,也应属于防止损失扩大的合理行为,不宜据此认定发包人丧失就案涉外墙保温工程质量缺陷主张施工人承担民事责任的权利。

综上,一审法院认定宝泉公司对案涉工程的使用不影响长安公司应承担的工程质量责任,认定事实及适用法律正确。二审法院适用《建设工程施工合同解释》第十三条规定错误,本院予以纠正。

【案例来源】

中国裁判文书网,http://wenshu.court.gov.cn。

编者说明

对于发包人擅自使用未经验收的建设工程,对建设工程出现质量瑕疵,其责任应如何认定问题,《建设工程施工合同解释》第十三条规定:"建设工程未经竣工验收,发包人擅自使用后,又以使用部分质量不符合约定为由主张权利的,不予支持;但是承包人应当在建设工程的合理使用寿命内对地基基础工程和主体结构质量承担民事责任。"该条规定明确了以下两点:(1)发包人擅自使用未经验收建设工程的,对其使用部分出现的质量问题,应自行承担责任;(2)对建设工程的地基基础工程和主体结构的质量问题,只要在合理使用寿命内,由承包人承担民事责任。应注意的是,实践中应根据发包人使用房屋部分的位置、面积、使用部分与工程质量缺陷的关系等情况,综合判断能否推定为工程质量合格。本案中,发包人使用的房屋面积在整个案涉工程中占比较小,位置在一楼,且无证据表明因该部分房屋使用对讼争案涉外墙保温工程质量缺陷的责任认定及修复构成影响,最高人民法院就判决认定不属于建设工程司法解释规定的擅自使用房屋的情形,仍然应当由施工人承担工程质量缺陷的责任。

193 修复后的建设工程经竣工验收不合格,承包人无权要求支付工程价款,因工程不合格造成损失的,根据双方过错、改建材料、造价情况、缔约时预期等因素确定双方的责任

【关键词】

|建设工程|工程质量|质量缺陷|改建|修复费用|

【案件名称】

再审申请人汪清县宝泉房地产开发有限公司与被申请人江苏长安建设集团有限公司及一审第三人长春市博亚建筑设计有限公司建设工程施工合同纠纷案［最高人民法院（2018）最高法民再235号民事判决书,2018.10.31］

【裁判精要】

最高人民法院认为:

《建设工程施工合同解释》第十六条第三款规定,建设工程施工合同有效,但建设工程经竣工验收不合格的,工程价款结算参照本解释第三条规定处理。该解释第三条规定,建设工程施工合同无效,且建设工程经竣工验收不合格的,按照以下情形分别处理:(一)修复后的建设工程经竣工验收合格,发包人请求承包人承担修复费用的,应予支持;(二)修复后的建设工程经竣工验收不合格,承包人请求支付工程价款的,不予支持。因建设工程不合格造成的损失,发包人有过错的,也应承担相应的民事责任。

本案中,对外墙保温工程出现的质量缺陷,长安公司虽曾制定两套修复方案,但后经建设主管部门与建设方、施工方、设计单位、质量检测单位等会商,确定该质量缺陷无法修复,只能在现有基础上采用铝单板干挂。故,一审法院认定案涉外墙保温工程经修复后仍然不合格,长安公司请求宝泉公司支付该部分工程款4413279元缺乏法律依据,认定事实及适用法律正确。二审法院在认定案涉外墙保温工程质量缺陷系施工责任的同时,以长安公司已就此项施工内容付出人力和物力,并物化至该部分工程中为由,判令宝泉公司支付该部分不合格工程款,缺乏法律依据,本院予以纠正。案涉质量不合格外墙保温工程工程款4413279元由长安公司自行承担。

对于案涉外墙保温工程改建费用的承担问题。本案中,因长安公司不具有铝单板干挂的施工资质,并明确拒绝进行改建施工,宝泉公司另行发包给具备法定资质的其他施工企业施工,并无不当。经宝泉公司申请,一审法院委托延边明正工程招标造价咨询有限公司对改建后的案涉外墙铝单板幕墙工程造价进行司法鉴定,鉴定结论为工程造价11269075元。经审查,鉴定结论确定的该部分工程造价并未包含原有的玻璃丝棉保温板施工的造价。因长安公司施工的外墙保温工程质量缺陷无法修复,宝泉公司通过采用铝单板干挂改建方式完成外墙保温工程,为此超出原外墙保温工程造价的工程款6855796元(11269075元 – 4413279元),属于宝泉公司因工程质量缺陷需多承担的工程费用,应认定属长安公司施工的工程质量缺陷给宝泉公司造成的损失,长安公司应承担赔偿责任。但因案涉外墙保温工程质量缺陷系采用铝单板干挂方式改建,改建造价远高于原外墙工程造价,且原设计使用的外墙保温材料已被限制使用,改建后的外墙保温工程避免了原设计使用的材料因不具有耐久性等缺陷而在将来使用过程中可能出现的问题。故,综合本案长安公司和宝泉公司对案涉外墙保温工程质量缺陷责任,比对原施工合同约定的外墙保温工程设计使用的材料、工程造价与改建方案确定的使用材料、工程造价情况,以及签约时施工合同当事人可预见的因工程质量产生的民事责任预期等因素,本院酌定,就宝泉公司案涉外墙保温工程改建超出原工程造价的费用6855796元,由长安公司承担60%的赔偿责任,即4113477.6元,其余部分由宝泉公司自行承担。二审判决长安公司与宝泉公司各半承担外墙改建费用,责任比例失当,确定的损失范围亦有误,本院予以纠正。

【案例来源】

中国裁判文书网,http://wenshu. court. gov. cn。

194 建设工程修复后经竣工验收仍不合格,发包人可以不支付工程款

【关键词】

│建设工程│工程质量│修复│工程价款│

【案件名称】

再审申请人唐学军与被申请人乐山市宏岳煤业有限公司建设工程施工合同纠纷案[最高人民法院(2017)最高法民再430号民事判决书,2017.12.28]

【裁判精要】

最高人民法院认为:

(一)关于宏岳公司是否应当支付唐学军案涉工程价款的问题

根据《建设工程施工合同解释》第一条规定,案涉《煤矿工程承包合同书》因承包人唐学军不具备建筑施工资质而无效。宏岳公司作为专事煤矿开采的企业法人,无视国家建筑、安全生产等相关法律、法规规定,亦未提供经审查批准的设计施工图纸,即与无任何资质的唐学军签订工程承包合同,对合同无效承担主要过错责任,唐学军承担次要过错责任,一、二审判决对此认定并无不当。

《建设工程施工合同解释》第二条规定,建设工程施工合同无效,但建设工程经竣工验收合格,承包人请求参照合同约定支付工程价款的,应予支持。宏岳公司依据上述规定,主张案涉煤矿正在试运转阶段,煤矿扩建工程未经相关行政主管部门竣工验收合格,唐学军请求支付工程价款的条件尚未成就。

对此,本院认为,《合同法》第五十八条规定,合同无效或者被撤销后,因该合同取得的财产,应当予以返还;不能返还或者没有必要返还的,应当折价补偿。有过错的一方应当赔偿对方因此所受到的损失,双方都有过错的,应当各自承担相应的责任。建设工程施工合同的特殊性在于,建设工程的施工工程即是承包人将劳务及建筑材料物化到建筑工程的过程。基于这一特殊性,建设工程施工合同被确认为无效后,无法适用恢复原状的返还原则,只能折价补偿。本案实际上解决的是合同被依法确认无效之后如何折价补偿的问题。工程质量是建筑工程的生命,因此,考量承包人是否有权请求参照合同约定支付工程价款的着眼点在于工程质量是否合格。不能机械地将是否经过竣工验收程序作为无效合同支付工程款的条件。在承包人只施工了部分工程即退场的情况下,如果简单地以整个工程未竣工验收即对该承包人支付工程价款的诉请不予支持,将损害承包人的权益,有违立法本意。《建设工程施工合同解释》第二条规定中所称经验收合格既包括工程竣工后验收合格,也包括正在建设中的工程经阶段性验收合格以及经过修复后验收合格。本案中,唐学军施工的巷道掘进工程仅系整个煤矿扩建工程的一部分,并非必须以整个煤矿扩建工程全部竣工验收合格作为支付工程款的条件。从体系解释的角度看,根据上述司法解释第三条规定,只有在建设工程修复后经竣工验收仍不合格的,才对承包人请求支付工程价款的诉请不予支持。本案中,宏岳公司作为建设单位,不仅未提供经过审查批准的设计施工图纸,亦未积极组织竣工验收即将唐学军施工的工程投入使用,根据二审查明的事实,案涉煤矿 2016 年 11 月 21 日已经开始试运转,本院再审中,宏岳公司也认可,案涉煤矿"在挖煤",宏岳公司虽称唐学军施工的工程存在质量问题,但未提供证据证明。五通桥区安全生产监督管理局于 2017 年 12 月 12 日作出的《关于终止乐山市宏岳煤业有限公司五通桥宏岳煤矿扩建工程联合试运转的决定》只能证明案涉煤矿因未在立项建设时进行环境影响评价,经宏岳公司申请,终止现有的煤矿扩建工程联合试运转,与唐学军施工的巷道掘进工程质量是否合格无关联性,不能证明唐学军施工的工程存在质量问题。至于煤矿安全生产监督管理部门要求的联合试运转程序以及经四川省经济和信息化委员会组织竣工验收和办理相关证照程序,乃是对煤矿安全生产的评估核查,以保证煤矿运营安全,不属于建设工程的竣工验收程序。二审判决以此作为支付工程价款的条件,适用法律错误,本院予以纠正。如上所述,根据已经查明的事实,唐学军施工的工程在案涉煤矿联合试运转中已经投入使用,宏岳公司并未提供证据证明工程质量存在问题,唐学军诉请支付相关的工程款项,有事实和法律依据,本院予以支持。

【案例来源】

中国裁判文书网,http://wenshu.court.gov.cn。

编者说明

《建设工程施工合同解释》第三条规定:"建设工程施工合同无效,且建设工程经竣工验收不合格的,按照以下情形分别处理:(一)修复后的建设工程经竣工验收合格,发包人请求承包人承担修复费用的,应予支持;(二)修复后的建设工程经竣工验收不合格,承包人请求支付工程价款的,不予支持。因建设工程不合格造成的损失,发包人有过错的,也应承担相应的民事责任。"该条规定了建设工程施工合同无效,建设工程经竣工验收不合格的处理原则:一是合同无效,工程竣工验收不合格,工程款项的支付方法;二是合同无效,工程竣工验收不合格,承包人与发包人责任的承担。

《合同法》第五十八条规定,合同无效或者被撤销后,因该合同取得的财产应当予以返还;不能返还或者没有必要返还的,应当折价补偿。建设工程经竣工验收不合格,主要是建设工程质量不符合国家规定或者行业规定的标准,一般包括两种情况:一种是建设工程质量虽然不合格,但经过修复,可以使缺陷得到弥补,符合国家或者行业强制性质量标准。这种情况下,发包人仍然可以接受建设工程,并在修复后继续利用建设工程。按照《合同法》关于无效合同的处理原则,应当对建设工程予以折价补偿,但由于建设工程没有经过竣工验收,需要进行修复,具备验收条件后方能使用,故而发包人可以要求承包人承担修复费用。另一种情况是,建设工程的质量缺陷无法通过修复予以弥补,建设工程丧失利用价值。对于没有利用价值的建设工程,只能再重新进行建设,承包人没有请求支付工程价款的权利。

《建筑法》第五十八条第一款规定,建筑施工企业对工程的施工质量负责。按照上述法律规定,对于经竣工验收不合格的建设工程,承包人应当承担民事责任。但实践中经常出现工程质量缺陷是由于发包人原因导致的情况,所以按照过错程度,具有过错方承担责任,符合公平原则及《合同法》规定的按照过错承担无效合同赔偿责任的原则。

195 在初步证据证明工程存在质量问题的情况下，施工方不同意整改，亦不同意鉴定的，鉴于其无证据证明案涉工程合格，对其支付工程款的诉讼请求不予支持

【关键词】

│建设工程│工程质量│工程价款│鉴定│

【案件名称】

上诉人中铁十九局集团第二工程有限公司与上诉人海西冰峰矿泉水开发有限公司建设工程施工合同纠纷案［最高人民法院（2019）最高法民终 237 号民事判决书，2019.3.29］

【裁判精要】

最高人民法院认为：

（一）关于工程款的问题

根据查明事实，2014 年 9 月 17 日案涉双方签订《承包合同》，约定中铁十九局承包海西公司年产 30 万吨矿泉水建设项目。合同履行过程中，海西公司、中铁十九局及华汇公司签订三方协议，约定将案涉工程的钢结构工程交由华汇公司具体施工，中铁十九局与海西公司进行结算，之后再根据约定向华汇公司付款。2015 年 9 月 1 日，因建设项目施工滞后，前期施工质量存在问题等，海西公司向中铁十九局发出通知，要求其全面停工，撤出施工现场并进行结算。2017 年 6 月 21 日，中铁十九局向海西公司提交《结算报审总价》一份，其中《建设工程结算审核定案表（土建部分）》载明，按合同约定税前下浮 3% 后，土建部分的工程造价为 12234932.22 元。海西公司在该报审材料上盖章并注明："今收到工程送审稿原件壹份。"同日，双方召开关于案涉项目工程款结算事宜的会议，并形成《会议纪要》，载明：土建部分已完工程量结算价为 12234932 元，双方对此确认无异议。由此可见，海西公司在《结算报审总价》上盖章的行为，仅能表明其收到该报审材料的事实，不能据此认定其对《结算报审总价》所载内容的认可，但在结算会议中，案涉双方对该报审材料所涉土建部分的造价为 12234932 元无异议并确认，一审判决据此确认案涉工程土建部分的造价为 12234932 元，事实依据充分，并无不妥。另，关于钢结构部分的工程款项，因中铁十九局提交的《结算报审总价》系其单方制作，海西公司并未确认，且在关于结算的《会议纪要》中载明：钢结构施工部分，按 2016 年（应为 2015 年）7 月 21 日所签订的三方协议进行结算。而在此之后，双方就此未结算，钢结构部分的造价并未确定。一审中，海西公司申请对钢结构部分的工程造价进行司法鉴定，但中铁十九局坚持不同意该申请。因本案系中铁十九局起诉主张案涉工程款，其对钢结构部分的诉讼

主张有义务举证证明，在其证据不足以证明诉讼主张的情况下，仍坚持不同意针对该部分造价进行司法鉴定，应承担举证不能的不利后果。据此，一审判决未支持中铁十九局关于钢结构部分的诉讼请求，事实及法律依据充分，并无不妥。关于现场剩余材料和机械闲置等费用的问题，虽中铁十九局认为其在离场时尚有建筑材料及机械遗留在施工现场，并提供了《单项工程投标报价汇总表》予以证明，但因该证据系其单方事后制作，海西公司对此不予认可，且在双方召开的结算会议中，也未涉及该问题，中铁十九局再无其他证据予以证明，故一审判决以证据不足为由，未支持其该部分诉讼请求，亦无不妥。中铁十九局认为应依据《结算报审总价》确定钢结构款项、现场遗留材料及机械闲置费的理由不能成立，本院不予支持。

根据查明事实，中铁十九局系在施工未完成的情况下，被要求撤出施工现场，后双方当事人解除了施工合同。《建设工程施工合同解释》第十条第一款规定："建设工程施工合同解除后，已经完成的建设工程质量合格的，发包人应当按照约定支付相应的工程价款；已经完成的建设工程质量不合格的，参照本解释第三条规定处理。"第三条规定："建设工程施工合同无效，且建设工程经竣工验收不合格……修复后的建设工程经竣工验收不合格，承包人请求支付工程价款的，不予支持……"本案中，中铁十九局在撤出施工现场后，分别于2015年11月6日、2016年10月8日向监理单位提交《分部工程验收申请》，申请对土建及钢结构部分工程进行验收，监理单位均同意验收，但之后并未组织验收工作。一审诉讼中，经法庭征求意见，双方均同意对案涉工程进行验收。在验收过程中，中铁十九局人员无故离场，后经设计单位、监理单位及海西公司预验收，形成《关于中铁十九局总承包海西公司工程项目所做工程预验收等事项的会议纪要》，该纪要载明案涉工程存在质量问题，需进行质量鉴定。一审中，海西公司申请对案涉工程的质量问题进行鉴定，但中铁十九局不同意鉴定，亦不同意整改，对预验收所形成的会议纪要也不认可。中铁十九局作为施工方，在初步证据证明其施工部分的工程存在质量问题的情况下，不同意整改，亦不同意鉴定，其在无证据证明案涉工程合格的情况下，请求支付工程价款，缺乏法律依据，一审法院未予支持，并无不妥。中铁十九局认为一审判决未支持其关于土建部分工程款的诉讼请求，海西公司未提供法定机构出具的鉴定报告，一审判决仅依据其单方制作的证据即认定案涉工程存在质量问题，属认定事实不清的上诉理由均不能成立，本院不予支持。就案涉工程款，中铁十九局可在有证据证明时另行诉主张。

【案例来源】

中国裁判文书网，http://wenshu.court.gov.cn。

196 发包人主张工程存在质量缺陷，是否有权拒绝支付其已审核确认的工程进度款

【关键词】

│建设工程│工程质量│工程进度款│停工│

【案件名称】

上诉人内蒙古康乃尔化学工业有限公司与被上诉人东华工程科技股份有限公司建设工程施工合同纠纷案［最高人民法院（2018）最高法民终 732 号民事判决书，2018.10.16］

【裁判精要】

最高人民法院认为：

第一，康乃尔公司上诉主张由于涉案工程存在质量缺陷，东华科技公司没有完全履行合同义务，故康乃尔公司有权拒绝继续支付工程款。东华科技公司认为案涉项目尚未完工，东华科技公司主张的是已经过对方审核确认的工程进度款，不是竣工结算款，康乃尔公司理应支付。康乃尔公司所称的质量问题，属于建设期间的正常整改内容，双方已经进行过协商并有具体整改方案。康乃尔公司长期拖欠总包工程进度款导致案涉项目停工至今，是造成部分质量问题无法完全得到整改的主要原因，只要资金落实，相关问题在复工后都可以得到解决。本院认为，(1)根据双方往来函件的内容可知，由于康乃尔公司欠付多笔其已经审核过的工程进度款，造成项目因缺乏资金而停工，东华科技公司多次催要未果，才引发本案诉讼。康乃尔公司称系因工程质量问题导致项目停工，与事实不符。(2)康乃尔公司称案涉工程存在严重质量问题，但是始终未能举证证明。关于工程质量问题，双方当事人在《总承包合同》《补充协议》中都有详尽的约定，东华科技公司不仅在施工过程中对不符合质量标准的工程有修复、更换或重作的义务，项目建成后，后续机械竣工、中间交接、预试车、试车以及最终的性能考核阶段，均有质量保证的责任和义务。综合双方当事人关于对案涉工程质量问题应如何处理的意见，东华科技公司的主张更令人信服，本院予以采信。(3)康乃尔公司一审反诉要求东华科技公司对项目存在的质量问题进行整改的诉讼请求，已经得到一审判决的支持。现康乃尔公司二审上诉以质量问题未解决为由主张拒付工程进度款，缺乏合同及法律依据，本院不予支持。综上，一审判决认定康乃尔公司应当按合同约定支付工程进度款，东华科技公司主张给付进度款的条件已经成就，结论正确。

第二，康乃尔公司上诉主张东华科技公司提交的进度款申报表弄虚作假，工程进度款应当在一审判决认定数额基础上再核减 10743 万元。本院认为，关于工程进

度款的支付问题,根据双方在《补充协议》中的约定,每月 5 日前,承包人向发包人提交上月的进度款申请,发包人在接到申请 21 天内审核结束,审核结束后 10 天内支付进度款。因此,康乃尔公司如认为东华科技公司提交的进度款申请存在弄虚作假,应当在审核阶段及时提出异议。而实际上在合同履行过程中,康乃尔公司先后共审核确认了 12 笔工程进度款,故对已经过其审核的工程进度款,康乃尔公司应及时支付。案涉项目并未完工,东华科技公司主张的仅是合同约定的工程进度款,如康乃尔公司认为对方在履行合同过程中存在工程价款应予调整问题,双方可以在竣工结算时予以解决。《总承包合同》对迟延支付合同价款如何计算利息问题有明确约定,一审法院基于康乃尔公司存在迟延支付进度款的事实认定基础上,判令其向东华科技公司支付延期付款利息,并无不当。康乃尔公司既未完全履行合同义务,发生诉讼后又主张对其已经审核过的工程进度款数额予以核减,对此本院不予支持。

【案例来源】

中国裁判文书网,http://wenshu. court. gov. cn。

197 承包人施工部分未达到合同约定的市优良工程标准,应依约向发包人支付违约金

【关键词】

│建设工程│工程质量│优良工程│违约金│

【案件名称】

申诉人福建章诚隆建设工程有限公司与被申诉人厦门经济特区房地产开发集团有限公司建设工程施工合同纠纷案［最高人民法院(2014)民抗字第 79 号民事判决书,2015. 12. 24］

【裁判精要】

最高人民法院认为:

关于章诚隆公司是否应当承担工程未达到市优良标准的违约金问题。双方签订的《建设工程施工合同》约定,工程质量标准为厦门市优良工程。工程质量达不到市优良等级,承包人必须按照工程合同造价的 2% 向发包人支付违约金。《厦门市优良工程评审暂行办法》第三条规定,市优良工程是指具有一定规模、基建程序报建手续齐全,经设计认可,施工自评、监理评价为优良,已通过建设单位组织的竣工验收,经协会评审,由市建设行政主管部门确认质量优良并公布的工程。据此,市优良

工程必须是施工自评、监理评价为优良的工程。而诉争工程的《建设工程竣工验收报告》载明,四方(建设单位、施工单位、设计单位、监理单位)均评定该工程为"合格",说明章诚隆公司作为施工单位亦确认诉争工程质量为合格而不是优良。章诚隆公司也并未提供证据证明诉争工程中其施工的部分已达到市优良工程的标准,只是因为报建手续不齐备而无法评定为市优良工程。故依据合同约定,章诚隆公司应按照工程合同造价的 2% 向特房集团支付违约金 475194 元,原判此项判定并无不当,应予以维持。章诚隆公司主张诉争工程客观上不能被评为优良等级,其对此没有责任,不应承担质量违约金,理由不能成立,本院再审不予支持。

【案例来源】

中国裁判文书网,http://wenshu.court.gov.cn。

198 施工合同对双方当事人合同义务履行顺序已有明确约定,鉴于承包人未交付质量合格工程,发包人有权以此为由行使先履行抗辩权,暂停支付工程进度款

【关键词】

│建设工程│合同履行│先履行抗辩权│

【案件名称】

上诉人安徽一万纺织有限公司与上诉人中厦建设集团有限公司建设工程施工合同纠纷案[最高人民法院(2017)最高法民终 666 号民事判决书,2018.12.28]

【裁判精要】

最高人民法院认为:

一、关于一审判决对双方当事人在履约过程中的责任认定及处理是否适当的问题

中厦建设公司和一万纺织公司签订的《建设工程施工合同》《补充协议》系双方当事人的真实意思表示,不违反法律、行政法规的强制性规定,合法有效。双方当事人应当按照合同约定全面履行义务。中厦建设公司主张一万纺织公司没有按期支付工程进度款,导致工程被迫停工,请求确认案涉合同于 2013 年 4 月 8 日解除。一万纺织公司则抗辩案涉工程存在施工质量问题,其有权行使先履行抗辩权,中厦建设公司的解约行为无事实和法律依据。本院认为,判断案涉合同是否应予解除,应当审查一万纺织公司是否存在《建设工程施工合同》通用条款 44.2 条约定的逾期支付工程进度款的情形,且其行使先履行抗辩权有无合同及法律依据。

经一审查明,中厦建设公司于 2011 年 11 月 1 日进场施工后 10 天,即因 8 号车间工程质量存在的缺陷被监理公司要求停工整改。后因中厦建设公司造成案涉工程厂房及办公楼工程基础部位严重质量缺陷,并由此产生工期延误问题,经双方协商一致于 2012 年 2 月 21 日签订的《补充协议》约定竣工日期改为 2012 年 10 月 8 日,并变更案涉工程付款方式为:7 号、8 号车间"基础完成后七天内支付厂房部分合同价的 10%,一层结构板浇筑后七天内支付厂房部分合同价的 10%"。对于工程进度和款项付款节点的把握,双方会同监理公司多次召开工地会议协商。2012 年 6 月 30 日案涉工程第五次工地会议纪要记载,要求施工单位在 7 月 14 日之前完成规定内容的一半,则业主(即一万纺织公司)同意支付原应在合同规定一层板面浇筑完成后应支付工程款的 50%。但是根据 7 月 21 日第六次工地会议纪要的记载,施工单位并没有在 7 月 14 日之前完成计划安排,业主再次表示施工单位认真落实进度计划,则其同意周一会根据施工单位的要求提前支付 8 号车间一层板节点的工程款 157 万元。一万纺织公司于 2012 年 7 月 25 日支付 157 万元后,8 月 13 日第七次工地会议讨论内容仍然围绕施工进度滞后,没有改观,并存在办公楼三层顶板梁底钢筋锚固不够,需要整改的情形等内容展开。至 2012 年 9 月 1 日,中厦建设公司提交《工程款支付申请表》,监理单位对此要求安全整改完后再支付工程款。9 月 15 日第八次工地会议中,监理公司认为工程项目部尚未就梁的质量问题拿出整改措施,一万纺织公司提出因较大范围的工程质量不合格且工程进度严重滞后,其暂不支付工程款。上述事实可知,一万纺织公司在施工中按照中厦建设公司要求支付工程进度款,基本符合合同约定。但中厦建设公司自开工后未按工程设计及施工规范要求施工,在出现工程质量问题后也未完全按照监理公司的意见进行整改,2015 年 12 月 4 日湖南大学司法鉴定中心亦鉴定确认案涉工程(厂房及办公楼)主体结构质量均存在一定施工质量缺陷,尚须整改。根据《合同法》第六十七条规定,"当事人互负债务,有先后履行顺序,先履行一方未履行的,后履行一方有权拒绝其履行要求。先履行一方履行债务不符合约定的,后履行一方有权拒绝其相应的履行要求"。本案中,案涉《建设工程施工合同》及《补充协议》对于双方当事人合同义务履行顺序已有明确约定,中厦建设公司作为施工单位在未交付质量合格工程的情况下,其关于一万纺织公司拖欠工程进度款违反合同约定的主张不能成立,一审法院认定一万纺织公司以案涉工程质量不合格为由行使先履行抗辩权,暂停支付工程进度款有事实和法律依据,应予维持。

中厦建设公司以一万纺织公司拖欠工程进度款为由于 2012 年 10 月 12 日单方停工违反合同约定,其自 2013 年 4 月 8 日向一万纺织公司发函解除合同行为于法无据,不具有法律效力,其主张的停窝工损失亦缺乏事实和法律依据。

关于一审判决中厦建设公司向一万纺织公司支付违约金 300 万元是否适当的问题。中厦建设公司上诉主张,一审判决以中厦建设公司缴纳了 300 万元履约保证金为由,判决其承担 300 万元工期延误违约金,明显超出了合同约定的工期延误违约金标准。一万纺织公司对此不予认可,亦上诉主张一审判决中厦建设公司赔偿一万纺织公司 300 万元违约金,远远低于一万纺织公司所遭受的实际损失。本院认为,本案纠纷起因于中厦建设公司建设施工的案涉工程质量不符合合同约定的合格标准。根据《建筑法》相关规定,建筑施工企业对工程的施工质量负责。建设工程施工合同的施工单位交付质量合格工程是其主要义务,也是其取得工程价款的前提。本案中,一万纺织公司之所以将案涉工程交由中厦建设公司施工,主要基于中厦建设公司是具有特级施工资质的专业建筑企业,但中厦建设公司自工程开工十日起即收到监理单位下达的停工整改通知,此后工程质量问题接连不断。双方在质量问题出现初期,尚能本着互谅互让、友好协商的原则,签订《补充协议》变更竣工日期及付款方式,中厦建设公司亦承诺"后期工程施工严格按照图纸及相关规范要求施工,超过相关规范允许的偏差,乙方无条件按甲方的意见进行整改或返工"。但在出现严重影响工程质量的施工缝和混凝土柱错位等主体结构缺陷问题导致工期延误后,中厦建设公司未按承诺配合一万纺织公司完成整改,而后更以停工行为为抗辩进一步导致工期延长,致使一万纺织公司案涉合同目的不能实现,理应承担相应的违约责任。鉴于案涉合同已无履行的基础,双方对合同解除均无异议,故双方的合同权利义务自行终止,中厦建设公司不再履行合同约定的施工义务,因此也不应再承担合同解除后的工期延误违约责任。一万纺织公司主张中厦建设公司应依照《补充协议》第二条"若中厦建设公司未能按期完工,根据逾期天数,每天按总工程造价 0.1% 作为工期延误违约金"的约定支付违约金。如依照该标准计算违约金,截至一审判决时,已达 7000 万元以上,显然超出中厦建设公司订立合同时预见到的损失范围。但依照我国《合同法》关于违约责任与实际损失相一致的原则,一审法院仅以中厦建设公司缴纳 300 万元履约保证金为限认定中厦建设公司承担违约责任的范围尚不足以弥补一万纺织公司的实际损失。二审中,一万纺织公司提供了案涉工程未竣工交付后,其缴纳的闲置土地使用税单据、已购置设备无法入场而产生的仓储费单据以及工程修复的后续检测费损失等,以证明其因中厦建设公司违约而遭受到严重损失,结合中厦建设公司已完工的工程量、案涉合同价款、中厦建设公司对工程质量整改费用的承担、中厦建设公司的违约情形等因素,本院酌定由中厦建设公司支付一万纺织公司违约金 700 万元。

【案例来源】

中国裁判文书网,http://wenshu.court.gov.cn。

199 **发包人主张协议应理解为承包人履行缺陷修复义务在先，发包人给付剩余工程款在后，可以从文意解释、体系解释和交易习惯解释等角度综合分析**

【关键词】

│建设工程│工程价款│修复│合同解释│

【案件名称】

上诉人鄂尔多斯市人民政府与被上诉人远洋装饰工程股份有限公司、原审被告鄂尔多斯银行股份有限公司建设工程施工合同纠纷案［最高人民法院（2017）最高法民终 871 号民事判决书，2018.11.5］

【裁判精要】

最高人民法院认为：

（四）关于原审判决是否存在适用法律错误问题

市政府上诉主张原判决否定市政府的先履行抗辩权，属于理解适用法律错误。市政府上诉主张《和解协议书》第二条和第三条应理解为远洋公司履行缺陷修复义务在先，市政府给付 308615336 元剩余工程款在后。市政府该上诉主张，不符合《合同法》第一百二十五条"当事人对合同条款的理解有争议的，应当按照合同所使用的词句、合同的有关条款、合同的目的、交易习惯以及诚实信用原则，确定该条款的真实意思"的规定。

第一，从《和解协议书》第二条和第三条的词句解释，得不出市政府上述结论。虽然市政府根据 2016 年 6 月 30 日这一付款时间晚于 2016 年 5 月 30 日已收到通知的缺陷修复事项这一事实上诉主张，付款时间以缺陷修复为前提，但从该协议第二条和第三条表述的文义解释来看，两者不但语义不同，而且也没有明确第三条与第二条之间的相互关系。故解释不出缺陷修复是付款前提的含义。

第二，从《和解协议书》相关条文的体系解释，得不出市政府上述结论。结合《和解协议书》有关条款可知，该协议第五条规定，第一条约定给付的 1 亿元工程款中的 1000 万元存入双方共管账户，用于支付维修费用。市政府在远洋公司按第三条约定完成维修义务后七个工作日支付剩余维修费用。可见，这里的 1000 万元是为第三条约定的缺陷维修义务提供担保。而且，双方都确认 1000 万元维修费用将会有剩余，剩余部分支付给远洋公司。由此可推出，双方签订《和解协议书》时，并无另行将第二条工程款给付约定作为第三条规定维修费用担保的合意。既然不会将第二条约定剩余工程款作为第三条维修费用的担保，那么市政府订立《和解协议书》时，就没有将第三条作为第二条工程款给付前提的意思表示。

第三,从交易习惯角度看,《和解协议书》第一条和第二条都是约定工程款给付的时间和金额,第三条则是约定的缺陷修复事项。可见,市政府所谓约定"先给付"的第三条放在约定"后给付"的第一条、第二条之后。这与一般对待给付协议条款的书写中,通常都会将对方先履行义务的条款放在己方后履行对待给付义务条款之前不同。既然缺陷修复并非工程款给付的前提条件,故不存在应适用《合同法》第六十七条规定的情形。至于《和解协议书》约定的缺陷修复事项处理,则是针对案涉房屋投入使用后保修期满之前收到通知的缺陷修复事项,与《建设工程施工合同解释》第十三条所指的"未经竣工验收,发包人擅自使用后,又以使用部分质量不符合约定"有所不同。后者中"使用部分质量"指未经竣工验收,发包人擅自使用前已经发现的质量问题。由于案涉精装修房屋已被投入居住使用,故原审法院适用《建设工程施工合同解释》第十三条,并无不当。

【案例来源】

中国裁判文书网,http://wenshu.court.gov.cn。

二、发包人工程质量责任

200 建设单位有关手续未经过建设主管部门审查批准的，应对签约前未曾预见的特殊地质条件导致工程质量缺陷承担主要责任

【关键词】

│建设工程│工程质量│发包人责任│

【案件名称】

申请再审人海擎重工机械有限公司与被申请人江苏中兴建设有限公司、中国建设银行股份有限公司泰兴支行建设工程施工合同纠纷案［最高人民法院（2012）民提字第20号民事判决书，2012.6.25］

【裁判精要】

裁判摘要：从事建设工程活动，必须严格执行基本建设程序，坚持先勘察、后设计、再施工原则。建设单位未提前交付地质勘查报告、施工图设计文件未经过建设主管部门审查批准的，应对于因双方签约前未曾预见的特殊地质条件导致工程质量问题承担主要责任。施工单位应秉持诚实信用原则，采取合理施工方案，避免损失扩大。

人民法院应当根据合同约定、法律及行政法规规定的工程建设程序，依据诚实信用原则，合理确定建设单位与施工单位对于建设工程质量问题的责任承担。

最高人民法院认为：

本案争议焦点是：(1)本案工程质量出现问题责任应当如何承担；(2)中兴公司应否承担工期违约责任；(3)关于工程款及停工损失如何认定。

(一)本案工程质量出现问题责任应当如何承担

海擎公司申请再审主张原判决认定事实错误，由其承担工程质量问题主要责任错误，以下分项论述：

1. 关于设计图纸事先未经审查与工程质量问题有无因果关系。海擎公司主张设计图纸事先未经审查与质量问题没有因果关系，二审认为审查意见书认定设计图纸有问题错误。中兴公司答辩称海擎公司没有如实提供地质勘查报告，施工图纸未经过审批、未组织会审、缺乏科学论证，导致脱离当地地质实际，没有针对淤泥层设

计专门措施,导致质量问题,且时至今日,海擎公司提供的图纸仍未经过审查,没有加盖审图章。

本院认为,《建设工程质量管理条例》第五条规定,从事建设工程活动,必须严格执行基本建设程序,坚持先勘察、后设计、再施工的原则;第十一条规定,建设单位应当将施工图设计文件报县级以上人民政府建设行政主管部门或者其他有关部门审查。施工图设计文件未经审查批准的,不得使用。本案中,工程质量问题产生原因很大程度是基于当地特殊地质。根据《建设工程质量管理条例》要求,在基本建设的规定程序中,与工程质量的形成关系密切的是勘察、设计、施工三个阶段。勘察工作为设计提供地质、水文等情况,给出地基承载力。勘察成果文件是设计工作的基础资料,设计单位据此确定选用的结构形式,进行地基基础设计,向施工单位提供施工图,施工单位按图施工。本案中,海擎公司在招投标过程中并未能提供证据证明曾提供岩土工程详细勘察报告,而是在签订合同的次日才提交,给工程质量事故的发生造成隐患,海擎公司应当对此承担责任。

海擎公司虽在二审庭审中提交了连云港市建设施工图审查中心出具的《施工图设计审查意见书》,该意见书关于地基处理及结构设计的安全性、合理性的评价为"无违反强条、强标",但同时说明"因承台埋置较深至流塑淤泥设计应提醒施工单位做好基槽支护,同时设备基础应同时施工"。在审查综合意见中载明"各专业均存在不满足设计规范和标准的内容,应按审查意见组织修改与完善"。由此可见,该《施工图设计审查意见书》已经发现了施工地特殊土质以及设计方案中的承台高度可能造成的隐患,并提出了相应的要求"调整、修改原设计应按格式出具整改措施和正规设计变更,复查合格后,予以通过"。本案中,如果建设单位、监理单位与设计单位及时收到该意见书并给予充分重视,采取相应的保护措施或调整设计方案,则可能减轻或避免质量事故的发生。但该意见书出具的日期是 2008 年 4 月 15 日,此时工程质量事故已经发生,故意见书的出具已经于事无补。因此,本案中海擎公司违反行政法规未将施工图纸送审,且事后出具的《施工图设计审查意见书》对风险进行了提示、提出了整改及变更要求,应认定海擎公司未进行图纸报审与案涉工程质量事故的发生之间存在因果关系,并承担主要责任。中兴公司作为施工单位,在建设单位未提交岩土工程详细勘查报告和经过审核的施工图纸情况下,违背基本建设程序、急于报价承揽工程,亦有一定的过错。二审法院对此认定并无不妥,海擎公司所称设计图纸未经审查与质量问题没有因果关系依据不足,理由不能成立,本院不予支持。

2. 关于中兴公司提出"增加桩长、提高承台"的方案问题。海擎公司申请再审称中兴公司提出该方案,只是便于施工人施工,但不符合设计单位的设计要求以及海擎公司使用,且"增加桩长、提高承台"会对承重能力产生影响,从而影响到厂房的基础安全,必须要经过设计单位重新测算、重新设计出图纸才能施工,原设计图纸没有问题,《设计图纸审查意见书》也没有提出实质性意见。故海擎公司不应因此导致质量问题承担相应责任。中兴公司答辩称该方案已经过专家论证,质量鉴定报告亦可证实,该方案如被采纳可以避免质量问题,且该方案成本较低。

本院认为,中兴公司于2007年12月16日得到岩土工程详细勘察报告和现场总平面图后,同年12月20日进场施工,12月26日,中兴公司致海擎公司工作联系单二份,主要内容为因现场地质条件复杂,原自然土为水中所泡淤泥等,现土方量大大超出合同工程量范围,并需解决降水,建议提高室内±0.00标高及场区标高至合理位置,请示设计院增加桩长提高承台(并修改承台),解决排水问题。另外,中兴公司在其投标文件的基坑开挖主要事项中亦明确"严格按照基础结构施工图进行;基坑开挖后如发现坑底土质与勘察报告不符,及时向业主、监理及设计单位反映"等内容。可见中兴公司已及时履行报告义务,并提出建议。且"增加桩长、提高承台"方案在连云港市建设工程质量监督站《工程质量鉴定报告》"关于海擎公司煤化工设备制造厂部分工程桩倾斜、断裂的鉴定分析意见"中亦说明针对"增加桩长、提高承台"方案对桩基施工的质量问题有很大影响,如果建设与监理单位报施工图进行审查,向设计单位反映提高桩身长度与承台标高,按基本建设程序办理,则本次的质量事故是可以减轻或避免的。但海擎公司未能会同监理单位、设计单位对于中兴公司提出的建议予以充分重视并研究相应措施,故其应对其后的工程质量事故责任承担主要责任。二审法院对此责任认定并无不当。

3. 关于重型汽车与挖土机械的碾压责任问题。海擎公司申请再审称没有证据证实道路是海擎公司压坏的,海擎公司、监理单位从未收到过中兴公司2008年2月28日工作联系单,即便收到只能证明海擎公司只进行了约一天的挖掘试验,也没有大型运土车辆运土的记载。本案施工单位就是中兴公司,认定其动用机械和车辆完成了绝大部分开挖和全部运土的工作没有问题。在道路损害导致桩基损害的责任上,中兴公司至少要承担99%的责任。中兴公司答辩称,道路碾压完全是由海擎公司造成,海擎公司自行组织大型机械现场开挖、大型车辆土方外运导致道路压坏、桩发生倾斜。

本院认为,2008年2月28日的工作联系单载明"2008年2月24日建设单位自行组建了挖机和大型运土车辆对A轴交33—35轴进行了基坑开挖,采取即挖即运的方式,进行该基坑的土方开挖,致使大型运土车辆所行经过的道路沿线均发生了土体下沉"。海擎公司虽称从未收到过2008年2月28日的工作联系单,但该工作联系单有监理单位签字。工程监理单位,是受建设单位委托,依照国家法律规定要求和建设单位要求,在建设单位委托的范围内对建设工程进行监督管理的单位,所以该工作联系单尽管海擎公司予以否认,但并无充分证据推翻,故应予认定。且海擎公司并未提交证据证明其曾对该工作联系单中提及的由于海擎公司自行组建挖机和大型运土车辆碾压导致土体下沉后果提出异议。综上,二审法院关于因海擎公司重型汽车与挖土机械碾压导致土体下沉、基桩倾斜变形断裂的责任认定并无不妥。海擎公司此项再审理由依据不足,不予支持。

4. 关于工程放坡系数不足的问题。海擎公司申请再审称因施工道路两侧均要开挖基坑,如满足放坡系数1∶7,则无法满足施工通行要求。中兴公司应当承担的是,在不能满足正常放坡系数的情况下,没有采取合理的施工方案,包括支护方案导致出现质量事故的责任。中兴公司答辩称放坡系数达标。

本院认为,中兴公司所编制的土方开挖方案中载明"土坡坡度不大于安全坡度(1∶1.5)",是按照一般地质条件作出的开挖方案,但基于案涉工程特殊地质并不能满足基坑安全的要求,海擎公司虽未提出异议,但中兴公司在收到建设单位提供的岩土勘察报告后,已对现场地质情况有所了解,中兴公司此时应当注意到原土方开挖方案可能造成质量隐患,有义务及时向业主、监理及设计单位反映,重新调整土方开挖方案。建设单位与施工单位亦应秉承诚实信用原则,重新进行协商,共同商定可行的开挖方案及合同价款。但本案中,中兴公司只是提出了"增加桩长、提高承台"的优化设计方案,在该方案未得到建设单位采纳后,其未能从工程质量安全出发,进一步向建设单位提出调整开挖方案的要求,而是仍按原方案实施,故中兴公司对于施工产生的质量后果应当承担一定的责任。海擎公司一味强调工程造价为不变价,并以中兴公司施工过程应当采取何种施工方案与建设单位无关为由,对施工单位调整设计方案的建议未予重视与答复,亦应承担一定的责任。

5. 关于基坑支护问题。海擎公司申请再审称中兴公司在投标文件中明确基坑支护结构,但实际施工中没有采取基坑支护措施,是导致本案工程质量事故的主要原因。中兴公司答辩称该公司在投标文件中基坑支护的承诺没有依据,因招标及签约时没有见到地质勘察报告,不可能考虑到基坑支护问题。

本院认为,根据《建设工程质量管理条例》规定,从事建设工程活动,必须严格执行基本建设程序,坚持先察查、后设计、再施工的原则。案涉工程所处地区地质条件较为特殊,从中兴公司收到建设单位提供的岩土勘察报告的时间来看,是在双方签订合同之后,因此中兴公司在投标时乃至签订合同时客观上难以对当地特殊的地质情况作出准确判断。在中兴公司的投标文件中,虽载明"开挖过程中发现支护结构局部位移较大,已超过许可范围时,应暂时中止挖土,采用钢管或钢管索在竖直平面内进行斜撑,同时在支护结构外侧卸载,以减少主动土压力,也可打设锚杆进行加固;当支撑结构出现裂缝时,可用钢管或钢管索在支撑结构和支撑桩之间进行对撑加固",但该支护方案应视为针对一般地质而并非案涉工程特殊地质作出。中兴公司于2008年3月28日拟定基坑支护方案并请专家予以论证,结果是要增加1000多万元工程造价,而本案工程合同预算价格为1300余万元亦可佐证。在发现地质情况特殊后,施工单位与建设单位均应秉承诚实信用原则,进行协商、调整方案。本案中,中兴公司提出有关方案,而海擎公司强调工程造价为包死价,并以中兴公司提出基坑支护方案和费用与建设单位无关,态度消极,应对工程质量出现问题承担主要责任;中兴公司虽于2008年3月28日提出基坑支护方案,但2008年5月21日,海擎公司委托鉴定单位对基桩施工期间(2008年2月16日至同年3月10日)的桩基抽测鉴定,案涉桩基已出现重大质量问题,此质量问题的发生,与中兴公司签订合同后发现特殊地质并提出建议,但在海擎公司不予认可之后仍不计后果施工有一定关系,故中兴公司亦应承担一定责任。

综上,案涉工程质量出现重大问题,建设单位与施工单位均有过错。海擎公司违反诚信原则,在签订合同之前未提交岩土工程详细勘察报告,未提交经过审核的施工图纸,违反《建设工程质量管理条例》规定的基本建设程序,为质量事故发生埋下隐患;海擎公司未能会同监理单位、设计单位对于施工单位提出的"增加桩长、提高承台"的合理建议予以充分重视并研究相应措施,亦未能会同监理单位对施工单位的土方开挖方案进行审查及组织专家论证,且在施工过程中,使用载重汽车参与土方开挖及运输导致道路碾压,海擎公司一味强调工程造价为不变价,并以中兴公司施工应当采取何种方案与建设单位无关为由,对施工单位调整设计方案的建议未予重视与答复,故应承担相应的责任。作为专业施工单位,中兴公司在没有看到岩土详细勘察报告及经过审核的施工图情况下,即投标承揽工程,本身就不够慎重,发现特殊地质情况后虽提出建议,但在海擎公司不予认可之后仍不计后果冒险施工,对桩基出现的质量问题采取了一种放任态度。这种主观状态和做法应得到否定性评价。如果中兴公司真正关心工程质量,应当与海擎公司就地质情况所带来的问题进行协商,协商不成,明知工程无法继续应当采取措施避免损失的扩大。从案涉工程施工开始,中兴公司都可采取停止施工的止损措施,但其为了自己的合同利益,一味蛮干,且直到2008年3月6日,还与海擎公司签订内容为"考虑到中兴公司施工有一定困难土方量加大,海擎公司一次性补助中兴公司42万元,对中兴公司在施工过程中出现的道路、排水、塌方等一切困难及问题,海擎公司一律不再承担任何费用,全部由中兴公司自行承担并解决"的补充协议。中兴公司虽主张该协议的补助仅是针对土方量增加的补助而非工程质量问题,但也说明中兴公司为谋取合同利益而忽视质量风险。因此,本院认为中兴公司对工程质量事故责任应承担比二审判决所确定的比例更高的责任。

综上,建设单位海擎公司对本案工程质量问题的发生应承担主要责任,施工单位中兴公司承担次要责任。本院认为,应对二审法院确定的责任比例进行调整,由海擎公司对本案工程质量问题的发生承担70%的责任,中兴公司承担30%的责任。

(二)关于中兴公司应否承担违约责任

海擎公司申请再审称其与中兴公司原签订的合同中约定的工期为2007年12月20日起至2008年2月22日止,后因中兴公司提出种种理由要求顺延工期,双方经协商,于2008年2月19日达成《补充协议》,将工期延长至2008年3月30日。

2008年3月6日,双方再次在《补充协议》中约定,工期仍然为2008年3月30日到期。此后,双方再没就工期问题达成新的一致意见。中兴公司后期虽然就基坑支护方案及费用问题与海擎公司协商,但基坑支护方案是中兴公司合同约定范围内的工作,费用已包括在合同包死价之内。因此,后期协商问题不能作为中兴公司延长工期的理由。故自2008年3月31日起产生的工期延误,应由中兴公司负责,中兴公司理应承担违约责任。中兴公司答辩称由于海擎公司的原因,导致工程无法继续,工期延误,应由海擎公司承担责任。

本院认为,如前所述,涉案工程发生质量问题的根本原因在于工程所处的地质条件较为特殊。在合同履行中发现土质问题影响施工后,双方当事人均未能遵循诚实信用原则履行自己的义务,造成工期延误,并发生了工程质量事故,导致巨大的建设成本损失,对该损失的发生,根据双方的过错大小,应由海擎公司承担主要责任,中兴公司承担次要责任。

在建设成本损失之外,海擎公司还主张中兴公司应承担工程不能如期竣工的违约责任,本院认为由于工程质量问题的发生导致无法按期竣工的主要过错在海擎公司,因此,海擎公司在建设成本之外主张中兴公司承担工期违约责任的法律依据并不充分,本院不予支持。

【案例来源】

《中华人民共和国最高人民法院公报》2015年第6期(总第224期)。

编者说明

建设工程的质量关系公共安全,为了确保建设工程质量,《合同法》《建筑法》等法律、行政法规或者部门规章都作出了许多具体规定,如有关承包人施工资质、工程分包、工程验收、工程保修、工程监理、建材供应等方面的规定,这些规定的核心都是为了保证工程质量。一般来讲,承包人的主要合同义务就是按照合同约定和国家标准施工,将合格的建设工程交付发包人,如果工程质量有缺陷,应由承包人承担责任。但在特殊情况下,建设工程质量缺陷与发包人的过错有关,如果发包人不承担相应的责任,都让承包人承担责任是不公平的。例如,《合同法》第二百五十六条第一款规定:"定作人提供材料的,定作人应当按照约定提供材料。承揽人对定作人提供的材料,应当及时检验,发现不符合约定时,应当及时通知定作人更换、补齐或者采取其他补救措施。"第二百七十二条第一款规定:"发包人可以与总承包人订立建设工程合同,也可以分别与勘察人、设计人、施工人订立勘察、设计、施工承包合同。发包人不得将应当由一个承包人完成的建设工程肢解成若干部分发包给几个承包人。"第二百八十三条规定:"发包人未按照约定的时间和要求提供原材料、设备、场地、资金、技术资料的,承包人可以顺延工程日期,并有权要求赔偿停工、窝工等损失。"因此,《建设工程施工合同解释》第十二条明确因发包人原因造成的工程质量瑕疵亦应承担责任,规定:"发包人具有下列情形之一,造成建设工程质量缺陷,应当承担过错责任:(一)

提供的设计有缺陷;(二)提供或者指定购买的建筑材料、建筑构配件、设备不符合强制性标准;(三)直接指定分包人分包专业工程。承包人有过错的,也应当承担相应的过错责任。"《第八次全国法院民事商事审判工作会议(民事部分)纪要》第三十三条规定:"发包人不履行告知变更后的施工方案、施工技术交底、完善施工条件等协作义务,致使承包人停(窝)工,以至难以完成工程项目建设的,承包人催告在合理期限内履行,发包人逾期仍不履行的,人民法院视违约情节,可以依据合同法第二百五十九条、第二百八十三条规定裁判顺延工期,并有权要求赔偿停(窝)工损失。"

此外,实践中可从以下几个方面来确定承包人是否具有过错:(1)承包人明知建设单位提供的工程设计有问题或者在建设施工中发现设计文件和图纸有差错,而没有及时提出意见和建议,并继续进行施工的;(2)对建设单位提供的建筑材料、建筑构配件、设备和商品混凝土等未进行检验,或进行检验不合格仍予以使用的;(3)对建设单位提出的违反法律、行政法规和建筑工程质量、安全标准,降低工程质量的要求,承包人不予拒绝,而进行施工的。依据《建设工程施工合同解释》第十二条,承包人只要具有上述过错之一的,就可认定其有过错,在发包人承担责任的同时,承包人也应当承担相应的过错责任。①

201 发包人应对设计缺陷造成质量缺陷自行承担相应责任

【关键词】

│建设工程│工程质量│设计缺陷│

【案件名称】

再审申请人漠河砂宝斯矿业有限公司与被申请人中铁十九局集团有限公司建设工程施工合同纠纷案[最高人民法院(2018)最高法民申2048号民事裁定书,2018.5.29]

【裁判精要】

最高人民法院认为:

关于案涉尾矿库工程质量是否合格,中铁十九局应否承担责任的问题。首先,中铁十九局不负有完成案涉尾矿库库底防渗施工的合同义务。从原审查明的事实看,2009年5月,砂宝斯公司委托山东黄金集团烟台设计研究工程有限公司对案涉工程出具初步设计和安全专篇,均包含防渗系统。2009年9月,案涉工程设计说明书第1张第1条载明"排渗体与坝体之间设复合土膜防渗"。施工图纸第5张土石坝体部分标明250/0.3/250复合土工膜,说明第4项载明"初期坝底部的碎石渗水体按1.4米厚20米宽设计"。施工图纸第6张说明第4项写明"初期坝底部的堆石

① 参见最高人民法院民事审判第一庭编著:《最高人民法院建设工程施工合同司法解释的理解与适用》,人民法院出版社2015年版,第106页。

渗水体按 1.4 米厚,20 米宽设计,复合土工膜嵌入两侧各 1 米深"。2009 年 12 月 2 日,砂宝斯公司作为甲方与中铁十九局作为乙方签订的《基建合同》第十六条特别约定,"本工程的招投标文件、补遗书、会议纪要、双方往来函件等均作为合同组成的一部分,与本合同发生冲突之处,以时间在后者为准"。可见,虽然初步设计与安全专篇包含防渗系统,但《基建合同》并未对防渗工程作出约定,即使砂宝斯公司招标文件明确告知投标人初步设计已经完成,但由于《基建合同》未约定,且特别约定招投标文件与《基建合同》有冲突的以《基建合同》为准,因此,中铁十九局不负有完成案涉尾矿库库底防渗施工的合同义务。此外,图纸说明书部分及施工图纸第 5 张、第 6 张关于复合土工膜的设计要求仅为坝体部分防渗设计,设计图纸并未包括坝底部分防渗设计,而砂宝斯公司在原审中也认可工程预算不包含该部分工程款,故砂宝斯公司主张中铁十九局未按照设计进行施工,也缺乏事实依据。砂宝斯公司提交的双鸭山名宣司法鉴定中心于 2016 年 8 月 29 日出具的《双鸭山名宣司法鉴定中心司法鉴定意见书》系砂宝斯公司单方委托,且鉴定依据包含《基建合同》未约定的初步设计及安全专篇,而尾矿库初期坝工程于 2011 年 9 月 25 日已验收合格,并在当时已经交付使用近 5 年,砂宝斯公司此前从未提出质量问题,鉴定意见并不能客观反映交付时的工程质量。另据原审查明的事实,施工过程中进行了设计变更,取消了包括尾矿库南侧的截洪沟、排水沟、消力池等原设计项目,现场施工均有监理单位负责人及砂宝斯公司现场负责人签字确认,而后期坝因砂宝斯公司原因被停工,无法完成后期坝坡比修正,因此,在设计进行了变更以及因砂宝斯公司原因造成无法完成后期坝坡比修正的情况下,砂宝斯公司主张中铁十九局应当对鉴定意见中的"子坝外坡过陡,坡体外坡无纵、横向排水沟,库区南坡未建截洪沟,库底未铺设防渗层"的地基和主体结构质量负责,缺乏事实和法律依据。其次,《基建合同》1.5 条约定"工程质量标准以设计院图纸要求为准",双方责任 2.4 条约定"乙方负责严格按照施工计划、施工图纸和施工规范施工",因此,按照设计图纸和施工方式进行施工是中铁十九局的约定义务,也是双方约定的工程质量标准。砂宝斯公司主张中铁十九局具有注意义务,应当发现施工图纸与施工方式违反有关规定,超出施工单位的约定义务和专业能力。《建设工程施工合同解释》第十二条规定:"发包人具有下列情形之一,造成建设工程质量缺陷,应当承担过错责任:(一)提供的设计有缺陷……"据此,砂宝斯公司应对设计缺陷造成质量缺陷自行承担相应责任,其认为中铁十九局负有注意义务,并据此主张承担赔偿责任,缺乏充分的事实和法律依据。

【案例来源】

中国裁判文书网,http://wenshu. court. gov. cn。

202 承包人撤出施工现场时，发包人对该承包人已完工工程未组织进行质量验收，即另行组织人员施工，现发包人主张该部分工程存在质量问题，对此应承担举证责任

【关键词】

| 建设工程 | 工程质量 | 未完工工程 | 举证责任 |

【案件名称】

上诉人绥中鑫宏房地产开发有限公司与被上诉人二十二冶集团第一建设有限公司建设工程施工合同纠纷案［最高人民法院（2018）最高法民终1131号民事判决书，2018.11.19］

【裁判精要】

最高人民法院认为：

1. 关于鑫宏公司支付的工程质量鉴定费53万元的问题

本案中，鑫宏公司上诉主张一审判决对二十二冶已完工程的质量是否合格未予查清，其对应的上诉请求是判令二十二冶承担工程质量鉴定费53万元。对此，本院认为，2014年二十二冶撤出施工现场时，鑫宏公司对二十二冶已完工工程未组织进行质量验收，即另行组织人员对涉案工程进行施工。本案一审中，鑫宏公司抗辩主张二十二冶施工部分存在质量问题，则依据"谁主张谁举证"的举证责任分配原则，应由提出抗辩主张的鑫宏公司举证证明其所主张的事实。鑫宏公司在本案一审中举示的相关质量问题的证据，未经二十二冶、监理单位的共同确认或者经有资质的相关专业机构认定，不足以证明工程质量存在问题。鑫宏公司自行单独委托鉴定机构作出的工程质量鉴定报告，其鉴定资料未经二十二冶质证认可，且鉴定结论没有区分案涉工程的质量问题系工程续建单位二十二冶的施工原因所致，还是工程原施工单位的施工原因所致。二十二冶承建案涉鑫宏盛世北区工程之前，该工程已由第三方进行了部分施工。二十二冶接手工程时，该公司与鑫宏公司、监理单位共同对原施工单位已完工部分进行了质量检查，签署《北区施工质量缺陷》，确认前期第三方施工部分存在的具体质量问题。因二十二冶续建的工程与原施工单位的施工部分存在重叠，鉴定报告中载明的工程质量问题究竟是由原施工单位还是二十二冶的施工造成，鉴定报告中未作出区分认定，不能判断工程质量问题是否因二十二冶施工所致。因此，鑫宏公司举示的鉴定报告无论在证据形式上，还是在证据内容上，均不能证明二十二冶的施工工程存在质量问题，鑫宏公司应承担举证不能的不利后果。由此，鑫宏公司为承担举证证明责任而支出的鉴定费用应由该公司自行承担，而不应由二十二冶承担。本案一审判决认定鑫宏公司应自行承担53万元鉴定费，

在事实认定和适用法律上并无不当,本院予以维持。

【案例来源】

中国裁判文书网,http://wenshu.court.gov.cn。

203　承包人撤出工地后,发包人未对已完成工程量进行证据保全就继续施工,现工程已经整体交付使用,发包人使用涉案工程之日可以视为竣工之日

【关键词】

│建设工程│工程质量│未完工工程│证据保全│

【案件名称】

再审申请人新疆安厦工程有限责任公司与被申请人麦盖提县水利管理站、黄河建工集团有限公司及原审第三人申化民建设工程施工合同纠纷案［最高人民法院(2016)最高法民再 425 号民事判决书,2017.8.23］

【裁判精要】

最高人民法院认为:

第二,涉案工程应视为已实际竣工验收。

本案中,涉案工程系渠道供水的水利工程,合同约定工程于 2007 年 9 月 1 日开工,于同年 11 月 30 日完工,工期仅为 90 天,双方当事人在施工过程中产生纠纷,导致安厦公司于 2007 年 11 月撤出工地,双方未办理竣工验收手续。但根据一审查明的事实,在涉案工程已经在 2009 至 2010 年间实际交付使用,一审法院亦在(2011)喀民初字第 37 号民事判决中明确表述:"涉案工程已整体交付使用";再者,2012年,黄河建工曾向喀什中院提出申请,要求对安厦公司实际已完工程量及安厦公司未实施的土料场 30cm 清废费用和土方挖运费用委托中介机构予以评估。为此一审法院委托新疆万隆新新工程项目管理咨询有限责任公司予以评估鉴定,该公司以施工现场已不存在、无法进行现场勘测,且双方所提供的施工资料不全、不具备已完工程量造价审核的需要为由将委托相关材料退还该院。从上述事实亦可间接证明工程已经交付使用,才导致原施工现场已经不存在;此外,实际交付使用,即是视为竣工验收的情形之一。《建设工程施工合同解释》第十四条规定:"当事人对建设工程实际竣工日期有争议的,按照以下情形分别处理:(一)建设工程经竣工验收合格的,以竣工验收合格之日为竣工日期;(二)承包人已经提交竣工验收报告,发包人拖延验收的,以承包人提交验收报告之日为竣工日期;(三)建设工程未经竣工验收,发包

人擅自使用的,以转移占有建设工程之日为竣工日期。"在安厦公司撤出工地后,黄河建工未对已完成工程量进行证据保全就继续施工,现工程已经整体交付使用,则水管站使用涉案工程之日,应当视为竣工之日。根据合同约定,工程竣工后,履约保证金应当退还给承包人。涉案工程自 2009 年实际交付使用至二审判决作出之日已有约五年时间,至今已七年有余,涉案工程一直正常使用,履约保证金早已过了有效担保期限。安厦公司作为实际施工人,按照合同约定向水管站缴纳了 50 万元履约保证金,现涉案工程已实际交付使用,由水管站向安厦公司退还履约保证金 50 万元,并无不当。

【案例来源】

中国裁判文书网,http://wenshu. court. gov. cn。

三、工程竣工验收

204 因组织工程竣工验收的主体不适格，质监部门出具的竣工验收报告不具有证明力

【关键词】

｜建设工程｜工程质量｜竣工验收｜

【案件名称】

申请再审人威海市鲸园建筑有限公司与被申请人威海市福利企业服务公司、原审被告威海市盛发贸易有限公司拖欠建筑工程款纠纷再审案［最高人民法院（2010）民提字第 210 号民事判决书，2011.6.9］

【裁判精要】

裁判摘要：依照《合同法》第二百六十九条、《建设工程质量管理条例》第十六条规定，组织竣工验收既是发包人的权利，也是发包人的义务。发包人对建设工程组织验收，是建设工程通过竣工验收的必经程序。承包人未经发包人同意以发包人名义组织竣工验收，因组织验收主体不适格，验收程序违法，不产生工程竣工验收效力。质量监督管理部门在没有核实上述事实情形下出具的竣工验收报告，不具有证据的证明力，不应予以采信。

最高人民法院认为：

（一）关于山东高院二审准许福利公司的鉴定申请并委托鉴定单位进行鉴定，适用法律是否正确，鉴定报告是否可以作为证据予以采信问题

本案中，鲸园公司主张福利公司欠付工程款数额的依据是山东汇德会计师事务所有限公司威海分公司出具的《工程结算审核报告》，该报告系由盛发公司委托出具，而盛发公司并非本案所涉《建设工程施工合同》的缔约人，其委托结算行为亦未经上述合同缔约双方认可。且上述报告审核的依据是鲸园公司单方提供的涉案工程决算书，该决算书亦未经发包方旅游基地认可。在山东高院二审期间，福利公司提供了威海市环翠区人民检察院的侦查笔录，该笔录中涉案工程监理人员称质监站验收涉案工程时，该工程尚未完工，而上述结算审核报告及鲸园公司提供的结算书均是在完工基础上对工程款进行的结算审核，依照上述事实可以认定山东汇德会计

师事务所有限公司威海分公司出具的《工程结算审核报告》,对工程款结算数额的审核不准确,不能作为证据予以采信。二审法院综合上述情况,准许福利公司重新鉴定的申请,适用法律并无不当。鲸园公司认为二审法院准许福利公司重新鉴定的申请适用法律错误,本院不予支持。

正源会计师事务所出具的《威海市泉盛公寓楼工程造价司法鉴定报告》,鉴定人员具有相应的鉴定资质。二审法院组织鉴定人员及双方当事人对鉴定报告进行了质证,并当庭就双方当事人对鉴定报告提出的异议是否成立进行了认定,鉴定单位依据法庭的认定对鉴定报告进行修改,作出《〈威海市泉盛公寓楼工程造价司法鉴定报告〉的补充说明》。鲸园公司主张其针对鉴定报告提出的异议,鉴定单位未予回复,作出的补充鉴定报告未经其质证,与本案查明的事实不符,其主张上述鉴定报告不能作为证据予以采信,本院不予支持。

(二)关于涉案工程是否为优良工程,福利公司是否应当按照合同约定支付工程优良奖问题

《合同法》第二百六十九条第一款规定:"建设工程合同是承包人进行工程建设,发包人支付价款的合同。"第二百七十九条第一款规定:"建设工程竣工后,发包人应当根据施工图纸及说明书、国家颁发的施工验收规范和质量检验标准及时进行验收。验收合格的,发包人应当按照约定支付价款,并接收该建设工程。"《建设工程质量管理条例》第十六条第一款规定:"建设单位收到建设工程竣工报告后,应当组织设计、施工、工程监理等有关单位进行竣工验收。"上述法律、法规规定表明,竣工验收既是发包人的权利,也是发包人的义务。发包人对建设工程组织验收,是建设工程通过竣工验收的必经程序。本案查明事实表明,旅游基地因不具有相关的开发建设资格,故将涉案工程的建设单位登记为鲸园公司。鲸园公司应本着诚实信用原则,维护旅游基地作为发包人权利义务的行使。双方签订的《建设工程施工合同》约定了鲸园公司提供竣工资料和验收报告的时间,表明旅游基地并未将其对工程组织验收的权利委托鲸园公司。鲸园公司在未经旅游基地同意情形下,单方向质监站办理竣工验收手续,申报质量评定等级,侵害了福利公司作为工程发包人的权利,导致质监站对该工程验收出具的工程竣工验收报告及工程优良评定证书,不符合法定程序,不能产生相应的法律效力。鲸园公司依照质监站出具的工程竣工验收报告及工程优良评定证书主张工程已经竣工验收,且质量优良,福利公司应当支付工程优良奖的理由不成立,本院不予支持。

【权威解析】

承包人鲸园公司未经发包人旅游基地同意,单方组织竣工验收,并向质监站申报竣工验收。质监站在此情形下对该工程出具的竣工验收报告及工程质量优良等级评定证书,是否能够产生证明效力并予以采信,是本案双方当事人争议的主要焦

点问题,亦是解决本案纷争的关键问题。

1. 组织工程竣工验收的法定主体

《合同法》第二百六十九条第一款规定:"建设工程合同是承包人进行工程建设,发包人支付价款的合同。"上述法律规定表明,建设工程施工合同本质上属于承揽合同。基于该合同性质,承包人作为承揽人,其主要合同义务是交付工程,发包人的主要合同义务是支付工程价款。《合同法》第二百七十九条第一款规定:"建设工程竣工后,发包人应当根据施工图纸及说明书、国家颁发的施工验收规范和质量检验标准及时进行验收。验收合格的,发包人应当按照约定支付价款,并接收该建设工程。"《建设工程质量管理条例》第十六条第一款规定:"建设单位收到建设工程竣工报告后,应当组织设计、施工、工程监理等有关单位进行竣工验收。"依照上述法律、法规规定,承包人完成的工程,即其交付的工作成果质量是否合格,要由发包人进行验收。在建设工程施工合同中,发包人对承包人工作成果的验收方式就是组织工程的竣工验收,以确定承包人交付的工程是否符合质量约定。按照建筑行业解释,建设工程的竣工验收,是指建设单位(发包人)收到施工单位(承包人)的工程竣工验收申请后,根据建设工程质量管理法律制度和建设工程竣工验收技术标准,以及建设工程合同(勘察设计合同、施工合同、监理合同等)的约定,组织设计、施工、工程监理等有关单位对建设工程查验接收的行为。工程竣工验收是建设过程中最后一个工序,是建设工程由建设转入使用的重要标志。工程竣工验收是否合格,将产生不同的法律后果。在承包人交付的工程通过竣工验收合格的情形下,发包人应当接收工程并支付价款。因而,组织竣工验收既是发包人的权利,也是其义务。发包人对建设工程组织验收,是建设工程通过竣工验收的必经程序。本案中,鲸园公司未经发包人旅游基地同意,以发包人身份组织验收,不符合上述法律及行政法规对工程竣工验收组织主体的规定,进行的竣工验收存在程序瑕疵,不能产生工程经竣工验收合格的法律效果。

2. 质监站出具的竣工验收报告是否可予采信

在鲸园公司申报竣工验收违反法律规定情形下,对质监站出具的竣工验收报告是否采信,关键看该证据是否具有证明力。

2000 年 1 月 30 日《建设工程质量管理条例》颁布施行前,建设工程竣工验收采用"评定制",即由政府建设主管部门或其委托机构组织工程竣工验收,并对工程是否验收合格作出认定。《建设工程质量管理条例》第四十九条第一款规定:"建设单位应当自建设工程竣工验收合格之日起 15 日内,将建设工程竣工验收报告和规划、公安消防、环保等部门出具的认可文件或者准许使用文件报建设行政主管部门或者其他有关部门备案。"上述法律规定改变了建设工程验收程序,建立了建设工程竣工验收备案制度,即建设单位及行政主管部门不再参与工程竣工验收,而是完全由发包人组织竣工验收,验收合格后将验收相关文件交建设行政主管部门备案。在备案制下,承包人对工程质量全面负责,工程建设参与各方按照各自分工范围分别承担质量责任,建设行政主管部门进行行政监督。原建设部《关于加强住宅工程质量管理的若干意见》第三条第(四)项规定:"各地建设行政主管部门要加强对住宅工程竣工验收备案工作的管理,将竣工验收备案情况及时向社会公布。单体住宅工程未经竣工验收备案的,不得进行住宅小区的综合验收。住宅工程经竣工验收备案后,方可办理产权证。"上述规定表明,建设行政主管部门通过验收备案工作,对建设单位(发包人)组织的竣工验收合格这一事实状态作出确认,该确认同时具有信息披露功能,目的是方便行政机关的管理、监督和服务。本案中,质监站于2000年4月30日对涉案工程出具的竣工验收报告,应当属于对鲸园公司组织工程竣工验收合格这一客观事实的确认。该确认由于鲸园公司组织验收主体不合格,违反法定竣工验收程序,而丧失确认效力,不具有证据的证明力。该质监站出具的工程质量优良等级评定证书,亦是在鲸园公司违反法定程序的竣工验收基础上作出的,同样不具备证明力。确认上述证据证明力的丧失,笔者还考虑了已有生效判决已经确认涉案工程在鲸园公司申报竣工验收时,尚未完工的事实。依照《最高人民法院关于民事诉讼证据的若干规定》第九条规定,已为人民法院发生法律效力的裁判所确认的事实,当事人没有相反证据予以推翻的,应当予以采信。鲸园公司并未提供充分证据否定生效判决确认的上述事实,因而可以认定,涉案工程在鲸园公司申报竣工验收时,尚未完工。质监站出具验收报告及工程质量等级评定证书的基础是,工程完工并经组织验收合格,案件查明事实证明上述基础并不存在,因而,可以认定质监站出具的验收报告及工程质量等级评定证书不具有证明力,不予采信。①

【案例来源】

《中华人民共和国最高人民法院公报》2013年第8期(总第202期)。

205 工程未完工,承包人起诉索要工程进度款,发包人反诉要求整改修复质量问题,法院对该反诉请求不予审理

【关键词】

| 建设工程 | 工程价款 | 竣工验收 |

---

① 参见关丽:《因组织工程竣工验收的主体不适格,质监部门出具的竣工验收报告不具有证明力——威海市鲸园建筑有限公司与威海市福利企业服务公司、威海市盛发贸易有限公司拖欠建筑工程款纠纷再审案》,载最高人民法院民事审判第一庭编:《民事审判指导与参考》(总第54辑),人民法院出版社2013年版,第146~148页。

【案件名称】

上诉人中铁北京工程局集团有限公司与上诉人迅通（西安）仓储发展有限公司建设工程施工合同纠纷案［最高人民法院（2018）最高法民终 96 号民事判决书，2018.3.30］

【裁判精要】

最高人民法院认为：

关于第二个争议焦点，即一审判决对迅通公司的反诉请求未予涉及，对迅通公司的鉴定申请未予准许是否正确的问题。

一审审理中，迅通公司提起反诉，要求中铁公司对涉案项目一期商务办公大厦 A、B 座及广场地下车库防水工程、土方回填工程以及砼结构工程等质量问题进行整改、修复、改建直至工程质量合格。由于中铁公司在本案中主张的是工程进度款而非工程全部结算价款，且根据双方当事人在二审庭审过程中的陈述，涉案项目一期商务办公大厦 A、B 座并未完工，亦未进行最终的竣工验收。因此，一审判决未审理迅通公司的反诉请求并无不当。由于工程未进行最终竣工验收，迅通公司提交的证据不足以证明案涉工程存在着其主张的质量问题，故迅通公司要求鉴定工程质量与修复方案、修复费用的条件亦不成就。一审法院不准许迅通公司的鉴定申请亦无不当。

【案例来源】

中国裁判文书网，http://wenshu.court.gov.cn。

206　发包人在涉案工程未竣工验收的情况下出售房屋，视为擅自使用

【关键词】

│建设工程│工程质量│竣工验收│擅自使用│

【案件名称Ⅰ】

上诉人庆阳银陇房地产开发有限公司与被上诉人浙江中仑建设有限公司及原审被告管宗银建设工程施工合同纠纷案［最高人民法院（2017）最高法民终 470 号民事判决书，2017.9.15］

【裁判精要】

最高人民法院认为：

一、关于一审判决认定银陇公司在本案不能以工程质量问题进行抗辩是否正确

的问题

《建设工程施工合同解释》第十三条规定:"建设工程未经竣工验收,发包人擅自使用后,又以使用部分质量不符合约定为由主张权利的,不予支持;但是承包人应当在建设工程的合理使用寿命内对地基基础工程和主体结构质量承担民事责任。"二审庭审中,银陇公司自认中仑公司承建的 12 栋商住楼中房产大多已经出售或预交了定金,部分住户已经入住。银陇公司在涉案工程未竣工验收的情况下出售房屋并有住户入住,应视为擅自使用,其亦未就质量问题在本案提出反诉,故一审判决未支持银陇公司在本案以工程质量问题的抗辩,并无不当。

【案例来源】

中国裁判文书网,http://wenshu. court. gov. cn。

【案件名称Ⅱ】

申诉人长春北方建筑工程公司与被申诉人翟淑芹、路来宝建设工程施工合同纠纷案 [最高人民法院(2016)最高法民再 270 号民事判决书, 2017. 1. 13]

【裁判精要】

最高人民法院认为:

(一)原审判决认定路太军是案涉工程实际施工人具有证据支持

第一,北方建筑公司应当支付路太军案涉工程款。《建设工程施工合同解释》第二条规定,建设工程施工合同无效,但建设工程经竣工验收合格,承包人请求参照合同约定支付工程价款的,应予支持。第十四条规定,建设工程未经竣工验收,发包人擅自使用的,以转移占有建设工程之日为竣工日期。本案中,案涉《内部承包协议》《补充协议》无效,工程也未经竣工验收,但北方建筑公司取得该工程后,与泓泰公司签订《资产转让合同》,将工程转让给泓泰公司,并由泓泰公司办理了相关产权证书,应视为工程竣工验收合格。路太军要求北方建筑公司支付工程价款,依法应当予以支持。

【案例来源】

中国裁判文书网,http://wenshu. court. gov. cn。

207 质量不合格工程维修的施工标准超过原施工标准的部分的工程造价，由发包人和承包人根据过错承担相应的责任

【关键词】

│建设工程│工程质量│擅自使用│

【案件名称】

再审申请人汪清县宝泉房地产开发有限公司与被申请人江苏长安建设集团有限公司及一审第三人长春市博亚建筑设计有限公司建设工程施工合同纠纷案〔最高人民法院（2018）最高法民再235号民事判决书，2018.10.31〕

【裁判精要】

最高人民法院认为：

一、长安公司应否承担案涉外墙保温工程质量缺陷责任及如何承担

本案中，宝泉公司与长安公司对案涉外墙保温工程存在质量缺陷并无异议，主要争议涉及以下三方面问题：一是造成案涉外墙保温工程质量缺陷的责任；二是长安公司应否承担工程质量缺陷的民事责任；三是外墙保温工程款及改建费用应如何承担。

造成案涉外墙保温工程质量缺陷的责任。根据吉林省建筑工程质量检测中心出具的《司法鉴定意见书》，案涉外墙保温工程存在施工中玻璃丝棉复合板黏贴面积等六项不满足标准要求以及工程外墙外保温做法与设计不符的问题。长安公司在其出具的两份外墙脱落施工方案中自认施工中存在"粘结点没达到规范要求，没有按规范要求打锚栓，锚栓过少所导致复合岩棉保温板开裂、脱落"等施工不到位的问题。上述司法鉴定结论及长安公司在纠纷发生前对外墙保温工程质量缺陷作出的自认，均表明案涉外墙保温工程质量缺陷系因施工人施工不符合规范标准或设计要求等造成。长安公司在与宝泉公司等往来函件及本案诉讼中主张，宝泉公司及设计单位也应对该工程质量缺陷承担责任，但并没有提供充分证据佐证其主张。2015年7月30日，吉林省住房和城乡建设厅发布《关于吉林省建筑节能外墙保温工程技术（产品）限制使用的通知》，限制使用的外墙保温工程技术（产品）中虽包括本案争议的外墙保温材料，但该通知发布于讼争工程项目施工完成之后，且仅依据上述通知载明的限制使用的保温工程技术（产品）存在"抗拉强度低，吸水率高，易变形，耐久性差，不能满足严寒地区建筑工程外墙外保温薄抹灰系统标准要求"等缺陷，无证明本案工程使用的材料存在的缺陷与出现的外墙保温工程质量缺陷间存在直接因果关系的证据的情形下，缺乏得出案涉外墙保温工程质量缺陷与使用的材料选择不当有关的结论的充分依据。故，在案证据证明，造成案涉外墙保温工程质量缺陷的责任在施工方，即长安公司。一审法院认定案涉工程质量缺陷系因施工原因造成，事

实依据充分。二审法院认定不能排除出现质量问题与材料玻璃棉选择不当有关,缺乏充分证据支持,本院予以纠正。

长安公司应否承担工程质量缺陷的民事责任。《建筑法》第五十八条规定,建筑施工企业对工程的施工质量负责。建筑施工企业必须按照工程设计图纸和施工技术标准施工,不得偷工减料。工程设计的修改由原设计单位负责,建筑施工企业不得擅自修改工程设计。本案中,长安公司作为工程的承包人也即施工人,负有按照施工合同约定以及国家有关建筑工程质量、安全标准施工,并对承建工程质量负责的合同义务和法定义务。如前所述,造成案涉外墙保温工程质量缺陷的责任在施工方即长安公司,长安公司应当依法依约承担工程质量缺陷的民事责任。长安公司主张发包人宝泉公司未经工程验收擅自使用,依据《建设工程施工合同解释》第十三条"建设工程未经竣工验收,发包人擅自使用后,又以使用部分质量不符合约定为由主张权利的,不予支持"的规定,宝泉公司向长安公司提出工程质量缺陷应当承担民事责任的主张不应支持。本院认为,根据本案查明的事实,2012年5月8日,宝泉公司与长安公司签订《建设工程施工合同》及补充条款,约定将宝泉公司开发的案涉工程发包给长安公司施工。2013年11月30日,案涉工程完工并交付给宝泉公司,但在宝泉公司组织验收时,因已完工程存在质量问题需要整改,未能通过竣工验收。2014年5月,案涉工程外墙玻璃丝棉保温板发生脱落。长安公司与宝泉公司的往来函件内容表明,双方曾多次就外墙保温工程质量缺陷进行沟通协商,有关主管部门也多次出面协调,长安公司亦曾提出过修复解决方案,并曾请求宝泉公司对存在质量缺陷部分予以甩项后办理竣工验收手续,宝泉公司拒绝在工程质量缺陷问题解决前办理竣工验收手续。案涉工程至本案纠纷发生时尚没有进行竣工验收。基于本案上述事实,可以认定作为发包人的宝泉公司在工程完工后依约履行了工程验收义务,因长安公司施工的工程存在质量缺陷问题而未能通过验收。《合同法》第二百七十九条第二款规定,建设工程竣工经验收合格后,方可交付使用;未经验收或者验收不合格的,不得交付使用。故在双方协调解决工程质量问题期间,发生中行延边分行擅自使用其买受的尚未经竣工验收合格部分房屋的违法行为,宝泉公司作为发包人及房产出卖人存在过错,但宝泉公司与中行延边分行签订的《商品房买卖合同》载明:中行延边分行买受的商品房层高为1层,建筑面积600平方米。再审期间,宝泉公司举示的证据证明中行延边分行购买的底商房产位于案涉楼房一层西侧边角位置。吉林省建筑工程质量检测中心出具的《司法鉴定意见书》载明,案涉工程为地上26层,地下2层,建筑面积49283平方米。鉴定意见内附各鉴定项目勘验结果汇总表显示,鉴定机构分别从案涉工程的东侧、北侧自二层至二十五层进行质量勘验。故,二审认定宝泉公司未经验收擅自使用的事实依据,即中行延边分行购买的房屋面积在整个案涉工程中占比较小,位置在一楼,且无证据表明因该部分房屋使用对讼争案涉外墙保温工程质量缺陷的责任认定及修复构成影响,不足以认定属于《建设工程施工合同解释》第十三条规定的擅自使用部分房屋情形,并据此认定本案符合该条款规定的适用条件。至于长安公司主张宝泉公司对案涉工程内部进行装修并使用的问题,长安公司在原审及本院再审期间并未提供证据证明宝泉公司对案涉工程内部装修及使用的具体情形,以及对发生的外墙保温工程质量缺陷责任及修复产生何种影响。另外,案涉工程为酒店用房,发生质量争议的系外墙保温工程,即使宝泉公司在协商解决工程质量缺陷的同时进行酒店内部装修,在不影响解决质量问题的前提下,也应属于防止损失扩大的合理行为,不宜据此认定发包人丧失就案涉外墙保温工程质量缺陷主张施工人承担民事责任的权利。综上,一审法院认定宝泉公司对案涉工程的使用不影响长安公司应承担的工程质量责任,认定事实及适用法律正确。二审法院适用《建设工程施工合同解释》第十三条规定错误,本院予以纠正。

案涉外墙保温工程款及改建费用的承担。《建设工程施工合同解释》第十六条第三款规定,建设工程施工合同有效,但建设工程经竣工验收不合格的,工程价款结算参照本解释第三条规定处理。该解释第三条规定,建设工程施工合同无效,且建设工程经竣工验收不合格的,按照以下情形分别处理:(一)修复后的建设工程经竣工验收合格,发包人请求承包人承担修复费用的,应予支持;(二)修复后的建设工程经竣工验收不合格,承包人请求支付工程价款的,不予支持。因建设工程不合格造成的损失,发包人有过错的,也应承担相应的民事责任。本案中,对外墙保温工程出现的质量缺陷,长安公司虽曾制定两套修复方案,但后经建设主管部门与建设方、施工方、设计单位、质量检测单位等会商,确定该质量缺陷无法修复,只能在现有基础上采用铝单板干挂。故,一审法院认定案涉外墙保温工程经修复后仍然不合格,长安公司请求宝泉公司支付该部分工程款4413279元缺乏法律依据,认定事实及适用法律正确。二审法院在认定案涉外墙保温工程质量缺陷系施工责任的同时,以长安公司已就此项施工内容付出人力和物力,并物化至该部分工程中为由,判令宝泉公司支付该部分不合格工程款,缺乏法律依据,本院予以纠正。案涉质量不合格外墙保温工程工程款4413279元由长安公司自行承担。对于案涉外墙保温工程改建费用的承担问题,本案中,因长安公司不具有铝单板干挂的施工资质,并明确拒绝进行改建施工,宝泉公司另行发包给具备法定资质的其他施工企业施工,并无不当。经宝泉公司申请,一审法院委托延边明正工程招标造价咨询有限公司对改建后的案涉外墙铝单板幕墙工程造价进行司法鉴定,鉴定结论为工程造价11269075元。经审查,鉴定结论确定的该部分工程造价并未包含原有的玻璃丝棉保温板施工的造价。因长安公司施工的外墙保温工程质量缺陷无法修复,宝泉公司通过采用铝单板干挂改建方式完成外墙保温工程,为此超出原外墙保温工程造价的工程款6855796元(11269075元 − 4413279元),属于宝泉公司因工程质量缺陷需多承担的工程费用,应认定属长安公司施工的工程质量缺陷给宝泉公司造成的损失,长安公司应承担赔偿责任。但因案涉外墙保温工程质量缺陷系采用铝单板干挂方式改建,改建造价远高于原外墙工程造价,且原设计使用的外墙保温材料已被限制使用,改建后的外墙保温工程避免了原设计使用的材料因不具有耐久性等缺陷而在将来使用过程中可能出现的问题。故,综合本案长安公司和宝泉公司对案涉外墙保温工程质量缺陷责任,比对原施工合同约定的外墙保温工程设计使用的材料、工程造价与改建方案确定的使用材料、工程造价情况,以及签约时施工合同当事人可预见的因工程质量产生的民事责任预期等因素,本院酌定,就宝泉公司案涉外墙保温工程改建超出原工程造价的费用 6855796 元,由长安公司承担 60% 的赔偿责任,即 4113477.6 元,其余部分由宝泉公司自行承担。二审判决长安公司与宝泉公司各半承担外墙改建费用,责任比例失当,确定的损失范围亦有误,本院予以纠正。

【案例来源】

中国裁判文书网,http://wenshu.court.gov.cn。

编者说明

《合同法》第二百八十一条规定:"因施工人的原因致使建设工程质量不符合约定的,发包人有权要求施工人在合理期限内无偿修理或者返工、改建。经过修理或者返工、改建后,造成逾期交付的,施工人应当承担违约责任。"《建设工程施工合同解释》第十三条规定:"建设工程未经竣工验收,发包人擅自使用后,又以使用部分质量不符合约定为由主张权利的,不予支持;但是承包人应当在建设工程的合理使用寿命内对地基基础工程和主体结构质量承担民事责任。"据此,发包人擅自使用未经验收的建设工程的,对其使用部分出现的质量问题,应自行担责;对建设工程的地基基础工程和主体结构的质量问题,只要在合理使用寿命内,由承包人承担民事责任。

本案中,长安公司虽然将已完工程交付给宝泉公司,但在宝泉公司组织相关部门验收时,由于案涉外墙体装饰工程不符合质量标准未能通过。宝泉公司接收已完工程后,未经验收合格使用的事实存在,双方主要争议的焦点问题是外墙体装饰工程是否属于已使用的部分。长安公司认为工程未经验收合格宝泉公司擅自使用,宝泉公司便不能对工程质量包括外墙体装饰工程主张权利;宝泉公司则认为外墙体装饰工程不属于已使用的范围,长安公司仍应当对外墙体装饰工程承担责任。法律规定发包人未经验收合格擅自使用后,又以使用部分质量不符合约定为由主张权利的不予支持。也就是说擅自使用导致丧失质量抗辩权的范围仅限于使用的部分。而本案外墙体装饰工程虽属于整体工程的一部分,此前已由宝泉公司组织相关部门进行验收,由于案涉外墙体装饰工程不符合质量验收标准未能通过验收,宝泉公司为了防止损失的扩大,在不影响外墙体装饰工程维修、改建和保障安全的情况下,合理使用已完工程的室内部分,不能由此将外墙体装饰工程纳入宝泉公司已使用的范围,外墙体装饰工程质量与宝泉公司使用室内工程不具有必然的关联性。① 案涉工程

---

① 上述一审裁判理由,最高人民法院再审判决书予以采纳。——编者注

为酒店用房,发生质量争议的系外墙保温工程,即使宝泉公司在协商解决工程质量缺陷的同时进行酒店内部装修,在不影响解决质量问题的前提下,也应属于防止损失扩大的合理行为,不宜据此认定发包人丧失就案涉外墙保温工程质量缺陷主张施工人承担民事责任的权利。因此,不宜适用《建设工程施工合同解释》第十三条,认定发包人丧失就案涉外墙保温工程质量缺陷主张施工人承担民事责任的权利。上述裁判观点对相关法条的适用具有指导意义。

208 发包人未经验收擅自使用之后又经各方共同验收合格的,不得以擅自使用免除质量保修责任

【关键词】

│建设工程│工程质量│擅自使用│

【案件名称】

上诉人东建建设集团有限公司与上诉人青海景洲房地产开发有限公司、江西景洲实业有限公司、艾卫平及被上诉人青海景洲房地产开发有限公司共和分公司建设工程施工合同纠纷案〔最高人民法院(2018)最高法民终915号民事判决书,2018.10.30〕

【裁判精要】

最高人民法院认为:

关于质量保修金在二审中应否扣除的问题。东建公司称,青海景洲公司擅自使用案涉工程,根据《建设工程施工合同解释》第十三条规定,工程应视为合格,质保金应当全部返还。本院认为,上述司法解释规定系针对在建工程未经竣工验收擅自使用时,发包人丧失了向承包人主张因施工质量不符合约定所产生的违约责任或造成损失赔偿的权利,但并不能当然推导出在建设工程竣工验收合格的情况下,承包人能够因此免除质量保修责任,并有权要求全额返还未到期的质保金。本案中,虽存在青海景洲公司提前使用案涉工程的情况,但双方亦就工程进行了竣工验收,应当按照双方合同对质量保证条款的约定,扣除质量保证金后进行支付。东建公司提起诉讼时,工程质保期尚未届满,一审法院根据该实际情况,判决扣除质保金并无不妥。东建公司如要求青海景洲公司返还质保金,可根据合同约定另行起诉主张其权利。

【案例来源】

中国裁判文书网,http://wenshu.court.gov.cn。

编者说明

发包人的何种行为构成"擅自使用",现行法律法规没有明确规定。一般认为,擅自使用应符合以下三个特征:(1)擅自使用应该是在建设工程未经验收或验收未通过的情况下,现行法律法规明文禁止工程未经竣工验收合格即交付使用的行为;(2)擅自使用系为实现建设工程的一般用途之目的,而对建设工程使用价值的利用,包括占用或控制建筑物(包括钥匙全部移交),出于经营等目的而自行使用,通过出售、出租、借用等方式授权第三方使用等;(3)擅自使用不以工程全部完工为前提条件。擅自使用法律后果的承担应以发包人实际使用部分的范围为限,而非整个建设工程。

发包人"未经竣工验收擅自使用"的法律后果主要包括:

(1)部分免除承包人的质量责任,风险责任转移。根据《建设工程施工合同解释》第十三条的规定,一是承包人的部分质量责任免除,即发包人仅对未经竣工验收擅自使用部分的质量问题承担责任;二是建设工程合理使用寿命内地基基础和主体结构的质量责任不管发包人是否未经竣工验收擅自使用,均由承包人负责。

(2)以转移占有建设工程之日为竣工日期,发包人应支付工程价款及相应利息。《建设工程施工合同解释》第十四条规定,建设工程未经竣工验收,发包人擅自使用的,以转移占有建设工程之日为竣工日期。

(3)以转移占有建设工程之日为竣工日期,起算质保期。建设工程未经竣工验收,发包人擅自使用的,仍应按合同约定保留质保金,以转移占有建设工程之日为竣工日期起算质保期;若起诉时质保期已过,质保金应与合同价款一同支付。①

209 工程在移交时尚未完成,不具备竣工验收的前提,不属于《建设工程施工合同解释》第十三条规定的未经验收擅自使用的情形

【关键词】

| 建设工程 | 工程质量 | 擅自使用 |

【案件名称】

再审申请人甘肃古典建设集团有限公司与被申请人广西长洲水电开发有限责任公司,二审上诉人广州市水电建设工程有限公司、广州市水电建设工程有限公司梧州项目经理部,一审被告甘肃省永靖古典建筑工程总公司金源公司建设工程施工合同纠纷案[最高人民法院(2018)最高法民申2584号民事裁定书,2018.6.29]

---

① 参见刘芳菲:《发包人"未经竣工验收擅自使用"》,载微信公众号"不动产与工程法专家",刊登日期:2019年3月20日。

【裁判精要】

最高人民法院认为：

根据原审查明的事实，2006年，广州公司中标长洲公司发包的案涉工程后，转包给古典公司、金源公司施工。双方以梧州项目经理部和金源公司名义签订了《工程施工劳务合同》《工程施工补充合同》。2007年，双方因工程款支付问题产生纠纷，经过停工、恢复施工和再次停工后，古典公司、金源公司于2008年3月将案涉南安、安平河两项工程移交给长洲公司。

古典公司主张长洲公司在建设工程竣工验收前擅自使用，长洲公司不得再对工程质量问题主张权利。但实际上古典公司、金源公司向长洲公司移交的并非施工完成的工程，《建设工程施工合同解释》第十三条规定："建设工程未经竣工验收，发包人擅自使用后，又以使用部分质量不符合约定为由主张权利的，不予支持；但是承包人应当在建设工程的合理使用寿命内对地基基础工程和主体结构质量承担民事责任。"案涉工程在移交时尚未完成，不具备竣工验收的前提，不属于上述司法解释规定的情形。已生效的(2012)桂民二终字第39号民事判决只认定案涉工程已实际移交，应当支付相应工程款，没有认定工程质量合格。而据山东水利工程司法鉴定中心出具的司法鉴定意见书、广西防汛抗旱指挥部办公室桂防指办发布(2008)8号文件及其附件等载明，案涉工程存在混凝土强度不合格，施工没有严格按照施工规范导致安全隐患。原判决据此认定案涉工程存在质量问题证据充分，符合事实。古典公司的申请再审理由不能成立。

【案例来源】

中国裁判文书网,http://wenshu. court. gov. cn。

210 造成工程质量问题的原因来自多方面，导致无法对其进行鉴定时，如何确定发承包双方的责任

【关键词】

|建设工程 | 工程质量 | 鉴定 |

【案件名称】

上诉人中化二建集团有限公司与上诉人新疆五家渠现代石油化工有限公司建设工程施工合同纠纷案［最高人民法院（2018）最高法民终424号民事判决书，2018.9.25］

【裁判精要】

最高人民法院认为：

关于工程质量修复费用如何承担的问题。2015 年 12 月 28 日,现代石油公司将中化二建公司现场人员清出现场,2016 年 1 月,双方亲赴施工现场,对案涉工程未完工程和施工中存在的质量问题逐项清理核对确认,签订了 16 页汇总表。一审审理过程中,一审法院依法选定科学技术研究所对案涉工程质量问题与修复费用进行鉴定,该所出具的《鉴定意见书》确定案涉工程中化二建公司施工部分的工程存在质量问题的修复费用 15208539.65 元,其中 16 页汇总表内质量问题的修复费用为 8805774.51 元,16 页汇总表以外的质量问题的修复费用 6402765.14 元。对于造成工程质量问题的原因,科学技术研究所答复:造成案涉工程质量问题的原因很多,包括环境原因、地质原因、案涉工程地质为湿陷性黄土容易造成下沉和开裂,施工质量,监理不到位,交叉施工,使用不当都会导致工程质量问题,无法对案涉工程的质量原因进行鉴定。中化二建公司作为案涉工程的施工单位,未按照施工规范严格履行施工义务,一审判决认定其应对工程质量承担责任,并无不当。现代石油公司作为案涉工程的建设单位,未取得施工许可证,施工图纸未经有关部门审核,且其作为发包人,委托的设计、勘察、监理单位的工作均对造成质量问题构成影响,一审判决认定现代石油公司应承担相应责任,亦无不当。16 页汇总表内的质量问题是中化二建公司离场时,双方对中化二建公司施工中存在的质量问题逐项清理核对后签字确认的。16 页汇总表以外的修复费用,是中化二建公司离场后产生的,第三方单位对后续工程进行了施工,现代石油公司也使用了该工程,故一审判决认定后续出现的工程质量问题无法直接认定是中化二建公司施工引起的,中化二建公司不应承担该部分的质量问题修复费用,并无不当,本院予以确认。因 16 页汇总表内的质量原因无法确认,一审判决酌定中化二建公司和现代石油公司各自承担 50% 的责任,亦无不当。中化二建公司和现代石油公司的该项上诉理由均不能成立,本院不予支持。

【案例来源】

中国裁判文书网,http://wenshu.court.gov.cn。

211 承包人对隐蔽工程在隐蔽前未通知发包人检查的,应对隐蔽工程质量缺陷承担主要责任

【关键词】

｜建设工程｜工程质量｜隐蔽工程｜

【案件名称】

上诉人松原市金滩源房地产开发有限公司与上诉人贵州建工集团第一建筑工程有限责任公司建设工程施工合同纠纷案［最高人民法院（2018）最高法民终 38 号民事判决书，2018. 3. 28］

【裁判精要】

最高人民法院认为：

（三）关于管线不通的责任及修复费用承担问题

根据吉林省建筑工程质量检测中心作出的《司法鉴定书》，讼争工程存在如下质量缺陷：（1）指定位置楼板负弯矩保护层厚度不满足《混凝土结构施工质量验收规范》的要求；（2）指定位置消防报警系统、广播系统、联动系统管线大部分不通，现明设，不满足设计或验收规范要求；（3）指定位置消防报警按钮盒、消防手动报警按钮盒大部分未按原设计位置，不满足设计或验收规范要求；（4）指定位置开关、插座盒未设置或管线不通，不满足设计或验收规范要求；（5）指定位置消火栓未设置或管线不通，不满足设计或验收规范要求。从上述鉴定结论看，贵州一建施工的工程质量不仅存在一审判决认定的管线不通问题，还存在指定位置上未设置消火栓，未按设计或规范要求进行施工等问题，对此，施工人存在过错。具体说，管线工程系隐蔽工程，《合同法》第二百七十八条规定，"隐蔽工程在隐蔽以前，承包人应当通知发包人检查。发包人没有及时检查的，承包人可以顺延工程日期，并有权要求赔偿停工、窝工等损失"。贵州一建在二审中虽主张其已经通知金滩源公司及监理公司检查，但是并未提供证据证实，应当承担举证不能的不利后果。贵州一建对管线不通等质量问题，应当承担主要责任；金滩源公司作为发包方，没有及时检查管线工程质量，也应承担相应的责任。一审法院以无法查明管线不通的原因为由，酌定双方当事人各承担一半责任，是非判断不准，缺乏充分的事实和法律依据。贵州一建上诉主张其不承担责任，金滩源公司上诉主张，此部分质量缺陷损失应由贵州一建全部承担，诉请理由均不充分。本院酌定，对管线不通部分修复费用 325834 元，由贵州一建承担 90％ 的赔偿责任，即赔偿金滩源公司 293250. 60 元，剩余部分由金滩源公司自行承担。

关于金滩源公司上诉主张的鉴定费分担问题。上述吉林省建筑工程质量检测中心作出的《司法鉴定书》载明的工程质量缺陷主要由施工人贵州一建所致，故工程质量鉴定以及修复造价鉴定所支出的鉴定费共计 350000 元，应当主要由贵州一建承担，一审认定主要由金滩源公司承担不当，本院予以纠正。根据导致工程质量缺陷的法定和约定责任，本院酌定由贵州一建承担 315000 元，由金滩源公司承担 35000 元。

【案例来源】

中国裁判文书网,http://wenshu. court. gov. cn。

212 建设工程已竣工验收,但因施工方原因未能办理房屋所有权证,①业主单位要求施工方承担租金损失的处理

【关键词】

│建设工程│工程质量│租金│

【案件名称】

再审申请人中国建筑集团有限公司、中国建筑股份有限公司与被申请人昆山市超华投资发展有限公司建设工程施工合同纠纷案〔最高人民法院(2018)最高法民再 134 号民事判决书,2018. 6. 28〕

【裁判精要】

最高人民法院认为:

二、关于中建总公司、中建股份公司是否应赔偿超华公司案涉物业 3、4 层租金损失的问题

本院认为,案涉物业 3、4 层未取得房屋所有权证与超华公司主张未能对外出租的租金损失之间不具有因果关系,二审法院判令中建总公司、中建股份公司赔偿超华公司 700 万元租金损失,缺乏事实和法律依据。理由如下:

1. 超华公司依据《城市房屋租赁管理办法》第六条规定主张未依法取得房屋所有权证的房屋不得出租,但该管理办法仅系部门规章,已于 2011 年 2 月 1 日失效。现行法律、行政法规中,并无未取得房屋所有权证的房屋不得出租的强制性规定。超华公司主张案涉物业 3、4 层未能对外出租系未取得房屋所有权证所致,于法无据。同时,案涉物业 1、2 层同属当时未取得房屋所有权证的房屋,但已对外出租给欧尚超市。虽超华公司主张案涉物业 1、2 层系政府招商引资项目,经相关部门沟通协调才得以完成出租,但上述事实足以表明,案涉物业未取得房屋所有权证与未能对外出租之间不具有必然关联。

---

① 一审法院认为,双方当事人在合同中约定工程竣工验收合格后,承包人应当在 30 天内向发包人提供竣工资料和结算资料,并协助发包人完成政府部门要求的备案手续。涉案工程已经于 2009 年 7 月 2 日经四方验收合格,但是中建总公司、中建股份公司未及时提供上述资料并协助完成竣工备案手续,导致超华公司因此无法及时办理房屋权属证书,属于违约行为。——编者注

2. 案涉物业 3、4 层室内公共区域、楼梯间及卫生间等部位装修工程,于 2012 年 9 月 5 日进行施工组织设计,同年 12 月 25 日竣工验收。关于该部分物业装修延迟的原因,在中建股份公司与超华公司建设工程施工合同纠纷一案中,超华公司的一审庭审陈述及所提供的证人证言均表明,案涉物业 3、4 层的业态迟迟未确定,该案生效民事判决查明事实部分亦认定,"结构封顶后,超华公司因三、四层招商业态不确定、其发包的消防工程延迟及超华公司项目决策等原因导致由中建公司进行的外饰面工程、安装工程、屋面防水、室内饰面等无法及时施工。对此,超华公司在多次例会中予以承认"。根据上述事实可知,案涉物业 3、4 层在 2012 年 7 月 10 日之前,因超华公司商业计划未定等原因,尚不具备对外出租条件,超华公司主张的租金损失并不存在。

3. 本案中,超华公司亦未提交证据证明,2009 年 9 月 1 日至 2012 年 7 月 9 日期间或者在此之前,其为对外出租案涉物业 3、4 层曾进行过广告宣传、营销策划等必要的招商工作。

【案例来源】

中国裁判文书网,http://wenshu.court.gov.cn。

编者说明

　　本案审理过程中,一审法院认为:"昆山超华商贸城二期 B 区项目"具备合法的建设工程规划许可手续,全部工程已经竣工验收合格并交付使用,其未能及时对外出租,应当是与业主的广告宣传、营销策划及招商力度等因素有关,上述房屋的 1、2 层商铺在未取得权属证书之前即已经出租给欧尚超市使用亦可佐证,故涉案房屋未能及时出租与其未办理产权登记之间不存在法律上的因果关系,超华公司主张租金损失的依据不足,依法不予支持。二审法院则认为:涉案物业 3、4 层未取得房产证书对其于 2009 年 9 月 1 日至 2011 年 1 月 31 日期间未能对外出租必然造成不利影响。2011 年 2 月 1 日起实施的《商品房屋租赁管理办法》虽然取消了无房屋所有权证的房屋不得出租的规定,但没有房屋所有权证会对承租商户的预期产生影响,从而一定程度上对出租人的招租产生影响。综上,涉案物业 3、4 层未取得房屋所有权证会对超华公司的招租产生一定影响,中建总公司、中建股份公司应对超华公司该期间的租金损失承担一定的赔偿责任。

　　最高人民法院再审认为:虽超华公司主张案涉物业 1、2 层系政府招商引资项目,经相关部门沟通协调才得以完成出租,但上述事实足以表明,案涉物业未取得房屋所有权证与未能对外出租之间不具有必然关联。案涉物业 3、4 层在 2012 年 7 月 10 日之前,因超华公司商业计划未定等原因,尚不具备对外出租条件,超华公司主张的租金损失并不存在。

213 承包人要求赔偿停窝工损失的，应当就停工原因、损失已实际发生以及损失具体数额等承担举证责任

【关键词】

| 建设工程 | 停窝工 | 举证责任 |

【案件名称Ⅰ】

上诉人中色十二冶金建设有限公司与上诉人本溪庆永房地产开发有限公司建设工程施工合同纠纷案［最高人民法院（2018）最高法民终 1313 号民事判决书，2018.12.18］

【裁判精要】

最高人民法院认为：

（一）停窝工损失

《合同法》第二百八十四条规定，因发包人的原因致使工程中途停建、缓建的，发包人应当采取措施弥补或者减少损失，赔偿承包人因此造成的停工、窝工、倒运、机械设备调迁、材料和构件积压等损失和实际费用。根据上述规定，支持承包人停窝工损失的前提是损失属于业主方原因造成，承包人应当就停工原因、损失已实际发生以及损失具体数额等承担举证责任。本案中，中色十二冶公司主张的停窝工，区分为两个阶段，具体分析如下：（1）中色十二冶公司主张，本溪庆永公司未按约定支付工程款，导致中色十二冶公司于 2013 年 6 月 19 日至 2013 年 8 月 14 日停工，产生包括人工费用、机械设备租赁费等停窝工损失共计 700 多万元。关于该阶段停工原因，本溪庆永公司 2013 年 6 月 21 日向中色十二冶公司发出的通知记载，双方于 6 月 20 日召开现场会，安排中色十二冶公司天龙家园项目负责人王国胜、刘风华、陈宇两天内解决向施工人员发放人工费问题，稳定施工人员情绪，恢复正常施工局面。2013 年 6 月 26 日，案涉工程监理单位本溪县宏业建设监理事务所出具证明，载明："中色十二冶公司施工的天龙家园 26#、25#、24#、23#、20#、19#、18#、17#、10#、9#楼目前处于停工状态。其中：1. 26#、24#、18#为县站勒令停工，停工时间从 2013 年 6 月 18 日起至今尚未复工（共计 9 天）。2. 25#、23#、20#、19#、17#、10#、9#楼为施工单位擅自停工，停工时间从 2013 年 6 月 20 日起至今尚未复工（共计 7 天）。"2013 年 8 月 14 日，在本溪县住房保障办公室调解下，中色十二冶公司复工。双方签订了《关于解决天龙家园安置区建设存在问题的会议纪要》，约定"在 2013 年 8 月 18 日前中色十二冶公司必须保证已开工 18 栋楼全面复工，确保达到政府要求的 2013 年 11 月 30 日竣工交付使用时间"。根据上述证据可知，该阶段的停工原因主要是实际施工人未发放工人工资、行政部门勒令停工等。中色十二冶公司在施工管理方面，未依

法依约履行总包职责,放任或疏于施工现场管理,明显存在不当,是导致该阶段停窝工主要原因。本溪庆永公司迟延支付工程款也是导致停窝工重要原因。因此,中色十二冶公司要求本溪庆永公司赔偿该阶段停窝工损失,理据均不充分,一审不予支持,并无不当。(2)中色十二冶公司主张,因本溪庆永公司单方强行接管施工现场,造成中色十二冶公司自2014年3月15日至2014年7月31日包括人工费、材料损失费用、塔吊窝工损失、脚手架租赁费、现场周转材料费以及施工项目部实际损失,共计1000余万元。根据《关于解决天龙家园安置区建设存在问题的会议纪要》约定,中色十二冶公司应于2013年11月30日将工程竣工交付使用。但因案涉工程于2013年11月7日即进入冬休阶段,中色十二冶公司已无法按照约定时间交付工程。本溪庆永公司于2014年3月27日强行接管场地虽属不当,但中色十二冶公司无法按期交付工程亦负有一定责任,且其主张的上述损失证据并不充分。另从时间跨度看,中色十二冶公司主张的上述大部分费用均发生在其撤离施工现场以后。中色十二冶公司在已撤离施工现场的情况下又主张停工损失,显然缺乏事实依据。

【案例来源】

中国裁判文书网,http://wenshu.court.gov.cn。

【案件名称Ⅱ】

中铁二十二局集团第四工程有限公司与安徽瑞讯交通开发有限公司、安徽省高速公路控股集团有限公司建设工程施工合同纠纷案[最高人民法院(2014)民一终字第56号民事判决书,2014.5.15]

【裁判精要】

最高人民法院认为:

(三)关于瑞讯公司应否赔偿中铁公司停窝工损失,如应赔偿,则赔偿的数额是多少的问题

对于该争议问题,中铁公司、瑞讯公司的诉辩又包括以下两部分停窝工损失的争议:

1. 关于2004年3月至2005年3月期间的停窝工损失问题。根据合同通用条款第53条约定,如果承包人根据合同条款中任何条款提出任何附加支付的索赔时,其应该在该索赔事件首次发生的21天之内将其索赔意向书提交监理工程师,并抄送业主;监理工程师在与业主和承包人协商后,确定承包人有权得到的全部或部分索赔款额。对于2004年至2005年第一次停窝工期间的确定部分造价为6778661.54元,经查明,是指既有现场监理人员签字确认的每日停窝工情况具体统计表,也有现场监理人员签字确认的每月停窝工情况统计表,这说明对于这部分损

失,中铁公司已经按照索赔程序提出了索赔,且该索赔已经经过监理签字予以确认,故中铁公司的该索赔符合上述合同通用条款第 53 条的约定,一审法院判决瑞讯公司赔偿中铁公司此部分确定款项的损失,并无不当,应予维持。

至于瑞讯公司上诉主张,在上述索赔材料上签字的王波非其监理人员,无权确定索赔事项的理由,经查明,王波系案涉阜周高速公路 13 标段 2004 年 5 月至 2005 年 3 月期间的现场监理人员;而合同通用条款第 53.5 款明确约定,监理具有确定索赔的权利,因此,在瑞讯公司无证据证明上述索赔依据上的监理"王波"的签证系虚假的情况下,一审法院判决瑞讯公司赔偿中铁公司上述经过监理王波签证认可的可确定部分停窝工损失 6778661.54 元,并无不当。瑞讯公司的上诉理由不能成立,本院不予采信。

对于 2004 年至 2005 年第一次停工期间人员、机械设备停窝工费用不确定部分的造价 6929833.87 元,经查明,该部分诉请款项是指:2004 年 12 月份的统计表中,只有 12 月 1 日至 6 日的明细,没有其他天数的明细;2004 年 1 ~ 6 月和 2005 年 1 ~ 3 月,只有现场监理人员签字确认的每月停窝工情况统计表,没有现场监理人员签字确认的每日停窝工情况统计表。上述事实表明,该不确定部分停窝工损失款项虽然有每月的总统计表,但没有与此总统计表一一对应的每日索赔签证统计表,这同案涉工程针对确定部分停窝工损失的通常做法不符,一审法院未支持中铁公司针对该不确定部分停窝工损失的诉请,并无不当。中铁公司上诉请求瑞讯公司赔偿该部分损失,理据不足,应予驳回。

2. 关于 2006 年 11 月至 2009 年 4 月期间的停窝工损失问题。经查,对此部分损失,中铁公司亦自认,其并未依据合同约定提出过索赔,因此,在中铁公司未依据合同通用条款第 53 条约定履行索赔程序的情况下,根据该条的进一步约定,中铁公司无权获得该部分诉请款项的赔偿,而其在本案中主张由法院酌定瑞讯公司赔偿该停窝工损失 400 万元,无事实及法律依据,应予驳回。

综上,一审法院判决瑞讯公司赔偿中铁公司停窝工损失的数额并无不当,中铁公司与瑞讯公司针对停窝工损失的上诉请求均无事实及法律依据,本院均不予支持。

【案例来源】

《中华人民共和国最高人民法院公报》2016 年第 4 期(总第 234 期)。

【案件名称Ⅲ】

西安市临潼区建筑工程公司与陕西恒升房地产开发有限公司建设工程施工合同纠纷案 [最高人民法院(2007)民一终字第 74 号民事判决书,2007.12.7]

【裁判精要】

裁判摘要:最高人民法院《建设工程施工合同解释》第二十一条关于"当事人就

同一建设工程另行订立的建设工程施工合同与经过备案的中标合同实质性内容不一致的,应当以备案的中标合同作为结算工程价款的根据"的规定,是指当事人就同一建设工程签订两份不同版本的合同,发生争议时应当以备案的中标合同作为结算工程价款的根据,而不是指以存档合同文本作为结算工程价款的依据。

最高人民法院认为:

(四)关于临潼公司主张的停窝工损失是否应得到支持的问题

本院认为,虽然陕西华春建设工程项目管理有限责任公司2006年11月25日出具的鉴定报告中,对于恒升大厦工程停窝工损失计算为346421.84元,但该鉴定报告也明确说明:"该工程停窝工时间为自2004年4月至2006年6月22日,但数量没有建设单位指定的工地代表签证。"一审判决以临潼公司未按合同约定申报工程量及申请支付工程款,亦未提供监理公司确认的停窝工证据,故对临潼公司主张的停窝工损失不予支持。由于二审中临潼公司也没有提供相关证据支持其主张,故对临潼公司上诉要求恒升公司按鉴定报告计算的346421.84元支付停窝工损失,本院亦不予支持。

【案例来源】

《中华人民共和国最高人民法院公报》2008年第8期(总第142期)。

【案件名称Ⅳ】

浙江中成建工集团有限公司与元太置业(合肥)有限公司建设工程施工合同纠纷案[最高人民法院(2008)民一终字第117号民事判决书]

【裁判精要】

最高人民法院认为:

施工方主张因发包方未按期支付工程款,导致其停、窝工的损失,应当提供证明其存在停、窝工的事实和停、窝工损失的具体数额。从施工方提交的证据来看,其主张停、窝工的事实是依照相关工程开工证明和相关工程的竣工验收证明来推断其存在停、窝工及停、窝工的时间,其主张的损失是依照其单方计算及其单方委托鉴定部门出具的鉴定意见,而该鉴定意见据以作出的鉴定依据主要是施工方提供的证据材料。依照建筑工程施工行业规范及行业习惯,施工企业在施工过程中发生停、窝工,应当有监理单位签证或者施工方与建设方往来函件予以证实。施工方未提供能够证明其停、窝工事实发生的上述直接证据,其依据相关间接证据的推定,难以证明停、窝工事实的存在。其提供的有关损失的证据,因缺乏停、窝工的事实基础,亦难以证明损失的直接发生及造成损失的数额,施工方请求发包方补偿其停、窝工损失,缺乏事实依据,不予支持。

【案例来源】

最高人民法院网,http://www.court.gov.cn。

214 根据建筑行业的特征,即便钢结构主体工程初步验收合格,但钢结构是否能够满足墙体填充等后续工程的承重要求,尚须待整体工程完工并验收以后才能最终确定

【关键词】

|建设工程│工程质量│验收│钢结构│

【案件名称】

上诉人山东宁大建设集团有限公司与被上诉人中天建设集团有限公司、中天建设集团有限公司青海分公司建设工程施工合同纠纷案〔最高人民法院(2018)最高法民终 1116 号民事判决书,2018.11.8〕

【裁判精要】

最高人民法院认为:

(二)关于宁大公司请求给付 95% 工程款的请求是否成立的问题

根据案涉合同第五条付款方式的约定,中天青海分公司应在主体结构验收合格后支付到工程款的 90%,工程竣工验收合格后,支付至 95%,中天青海分公司扣除合同总价的 5%(无息)作为质量保修金,质量保修期为一年,保修期到后一月内付清质量保修金。一、二审诉讼中,双方当事人对于目前工程主体结构已经验收合格,支付 90% 的付款条件已成就的事实并无异议,但对于支付 95% 的付款条件是否成就存在分歧,关键是对合同中约定"工程验收合格"的理解存在争议。

宁大公司认为"工程验收合格"是指其所分包的钢结构工程项目验收合格,现该工程已经验收合格,达到支付 95% 的付款条件,中天青海分公司应支付全部工程款的 95%;而中天青海分公司则认为"工程验收合格"是指 D 楼工程的整体验收合格。

本院认为,根据庭审调查的情况来看,案涉工程的主体工程实质上就是宁大公司所分包的钢结构工程,合同约定"主体结构验收合格"所指的内容应系案涉钢结构工程的验收,但合同中进一步约定在"主体结构验收合格"之后,待"工程验收合格"后支付 95% 的付款条件才成就,表明"主体结构验收合格"(钢结构工程验收合格)与"工程验收合格"系两个不同的工程款项支付节点,该两个节点在内容上有所区分,在时间上具有前后顺序。根据建筑行业的特征来看,钢结构主体工程竣工验

收后,整个工程的墙体填充等后续工程仍须在钢结构的基础上完成,因此,即便钢结构主体工程初步验收合格,但钢结构是否能够满足墙体填充等后续工程的承重要求,尚须待整体工程完工并验收以后才能最终确定。鉴于此,本案中双方在合同中将"主体结构验收合格"和"整体工程验收合格"作为两个不同的付款条件作出约定,符合客观实际。亦即,案涉合同约定"工程验收合格"后支付至全部工程款的95%,应指D楼整体工程验收合格,并非钢结构工程验收合格。

二审中,宁大公司亦认可"主体结构验收合格"与"工程验收合格"两个付款时间节点存在先后顺序,但认为主体结构验收之后,还有连廊工程须待完成,现连廊工程已通过验收,说明工程已验收合格,符合支付95%的付款条件。经查,案涉钢结构主体工程验收时间为2017年5月23日,而根据分项验收报告显示,连廊工程早在2017年1月20日已完成了验收,亦即,连廊工程验收时间还早于钢结构主体工程,该事实与宁大公司所述相互矛盾,故宁大公司该诉讼理由不应予以采纳。

由于现有证据显示,案涉工程仅进行了主体结构验收,而D楼整体工程尚未竣工验收,双方约定支付95%的付款条件尚未成就,故宁大公司请求支付至全部工程款的95%,缺乏事实及法律依据,本院不予支持。

【案例来源】

中国裁判文书网,http://wenshu.court.gov.cn。

215 工程已被发包人实际使用,应当认定工程已经竣工

【关键词】

│建设工程│工程质量│竣工│使用│

【案件名称】

上诉人赤峰光大光伏农业发展有限公司与被上诉人山东电力建设第三工程公司、原审被告张亚棋建设工程施工合同纠纷案〔最高人民法院(2017)最高法民终894号民事判决书,2018.3.15〕

【裁判精要】

最高人民法院认为:

由于光大公司上诉的主要理由是案涉工程并未竣工,因此,其不应支付相应的工程款。基于此,本案二审争议的焦点问题应确定为案涉工程是否已经竣工。

《建设工程施工合同解释》第十四条规定,建设工程未经竣工验收,发包人擅自使用的,以转移占有建设工程之日为竣工之日。根据一审判决查明的事实,案涉工程虽

未经电力主管部门、审计部门、环保、消防、质监等行政主管部门进行综合验收,但光大公司已于 2016 年 6 月 30 日接收了涉案工程且实际投入使用。依据前述司法解释的规定,案涉工程应认定为已经竣工。光大公司虽主张其签署的"竣工验收签证"并非其真实意思表示并提供了一份录音证据,但即使该主张成立,在案涉工程已被光大公司实际使用的情况下,也不能否定案涉工程已经竣工的法律事实。此外,光大公司在上诉中虽提出了电建公司尚有 33717453 元的合同项下工程没有完成,但没有提供充分的证据予以证明。综上,光大公司关于案涉工程未竣工的上诉理由不能成立。

双方在案涉合同中约定,在项目并网发电后十日内,甲方应向乙方支付全部工程价款。在合同履行中,2016 年 9 月 1 日,光大公司取得电力业务许可证。同年 9 月 26 日,光大公司与国网内蒙古东部电力有限公司签订《光大公司清泉山光伏电站购售电合同》。同年 10 月 28 日,光大公司与国网蒙东赤峰供电公司签订《光大公司 10MWP 清泉山光伏电站并入赤峰电网调度协议》。自此,10MWP 光伏发电项目正式投入运营。依据上述合同约定及案件事实可以认定,光大公司向电建公司支付工程款的条件已经成就,一审判决依据司法解释的相关规定判决光大公司应当履行付款义务,事实依据充分,适用法律正确。

【案例来源】

中国裁判文书网,http://wenshu.court.gov.cn。

编者说明

实践中,有的发包人为了提前获得投资效益,没有经过验收就急于使用已经竣工的工程,发包人实际接收后,意味着承包人已完成其合同义务,开始享有请求支付工程价款的权利,同时也意味着,工程的一切意外风险由发包人承担。一般来说,标的物的风险转移以交付为要件,一般来说转移占有就视为交付。① 为此,《建设工程施工合同解释》第十四条第(三)项就实际竣工时间作出了规定:"当事人对建设工程实际竣工日期有争议的,按照以下情形分别处理:……(三)建设工程未经竣工验收,发包人擅自使用的,以转移占有建设工程之日为竣工日期。"

216 工程是否在建设行政主管部门或有关部门竣工验收备案,不是确定工程是否竣工验收的标准

【关键词】

│建设工程│工程质量│竣工│验收│备案│

---

① 参见最高人民法院民事审判第一庭编著:《最高人民法院建设工程施工合同司法解释的理解与适用》,人民法院出版社 2004 年版,第 139 页。

【案件名称】

上诉人江苏新龙兴建设集团有限公司与上诉人腾冲县金鹰房地产开发有限公司建设工程施工合同纠纷案［最高人民法院（2018）最高法民终 24 号民事判决书，2018.3.30］

【裁判精要】

最高人民法院认为：

（一）关于金鹰公司应否以及如何支付新龙兴公司工程款及利息的问题

《合同法》第二百六十九条规定，建设工程合同是承包人进行工程建设，发包人支付价款的合同。在建设工程合同中，承包人的主要合同义务是进行工程建设并向发包人交付质量合格的工程，发包人的主要合同义务是支付工程价款。本案中，根据已经查明的事实，案涉四项工程中，前三项工程均已经竣工验收，第四项工程"欢乐湖一期二段 B 区"工程亦已经通过建设、勘察、设计、施工、工程监理五方的竣工初验，所有工程已经全部交付金鹰公司。如上所述，工程是否在建设行政主管部门或有关部门竣工验收备案，不是确定工程是否竣工验收的标准。在新龙兴公司已经履行完毕其主要合同义务的情况下，金鹰公司应当支付相应的工程价款。而且，根据金鹰公司法定代表人出具的《承诺书》载明："其余所欠合同到期工程款按以下节点支付：2016 年 7 月 31 日前支付所有欠款的 30%；2016 年 12 月 31 日前支付所有欠款的 30%；2017 年春节前支付所有欠款的 20%；余款于 2017 年 6 月 30 日前付清。"在金鹰公司承诺支付所欠付工程款时，并未将新龙兴公司移交工程档案资料作为付款前提条件，应视为金鹰公司对付款条件和付款时间作出新的意思表示，金鹰公司应受该意思表示约束。根据本院二审查明的事实，对于双方有争议的"欢乐湖一期二段 B 区"工程，新龙兴公司已于 2017 年 8 月 25 日将工程施工资料和竣工图纸移交给金鹰公司，金鹰公司关于支付工程款条件未成就的主张，依据不足。当然，新龙兴公司作为承包人，除需要履行交付合格工程的合同主要义务外，亦应根据诚实信用原则，对施工过程中形成的施工资料、竣工验收资料等档案资料及时、完整地移交给发包人金鹰公司。如果新龙兴公司违反上述附随义务给金鹰公司造成损失，亦应承担相应的违约损害赔偿责任。由于金鹰公司在本案中未就此提出相应的反诉请求，本院在本案中不作处理。

【案例来源】

中国裁判文书网，http://wenshu.court.gov.cn。

217 施工合同无效系因违反招标投标相关法律规定所致，发包人的过错大于承包人，发包人应向承包人支付工程款，是返还因无效合同所取得的财产的一种形式，不以工程竣工验收为条件

【关键词】

│建设工程│工程质量│合同无效│竣工验收│

【案件名称】

上诉人重庆锦通建设（集团）有限公司与上诉人贵州世邦房地产开发有限公司建设工程施工合同纠纷案［最高人民法院（2018）最高法民终 117 号民事判决书，2018.5.15］

【裁判精要】

最高人民法院认为：

（二）关于工程款支付条件

世邦公司上诉主张案涉工程未竣工验收，锦通公司也未提供证据证明案涉工程不存在质量问题，故不满足工程款支付的条件。经二审庭审询问，双方确认，案涉工程主体已完工，至今未竣工验收，该工程于 2015 年 8 月 28 日取得《商品房预售许可证》，锦通公司于 2016 年 10 月正式停工，锦通公司未向世邦公司转移占有案涉工程，双方现已没有继续建设案涉工程的可能。本院认为，一审认定世邦公司与锦通公司签订的《建设工程施工合同》因为违反招标投标的相关法律规定而无效，依据《合同法》第五十八条之规定，合同无效或者被撤销后，因该合同取得的财产，应当予以返还；不能返还或者没有必要返还的，应当折价补偿。有过错的一方应当赔偿对方因此所受到的损失，双方都有过错的，应当各自承担相应的责任。本案《建设工程施工合同》无效，锦通公司与世邦公司双方均应返还因该合同取得的财产。锦通公司应向世邦公司转移占有案涉工程，世邦公司应向锦通公司偿付建设案涉工程的投入。鉴于《建设工程施工合同》无效系因违反招标投标相关法律规定，世邦公司作为发包人更清楚拟建工程是否属于法律规定必须进行招标的工程，其过错显然大于锦通公司，故世邦公司应以支付工程款的形式偿付锦通公司的投入。一审判令世邦公司应向锦通公司支付工程款，是返还因无效合同所取得的财产的一种形式，并不以工程竣工验收为条件，故世邦公司认为尚不满足工程款支付条件的上诉理由不能成立。

【案例来源】

中国裁判文书网，http://wenshu.court.gov.cn。

第四章 — CHAPTER 04

工程期限

一、工期认定

218 开工日期的确定，应以合同约定及施工许可证记载的日期为基础，综合工程的客观实际情况，以最接近实际进场施工的日期作为开工日期

【关键词】

│ 建设工程 │ 工程期限 │ 开工日期 │ 施工许可证 │

【案件名称】

再审申请人湖南顺天建设集团有限公司与被申请人益阳市资阳商贸投资开发有限公司建设工程施工合同纠纷案〔最高人民法院（2018）最高法民再442号民事判决书，2018.12.21〕

【裁判精要】

最高人民法院认为：

一、关于开工日期的问题

本院认为，开工日期的确定要坚持实事求是的原则，以合同约定及施工许可证记载的日期为基础，综合工程的客观实际情况，以最接近实际进场施工的日期作为开工日期。本案双方签订的《建设工程施工合同》约定的开工日期为2012年2月1日，顺天公司提交的经济技术签证资料也能够证明项目自2012年2月1日已经开工，且顺天公司在本案诉讼中对其曾于该日期进场施工亦不否认。故虽然资阳商贸公司取得施工许可证日期为2012年9月3日，但从上述情况来看，2012年2月1日应为最接近实际进场施工的日期。顺天公司主张未取得施工许可的施工行为不能视为法律意义上的开工，应以2012年9月3日建设单位取得施工许可证的时间来确定本案的开工日期，该主张与客观事实不符，不应得到支持。至于案涉工程在未取得施工许可证前已经实际施工的问题，属于行政处罚范围，有关行政机关亦对该行为作出了相应的行政处罚决定，该事实不影响本院对实际开工日期的认定。

【案例来源】

中国裁判文书网，http://wenshu.court.gov.cn。

编者说明

开工日期即开始施工的日期,是工期计算的起始点。《建设工程施工合同解释(二)》第五条明确了实际开工日期的认定,规定:"当事人对建设工程开工日期有争议的,人民法院应当分别按照以下情形予以认定:(一)开工日期为发包人或者监理人发出的开工通知载明的开工日期;开工通知发出后,尚不具备开工条件的,以开工条件具备的时间为开工日期;因承包人原因导致开工时间推迟的,以开工通知载明的时间为开工日期。(二)承包人经发包人同意已经实际进场施工的,以实际进场施工时间为开工日期。(三)发包人或者监理人未发出开工通知,亦无相关证据证明实际开工日期的,应当综合考虑开工报告、合同、施工许可证、竣工验收报告或者竣工验收备案表等载明的时间,并结合是否具备开工条件的事实,认定开工日期。"据此,双方当事人对开工日期有争议时,区分以下三种情况处理:

(1)原则上以发包人或者监理人发出的开工通知上记载的开工日期为准。开工通知是记录开工事实的文件,通常该通知上记载的开工时间更接近实际开工时间。

此外,有两种例外情形:其一,虽然发包人或者监理人发出开工通知,但因发包人不能提供施工许可证、测绘图纸等原因,导致并不具备实际施工条件,承包人无法进场施工的,为维护承包人利益,应当以开工条件具备的日期为实际开工日期。其二,因为承包人未能及时提供人员、设备等,导致不能及时开工,开工时间推迟,应由承包人承担相应后果,即仍以开工通知中规定的日期确定开工时间。

(2)承包人经过发包人同意,已经实际进场施工,且具备施工条件的,此时应以承包人实际进场施工时间为准。承包人进场时间,可以通过监理记录、当事人之间的会议纪要等确定。

(3)如果既没有开工通知,也没有相关证据证明实际开工日期,应当综合考虑开工报告、施工合同、施工许可证、竣工验收报告或者竣工验收备案表等相关材料中关于开工日期的记载,并结合开工条件是否具备的事实,确定实际开工日期。即除开工通知外,开工报告、施工合同、施工许可证、竣工验收报告或者竣工验收备案表等材料也会记载开工日期,同时考虑具备开工条件的时间,结合工程施工惯例,确定最接近于事实真相的开工时间。

应注意的是,在发包人或者监理人未发出开工通知,亦无相关证据证明实际开工日期的情形下,开工报告、合同、施工许可证、竣工验收报告或者竣工验收备案表等记载开工时间的文件的证明力大小的判断,将成为推定开工日期的关键。在建设工程施工行业的具体背景下,对于记载开工时间的各类文件的证明力的判断,应注意以下规则:①

(1)对开工日期的证明不适用形成时间在后的文件证明力更高的一般规则。例如,在这些文件中,竣工验收备案表形成时间最晚,但是其关于开工日期的记载,如果备案表填写者不是查阅、抄录了此前的其他文件,而是仅凭不确切的记忆填写,恰恰可能因为距离开工日期的事实时间最远,而具有最弱的可信度和证明力;开工报告通常形成于实际开工日之

---

① 参见曹文衔:《有关工期及其顺延的裁判规则》,载微信公众号"天同诉讼圈",刊登日期:2019年2月28日。

前且最接近实际开工日,且其目的恰为承包人向发包人申请开工,至少说明承包人已经自认发包人应提供的开工条件已经基本具备,承包人自身的开工准备工作也已基本完成,因此,一般应具有最高的证明力,特别是有发包人或者监理人已经批准或者认可开工报告的证据时更是如此。

(2)文件的形成目的和主要用途显著影响其中记载的开工日期的证明力。例如,竣工验收备案表提供给工程验收备案的行政管理机关,用于工程竣工后发包人办理不动产产权、产权交易、不动产使用等后续手续,备案表制作人的关注重点在于提供工程质量经验收合格(符合规划要求和强制质量标准)和竣工资料齐备的证明材料。而备案表中记载的开工时间属于次要信息,因与文件的使用目的无关,通常不会受到行政机关和作为行政相对人的发包人的特别关注,其可靠性和对开工日期的证明力聊胜于无。而开工报告的用途和目的即直接针对开工日期的确定,一般应具有最为直接的证明力。

就一般情形而言,如果没有明显反证,《建设工程施工合同解释(二)》第五条第(三)项中列举的文件就其记载的开工日期证明力从大到小的排序为:开工报告、竣工验收报告、竣工验收备案表、合同或施工许可证。

219 建筑工程施工许可证对于认定开工日期是否具有较高的证明力

【关键词】

│建设工程│工程期限│开工日期│施工许可证│

【案件名称】

上诉人延长油田股份有限公司川口采油厂与上诉人陕西圣安房地产开发有限公司、陕西圣安房地产开发有限公司延安分公司商品房买卖合同纠纷案[最高人民法院(2015)民一终字第93号民事判决书,2015.10.30]

【裁判精要】

最高人民法院认为:

(二)关于圣安公司及圣安延安分公司应否以及如何承担逾期交房的违约责任的问题

本院认为,首先,建筑工程施工许可证载明的案涉房屋建设工程的开工日期是2007年4月,该文件是经当地建设工程主管部门签发的法定文件,具有较高的证明力。延长川口采油厂与圣安公司2010年1月8日形成的会议纪要载明"该工程于2007年7月动工"。圣安公司与汕头市建安集团公司西安分公司于2007年5月29日签订了有关案涉房屋建设的《建设工程施工合同》。可见,无论是圣安公司在会议纪要中认可的时间,还是有关案涉房屋建设工程施工合同的签订时间,均与圣安公司及圣安延安分公司所称的开工时间即2006年12月29日相距较长。圣安公司及圣安延安分公司提交的监理公司于2013年2月19日出具的证明以及延安电视台的《播出通知单》，均不足以推翻上述证据所表明的案涉房屋建设工程开工时间最早应在2007年4月期间的事实，一审判决综合上述证据以及当事人履行合同的有关事实，认定案涉房屋建设工程的开工时间是2007年4月22日并无明显不当，圣安公司及圣安延安分公司主张一审判决认定工程开工时间错误理据不足。

【案例来源】

中国裁判文书网，http://wenshu.court.gov.cn。

编者说明

上述案例裁判观点认为，施工许可证是行政机关签发的法定文件，具有较高的证明力。有观点认为值得商榷。从施工许可证的用途和签发目的来看，其主要关注项目的法定开工条件的满足。从《建筑法》第八条规定的施工许可证申请条件①来看，行政机关签发施工许可证主要关注和依据的是发包人提供的法定用地手续、规划手续、拆迁进度、施工图审图手续、工程质量与安全的计划和措施，以及建设资金落实情况，属于对法定的开工应然条件的审查。开工法定条件的不满足，并不等同于不具备开工的物质条件和现场物理条件。现实中大量存在的先开工后颁证的事实可以印证。此外，从施工许可证本身的记载事项②来看，其中关于工期的信息来源于合同。因此，施工许可证记载的发证日期和合同工期，与具体项目的实际开工日期之间并无实质上的对应或证明关系。因此，只有在承包人对于无施工许可证项目及时行使先履行抗辩权而拒绝实际开工的特定情形下，施工许可证载明的发证日期和合同工期对于实际开工日期的确定才具有一定的证明力。特别是，在先违规开工后办理施工许可证的现实情境下，发包人提交的办证申请文件不可能不打自招地提供实际开工信息，行政机关也不可能在施工许可证中记载办证前的实际施工信息。故施工许可证的证明力应小于开工报告，开工报告对于开工日期的确定具有直接的证明力。③

---

① 《建筑法》第八条第一款规定："申请领取施工许可证，应当具备下列条件：（一）已经办理该建筑工程用地批准手续；（二）依法应当办理建设工程规划许可证的，已经取得建设工程规划许可证；（三）需要拆迁的，其拆迁进度符合施工要求；（四）已经确定建筑施工企业；（五）有满足施工需要的资金安排、施工图纸及技术资料；（六）有保证工程质量和安全的具体措施。"

② 参见《住房和城乡建设部办公厅关于进一步加强建筑工程施工许可管理工作的通知》（建办市〔2014〕34号），施工许可证的主要内容包括：施工许可证编号、发证机关、发证日期；建设单位、工程名称、建设地址、建设规模、合同价格、勘察单位及其项目负责人、设计单位及其项目负责人、施工单位及其项目负责人、监理单位及总监理工程师、合同工期、备注、注意事项等。

③ 参见曹文衔：《有关工期及其顺延的裁判规则》，载微信公众号"天同诉讼圈"，刊登日期：2019年2月28日。

220 合同约定的开工日期与实际开工日期不一致的，应当以改变了的日期作为开工日期

【关键词】

│建设工程│工程期限│开工日期│监理│

【案件名称】

上诉人青海方升建筑安装工程有限责任公司与上诉人青海隆豪置业有限公司建设工程施工合同纠纷案［最高人民法院（2014）民一终字第69号民事判决书，2014.12.5］

【裁判精要】

裁判摘要：(1)施工合同约定的开工日期、开工报告确定的开工日期与施工许可载明的开工日期不一致的，以监理单位确认的开工报告为准。

(2)当合同约定的开工日期与实际开工日期不一致时，竣工日期一般情况下也随之发生变更。

最高人民法院认为：

第一，就案涉工程开工日期的确定而言。

本院认为，首先，方升公司与隆豪公司签订的《建设工程施工合同》约定的工期为2011年5月8日，竣工日期为2012年6月30日；由方升公司呈送并经监理单位确认的《开工报告》中载明的计划开工日期为2011年5月15日，竣工日期为2012年10月1日；由隆豪公司申报办理的经青海省共和县住房和城乡建设局颁发的《建筑工程施工许可证》中载明的开工日期为2011年6月20日，竣工日期为2012年12月31日。上述三份文本中记载的开工与竣工日期均不相同的情形下，应当以监理单位确认的《开工报告》中载明的2011年5月15日作为本案工程开工日期。尽管方升公司与隆豪公司签订《建设工程施工合同》约定的工期为2011年5月8日，但双方均认可在该时间节点上，方升公司并未开始施工。合同约定的开工日期与实际开工日期不一致的，应当以改变了的日期作为开工日期。

其次，方升公司在给案涉项目监理机构华铁监理西宁分公司出具的《工程开工报审表》《开工报告》中明确载明，"管理人员及机械设备已到场，施工人员已到位……符合开工条件"，华铁监理西宁分公司经审核作出了同意施工的意见。由此可见，无论是作为施工一方的方升公司，还是作为监理单位的华铁监理西宁分公司，均认可开工日期为2011年5月15日。

再次，一审法院委托规划研究院咨询部对已完工程造价部分工程项目价款进行鉴定时，方升公司与隆豪公司共同确认案涉工程开工时间为2011年5月15日。就

建设工程而言,建设单位、施工单位与监理机构共同确认的开工日期当然具有明显优势的证明力和说服力,应当成为认定案件事实的重要依据。

最后,虽然《建筑工程施工许可证》载明的开工日期为 2011 年 6 月 20 日,但是,施工许可证载明的日期并不具备绝对排他的、无可争辩的效力,《建筑工程施工许可证》是建设主管部门颁发给建设单位的准许其施工的凭证,只是表明了建设工程符合相应的开工条件,《建设工程施工许可证》并不是确定开工日期的唯一凭证。实践中,建设工程开工日期早于或者晚于施工许可证记载日期的情形大量存在。当施工单位实际开工日期与施工许可证上记载的日期不一致时,同样应当以实际开工日期而不是施工许可证上记载的日期作为确定开工日期的依据。本案中,在方升公司、隆豪公司及监理机构均确认开工日期为 2011 年 5 月 15 日的情况下,再以施工许可证上载明的日期确定为开工日期,无事实和法律依据。

综上,一审判决认定 2011 年 5 月 15 日为案涉工程开工日期正确;方升公司提出的开工日期为 2011 年 6 月 20 日、隆豪公司提出的开工日期为 2011 年 5 月 8 日的上诉主张,均与事实不符,不予支持。

【案例来源】

《中华人民共和国最高人民法院公报》2015 年第 12 期(总第 230 期)。

221 因周边居民阻工影响工程施工进度的,造成的工期延误是否应扣除

【关键词】

| 建设工程 | 工程期限 | 工期延误 | 施工许可证 |

【案件名称】

再审申请人湖南顺天建设集团有限公司与被申请人益阳市资阳商贸投资开发有限公司建设工程施工合同纠纷案 [最高人民法院(2018)最高法民再 442 号民事判决书,2018.12.21]

【裁判精要】

最高人民法院认为:

阻工耽误工期的扣除问题。本案中,双方当事人对于施工过程中存在万寿宫居民阻工的事实均无异议。顺天公司主张该事实构成情势变更,所耽误的工期应当顺延;资阳商贸公司则认为案涉《建设工程施工合同》仅约定"除不可抗力因素外,不作工期调整",该事实不符合不可抗力,工期不应顺延。本院认为,发包人履行必要

的协助义务是合同法诚实信用原则的基本要求,通常情况下发包人提供符合正常施工条件的场地亦是其应尽的基本义务。万寿宫居民阻工并非因顺天公司施工不当所致,而是因工程建设项目本身引起。资阳商贸公司作为发包人,无论是在工程项目开工前还是项目建设过程中,均应妥善处理好施工现场与周围相邻环境的关系,确保施工正常进行。本案因周边居民阻工影响工程施工进度,造成的工期延误显然不可归责于顺天公司。《补充协议》虽有顺天公司"自行承担施工过程中的停工损失"的约定,但此处的停工损失应当指顺天公司因停工造成己方的损失,不应得出顺天公司自愿承担由此造成工期延误违约损失的意思表示。因此,对于万寿宫居民阻工造成的工期延误应当扣除。综合 2013 年 9 月 3 日的《工程联系单》、2013 年 3 月 25 日的《补充协议》来看,案涉工程系于 2012 年 8 月 22 日发生阻工,双方亦均认可在《补充协议》签订后一周之内即 4 月 1 日之前启动 1#楼施工,故自 2012 年 8 月 22 日至 2013 年 3 月 31 日,实际发生阻工时间为 222 天。同时,根据《工程联系单》《补充协议》及当事人双方在再审庭审中的陈述,可认定万寿宫居民阻工主要影响 1#楼的施工进展。综合考虑 1#楼和 2#楼主体结构和楼层相似,及该两栋楼一并于 2015 年 1 月 1 日交付使用等情况,基于公平原则,本院酌情认定因阻工应扣除的工期延误天数为 222÷2＝111 天。

【案例来源】

中国裁判文书网,http://wenshu.court.gov.cn。

222 建设工程开、竣工日期的认定

【关键词】

│建设工程│工程期限│开工日期│竣工日期│

【案件名称】

再审申请人宁夏众鑫诚房地产开发有限公司与被申请人宁夏功达建筑工程有限责任公司建设工程施工合同纠纷案[最高人民法院(2012)民申字第 1480 号民事裁定书,2013.4.3]

【裁判精要】

裁判摘要:在双方就实际竣工日期发生争议时,应以竣工验收合格之日为准。竣工验收备案只是竣工验收后建设单位所应办理的手续,是否取得竣工验收备案表不能作为认定工程是否已竣工验收的依据。

最高人民法院认为：

关于二审判决就讼争工程开、竣工日期的认定是否正确的问题。

1. 关于开工日期。二审庭审中众鑫诚公司的代理人明确认可讼争工程取得施工许可证时间为 2009 年 6 月 1 日,准备施工放线时间为 2009 年 6 月 10 日,监理同意施工的日期为 2009 年 6 月 14 日,图纸会审通过时间为 2009 年 6 月 15 日,故二审判决据此将双方合同约定的开工时间顺延至 2009 年 6 月 16 日并无不妥。众鑫诚公司虽向本院提交了一份贺兰县建设工程质量监督站发给众鑫诚公司的《通知》,但该《通知》载明的内容与其代理人在二审时的陈述相矛盾,且没有其他证据加以佐证,本院不予采信。

2. 关于竣工日期。第一,众鑫诚公司虽向本院提交了 2010 年 7 月 13 日《房屋顶账协议》、2010 年 8 月 1 日《佳和鑫居 1#、4#楼工程进度专题会议纪要》等证据,用于证明 2010 年 4 月 30 日讼争工程并未竣工,但是依据《建设工程施工合同解释》第十四条之规定,在双方就实际竣工日期发生争议时,应以竣工验收合格之日为准。而从功达公司在一、二审中提交的竣工验收报告、工程竣工验收备案表等证据看,众鑫诚公司在 2010 年 4 月 30 日前已组织勘察单位、设计单位、施工单位以及监理单位对讼争工程进行了竣工验收,上述四家单位以及众鑫诚公司均在验收意见一栏中签署合格的意见并加盖公章,故二审判决将讼争工程的竣工时间认定为 2010 年 4 月 30 日并无不妥。第二,众鑫诚公司虽主张功达公司向贺兰县城乡建设局提供的竣工验收备案表的各栏内容均是事先填好盖章,日期由功达公司根据需要填写,但并没有相应的证据予以证明,故对该主张不予支持。第三,众鑫诚公司还主张工程竣工验收应以取得竣工验收备案表为准,该主张亦不能成立。因为双方合同中没有约定竣工应以竣工验收备案表为准,而根据国务院 2000 年 1 月 30 日颁布施行的《建设工程质量管理条例》的规定,建设单位在收到建设工程竣工报告后,组织设计、施工、工程监理等有关单位进行竣工验收,验收合格后再由建设单位将竣工验收报告等文件提交给政府建设主管部门备案,也就是说竣工验收备案只是竣工验收后建设单位所应办理的手续,故是否取得竣工验收备案表并不能作为认定工程是否已竣工验收的依据。

【案例来源】

中国裁判文书网,http://wenshu. court. gov. cn。

编者说明

确定建设工程实际竣工日期,其法律意义涉及给付工程款的本金及利息起算时间、计算违约金的数额以及风险转移等诸多问题。《建设工程施工合同解释》第十四条规定:"当事人对建设工程实际竣工日期有争议的,按照以下情形分别处理:(一)建设工程经竣工验收合格的,以竣工验收合格之日为竣工日期;(二)承包人已经提交竣工验收报告,发包人拖延验收的,以承包人提交验收报告之日为竣工日期;(三)建设工程未经竣工验收,发包人擅自使用的,以转移占有建设工程之日为竣工日期。"具体包括以下几层含义:当事人对建设工程实际竣工日期有争议的,如果建设工程经过竣工验收属于优良或合格的,以竣工验收合格之日作为竣工日期;若经验收属于不合格工程,则需要承包方按合同约定标准或有关工程质量技术规范进行整改,并达到合同约定标准或符合有关工程质量技术规范,重新验收合格之日作为实际竣工日期;如果承包人早已提交了竣工验收报告,而发包人出于种种目的而拖延验收,竣工验收合格的时间就可能拖后,这时应以承包人提交验收报告之日作为工程竣工的日期;如果建设工程未经竣工验收就被发包人擅自使用的,则以转移占有建设工程之日作为确定竣工日期的标准。

二、工期索赔

223 发包人要求承包人赔偿逾期完工的损失的，应当根据双方过错、损失是否存在、有无因果关系等因素综合分析

【关键词】

│建设工程│工程期限│违约金│利息│

【案件名称】

上诉人江苏广厦房地产开发有限公司与上诉人中建二局第二建筑工程有限公司建设工程施工合同纠纷案［最高人民法院（2017）最高法民终 428 号民事判决书，2018.2.27］

【裁判精要】

最高人民法院认为：

二、关于广厦公司诉请的各项违约损失能否成立的问题

《合同法》第一百零七条规定，当事人一方不履行合同义务或者履行合同义务不符合约定的，应当承担继续履行、采取补救措施或者赔偿损失等违约责任。根据上述规定，违约责任是指由违约方所承担的继续履行、采取补救措施或者赔偿损失责任，只有守约方可以要求违约方承担相应的违约责任。如前所述，诉争工程未能按合同约定完成系因广厦公司违约所致，①应当由广厦公司承担相

---

① 该部分判决理由：《会议纪要》未能履行责任在于广厦公司，应由广厦公司承担诉争工程未能按时完成的违约责任。《合同法》第八条规定，依法成立的合同，对当事人具有法律约束力。当事人应当按照约定履行自己的义务，不得擅自变更或者解除合同。双方《会议纪要》第 6 条约定："乙方（中建二局二公司）确保工程于 2012 年 10 月 31 日前按期完工，则甲（广厦公司）乙双方对前期各自原因造成的工期延误互不追究责任。如由于乙方原因，未能在 2012 年 10 月 31 日前按期完工，乙方需对前期工程由于其自身原因造成的工期延误，按法律及合同的规定，承担责任。如由于甲方原因，不能在 2012 年 10 月 31 日前按期完工，甲方相应顺延工期，同时由甲方承担乙方因延期增加的成本费用，支付该费用年利率 15% 的利息。"根据上述约定，双方对于 2012 年 10 月 31 日未完工的责任分配分别进行了约定，即因广厦公司或中建二局二公司的原因导致未能完工，则各自承担相应责任。同时《会议纪要》第 1 条约定："甲方同意向乙方预付 800 万元作为复工启动资金，乙方在一星期之内进行现场复工，该预付款在工程进度款中抵扣。"第 2 条约定："对于工程进度款的支付，复工后从 4 月份开始，每月支付 375 万元，至 11 月份结束，总计再付进度款 3000 万元。"由此可见，双方约定由广厦公司支付 800 万元启动资金后开始复工，并且广厦公司每月需支付 375 万元进度款。根据查明的事实可知，《会议纪要》签订后，广厦公司分别于 2012 年 3 月 23 日、2012 年 4 月 19 日、2012 年 5 月 3 日、2012 年 7 月 12 日、2012 年 8 月 14 日向中建二局二公司支付款项 300 万元、300 万元、200 万元、50 万元、100 万元，共计 950 万元，广厦公司并未按照《会议纪要》的约定付款。对此，中建二局二公司于 2012 年 8 月 27 日发出《工程联系函》，称自 2012 年 6 月以来，因广厦公司屡屡推迟付款时间，致使现场始终不能正常施工生产，导致工期严重滞后，其公司可担保 2012 年 10 月 31 日完工。可见，中建二局二公司未能在 2012 年 10 月 31 日前完工，原因在于广厦公司并未按照双方约定付款，致使中建二局二公司不能正常施工生产，故诉争工程未能按约完工责任在于广厦公司，应由广厦公司承担诉争工程未能按时完成的违约责任。——编者注

应的违约责任,故本案中广厦公司要求中建二局二公司承担逾期完工违约金并赔偿超出约定的损失,于法无据,不应予以支持。具体来看:

1. 关于逾期完工合同违约金的问题。关于广厦公司按合同约定请求中建二局二公司支付逾期完工违约金,其前提在于诉争工程未按时完工责任在于中建二局二公司,故在广厦公司违约导致工程未按时完成的情况下,广厦公司要求中建二局二公司承担合同违约金赔偿,没有法律依据。更何况,中建二局二公司退出诉争工程后由锦城公司继续施工,原审法院认定诉争工程未按时竣工验收不能证明系中建二局二公司直接造成,并无不当,本院予以确认。

2. 关于银行贷款利息损失的问题。因广厦公司未按时支付工程款导致工程未能按时完工,其在本案中主张银行贷款产生的利息损失,缺乏法律依据。同时,广厦公司亦未能充分举证证明其所借款项均用于诉争工程。

3. 关于已完成工程质量整改损失的问题。中建二局二公司对于其已完成工程的质量问题具有予以保修的责任,双方在合同中对此有明确约定,且中建二局二公司同意对相关质量问题进行修复,应由广厦公司通知中建二局二公司维修。因此,一审法院认定此问题在本案中不予处理而应通过修复程序解决并无不当。

4. 关于商品房销售逾期交房损失的问题。如前所述,因广厦公司违约造成逾期完工,故由此造成的逾期交房损失应由广厦公司自行承担,且如一审法院所述,逾期交房还涉及案外人锦城公司是否承担责任的问题,同时,逾期交房违约金并非存在法院生效判决的认定,对于该部分损失广厦公司亦未充分举证,且商品房逾期交房损失属于间接损失,一审法院认定超出中建二局二公司预见亦并无不妥,故广厦公司该部分损失不应予以支持。

因此,广厦公司所诉请的各项损失均不能成立,其一审主张不应得到支持。一审法院虽对诉争工程未按时完工的违约方认定错误,但判决结果为驳回广厦公司的全部诉讼请求正确,本院对此予以维持。

【案例来源】

中国裁判文书网,http://wenshu. court. gov. cn。

224 施工方主张发生停窝工的事实,应当有监理单位签证或者施工方与建设方往来函件予以证实

【关键词】

建设工程 │ 工期 │ 停窝工损失 │ 举证责任

【案件名称】

中铁二十二局集团第四工程有限公司与安徽瑞讯交通开发有限公司、安徽省高速公路控股集团有限公司建设工程施工合同纠纷案［最高人民法院（2014）民一终字第 56 号民事判决书，2014.5.15］

【裁判精要】

最高人民法院认为：

（三）关于瑞讯公司应否赔偿中铁公司停窝工损失，如应赔偿，则赔偿的数额是多少的问题

对于该争议问题，中铁公司、瑞讯公司的诉辩又包括以下两部分停窝工损失的争议：

1. 关于 2004 年 3 月至 2005 年 3 月期间的停窝工损失问题。根据合同通用条款第 53 条约定，如果承包人根据合同条款中任何条款提出任何附加支付的索赔时，其应该在该索赔事件首次发生的 21 天之内将其索赔意向书提交监理工程师，并抄送业主；监理工程师在与业主和承包人协商后，确定承包人有权得到的全部或部分索赔款额。对于 2004 年至 2005 年第一次停窝工期间的确定部分造价为 6778661.54 元，经查明，是指既有现场监理人员签字确认的每日停窝工情况具体统计表，也有现场监理人员签字确认的每月停窝工情况统计表，这说明对于这部分损失，中铁公司已经按照索赔程序提出了索赔，且该索赔已经经过监理签字予以确认，故中铁公司的该索赔符合上述合同通用条款第 53 条的约定，一审法院判决瑞讯公司赔偿中铁公司此部分确定款项的损失，并无不当，应予维持。

至于瑞讯公司上诉主张，在上述索赔材料上签字的王波非其监理人员，无权确定索赔事项的理由，经查明，王波系案涉阜周高速公路 13 标段 2004 年 5 月至 2005 年 3 月期间的现场监理人员；而合同通用条款第 53.5 款明确约定，监理具有确定索赔的权利，因此，在瑞讯公司无证据证明上述索赔依据上的监理"王波"的签证系虚假的情况下，一审法院判决瑞讯公司赔偿中铁公司上述经过监理王波签证认可的可确定部分停窝工损失 6778661.54 元，并无不当。瑞讯公司的上诉理由不能成立，本院不予采信。

对于 2004 年至 2005 年第一次停工期间人员、机械设备停窝工费用不确定部分的造价 6929833.87 元，经查明，该部分诉请款项是指：2004 年 12 月份的统计表中，只有 12 月 1 日至 6 日的明细，没有其他天数的明细；2004 年 1～6 月和 2005 年 1～3 月，只有现场监理人员签字确认的每月停窝工情况统计表，没有现场监理人员签字确认的每日停窝工情况统计表。上述事实表明，该不确定部分停窝工损失款项虽然有每月的总统计表，但没有与此总统计表一一对应的每日索赔签证统计表，这同案

涉工程针对确定部分停窝工损失的通常做法不符,一审法院未支持中铁公司针对该不确定部分停窝工损失的诉请,并无不当。中铁公司上诉请求瑞讯公司赔偿该部分损失,理据不足,应予驳回。

2. 关于 2006 年 11 月至 2009 年 4 月期间的停窝工损失问题。经查,对此部分损失,中铁公司亦自认,其并未依据合同约定提出过索赔,因此,在中铁公司未依据合同通用条款第 53 条约定履行索赔程序的情况下,根据该条的进一步约定,中铁公司无权获得该部分诉请款项的赔偿,而其在本案中主张由法院酌定瑞讯公司赔偿该停窝工损失 400 万元,无事实及法律依据,应予驳回。

综上,一审法院判决瑞讯公司赔偿中铁公司停窝工损失的数额并无不当,中铁公司与瑞讯公司针对停窝工损失的上诉请求均无事实及法律依据,本院均不予支持。

【案例来源】

《中华人民共和国最高人民法院公报》2016 年第 4 期(总第 234 期) 。

编者说明

《合同法》第二百八十三条规定:"发包人未按照约定的时间和要求提供原材料、设备、场地、资金、技术资料的,承包人可以顺延工程日期,并有权要求赔偿停工、窝工等损失。"据此,工程承包合同中约定由发包人提供原材料、设备、场地、资金、技术资料的,发包人应当履行以下义务:

第一,发包人应当按照约定的原材料、设备的种类、规格、数量、单价、质量等级和提供时间、地点的清单,向承包人提供建设所需的原材料、设备及其产品合格证明。如果发包人未按照约定时间提供原材料、设备的,承包人可以中止施工并顺延工期,因此造成承包人停工、窝工损失的,由发包人承担损害赔偿责任。

第二,由发包人提供场地的,发包人应当按照合同约定向承包人提供承包人施工、操作、运输、堆放材料设备的场地以及建设工作涉及的周围场地(包括一切通道)。具体工作包括:(1)发包人应当在承包人工作前及时办理有关批件、证件和临时用地等的申报手续,包括工程地址和临时设施范围内的土地征用、租用,申请施工许可证和占道、爆破及临时铁道专用岔线许可证。(2)确定建设工程及有关道路、线路、上下水道的定位标桩、水准点和坐标控制点。(3)发包人在提供场地前,应当清除施工现场内一切影响承包人施工的障碍,并向承包人提供施工所需水、电、热力、电讯等管道线路,保证承包人施工期间的需要。发包人未能提供符合约定、适合工作的场地致使承包人无法开展工作的,承包人有权要求发包人排除障碍、顺延工期,并可以暂停工作,因此造成承包人停工、窝工损失的,承包人可以要求发包人承担损害赔偿责任。

第三,由发包人提供工程建设所需资金的,发包人应当按照约定的时间和数额向承包人支付。这里的资金一般是指工程款,实践中包括预付工程款和按工程进度支付工程款两种,具体可由双方当事人在建设工程合同中约定。(1)约定由发包人预付工程款的,发包人应当按照约定的时间和数额向承包人预付工程款,开工后按合同约定的时间和比例逐次扣回。发包人未按照合同约定预付工程款的,承包人可以向发包人发出预付工程款的通知,发包人在收到通知后仍不能按照要求预付工程款,承包人可以停止工作并顺延工期,发包人应当从应付之日起向承包人支付应付款的利息,并赔偿因此造成承包人停工、窝工的损失。(2)约定发包人按工程进度付款的,发包人应当按照合同约定的进度支付工程款。实践中,完成约定的工程部分后,由发包人确认工程量,以构成合同价款相应项目的单价和取费标准计算出工程价款,经发包人签字后支付。发包人在计算结果签字后的合理期限内仍未能按照要求支付工程款的,承包人可以向发包人发出支付工程款的通知,发包人在收到通知后仍不能按照要求支付工程款,承包人可以停止工作并顺延工期,发包人应当从应付之日起向承包人支付应付价款的利息,并赔偿因此造成承包人停工、窝工的损失。

第四,由发包人提供有关工程建设技术资料的,发包人应当按照合同约定的时间和份数向承包人提供符合约定要求的技术资料。这里的技术资料主要包括勘察数据、设计文件、施工图纸以及说明书等。因为根据法律、行政法规的规定,承包人必须按照国家规定的质量标准、技术规程和设计图纸、施工图等技术资料进行施工,如果发包人未能按照约定提供技术资料,承包人就不能正常进行工作,在这种情况下,承包人可以要求发包人在合理期限内提供建设工作所必需的技术资料并有权暂停工作,顺延工期,并有权要求发包人承担承包人因停工、窝工所造成的损失。①

承包人停(窝)工损失赔偿问题是建设工程合同纠纷案件审理中的难点,虽然《合同法》规定了三种造成工程停(窝)工的情形,司法实践中,符合三种法定情形造成工程停(窝)工的情况较多,但是,判决由发包人承担赔偿责任的案例并不多,保护停(窝)工受损方合法权益力度不够。法律适用难点主要集中在如何计算停(窝)工损失数额以及如何认定停(窝)工损失与过错方之间的因果关系等方面,特别是窝工造成生产效率低速运转损失的计算难度较大。为此,《第八次全国法院民事商事审判工作会议(民事部分)纪要》第三十二条对此作出了原则性规定:"因发包人未按照约定提供原材料、设备、场地、资金、技术资料的,隐蔽工程在隐蔽之前,承包人已通知发包人检查,发包人未及时检查等原因致使工程中途停、缓建,发包人应当赔偿因此给承包人造成的停(窝)工损失,包括停(窝)工人员人工费、机械设备窝工费和因窝工造成设备租赁费用等停(窝)工损失。"

225 因发包人提供错误的地质报告致使建设工程停工,当事人对停工时间未作约定或未达成协议的,应根据案件事实综合确定一定的合理期间作为停工时间

【关键词】

|建设工程|工期|停窝工损失|停工时间|地质报告|

---

① 全国人大常委会法制工作委员会编著:《中华人民共和国合同法释义》(第3版),法律出版社2012年版,第473~475页。

【案件名称】

申诉人河南省偃师市鑫龙建安工程有限公司与被申诉人洛阳理工学院、河南六建建筑集团有限公司索赔及工程欠款纠纷案［最高人民法院（2011）民提字第292号民事判决书，2011.11.8］

【裁判精要】

裁判摘要：因发包人提供错误的地质报告致使建设工程停工，当事人对停工时间未作约定或未达成协议的，承包人不应盲目等待而放任停工状态的持续以及停工损失的扩大。对于计算由此导致的停工损失所依据的停工时间的确定，也不能简单地以停工状态的自然持续时间为准，而是应根据案件事实综合确定一定的合理期间作为停工时间。

最高人民法院认为：

综合各方当事人在本院开庭审理时的诉辩主张和主要理由，本案的争议焦点为理工学院、六建公司应当如何承担鑫龙公司诉请的停工损失。具体又包含两个方面的问题，一是停工时间为多长，二是停工损失的分担比例。

关于停工时间。本案中，在发现成教楼楼板出现裂缝后，1999年4月16日，华诚事务所向洛大项目部下发停工整改通知书；4月20日，六建公司工程管理部向洛大项目部下发了停工通知书，决定"洛大成教楼从即日起停工"。至此，成教楼工程全部停工。为了查明成教楼出现裂缝的原因，在工程停工后，理工学院和六建公司均多次委托不同的第三方机构对成教楼工程进行了鉴定，由于结论存在差异，故自停工之日起至2001年3月19日本案一审立案时的近两年时间里，各方一直未能就成教楼出现裂缝的原因达成一致意见。在此期间，1999年5月25日，六建公司召开洛大成教楼工程质量会议，根据该会议记录显示，六建公司经理吴志浩要求鑫龙公司退场，鑫龙公司经理杨留欣表示同意。六建公司并于当日形成了书面的停工撤场通知，要求鑫龙公司"全部人员停工，撤场"，该通知于5月27日由六建公司派驻洛大项目部的人员曹冠周签收。但该通知也未能得到实际执行。1999年8月2日，六建公司召开了洛大成教楼、住宅楼复工会议，根据会议纪要显示，六建公司要求"分承包方"即鑫龙公司于8月中旬复工，工期100天，六建公司副经理蔡宝祥并要求"必须保证工期……如果杨留欣再出现什么事，公司将采取强硬态度"。杨留欣则表示"一定按公司的要求保质、保量完成，尽快安排人员进场"。但从1999年10月26日、2000年3月4日鑫龙公司给理工学院、六建公司的信函以及各方当事人在一、二审以及再审审理中的陈述来看，工程并未于1999年8月中旬复工，各方当事人仍因成教楼裂缝问题而就停工、复工未达成一致。直至2001年1月20日、1月21日，鑫龙公司与六建公司才签订了两份《协议书》,约定"(六建)公司于2000年元月22日支付给偃师鑫龙建安工程有限公司工程款50万元""2月7日前就款项问题理工学院、省建六公司履约的同时,向省建六公司腾出成教楼施工现场"。但双方仍均未履行该协议,六建公司遂诉至河南省洛阳市西工区人民法院,在西工区人民法院主持下达成调解,西工区人民法院2001年3月20日作出了(2001)西经初字第175号民事调解书,明确"被告(即鑫龙公司)撤出现场"。

从以上事实可以看出,在1999年4月20日成教楼工程停工后,鑫龙公司与六建公司就停工撤场还是复工问题一直存在争议。对此,各方当事人应当本着诚实信用的原则加以协商处理,暂时难以达成一致的,发包方对于停工、撤场应当有明确的意见,并应承担合理的停工损失;承包方、分包方也不应盲目等待而放任停工损失的扩大,而应当采取适当措施如及时将有关停工事宜告知有关各方、自行做好人员和机械的撤离等,以减少自身的损失。而本案中,成教楼工程停工后,理工学院作为工程的发包方没有就停工、撤场以及是否复工作出明确的指令,六建公司对工程是否还由鑫龙公司继续施工等问题的解决组织协调不力,并且没有采取有效措施避免鑫龙公司的停工损失,理工学院和六建公司对此应承担一定责任。与此同时,鑫龙公司也未积极采取适当措施要求理工学院和六建公司明确停工时间以及是否需要撤出全部人员和机械,而是盲目等待近两年时间,从而放任了停工损失的扩大。因此,本院认为,虽然成教楼工程实际处于停工状态近两年,但对于计算停工损失的停工时间则应当综合案件事实加以合理确定,二审判决及再审判决综合本案各方当事人的责任大小,参照河南省建设厅豫建标定〔1999〕21号《关于记取暂停工程有关损失费用规定的通知》的规定,将鑫龙公司的停工时间计算为从1999年4月20日起的6个月,较为合理。鑫龙公司认为参照该通知将停工时间认定为6个月属于适用法律错误的理由不能成立。二审判决及再审判决据此认定对此后的停窝工,鑫龙公司应当采取措施加以改变,不应计入赔偿损失范围并无不当。鑫龙公司对其未采取适当措施致使的损失应当自行承担责任,鑫龙公司主张不存在怠于采取措施致使损失扩大的理由亦不能成立。

【权威解析】

因发包人过错导致工程停工,当事人在合同中未对停工时间进行约定,双方又达不成协议的,停工时间应如何计算?目前法律、行政法规、部门规章以及司法解释对此均没有明确的规定。对此,有的承包人在诉讼中即主张,其施工机械设备在工地停工后,一直停放在工地上,还有相应的人员留守工地,其机械闲置费、人工窝工费等损失应从停工开始计算至办理结算或起诉时间为止。这样的主张能否成立,在司法实践中也存在不同的理解,本案就是比较典型的一个案例。

根据合同法一般原理,合同当事人应当严格按照合同约定的权利义务全面、实际地履行合同,在因履行合同发生的纠纷时也应严格照合同约定加以处理,并本着诚实信用的原则协商处理纠纷。对于因故导致建设工程长期停工的,停工时间及停工后的处理等事项应当按照承包合同的约定执行。合同中未约定停工时间等事项的,当事人应当本着诚实信用的原则进行协商,当事人之间达不成协议的,发包方对于何时停工、是否撤场应当有明确的意见,并应当给予承包方合理的赔偿;承包方、分包方也不应盲目等待而放任停工损失的扩大,根据《民法通则》第一百一十四条、《合同法》第一百一十九条之规定,其应当及时将有关停工事宜通知发包方,并采取适当措施如自行做好人员、机械的撤离等工作,以减少自身的损失。

实践中,由于矛盾的激化、自身的懈怠等原因,当事人违反上述处理停工纠纷应遵循的原则,从而导致工程长期处于停工状态的情况亦不鲜见。笔者认为,对于由此引发的工程停工索赔纠纷,在认定停工损失(包括停工时间)的问题上,应遵循两个基本原则:一是所发生的费用应是承包人履行合同所必须的和已经实际发生的;二是承包人不应由于停工的发生而额外受益或额外受损,即对实际损失进行赔偿。基于此,虽然对于计算停工损失及停工时间的认定没有明确规定,但我们可以根据上述原则,并参考类似情况下的有关合同示范文本的做法加以认定。对于发包方不按合同支付工程款导致工程停工的情形,建设部于 1999 年 12 月推行的《建筑工程施工合同示范文本》中规定,"承包方可停止施工,停止施工超过 56 天,发包人不支付工程款(进度款)的,承包方有权解除合同"。在国际咨询工程师联合会(FIDIC)合同条件中,暂时停止施工,暂停时间已持续 84 天以上,暂停影响到整个工程的,承包方可终止合同。发包方长期拖延付款,造成承包方停工达 56 天或 84 天之久,双方又未能对延期付款达成协议的,承包方应当对工程的前景有合理的预见,对风险有较理性的把握,应积极采取措施,降低损失,因而有义务及时做好人员和机械的安置工作。

从本案的实际情况看,本案是由于发包人提供错误的地质报告致使建设工程停工的,在 1999 年 4 月 20 日工程停工后,鑫龙公司与六建公司就停工撤场还是复工问题一直存在争议,双方当事人就此问题进行了多次交涉,甚至诉至法院。由于成教楼裂缝的主要原因是理工学院提供的岩土工程勘察报告有误导致地基不均匀沉降所致,而且在工程停工后,作为发包人的理工学院没有对是否复工作出明确的指令,因此其应对停工损失承担主要责任。作为承包人的六建公司在工程停工后对是否还由分包人鑫龙公司继续施工等问题的解决组织协调不力,并对停工后如何避免分包施工单位的损失,没有采取有效的措施,对于鑫龙公司人员设备长期停滞在施工现场从而导致损失也应承担相应的责任。上述责任认定已经一、二审及原再审判决认定,当事人均无异议。但是,本案工程实际停工长达近两年,在停工后,鑫龙公司除积极就停工问题进行协商外,还应当及时就停工时间等问题要求六建公司、理工学院予以明确答复,在该工程已经明显短期无法复工的情况下,亦不应盲目等待而放任停工损失的扩大,而是应自行做好人员、机械的撤离工作,以减少自身的损失,可见,鑫龙公司对因自身未采取适当措施导致自身停工损失的扩大负有责任。对于这部分损失,根据公平原则,应由鑫龙公司自行负担。

对于停工时间的认定,参考前述《建筑工程施工合同示范文本》和FIDIC合同条件的规定,在发包方长期拖延付款造成承包方停工达56天或84天之久时,双方又未能对延期付款达成协议的,承包方应当对工程的前景有合理的预见,对风险有较理性的把握,应积极采取措施,降低损失,因而有义务及时做好人员和机械的安置工作。根据前述处理工程停工索赔纠纷的基本原则,与之类似的本案的停工时间亦应存在一定的合理期限,一审判决认定为691天显然过长。此外,1998年6月18日理工学院与六建公司签订的《建设工程施工合同》约定工程价款为5039800元,六建公司与鑫龙公司的《洛阳大学工程分包合同》约定工程价款也是5039800元。而一审判决认定停工时间为691天,从而认定工程停工损失为2118559.73元,理工学院承担80%即1694847.79元,达到了工程总价款的33.63%。从这样的事实来看,一审判决的认定也有失偏颇。二审判决及原再审判决综合本案事实以及对各方当事人的责任大小的认定,参照河南省建设厅豫建标定〔1999〕21号《关于记取暂停工程有关损失费用规定的通知》的规定"暂停施工的期限一般为3个月,如超过3个月还不能正常施工者,双方应另行协商工程缓建或停建",将鑫龙公司的停工时间计算为从1999年4月20日起的6个月,体现了当事人均应积极协商并采取适当措施避免停工损失扩大以及承包人不应由于停工的发生而额外受益的原则,较为合理。①

【案例来源】

《中华人民共和国最高人民法院公报》2013年第1期(总第195期)。

编者说明

《合同法》第二百八十七条规定,建设工程合同一章没有规定的,适用承揽合同的有关规定。在建设工程施工合同中,对于发包人的协助义务规定并不全面。《合同法》第二百五十九条规定了定作人的协助义务,承揽工作需要定作人协助的,定作人有协助的义务。定作人不履行协助义务致使承揽工作不能完成的,承揽人可以催告定作人在合理期限内履行义务,并可以顺延履行期限;定作人逾期不履行的,承揽人可以解除合同。在发包人不履行告知变更后的施工方案、施工技术交底、完善施工条件等协助义务情况下,影响承包人工程项目建设,承包人应予以催告,逾期不履行的,可以依据《合同法》中定作人协助义务规定,根据《合同法》第二百八十三条规定,承包人可以顺延工程日期,并有权要求发包人赔

---

① 参见司伟:《如何认定合理的停工时间——河南省偃师市鑫龙建安工程有限公司与洛阳理工学院、河南省第六建筑工程公司索赔及工程欠款纠纷再审案》,载最高人民法院民事审判第一庭编:《民事审判指导与参考》(总第50辑),人民法院出版社2012年版,第184~186页。

偿停工、窝工损失。

《第八次全国法院民事商事审判工作会议(民事部分)纪要》第三十三条规定:"发包人不履行告知变更后的施工方案、施工技术交底、完善施工条件等协作义务,致使承包人停(窝)工,以至难以完成工程项目建设的,承包人催告在合理期限内履行,发包人逾期仍不履行的,人民法院视违约情节,可以依据合同法第二百五十九条、第二百八十三条规定裁判顺延工期,并有权要求赔偿停(窝)工损失。"如前述最高人民法院(2011)民提字第292号河南省偃师市鑫龙建安工程有限公司与洛阳理工学院、河南省第六建筑工程公司索赔及工程欠款纠纷案,因发包人提供错误的地质报告致使建设工程停工,当事人对停工时间未作约定或未达成协议的,承包人不应盲目等待而放任停工状态的持续以及停工损失的扩大。对于计算由此导致的停工损失所依据的停工时间的确定,不能简单地以停工状态的自然持续时间为准,而是应根据案件事实综合确定一定的合理期间作为停工期间。发包人亦应赔偿承包人停工损失。[①]

226 因发包人提供错误的地质报告致使建设工程停工的,如何确定停工损失的分担比例

【关键词】

│ 建设工程 │ 赔偿损失 │ 停工损失 │

【案件名称】

申诉人河南省偃师市鑫龙建安工程有限公司与被申诉人洛阳理工学院、河南六建建筑集团有限公司索赔及工程欠款纠纷案[最高人民法院(2011)民提字第292号民事判决书,2011.11.8]

【裁判精要】

最高人民法院认为:

关于停工损失的数额。根据上述鑫龙公司停工损失的计算期间的认定结果,本院认定鑫龙公司6个月停工损失为534162.6元(停滞机械设备台班费、建筑周转材料损失费、人工窝工损失费2050597.33元÷691天=每天的损失为2967.57元×6个月);租用六吨塔式起重机支付的赔偿金135000元,以每天100元,共计6个月,合计18000元。以上两部分合计552162.6元。

关于停工损失的分担比例。对于理工学院成教楼出现裂缝导致工程停工的责任问题,一审、二审及再审判决依据查明的案件事实认定理工学院提供地质报告有

---

① 参见李琪:《建设工程施工合同纠纷案件审理中的疑难问题》,载最高人民法院民事审判第一庭编:《民事审判指导与参考》(总第68辑),人民法院出版社2017年版,第76页。

误,从而导致成教楼裂缝,造成鑫龙公司停工,对此应承担主要责任;六建公司处理不力致使损失扩大,鑫龙公司工程质量存在一定问题,均应承担一定责任。对此事实及认定,鑫龙公司没有异议,理工学院、六建公司对二审及再审判决亦没有提出申诉,本院予以确认。一审判决并据此认定理工学院承担损失的80%,六建公司和鑫龙公司各自承担损失的10%,属于在正常的自由裁量权范围内进行的责任分担比例划分,并无明显不当。二审及再审判决在认为一审认定责任正确的情况下,将理工学院所负主要责任的比例由80%调整为50%既与其相关认定结论不符,也没有充分证据,应当予以纠正。此外,鑫龙公司在我院提审庭审中主张,对于停工损失,理工学院应承担70%,六建公司承担20%,其自负10%。鑫龙公司该主张有事实及法律依据,应予支持。故理工学院应承担的损失比例为70%,六建公司仍按照二审及再审判决确定的20%承担损失责任,鑫龙公司自负10%。

因六建公司与鑫龙公司已于2008年4月(河南省高级人民法院再审判决生效后,本院提审前)就包括本案涉及的六建公司对鑫龙公司承担经济损失在内的有关债权债务纠纷在执行程序中达成执行和解并已执行完毕,而六建公司根据本判决应承担的义务(包括诉讼费用的负担)并未发生变化,故其与鑫龙公司在本案中的债权债务已经全部结清。

【案例来源】

《中华人民共和国最高人民法院公报》2013年第1期(总第195期)。

227 承包人主张存在停窝工损失的赔偿问题

【关键词】

| 建设工程 | 工期 | 停窝工损失 |

【案件名称Ⅰ】

上诉人江苏省第一建筑安装集团股份有限公司与被上诉人唐山市昌隆房地产开发有限公司建设工程施工合同纠纷案 [最高人民法院(2017)最高法民终175号民事判决书,2017.12.21]

【裁判精要】

最高人民法院认为:

(二)原判昌隆公司支付江苏一建停窝工损失是否正确

江苏一建上诉主张应根据其实际发生的人工费、机械台班费损失支付窝工损失。本院认为,案涉工程2011年7月20日的工程联系单中,监理单位已经签章确认确实存在因昌隆公司原因导致江苏一建窝工 81 天的事实,但签证单中并未确定损失数额,也没有涉及停工损失的计算方法。江苏一建提供的停窝工损失证据相当一部分是其自己记载、单方提供的工人数量、名单、工资数额、现场机械数量等,昌隆公司对此不予认可,一审法院鉴于此前双方在施工过程中也曾发生过 8 天停窝工,双方协商的补偿数额为 7 万元,基本可以反映出停窝工给江苏一建造成的损失程度,酌定 81 天停窝工损失为 70 万元并无明显不当。

【案例来源】

中国裁判文书网,http://wenshu. court. gov. cn。

【案件名称Ⅱ】

上诉人浙江省东阳第三建筑工程有限公司与被上诉人淮安纯高投资开发有限公司建设工程施工合同纠纷案[最高人民法院(2017)最高法民终 19 号民事判决书,2017. 9. 30]

【裁判精要】

最高人民法院认为:

(三)关于东阳三建主张的停窝工损失、工程款利息起算时间及违约金应否支持的问题

关于停窝工损失问题。本院认为,本案因合同不能正常履行导致的停窝工损失确已实际发生,鉴定机构确定案涉工程停窝工损失共计 289.054953 万元,系根据东阳三建提供的相关资料据实核算得出,应予确认。停窝工损失的分担,需根据当事人履约情况进行判定。由于纯高公司未按合同约定的期限支付工程进度款,构成违约;东阳三建未能按合同约定完成垫资,且多次变更实际施工人,导致不能按进度施工,亦存在违约。综合考量,双方当事人对于合同未能正常履行均存在违约行为,且责任基本相当,一审法院判定纯高公司承担已确认的 289.054953 万元停窝工损失中的 50% 即 144.527476 万元适当,本院予以维持。至于东阳三建上诉主张应增加确认包含备料损失、临时设施费超支等费用在内的其他停窝工损失 318.5431 万元,由于东阳三建未提供这方面确有支出的依据资料,鉴定机构无法确认其实际损失,东阳三建应承担举证不能的后果,对其上诉要求调整增加确认停窝工损失数额的主张,本院不予支持。

【案例来源】

中国裁判文书网,http://wenshu. court. gov. cn。

228 工程施工中存在发包人原因造成案涉工程停工，并导致工期拖延，承包人有权根据发包人确认的结算审核书等证据主张停工损失

【关键词】

| 建设工程 | 工期 | 停工损失 |

【案件名称】

上诉人天津博海缘置业投资有限公司与上诉人北京住总第六开发建设有限公司建设工程施工合同纠纷案〔最高人民法院（2016）最高法民终 259 号民事判决书，2018.1.2〕

【裁判精要】

最高人民法院认为：

（三）博海缘公司是否应当支付住六公司停工损失、延期付款损失及拖期损失

根据双方签订的《建设工程施工合同》约定，案涉工程开工日期为 2008 年 6 月 25 日，竣工日期 2009 年 1 月 14 日。2009 年 11 月 10 日博海缘公司给住六公司通知载明："由于受到金融危机的影响及我公司原因，原合同约定的竣工日期，经公司研究决定，将顺延至 2010 年 5 月 30 日。"因而，可以认定案涉工程施工中确实存在博海缘公司原因造成案涉工程停工，并导致工期拖延。本案诉讼中，博海缘公司并不否认有停工事实，但主张停工期间不清楚。因此，住六公司据此主张停工损失，符合本案事实。

博海缘公司上诉主张一审判决采信只有复印件的《备忘录》，认定住六公司停工损失及延期付款利息损失 600 万元是错误的。本院认为，一审判决结合本案其他证据，尤其是博海缘公司盖章确认的《求实结算审核书》内容，与住六公司提交的《备忘录》复印件相互印证，进而采信《备忘录》，认定博海缘公司应当给付住六公司停工损失及延期付款利息损失 600 万元，并无不当。博海缘公司上诉主张《求实结算审核书》是为了办理案涉工程竣工验收手续作出的，并非双方认可，不是双方的真实意思表示。且审核书中经济洽商部分 600 万元没有明确为停工损失费及延期付款利息，也有可能包括塔吊基础等施工费用。但从《求实结算审核书》的形成看，是博海缘公司委托求实公司审核后，并由博海缘公司盖章，说明博海缘公司对该审核结果是认可的。博海缘公司以该结算审核书不是双方达成合意为由否认其认可的事实，不能成立。此外，审核书中送审金额中塔吊基础及预制桩等 5 项施工费用共 2535851 元，远低于审核金额 600 万元，且从时间上看，该审核晚于《备忘录》的时间，能够与《备忘录》的内容相互印证。故博海缘公司上诉主张《求实结算审核书》中审核金额为 600 万元的项目没有明确是停工损失费及延期付款利息，缺乏依据。

关于 600 万元利息的起算时间问题,因为双方对于 600 万元没有明确约定支付时间,一审法院自住六公司起诉之日开始计算 600 万元款项的利息并无不当。

对于住六公司主张的复工后拖期损失问题,因住六公司与博海缘公司并未就复工后拖期损失问题协商一致,住六公司二审中也明确对于该部分损失没有证据证明。故一审判决对住六公司该项请求未予支持,并无不当。

【案例来源】

中国裁判文书网,http://wenshu.court.gov.cn。

229 承包人将案涉工程转包给低施工资质等级的建筑施工企业施工,是导致工程质量存在严重缺陷的主要原因,对其主张的窝工损失如何处理

【关键词】

│建设工程│工期│停工损失│窝工损失│

【案件名称】

上诉人中国建筑第六工程局有限公司与上诉人哈尔滨凯盛源置业有限责任公司建设工程施工合同纠纷案［最高人民法院（2017）最高法民终 730 号民事判决书,2017.12.27］

【裁判精要】

最高人民法院认为:

(二)关于合同无效后的过错承担问题

施工合同无效,缔约双方应当按照导致合同无效的缔约过错承担相应民事责任。

1. 凯盛源公司作为施工合同发包人、招投标程序中的招标人,在案涉工程招投标程序中,明显居于主导和支配地位。对于因为讼争工程建设项目依法应当招标而未招标、先施工后招标的串标行为等导致施工合同无效,凯盛源公司应当承担主要过错责任。中建六公司作为具有特级资质的大型专业施工企业明知承揽本案讼争建设工程违反法律规定而配合发包人,也应当承担相应的过错责任。

2. 中建六公司存在转包行为。双方当事人签订的《施工协议书》第六条第(二)款第 14 项明确约定,"中建六公司承诺本工程全部管理人员及施工人员均来自中建六公司江苏管理团队及完全的江苏施工队。任何情况下不得出现转包现象的发生,否则由中建六公司负全责",根据中建六公司在一审中举示的误工索赔台账所附的

相关函件记载,中建六公司将其承建的全部案涉工程以分包名义分别交由天津洪天建筑工程有限公司、天津益晟建筑工程有限责任公司、苏州永锋建筑劳务有限公司、重庆丰都县长江建筑有限公司、上海绿地建设(集团)有限公司、哈尔滨第三建筑工程公司及中建六公司下属的子公司第三建筑工程有限公司施工,其中部分楼房的主体或基础工程由上述两个施工单位共同施工。中建六公司上诉主张,应当根据管理人员、建筑主材和大型施工机械设备是否由施工总承包人中建六公司提供为标准,判断案涉工程是否存在转包。中建六公司仅将案涉工程中的劳务部分进行分包,施工现场的管理人员均由中建六公司调配,建筑主材和大型施工机械设备均由中建六公司提供,因此,中建六公司不存在转包行为。根据双方当事人签订的施工合同约定,案涉工程的施工人员也应来自中建六公司的江苏管理团队及完全的江苏施工队,且中建六公司一审提交的《苏州永锋建筑劳务有限公司现场误工报价表》窝工明细中明确标明"5 台塔吊处于停工状态,每台塔吊的费用1133.34 元/天",由此可以判断,中建六公司主张的大型机械设备均由中建六公司提供与事实不符。另外,中建六公司于2013 年8 月23 日出具给哈尔滨市平房区人民政府的《回函》中,亦自认案涉工程在中建六公司不知情的情况下被层层转包给不具有施工资质的自然人。《合同法》第二百七十二条第三款规定,禁止承包人将工程分包给不具备相应资质条件的单位。禁止分包单位将其承包的工程再分包。建设工程主体结构的施工必须由承包人自行完成。《建筑法》第二十八条规定,禁止承包单位将其承包的全部建筑工程转包给他人,禁止承包单位将其承包的全部建筑工程肢解以后以分包的名义分别转包给他人。因此,一审认定中建六公司转包证据充分,适用法律正确;中建六公司上诉主张其不存在转包行为,与案件事实不符,本院不予支持。因中建六公司将其作为总承包方承建的讼争建设工程转包给低施工资质等级的施工企业或者工头等自然人施工,有违诚信和有损承揽合同的信赖基础,显然实际施工人的施工能力较合同约定的施工人中建六公司相比有所减损,案涉工程质量缺陷与中建六公司转包行为间存在一定的因果关系。

3. 关于凯盛源公司停工损失应否支持的问题。此次二审中,凯盛源公司提交了黑龙江容大会计师事务所有限公司制作的黑容大(2017)会鉴字第029 号司法鉴定意见书,因该鉴定意见书系凯盛源公司单方委托鉴定机构制作,且中建六公司不予认可,本院不作为鉴定意见证据予以采信。经审理查明,2013 年7 月,中建六公司与凯盛源公司发生纠纷后,中建六公司将大部分施工人员撤离施工现场,仅留少部分人员对施工现场进行"占置"。在此期间,凯盛源公司一直无法进入施工现场进行施工。经一审法院多次组织协调,且凯盛源公司支付1000 万元撤场费的情况下,中建六公司才于2016 年2 月1 日将案涉施工现场交还给凯盛源公司。中建六公司"占置"施工现场长达两年半之久,超出合同约定一年施工期的两倍多。因长时间停工,导致凯盛源公司终止部分供货合同并向供货方支付违约金,因无法按时交房对购房小业主构成迟延交房违约并已实际支付部分购房业主违约金和利息。同时,因案涉工程建设项目为房地产开发项目,需投入大量资金滚动开发,凯盛源公司因工程长期停工从而可能增大融资成本及减损开发资金运营效益。在工程停工既成事实的情况下,双方当事人应尽量友好协商解决纠纷,中建六公司长时间"占置"施工现场,没有合法依据,明显存在过错,同时导致凯盛源公司的损失不断扩大。在此种情况下,中建六公司理应赔偿凯盛源公司由中建六公司"占置"行为导致的停工损失;但考虑到凯盛源公司确实存在开发建设手续不全,凯盛源公司对案涉《施工协议书》及《建设工程施工合同》无效应承担主要缔约过错责任,且按照双方签订的《施工协议书》约定"按施工形象进度每月拨付一次工程进度款,工程进度截止到每月的 25 日为准,工程竣工验收合格后 30 日内支付工程总造价 85%",在中建六公司已完成工程总造价 326777669.10 元的情况下,凯盛源公司仅支付工程款 179948789.87 元,仅达到工程总造价的 55%,确实存在拖欠一定比例的工程进度款的情形。综上,一审判决凯盛源公司的停工损失由其自行承担,并无明显不当,本院予以维持。

4. 关于中建六公司的窝工损失应否支持的问题。中建六公司上诉主张其在一审中已提供大量证据证明窝工损失的存在,一审法院未予认定,明显不当。本院认为,凯盛源公司之所以将案涉工程交由中建六公司施工,主要基于中建六公司是具有特级施工资质的大型建筑企业,中建六公司将案涉工程转包给低施工资质等级的建筑施工企业施工,是导致案涉工程质量存在严重缺陷的主要原因。原理上讲,发包人拖欠施工总承包人工程进度款,应当优先考虑通过沟通、协调及违约、索赔、洽商变更合同相关约定等法定、约定途径予以救济,而非通过停(怠)工行为抗辩。如拖欠工程进度款数额较大、比例较高、时间较长,对施工人财务安排产生不良影响,可能与施工总承包人窝工损失间存在一定的因果关系。如上,凯盛源公司对案涉施工合同无效承担主要的缔约过错责任,中建六公司也应承担次要责任。因讼争建设项目已被中建六公司转包给实际施工人施工,缺乏证明窝工损失名目的证据,所示证据不足以证实窝工损失的具体内容。在因双方纠纷导致工程停工既成事实的情形下,对可能发生窝工损失中建六公司应当有预期,应当采取相应措施减少损失。事实上,停工后,中建六公司随即将大部分施工人员撤离施工现场,仅由少部分留守人员"占置"施工现场,已经较大限度地减少损失的发生。综合考虑上述情况,中建六公司主张凯盛源公司赔偿窝工损失的诉讼请求,一审法院不予支持,并无明显不当。

【案例来源】

中国裁判文书网,http://wenshu.court.gov.cn。

230 承包人未及时主张停窝工损失的后果

【关键词】

│建设工程│工期│停窝工损失│

【案件名称】

上诉人中铁二十二局集团有限公司、上诉人宁夏宝塔能源化工有限公司与被上诉人宝塔石化集团有限公司建设工程施工合同纠纷案［最高人民法院（2018）最高法民终 827 号民事判决书，2018.11.16］

【裁判精要】

最高人民法院认为：

（三）关于中铁二十二局的停、窝工损失等问题

二审中，土石方、桥涵施工停、窝工损失部分。中铁二十二局主张该部分损失共计 3831319.69 元。经查，中铁二十二局所提供的证据均为其单方制作，并无监理单位或宝塔能源公司的确认，且中铁二十二局并未依约向宝塔能源公司及时主张上述损失。《施工合同》"通用条款"第 36 条规定，一方向另一方索赔，要有正当的索赔理由，且需提供索赔发生的有效证据；因工期延误等情形造成经济损失时，需在索赔事件发生后 28 天内向工程师发出索赔意向通知；发出索赔意向通知 28 天内，向工程师提出延长工期或补偿经济损失的索赔报告及有关资料；在索赔事件持续进行时，承包人应当阶段性向工程师发出索赔意向，并于索赔事件终了后 28 天内，向工程师送交索赔的有关资料和最终索赔报告。本院认为，窝工索赔的时间限制和相关要求是窝工索赔事实能够被准确确认的前提，也是判断合同当事人处理实际施工问题真实意思表示的依据，对控制施工成本和进行施工管理均具有重要意义，具有一定的时效性和程序性限制。中铁二十二局未及时主张土石方及桥涵工程施工期间的停、窝工损失，应承担相应的不利后果。据此，本院对中铁二十二局有关土石方、桥涵停、窝工损失及相应的管理费损失的上诉请求，不予支持。

【案例来源】

中国裁判文书网，http://wenshu.court.gov.cn。

231 发包人未按约支付工程款，要求承包人承担延误工期损失依据不足

【关键词】

> │建设工程│工程期限│延误工期│

【案件名称】

上诉人中铁二十二局集团有限公司、上诉人宁夏宝塔能源化工有限公司与被上诉人宝塔石化集团有限公司建设工程施工合同纠纷案［最高人民法院（2018）最高法民终 827 号民事判决书，2018. 11. 16］

【裁判精要】

最高人民法院认为：

（四）关于宝塔能源公司主张的延期竣工损失问题

根据一、二审查明的事实，施工合同未能继续履行的原因在于项目长期停工和宝塔能源公司未按约支付工程款，宝塔能源公司在 2015 年 5 月 26 日向中铁二十二局的复函中亦自认是因其自身资金紧张导致工程进展缓慢，甚至工程长期停工，该相应后果应当由宝塔能源公司自行承担，故其主张中铁二十二局承担其延误工期损失，没有事实和法律依据，一审判决不予支持，并无不当。

【案例来源】

中国裁判文书网，http://wenshu. court. gov. cn。

232 发承包双方共同造成工期延误，严重违约的发包人要求承包人承担延误工期损失依据不足

【关键词】

> │建设工程│工程期限│延误工期│

【案件名称】

上诉人陕西西岳山庄有限公司与被上诉人中建三局建发工程有限公司、中建三局第三建设工程有限责任公司建设工程施工合同纠纷案［最高人民法院（2007）民一终字第 10 号民事判决书，2007. 10. 16］

【裁判精要】

最高人民法院认为:

(五)关于西岳山庄的反诉请求是否成立的问题

首先,关于支付拖延工期罚金的请求。涉案工程迟延交付的原因,一是西岳山庄办理工程报建手续迟延,取得建设工程开工许可证的日期晚于合同约定的开工日期4个多月,取得《国有土地使用证》的日期晚于合同约定的工程竣工日期。二是西岳山庄提供施工图纸迟延,并且未在开工前解决施工所需的供水、供电。按图施工是建设工程的客观要求,但时至2002年3月19日,西岳山庄尚未向三公司交付施工图纸,水、电供应不足,导致三公司不能正常施工。三是西岳山庄没有按进度付足工程款,严重影响施工。三公司也存在施工现场人员和设备不足,施工管理不严和返工等情况,影响了施工进度。鉴此,一审认定西岳山庄与三公司共同造成工期延误并无不当。由于西岳山庄存在严重违约,对其关于三公司应当承担赔偿责任的主张,本院不予支持。其次,关于西岳山庄要求赔偿额外支付的工程款问题。一审判决确认的西岳山庄向建发公司支付工程款,仅包括三公司已完成的工程量所应支付的工程款,西岳山庄并不存在额外支出。西岳山庄关于建发公司应向其赔偿另一合同工程款的主张,缺乏事实和法律依据,本院不予支持。最后,关于西岳山庄索赔逾期营业损失的问题。由于西岳山庄违约在先,且不能提供足够的证据证明损失的数额,故对西岳山庄的此项主张,本院不予支持。

【案例来源】

《中华人民共和国最高人民法院公报》2007年第12期(总第134期)。

233 发包人因承包人工期延误向购房业主支付逾期交房违约金,承包人按照其过错承担相应的逾期交工损失

【关键词】

│ 建设工程 │ 工期延误 │ 赔偿损失 │ 违约金 │

【案件名称】

再审申请人成龙建设集团有限公司与被申请人陕西锦泽置业发展有限公司、西安市莲湖区安远社区居民委员会建设工程施工合同纠纷案[最高人民法院(2018)最高法民再296号民事判决书,2018.12.29]

【裁判精要】

最高人民法院认为:

(二)关于成龙公司应否赔偿锦泽公司逾期交工损失的问题

《合同法》第五十八条规定,合同无效或者被撤销后,因该合同取得的财产,应当予以返还;不能返还或者没有必要返还的,应当折价补偿。有过错的一方应当赔偿对方因此所受到的损失,双方都有过错的,应当各自承担相应的责任。本案中,《建设工程施工合同》因工程未取得建设工程规划许可证等应当认定无效,但合同约定成龙公司工期为 450 天,如成龙公司不能按合同工期竣工,工期每提前一日或推后一日按工程总造价的万分之一对等奖惩。根据合同履行情况,成龙公司自 2008 年 4 月 28 日入场施工,2011 年 9 月 29 日工程竣工,逾期交工 789 天。锦泽公司因成龙公司工期延误于 2012 年 2 月至 2013 年 2 月期间向购房业主支付逾期交房违约金共计 2019972.85 元,有付款凭证为据。二审法院认定双方对工程逾期交工均有责任,综合考虑案件具体情况,确定双方按照同等责任分摊上述逾期交工损失,符合公平原则,本院予以确认。成龙公司再审提出,锦泽公司的反诉超过了诉讼时效,锦泽公司主张的是违约损失而非合同无效造成的损失,以及锦泽公司未依合同约定提出索赔,应当免除成龙公司赔偿责任,缺乏依据,本院不予采纳。

【案例来源】

中国裁判文书网,http://wenshu. court. gov. cn。

234 承包人未按合同约定申报工程量及申请支付工程款,亦未提供监理公司确认的停工、窝工证据,对其主张的停工、窝工损失不予支持

【关键词】

│ 建设工程 │ 工期 │ 停工损失 │ 监理 │

【案件名称】

上诉人西安市临潼区建筑工程公司与被上诉人陕西恒升房地产开发有限公司建设工程施工合同纠纷案 [最高人民法院(2007)民一终字第 74 号民事判决书,2007.12.7]

【裁判精要】

最高人民法院认为:

(四)关于临潼公司主张的停窝工损失是否应得到支持的问题

本院认为,虽然陕西华春建设工程项目管理有限责任公司 2006 年 11 月 25 日出

具的鉴定报告中,对于恒升大厦工程停、窝工损失计算为346421.84元,但该鉴定报告也明确说明:"该工程停、窝工时间为自2004年4月至2006年6月22日,但数量没有建设单位指定的工地代表签证。"一审判决以临潼公司未按合同约定申报工程量及申请支付工程款,亦未提供监理公司确认的停、窝工证据,故对临潼公司主张的停、窝工损失不予支持。由于二审中临潼公司也没有提供相关证据支持其主张,故对临潼公司上诉要求恒升公司按鉴定报告计算的346421.84元支付停、窝工损失,本院亦不予支持。

【案例来源】

《中华人民共和国最高人民法院公报》2008年第8期(总第142期)。

235 承包人单方委托停工损失咨询报告的证据效力

【关键词】

│建设工程│工期│停工损失│咨询报告│可得利益│

【案件名称】

上诉人贵州省国际会议中心有限公司与被上诉人中国建筑第四工程局有限公司建设工程施工合同纠纷案[最高人民法院(2016)最高法民终497号民事判决书,2017.12.29]

【裁判精要】

最高人民法院认为:

二、关于待工损失11692906元及资金占用费、项目部费用3364200元、可得利益损失1684450.38元应否由国际会议中心承担的问题

中建四局中标后签订了《建设工程施工合同》,于2002年6月8日进场施工,同年7月31日国际会议中心(当时的八角岩饭店)下达暂停施工《通知》,未提出解除《建设工程施工合同》,停工至2006年3月31日国际会议中心(当时的省开投公司)与中建四局签订《协议书》,期间,中建四局未能再行实际施工,对暂停施工期间产生的待工损失,是国际会议中心单方违约行为所致,故国际会议中心应当对暂停施工期间产生的实际损失承担赔偿责任。国际会议中心另案诉请法院解除《建设工程施工合同》,因《建设工程施工合同》的解除致该合同不能继续履行,由此产生的可得利益损失亦应由国际会议中心承担。因国际会议中心违约不履行合同或解除合同给中建四局造成了损失,该损失包括实际损失和可得利益损失。

1. 待工损失11692906元及资金占用费。该待工损失数额是中建四局单方委托

贵州省新时代工程咨询有限公司所作的建黔造资字第 088 号《贵州省政府八角岩饭店会议中心工程停工损失咨询报告》,以 2005 年 12 月 28 日为时间截止点计算了《建设工程施工合同》所涉工程的损失,结论为:由于该工程长期停工等待,造成工程停工损失费共计 11692906 元,其中已造成机械设备费、管理费、人工费等损失共计 6575544 元,临时设施、利润等损失共计 5117362 元。一审法院以国际会议中心收到中建四局《贵州省政府八角岩饭店会议中心工程停工损失咨询报告》后,未在《建设工程施工合同》通用条款第 36 条"工程师在收到承包人送交的索赔报告和有关资料后 28 天内未予答复或未对承包人作进一步要求,视为该索赔已经认可"的约定期间内答复,视为对索赔数额的认可,本院认为并无不当。又因国际会议中心(当时的省开投公司)与中建四局于 2006 年 3 月 31 日签订的《协议书》中约定:"三、乙方(中建四局)于 2005 年 12 月 28 日单方委托贵州新时代工程咨询有限公司对原'贵州省人民政府八角岩饭店会议中心工程'待工损失进行计算,损失额共计为壹仟壹佰陆拾玖万贰仟玖佰零陆元(￥11692906 元)(该待工损失只计算至 2005 年 12 月 28 日),甲方未进行核实。乙方将用综合楼工程应得利润弥补该损失。四、甲方在土地招标中获得现云岩宾馆地块的土地使用权之日起 60 日内,甲方须完善与乙方的施工合同。如甲方未获得现云岩宾馆地块土地使用权,致使综合楼项目下马,而甲方仍为大会堂建设业主,甲方同意从下马之日起 90 日内,对本合同第三条所列乙方的待工损失进行清算,并按核准金额一次性支付给乙方。同时甲方同意在今后的其他工程项目中对乙方可给予同等优先的照顾。"从上述约定看,综合楼项目下马或者综合楼项目中建四局不能参与施工,国际会议中心应该在 90 日内对待工损失进行清算并一次性支付。事实上,国际会议中心没有就待工损失进行清算,致使中建四局的损失不能得到及时赔偿而形成本案纠纷,本院认为一审法院根据中建四局单方委托鉴定的《贵州省政府八角岩饭店会议中心工程停工损失咨询报告》,确定待工损失数额 11692906 元及资金占用费,亦无不当。国际会议中心上诉认为中建四局怠于防止损失扩大,就损失扩大部分,国际会议中心不应赔偿的理由,没有事实依据,本院不予支持。

【案例来源】

中国裁判文书网,http://wenshu.court.gov.cn。

236　施工合同无效,能否直接参照合同约定工期计算相关损失

【关键词】

│建设工程│合同效力│工期│

【案件名称】

河北工程建设有限责任公司与河北盈驰房地产开发有限公司、石家庄柏林集团有限公司建设工程施工合同纠纷案［最高人民法院再审民事判决书］

【裁判精要】

裁判摘要:《民法总则》第一百五十七条规定,合同无效的法律后果有四个:一是返还财产。合同一方因签订合同所取得的财产,应当予以返还。二是折价补偿。不能返还或者没有必要返还的,应当折价补偿。三是损失赔偿。有过错的一方应当赔偿对方由此所受到的损失;各方都有过错的,应当各自承担相应的责任。四是法律特别规定。法律另有规定的,依照其规定。可见,合同无效的后果更多是不当得利返还的问题,而非合同约定权利义务的履行。反对观点则认为,2005 年 1 月 1 日施行的《建设工程施工合同解释》第二条已规定,建设工程施工合同无效,承包人可以请求参照合同约定支付工程价款。但究其起草背景,主要是为探求当事人真意,解决工程价款合理计算的问题,只不过在折价补偿标准上参考合同约定而已,并无将整个合同都有效对待的意思。故不能狭隘将其理解为这是合同无效被有效化对待的例证。更不能由此推出施工合同无效,当事人也可直接参照合同约定工期、工程质量等条款提出主张。事实上,合同无效不能有效对待的基本原则必须得到坚守。在合同无效且不能返还原物的情形下,仍应坚持《民法总则》第一百五十七条规定,根据谁主张谁举证原则,当事人在主张折价补偿、损失赔偿等时必须提供证据证明,只有在当事人举证不能时,才可参考合同约定提出主张,由人民法院综合过错、损失大小、损失与过错因果关系等因素酌情处理。①

最高人民法院认为:

4. 河北工建是否应向河北盈驰赔偿合同无效的工期损失问题

原判决认为,虽然施工协议无效,但工期确有延误。故参照施工协议违约金条款约定,判令河北工建向河北盈驰赔偿 165 万元工期延误损失。对此,本院不予支持。首先,施工协议如无效,则其中关于工期约定的条款亦无效。案涉 1、2 号住宅楼约定的竣工日期为 2011 年 8 月 15 日。但由于该工期约定条款因施工协议无效而无效,故不能直接适用该工期作为判断是否存在延误的依据。在约定工期不可适用的情形下,可通过鉴定确定案涉工程的合理工期。对于承包人的实际工期已超过鉴

---

① 参见肖峰:《施工合同无效,能否直接参照合同约定工期计算相关损失——河北工程建设有限责任公司与河北盈驰房地产开发有限公司、石家庄柏林集团有限公司建设工程施工合同纠纷案》,载最高人民法院民事审判第一庭编:《民事审判指导与参考》(总第 76 辑),人民法院出版社 2019 年版,第 188~189 页。

定合理工期情形,发包人可以主张工期延误损失,但应由其提供因工期导致的实际损失的证据,而不能简单参照无效合同约定的违约金条款计算。具体到本案中,在施工协议无效情形下,原判决仍参照该协议中违约金条款约定计算损失,缺乏依据。

【权威解析】

工期合理与否事关建设工程质量,事关社会公众生命财产安全。《建设工程质量管理条例》第十条规定:"建设工程发包单位,不得迫使承包方以低于成本价格竞标,不得任意压缩合理工期。建设单位不得明示或暗示设计单位或者施工单位违反工程建设强制性标准,降低建设工程质量。"第五十六条规定:"违反本条例规定,建设单位有下列行为之一的,责令改正,处 20 万元以上 50 万元以下的罚款:(一)迫使承包方以低于成本的价格竞标的;(二)任意压缩合理工期的……"既然压缩合理工期是违法行为,那么约定工期低于合理工期也应予以否定性评价。具体到建设工程施工合同无效情形。如果发包方在协议中通过任意压缩合理工期方式约定工期,而法院判决又参照该约定工期计算工期损失,则从结果而言,显然违反了任何人不得从自己的违法行为中获利原则。此时,在约定工期不可适用的情形下,则可考虑通过工期定额标准,鉴定案涉工程的合理工期。对于承包人的实际工期已超过鉴定合理工期情形,发包人可以主张工期延误损失,但应由其提供因工期导致的实际损失的证据,而不能简单参照无效合同约定的违约金条款计算。[1]

【案例来源】

最高人民法院民事审判第一庭编:《民事审判指导与参考》(总第 76 辑),人民法院出版社 2019 年版,第 212 页。

编者说明

建设工程施工合同无效后哪些条款可以参照适用,实践中存在两种观点:第一种观点

---

[1] 参见肖峰:《施工合同无效,能否直接参照合同约定工期计算相关损失——河北工程建设有限责任公司与河北盈驰房地产开发有限公司、石家庄柏林集团有限公司建设工程施工合同纠纷案》,载最高人民法院民事审判第一庭编:《民事审判指导与参考》(总第 76 辑),人民法院出版社 2019 年版,第 215 页。有观点认为,实践中,开发商等通过抢工等方式任意压缩合理工期,以达到缩短资本运营周期,降低资金运作成本,提升资本运作效益的目的,因此而导致工程质量缺陷的案件很多,个别案例中造成的质量缺陷很严重,直接危及公共利益和公共安全。根据《标准化法》的规定,强制性标准,必须执行。不符合强制性标准的产品,禁止生产、销售和进口。"合理工期",应当界定在包括但不限于维持一个具体工程建设项目正常施工所必需的最短工期,相当于某一产品必须等于或者高于该产品对应的行业最低标准,即国家强制性标准。任意压缩合理工期的违规行为,可以比照违反国家强制性标准的行为适用法律;违背之,有关工期约定无效,应当相应顺延至合理工期范围内。参见冯小光:《试论施工合同法律效力的判断原则》,载最高人民法院民事审判第一庭编:《民事审判指导与参考》(总第 76 辑),人民法院出版社 2019 年版,第118 页。

认为,与工程结算直接关联的工程价款、付款时间、工程款支付进度、下浮率、工程质量、工期等事项可以参照合同约定,违约责任条款不能参照适用。如《江苏省高级人民法院关于审理建设工程施工合同纠纷案件若干问题的解答》第五条规定:"建设工程施工合同无效,建设工程经竣工验收合格的,合同约定的哪些条款可以参照适用?建设工程施工合同无效,建设工程经竣工验收合格的,当事人主张工程价款或确定合同无效的损失时请求将合同约定的工程价款、付款时间、工程款支付进度、下浮率、工程质量、工期等事项作为考量因素的,应予支持。"①第二种观点认为,《建设工程施工合同解释》第二条仅规定合同约定的工程价款可以参照适用,故施工合同无效,建设工程经竣工验收合格的,对于付款时间、工程款支付进度、下浮率、工程质量、工期、违约责任等约定均不应参照适用。最高人民法院上述裁判观点采取了第二种观点,认为由于无效合同不具备履行性,故该工期约定条款因施工协议无效而无效,不能直接适用该工期作为判断是否存在工期延误或作为停窝工损失计算的依据。

---

① 该解答的起草者认为,对照《合同法》第二百七十五条施工合同主要条款的规定和 2013 年《建设工程施工合同示范文本》的规定,违约责任系建立在合同有效的基础上,故在合同无效的情形下,违约条款不应继续适用。但对于工程价款、付款时间、工程款支付进度、下浮率、工程质量、工期等约定,因与工程结算直接关联,故当事人主张工程价款或确定合同无效的损失时请求将这些事项作为考量因素的,根据《建设工程施工合同解释(二)》第三条的规定,可予支持。否则,对于付款时间进度、工期等将没有参考标准。参见《江苏省高级人民法院〈关于审理建设工程施工合同纠纷案件若干问题的解答〉的理解与适用》,载李玉生主编:《建设工程施工合同案件审理指南》,人民法院出版社 2019 年版,第 415～416 页;潘军峰:《工程价款结算审判疑难问题研究》,载《法律适用》2019 年第 5 期。

第五章 | CHAPTER 05

赔偿损失

一、损失赔偿

237　承包人用两年左右的时间完成了超过一半的工程量，法院酌定完成剩余工程量或者采取其他适当措施的合理期间为两年

【关键词】

　　｜建设工程｜违约责任｜赔偿损失｜违约金｜减损规则｜

【案件名称】

　　再审申请人武汉建工第一建筑有限公司与被申请人武汉征原电气有限公司建设工程施工合同纠纷案［最高人民法院（2018）最高法民再95号民事判决书，2018.5.31］

【裁判精要】

　　最高人民法院认为：

　　一、关于《相关事宜协议》签订后，征原公司有无违约行为的问题

　　《相关事宜协议》体现的是双方当事人的真实意思，不违反法律、行政法规的强制性规定，且双方当事人均对该协议表示认可。该协议合法、有效，对双方当事人均具有法律约束力。对于《相关事宜协议》的性质，双方在协议中一致同意通过本次签订的"工程价款结算协议"中的补偿（调整）费用及工期约定一次性解决分歧。《相关事宜协议》对补偿（调整）费用、期限内应完成的施工内容、工程款结算原则、付款方式、工期、补偿金均进行了约定，表明《相关事宜协议》具备结算条款的性质，针对《相关事宜协议》涵盖的工程事项，均应以该协议约定的内容进行权利、义务的划分及责任的认定。《相关事宜协议》签订于2006年12月2日，此后的2006年12月13日至2008年8月12日，建工公司多次向征原公司发函，指出设计变更、征原公司自行对外分包等问题。2007年4月10日，双方就涉案工程施工进度召开会议，并形成会议纪要。该会议纪要双方均盖有印章，说明双方认可纪要内容。会议纪要反映，项目施工进展缓慢、现场工人少，为解决购买建材的资金缺乏问题，征原公司要给予建工公司支持，建工公司承诺5月底完工。本院认为，建工公司给征原公司的函系单方形成，其记载征原公司有违约行为，但是在双方形成的会议纪要中，没有反映出征原公司有违约行为。因建工公司未提交征原公司提供图纸情况、设计变更、分包影响其施工等证据，二审判决未支持建工公司关于征原公司违约的主张并无不当。再审阶段，建工公司亦未提交新证据证明，本院认为建工公司关于征原公司在《相关

事宜协议》签订后有违约行为的理由不成立。

二、关于征原公司同时请求赔偿损失和违约金有无法律依据和事实依据的问题

《合同法》第一百一十四条第一款、第二款规定:"当事人可以约定一方违约时应当根据违约情况向对方支付一定数额的违约金,也可以约定因违约产生的损失赔偿额的计算方法。约定的违约金低于造成的损失的,当事人可以请求人民法院或者仲裁机构予以增加;约定的违约金过分高于造成的损失的,当事人可以请求人民法院或者仲裁机构予以适当减少。"据此,只有在违约金低于造成损失的情况下,当事人方可请求人民法院予以增加,但该增加亦限于损失范围内。征原公司在诉请赔偿1421.28万元的同时诉请支付600万元违约金,但其主张赔偿损失的依据主要是其单方委托房地产估价咨询机构作出的鉴定意见,在质证中并未得到建工公司的认可,不应作为认定案件事实的依据。因建工公司违约,征原公司可以依据《相关事宜协议》中关于支付补偿金的约定要求建工公司承担违约责任,其不能证明合同约定的补偿金低于造成的损失,一并主张违约金及赔偿损失,与《合同法》规定不符,本院不予支持。

三、关于建工公司承担的违约责任是否超出了建工公司预期的问题

《相关事宜协议》约定,如果建工公司未能在2007年4月7日全部退场,建工公司按总额2388.79万元向征原公司支付每日1.5‰的补偿金。该条款是关于违约金的约定,建工公司应予遵守。原判决认为,该违约金约定过高,调减为按中国人民银行规定的金融机构同期一年期固定资产贷款利率计算。对该计算标准双方当事人均未提出异议。本院认为原判决调整该计算标准正确,但原判决判令1#建筑的违约金计算至该判决生效之日,原判决作出时间为2016年11月,即需要计算近十年的违约金,再加上3#建筑的违约金,数额在1300余万元。依据原判决认定的事实,建工公司已完工部分工程造价为2050余万元,这是建工公司工人的劳动及建筑材料物化到建筑物中所应获得的回报。工程造价2050万元,施工方却需要承担1300余万元的违约责任,双方当事人之间的利益关系失衡,建工公司关于该违约责任超出其预期的理由成立。

四、关于征原公司是否采取了适当措施防止损失扩大的问题

2009年5月22日,征原公司书面提出解除合同并送达建工公司。征原公司提出解除合同,表明其不希望继续履行该合同,其应采取适当措施防止损失扩大。征原公司实际上也对3#建筑采取了积极的措施,并在2008年12月投入使用。《合同法》第一百一十九条规定:"当事人一方违约后,对方应当采取适当措施防止损失的扩大;没有采取适当措施致使损失扩大的,不得就扩大的损失要求赔偿。"据此,本院认为,至少在征原公司自身认为合作应终止的2009年5月22日起的合理期间内,征原公司应该采取相应措施防止损失扩大,其未在合理期间采取适当措施而致使损失扩大的,不得就扩大的损失要求赔偿。双方签订的《建设工程施工合同》约定工程价

款为 3600 余万元,建工公司用两年左右的时间完成了 2000 余万元即超过一半的工程量,本院酌定完成剩余工程量或者采取其他适当措施的合理期间为两年。

综上,建工公司应向征原公司支付自 2007 年 4 月 7 日起至 2011 年 5 月 22 日止的补偿金。该补偿金以 2388. 79 万元为基数,按照中国人民银行公布的金融机构同期一年期人民币贷款基准利率计算。

【案例来源】

中国裁判文书网,http://wenshu. court. gov. cn。

编者说明

关于违约金与损害赔偿请求权的关系问题,由于合同法上的违约金系以补偿性为主、以惩罚性为辅的违约金,补偿性乃其主要属性,因此,违约金本质上属于损害赔偿额之预定,其主要功能在于填补守约方损失,相当于履行之替代。根据《合同法》第一百一十四条第二款和《合同法解释(二)》第二十八条和第二十九条之规定,违约金的损失填补功能和替代履行作用决定了若违约金请求权与合同解除后损害赔偿请求权指向的是同一损害,则应避免同时适用,否则将会出现债权人双重获益之结果。① 如果违约金过分高于违约解除合同所造成的损失,惩罚性的违约金能否与解除权并存? 最高人民法院认为,合同解除作为当事人的救济方式,无论是约定解除,抑或是法定解除,均不以过错为前提。只要约定的解除条件成就及法定的解除条件出现,当事人即可行使解除权。既然解除合同不以当事人具有过错为前提,那么违约金这一赔偿损失的责任方式亦不须以此为前提。如果违约金与违约解约造成的损失相差较大,则可以参照《合同法》第一百一十四条第二款的规定予以适当增加与减少。因此,《买卖合同解释》第二十六条特别规定"约定的违约金过分高于因合同解除造成的损失的,人民法院可以参照合同法第一百一十四条第二款的规定处理"。

此外,《合同法》第一百一十九条规定:"当事人一方违约后,对方应当采取适当措施防止损失的扩大;没有采取适当措施致使损失扩大的,不得就扩大的损失要求赔偿。当事人因防止损失扩大而支出的合理费用,由违约方承担。"该条规定为减损规则(减轻损害规则)。据此,合同一方当事人违约后,对方当事人即有采取适当措施防止损失扩大的义务(减损义务)。对方当事人未履行此项减损义务导致损失扩大的,不得就扩大的损失要求违约方赔偿,即该扩大的损失应由对方当事人自己承担。至于所采取的措施是否"适当",及其支出的费用是否"合理",应根据合同种类、性质和交易习惯进行判断。② 衡量守约方为防止损失扩大而采取的减损措施的合理性,守约方的减损措施应当是根据当时的情境可

---

① 参见韩世远:《合同法学》,高等教育出版社 2010 年版,第 344 页。该作者进一步指出,此时应当优先适用违约金请求权。

② 参见梁慧星:《读条文 学民法》(第二版),人民法院出版社 2017 年版,第 271 页。

以做到且成本不能过高的措施。①

238 发包人对施工过程中的相关问题不及时解决，是造成工期延误的主要原因，即使由此导致了对商品房购房人支付的违约金、增加的监理费等损失，亦应由其自行承担

【关键词】

│ 建设工程 │ 工期延误 │ 赔偿损失 │ 违约金 │ 监理费 │

【案件名称】

上诉人平顶山市常绿隆华置业有限公司与上诉人福建青隆建筑工程有限公司、福建青隆建筑工程有限公司平顶山市分公司建设工程施工合同纠纷案［最高人民法院（2018）最高法民终 857 号民事判决书，2018.12.29］

【裁判精要】

最高人民法院认为：

二、关于青隆公司及青隆平顶山分公司应否赔偿常绿置业的损失，如赔偿，损失数额是多少的问题

根据一审查明的事实，常绿置业发出开工令的日期就比合同约定的开工日期迟延了近 100 天。各号楼竣工日期迟延了 100 到 200 天左右。在 2011 年 3 月初，青隆平顶山分公司就施工中的问题向常绿置业发函反映，但常绿置业未能提交证据证明问题解决的时间。在施工过程中，青隆平顶山分公司就常绿置业指定材料、品牌、型号、施工工艺、分包工程配合等问题向常绿置业发函，但常绿置业未及时答复，拖延的时间从几十天到 167 天不等。在 2011 年 3 月至 2013 年 10 月，青隆公司多次发函要求常绿置业支付拖欠的工程进度款。故原判决认定常绿置业对施工过程中的问题不及时解决是造成工期延误的主要原因有事实依据。因此，本院认为常绿置业对施工过程中的相关问题不及时解决，是造成工期延误的主要原因，即使由此导致了对商品房购房人支付的违约金、增加的监理费等损失，亦应由其自行承担。

【案例来源】

中国裁判文书网，http://wenshu.court.gov.cn。

---

① 参见王闯：《〈关于审理买卖合同纠纷案件适用法律问题的解释〉的理解与适用》，载《人民司法》2012 年第 15 期。

239 发包人未依照约定如期给付工程款，是导致承包人无法按约定日期竣工，工期迟延未能如期交房的重要原因，由此产生的工程项目资金沉淀的利息等损失，应由其自行承担

【关键词】

｜建设工程｜工期延误｜赔偿损失｜利息｜

【案件名称】

上诉人辽宁中天建设（集团）有限公司与上诉人阜新中地信房地产开发有限公司建设工程施工合同纠纷案［最高人民法院（2018）最高法民终 392 号民事判决书，2018.6.27］

【裁判精要】

最高人民法院认为：

关于中地信公司反诉请求判令中天公司给付工程项目资金沉淀的利息损失、合同期满后工程项目资金投入的利息、承担中地信公司已付业主违约金、赔偿金的问题。本案中，《补充协议》第 7 条约定："非乙方（中天公司）原因造成的停工、息工、农民工上访等事件，责任由甲方（中地信公司）承担，与乙方（中天公司）无关。非乙方（中天公司）原因造成影响工程问题，工期相应顺延。因此乙方（中天公司）造成的一切损失由甲方（中地信公司）承担。"在实际履行中，中地信公司未能按《补充协议》约定如期给付工程款，是导致中天公司无法按约定日期竣工，工期迟延未能如期交房的重要原因。中地信公司作为案涉工程的建设单位，是建设资金的提供方，对工程项目资金沉淀的利息损失、合同期满后工程项目资金投入的利息、预售房屋购房者未能如期入住的风险应当有所预见，属该项目开发建设成本及风险，与中天公司无关。根据以上事实，一审法院对中地信公司上述反诉请求不予支持，本院予以维持。

【案例来源】

中国裁判文书网，http://wenshu.court.gov.cn。

240 发包人的损失系因工期延误、质量问题加固及修复造成，与发承包双方的违约行为均有关系，应根据双方的过错确定各自的责任承担

【关键词】

｜建设工程｜工期延误｜赔偿损失｜过错｜

【案件名称】

上诉人临泉县万嘉置业有限公司与上诉人中城投集团第六工程局有限公司建设工程施工合同纠纷案［最高人民法院（2018）最高法民终74号民事判决书，2018.12.27］

【裁判精要】

最高人民法院认为：

三、关于万嘉公司的损失范围和数额如何认定及中城投六局应否予以赔偿的问题

首先，对于万嘉公司的损失范围和数额问题，本院评析如下：（1）对于原审判决认定的因工程延期交付，万嘉公司向临泉县财政国库支付中心支付的2187132元安置费，双方均未对此提出上诉，本院予以确认。（2）对于万嘉公司已售房屋的逾期交房违约金损失，因万嘉公司已售房屋逾期交房是客观事实，且2013年6月6日之后因房屋未能按期交付，引发部分买房人陆续到政府上访或到法院起诉，要求万嘉公司支付逾期交房违约金，原审法院根据万嘉公司提供的《商品房买卖合同》、违约金收条、转款凭证、法院判决书、调解书、调解协议等证据，对万嘉公司向购房户支付的逾期交房违约金28087656.2元予以认定。中城投六局上诉称上述违约金没有全部实际发生，但未提交可以推翻上述认定的相反证据，故本院不予采信。（3）关于万嘉公司主张的未售房屋租金损失，系可得利益损失，因万嘉公司不能证明上述未售房屋具备可出租条件，且上述房屋均为万嘉公司新建的拟销售房屋，按常理开发商对新建的商品房在待售期间并不进行出租，故万嘉公司主张的未售房屋租金损失缺乏合理性，原审法院未予支持并无不当。（4）关于地下室因漏水降水造成的损失，万嘉公司主张降水损失10850180元的依据是其单方委托安徽金泉工程造价咨询有限公司作的预算审核报告，效力不足且中城投六局不予认可，原审判决未予采信正确，但地下室存在漏水问题属实，期间万嘉公司自行安排施工人员实施降水必然产生一定的支出费用，本院考量万嘉公司降水期间，及地下室漏水问题存在于工程尚未交付使用阶段且后经中城投六局修复并验收合格等因素，对万嘉公司主张的降水损失酌定支持100万元。（5）对于原审判决认定万嘉公司支付的地下室修复工程设计费479772（400000＋79772）元，原审判决在查明事实部分查明万嘉公司支付设计费用数额为40万元，对于79772元二次设计费，经审查万嘉公司并未提交实际支付凭证，依法不应认定。中城投六局关于该问题的上诉理由成立。（6）对于万嘉公司主张的管理人员工资2934750元，万嘉公司不能有效证明其发放的工资和工程延期之间具有完全对应性，即不能有效证明上述工资都是因为工程延期而额外增加的费用，但工程施工延期确会增加万嘉公司管理人员工资方面的支出，考量施工延期时间等因素，本院对万嘉公司主张的上述人员工资损失酌定支持50万元。（7）对万嘉

公司主张的不合格材料罚款,因未提供证据证明中城投六局使用的不合格材料的价款,一审法院不予支持并无不当。(8)对万嘉公司在另案中受到的安徽省阜阳市中级人民法院罚金 10 万元,属另案处理范围,本案不予审查。(9)对于万嘉公司主张的工期滞后违约金,因本案中工期延误是双方原因造成的,并非单方违约所致,且万嘉公司已主张赔偿因工程延误给其造成的实际损失,故原审法院对万嘉公司主张的工期滞后违约金不予支持并无不妥。综上,可以有效认定万嘉公司各项损失合计 32174788.2 元。

其次,关于中城投六局对万嘉公司的上述损失具体赔偿问题,本案上述损失均因工期延误、质量问题加固及修复造成,与万嘉公司、中城投六局双方的违约行为均有关系,但如前所述,中城投六局在万嘉公司并不拖欠其工程进度款的情况下拒不履行约定复工的主要合同义务,及其施工的地下室因存在严重质量缺陷而影响整体工程施工进度,中城投六局对工期延误的责任无疑更大,原审法院判令双方对上述损失各半负担欠妥,根据本案的具体情况,本院酌定中城投六局对万嘉公司上述损失承担三分之二的赔偿责任,即 21449858.8 元。

【案例来源】

中国裁判文书网,http://wenshu.court.gov.cn。

241　发承包双方均有违约,基于公平原则,双方在合同履行过程中所遭受的相关损失应由各自承担

【关键词】

│建设工程│违约责任│赔偿损失│公平│

【案件名称】

上诉人江苏新兴建设工程有限公司、安徽盛仁投资有限公司与被上诉人滁州城市职业学院建设工程施工合同纠纷案[最高人民法院(2018)最高法民终 305 号民事判决书,2018.12.19]

【裁判精要】

最高人民法院认为:

(四)新兴公司与盛仁公司违约行为及违约责任的认定问题

新兴公司主张由于盛仁公司未按承诺向新兴公司支付工程款 5000 万元,造成新兴公司全面停工,导致滁州城市学院解除了其与盛仁公司的 BT 合同关系,盛仁公司违约,应赔偿新兴公司停工损失 22645697 元及可预期利润损失 10447221.80 元。

盛仁公司则认为滁州城市学院与其解除 BT 合同关系的原因是新兴公司违反合同约定,擅自停工,且工程质量存在重大问题,新兴公司应承担其的回购款利息损失、可预期利润损失及向滁州城市学院支付的违约金等费用合计 8700 万元。

本院认为,综合本案现有在案证据,新兴公司与盛仁公司在履约过程中均存在相应的违约行为。就新兴公司而言,其在与盛仁公司签订的合同以及向盛仁公司或滁州城市学院的往来函件中曾多次承诺不会因盛仁公司迟延付款而停工,但由于其本身的资金问题,新兴公司在工程实际施工过程中,存在因欠付工资引发工人闹访及擅自停工等情形,其并未按约定或承诺履行上述义务。就盛仁公司而言,其未能按照《建筑工程施工合同》的约定履行向新兴公司支付工程进度款的义务,亦未履行其向新兴公司及滁州城市学院所作承诺,于 2013 年 10 月 30 日前向新兴公司支付5000 万元工程进度款。故在双方均有违约的情况下,基于公平原则,新兴公司与盛仁公司在合同履行过程中所遭受的相关损失应由各自承担。一审判决考虑本案合同的实际履行情况,对新兴公司及盛仁公司各自主张对方赔偿损失的诉讼请求未予支持,并无不当,本院予以维持。

【案例来源】

中国裁判文书网,http://wenshu.court.gov.cn。

242 《合同法》第九十四条第(四)项对违约行为限定为致使合同目的不能实现的行为,该行为应达到剥夺另一方当事人根据合同有权期待的利益,系根本性违约

【关键词】

|建设工程|合同解除|根本违约|

【案件名称】

上诉人吉林省霍家店房地产开发有限公司与上诉人沈阳天北建筑安装工程公司建设工程施工合同纠纷案[最高人民法院(2018)最高法民终 102 号民事判决书,2018.3.28]

【裁判精要】

最高人民法院认为:

一、关于《补充协议》是否已解除的问题

《合同法》第九十六条第一款规定:"当事人一方依照本法第九十三条第二款、第九十四条的规定主张解除合同的,应当通知对方。合同自通知到达对方时解除。

对方有异议的,可以请求人民法院或者仲裁机构确认解除合同的效力。"此条是对解除权行使的规定,其中第九十三条第二款和第九十四条分别对约定解除权和法定解除进行了规定。本案中,双方当事人签订的一系列合同,并未对合同的解除情形进行约定,双方当事人均不具备约定解除权。因此,本案中,天北公司行使的是法定解除权。《合同法》第九十四条规定:"有下列情形之一的,当事人可以解除合同:……(四)当事人一方迟延履行债务或者有其他违约行为致使不能实现合同目的……"该条系对法定解除合同的规定,其中对违约行为明确限定为致使合同目的不能实现的行为,该行为应达到剥夺另一方当事人根据合同有权期待的利益,系根本性违约。

本案中,2011年10月21日,霍家店公司与天北公司签订《补充协议》,约定霍家店公司以天北公司自行售楼所得款向天北公司结算工程总造价工程款,霍家店公司无权销售天北公司自行销售的房屋,如霍家店公司违约擅自出售上述房屋,以房屋销售总价格的30%作为违约金赔偿天北公司。双方当事人签订《补充协议》的目的在于通过销售房屋取得的款项抵顶工程款。霍家店公司虽然存在将案涉169套房屋在鑫诚信用社办理抵押贷款的情形,但天北公司已通过将大部分楼票与案外人签订借款协议或抵押借款协议的方式进行处置,获得相应款项,达到了抵顶工程款的目的,且案涉169套房屋的抵押贷款已于2015年11月结清,负担已经解除,霍家店公司的行为并不构成根本性违约。霍家店公司亦不同意解除《补充协议》。因此,天北公司单方发出的解除协议通知,并不能起到解除《补充协议》的法律效果。天北公司上诉提出《补充协议》已解除,协议涉及的172套房屋和48个车库价值46832618元不应计入已付工程款总额的主张,本院不予支持。

【案例来源】

中国裁判文书网,http://wenshu.court.gov.cn。

编者说明

《合同法》第九十四条规定:"有下列情形之一的,当事人可以解除合同:……(四)当事人一方迟延履行债务或者有其他违约行为致使不能实现合同目的……"对此,应作如下理解:

1. 因迟延履行不能实现合同目的,指迟延的时间对于债权的实现至关重要,超过了合同约定的期限履行合同,合同目的就将落空。如当事人在合同中明确约定超过期限履行合同,债权人将不接受履行,而债务人履行迟延;再如履行期限构成合同的必要因素,超过期限履行将严重影响订立合同所期望的利益,比如季节性、时效性较强的中秋月饼,过了中秋节交付,就没有了销路。

2. 致使不能实现合同目的的其他违约行为,主要指违反的义务对合同目的的实现十分重要,如一方不履行这种义务,将剥夺另一方当事人根据合同有权期待的利益。这种违约行为主要包括:(1)完全不履行,即债务人拒绝履行合同的全部义务。(2)履行质量与约定严重不符,无法通过修理、替换、降价的方法予以补救。(3)部分履行合同,但该部分的价值和金额与整个合同的价值和金额相比占极小部分,对于另一方当事人无意义;或者未履行的部分对于整个合同目的的实现至关重大。①

243 外装饰工程中工程质量构成根本违约的判断标准

【关键词】

│ 建设工程 │ 合同解除 │ 工程质量 │ 根本违约 │

【案件名称】

再审申请人沈阳清华同方信息港有限公司与被申请人辽宁泰丰铝业装饰工程有限公司建设工程施工合同纠纷案〔最高人民法院(2015)民提字第193号民事判决书,2016.4.15〕

【裁判精要】

裁判摘要:与一般土建工程不同,外装饰工程的目的是实现整个建筑物的美观。涉案工程中存在大量的破损、缺失、偏斜等外在质量问题且无法修复,因直接影响到了建筑物的外观,加之延期交工的事实存在,足以导致合同目的不能实现,应当认定构成根本违约,发包方以此为由单方解除合同不构成违约。②

最高人民法院认为:

(三)清华同方单方解除合同是否符合约定和法定条件

首先,对于解除合同是否符合约定条件问题。双方签订的《建设工程施工合同》第三部分专用条款中16.3条约定,如承包方未按双方约定的中间交工工期完工,延期达30天以上,后续工期又无法挽回,发包方可终止合同,并将未完工程外委,并按工程总造价的3%收取违约金。该合同通用条款44.4条约定,"有下列情形之一的,发包人承包人可以解除合同:(2)一方违约致使合同无法履行"。44.5条约定:"一方依据44.4款约定要求解除合同的,应以书面形式向对方发出解除合同的通知,并在发出通知前7天告知对方,通知到达对方时合同解除"。经再审审理,本案双方经协商将工期最终延期至2012年6月20日,但并未确定最终的中间交工日期,因此,清华同方以泰丰铝业"未按中间交工工期完工"为由解除合同缺乏依据。但从泰丰

① 参见胡康生主编:《中华人民共和国合同法释义》,法律出版社1999年版,第158~159页。
② 参见最高人民法院第二巡回法庭编著:《民商事再审典型案例及审判经验》,人民法院出版社2019版,第175页。

铝业的违约行为看,其在市质监站提出整改通知后,直至合同解除,均未能整改完毕,且施工存在诸多项目不合格的情形,再加之其未能在最终的工期内完工,可以认定泰丰铝业的违约行为致使合同无法履行,双方合同目的不能实现,据此,清华同方解除合同符合合同通用条款44.4条的约定解除条件。

其次,对于解除合同是否符合法定条件问题。本案泰丰铝业未在双方约定的最终日期2012年6月20日完工的事实存在。经二审法院查明,2012年7月18日,清华同方发给泰丰铝业《工作联系函》,要求泰丰铝业于2012年7月25日前将质量问题全部整改合格并完成合同约定的全部工程内容,否则终止双方的合作。此事实应视为清华同方向泰丰铝业进行了催告,催告泰丰铝业应在7月25日前完工。但事实上,直至2012年8月28日清华同方解除合同,泰丰铝业仍未最终完工,依据《建设工程施工合同解释》第八条第(二)项有关"承包人具有下列情形之一,发包人请求解除建设工程施工合同的,应予支持:……(二)合同约定的期限内没有完工,且在发包人催告的合理期限内仍未完工的"的规定,清华同方有权解除合同。

同时,前已论述,对于泰丰铝业施工的工程存在质量问题,市质监站于2012年3月20日发出《工程质量整改通知单》,通知泰丰铝业在复工后的20日整改完毕并报市质监站。但事实上,泰丰铝业自2012年4月初复工,直至8月解除合同仍没有整改完毕。而且,其在2012年5月8日至17日的多份维修自检表中自认整改的15660项自检项目中仍有148项未验收合格。根据2012年8月6日的《会议纪要》内容,泰丰铝业承认"对于质监站提出的六项整改问题,其中仅有一项竖框尺寸偏差问题没有整改合格",并承认"竖框尺寸偏差是质量问题,此问题整改存在困难"。由上述事实可以认定,泰丰铝业对市质监站以及此前清华同方多次提出的质量问题存在拒绝修复的行为。不仅如此,根据2014年12月15日辽宁省建设科学研究院司法鉴定所作出的《司法鉴定检验报告书》,除市质监站提出的质量问题外,至合同解除时该工程还存在五大方面质量问题,而这些工程均是在市质监站提出整改之前就已施工的工程。因此,泰丰铝业施工存在质量问题,并长期未予修复的事实是存在的。依据《建设工程施工合同解释》第八条第(三)项有关"承包人具有下列情形之一,发包人请求解除建设工程施工合同的,应予支持:……(三)已经完成的建设工程质量不合格,并拒绝修复的"的规定,清华同方基于泰丰铝业存在的违约行为,亦有权解除双方合同。

需要特别考虑的是,与一般土建工程不同,涉案工程系外装饰工程,而此类工程主要之目的在于"装饰",因此,工程的工期延误、质量出现多种问题,可严重影响发包方的使用及建筑物的美观。综合以上内容,泰丰铝业存在未按期完工以及工程质量不合格的违约行为,清华同方据此单方解除双方之间的合同符合合同约定和法律规定。一、二审判决认定清华同方单方解除合同构成违约,并判定清华同方承担违约责任,支付违约金716.4万元属认定事实不清、适用法律错误,本院对此予以纠正。

【案例来源】

中国裁判文书网,http://wenshu. court. gov. cn。

编者说明

本案系外装饰工程施工合同纠纷,对于此类工程中是否存在质量不合格等违约行为的认定,应当区别于一般的土建工程,在了解和掌握相关工程特点的基础上进行判定。虽然原判决均查明泰丰铝业完成的工程存在质量问题,但均认为泰丰铝业对工程存在的问题进行了整改,并完成了绝大部分整改内容,不能以少部分质量问题认为泰丰铝业存在违约,清华同方无权单方解除合同。

最高人民法院再审查明,涉案工程的质量存在多处质量问题,且泰丰铝业存在拒绝整改的行为。与一般土建工程不同,作为建筑物钢结构外幕墙施工工程,其目的是装饰建筑物以实现建筑物的美观,虽然质量问题可能全部存在于外观上,但不等同于不存在严重的质量问题。在外装饰工程中,无论是诸多细节的表面问题,还是竖框尺寸偏斜的结构问题,均影响到了建筑物的美观度,进而影响到了合同目的的实现。组织进行钢结构外幕墙工程的目的是实现装饰的效果,而本案中存在的诸多质量问题使装饰效果大大降低,且施工中存在"竖框尺寸偏斜"有可能导致工程全部推倒重来,这也是泰丰铝业对此表示"整改存在困难"的根本原因。据此,最高人民法院认为,泰丰铝业已完工程不能达到装饰的效果,作为承包方拒绝整改的行为,足以导致合同目的不能实现。按照《建设工程施工合同解释》第八条第(三)项有关"承包人具有下列情形之一,发包人请求解除建设工程施工合同的,应予支持:……(三)已经完成的建设工程质量不合格,并拒绝修复的"的规定,清华同方有权解除双方合同。原一、二审没有考虑到外装饰工程的特殊性,忽视工程中存在的外在缺陷、结构缺陷对合同目的造成的影响,没有结合具体实际和行业经验进行恰当判断,故最高人民法院提审本案并改判。

在审理此类外装饰工程案件时,不能沿用土建工程的审理思路和标准一以概之的判断,本案再审判决把建设工程合同纠纷中如何判断违约行为导致合同目的不能实现,即构成根本违约的标准按照工程实际类型进行了区分,使得案件结果更为符合公平公正的理念。①

244 合同的解除不影响当事人要求赔偿损失的权利,但此处规定的赔偿损失大多以过错为要件,无过错则不产生赔偿责任

【关键词】

│建设工程│合同解除│赔偿损失│

---

① 参见裴跃:《外装饰工程中存在诸多影响外观的质量问题可以构成根本违约》,载最高人民法院第二巡回法庭编著:《民商事再审典型案例及审判经验》,人民法院出版社2019版,第183~184页。

【案件名称】

上诉人湖南南洋房地产开发有限公司与被上诉人宁乡县人民政府合同纠纷案 [最高人民法院(2013)民一终字第 7 号民事判决书,2013.6.22]

【裁判精要】

裁判摘要:按照《民法通则》和《合同法》有关规定,合同的解除不影响当事人要求赔偿损失的权利,但此处规定的赔偿损失大多以过错为要件,无过错则不产生赔偿责任。

最高人民法院认为:

双方当事人的争议焦点是:(1)宁乡县政府未将涉案项目建设用地使用权证办至南洋公司名下,是否构成违约;(2)南洋公司未将 3000 万元建设资金打入双控账户,是否构成违约;(3)合同解除后,损失应当如何承担。

(三)关于合同解除后的损失承担问题

本院认为,合同解除后,宁乡县政府已按照双方签订的协议约定,支付了南洋公司实际投入资金及利息,就涉案项目建设工程而言,双方之间不再有未结的债权债务。

首先,南洋公司多次迟延履行其主要合同义务,导致宁乡县政府的合同目的落空,宁乡县政府依法享有法定解除权。宁乡县政府 2006 年 9 月 15 日向南洋公司发出书面通知解除双方合同及补充协议的行为,符合双方约定及法律规定,因此,应当认定产生合同解除的法律效力。

其次,南洋公司于 2007 年 7 月 18 日致函宁乡县政府,明确表示同意宁乡县政府解除双方之间的合同及其补充协议。2009 年 9 月 9 日,宁乡县政府与南洋公司签订《S208 连接线及沩水特大桥已完工程结算协议》,同意委托会计师事务所对南洋公司在 S208 连接线及沩水特大桥项目已完成的与工程有关的拆迁、征地安置、工程款、管理费用及工程实际投入资金(不含应付款)的利息(利息至 2008 年 12 月 31 日止)进行结算审计,并以会计师事务所的《结算审计报告》为结算的唯一依据。因此,宁乡县政府与南洋公司之间债权债务数额,应当以该《结算审计报告》作为处理的依据。

再次,宁乡县政府已按会计师事务所的《审核报告》将南洋公司直接投入的资金 22254008.60 元及应得到的利息 6371020.99 元,合计 28625029.59 元,通过根据南洋公司的委托付给他人、代征代缴、代发代扣、直接支付给南洋公司、被人民法院执行南洋公司债务等方式全部予以清偿,宁乡县政府不再欠付南洋公司款项。

最后,南洋公司要求宁乡县政府赔偿其一亿元经济损失,但该损失的计算缺乏明确、具体的依据。按照《民法通则》和《合同法》有关规定,合同的解除不影响当事人要求赔偿损失的权利,但此处规定的赔偿损失大多以过错为要件,无过错则不产生赔偿责任。本案中,宁乡县政府在合同履行过程中并无过错,而南洋公司却存在根本违约行为。作为根本违约一方,南洋公司要求未违约的另一方赔偿其一亿元的经济损失无事实和法律依据。

【案例来源】

中国裁判文书网,http://wenshu. court. gov. cn。

二、违约金

245　违约金的计算并非仅以守约方所受损失为上线，可以适度适用惩罚性违约金

【关键词】

│建设工程│工程价款│利息│违约金│

【案件名称】

再审申请人黑龙江省庆达水利水电工程有限公司与再审申请人大庆油田牡丹江新能源有限责任公司建设工程施工合同纠纷案 [最高人民法院（2017）最高法民再 333 号民事判决书，2017.11.30]

【裁判精要】

裁判摘要：欠付工程款利息本质上属于法定孳息，其产生并不以当事人约定为必要条件，其实质是守约方当事人资金被占用的损失。在当事人既主张违约金又主张利息的情况下，违约金与工程价款利息支付的总额应以实际损失为衡量基础。依据合同约定计算出的违约金具有以补偿实际损失为主、惩罚违约当事人为辅的双重属性。违约金的计算并非仅以守约方所受损失为上线，可以适度适用惩罚性违约金。该规则有助于维系合同关系的稳定，保护当事人的合理预期，促进交易安全。①

最高人民法院认为：

一、关于能源公司逾期支付工程款应否支付利息问题

庆达公司与能源公司签订的建设工程施工合同系双方真实意思表示，其内容并不违反法律、行政法规的效力性、禁止性规定，应认定合法有效。

根据《建设工程施工合同解释》第十八条的规定，利息从应付工程款之日计付。本案中，根据双方当事人确认本案诉争两项工程的最后竣工时间为 2013 年 5 月 30 日。根据双方合同约定工程款给付应在工程竣工验收合格后 56 日内办理结算手续。又根据《建设工程施工合同解释》第十七条的规定，当事人对欠付工程款利息计

---

① 参见武建华、边坤、马赫宁：《欠付工程款利息及违约金的适用规则》，载《人民司法·案例》2018年第 11 期。

付标准有约定的,按照约定处理;没有约定的,按照中国人民银行发布的同期同类贷款利率计算。因庆达公司在诉讼请求中主张给付工程款利息及违约金的起算日期为 2013 年 7 月 27 日,因此,对于欠付工程款的利息应从 2013 年 7 月 27 日起计算。逾期支付工程价款的利息在本质上属于法定孳息,并不需要当事人约定。二审法院以庆达公司与能源公司签订的建设工程施工合同中并未约定逾期支付工程款利息问题,且违约金的约定可以弥补庆达公司损失为由,对工程款利息不予支持,属适用法律错误,本院予以纠正。

《合同法》第一百一十四条第一款规定:"当事人可以约定一方违约时应当根据违约情况向对方支付一定数额的违约金,也可以约定因违约产生的损失赔偿额的计算方法。"案涉建设工程施工合同约定,无正当理由不支付工程竣工结算价款,按照每逾期一日向庆达公司方支付违约金 1000 元。

从《合同法》第一百一十四条可以看出,一方面,我国《合同法》采取的是补偿性违约金和惩罚性违约金兼具的模式,另一方面,以实际损失为中心确定违约金数额的方式,又表明在适用违约金时应该坚持以补偿性违约金为主,以惩罚性为辅的原则。基于公平正义理念的填补损失,主要目的在于使守约方的损失能获得实质、完整、迅速的填补。但惩罚性违约金对于稳定交易秩序有特殊意义。故违约金并非仅以守约方所受损失为赔偿上线,可以适度适用惩罚性违约责任。依据合同约定计算出的违约金数额具有以补偿实际损失为主,惩罚违约当事人为辅的双重属性。逾期支付工程价款所产生的法定孳息,其实质是补偿守约当事人的资金被占用的损失。违约金与逾期工程价款利息支付的总额应以实际损失为衡量基础。在本案中同时支持违约金与逾期支付工程价款的利息,并未超出这一原则的适用。

依据《合同法解释(二)》第二十九条的规定,当事人主张约定的违约金过高请求予以适当减少的,人民法院应当以实际损失为基础,兼顾合同的履行情况、当事人的过错程度以及预期利益等综合因素,根据公平原则和诚实信用原则予以衡量,并作出裁决。当事人约定的违约金超过造成损失的百分之三十的,一般可以认定为《合同法》第一百一十四条第二款规定的"过分高于造成的损失"。在本案中,能源公司仅支付工程款 9577000 元,欠付工程价款达 55343333 元,依据双方签订的《建设工程施工合同》明显构成违约。庆达公司的实际损失包括但不限于逾期支付工程价款利息。按照 2013 年人民银行贷款利息计算,案涉利息每日数额为 8491.03 元($55343333 \times 5.6\%/365$),案涉违约金每日数额为 1000 元,违约金与实际损失的比值为 11.78%(1000 元/8491.03 元)并未超过 30%。案涉违约金与实际损失相比并未过高,可以不予调整。

适度的惩罚性违约金,有助于维系稳定的合同制度,保护当事人的合理预期,促进交易安全。在违约金的数额符合法律规定的前提条件下应当予以支持。在本案中,能源公司与庆达公司都是商事主体,应当承担与其预期收益相对应的、谨慎的、合理的注意义务,应有深入的市场参与度、敏锐的市场洞察力,充分的风险预估能力,双方对违约金的约定应当予以尊重并适用。

【案例来源】

中国裁判文书网,http://wenshu. court. gov. cn。

246 违约方主张未违约但并未主张违约金过高的,法院可主动酌减违约金

【关键词】

| 建设工程 | 工程价款 | 违约金 |

【案件名称】

申请再审人天津万利成实业发展有限公司与被申请人内蒙古铁骑纺织有限责任公司建设工程施工合同纠纷案［最高人民法院再审民事判决书］

【裁判精要】

裁判摘要:当事人并未主张违约金过高,仅主张未违约,如果其的确违约,而合同约定的违约金又过高,法院能否主动酌减违约金,司法实践中对其的认识并不统一。从逻辑上看,当事人主张没有违约,必然包含了其不应当承担违约金的意思表示。所以无论法院如何判定违约金,其均认为过高。此种情况下,法院可以依照《合同法》第一百一十四条的规定,酌减违约金。

最高人民法院认为:

对于违约金问题,虽然万利成公司并未提出违约金过高的主张,但其一直主张其未违约,应当视为其认为违约金过高。本案中合同标的额为 7835369 元,而万利成公司需支付的违约金却高达 5766928 元,应予调整。酌定万利成公司应支付铁骑公司违约金为 2350611 元。

【权威解析】

违约金是否过高不属于法官行使释明权的内容,法官不能代当事人作出判断,更不能作出假设违约的设定。对于违约金过高,当事人坚持自己未违约,其目的是抵销、动摇或者并吞对方的违约金请求权,从逻辑上看,其认为自己不应支付违约金。无论法院判定其应支付多少违约金,其均会认为违约金过高,法院如果机械地认为当事人未主张违约金过高,就不能调整,则可能造成事实上的不公平。本案中,

合同标的额为7835369元,而万利成公司需支付的违约金却高达5766928元,应予调整。因此,参照《合同法解释(二)》第二十九条的规定进行了调整,酌定万利成公司应支付铁骑公司违约金为2350611元。考虑到本案虽发生在《合同法解释(二)》出台前,但司法实践中以前也参照过30%比例进行过调整,本案中万利成公司的确存在严重的违约行为,故以30%的上限确定其违约责任。①

【案例来源】

最高人民法院民事审判第一庭编:《民事审判指导与参考》(总第41集),法律出版社2010年版,第265页。

编者说明

《买卖合同解释》第二十七条规定:"买卖合同当事人一方以对方违约为由主张支付违约金,对方以合同不成立、合同未生效、合同无效或者不构成违约等为由进行免责抗辩而未主张调整过高的违约金的,人民法院应当就法院若不支持免责抗辩,当事人是否需要主张调整违约金进行释明。一审法院认为免责抗辩成立且未予释明,二审法院认为应当判决支付违约金的,可以直接释明并改判。"

247 约定的给付期间届满,而工程款数额尚未确定,从探究当事人真意出发,可理解为双方已约定将工程款结算金额确定时间作为工程款给付期日及给付期间起点的依据

【关键词】

│建设工程│工程价款│合同解释│逾期违约金│

【案件名称】

山东万鑫建设有限公司与园城实业集团有限公司、海阳市天创投资开发有限公司、山东置城集团有限公司建设工程施工合同纠纷上诉案[最高人民法院二审民事判决书]

【裁判精要】

裁判摘要:工程款结算金额的确定是工程款给付的前提。在合同同时约定工程

---

① 参见王毓莹:《当事人仅主张未违约法院能否主动酌减违约金——天津万利成实业发展有限公司与内蒙古铁骑纺织有限责任公司建设工程施工合同纠纷再审案》,载最高人民法院民事审判第一庭编:《民事审判指导与参考》(总第41集),法律出版社2010年版,第266页。

款金额确定方式与给付工程款期限的情形下,如给付期间届满,而工程款数额尚未按约定方式确定时,宜从探究当事人真意出发,根据《合同法》第一百二十五条规定的体系解释原则,两者结合起来可理解为双方已约定将工程款结算金额确定时间作为确定工程款给付期日及给付期间起点的依据。

最高人民法院认为:

关于园城公司是否应向万鑫公司支付逾期付款的违约金问题。万鑫公司上诉认为,协议约定"国家认可的审计机构二审定案数额作为支付所欠工程款依据"只是双方确定还款数额的依据,而不是确定园城公司是否违约的前提。根据协议约定,只要园城公司未按期付款即构成违约。而2006年6月26日开始的双方往来信函已经晚于协议约定的2006年5月30日的最后还款期,这说明园城公司已构成违约。对万鑫公司的上述主张,本院不予支持。(1)园城公司应付工程款在2006年5月30日前并不确定。2005年12月7日,双方签订的《协议书》第1条、第3条第2款约定:2005年12月7日付款500万元、2006年1月10日前付款500万元,其余欠款在2006年3月28日前付50%,剩余50%欠款在2006年5月30日前付清。由此可知,双方并未约定2006年5月30日前付清款项的具体数额。至于具体数额多少则取决于二审定案数额。在2006年5月30日前,双方未就二审定案数额达成一致。相应地,园城公司应向万鑫公司支付的工程款数额也无法确定。(2)园城公司应付工程款数额无法确定的原因并非园城公司单方导致。根据《协议书》第3条第1款约定,双方于100日(2005年9月20日至12月30日)内形成一审决算定案,如园城公司故意拖延结算时间,视为园城公司确认万鑫公司出示园城公司收到的结算报告的结算值。一审决算完成后一个月内,由国家认可的审计机构进行二审,双方对二审结果均认可,并最终以二审定案数额作为支付拖欠工程款的依据。由上述约定可知,双方最迟应分别在2005年12月30日、2006年1月底前形成一审决算定案和二审决算定案。从本案已查明事实可知,双方未形成一审决算定案数额。关于一审决算定案数额未按期形成的原因,万鑫公司认为是因园城公司不积极履行合同所致。而园城公司则认为,是双方对决算事项争议较大无法达成一致,并非其故意拖延结算。本院采信园城公司的观点。首先,在双方对一审决算有争议的情形下,园城公司仍按协议约定支付了前两笔共计1000万元工程款。这说明园城公司不存在借一审决算拖延支付工程款的故意。其次,一审决算产生争议确有其客观原因。根据一审委托的工程鉴定结论可知,万鑫公司确实存在虚报、多报工程量的情形,这也侧面印证了园城公司就一审决算与万鑫公司产生争议确有其正当性理由。由上,在应付剩余工程款数额不明的情形下,园城公司有权以其应履行的义务不明拒绝履行《协议书》第1条、第3条第2款约定之义务,该拒绝履行行为不构成违约。故万鑫公司有关园城公司承担逾期付款违约金的上诉请求不能成立。

【权威解析】

本案双方当事人的一个主要争议焦点就是园城公司是否应向万鑫公司承担逾期支付建设工程款的违约金。对此，万鑫公司认为，协议约定"国家认可的审计机构二审定案数额作为支付所欠工程款依据"只是双方确定还款数额的依据，而不是确定园城公司是否违约的前提。而园城公司则认为，工程款结算数额未确定，其无法按约定期限给付工程款，不存在违约。

从本案查明事实来看，双方最早于 2002 年 9 月 25 日签订了一份《建设工程施工合同》。随后，在 2005 年 12 月 7 日，园城公司、天创公司等作为甲方又与作为乙方的万鑫公司签订了《协议书》，对案涉工程结算方式及给付时间作了如下约定：(1)双方共同派出造价决算人员，对案涉工程进行决算，并于 100 日(2005 年 9 月 20 日至 12 月 30 日)内形成一审决算定案，如园城公司故意拖延结算时间，视为确认结算报告的结算值。一审决算完成后一个月内，由国家认可的审计机构进行二审，双方对二审结果均认可，并最终以二审定案数额作为支付所欠工程款的依据。(2)2006 年 1 月 10 日前，园城公司再付给万鑫公司 500 万元工程款，其余欠款在 2006 年 3 月 28 日前付 50%，余欠款在 2006 年 5 月 30 日前付清。若园城公司不按期付款，按逾期付款数额的日万分之五向万鑫公司支付违约金。

从上述第 2 项约定可知，双方已经确定了园城公司付款的具体时间及相应的逾期付款违约金责任。单就第 2 项约定内容进行文义解释得出的结论是只要园城公司未在约定期限内付清工程款项，就应承担违约金责任。这也是万鑫公司在上诉中请求园成公司支付逾期违约金的理据。诚然，在双方已确认工程款具体金额的情形下，作出上述解释并无不当。但本案的特殊之处就在于合同并未采取总价包干的方式对工程款总金额进行预先锁定，而是通过第 1 项约定案涉工程款的结算应最终以国家认可的审计机构对第一次审计结果进行第二次审计后确定的定案数额作为支付所欠工程款的依据。也即，在第二次审计前，案涉工程款金额处于不确定状态。显然，在案涉工程款金额不确定时，园城公司应给付金额多少也处于不确定状态。此时，虽然第 2 项约定了其余欠款在 2006 年 3 月 28 日前付 50%，余欠款在 2006 年 5 月 30 日前付清。但是在第二次审计结果出来前，该约定中 50% 的基数并不明确。进而，当 2006 年 5 月 30 日届满而第二次审计结果尚未出来时，园城公司将因工程款总额不明而无法给付从而客观上违反给付期限的约定。显然，这种结果与当事人订约时的目的不符。因此，有必要将两项约定结合起来通过目的解释、体系解释探究当事人约定上述两项的真意。从第 1 项可知，一审决算定案最晚应于 2005 年 12 月 30 日形成。而后在一个月内，由国家认可的审计机构进行二审。可见，双方应分别在 2005 年 12 月 30 日、2006 年 1 月 31 日前形成一审决算定案和二审决算定案。从第 2 项可知，其余欠款应在 2006 年 3 月 28 日前付 50%，余欠款在 2006 年 5 月 30 日前付清。鉴于给付 50% 欠款的前提是工程款总额已经确定,而第 2 项约定了其余欠款在 2006 年 3 月 28 日前付 50% 。故双方约定将 2006 年 3 月 28 日作为给付 50% 工程款最晚期限的一个合理解释就是双方对二审金额最晚应于 2006 年 3 月 28 日确定。相应地,园城公司承诺按约定期限给付工程款的前提就是二审金额已在 2006 年 3 月 28 日前确定。由于一审决算中,万鑫公司存在虚报、多报工程量的情形,影响了一审决算进程,而园城公司仍按协议约定支付了前两笔共计 1000 万元工程款,故一审决算无结果不能归咎于园城公司恶意拖延审计时间。一审决算没结果直接导致了二审决算无法在约定期限内作出,这使得园城公司关于给付期限和逾期违约金的承诺就失去基础,也就谈不上承担违约金责任问题。由上可见,当合同条款之间存在冲突时,如果单就个别合同条款进行文义解释,有可能使得裁判脱离当事人本意而无法实现公平公正。此时,可以考虑根据《合同法》第一百二十五条之规定,通过体系解释、目的解释等多种方式探究当事人订约时的真意,以协调合同条款之间的冲突,从而作出公正裁判。①

【案例来源】

最高人民法院民事审判第一庭编:《民事审判指导与参考》(总第 49 辑),人民法院出版社 2012 年版,第 148 ～ 169 页。

248 承发包双方对欠付工程款的违约金计算标准约定过高,可以参照不超过年利率 24% 的标准计算

【关键词】

│ 建设工程 │ 工程价款 │ 违约金 │

【案件名称 I 】

上诉人重庆市合川区万通建设集团有限公司与上诉人贵州省龙里县福临房地产开发有限公司建设工程施工合同纠纷案 [最高人民法院(2017)最高法民终 622 号民事判决书,2018.8.31]

---

① 参见肖峰:《工程款结算金额不明时,承包人不能以超过约定给付期限为由主张逾期违约金——山东万鑫建设有限公司与园城实业集团有限公司、海阳市天创投资开发有限公司、山东置城集团有限公司建设工程施工合同纠纷上诉案》,载最高人民法院民事审判第一庭编:《民事审判指导与参考》(总第 49 辑),人民法院出版社 2012 年版,第 167 ～ 169 页。

【裁判精要】

最高人民法院认为：

（二）关于福临公司欠付万通公司工程款金额和利息应当如何认定以及万通公司对欠付工程款是否享有优先受偿权的问题

福临公司主张应在工程余款中扣减项目检测费、完税税金和质保金。关于项目检测费和完税税金，因本院对福临公司二审提交的相关证据未予采信，福临公司主张扣减相应费用，依据不足，本院不予支持。关于质保金，虽然案涉工程没有经过竣工验收程序，但万通公司施工的工程已经移交福临公司使用超过一年，福临公司并未对工程质量提出异议，而且，在其后双方就案涉工程款支付达成的《支付确认书》及《工程款支付确认书补充协议》中，福临公司均未提出该项主张，本院确定该笔费用不予扣减。万通公司主张《工程款支付确认书补充协议》附表二第 12 至 16 项和附表三第 5 至 11 项中部分项目不应作为已付工程款，福临公司还应支付工程款 12500636.15 元。经本院二审认定的事实，《工程款支付确认书补充协议》附表二中的第 14、15、16 项应作为已付工程款，第 12、13 项既未按照约定签订三方协议，福临公司亦未实际代万通公司支付，本案中不作为已付工程款计算，如果福临公司在其后实际代万通公司履行了相应债务，可以另行向万通公司主张。《工程款支付确认书补充协议》附表三中的以房抵债款项，一审判决认定正确，万通公司上诉主张无事实依据，而且违反了诚实信用原则，对其该部分主张，本院不予支持。综上，应在双方确认的已付工程款中扣减 3666586.15 元，福临公司应付万通公司的工程数额为 13088983.56 + 3666586.15 元 = 16755569.71 元。

关于欠付工程款利息。由上所述，《支付协议》为双方当事人真实意思表示，合法有效，对双方当事人具有法律约束力。根据《支付协议》第九条约定，若福临公司未按照协议约定时间付款，应当按照月利率 2% 支付所欠付资金的利息。一审判决福临公司对欠付工程款按照月利率 2% 支付万通公司利息，符合合同约定。福临公司关于《支付协议》无效，不应当按照该约定支付 2% 利息的上诉主张，依据不足，本院不予支持。同理，一审判决根据《支付协议》第八条约定，以工程欠款确定之日起算利息，亦无不当，本院予以维持。对于计算利息的截止时间，万通公司的诉讼请求为款项实际付清之日，一审判决计算至判决确定的履行期限届满之日，存在错误，但万通公司未对此提出上诉主张，属于其对自身权利的处分，不违反法律规定，本院予以维持。

由前所述，本案纠纷发生在作为发包人的福临公司与作为承包人的万通公司之间，案涉《施工合同》不存在无效情形，福临公司关于《施工合同》无效，万通公司不享有建设工程价款优先受偿权的上诉主张，依据不足。万通公司依法向福临公司主张工程价款优先受偿权，应当予以保护，一审判决确认万通公司在福临公司欠付工程款范围内对案涉工程享有优先受偿权,并无不当,本院予以维持。同理,对于本院二审另认定的 3666586.15 元欠付工程款,万通公司亦享有建设工程价款优先受偿权。

【案例来源】

中国裁判文书网,http://wenshu. court. gov. cn。

【案件名称Ⅱ】

上诉人辽宁中天建设(集团)有限公司与上诉人阜新中地信房地产开发有限公司建设工程施工合同纠纷案[最高人民法院(2018)最高法民终 392 号民事判决书,2018.6.27]

【裁判精要】

最高人民法院认为:

关于中地信公司给付工程款的利息起算点及利率标准的问题。《建设工程施工合同解释》第十七条规定:"当事人对欠付工程价款利息计付标准有约定的,按照约定处理;没有约定的,按照中国人民银行发布的同期同类贷款利率计息。"该司法解释第十八条规定:"利息从应付工程价款之日计付。当事人对付款时间没有约定或者约定不明的,下列时间视为应付款时间:(一)建设工程已实际交付的,为交付之日;(二)建设工程没有交付的,为提交竣工结算文件之日;(三)建设工程未交付,工程价款也未结算的,为当事人起诉之日。"本案中,《补充协议》约定,主体已完部分工程款在本协议签订后 40 日内委托审计单位进行审核,2013 年 12 月 21 日前付至90%;前期主体部分工程款甲方在 2013 年 10 月 10 日前支付乙方 500 万元,后续工程按工程量 50% 付款,从 2013 年 9 月 1 日起甲方按月利息 2.6% 给付乙方前期应付工程款利息至主体部分全部工程款结清止。在实际履行过程中,中地信公司没有按照《补充协议》约定给付工程欠款,一直处于迟延给付状态。根据以上事实和法律规定,一审法院认定中地信公司应给付迟延给付工程款的利息损失,将利息计算标准调整为年利率 24%,利息给付时间调整为起诉之日,该认定并无不当,本院予以维持。

【案例来源】

中国裁判文书网,http://wenshu. court. gov. cn。

【案件名称Ⅲ】

上诉人重庆锦通建设(集团)有限公司与上诉人贵州世邦房地产开发有限公

司建设工程施工合同纠纷案〔最高人民法院（2018）最高法民终117号民事判决书，2018.5.15〕

【裁判精要】

最高人民法院认为：

（九）关于赔偿金利息计算标准

双方当事人在《补充协议》中约定，逾期则每天赔偿逾期支付款额的0.1%作为赔偿金，一审按照世邦公司请求调低的要求，酌定按月2%的标准计算利息。本院认为，一审对赔偿金利息标准的调整系行使自由裁量权，不超过民间借贷年利率24%的规定，并无明显不合理之处。世邦公司既已在《补充协议》中承诺每天赔偿逾期支付款额的0.1%作为赔偿金，又对一审已经调低为月2%认为仍然过高，主张只能按照银行同期贷款利息计算，该行为显然有悖契约精神。

【案例来源】

中国裁判文书网，http://wenshu.court.gov.cn。

【案件名称Ⅳ】

再审申请人安图鑫海矿业有限责任公司与被申请人吉林敖建建工集团有限公司建设工程施工合同纠纷案〔最高人民法院（2017）最高法民申551号民事裁定书，2017.3.29〕

【裁判精要】

最高人民法院认为：

关于欠付工程款迟延履行违约金的计算问题。敖建公司与鑫海矿业签订的《建设工程施工合同》第二十六条约定："按基础主体等分散工程进度支付工程款。交付时，支付总价款的70%（含签证追加的价款），余额总工程价的27%于12月31日前付清。工程总价款的3%作为工程质量保证金。如未按时支付工程款，甲方向乙方按日缴纳拖欠款额的千分之一作为滞纳金。"该约定所指的滞纳金实为工程款迟延履行违约金。根据《建设工程施工合同解释》第十七条、第十八条的规定，鑫海矿业对于未按时支付的工程款应当依照合同约定向敖建公司承担违约责任。但双方约定的日千分之一的违约金标准过高，参照《最高人民法院关于审理民间借贷案件适用法律若干问题的规定》第二十六条第二款关于"借贷双方约定的利率超过年利率36%，超出部分的利息约定无效"的规定，违约金计算标准应当不超过年利率24%。二审中，敖建公司向鑫海矿业主张的迟延履行违约金调整至100万元。经二审计算，至2010年12月31日，鑫海矿业应向敖建公司支付总工程款的97%即

5004234.85 元,实付 4204975 元,欠付 799259.85 元;因双方对质保期未作约定,按最长质保期 5 年计算,至 2015 年 12 月 13 日鑫海矿业应再向敖建公司支付总工程款的 3% 即 154700.15 元,至此鑫海矿业欠付敖建公司工程款总额为 954030 元。二审法院以前述欠付数额为基数,对敖建公司所主张的 100 万元迟延履行违约金不超过年利率 24% 的标准的认定并无不当,本院予以维持。对于鑫海矿业主张,二审法院根据《最高人民法院关于审理民间借贷案件适用法律若干问题的规定》,以年化 24% 利率确定迟延履行违约金数额系适用法律错误。本院认为,二审法院在确定迟延履行违约金数额时,在综合考虑双方约定的违约金标准过高、敖建公司向鑫海矿业主张的迟延履行违约金调整至 100 万元等情形基础上,参照《最高人民法院关于审理民间借贷案件适用法律若干问题的规定》第二十六条第二款规定的基础上,以年化 24% 利率确定迟延履行违约金数额并无不当,鑫海矿业的该项主张缺乏事实和法律依据,本院不予支持。

【案例来源】

中国裁判文书网,http://wenshu.court.gov.cn。

编者说明

　　建设工程施工合同约定了欠付工程款利息的计付标准,发包人主张调整的,实践中存在两种观点:第一种观点认为,应当尊重合同约定,除非约定过高;第二种观点认为,应调整到同期银行贷款利率的 1.3 倍。《江苏省高级人民法院关于审理建设工程施工合同纠纷案件若干问题的解答》(苏高法审委〔2018〕3 号,2018 年 6 月 26 日)采纳了第一种观点,规定:"11. 欠付工程款利息标准如何确定? 当事人对欠付工程价款利息计付标准有约定的,按照约定处理,但不得超过年利率 24%。没有约定的,参照《最高人民法院关于审理买卖合同纠纷案件适用法律问题的解释》第 24 条第 4 款的规定,可以中国人民银行同期同类人民币贷款基准利率为基础,参照逾期罚息利率标准计算。"①即基于有约必守原则,当事人对欠付工程价款利息计付标准有约定的,按照约定处理,但不得超过年利率 24%。因为承包人因发包人拖欠工程款背负了较重的负担,且在订立合同时发包人一般享有主动权,合同约定系双方订约时真实意思,应当予以维护,否则会助长发包人恶意拖欠工程款的倾向。但实践中有的案件发包人主观上并无恶意拖欠工程款的意思,只是对于工程款数额产生争议,由于法院审理周期较长导致利息较高,有的利息甚至超过了工程款本金,此时发包人要求调整的,法院可以根据最高人民法院《合同法解释(二)》第二十九条的规定,适当予以调整。合同中对于欠付工程款利息没有约定的,参照《买卖合同解释》第二十四条第四款的规定,可以中国人民银行同期同类人民币贷款基准利率为基础,参照逾期罚息利率标准计算。根据《中国人民银行关于人民币贷款利率有关问题的通知》(银发〔2003〕251 号),目

---

① 参见李玉生主编:《建设工程施工合同案件审理指南》,人民法院出版社 2019 年版,第 421 页。

前的贷款逾期罚息标准为借款合同载明的贷款利率水平上加收 30%～50%。之所以规定逾期罚息，一则与最高人民法院《买卖合同解释》相统一；二则惩罚发包人恶意拖欠工程款，督促其及时支付工程款。①

249 工程进度款滞纳金系欠付工程进度款产生的违约赔偿，金钱债务的迟延履行对守约方造成的损失可视为欠付款项的利息损失，当事人约定违约金过高的，可以调整为按年利率 24% 计算

【关键词】

│ 建设工程 │ 工程价款 │ 利率 │

【案件名称】

上诉人美建建筑系统（中国）有限公司与被上诉人青海明瑞房地产开发有限公司、西宁城通交通建设投资有限公司、西宁城市投资管理有限公司建设工程施工合同纠纷案［最高人民法院（2018）最高法民终59号民事判决书，2018.5.22］

【裁判精要】

最高人民法院认为：

四、关于一审认定进度款滞纳金按每天 0.2% 计算明显超过实际损失从而调整到按年 24% 计算是否错误的问题

《钢结构施工合同》约定的进度款滞纳金标准为每天 0.2%，明瑞公司主张该违约金标准过高请求法院予以调整。违约金的调整应当以实际损失为基础，兼顾合同的履行情况、当事人的过错程度以及预期利益等综合因素，根据公平原则和诚实信用原则予以衡量。对于实际损失的举证责任，违约方对于违约金约定过高的主张承担举证责任，非违约方主张违约金约定合理的，亦应提供相应的证据。案涉滞纳金系欠付工程进度款产生的违约赔偿，一般而言，金钱债务的迟延履行对守约方造成的损失可视为欠付款项的利息损失，而"每天 0.2%"即年利率 72%，远高于《最高人民法院关于审理民间借贷案件适用法律若干问题的规定》中所支持的年利率 24%。在此情况下，美建公司主张该滞纳金标准合理，应提供相应证据，但美建公司并无证据证明其存在其他实际损失，因此一审法院认定案涉进度款滞纳金明显超过实际损失并调整为按年 24% 计算，已充分保护了美建公司的利益，并无不当。美建公司该项上诉主张不能成立，本院不予支持。

---

① 参见潘军峰：《工程价款结算审判疑难问题研究》，载《法律适用》2019年第5期。

【案例来源】

中国裁判文书网,http://wenshu.court.gov.cn。

250 **违约方抗辩称约定的违约金标准过高，但并未举证证明该违约金过分高于守约方的实际损失，综合考虑双方履约情况，可以拖欠工程款为基数，按照年利率24%标准计算违约金**

【关键词】

│建设工程│工程价款│违约金│

【案件名称】

上诉人浙江中成建工集团有限公司与被上诉人天津万炬电子产业投资有限公司建设工程施工合同纠纷案［最高人民法院（2018）最高法民终 638 号民事判决书，2018.8.30］

【裁判精要】

最高人民法院认为：

关于一审判决确定的万炬公司应付中成公司违约金数额是否恰当问题。《合同法解释(二)》第二十九条规定,当事人主张约定的违约金过高请求予以适当减少的,人民法院应当以实际损失为基础,兼顾合同的履行情况、当事人的过错程度以及预期利益等综合因素,根据公平原则和诚实信用原则予以衡量,并作出裁决。案涉《承诺书》约定,万炬公司确认截至 2015 年 1 月 31 日尚欠中成公司部分工程款 4000 万元,并承诺于 2015 年 4 月 30 日前付清全款,在欠付工程款期间同意按照月 3% 的标准于每月 11 日向中成公司支付违约金,如未按期支付违约金则每天加罚 2 万元。该约定系当事人的真实意思表示,万炬公司抗辩该违约金标准过高,但并未举证证明该违约金过分高于中成公司的实际损失。万炬公司未按照合同约定支付工程款,系违约方,中成公司并无违约行为,并且中成公司对于万炬公司欠付的 198817194 元工程款未主张利息,综合考虑双方当事人的履约情况,中成公司上诉主张万炬公司以 4000 万元为基数,按照年利率 24% 的标准计算违约金,应予以支持。一审判决以 4000 万元为基数,按日万分之三的标准计算违约金,显著降低了当事人约定的违约金标准,依据并不充分,本院予以纠正。

【案例来源】

中国裁判文书网,http://wenshu.court.gov.cn。

251 在签订协议时，双方应当具有合理预期，对违约金的约定没有超出双方签订该协议时应当预见的范围，现其中一方主张违约金过高不能支持

【关键词】

| 建设工程 | 工程价款 | 违约金 |

【案件名称】

上诉人普定县鑫臻酒店有限公司与被上诉人黑龙江省建工集团有限责任公司及原审被告普定县鑫臻房地产开发有限责任公司建设工程合同纠纷案［最高人民法院（2016）最高法民终 107 号民事判决书，2016.6.25］

【裁判精要】

最高人民法院认为：

三、关于鑫臻酒店应否以及如何承担违约责任的问题

首先，关于鑫臻酒店是否构成违约的问题。《纠纷处理协议》约定，鑫臻酒店按工程现状进行收方结算，收方结束后，同样由双方委托一家资质审计单位对工程款进行审计……从审计结算报告完成并提交普定县住建局之日起，鑫臻酒店须确保 20 天内据实向黑龙江建工集团付清酒店工程款，双方关于鑫臻酒店的建设合同自然解除，黑龙江建工集团并将有关工程资料移交普定县住建局管理；双方承诺若任何一方违反约定，违约方须向守约方承担该项目住宅及酒店工程总价款百分之二十的违约金。鑫臻酒店主张，按照上述协议约定，进行委托审计的前提是进行收方结算，而由于双方并未进行收方，因而审计前提尚不具备。本院认为，2014 年 3 月 23 日"普定县鑫臻苑 1、2 号楼欠完善资料清单"第 11 项载明，鑫臻酒店审计报告一个月内完成，由住建局负责，该清单上有鑫臻酒店法定代表人叶胜权的签字认可。2014 年 6 月 27 日普定县住建局作出的《"鑫臻酒店·鑫臻苑"项目纠纷问题协调处理专题会议纪要》载明，各方同意三力公司暂以施工单位提交的资料（含电子版文件）为依据，于 2014 年 7 月 16 日前出具酒店和住宅的结算报告，如建设单位和施工单位对结算报告存在异议可另行协商一致处理。从上述《纠纷处理协议》签订后的事实情况看，应当认为双方当事人均同意直接委托三力公司作为审计单位，以黑龙江建工集团提交的资料（含电子版文件）为依据，出具酒店的结算报告，故无论对《纠纷处理协议》中所做"收方结算"约定以何种解释，均应认为直接委托三力公司对酒店工程结算价款予以审计，系经双方当事人一致同意之意思表示。在鑫臻酒店已经实际参与并认可三力公司对酒店工程进行结算审计后，又以该审计与《纠纷处理协议》约定

的结算审计程序不符为由,拒绝支付相应工程款,其该项上诉理由不能成立。三力公司于 2014 年 11 月 25 日将《修正结算报告》送达普定县住建局,按照上述协议约定,鑫臻酒店至迟应在 2014 年 12 月 15 日前据实向黑龙江建工集团付清酒店工程款。根据《修正结算报告》,案涉鑫臻酒店工程造价为 14754209.9 元,已付工程款为 7735354 元,鑫臻酒店尚应向黑龙江建工集团支付剩余工程款 7018855.9 元至今未付,违反了上述《纠纷处理协议》中关于工程款支付时限的约定,构成违约。

就鑫臻酒店主张的酒店工程未达到验收合格标准的问题,本院认为,就该事实主张,鑫臻酒店提供 2014 年 6 月 30 日验收会议纪要和普定县建设工程质量安全监督站出具的应当情况说明予以证明,但验收会议纪要上没有黑龙江建工集团的公章或其授权代理人的签字,黑龙江建工集团对该纪要内容不予认可;普定县建设工程质量安全监督站出具的情况说明,虽然认为鑫臻酒店工程未达到验收合格标准,但该情况说明同时亦载明,该工程属于未完工程,各方当事人意见很难统一。而根据《纠纷处理协议》的约定,对于鑫臻酒店工程系按工程现状结算,并未约定相应的质量验收标准等程序或付款条件,现鑫臻酒店以该工程未达到验收合格标准为由,拒绝支付相应工程款,不符合双方协议约定,对其该项上诉理由,本院亦不予采信。

其次,关于鑫臻酒店应当支付违约金数额的问题。根据《纠纷处理协议》的约定,鑫臻酒店应当就其违约行为向黑龙江建工集团支付工程总价款百分之二十的违约金。该协议中违约金数额的约定,是在双方当事人就案涉工程施工已经发生较大矛盾并造成停工的情况下,在当地政府主持下达成,高额违约金的约定,其主要目的在于预防双方再次出现违约行为,激化双方矛盾。该违约金的约定适用条件,对双方当事人公平一致,即任何一方违约均应适用。且在签订该《纠纷处理协议》时,双方当事人对于工程总造价应当具有合理预期,任何一方违约承担的支付违约金的数额,并未超出双方当事人签订该协议时应当预见的范围。现鑫臻酒店上诉主张违约金数额明显过高,一方面并未就其该主张提供证据证明约定的违约金数额明显高于黑龙江建工集团实际遭受的损失,另一方面该违约金调减请求,与双方当事人签订上述协议时约定高额违约金的目的明显不符,故一审判决判令鑫臻酒店支付黑龙江建工集团违约金 2950841.8 元(14754209.9 元×20%),符合双方协议约定,对鑫臻酒店的该项上诉请求,本院不予支持。

【案例来源】

中国裁判文书网,http://wenshu.court.gov.cn。

252 违约金与利息具有不同的性质和属性，当事人约定了违约金条款，如果支付利息不足以弥补当事人的损失，可以根据当事人的约定支持违约金请求

【关键词】

│ 建设工程 │ 工程价款 │ 违约金 │ 利息 │

【案件名称】

上诉人东建建设集团有限公司与上诉人青海景洲房地产开发有限公司、江西景洲实业有限公司、艾卫平及被上诉人青海景洲房地产开发有限公司共和分公司建设工程施工合同纠纷案 [最高人民法院（2018）最高法民终 915 号民事判决书，2018.10.30]

【裁判精要】

最高人民法院认为：

（二）关于一审判决对欠付工程款的利息及延期付款违约金的计算是否妥当的问题

本院认为，根据上文所述，案涉工程已竣工验收合格，并具备结算审核条件，由于确存在青海景洲公司欠付东建公司工程款的事实，东建公司对欠付工程款主张相应利息应予支持。对于计算起息日，一审法院根据东建公司提交结算文件之日，即 2016 年 12 月 2 日加上青海景洲公司审核时间 45 天，并按照"在一个月内支付结算款"的合同约定，认定自 2017 年 2 月 16 日起计息并无不当，东建公司对以此起息日计息亦表示认可，本院予以确认。故青海景洲公司关于案涉工程未竣工验收合格，不具备支付工程款及计息条件的上诉理由，与本案查明的事实不符，本院不予支持。

对于迟延支付工程款的违约金问题，双方在《一期补充协议》《二期补充协议》的 10.1 条均约定"双方均不得违约，若有违约，则由违约方向履约方支付违约工程价款的每日千分之一违约金"。由于青海景洲公司未按合同约定支付工程欠款的行为已构成违约，其应承担约定的违约责任。虽一审法院已判决青海景洲公司对逾期支付工程款的部分向东建公司支付相应利息，但由于违约金与利息具有不同的性质和属性，利息仅为占用资金所产生的损失，而违约金具有补偿性兼惩罚性，在当事人约定了违约金条款的情况下，如支付利息不足以弥补当事人的损失，人民法院根据当事人的约定支持违约金请求亦无不妥。本案中，由于双方约定违约金按工程款的每日千分之一向履约方支付违约金明显过高，一审法院根据本案实际情况，兼顾平衡双方当事人的利益，适当调减违约金支付标准，酌定按中国人民银行同期同类贷款利率的 1.3 倍计算违约金，属人民法院自由裁量的范围，并无不妥，本院予以维持。

【案例来源】

中国裁判文书网, http://wenshu. court. gov. cn。

253 综合考量违约金的性质、合同履行情况、当事人的实际损失及过错程度等因素，并结合建筑行业是微利行业的特点，判断违约金是否过高

【关键词】

｜建设工程｜工程价款｜违约金｜民间借贷｜

【案件名称】

再审申请人中建三局第一建设工程有限责任公司与被申请人南宁金胤房地产有限责任公司及二审被上诉人中建三局第一建设工程有限责任公司广西分公司、中国建设银行股份有限公司武汉东西湖支行、中国建设银行股份有限公司武汉硚口支行建设工程施工合同纠纷案［最高人民法院（2018）最高法民再163号民事判决书，2018. 12. 12］

【裁判精要】

最高人民法院认为：

二、关于金胤公司主张的工期违约金应否支持问题

根据《合同法》第一百一十四条第二款和《合同法解释（二）》第二十九条的规定，当事人约定的违约金过分高于造成的损失的，当事人可以请求人民法院予以适当减少。人民法院应当以实际损失为基础，兼顾合同的履行情况、当事人的过错程度以及预期利益等综合因素，根据公平原则和诚实信用原则予以衡量，并作出裁决。违约金除具备一定惩罚性外，主要功能在于填补损失。本案中，《建设工程施工合同》专用条款第35. 5条约定："因乙方（中建三局）原因造成工程停工、消极怠工，包括因乙方原因未能按本协议书第三条约定的工期要求完成约定的工作延误在30个日历天以内的，每一天乙方按工程结算总造价的万分之五向甲方（金胤公司）支付违约金；超过30个日历天的，自第31个日历天起，每一天乙方按工程结算总造价的千分之一向甲方支付违约金。"而本案已查明，中建三局共逾期竣工214天，扣除48.5天的合理顺延工期，其实际逾期165.5天。故中建三局应承担相应的违约责任。中建三局主张其不应承担违约金，缺乏事实和法律依据，且与合同约定不符，该项主张不能成立。但综合考量违约金的性质、合同履行情况、当事人的实际损失及过错程度等因素，并结合建筑行业是微利行业的特点，原判决认定违约金30日内每日按工程结算总造价的万分之五计算，30日外每日按工程结算总造价的千分之一计算，违

约金总计达工程结算总造价的 15.05% 。每日千分之一的标准折合年利率达到
36.5% ,也超过人民法院保护的民间借贷法定利率。原判决关于违约金的认定过
高,可予调整。根据公平原则与诚实信用原则,本院酌定违约金统一按照《建设工程
施工合同》专用条款第 35.5 条约定的每日万分之五标准计算,即工程结算总造价
157127788.93 元 ×0.0005/天 ×165.5 天 =13002324.53 元。

【案例来源】

中国裁判文书网,http://wenshu. court. gov. cn。

254 **因工程款延期支付给守约方造成的损失,主要表现为守约方对应**
资金周转产生的合理融资成本,综合考量合同履行情况、当事人过错程
度及实际损失等因素,根据公平原则和诚实信用原则确定违约金数额

【关键词】

│建设工程│工程价款│违约金│延付工程款补偿金│

【案件名称】

上诉人衡阳市长江建设工程有限责任公司与被上诉人衡阳宇元置业有限公
司建设工程施工合同纠纷案[最高人民法院(2018)最高法民终 582 号民事判决
书,2018.7.31]

【裁判精要】

最高人民法院认为:

一、关于宇元公司应否向长江公司支付延付工程款补偿金的问题

其一,长江公司和宇元公司于 2007 年 12 月 12 日签订的《总承包协议》第三条
第一项约定:"如果宇元公司延期不付工程款,双方又未能达成延期付款协议的,宇
元公司按拖欠工程款总额以每天万分之五支付延付补偿金给长江公司。"该条第四
项约定:"所有的工程款如宇元公司延期不付,双方又未能达成延期付款协议的,宇
元公司按拖欠工程款总额以每天万分之五支付延付补偿金给长江公司,造成工程停
工时,宇元公司承担长江公司相应的停工损失,同时工期顺延。"虽然《结算补偿协
议》前言部分明确"由于宇元公司和长江公司合作中途终止,为补偿长江公司因合作
终止造成的损失"而订立该协议,并在该协议第一至四条中对补偿款金额、补偿款涵
盖范围、补偿款支付方式、违约处理等事项作出约定,但该协议第五条亦明确约定:
"2011 年 11 月份,长江公司承建的一期工程已交付使用。宇元公司在一期工程中拖
欠支付的工程款,按原合同中'每天万分之五延付补偿金'的制约条款支付补偿金,

此笔补偿款以宇元公司和长江公司双方工程结算款为准,不在此协议中执行。"上述约定内容表明,长江公司和宇元公司已对延付工程款补偿事宜达成一致处理意见,即不在《结算补偿协议》中一并解决,延付工程款补偿金不包含在该协议约定的800万元补偿款当中,而是按照双方当事人之间原合同约定的"每天万分之五"的标准另行计算,并由宇元公司支付给长江公司。从本案已查明的事实看,《结算补偿协议》签订后,未有证据表明长江公司和宇元公司就延付工程款补偿问题达成了新的变更处理意见,原判决认定长江公司和宇元公司在《结算补偿协议》签订后在相关部门协调下已达成补偿协议,对该部分补偿金不予支持,系事实认定错误,应予纠正。宇元公司应依约向长江公司支付延付工程款补偿金。

其二,关于延付工程款补偿金的起算时间,长江公司主张应自2012年1月1日起开始计算。本院认为,根据《结算补偿协议》第五条的约定可知,长江公司承建的宇元·万向城项目一期工程已于2011年11月交付给宇元公司使用。此情形下,长江公司主张宇元公司应自2012年1月1日起向其支付延付工程款补偿金,符合本案实际,应予支持。

其三,关于约定的补偿金是否过高的问题。宇元公司认为双方当事人约定的补偿金过高,请求人民法院予以调整。长江公司同意对双方当事人约定的补偿金进行调整,但认为应按照《最高人民法院关于审理民间借贷案件适用法律若干问题的规定》规定的年利率24%的标准进行计算。本院认为,从长江公司和宇元公司之间关于延付工程款补偿金的约定内容看,该款项的性质实为违约金。根据《合同法》第一百一十四条第二款和《合同法解释(二)》第二十九条的规定可知,约定的违约金过分高于造成的损失的,当事人可以请求人民法院予以适当减少。人民法院应当以实际损失为基础,兼顾合同履行情况、当事人过错程度以及预期利益等综合因素,根据公平原则和诚实信用原则予以衡量,并作出裁决。除具备一定惩罚性作用外,违约金的主要功能在于填补损失。本案主要是因工程款延期支付问题引起的纠纷,从本案实际情况看,因宇元公司延期支付工程款给长江公司造成的损失,主要表现为长江公司对应资金周转产生的合理融资成本。综合考量本案合同履行情况、当事人过错程度及实际损失等因素,并根据公平原则和诚实信用原则,长江公司与宇元公司约定的日万分之五的延付工程款补偿金计算标准未有明显不当,应予认可。综上,长江公司上诉主张宇元公司应自2012年1月1日起按日万分之五的标准向其支付延付工程款补偿金,符合双方当事人的约定,本院予以支持。一审判决对此所作认定有误,本院予以纠正。

【案例来源】

中国裁判文书网,http://wenshu.court.gov.cn。

255 确定逾期竣工违约金，应综合考量双方对于逾期竣工是否有过错，工程是否竣工验收合格、违约方的施工利润率等因素

【关键词】

> │ 建设工程 │ 工程价款 │ 违约金 │ 逾期竣工 │

【案件名称】

再审申请人浙江广扬建设集团有限公司与再审申请人威海市望海房地产开发有限责任公司建设工程施工合同纠纷案〔最高人民法院（2018）最高法民再115号民事判决书，2018.12.17〕

【裁判精要】

最高人民法院认为：

关于焦点二，广扬公司应否向望海公司支付逾期竣工违约金及违约金金额是多少的问题。

第一，关于逾期竣工的天数。对于合同工期，4月25日合同的约定与4月20日合同的约定不一致。4月20日合同系中标合同，4月25日合同对工期所做的变更属于实质性变更。依据《建设工程施工合同解释》第二十一条规定"当事人就同一建设工程另行订立的建设工程施工合同与经过备案的中标合同实质性内容不一致的，应当以备案的中标合同作为结算工程价款的根据"，应以4月20日合同约定的工期为依据计算逾期天数，故望海公司关于应以工期调整协议上约定的工期作为依据的主张不能成立。一、二审法院认定逾期竣工天数为188天并无不当。

第二，关于逾期竣工违约金应否支付。广扬公司作为承包人，应当对逾期竣工承担首要责任，其主张自己不应支付逾期竣工违约金，应当举证证明逾期竣工不是自己原因导致。但从其一审、二审举证的情况来看，其所提交证据不足以证明工程逾期竣工完全是因望海公司的原因导致。故一审、二审判决认定其应向望海公司支付逾期竣工违约金并无不当。

第三，关于逾期竣工违约金的金额。虽然根据4月25日合同专用条款第35.2条约定"……因承包人原因工期每拖延一天承担工程总造价的0.3‰的违约金……"，应以工程总造价为基数计算逾期竣工违约金，但是一方面，在一审程序中，望海公司表示可以按照其实际支付的价款以及甲供材料的总额作为目前计算逾期竣工违约金的基数；另一方面，对于逾期竣工，双方都有过错。虽然由于未足额支付鉴定费致使鉴定未能进行，广扬公司未能举证证明因望海公司的原因导致工期顺延的具体情况，但是根据广扬公司提交的多份设计变更通知单、工程联系单、工程签证单来看，案涉工程确实存在设计变更，故望海公司对于逾期竣工也应承担责任。综合

考量本案工程已经竣工验收合格、存在甲供材导致广扬公司施工利润率较低以及双方对于逾期竣工都有过错等因素,本院认为,一审、二审法院计算逾期竣工违约金的基数虽然不是基于工程造价,不符合合同约定,但是最终的数额能够体现对双方利益的平衡,故不需要对违约金的数额再做调整。① 望海公司和广扬公司关于此点的再审请求都不能成立。

【案例来源】

中国裁判文书网,http://wenshu. court. gov. cn。

256 **双方对逾期支付进度款的违约金有特别约定,发包人对逾期付款应承担的后果已充分认知,并承诺在违约后无权请求法院减轻违约责任,对该部分违约金主张无须再行举证证明**

【关键词】

|建设工程|工程价款|违约金|举证责任|

【案件名称】

上诉人青海璞润投资有限公司与被上诉人江苏邳建集团有限公司建设工程施工合同纠纷案[最高人民法院(2018)最高法民终 1115 号民事判决书,2018. 12. 29]

【裁判精要】

最高人民法院认为:

(三)关于已生效判决确定的90%的进度款中剩余未付4635.7万元工程款的违约金的确定

1. 关于违约金的起算时间。本案中,邳建公司施工至主体封顶并于2015年7月17日分项验收合格后退场。案涉《建设工程施工合同》约定:“主体封顶付总工程款的90%,验收合格后30日内支付总工程款的95%。”根据该约定璞润公司应在2015年7月18日向邳建公司支付工程款 8010 万元(总工程价款 8900 万元的90%),扣除已付款,已生效(2016)青民初 90 号判决确认欠付工程进度款为 4635.7

---

① 二审法院认为:一审法院根据4月20日合同、双方开竣工时间调整协议认定工程逾期竣工192天,根据双方提供工程进度款审批表、收款收据等综合认定逾期竣工系广扬公司原因,扣减因望海公司原因导致的广扬公司误工4天,进而认定广扬公司逾期竣工天数为188天,并无不当。一审法院根据2016年4月8日望海公司提交的补充意见“可以按照我方实际支付的价款以及甲供材料的总额作为目前计算逾期竣工违约金的基数”,认定已支付工程款数额与广扬公司认可的甲供材料价款之和为逾期竣工违约金的计算基数,并无不当。——编者注

万元。在璞润公司未能依照合同约定时间支付该 4635.7 万元进度款的情况下，应当从其违反合同约定支付时间即 2015 年 7 月 18 日起承担支付违约金的责任，对此，一审判决认定正确。而璞润公司主张应从生效判决确定的给付之日计算违约金的理由不符合双方合同约定，于法无据，本院不予支持。

2. 关于违约金约定是否过高予以调整的问题。案涉《补充协议》约定："如璞润公司未在约定的期限内支付工程进度款、工程竣工结算款和保证金，应支付邛建公司违约金，违约金以璞润公司实际欠款金额为基数，每逾期一日，按逾期金额的千分之一支付违约金。"邛建公司依据该约定，主动下调请求按照月息 2% 标准计算违约金。而璞润公司认为该标准仍然过高，应按照已生效（2016）青民初 90 号判决对逾期退还保证金违约金确定的标准，即按中国人民银行发布的同期同类贷款利率上浮 30% 支付违约金。

本院认为，根据《合同法》第一百一十四条"当事人可以约定一方违约时应当根据违约情况向对方支付一定数额的违约金，也可以约定因违约产生的损失赔偿额的计算方法。约定的违约金低于造成的损失的，当事人可以请求人民法院或者仲裁机构予以增加；约定的违约金过分高于造成的损失的，当事人可以请求人民法院或者仲裁机构予以适当减少"和《合同法解释（二）》第二十九条"当事人主张约定的违约金过高请求予以适当减少的，人民法院应当以实际损失为基础，兼顾合同的履行情况、当事人的过错程度以及逾期利益等综合因素，根据公平原则和诚实信用原则予以衡量，并作出裁决。当事人约定的违约金超过造成损失的百分之三十的，一般可以认定为合同法第一百一十四条第二款规定的过分高于造成的损失"的规定，本案合同当事人之间违约金的约定是否过高，应以璞润公司违约给邛建公司造成的实际损失为基础来认定。而邛建公司的实际损失如何确定，应由邛建公司举证证明给其造成的具体损失数额或提供造成损失的相应事实依据。

本案中双方仅对逾期支付进度款 1000 万元的违约金进行了特别约定，璞润公司对逾期付款应承担的后果已充分认知，并承诺在违约后无权请求人民法院减轻违约责任，故对该部分违约金主张无须再行举证证明。

而对主体封顶后欠付的工程进度款 4635.7 万元的违约金承担，双方并未特别约定，邛建公司未举证证明具体的损失数额，也未提供其主张违约金月息 2% 标准的相应事实根据，故其主张按照月息 2% 标准来确定违约金依据不足。该 4635.7 万元工程进度款未能依约支付给邛建公司造成的实际损失，在邛建公司未能举证证明的情况下，按照该 4635.7 万元欠款被占用期间中国人民银行发布的同期同类贷款利率标准计算利息来确定实际损失，更符合案件实际。违约金从性质上看主要以补偿损失为主，兼具一定的惩罚性，对案涉《补充协议》同一合同项下的保证金违约金，已生效判决认定按照中国人民银行发布的同期同类贷款利率上浮 30% 支付违约金，体现了违约金补偿和惩罚功能的并用。故对案涉《补充协议》同一合同项下的 4635.7

万元工程进度款的违约金按此标准确定,既符合案件实际又体现法律适用的统一性。因该4635.7万元系剩余工程欠款而非借款,一审判决参照《最高人民法院关于审理民间借贷案件适用法律若干问题的规定》第二十六条关于借贷利率未超过年利率24%的规定,支持邘建公司月息2%的违约金主张,适用法律不当。另外,案涉《建设工程施工合同》履行中,邘建公司非法转包,对合同不能顺利履行有一定责任,且在第一次诉讼的二审判决生效后璞润公司已按照判决数额将4635.7万元工程欠款于本次起诉前基本支付完毕,并未恶意拖欠,综合上述事实,按照已生效判决确定的标准,即按中国人民银行发布的同期同类贷款利率上浮30%支付欠款4635.7万元的违约金,符合合同履行实际和公平原则。故璞润公司的该项上诉理由成立,一审判决此项认定不当,予以纠正。

【案例来源】

中国裁判文书网,http://wenshu. court. gov. cn。

257 发包人拖欠工程款构成违约,双方多次达成补充协议已经约定了相应赔偿金,双方约定违约金日万分之七应否调整

【关键词】

│ 建设工程 │ 工程价款 │ 违约金 │ 赔偿金 │

【案件名称】

上诉人沈阳星辰房地产开发有限公司与被上诉人江苏顺通建设集团有限公司建设工程施工合同纠纷案［最高人民法院（2018）最高法民终918号民事判决书,2018.9.28］

【裁判精要】

最高人民法院认为:

(三)关于星辰公司应否支付违约金及数额计算问题

1. 星辰公司未按约支付工程款存在违约。星辰公司上诉称其已付款为221194201.61元,但其主张的以房屋抵付工程款10097601.69元,因约定的办理预售商品房备案手续未完成,不能认定为已付款。根据前述分析,双方往来款5500.2万元亦不能认定为已付款。案涉已完工工程造价为203109808元,应付补偿款、违约金诉讼费等其他款项1906万元,双方无争议的星辰公司已付款为159094600元,另扣除星辰公司已付逾期付款违约金800万元、停工损失180万元、诉讼费36万元,星辰公司尚欠顺通公司56915206元。星辰公司已付款并未达到案涉《建设工程施工合同》约定的

"完成产值的70%"。且双方当事人签订的多份补充协议已明确合同履行过程中星辰公司拖欠工程款的事实。故星辰公司主张其不应承担违约责任的上诉理由与事实不符,不能成立。

2. 关于星辰公司应承担违约金的计算标准问题。《合同法解释(二)》第二十九条规定,当事人主张约定的违约金过高请求予以适当减少的,人民法院应当以实际损失为基础,兼顾合同的履行情况、当事人的过错程度以及预期利益等综合因素,根据公平原则和诚实信用原则予以衡量,并作出裁决。当事人约定的违约金超过造成损失的百分之三十的,一般可以认定为《合同法》第一百一十四条第二款规定的"过分高于造成的损失"。本案中,双方签订的《建设工程施工合同》第47.补充条款(9)约定,"……如果发包人不按合同约定及时支付承包人的各项工程款,每逾期一天,发包人按照应付金额的千分之三违约金支付给承包人";2013年2月5日《补充协议(二)》第四条规定,"如甲方不按合同约定及时支付乙方的各项工程款(包括辽宁省高级人民法院民事调解书约定的前期工程进度款及补偿款),每逾期一天,甲方按照应付金额的日万分之七违约金支付给乙方"。星辰公司本案存在拖欠工程款的违约行为。顺通公司未证明其因星辰公司违约行为造成的其他损失,顺通公司因此发生的利息损失应予认定。根据上述法律规定和本案事实情况,考虑到双方多次达成补充协议已经约定了相应赔偿金等,双方约定违约金日万分之七,过分高于顺通公司损失,应予调整。一审法院按照年利率24%的标准计算违约金亦缺乏依据,应予纠正。本院酌定星辰公司应以欠付工程款5615206元为基数,自2014年8月1日起按照中国人民银行同期同类人民币贷款基准利率上浮30%支付违约金。

【案例来源】

中国裁判文书网,http://wenshu. court. gov. cn。

258 双方约定了发包人擅自销售房屋的违约金,发包人虽未销售房屋,但将其中上百套房屋进行抵押贷款,违反了诚实信用原则,应承担相应的违约责任

【关键词】

│建设工程│违约责任│违约金│诚实信用│

【案件名称】

上诉人吉林省霍家店房地产开发有限公司与上诉人沈阳天北建筑安装工程公司建设工程施工合同纠纷案[最高人民法院(2018)最高法民终102号民事判决书,2018.3.28]

【裁判精要】

最高人民法院认为：

三、关于霍家店公司应否赔偿天北公司拖欠工程款总额 30% 损失的问题

《合同法》第六条规定："当事人行使权利、履行义务应当遵循诚实信用原则。"该条系对诚实信用原则的规定，双方当事人在履行合同过程中，应当遵守诚实信用原则。本案中，双方当事人明确约定，霍家店公司不得擅自销售案涉房屋，否则以房屋销售总价格的 30% 作为违约金赔偿给天北公司。霍家店公司虽未将案涉房屋进行销售，但却将其中 169 套房屋进行抵押贷款，违反了诚实信用原则，应承担相应的违约责任。霍家店公司虽主张抵押经过天北公司的同意，但并未提供相应的证据证明。鉴于霍家店公司已于 2015 年 11 月将案涉房屋的抵押贷款结清，一审法院酌定霍家店公司承担 169 套房屋总价 10% 的违约责任，并无明显不当，本院予以维持。

【案例来源】

中国裁判文书网，http://wenshu.court.gov.cn。

259 施工合同无效，无权请求参照合同约定支付违约金

【关键词】

│ 建设工程 │ 工程价款 │ 合同无效 │ 违约金 │

【案件名称Ⅰ】

上诉人中铁北京工程局集团有限公司与上诉人迅通（西安）仓储发展有限公司建设工程施工合同纠纷案［最高人民法院（2018）最高法民终 96 号民事判决书，2018.3.30］

【裁判精要】

最高人民法院认为：

由于协议书属无效合同，合同中的违约条款亦自始无效，对双方当事人不发生法律效力和约束力。且根据建设工程合同纠纷的解释第二条"建设工程施工合同无效，但建设工程经竣工验收合格，承包人请求参照合同约定支付工程价款的，应予支持"的规定精神，建设工程施工合同无效时，承包人请求参照合同约定支付的范围仅限于工程价款，并不包括违约金。故一审判决未支持中铁公司主张的违约金并无不当。

【案例来源】

中国裁判文书网,http://wenshu.court.gov.cn。

【案件名称Ⅱ】

上诉人陕西秦安建设工程有限公司与上诉人华亭中驰房地产开发有限公司建设工程施工合同纠纷案［最高人民法院（2016）最高法民终794号民事判决书，2018.3.23］

【裁判精要】

最高人民法院认为：

六、关于秦安公司是否应向中驰公司承担120万元违约金的问题

本院认为，案涉《建设工程施工合同》及《补充协议》无效，故中驰公司请求秦安公司按照合同相关约定向其支付120万违约金没有法律依据，本院不予支持。

【案例来源】

中国裁判文书网,http://wenshu.court.gov.cn。

260 施工合同无效，该合同约定的违约金条款相应无效，鉴于发包人应向承包人支付工程款，而利息属于法定孳息，故承包人有权要求发包人承担欠付工程款的利息

【关键词】

│建设工程│工程价款│合同无效│违约金│利息│

【案件名称】

上诉人成都市青羊区建筑工程总公司与被上诉人银川望远工业园区管理委员会建设工程施工合同纠纷案［最高人民法院（2019）最高法民终44号民事判决书，2019.4.4］

【裁判精要】

最高人民法院认为：

二、关于青羊公司主张的利息和违约金应否得到支持的问题

如前所述，案涉施工合同系无效合同，根据《合同法》第五十六条规定，无效合同自始没有法律约束力。在此情况下，案涉合同约定的付款周期条款及违约金条款均应无效，故青羊公司要求望远管委会支付违约金的主张于法无据，不应予以支持。

根据《建设工程施工合同解释》第二条的规定,对青羊公司请求支付工程价款的主张应予支持,而利息属于法定孳息,故青羊公司有权要求望远管委会承担欠付工程款的利息。但同时,青羊公司主张利息所依据的付款周期和利息标准条款无效,故应当依法确定利息标准、计息时间和计息基数。

关于利息计算标准,《建设工程施工合同解释》第十七条规定:"当事人对欠付工程价款利息计付标准有约定的,按照约定处理;没有约定的,按照中国人民银行发布的同期同类贷款利率计息。"本案当事人虽然约定了利息计算标准,但因案涉施工合同无效,该计息标准条款亦无效,故应依法按照中国人民银行发布的同期贷款基准利率作为利息计算标准。

关于利息起算时间。《建设工程施工合同解释》第十八条规定:"利息从应付工程价款之日计付。当事人对付款时间没有约定或者约定不明的,下列时间视为应付款时间:(一)建设工程已实际交付的,为交付之日;(二)建设工程没有交付的,为提交竣工结算文件之日;(三)建设工程未交付,工程价款也未结算的,为当事人起诉之日。"本案虽然没有案涉工程竣工验收备案和实际交付的证据,但案涉工程系因国家高铁建设征地导致停工,实际上已不可能全部竣工验收备案和交付,而至停工时青羊公司已完成了97%的工程量,且从停工后当事人完成招投标手续并签订施工合同、签署工程结算定案表的行为来看,当事人实际上均认可已完工程部分的竣工结算。此种情况下,一审认定案涉工程未交付、未结算,进而以当事人起诉之日作为应付款时间计算利息,与事实不符,且对于垫资施工的青羊公司而言显失公平,应予纠正。本院认为,本案应以案涉施工合同专用条款第12.3.1(2)项中所记载的"该工程已完工程竣工日期确认为2013年8月30日"作为案涉工程实际交付之日,以该时间作为应付款时间。理由如下:首先,虽然案涉施工合同无效,但法律后果只是对当事人不产生约束力,并不意味着相关条款不能作为参照。尤其是在案涉合同仅因违反法律法规强制性规定而无效、当事人均认可合同真实性的情况下,合同条款中对客观事实的陈述和对已发生事实的处理安排,仍可作为人民法院认定案件事实和当事人真实意思表示的重要参考。其次,本案系青羊公司垫资施工,且实际施工行为早已完成,只剩工程款结算支付问题,双方在施工完成之后补充招投标手续和签订施工合同,实际目的仅为解决工程款结算和支付问题。此种情况下该条款所记载的已完工程竣工日期、付款时间节点等内容系双方事后对已发生的事实进行表述和确认,可以证明案件事实和当事人真实意思表示。最后,本案当事人对合同真实性均无异议,望远管委会虽然主张该条款所在的一页系青羊公司单方伪造,但并无证据证明。因此,可以依据该条款的表述认定当事人已于2013年8月30日完成工程交付并认可竣工结算事宜,应以该日作为应付工程价款时间,欠款利息应自次日即2013年8月31日起算。

关于计息基数,应当以双方均认可的工程总价款45413037.60元作为计息基数,并根据望远管委会的三次还款相应调整计息基数。

依照本院所认定的上述利息标准、起算时间和计息基数,本院计算案涉工程欠款利息金额为:第一部分为 9177819.58 元(2013 年 8 月 31 日计至 2017 年 11 月 2 日起诉时),第二部分为起诉次日起至实际付清之日止,以 5413037.60 元为基数,按照中国人民银行同期贷款基准利率计付的利息。相比较而言,青羊公司诉讼请求主张的工程款利息第一部分为 8658267.27 元,第二部分与本院一致。故青羊公司诉请的利息金额少于本院依法认定的利息金额,本院对青羊公司所主张的工程款利息予以支持。此外,青羊公司起诉之日为 2017 年 11 月 2 日,一审认定将其认定为 2017 年 11 月 7 日有误,本院予以纠正。

【案例来源】

中国裁判文书网,http://wenshu.court.gov.cn。

261 施工合同依法被认定为无效,该合同中关于违约金的约定相应属于无效条款,作为从合同的抵押合同亦无效

【关键词】

│建设工程│工程价款│合同无效│违约金│抵押合同│

【案件名称】

上诉人福建融港侨装饰设计工程有限公司与上诉人新疆天山实业发展有限公司建筑装饰工程施工合同纠纷案［最高人民法院（2013）民一终字第 12 号民事判决书,2013.7.22］

【裁判精要】

裁判摘要:案涉《施工合同》依法被认定为无效,故双方在合同中关于拖欠工程款的违约金等的约定也应当属于无效条款,作为从合同的抵押合同亦无效。

最高人民法院认为:

（三）关于融港侨公司主张的违约金、补偿金等款项应否支持的问题

首先,由于案涉《施工合同》依法被认定为无效,故双方在合同中关于拖欠工程款的违约金等的约定也应当属于无效条款,因此融港侨公司基于双方所签《施工合同》主张按照工程总价款 20% 计算违约金的请求,本院不予支持。其次,如何看待双方在后续 2008 年 3 月和 2008 年 8 月签订的两份《协议书》约定的补偿款、2009 年 3 月《承诺书》中关于 400 万元违约金约定等问题。本院认为,本案系施工合同纠纷,

由于天山实业公司原因造成工期拖长,故双方后续又签订了一系列的《协议书》和《承诺书》,其中约定了补偿款、违约金等内容。但无论是垫资款利息损失还是违约金,这些事后单独签订的协议均因工程款未能及时给付产生,核心内容都是源于融港侨公司与天山实业公司之间的施工合同关系,并非在当事人之间缔结了与施工合同并行的新的债权债务关系,其效力如何终究取决于最初的合同关系。既然《施工合同》已经被认定无效,意味着在合同有效前提下的违约责任、工程利润等约定均无法得到支持,亦即,融港侨公司只能就已经施工完成的工程主张相应工程款,而无权基于合同本身以及后续《协议书》等关于违约金的约定主张权利。另外,关于工程款的利息计算问题,一审法院也已经依法作出处理和认定,支持了融港侨公司的部分请求。有鉴于此,一审法院未单独支持融港侨公司关于违约金、补偿金等相关诉讼请求,于法有据,本院予以维持。

(四)一审判决未支持融港侨公司关于优先权问题的诉请是否正确

首先,融港侨公司在一审期间确曾明确表示本案应当适用《合同法》第二百八十六条规定并认为其享有该法定优先受偿权。一审法院在查明事实的基础上,根据法律及最高人民法院相关司法解释规定作出其不享有法定优先权的认定,结论正确,不存在融港侨公司上诉所认为的判非所诉问题。其次,融港侨公司上诉主张的房屋抵押优先权,是双方当事人当初为担保融港侨公司收回工程款而在天山实业公司名下房产上设定的抵押权。该抵押合同是案涉《施工合同》的从合同,具有从属性,其合同效力是由主合同效力决定的。《施工合同》已被认定系无效合同,主合同无效,作为从合同的抵押合同亦无效。融港侨公司基于无效合同的约定内容主张房屋抵押权,依法不能获得支持。因此,一审法院未支持融港侨公司关于优先权的诉讼请求,结论正确,应予维持。

【案例来源】

中国裁判文书网,http://wenshu. court. gov. cn。

262 施工单位按照合同约定承担延期交工的违约金,其性质属于赔偿性违约金,建设单位在取得违约金赔偿后,即可认定为已获得赔偿

【关键词】

│建设工程│工程价款│违约金│租金│

【案件名称】

申请再审人新疆宏运房地产开发有限公司与被申请人新疆建工集团第一建筑工程有限责任公司建筑工程合同纠纷案［最高人民法院(2008)民提字第39号民事

判决书]

【裁判精要】

裁判摘要:施工单位按照合同约定承担延期交工的违约金,其违约金的性质属于赔偿性违约金。因此,建设单位在依照合同约定取得违约金赔偿后,即可认定为已获得赔偿。在此情况下,建设单位再以当地租金标准主张赔偿金,不应予支持。

最高人民法院认为:

3. 关于新疆一建是否应承担逾期交工的违约责任问题

双方当事人签订的《建设工程施工合同》约定,工期延误一天,新疆一建应承担合同总价款万分之一的违约金。本院认为,该约定系双方当事人的真实意思表示,不违反法律及行政法规的强制性规定,应认定为有效。根据双方当事人合同约定,新疆一建应交付工程的时间为 2000 年 12 月 31 日,而实际交付时间为 2002 年 1 月 16 日,逾期交付工程 405 天,故新疆一建应承担逾期交付工程的违约责任。在本案一审时双方共同确认新疆一建已完工程总造价为 3400 万元,以双方当事人合同约定的,每延误一天,新疆一建应承担合同总造价万分之一的违约金计算,新疆一建应向宏运公司支付 137.7 万元(工程总价款 3400 万元 × 0.1‰ × 405 天)违约金。关于双方当事人《建设工程施工合同》约定建筑面积为 22000 平方米,实际工程建筑面积为 31400 平方米,超出合同约定 9400 平方米问题。本院认为,双方当事人约定工程开工的时间为 2000 年 3 月 28 日,实际开工日期为 2000 年 5 月 1 日,而 2000 年 4 月新疆一建在用于施工的《安全施工组织设计》中明确载明:宏运大厦续建工程建筑面积为 30000 平方米。虽然该面积与实际工程面积 31400 平方米不完全一致,但可以证明新疆一建在工程开工之前,已明知建筑工程实际面积超出了合同约定施工面积。而且新疆一建对逾期交付工程将承担违约责任的后果是清楚的。但新疆一建在施工过程中,未向宏运公司提出延长工期的申请,据此,新疆一建提出的该项主张,理由不成立。

关于一审法院在判决新疆一建承担违约责任的同时又判决其承担赔偿责任问题。本院认为,在存在双方当事人约定因违约产生的损失赔偿额的计算方法的时候,即每延误一天,承担合同总价款万分之一的违约金,相当于支持每年 36.5% 的利息,宏运公司提出再依据租金标准计算损失,认为约定的损失低于新疆一建给其造成的损失,由于租金标准既与合同约定不符,又无法律依据,故该项请求不能成立。如果新疆一建既赔偿约定的违约金,又赔偿依据租金计算出来的损失,就会导致违约金重复计算,加重新疆一建的责任。因此,宏运公司该项请求,不予支持。

【案例来源】

最高人民法院民事审判第一庭编:《民事审判指导与参考》(总第 38 集),法律出版社 2009 年版,第 238 页。

263　工程罚款是双方合同约定的如承包人未按进度施工,应当向发包人支付的违约性质的款项,因合同无效,该违约条款亦无效

【关键词】

│建设工程│工程价款│合同无效│罚款│

【案件名称】

上诉人安徽亚坤建设集团有限公司与上诉人蒙城广联置业有限公司、原审第三人刘谋权建设工程施工合同纠纷案 [最高人民法院(2018)最高法民终 416 号民事判决书,2018.12.27]

【裁判精要】

最高人民法院认为:

(五)关于工程罚款 12770 元,广联公司上诉主张,该笔款项为违约金性质,应从应付工程价款中扣除。经查,工程罚款是双方合同约定的如亚坤公司未按进度施工,应当向广联公司支付的违约性质的款项,因合同无效,该违约条款亦无效。故一审判决未支持广联公司的该项主张,并无不当,本院予以维持。广联公司提出的该项上诉主张,本院不予支持。

【案例来源】

中国裁判文书网,http://wenshu. court. gov. cn。

协作义务

264 承包人具备移交施工资料条件，无正当理由拒绝向发包人依约履行移交施工资料义务的，有违诚信原则，依法依约应当承担相应的违约责任

【关键词】

│建设工程│施工资料│违约责任│

【案件名称】

再审申请人沈阳中安房地产开发有限公司与被申请人江苏南通二建集团有限公司建设工程施工合同纠纷案［最高人民法院（2018）最高法民再 326 号民事判决书，2018. 12. 17］

【裁判精要】

最高人民法院认为：

南通二建公司未依约向中安公司交付竣工备案资料已构成违约。中安公司与南通二建公司签订的《工程建设施工合同》以及两份补充协议、《工程结算协议书》等施工合同及其补充协议均系双方真实意思表示，不违反法律、行政法规效力性强制性规定，合法有效。中安公司与南通二建公司均应按照合同约定内容全面实际履行。具体到本案，在中安公司已将工程结算款支付给南通二建公司的情形下，南通二建公司未将竣工备案资料交给中安公司，已构成违约。二审判决生效后，南通二建公司仍未按生效法律文书判项内容向中安公司履行移交施工资料的法定义务。再审审查期间，本院两次组织听证并多次要求双方核对并移交竣工备案资料，截至本院裁定提审时，南通二建公司仍未移交全部竣工资料给中安公司。本院提审后开庭前，南通二建公司将持有的竣工资料邮寄给中安公司，中安公司予以退回。庭审中，在法庭主持下，南通二建公司将剩余施工资料交给中安公司，但尚未办妥竣工备案手续。据此，在具备移交施工资料条件的情形下，南通二建公司无正当理由拒绝向发包人中安公司依约履行移交施工资料义务，有违诚信原则，主观恶意明显，与建筑业执业准则相悖，依法依约应当承担相应的违约责任。二审判决裁量幅度明显失当，裁判结果未能体现本案是非。

【案例来源】

中国裁判文书网，http://wenshu. court. gov. cn。

265 承包人未依约向发包人移交施工资料，构成违约，可以结合承发包双方建房、付款等履约情况，承包人违约的主观过错程度，逾期移交施工资料造成的实际损失，双方的过错等因素确定违约金数额

【关键词】

| 建设工程 | 施工资料 | 违约金 |

【案件名称】

再审申请人沈阳中安房地产开发有限公司与被申请人江苏南通二建集团有限公司建设工程施工合同纠纷案［最高人民法院（2018）最高法民再326号民事判决书，2018.12.17］

【裁判精要】

最高人民法院认为：

关于南通二建公司应以何种标准向中安公司支付违约金问题。本院认为，中安公司与南通二建公司于2013年2月5日签订的《工程结算协议书》中，有关双方需要履行的合同义务主要有两项：一是中安公司按约定支付工程尾款1000万元；二是南通二建公司按约定将竣工备案所有资料移交给中安公司。从约定内容看，双方显系明确施工结束后各自应当履行的主要义务，防止出现违约行为。故，违约条款内容，惩罚性明显。双方签订《工程结算协议书》时，案涉工程已于2012年10月完工，双方对工程总造价也已确认。可以说，当事人双方签约时对违约可能承担的后果是明知且应当预见到的。二审判决以中安公司的实际损失上浮百分之三十的标准调整违约金，与合同当事人订立违约条款意图达到的合同目的不相符，与中安公司因缺少竣工备案资料而不能办理竣工备案手续所承受的不良商誉影响及实际损失不相当，与南通二建公司恶意拒绝移交施工资料的违约行为不匹配，本院再审予以纠正。

本院认为，施工合同履行中，作为施工合同甲方的中安公司，在建设项目经营管理方面存在疏漏，疏于履行合同监管职责。就竣工资料备案一节，经本院多轮协调，双方数次前往沈阳市城建档案馆办理工程档案备案手续，均因缺乏必备施工资料及双方相互推诿和埋怨，配合协调不畅，导致备案未果。中安公司请求南通二建公司支付的违约金数额以7585万元为基数，自2013年4月16日起至实际交付全部竣工资料止，按照中国人民银行规定的同期同类贷款利率的四倍计算。本院认为，中安公司请求支付的违约金数额过高，中安公司对南通二建公司逾期履行合同存在协调、配合不力的过错。结合承发包双方建房、付款等施工合同主要权利义务实际履约情况，南通二建公司违约的主观过错程度，逾期移交施工资料构成违约至通过"解

疑"程序为讼争房产办理权属文件期间违约造成的实际损失情况,再审审查程序至再审程序中双方未履行施工合同协作义务至今仍未办妥工程档案备案的过错等,本院酌定,南通二建公司向中安公司支付违约金1000万元。依据《合同法》第一百一十四条第三款规定,当事人就迟延履行约定违约金的,违约方南通二建公司支付违约金后,还应当向中安公司继续履行移交工程档案备案必备施工资料,并协助办理工程档案备案的相关手续。

【案例来源】

中国裁判文书网,http://wenshu.court.gov.cn。

266 总承包方有义务从第三人处取得工程资料并移交给发包人

【关键词】

│建设工程│工程价款│工程资料│

【案件名称】

上诉人海天建设集团有限公司与上诉人云南建展房地产开发有限公司建设工程施工合同纠纷案［最高人民法院（2018）最高法民终659号民事判决书,2018.12.21］

【裁判精要】

最高人民法院认为:

（三）关于海天公司应否移交全部资料

根据建设工程施工合同的约定,承包人提供竣工图:工程竣工验收合格后30天内提供竣工图、归档施工文件及竣工验收文件资料,上述资料所需套数(含提交城建档案馆一套在内)根据发包人要求提供。原审判令海天公司按照昆明市城建档案馆关于建设工程技术档案的归档技术要求和规范目录进行溪畔丽景项目的归档移交并向建展公司交付昆明市城建档案馆开出的溪畔丽景项目资料移交合格证明,符合该合同的约定。海天公司主张其已将自己施工部分的工程施工资料移交给建展公司,第三人施工的其他部分工程施工资料其客观上无法提供,亦不是海天公司的义务,建展公司要求其移交案涉工程全部资料无合同依据和事实依据。本院认为,合同约定了承包人应根据发包人要求提供相应资料,即便确有第三人施工的其他部分工程,海天公司作为总承包方,虽不直接持有第三人施工的工程资料,其按照合同约定仍有义务配合从第三人处取得工程资料并完成移交。其以第三人施工的其他部分工程施工资料客观上无法提供为由,否认负有移交资料的义务,明显与合同约定相悖。

（五）关于工程尾款的支付

建展公司上诉称，由于海天公司至今尚未向其提交工程竣工验收资料、工程归档资料以及结算资料，故支付工程尾款的条件不具备，海天公司无权要求其支付工程尾款。本院认为，虽然建设工程施工合同第三部分专用条款约定，"工程竣工验收合格且承包人提交了完整的工程竣工验收资料及结算资料后一个月内，按经发包人、造价咨询公司确认的已完工的工程量相应造价支付至90%"。但在合同实际履行中，双方均未严格按照合同的约定支付款项。建展公司自认其向海天公司支付的工程款早已达到了90%，故事实上已不可能在工程竣工验收合格且海天公司提交了完整的工程竣工验收资料及结算资料后一个月内，才支付经发包人、造价咨询公司确认已完工的工程量相应造价至90%。双方当事人的实际履行行为已经变更了支付工程款条件的约定。且由于双方在此后的合同履行过程中发生争议，建展公司不认可海天公司提交的结算资料，一审法院遂委托鉴定机构对案涉工程造价进行了鉴定。仍要求按照合同约定在"承包人提交了完整的工程竣工验收资料及结算资料后一个月内，按经发包人、造价咨询公司确认的已完工的工程量相应造价支付至90%"的方式支付工程尾款，实无意义。现双方均确认案涉工程已于2013年9月完工，并于该月20日开始，在海天公司、建展公司、监理公司的共同参与下进行分户验收。验收合格后，建展公司于2013年12月交付业主使用。海天公司于2014年8月20日向建展公司移交了以竣工图纸为主的相关资料，建展公司签收。根据《建设工程施工合同解释》第十八条之规定，当事人对付款时间没有约定或者约定不明的，下列时间视为应付款时间：（一）建设工程已实际交付的，为交付之日……原审以实际交付之日作为应付款时间，并无不当，建展公司关于工程尾款支付条件不成就的主张不能成立。

【案例来源】

中国裁判文书网，http://wenshu. court. gov. cn。

编者说明

《第八次全国法院民事商事审判工作会议（民事部分）纪要》第三十四条明确了承包人不履行配合工程档案备案义务的责任，规定："承包人不履行配合工程档案备案、开具发票等协作义务的，人民法院视违约情节，可以依据合同法第六十条、第一百零七条规定，判令承包人限期履行、赔偿损失等。"

267 发包人和实际施工人没有合同关系，不能主张交付验收资料

【关键词】

│ 建设工程 │ 实际施工人 │ 工程资料 │

【案件名称】

上诉人中十冶集团有限公司华东分公司、枣庄矿业集团中兴建安工程有限公司、枣庄德圣房地产开发有限公司建设工程施工合同纠纷案［最高人民法院（2017）最高法民终 462 号民事判决书，2018.1.3］

【裁判精要】

最高人民法院认为：

（三）关于中十冶华东分公司应否向德圣公司交付竣工验收资料问题

德圣公司与中兴建安公司就案涉工程签订《建设工程施工合同》及补充协议，德圣公司与中十冶华东分公司不存在合同关系，其要求中十冶华东分公司交付工程验收资料，缺乏依据。

【案例来源】

中国裁判文书网，http://wenshu. court. gov. cn。

268 承包人取走竣工验收资料，致案涉工程无法及时办理竣工验收备案手续的，应当承担相应的违约责任

【关键词】

│建设工程│工程价款│工程资料│备案│违约责任│

【案件名称】

上诉人大连铭泰房地产开发有限公司与被上诉人大连浩盛建筑工程有限公司建设工程施工合同纠纷案［最高人民法院（2014）民一终字第 90 号民事判决书，2014.11.17］

【裁判精要】

最高人民法院认为：

二、关于浩盛公司是否存在违约行为，应否以及如何承担违约责任的问题

（一）浩盛公司是否存在违约行为

铭泰公司在二审中提交的大连市公安局中山分局起诉意见书［中公（刑）诉字（2013）223 号］载明，浩盛公司在 2009 年 12 月向铭泰公司提交了各方签字盖章的竣工验收报告后，其工作人员王大伟于 2009 年 12 月 31 日将铭泰公司全部竣工验收资料盗走，并交给浩盛公司法定代表人于庆良，之后于庆良又指使其女婿将全部竣工

资料烧毁。对该事实,浩盛公司未提出异议。本院认为,浩盛公司盗取竣工验收资料并销毁的事实可以予以认定。浩盛公司作为案涉工程施工方,依法依约均负有提交相关竣工验收资料的义务,其以盗取方式取走已经提交的竣工验收资料,必然导致案涉工程无法及时办理竣工验收备案手续,构成违约。

(二)浩盛公司如何承担违约责任

关于逾期提交竣工档案违约金。按照浩盛公司与铭泰公司签订的补充协议第三部分违约责任与赔偿第 4 条的约定,工程竣工验收合格后,20 个日历日内浩盛公司没有按协议规定要求提交工程竣工档案的,其竣工档案逾期提交违约金按每逾期一天向铭泰公司支付 5000 元直至竣工档案提交审核合格。案涉工程竣工后,铭泰公司于 2009 年 12 月 29 日组织了竣工验收,浩盛公司依约提交了相关竣工验收资料,但 2009 年 12 月 31 日,浩盛公司工作人员盗回已经提交的竣工验收资料,浩盛公司应当承担未按期提交竣工验收资料的违约责任,即按每逾期一天向铭泰公司支付 5000 元的标准,自协议约定的竣工验收合格之日后 20 个日历日起至其提交竣工档案之日止,向铭泰公司支付逾期提交竣工档案违约金。浩盛公司于 2010 年 5 月 21 日为铭泰公司补办了相关手续,之后,铭泰公司按照 2010 年 5 月 21 日与浩盛公司签订的《和解协议书》的约定,为浩盛公司办理了相应售房手续,虽然嗣后该和解协议被依法撤销,但双方当事人在协议签订后的履行行为,可佐证浩盛公司补办竣工档案的行为。铭泰公司现主张此次补办未办齐所有手续,但就浩盛公司已经补办的手续、尚须补办的手续等事实,铭泰公司未提供充分证据予以证实,本院对铭泰公司所持主张不予以采信,并依据上述事实,确定浩盛公司应向铭泰公司支付逾期提交竣工档案违约金的时间节点为 2010 年 5 月 21 日。

关于逾期提交档案造成逾期办证损失。铭泰公司要求浩盛公司承担因逾期提交档案造成的逾期办证损失,应当证明逾期办证系因浩盛公司逾期提交档案造成,而就 2010 年 5 月 21 日之后未能办理案涉房屋产权证的原因,铭泰公司未提交充分证据予以证明。就 2010 年 5 月 21 日前浩盛公司逾期提交档案造成的损失,本院已经确定由浩盛公司依约支付铭泰公司违约金的情况下,铭泰公司在违约金之外另行主张赔偿,应根据《合同法》第一百一十四条第二款的规定,证明其遭受的实际损失高于违约金的数额。就该项损失,铭泰公司未举证证明,故对铭泰公司的该项诉请,本院不予支持。

关于配合办理竣工验收工作。铭泰公司要求浩盛公司提供公司盖章及负责人签字的《工程质量保证书》《住宅使用说明书》《工程竣工报告》等工程竣工资料,但未提供充分证据证明在经过补办手续后,尚存在需要浩盛公司补办手续、补充提交资料的事实,故对其要求浩盛公司提供上述资料的请求,本院不予支持。铭泰公司要求浩盛公司参加人防工程验收,但未就浩盛公司负有此义务,提供相应的合同依据和法律依据,且该请求事项符合《合同法》第一百一十条第(二)项规定的债务标的不适于强制履行的情形,故本院对此亦不予支持。

关于逾期竣工造成逾期交房损失。本院认为,铭泰公司主张合同约定工期为373天,浩盛公司逾期竣工应赔偿铭泰公司逾期交房损失,但铭泰公司与浩盛公司签订的补充协议约定,工期按附件一第二款执行,而附件一第二款未明确约定各楼具体的开工、竣工时间,而且该附件一还约定,由于现场情况所限该工期约定可另行签订工期协议书。根据补充协议第五部分第3条的约定,补充协议与《建设工程施工合同》不一致时,以补充协议规定为准。因此应当认为,双方对合同工期没有作出明确具体的约定,铭泰公司以《建设工程施工合同》关于工期的约定为依据,要求浩盛公司承担逾期竣工违约责任,缺乏合同依据,本院对此不予支持。

【案例来源】

中国裁判文书网,http://wenshu.court.gov.cn。

269 当事人未约定足额开具发票属发包人履行付款义务的条件,发包人以承包人未开具发票为由不予付款缺乏依据

【关键词】

｜建设工程｜工程价款｜发票｜

【案件名称】

上诉人新疆金晖兆丰能源股份有限公司与被上诉人河北省第四建筑工程有限公司建设工程施工合同纠纷案［最高人民法院（2018）最高法民终342号民事判决书,2018.5.30］

【裁判精要】

最高人民法院认为:

3. 工程未经验收、河北四建未足额开具发票,是否影响金晖兆丰公司支付剩余工程款的问题

关于工程验收。根据一审查明的事实,案涉工程于2012年底已经交付并由金晖兆丰公司使用。根据双方所订施工合同约定,工程进度款按月结算,每月10日前按经认可的上月完成工作量的80%支付,工程投产时付至工程总价的90%,其余款项结算审计后14日内除留5%保修金外一次付清,并约定工程质量保修金为施工合同结算价款的5%,工程投产满1年后14日内将保修金一次支付给承包人。据此,双方并未约定竣工验收是工程付款的前提和条件;且根据《建设工程施工合同解释》有关建设工程虽未经竣工验收,但发包人擅自使用的应自转移占有作为竣工日期的

规定,本案工程应视为已经竣工。据此,金晖兆丰公司以工程未竣工不结算剩余工程款,依法无据。

关于开具发票。本院认为,开具发票虽属河北四建的合同附随义务,应予履行,但本案并未约定足额开具发票属金晖兆丰公司履行付款义务的条件。据此,金晖兆丰公司以河北四建未开具发票为由不予付款,没有合同和法律根据。对付款后未足额开具发票问题,双方可另寻途径解决。

【案例来源】

中国裁判文书网,http://wenshu.court.gov.cn。

编者说明

对于发包人能否以承包人未开具发票作为拒付工程款的抗辩理由,司法实务中存有不同观点。一种观点认为,开具发票是双方当事人在合同中约定的义务,既然是合同义务,就应当遵守,承包人未依照约定开具发票,发包人享有同时履行抗辩权。另一种观点认为,发包人的主要义务是按照工程进度支付工程款,在承包人已完成合同主要义务即按约施工的情况下,发包人未按合同约定支付工程款显然构成违约。开具发票与支付工程款之间不具有对等关系,发包人以承包人未开具发票作为拒付工程款的抗辩理由不能成立。倾向性观点认为,支付工程款义务与开具发票义务是两种不同性质的义务,前者是合同的主要义务,后者并非合同的主要义务,两者不具有对等关系。因此,在一方没有开具发票的情况下,另一方不能以此为由拒绝履行合同主要义务即拒绝支付工程价款,当然当事人另有明确约定的除外。

实践中有争论的是,对于当事人约定应到何种程度才能视发包人具有履行抗辩权?一种观点认为,只要约定了先后履行顺序即可,如约定"先开具发票后支付工程款";另一种观点认为,不仅要约定先后履行顺序,还应明确约定违反后果,如约定"先开具发票后支付工程款,不开具发票发包人有权拒付工程款"。第一种观点更为可取,从当事人的文义能够推知先后履行顺序即构成先履行抗辩,至于后果系履行顺序约定的当然之义。①

270 发包人是否有权以承包人未足额开具工程款发票为由拒付工程欠款

【关键词】

|建设工程|工程价款|发票|

【案件名称 I 】

再审申请人辽宁古田房地产有限公司与被申请人沈阳北方建设股份有限公司建设

---

① 参见潘军锋:《建设工程价款结算审判疑难问题研究》,载《法律适用》2019年第5期。

工程施工合同纠纷案［最高人民法院(2018)最高法民申711号民事裁定书，2018.3.22］

【裁判精要】

最高人民法院认为：

第二，原审判决适用法律并无不当。

《合同法》第六十条规定，当事人应当按照约定全面履行自己的义务。当事人应当遵循诚实信用原则，根据合同的性质、目的和交易习惯履行通知、协助、保密等义务。第一百零七条规定，当事人一方不履行合同义务或者履行合同义务不符合约定的，应当承担继续履行、采取补救措施或者赔偿损失等违约责任。施工方在建设工程施工合同履行过程中，除进行工程施工，还负有配合工程档案备案、发票开具等协助义务。就本案而言，古田公司未按照合同约定付款，存在迟延履行主要义务的违约行为，且在房屋未竣工验收时即擅自入住。根据双方履行合同的情况，原审判决判令北方建设在古田公司支付工程欠款后履行相应的工程竣工资料提交义务，并无不当。

【案例来源】

中国裁判文书网，http://wenshu.court.gov.cn。

【案件名称Ⅱ】

上诉人遵义红色旅游(集团)有限公司与被上诉人湖南楚峰园林建设有限公司及原审被告湄潭县仙谷山旅游开发有限公司、匡冬初建设工程施工合同纠纷案［最高人民法院(2017)最高法民终242号民事判决书，2017.7.28］

【裁判精要】

最高人民法院认为：

二、关于仙谷山公司是否有权以楚峰公司未足额开具已付工程款增值税专用发票为由拒付剩余工程欠款的问题

本院认为，仙谷山公司与楚峰公司之间系建设工程施工合同法律关系，仙谷山公司作为发包人的主要合同义务就是支付工程款，楚峰公司作为承包人的主要合同义务是交付建设成果，而开具发票仅是楚峰公司的附随义务。在涉案工程经竣工验收后，仙谷山公司即负有按《工程结算确认表》支付工程款的义务。在工程款的支付过程中，仙谷山公司从未以对方未开具发票为由主张先履行抗辩权，楚峰公司也未曾作出拒绝履行开具增值税发票义务的意思表示，仅抗辩仙谷山公司应先支付工程欠款。仙谷山公司迟延支付剩余1948万元工程款，楚峰公司为避免垫付税款造成的损失，未开具全部工程款(包括部分已付款)增值税发票，也是合理行使抗辩权。

故红旅集团以楚峰公司尚未足额开具已付工程款的发票为由拒付剩余工程欠款,理由不成立。

【案例来源】

中国裁判文书网,http://wenshu. court. gov. cn。

【案件名称Ⅲ】

上诉人连云港市远通房地产开发有限公司与被上诉人江苏南通二建集团有限公司建设工程施工合同纠纷案[最高人民法院(2017)最高法民终 20 号民事判决书,2017.4.17]

【裁判精要】

最高人民法院认为:

(三)关于案涉工程款是否具备付款条件

远通公司关于案涉工程质量不合格的上诉理由不能成立,其以工程质量不合格为由,提出不应支付工程款的主张,自然亦不能成立。开具并交付工程款发票属于南通二建履行本案合同的附随义务,并非法定或双方当事人约定的工程款支付条件,更不会导致远通公司无法依约支付工程款,故远通公司关于南通二建迟延交付远通公司 8615.5 万元工程款增值税发票,导致其无法支付工程款的上诉理由,无事实和法律依据。由此,一审法院认定案涉工程款具备支付条件并判令远通公司支付工程款,并无不当。

【案例来源】

中国裁判文书网,http://wenshu. court. gov. cn。

编者说明

依据双务合同的本质,合同抗辩的范围仅限于对价义务。一方不履行对价义务的,相对方才享有抗辩权。支付工程款与开具发票是两种不同性质的义务,前者是合同的主要义务,后者并非合同的主要义务,二者不具有对等关系,一方以另一方未及时开具发票作为拒绝支付工程款的抗辩理由不能成立。① 在一方违反约定没有开具发票的情况下,另一方原则上不能以此为由拒绝履行合同主要义务即支付工程价款。除非当事人明确约定:一方不及时开具发票,另一方有权拒绝支付工程价款。这种情况就意味着双方将开具发票视为与

---

① 参见最高人民法院民事审判第一庭:《开具发票与支付工程款并非对等义务》,载最高人民法院民事审判第一庭编:《民事审判指导与参考》(总第 39 集),法律出版社 2010 年版,第 151 页。

支付工程价款同等的义务。①

271 **发票管理是税务主管部门的法定职责，法院对此可不予处理**

【关键词】

│ 建设工程 │ 工程价款 │ 发票 │

【案件名称】

上诉人内蒙古长融房地产开发有限公司与被上诉人四川建设集团有限公司建设工程施工合同纠纷案［最高人民法院（2018）最高法民终 482 号民事判决书，2018.12.29］

【裁判精要】

最高人民法院认为：

（三）关于四川公司是否应当向长融房地产公司提供发票问题

本院认为，根据《发票管理办法》的规定，发票管理是税务主管部门的法定职责。原判决对于长融房地产公司主张的四川公司应当提供发票问题未予处理，并无不当。长融房地产公司就此问题可以另寻其他法律途径解决。

【案例来源】

中国裁判文书网，http://wenshu.court.gov.cn。

编者说明

关于发包人能否单独请求判令承包人开具发票的问题，《第八次全国法院民事商事审判工作会议（民事部分）纪要》第三十四条规定，承包人不履行配合工程档案备案、开具发票等协作义务的，人民法院视违约情节，可以依据《合同法》第六十条、第一百零七条规定，判令承包人限期履行、赔偿损失等。《合同法》第一百七十四条规定，法律对其他有偿合同没有规定的，参照买卖合同的有关规定。该法第一百三十六条规定，出卖人应当按照约定或者交易习惯向买受人交付提取标的物单证以外的有关单证和资料。《买卖合同解释》第七条规定，"提取标的物单证以外的有关单证和资料"，主要应当包括普通发票、增值税专用发票等。因此，根据上述纪要和参照《买卖合同解释》的规定，建设工程施工合同的发包人可以单独请求判令承包人开具发票。

实践中的问题是，开具发票如何判决？是笼统判决开具发票，还是具体判决抵扣相应

---

① 参见本书研究组：《建设施工合同的发包方能否以承包方以未开具发票作为拒绝支付工程款的先履行抗辩的事由》，载最高人民法院民事审判第一庭编：《民事审判指导与参考》（总第 58 辑），人民法院出版社 2014 年版，第 238~239 页。

的税金,抑或判决开具具体金额和税种的发票? 有观点认为,如果发包人已经代扣代缴了相应税金,可以向当事人释明变更诉讼请求,抵扣相应的税金。如果尚未开具,由发包人明确具体的金额和税种,必要时可以向税务部门咨询,明确具体的判项,以利于案件的执行。若判决时明确具体金额和税种难度较大的,可以笼统判决。①

272　承包人向发包人开具已收取工程款的发票系法定义务

【关键词】

　　│建设工程│工程价款│发票│

【案件名称】

　　上诉人中国建筑第六工程局有限公司与上诉人哈尔滨凯盛源置业有限责任公司建设工程施工合同纠纷案［最高人民法院(2017)最高法民终 730 号民事判决书,2017.12.27］

【裁判精要】

　　最高人民法院认为:

　　(五)关于开具工程款发票的问题

　　中建六公司上诉主张其已经开具了 8000 万元的发票,一审法院未予认定且未明确判令应开具发票的具体金额,确有错误。本院认为,中建六公司向凯盛源公司开具已收取工程款的增值税发票系法定义务,双方亦对此有明确约定。至于中建六公司应开具发票的具体金额,应与凯盛源公司具体支付的工程款数额相对应。一审判决中建六公司开具已收取工程款的增值税发票,并无不当,本院予以维持。

【案例来源】

　　中国裁判文书网,http://wenshu.court.gov.cn。

273　发票具有结算功能,但在不是现金交易的情况下,仅持有发票不能作为付款已完成的依据

【关键词】

　　│建设工程│工程价款│发票│

---

　　①　参见潘军锋:《建设工程价款结算审判疑难问题研究》,载《法律适用》2019 年第 5 期。

【案件名称】

申诉人大连昊源建筑工程有限公司与被申诉人大连康达房屋开发有限公司建设工程合同纠纷案［最高人民法院（2013）民提字第 46 号民事判决书，2013.9.30］

【裁判精要】

裁判摘要：发票具有结算功能，但在不是现金交易的情况下仅持有发票并不能作为付款已完成的依据，发票持有人应该提供支付款项的支票存根、转账记录、银行对账单等用以对付款事实加以证明。

最高人民法院认为：

关于发票能否作为康达公司付清全部工程款的依据问题。本案中，昊源公司的建筑施工活动已经完成，根据施工合同向康达公司主张给付剩余工程款，而康达公司主张工程款已全部给付完毕，双方已结算清楚。《最高人民法院关于民事诉讼证据的若干规定》第五条第二款规定："对合同是否履行发生争议的，由负有履行义务的当事人承担举证责任。"康达公司主张其已经履行了付款义务，应当负有对该主张举证加以证明的责任。发票具有结算功能，但在不是现金交易的情况下仅持有发票并不能作为付款已完成的依据。发票持有人应该提供支付款项的支票存根、转账记录、银行对账单等用以对付款事实加以证明，因此，康达公司仅以持有发票而主张付清全部工程款依据不足。

【案例来源】

中国裁判文书网，http://wenshu.court.gov.cn。

274 双方当事人在施工合同中对工程税款的负担作出约定，直接关系发包人支付承包人的工程款项数额，法院对税款作出处理，不构成以审判权代替行政管理权

【关键词】

｜建设工程｜工程价款｜税款｜

【案件名称】

再审申请人中兴建设有限公司与被申请人江苏润扬交通工程集团有限公司、一审第三人四川纳黔高速公路有限责任公司建设工程分包合同纠纷案［最高人民法院（2017）最高法民再 168 号民事判决书，2018.3.19］

【裁判精要】

最高人民法院认为：

(二)关于二审法院应否在欠付款项中抵扣 1171170 元税款的问题

本院认为,润扬公司上诉请求第一项为"撤销原判决,依法改判驳回中兴公司的诉讼请求",表明润扬公司对一审判决书主文是概括否定的,其中包含了一审法院对欠款数额的认定。润扬公司在上诉理由中也明确提出"润扬公司被业主扣除的应由中兴公司缴纳的营业税、城市维护建设税、教育费附加等 120 万元,中兴公司应依法全额补偿给润扬公司,并向润扬公司履行交付完工工程价款等正式发票"。因此,二审法院判决在润扬公司欠付款项中抵扣相应税款并未超过润扬公司上诉请求。同时,二审法院从欠付款项中扣除相关税款并未超出人民法院裁判范围。纳税义务人和税收征管机关之间的权利义务关系属于行政管理范畴,中兴公司和润扬公司作为平等的民事主体,按照双方关于工程款项支付方式的约定和有关承诺享有权利、履行义务,他们之间关于税款是否扣除(或应否提供相应完税凭证)的争议,直接关系润扬公司实际支付中兴公司的工程款项数额,对双方的民事权利义务产生重要影响。因此,中兴公司认为二审法院扣减税款是以审判权代替行政管理权的主张不能成立,本院不予支持。

根据二审法院查明的事实,2010 年 8 月 1 日中兴公司广州分公司向润扬公司出具的函件中,中兴公司广州分公司作为施工方,自认尚有 3718 万元工程款项未扣除相应的营业税、城市建设税、教育费附加及地方教育费附加。该函件是在双方 2010年 3 月的《终止协议书》之后出具,中兴公司未能提供相应证据证明润扬公司就上述工程款项已先行扣除有关税费,故中兴公司关于 4916420.85 元是扣除税款后润扬公司最终拖欠的债务金额的主张不能成立,本院不予支持。同时,中兴公司广州分公司在该函件中还明确,"……剩余的为没有完成纳税的工程额部分,可以根据税率计算出来,在贵司支付给我司的决算款中扣除"。根据纳黔公司代扣代缴的上述四类征税科目的税率,以中兴公司广州分公司自认的应税工程款 3718 万元为税基,中兴公司广州分公司对于该部分工程款的应纳税额(四类征税科目)为 1171170 元,该部分税款应从润扬公司欠付款项中予以抵扣。

综上,二审法院在一审法院认定案涉工程欠付款项基础上扣减 1171170 元税款并无不当,本院予以维持。

【案例来源】

中国裁判文书网,http://wenshu.court.gov.cn。

275 施工合同约定税金由实际施工人负担，但税金并未实际发生，转包人没有为施工人代缴，转包人主张在现阶段即依约从应付工程款中扣除税费，不能得到支持

【关键词】

| 建设工程 | 工程价款 | 税款 |

【案件名称】

上诉人周拥军与上诉人七冶博盛建筑安装工程有限责任公司建设工程施工合同纠纷案［最高人民法院（2018）最高法民终 587 号民事判决书，2018.10.18］

【裁判精要】

最高人民法院认为：

（八）关于扣除税金

七冶公司上诉主张应按照 15％ 扣除税费 7034537.42 元,周拥军认为七冶公司并未证明已向税务机关代缴了税金,且即便扣除税金,由于案涉项目是之前的老项目,税率也仅有 3％ 而非 15％。经审查,《建设工程内部承包合同》第三部分专用条款第 42 条补充条款第 4 款载明:"该工程除建设单位应承担的费用外,其余如税收、民工工资、保证金及其施工许可证办理费用等均由承包人承担,发包人协助办理。"故最终的税费应由周拥军承担,周拥军对此亦不持异议。但前述税金并未实际发生,七冶公司没有主张并举示证据其已为周拥军代缴,具体的税率和税费均有待税收征缴机关核算确定,七冶公司主张在现阶段即按 15％ 从应付工程款中扣除税费,与实际相悖,不能得到支持。

【案例来源】

中国裁判文书网,http://wenshu.court.gov.cn。

276 发包人无权要求承包人支付其尚未代承包人缴纳的税款

【关键词】

| 建设工程 | 工程价款 | 税款 |

【案件名称】

再审申请人浙江广扬建设集团有限公司与再审申请人威海市望海房地产开发

有限责任公司建设工程施工合同纠纷案［最高人民法院（2018）最高法民再 115 号民事判决书，2018.12.17］

【裁判精要】

最高人民法院认为：

关于焦点三，广扬公司应否向望海公司支付代缴税款及金额是多少的问题。根据一审、二审查明的事实，望海公司已经代广扬公司缴纳税款 107045 元，因缴纳税款系法定义务，故一审、二审判决认定广扬公司向望海公司偿还已代缴的税款并无不当。对于尚未代缴的部分，望海公司向广扬公司请求支付没有依据，不应支持。广扬公司和望海公司关于此点的再审请求都不能成立。

【案例来源】

中国裁判文书网，http://wenshu. court. gov. cn。

277 转包方既要求将工程款的税款在欠付款项中予以抵扣，又要求施工人提供该部分金额发票，相当于让施工人承担双重税负

【关键词】

│建设工程│工程价款│税款│发票│

【案件名称】

再审申请人中兴建设有限公司与被申请人江苏润扬交通工程集团有限公司、一审第三人四川纳黔高速公路有限责任公司建设工程分包合同纠纷案［最高人民法院（2017）最高法民再 168 号民事判决书，2018.3.19］

【裁判精要】

最高人民法院认为：

（三）关于二审法院判令中兴公司提供全部工程款相应金额的发票是否正确的问题

润扬公司在一、二审中均请求中兴公司"交付完工工程相应价款的发票"。本院认为，依照我国《税收征收管理法》的要求，税款应由纳税人直接缴纳，或由扣缴义务人代扣代缴或代收代缴，并且只有向税务机关缴纳税款后才能获得相应的完税凭证。本案诉争的 1171170 元税款或由中兴公司自行缴纳后提供相应发票，或由业主纳黔公司代扣代缴后从税务机关开具发票。二审法院判决将 3718 万元款项的营业税、城市建设税、教育费附加及四川省地方教育费附加共计 1171170 元税款在润扬

公司欠付款项中予以抵扣,同时又判令中兴公司向润扬公司提供该部分金额发票,相当于让中兴公司承担双重税负。因此,对于该 3718 万元工程款项的营业税、城市建设税、教育费附加及四川省地方教育费附加的纳税发票,润扬公司应向纳黔公司收取,而不应再要求中兴公司提供。中兴公司关于二审法院判决其向润扬公司提供发票错误的主张成立,本院予以支持。二审法院在抵扣 1171170 元税款同时判令中兴公司提供相应金额的发票属适用法律错误,本院予以纠正。由于润扬公司在本案中对其请求的完工工程相应价款的发票的范围并未明确,各方在合同中约定从工程款项中代扣代缴的仅为建安营业税、城市建设税、教育费附加及地方教育费附加,对于工程款项涉及的其他应税科目并无涉及。润扬公司在本案中也并未提供相应证据证明中兴公司应交付的其他发票的具体类别和数额,故本院在本案中对此不作处理,润扬公司和中兴公司应严格按照国家发票管理的相关法律、法规办理有关事项。

【案例来源】

中国裁判文书网,http://wenshu.court.gov.cn。

建设工程价款优先受偿权

一、权利主体

278 实际施工人与发包人之间没有合同关系，对案涉工程不享有工程价款优先受偿权

【关键词】

│建设工程│建设工程优先权│挂靠│分包│实际施工人│

【案件名称Ⅰ】

再审申请人周贵芳、冯世平与被申请人四川龙达建设集团有限公司、大方新城房地产开发有限公司、贵州久桓房地产开发有限公司建设工程施工合同纠纷案［最高人民法院（2018）最高法民申5769号民事裁定书，2018.12.17］

【裁判精要】

最高人民法院认为：

根据周贵芳、冯世平申请再审的理由，本案再审审查重点为：周贵芳、冯世平是否享有案涉工程价款的优先受偿权。

《合同法》第二百八十六条规定："发包人未按照约定支付价款的，承包人可以催告发包人在合理期限内支付价款。发包人逾期不支付的，除按照建设工程的性质不宜折价、拍卖的以外，承包人可以与发包人协议将该工程折价，也可以申请人民法院将该工程依法拍卖。建设工程的价款就该工程折价或者拍卖的价款优先受偿。"这一规定，是建设工程承包人在其应得工程款范围内对其施工的工程折价或者拍卖所得价款享有优先受偿权的法律基础。鉴于建设工程价款优先受偿权系法定优先权，因其具有优于普通债权和抵押权的权利属性，故对其权利的享有和行使必须具有明确的法律依据，实践中亦应加以严格限制。根据前述法律及相关司法解释规定，行使优先受偿权的主体应仅限于建设工程承包人，现行法律及司法解释并未赋予实际施工人享有建设工程价款优先受偿的权利。因此，周贵芳、冯世平作为案涉工程的实际施工人主张建设工程价款的优先受偿权，缺乏法律依据，本院不予支持。结合本案案情，二审法院以《财富新城建设工程施工合同》约定的竣工日期作为本案建设工程价款优先受偿权的起算时间，存在不当，但案件最终处理结果正确。

【案例来源】

中国裁判文书网，http://wenshu.court.gov.cn。

【案件名称Ⅱ】

再审申请人任启兵、刘九生、王登成与被申请人封智高、江西盛远建设工程有限公司，一审被告江西赛虹实业有限公司建设工程施工合同纠纷案［最高人民法院（2018）最高法民再35号民事判决书，2018.6.4］

【裁判精要】

最高人民法院认为：

《合同法》第二百八十六条规定："发包人未按照约定支付价款的，承包人可以催告发包人在合理期限内支付价款。发包人逾期不支付的，除按照建设工程的性质不宜折价、拍卖的以外，承包人可以与发包人协议将该工程折价，也可以申请人民法院将该工程依法拍卖。建设工程的价款就该工程折价或者拍卖的价款优先受偿。"封智高挂靠盛远公司承建案涉工程，并与不具有施工资质的任启兵、刘九生、王登成签订《建筑工程清包合同》。任启兵、刘九生、王登成并非案涉工程的承包人，依据上述法律规定，三人不具备对案涉工程享有建设工程价款优先受偿权的主体资格。故三人关于对案涉厂房享有建设工程价款优先受偿权的诉讼请求，不应予以支持。

【案例来源】

中国裁判文书网，http://wenshu.court.gov.cn。

编者说明

与发包人之间没有合同关系的实际施工人，是否对案涉工程享有建设工程价款优先受偿权，最高人民法院的观点曾认为，《建设工程施工合同解释》第二十六条规定了分包人和实际施工人完成了其与总包人或转包人之间合同约定的施工义务且工程质量合格的，在总包人或者转包人不主张或者怠于主张工程价款优先受偿权的情况下，应允许分包人或者实际施工人就其承建的工程部分在发包人欠付的工程款范围内向发包人主张工程价款优先受偿权。分包人或者实际施工人有条件地享有优先受偿权。[1]

此后，《建设工程施工合同解释（二）》第十七条作出明确规定："与发包人订立建设工程施工合同的承包人，根据合同法第二百八十六条规定请求其承建工程的价款就工程折价或者拍卖的价款优先受偿的，人民法院应予支持。"该条规定明确了以下问题：

(1) 原则上，与发包人签订施工合同的承包人才享有工程价款优先受偿权。《合同法》第二百八十六条没有规定哪些承包人享有工程价款优先受偿权，本条对此进行了明确，与发包人签订施工合同的承包人才有权享有。

---

[1] 参见本书研究组：《分包人或者实际施工人是否享有优先受偿权》，载最高人民法院民事审判第一庭编：《民事审判指导与参考》（总第65辑），人民法院出版社2016年版，第252页。

（2）工程勘察人、设计人不是施工人，不享有优先受偿权。

（3）监理人不享有优先受偿权。《合同法》第二百七十六条规定："建设工程实行监理的，发包人应当与监理人采用书面形式订立委托监理合同。发包人与监理人的权利和义务以及法律责任，应当依照本法委托合同以及其他有关法律、行政法规的规定。"据此，监理合同属于委托合同，监理人不享有优先受偿权。

（4）分包人、实际施工人在特定情形下享有优先受偿权。分包情形下，分包人与发包人直接签订合同，或者发包人指定分包人的，此时分包人有优先受偿权，否则分包人与发包人没有直接的权利义务关系，发包人对分包人没有支付工程款的义务，分包人没有优先受偿权。

此规则同样适用于实际施工人。

279 建设工程债权转让后，受让人享有优先受偿权

【关键词】

  │ 建设工程 │ 优先受偿权 │ 债权转让 │

【案件名称】

上诉人陕西西岳山庄有限公司与被上诉人中建三局建发工程有限公司、中建三局第三建设工程有限责任公司建设工程施工合同纠纷案［最高人民法院（2007）民一终字第 10 号民事判决书，2007. 10. 16 ］

【裁判精要】

裁判摘要：根据《合同法》第七十九条的规定，债权人可以将合同的权利全部或者部分转让给第三人，但根据合同性质不得转让的、按照当事人约定不得转让的和依照法律规定不得转让的除外。法律、法规并不禁止建设工程施工合同项下的债权转让，只要建设工程施工合同的当事人没有约定合同项下的债权不得转让，债权人向第三人转让债权并通知债务人的，债权转让合法有效，债权人无须就债权转让事项征得债务人同意。

最高人民法院认为：

（六）关于建发公司对涉案工程是否享有优先受偿权的问题

建设工程款具有优先受偿性质。建发公司基于受让债权取得此项权利。鉴于该项建设工程目前尚未全部竣工，《施工合同》因西岳山庄拖欠工程款等原因而迟延履行，建发公司优先受偿权的行使期限应从 2005 年 10 月 10 日解除合同时起算。此前建发公司已提起诉讼，故不应认定其优先受偿权的行使期限已超过 6 个月。对于

西岳山庄关于建发公司已超过行使优先受偿权期限的主张,本院不予支持。

【案例来源】

《中华人民共和国最高人民法院公报》2007 年第 12 期(总第 134 期)。

编者说明

建设工程债权转让后,受让人也应享有优先受偿权。建设工程承包人转让其在施工中形成的债权,受让人基于债权的转让而取得工程款债权,因而其应当享有该工程款的优先受偿权。法定优先权属于担保物权,具有一定的追及效力,其功能是担保工程款优先支付,该权利依附于所担保的工程而存在,即使被担保的工程发生转让,也不影响受让人优先受偿权的行使。①

---

① 参见本书研究组:《建设工程债权转让后,受让人是否享有优先受偿权》,载最高人民法院民事审判第一庭编:《民事审判指导与参考》(总第 65 辑),人民法院出版社 2016 年版,第 252 页。

二、受偿范围

280 工程款利息是否属于建设工程价款优先受偿权的范围

【关键词】

| 建设工程 | 优先受偿权 | 利息 |

【案件名称】

上诉人中建三局集团有限公司与上诉人宁夏北方置业开发有限公司建设工程合同纠纷案 [最高人民法院(2017)最高法民终 611 号民事判决书，2017. 11. 26]

【裁判精要】

最高人民法院认为：

三、关于中建三局对工程价款享有优先受偿权的范围是否包括北方置业公司欠付的所有工程款及利息的问题

双方签订的《建设工程施工合同》约定：发包人在收到竣工结算报告及结算资料后 56 天内仍不支付工程款的，承包人可以与发包人协议将该工程折价，也可以由承包人申请人民法院将该工程依法拍卖，承包人就该工程折价或者拍卖的价款优先受偿。案涉工程最后结算时间为 2016 年 1 月 24 日，优先受偿权起算时间应为 2016 年 3 月 22 日，2016 年 6 月 27 日中建三局向北方置业公司致函索要工程款并主张就案涉工程享有优先受偿权，未过优先受偿权 6 个月的行使期限。根据《优先受偿权批复》第三条的规定，"建筑工程价款包括承包人为建设工程应当支付的工作人员报酬、材料款等实际支出的费用，不包括承包人因发包人违约所造成的损失"。故中建三局请求应在北方置业公司欠付工程款 26328787.50 元的范围内对案涉工程折价或者拍卖的价款享有优先受偿权的主张成立，应予支持。至于中建三局对工程价款享有优先受偿权的范围是否包括北方置业公司欠付工程款的利息的问题，根据《优先受偿权批复》第三条的规定，可以享受建设工程优先受偿权的工程款范围是承包人为建设工程实际支出的费用，包括应当支付的工作人员报酬、材料款等，不包括承包人因发包人违约所造成的损失。但工程款利息属于法定孳息，是基于承包人实际支出的费用而产生的孳息，与工程款本为一体，理应属于优先权的受偿范围。中建三局上诉主张，其优先受偿权的范围包括欠付工程款及利息，具有相应的事实和法律依据，本院予以支持。

【案例来源】

中国裁判文书网,http://wenshu.court.gov.cn。

编者说明

    确立建设工程价款优先受偿权制度的初衷是保护建筑工人的合法权益,但基于合同相对性原则,此项保护并不能直接指向建筑工人的工资权益,而是以保护承包人的建设工程价款债权为媒介,间接保护建筑工人的合法权益。《合同法》第二百八十六条规定,建设工程的价款可就建设工程折价或者拍卖的价款优先受偿。关于建设工程价款中哪些部分能够就建设工程折价或者拍卖的价款优先受偿的问题,实践和理论上存在争议。争议的焦点是承包人的利润和建设工程价款的利息是否可优先受偿。对此,《优先受偿权批复》第三条规定,建筑工程价款包括承包人为建设工程应当支付的工作人员报酬、材料款等实际支出的费用,不包括承包人因发包人违约所造成的损失。该规定的目的是回归《合同法》第二百八十六条设立建设工程价款优先受偿权制度的本意。就价值取向和法理基础而言,该条规定是适当的,但也存在不足,即缺乏可操作性,没有考虑诉讼成本。从建设工程施工实践来看,要从建设工程价款中计算承包人为工程建设支付的工作人员报酬、材料款等实际支出的费用,缺乏可操作性。即使可能,成本也太高。因此,该条批复在司法实践中适用的效果并不理想。因此,《建设工程施工合同解释(二)》第二十一条对批复作了修改,规定:"承包人建设工程价款优先受偿的范围依照国务院有关行政主管部门关于建设工程价款范围的规定确定。承包人就逾期支付建设工程价款的利息、违约金、损害赔偿金等主张优先受偿的,人民法院不予支持。"

    目前,国务院有关行政主管部门关于建设工程价款范围的规定主要有:住建部、财政部印发的《建筑安装工程费用项目组成》(建标〔2013〕44号)第一条第一款规定,建筑安装工程费用项目按费用构成要素组成划分为人工费、材料费、施工机具使用费、企业管理费、利润、规费和税金;原建设部《建设工程施工发包与承包价格管理暂行规定》规定建设工程价款包括三部分:成本(直接成本、间接成本)、利润和税金。因此,无论以哪种方式计算,建设工程价款中的利润都可优先受偿。这样规定的主要理由是,从实践看,无论是建设工程造价鉴定还是当事人对建设工程价款的约定,都将利润作为建设工程价款的一部分。建设工程项目多、周期长,工程价款计算方式较为特殊,要从建设工程价款中区分出利润未必可行,成本太高,而且根据不同的计算方式和依据,结果也不相同;建筑行业属于薄利行业,行业整体利润水平不高,如果对建筑企业的利润不予较强的保护,会阻碍建筑行业发展。同时,如果对承包人应得的全部工程价款不予优先保护,可能导致承包人的资产负债状况恶化,造成承包人发不出工资,从而影响建筑工人的合法权益。因此,对承包人的利润予以优先保护,符合《合同法》第二百八十六条的主旨。同时,本条解释规定逾期支付工程价款的利息不能优先受偿,主要理由是,建设工程价款优先受偿权不仅对发包人的利益影响巨大,对抵押权人等第三方的利益也有较大影响,在保护弱者的同时应做好各方当事人的利益平衡。既然已经将承包人的利润纳入建设工程价款优先受偿权的保护范围,不宜再将逾期支付工程价款的利息纳入建设工程价款优先受偿权的保护范围。[1] 也就是说,《建设工程施

---

[1] 参见程新文、刘敏、谢勇:《〈关于审理建设工程施工合同纠纷案件适用法律问题的解释(二)〉的理解与适用》,载《人民司法·应用》2019年第4期。

工合同解释(二)》施行后,承包人的利润属于建设工程价款优先受偿权的保护范围,逾期支付工程价款的利息不属于建设工程价款优先受偿权的保护范围。

281 违约金不属于建设工程价款优先受偿权的范围

【关键词】

| 建设工程 | 优先受偿权 | 违约金 |

【案件名称】

上诉人山西长实房地产开发集团有限公司、山西晋豪国际大酒店有限公司与被上诉人江苏南通六建建设集团有限公司建设工程合同纠纷案［最高人民法院(2014)民一终字第181号民事判决书,2014.12.4］

【裁判精要】

最高人民法院认为:

2. 南通六建享有案涉建设工程价款优先受偿权的范围

《项目洽谈纪要》约定,工程欠款6000万元中包括工程款4300万元,剩余的1700万元为"财务费用及其他部分"。对此1700万元款项的性质,南通六建主张该1700万元系由于案涉工程施工周期延长,南通六建的人工费、水电费的增加,机械设备及周转材料使用周期延长增加的费用,以及垫资及未付款部分财务费用的增加等;长实公司对此不予认可,主张该费用为违约损失。在《项目洽谈纪要》当事人对该1700万元"财务费用及其他部分"款项性质各执一词的情况下,对该款项性质的认定,需要对于当事人之间所签订的上述"财务费用及其他部分"的约定进行解释。对此,本院认为,该1700万元的性质应认定为当事人所约定的违约损失,而非工程款,主要理由在于:

首先,从该《项目洽谈纪要》约定的文义来看,其一,在6000万元款项中,当事人明确区分为工程款和"财务费用及其他部分",这说明南通六建在签署纪要时即已经认可该1700万元财务费用及其他部分不能等同于工程款;其二,《项目洽谈纪要》中并无材料费、人工费的用词,而从当事人所约定的"在此期间双方协商,包括财务费用及其他部分一并打包"的文义来看,该部分1700万元费用系财务费用及同财务费用相并列的费用,而该部分费用并不属于工程款;其三,《项目洽谈纪要》第一条对于6000万元的表述为"款项",而非工程款。故从该纪要约定的文义来看,应仅承认当事人所明确约定的4300万元"工程款"具有工程款的性质。

其次,从当事人关于工程价款结算约定的先前做法来看,2011年6月8日《协议书》约定:"(2)双方约定自2011年7月份前甲方给予乙方相关损失的经济补偿计:

1350万元。（3）本工程结算价合计为：12920万元。"在该协议中确认了工程结算价已包含了1350万元补偿，故结合该《协议书》所约定的内容，《项目洽谈纪要》中所约定的1700万元解释为具有补偿性质，更符合案涉当事人关于工程款结算已经采用过的结算做法。补偿款项在性质上属于违约赔偿损失的范畴，不属于工程款范畴。

再次，即使按照南通六建的主张，该"1700万元财务费用及其他部分"系人工费、水电费的增加、机械设备及周转材料使用周期延长增加的费用，此部分费用也不能被包括在《优先受偿权批复》第一条所规定的范围之内。建设工程价款优先受偿权所保护的范围系投入或者物化到建设工程中、对建设工程所产生增值部分的工作人员报酬、材料款等实际支出的费用，在发包人欠付工程款的情况下，施工人由于无法取回其"实际投入"或者物化到建设工程中的该部分价值，从而设定了一种对拍卖价款的物上代位，即施工人可以从该工程拍卖或者折价款项中优先取得其实际投入或者物化到建设工程中的价值；而对于未"实际投入"到建筑物中的价值，无论其表现形式如何，均不能对建设工程取得优先受偿的地位。因此，尽管南通六建主张《项目洽谈纪要》中所约定的"1700万元财务费用及其他部分"系由于工期延长所增加的人工费、水电费及机械设备及周转材料使用周期延长增加的费用，但是这些增加的费用实质上并没有"实际投入"到案涉天天家园建设工程之中，因此，该部分款项在性质上仍然属于工程拖期所造成的违约金性质，而不属于建设工程优先受偿权的范围。

最后，从建设工程价款结算的惯例来看，对于建设工程拖期所造成的人工费增加、租赁费增加在结算时普遍被列入工程延期所造成的损失，该损失在性质上被界定为违约损失，而非工程价款的范围。

综合上述几个因素，案涉《项目洽谈纪要》中1700万元"财务费用及其他部分"不应属于工程款的范畴，而应属于违约金的范畴。依据《优先受偿权批复》第三条"建筑工程价款包括承包人为建设工程应当支付的工作人员报酬、材料款等实际支出的费用，不包括承包人因发包人违约所造成的损失"的规定，南通六建对于该1700万元"财务费用及其他部分"对案涉建设工程不享有优先受偿权，原审法院认定南通六建对该部分款项享有优先受偿权，适用法律错误，应予纠正。而对于《项目洽谈纪要》明确载明的工程款4300万元，依据《合同法》第二百八十六条"发包人未按照规定支付价款的，承包人可以催告发包人在合理期限内支付价款。发包人逾期不支付的，除按照建筑工程不宜折价、拍卖的以外，承包人可以与发包人协议将工程折价，也可以申请人民法院将该工程依法拍卖"的规定，南通六建有权对案涉建设工程享有优先受偿权。

【案例来源】

中国裁判文书网，http://wenshu.court.gov.cn。

282 建筑工程价款优先受偿权行使范围，不包括因发包人违约所造成的停窝工损失和材料价差损失

【关键词】

｜建设工程｜优先受偿权｜停窝工损失｜材料损失｜

【案件名称】

上诉人中铁二十二局集团第四工程有限公司与上诉人安徽瑞讯交通开发有限公司、被上诉人安徽省高速公路控股集团有限公司建设工程施工合同纠纷案［最高人民法院(2014)民一终字第 56 号民事判决书，2014.5.15］

【裁判精要】

裁判摘要:《优先受偿权批复》第三条规定:"建筑工程价款包括承包人为建设工程应当支付的工作人员报酬、材料款等实际支出的费用,不包括承包人因发包人违约所造成的损失。"承包人诉讼请求中所主张的因发包人违约造成的停窝工损失和材料价差损失,不属于建设工程价款优先受偿权的权利行使范围,承包人请求对上述两部分款项行使优先受偿权的,人民法院不予支持。

最高人民法院认为:

(三)关于瑞讯公司应否赔偿中铁公司停窝工损失,如应赔偿,则赔偿的数额是多少的问题

对于该争议问题,中铁公司、瑞讯公司的诉辩又包括以下两部分停窝工损失的争议:

1. 关于 2004 年 3 月至 2005 年 3 月期间的停窝工损失问题。根据合同通用条款第 53 条约定,如果承包人根据合同条款中任何条款提出任何附加支付的索赔时,其应该在该索赔事件首次发生的 21 天之内将其索赔意向书提交监理工程师,并抄送业主;监理工程师在与业主和承包人协商后,确定承包人有权得到的全部或部分索赔款额。对于 2004 年至 2005 年第一次停窝工期间的确定部分造价为 6778661.54 元,经查明,是指既有现场监理人员签字确认的每日停窝工情况具体统计表,也有现场监理人员签字确认的每月停窝工情况统计表,这说明对于这部分损失,中铁公司已经按照索赔程序提出了索赔,且该索赔已经经过监理签字予以确认,故中铁公司的该索赔符合上述合同通用条款第 53 条的约定,一审法院判决瑞讯公司赔偿中铁公司此部分确定款项的损失,并无不当,应予维持。

至于瑞讯公司上诉主张,在上述索赔材料上签字的王波非其监理人员,无权确

定索赔事项的理由,经查明,王波系案涉阜周高速公路13标段2004年5月至2005年3月期间的现场监理人员;而合同通用条款第53.5款明确约定,监理具有确定索赔的权利,因此,在瑞讯公司无证据证明上述索赔依据上的监理"王波"的签证系虚假的情况下,一审法院判决瑞讯公司赔偿中铁公司上述经过监理王波签证认可的可确定部分停窝工损失6778661.54元,并无不当。瑞讯公司的上诉理由不能成立,本院不予采信。

对于2004年至2005年第一次停工期间人员、机械设备停窝工费用不确定部分的造价6929833.87元,经查明,该部分诉请款项是指:2004年12月份的统计表中,只有12月1日至6日的明细,没有其他天数的明细;2004年1~6月和2005年1~3月,只有现场监理人员签字确认的每月停窝工情况统计表,没有现场监理人员签字确认的每日停窝工情况统计表。上述事实表明,该不确定部分停窝工损失款项虽然有每月的总统计表,但没有与此总统计表一一对应的每日索赔签证统计表,这同案涉工程针对确定部分停窝工损失的通常做法不符,一审法院未支持中铁公司针对该不确定部分停窝工损失的诉请,并无不当。中铁公司上诉请求瑞讯公司赔偿该部分损失,理据不足,应予驳回。

2. 关于2006年11月至2009年4月期间的停窝工损失问题。经查,对此部分损失,中铁公司亦自认,其并未依据合同约定提出过索赔,因此,在中铁公司未依据合同通用条款第53条约定履行索赔程序的情况下,根据该条的进一步约定,中铁公司无权获得该部分诉请款项的赔偿,而其在本案中主张由法院酌定瑞讯公司赔偿该停窝工损失400万元,无事实及法律依据,应予驳回。

综上,一审法院判决瑞讯公司赔偿中铁公司停窝工损失的数额并无不当,中铁公司与瑞讯公司针对停窝工损失的上诉请求均无事实及法律依据,本院均不予支持。

(七)关于中铁公司主张对案涉工程项目享有优先受偿权的请求能否成立问题

根据《优先受偿权批复》第三条"建筑工程价款包括承包人为建设工程应当支付的工作人员报酬、材料款等实际支出的费用,不包括承包人因发包人违约所造成的损失"的规定,能够行使建设工程价款优先受偿权的权利范围不包括因发包人违约导致的损失。而从前述中铁公司在本案中被支持的诉请款项来看,包括因瑞讯公司违约给其造成的停窝工损失和材料价差损失两项,均不属于建设工程价款优先受偿权的权利行使范围,故一审法院未予支持中铁公司主张对案涉工程项目享有优先受偿权的请求,并无不当。中铁公司主张对案涉工程项目享有优先受偿权的该项上诉请求,无事实及法律依据,应予驳回。

【权威解析】

本案判决涉及目前建设工程案件审理中的一个重要问题,即建设工程价款优先受偿权的行使范围问题。

《优先受偿权批复》第一条规定:"人民法院在审理房地产纠纷案件和办理执行案件中,应当依照《中华人民共和国合同法》第二百八十六条的规定,认定建筑工程的承包人的优先受偿权优于抵押权和其他债权。"建设工程价款优先受偿权所保护的范围系投入或者物化到建设工程中、对建设工程所产生增值部分的工作人员报酬、材料款等实际支出的费用,在发包人欠付工程款的情况下,施工人由于无法取回其"实际投入"或者物化到建设工程中的该部分价值,从而设定了一种对拍卖价款的物上代位,即施工人可以从该工程拍卖或者折价款项中优先取得其实际投入或者物化到建设工程中的价值;而对于未"实际投入"到建筑物中的价值,无论其表现形式如何,均不能对建设工程取得优先受偿的地位。基于此,能够行使建设工程价款优先受偿权的权利范围不包括因发包人违约导致的损失。而从中铁公司在本案中被支持的诉请款项来看,包括因瑞讯公司违约给其造成的停窝工损失和材料价差损失两项,这二者均不属于建设工程价款优先受偿权的权利行使范围,故中铁公司主张对案涉工程项目享有优先受偿权的该项上诉请求,无事实及法律依据,应予驳回。①

【案例来源】

《中华人民共和国最高人民法院公报》2016 年第 4 期(总第 234 期)。

编者说明

停窝工损失,是指因一方违约或因不可抗力或因其他不可归责于双方的事由等导致停窝工,停窝工期间发生的机械租赁期限延长和施工人员窝工而导致的机械费、人工费增加的费用、材料价差费用等支出。因承包人原因造成的停窝工损失,应当由承包人自行承担,不应计算在工程款中,也不存在优先受偿的争议;因发包人原因、不可抗力或其他不可归责于双方的事由造成的停窝工损失,应由发包人承担,但是否属于建设工程价款优先受偿权的范围,存有争议。

《建设工程施工合同解释(二)》第二十一条规定:"承包人建设工程价款优先受偿的范围依照国务院有关行政主管部门关于建设工程价款范围的规定确定。承包人就逾期支付建设工程价款的利息、违约金、损害赔偿金等主张优先受偿的,人民法院不予支持。"据此,并参考前述《中华人民共和国最高人民法院公报》案例,最高人民法院的倾向性观点是,停工损失费不属于工程价款范围,性质上属于承包人的损失,不是实际用于建设工程的费用,

---

① 参见仲伟珩:《建设工程价款优先受偿权的权利范围不包括因发包人违约导致的损失——中铁二十二局集团第四工程有限公司与安徽瑞讯交通开发有限公司、安徽省高速公路控股集团有限公司建设工程施工合同纠纷上诉案》,载最高人民法院民事审判第一庭编:《民事审判指导与参考》(总第 62 辑),人民法院出版社 2015 年版,第 182 页。

故不属于建设工程价款优先受偿权的权利行使范围。①具体来说,从建设工程价款优先受偿权保护的法益来看,主要系保障工程款债权的实现,故承包人因发包人原因所产生的损失不应纳入建设工程价款优先受偿权的范围。目前,国务院有关行政主管部门规定的建设工程价款范围包括:人工费、材料费、施工机具使用费、企业管理费、利润、规费和税金。②显然,停窝工损失不属于工程价款范围。施工合同中也一般约定停窝工损失属于停工索赔部分,属于承包人的损失,从损失的角度理解,根据前述《建设工程施工合同解释(二)》第二十一条规定,不应当属于可优先受偿的工程价款。

此外,可以参考最高人民法院(2007)民一终字第39号大连渤海建筑工程总公司与大连金世纪房屋开发有限公司、大连宝玉房地产开发有限公司、大连宝玉集团有限公司建设工程施工合同纠纷案。该案判决书指出:"参照建设部《建筑工程发包与承包计价管理办法》第五条规定:招标标底和投标报价(工程价款)由成本(直接费、间接费)、利润、税金构成。直接费以人工、材料、机械的消耗量及其相应价格规定。间接费、利润、税金按照有关规定另行计算。《最高人民法院关于建设工程价款优先受偿问题的批复》第三条规定:建筑工程价款包括承包人为建设工程应当支付的工作人员报酬、材料款等实际支出的费用,不包括承包人因发包人违约所造成的损失。按照上述规定,停工损失费属于'因发包人违约所造成的损失'。"③

但也有观点认为,因停窝工而增加的机械费、人工费是承包人所实际支出的费用,并且也凝结在了建设工程项目之中,属于可优先受偿的工程价款。如2013年《安徽省高级人民法院关于审理建设工程施工合同纠纷案件适用法律问题的指导意见(二)》第二十三条规定:"因发包人原因导致承包人施工期间停窝工产生的工人工资、设备租赁等费用,承包人将该费用与工程价款一并主张优先受偿权的,应予支持。"④

---

① 参见常设中国建设工程法律论坛第八工作组:《中国建设工程施工合同法律全书:词条释义与实务指引》,法律出版社2019年版,第443页。

② 目前,国务院有关行政主管部门关于建设工程价款范围的规定主要有:住房和城乡建设部、财政部《建筑安装工程费用项目组成》(建标〔2013〕44号)第一条第一款规定,建筑安装工程费用项目按费用构成要素组成划分为人工费、材料费、施工机具使用费、企业管理费、利润、规费和税金;原建设部《建设工程施工发包与承包价格管理暂行规定》规定建设工程价款包括三部分:成本(直接成本、间接成本)、利润和税金。二者虽然表述不同,但内涵基本一致。即工程价款优先受偿的范围包括人工费、材料费、施工机具使用费、企业管理费、利润、规费和税金。

③ 参见《大连渤海建筑工程总公司与大连金世纪房屋开发有限公司、大连宝玉房地产开发有限公司、大连宝玉集团有限公司建设工程施工合同纠纷案》,载《中华人民共和国最高人民法院公报》2008年第11期。

④ 参见李俊晔编著:《建设工程裁判规范指引》,法律出版社2019年版,第301页。

三、行使条件

283 行使优先受偿权不以施工合同有效为前提条件

【关键词】

│建设工程│优先受偿权│合同效力│

【案件名称】

上诉人中扶建设有限责任公司与上诉人德化金龙置业有限公司建设工程施工合同纠纷案［最高人民法院（2017）最高法民终766号民事判决书，2018.1.8］

【裁判精要】

最高人民法院认为：

(七)关于中扶公司应否享有建设工程价款优先受偿权问题

建设工程价款优先受偿权是法律规定的建设工程承包人的一项法定权利,目的是保障承包人能够优先获得工程款。中扶公司作为案涉工程承包人,主张在金龙公司欠付工程款范围内对已完工程享有建设工程价款优先受偿权,于法有据。金龙公司以中扶公司在案涉工程施工过程中存在违法分包情形为由,主张中扶公司不应享有建设工程价款优先受偿权,于法无据。

《优先受偿权批复》第四条规定,建设工程承包人行使优先权的期限为六个月,自建设工程竣工之日或者建设工程合同约定的竣工之日起算。案涉工程系未完工程,故无法依据竣工日期确定中扶公司行使建设工程价款优先受偿权的期限。金龙公司虽于2015年6月29日发出通知解除案涉建设工程施工合同,但中扶公司于同年7月2日回函表示金龙公司无权解除合同。中扶公司起诉时,仍请求判令金龙公司继续履行合同。故一审法院综合本案实际情况,认定中扶公司行使建设工程价款优先受偿权符合法律规定的期限,并无不当。金龙公司提出的自其发出解除合同通知至中扶公司起诉主张建设工程价款优先受偿权已超过六个月,中扶公司不应享有该项权利的上诉理由,不能成立。

【案例来源】

中国裁判文书网,http://wenshu.court.gov.cn。

编者说明

建设工程价款优先受偿权的行使是否受合同效力的影响,这一问题理论界存在很大争议。一种观点认为,根据担保物权的权利特性来看,建筑工程款优先受偿权作为担保物权之一种,仍然具有对主债权——建筑工程款的依附性,建筑工程款是否依法存在决定了该优先受偿权的存在与否。若建筑施工合同无效,发包方应当支付工程款的约定也应无效。虽然承包人付出了相应的劳动,应当获得相应的报酬,否则有违民法的公平观念,但施工合同无效后,承包人获得报酬的权利性质发生了改变,不再是依据合同享有的约定之债,而成为依法享有的获得损失赔偿的权利,该项权利是法定的权利。就建筑工程款优先受偿权的立法目的而言,是法律为了保障承包人约定债权的实现设置的担保物权,施工合同无效后,承包人约定债权亦不存在,对约定债权担保的优先受偿权亦不应当继续存在。另一种观点认为,建设工程施工合同无效,但工程质量合格的,承包人可以依照《建设工程施工合同解释》第二条的规定,主张工程款,故其当然享有工程价款优先受偿权。最高人民法院民一庭倾向认为,建设工程施工合同无效,不应影响优先受偿权的行使。建筑工程款优先受偿的立法目的是保护劳动者的利益。因为在发包人拖欠承包人的工程款中,有相当部分是承包人应当支付给工人的工资和其他劳务费用。根据《优先受偿权批复》第三条的规定,建筑工程款包括了承包人为建设工程应当支付的工作人员的报酬、材料款等实际支付的费用。在无效建筑工程合同中,上述有关费用也已实际发生,应当由发包人予以支付。结合其立法目的来看,即使合同无效,该笔费用亦应享有优先受偿权。①

《建设工程施工合同解释(二)》第十九条采纳了上述观点,规定:"建设工程质量合格,承包人请求其承建工程的价款就工程折价或者拍卖的价款优先受偿的,人民法院应予支持。"即工程质量合格,是承包人行使工程价款优先受偿权的前提。行使优先受偿权不以施工合同有效为前提条件。这是因为,在工程质量合格的情况下,保障建筑企业的工程款债权,保护农民工等建筑工人的利益,属于优先考虑的价值取向。建设工程领域特有的资质与招标投标管理要求,导致实践中施工合同无效的情况较为普遍。而对建设资质和招标投标管理的要求,根本目的是要保证工程质量,因此,工程价款优先受偿权的享有,应当以工程质量合格为条件,而不应以合同有效为条件。若将优先受偿权的行使条件限定为合同有效,会导致大量承包人的工程价款优先受偿权落空。

在制定《建设工程施工合同解释(二)》的过程中,争议的焦点在于,行使建设工程价款优先受偿权是否应当以建设工程施工合同有效为前提条件。持肯定意见的人认为,根据《合同法》第二百八十六条规定,承包人享有建设工程价款优先受偿权必须符合以下条件:第一,发包人未按照约定支付价款,承包人已催告发包人在合理期限内支付价款。第二,发包人逾期不支付。第三,建设工程依其性质宜折价、拍卖。第四,承包人可以与发包人协议将该工程折价,也可以申请人民法院将该工程依法拍卖。第五,承包人应获得的建设工程价款就该工程折价或者拍卖的价款优先受偿。故承包人享有建设工程价款优先受偿权的

---

① 参见本书研究组:《建设工程优先受偿权的行使是否受合同效力的影响》,载最高人民法院民事审判第一庭编:《民事审判指导与参考》(总第63辑),人民法院出版社2016年版,第238~239页。

首要前提条件是发包人未按照约定支付建设工程价款,而未按照约定支付建设工程价款的前提是合同有效。因此,建设工程价款优先受偿权应以建设工程施工合同有效为前提。持否定意见的人认为,建设工程价款优先受偿权不应以建设工程施工合同有效为前提,主要理由是:第一,建设工程领域特有的资质与招标投标管理要求,导致实践中建设施工合同无效的情况较为普遍。若将优先受偿权的行使条件限定为合同有效,会导致大量承包人的建设工程价款优先受偿权落空。第二,在建筑市场上,承包人整体处于弱势地位,缔约是否遵守招标投标程序、是否选择有资质的承包人,决策权主要在发包人一方。如果以合同有效作为承包人享有建设工程价款优先受偿权的前提条件,不仅无助于缓解建设工程施工合同无效较为常见的现状,甚至可能增加发包人的道德风险,形成负面激励。第三,无论是对建设资质的要求还是对招标投标管理的要求,根本目的是要保证建设工程质量,因此,建设工程价款优先受偿权的享有应当以建设工程质量合格为条件,而不应以合同有效为条件。第四,《建设工程施工合同解释》第二条规定,建设工程施工合同无效,但建设工程经竣工验收合格,承包人请求参照合同约定支付工程价款的,应予支持。本条解释在司法实践中的效果较好。建设工程价款优先受偿权的功能是确保建设工程价款债权的实现,二者的成立条件应当相同,否则建设工程价款优先受偿权制度功能就会落空。第五,从《合同法》第二百八十六条的文义来看,并不能必然得出建设工程价款优先受偿权的享有必须以建设工程施工合同有效为条件。在适用该条规定时,应当考虑建设工程施工合同纠纷的特点以及我国建筑市场的现状,不能过于机械。第六,建设工程价款优先受偿权制度的价值是保护农民工工资权益,在建设工程施工合同无效的情形较为常见的情况下,如果以合同有效作为承包人享有权利的前提,会影响农民工工资权益保护。① 司法解释采纳了后一种意见。

284 在建设工程施工合同无效的场合,仍然要保护承包人工程价款优先受偿权

【关键词】

| 建设工程 | 优先受偿权 | 合同无效 |

【案件名称】

上诉人汕头市建安(集团)公司与被上诉人北京秦浪屿工艺品有限公司建设工程施工合同纠纷案[最高人民法院(2011)民一终字第62号民事判决书]

【裁判精要】

裁判摘要:发包人就其得到的建设工程价值向承包人予以折价补偿,该补偿款

---

① 参见程新文、刘敏、谢勇:《〈关于审理建设工程施工合同纠纷案件适用法律问题的解释(二)〉的理解与适用》,载《人民司法·应用》2019年第4期。

中包含建筑工人工资。工程价款优先受偿权的立法目的是为解决发包人拖欠承包人工人工资问题,处于立法政策的考虑,在建设工程施工合同无效的场合,仍然要保护承包人工程价款优先受偿权。

最高人民法院认为:

(五)关于一审判决对汕头公司工程款优先受偿权的判令适用法律是否正确问题

本案所涉工程于 2008 年 6 月 27 日竣工。一审卷宗立案审查表记载汕头公司于 2008 年 12 月 24 日向一审法院提交起诉书,汕头公司主张工程款优先受偿权的期限,符合《优先受偿权批复》规定。秦浪屿公司认为汕头公司优先受偿权主张超过法定期限,缺乏事实依据,本院不予支持。工程价款的利息依法属于工程款法定孳息,本案工程奖励费、赶工费属于工程价款的组成部分,秦浪屿公司主张上述款项不应纳入汕头公司优先受偿权的行使范围,与法律规定不符,本院不予支持。

【权威解析】

3. 关于汕头公司是否就所建工程享有优先受偿权问题

对于合同无效情形下,承包人是否享有优先受偿权问题,存在两种不同意见。一种意见认为,《合同法》有关工程价款优先受偿权的立法目的就是为了解决发包方拖欠承包方工人工资问题,处于立法政策的考虑,在建设工程施工合同无效的场合,仍然要保护建筑施工企业施工人员工资,承包人应当就所建工程享有优先受偿权。按照《建设工程施工合同解释》第二条规定,发包人要给付承包人工程款,因此,承包人基于工程款债权,依照《合同法》规定享有优先受偿权。另一种意见认为,汕头公司无权就所建工程享有优先受偿权。其一,从工程价款优先受偿权的法理基础看,只有在合同有效情形下,才存在保护优先权问题,即优先受偿权应当是基于合法的建设工程施工合同而产生的工程款。当建设工程施工合同因违反法律禁止性规定被认定无效,保护承包方工程价款优先受偿权没有法理基础。其二,依照《建设工程施工合同解释》第二条的规定,建设工程施工合同被认定无效后,参照合同约定结算工程款,并不是无效合同按照有效处理,而是合同无效财产返还方式。依照无效合同的处理原则,发包方获得承包方承建的工程无法返还,只能采用折价补偿的方式,该种补偿应当以据实结算作为基础,解释为简便起见,规定参照合同确定补偿价款。优先受偿权依附于工程价款这一债权而存在,在承包人对发包人享有的仅是财产折价返还请求权,而非工程款支付请求权情形下,承包人不享有工程价款优先受偿权。

最高人民法院审判委员会讨论意见认为,在建设工程施工合同纠纷案件审理中,由于建筑市场违法违规行为的普遍,建设工程施工合同被认定无效占有很大比例。如果认定合同无效时,承包人均不享有工程款的优先受偿权,则很难平衡双方当事人的利益关系,承包人处于不利的地位,工程款债权很难实现,与之相对应,建筑施工企业施工人员工资亦难以保护。从《合同法》规定的工程价款优先受偿权的立法目的考虑,应尽可能保护承包人工程款的优先受偿权。[1]

【案例来源】

最高人民法院民事审判第一庭编:《民事审判指导与参考》(总第 55 辑),人民法院出版社 2014 年版,第 132 页。

编者说明

建设工程施工合同被认定无效,施工人还能不能依据《合同法》第二百八十六条之规定,主张工程款的优先权? 对此,工程款优先权是《合同法》第二百八十六条赋予建设工程施工人的一项法定优先权,目的是保障施工人能够及时取得工程款。建设工程施工合同被认定无效,并非排除适用《合同法》第二百八十六条的条件。只要工程款数额能够确定且不违反法律规定,施工人的优先权即受法律保护。发包人以建设工程施工合同无效为由,主张施工人对工程款不享有优先权的观点不能成立。[2]

285　工程是否实际竣工不是建设工程价款优先受偿权的构成要件

【关键词】

　|建设工程|优先受偿权|竣工|

【案件名称Ⅰ】

上诉人江苏弘盛建设工程集团有限公司与上诉人山东华城金冠置业有限公司建设工程施工合同纠纷案〔最高人民法院(2018)最高法民终 410 号民事判决书,2018.8.22〕

【裁判精要】

最高人民法院认为:

(七)关于涉案工程优先受偿权问题

华城金冠公司上诉主张,涉案工程没有完工,江苏弘盛公司无权享有本案工程

---

[1]　参见关丽:《就同一建设工程分别签订的多份施工合同均被认定无效后,应当参照双方当事人达成合意并实际履行的合同结算工程价款——汕头市建安(集团)公司与北京秦浪屿工艺品有限公司建设工程施工合同纠纷上诉案》,载最高人民法院民事审判第一庭编:《民事审判指导与参考》(总第 55 辑),人民法院出版社 2014 年版,第 134~135 页。

[2]　参见本书研究组:《施工人在建设工程施工合同无效的情况下是否还享有工程价款优先受偿权?》,载最高人民法院民事审判第一庭编:《民事审判指导与参考》(总第 60 辑),人民法院出版社 2015 年版,第 255 页。

优先受偿权。本院认为,《合同法》第二百八十六条的规定,是法律赋予承包人工程款优先受偿的权利,从该条规定的条文表述分析,没有要求承包人优先受偿工程款必须以工程完工为先决条件。在涉案合同终止履行的情形下,承包人江苏弘盛公司对未完工程也享有优先受偿的权利。

虽然涉案工程未完工,但江苏弘盛公司在停止施工后六个月以内提起诉讼,根据《优先受偿权批复》第四条"建设工程承包人行使优先权的期限为六个月,自建设工程竣工之日或者建设工程合同约定的竣工之日起计算"规定,江苏弘盛公司并未超过法定主张优先受偿权的期限。工程价款优先受偿权是以发包人欠付工程款为前提,亦无施工合同无效或工程未竣工不得行使优先权的禁止性规定,只要发包人有欠付工程款的事实,承包人就可以依照法律规定的程序主张工程价款优先受偿权。故华城金冠公司的主张缺乏事实和法律依据,本院不予支持。

【案例来源】

中国裁判文书网,http://wenshu. court. gov. cn。

【案件名称Ⅱ】

上诉人中铁建设集团有限公司与上诉人江西海源房地产开发有限公司建设工程施工合同纠纷案 [最高人民法院(2017)最高法民终 762 号民事判决书,2017. 12. 27]

【裁判精要】

最高人民法院认为:

三、关于中铁建设集团对其承建的工程是否享有建设工程价款优先受偿权的问题

《合同法》第二百八十六条规定:"发包人未按照约定支付价款的,承包人可以催告发包人在合理期限内支付价款。发包人逾期不支付的,除按照建设工程的性质不宜折价、拍卖的以外,承包人可以与发包人协议将该工程折价,也可以申请人民法院将该工程依法拍卖。建设工程的价款就该工程折价或者拍卖的价款优先受偿。"《优先受偿权批复》第四条规定:"建设工程承包人行使优先权的期限为六个月,自建设工程竣工之日或者建设工程合同约定的竣工之日起计算。"根据该条规定,建设工程价款优先受偿权的行使期限及起算点以实际或者约定的竣工日起算,而非以工程是否实际竣工作为优先受偿权的构成要件或前提条件。

本案中,因海源公司作为发包人逾期支付工程款,因此一审判令中铁建设集团在欠付工程款的范围内就建设工程价款享有优先受偿权,具有事实依据和法律依据,本院予以维持。海源公司关于案涉工程并未竣工,中铁建设集团缺乏行使优先权的前提条件的上诉理由并无相应的法律依据,本院不予支持。至于中铁建设集团

的优先受偿权能否对抗相关业主的权利,并不属于本案的审理范围,本院在本案中不予理涉。海源公司关于案涉工程已经对外销售、中铁建设集团不享有优先受偿权的诉讼理由并无相应的法律依据,本院不予支持。

【案例来源】

中国裁判文书网,http://wenshu.court.gov.cn。

编者说明

建设工程价款优先受偿权的行使不以建设工程是否竣工为限。建设工程价款的优先受偿权是以发包人欠付工程款为前提的,所以即使工程未竣工,只要发包人有欠付工程款的事实,承包人就可以依照法律规定的程序主张工程价款优先受偿权。这样理解,有利于保护农民工的利益,也符合立法本意。当然,如果因承包人自身原因导致施工质量不合格或工程进度未按约定完成的,就无权要求发包人支付工程款,相应地,其也不能行使工程价款的优先受偿权。[①]

《建设工程施工合同解释(二)》第二十条规定:"未竣工的建设工程质量合格,承包人请求其承建工程的价款就其承建工程部分折价或者拍卖的价款优先受偿的,人民法院应予支持。"该条进一步明确工程款优先受偿权的行使不以工程竣工为条件。对未竣工工程质量的判定,应根据工程是否续建区别对待:(1)工程未由第三人续建,发包人提出质量异议,应由承包人举证证明未完工工程质量合格,如提供已完工程的分部分项的验收手续,或者通过鉴定等确定。(2)工程由第三人续建的,分为两种情形:第一,如果第三人续建并最终实现竣工验收,在没有证据证明未完工工程质量不合格时,应视为质量合格;第二,如果第三人续建但工程未竣工验收,则发包人在将工程交由第三人续建前,应首先确定续建前承包人施工的工程情况,否则导致无法认定质量责任的,推定续建前的工程质量合格。

此外,未竣工工程价款优先受偿的范围,为承包人已完成工程的价款,即以施工预算价为基础进行评估确定的工程价,包括已完工工程量所包含的利润。未完工程的预期可得利润,属于违约造成的损失范畴,不能就工程的折价或者拍卖价款优先受偿。[②]

286 施工合同解除后承包人仍享有建设工程优先受偿权

【关键词】

│建设工程│优先受偿权│合同解除│

[①] 参见本书研究组:《建设工程优先受偿权的行使是否以工程竣工为条件》,载最高人民法院民事审判第一庭编:《民事审判指导与参考》(总第62辑),人民法院出版社2016年版,第294页。

[②] 参见最高人民法院民事审判第一庭编著:《最高人民法院建设工程施工合同司法解释(二)理解与适用》,人民法院出版社2019年版,第422页。

【案件名称】

上诉人陕西建工集团第五建筑工程有限公司与上诉人陕西铠达投资集团有限公司建设工程施工合同纠纷案［最高人民法院（2012）民一终字第19号民事判决书］

【裁判精要】

裁判摘要：建设工程施工合同具有一定的特殊性，施工人的劳动与建筑材料已经物化到建筑工程中，从建设工程优先受偿权保护施工人的立法本意出发，合同解除后，承包人对于涉案工程仍应享有优先受偿权。

最高人民法院认为：

（三）关于一审判决认定五建公司享有建设工程优先受偿权是否正确

根据省五建与铠达公司双方所签订的建设工程合同的约定，省五建享有优先受偿权。虽然涉案建设工程合同已经解除，但省五建的劳动与建筑材料已物化于涉案工程中。因此，一审认定省五建对于涉案工程中其施工的部分享有优先受偿权，并无不当，铠达公司的该项主张缺乏依据，应不予支持。

【权威解析】

本案中，双方当事人争议比较大的问题为涉案建设工程解除后，承包人就建设工程款是否还享有优先受偿权。

建设工程优先受偿权，是指承包人在发包人不依约支付工程价款时，可以与发包人协议将该工程折价或申请人民法院将该工程拍卖，对折价或拍卖所得的价款，承包人有优先受偿的权利。工程款的优先受偿权是我国《合同法》第二百八十六条赋予承包人的权利，是一种法定优先权。建设工程价款优先受偿权是承包人就建筑物直接支配其交换价值而优先于发包人的其他债权人受偿其债权的权利，它的实现无须借助义务人的给付行为，且不仅可以对抗发包人，还可以对抗抵押权，是一种对物的支配权，属于物权范畴。此外，它是为担保承包人的建设工程价款债权而生，具有一般担保物权的属性，是一种担保物权。它依法律直接规定而成立，以特定不动产为标的物，不以对标的物的占有为要件，无须经过登记，效力优先于一般债权和其他担保物权，作用在于保证与标的物有牵连关系的特种债权的实现。所谓优先权，是指法律所规定的特定债权人就债务人的全部财产或特定财产优先受偿的担保物权。优先权制度最初源于罗马法。在近代民法中，法国民法典最先设立优先权制度，并为日本民法所继受，被称为先取特权。它是出于立法政策上的考虑，为求得当事人之间的公平和社会秩序的稳定，通过法律的规定，作为债权人平等原则的一种例外，对特定债权所给予的特别保护。我国现行立法未设立独立的优先权制度，仅在《企业破产法》《海商法》等法律中,对特殊情况下特定债权人的优先受偿权作了一些规定。优先权制度显然与《合同法》关于建设工程价款优先受偿权规定的立法目的相契合,将建设工程价款优先受偿权定性为法定优先权,可以避免将其定性为不动产留置权或法定抵押权而导致的理论上和实践上的困境。《合同法》第二百八十六条的规定主要是考虑到承包人的劳动已经物化在建筑物当中,当发包人不能按照约定支付工程款时,承包人就可以申请人民法院依法拍卖工程,而从中优先受偿。既然是法律特别赋予承包人的权利,就应尽可能保护这种权利。因此,合同解除后,承包人仍然享有优先受偿权。那么,合同解除后,优先受偿权行使的期限能否类推适用批复的规定,即从合同解除之日起 6 个月内行使呢?笔者认为,不宜作此种类推。因为从法律适用的角度看,应尽量从保护施工人的利益出发,维护承包方的合法权利,除非合同约定了明确的竣工日期,才能适用该批复,否则应适用《合同法》第二百八十六条的规定,即支付工程款的条件成就之时。本案中,双方的建设工程合同中对于工期的约定为 2006 年 8 月 20 日(暂定)至 2007 年 12 月 31 日,共 487 天,并没有最终的明确的关于竣工日期的规定,因此,不能适用批复的规定,而应适用《合同法》第二百八十六条的规定。①

【案例来源】

最高人民法院民事审判第一庭编:《民事审判指导与参考》(总第 55 辑),人民法院出版社 2014 年版,第 150 ~ 168 页。

287 案外人以其对工程享有优先受偿权提起执行异议之诉、要求停止执行的处理

【关键词】

│建设工程│优先受偿权│执行异议之诉│

【案件名称Ⅰ】

再审申请人天津聚成建筑安装工程有限公司与被申请人中节能(天津)投资集团有限公司及原审第三人天津市福鸿房地产开发有限公司案外人执行异议之诉案[最高人民法院(2017)最高法民申 5098 号民事裁定书,2017.12.26]

① 参见王毓莹:《建设工程施工合同解除后承包人仍享有建设工程优先受偿权——陕西建工集团第五建筑工程有限公司与陕西铠达投资集团有限公司建设工程施工合同纠纷上诉案》,载最高人民法院民事审判第一庭编:《民事审判指导与参考》(总第 55 辑),人民法院出版社 2014 年版,第 182 ~ 195 页。

【裁判精要】

裁判摘要:在以不动产为执行标的的执行异议之诉案件中,建设工程优先受偿权作为具有特殊受偿能力的顺位权,可以优先于一般债权或抵押权获得偿付,但其性质不属于物权,亦不具有物权期待权的转化能力,无法产生阻却强制执行的法律效果,案外人以享有建设工程优先受偿权为由提起的执行异议之诉,不属于法院的审理范围,应当予以驳回。

最高人民法院认为:

综合本案一审、二审及再审申请人的主张,确定本案的焦点问题是:案外人聚成公司对人民法院正在执行案涉 111 号房产主张建设工程价款优先受偿权能否依照《民事诉讼法》第二百二十七条的规定提起异议,并以不服人民法院就其异议作出的裁定为由提起案外人执行异议之诉。

《民事诉讼法》第二百二十七条的规定:"执行过程中,案外人对执行标的提出书面异议的,人民法院应当自收到书面异议之日起十五日内审查,理由成立的,裁定中止对该标的的执行;理由不成立的,裁定驳回。案外人、当事人对裁定不服,认为原判决、裁定错误的,依照审判监督程序办理;与原判决、裁定无关的,可以自裁定送达之日起十五日内向人民法院提起诉讼。"其中,"案外人对执行标的提出书面异议",是指对执行标的的主张具有足以排除强制执行的权益。《最高人民法院关于适用〈中华人民共和国民事诉讼法〉执行程序若干问题的解释》第十五条规定:"案外人对执行标的主张所有权或者有其他足以阻止执行标的转让、交付的实体权利的,可以依照民事诉讼法第二百零四条的规定,向执行法院提出异议。"案外人执行异议之诉的标的是案外人是否有权请求排除对执行标的采取的强制执行措施,而这一诉讼标的的基础是案外人与被执行人谁对该执行标的享有实体权利。因此,足以排除强制执行的权益范围,应当为"所有权或者有其他足以阻止执行标的的转让、交付的实体权利"。案外人只有认为自己对执行标的享有实体权利,而人民法院的强制执行行为妨碍了其所享有的实体权利的,才可以作为执行异议之诉的原告提起执行异议之诉。《合同法》第二百八十六条规定:"发包人未按照约定支付价款的,承包人可以催告发包人在合理期限内支付价款。发包人逾期不支付的,除按照建设工程的性质不宜折价、拍卖的以外,承包人可以与发包人协议将该工程折价,也可以申请人民法院将该工程依法拍卖。建设工程的价款就该工程折价或者拍卖的价款优先受偿。"建设工程价款优先受偿权是承包人就建设工程折价或者拍卖的价款优先受偿的权利,属于法定优先权的范畴。优先受偿权是债权优先得到清偿的权利,这种权利不是所有权等实体权利,不能阻止执行标的的转让、交付。因此,主张建设工程价款优先权的人,不能依照《民事诉讼法》第二百二十七条规定提出异议。

本案中,聚成公司提出的诉讼请求是:(1)停止对翔宇大厦南开三马路 111 号房产评估拍卖、折价抵偿的强制执行程序,解除对该房产的查封;(2)确认聚成公司对所承建的翔宇大厦南开三马路 111 号的工程享有建设工程价款优先权。根据上述诉讼主张,聚成公司认为人民法院对执行标的 111 号房产采取的强制执行措施,妨碍了其对案涉工程享有的建设工程价款优先权。综上可见,如果聚成公司提起案外人执行异议之诉,请求人民法院停止"对翔宇大厦南开三马路 111 号房产采取的强制执行措施",请求权基础是其对执行标的"翔宇大厦南开三马路 111 号房产"享有实体权利,而不是对"翔宇大厦南开三马路 111 号的工程"享有建设工程价款优先权。聚成公司提出"基于协议折价抵房的事实,该公司享有对 111 号房产物权期待权足以阻却执行""一审法院掩盖了 111 号房屋已经合法协议折价抵债实现优先受偿权的审查事实是违法的"的再审申请理由,与执行异议之诉的法理不符。二审法院认为"案外人不能以其对该建设工程享有优先受偿权为由提起执行异议之诉要求停止执行"是正确的。

至于人民法院执行中对优先受偿问题的处理。虽然建设工程价款优先受偿权不能阻止执行标的的转让、交付,但并不影响执行标的转让、交付获得相应执行价款后,案外人以享有法定优先权为由请求参与执行价款的分配。《最高人民法院关于适用〈中华人民共和国民事诉讼法〉的解释》第五百零八条规定:"被执行人为公民或者其他组织,在执行程序开始后,被执行人的其他已经取得执行依据的债权人发现被执行人的财产不能清偿所有债权的,可以向人民法院申请参与分配;对人民法院查封、扣押、冻结的财产有优先权、担保物权的债权人,可以直接申请参与分配,主张优先受偿权。"可见,对人民法院查封、扣押、冻结的财产有优先权、担保物权的债权人,可以直接申请参与分配,主张优先受偿权。《最高人民法院关于适用〈中华人民共和国民事诉讼法〉的解释》第五百零九条至第五百一十二条则规定了申请参与分配的程序、财产分配的顺序、分配方案制作与送达程序、分配方案异议的处理与程序等内容。综上,案外人对人民法院正在执行的财产主张享有建设工程价款优先受偿的,应当根据《最高人民法院关于适用〈中华人民共和国民事诉讼法〉的解释》第五百零八条第二款规定申请参与分配,而不能根据《民事诉讼法》第二百二十七条的规定对执行标的提出异议。本案执行法院裁定驳回案外人异议,并不影响案外人依据《最高人民法院关于适用〈中华人民共和国民事诉讼法〉的解释》第五百零八条第二款规定申请参与分配。聚成公司提出"本案驳回起诉的裁定导致其无司法救济途径"的再审申请理由不成立。

【案例来源】

中国裁判文书网,http://wenshu. court. gov. cn。

【案件名称 II 】

华宇广泰建工集团松原建筑有限公司与东北农业生产资料有限公司及松原市博翔房地产开发有限公司案外人执行异议之诉申请再审案（最高人民法院民事裁定书）

【裁判精要】

裁判摘要：（1）建设工程价款优先受偿权是以建设工程折价、拍卖的交换价值担保债权的实现，本质上是债权实现的优先顺位权。人民法院对生效判决确认债权的强制执行并不必然妨害建设工程价款优先受偿权的实现，案外人不能以其对被执行的建设工程享有优先受偿权为由要求停止执行，而应当在执行程序中向执行法院提出优先受偿主张。若案外人提出的优先受偿主张未获支持，其可以根据《最高人民法院关于适用〈中华人民共和国民事诉讼法〉的解释》第五百一十二条的规定，对分配方案提出书面异议以及提出"执行分配方案异议之诉"。

（2）案外人执行异议之诉的根本目的在于解决能否排除执行的问题，确权只是排除执行的附带功能，若案外人对执行标的物享有的实体权利不足以排除强制执行，人民法院在执行异议之诉中不能单独针对案外人的确权请求作出确权判项。

（3）执行异议之诉的实质为"执行标的异议"之诉，应围绕"执行标的异议"进行审理。当事人、利害关系人在已经提起的执行异议之诉中又提出执行行为、执行程序违法的主张，不属于执行异议之诉的审理范围，其应依据《民事诉讼法》第二百二十五条的规定，提出执行行为异议、申请复议或者申请执行监督。

最高人民法院认为：

（1）关于华宇广泰公司享有的建设工程价款优先受偿权能否排除东北农业公司借款债权执行的问题

华宇广泰公司诉松原博翔公司建设工程施工合同纠纷一案，松原中院于2015年11月26日作出（2015）松民二初字第106号生效民事判决，确认华宇广泰公司在博翔大酒店工程价款的范围内享有优先受偿权。据此，华宇广泰公司对本案执行标的物博翔大酒店享有实体权益。建设工程价款优先受偿权属于法定优先权，其本质是以建设工程的交换价值担保工程款债权的实现，此种优先受偿权仅是债的实现顺位的优先，不能排除人民法院对执行标的采取的拍卖、变卖、折价等执行行为，不属于"足以排除强制执行"的民事权益。因此，二审法院对建设工程价款优先受偿权人华宇广泰公司停止执行的诉讼请求不予支持，并无不当，华宇广泰公司此项申请再审主张不成立。

（2）关于葫芦岛中院的执行行为是否违反法定程序以及案外人华宇广泰公司的权利如何救济的问题

华宇广泰公司申请再审主张葫芦岛中院的执行行为存在违法处分执行标的物、

逾期审查执行异议的程序问题,该主张系对"执行行为"而非对"执行标的"提出的异议,不属于执行异议之诉的审理内容,华宇广泰公司应依据《民事诉讼法》第二百二十五条"当事人、利害关系人认为执行行为违反法律规定的,可以向负责执行的人民法院提出书面异议。当事人、利害关系人提出书面异议的,人民法院应当自收到书面异议之日起十五日内审查,理由成立的,裁定撤销或者改正;理由不成立的,裁定驳回。当事人、利害关系人对裁定不服的,可以自裁定送达之日起十日内向上一级人民法院申请复议"的规定,针对葫芦岛中院的违法执行行为提出异议、申请复议,或者通过执行申诉启动执行监督程序予以解决。

(3)关于二审法院是否遗漏审理华宇广泰公司的确权请求和优先给付请求的问题

本案华宇广泰公司所享有的建设工程价款优先受偿权已经另案松原中院(2015)松民二初字第106号生效民事判决所确认,该公司在本案执行异议之诉中再次请求确认其建设工程价款优先受偿权,属于重复诉讼,本案一、二审法院不予确认并无不当。对于华宇广泰公司提出的"判决对博翔大酒店工程折价或者拍卖价款优先支付给华宇广泰公司工程款本金115641081.50元"的请求,实质为行使工程价款优先受偿权的具体请求,属于给付请求,不属于执行异议之诉的审查范围,一、二审法院不予审查并无不当。

综上,本院认为,葫芦岛中院的违法执行行为应通过执行监督程序予以解决,华宇广泰公司所享有的建设工程价款优先受偿权不能排除强制执行,本案一、二审判决未遗漏诉讼请求。

【案例来源】

最高人民法院民事审判第一庭编:《民事审判指导与参考》(总第72辑),人民法院出版社2018年版,第234~235页。

编者说明

《最高人民法院关于适用〈中华人民共和国民事诉讼法〉的解释》第三百一十一条规定:"案外人或者申请执行人提起执行异议之诉的,案外人应当就其对执行标的享有足以排除强制执行的民事权益承担举证证明责任。"法院审理案外人执行异议之诉案件,应当审查案外人就执行标的是否享有"足以排除强制执行"的民事权益。建设工程价款优先受偿权是否属于法律规定的"足以排除强制执行的民事权益",在实践中存在两种不同观点:支持的观点认为,建设工程价款优先受偿权相较之债权而言具有优先性,此即意味着当同一标的物之上同时存在债权人主张债权与建设工程价款优先受偿权人主张优先受偿权相冲突时,建设工程价款优先受偿权优先于一般债权实现。如果不赋予此种优先受偿权排除强制执行的效力,则不利于保护施工人的利益。否定的观点认为,建设工程价款优先受偿权是以建设工程折价或拍卖所得价款受偿保护的顺位权,其不属于对执行标的享有的足以排除强制执行的民事权益,不能排除执行。

从前述裁判观点和法官著述看,最高人民法院的观点并不统一。法官著述文章赞同支持的观点①;案件裁判观点则赞同否定的观点,认为建设工程价款优先受偿权不属于足以排除强制执行的民事权益。有待最高人民法院在执行异议之诉司法解释中统一裁判尺度。②

288 买卖双方均认可存在房屋买卖关系,但在诸多重要事实上存在疑点,法院应综合各种证据准确认定是否存在真实购房关系

【关键词】

│建设工程│优先受偿权│房屋买卖│恶意串通│

【案件名称】

申诉人宋宇与被申诉人北京盛和发房地产开发有限公司、广东粤财投资控股有限公司、北京城乡建设集团有限责任公司商品房预售合同纠纷案[最高人民法院(2011)民提字第 331 号民事判决书,2011.12.16]

【裁判精要】

裁判摘要:买受人与开发商均主张双方之间存在真实有效的商品房买卖关系,并依据《优先受偿权批复》第二条"消费者交付购买商品房的全部或者大部分款项

---

① 案外人以其享有建设工程优先权为由提起执行异议之诉的,如何处理,在司法实践中存在争议。一种意见认为,建设工程优先受偿权作为一种特殊的权利应当予以特别保护,如果不赋予施工人提出执行异议之诉的权利,其优先受偿权将落空。因此,案外人的建设工程价款优先受偿权确实存在,则应在确认案外人对建设工程享有优先受偿权的同时,判决不得对案外人所享有的优先受偿范围的工程款进行强制执行。另一种意见认为,建设工程优先受偿权的本质是以建设工程的交换价值担保工程款债权的实现,即使法院对建设工程采取强制执行措施,该执行措施一般并不影响承包人优先受偿权的实现,此时,承包人可以声明参与分配或由执行法院依职权列入分配。如果执行法院对建设工程不当执行,有可能毁损标的物的担保价值的,承包人也应当提起执行行为异议而不是执行异议之诉。因此,法院针对特定建筑物强制执行,案外人依据《合同法》第二百八十六条的规定对该标的物享有建设工程优先受偿权,并据此要求对该标的物停止执行的,应当不予支持,并告知其应当依据《民事诉讼法》第二百二十五条的规定主张权利,或者通过执行分配异议之诉程序处理。当然,实践中往往出现双方当事人对承包人是否享有优先受偿权发生争议,由于这涉及实体争议,执行机构不能就此进行实体权利的终局判断,而应由承包人另行向法院诉讼请求确认优先受偿权。我们倾向于第一种意见。参见王毓莹:《执行异议之诉案件的裁判思路》,载最高人民法院民事审判第一庭编:《民事审判指导与参考》(总第 67 辑),人民法院出版社 2017 年版,第 52 页。

② 参见《最高人民法院民一庭二〇一八年工作要点》第三条:"加快推进执行异议之诉、建设工程施工合同等司法解释制定,加大产权保护力度,依法保障深化供给侧结构性改革。"载最高人民法院民事审判第一庭编:《民事审判指导与参考》(总第 73 辑),人民法院出版社 2018 年版,第 226 页。

后,承包人就该商品房享有的工程价款优先受偿权不得对抗买受人"的规定,对抗承包人建设工程价款请求权,但在签订购房合同、支付购房款等重要事实上存在众多疑点,双方多次陈述不一、前后矛盾,据以认定双方之间存在真实的商品房买卖关系的依据明显不足。在此情况下,买受人请求开发商按照商品房买卖合同约定,办理房屋过户登记的,应予驳回。

最高人民法院认为:

综合当事人的申诉请求和理由,本案的争议焦点为:(1)原判决是否存在程序错误;(2)宋宇与盛和发公司之间的商品房买卖关系是否真实有效。

(二)关于宋宇与盛和发公司之间的商品房买卖关系是否真实有效的问题

宋宇主张商品房买卖合同真实有效的主要证据有:(1)17 份商品房买卖合同,对于合同书中签章的真实性,各方均无异议;(2)10 张购房款收据,证明盛和发公司认可其付清 37 套房屋(以宋宇名义购买 17 套)的全部购房款;(3)入住通知书,证明其已实际接收案涉房屋。该三份证据均发生在盛和发公司和宋宇内部,商品房买卖合同仅有双方签字盖章,无相关房地产管理部门的备案登记;10 张收据仅是盛和发公司单方开具,无正式发票;房屋入住通知书也是仅有盛和发公司的盖章。

根据本案现已查明的事实以及宋宇、盛和发公司在历次诉讼中所作陈述,本案商品房买卖关系在真实性上存在以下疑点:

1. 本案是源于 2004 年城乡建设因建设工程施工合同纠纷一案申请对盛和发公司财产(主要是案涉的 17 套房屋和分别以张京生、关宏彪名义各购买的 10 套房屋)的强制执行。宋宇为对抗该强制执行,提起本案诉讼,导致上述强制执行措施的中止。而正是在中止执行期间,盛和发公司又陆续将大部分案涉房屋售出。对于自己购置的大量房产,宋宇只是委托盛和发公司"价格合适可以卖",对具体销售时间、价格、售出的套数以及资金收回情况并不关注。自 2006 年 10 月宋宇在北京二中院提起本案一审诉讼至本院再审期间,盛和发公司一方面陆续另行出售前述房屋中的大部分,另一方面又认可宋宇关于已购案涉房屋的主张。对上述情况,双方均无合理解释。

2. 商品房买卖合同本身存在疑点。根据原审查明的事实,编号为 125401 至 125425 的空白合同由北京武夷房地产开发有限公司领取,编号为 130126 至 130150 的空白合同由北京万泉花园物业开发有限公司领取,诉争编号为 125415、125417 ~ 125423、125425、130131 ~ 130135 等合同文本已由上述两公司签约使用。盛和发公司对案涉合同文本的来源无合理解释。另外,案涉合同未在房地产管理部门进行合同登记备案,而盛和发公司在本院庭审后提交的四份案外人购房合同上均盖有房地产管理部门的登记备案章。

3. 案涉合同的履行过程存在疑点。从总体看,案涉合同履行得非常随意。关于款项支付情况,本案所涉购房款的支付存在大量现金交易(700 余万元),仅有宋宇本人的陈述,无其他证据佐证。盛和发公司一方面主张该现金部分主要被其前法定代表人王勇伟收取,另一方面又认可宋宇已付清全部购房款;转账部分,北京市东城区竹源食品店和北京永信喷胶棉有限公司向盛和发公司的转账日期均为 2001 年 4 月 30 日,其在本案原审诉讼期间对支付该笔款项出具《资金说明》均称,支付的款项用于宋宇购买盛和发公司开发的盛和家园 2 号楼部分商品房屋,但根据宋宇陈述,其与盛和发公司在 2001 年 4 月是借款关系,在 2001 年 6 月后该笔借款才转为购房款的,两者存在明显矛盾。关于付款凭证,宋宇仅提交了盛和发公司出具的 10 张收据,无正式发票。在北京二中院再审期间,宋宇对此的解释是,"我买的房子都没开过发票,对于开发票的事情我都没想"。该解释难以让人信服。形式上,10 张发票的编号与开具时间顺序存在颠倒现象,收据所载的数额与具体每次所付款项亦不能一一对应。关于入住情况,盛和家园项目 2002 年 4 月 26 日竣工验收,同年 5 月开始办理入住手续,而宋宇 2001 年已经签订购房合同,2002 年 4 月 28 日已经付清全部购房款,盛和发公司却在 2003 年 5 月才向其发出房屋入住通知书。宋宇虽称已办理入住手续,但却未与物业公司签订物业服务合同,亦未实际入住。

4. 粤财公司在 2001 年 7 月和 2003 年 9 月两次对案涉房屋进行了抵押登记。签订抵押合同时,盛和发公司并未告知粤财公司案涉房屋已销售。盛和发公司给宋宇的入住通知书时间为 2003 年 5 月 28 日,宋宇也主张当日办理了入住手续,而案涉房屋第二次抵押登记日期为 2003 年 9 月 15 日,宋宇此时却未提任何异议。作为支付了全款的买房人,在一审判决其权利落后于在后的银行抵押权时,亦未提出上诉。

5.《盛和家园项目资金来源明细表》(截至 2001 年 10 月 10 日)其中一栏载明,单位:宋宇;性质:借款;金额:1100 万元,同时列出的还有预收售楼款 11441 万元。按照盛和发公司与宋宇的主张,2001 年 10 月,双方已经将 1100 万元借款转化为购房款,但该表仍将宋宇的 1100 万元借款与售楼款同时并列列出。而在同时的《盛和家园项目资金往来明细表》(截至 2001 年 10 月 10 日)其中一栏记载:还宋宇借款 1100 万元。现宋宇和盛和发公司均主张 1100 万元借款已转化为购房款,而对上表中所载的已还款情况未能作出合理解释,且对如此大额的资金往来和大量的房屋交易,双方仅以口头陈述为凭,亦未能提供借款转换成购房款的书面协议。对于借款如何转换为购房款以及购房经过,宋宇多次陈述不一、前后矛盾,又未能提供其证明。

6. 2002 年 4 月 29 日城乡建设与盛和发公司签署的钥匙移交书,载明案涉工程 2002 年 4 月 24 日验收合格,城乡建设将已经预售的房屋每户五把钥匙移交盛和发公司。2002 年 5 月 22 日城乡建设与盛和发公司签署的借条载明,为配合盛和发公司售楼需要,城乡建设借给盛和发公司盛和家园 1 号、2 号楼尚未售出居室户门钥匙(各户一把)。其中所附的盛和家园 2 号楼销售一览表中,案涉房屋显示尚未售出。

双方签署上述文件的主要目的是进行房屋移交以及配合盛和发公司后续售楼的需要,此时隐瞒对宋宇的销售行为并无任何意义。

本院认为,案涉商品房买卖关系是否真实存在是本案争议的关键所在。本案商品房买卖关系明显与同类的正常交易不符。虽然盛和发公司与宋宇在诉讼中均主张双方之间存在真实有效的商品房买卖关系,但对签订购房合同、支付购房款等重要事实,宋宇多次陈述不一、前后矛盾。在存在上述众多疑点的情况下,认定宋宇与盛和发公司之间存在真实商品房买卖关系,依据明显不足。原审判决认定宋宇与盛和发公司之间不存在真实的商品房买卖关系,并无不当,本院予以维持。

宋宇主张,2001 年 7 月 25 日盛和发公司以支票形式汇到华南实业账户上的1050 万元与宋宇与盛和发公司签订的借款合同数额不符,原审判决未予明确,而且2002 年其支付给盛和发公司的 800 余万元款项原审判决也无法说明。本院认为,本案判决仅否定了宋宇与盛和发公司之间房屋买卖关系的真实性,而宋宇与盛和发公司资金往来情况,为另一法律关系,不属本案审理范围。

【权威解析】

本案之所以产生虚构商品房买卖关系,抵抗施工人建设工程价款优先受偿权的问题,是源于对《优先受偿权批复》(法释〔2002〕16 号)的滥用。

实践中,如何防止对《优先受偿权批复》的滥用。虽然该批复能够最大限度保障普通购房人的利益,但在实践中也要防止被别有用心的人利用,引发道德风险。就本案来说,盛和发公司与宋宇之间是否存在真实的商品房买卖关系是争议的焦点,但由于债权不具有公示性,在"一个愿打、一个愿挨",双方意见一致的情况下,作为第三方的法院,很难单纯从形式上推翻双方债权债务关系的真实性。因此,从各证据形成的证据链,来综合探究双方当事人的本意就成为本案审理的重点和难点。

首先,要考虑本案产生的缘起。盛和发公司和宋宇之所以产生诉讼,不是因为双方产生实质性的纠纷,而是由于盛和发公司开发的案涉房产被施工方城乡建设强制执行,宋宇为此提出执行异议,导致的本案诉讼。而根据双方当事人提交的证据看,在本案诉讼前,盛和发公司早已违反双方提交的商品房买卖合同约定,未办理房产过户登记,存在违约行为。宋宇对此未予追究,亦未向盛和发公司提出要求履行合同约定。

其次,要考虑双方利益诉求的对抗程度。本案中,从盛和发公司和宋宇之间诉讼主张的趋同、双方前后陈述的矛盾以及合同订立和履行中的种种不合常规之处,都可以对双方是否存在真实的商品房买卖关系提出合理怀疑。

最后,要考虑案件的其他相关情节。本案中,盛和发公司的法定代表人杨晓南和宋宇并非陌生人,而是朋友关系。双方的资金往来也比较多,大量资金又均是现金交易,无其他证据佐证,双方主张存在商品房买卖关系的三份证据,商品房买卖合同、入住通知书和收款收据,均是在盛和发公司和宋宇内部形成,无相应国家管理机关确认,等等,这些都存在恶意串通、损害第三人利益的条件和可能。①

【案例来源】

《中华人民共和国最高人民法院公报》2013 年第 3 期(总第 197 期)。

---

① 参见王丹:《买卖双方均认可存在房屋买卖关系,但在诸多重要事实上存在疑点,人民法院应综合各种证据准确认定是否存在真实购房关系——宋宇与北京盛和发房地产开发有限公司、广东粤财投资控股有限公司、北京城乡建设集团有限责任公司商品房预售合同纠纷再审案》,载最高人民法院民事审判第一庭编:《民事审判指导与参考》(总第 51 辑),人民法院出版社 2012 年版,第 225~227 页。

四、行使期限

289 承包人行使建设工程价款优先受偿权的期限，自发包人应当给付工程价款之日起算

【关键词】

| 建设工程 | 优先受偿权 | 期限 |

【案件名称 I 】

上诉人北海湾春投资开发有限公司与被上诉人浙江横店建筑工程有限公司建设工程施工合同纠纷案［最高人民法院(2017)最高法民终 918 号民事判决书，2017.12.29］

【裁判精要】

最高人民法院认为：

二、关于浙江横店公司对案涉工程是否享有优先受偿权的问题

《合同法》第二百八十六条规定："发包人未按照约定支付价款的，承包人可以催告发包人在合理期限内支付价款。发包人逾期不支付的，除按照建设工程的性质不宜折价、拍卖的以外，承包人可以与发包人协议将该工程折价，也可以申请人民法院将该工程依法拍卖。建设工程的价款就该工程折价或者拍卖的价款优先受偿。"《优先受偿权批复》第一条规定："人民法院在审理房地产纠纷案件和办理执行案件中，应当依照《中华人民共和国合同法》第二百八十六条的规定，认定建筑工程的承包人的优先受偿权优于抵押权和其他债权。"第四条规定："建设工程承包人行使优先权的期限为六个月，自建设工程竣工之日或者建设工程合同约定的竣工之日起计算。"

本案关键在于确定优先权的起算时间。虽然上述批复第四条明确规定，优先权自建设工程竣工之日或者建设工程合同约定的竣工之日起计算，但根据《合同法》第二百八十六条规定的原意，优先权的适用是以发包人逾期不支付工程价款为前提，一审法院认为"应当遵循客观事实，尊重当事人之间关于支付工程价款期限的约定，优先受偿权行使期限的起算点，不应早于当事人之间约定的工程价款支付期限，以保证实现该优先权权能"是公平合理的。而且，根据本案已查明的事实，案涉《建设工程施工合同》约定的计划竣工时间为 2016 年 9 月 1 日、2016 年 11 月 5 日(不同地块)，实际上于 2015 年 2 月停工。《解除建设施工合同协议书》签订于 2015 年 7 月 4

日,其中第三条约定,北海湾春公司应在"2017年5月30日前将欠款242935394.56元及未交纳的建安劳保费向浙江横店公司全部支付完毕"。且北海湾春公司于2016年6月还向浙江横店公司出具还款承诺书,仍承诺按双方2015年7月4日《解除建设施工合同协议书》所确定的欠款数额还款。原判决认定浙江横店公司于2016年5月27日提起本案诉讼,未超出优先受偿权行使期限,符合上述法律的规定,并无不当。北海湾春公司关于浙江横店公司不应享有优先受偿权的上诉理由亦不能成立。

【案例来源】

中国裁判文书网,http://wenshu.court.gov.cn。

【案件名称Ⅱ】

再审申请人湖南协和建设有限公司与被申请人株洲市汉华房地产开发有限公司建设工程施工合同纠纷案[最高人民法院(2017)最高法民再389号民事判决书,2017.12.22]

【裁判精要】

裁判摘要:建设工程优先受偿的对象是工程折价或者拍卖价款,而工程须折价或者拍卖的前提是发包人逾期不支付工程价款。当发包人支付工程价款已届履行期时,承包人要求支付工程款才可能得到支持,并相应主张优先受偿权才有意义,故建设工程优先受偿权宜从发包人应付工程款期间届满之日起算。

最高人民法院认为:

本案再审的争议焦点为:协和公司对案涉工程主张优先受偿权是否已经超过6个月的保护期限。对此问题的判断,主要取决于两个方面的因素,一是优先受偿权保护期限的起算点,二是协和公司提出优先受偿权主张的时间。

(一)关于本案优先受偿权保护期限的起算点如何认定的问题

协和公司主张本案优先权受偿权的保护期限应从双方结算协议约定的付款日之次日即2015年1月28日开始起算,而汉华公司则认为应当从建设工程竣工日2012年10月18日开始起算。本院认为,本案优先受偿权的保护期限应从2015年1月28日开始起算。理由是:首先,《合同法》第二百八十六条规定:"发包人未按照约定支付价款的,承包人可以催告发包人在合理期限内支付价款。发包人逾期不支付的,除按照建设工程的性质不宜折价、拍卖的以外,承包人可以与发包人协议将该工程折价,也可以申请人民法院将该工程依法拍卖。建设工程的价款就该工程折价或者拍卖的价款优先受偿。"根据该条规定可知,建设工程优先受偿的对象是工程折价或者拍卖价款,而工程须折价或者拍卖的前提是发包人逾期不支付工程价款。当发包人支付工程价款已届履行期时,承包人通过诉讼要求支付工程款才可能得到支持,并相应主张优先受偿权才有意义,故建设工程优先受偿权宜从发包人应付工程款期间届满之日起算。《合同法》第二百八十六条规定承包人就未付工程款对所承建工程享有优先受偿权,系为保护承包人对工程价款的实际受偿,在认定该优先受偿权的行使期限时,应当尊重当事人之间关于支付工程价款期限的约定,优先受偿权行使期限的起算点,不应早于当事人之间约定的工程价款支付期限,以保证实现该优先权权能。《优先受偿权批复》第四条规定建设工程承包人行使优先受偿权的期限自建设工程竣工之日或者建设工程合同约定的竣工之日起计算,宜理解为前述起算点与应付工程款的期限一致的情形。本案中,汉华公司在 2014 年 10 月 24 日办理竣工结算备案之日,向协和公司出具"欠条",确认实际拖欠工程款 3316 万元,承诺于 2015 年 1 月 27 日之前完成支付,并在"欠条"中载明协和公司就拖欠的工程款享有优先受偿权。由此可见,虽然案涉工程已于 2012 年 10 月 18 日竣工,但双方实际办理竣工结算备案的时间是 2014 年 10 月 24 日,约定的付款时间是 2015 年 1 月 27 日之前。因此,本案优先受偿权宜从 2015 年 1 月 28 日起算,计算 6 个月至 2015 年 7 月 27 日止。其次,根据《最高人民法院关于适用〈中华人民共和国民事诉讼法〉的解释》第三百八十六条的规定,人民法院受理申请再审案件后,应当对当事人主张的再审事由进行审查。本院根据协和公司的申请提审本案后,亦应围绕协和公司申请再审的事由进行审理。湖南高院二审认定,双方结算协议约定付款于 2015 年 1 月 27 日之前付清,在该约定付款期限到达前,双方纠纷尚未发生,协和公司不行使建设工程优先受偿权合乎情理。这说明二审判决也认为本案优先受偿权应从 2015 年 1 月 27 日之后开始起算。当事人双方对二审判决有关优先受偿权起算点的认定未申请再审,而汉华公司在再审审理中提出的从 2012 年 10 月 18 日开始起算优先受偿权期限的抗辩主张,本院不予支持。

(二)关于协和公司提出优先受偿权主张的时间如何认定的问题

建设工程款优先受偿权的行使期限属于除斥期间,且承包人须在法定期限内通过诉讼的方式予以主张。湖南高院认为优先受偿权须向相对方提出,审判机关不是其权利的行使对象,属于对法律规定的错误理解,本院予以纠正。原审查明,协和公司于 2015 年 5 月 15 日向株洲中院提交起诉状,主张欠付工程款及优先受偿权。因协和公司无力缴纳诉讼费,其降低了诉讼请求标的额并重新提交起诉状后,株洲中院于 2015 年 7 月 29 日予以立案。虽然本案一审立案时间是 2015 年 7 月 29 日,但协和公司第一次提交起诉状的时间是 2015 年 5 月 15 日,在株洲中院对协和公司第一次提交起诉状未作处理的情形下,应认定协和公司后面提交的起诉状是对之前起诉状的变更,其通过起诉主张权利的效力处于延续状态,故本案应认定协和公司提起优先受偿权主张的时间是 2015 年 5 月 15 日。该时间点未超过优先受偿权保护期限,协和公司主张就建设工程款优先受偿,符合法律规定,应予支持。二审认定协和公司主张建设工程优先受偿权超过了 6 个月的保护期限,适用法律错误,判决结果不当,本院予以纠正。

【案例来源】

中国裁判文书网,http://wenshu.court.gov.cn。

【案件名称Ⅲ】

上诉人浙江府都建设有限公司与上诉人江西金湖投资有限公司建设工程施工合同纠纷案 [最高人民法院(2016)最高法民终 463 号民事判决书,2017.8.30]

【裁判精要】

最高人民法院认为:

三、关于府都公司是否就金湖公司欠付工程款享有建设工程价款优先受偿权的问题

《优先受偿权批复》第四条规定:"建设工程承包人行使优先权的期限为六个月,自建设工程竣工之日或者建设工程合同约定的竣工之日起计算。"虽然案涉 1#、2#、11#楼工程于 2012 年 6 月 13 日完成初验,3#、4#、13#、14#楼、1#地下室工程于 2012 年 11 月 26 日完成初验,5#、6#、12#楼、2#地下室工程于 2013 年 10 月 26 日完成初验,但案涉《建设工程施工合同》及三份子合同均约定:按各单位工程进行工程竣工结算,发包人收到承包人资料完整的竣工结算报告后的 45 天内完成结算审核,审核完毕的 7 天内除留 3% 工程质量保修金外,发包人应全部付清结算工程款。若发包人未在 45 天内完成审核,应视为发包人同意承包人的结算报告,并按结算报告所确定的金额在 7 天内付清。而如前所述,府都公司于 2013 年 9 月 2 日通过公证送达的方式将结算报告提交给金湖公司,由于金湖公司未在 45 天内予以答复,故根据约定,金湖公司应当最迟于 2013 年 10 月 23 日支付工程价款。《合同法》第二百八十六条规定承包人就未付工程款对所承建工程享有优先受偿权,系为保护承包人对工程价款的实际受偿,在认定该优先受偿权的行使期限时,应当遵循案件的客观事实,尊重当事人之间关于支付工程价款期限的约定,优先受偿权行使期限的起算点,不应早于当事人之间约定的工程价款支付期限,以保证实现该优先权权能。因此,应以 2013 年 10 月 24 日,作为本案建设工程价款优先受偿权行使期限的起算点为宜。府都公司于 2014 年 12 月 25 日提起本案诉讼,显然已经超过 6 个月的法定期限,因此,一审法院对于建设工程价款优先受偿权行使期间的起算点认定虽有错误,但对于府都公司主张行使建设工程价款优先受偿权已经超过法定期限的结论是正确的,府都公司的该上诉理由不能成立。

此外,对于府都公司主张的双方 2013 年 5 月 3 日《会议纪要》中约定"金湖公司

同意用府都公司承建的商品房作抵偿,府都公司享有优先受偿权,价格按首次开盘时的实际销售价格的90%计算",故其有权主张建设工程价款优先受偿权,本院认为,由于当时建设工程价款尚未确定,该优先权尚未起算,故该约定不具有行使建设工程价款优先受偿权的法律效果,而且,建设工程价款优先受偿权系法定优先权,当事人的上述约定,亦不产生相应的法律后果,一审法院对此不予支持,是正确的。

【案例来源】

中国裁判文书网,http://wenshu.court.gov.cn。

【案件名称Ⅳ】

上诉人普定县鑫臻房地产开发有限责任公司与被上诉人黑龙江省建工集团有限责任公司及原审被告普定县鑫臻酒店有限公司建设工程合同纠纷案[最高人民法院(2016)最高法民终106号民事判决书,2016.6.25]

【裁判精要】

最高人民法院认为:

四、关于黑龙江建工集团对案涉工程款是否享有优先受偿权的问题

本院认为,案涉工程竣工验收之日虽为2014年3月11日,但根据《纠纷处理协议》的约定,鑫臻房开公司应在普定县住建局收到工程结算报告之日起20天内据实向黑龙江建工集团付完工程余款,在项目工程未进行竣工验收和结算审计的情况下,不得以任何理由向鑫臻房开公司索要工程款。作为工程结算报告的《修正结算报告》于2014年11月20日作出,并于2014年11月25日送达普定县住建局,在此之前,黑龙江建工集团不得向鑫臻房开公司主张支付剩余工程款。本院认为,《合同法》第二百八十六条规定承包人就未付工程款对所承建工程享有优先受偿权,系为保护承包人对工程价款的实际受偿,在认定该优先受偿权的行使期限时,应当遵循案件的客观事实,尊重当事人之间关于支付工程价款期限的约定,优先受偿权行使期限的起算点,不应早于当事人之间约定的工程价款支付期限,以保证实现该优先权权能。故本院认为,一审判决认定黑龙江建工集团于2014年12月22日提起本案诉讼,未超出优先受偿权行使期限正确,鑫臻房开公司以案涉工程于2014年3月11日竣工验收,并应从此时开始计算优先受偿权行使期限的上诉理由不能成立,对其该上诉请求,本院不予支持。

【案例来源】

中国裁判文书网,http://wenshu.court.gov.cn。

编者说明

《合同法》第二百八十六条规定:"发包人未按照约定支付价款的,承包人可以催告发包人在合理期限内支付价款。发包人逾期不支付的,除按照建设工程的性质不宜折价、拍卖的以外,承包人可以与发包人协商将该工程折价,也可以申请人民法院将该工程依法拍卖。建设工程的价款就该工程折价或者拍卖的价款优先受偿。"根据该条规定,建设工程价款优先受偿权的起算点应从债权未受清偿时起算。2002年《优先受偿权批复》第四条规定:"建设工程承包人行使优先权的期限为六个月,自建设工程竣工之日或者建设工程合同约定的竣工之日起计算。"在《优先受偿权批复》出台后,大量的建设工程施工合同案件中,建设工程价款优先受偿权都是从实际竣工之日或者合同约定竣工之日起计算。《建设工程施工合同解释》第六条肯定了垫资的效力,至此,在实际竣工之日或合同约定竣工之日,工程款债权可能尚未届期,此时建设工程价款优先受偿权如何起算?对此存在两种观点:一种观点认为,应根据《优先受偿权批复》的规定,从实际竣工之日或合同约定的竣工之日起算。另一种观点认为,应回归《合同法》第二百八十六条的规定,从债权应受清偿时起算。[1]

最高人民法院民一庭意见倾向认为:当事人明确约定工程款支付时间晚于工程竣工之日的,承包人行使优先权的期限不应再从工程竣工之日起计算。通常情况下,应当充分尊重当事人之间的约定,从承包人可以向发包人实际主张工程款的时间,开始计算建设工程价款优先权的行使期限。因为对《优先受偿权批复》第四条的理解和适用,应当以保障承包人工程价款优先受偿的立法目的为出发点,坚持遵循案件客观事实、尊重当事人特别约定的基本原则,而不能机械地理解和适用该司法解释关于建设工程价款优先权行使期限的起算点规定。

如最高人民法院民一庭意见所附案例:工程竣工验收之日虽为2014年3月11日,但根据双方会议纪要的约定,甲公司应在县住建局收到第三方出具的工程结算报告之日起的10天内,据实向乙公司付完工程余款,即双方对于工程款的支付时间存在特别约定。在该项目工程未进行第三方结算审计的情况下,乙公司向甲公司主张剩余工程款的前提条件尚不具备,此时如果以工程竣工日期作为乙公司行使优先权期限的起算点,显然不公平。案涉工程的结算报告于2014年11月20日作出,并于2014年11月25日送达该县住建局,根据双方会议纪要的约定,工程项目余款的应付款日应从2014年11月25日起向后计算10日,即甲公司最晚应当在2014年12月5日之前付清工程余款。如果按照工程竣工验收之日2014年3月11日起算工程价款优先权期限,则在2014年9月11日,优先权行使期限即

---

[1] 主张建设工程价款优先受偿权应从债权应受清偿时起算的理由是:首先,根据《合同法》第二百八十六条规定,优先受偿权行使的条件是工程款债权到期,如果工程款债权尚未到期,此时债权无从主张,优先受偿权更无从谈起。其次,从建设工程价款优先受偿权的性质看,其具有担保物权性质,根据担保物权的附从性特点,其成立虽可与债权同步,但其行使应在债权未获满足之时。最后,从法体系而言,《优先受偿权批复》规定的优先受偿权从实际竣工之日或合同约定竣工之日起算,其前提是债权已届清偿期,对于债权未届清偿期的,仍应回归《合同法》第二百八十六条的规定,故两者并不存在矛盾。参见李后龙、潘军峰:《建设工程价款优先受偿权审判疑难问题研究》,载《法律适用》2016年第10期。

已经届满,但此时甲公司的付款期限尚未届至。如此起算优先权行使期限,将会使法律通过优先权规定保护承包人工程价款受偿的立法目的落空,这样的司法导向还可能暗示当事人可以通过如此约定,规避法律对优先权的强制规定,造成优先权法律制度走向名存实亡。因此,在确定建设工程承包人优先权行使期限起算点时,应当充分尊重当事人之间的特殊约定,而不能机械适用司法解释规定的起算点。而且,无论怎样解释当事人之间的合同约定、法律和司法解释的规定,都不应得出优先权行使期限的起算,早于当事人之间约定的或者依照法律、司法解释规定确定的工程价款支付期限的结论,这样才能实现建设工程价款承包人优先受偿权的权能,确保立法目的不落空。①

再如,前述再审申请人湖南协和建设有限公司与被申请人株洲市汉华房地产开发有限公司建设工程施工合同纠纷案,双方结算协议约定付款于 2015 年 1 月 27 日之前付清,在该约定付款期限到达前,双方纠纷尚未发生,协和公司不行使建设工程优先受偿权合乎情理。《合同法》第二百八十六条规定承包人就未付工程款对所承建工程享有优先受偿权,系为保护承包人对工程价款的实际受偿,在认定该优先受偿权的行使期限时,应当尊重当事人之间关于支付工程价款期限的约定,优先受偿权行使期限的起算点,不应早于当事人之间约定的工程价款支付期限,以保证实现该优先权权能。《优先受偿权批复》第四条规定建设工程承包人行使优先受偿权的期限自建设工程竣工之日或者建设工程合同约定的竣工之日起计算,宜理解为前述起算点与应付工程款的期限一致的情形。建设工程优先受偿的对象是工程折价或者拍卖价款,而工程须折价或者拍卖的前提是发包人逾期不支付工程价款。当发包人支付工程价款已届履行期时,承包人要求支付工程款才可能得到支持,并相应主张优先受偿权才有意义,故建设工程优先受偿权宜从发包人应付工程款期间届满之日起算。②

此后,《建设工程施工合同解释(二)》第二十二条对上述意见予以肯定:"承包人行使建设工程价款优先受偿权的期限为六个月,自发包人应当给付建设工程价款之日起算。"该条规定与 2002 年《优先受偿权批复》第四条比较可知:(1)关于工程价款优先受偿权的行使期限,二者规定一致,为 6 个月。(2)关于工程价款优先受偿权的起算时间。该条司法解释修改了《优先受偿权批复》第四条中的"自建设工程竣工之日或者建设工程合同约定的竣工之日起计算",明确"自发包人应当给付建设工程价款之日起算",即债权应受清偿之日起算。这是因为,根据《合同法》第二百八十六条规定,优先受偿权行使的条件是工程款债权到期,如果工程款债权尚未到期,发包人有权拒绝给付,承包人则无权行使债权请求权,也就无权行使优先受偿权。同时,从工程价款优先受偿权的性质看,其具有担保物权性质,根据担保物权的附从性特点,其成立虽可与债权同步,但其行使应在债权未获满足

① 参见最高人民法院民一庭:《当事人约定的工程款支付时间晚于工程竣工之日,承包人行使优先权的期限不应从工程竣工之日起计算》,载最高人民法院民事审判第一庭编:《民事审判指导与参考》(总第 73 辑),人民法院出版社 2018 年版,第 158 页。
② 参见王毓莹、陈亚:《建设工程价款优先受偿权行使期间的起算点为应当支付工程款时——湖南协和建设有限公司与株洲市汉华房地产开发有限公司建设工程施工合同纠纷申请再审案》,载最高人民法院民事审判第一庭编:《民事审判指导与参考》(总第 73 辑),人民法院出版社 2018 年版,第 215 页。

之时。

至于发包人应付工程款之日的确定,最高人民法院倾向认为:①

1. 合同对付款时间有约定的,遵照约定。

2. 合同无效,但工程经竣工验收合格的,参照合同约定确定应付工程款的时间。

3. 合同解除或者终止履行,工程质量合格的,分两种情况:(1)当事人就合同解除、终止后的工程价款的支付另行达成合意,尊重当事人意思自治,以当事人另行协商的工程款支付时间作为应付工程款之日。(2)当事人对工程款数额存在争议,提起诉讼或申请仲裁的,以起诉或申请仲裁之日作为应付工程款之日。

4. 当事人对付款时间没有约定或者约定不明的,参照《建设工程施工合同解释》第十八条(工程款利息的起算标准)处理:(1)工程实际交付的,以交付之日为应付款时间。(2)工程没有交付,承包人在工程验收合格后按照合同约定已提交竣工结算文件,发包人不予答复的,以提交竣工结算文件的时间作为应付款时间。(3)工程未交付,工程价款也未结算的,多数为工程未完工或完工后未经验收,此时合同约定的工程款结算条件尚未成就,找不到起诉前的应付款时间点,以一审原告起诉时间为应付款时间。

290 建设工程价款优先受偿权行使期限的起算点,不应早于当事人之间约定的工程价款支付期限

【关键词】

│建设工程│优先受偿权│期限│竣工│

【案件名称】

再审申请人中国银行股份有限公司淮安分行与被申请人东方建设集团有限公司、江苏多米诺塑胶制造有限公司建设工程施工合同纠纷案[最高人民法院(2017)最高法民申356号民事裁定书,2017.5.26]

【裁判精要】

裁判摘要:从本案建设施工合同的签订和履行的实际情况来看,在涉案建设工程实际竣工之日起算满6个月的期限届满前,由于合同双方未完成工程决算,对工程总价款及需要支付的余款数额均未确定,施工方客观上尚不便主张支付剩余工程价款和行使建设工程价款优先受偿权。因此,认定建设工程价款优先受偿权行使期限的起算点,不应早于当事人之间约定的工程价款支付期限,符合《合同法》第二百

---

① 参见最高人民法院民事审判第一庭编著:《最高人民法院建设工程施工合同司法解释(二)理解与适用》,人民法院出版社2019年版,第457~461页。

八十六条的立法本意。①

最高人民法院认为：

（二）关于东方公司对涉案建设工程未支付的剩余价款是否享有优先受偿权的问题

东方公司与多米诺公司之间签订的《建设工程施工合同》第 26.2 条约定，工程竣工并经有关部门进行验收达到合同规定的质量标准后工程价款应付至合同造价的 85%，剩余工程款的 95% 到决算后支付。本案建设工程实际竣工日期为 2013 年 7 月 11 日，截至 2014 年 1 月 30 日多米诺公司已经支付合同约定的 4444.2 万元总价款中的 3925 万元，已经超过合同约定的进度款。工程决算于 2014 年 12 月 5 日完成，多米诺公司、东方公司共同确定工程总价款为 5098.937668 万元。东方公司于 2014 年 12 月 18 日起诉要求多米诺公司支付剩余工程价款并主张优先受偿权。本院认为，从本案建设施工合同的签订和履行的实际情况来看，在涉案建设工程实际竣工之日起算满 6 个月的期限（2014 年 1 月 11 日）届满前，由于合同双方未完成工程决算，对工程总价款及需要支付的余款数额均未确定，东方公司客观上尚不便向多米诺公司主张支付剩余工程价款和行使建设工程价款优先受偿权。原审认为本案建设工程价款优先受偿权行使期限的起算点，不应早于当事人之间约定的工程价款支付期限，并依照《合同法》第二百八十六条规定，认定东方公司行使建设工程剩余价款优先受偿权未超过期限并无不妥。

【案例来源】

中国裁判文书网，http://wenshu.court.gov.cn。

---

291 双方当事人约定工程款支付时间晚于工程竣工之日，承包人行使优先权的期限不应从工程竣工之日起计算，而应从发包人应付工程款期间届满之日起算

【关键词】

｜建设工程｜优先受偿权｜期限｜竣工｜

【案件名称】

上诉人浙江东阳建工集团有限公司与上诉人安徽省阜阳市中南置业有限责任

---

① 参见最高人民法院第三巡回法庭编著：《最高人民法院第三巡回法庭新型民商事案件理解与适用》，中国法制出版社 2019 年版，第 422 页。

公司、安徽省阜阳市中南投资发展有限公司建设工程施工合同纠纷案［最高人民法院（2018）最高法民终696号民事判决书，2018.12.24］

【裁判精要】

最高人民法院认为：

（六）关于东阳建工是否对案涉工程在工程款数额内享有优先受偿权的问题

《合同法》第二百八十六条规定："发包人未按照约定支付价款的，承包人可以催告发包人在合理期限内支付价款。发包人逾期不支付的，除按照建设工程的性质不宜折价、拍卖的以外，承包人可以与发包人协议将该工程折价，也可以申请人民法院将该工程依法拍卖。建设工程的价款就该工程折价或者拍卖的价款优先受偿。"设置建设工程价款优先受偿权是考虑到承包人的劳动已经物化到建筑物之中，当发包人不能按照约定支付工程款时，赋予承包人对工程优先受偿的权利，以保护承包人对工程价款的实际受偿。故建设工程价款优先受偿权的基础权利来源于承包人所享有的工程款债权，承包人可自该债权应受清偿之日起主张工程价款优先受偿权。

本案中，双方在《建设施工协议书》中约定："工程竣工验收合格，并交付中南置业公司完整工程资料起，中南置业公司对东阳建工上报的竣工决算在4个月内审核完毕。中南置业公司应自竣工结算完毕后60日内支付至工程结算总价的97%工程款，下余3%工程款作为工程质量维修金，分三年逐步返还。"按照上述约定，中南置业公司应于2015年5月28日支付97%工程款，即若其未在该日期前完成相应的付款义务，东阳建工自此时起对中南置业公司享有工程款债权，并起算优先受偿权的期限。中南置业公司对此持有异议，认为应当严格适用《优先受偿权批复》第四条规定，自建设工程竣工之日或建设工程合同约定的竣工之日起计算承包人行使优先受偿权的期限。本院认为，通常情况下，建设工程的竣工之日也是工程应予结算之日，承包人可以此作为主张工程价款优先受偿权的起算点，但本案中双方当事人已经明确约定工程款支付时间晚于工程竣工之日，承包人行使优先权的期限不应再从工程竣工之日起计算，而应从发包人应付工程款期间届满之日起算。故东阳建工于2015年11月10日提起本案诉讼，主张工程价款优先权，并未超过优先受偿权保护期限，一审判决适用法律并无不当。中南置业公司该上诉主张不能成立。此外，案涉合同、协议虽属无效，但不存在《最高人民法院关于印发〈全国民事审判工作会议纪要〉的通知》第二十九条"因违法分包、转包等导致建设工程合同无效的，实际施工人请求根据合同法第二百八十六条规定对建设工程行使优先受偿权的，不予支持"规定的情形，中南置业公司主张东阳建工因合同无效自始不享有建设工程价款优先受偿权的主张亦不能成立。因此，一审法院判决东阳建工有权在欠付工程款范围内对案涉工程折价或拍卖的价款优先受偿有事实和法律依据，本院予以维持。

【案例来源】

中国裁判文书网,http://wenshu. court. gov. cn。

292　作为建设工程价款优先受偿权起算点的"发包人应当给付建设工程价款之日",应当确定为工程款数额确定的次日较为公平合理

【关键词】

│建设工程│优先受偿权│起算时间│

【案件名称】

上诉人江苏省苏中建设集团股份有限公司与被上诉人包头市恒源房地产开发有限责任公司建设工程施工合同纠纷案〔最高人民法院(2018)最高法民终620号民事判决书,2019.5.7〕

【裁判精要】

最高人民法院认为:

三、关于苏中公司对案涉工程行使建设工程价款优先受偿权是否超过法定期间的问题

《建设工程施工合同解释(二)》第二十六条第一款规定:"本解释自2019年2月1日起施行。"第二款规定:"本解释施行后尚未审结的一审、二审案件,适用本解释。"第二十二条规定:"承包人行使建设工程价款优先受偿权的期限为六个月,自发包人应当给付建设工程价款之日起算。"故本案应适用该司法解释第二十二条的规定,对苏中公司是否享有建设工程价款优先受偿权加以认定。对于该条规定的"发包人应当给付建设工程价款之日",因建设工程施工合同履行过程的复杂性特点,故应当根据具体案件中的具体情况加以确定。

《合同法》第二百八十六条规定:"发包人未按照约定支付价款的,承包人可以催告发包人在合理期限内支付价款。发包人逾期不支付的,除按照建设工程的性质不宜折价、拍卖的以外,承包人可以与发包人协议将该工程折价,也可以申请人民法院将该工程依法拍卖。建设工程的价款就该工程折价或者拍卖的价款优先受偿。"从该条规定看,承包人就未付工程款对所承建工程享有优先受偿权,系为保护承包人对工程价款的实际受偿,因此,在认定该优先受偿权的行使期限时,应当尊重当事人之间关于支付工程价款期限的约定。

本案中,恒源公司于2015年9月29日收到苏中公司报送的竣工报审资料(结算书),但其未按约在60天内核审合同价款,并自28天内未付款。此时,虽然《建设

工程施工合同解释》第二十条规定:"当事人约定,发包人收到竣工结算文件后,在约定期限内不予答复,视为认可竣工结算文件的,按照约定处理。承包人请求按照竣工结算文件结算工程价款的,应予支持。"而案涉《建设工程施工合同》5.1.2条约定:"承包人向发包人提交预算书后,发包人在30个工作日通知承包人,经双方在60个工作日内核审后的合同价款,作为工程最终造价,如发包人原因不能在约定时间内审计完毕,视为认同承包人送审造价。"但如前所述,此后,因对结算价款存在争议,双方仍一直在就此事宜进行协商,直至2017年9月21日,双方才形成了《银河游泳馆改造项目(恒源时代中心)工程造价结(决)算汇总表》,对最终结算总造价及欠付工程款的数额达成了一致。虽然当事人在合同中对发包人收到竣工结算文件后在约定期限内不予答复的后果进行了约定,但当事人此后的行为表明其对该约定实际上进行了变更。此时,虽然恒源公司对苏中公司存在工程欠款,但具体数额却并未确定,而直至2017年9月21日,欠付工程款的数额才确定,恒源公司应付苏中公司工程款的具体数额才最终确定,故在此时,苏中公司才具备了根据最终确定的工程欠款数额主张建设工程价款优先受偿权的条件。因此,从本案的上述事实看,本案中作为建设工程价款优先受偿权起算点的"发包人应当给付建设工程价款之日",应当确定为工程款数额确定的次日即2017年9月22日,较为公平合理。苏中公司于2017年11月17日向一审法院提起诉讼并主张就该建设工程拍卖、变卖的价款优先受偿,并未超过优先受偿权保护期限。一审判决认定苏中公司主张建设工程价款优先受偿权超过了6个月的保护期限,属于适用法律错误,本院予以纠正。

此外,根据《建设工程施工合同解释(二)》第二十一条第二款规定,承包人就逾期支付工程价款的利息、违约金、损害赔偿金等主张优先受偿的,人民法院不予支持。苏中公司对案涉建设工程价款的优先受偿权并不及于双方约定的逾期支付工程价款的利息。

【案例来源】

中国裁判文书网,http://wenshu.court.gov.cn。

293 双方合意更改的工程竣工时间,可以作为建设工程承包人行使优先权的起算时间

【关键词】

│建设工程│优先受偿权│起算│合同变更│

【案件名称】

上诉人连云港市远通房地产开发有限公司与被上诉人江苏南通二建集团有

限公司建设工程施工合同纠纷案［最高人民法院（2017）最高法民终20号民事判决书，2017.4.17］

【裁判精要】

最高人民法院认为：

（六）关于南通二建对案涉工程是否享有建设工程价款优先受偿权

《优先受偿权批复》第四条规定，建设工程承包人行使优先受偿权的期限为六个月，自建设工程竣工之日或者建设工程合同约定的竣工之日起算。远通公司和南通二建在《连云港"东方海逸豪园"商谈备忘录》中约定将案涉工程竣工时间调整为2014年8月28日。南通二建于2014年6月10日向一审法院提起诉讼，主张建设工程价款优先受偿权，符合上述法律规定的行使期限。远通公司关于应以双方在施工合同中约定的竣工日期2013年1月21日作为案涉建设工程价款优先受偿权行使期限的起算点，南通二建行使该项权利已超出法律规定期限的上诉理由，无事实和法律依据。

【案例来源】

中国裁判文书网，http://wenshu.court.gov.cn。

294 符合《企业破产法》第十八条规定的情形，建设工程施工合同视为解除的，承包人行使优先受偿权的期限应自合同解除之日起计算

【关键词】

｜建设工程｜优先受偿权｜别除权｜行使期限｜起算点

【案件名称】

通州建总集团有限公司诉安徽天宇化工有限公司别除权纠纷案［最高人民法院指导案例73号］

【裁判精要】

裁判要点：符合《企业破产法》第十八条规定的情形，建设工程施工合同视为解除的，承包人行使优先受偿权的期限应自合同解除之日起计算。

法院生效裁判认为：

本案双方当事人签订的建设工程施工合同虽约定了工程竣工时间，但涉案工程因安徽天宇公司未能按合同约定支付工程款导致停工。现没有证据证明在工程停

工后至法院受理破产申请前,双方签订的建设施工合同已经解除或终止履行,也没有证据证明在法院受理破产申请后,破产管理人决定继续履行合同。根据《企业破产法》第十八条"人民法院受理破产申请后,管理人对破产申请受理前成立而债务人和对方当事人均未履行完毕的合同有权决定解除或继续履行,并通知对方当事人。管理人自破产申请受理之日起二个月未通知对方当事人,或者自收到对方当事人催告之日起三十日内未答复的,视为解除合同"之规定,涉案建设工程施工合同在法院受理破产申请后已实际解除,本案建设工程无法正常竣工。按照最高人民法院全国民事审判工作会议纪要精神,因发包人的原因,合同解除或终止履行时已经超出合同约定的竣工日期的,承包人行使优先受偿权的期限自合同解除之日起计算,安徽天宇公司要求按合同约定的竣工日期起算优先受偿权行使时间的主张,缺乏依据,不予采信。2011年8月26日,法院裁定受理对安徽天宇公司的破产申请,2011年10月10日通州建总公司向安徽天宇公司的破产管理人申报债权并主张工程款优先受偿权,因此,通州建总公司主张优先受偿权的时间是2011年10月10日。安徽天宇公司认为通州建总公司行使优先受偿权的时间超过了破产管理之日六个月,与事实不符,不予支持。

【案例来源】

《最高人民法院关于发布第15批指导性案例的通知》(2016年12月28日,法〔2016〕449号)。

编者说明

《企业破产法》第十八条赋予破产管理人对在破产程序开始时双方未履行或者未履行完毕的合同之履行或解除的选择权。指导案例73号《通州建总集团有限公司诉安徽天宇化工有限公司别除权纠纷案》,旨在明确符合《企业破产法》第十八条规定的情形,建设工程施工合同视为解除的,承包人行使优先受偿权的期限应自合同解除之日起计算。按照最高人民法院全国民事审判工作会议纪要精神,因发包人的原因,合同解除或终止履行时已经超出合同约定的竣工日期的,承包人行使优先受偿权的期限自合同解除之日起计算,该指导案例再次重申了这一裁判规则,对处理企业破产案件中工程款优先受偿问题,具有较强的借鉴和指导意义。

295 承包人行使工程价款优先受偿权的期限从合同解除之日起计算,符合本案实际

【关键词】

│ 建设工程 │ 优先受偿权 │ 起算 │ 合同解除 │

【案件名称】

上诉人吉林民融投资有限公司与被上诉人中国建筑第六工程局有限公司建设工程施工合同纠纷案 [最高人民法院（2018）最高法民终629号民事判决书，2018.9.21]

【裁判精要】

最高人民法院认为：

四、中建六局是否享有工程价款优先受偿权

《合同法》第二百八十六条规定："发包人未按照约定支付价款的，承包人可以催告发包人在合理期限内支付价款。发包人逾期不支付的，除按照建设工程的性质不宜折价、拍卖的以外，承包人可以与发包人协议将该工程折价，也可以申请人民法院将该工程依法拍卖。建设工程的价款就该工程折价或者拍卖的价款优先受偿。"《优先受偿权批复》第四条规定："建设工程承包人行使优先权的期限为六个月，自建设工程竣工之日或者建设工程合同约定的竣工之日起计算。"根据上述规定，中建六局应在法定期限内行使工程价款优先受偿权。《合同法》第二百八十六条规定承包人享有工程价款优先受偿权，目的是为了保护承包人对工程价款的实际受偿，因此，在认定该优先受偿权的行使期限时，应当遵循案件的客观实际，避免承包人的工程价款优先受偿权落空。

本案中，中建六局行使工程价款优先受偿权的期限既不能自建设工程竣工之日起计算，亦不能自建设工程合同约定的竣工之日起计算。首先，因案涉工程未实际竣工，客观上无法按照建设工程竣工之日确定行使工程价款优先受偿权期限的起算点。其次，案涉《补充协议》约定的竣工日期为2014年12月1日，但因民融公司资金不到位，案涉工程从2014年11月11日停工时仅完成了地下基础工程和地上一层，停工后中建六局一直派人在施工现场看守，至本案起诉前，《建设工程施工合同》及《补充协议》尚未解除，对双方均具有约束力，案涉合同还存在履行可能。由此，《建设工程施工合同》及《补充协议》能否继续履行、工程何时复工均不确定，工程价款亦未最终确定。若日后合同能够继续履行，中建六局亦不可能在约定竣工时间内完成剩余工程，约定竣工时间必然要相应调整。因此，按照合同约定的竣工之日起算工程价款优先受偿权行使期限，不符合本案实际。本案中，因中建六局与民融公司之间的《建设工程施工合同》及《补充协议》于2017年2月20日解除，自该日起，中建六局已经确定不再履行施工合同，中建六局施工的工程量及工程价款于此时能够确定，其主张工程价款优先受偿权的条件成就，中建六局行使工程价款优先受偿权的期限从2017年2月20日合同解除之日起计算，符合本案实际。据此，中建六局于2016年8月31日起诉主张优先受偿权，未超出法定期限，一审判决认定中建六局享有工程价款优先受偿权正确，民融公司此项上诉主张不能成立，本院不予支持。

【案例来源】

中国裁判文书网,http://wenshu. court. gov. cn。

296 承包人起诉请求解除合同时,已经超出施工合同约定的竣工日期,鉴于现有证据不能证实案涉工程已竣工验收结算或已交付发包人或被发包人擅自使用,承包人行使建设工程价款优先受偿权的期限可自合同解除之日起计算

【关键词】

|建设工程|优先受偿权|起算|合同解除|竣工验收|

【案件名称】

上诉人甘肃华澳铁路综合工程有限公司与上诉人宁夏灵武市陆港物流集团有限公司建设工程施工合同纠纷案[最高人民法院(2018)最高法民终 861 号民事判决书,2018. 12. 28]

【裁判精要】

最高人民法院认为:

四、关于华澳公司对案涉工程是否享有建设工程价款优先受偿权的问题

《合同法》第二百八十六条规定:"发包人未按照约定支付价款的,承包人可以催告发包人在合理期限内支付价款。发包人逾期不支付的,除按照建设工程的性质不宜折价、拍卖的以外,承包人可以与发包人协议将该工程折价,也可以申请人民法院将该工程依法拍卖。建设工程的价款就该工程折价或者拍卖的价款优先受偿。"《优先受偿权批复》第四条规定:"建设工程承包人行使优先权的期限为六个月,自建设工程竣工之日或者建设工程合同约定的竣工之日起计算。"本院认为,上述法律、司法解释关于建设工程价款优先受偿权的规定,目的在于保障承包人能够及时从发包人处获得建设工程价款。

本案二审期间,华澳公司和陆港公司对一审判决解除《施工合同》《补充合同》《综合楼施工合同》均无异议,根据《建设工程施工合同解释》第十条第一款关于"建设工程施工合同解除后,已经完成的建设工程质量合格的,发包人应当按照约定支付相应的工程价款;已经完成的建设工程质量不合格的,参照本解释第三条规定处理"的规定,陆港公司应对上述合同解除前华澳公司已经完成的工程量支付工程价款。但是,《施工合同》《补充合同》《综合楼施工合同》约定开工日期以陆港公司批

準的开工报告日期为准,其中《施工合同》约定工期 197 工天,《补充合同》约定工期 25 工天,《综合楼施工合同》约定工期 112 工天,以上工期合计 334 工天,陆港公司批准《工程开工/复工申请表》的时间为 2014 年 7 月 16 日,故华澳公司起诉请求解除合同时,已经超出前述合同约定的竣工日期一年有余。同时,在现有证据不能证实案涉工程已竣工验收结算或已交付陆港公司或被陆港公司擅自使用的情形下,华澳公司难以通过竣工之日或合同约定竣工之日这两个起算时点行使建设工程价款优先受偿权,其非怠于行使自己的权利。此时如仍以竣工之日或合同约定竣工之日作为行使建设工程价款优先受偿权的起算时点,明显有违本案事实,也有悖公平原则。依照《合同法》第二百八十六条并参照《建设工程施工合同解释》第十条第一款、《优先受偿权批复》第四条的规定,华澳公司行使建设工程价款优先受偿权的期限可自合同解除之日起计算,其关于对案涉工程享有建设工程价款优先受偿权的诉讼请求应予支持,一审判决对此认定有误,应予纠正。

【案例来源】

中国裁判文书网,http://wenshu.court.gov.cn。

297 因发包人资金不到位导致案涉工程未实际竣工,承包人施工的工程量及工程价款于双方解除合同之日能够确定的,其主张工程价款优先受偿权的条件成就

【关键词】

│建设工程│优先受偿权│起算│合同解除│

【案件名称】

上诉人陕西西岳山庄有限公司与被上诉人中建三局建发工程有限公司、中建三局第三建设工程有限责任公司建设工程施工合同纠纷案 [最高人民法院(2007)民一终字第 10 号民事判决书,2007.10.16]

【裁判精要】

最高人民法院认为:

(六)关于建发公司对涉案工程是否享有优先受偿权的问题

建设工程款具有优先受偿性质。建发公司基于受让债权取得此项权利。鉴于该项建设工程目前尚未全部竣工,《施工合同》因西岳山庄拖欠工程款等原因而迟延履行,建发公司优先受偿权的行使期限应从 2005 年 10 月 10 日解除合同时起算。此前建发公司已提起诉讼,故不应认定其优先受偿权的行使期限已超过 6 个月。对于

西岳山庄关于建发公司已超过行使优先受偿权期限的主张,本院不予支持。

【权威解析】

建发公司对该建筑是否享有优先受偿权。建设工程的价款就该工程折价或者拍卖的价款优先受偿,相关司法解释规定的行使优先权的期限为 6 个月,自建设工程竣工之日或者建设工程合同约定的竣工之日起计算。如果按照涉案合同约定的工程竣工日期计算,建发公司无权行使优先受偿权。然而,本案特殊之处在于三公司依约行使了合同解除权,工程全部由其竣工已不可能,按竣工日期起算行使优先受偿权的期间不合情理。若以合同约定的竣工日期起算,因为工期的拖延主要是由于西岳山庄违约造成的,让守约方承担不利的法律后果显失公平。鉴此,应当以合同解除作为行使优先受偿权期限的起算时间。建发公司在合同解除前即已起诉,不存在超过行使优先受偿权期限的问题,其优先受偿权应当受到司法保护。因此,一、二审法院认定建发公司有权对涉案工程行使优先受偿权是正确的。[①]

【案例来源】

《中华人民共和国最高人民法院公报》2007 年第 12 期(总第 134 期)。

298 承包人在工程完工之前中途停止施工的,工程价款优先受偿权自承发包双方就工程结算及工程款支付达成合意时起算

【关键词】

| 建设工程 | 优先受偿权 | 停工 |

【案件名称】

上诉人沈阳东瀛房地产开发有限公司与上诉人浙江花园建设集团有限公司建设工程施工合同纠纷案 [最高人民法院(2018)最高法民终 325 号民事判决书,2018.7.11]

【裁判精要】

最高人民法院认为:

关于浙江花园主张工程价款优先受偿权是否超过法定期限的问题。《优先受偿

---

① 参见张进先:《建筑施工中形成的债权能否转让并对该建筑优先受偿——陕西西岳山庄有限公司与中建三局建发工程有限公司、中建三局第三建设工程有限责任公司建设工程施工合同纠纷上诉案》,载最高人民法院民事审判第一庭编:《民事审判指导与参考》(总第 32 集),法律出版社 2008 年版,第 180~181 页。

权批复》第四条规定:"建设工程承包人行使优先权的期限为六个月,自建设工程竣工之日或者建设工程合同约定的竣工之日起计算。"本案双方于2011年4月1日签订《承包协议书》,约定工程竣工日期为2011年11月30日,协议签订后,浙江花园即进场施工,但是在工程完工之前中途停止施工,双方因此于2012年7月11日对浙江花园已完工程施工部位和工程量进行确认,并于同年10月13日签订《补充协议书》,对工程款如何结算以及付款时间作出约定,浙江花园亦撤出施工现场并将工程移交给东瀛公司。鉴于上述事实,本案不能按照上述批复规定,以"建设工程竣工之日"或"约定的竣工之日"作为工程价款优先受偿权的起算时间。一审判决以双方签订《补充协议书》就工程款结算及支付事宜达成合意的2012年10月13日作为优先受偿权的起算时间,进而认定浙江花园主张优先受偿权超过法定期限,对浙江花园的此项诉讼请求未予支持,并无不当。即使从《补充协议书》约定的余款支付时间2014年11月底起算,浙江花园至2015年12月16日提起本案诉讼主张工程价款优先受偿权,也已经超过法定的六个月期限。因此,浙江花园的此项上诉请求不能成立,本院不予支持。

【案例来源】

中国裁判文书网,http://wenshu.court.gov.cn。

299 在工程中途停工退场的情况下,以工程价款结算之日作为工程价款优先受偿权的起算之日

【关键词】

│ 建设工程 │ 优先受偿权 │ 停工 │ 起算 │

【案件名称】

上诉人泸州市第七建筑工程公司与被上诉人云南乾泰投资有限公司建设工程施工合同纠纷案[最高人民法院(2018)最高法民终753号民事判决书,2018.10.16]

【裁判精要】

最高人民法院认为:

七、关于泸州七建是否享有案涉工程的优先受偿权的问题

泸州七建上诉认为因案涉工程未竣工验收,其主张优先受偿权的六个月期限并未超过。首先,本案工程系中途退场,未经竣工验收,亦未约定竣工日期。案涉工程已经于2016年10月18日进行结算,自此针对双方无争议工程款,权利义务已经明确,从工程价款结算之日起算工程价款优先受偿权的六个月期限亦为合理,在工程

中途停工退场的情况下,案涉工程的结算时间晚于施工方退场的时间,以工程价款结算之日作为工程价款优先受偿权的起算之日对泸州七建并无不利。最后,本案中双方当事人签订的《以房抵工程款协议》中有关优先权的约定系针对抵押权的优先受偿权,且该协议并未实际履行,泸州七建以双方在该协议中确认了其工程价款的优先受偿权为由主张六个月期限尚未超过,理由不成立。

【案例来源】

中国裁判文书网,http://wenshu.court.gov.cn。

300 因发包人欠付工程款严重违约,导致承包人在未完成全部工程的情况下退场,案涉工程没有确定的竣工时间,可以发包人接收竣工结算书的时间作为优先受偿权起算日期

【关键词】

│建设工程│优先受偿权│退场│起算│

【案件名称】

上诉人湖北长安建设集团股份有限公司与被上诉人武汉康恒房地产开发有限公司建设工程施工合同纠纷案［最高人民法院（2018）最高法民终 697 号民事判决书,2018.12.26］

【裁判精要】

最高人民法院认为:

三、长安公司主张优先受偿权是否超过除斥期间问题

建设工程承包人就案涉工程享有优先受偿权的立法目的是优先保障施工方的基本利益即获得工程款的权益,一般情况下,建设工程承包人行使优先受偿权的期限应自建设工程竣工之日或者建设工程合同约定的竣工之日起计算不超过六个月。本案中,因康恒公司欠付工程款严重违约,导致长安公司在未完成全部工程的情况下退场,康恒公司另将长安公司未施工完成部分重新委托第三方施工,案涉工程没有确定的竣工时间。一审判决以封顶后没有再施工为由按照工程封顶时间计算,但长安公司二审提交新证据证实其施工楼房封顶后仍有施工行为,且一般来说工程封顶与竣工确属不同阶段,一审判决以长安公司施工楼房封顶时间作为优先受偿权的起算时间,缺乏事实和法律依据。鉴于长安公司于 2014 年 3 月 19 日向康恒公司提交《工程竣工结算书》等工程明细资料,但康恒公司始终未予答复,工程价款无法确定,本案以康恒公司接收《工程竣工结算书》等工程明细资料的时间即 2014 年 3 月

21 日作为优先受偿权起算日期,符合本案实际。长安公司于 2014 年 8 月 20 日提起本案诉讼,不超过六个月的除斥期间,应认定长安公司对涉案工程款享有优先受偿权。

【案例来源】

中国裁判文书网,http://wenshu. court. gov. cn。

301 建设工程合同由于发包人原因解除,承包人行使建设工程价款优先受偿权的期限可以自合同解除之日起算

【关键词】

│ 建设工程 │ 优先受偿权 │ 合同解除 │ 起算 │

【案件名称】

再审申请人河南省中亿建设集团有限公司与被申请人新疆业泰能源股份有限公司建设工程施工合同纠纷案 [最高人民法院(2016)最高法民再 295 号民事判决书,2017.3.21]

【裁判精要】

最高人民法院认为:

本案的争议焦点为中亿公司行使建设工程价款优先受偿权是否已经超出法定期限。

《合同法》关于建设工程优先受偿权的规定,是为了维护承包人的生存利益以及鼓励建筑,创造社会财富。同时,为了督促承包人及时行使权利,避免法律关系长期处于不确定的状态,有必要就行使优先受偿权设置相应的期限。为此,《优先受偿权批复》第四条规定:“建设工程承包人行使优先权的期限为六个月,自建设工程竣工之日或者建设工程合同约定的竣工之日起计算。”但是,上述规定并未就工程未竣工的原因进行区分。当由于承包人的原因导致工程未竣工的,其应当及时向发包人主张权利,故适用《优先受偿权批复》从合同约定竣工之日起算六个月的期限并无不当。而在发包人一方原因导致合同未竣工的情形下,工程价款往往无法结算,承包方此时难以行使优先受偿权,而非怠于行使自己的权利。此时如仍以合同约定竣工之日作为行使优先受偿权的起算点,相当于由承包人承担因发包人过错导致的不利后果,明显有违工程价款优先受偿权的立法本意。

根据一审查明的事实,中亿公司与业泰公司签订建设工程施工合同后,中亿公司完成了部分工程,但因业泰公司未依约支付工程款、业泰公司下落不明导致工程

于 2012 年 11 月停工。中亿公司在无法联系业泰公司,不能确定合同是否可以继续履行的情况下,未按照《优先受偿权批复》的规定在合同约定的竣工之日起六个月内主张优先受偿权并不属于怠于行使权利的行为。2014 年,在工程长期停工的情况下,中亿公司向法院起诉请求解除建设工程施工合同,一审法院予以支持正确,但以合同约定的工程竣工之日起算认定中亿公司主张行使工程价款优先受偿权已经超过六个月的期限,与本案事实不符,也有悖公平原则。按照《合同法》关于建设工程价款优先受偿权的立法本意及《优先受偿权批复》规定的精神,结合最高人民法院《2011 年民事审判工作会议纪要》关于如建设工程由于发包人原因解除,承包人行使建设工程价款优先受偿权的期限可以自合同解除之日起计算的意见,中亿公司对案涉工程价款优先受偿权并未超过六个月的行使期限,对中亿公司行使优先受偿权的主张应予支持,一审法院的该项认定有误,本院予以纠正。

【案例来源】

中国裁判文书网,http://wenshu.court.gov.cn。

302 工程价款优先受偿权的起算点,应为实际的竣工验收日,而非推定的竣工验收日

【关键词】

│建设工程│优先受偿权│竣工验收│

【案件名称】

再审申请人江苏广宇建设集团有限公司与被申请人江苏汇银典当有限公司、江苏国宇高科通信技术有限公司建设工程施工合同纠纷案〔最高人民法院(2017)最高法民再 246 号民事判决书,2018.4.2〕

【裁判精要】

最高人民法院认为:

本案主要争议焦点为:广宇公司享有的建设工程价款优先受偿权是否已超过六个月除斥期间而灭失。

(一)根据本案已经查明的事实,一审期间广宇公司提交了一份《单位工程竣工验收证明书》,其上载明的竣工时间为 2013 年 10 月 28 日,但该证明书仅有施工、监理、建设单位盖章,而无设计单位印章。广宇公司在二审中补充提交施工、监理、建设、设计四方均盖章的《单位工程竣工验收证明书》。对两份证明书形式上的差异,广宇公司解释认为:参与验收各方出具的《单位工程竣工验收证明书》一式多份,由

验收各方分别持有;一式多份文件上各单位的签字、盖章不可能完全一致,但各方签字盖章都是真实的;因相关人员疏忽,向一审法院提交了遗漏设计单位盖章的《单位工程竣工验收证明书》。汇银公司对两份《单位工程竣工验收证明书》的真实性均不予认可,但未提交相反证据。二审法院认为,广宇公司二审提交的《单位工程竣工验收证明书》与一审提交的证明书在各方签字、盖章上并不一致,并非系在一审提供的证明书基础上加盖设计单位的技术专用章而来,故对其效力不予认定。本院认为,单就上述两份《单位工程竣工验收证明书》的形式而言,确实存在一定的差异,但汇银公司并没有证据证明广宇公司、苏维公司、国宇公司和同济大学建筑设计研究院(集团)有限公司分别作为施工、监理、建设和设计单位在《单位工程竣工验收证明书》上的签章虚假、不真实,也没有证据证明四单位签章非其真实意思表示,故二审判决依据两份证明书形式上的瑕疵否定《单位工程竣工验收证明书》的证据效力不当,本院予以纠正。

(二)关于案涉工程的具体竣工日期,除《单位工程竣工验收证明书》外,广宇公司再审期间又提交了2014年6月案涉工程勘查、设计、施工、监理、建设单位签署验收意见并签章的《竣工验收备案表》,载明案涉工程竣工验收日期为2013年10月28日。汇银公司认为该证据系广宇公司和国宇公司串通形成,对其真实性、合法性提出质疑,但未提交证据证实。本院认为,尽管广宇公司提交的《竣工验收备案表》欠缺备案机关的签章、尚未依法完成案涉工程的竣工验收备案手续,但在无证据证明《竣工验收备案表》上各单位签字签章虚假、意思表示不真实,或系恶意串通、伪造证据,损害汇银公司利益的情况下,《竣工验收备案表》具有相应的证明效力,广宇公司可以《竣工验收备案表》载明的案涉工程竣工验收日期(2013年10月28日)证实自己的主张。而靖江市建设工程质量监督站于2014年6月16日出具的《证明》,也证实:建设单位(国宇公司)于2013年10月28日组织参建各方对案涉工程进行竣工验收。此外,广宇公司与国宇公司2014年5月10日就案涉工程款支付等事宜达成《协议》,双方确认案涉工程已于2013年10月28日竣工验收合格,并确认了未付工程价款以及广宇公司对案涉厂房享有建设工程价款优先受偿权。《最高人民法院关于适用〈中华人民共和国民事诉讼法〉的解释》第一百零八条第一款规定:"对负有举证证明责任的当事人提供的证据,人民法院经审查并结合相关事实,确信待证事实的存在具有高度可能性的,应当认定该事实存在。"本案中,广宇公司作为负有举证责任的当事人提交的上述证据,尽管存在一定的瑕疵,但这些证据所载明的内容能够让人相信案涉工程在2013年10月28日竣工验收的事实具有高度可能性,依法应给予认定。鉴于广宇公司在再审期间提交的《竣工验收备案表》等新证据本应在一、二审期间即应提交,却迟至再审审查期间才提交,增加了对方当事人的诉累,浪费了司法资源,综合本案情况由广宇公司承担本案二审三分之二的诉讼费用,以示惩戒。

（三）二审法院认定 2012 年 10 月 26 日国宇公司签收决算书之日为案涉工程竣工日期证据不足。（1）国宇公司收取广宇公司决算书以及广宇公司另案诉请国宇公司支付工程欠款利息并不能必然证明案涉工程已经竣工验收。（2）一审法院依职权调取的靖江市产权产籍管理处案涉 1#、2#、3#厂房办证资料中并无竣工验收资料,房产证的办理不能必然反证案涉工程已依法进行了竣工验收。（3）案涉工程于 2012 年 10 月 26 日竣工验收的事实并无直接的证据证实,且与本案其他证据相冲突。故二审法院以"广宇公司曾于 2012 年 10 月向国宇公司提交了案涉工程的决算书,国宇公司也于 2012 年 10 月 26 日签收。从决算书的内容看,包含了案涉工程的全部工程量和价款,并未反映尚有未完工部分"、"国宇公司办理了案涉工程的房产证并向汇银公司设定了抵押"以及"2013 年 6 月 26 日,广宇公司诉请国宁公司支付工程欠款的利息"等事实,认定案涉工程应视为 2012 年 10 月 26 日竣工验收合格不当,本院依法予以纠正。

（四）鉴于广宇公司与汇银公司对案涉工程的竣工日期存在不同认识,根据《建设工程施工合同解释》第十四条关于"当事人对建设工程实际竣工日期有争议的,按照以下情形分别处理:（一）建设工程经竣工验收合格的,以竣工验收合格之日为竣工日期;（二）承包人已经提交竣工验收报告,发包人拖延验收的,以承包人提交验收报告之日为竣工日期;（三）建设工程未经竣工验收,发包人擅自使用的,以转移占有建设工程之日为竣工日期"的规定,案涉工程应以 2013 年 10 月 28 日竣工验收合格之日作为竣工日期。《优先受偿权批复》第四条规定:"建设工程承包人行使优先权的期限为六个月,自建设工程竣工之日或者建设工程合同约定的竣工之日计算。"广宇公司享有的建设工程价款优先受偿权从 2013 年 10 月 28 日起算,至广宇公司 2014 年 4 月 14 日提起本案诉讼主张案涉建设工程价款优先受偿权时,并未超过六个月的法定期限,广宇公司享有的建设工程价款优先受偿权并未因超期而灭失,一审判决认定正确,应予维持。

【案例来源】

中国裁判文书网,http://wenshu.court.gov.cn。

303 工程未竣工验收,且施工合同无效的,优先受偿权行使期限不宜从工程竣工之日或者合同约定的竣工之日起计算

【关键词】

| 建设工程 | 优先受偿权 | 竣工 |

【案件名称】

上诉人锦宸集团有限公司与被上诉人呼伦贝尔市天顺房地产开发有限公司、北大荒鑫都房地产开发有限公司建设工程施工合同纠纷案［最高人民法院（2018）最高法民终846号民事判决书，2018.12.24］

【裁判精要】

最高人民法院认为：

关于锦宸公司对于案涉天顺新城二、三期建设工程是否享有优先受偿权问题。《合同法》第二百八十六条规定："发包人未按照约定支付价款的，承包人可以催告发包人在合理期限内支付价款。发包人逾期不支付的，除按照建设工程的性质不宜折价、拍卖的以外，承包人可以与发包人协议将该工程折价，也可以申请人民法院将该工程依法拍卖。建设工程的价款就该工程折价或者拍卖的价款优先受偿。"建设工程价款优先受偿权是法律赋予承包人的法定优先权，目的是保障承包人对自己的劳动成果获得报酬。《优先受偿权批复》规定，建设工程承包人行使优先权的期限为六个月，自建设工程竣工之日或者建设工程合同约定的竣工之日起计算。本案中，案涉天顺新城二期工程未竣工验收、三期工程停建，且案涉五份建设工程施工合同无效，故本案建设工程优先权行使期限不宜从建设工程竣工之日或者建设工程合同约定的竣工之日起计算。一审判决认定锦宸公司优先受偿权行使期限自约定的竣工日期2015年12月30日起算缺乏事实和合同依据，本院纠正。

根据本案查明的事实，锦宸公司与天顺公司于2015年2月、2015年11月就案涉天顺新城二、三期工程进行的结算属于施工过程中工程进度结算，并非对案涉工程的结算。锦宸公司于2017年3月2日委托公证向天顺公司、鑫都公司分别邮寄送达了催告及解除合同通知函。《合同法》第九十六条规定，当事人主张解除合同，应当通知对方，合同自通知到达对方时解除，对方有异议的，可以请求人民法院或者仲裁机构确认解除合同的效力。《合同法解释（二）》第二十四条规定，当事人对合同解除虽有异议，但在约定的异议期满后才提出异议并向人民法院起诉的，人民法院不予支持；当事人没有约定异议期间，在解除合同通知到达之日起三个月以后才向人民法院起诉的，人民法院不予支持。故本案锦宸公司行使优先权期限应自锦宸公司解除合同到达天顺公司、鑫都公司时起算。锦宸公司请求对天顺新城二、三期工程拍卖、变卖所得价款享有优先受偿权，具有事实和法律依据，应予支持。一审判决认定锦宸公司请求优先受偿权已经超过行使期限，属适用法律错误，本院予以纠正。

【案例来源】

中国裁判文书网，http://wenshu. court. gov. cn。

304 施工合同无效，承包人行使优先受偿权的时间不受合同约定的限制，而应自工程验收竣工之日起计算

【关键词】

　　│建设工程│优先受偿权│合同无效│竣工验收│起算│

【案件名称】

　　上诉人安徽亚坤建设集团有限公司与上诉人蒙城广联置业有限公司、原审第三人刘谋权建设工程施工合同纠纷案［最高人民法院（2018）最高法民终 416 号民事判决书，2018.12.27］

【裁判精要】

　　最高人民法院认为：

　　五、关于亚坤公司是否享有工程价款优先受偿权的问题

　　《优先受偿权批复》第四条规定："建设工程承包人行使优先权的期限为六个月，自建设工程竣工之日或者建设工程合同约定的竣工之日起计算。"《建设工程施工合同解释》第十四条规定："当事人对建设工程实际竣工日期有争议的，按照以下情形分别处理：（一）建设工程经竣工验收合格的，以竣工验收合格之日为竣工日期……"本案中，案涉合同无效，案涉工程于 2013 年 11 月 20 日经竣工验收合格，故亚坤公司行使优先受偿权的时间不受合同约定的限制，而应自工程验收竣工之日起计算。亚坤公司在工程竣工验收之前的 2013 年 3 月 21 日即提起本案诉讼，亦主张了优先受偿权，故不存在超过六个月法定期间的情形。一审判决认定亚坤公司享有优先受偿权正确，本院予以维持。广联公司上诉主张亚坤公司不享有工程价款优先受偿权，理据不足，本院不予支持。

【案例来源】

　　中国裁判文书网，http://wenshu. court. gov. cn。

305 欠付工程款事实确定，审计结论的作出时间与优先受偿权行使期限的起算点不具有关联性

【关键词】

　　│建设工程│优先受偿权│起算│竣工│审计结论│

【案件名称】

上诉人安徽华冶建设工程有限公司、上诉人合肥美联恒置业有限责任公司与被上诉人合肥东部新城建设投资有限公司建设工程施工合同纠纷案［最高人民法院（2017）最高法民终 655 号民事判决书，2017.12.15］

【裁判精要】

裁判摘要：审计结论系对欠付工程款具体数额的确定，在欠付工程款事实确定的情况下，审计结论的作出时间与优先受偿权行使期限的起算点不具有关联性。

最高人民法院认为：

（一）关于华冶公司是否享有优先受偿权的问题

华冶公司主张涉案工程是因美联恒公司资金链断裂导致，至今未能竣工验收，华冶公司的优先受偿权应当不受影响，仍然在法律保护的期限内。首先，《优先受偿权批复》第四条规定："建设工程承包人行使优先权的期限为六个月，自建设工程竣工之日或者建设工程合同约定的竣之日起计算。"故建设工程已经竣工的，应以实际工程竣工日作为承包人行使优先受偿权的起算点。本案中，华冶公司认可涉案工程于 2013 年 11 月 30 日即已移交给美联恒公司占有使用，应当视为该建设工程已实际竣工，华冶公司就涉案工程欠款行使优先受偿权，应当在此后的六个月内即 2014 年 5 月 30 日前提出，至其 2014 年 10 月提起本案诉讼，已经超过该权利法定行使期间。其次，华冶公司庭审时提出涉案工程价款的审计结论于 2014 年 7 月作出，期间其不可能主张优先受偿权。本院认为，建设工程价款优先受偿权的立法本意是保障承包人工程价款权利的实现，该权利的行使以发包人欠付工程款为前提。本案中，华冶公司因涉案工程的工程款欠付问题先后两次停工，在美联恒公司 2013 年 11 月 30 日实际占有涉案工程后，2013 年 12 月 16 日，华冶公司向肥东县人民政府发函反映涉案工程仍有 3000 万元工程进度欠款，并要求肥东县人民政府提供付款担保。可见，华冶公司对美联恒公司欠付其工程款且存在不能收回的风险等事实是明知的，其应当在法律规定的期限内，积极行使权利。虽然涉案各分项工程的 12 份审计报告于 2014 年 6～7 月份作出，但该审计结论系对欠付工程款具体数额的确定，在欠付工程款事实确定的情况下，审计结论的作出时间与优先受偿权行使期限的起算点不具有关联性。原审判决认定华冶公司本案中主张优先受偿权已经超过该权利法定行使期间，并无不当。华冶公司提出其仍享有优先受偿权的主张，本院不予支持。

【案例来源】

中国裁判文书网，http://wenshu.court.gov.cn。

五、放弃优先受偿权

306　承包人放弃优先受偿权系自愿，不违反法律、行政法规的效力性强制性规定，也不存在《合同法》第五十二条规定的无效情形，故承诺书合法有效

【关键词】

│建设工程│建设工程优先权│放弃│

【案件名称】

上诉人大连友兰建筑工程有限公司与被上诉人庄河市林茵置业有限公司、中国农业银行股份有限公司大连庄河支行建设工程施工合同纠纷案［最高人民法院（2018）最高法民终 99 号民事判决书，2018.4.27］

【裁判精要】

最高人民法院认为：

（二）关于友兰公司是否享有工程价款优先受偿权的问题

根据已查明事实，2012 年 8 月 20 日，友兰公司在林茵公司见证下向农行庄河支行出具无条件不可撤销《承诺书》承诺：自愿放弃案涉工程的全部工程价款优先受偿权，农行庄河支行上述抵押受偿权为第一权利人；友兰公司保证案涉工程的工人工资及相关税费不拖欠，按时结清，保证农行庄河支行在受偿借款时为第一优先权。建设工程价款优先受偿权的性质为具有担保性质的民事财产权利，属于私权范畴，友兰公司有权选择行使或放弃。根据《优先受偿权批复》第三条关于"建筑工程价款包括承包人为建设工程应当支付的工作人员报酬、材料款等实际支出的费用，不包括承包人因发包人违约所造成的损失"的规定，工程价款优先受偿权虽然旨在赋予承包人优于抵押权的法定优先权进而间接保障建筑工人、材料商的合法权益，但并未规定该优先权的行使、放弃须征得建筑工人、材料商的同意，友兰公司主张因其未征得上述人员同意，放弃优先权的意思表示无效，缺乏法律依据。友兰公司放弃优先受偿权系自愿，应为真实意思表示，也不违反法律、行政法规的效力性强制性规定，本案也不存在《合同法》第五十二条规定的无效情形，故《承诺书》合法有效，对友兰公司依法具有约束力。另据林茵公司在友兰公司参与下于 2012 年 3 月 23 日向广源小贷公司出具的承诺函内容，友兰公司明知林茵公司向农行庄河支行借款的目

的系用于偿还广源小贷公司的借款,其不仅保证案涉工程的工人工资及相关税费不拖欠,还在农行庄河支行向林茵公司放贷后,配合林茵公司以转账的形式借新还旧,偿还广源小贷公司的借款。而且,因林茵公司未偿还农行庄河支行借款,辽宁省高级人民法院68号判决已确认农行庄河支行对案涉工程及土地使用权享有优先受偿权。友兰公司以其放弃该工程款优先权可能侵害建筑工人的合法权益为由主张无效,请求判令其享有优先受偿权,缺乏事实和法律依据,原审未予支持,并无不当。友兰公司的该项上诉请求亦不能成立,本院不予支持。

【案例来源】

中国裁判文书网,http://wenshu.court.gov.cn。

编者说明

本案判决于最高人民法院《建设工程施工合同解释(二)》(法释〔2018〕20号,2019年2月1日)颁布之前。关于承包人事前放弃优先受偿权的效力问题,《建设工程施工合同解释(二)》第二十三条规定:"发包人与承包人约定放弃或者限制建设工程价款优先受偿权,损害建筑工人利益,发包人根据该约定主张承包人不享有建设工程价款优先受偿权的,人民法院不予支持。"该条规定明确了以下两个方面的内容:

(1)原则上承包人有权放弃或者限制其工程款优先受偿权。这里的限制,指承包人放弃部分工程款优先受偿权,或者为优先受偿权的行使设定时间、条件,或者限定优先受偿权所针对的工程的范围等。

(2)承包人放弃工程款优先受偿权,不能损害建筑工人的利益。对本条解释规定的"损害建筑工人利益"的判断,应当从承包人这一行为是否影响其整体的清偿能力,将承包人整体的资产负债情况和现金流情况等为依据,判断是否因此恶化到建筑工人工资支付的程度。如果承包人与发包人约定放弃或者限制工程款优先受偿权,导致其工程价款债权不能实现,进而造成其资产负债状况恶化,以至于不能支付建筑工人的工资,就属于损害建筑工人利益。

此外,可以参考2018年《江苏省高级人民法院关于审理建设工程施工合同纠纷案件若干问题的解答》第十九条的规定:"承包人放弃建设工程价款优先受偿权的效力如何认定?法律并未禁止承包人放弃建设工程价款优先受偿权。承包人自愿放弃建设工程价款优先受偿权的,只涉及承包人自身利益的,该放弃行为有效。但该放弃行为损害实际施工人等第三人利益的,对该第三人不产生效力。"[1]

---

[1] 参见李俊晔编著:《建设工程裁判规范指引》,法律出版社2019年版,第307页。

307 承包人未明确表示放弃建设工程价款优先受偿权的，对该优先权的保护应当优先于普通债权

【关键词】

│ 建设工程 │ 建设工程优先权 │ 放弃 │

【案件名称】

再审申请人江苏省苏中建设集团股份有限公司与被申请人巴州佳晟置业有限责任公司、库尔勒银行股份有限公司、李长林建设工程施工合同纠纷案［最高人民法院（2018）最高法民再 432 号民事判决书，2018.12.25］

【裁判精要】

最高人民法院认为：

二、关于库尔勒银行应否对佳晟公司欠款向苏中公司承担赔偿责任的问题

《合同法》第二百八十六条规定："发包人未按照约定支付价款的，承包人可以催告发包人在合理期限内支付价款。发包人逾期不支付的，除按照建设工程的性质不宜折价、拍卖的以外，承包人可以与发包人协议将该工程折价，也可以申请人民法院将该工程依法拍卖。建设工程的价款就该工程折价或者拍卖的价款优先受偿。"《优先受偿权批复》第四条规定："建设工程承包人行使优先权的期限为六个月，自建设工程竣工之日或者建设工程合同约定的竣工之日起计算。"2011 年 12 月 13 日，佳晟公司对苏中公司施工的 9#楼进行竣工验收。2012 年 1 月 17 日，佳晟公司向苏中公司出具书面《承诺书》，保证于 2012 年 2 月 10 日前支付苏中公司工程款 1000 万元，如到期未支付，苏中公司有权收回 9#楼。2012 年 6 月 11 日，苏中公司向一审法院提起诉讼，要求佳晟公司支付工程款及利息，并主张就 9#楼拍卖款优先支付工程款，故苏中公司对 9#楼依法享有建设工程价款优先受偿权。该权利属于法定权利，对其保护应当优先于库尔勒银行对佳晟公司的普通债权。

库尔勒银行、佳晟公司、苏中公司于 2008 年 8 月签订《工程施工协议》时，苏中公司虽然明知库尔勒银行是佳晟公司的债权人，佳晟公司承诺以 9#楼抵偿所欠库尔勒银行债务，但根据该协议，三方的合同目的是为了保证工程优质、高效、按期交付，苏中公司未明确表示放弃建设工程价款优先受偿权，且协议还约定，库尔勒银行在佳晟公司未按期付款，致使苏中公司无法继续施工时，可向苏中公司按工程进度分期支付其余工程款，由此不能证明苏中公司放弃了建设工程价款优先受偿权。

根据 2011 年 8 月 27 日《会议纪要》，库尔勒银行与佳晟公司均负有向苏中公司支付 9#楼工程款的义务。2012 年 1 月 11 日，库尔勒银行在未向苏中公司支付工程款，且明知佳晟公司拖欠苏中公司 9#楼工程款的情况下，将佳晟公司所出售的 9#楼

174套房屋的购房款4475万元支付给土地储备公司用于抵偿佳晟公司拖欠库尔勒银行的贷款,导致苏中公司的法定优先受偿权因库尔勒银行普通债权的优先实现而得不到保护,库尔勒银行的行为损害了苏中公司的合法权益,理应承担相应责任,在其优先受偿的4475万元范围内对苏中公司承担赔偿责任。鉴于佳晟公司已付工程款中包含库尔勒银行向苏中公司支付的工程款650万元,该款应从库尔勒银行优先受偿的债权中予以扣减,故库尔勒银行应在3825万元的范围内承担赔偿责任。库尔勒银行不能证明苏中公司所主张的欠款中含有佳晟公司对1#楼的欠款,且1#楼施工、竣工验收在先,佳晟公司按照施工工程形象进度付款,付款次数多,历时长,无法区分每笔付款所对应的是1#楼还是9#楼,苏中公司将佳晟公司已付款先抵充1#楼工程款,并无不当。《优先受偿权批复》第二条规定:"消费者交付购买商品房的全部或者大部分款项后,承包人就该商品房享有的工程价款优先受偿权不得对抗买受人。"佳晟公司将9#楼174套房屋出售,购房人已交付相应购房款,该部分房屋已经实现折价,库尔勒银行主张苏中公司行使建设工程价款优先受偿权应当将购房人列为第三人,与上述规定不符。苏中公司虽然主张库尔勒银行应当承担违约责任,但其向库尔勒银行提出诉讼请求所依据的是其对9#楼享有的建设工程价款优先受偿权,要求库尔勒银行承担赔偿责任,库尔勒银行主张再审不应当处理苏中公司一、二审中所主张的建设工程价款优先受偿权,理由不成立。佳晟公司已对9#楼工程进行竣工验收,库尔勒银行主张苏中公司无权要求支付剩余工程款,缺乏依据。房屋售出后,购房人所交付的购房款即转化为房屋折价款,二审法院认定苏中公司对购房款不享有优先受偿权、库尔勒银行的行为未损害苏中公司的建设工程价款优先受偿权有误,本院予以纠正。

【案例来源】

中国裁判文书网,http://wenshu.court.gov.cn。

308 承包人事先放弃建设工程价款优先权的约定原则上有效

【关键词】

|建设工程|建设工程优先权|放弃|

【案件名称Ⅰ】

上诉人贵州建工集团第一建筑工程有限责任公司与上诉人松原市金滩源房地产开发有限公司建设工程施工合同纠纷案[最高人民法院(2017)最高法民终225号民事判决书,2017.12.21]

563

【裁判精要】

最高人民法院认为：

四、关于贵州一建是否享有工程价款优先受偿权的问题

《合同法》第二百八十六条规定："发包人未按照约定支付价款的，承包人可以催告发包人在合理期限内支付价款。发包人逾期不支付的，除按照建设工程的性质不宜折价、拍卖的以外，承包人可以与发包人协议将该工程折价，也可以申请人民法院将该工程依法拍卖。建设工程的价款就该工程折价或者拍卖的价款优先受偿。"贵州一建虽未能完成整体工程施工，但案涉工程已经竣工验收，已经具备工程款结算条件，故金滩源公司主张尚不具备给付工程款条件，不存在工程款优先受偿的前提条件，理由不能成立。

贵州一建吉林分公司虽曾向九台商业银行出具《放弃优先受让权承诺书》，承诺在金滩源公司结清该行贷款8000万元前，放弃工程优先受让权，但金滩源公司在原审中自认上述贷款已经清偿，贵州一建放弃工程受让权或者放弃工程价款优先受偿权的前提条件已经不存在，本案没有证据证明原审判令贵州一建对其承建的工程享有优先受偿权可能损害九台商业银行的合法权益，金滩源公司主张贵州一建不享有优先受偿权，缺乏事实和法律依据。

金滩源公司上诉还主张，由于贵州一建中途退场，案涉工程由其他施工队继续施工完成，原审判令贵州一建享有优先受偿权会损害其他施工人权益。根据本案查明的事实，贵州一建已经完成合同约定的大部分工程内容，原审判令贵州一建对其承建的工程享有工程价款优先受偿权，并无不当，金滩源公司的此项主张不能成立。

【案例来源】

中国裁判文书网，http://wenshu. court. gov. cn。

【案件名称Ⅱ】

上诉人大连安泰建设有限公司与被上诉人大连中裕嘉合房地产开发有限公司、原审第三人河南省恒源热力股份有限公司建设工程施工合同纠纷案［最高人民法院(2016)最高法民终532号民事判决书，2016.10.31］

【裁判精要】

裁判摘要：建设工程优先受偿权是法律赋予建设工程施工人的法定权利，属于具有担保性质的民事财产权利。作为民事财产权利，权利人当然可以自由选择是否行使，当然也应当允许其通过约定放弃。

最高人民法院认为：

三、安泰公司已经放弃涉案工程的优先受偿权

第一，安泰公司已放弃了涉案工程优先受偿权。本案中，安泰公司出具的《承诺书》明确载明，无论嘉合公司现在及以后是否欠付安泰公司在建工程的工程款，其自愿放弃上述《抵押合同》中约定的在建工程的优先受偿权。本承诺书一经签发不可撤销。该《承诺书》是安泰公司的真实意思表示，不违反法律、行政法规的强制性规定，合法有效。安泰公司上诉称该《承诺书》是为了嘉合公司取得贷款作出的，不是其真实意思表示。但其作为专业建筑企业，应当知道出具《承诺书》的法律后果，而且，其也没有证据证明在出具《承诺书》时存在欺诈、胁迫、乘人之危等违背真实意愿的情形，应当为出具《承诺书》的行为负责。因此，安泰公司该项上诉请求，证据不足，不应支持。安泰公司上诉主张该《承诺书》是其针对吉林银行大连分行出具的，并不是针对嘉合公司、恒源公司出具的，该《承诺书》对嘉合公司、恒源公司不产生效力。但嘉合公司是涉案工程的建设单位，该《承诺书》也明确载明承诺对象包含嘉合公司，《承诺书》一经作出，即对嘉合公司产生效力。在安泰公司明确放弃优先受偿权之后，再次提起诉讼主张涉案工程优先受偿权，违反了《承诺书》的约定，也违背了诚实信用原则，依法不应支持。

第二，安泰公司放弃优先受偿权不违反法律规定。《民事诉讼法》第十三条规定，当事人有权在法律规定的范围内处分自己的民事权利和诉讼权利。建设工程优先受偿权是法律赋予建设工程施工人的法定权利，属于具有担保性质的民事财产权利。作为民事财产权利，权利人当然可以自由选择是否行使，当然也应当允许其通过约定放弃。而且，放弃优先受偿权并不必然侵害建设工程承包人或建筑工人的合法权益，承包人或建筑工人的合法权益还可通过其他途径的保障予以实现。因此，安泰公司关于优先受偿权属于法定权利，不能通过约定放弃的上诉理由，于法无据，不应支持。

【案例来源】

中国裁判文书网，http://wenshu. court. gov. cn。

【案件名称Ⅲ】

再审申请人湖南园艺建筑有限公司与被申请人广发银行股份有限公司长沙分行、湖南鸿进置业有限公司其他合同纠纷案［最高人民法院（2015）民申字第3139号民事裁定书，2015.12.22］

【裁判精要】

裁判摘要：工程价款优先受偿权可以优先于抵押权及其他债权，但该权利仍为

当事人可自由处分的财产权。

最高人民法院认为：

本案再审审查的主要问题为园艺公司是否自愿放弃了涉案工程价款优先受偿权。

首先，园艺公司向广发银行长沙分行出具的《承诺书》具备法律上的真实性。园艺公司向本院申请再审提交了从鸿进公司调取的《承诺书》复印件存底作为再审的新证据，主张该复印件存底与广发银行长沙分行提供的《承诺书》在时间填写上的差异性，据此质疑广发银行长沙分行提供的《承诺书》的真实性。但是，从本案所查明的事实看，园艺公司并未否认该承诺书上其公司公章和法定代表人签名的真实性，且广发银行长沙分行提供的《承诺书》背后有项目负责人签字同意该承诺书的字样，故此，园艺公司提交的上述证据不足以推翻二审判决对《承诺书》真实性的认定。而且，即使园艺公司的该项辩解成立，其将加盖了公司公章和法定代表人签名的空白函件交给他人使用，亦应当承担相应的法律后果。因此，园艺公司关于《承诺书》非其真实意思表示，《承诺书》系伪造的主张不能成立，本院不予支持。

其次，园艺公司向广发银行长沙分行出具的《承诺书》具备法律效力。园艺公司作为涉案工程的施工主体，其对涉案建设工程享有工程价款优先受偿权，该权利可以优先于抵押权及其他债权，但该权利仍为当事人可自由处分的财产权。园艺公司作为具有完全民事行为能力的企业法人，自愿向广发银行长沙分行作出放弃涉案建设工程价款的优先受偿权的意思表示，应为合法有效的法律行为，二审法院认定该《承诺书》合法有效并无不当。至于园艺公司辩称该《承诺书》的受承诺人系广东发展银行股份有限公司长沙分行，而非广发银行长沙分行的问题。因广发银行长沙分行是由广东发展银行股份有限公司长沙分行名称变更而来，其主体并未发生变更，而且即使是主体发生变更，广东发展银行股份有限公司长沙分行所享有的权利也应由变更后的主体广发银行长沙分行承继。故二审法院认定园艺公司承诺放弃优先受偿权的受承诺主体为广发银行长沙分行并无不当。园艺公司申请再审主张其放弃优先受偿权的承诺无效不能成立，本院不予支持。

【案例来源】

中国裁判文书网,http://wenshu. court. gov. cn。

【案件名称Ⅳ】

上诉人上海锦浩建筑安装工程有限公司与上诉人昆山纯高投资开发有限公司建设工程施工合同纠纷案［最高人民法院(2015)民一终字第86号民事判决书, 2015.6.9］

【裁判精要】

裁判摘要:建设工程价款优先受偿权的放弃系基于贷款合同履行的,当贷款合同未获实际履行的情况下,放弃的承诺亦失去了履行的依据和对象,该项放弃承诺既无必要也无可能履行,故此时不应认定放弃优先受偿权生效。

最高人民法院认为:

一、关于锦浩公司对于涉案工程是否享有优先受偿权

2009 年 9 月 16 日,锦浩公司向安信信托公司和昆山纯高公司出具了《承诺函》,其内容主要为:"截至该承诺函出具之日,锦浩公司对昆山纯高公司享有五千万元债权,对于以上所列之债权和自本承诺函出具之日起锦浩公司对昆山纯高公司新发生的债权,在安信信托投资股份有限公司与昆山纯高公司之间编号为 AXXT(2009)JH06DK01《信托贷款合同》项下的贷款本金、利息及其他相关费用未获全部清偿之前,锦浩公司承诺不向昆山纯高投资开发有限公司要求偿还该等债权项下的任何本金、利息或其他相关费用。"从《承诺函》的内容看,其针对的对象十分明确,系针对安信信托公司与昆山纯高公司之间签订的编号为 AXXT(2009)JH06DK01《信托贷款合同》作出的,《承诺函》是对该合同项下债权的保护性承诺,即承诺在昆山纯高公司全部偿还该《信托贷款合同》项下的相关款项之前,锦浩公司不向昆山纯高公司主张相应债权。从本案的实际情况看,在安信信托公司和昆山纯高公司之间,既签订了《信托贷款合同》,还签订了《资产收益财产权信托合同》。而从已经生效的(2013)沪高民五(商)终字第 11 号民事判决书的认定看,《信托贷款合同》并未实际履行。该判决书认定:"原告(即安信信托公司)与被告(即昆山纯高公司)签订《信托贷款合同》,与信托合同存在冲突,因为案外投资人的一笔款项,不能既作为案外投资人购买收益权份额的款项,又作为原告的放贷款项","应认定《信托贷款合同》仅作为表面形式,其实质在于实现信托合同中所约定的抵押权登记。安信信托公司与昆山纯高公司之间的权利义务以及违约责任,应以《信托合同》为准"。从上述内容看,安信信托公司并未依据《信托贷款合同》将贷款实际发放给昆山纯高公司,即《信托贷款合同》并未实际履行,《信托贷款合同》项下的债权并未实际发生。《承诺函》的效力依附于《信托贷款合同》,在《信托贷款合同》未获实际履行的情况下,《承诺函》失去了履行的依据和对象,其既无必要也无可能履行。在此情况下,一审判决依据《承诺函》的内容认定锦浩公司放弃了优先受偿权错误,应予纠正。锦浩公司对于涉案工程享有优先受偿权。

【案例来源】

中国裁判文书网,http://wenshu.court.gov.cn。

编者说明

实践中,发包人将在建工程抵押至银行办理贷款。由于建设工程价款优先受偿权优于抵押权,有的银行要求施工企业出具书面承诺函,承诺在贷款范围内或者剩余工程款范围内放弃工程价款优先受偿权。对于此类承诺的效力应如何认定,存在两种观点:一种观点认为,建设工程优先权的制度设计是从保护承包人的利益,最终保障民工等劳动者生存利益考虑,体现了生存利益优于经营利益的指导思想,体现了维护社会稳定、维护劳动者权益的政策考量,不应认定放弃承诺有效。另一种观点认为,优先权目的在于优先保障民工工资等权益的实现,但该类权益的保障也可以通过当事人其他筹集资金的措施予以实现。作为财产性民事权利,权利人可以处分,对于自己作出的民事行为应承担相应后果,放弃承诺有效。① 关于承包人事前放弃优先受偿权的效力问题,《建设工程施工合同解释(二)》第二十三条进行了明确:"发包人与承包人约定放弃或者限制建设工程价款优先受偿权,损害建筑工人利益,发包人根据该约定主张承包人不享有建设工程价款优先受偿权的,人民法院不予支持。"

前述最高人民法院案例裁判观点认为,法律并未禁止承包人放弃建设工程价款优先受偿权。承包人自愿放弃建设工程价款优先受偿权的,该放弃行为有效,但该放弃行为构成恶意串通,侵害第三人利益的除外。此外,承包人以附条件形式放弃工程款优先受偿权,条件未成就的,承包人在工程款范围内对所建工程仍然享有优先受偿权,如前述上诉人贵州建工集团第一建筑工程有限责任公司与上诉人松原市金滩源房地产开发有限公司建设工程施工合同纠纷案。②

承包人是否可以事前承诺放弃建设工程价款优先受偿权或者限制建设工程价款优先受偿权行使,存在争议。依民法法理,如果不违反法律的禁止性规定和社会公序良俗,民事权利主体有权自由处分其财产权利,包括放弃或者限制财产权利。但是,建设工程价款优

---

① 支持第二种观点的理由是,根据《物权法》第一百七十七条规定,债权人放弃担保物权的,担保物权消灭。因此,法律并未禁止享有担保物权的债权人放弃权利。根据《最高人民法院关于适用〈中华人民共和国担保法〉若干问题的解释》第一百零七条规定,当事人在合同中约定排除留置权,债务履行期届满,债权人行使留置权的,人民法院不予支持。建设工程价款优先受偿权的性质与留置权类似,故承包人自愿放弃优先受偿权的,应为允许。从实际情况看,承包人作为商事主体,有的为上市公司,其地位与发包人、金融机构的地位并不当然处于弱势地位,作为经济理性人作出的决策应当遵从契约的约定。参见李后龙、潘军峰:《建设工程价款优先受偿权审判疑难问题研究》,载《法律适用》2016 年第 10 期。

② 再如前述上诉人上海锦浩建筑安装工程有限公司与上诉人昆山纯高投资开发有限公司建设工程施工合同纠纷案,建设工程价款优先受偿权的放弃系基于贷款合同履行的,当贷款合同未获实际履行的情况下,放弃的承诺亦失去了履行的依据和对象,该项放弃承诺既无必要也无可能履行,故此时不应认定放弃优先受偿权生效。最高人民法院民一庭意见也认为,承包人承诺放弃工程款优先受偿权的条件未成就,即使工程的所有权发生转让,如果受让人对工程的转让存在过错,发包人不支付工程款,承包人仍可依照《合同法》第二百八十六条及相关司法解释的规定,在工程款范围内对所建工程行使优先受偿权。参见最高人民法院民一庭:《工程承包人承诺放弃优先受偿权的条件未成就其对转让的工程仍享有优先受偿权》,载最高人民法院民事审判第一庭编:《民事审判指导与参考》(总第 42 集),法律出版社 2011 年版,第 158 页。

先受偿权属于法定权利,《合同法》第二百八十六条赋予承包人此项权利,实质是为保护建筑工人的利益。因此,虽然原则上承包人有权自由处分建设工程价款优先受偿权,但其处分行为不能违背《合同法》第二百八十六条的立法宗旨,即不能损害农民工等建筑工人的权益。这里较为特殊的是,农民工等建筑工人对建设工程价款和建设工程并不直接享有权利,既不享有物权,也不享有债权。发包人与承包人约定放弃或者限制建设工程价款优先受偿权,可能不会直接损害建筑工人的利益。建筑工人根据承包人的要求完成建设工程,将自己的劳务物化到建设工程之中,虽不对建设工程价款或者建设工程享有权利,但对承包人享有工资给付请求权。承包人放弃或者限制其建设工程价款优先受偿权,可能会导致其责任财产减少,不能向建筑工人发放工资,损害建筑工人的利益。因此,《建设工程施工合同解释(二)》第二十三条规定,发包人与承包人约定放弃或者限制建设工程价款优先受偿权,损害建筑工人利益,发包人根据该约定主张承包人不享有建设工程价款优先受偿权的,人民法院不予支持。对本条解释规定的"损害建筑工人利益"的判断,应以承包人的资产负债情况为依据。如果承包人与发包人约定放弃或者限制建设工程价款优先受偿权,导致其工程价款债权不能实现,进而造成其资产负债状况恶化,以至于不能支付建筑工人的工资,就属于损害建筑工人利益。①

---

① 参见程新文、刘敏、谢勇:《〈关于审理建设工程施工合同纠纷案件适用法律问题的解释(二)〉的理解与适用》,载《人民司法·应用》2019 年第 4 期。

实际施工人权利保护

309 实际施工人的认定

【关键词】

| 建设工程 | 实际施工人 |

【案件名称Ⅰ】

申诉人肇庆市金诚贸易有限公司与被申诉人何永华、肇庆市景铭房地产开发有限公司、肇庆市景铭建筑工程有限公司拖欠工程款及商铺确权建设工程合同纠纷案［最高人民法院（2017）最高法民再185号民事判决书，2018.6.29］

【裁判精要】

最高人民法院认为：

（一）何永华是否为案涉工程的实际施工人

本院认为，何永华系天福广场土建工程的实际施工人。首先，景铭建筑公司与何永华签订《承建协议书》，约定由何永华以景铭建筑公司第一施工队的名义承接天福广场的土建工程，虽然《承建协议书》因系违法转包签订而无效，但这并不影响何永华实际施工人的地位。其次，何永华提交的证据1《结算书》、证据2《协议书》及证人苏某的证言均能证明何永华系天福广场土建工程的实际施工人。再次，金诚贸易公司未能提供相反证据证明何永华并非天福广场土建工程的实际施工人。最后，景铭建筑公司亦认可何永华的实际施工人地位，景铭建筑公司与何永华签订了《债权转让协议》将案涉工程的债权转让给何永华。综上，金诚贸易公司关于何永华不是天福广场土建工程实际施工人的申诉理由依据不足，本院不予支持。

【案例来源】

中国裁判文书网，http://wenshu.court.gov.cn。

【案件名称Ⅱ】

上诉人宿州市元邦科技材料有限公司与被上诉人孙干及原审被告山东元邦金属材料表面工程有限公司、安徽和硕工程建设有限公司建设工程合同纠纷案［最高人民法院（2017）最高法民终533号民事判决书，2017.12.19］

【裁判精要】

最高人民法院认为：

（一）关于孙干是否为案涉工程的实际施工人的问题

宿州元邦公司上诉称其与龙达公司、新亚建设公司、山东元邦公司签订的施工合同已经实际履行,孙干仅为其中部分工程提供了劳务,并非案涉全部工程的施工人。经查,本案宿州元邦公司就案涉工程建设先后签订了多份施工合同,分别为:2006年4月28日与龙达公司签订的《关于承建厂区工程的协议》;2009年4月3日与新亚建设公司、孙干签订的《劳动合同书》;2009年1月28日、2009年5月9日与山东元邦公司分别就酸洗车间及钢结构工程、主轧车间土建及钢结构工程签订的2份《建设工程施工合同》以及2009年3月1日,与孙干作为代理人的山东元邦公司就退火车间工程施工签订的《建设工程施工合同》等。

第一,关于宿州元邦公司与龙达公司间施工协议,约定施工范围为厂区所有道路、水泥地面、下水道及附属工程。根据双方协议第八条约定,龙达公司向宿州元邦公司支付五十万元保证金后协议生效。本案宿州元邦公司在一、二审中均未提交龙达公司缴纳保证金或实际履行施工义务的相关证据,其上诉提交的2011年10月5日与龙达公司间《工程结算书》不属于《民事诉讼法》规定的新证据,而且仅凭该结算书亦不能证明龙达公司实际施工了协议所涉工程,故宿州元邦公司主张其与龙达公司间施工合同已经履行,并以此抗辩厂区道路、排水等工程并非孙干施工的证据不足,本院不予采信。

第二,关于宿州元邦公司与新亚建设公司、孙干间《劳动合同书》,约定施工范围为图纸所涉及的公寓楼、办公楼土建工程及外墙粉刷、水电安装、防水等工程。宿州元邦公司作为孙干与新亚建设公司签订的劳动合同书的担保人加盖印章,该合同名称虽为劳动合同书但其内容是约定新亚建设公司将承包范围内的工程劳务分包给孙干施工,孙干实际进行了工程施工。工程完工后,新亚建设公司亦没有向宿州元邦公司主张行使合同结算权利,且于2013年10月20日出具《证明》同意该合同施工工程范围内的全部工程款归咎于孙干包工包料施工,由孙干与宿州元邦公司直接结算。故宿州元邦公司所述孙干并非该合同项下实际施工人的主张,与查明的事实不符,本院不予采信。

第三,关于宿州元邦公司与山东元邦公司间2009年3月1日签订的《建设工程施工合同》,施工范围为退火车间工程。该合同是孙干作为山东元邦公司的委托代理人签订,合同约定由孙干包清工施工,且孙干向山东元邦公司定作了退火车间钢构材料,故一审判决认定孙干借用山东元邦公司的名义实际施工了退火车间项目工程,具有事实依据。宿州元邦公司上诉主张退火车间钢结构工程是由山东元邦公司施工完成的依据不足,不予采信。

第四,关于案涉酸洗车间、主轧车间施工工程。因孙干施工部分在2010年12月18日双方认可的复查工程量表和已完成工程量表中已有明确记载,宿州元邦公司虽对列表中自方签字的真实性不予认可,但未提供相反的证据予以证明,其提供的宿州元邦公司与山东元邦公司间的结算书不足以证明山东元邦公司实际施工了全部工程。一审判决未予采信并无不当。

综上,宿州元邦公司关于孙干不是上述涉案工程实际施工人的上诉主张不能成立。

【案例来源】

中国裁判文书网,http://wenshu. court. gov. cn。

【案件名称Ⅲ】

上诉人贵州华隆煤业有限公司、六枝工矿(集团)六十五工程建设有限公司与被上诉人陈荣、郭占辉、伍贤富、王蓉建设工程合同纠纷案[最高人民法院(2016)最高法民终 361 号民事判决书,2017. 12. 21]

【裁判精要】

最高人民法院认为:

(一)关于各方法律地位的认定问题

一审法院认为,本案各方法律关系为,陈荣等四人作为实际施工人,借用六十五公司的名义与华隆煤业公司签订《建设工程施工合同》。理由:(1)陈荣等四人的经营方式是独立核算、自主经营、自负盈亏。陈荣等四人与六十五公司签订的《内部承包协议》中,进行了"对工程项目的工期、质量、安全、成本全面负责""工程项目亏损,由承包人全额承担,并承担由此引起的一切纠纷、诉讼责任""本工程项目的利润全部归承包方,亏损完全由承包方承担"。可见,陈荣等四人经营风险、财务管理等方面均是独立于六十五公司的,陈荣等人是实体义务的履行者和权利的最终享有者,它对工程进行独立核算,独自组织工程施工,是盈亏的终结承受者。(2)陈荣等四人与六十五公司并无隶属关系。经庭审调查,陈荣等四人在案涉工程建设之前并非六十五公司员工,工程开工后也未在六十五公司领取工资、福利,六十五公司也未给其缴纳五险一金,因此,陈荣等四人不是六十五公司的员工,为独立于六十五公司的民事主体。(3)六十五公司固定收取一定比例的费用。六十五公司与陈荣等四人签订的《内部承包协议》中,约定了"2012 年 4 月份(含 4 月)以前工程按工程造价4% 提取,后期工程按工程造价5%逐月上交",可见,陈荣等四人在借用六十五公司名义承建案涉工程后,六十五公司以"管理费"的名义固定收取一定比例的费用。综上,陈荣等四人系借用六十五公司资质,以六十五公司项目部的名义进行开展建设工程活动,是本案工程的实际施工人。

【案例来源】

中国裁判文书网,http://wenshu. court. gov. cn。

【案件名称Ⅳ】

申诉人长春北方建筑工程公司与被申诉人张玉德建设工程施工合同纠纷案 [最高人民法院(2016)最高法民再271号民事判决书,2017.1.13]

【裁判精要】

最高人民法院认为:

(一)原审判决认定张玉德是案涉工程实际施工人具有证据支持

第一,案涉《内部承包协议》《补充协议》无效。《建设工程施工合同解释》第一条规定,承包人未取得建筑施工企业资质或者超越资质等级的、没有资质的实际施工人借用有资质的建筑施工企业名义的,应当根据《合同法》第五十二条第(五)项的规定,认定建设工程施工合同无效。本案中,1996年6月20日,韩国村公司与北方建筑公司签订《建设工程施工合同》,将长春市韩国村工程承包给北方建筑公司施工。1996年6月30日、1999年5月3日,北方建筑公司又通过与周振树、张德义签订《内部承包协议》《补充协议》将该工程分包给没有建设工程施工资质的张玉德等六人,北方建筑公司的违法分包行为违反了法律、行政法规的禁止性规定,案涉《内部承包协议》《补充协议》无效。

第二,北方建筑公司关于张玉德不是案涉工程实际施工人的申诉理由没有证据支持。首先,从法律规定看,《建设工程施工合同解释》第二十六条规定,实际施工人以转包人、违法分包人为被告起诉的,人民法院应当依法受理。实际施工人以发包人为被告主张权利的,人民法院可以追加转包人或者违法分包人为本案当事人。发包人只在欠付工程价款范围内对实际施工人承担责任。该规定所指的实际施工人是非法转包或违法分包等无效施工合同的相对人,不是指合法的建设工程施工合同、承包合同的相对人,也不是指具体从事施工劳务的建筑工人。本案韩国村公司将案涉工程承包给北方建筑公司,北方建筑公司属于承包人。之后,北方建筑公司将该工程违法分包给张玉德等人,不仅导致案涉《内部承包协议》《补充协议》无效,而且也使张玉德成为该工程的实际施工人。因此,北方建筑公司仅是案涉工程的承包人,并非实际施工人。

第三,从合同约定看,案涉《内部承包协议》明确约定,北方建筑公司将案涉工程承包给周振树等人,周振树等负责工程进度、质量和防火安全生产,在北方建筑公司指挥部的领导下全面开展工作。北方建筑公司供应钢材、水泥等,每平方米人工费100元。该工程1996年7月1日开工,该工程必保全优,在保证质量的同时按时交工,竣工日期详见施工合同。《补充协议》约定,北方建筑公司、张玉德同意继续执行1996年6月30日签订的《内部承包协议》,交竣工日期另行商定,关于收取质保金的内容取消,质保金的管理和返还原则不变。该《内部承包协议》《补充协议》具备了建设工程分包合同施工范围、施工工期、施工质量、价款支付、材料供应等实质性内容,双方之间工程分包关系成立,北方建筑公司仅以该协议名称为内部承包协议为由否认与张玉德等的工程分包关系,与承包协议约定相悖。

第四,从合同履行看,张玉德持有案涉工程的全套技术资料、财务账簿、工程预决算资料、施工签证及项外签证等,并提供了购买建筑材料的协议、欠据、收据等,证明其对案涉工程进行了施工。原韩国村公司的崔吉秀董事长、白学哲、林二逊、北方建筑公司韩国村工程的全权代表李润森、驻工地代表常志君及该工程的监理公司也证实张玉德是案涉工程实际施工人。在本案以前的多次诉讼中,北方建筑公司一直辩称其与张玉德已经结清了工程款,实际上并未否认张玉德施工案涉工程的事实。在本次庭审中,北方建筑公司也认可张玉德施工了案涉部分工程。因此,张玉德已经实际履行了该工程的部分施工义务。北方建筑公司申诉称本院(1997)经终字第170号民事判决确认其是案涉工程施工人,原审判决认定张玉德等是案涉工程实际施工人与生效判决确认事实不符。但本院(1997)经终字第170号民事判决解决的是案涉工程发包方与承包方之间的权利义务争议,并未涉及北方建筑公司将部分工程分包给张玉德等的事实,也未确认北方建筑公司是该工程实际施工人。北方建筑公司关于张玉德不是案涉工程实际施工人的申诉理由,没有证据证明,不予支持。

【案例来源】

中国裁判文书网,http://wenshu.court.gov.cn。

编者说明

《合同法》第十六章规定了建设工程合同,在合同主体上规定了发包人、总承包人、第三人、承包人、分包人、转包人、施工人等,但没有出现实际施工人的概念。《合同法》第二百七十二条规定,承包人不得将其承包的全部建设工程转包给第三人或者将其承包的全部建设工程肢解以后以分包的名义分别转包给第三人。禁止承包人将工程分包给不具备相应资质条件的单位。禁止分包单位将其承包的工程再分包。建设工程主体结构的施工必须由承包人自行完成。《合同法》第二百八十一条规定,因施工人的原因致使建设工程质量不符合约定的,发包人有权要求施工人在合理期限内无偿修理或者返工、改建。经过修理或者返工、改建后,造成逾期交付的,施工人应当承担违约责任。据此,《合同法》规定的施工人包括了建设工程施工合同所有的施工主体,并且是指有效建设工程施工合同的主体,不包括非法转包、违法分包的承包人。

最早使用实际施工人概念的是最高人民法院《建设工程施工合同解释》,该解释第一条、第四条、第二十五条、第二十六条四个条文规定了实际施工人,涉及有关合同效力认定、发包人权利主张以及实际施工人利益保护等方面。为了与《合同法》规定的合法施工人概念进行区分,《建设工程施工合同解释》使用了"实际施工人"的概念。该解释第四条、第二十五条和第二十六条使用实际施工人的概念,均是指无效合同的承包人,如转承包人、违法分包合同的承包人、没有资质借用有资质的建筑施工企业的名义与他人签订建设工程施工合同的承包人。各级法院办案时,应当注意区分司法解释的"实际施工人"与法条表述的"施工人"内涵是不一样的。① 该定义未能凸出实际施工人投入人工、资金、材料成本等的物化属性。《北京市高级人民法院关于审理建设工程施工合同纠纷案件若干疑难问题的解答》(京高法发〔2012〕245号)第十八条明确"建设工程经数次转包的,实际施工人应当是最终实际投入资金、材料和劳力进行工程施工的法人、非法人企业、个人合伙、包工头等民事主体"。《河北省高级人民法院建设工程施工合同案件审理指南》(冀高法〔2018〕44号)第二十九条明确具有下列情形可以认定为实际施工人:存在实际施工行为;参与建设工程承包合同的签订与履行过程;存在投资或收款行为。②

实际施工人是指无效建设施工合同情形下的完成建设工程施工的单位或者个人,包括违法的专业工程分包和劳务作业分包合同的承包人、转承包人、借用资质的施工人(挂靠施工人),不包括承包人的履行辅助人、合法的专业分包工程承包人、劳务作业承包人。建设工程经数次转包的,实际施工人应当是最终实际投入资金、材料和劳力进行工程施工的法人、非法人企业、个人合伙、包工头等民事主体。③ 对实际施工人的认定,主要考察三个方面:一是应审查是否存在实际施工行为,包括是否有在施工过程中购买材料、支付工人工资、支付水电费等行为;二是应审查是否参与合同的签订与履行;三是应审查是否存在投资或收款行为。对于垫资工程应审查其是否实际投入了资金。④ 有观点认为,实际施工人是指对相对独立的单项工程,通过筹集资金、组织人员机械等进场施工,在工程竣工验收合格后与业主方、被挂靠单位、转承包人进行单独结算的自然人、法人或者其他组织。表现为:挂靠其他建筑施工企业名下或借用其他建筑施工企业资质并组织人员、机械进行实际施工的民事主体;层层转包、违法分包等活动中最后实际施工的民事主体。农民工个人、施工班组长、劳务分包企业不是实际施工人。⑤ 有观点认为,主要从以下几个方面来考虑:一是参与合同的签订,如是否作为转包合同、违法分包合同的签约主体;二是存在实际施工行为,包括在施工过程中购买原材料、支付工人工资、支付水电费等行为;三是在合同履行过程中

① 参见最高人民法院民事审判第一庭编著:《最高人民法院建设工程施工合同司法解释的理解与适用》,人民法院出版社2015年版,第178页。
② 参见李俊晔编著:《建设工程裁判规范指引》,法律出版社2019年版,第58页。
③ 参见王勇:《建设工程施工合同纠纷实务解析》,法律出版社2017年版,第115页。《四川省高级人民法院民一庭关于审理建设工程施工合同纠纷案件若干疑难问题的解答》(川高法民一〔2015〕3号)第十二条规定:"实际施工人"的范围如何确定?《建设工程施工合同解释》中的"实际施工人"是指转包、违法分包以及借用资质的无效建设工程施工合同的承包人。建设工程经数次转包或分包的,实际施工人应当是实际投入资金、材料和劳力进行工程施工的企业或个人。对于不属于前述范围的当事人依据《建设工程施工合同解释》第二十六条第二款规定以发包人为被告主张欠付工程款的,应当不予受理,已经受理的,应当裁定驳回起诉。建筑工人追索欠付工资或劳务报酬的,按照劳动关系或雇佣关系妥善处理。
④ 参见潘军锋:《建设工程施工合同审判新类型问题研究——〈建设工程施工合同司法解释〉施行十周年回顾与展望》,载《法律适用》2015年第4期。
⑤ 参见肖峰、严慧勇、徐宽宝:《〈关于审理建设工程施工合同纠纷案件适用法律问题的解释(二)〉解读与探索》,载《法律适用》2019年第7期。

享有施工支配权,如对项目部的人、财、物有独立的支配权;四是审查工程中的其他相关资料等。① 实际施工人身份的认定并没有法律的明确规定,应当综合案件总体情况进行全面把握。

310 对实际施工人身份的确认,应结合合同履行情况、施工的实际支配权等因素综合审查认定

【案件名称】

福建省利恒建设工程有限公司与福建省仙游县世和房地产开发有限公司建设工程施工合同纠纷申请再审案［最高人民法院(2013)民申字第 231 号民事裁定书,2013.6.27］

【关键词】

│建设工程│实际施工人│合同履行│支配权│

【裁判精要】

裁判摘要:建设工程施工合同中,施工人没有资质使用法定资质建筑施工企业名义进行实际施工而产生争议的,对实际施工人身份的认定,应结合"合同的实际履行情况""施工的实际支配权""其他相关资料"等因素综合审查确认。

最高人民法院认为:

《最高人民法院关于民事诉讼证据的若干规定》第二条规定:"当事人对自己提出的诉讼请求所依据的事实或者反驳对方诉讼请求所依据的事实有责任提供证据加以证明。没有证据或者证据不足以证明当事人的事实主张的,由负有举证责任的当事人承担不利后果。"本案中,利恒建设公司虽与世和开发公司签订《建设工程施工合同》,但综合本案的相关证据分析,利恒建设公司不能成为涉案诉争工程的实际施工人。第一,利恒建设公司与世和开发公司之间签订的《建设工程施工合同》约定,本合同价款采用包工包料按实结算方式确定,工程预付款按月工程进度预付80%,每月 30 日之前转账支付等内容。从合同对工程预付款的约定和利恒建设公司的诉讼请求来看,当事人并未按照合同履行相应的义务。第二,陈旭峰虽为仙游项目部的负责人,但其工资、节日补贴、出差报销等均由世和开发公司签发或签批报

---

① 参见赵凤暴:《建设工程施工合同中实际施工人身份的确认——福建省利恒建设工程有限公司与福建省仙游县世和房地产开发有限公司建设工程施工合同纠纷申请再审案》,载最高人民法院立案一庭、立案二庭编:《立案工作指导》(总第 39 辑),人民法院出版社 2014 版,第 127 ~ 138 页。

销领款。在一审庭审调查中,陈旭峰不能说明仙游项目部的组成人员、财产来源、财物管理情况。相反,世和开发公司在一、二审过程中提供了银行证明、现金支票、转账支票等证据,证明世和开发公司控制仙游项目部的财务收入与支出管理。陈旭峰对仙游项目部的人、财、物没有独立的支配权。第三,涉及诉争工程的《建设工程施工合同》原件、施工图纸、与各施工班组签订的分包协议、供货协议、材料支付款凭证等证据,为世和开发公司持有。该证据亦可证明涉案诉争工程为世和开发公司对外开展施工,实际履行承建诉争工程的各种义务。此外,世和开发公司持有加盖利恒建设公司公章的空白施工合同、空白施工方案、空白税(费)申报表、空白企业(公司)登记委托书、空白施工方案审批表和施工组织设计(方案)报审表,仙游项目部通过转账支付给利恒建设公司管理费3万元,以及证人张建荣、温加禄、刘龙清、邵永仲在一审过程中所做的证言等有关情形,进一步佐证世和开发公司为涉案工程实际施工人的事实。利恒建设公司申请再审提供的《工程价款审核书》《工程停工报审表》、150万元的汇款凭证以及世和开发公司在证据清单中"证明对象"的有关表述等证据不足以证明利恒建设公司为涉案诉争工程的实际施工人,不能推翻二审判决认定的事实。

【案例来源】

最高人民法院立案一庭、立案二庭编:《立案工作指导》(总第39辑),人民法院出版社2014年版,第127~136页。

编者说明

实际施工人的问题,在《合同法》《建筑法》《建设工程质量管理条例》等法律规范中并未涉及,《建设工程施工合同解释》虽有相关条文涉及,但实际施工人的身份如何确认,对此并未有明确规定。本案裁定认为,对实际施工人身份的确认,应结合"合同的实际履行情况""施工的实际支配权""其他相关资料"等因素综合审查认定。[①]

311 个人挂靠公司,以公司名义承接工程,个人组织人员具体施工,向挂靠公司交纳管理费,该个人为实际施工人

【关键词】

│建设工程│实际施工人│挂靠│

---

① 参见赵风暴:《建设工程施工合同中实际施工人身份的确认——福建省利恒建设工程有限公司与福建省仙游县世和房地产开发有限公司建设工程施工合同纠纷申请再审案》,载最高人民法院立案一庭、立案二庭编:《立案工作指导》(总第39辑),人民法院出版社2014年版,第127~138页。

【案件名称】

上诉人西宁市城市交通投资建设有限公司与被上诉人陈春菊、原审第三人徐州匠铸建设有限公司建设工程施工合同纠纷案［最高人民法院（2018）最高法民终128号民事判决书，2018.3.30］

【裁判精要】

最高人民法院认为：

（一）关于一审判决认定陈春菊为案涉工程实际施工人并据此判决城投公司向其支付剩余工程款47170043.58元是否正确的问题

经审理查明，2010年7月7日，匠铸公司与陈春菊签订《挂靠协议》，约定陈春菊挂靠匠铸公司，以匠铸公司名义承接城投公司投资建设的西宁市火车站综合改造工程小寨安置小区Ⅲ标段工程项目，陈春菊负责具体施工，匠铸公司按工程总造价0.5%收取管理费。随后，匠铸公司中标该工程，陈春菊组织人员具体施工，现该工程已竣工验收合格并交付使用；另外，根据《挂靠协议》约定，陈春菊与匠铸公司设立共管账户，城投公司将相关工程款项打入该账户，匠铸公司在扣除管理费后将剩余款项转入陈春菊另外指定的账户。对此，匠铸公司并无异议，且一审法院调取了陈春菊与匠铸公司共管账户的相关信息，各方的账务往来情况亦与陈春菊陈述一致，据此，一审判决认定陈春菊为案涉工程的实际施工人证据充足，并无不妥。城投公司认为陈春菊并非案涉工程实际施工人的主张缺乏证据证明，本院不予支持。

【案例来源】

中国裁判文书网，http://wenshu.court.gov.cn。

312　劳务分包公司未按期足额发放农民工工资受到行政处罚的，该公司有权向发包人主张工程款

【关键词】

│建设工程│实际施工人│雇佣│

【案件名称】

上诉人四川省巨龙劳务分包有限公司新疆分公司与被上诉人中海天原投资发展有限公司、青岛博海建设集团有限公司建设工程施工合同纠纷案［最高人民法

院（2018）最高法民终 1201 号民事判决书，2018. 12. 17]

【裁判精要】

最高人民法院认为：

本案二审的争议焦点是：一审法院裁定驳回巨龙新疆分公司的起诉是否正确。

依据《民事诉讼法》第一百一十九条规定，"原告是与本案有直接利害关系的公民、法人和其他组织"。本案中，中海公司认可工程系刘毅龙雇佣工人所干，刘毅龙为巨龙新疆分公司负责人，巨龙新疆分公司因未按期足额发放农民工工资被行政处罚，刘毅龙的施工行为对外系代表巨龙新疆分公司的职务行为，巨龙新疆分公司与本案具有直接利害关系，具有原告诉讼主体资格，其起诉符合法定条件。中海公司、博海公司以中海公司与博海公司、博海公司与巨龙新疆分公司之间不存在书面合同为由主张涉案工程与巨龙新疆分公司无关，其理由不成立。一审法院以现有证据不足以证明巨龙新疆分公司为实际施工人身份为由裁定驳回起诉，于法无据，应当予以纠正。

【案例来源】

中国裁判文书网，http://wenshu. court. gov. cn。

313 转包人将工程劳务部分分包给其他人施工的，是否还是实际施工人

【关键词】

│ 建设工程 │ 实际施工人 │ 劳务分包 │

【案件名称】

再审申请人罗国华与被申请人大理市第十二建筑工程有限责任公司，一审被告双江拉祜族佤族布朗族傣族自治县人民政府、双江拉祜族佤族布朗族傣族自治县教育局，一审第三人吴良生、罗七三建设工程施工合同纠纷案 [最高人民法院（2018）最高法民再 204 号民事判决书，2018. 7. 4]

【裁判精要】

最高人民法院认为：

一、罗国华是案涉工程实际施工人，有权向大理十二建司主张工程款

首先,罗国华与吴良生、杨辉签订的《合作协议书》约定,由罗国华负责案涉项目的全额垫资施工,而非代替吴良生进行项目管理。罗国华在签订上述协议后即购买仪器、土方回填中的土石等材料,并聘请技术管理人员进场施工。再审中,大理十二建司亦认可,罗国华为案涉项目垫付了人工工资及材料费。其次,施工过程中,大理十二建司双江项目部与双江县教育局签订了《机械台班计价协议书》《临时道路施工协议书》等协议,上述协议不仅加盖有项目部印章,亦有罗国华签字。因此,大理十二建司称其直至罗七三提出付款申请才知道罗国华的存在,与事实不符。最后,大理十二建司知晓罗七三是依据其与罗国华之间的口头协议而施工。从大理十二建司与罗七三签订的《付款协议》可看出,大理十二建司知晓罗国华与罗七三之间有口头协议,大理十二建司与罗七三之间的结算单价正是依据罗国华与罗七三之间口头协议的约定。综上,大理十二建司承包案涉工程后,通过吴良生、杨辉将案涉工程转包给罗国华施工,罗国华又将工程劳务部分分包给罗七三施工,一审法院认定罗国华为案涉工程的实际施工人,并有权向大理十二建司主张工程款是正确的。

【案例来源】

中国裁判文书网,http://wenshu.court.gov.cn。

314　建设项目施工负责人或管理人不是建设工程施工合同主体,不能以合同当事人名义提出支付工程款的请求

【关键词】

│建设工程│实际施工人│负责人│管理人│

【案件名称】

上诉人黑龙江省环亚建筑工程有限公司与被上诉人哈尔滨医科大学附属第四医院、原审第三人刘国力建设工程施工合同纠纷案［最高人民法院（2009）民一终字第 75 号民事判决书,2009.9.17］

【裁判精要】

最高人民法院认为:

归纳各方当事人争议的焦点为:刘国力是否为医技楼项目工程的实际施工人,其对工程款是否享有独立的请求权;医大四院已付刘国力的 8806222.35 元,应否视为向环亚公司支付的工程款。

（一）关于第三人刘国力是否为医技楼项目工程的实际施工人,其对工程款是否享有独立请求权的问题

依据《合同法》第二百六十九条之规定,建设工程合同是承包人进行工程建设,发包人支付价款的合同。本案作为承包人环亚公司在完成医技楼项目前期管网改造工程后,与作为发包人的医大四院签订的《施工合同》,为双方当事人的真实意思表示,内容不违反法律法规的强制性规定,应认定合法有效。

《施工合同》签订后,环亚公司陆续将安装、消防、水暖等后续工程分别分包哈尔滨市中实美盛混凝土有限公司等公司,并签订相关分包施工合同。各分包施工合同履行过程中,虽刘国力与环亚公司于 2006 年 9 月 12 日签订《协议书》约定,环亚公司不参与管理,出现问题由环亚公司的项目公司六分公司与刘国力负责,刘国力负责办理了工程的《工程报审表》《结算书报审表》《工程结算报审表》《工程概预算书》等与施工相关的事项,但上述各类表格载明的刘国力,均为医技楼项目施工负责人或者管理人。哈尔滨市道外区人民法院作出的(2007)外民三初字第 752 号民事判决、(2007)外民一初字第 1958 号民事判决及(2008)南民一初字第 2128 号民事判决等生效的民事判决,均判令环亚公司向医技楼工程项目的分包单位履行付款义务。2008 年 5 月 12 日,黑龙江省建设厅发布的《关于发布 2007 年度黑龙江省建设工程质量优质建设工程获奖名单的通知》亦载明:施工单位为环亚公司。

事实证明,环亚公司为涉案《施工合同》及分包施工合同的签约主体与义务承担主体。刘国力作为医技楼项目施工负责人,是依据环亚公司的意思表示从事负责施工管理,不符合最高人民法院《建设工程施工合同解释》第二十六条"实际施工人为转包人"和"违法分包人的承包人"的条件。环亚公司关于刘国力不是实际施工人的上诉主张,依据充分,本院予以支持。一审判决认定刘国力为医技楼项目工程的实际施工人,对工程款享有独立请求权,适用法律错误,本院予以纠正。

（二）关于医大四院支付刘国力的 8806222.35 元,应否视为向环亚公司支付的工程款问题

合同关系不同于其他民事法律关系的特点在于合同的相对性。合同关系的相对性是合同规则和合同制度赖以建立的基础和前提,也是《合同法》立法和审判实践必须遵循的一项重要原则。依据该原则,只有合同当事人可以就合同起诉和被诉。本案各方当事人对一审判决认定的彼此为建设工程施工合同纠纷的法律关系性质无异议。因此,涉案《施工合同》的权利义务,只能对特定的签约主体环亚公司与医大四院产生约束力,而且,只有环亚公司与医大四院才能行使合同约定的权利。刘国力与《施工合同》签约双方不存在合同关系,不能以合同当事人的名义向医大四院提出支付工程款的请求。同理,医大四院也不能为刘国力设定合同上的权利义务,

即不能向刘国力支付工程款。据查明的案件事实,2007 年 4 月 29 日及同年 5 月 9 日,环亚公司分别在《黑龙江日报》刊登声明和向医大四院送达经过公证证明的《通知》,声明该公司财务专用章、营业执照丢失作废及医大四院一切业务往来及财务结算由企业法人冯玉辉负责。环亚公司与医大四院作为《施工合同》的相对方,理应依据约定向对方履行合同义务,但医大四院在明知环亚公司的意思表示后,向刘国力支付了 8806222.35 元工程款,其行为违反了双方签订《施工合同》关于发包人向承包人支付工程款的约定。因此,医大四院 2007 年 5 月 9 日后支付刘国力的 8806222.35 元工程款,环亚公司不予认可为该公司收取的工程款,依据充分。医大四院应向环亚公司支付该笔工程款,一审判决该笔工程款由医大四院支付刘国力不当,本院予以纠正。刘国力对于该笔 8806222.35 元工程款,负有向医大四院返还的义务,医大四院亦有权向刘国力追偿。

此外,关于刘国力主张按其与环亚公司签订《协议书》约定的四六比例分配工程利润的问题,不属于本案审理的《施工合同》纠纷范围,刘国力可另寻途径解决。

【权威解析】

为了切实保护实际施工人的合法利益,维护建筑业市场秩序,《建设工程施工合同解释》第二十六条规定,实际施工人以转包人、违法分包人为被告起诉的,人民法院应当依法受理。实际施工人以发包人为被告主张权利的,人民法院可以追加转包人或者违法分包人为本案当事人。发包人只在欠付的工程价款范围内对实际施工人承担责任。该规定突破了合同相对性原则,从根本上为那些从事建设工程的实际施工人提供了保护自己权益的救济手段。

《建设工程施工合同解释》第二十六条规定的立意和宗旨,是为保护实际施工人利益而作出的特别规定,在一定意义上,主要是保护建筑业市场农民工的权益和利益而作出的特别规定。实际施工人的构成条件为实际施工人与发包人之间没有合同上的权利义务关系,但与转包人与违法分包人之间存在转包或违法分包的无效合同关系,在此情况下,实际施工人依据无效合同关系,享有独立请求发包人支付工程款的权利。

综观二审法院对本案焦点的判决结果,可以清晰地看到二审判决的思路和改判一审判决的依据,使民法关于合同相对性原则在本案中得到了具体的运用。该判决结果较为有效地保护了《施工合同》双方当事人的利益,更接近公平合理。该原则是二审法院改判一审判决第一项的主要指导思想。

此外,鉴于环亚公司起诉请求依据的事实以及二审法院审理范围,二审法院对刘国力基于《协议书》约定的四六比例分配工程利润的取得,判决其另寻途径解决。

这样即遵循了合同相对性原则,又对刘国力作为《施工合同》之外的第三人基于他合同而取得利益之保护指明了救济途径。①

【案例来源】

最高人民法院民事审判第一庭编:《民事审判指导与参考》(总第43集),法律出版社2011年版,第176~177页。

编者说明

合同关系不同于其他民事法律关系之处在于合同的相对性。合同关系的相对性是合同规则和合同制度赖以建立的基础和前提,也是《合同法》立法和审判实践必须遵循的一项重要原则。依据该原则,只有合同当事人可以就合同起诉和被诉。已经最高人民法院终审判决的本建设工程施工合同纠纷上诉案,即是对合同相对性原则的具体理解与适用。

315 案外人执行异议之诉中不宜对实际施工人身份作出认定

【关键词】

│建设工程│实际施工人│异议之诉│

【案件名称】

再审申请人孟凡生、长春圣祥建筑工程有限公司与被申请人李建国、一审被告长春市腾安房地产开发有限公司案外人执行异议之诉案[最高人民法院(2016)最高法民再149号民事判决书,2016.7.28]

【裁判精要】

裁判摘要:实际施工人是《建设工程施工合同解释》中规定的概念,因其规范情形之特定性,故亦应在该规范所涉之建设工程施工合同纠纷案件中,才适宜对实际施工人的身份作出认定。

最高人民法院认为:

(五)原判决认定李建国系蓝天佳苑二期工程的实际施工人,超出了本案的审理

---

① 参见张雅芬:《排除与合同无关的第三人之权利义务,遵循合同相对性原则——黑龙江省环亚建筑工程有限公司与哈尔滨医科大学附属第四医院及原审第三人刘国力建设工程施工合同纠纷上诉案》,载最高人民法院民事审判第一庭编:《民事审判指导与参考》(总第43集),法律出版社2011年版,第178~183页。

范围

实际施工人是最高人民法院《建设工程施工合同解释》中规定的概念,旨在对于那些已实际施工诉争工程但无法因合同关系主张工程款的人予以限制性保护,因其规范情形之特定性,故亦应在该规范所涉之建设工程施工合同纠纷案件中,才适宜对实际施工人的身份作出认定。本案系案外人执行异议之诉,并非是实际施工人以发包人和承包人为被告提起的建设工程施工合同纠纷,原判决认定李建国为蓝天佳苑二期工程的实际施工人,一方面超出了本案的审理范围,另一方面因一、二审法院并非针对建设工程施工合同纠纷进行审理,并未围绕该工程所涉各方之诉辩主张、举证质证情况进行庭审、判断及裁决,故作出该认定可能有失公正且可能对于该工程所涉各方之权利义务关系造成一定影响。因此,原判决作出的关于李建国为蓝天佳苑二期工程的实际施工人的认定欠妥,本院予以纠正。

【案例来源】

《中华人民共和国最高人民法院公报》2017 年第 2 期(总第 244 期)。

316 实际施工人可否直接起诉发包人

【关键词】

| 建设工程 | 实际施工人 | 发包人 |

【案件名称】

再审申请人大连恒达机械厂与被申请人普兰店市宏祥房地产开发有限公司,一审被告、二审被上诉人大连成大建筑劳务有限公司、赵学君、大连博源建设集团有限公司建设工程施工合同纠纷案［最高人民法院(2015)民申字第 919 号民事裁定书,2015.5.12］

【裁判精要】

最高人民法院认为:

本案争议焦点是宏祥公司应否在欠付工程价款范围内承担连带责任问题。本案恒达机械厂与成大公司之间签订有钢梁制作安装协议书,双方存在钢梁制作安装工程的工程承包合同关系。成大公司系从博源公司处转包取得涉案工程,双方签订有工程承包合同。而博源公司与宏祥公司之间存在建设工程施工总承包合同关系,可见,恒达机械厂与宏祥公司之间并不存在任何合同关系。根据合同相对性原则,恒达机械厂应向合同相对方成大公司主张权利。原审法院根据《建设工程施工合同解释》第二条关于"建设工程施工合同无效,但建设工程经竣工验收合格的,承包人请求参照合同约定支付工程价款的,应予支持"之规定,判令成大公司承担偿还工程价款的责任,适用法律正确。

现恒达机械厂突破合同相对性向宏祥公司主张权利,其依据的是《建设工程施工合同解释》第二十六条第二款的规定。该款规定:"实际施工人以发包人为被告主张权利的,人民法院可以追加转包人或者违法分包人为本案当事人。发包人只在欠付工程价款范围内对实际施工人承担责任。"第一款规定:"实际施工人以转包人、违法分包人为被告起诉的,人民法院应当依法受理。"比较第二款规定的文意内容,可以看出,实际施工人提起索要工程款的诉讼,原则上应当适用第一款规定,以不突破合同相对性为法律适用的基本原则;第二款是突破合同相对性的特别规定,旨在保护农民工的合法权益。实际施工人是指因转包、违法分包、肢解合同等违法行为施工合同被认定为无效,实际从事工程建设的主体为实际施工人,为有别于施工人、承包人、建筑施工企业等法定施工主体的表述方式,《建设工程施工合同解释》使用了实际施工人概念。实际施工人可能是自然人、超资质等级施工的建筑施工企业、超资质许可施工范围从事工程基础或结构建设的劳务分包企业等。从实际施工人的人员构成看,在施工现场实际从事施工作业的人员多为农民工。实际施工人与其发包人形成了施工合同关系,实际施工人内部法律关系为劳动合同关系或劳务合同关系,农民工工资或劳务报酬在工程款中的占比很高,多为农民工的基本生活保障费用。为此,《建设工程施工合同解释》第二十六条第二款作出了特殊情况下准许实际施工人突破合同相对性向发包人主张工程欠款的规定。

本案恒达机械厂系经与成大公司之间签订的钢梁制作安装协议书而取得案涉钢梁制作安装工程,并按合同约定需提供钢梁的制作、运输、安装等作业,且包工包料,可见其提供的是专业技术安装工程并非是普通劳务作业,被拖欠的工程款并非劳务分包费用,并不具备《建设工程施工合同解释》第二十六条第二款规定的适用条件。恒达机械厂已按合同约定完成的钢梁工程承包作业,也仅仅是宏祥公司与博源公司之间建设工程施工合同内容中的部分施工内容,属违法分包工程,并非全面履行发包人与承包人之间的合同。因此,并不符合《建设工程施工合同解释》第二十六条规定的情形,一、二审判决未判定宏祥公司承担连带责任并无不当。至于宏祥公司是否对转包知情,并不影响本案判决结果。

【权威解析】

当前对《建设工程施工合同解释》第二十六条第二款应严格适用。

审判实践中,一方面,有很多实际施工人在起诉工程款时,首先选择的是起诉发包人而不是合同相对方(转包人、违法分包人),或者不加区分地把转包人、违法分包人、发包人作为共同被告,这种做法不但有悖合同相对性的基本原则,而且也与《建设工程施工合同解释》第二十六条整体条文的用意不符。另一方面,一些审判人员也简单认为凡是实际施工人起诉发包人的,发包人只要存在欠付工程款的事实,则其必须与承包人承担连带责任,有时甚至认为发包方有赔偿能力就依照第二十六条第二款把发包方纳入赔偿主体中。这样的认识和做法既忽视了置于司法解释背后的司法价值和目的,长此以往更极易导致第二十六条第二款这一补充性的特殊条款在适用中产生随意性和宽泛性,有悖于合同相对性这一基本原则,也可能进一步恶化建设工程市场。

面对现实中的一些问题,必须树立坚持合同相对性为原则的理念,进一步厘清第二十六条第二款的适用条件,严格限缩对合同相对性突破的范围。第一,必须符合前述实际施工人的概念,特别是对于不涉及农民工利益的,不应纳入第二十六条第二款的适用范围;第二,牢固坚持合同相对性,人民法院不能主动追加发包人为当事人参加诉讼;第三,案涉工程必须竣工并验收合格或经修复竣工验收合格;第四,发包人所欠的工程款所指向的必须是实际施工人所完成的工程,如果发包人已支付案涉工程款,欠付的是其他工程款项的,则不属于第二十六条第二款的适用范围;第五,不能把承包人为完成工程而签订的承揽加工合同、买卖合同等其他合同的相对方混淆为实际施工人。承揽加工合同和买卖合同中往往会附随着部分安装、调试、修复等义务,这部分附随义务如果不属于建设工程施工范围内的专业工程,则不构成全面履行了本应由承包人完成的施工义务的事实,不能把此类合同错误地认为是建设施工合同,并进一步把合同相对方作为实际施工人对待。

综合上述分析,本案恒达机械厂首先不涉及《建设工程施工合同解释》第二十六条第二款所保护的农民工的利益,其次其基于与成大公司之间签订的钢梁制作安装协议书完成的义务,更多地体现出是其他类合同中的附随义务,实质上并非直接从事建设工程,在事实上恒达机械厂也并没有全面履行本应由成大公司完成的施工义务。故,最高人民法院对于恒达机械厂要求发包人宏祥公司承担连带责任的再审申请没有支持。①

---

① 参见张志弘、裴跃:《〈最高人民法院关于审理建设工程施工合同纠纷案件适用法律问题的解释〉第二十六条第二款的限缩适用问题——大连恒达机械厂与普兰店市宏祥房地产开发有限公司、大连成大建筑劳务有限公司、大连博源建设集团有限公司、赵学君建设工程施工合同纠纷申请再审案》,载最高人民法院民事审判第一庭编:《民事审判指导与参考》(总第62辑),人民法院出版社2015年版,第265~266页。

【案例来源】

中国裁判文书网,http://wenshu. court. gov. cn。

317 发包人与实际施工人直接签订合同的,实际施工人可以直接向发包人主张权利

【关键词】

│建设工程│诉讼主体│实际施工人│发包人│

【案件名称】

上诉人中铁二局股份有限公司与被上诉人李春久铁路修建合同纠纷案〔最高人民法院(2015)民一终字第248号民事判决书,2015.12.14〕

【裁判精要】

裁判摘要:发包人与实际施工人直接签订的合同对于合同双方均有拘束力,实际施工人可以直接向发包人主张权利,不受《建设工程施工合同解释》第二十六条规定的限制。

最高人民法院认为:

一、关于是否应当追加圣奇公司为第三人的问题

中铁二局上诉认为,一审法院应追加圣奇公司为第三人。其主要理由是,中铁二局独立投标并独立与招标人签订施工总承包合同,后将中标工程分包给各施工单位,包括中隧公司,中隧公司权利义务后由圣奇公司承继。中铁二局与中隧公司(圣奇公司)之间是发包人与承包人的关系。一审应将圣奇公司追加进来,并查明《合作经营协议》的具体内容。本院认为,《退场清算协议》系中铁二局与李春久签订。中铁二局作为合同一方,应当受该合同的约束。本案是李春久依据《退场协议书》起诉请求中铁二局支付工程款,即使其与中隧公司、圣奇公司对于涉案工程款的支付问题有约定,也不能约束李春久。中铁二局提到的《合作经营协议》,其本是协议的当事人,但并未提交该协议,故其以查明《合作经营协议》为由要求法院追加圣奇公司为第三人的理由不能成立,且其一审时并未提出追加第三人,因此,对于其追加圣奇公司为第三人的主张,本院不予支持。

【权威解析】

本案双方当事人争执的核心问题是《退场清算协议》能否作为计算涉案工程款的依据。中铁二局主张,本案应当适用《建设工程施工合同解释》第二十六条的规定,即其不应当承担工程款的给付义务,理由是其已经向本案施工合同的承包人圣奇公司付清了全部工程款,而李春久认为应当以《退场清算协议》作为计算涉案工程款的依据。双方当事人签订的合同对于双方均有拘束力。

《建设工程施工合同解释》第二十六条规定:实际施工人以转包人、违法分包人为被告起诉的,人民法院应当依法受理。实际施工人以发包人为被告主张权利的,人民法院可以追加转包人或者违法分包人为本案当事人。发包人只在欠付工程价款范围内对实际施工人承担责任。此规定赋予实际施工人在一定条件下可以突破合同相对性原则向与其没有合同关系的发包人主张权利。

在审理建设工程案件中,应当严守合同的相对性原则。实际施工人不能向与其没有合同关系的转包人、分包人、总承包人、发包人提起诉讼,但如果实际施工人与上述人员形成合同关系,则实际施工人可以依据合同向上述人员主张权利。此时,并不适用《建设工程施工合同解释》第二十六条第二款的规定。本案中,中铁二局与李春久之间形成的是直接的合同关系,该合同系双方当事人真实的意思表示,并不违反法律的禁止性规定,不存在合同无效与可撤销的情形,对于合同的双方当事人均有拘束力。李春久依据该《退场清算协议》向中铁二局主张权利合法有据。发包人与实际施工人直接签订的合同对于合同双方均有拘束力,实际施工人可以直接向发包人主张权利,不受《建设工程施工合同解释》第二十六条第二款规定的限制。①

【案例来源】

中国裁判文书网,http://wenshu.court.gov.cn。

318 实际施工人仅以转包人为被告提起诉讼,转包人主张应追加发包人,法院不准予追加,不属于遗漏必须参加诉讼的当事人

【关键词】

│建设工程│诉讼主体│实际施工人│发包人│

---

① 参见王毓莹:《发包人与实际施工人直接签订合同的,实际施工人可以直接向发包人主张权利——中铁二局股份有限公司与李春久建设工程施工合同纠纷上诉案》,载最高人民法院民事审判第一庭编:《民事审判指导与参考》(总第65辑),人民法院出版社2016年版,第224页。

【案件名称】

上诉人周拥军与上诉人七冶博盛建筑安装工程有限责任公司建设工程施工合同纠纷案［最高人民法院（2018）最高法民终 587 号民事判决书，2018.10.18］

【裁判精要】

最高人民法院认为：

（一）关于应否追加永丰公司为第三人

各方均认同，周拥军系案涉工程的实际施工人。根据《建设工程施工合同解释》第二十六条之规定，实际施工人以转包人、违法分包人为被告起诉的，人民法院应当依法受理。实际施工人以发包人为被告主张权利的，人民法院可以追加转包人或者违法分包人为本案当事人，发包人只在欠付工程价款范围内对实际施工人承担责任。现周拥军仅以转包人七冶公司为被告提起诉讼，七冶公司主张应追加发包人业主方永丰公司为第三人。本院认为，追加发包人业主方为第三人当然有利于进一步查清案件事实，彻底梳理清楚围绕案涉工程的权利义务关系，但发包人并非实际施工人的合同相对方，实际施工人主张权利也并非必须突破合同相对性将发包人列为案件当事人。转包人在向实际施工人承担义务后，可依据其与发包人之间的建设工程施工合同主张权利。故原审未予追加发包人作为第三人参加诉讼，并不属于遗漏必须参加诉讼的当事人。

【案例来源】

中国裁判文书网，http://wenshu.court.gov.cn。

319 挂靠情形下的实际施工人是否可以直接起诉发包方

【关键词】

｜建设工程｜挂靠｜实际施工人｜

【案件名称Ⅰ】

再审申请人西安安达房地产开发集团有限公司与被申请人沈良洪及一审第三人陕西卓筑建设工程有限公司建设工程施工合同纠纷案［最高人民法院（2019）最高法民申 652 号民事裁定书，2019.2.26］

【裁判精要】

最高人民法院认为：

关于原判决适用法律是否错误的问题。根据已查明的事实，沈良洪系挂靠在卓筑公司名下实际施工，安达公司亦认可沈良洪为挂靠卓筑公司名下的施工主体，故沈良洪是案涉工程的实际施工人。《建设工程施工合同解释》第二十六条规定："实际施工人以转包人、违法分包人为被告起诉的，人民法院应当依法受理。实际施工人以发包人为被告主张权利的，人民法院可以追加转包人或者违法分包人为本案当事人。发包人只在欠付工程价款范围内对实际施工人承担责任。"据此，作为案涉工程的实际施工人，沈良洪有权以自己的名义对发包人安达公司提起诉讼，安达公司应当在欠付工程价款范围内对沈良洪承担责任。安达公司主张上述法律条文中的实际施工人仅指非法转包及违法分包的施工人，不包括挂靠情形下的实际施工人，此种狭义理解不符合该条文意旨，本院不予支持。

【案例来源】

中国裁判文书网，http://wenshu.court.gov.cn。

【案件名称Ⅱ】

上诉人郑州手拉手集团有限公司与被上诉人河南省冶金建设有限公司、沈光付、原审被告郑州市昌达食品实业公司建设工程施工合同纠纷案［最高人民法院（2018）最高法民终391号民事判决书，2019.1.16］

【裁判精要】

裁判摘要：转包合同、违法分包合同关系中的实际施工人主张权利应当以不突破合同相对性为基本原则，只有在特定情况下方能突破合同相对性。

最高人民法院认为：

关于沈光付是否为实际施工人，应否支持其向手拉手公司主张权利。手拉手公司认为沈光付不是实际施工人，即使沈光付属于实际施工人，亦为挂靠的实际施工人，不属于《建设工程施工合同解释》第二十六条规定的转包和违法分包情形下的实际施工人，沈光付无权向其主张工程款。沈光付认为，其系实际施工人，挂靠的实际施工人有权向发包人主张权利，且其已与手拉手公司形成了事实的建设施工合同关系。本院认为，即使沈光付系挂靠的实际施工人，《建设工程施工合同解释》第二十六条并未明确规定挂靠的实际施工人有权向发包人主张权利，且在本案中承包人已经向发包人主张权利的情况下,其诉请不应得到支持。(1)《建设工程施工合同解释》第二十六条第一款规定,实际施工人以转包人、违法分包人为被告起诉的,人民法院应当依法受理。第二款规定,实际施工人以发包人为被告主张权利的,人民法院可以追加转包人或者违法分包人为本案当事人。发包人只在欠付工程价款范围内对实际施工人承担责任。即转包合同、违法分包合同关系中的实际施工人主张权利应当以不突破合同相对性为基本原则,只有特定情况下,方能突破合同相对性。该第二款的规定是考虑到转包和违法分包的情形下,不突破合同相对性会造成农民工讨薪无门、导致矛盾激化的后果,为了保护农民工的利益而制定的,仅在特殊情况下适用。(2)一审判决认定沈光付属于挂靠的实际施工人,沈光付在本案二审答辩中也认可其为挂靠的实际施工人,只是在二审庭审结束后才提出其属于违法转包的实际施工人,其主张前后不一致,本院对其关于其系违法转包的实际施工人的主张不予支持。本案冶金公司在 2014 年即向手拉手公司提起诉讼,沈光付在冶金公司已经向手拉手公司主张权利的情况下,请求手拉手公司直接向其支付工程款,不应支持。本院二审过程中,冶金公司与手拉手公司、昌达公司达成和解协议,手拉手公司、昌达公司向冶金公司支付工程款,经本院审查,以(2018)最高法民终 391 - 1 号民事调解书予以确认。沈光付向本院提交的两份判决均系在承包人未向发包人主张权利的情况下,挂靠的实际施工人向发包人主张权利获得支持,与本案情况不同。(3)沈光付称其与手拉手公司、昌达公司已经形成事实上的建设施工合同关系。但根据一审查明的事实,本案《建设工程施工协议》系冶金公司与手拉手公司签订,在冶金公司和沈光付提交的协议上,沈光付也只是以冶金公司代理人的身份签名,而手拉手公司和冶金公司提供的协议上并无沈光付的签名。实际履行中,沈光付也只是收到了 100 万元的保证金,而手拉手公司是向冶金公司支付工程款,冶金公司再将其中部分拨付给沈光付。说明手拉手公司还是在与冶金公司履行合同。沈光付并未提交证据证明手拉手公司已经与其达成了履行案涉施工合同的合意,本院对沈光付称其已经与手拉手公司形成了事实上的建设施工合同关系不予支持。(4)本案一审判决判令手拉手公司向沈光付支付工程款,并确认沈光付有优先受偿权。手拉手公司上诉请求第一项即为撤销一审判决,故沈光付所称手拉手公司上诉请求并未涉及应否向沈光付支付工程价款,与事实不符。沈光付与冶金公司的关系应依法另行处理。

因沈光付向手拉手公司主张权利不应支持,故没有必要对沈光付权利的其他问题进行审查。因手拉手公司、昌达公司和冶金公司已就本案纠纷达成和解协议,本院已经以(2018)最高法民终 391 - 1 号民事调解书予以确认,故对给付工程款和手拉手公司主张的损失赔偿应否支持亦无须审查。

【案例来源】

中国裁判文书网,http://wenshu. court. gov. cn。

【案件名称Ⅲ】

再审申请人天津建邦地基基础工程有限公司与被申请人中冶建工集团有限公司、一审第三人天津市博川岩土工程有限公司建设工程施工合同纠纷案［最高人民法院(2017)最高法民申 3613 号民事裁定书,2017. 9. 28］

【裁判精要】

最高人民法院认为:

本案再审审查的争议焦点是建邦地基公司是否有权向中冶集团公司主张案涉 403 万元工程欠款。

建邦地基公司在再审申请中并不否认案涉分包合同当事人、工程施工、回收工程款、办理结算资料、报送施工资料等工作均是以博川岩土公司名义进行,且参与相关工作的受托人田磊、郑光军等人亦有博川岩土公司的授权委托书,只是主张其与博川岩土公司存在挂靠关系,通过借用博川岩土公司施工资质承揽案涉工程,其为实际施工人。而在挂靠施工情形中,存在两个不同性质、不同内容的法律关系,一为建设工程法律关系,一为挂靠法律关系,根据合同相对性原则,各方的权利义务关系应当根据相关合同分别处理。二审判决根据上述建邦地基公司认可的事实,认定建设工程法律关系的合同当事人为中冶集团公司和博川岩土公司,并无不当。建邦地基公司并未提供证据证明其与中冶集团公司形成了事实上的建设工程施工合同关系,因此,即便认定建邦地基公司为案涉工程的实际施工人,其亦无权突破合同相对性,直接向非合同相对方中冶集团公司主张建设工程合同权利。至于建邦地基公司与博川岩土公司之间的内部权利义务关系,双方仍可另寻法律途径解决。《建设工程施工合同解释》第二十六条适用于建设工程非法转包和违法分包情况,不适用于挂靠情形,二审判决适用法律虽有错误,但判决结果并无不当。该解释第二条赋予主张工程款的权利主体为承包人而非实际施工人,建邦地基公司主张挂靠情形下实际施工人可越过被挂靠单位直接向合同相对方主张工程款,依据不足。

【案例来源】

中国裁判文书网,http://wenshu. court. gov. cn。

编者说明

关于挂靠情形下的实际施工人是否可以直接起诉发包方问题,《建设工程施工合同解释》第二十六条规定:"实际施工人以转包人、违法分包人为被告起诉的,人民法院应当依法受理。实际施工人以发包人为被告主张权利的,人民法院可以追加转包人或者违法分包人为本案当事人。发包人只在欠付工程价款范围内对实际施工人承担责任。"该条中的"实际施工人",是与转包人和违法分包人相对应的概念,也仅指转包和违法分包的承包人。《建设工程施工合同解释(二)》第二十四条规定:"实际施工人以发包人为被告主张权利的,人民法院应当追加转包人或者违法分包人为本案第三人,在查明发包人欠付转包人或者违法分包人建设工程价款的数额后,判决发包人在欠付建设工程价款范围内对实际施工人承担责任。"该条规定延续了《建设工程施工合同解释》第二十六条的规定,只规定了两类实际施工人的权益保护,即转包合同的承包人和违法分包合同的承包人的权益保护问题,没有涉及挂靠即借用资质的实际施工人。挂靠人可依据其与被挂靠施工企业的基础关系,督促其向发包人追讨工程款。① 最高人民法院杜万华专委在 2011 年全国民事审判工作会议上的讲话中也指出:"关于施工人权利的保护问题。最高人民法院《建设工程施工合同解释》已经有明确规定,实际施工人可以向发包方主张权利,但这是有限度的,在理解执行司法解释规定的时候,一定要准确,不能任意扩大它的适用范围。除非是转包人和分包人没有向实际施工人支付工程款,也没有能力支付,而发包方还有其他的工程款没有支付完,在未支付工程款的范围内,可以向实际施工人支付工程款。当前,有的地方没有准确理解执行司法解释的规定,允许实际施工人要求发包方无条件地承担工程款给付义务,有些甚至要求发包方解决劳动关系问题,这些我认为都是不正确的。"②即挂靠情形下,实际施工人(挂靠人)不可越过被挂靠单位,直接向合同相对方主张工程款。③

需注意的是前述案件三,该案的裁判理由有所不同,认为:挂靠情形下的实际施工人可以直接起诉发包方,发包方应当在欠付工程价款范围内对实际施工人承担责任。最高人民法院民一庭倾向性意见曾认为:建设工程施工合同中,借用他人资质签订的合同,如果发包人在签订合同时是明知的或故意追求的,则借用有资质企业的实际施工人与承包人签订的合同和承包人与发包人签订的合同都应认定无效。实际施工人向发包人请求欠付工程款

---

① 参见最高人民法院民事审判第一庭编著:《最高人民法院建设工程施工合同司法解释(二)理解与使用》,人民法院出版社 2019 年版,第 491、499~500 页。

② 参见杜万华:《在全国民事审判工作会议上的总结讲话》(2011 年 6 月 24 日),载最高人民法院民事审判第一庭编:《民事审判指导与参考》(总第 46 辑),人民法院出版社 2011 年版,第 22~23 页;杜万华总主编:《新编版最高人民法院司法观点集成·民商事卷增补(2018)》,中国民主法制出版社 2018 年版,第 468 页。

③ 《广东省高级人民法院关于审理建设工程合同纠纷案件疑难问题的解答》(粤高法〔2017〕151号)第二十三条"挂靠人主张被挂靠人和发包人承担欠付工程款连带责任的如何处理"也规定:"因发包人欠付工程款,挂靠人主张被挂靠人和发包人承担欠付工程款的连带责任的,不予支持,但挂靠人和被挂靠人之间的合同明确约定被挂靠人承担支付工程款义务的除外。挂靠人主张被挂靠人支付已收取但尚未转付工程款的,应予支持。"

基础为不当得利返还请求权,其返还范围包括欠付的工程款及其利息,利息应从在建工程或已完工程交付给发包人时计算。①

320 挂靠人以被挂靠人名义订立和履行合同的,能否跨越被挂靠人直接向发包人主张工程价款

【关键词】

│ 建设工程 │ 工程价款 │ 挂靠 │ 实际施工人 │

【案件名称】

上诉人黄进涛、北京建工集团有限责任公司与被上诉人海口明光旅游发展有限公司、海口明光大酒店有限公司、北京建工集团有限责任公司海南分公司建设工程施工合同纠纷案 [最高人民法院 (2018) 最高法民终 611 号民事判决书,2018. 12. 25]

【裁判精要】

最高人民法院认为:

(二)北京建工及北建海南分公司应否向黄进涛支付欠付工程款

《建设工程施工合同解释》第四条规定,承包人非法转包、违法分包建设工程或者没有资质的实际施工人借用有资质的建筑施工企业名义与他人签订建设工程施工合同的行为无效。

第二十六条规定,实际施工人以转包人、违法分包人为被告起诉的,人民法院应当依法受理。实际施工人以发包人为被告主张权利的,人民法院可以追加转包人或者违法分包人为本案当事人。发包人只在欠付工程价款范围内对实际施工人承担责任。

如前所述,北京建工及北建海南分公司承包涉案工程后,又将工程非法转包给黄进涛实际施工,相关转包协议依法属于无效合同。涉案工程经过竣工验收认定为合格工程,明光旅游公司、明光酒店公司共同确认尚欠停工前工程价款数额,明光酒店公司与北建海南分公司签订确认书确认续建工程欠款数额。黄进涛与北京建工上诉未对原审判决认定的工程欠款数额提出异议,黄进涛请求按照前述确认数额支付相应工程价款,依法应予支持。北京建工及北建海南分公司作为违法转包合同当

---

① 参见最高人民法院民一庭:《发包人明知或故意追求借用他人资质所签订的合同的效力和发包人欠付工程款的利息性质及其处理》,载最高人民法院民事审判第一庭编:《民事审判指导与参考》(总第48 辑),人民法院出版社 2011 年版,第 99 ~ 111 页。

事人,对于黄进涛因履行转包合同而发生的工程价款,依法应当承担清偿责任。即便本案存在明光酒店公司以房抵顶部分工程款,或其他向黄进涛直接支付工程款的情形,北京建工及北建海南分公司对于欠付工程价款的清偿义务也不由此免除。黄进涛关于其与北京建工及北建海南分公司之间就续建工程形成分包合同关系的主张虽不准确,但其关于后者应当向其支付续建工程欠款及利息的上诉主张,具有相应的事实和法律依据,依法予以支持。

进一步讲,在挂靠关系下,挂靠人系以被挂靠人名义订立和履行合同,其与作为发包人的建设单位之间不存在合同关系。对实际完成施工的工程价款,其仅能依照挂靠关系向被挂靠人主张,而不能跨越被挂靠人直接向发包人主张工程价款。《建设工程施工合同解释》第二十六条的规定不适用于挂靠情形,是因挂靠关系中的实际施工人不能援引该司法解释直接向发包人主张工程款,而非免除被挂靠人的付款义务。从这个意义上看,北京建工上诉主张停工前工程系黄进涛挂靠施工,故其不应承担付款责任,黄进涛应向明光酒店公司和明光旅游公司直接提出主张的意见,没有法律依据。

需要说明的是,原审法院判决明光酒店公司直接向黄进涛支付续建工程价款后,其未依法提出上诉。原审判决前述判项确定的实体义务虽然无须再作实质调整,但鉴于需要改判北京建工及北建海南分公司向黄进涛支付续建工程欠款,故将原审判决前述判项变更为明光酒店公司在其所欠工程款范围内,对北京建工及北建海南分公司的付款义务承担连带清偿责任。

【案例来源】

中国裁判文书网,http://wenshu.court.gov.cn。

321 从挂靠人处取得分包工程的实际施工人,能否起诉要求发包人在欠付工程款范围内承担清偿责任

【关键词】

| 建设工程 | 实际施工人 | 挂靠 | 分包 |

【案件名称】

再审申请人任启兵、刘九生、王登成与被申请人封智高、江西盛远建设工程有限公司,一审被告江西赛虹实业有限公司建设工程施工合同纠纷案 [最高人民法院（2018）最高法民再 35 号民事判决书,2018.6.4]

【裁判精要】

最高人民法院认为：

《建设工程施工合同解释》第二十六条规定："实际施工人以转包人、违法分包人为被告起诉的，人民法院应当依法受理。实际施工人以发包人为被告主张权利的，人民法院可以追加转包人或者违法分包人为本案当事人。发包人只在欠付工程价款范围内对实际施工人承担责任。"赛虹公司将案涉工程发包给盛远公司施工，封智高系挂靠盛远公司承建该工程的实际施工人。后封智高又与任启兵、刘九生、王登成签订《建筑工程清包合同》，将案涉工程分包给任启兵、刘九生、王登成施工。因任启兵、刘九生、王登成不属于上述司法解释规定的实际施工人，故其关于赛虹公司应对案涉债务在欠付工程款范围内承担连带清偿责任的请求于法无据，本院不予支持。

【案例来源】

中国裁判文书网，http://wenshu. court. gov. cn。

322 发包方明知实际施工人挂靠施工，与实际施工人建立事实上的施工合同关系的，应当向实际施工人承担支付工程款的责任

【关键词】

| 建设工程 | 实际施工人 | 挂靠 |

【案件名称Ⅰ】

上诉人贵州华隆煤业有限公司、六枝工矿(集团)六十五工程建设有限公司与被上诉人陈荣、郭占辉、伍贤富、王蓉建设工程合同纠纷案［最高人民法院(2016)最高法民终 361 号民事判决书，2017. 12. 21 ］

【裁判精要】

最高人民法院认为：

(二)原判认定欠付款项及责任承担是否正确

华隆煤业公司上诉主张其已与六十五公司协议解除合同并委托鉴定、经过结算，不应再向陈荣等人承担付款责任，且工程尚未竣工验收合格，支付陈荣等人资金占用费无依据。六十五公司上诉主张其不应承担合同责任，四金、工资附加及税金

应由陈荣等人承担、管理费应予上交、资金占用费缺乏法律依据。

第一,建设工程施工借用资质为法律、行政法规否定性评价。《建筑法》第二十六条第二款规定,禁止建筑施工企业以任何形式允许其他单位或者个人使用本企业的资质证书、营业执照,以本企业的名义承揽工程。《建设工程质量管理条例》第二十五条第二款规定,禁止施工单位超越本单位资质等级许可的业务范围或者以其他施工单位的名义承揽工程。禁止施工单位允许其他单位或者个人以本单位的名义承揽工程。建筑工程施工企业出借资质中,一般存在两种情形,一是发包方不知有关单位或个人以其他有资质的施工单位的名义,参与投标、订立合同、办理有关施工手续、从事施工等活动;二是发包方明知、放任或者故意追求不具备资质的单位或者个人以具备资质的施工单位名义承揽工程行为。在后一种情形中,形式上存在两个法律关系,发包方与承包方之间的建设工程施工合同法律关系,该法律关系因双方虚假意思表示应为无效;承包方与实际施工人之间出借资质的法律关系,出借资质的承包方主要承担违反《建筑法》《建设工程质量管理条例》规定的行政责任和《建筑法》第六十六条规定的因承揽工程不符合规定的质量标准造成损失与使用其名义的单位或者个人承担连带赔偿责任。出借资质的建设工程施工合同中,如果建设工程发包方对于建筑工程施工企业出借资质、由实际施工人予以施工事实明知,出借资质的建筑工程企业实际仅为名义上承包方,在该工程价款的结算中,应当由实际施工人直接向发包方主张工程价款,出借资质的建筑工程施工企业承担因其违反法律规定出借资质的法律责任。

就本案而言,陈荣等人系借用六十五公司资质,以六十五公司项目部的名义进行建设工程活动、是本案工程实际施工人,华隆煤业公司对此明知,并与陈荣等人建立事实上的建设工程施工合同关系,应当承担支付工程价款的责任。六十五公司该项上诉主张成立,原判认定华隆煤业公司与六十五公司承担连带责任法律依据不足,本院予以纠正。

第二,案涉工程已经交付华隆煤业公司,尽管华隆煤业公司上诉主张诉争工程尚未经过竣工验收,但根据《建筑法》的规定,建筑工程竣工验收合格后,方可交付使用;未经验收或者验收不合格的,不得交付使用。《建设工程施工合同解释》第十三条规定,建设工程未经竣工验收,发包人擅自使用后,又以使用部分不符合质量约定为由主张权利的,不予支持。发包方华隆煤业公司违反法律规定擅自使用,可视为其对建筑工程质量认可或自愿承担质量责任,故华隆煤业公司该项上诉主张事实依据和法律依据不足,不予支持。

第三,关于案涉工程价款的结算依据。如前所述,华隆煤业公司与六十五公司签订的《建设工程施工合同》,其实质为陈荣等人借用六十五公司资质签订,因违反法律、行政法规强制性规定而无效。陈荣等人并不具备相应资质,其与六十五公司签订的《内部承包协议》亦属无效。《合同法》第二百六十九条规定,建设工程合同是承包人进行工程建设,发包人支付价款的合同。本案中,华隆煤业公司作为发包方,应当承担向陈荣等四人支付工程价款的责任。华隆煤业公司上诉主张其已按照贵州仁信会计师事务所工程造价意见与六十五公司结算,不应承担支付工程款责任事实依据法律依据不足,本院不予支持。

根据《建设工程施工合同解释》第二条规定,建设工程施工合同无效,但建设工程经竣工验收合格,承包人请求参照合同约定支付工程价款的,应予支持。本案当事人争议发生后,2012年12月17日,相关政府部门组织华隆煤业公司、新华煤矿分公司、六十五公司、陈荣等人召开协调会并形成《会议纪要》。载明:陈荣与郭占辉负责提供工程结算的相关材料,施工方所报结算资料从六十五公司报到新华分公司之日算起,新华分公司负责在十天内审核完成,施工方预算员全力配合(重复的工程量按规定予以核减)。审核过程遵守本会议确定的不否认施工合同、不否认签证单据、不否认已签审工程量审核表。结算结束后两天内结清款项,不得拖欠。由于华隆煤业公司并不认可陈荣等人提交资料,当事人未能达成结算报告。案件一审审理期间,一审法院对外委托鉴定,贵州正业建设工程造价事务有限公司出具鉴定报告书,鉴定意见为:新华煤矿中央风井施工区井巷工程(建设单位、监理单位、施工单位三方签字认可的工程量审核表部分)工程造价为2519.0684万元。鉴定机构及鉴定人员具备资质及资格,鉴定程序合法,原判以此作为工程价款结算依据并无不当。

【案例来源】

中国裁判文书网,http://wenshu.court.gov.cn。

【案件名称Ⅱ】

上诉人满洲里市扎赉诺尔宏基城市基础设施投资开发有限责任公司与被上诉人聂绮、原审被告中国内蒙古森林工业集团森天建设有限公司建设工程施工合同纠纷案[最高人民法院(2013)民一终字第100号民事判决书,2013.9.23]

【裁判精要】

裁判摘要:实际施工人已全面履行了建设施工义务,且建设工程已验收合格,依据最高人民法院《建设工程施工合同解释》第二条、第二十六条的规定,其有权请求发包人给付欠付工程款。

最高人民法院认为:

关于《建设工程施工合同》效力应如何认定,本院认为,本案当事人聂绮没有建筑施工资质,为了承揽涉案给、排水建设工程项目,挂靠于具有建筑施工资质的森天公司,并经双方协商,由森天公司与发包方宏基公司签订《建设工程施工合同》,之后,建设工程由聂绮施工建设。根据最高人民法院《建设工程施工合同解释》第一条"建设工程施工合同具有下列情形之一的,应当根据合同法第五十二条第(五)项的规定,认定无效:……(二)没有资质的实际施工人借用有资质的建筑施工企业名义的"的规定,应认定森天公司与宏基公司所签订的《建设工程施工合同》无效。宏基公司主张合同有效,法律依据不足,应予驳回。

关于聂绮是否为本案的实际施工人问题。聂绮与森天公司所签订的《协议书》明确约定,聂绮挂靠、借用森天公司的资质,聂绮对工程全额投资、自主组织施工、独立核算、自负盈亏。协议签订后,涉案工程全部是由聂绮组织施工及投资建设的。对此,森天公司并无异议,而且发包方宏基公司已付的工程款项,是直接拨付至聂绮承包的项目部和聂绮个人公司账户的。这说明宏基公司明知或者应当知道涉案工程是由聂绮投资并组织施工建设的。鉴此,一审判决认定聂绮为实际施工人正确,应予维持。虽然宏基公司否定聂绮实际施工人身份,但事实依据不足,不予支持。

鉴于聂绮已全面履行了建设施工义务,且建设工程已验收合格。依据最高人民法院《建设工程施工合同解释》第二条、第二十六条的规定,聂绮请求发包人宏基公司给付欠付工程款,依法应予支持。一审法院经审理认定,宏基公司尚欠付工程款为17825815.36元及利息正确。对此,宏基公司未提出异议。故一审判决宏基公司给付聂绮工程款17825815.36元及利息,依法应予维持。

【案例来源】

中国裁判文书网,http://wenshu.court.gov.cn。

编者说明

有观点认为,挂靠一般分为两种:一种是发包人与挂靠人有工程施工的合意,但因挂靠人没有资质,故借用他人资质、名义签订合同并施工;另一种是挂靠人与被挂靠人约定由挂靠人借用被挂靠人名义、资质承揽工程和施工,发包人在签订合同时并不知道有挂靠情形的存在。对前一情形,因发包人与挂靠人有工程施工合意并有施工事实,且因挂靠导致挂靠人与被挂靠人之间的内部承包合同无效,故挂靠人自得向发包人主张工程款;对后一情形,因被挂靠人通常仅收取管理费,且发包人对工程由实际施工人施工并不知情,难说其与实际施工人之间存在建立施工关系的合意,故在实际施工人是否有权以发包人为被告的问题上意见分歧较大,最后《建设工程施工合同解释(二)》对此没有规定。①

《建设工程施工合同解释(二)》第二十四条的规定是否适用于借用资质的实际施工人,最高人民法院民一庭认为,"实际施工人、出借资质的建筑施工企业和发包人都是明知的,且各方都认可,这属于典型的通谋虚伪行为"以及"借用资质的实际施工人与发包人之间就建设工程施工合同之标的产生了实质性的法律关系"。② 有观点认为,实际施工人借用资质与发包人订立施工合同的实务情形多样,实际施工人、出借资质的建筑施工企业和发包人通谋只是情形之一,实务中还存在另两种情形:情形之二,实际施工人和资质出借企业通谋,发包人在订立和履行合同阶段均不明知,有时甚至直至实际施工人起诉时才知悉;情形之三,实际施工人和资质出借企业通谋,发包人在订立合同时不知情,在合同履行过程中才知晓,但未采取合理措施(如行使合同解除权),致使实际施工人以被挂靠施工企业名义继续履行合同,直至成讼。故就资质借用情形而言,有证据证明发包人知悉并认可实际施工人借用资质出借企业名义签订施工合同、由实际施工人实际履行合同的,应当认定实际施工人与发包人之间存在事实的施工合同关系,且该合同关系依法无效,实际施工人向发包人直接主张权利的,不适用《建设工程施工合同解释(二)》第二十四条,而应适用《建设工程施工合同解释》第二条"建设工程施工合同无效,但建设工程经竣工验收合格,承包人请求参照合同约定支付工程价款的,应予支持"的规定,作出裁判;否则,不宜认定实际施工人与发包人之间存在事实的施工合同关系;实际施工人向发包人直接主张权利的,可以适用《建设工程施工合同解释(二)》第二十四条。③

323 层层转包中,实际施工人起诉要求所有转包人、违法分包人均承担责任的处理

【关键词】

│ 建设工程 │ 实际施工人 │ 转包 │

【案件名称 I 】

再审申请人张支友与被申请人中天建设集团有限公司、汪国民建设工程施工合同纠纷案 [最高人民法院(2016)最高法民申 3339 号民事裁定书,2016. 12. 6]

---

① 参见肖峰、严慧勇、徐宽宝:《〈关于审理建设工程施工合同纠纷案件适用法律问题的解释(二)〉解读与探索》,载《法律适用》2019 年第 7 期。

② 参见最高人民法院民事审判第一庭编著:《最高人民法院建设工程施工合同司法解释(二)理解与适用》,人民法院出版社 2019 年版,第 501 页。

③ 参见曹文衔:《实际施工人权利救济的裁判规则(上)》,载微信公众号"天同诉讼圈",刊登日期:2019 年 3 月 28 日。

【裁判精要】

最高人民法院认为:

本案主要审查中天公司应否承担向张支友支付款项的连带责任的问题。

《建设工程施工合同解释》第二十六条第一款规定:实际施工人以转包人、违法分包人为被告起诉的,人民法院应当依法受理。本案中,中天公司与汪国民签订《木工分项工程承包合同》,汪国民与张支友达成口头协议,由张支友负责汪国民承包工程中的部分工程。张支友与中天公司之间并无合同关系,对于张支友而言,其合同相对方为汪国民。张支友可以向违法分包人汪国民主张工程款。《建设工程施工合同解释》第二十六条第二款规定:实际施工人以发包人为被告主张权利的,人民法院可以追加转包人或者违法分包人为本案当事人。发包人在欠付工程款范围内对实际施工人承担责任。本案中,中天公司是涉案工程的总包人,各方当事人在庭审中,对此事实均无异议。中天公司并非涉案项目的发包人,原审法院认定本案不应适用《建设工程施工合同解释》第二十六条第二款的规定,并无不当。综上所述,中天公司既不是涉案工程发包人,与张支友之间也无合同关系,张支友申请再审要求中天公司承担支付款项的连带责任的请求,缺乏法律依据,本院不予支持。

【案例来源】

中国裁判文书网,http://wenshu.court.gov.cn。

【案件名称Ⅱ】

再审申请人河南省柘城县市政建筑工程公司、河南省广厦建设工程有限公司商丘分公司与被申请人滨州市北海信和新材料有限公司、中国化学工程第四建设有限公司建设工程施工合同纠纷案[最高人民法院(2015)民申字第3268号民事裁定书,2015.12.28]

【裁判精要】

最高人民法院认为:

(三)中化四建公司、广厦商丘分公司是否应当承担支付工程款的连带责任

2011年10月1日,北海新材料公司与中化四建公司签订建设工程施工合同,合同约定由中化四建公司承建案涉土建、装饰与安装工程。2012年1月10日,中化四建公司与广厦商丘分公司签订工程分包合同,合同约定将案涉工程的土建及安装部分分包给广厦商丘分公司。此后,广厦商丘分公司又将其分包的工程项目肢解转包于柘城市政公司、宏庆公司、万通公司施工。因此,中化四建公司系本案工程的总承

包方,也是分包方,广厦商丘分公司为转包方,柘城市政公司、宏庆公司、万通公司为施工单位。根据《建设工程施工合同解释》第二十六条规定,实际施工人可以向发包方、转包方、违法分包方主张工程款,发包人只在欠付工程价款的范围内对实际施工人承担责任,该规定并未明确转包方、违法分包方应当对实际施工人承担连带清偿责任,根据公平原则,转包方、违法分包方亦应在欠付工程价款的范围内对实际施工人承担责任。在中化四建公司已经足额垫付工程款的情况下,无须再承担支付工程款的责任。二审判决由转包方广厦商丘分公司在欠付工程价款范围内对实际施工人承担责任,并无不当。柘城市政公司、广厦商丘分公司申诉主张中化四建公司承担连带清偿责任,无事实和法律依据。

【案例来源】

中国裁判文书网,http://wenshu.court.gov.cn。

编者说明

《建设工程施工合同解释》第二十六条只涉及发包人、承包人、实际施工人三重关系,实践中还存在层层转包的情况,实际施工人起诉要求所有转包人、违法分包人均承担责任的,实践中存在三种观点:第一种观点认为,仅合同相对方及发包人对实际施工人承担责任,中间环节的转包人、违法分包人不承担责任;[1]第二种观点认为,中间环节的转包人、违法分包人仅在欠付范围内承担责任;第三种观点认为,中间环节的转包人、违法分包人基于违法行为,无论其对于后手是否已经支付工程款,均应对实际施工人承担连带责任。前述最高人民法院的裁判观点并不一致。案例一认为,仅合同相对方及发包人对实际施工人承担责任;案例二认为,根据公平原则,转包方、违法分包方亦应在欠付工程价款的范围内对实际施工人承担责任。

最高人民法院的最新观点倾向于案例二,认为在多层转包或者违法分包情况下,实际施工人向发包人主张权利的,法院应当追加各转包人或者违法分包人为第三人,在查明发包人、各转包人或者违法分包人以及实际施工人之间欠付工程价款数额的基础上确定发包人应向实际施工人承担的责任。实际施工人向发包人主张权利的范围以各方当事人欠付工程价款的数额为限。发包人向实际施工人承担责任后,各方当事人之间的建设工程价款

---

[1]　例如,《四川省高级人民法院关于审理建设工程施工合同纠纷案件若干疑难问题的解答》(川高法民一〔2015〕3号)第十三条规定:"《建工司法解释》第二十六条中的'发包人'应当理解为建设工程的业主,不应扩大理解为转包人、违法分包人等中间环节的相对发包人。实际施工人可以发包人、转包人、违法分包人为共同被告主张权利,当事人之间依据相应的合同关系承担法律责任。建设工程施工合同无效,实际施工人要求未与其建立合同关系的转包人、违法分包人对工程欠款承担支付责任的,不予支持。"参见李俊晔编著:《建设工程裁判规范指引》,法律出版社2019年版,第61页。

债权债务相应部分消灭。①《江苏省高级人民法院关于审理建设工程施工合同纠纷案件若干问题的解答》(苏高法审委〔2018〕3号)也规定:"23.层层转包中,实际施工人要求所有转包人、违法分包人均承担责任的,如何处理?建设工程因转包、违法分包导致建设工程施工合同无效的,实际施工人要求转包人、违法分包人对工程欠款承担连带责任的,应予支持。前手转包人、违法分包人举证证明其已付清工程款的,可以相应免除其给付义务。发包人在欠付的工程款范围内承担连带责任。"即中间环节的转包人、违法分包人原则上承担连带责任,但前手转包人、违法分包人举证证明其已付工程款的,相应免除其责任。②

324 实际施工人要求发包人给付工程款,应提供证据证明发包人可能欠付承包人工程款,以及承包人有严重影响实际施工人权利实现的情形

【关键词】

│建设工程│实际施工人│转包│

【案件名称】

上诉人尹宏、袁小彬与被上诉人青海庆田矿业有限公司、青海省能源发展(集团)有限责任公司、青海省能源发展(集团)有限责任公司团鱼山露天煤矿建设工程施工合同纠纷案[最高人民法院(2017)最高法民终144号民事判决书,2017.6.2]

【裁判精要】

最高人民法院认为:

关于焦点一,2011年5月,中国煤炭地质总局青海煤炭地质局作出《关于青海省鱼卡煤田西部云雾山北坡煤炭详查设计的批复》,同意能源公司实施核定的主要实物工作量的勘查及探槽工程的施工。同年5月9日,能源公司经青海省国土资源厅同意,可开展地质勘查工作。2012年3月9日,团鱼山煤矿与庆田公司签订《鱼卡槽探合同》,约定将鱼卡整装勘查云雾山区块2标段土石方(含工程煤)剥离工程发包给庆田公司。同年3月19日,庆田公司组建云雾山二标段露天剥离工程项目经理部。3月27日,项目部与尹宏、袁小彬签订《土石方剥离工程协议》。由于团鱼山煤矿与庆田公司在签订《鱼卡槽探合同》时,明知能源公司无探矿权证、采矿权证,存在以探代采,无证开采的行为,违反了《矿产资源法》关于勘查、开采矿产资源必须经相关政府部门批准取得探矿权证、采矿权证后方可探矿、开采的禁止性规定,一审法院

---

① 参见最高人民法院民事审判第一庭编著:《最高人民法院建设工程施工合同司法解释(二)理解与使用》,人民法院出版社2019年版,第503页。
② 参见李玉生主编:《建设工程施工合同案件审理指南》,人民法院出版社2019年版,第429页。

认定《鱼卡槽探合同》为无效合同,并无不当。基于该合同项下的庆田公司与尹宏、袁小彬签订的《土石方剥离工程协议》亦因违反法律、法规的强制性规定而无效。根据《合同法》第五十八条的规定,合同无效或者被撤销后,因该合同取得的财产,应当予以返还;不能返还或者没有必要返还的,应当折价补偿。有过错的一方应当赔偿对方因此所受到的损失,双方都有过错的,应当各自承担相应的责任。一审法院判决庆田公司支付尹宏、袁小彬工程款 19176827.7 元及相应利息损失,具有事实和法律依据,并无不当。

关于尹宏、袁小彬上诉请求能源公司、团鱼山煤矿对上述欠款承担连带付款责任应否予以支持的问题。根据《建设工程施工合同解释》第二十六条第二款的规定,实际施工人以发包人为被告主张权利的,人民法院可以追加转包人或者违法分包人为本案当事人。发包人只在欠付工程价款范围内对实际施工人承担责任。司法实践中,适用上述规定有严格的限定条件,只有在转包人和分包人没有向实际施工人支付工程款,也没有能力支付,而发包人尚存在拖欠转包人和分包人工程款没有支付的情况下才可适用,发包人在未支付工程款的范围内,向实际施工人承担支付工程款的责任。本案中,尹宏、袁小彬原则上应向转包方庆田公司主张工程款,其突破合同相对性原则行使诉权时,应提供证据证明发包人能源公司、团鱼山煤矿可能欠付庆田公司工程款,以及合同相对方庆田公司有破产等严重影响实际施工人权利实现的情形。但尹宏、袁小彬在一、二审中均未提供充分的证据予以证明,且庆田公司认可能源公司、团鱼山煤矿已向其付清案涉工程款,故尹宏、袁小彬上诉请求能源公司、团鱼山煤矿在欠付工程款的范围内承担连带责任,缺乏事实和法律依据,不能成立,本院不予支持。

【案例来源】

中国裁判文书网,http://wenshu.court.gov.cn。

编者说明

关于施工人权利的保护问题,《建设工程施工合同解释》已经有明确规定,实际施工人可以向发包方主张权利,但这是有限度的,不能任意扩大它的适用范围。除非是转包人和分包人没有向实际施工人支付工程款,也没有能力支付,而发包方还有其他的工程款没有支付完,在未支付工程款的范围内,可以向实际施工人支付工程款。有的地方没有准确理解执行司法解释的规定,允许实际施工人要求发包方无条件地承担工程款给付义务,有些甚至要求发包方解决劳动关系问题,这些都是不正确的。①

---

① 参见杜万华:《在全国民事审判工作会议上的总结讲话》(2011 年 6 月 24 日),载最高人民法院民事审判第一庭编:《民事审判指导与参考》(总第 46 辑),人民法院出版社 2011 年版,第 22~23 页。

325 **发包人与承包人拖延结算工程价款，阻碍实际施工人权利的行使，不能成为其拒绝支付工程款的抗辩理由**

【关键词】

│ 建设工程 │ 实际施工人 │ 拖延结算 │

【案件名称】

上诉人宁国市盛天置业有限公司与被上诉人李锡明及原审被告浙江中鸿建设有限公司建设工程施工合同纠纷案［最高人民法院（2017）最高法民终26号民事判决书，2017.9.8］

【裁判精要】

最高人民法院认为：

（三）关于一审判决盛天置业公司在欠付中鸿建设公司工程款范围内承担给付责任，适用法律是否正确的问题

盛天置业公司主张李锡明退场时，案涉工程还在建设中，盛天置业公司已按合同约定支付了工程款，其没有过错。且至今案涉工程尚未进行决算，没有适用《建设工程施工合同解释》第二十六条的条件，原审适用法律错误。对此，本院认为，按照上述司法解释第二十六条第二款的规定，盛天置业公司作为发包人可以作为本案共同被告，应在欠付工程价款范围内对实际施工人承担责任。因案涉《建设工程施工合同》项下工程已实际分为两部分施工，李锡明对承建的案涉中雅·滨江御城B区1-11#楼及地下室工程已基本完成，2015年5月27日案涉工程全部验收合格后，已具备结算条件，盛天置业公司和中鸿建设公司作为工程的发包方和承包方应及时对工程进行结算，支付李锡明工程价款。但直至2016年3月28日一审庭审前，并未完成案涉工程总造价及收付款的结算，特别是在一审委托对李锡明施工部分进行工程造价鉴定（2015年12月22日）作出结论的情况下，盛天置业公司与中鸿建设公司仍未进行结算，客观上阻碍了实际施工人李锡明权利的行使，存在明显过错，不能成为其拒绝支付工程款的抗辩理由。经工程造价鉴定，李锡明已完工程总造价为133762079.38元，截至2014年8月21日，盛天置业公司向中鸿建设公司已付款99609870元，据此，盛天置业公司在此时点所欠付李锡明工程款数额可以确定为34152209.38元。盛天置业公司上诉主张案涉工程总造价为126388516.27元，审核中鸿建设公司申报债权为0元，故其已超付工程款。但该造价是其单方委托安徽皖工工程咨询研究院有限公司所作，李锡明及中鸿建设公司均不认可，不能对抗一审法院依法委托所作的鉴定结论。原审判决盛天置业公司在欠付工程款范围内支付李锡明34152209.38元工程款，适用法律并无不当。

【案例来源】

中国裁判文书网,http://wenshu. court. gov. cn。

326　实际施工人有权向发包人主张权利,不应因此限制承包人向发包人起诉主张工程款的权利

【关键词】

｜建设工程｜实际施工人｜挂靠｜

【案件名称】

上诉人湖北鑫华建筑安装工程有限公司与被上诉人沈阳瑞家置业有限公司及原审第三人沈阳山盟建设集团有限公司、孙柏成建设工程施工合同纠纷案〔最高人民法院(2018)最高法民终 77 号民事裁定书, 2018.1.24〕

【裁判精要】

最高人民法院认为:

鑫华公司系《沈阳瑞家置业二期项目建筑施工承包合同》及其补充协议的签约主体、工程承包单位,该公司有权依据上述施工合同提起本案建设工程施工合同纠纷诉讼。案外人詹济明是否挂靠鑫华公司实际施工,属于鑫华公司与詹济明之间的内部关系,有待实体审理予以查明,一审法院对案涉工程的实际施工人未审先定存在不当。即便詹济明与鑫华公司之间存在挂靠关系,基于合同相对性原则,鑫华公司也有权作为合同约定的承包主体向发包人瑞家公司起诉主张工程欠款。《建设工程施工合同解释》第二十六条关于"实际施工人以转包人、违法分包人为被告起诉的,人民法院应当依法受理。实际施工人以发包人为被告主张权利的,人民法院可以追加转包人或者违法分包人为本案当事人。发包人只在欠付工程价款范围内对实际施工人承担责任"的规定,虽赋予实际施工人突破合同相对性向发包人提起诉讼的权利,但该条规定并未排除或者限制合同约定的承包人向发包人起诉主张工程款的权利。因此,一审法院在受理本案长达四年之久后,作出鑫华公司作为本案原告不适格的认定,裁定驳回该公司起诉,于法无据,存在严重错误,本院依法予以纠正。

【案例来源】

中国裁判文书网,http://wenshu. court. gov. cn。

327 司法解释规定实际施工人可以发包人为被告主张权利，但并未规定只能由实际施工人向发包人主张权利，鉴于实际施工人未向发包人主张权利，承包人有权向发包人主张权利

【关键词】

│建设工程│诉讼主体│实际施工人│

【案件名称】

上诉人重庆锦通建设（集团）有限公司与上诉人贵州世邦房地产开发有限公司建设工程施工合同纠纷案［最高人民法院（2018）最高法民终 117 号民事判决书，2018. 5. 15］

【裁判精要】

最高人民法院认为：

（一）关于锦通公司是否是适格原告

经审理查明，2013 年 1 月 4 日，世邦公司（发包人、甲方）与锦通公司（承包人、乙方）签订《建设工程施工合同》，修建案涉工程。现世邦公司主张实际履行施工合同的系实际施工人李启志和尤红，锦通公司在合同上署名盖章的行为仅是被挂靠违法出借资质，而非工程的实际施工方，故锦通公司不是本案的适格原告。《建设工程施工合同解释》第二十六条规定：实际施工人以转包人、违法分包人为被告起诉的，人民法院应当依法受理。实际施工人以发包人为被告主张权利的，人民法院可以追加转包人或者违法分包人为本案当事人。发包人只在欠付工程价款范围内对实际施工人承担责任。经二审庭审询问，世邦公司确认，其所主张的实际施工人李启志和尤红至今亦未向其主张过权利。本院认为，《建设工程施工合同解释》第二十六条第二款虽然规定了实际施工人可以发包人为被告主张权利，但并未规定只能由实际施工人向发包人主张权利。《合同法》第二百六十九条规定，建设工程合同是承包人进行工程建设，发包人支付价款的合同。世邦公司既不否认锦通公司是建设工程施工合同的承包人，在世邦公司所主张的实际施工人从未向其主张权利的情况下，又否认承包人有向其主张权利的原告主体资格，显然有悖秉持诚实、恪守承诺的诚信原则。一审认定锦通公司是本案适格的原告正确。

【案例来源】

中国裁判文书网，http://wenshu. court. gov. cn。

328 实际施工人撤回对承包人的诉讼请求，法院为查明案件事实，可以将承包人列为第三人，在查明案件事实后结合实际施工人的诉讼请求作出相应判决

【关键词】

｜建设工程｜实际施工人｜

【案件名称】

上诉人西宁市城市交通投资建设有限公司与被上诉人陈春菊、原审第三人徐州匠铸建设有限公司建设工程施工合同纠纷案［最高人民法院（2018）最高法民终128号民事判决书，2018.3.30］

【裁判精要】

最高人民法院认为：

（二）关于一审审理程序是否违法的问题

本案系实际施工人陈春菊依据《建设工程施工合同解释》第二十六条规定，向发包人城投公司、承包人匠铸公司主张拖欠工程款所产生的纠纷，一审中，陈春菊撤回对承包人匠铸公司的诉讼请求，属于其对自身权利的处分，一审法院予以准许，符合法律规定，并无不妥。但为了查明案件事实，厘清各方当事人的权利义务，一审法院将匠铸公司列为本案第三人，在查明案件事实后，结合陈春菊的诉讼请求作出相应判决，符合法律规定，审理程序并无不当。城投公司认为一审判决对第三人匠铸公司的法律责任以及在本案中的诉讼地位未予查明，未判决其承担任何责任，属程序违法的上诉理由不能成立，本院不予支持。

【案例来源】

中国裁判文书网，http://wenshu.court.gov.cn。

编者说明

《建设工程施工合同解释》第二十六条第二款规定："实际施工人以发包人为被告主张权利的，人民法院可以追加转包人或者违法分包人为本案当事人。发包人只在欠付工程价款范围内对实际施工人承担责任。"这是为了方便案件审理，考虑到案件的审理涉及两个合同法律关系，如果转包人或者违法分包人不参加到诉讼的过程中来，许多案件的事实没有办法查清，所以法院可以根据案件的实际情况追加转包人或者违法分包人为共同被告或者案件的第三人；实际施工人可以发包人、承包人为共同被告主张权利。这样规定，既能够

方便查清案件的事实,分清当事人的责任,也便于实际施工人实现自己的权利。①

　　司法实践中,有的人民法院仅在判决主文中判决令发包人在欠付转包人或者违法分包人工程价款范围内对实际施工人承担责任,但对于发包人是否欠付转包人或者违法分包人工程价款、欠付工程价款的数额等事实并未查清。一方面,由于对发包人欠付承包人工程价款的数额等事实未查清,此类判决往往难以强制执行。另一方面,由于对实际施工人与转包人或者违法分包人之间的权利义务关系以及转包人或者违法分包人与发包人之间的权利义务关系没有查清,加之实际施工人并非法律上较为严格的法律概念,在实践中不易把握,容易导致发包人陷入无休止的缠诉之中。《建设工程施工合同解释(二)》第二十四条针对这一问题,对原来的规定进行了完善。一是明确规定人民法院应当追加转包人或者违法分包人为本案第三人;二是规定要在查明发包人欠付转包人或者违法分包人建设工程价款的数额后,判决发包人在欠付建设工程价款范围内对实际施工人承担责任。如果发包人不欠转包人或者违法分包人建设工程价款,就不应向实际施工人承担责任。②

---

① 参见《最高人民法院负责人就建设工程施工合同司法解释答记者问》,载最高人民法院民事审判第一庭编:《民事审判指导与参考》(总第20集),法律出版社2005年版,第27~28页。
② 参见程新文、刘敏、谢勇:《〈关于审理建设工程施工合同纠纷案件适用法律问题的解释(二)〉的理解与适用》,载《人民司法·应用》2019年第4期。

麦读
MyRead

最高人民法院民商事判例集要

THE COLLECTION OF
JUDICIAL RULES FOR CIVIL AND
COMMERCIAL CASES OF
THE SUPREME PEOPLE'S COURT

最高人民法院
民商事判例集要

·建工房产卷·

·下·

总 主 编 — 杜万华

副总主编 — 刘德权

本卷主编 — 王 松

中国民主法制出版社

全国百佳图书出版单位

CONTENTS

本卷总目

第九章　工程鉴定

一、鉴定申请 / 615

第十章　争议主体

——上诉人中铁十五局集团有限公司与被上诉人内蒙古太西煤集团股份有限公司及原审被告内蒙古太西煤集团民勤金阿铁路有限责任公司建设工程施工合同纠纷案

第十一章　诉讼程序

一、诉讼请求 / 703

第十二章　其他

第二编　房屋买卖

第一章　合同成立

第二章　合同效力

第六章　交付房屋与过户登记

第七章　合同解除

第八章 违约责任

实际发生的设计、审核、预算损失、人工费用等,属于实际损失 / 960

　　——上诉人赣州银行股份有限公司与上诉人九江银行股份有限公司、九江市嘉信实业有限公司房屋买卖合同纠纷案

第九章　房屋质量

475　房屋通过了行政管理部门的工程建设强制性标准审查,但存在质量缺陷的,出卖人应向买受人承担修复等民事法律责任/ 963

　　——杨珺诉东台市东盛房地产开发有限公司商品房销售合同纠纷案

476　开发商交付的房屋与购房合同约定的方位布局相反,且无法调换的,购房者可以合同目的不能实现为由要求解除合同 / 966

　　——张俭华、徐海英诉启东市取生置业有限公司房屋买卖合同纠纷案

477　房屋存在质量问题导致购房人无法正常使用、收益的,法院可以房屋同期租金为标准计算实际损失 / 968

　　——李明柏诉南京金陵置业发展有限公司商品房预售合同纠纷案

478　拍卖合同中买受人明知房屋未经过消防验收的,不享有拒付房屋价款的抗辩权 / 970

　　——重庆市亿桥置业有限公司与中国光大银行重庆分行、重庆天赐拍卖有限责任公司房屋拍卖合同纠纷案

第十章　以物抵债

479　准确认定以房担保与以房抵债法律关系的联系和区别/ 975

　　——再审申请人营口弘逸房地产开发有限公司与被申请人王巧云、原审被告营口弘逸房地产开发有限公司老边分公司民间借贷纠纷案

480　仅依据双方关于清理占用人员的约定内容,不足以证明买受人在订立合同时即知道或者应当知道房屋上存在第三人权利,亦不足以得出其自愿承担涉案房屋所有权具有权利瑕疵风险的结论 / 978

　　——再审申请人新疆天山水泥股份有限公司塔里木分公司、新疆和静天山水泥有限责任公司与被申请人库尔勒神力商贸有限公司、一审第三人国药新疆库尔勒医药有限责任公司房屋买卖合同纠纷案

481　双方之间的商品房合同并非约定房屋归债权人所有,该买卖合同并非以物抵债合同,其效力也不受债务履行期限是否届满的限制 / 979

第十一章 其他

一、诉讼请求 / 987

二、主体 / 991

第三编　房屋租赁

第一章　合同效力

第二章 租金

司、原审第三人成都人民商场（集团）股份有限公司、成都人民百货连锁有限公司房屋租赁合同纠纷案

第四章　装饰装修

第四编　土地使用权出让转让

第一章　合同效力

第二章　合同履行与合同解除

第五章　程序

工程鉴定

一、鉴定申请

329 现有证据能够确定工程款金额的，无须进行工程造价鉴定

【关键词】

| 建设工程 | 工程价款 | 鉴定 |

【案件名称 I 】

上诉人海天建设集团有限公司与上诉人云南金丰谷置业有限公司建设工程施工合同纠纷案 [最高人民法院（2018）最高法民终 475 号民事判决书，2018.8.22]

【裁判精要】

最高人民法院认为：

三、关于一审是否存在严重违反法定程序的情形的问题

金丰谷公司上诉提出一审法院对其股东吕丽萍作为第三人参加诉讼的申请未作处理，对其工程质量鉴定、工程造价鉴定未予准许，属于程序严重违法。

首先，根据《最高人民法院关于适用〈中华人民共和国民事诉讼法〉的解释》第三百二十五条的规定，金丰谷公司上诉所称程序违法的事由不属于《民事诉讼法》第一百七十条第一款第（四）项规定的严重违反法定程序的情形。

其次，关于第三人参加诉讼，吕丽萍仅作为金丰谷公司的股东，对本案的诉讼标的并没有独立的请求权，与案件的处理结果亦不存在法律意义上的利害关系，无权作为第三人参加本案诉讼。

再次，关于工程造价鉴定，海天公司一审中提交六份"已完工程量形象进度及审定造价表"加盖有监理公司、造价公司和金丰谷公司的印章，其真实性可以确定，足以作为金丰谷公司支付工程款的依据。故，本案现有证据能够确定工程款金额，无须进行工程造价鉴定。

最后，关于工程质量鉴定，金丰谷公司在本案中并未提起反诉，亦未提交证据证明案涉工程存在质量问题，一审法院对其鉴定申请不予准许，并无不当。

【案例来源】

中国裁判文书网，http://wenshu. court. gov. cn。

【案件名称Ⅱ】

上诉人浙江腾虎建设工程有限公司、浙江腾虎建设工程有限公司平潭分公司与上诉人协力微集成电路（平潭）有限公司、协力（平潭）科技有限公司建设工程施工合同纠纷案［最高人民法院（2018）最高法民终121号民事判决书，2018.6.11］

【裁判精要】

最高人民法院认为：

（二）原审法院就协力微集成公司、协力科技公司提出的对案涉工程造价进行鉴定的申请，以及对案涉《补充协议》《关于工程量及造价审核方法的通知》中加盖的协力科技公司公章进行鉴定的申请未予准许，是否程序不当问题

根据前述分析，案涉《工程完成情况报告书》及《应付款确认书》应作为确定案涉工程款的依据，因此，对案涉工程的造价已无再行鉴定的必要，原审法院未予准许协力微集成公司、协力科技公司对此提出的鉴定申请，并无不当。协力科技公司、协力微集成公司在原审证据交换过程中，对《补充协议》《关于工程量及造价审核方法的通知》的真实性均无异议。且本案上诉中，协力科技公司、协力微集成公司在其上诉理由中，依据《补充协议》中关于延期付款违约责任的约定，主张原审判决自2014年11月1日起计付本案违约金缺乏依据。同时，协力科技公司、协力微集成公司亦依据《关于工程量及造价审核方法的通知》中有关建安造价优惠的约定，主张本案最终工程款应扣除建安造价5%。因此，原审法院未准予协力微集成公司、协力科技公司对《补充协议》及《关于工程量及造价审核方法的通知》中协力科技公司印章进行鉴定，亦无不当。

【案例来源】

中国裁判文书网，http://wenshu.court.gov.cn。

【案件名称Ⅲ】

上诉人四川晋业建筑工程有限公司与被上诉人朔州市皓鑫房地产开发有限公司建设工程施工合同纠纷案［最高人民法院（2015）民一终字第409号民事判决书，2017.8.23］

【裁判精要】

最高人民法院认为：

三、关于本案是否需要鉴定问题

《建设工程施工合同解释》第二十二条规定:"当事人约定按照固定价结算工程价款,一方当事人请求对建设工程造价进行鉴定的,不予支持。"双方当事人对案涉项目的实际施工面积并无异议,单价亦已确定,对于施工过程中出现的工程变更签证问题,双方签订有《工程(增加)的变更、签证审核结算表》。从上述证据来看,本案的工程造价是可以确定的。在现有证据已经可以证明案件事实和确定工程款的情况下,无须对同样的问题再行鉴定。故一审未予准许晋业公司的鉴定申请,并无不当。

【案例来源】

中国裁判文书网,http://wenshu.court.gov.cn。

编者说明

当事人在建设工程施工合同中约定按照固定价结算工程款的,一般是指按施工图预算包干,即以经审定后的施工图总概算或者综合预算为准,有的是以固定总价格包干或者以平方米包干等方式。所有这些方式,都可以不通过中介机构的鉴定或者评估就可以确定一个总价款。承包人和发包人在履行建设工程施工合同过程中,如果没有发生合同修改或者变更等情况导致工程量发生变化时,就应该按照合同约定的包干总价格结算工程款。如果一方当事人提出对工程造价进行鉴定的申请,按照工程造价进行结算的,不管是基于什么样的理由,都不应予以支持。对于因设计变更等原因导致工程款数额发生增减变化的,在可以区分合同约定部分和设计变更部分的工程时,也不应导致对整个工程造价进行鉴定,只是根据公平原则对增减部分按合同约定的结算方法和结算标准计算工程款。

人民法院应当根据当事人的申请,结合双方争议事项,依照《民事诉讼法》及相关司法解释的规定决定是否启动鉴定并合理确定鉴定事项。人民法院启动鉴定、确定鉴定事项一般遵循以下原则:(1)必要性原则。因争议事实涉及专门性问题,通过当事人的举证对争议事实无法达到高度盖然性证明标准,当事人申请鉴定的,人民法院可以准许;争议事实虽涉及专门性问题,但通过当事人的举证人民法院可以认定的,不予鉴定。(2)关联性原则。人民法院应当根据查明待证事实的需要确定鉴定事项,鉴定事项应当与待证事实具有充分关联性,能够为查明待证事实提供依据。(3)可行性原则。人民法院委托鉴定的事项应当属于能够通过司法鉴定得出鉴定意见的事项。(4)鉴定范围最小化原则。人民法院在委托鉴定前应通过其他手段排除无争议项,只对有争议项进行鉴定。对于建设工程造价争议应先根据诉辩意见及当事人举证质证确定争议项,再对争议项进行鉴定。①

---

① 参见《江苏省高级人民法院民事审判第一庭建设工程施工合同纠纷案件司法鉴定操作规程》(苏高法电〔2015〕802号)第五条规定。

330 双方当事人已就工程款的结算数额达成协议的，无须鉴定

【关键词】

│建设工程│工程价款│结算│鉴定│

【案件名称】

上诉人薛理杰、陈强与被上诉人重庆交通建设（集团）有限责任公司、绵阳市交通运输局、绵阳市重点公路建设指挥部办公室、绵阳市重点公路建设指挥部、绵阳市人民政府及一审第三人四川辰升建筑劳务有限责任公司、四川荣邦建筑工程有限公司建设工程施工合同纠纷案［最高人民法院（2014）民一终字第88号民事判决书，2015.3.31］

【裁判精要】

裁判摘要：双方当事人已经就工程款的结算数额达成协议的，应当尊重双方当事人的合意。一方当事人主张对于涉案工程款数额进行鉴定的，人民法院应当不予支持。

最高人民法院认为：

二、关于《退场清算协议》是否可以撤销的问题

薛理杰、陈强主张该协议应予撤销的理由在于其受到胁迫以及协议中规定的内容显失公平。从本案的实际情况看，《退场清算协议》不仅有双方当事人参与，还有当地政府相关职能部门作为见证人。该协议系在政府相关部门主持下为彻底解决工程款问题与退场清算问题双方当事人协商的结果，薛理杰、陈强仅举证证明在该协议签订前双方发生过分歧和冲突，但并未举证证明在该协议签订时其受到胁迫。薛理杰、陈强主张涉案协议中约定的工程价款过低，显失公平，其认为涉案工程款高达2亿元，但未提供相应证据，其主张本院不予支持。另涉案协议除质保金部分，其余均已履行完毕。《退场清算协议》是双方自愿协商的结果，体现了双方真实的意思表示，且不违反法律的禁止性规定，应为有效。因此，应以此为依据确定涉案工程款，本案已无须对于涉案工程款再进行鉴定，一审法院未组织鉴定并无不当。薛理杰、陈强认为一审存在程序违法，缺乏依据，其主张本院不予支持。

【权威解析】

本案中，双方当事人争议的焦点是是否应当对于涉案工程进行鉴定。涉案工程款数额比较巨大，一方当事人坚持应当对于涉案工程款进行鉴定，另一方当事人并不同意。

从本案的实际情况，双方当事人就涉案工程款的数额达成过《退场清算协议

书》,这是双方当事人真实的意思表示,并不违反法律的禁止性规定,亦不损害国家、集体与第三人的合法权益,法院应当对此予以尊重。一方当事人认为《退场清算协议书》的签订存在胁迫的情形,其应当对此承担举证责任。在其未能举证证明存在胁迫的情况下,应当令其承担举证不能的不利后果。而且从本案的实际情况看,《退场清算协议书》上不仅仅有双方当事人的签字,政府相关行政主管部门还作为见证人,亦在《退场清算协议书》上签字。因此,一方当事人主张涉案《退场清算协议书》存在胁迫的理由并不成立。其还主张双方当事人对于涉案工程约定的价款显失公平,但亦未举证证明该项主张。而且从本案的实际情况看,《退场清算协议书》基本上除质保金部分已履行完毕。应当以《退场清算协议书》的约定作为计算涉案工程款的依据,而不应再重新组织鉴定。司法实践中应当避免"以鉴代审",把司法审判权交给鉴定机构。对于双方当事人对涉案工程款的数额已经达成一致意见,一方当事人申请鉴定的,人民法院不应当予以支持。①

【案例来源】

中国裁判文书网,http://wenshu.court.gov.cn;最高人民法院民事审判第一庭编:《民事审判指导与参考》(总第 62 辑),人民法院出版社 2015 年版,第 213～233 页。

331 施工合同纠纷案件不鉴定即可作出裁判的,不应当启动鉴定程序

【关键词】

│建设工程│工程价款│司法鉴定│

【案件名称】

上诉人江苏省南通三建集团有限公司与被上诉人山东省青岛建设集团公司、山东省青岛建设集团置业有限公司建设工程施工合同纠纷案 [最高人民法院(2007)民一终字第 33 号民事判决书]

【裁判精要】

最高人民法院认为:

(二)关于钢支撑系统费用问题

---

① 参见王毓莹:《双方当事人已就工程款的结算数额达成协议无须鉴定——薛理杰、陈强与重庆交通建设(集团)有限责任公司、绵阳市交通运输局、绵阳市重点公路建设指挥部办公室、绵阳市重点公路建设指挥部、绵阳市人民政府建设工程施工合同纠纷案》,载最高人民法院民事审判第一庭编:《民事审判指导与参考》(总第 62 辑),人民法院出版社 2015 年版,第 233～234 页。

南通三建主张的钢支撑系统技术措施费不是施工合同约定的工程价款的组成部分,而是由于施工方案变更导致工程量增加而发生的费用。1999年下半年,建设集团多次向业主弘信公司、青岛市建设委员会等单位书面报告或者开会协商,主张钢支撑系统费用非现行费用体系所能包含,应当修订定额另行计费。弘信公司委托山东齐鲁工程审计监理有限公司作出的山东国际会展中心土建工程结算审核报告的审核结果显示:主体部分审定值为157030996.40元,建筑部分审定值为41922146.98元,钢支撑技术措施费为31134896元。001公司在给弘信公司的关于山东国际会展中心工程钢支撑系统造价有关问题的确认函中称:"我司认为钢支撑的最终造价不应再执行施工合同,最终造价不再优惠甲方。"青岛市建设委员会建设管理处报山东省工程建设标准定额站请求就钢支撑系统结算调整定额的函称:"其钢模板、钢管、扣件等使用量极大和使用时间延长,远远超出一般工程,其支撑体系费用也非现行费用定额所能包括……"2000年4月14日,山东省工程建设标准定额站正式批复青岛市建委建设管理处同意调整后的支撑费用,以建设、监理、审计及施工单位共同确定的数额为准。由此看出,建设集团向业主方请求增加钢支撑系统费用的一系列意思表示是清晰明确的,即钢支撑系统属于特殊工程,应当在合同约定的工程价款外另行取费。2003年7月21日建设集团在南通三建呈报的施工图预(结)算书上签注:钢支撑费用另议。同年10月21日在双方签章的工程价款财务结算总表上签注:余10653138.86元在钢支撑结算中扣除。

据此,钢支撑结构系统的工程量已经超出了合同约定的施工范围,不是现行定额所能包括,也不是合同约定所能涵盖的,应当另行取费,这是业主、建设集团、南通三建在施工中达成的共识。但对于南通三建的取费数额,南通三建未与建设集团达成一致,仍处于切磋协商过程中。建设集团和弘信公司签订的施工合同与建设集团与南通三建签订的劳务施工合同约定的施工范围相同、施工人的责任和义务基本相同,建设集团在前一合同中主张钢支撑费用不是现行工程定额所能涵盖,不是施工合同所能包含,应当另行取费;在后一合同中主张钢支撑费用应当包含在施工合同中,补充合同一对此约定,不应当另行取费,其主张难以令人信服。补充合同一是建设工程劳务施工合同的补充协议,是在主合同约定的施工范围和工程量基础上签订的协议,即使主合同有效,对超出主合同约定的工程量而增加支出的钢支撑费用也没有约束效力,也不能按照最高人民法院《建设工程施工合同解释》第二条规定参照合同约定结算工程价款;况且,主合同无效,补充合同一亦应当无效。一审判决认为南通三建和建设集团之间与建设集团和建设方之间非同一法律关系,且不同当事人之间约定的结算方式和取费标准不同,南通三建主张以山东省工程建设标准定额站审定的31134896元,扣除税金、管理费后即为其应得的费用,没有事实和法律依据,不予支持。最高人民法院认为一审判决与案件事实不符,应当根据案件事实及法律规定予以修正。对超出合同约定增加的钢支撑费用,应当在考量承、发包双方当事人对导致合同无效的主观过错、钢支撑系统工程施工业绩、争取业主支付此笔费用贡献大小、平衡双方当事人利益等综合因素的前提下,将钢支撑费用中的大部分支付给南通三建。扣除建设集团已向南通三建支付的 10653138.86 元后的余额,为实际施工人应得的钢支撑结构工程款。建设集团为争取业主支付此笔费用付出了大量的劳务和支出了一定的费用,也应得到一定回报。

本案钢支撑系统费用的数额是确定的,且建设方已在诉前向建设集团实际支付;本案当事人对此款的争议焦点是款项性质及其归属,属于人民法院应当行使审判权依法作出裁判的内容,而没有必要通过工程造价鉴定确定此项工程费用的数额或实际施工人的工程量及其价值,一审判决依此作出驳回南通三建就钢支撑系统费用提出的诉讼请求的判项,其理由不能成立,应予撤销。税金和管理费属于工程款的组成部分,南通三建主张钢支撑系统费用应当扣除税金和管理费,没有合同或者法律依据,不符合建筑行业惯例。二审法院依职权确定的是钢支撑系统工程款的归属,而不是工程款中的直接费的归属,南通三建提出应当剥离税金和管理费的请求,不予支持。

由于南通三建与建设集团就钢支撑系统未结算,此笔费用的给付及给付数额是人民法院依审判权确认的,不是依合同约定或者当事人协商确定的,参照最高人民法院《建设工程施工合同解释》第十八条第(三)项规定,二审法院确定利息从南通三建向一审法院起诉时开始计算。

【案例来源】

冯小光:《法院应当依职权认定名为分包实为转包的合同无效》,载《人民司法·案例》2008 年第 2 期(总第 529 期)。

编者说明

本案当事人争议的核心焦点是建设集团应否向南通三建支付钢支撑系统费用。一审法院认为,根据双方在施工图预(结)算书和工程价款财务结算总表中的备注内容,可以确认由于钢支撑施工方案变更导致工程量增加,建设集团同意对钢支撑技术措施费另行计取。但由于双方对钢支撑技术措施费的结算标准及方法没有达成合意,导致双方无法结算。在此情况下,依照公平、等价有偿的原则,一审法院向南通三建释明应对实际发生的钢支撑技术措施费进行鉴定。鉴定结论作出后,鉴于该鉴定结论不能实现鉴定目的,一审法院再次通知南通三建提供实际发生的钢支撑工程量的相关材料,但南通三建未能提供,致使钢支撑技术措施费无法通过鉴定予以确定,南通三建应当承担举证不能的法律后果。最高人民法院二审认定,钢支撑系统费用的数额是确定的,且建设方弘信公司已在诉前向建设集团实际支付;本案当事人对此款的争议焦点是款项性质及其归属,属于人民法院应当行使审判权依法作出裁判的内容,而没有必要通过工程造价鉴定确定此项工程费用的数额或实际施工人的工程量及其价值。一审判决依此作出驳回南通三建就钢支撑系统费用提出的诉讼请求的判项,其理由不能成立,应予撤销。

一、二审法院均认定钢支撑系统技术措施费不是施工合同约定的工程价款的组成部分,而是由于施工方案变更导致工程量增加而发生的费用,应当另行计取。一审法院认为弘信公司向建设集团支付的钢支撑系统费用并不等同于南通三建应当实际取得的费用,对南通三建取得的实际费用应当通过鉴定确定。此案最高人民法院作出的认定是准确的,建设方弘信公司支付给建设集团的钢支撑系统费用数额是确定的,法院需要解决的问题是此款是否给付南通三建;如给,给多少。这些问题属于行使裁量权解决的问题,并不需要鉴定来确定。

《建设工程施工合同解释》第二十三条规定:"当事人对部分案件事实有争议的,仅对有争议的事实进行鉴定,但争议事实范围不能确定,或者当事人请求对全部事实鉴定的除外。"此规定体现了最高人民法院对审理施工合同案件应谨慎启动鉴定程序的态度。人民法院审理施工合同纠纷案件时,不鉴定即可作出裁判的,就不启动鉴定;尽可能减少鉴定次数,缩小鉴定范围;鉴定机构出具咨询意见就可解决问题的,就不再启动司法鉴定程序。对司法鉴定持谨慎态度是因为司法鉴定本身增大了当事人的诉讼成本和人民法院的司法成本,延长了诉讼周期。鉴定结论是法律真实的体现,而不是事实真实,可能与实际情况存在很大差异,鉴定结论自身特性决定了可能存在瑕疵和缺陷,可能会激化当事人间业已存在的矛盾。少鉴定或者不鉴定,可以减少很多麻烦;对于必须鉴定的,则应当贯彻公平、公开、公正的原则,切实保护当事人在鉴定中的诉权。①

332 当事人通过鉴定确定工程量的目的无法实现的,法院对其进行工程量鉴定的请求不予支持

【关键词】

│建设工程│工程价款│工程量│鉴定│

【案件名称】

上诉人大庆油田建设集团有限责任公司与被上诉人松原市江城建筑工程有限责任公司建设工程施工合同纠纷案[最高人民法院(2016)最高法民终 132 号民事判决书,2016.9.28]

【裁判精要】

最高人民法院认为:

(一)关于案涉 045 号合同、046 号合同、227 号合同及变更协议能否作为确定本

---

① 参见冯小光:《法院应当依职权认定名为分包实为转包的合同无效》,载《人民司法·案例》2008年第 2 期(总第 529 期)。

案工程价款的依据问题

油建公司与菏建公司签订的 045 号合同、046 号合同、227 号合同及变更协议系双方当事人的真实意思表示,其内容不违反法律、行政法规的效力性强制性规定,原审判决认定上述合同合法有效正确。本案松原公司的债权系 2013 年 12 月通过与菏建公司签订《债权转让协议》受让而来,原审法院直接认定上述合同主体为松原公司与油建公司错误,本院予以纠正。

案涉 045 号合同、046 号合同、227 号合同及变更协议签订于 2011 年 1 月 19 日至 20 日,其签订时间晚于中石油管道项目部与油建公司总承包协议约定的 2010 年 10 月 30 日的投产时间,以及权威主流报纸记载的 2010 年 9 月 27 日的竣工验收交付时间。根据中石油管道项目部与油建公司总承包协议第八章进度管理第 8.1.1 条项目里程碑计划条款的约定,诉争工程的竣工结算时间节点为 2011 年 2 月 1 日至 2011 年 4 月 3 日,按照整个工程的进度计划和结算步骤,案涉 045 号合同、046 号合同、227 号合同及变更协议签订在竣工结算期内。

案涉 045 号合同及 046 号合同均约定了九项施工内容,其中有七项工程内容均明确约定了工程量及单价,能够直接计算出工程款数额。同时,结合中石油管道项目部与油建公司总承包协议第五章合同价格与付款第 5.4 条有关申报进度款程序及方法的约定,以及进度款额为"截至当月已经完成的全部工程的估算价值和单位完成的工程量价值"的约定,足以说明诉争工程中石油管道项目部与总承包方进度款申报制度完善,与实际施工量紧密相关。

案涉 045 号合同、046 号合同、227 号合同及变更协议签订时,诉争工程已经完工进入结算阶段,且工程已经交付使用,实际工程量已经发生,按照总承包协议约定严格的工程款拨付进度要求,依据每月的工程进度表,双方应能够总体上确定工程量范围,故案涉 045 号合同、046 号合同、227 号合同及变更协议中确定的工程量有依据和出处,具有可信性。松原公司提出的案涉 045 号合同、046 号合同、227 号合同及变更协议具有结算性质,应作为双方结算依据的主张能够成立,应予支持。至于案涉 045 号合同、046 号合同、227 号合同及变更协议约定的以双方工程量确认单为结算依据的问题,由于双方合同主体均确认在合同实际履行中该工程未签署工程量确认单,因此该条款无法履行,不能以工程量确认单作为结算的依据。

因案涉 045 号合同、046 号合同、227 号合同及变更协议签订时已无须申报进度款,油建公司提出的签订上述合同是为了使松原公司提前获得工程进度款而故意夸大工程量,意思表示不真实的主张,与客观事实不符,其亦未能提供充分证据予以证明,不能否定上述合同及其所确定工程量的真实性,油建公司的该主张不能成立。

(二)关于案涉工程价款能否通过鉴定工程量予以确定,油建公司举示的施工图能否作为鉴定依据的问题

前已述及,案涉 045 号合同、046 号合同、227 号合同及变更协议确定的工程量

应作为结算依据,松原公司对其工程款主张已经完成了举证责任。根据中石油管道项目部与油建公司总承包协议第十六章合同、信息及文档管理:16.1.1 合同管理的约定,诉争工程的重大变更,需要严格的内部审查、审批程序,即无论诉争工程发生增量还是减量,均应签有内部审批手续。油建公司作为上述总承包协议的一方合同主体,如果在履行总承包协议过程中诉争工程发生增量或者减量,其应能够及时知晓。因此,油建公司在主张实际工程量比案涉 045 号合同、046 号合同、227 号合同及变更协议确定的工程量发生巨大减量时,属于优势证据持有方,其应提供相应证据予以证明。由于油建公司未能提供工程发生减量的有效证据,其应承担举证不能的法律后果。

油建公司通过鉴定确定工程量的目的亦无法实现。首先,本案双方当事人对案涉 045 号合同、046 号合同、227 号合同及变更协议确定的工程单价均无异议,仅是对工程量不能达成一致。油建公司否定上述合同中已确定的工程量,主张应通过鉴定全部重新确定,但鉴定所要依据的竣工图纸内未体现工程量,诉争工程的国家工程性质及竣工使用多年,基础下沉,界限无法分清的客观情况也使通过现场勘察进行鉴定不具可能性,油建公司对此均予以认可。其次,油建公司申请鉴定所能使用的资料仅为施工图,但松原公司不认可油建公司举示的施工图即为实际使用施工图,该图纸亦无出图时间及双方确认签字,亦无相应的图纸会审及技术交底的书面资料佐证。而且案涉 045 号合同、046 号合同、227 号合同及变更协议中明确载明施工图无工程量的项目,在油建公司举示的施工图中均载有工程量,该施工图与上述内容真实且合法有效的合同约定相矛盾。再次,中石油管道项目部与油建公司总承包协议补充协议、原审法院调取的部分项目增量结算书以及油建公司举示的《建设项目审计情况报告表》,均在工程结束后的 2013 年签订,其体现的总工程款数额从原合同约定的价款二十三亿余元增加到二十九亿余元,而整个工程减量仅为一百三十余万元,即从最初合同签订到完工工程量呈总体增加的趋势,诉争工程完工时工程量发生了巨大的增长。通过将油建公司举示的其与管道公司内部合同中约定的工程量与其举示的施工图体现的工程量对比,也能说明诉争工程的工程量发生了变更,施工图内容曾发生变化,故不排除存在多套图纸的可能,油建公司无法证实其举示的图纸为施工中最终使用的图纸。最后,诉争工程发生巨大增量的事实亦表明,在逻辑上施工图中的工程量和价款作为油建公司主张的最终结算价款,应当比签订在先的油建公司与管道公司的内部协议体现的工程量和价款要多,而经原审法院实际对比,施工图体现的工程量和价款不但比双方当事人所签合同体现的少,而且比油建公司和管道公司内部合同亦减少。因此,油建公司提出的该工程无设计变更、工程量变更、实际工程量与施工图纸一致的主张不能成立。油建公司举示的施工图不能作为定案依据,原审法院对于其要求以此为依据进行工程量鉴定的请求不予支持,并无不当。此外,油建公司申请到设计单位调取施工图及竣工图的目的是为鉴定使用,然而其向原审法院举示的施工图,已由设计单位出具证明系本案的施工图,故无再次调取的必要。

案涉工程价款以 045 号合同、046 号合同、227 号合同及变更协议约定价款及工程量确定。案涉 045 号合同、046 号合同约定总价款为 3000 万元,由于诉争工程于 2010 年 9 月 27 日竣工投入使用,已经超过质保期,不应再扣除质保金。油建公司应付该两项工程款为 3000 万元,扣除已付款 850 万元,油建公司欠付工程款为 2150 万元。案涉 227 号合同中虽然约定有暂定价款的字样,但变更协议已经明确变更为固定总价,约定总价款为 1300 万元,对此同样不应扣除质保金。扣除油建公司已付款 760 万元,油建公司欠付工程款为 540 万元。本案中油建公司欠付工程款合计 2690 万元。

【案例来源】

中国裁判文书网,http://wenshu.court.gov.cn。

333 案涉工程在交付验收时不存在质量问题,至今已超过保修期,发包人认为工程存在质量问题,但未提交维修票据,据此法院可以不准许其就质量问题申请鉴定

【关键词】

│ 建设工程 │ 工程质量 │ 保修期 │ 鉴定 │

【案件名称】

上诉人青海新千房地产开发有限责任公司与被上诉人中国建筑装饰集团有限公司建设工程施工合同纠纷案 [最高人民法院（2018）最高法民终 875 号民事判决书,2018.9.30]

【裁判精要】

最高人民法院认为:

(四)关于维修费用及损失赔偿应否支持的问题

新千公司认为案涉工程存在质量问题,其在一审审理中申请对工程质量进行鉴定,一审法院未予准许,亦未判决中建公司承担维修费用错误。经查,2016 年 5 月 5 日,案涉工程经查验合格通过验收,交付新千公司使用,《工程移交清单》载明"以上移交内容自 2016 年 5 月 5 日查验合格后移交给百盛公司使用",新千公司签字予以确认,使用单位百盛公司注明"同意交付项目内容,所有未完成整改的部分,请按节点时间完成整改"。之后,中建公司履行了相关整改义务,百盛公司在使用过程中亦

未提出异议。由此可见,案涉工程在交付验收时并不存在质量问题。同时,根据合同专用条款第 14 条约定,案涉工程保修期为两年,保修金额为总价款的 5%。因新千公司拖欠工程款,中建公司保修一段时间后,拒绝继续保修。至今案涉工程移交使用已超过两年,新千公司认为案涉工程存在质量问题,但并未向法庭提交维修的相关票据,据此,一审法院未准许其就质量问题进行鉴定的申请,并无不当。二审中,新千公司再次向本院提交鉴定申请,因其并无新的证据补充,对其申请本院亦不予准许。因在本案诉讼发生时,案涉工程仍在保修期内,如新千公司就保修范围内的部分工程进行维修产生相应费用,可与中建公司另行解决。

关于新千公司请求因质量问题给其造成的损失、迟延交付工程造成的租金损失、甲供材超额损耗损失等问题,因其在一审中并未提交能够证实上述损失客观存在的相应证据,一审判决未予支持,亦无不妥,本院予以维持。

【案例来源】

中国裁判文书网,http://wenshu. court. gov. cn。

334 诉讼过程中,发包人提出鉴定申请,法院依法委托对涉案工程造价进行鉴定,因发包人拒交鉴定费用,经法院协调,可以由承包人垫付鉴定费用对工程造价进行鉴定

【关键词】

| 建设工程 | 鉴定 | 鉴定费 |

【案件名称】

再审申请人安徽省江北产业集中区管委会、安徽华纳包装科技有限公司与被申请人安徽东皖建设集团有限公司建设工程施工合同纠纷案［最高人民法院(2018)最高法民再 189 号民事判决书,2018. 10. 26］

【裁判精要】

最高人民法院认为:

二、关于原判决采信的鉴定报告是否可以作为认定工程价款依据的问题

(一)《民事诉讼法》第七十六条规定,当事人可以就查明事实的专门性问题向人民法院申请鉴定。当事人申请鉴定的,由双方当事人协商确定具备资格的鉴定人;协商不成的,由人民法院指定。当事人未申请鉴定,人民法院对专门性问题认为需要鉴定的,应当委托具备资格的鉴定人进行鉴定。据此,即使当事人未申请鉴定,人民法院认为有必要进行鉴定的,也可以委托进行鉴定。一审诉讼过程中,华纳公

司提出鉴定申请,一审法院通过摇号依法委托建成公司对涉案工程造价进行鉴定。因华纳公司拒交鉴定费用,经一审法院协调,由东皖公司垫付了鉴定费用对工程造价进行鉴定,该鉴定的启动并无不当。

(二)一审判决载明,华纳公司向鉴定单位提交了《安徽华纳包装科技有限公司1#、2#厂房等工程项目结算有关资料及现场工程量完成情况说明》。建成公司出具了鉴定报告《征求意见稿》后,针对东皖公司与华纳公司提出的鉴定异议,鉴定人员又分别进行了复核、校对、调整鉴定报告、书面回复异议,并在此后出具了《(芜建咨字〔2015〕002号)鉴定报告》《(芜建咨字〔2015〕005号)补充鉴定报告》,并出庭接受质询,当事人对鉴定意见发表了质证意见,华纳公司在一审中还申请专家出庭对鉴定意见进行质证。前述鉴定过程表明,原审中,华纳公司充分参与了鉴定过程,对鉴定意见进行了质证,对鉴定意见的质证包括对鉴定意见依据材料的质证。因建成公司系有鉴定资质的鉴定机构,鉴定意见上加盖有其印章,即使鉴定报告存在轻微形式上的瑕疵,亦不足影响其效力。华纳公司所称大量签证系伪造亦无相应证据能够证明,故华纳公司所主张的鉴定意见不能作为认定工程价款依据的理由均不成立。

(三)鉴定报告及补充鉴定报告的鉴定人为全国建设工程造价员李光美与陶鹏飞,复核人为中华人民共和国注册造价工程师陶泷。《芜湖中级人民法院鉴定入围在册中介机构及专业技术人员名单》中有李光美与陶泷,没有陶鹏飞,但陶鹏飞在本案鉴定时已取得全国建设工程造价员资格,且李光美与陶泷均属于登记在册的司法鉴定人员。江北管委会在再审阶段以陶鹏飞未在登记范围内否定该鉴定报告的效力,申请重新鉴定,认为该鉴定报告不能作为认定工程价款的依据,其理由不成立。

(四)关于江北管委会提交的《社保缴纳记录》《住建委回复》,本院认为,上述证据可以证明陶泷存在违规执业的行为,应由相关行政机关予以处理,但不能证明陶泷未参与本案鉴定,并因此否定陶泷参与的鉴定报告的真实性及效力。

(五)关于江北管委会提交的《华普报告》。该报告为江北管委会单方委托华普公司作出,其造价咨询报告不能否定法院依照法定程序委托的建成公司出具的《鉴定报告》。不能作为认定案件事实的依据。

(六)关于江北管委会提交的《住建委分析情况报告》。报告载明"因该案件涉及面广且时间久,现场情况及现有资料是否与当时出具报告时相符,双方各执一词,我委实难作出准确的判断。现就现有资料作出初步分析,仅供市领导参考",说明了芜湖市住建委出具该情况报告的目的仅供市领导参考。基于芜湖市住建委出具上述情况报告的态度及目的,本院认为上述咨询情况报告可以作为分析案件真实情况的参考依据。该报告认定:确认部分造价为2364.5574万元;双方争议部分造价为332.9217万元;造价误差62万元;工程量计算方面误差36万元;定额套用误差141万元。《住建委分析情况报告》显示的造价金额也与建成公司出具的鉴定意见更加接近,因此本院认为该分析报告不仅不能否认建成公司出具的鉴定报告,反而说明建成公司鉴定报告相对华普公司的结论客观、公允,可以作为本案认定工程价款的依据。

(七)一审判决江北管委会承担补充责任后,江北管委会并未上诉,其提交的答辩意见还确认一审法院判决其承担补充责任,认定事实正确,适用法律准确,请二审法院维持该项判决,其对于应支付工程价款的数额未提出任何异议。江北管委会在二审判决生效后又将建成公司的鉴定报告不应作为认定工程价款的依据作为再审申请的理由,本院实难采信。

综上,江北管委会及华纳公司提出本案应重新鉴定的再审理由均不成立,建成公司出具的鉴定报告可以作为认定本案工程价款的依据。而且,《支付协议》即是在华纳公司不能按约支付工程款违约的情况下签订的,故华纳公司主张原判决认定基本事实缺乏证据证明和认定事实的主要证据是伪造的理由均不成立。

【案例来源】

中国裁判文书网,http://wenshu.court.gov.cn。

二、鉴定范围

335 当事人对部分案件事实有争议的,仅对有争议的事实进行工程造价鉴定

【关键词】

│建设工程│工程价款│司法鉴定│鉴定事项│

【案件名称】

再审申请人阿坝太子岭投资有限公司与被申请人孔令全建设工程施工合同纠纷案[最高人民法院(2015)民申字第1627号民事裁定书,2015.10.27]

【裁判精要】

最高人民法院认为:

本案所涉工程已于2013年1月投入使用。孔令全也于2013年1月5日将工程竣工结算资料报送给太子岭公司,并于2013年4月16日向太子岭公司出具承诺书,承诺:结算资料真实、合法、完整,无错报漏报,如有错报漏报自行承担相应责任,不再补报。双方当事人在《建设工程合同》第13.2条约定,工程竣工验收报告经太子岭公司认可之日起7个工作日内,孔令全向太子岭公司递交竣工结算报告及完整的结算资料进行工程竣工结算。也就是说,孔令全是在明知涉案工程已经交付使用,其与太子岭公司之间仅是结算工程款关系的情况下向太子岭公司提交的结算报告,该结算报告是孔令全向太子岭公司主张结算工程款的依据。且孔令全对于该结算报告承诺无错报漏报,如有错报漏报自行承担相应责任,不再补报。该承诺应视为孔令全已经放弃了竣工结算报告范围以外的工程价款。太子岭公司未对小湿地回填工程组织测绘与孔令全依照合同约定主张其所作工程的工程款并不矛盾。孔令全在一审起诉太子岭公司支付小湿地停车场回填工程290445.82元的诉讼请求也非依据太子岭公司对小湿地回填工程测绘的结果。这也证明了孔令全主张小湿地停车场回填工程的工程款与太子岭公司是否对小湿地回填工程进行测绘没有必然联系。孔令全在结算报告中放弃对小湿地停车场回填工程的工程款主张权利,是孔令全对自己民事权利的处分,法院不应干涉。《建设工程施工合同解释》第二十三条规定:"当事人对部分案件事实有争议的,仅对有争议的事实进行鉴定,但争议事实范围不能确定,或者双方当事人请求对全部事实鉴定的除外。"故原审法院应仅就孔

令全提交的竣工结算报告范围内的工程造价进行鉴定,不应包括小湿地回填工程。原审法院以太子岭公司组织测绘的测绘图中未反映小湿地回填工程内容,导致孔令全在填报结算资料时无法填报该项工程内容的责任应由太子岭公司承担为由判令太子岭公司支付孔令全小湿地填方工程价款 1222480.7 元是错误的。

【案例来源】

中国裁判文书网,http://wenshu. court. gov. cn。

336 当事人约定按照固定价结算工程价款，故应委托鉴定机构对设计变更工程量而非全部工程进行造价鉴定

【关键词】

│ 建设工程 │ 工程价款 │ 固定价 │ 鉴定 │

【案件名称】

上诉人中建二局第四建筑工程有限公司与上诉人通辽京汉置业有限公司建设工程施工合同纠纷案［最高人民法院（2018）最高法民终 244 号民事判决书，2018.12.29］

【裁判精要】

最高人民法院认为:

《建设工程施工合同解释》第二十二条规定,当事人约定按照固定价结算工程价款,一方当事人请求对建设工程造价进行鉴定的,不予支持。本案中,虽然京汉置业公司与中建二局四公司签订的《合同协议书》无效,但双方在合同中约定采用固定价结算的方式,约定总工程价款为 2906 万元。涉案工程虽未验收,但工程已交付使用,且中建二局四公司取得了京汉·新城一期住宅竣工验收备案表。原审法院根据《建设工程施工合同解释》第二条的规定,参照合同约定的工程价款,并依据当事人的司法鉴定申请,委托鉴定机构对设计变更工程量进行造价鉴定,并无不当。中建二局四公司主张依施工图对全部工程进行鉴定,缺乏事实依据和法律依据,本院不予支持。

【案例来源】

中国裁判文书网,http://wenshu. court. gov. cn。

337 超出当事人约定范围的鉴定意见不能作为判决的依据

【关键词】

│建设工程│鉴定│

【案件名称】

湛江市霞山金星房地产开发总公司与湛江市霞山华影装饰工程公司装饰工程合同纠纷案［最高人民法院（2007）民一终字第 7 号民事判决书］

【裁判精要】

裁判摘要：在本装饰工程合同纠纷案中，因双方当事人对工程量的问题发生争议，一、二审人民法院根据当事人的申请，曾多次委托不同的鉴定机构对施工工程量进行鉴定。几次鉴定的结论不一致，其中一个主要原因，是鉴定的范围问题。对于委托鉴定的范围，应当按照合同的约定进行。鉴定结论超出当事人约定的鉴定范围的，不能作为判决的依据。

最高人民法院认为：

金星公司与华影公司签订的《湛江新世界酒店室内装饰合同》以及《湛江新世界酒店装饰工程施工合同》，当事人意思表示真实，内容合法，应为有效合同。因合同有效，双方当事人对结算工程款数额发生争议，在无双方当事人协商一致变更合同的前提下，应当严格按照合同所约定的结算方式进行结算。人民法院应当委托鉴定部门依据合同"以大包干价结算"的约定，对增减施工项目进行鉴定，而非对全部工程项目整体重新鉴定。湛江市霞山区人民法院一审初审时委托湛江市建设工程造价管理站对工程造价进行鉴定审核，并召集双方当事人、邀请湛江市建设工程造价管理站的有关人员进行现场勘查，就增加项目和减少项目进行评估，由湛江市建设工程造价管理站对增减工程增减项目作价。该种处理方式，不仅符合当事人合同中约定的结算方式，也符合实事求是、公平公正的原则。湛江市霞山区人民法院1998 年 1 月 4 日作出的（1996）霞经初字第 604 号民事判决应予维持。

湛江市霞山区人民法院在重审期间，委托湛江市建设工程造价管理站对华影公司施工的装饰工程进行结算，该造价站于 1999 年 9 月 22 日编制了《新世界酒店室内外装饰工程结算书》。该结算书系对整体工程作出的，并不符合双方当事人合同约定的结算方式；同时，该结算书"结算资料不齐全，是在没有图纸、合同及其他资料的情况下作出的"，缺乏真实性、客观性。该结算书不应作为处理本案的依据。

湛江市中级人民法院在二审期间，委托广东省建设工程造价管理总站进行评估鉴定，金星公司表示同意，但该公司明确表示只同意对 3 ~ 9 楼实际施工项目和 1 ~ 2

楼增多减少项目进行评估结算;二审庭审笔录也记载了相关的内容。证据充分表明,金星公司同意鉴定,但其主张鉴定必须依据合同约定,鉴定范围仅限于增减部分的工程。没有证据证明金星公司同意对整体工程进行鉴定和结算。广东省建设工程造价管理总站对整体工程作出的鉴定结论,并不符合双方当事人约定的结算方式,该鉴定结论也不应作为处理本案的依据;广东省高级人民法院(2004)粤高法审监民再字第52号民事判决关于"金星公司同意广东省湛江市中级人民法院委托广东省建设工程造价管理总站对整个涉案工程进行鉴定,仅对鉴定结果有异议,即意味着其已自愿将合同约定'大包干'的结算方式,变更为按合同约定的价格对整个涉案工程进行结算鉴定,对涉案工程的结算方式作出了新的意思表示。因此,广东省湛江市中级人民法院委托广东省建设工程造价管理总站对涉案工程进行评估,体现了尊重合同约定、当事人意思自治的原则,程序公正"的认定,没有事实依据,也应予纠正。

【案例来源】

最高人民法院审判监督庭编:《审判监督指导》(总第25辑),人民法院出版社2008年版,第186~195页。

三、鉴定意见质证

338 当事人对鉴定意见有异议提起上诉，经二审补充质证，当事人对鉴定意见没有提出充分的相反证据和反驳理由的，可以认定鉴定意见的证明力

【关键词】

│建设工程│鉴定│证明力│

【案件名称】

上诉人金坛市建筑安装工程公司与上诉人大庆市庆龙房地产开发有限公司建设工程结算纠纷案［最高人民法院(2004)民一终字第 118 号民事判决书，2006.2.27］

【裁判精要】

裁判摘要：在审理建设工程施工合同纠纷案件中，一审法院针对发包人和承包人就已完工程总造价、材料分析退价、不合格工程返修费用等事项产生的争议，基于当事人申请，分别委托鉴定机构就上述事项进行鉴定，经一审法院组织质证后，当事人对上述鉴定结论仍有异议提起上诉，经二审庭审补充质证，当事人对上述鉴定结论没有提出充分的相反证据和反驳理由的，可以认定上述鉴定结论的证明力。

最高人民法院认为：

(二)关于如何确定金坛公司应得工程进度款数额的问题

金坛公司完成的工程量，从时间上看可分成两部分，即 1999 年完成的工程量和 2000 年完成的工程量。其中，1999 年完成的工程量包括未经鉴定但双方均认可的附属工程 495000 元和经鉴定的大庆商城超市及高层造价 56103764.68 元。1999 年金坛公司应得的工程款，根据双方《建设工程施工合同》及《补充协议》约定是按定额标准计算。本案中金坛公司请求庆龙公司按双方约定支付工程进度款，即 1999 年全部工程款的 80%。2000 年金坛公司应得的工程款，根据双方包清工的口头约定仅为劳务费，双方亦无关于按进度给付劳务费的明确约定，加之庆龙公司已就 2000 年劳务费全部支付完毕，故对 2000 年金坛公司应得的工程款无须按进度确定。

1. 关于金坛公司 1999 年应得工程进度款问题。1999 年金坛公司完成的工程包括附属工程和大庆商城超市及高层，附属工程造价为 495000 元、大庆商城超市及

高层造价 56103764. 68 元。其中主要问题:

(1)关于附属工程造价问题。附属工程属于 1999 年整体工程的组成部分之一,虽然未经鉴定,但双方对附属工程造价为 495000 元的事实均予认可。根据金坛公司请求 80% 工程进度款的诉讼请求,属于 1999 年工程组成部分的附属工程亦应按照双方约定计算工程进度款。一审判决仅将经鉴定的主体工程大庆商城超市及高层造价按约定计算工程进度款,而对附属工程系按 100% 认定,与案件事实及当事人请求不符,应予调整。

(2)关于工程所用材料价格如何确定问题。庆龙公司主张,金坛公司在供料单上签字,意味着其对供料单载明价格、数量等的认可,是对原材料按定额计价约定条款的变更,故材料总价款应根据双方签字认可的供料单计算。而且一审庭审时金坛公司自认领取 3600 万元土建部分材料总价也高于 3200 万元的鉴定结论,判决不应简单地按照鉴定结论加以认定。金坛公司认为双方关于材料价格明确约定按定额计算,后来对此问题未作任何改变,供料单仅能证明材料数量的交付,不能据此认定材料价格。双方对材料价格认识不一致,金坛公司的主张符合双方约定,应予采信。金坛公司一审庭审时虽然有过承认领取 3600 万元材料的意思表示,但同时亦表示材料问题愿意通过鉴定解决。庆龙公司既然也同意就工程造价按约定的定额标准进行鉴定,意味着如无充分证据足以否定鉴定结论,一审判决对鉴定结论予以采信是正当的。

另外,庆龙公司主张双方约定工程造价下浮并不包含下浮材料价格,一审判决认定材料价格下浮,损害了庆龙公司的合法权益。双方约定扣除计划利润、管理费、税金后,工程造价高层下浮 9%,裙房下浮 8%。因双方约定工程造价下浮前予以扣除的项目并不包含材料价款,且材料价款为工程造价重要组成部分,故工程造价整体下浮,材料价款亦应下浮。一审法院采信由鉴定机构作出下浮后的材料价格进行材料退价分析,是正确的。

【案例来源】

《中华人民共和国最高人民法院公报》2007 年第 7 期(总第 129 期)。

339 双方当事人对工程质量鉴定已经确定检测项目和方法,且检测点的选取范围在施工范围内,当事人一方是否参与选择检测点,不影响鉴定意见的客观性

【关键词】

| 建设工程 | 鉴定 | 鉴定方法 |

【案件名称】

上诉人新世纪建设集团有限公司与上诉人张掖市三峰房地产开发有限公司建设工程施工合同纠纷案［最高人民法院(2015)民一终字第 106 号民事判决书，2015.12.17］

【裁判精要】

裁判摘要：双方当事人对工程质量鉴定已经确定检测项目和方法，且检测点的选取范围在施工范围内，无论检测点选取时当事人一方是否在场，并不影响鉴定结论的客观性。

最高人民法院认为：

1. 关于案涉工程是否存在质量问题

2012 年 12 月 18 日，新世纪公司向甘肃省高级人民法院提起本案诉讼，一审法院根据双方当事人申请，就案涉工程造价、工程质量、加固维修方案及费用等事项，委托相关单位进行了鉴定。就工程质量问题，2013 年 6 月 16 日，甘肃省建筑科学研究院出具《工程质量检测报告》，鉴定结论共计 14 项，认定部分抽检批次不合格或不符合设计要求。新世纪公司主张涉案工程已经验收合格，证据为 2013 年 11 月 29 日《地基与基础工程结构验收记录》，该记录所附会议记录载明"综合参建及参会各方的意见，继续可以往上修建。但不合格部分部位由原施工单位浙江新世纪集团公司继续进行修补"，该证据说明案涉工程可以继续往上修建，且就不合格部分由新世纪公司承担继续修补责任，并未排除工程存在质量问题，无法否定一审法院委托鉴定所得出的案涉工程存在质量问题的结论。二审期间，新世纪公司提出对《地基与基础工程结构验收记录》进行质证，理由是一审过程提交该证据时，验收记录上仅有各方代表签字，二审庭审后，新世纪公司获悉建设、勘察、设计、监理四家单位已在该记录上盖章，以此证明案涉工程质量合格。本院认为，无论上述记录中有无单位盖章，根据 2013 年 11 月 29 日《金张掖国际大厦基础工程验收会(第四次)会议记录》载明的内容，不能否认涉案工程存在质量问题的事实，新世纪公司的此项理由不能成立。新世纪公司认为其没有参加检测点的选定，鉴定程序违法。本院认为，涉案工程进行检测时，法院、检测机构及新世纪公司、三峰公司在场开了协调会，确定了检测项目和方法，双方当事人对此知情并同意，且检测点的选取范围在新世纪公司施工范围内，无论检测点选取时新世纪公司是否在场，并不影响鉴定结论的客观性。综上，鉴定报告程序合法，一审法院据此作出涉案工程存在一定质量问题、应由新世纪公司承担相应责任的认定，并无不当。

【案例来源】

中国裁判文书网,http://wenshu. court. gov. cn。

340 鉴定意见存在严重缺陷或者鉴定程序严重违法、鉴定人员或机构不具备相关资格等,致使鉴定意见不能作为认定案件事实依据的,方应准许当事人重新鉴定的申请

【关键词】

│ 建设工程 │ 鉴定 │ 重新鉴定 │

【案件名称】

上诉人青海省物产化工有限责任公司与被上诉人北京城建七建设工程有限公司建设工程施工合同纠纷案 [最高人民法院(2016)最高法民终 502 号民事判决书,2017. 6. 20]

【裁判精要】

最高人民法院认为:

(一)关于青海物产公司一审期间申请重新鉴定,一审法院未启动重新鉴定程序是否属于程序违法的问题

本案一审期间,一审法院委托由双方当事人共同确定的五联公司对所涉工程造价进行鉴定,鉴定机构具备鉴定的主体资格,鉴定人员具备国家颁布的注册造价工程师资格或全国建设工程造价员资格;从鉴定程序来看,并无程序违法的事实。鉴定机构于 2015 年 12 月 25 日出具鉴定意见书(初稿)后,双方当事人以异议书、回复函等方式,对其内容提出不同意见。2016 年 1 月 6 日在一审法院司法技术室进行了听证,充分听取双方当事人的意见。2016 年 1 月 29 日鉴定机构出具鉴定意见书(初稿二),一审法院司法技术室再次组织双方进行听证,鉴定机构根据听证情况又进行了一些更改,2016 年 3 月 21 日出具正式的《工程造价鉴定意见书》。应当认定,鉴定过程是公开透明的,双方当事人充分行使了权利,充分表达了各自的意见,鉴定程序合法,鉴定结论基本体现了客观公正的鉴定原则,对鉴定结论应当采信。

青海物产公司对本案鉴定结论持有异议,要求重新进行鉴定,但未提出合法依据和合理理由。按照《最高人民法院关于民事诉讼证据的若干规定》第二十七条的规定,对于人民法院委托的鉴定,只有在鉴定意见存在严重缺陷或者鉴定程序严重违法、鉴定人员或机构不具备相关资格等情况,致使鉴定意见不能作为认定案件事实依据的情形,对当事人申请重新鉴定的,方应准许。故一审法院未启动重新鉴定

程序并无不当。

【案例来源】

中国裁判文书网,http://wenshu.court.gov.cn。

341 鉴定机构在接受委托后,应根据其专业技术知识独立地开展鉴定活动,采用什么样的手段进行鉴定亦应由鉴定机构根据实际需要来决定

【关键词】

| 建设工程 | 鉴定 | 鉴定方法 |

【案件名称】

上诉人上海隆盛建筑工程(集团)有限公司与上诉人海南晟盛房地产有限公司建设工程施工合同纠纷案 [最高人民法院(2017)最高法民终 358 号民事判决书,2018.3.29]

【裁判精要】

最高人民法院认为:

(二)关于一审未准许晟盛公司提出的采用挖掘方式进行现场勘验的鉴定申请是否程序违法的问题

本案中,一审法院根据晟盛公司的申请启动了工程造价鉴定程序,并委托南京永道工程咨询有限公司进行鉴定。晟盛公司以勘验过程中发现 42 幢别墅中有 3 幢地下防水工程未按图纸施工为由,主张对其他 39 幢别墅地下工程采用挖掘方式进行勘验。对此,本院认为,鉴定机构在接受委托后,应根据其专业技术知识独立地开展鉴定活动,采用什么样的手段进行鉴定亦应由鉴定机构根据实际需要来决定。对于另外 39 幢别墅的地下部分,鉴定机构在一审庭审中已经解释,已经覆盖,无法查看。如果全部采用挖掘的方式勘验,必然对已经施工部分造成破坏。因此,晟盛公司以一审未同意采用挖掘方式进行现场勘验的鉴定申请属于违法的主张,不能成立。

【案例来源】

中国裁判文书网,http://wenshu.court.gov.cn。

342 鉴定人具备鉴定资格和条件，鉴定意见书系鉴定人在听取各方意见基础上作出的，可以作为判定当事人赔偿责任的依据

【关键词】

　　│ 建设工程 │ 鉴定 │ 鉴定意见 │

【案件名称】

　　上诉人四川攀峰路桥建设集团有限公司与被上诉人陕西黄延高速公路有限责任公司、陕西省高速公路建设集团公司建设工程施工合同纠纷案［最高人民法院（2016）最高法民终 262 号民事判决书，2019.3.29］

【裁判精要】

　　最高人民法院认为：

　　一、关于一审法院委托鉴定人作出的鉴定意见是否作为判定黄延公司赔偿责任依据的问题

　　攀峰公司上诉称，一审法院委托的鉴定人没有鉴定资质，超范围鉴定，故其作出的鉴定意见不能作为判定黄延公司赔偿责任的依据。（一）攀峰公司请求对涉及的索赔款项金额、计算方式及计量争议等事项进行司法评估鉴定，并选定陕西新时代工程造价咨询有限公司作为本案的鉴定单位，说明攀峰公司认可陕西新时代工程造价咨询有限公司的资质和能力。陕西新时代工程造价咨询有限公司系陕西省高级人民法院公布的对外委托评估类、审计类、建筑工程质量类及其他鉴定机构名册中的鉴定机构，其在 2005 年已取得工程造价甲级资质，且鉴定人员证书经一审法院调查，属于有效证书，具备鉴定资格和条件。（二）由于待工、停工责任及数额、赶工费、分割工程责任及数额、变更工程项目事实及数额等问题属于高速公路专业领域问题，根据《陕西省高级人民法院鉴定委托书》（2014 陕技委字第 11 号）记载：对攀峰公司诉黄延公司、高速集团建设工程施工合同纠纷一案的"1. 待工、停工的责任及索赔数额；2. 赶工的责任及索赔数额；3. 分割工程的责任及索赔数额；4. 工程变更的事实及索赔数额"进行委托司法鉴定。故鉴定机构的鉴定意见并未超出一审法院委托书中的委托事项，属合法有效。（三）鉴定人陕西新时代工程造价咨询有限公司于 2014 年 12 月 3 日作出鉴定意见书，经一审法院组织质证，各方当事人均提出异议。陕西新时代工程造价咨询有限公司于 2015 年 3 月 26 日作出陕新基建（2014）第 175 号《鉴定意见书》，该《鉴定意见书》是鉴定人在听取各方意见的基础上作出的，并非不客观、不公正，一审法院委托鉴定人作出的鉴定意见可以作为判定黄延公司赔偿责任的依据。对于已计量未付款 508.17 万元，攀峰公司未能举证证明属于双方已经确认应付款中的部分而未支付的款项；因黄延公司没有欠付工程款的事

实,攀峰公司主张预期付款利息709.62万元依据不足,本院对攀峰公司的上诉请求和理由不予支持。

【案例来源】

中国裁判文书网,http://wenshu.court.gov.cn。

343 法院就双方当事人提出的异议逐项进行核对,双方不能提出令人信服的异议理由,也未提交充分有效的证据证明其主张的,对鉴定意见应予以采信

【关键词】

│建设工程│鉴定意见│质证│

【案件名称】

上诉人苏中市政工程有限公司与上诉人全椒奥莱祥能置业有限公司建设工程施工合同纠纷案［最高人民法院（2018）最高法民终1206号民事判决书］

【裁判精要】

最高人民法院认为:

（三）关于奥莱祥能公司应付苏中市政公司工程款数额的问题

原审审理期间,原审法院委托安徽明珠建设项目管理股份有限公司对苏中市政公司实际施工完成的全椒县同乐路和纬七路工程造价（包括原来已做甩项处理,后由苏中市政公司另行组织施工部分的工程造价）进行鉴定。安徽明珠建设项目管理股份有限公司于2017年8月2日出具工程造价结论。对鉴定结论,苏中市政公司和奥莱祥能公司均提出了异议。针对双方的异议,安徽明珠建设项目管理股份有限公司以书面意见的形式逐项进行了回复。在原审法院于2018年3月21日组织双方谈话时,苏中市政公司和奥莱祥能公司均确认收到了安徽明珠建设项目管理股份有限公司针对双方提出的质证意见作出的书面回复。2018年3月22日,案涉工程造价鉴定人员出庭接受质询,并当庭对双方提出的异议一一进行了答复。对于案涉鉴定结论,苏中市政公司和奥莱祥能公司在上诉时均提出异议。本院在二审庭审中就双方当事人提出的异议逐项进行了核对,双方当事人既不能提出令人信服的异议理由,也未提交充分有效的证据证明其主张。双方就此部分的二审上诉理由与原审质证时提出的异议基本相同。原审法院结合现场勘验等情况,对案涉鉴定结论所作分析认定,本院予以认可。对于双方当事人对案涉鉴定结论提出的异议,本院不予支持。案涉鉴定结论是对苏中市政公司实际施工完成的全椒县同乐路和纬七路的工

程总价进行鉴定,包括了原来已做甩项处理、后由苏中市政公司另行组织施工部分的工程造价。苏中市政公司要求再增加甩项工程部分的造价缺乏依据。

【案例来源】

中国裁判文书网,http://wenshu.court.gov.cn。

344 承包人诉前单方委托鉴定机构出具的造价鉴定报告,可否作为法院认定工程价款的依据

【关键词】

│建设工程│鉴定│单方委托│工程价款│

【案件名称】

上诉人凉州区交通运输局与被上诉人甘肃金程建筑工程有限责任公司、武威交通投资(集团)有限公司、武威市交通运输局建设工程施工合同纠纷案[最高人民法院(2019)最高法民终 695 号民事判决书,2019.7.2]

【裁判精要】

最高人民法院认为:

《建设工程施工合同解释(二)》第十四条第一款规定:"当事人对工程造价、质量、修复费用等专门性问题有争议,人民法院认为需要鉴定的,应当向负有举证责任的当事人释明。当事人经释明未申请鉴定,虽申请鉴定但未支付鉴定费用或者拒不提供相关材料的,应当承担举证不能的法律后果。"本案工程造价鉴定由金程公司于诉前单方委托。中鼎公司作为具有相关鉴定资质的专业鉴定机构,依据《施工合同》,经现场勘查,剔除未施工内容后,作出《工程造价编制报告》。凉州区交通局不认可该报告,但经一审法院释明,该局不对工程造价申请鉴定,亦未能提交证据证明该报告存在程序违法或结论缺乏依据等不应被采信的情形,应承担举证不能的法律后果。一审法院采信《工程造价编制报告》并据此确定本案工程造价,具有法律依据。凉州区交通局关于一审判决错误采信《工程造价编制报告》的上诉理由不能成立,本院不予支持。另,荣华公司明确表示其施工部分计入金程公司的工程量,其和金程公司另行结算,一审判决未扣除荣华公司完成的部分工程量,处理正确,凉州区交通局有关应扣除荣华公司完成的工程量的上诉理由亦不成立。

【案例来源】

中国裁判文书网,http://wenshu.court.gov.cn。

345 当事人不能证明司法鉴定具有司法解释规定的重新鉴定的情形，亦不能证明鉴定意见存在缺陷的，对其提出的重新鉴定申请不予批准

【关键词】

│ 建设工程 │ 鉴定意见 │ 重新鉴定 │

【案件名称】

上诉人中国石化长城能源化工（宁夏）煤业有限公司与被上诉人重庆中环建设有限公司建设工程施工合同纠纷案［最高人民法院（2018）最高法民终 385 号民事判决书，2018. 7. 16］

【裁判精要】

最高人民法院认为：

关于力达公司鉴定资质的取得是否合法的问题。长城能源公司上诉主张力达公司的鉴定资质取得不合法，涉及主管鉴定资质认定的行政机关的意见，长城能源公司该项质疑不属于本案的审查范围。力达公司系由长城能源公司、中环建设公司协商一致所确定的鉴定机构，取得了中华人民共和国住房和城乡建设部颁发的《工程造价咨询企业甲级资质证书》，鉴定人员赵相荣、丛树茂亦取得煤炭行业造价工程师注册证书。长城能源公司在力达公司作出鉴定意见前未对鉴定机构的鉴定资质问题提出质疑，长城能源公司提出质疑后，力达公司对相关问题进行了说明，长城能源公司不能证明该说明的内容不属实。据此，本院不能认定力达公司鉴定资质的取得不合法。长城能源公司以力达公司鉴定资质的取得不合法、一审法院对此未予审查为由提出上诉，证据和理由不充分，本院不予采纳。

关于工程造价鉴定意见是否错误的问题。长城能源公司上诉所提出的人工费、机械费降效调整、人工风镐掘进段适用定额、定额（2007 基价）中共用章节的适用、使用的水泥标号等属于工程造价方面的专业性问题，力达公司已经作出解答。《民事诉讼法》第七十九条规定，当事人可以申请人民法院通知有专门知识的人出庭，就鉴定人作出的鉴定意见或者专业问题提出意见。长城能源公司未申请法院通知有专门知识的人出庭就力达公司作出的鉴定意见或者专业问题提出意见，本院对力达公司出具的鉴定意见予以采纳。长城能源公司主张力达公司作出的工程造价鉴定意见存在多计算工程款 672 万元的错误，缺乏依据，本院不予采信。

关于一审法院应否批准长城能源公司补充鉴定或者重新鉴定申请的问题。依据《最高人民法院关于民事诉讼证据的若干规定》第二十七条规定，当事人对人民法院委托的鉴定部门作出的鉴定结论有异议申请重新鉴定，提出证据证明存在下列情

形之一的,人民法院应予准许:(一)鉴定机构或者鉴定人员不具备相关的鉴定资格的;(二)鉴定程序严重违法的;(三)鉴定结论明显依据不足的;(四)经过质证认定不能作为证据使用的其他情形。对有缺陷的鉴定结论,可以通过补充鉴定、重新质证或者补充质证等方法解决的,不予重新鉴定。经查,长城能源公司不能证明本案司法鉴定具有以上规定的情形,力达公司认为其作出的鉴定意见没有漏项、缺项,没有必要进行补充鉴定,长城能源公司亦不能证明力达公司作出的鉴定意见存在缺陷。故一审法院对长城能源公司提出的补充鉴定或者重新鉴定申请未予批准,不违反法律规定,长城能源公司该项上诉理由不能成立。

【案例来源】

中国裁判文书网,http://wenshu.court.gov.cn。

---

346 实际施工人举证初步证明了工程量,总承包人拒绝提供其掌握的工程量证据作为鉴定依据的,法院可以采信以实际施工人提供的初步证据作为鉴定材料的鉴定意见

【关键词】

│ 建设工程 │ 鉴定意见 │ 推定 │

【案件名称】

申诉人中铁十七局集团有限公司与被申诉人冷仲华、湖南省建筑工程集团总公司建设工程施工合同纠纷案〔最高人民法院(2016)最高法民再284号民事判决书,2017.6.5〕

【裁判精要】

最高人民法院认为:

三、关于原审法院依据《关于冷仲华完成同三线青岛段第十七合同段(K17+850-K19+850)工程造价鉴定报告》认定本案工程价款是否缺乏证据证明,适用法律错误的问题

第一,冷仲华已经向法院提交了关于其完成的工程量和工程价款的合理的初步证据。依据《建设工程施工合同解释》第十九条"当事人对工程量有争议的,按照施工过程中形成的签证等书面文件确认。承包人能够证明发包人同意其施工,但未能提供签证文件证明工程量发生的,可以按照当事人提供的其他证据确认实际发生的工程量"之规定,建筑施工过程中所形成的签证等书面文件虽然是认定工程量和工程款项的主要依据,但并非唯一的依据。实际施工人在未能提供签证的情况下,提

交了经中铁十七局向发包人(业主)出具的中铁十七局同三线青岛段项目部文件同计支字[2002]第1－9号和[2003]第1号、7号《关于申请第十七合同段第1－11期支付的报告》及其相关凭证等,已证实同三线青岛段第十七合同段之K17＋850－K19＋850段在该十一期内完成的工程量及应计工程价款。

第二,在冷仲华已经举证初步证明工程量的情况下,作为掌握工程量证据的中铁十七局拒绝提供相关工程量的证据作为鉴定依据的,法院采信以冷仲华提供的初步证据作为鉴定材料的鉴定意见并无不妥。根据《最高人民法院关于民事诉讼证据的若干规定》第七十五条"有证据证明一方当事人持有证据无正当理由拒不提供,如果对方当事人主张该证据的内容不利于证据持有人,可以推定该主张成立"之规定,作为总包人的中铁十七局,是实际掌握具体支付报告及其他工程施工工程量计量法律文件的主体。对于工程量和工程价款,发包人(业主)仅会与工程总包人中铁十七局进行工程量和工程价款的确认,湖南建工集团和冷仲华作为分包人和实际施工人,不可能得到发包人与总承包人中铁十七局最终确认的工程量和工程价款的证据。因此,如果中铁十七局认为法院所调取的《关于申请第十七合同段第1－11期支付的报告》及其附件所计量的K17＋850－K19＋850段工程量与业主方最终确认的工程量不符,应当提供其与业主确认的工程量和工程价款。在冷仲华已经举证初步证明工程量的情况下,作为掌握工程量证据的中铁十七局在本案诉讼过程中经法院释明之后仍然拒绝提供相关工程量的证据作为鉴定依据,在这种情况下,原审法院采信以冷仲华提供的初步证据,并且以此作为鉴定材料提供给鉴定机构并且最终采信该鉴定意见,并无不妥。

第三,原审法院根据鉴定报告确认出冷仲华完成的工程量,适用法律并无不当。虽然1－11期支付报告中未记载湖南建工集团或者冷仲华的名称,但根据本案查明事实:(1)冷仲华在2002年初到2002年12月31日进行K17＋850－K19＋850段施工;(2)在中铁十七局给发包方的工程量和工程造价的记载中,包含了冷仲华从湖南建工集团承包的K17＋850－K19＋850段工程的工程量数据;(3)在中铁十七局未能证明另有其他的施工队伍对该K17＋850－K19＋850段进行了施工的条件下,法院依据1－11期支付报告中的工程量和工程价款,经过专业的鉴定部门的专业审定,确认出冷仲华完成的工程量,适用法律并无不当。

【案例来源】

中国裁判文书网,http://wenshu.court.gov.cn。

347 工程鉴定机构的资质等级为乙级的，其作出的鉴定意见是否有效

【关键词】

│建设工程│鉴定意见│鉴定机构│资质等级│

【案件名称Ⅰ】

上诉人江苏南通六建建设集团有限公司与上诉人山西嘉和泰开发有限公司建设工程施工合同纠纷案［最高人民法院（2014）民一终字第72号民事判决书，2014.7.5］

【裁判精要】

最高人民法院认为：

三、关于鉴定结论能否作为计算涉案工程款的依据的问题

涉案工程的鉴定机构的资质等级为乙级，嘉和泰公司主张其作出的鉴定结论无效。其依据是《工程造价咨询企业管理办法》第十九条的规定，乙级工程造价咨询企业可以从事工程造价5000万元人民币以下的造价咨询业务。第三十八条规定，超越资质等级承接工程造价咨询业务的，出具的工程造价成果文件无效。但上述规定是原建设部的部颁规章，属于管理性规范，不能作为评判鉴定结论效力的依据，且嘉和泰公司在一审中并未提出鉴定资质不合格的主张，因此，应当以鉴定结论作为计算涉案工程款的依据。一审法院已经组织双方当事人对于鉴定结论进行质证，鉴定机构亦对双方当事人提出的异议予以了解答，因此，鉴定程序合法。关于质量问题，一审时，法院曾征求嘉和泰公司的意见，对于工程质量与修复费用进行鉴定。嘉和泰公司不同意对此进行鉴定并且未缴纳鉴定费用，因此鉴定机构未对工程质量与修复费用进行鉴定并无不当之处。鉴定结论可以作为计算涉案工程款的依据。

【权威解析】

涉案工程的鉴定机构的资质等级为乙级，嘉和泰公司主张其作出的鉴定结论无效。其依据是《工程造价咨询企业管理办法》第十九条的规定，乙级工程造价咨询企业可以从事工程造价5000万元人民币以下的造价咨询业务。第三十八条规定，超越资质等级承接工程造价咨询业务的，出具的工程造价成果文件无效。但上述规定是原建设部的部颁规章，属于管理性规范，不能据此认定鉴定结论无效。从本案中可以充分体现区分效力性规范与管理性规范的重要性。效力性规范，是指该规范直接决定法律行为的效力。违反该规定，会导致法律行为归于无效。《合同法》第五十二条关于合同无效情形的规定就属于效力性强制性规范。管理性规范，则是指法律要求当事人应当遵守，而不得通过约定加以改变，一般的强制性规范大多属于此种

类型,但违反此类规范并不必然导致行为在私法上的无效。[①]

【案例来源】

中国裁判文书网,http://wenshu. court. gov. cn;最高人民法院民事审判第一庭编:《民事审判指导与参考》(总第 61 辑),人民法院出版社 2015 年版,第 241 页。

【案件名称Ⅱ】

上诉人中盛公司与被上诉人省建七公司建设工程施工合同纠纷案 [最高人民法院 (2003) 民一终字第 60 号民事裁定书, 2003. 11. 25]

【裁判精要】

最高人民法院认为:

中盛公司与省建七公司签订的中匈友好国际大厦《建设工程施工合同》约定的设备安装工程及 ±0 以上土建工程的承包价为 11. 168 万元。根据国家计委、国家建委、财政部颁布的《关于基本建设项目和大中型划分标准的规定》,该建设工程应认定为大型建设项目,依照建设部《工程造价咨询单位管理办法》的规定,大型建设项目的造价评估鉴定应由甲级资质的造价咨询估价机构进行鉴定。而一审法院委托甘肃信诺房地产咨询估价中心(系乙级资质)对该建设工程项目进行评估鉴定不妥,该鉴定结论不能作为人民法院审理案件的依据。上诉人中盛公司的该项请求有理,应予支持。

【案例来源】

最高人民法院民事审判第一庭编著:《最高人民法院建设工程施工合同司法解释的理解与适用》,人民法院出版社 2004 年版,第 629 ~ 630 页。

编者说明

前述两个案例的裁判观点有区别,案例二认为超越资质等级作出的鉴定意见不能作为定案依据。案例一则认为《工程造价咨询企业管理办法》是原建设部的部颁规章,属于管理性规范,不能作为评判鉴定意见效力的依据,后者为新的裁判观点,应以后者为准。

---

① 参见王毓莹:《违反招投标法规定签订的建设工程施工合同应当认定无效——江苏南通六建建设集团有限公司与山西嘉和泰开发有限公司建设工程施工合同纠纷案》,载最高人民法院民事审判第一庭编:《民事审判指导与参考》(总第 61 辑),人民法院出版社 2015 年版,第 243 ~ 244 页。

348 鉴定意见书关于"依据现有证据不能认定原告已完工程数量及价款"的结论属于以鉴代审，应不予采信

【关键词】

　　│建设工程│鉴定意见│工程量│以鉴代审│

【案件名称】

　　上诉人甘肃华澳铁路综合工程有限公司与上诉人宁夏灵武市陆港物流集团有限公司建设工程施工合同纠纷案［最高人民法院（2018）最高法民终 861 号民事判决书，2018.12.28］

【裁判精要】

　　最高人民法院认为：

　　二、关于《鉴定意见书》中证据不足争议项 1818862 元是否应从一审判决确定的欠付工程价款中予以扣除的问题

　　《鉴定意见书》记载："证据不足争议项，华澳公司诉求金额为 2208124 元，陆港公司认可 627325 元，现场勘查实际已完工程金额 1818862 元，具体如下：1. 原合同内管网工程；2. 补充合同 2 项目——新增给水外线工程。以上两项内容，由于原、被告双方对已完工程量统计存在较大差异，经二次现场勘验，虽然确定了已完工程实际数量，但由于原告未能提供已完工程量的过程验收资料，且被告认为部分已完项目为第三方施工单位完成，依据现有证据不能认定原告已完工程数量及价款。"本院认为，根据《鉴定意见书》记载内容，华澳公司与陆港公司对争议项中已完工程量存在争议，但《鉴定意见书》关于"依据现有证据不能认定原告已完工程数量及价款"的结论属于以鉴代审，应不予采信。鉴于《鉴定意见书》所列证据不足争议项对应的工程量属于案涉《施工合同》《补充合同》约定的工程量，而在华澳公司曾对上述合同约定的工程进行施工的情形下，陆港公司主张《鉴定意见书》所列证据不足争议项对应的工程量系第三方施工完成，对此陆港公司应承担相应的举证责任，但陆港公司未提交相应的施工合同或竣工结算文件且其在二审庭审时陈述无证据证实前述工程量系由第三方施工完成，故陆港公司应承担举证不能的责任，其关于《鉴定意见书》中证据不足争议项 1818862 元应从一审判决确定的欠付工程价款中予以扣除的上诉主张不能成立。

【案例来源】

　　中国裁判文书网，http://wenshu.court.gov.cn。

349 **鉴定费用负担可参照诉讼费的负担办法以及各方当事人对于导致鉴定存在的过错程度，由人民法院酌定**

【关键词】

| 建设工程 | 鉴定费 | 诉讼费 |

【案件名称】

上诉人江苏新兴建设工程有限公司、安徽盛仁投资有限公司与被上诉人滁州城市职业学院建设工程施工合同纠纷案［最高人民法院（2018）最高法民终305号民事判决书，2018.12.19］

【裁判精要】

最高人民法院认为：

（六）盛仁公司应否承担30万元鉴定费的问题

鉴定费系负有举证责任或主张法律关系存在的一方申请具备资质的机构对某项特定内容进行鉴定或评估所支出的费用，虽然性质上与诉讼费存在根本的差异，但费用负担可参照诉讼费的负担办法以及案件各方当事人对于导致鉴定行为的发生所存在的过错程度，由人民法院酌定当事人应负担的具体数额。本案中，新兴公司与盛仁公司对于案涉工程中途停工以及双方未能进行工程价款的最终结算均存在一定的过错，对于由此引发纠纷所产生的60万元鉴定费用，一审法院酌定由新兴公司与盛仁公司各负担30万元并无不当。盛仁公司主张其不应承担该部分费用无事实和法律依据，本院不予支持。

【案例来源】

中国裁判文书网，http://wenshu.court.gov.cn。

争议主体

一、一般争议主体

350 案涉工程采用 BT 的①合作方式，BT 所有权人仅负有项目前期准备工作及项目验收合格后的回购义务，没有支付工程款的义务

【关键词】

│ 建设工程 │ 诉讼主体 │ BT │ 回购 │

【案件名称】

上诉人江苏新兴建设工程有限公司、安徽盛仁投资有限公司与被上诉人滁州城市职业学院建设工程施工合同纠纷案［最高人民法院（2018）最高法民终 305 号民事判决书，2018.12.19］

【裁判精要】

最高人民法院认为：

（一）滁州城市学院应否与盛仁公司共同承担案涉工程款本息的给付责任问题

新兴公司主张滁州城市学院应与盛仁公司共同承担案涉工程款本息给付责任的理由有二：其一，滁州城市学院系案涉工程的发包人，其应对盛仁公司欠付的工程款本息承担共同给付责任；其二，滁州城市学院 2013 年 8 月 26 日向新兴公司出具《承诺函》明确表示若盛仁公司未能按约付款，由滁州城市学院负责支付。

首先，建设工程施工合同系承包人进行工程建设，发包人支付工程价款的合同。建设工程的发包人应与工程承包方签订施工合同，并在工程施工过程中承担对工程质量及施工进度进行检查、组织验收、支付工程价款等义务。本案中，2011 年 12 月 26 日滁州城市学院与盛仁公司签订的《融资采购新校区项目协议书》约定，双方就案涉工程的合作方式为 BT，即滁州城市学院仅负有项目前期准备工作及项目验收合格后的回购义务，具体工程的施工、验收及工程款的支付等事项均由盛仁公司自行负责。而 2013 年 5 月 17 日案涉工程《招标文件》中载明的招标单位为盛仁公司，新兴公司与盛仁公司于 2013 年 5 月 30 日签订的《建筑工程施工合同》中亦明确发包方为盛仁公司。故案涉工程的发包人应为盛仁公司，新兴公司主张滁州城市学院

---

① BT 是英文 Build（建设）和 Transfer（移交）的缩写形式，是政府利用非政府资金来进行非经营性基础设施建设项目的一种融资模式。——编者注

亦为工程发包人无事实和法律依据,本院不予采信。至于新兴公司提出其开具的工程款发票抬头为滁州城市学院的问题,因该部分发票系由新兴公司自行开具,且滁州城市学院作为案涉工程的 BT 合作方和所有权人,新兴公司以其名称开具工程款发票亦符合实际,据此并不能认定滁州城市学院在案涉工程中的发包人身份。其次,滁州城市学院于 2013 年 8 月 26 日向新兴公司出具的《承诺函》载明如盛仁公司未能按期支付新兴公司工程款,其优先向新兴公司支付。因合肥仲裁委员会作出的 (2014)合仲字第 121 – 2 号裁决书裁决由滁州城市学院向盛仁公司支付工程款,滁州市中级人民法院亦经盛仁公司申请,将该裁决书所确定的滁州城市学院应付工程款扣划至该院账户,新兴公司也已申请对上述款项进行了冻结,现滁州城市学院已不具备按照《承诺函》的约定直接向新兴公司履行付款义务的条件,新兴公司仍据此主张滁州城市学院承担付款责任的依据不足,本院不予支持。

【案例来源】

中国裁判文书网,http://wenshu. court. gov. cn。

351 建设项目的投资主体与承包人不存在合同关系,对承包人没有支付工程款义务

【关键词】

│ 建设工程 │ 诉讼主体 │ 发包人 │

【案件名称】

上诉人甘肃北方电力工程有限公司、青岛华建阳光电力科技有限公司与被上诉人青海中铸光伏发电有限责任公司建设工程施工合同纠纷案 [最高人民法院 (2016)最高法民终 522 号民事判决书, 2017. 3. 16]

【裁判精要】

最高人民法院认为:

(二)华建公司、中铸公司在本案工程项目中的法律地位及责任如何确定的问题

根据已查明的相关事实,2014 年 8 月 3 日,华建公司与北方公司签订《土建及电气安装工程施工合同》,约定北方公司对华建公司所有的青海省××20 兆瓦光伏电站部分工程项目进行施工。2014 年 8 月 8 日,中铸公司与华建公司签订《协议书》,约定中铸公司将青海省××20 兆瓦的 600 亩土地租赁给华建公司。上述事实表明,华建公司与北方公司之间存在施工合同法律关系,中铸公司与华建公司亦存在土地租赁等合同法律关系。从当事人的上诉主张看,北方公司上诉主张中铸公司为案涉

工程的发包人,应在欠付工程价款的范围内承担责任。华建公司则上诉认为,中铸公司为案涉工程的业主,华建公司与北方公司签订的《土建及电气安装工程施工合同》并没有实际履行,中铸公司与北方公司存在实质上的建设工程施工合同法律关系,作为案涉工程发包方的中铸公司应向北方公司支付工程款。由此,华建公司、中铸公司的法律地位的确定,直接关系案涉工程价款责任承担的判定。结合本案相关事实,本院分析认定如下:

关于华建公司的法律地位和责任承担问题。根据华建公司、北方公司签订的《土建及电气安装工程施工合同》,华建公司与北方公司之间存在建设工程施工合同法律关系,由北方公司承建华建公司发包的案涉工程的部分土建及电气安装工程。合同签订后,北方公司进场组织施工,于 2014 年 10 月 6 日完成了 25960 桩支架基础工程。且在合同履行过程中,华建公司的法定代表人张忠瑜向中铸公司出具《委托代管书》,约定华建公司委托中铸公司与监理公司帅力峰临时代管工程质量和监理,后期由华建公司胡工总体验收。由此,华建公司与北方公司签订合同后,北方公司已依约进行了施工,中铸公司亦受华建公司委托实际参与案涉工程的工程质量代管工作。华建公司上诉主张其与北方公司签订的施工合同没有实际履行,缺乏事实依据。基于华建公司与北方公司之间的合同关系及北方公司已进行实际施工的事实,华建公司依法负有向北方公司支付工程款的义务。

关于中铸公司的法律地位和责任承担问题。合同是平等主体的自然人、法人、其他组织之间设立、变更、终止民事权利义务关系的协议。除法律的特殊规定外,合同仅对合同当事人具有法律约束力,只有合同当事人依据合同才可向对方当事人提出请求,而不能向无合同关系的第三人提出合同上的请求。《建设工程施工合同解释》第二十六条规定:"实际施工人以转包人、违法分包人为被告起诉的,人民法院应当依法受理。实际施工人以发包人为被告主张权利的,人民法院可以追加转包人或者违法分包人为本案当事人。发包人只在欠付工程价款范围内对实际施工人承担责任。"从该条规定看,为了保护实际施工人的权益,其突破了合同相对性原则,赋予实际施工人可向发包人主张权利。本案中,北方公司为案涉《土建及电气安装工程施工合同》的承包人,华建公司为发包人。北方公司在依约施工完毕后,仅有权向作为合同一方当事人的华建公司要求支付案涉工程价款。而中铸公司仅与华建公司存在土地租赁等合同关系,其并非案涉《土建及电气安装工程施工合同》的合同当事人。根据上述司法解释的规定,北方公司要求中铸公司承担责任的前提条件为中铸公司为案涉工程的发包人,且案涉工程存在转包、分包的情况,作为实际施工人的北方公司才可要求发包人中铸公司承担责任。而中铸公司在本案中与北方公司不存在合同关系,也不构成案涉工程的发包人。中铸公司在本案中不符合司法解释所规定的应对欠付的工程款承担责任的条件。此外,根据二审查明的事实,针对案涉项目,中铸公司虽取得了行政许可,为案涉光伏发电项目的投资主体,但该事实并不足以认定其应为案涉工程的发包人。建设项目的投资主体与发包人相分离的情形较为常见,亦不为法律所禁止。北方公司以中铸公司为案涉项目的投资主体为由,要求中铸公司对华建公司欠付的工程款承担责任的主张,缺乏法律依据。

【案例来源】

中国裁判文书网,http://wenshu. court. gov. cn。

352 从施工合同补充协议的签订和履行看,管委会始终代表发包人行使权利义务,故该管委会应承担案涉工程款的给付义务

【关键词】

｜建设工程｜诉讼主体｜机关法人｜发包人｜

【案件名称】

上诉人盘锦辽东湾新区管理委员会与被上诉人沈阳北方建设股份有限公司、中国医科大学附属盛京医院辽东湾分院建设工程施工合同纠纷案［最高人民法院（2018）最高法民终 258 号民事判决书,2018. 5. 28］

【裁判精要】

最高人民法院认为:

一、辽东湾管委会应否承担案涉工程价款的给付责任

《民法总则》第九十七条规定:"有独立经费的机关和承担行政职能的法定机构从成立之日起,具有机关法人资格,可以从事为履行职能所需要的民事活动。"《民法总则》将承担行政职能的法定机构纳入机关法人,意味着承担行政职能的法定机构能够从事民事活动,成为民事活动中的平等民事主体。本案中,辽东湾管委会的组织机构代码证载明该单位系盘锦市政府的派出机构,属于机关法人。根据盘锦辽东湾新区门户网关于辽东湾管委会的介绍,其下设经济发展局、商务与科技局、财政金融局等多个职能部门,其中经济发展局的职责之一是负责沿海经济带开发建设工作。因此,辽东湾管委会可以从事为履行沿海经济带开发建设职责所需要的民事活动,成为民事主体。

案涉辽东湾分院建设项目系盘锦市政府与盛京医院重点合作项目（辽东湾分院的医院简介）,项目地点位于辽滨沿海经济区。2011 年 4 月 12 日辽东湾管委会作为甲方,与北方建设公司签订《投资建设合作框架协议》,双方对合作建设辽东湾分院的工程工期、项目造价、价款结算、支付保证以及甲乙双方权利义务等内容作了意向性约定,其中,辽东湾管委会作为甲方的权利义务主要为:负责项目前期工作,负责

设计、监理、工程监管、组织工程验收、项目完工后的接管、结算和支付等工作,这体现了工程发包人的权利义务特征;而乙方北方建设公司的权利义务主要是组织施工、支付农民工工资等;合同还约定本协议为双方的合作意向,最终在签订正式合同时相关条款再细化等。因此,上述框架协议属于建设工程施工意向协议,性质上为民事合同,而非行政合同,辽东湾管委会在该意向协议中行使发包人的权利义务。

2011 年 10 月 27 日正式签订的《施工合同》及 2012 年 5 月 5 日签订的《补充协议》,虽以辽东湾分院的名义发包,辽东湾管委会在二审庭审后提交的相关证据也显示工程的招投标、环评、土地使用权证等手续办理在辽东湾分院名下,但是,上述《施工合同》和《补充协议》均由辽东湾管委会经济发展部部长王作田代表辽东湾分院签订;案涉工程材料的品牌、数量、价格由辽东湾管委会确定;工程进度款来源于政府财政拨款,相当一部分款项由辽东湾管委会直接向北方建设公司支付;施工期间由辽东湾管委会派人负责施工现场;工程竣工后由辽东湾管委会接收工程及竣工结算资料。由此可见,无论是《施工合同》及其《补充协议》的签订还是履行,辽东湾管委会始终代表发包人行使权利义务,其履行的权利义务与《投资建设合作框架协议》所约定的甲方权利义务一致,故《施工合同》及其《补充协议》是《投资建设合作框架协议》的延续与细化,不能割裂开来。而且,辽东湾分院作为盘锦市政府与盛京医院的合作项目,盛京医院事后已退出合作,工程项目由辽东湾管委会接收,辽东湾管委会与辽东湾分院具有利益上的一体性,故该管委会应与辽东湾分院共同承担案涉工程款的给付义务。据此,原审判决判令辽东湾管委会承担案涉工程款的给付义务,并无不当。辽东湾管委会上诉主张其不是《施工合同》的主体,不应承担工程款的给付义务,理据不足,本院不予支持。

【案例来源】

中国裁判文书网,http://wenshu.court.gov.cn。

353 缔约一方与第三方约定以第三方名义对外签订合同,是双方一致的意思表示,对双方依法产生约束力,该意思表示不能对抗缔约相对方,除非缔约相对方对此明知并认可

【关键词】

| 建设工程 | 诉讼主体 | 盖章 | 见证 |

【案件名称】

中建一局集团第六建筑有限公司与河北置业房地产开发有限公司及河北省国际信托房地产公司破产清算组建设工程施工合同纠纷案［最高人民法院二审民事

判决书]

【裁判精要】

裁判摘要:根据《民法通则》第五十四条、第五十五条规定,意思表示真实是缔约人旨在设立、变更、终止民事权利的民事法律行为的必备要件。如缔约一方与第三方约定以第三方名义对外签订合同,则该真实意思表示在缔约一方与第三方之间产生法律拘束力。但缔约一方与第三方不能以双方借用名义签约的意思表示对抗善意缔约相对方,除非缔约相对方对此明知并认可。

最高人民法院认为:

本案双方当事人二审争议的焦点问题包括:本案所涉《建设工程施工合同》的签约主体及效力。

认定《建设工程施工合同》的签约主体,首先需要认定置业公司与信托公司之间法律关系的性质。河北省石家庄市中级人民法院已生效的(2006)石民破字第00017号—2号民事判决书认定,置业公司与信托公司签订的《合作合同书》《关于开发欧陆园住宅小区合同书》《关于合作开发欧陆园住宅小区的补充合同书》等合同,是名为合作开发实为土地使用权转让合同,置业公司交付了土地使用权,信托公司实际支付置业公司欧陆园小区77.52亩土地转让费19370000元。双方之间的土地使用权转让合同已经得到实际履行。本案中,置业公司与信托公司对双方法律关系的主张,与上述生效判决的认定相符。从本案查明的事实看,置业公司与信托公司并未履行《关于开发欧陆园住宅小区合同书》《关于合作开发欧陆园住宅小区的补充合同书》有关合作建房的约定,而是履行了《合作合同书》中有关土地使用权转让的约定,并基本履行完毕。本案中并无证据否定上述生效判决对置业公司与信托公司之间法律关系的认定,依照生效裁判文书认定的事实在另案中的证明效力,本案可以认定置业公司与信托公司之间法律关系的性质为土地使用权转让。

土地使用权转让的基本法律特征是转让人交付土地使用权,受让人支付转让费。置业公司应将约定转让的土地使用权交付信托公司并办理土地使用权变更登记手续。但本案查明事实表明,双方在实际履行合同过程中,为规避国家有关土地使用权转让及相关税费缴纳的规定,并未办理转让的土地使用权变更登记手续。因土地使用权仍在置业公司名下,信托公司对欧陆园小区的开发建设在办理相关审批过程中,以置业公司的名义进行申报,如以置业公司名义办理的欧陆园住宅小区《建设用地规划许可证》《建设工程规划许可证》《商品房预售许可证》,签订本案所涉《建设工程施工合同》。依照土地使用权转让的法律特征,结合本案中置业公司与信托公司履行合同的实际情况,上述两公司对于以置业公司名义对外签署该小区工程招标、建设施工等合同,是置业公司协助信托公司作为欧陆园小区房地产项目的实际开发商符合法律、法规规定的房地产应当办理的手续的主张,可予认定。置业公司签订本案所涉《建设工程施工合同》的真实意思表示是代替信托公司签订,且为置业公司与信托公司一致的意思表示,对双方依法产生法律约束力。该真实意思表示是否能对抗一局六公司,并对一局六公司产生法律拘束力,关键在于一局六公司对此是否明知并予以认可。从合同签订过程看,委托设备成套局对外招标的是信托公司,依照通常的认识,设备成套局在履行受托义务时,应当告知竞标人谁是委托方(建设方),一局六公司的《投标书》也是向信托公司和设备成套局报送,表明一局六公司已知道欧陆园小区的建设方为信托公司。从合同履行看,一局六公司签订《建设工程施工合同》后,所有履约行为均在一局六公司与信托公司之间进行,双方针对工程建设签订了《补充合同》,有关的工程洽商、设计变更、工程结算、建设工程的交付、工程款的支付这些建设工程施工合同的主要内容,均体现的是一局六公司与信托公司之间的意思表示,置业公司并未介入合同的履行,一局六公司亦未向置业公司主张履行合同。置业公司接受信托公司的委托,支付一局六公司伪部分工程款,一局六公司在收款发票中表明认可置业公司为代信托公司付款。上述事实表明,一局六公司与信托公司实际履行了本案所涉《建设工程施工合同》,并认可置业公司为代信托公司签订合同,信托公司为合同的实际签约主体。依照缔约时当事人的真实意思表示,可以认定《建设工程施工合同》的真正签约主体为信托公司与一局六公司,置业公司并非合同缔约人。上述合同约定内容未违反法律、行政法规的禁止性规定,应依法认定为有效。置业公司代为签约行为,规避了国家相关法律规定,但不因此影响实际缔约人为信托公司与一局六公司的《建设工程施工合同》的效力。

【权威解析】

本案查明事实表明,一局六公司与信托公司实际履行了本案所涉《建设工程施工合同》,并认可置业公司代信托公司签订合同,信托公司为合同的实际签约主体的基本事实。依照缔约时当事人的真实意思表示,可以认定《建设工程施工合同》的真正签约主体为信托公司与一局六公司,置业公司并非合同缔约人,并未基于合同与一局六公司形成建设工程施工合同的法律关系。[①]

【案例来源】

最高人民法院民事审判第一庭编:《民事审判指导与参考》(总第41集),法律

[①]　参见关丽:《缔约一方以第三人名义签订合同时合同主体及效力的确定——中建一局集团第六建筑有限公司与河北置业房地产开发有限公司及河北省国际信托房地产公司破产清算组建设工程施工合同纠纷上诉案》,载最高人民法院民事审判第一庭编:《民事审判指导与参考》(总第41集),法律出版社2010年版,第276页。

出版社 2010 年版,第 272~273 页。

354 **从合同形式上,当事人作为缔约一方的意思表示清楚,并无证据证明其是以见证人身份在合同上盖章,应承担给付工程款责任**

【关键词】

│建设工程│诉讼主体│盖章│见证│

【案件名称】

上诉人沈阳实华置业发展有限公司、辽宁实华(集团)房地产开发有限公司与被上诉人北京首钢建设集团有限公司,原审第三人爱斯阿尔房产开发(沈阳)有限公司建设工程施工合同纠纷案〔最高人民法院(2016)最高法民终 353 号民事判决书,2016.7.14〕

【裁判精要】

最高人民法院认为:

(一)关于辽宁实华公司是否应当与沈阳实华公司共同承担给付工程款责任的问题

上诉人主张辽宁实华公司不应承担工程款给付责任的主要理由是辽宁实华公司并非涉案合同的缔约主体,其在合同空白处盖章只是起到见证作用,且之后也已将该工程的全部权利、义务转移给沈阳实华公司,未再参与该项目工程的施工建设。本院认为,本案双方系建设工程施工合同关系,在设立当事人基本权利义务的《承包合同》《补充协议》《补充协议(二)》上,辽宁实华公司与沈阳实华公司均在甲方处盖章。因此,从合同形式上,辽宁实华公司与沈阳实华公司共同作为缔约一方的意思表示清楚,并无证据证明辽宁实华公司是以见证人身份在合同上盖章。上诉人主张根据 2007 年 11 月 25 日其与爱斯阿尔公司签订的《SR 国际新城三期合作开发补充协议书(二)》,辽宁实华公司已退出该项目。经审查,该协议中"辽宁实华公司授权沈阳实华公司代表其行使在本项目中的权利和义务"的约定不足以证明辽宁实华公司已"退出"建设工程施工合同关系的事实,且该协议系辽宁实华公司与爱斯阿尔公司签订,被上诉人并非签约主体,上诉人在庭审中也明确表示没有将辽宁实华公司"退出"事项通知被上诉人,因此上诉人主张的被上诉人对辽宁实华公司将合同权利义务转移给沈阳实华公司、其不再承担合同权利义务的事实属于明知并认可,并无证据证明。且之后辽宁实华公司仍在《补充协议(二)》中加盖公章,就工程施工中的相关问题与被上诉人订立协议,因此,即使辽宁实华公司与沈阳实华公司、爱斯阿尔公司之间对于工程施工及权利义务承担方面存在相关约定,也不产生约束被上诉人的法律效力,不影响沈阳实华公司和辽宁实华公司基于《承包合同》而应共同承担的相应义务。《补充协议(三)》《沈阳 SR 项目三期补充协议(四)》仅是对《承包合同》个别事项的变更,在没有充分证据证明上诉人与被上诉人约定由沈阳实华公司单独承担《承包合同》项下权利义务的情况下,辽宁实华公司未在该两份协议上加盖公章,不足以证明《承包合同》主体发生变更。另外,上诉人在一审诉讼中也并未抗辩主张辽宁实华公司不是合同签约主体,不应当承担给付工程款的责任。至于辽宁实华公司是否实际参与该工程施工的相关工作,并不能改变其作为合同缔约主体的事实以及因此应承担的法律责任。据此,上诉人关于辽宁实华公司不应与沈阳实华公司共同承担给付工程款责任的上诉主张,缺乏事实和法律依据,本院不予支持。

【案例来源】

中国裁判文书网,http://wenshu. court. gov. cn。

355　公司经过改制后不再具有建筑业企业资质,事实上也不可能继续履行施工合同,应由改制后的公司履行改制前的公司在合同项下的相关权利义务

【关键词】

│建设工程│诉讼主体│改制│

【案件名称】

再审申请人中国建筑集团有限公司、中国建筑股份有限公司与被申请人昆山市超华投资发展有限公司建设工程施工合同纠纷案 [最高人民法院(2018)最高法民再 134 号民事判决书,2018. 6. 28]

【裁判精要】

最高人民法院认为:

一、关于中建总公司是否属于本案适格被告的问题

根据本案已查明事实,中建总公司于 2006 年 9 月 15 日与超华公司签订案涉建设工程施工合同后,根据国资委〔2007〕1087 号《关于中国建筑工程总公司整体重组改制并境内上市的批复》的文件精神进行重组改制,将其核心业务相关的经营性资产、资质投入中建股份公司,由中建股份公司作为其全部经营业务的运营载体。中建股份公司已经建设部批准,持有原由中建总公司持有的相关建筑业企业资质,中建总公司已不持有上述资质。在中建股份公司与超华公司建设工程施工合同纠纷一案中,本院(2010)民一终字第 110 号民事裁定认定,由于企业重组改制造成的合

同主体变更并非合同权利义务的转让,而是合同主体地位的承继,无须合同相对人同意。中建总公司经过改制后成为国家授权投资的机构,不再具有建筑业企业资质,事实上也不可能继续履行与超华公司的建设工程施工合同,应由改制后的中建股份公司履行中建总公司在合同项下的相关权利义务。上述生效法律文书关于案涉合同主体为中建股份公司的认定,对于本案具有拘束力,故中建总公司并非本案适格被告。二审法院认定中建总公司作为承担赔偿超华公司租金损失的责任主体,显为不当,本院予以纠正。

【案例来源】

中国裁判文书网,http://wenshu.court.gov.cn。

356 分公司是否具有诉讼主体资格

【关键词】

│建设工程│诉讼主体│分公司│

【案件名称】

上诉人山东兴润建设有限公司淄博分公司与上诉人日照市住房和城乡建设局建设工程施工合同纠纷案 [最高人民法院 (2017) 最高法民终 475 号民事判决书, 2018.2.8]

【裁判精要】

最高人民法院认为:

(一)关于兴润淄博分公司是否具有本案诉讼主体资格问题

《合同法》第三十二条规定,当事人采用合同书形式订立合同的,自双方当事人签字或者盖章时合同成立。本案《BT 协议》首部虽然列兴润公司为项目承办人,但合同尾部项目承办人加盖兴润淄博分公司印章,兴润淄博分公司应为《BT 协议》当事人。从合同履行情况看,兴润淄博分公司提交的施工资料、材料定价单、工程签证、付款凭证等证据证实案涉工程由兴润淄博分公司施工。案涉工程的《工程竣工报告》及《工程竣工验收报告》亦载明施工单位是兴润淄博分公司。虽然《工程竣工报告》质量负责人处加盖兴润公司印章,但是不足以认定兴润公司有成为《BT 协议》当事人的意思表示。

兴润公司出具授权委托书委托兴润淄博分公司办理日照市热力管网的合同签订以及与之相关的一切具体事宜,能够证明兴润公司允许兴润淄博分公司承揽案涉项目,并不足以认定兴润淄博分公司签订案涉《BT 协议》系代理兴润公司的行为。

根据《民事诉讼法》第四十八条第一款、《最高人民法院关于适用〈中华人民共和国民事诉讼法〉的解释》第五十二条规定,兴润淄博分公司系依法设立并领取营业执照的法人分支机构,具有民事诉讼当事人资格,有权以自己的名义参加诉讼并享有权利和承担义务。原判决认定兴润淄博分公司系本案适格诉讼主体,并无不当。

【案例来源】

中国裁判文书网,http://wenshu.court.gov.cn。

编者说明

《民事诉讼法》第四十八条规定"其他组织由其主要负责人进行诉讼",赋予其他组织以诉讼法上的主体资格,成为民事诉讼当事人,能够以自己的名义向法院起诉或应诉。其他组织是指合法成立、有一定的组织机构和财产,但又不具备法人资格的组织。《最高人民法院关于适用〈中华人民共和国民事诉讼法〉的解释》第五十二条第(五)项规定:"民事诉讼法第四十八条规定的其他组织是指合法成立、有一定的组织机构和财产,但又不具备法人资格的组织,包括:……(五)依法设立并领取营业执照的法人的分支机构……"须注意的是,其他组织作为原告提起诉讼,争议不大,但是其他组织作为独立的被告则存在争议。实践中有三种情形:(1)当事人只选择法人的分支机构作为被告的,法院可以直接判决法人的分支机构承担责任。(2)当事人选择法人为被告,不以法人的分支机构为被告的,以法人的分支机构的责任能力大小以及是否有特殊法律规定①区别处理。即法人的分支机构有较强的偿付能力,或者有特殊的法律规定的,应当以法人的分支机构为被告,而不能以法人为被告。(3)当事人以法人的分支机构与其法人为共同被告的,法人的分支机构如果没有较强的支付能力,在判决分支机构承担责任的同时,可以确定法人承担补充责任。② 其他组织毕竟不是独立的民事责任主体,在其财产不足以单独承担民事责任时,对其他组织负责的法人就要代其承担民事责任或者由行为人承担民事责任。

---

① 例如,《最高人民法院关于适用〈中华人民共和国担保法〉若干问题的解释》第一百二十四条规定:"企业法人的分支机构为他人提供保证的,人民法院在审理保证纠纷案件中可以将该企业法人作为共同被告参加诉讼。但是商业银行、保险公司的分支机构提供保证的除外。"《最高人民法院关于适用〈中华人民共和国民事诉讼法〉的解释》第五十二条第(六)项规定:"民事诉讼法第四十八条规定的其他组织是指合法成立、有一定的组织机构和财产,但又不具备法人资格的组织,包括:……(六)依法设立并领取营业执照的商业银行、政策性银行和非银行金融机构的分支机构……"据此,涉及这些商业银行、政策性银行和非银行金融机构承担责任时,只能以该分支机构为被告。

② 参见最高人民法院修改后民事诉讼法贯彻实施领导小组编著:《最高人民法院民事诉讼法司法解释理解与适用》,人民法院出版社2015年版,第228页。

357 政府设立的住房领导小组与承包人签订合作协议，承包人又就装修工程分别与七家房地产公司签订装修合同，与承包人履行合同的相对人如何确定

【关键词】

│ 建设工程 │ 工程价款 │ 合同主体 │

【案件名称】

上诉人鄂尔多斯市人民政府与被上诉人远洋装饰工程股份有限公司、原审被告鄂尔多斯银行股份有限公司建设工程施工合同纠纷案［最高人民法院（2017）最高法民终871号民事判决书，2018.11.5］

【裁判精要】

最高人民法院认为：

（二）关于市政府是否为案涉《合作协议》的当事人的问题

市政府上诉主张案涉合同主体是远洋公司和七家房地产开发公司，实际履行的是《精装修合同》，而不是《合作协议》。对该上诉主张，不予支持。

第一，《合作协议》可以证明远洋公司与住房领导小组就案涉精装修工程施工签订了建设工程施工合同。从该协议记载内容可知，协议涉及案涉精装修工程施工中的装修对象、合作方式、装修承包范围、工期、已完工程量的确认、价款结算、双方权利义务、质量保修、违约责任等相关主要事项，落款甲方处加盖有住房领导小组的公章，并有钟子祥的签字，乙方处加盖有远洋公司的合同专用章，有授权代表叶东鲁的签字，落款日期均为2011年6月13日。可见，《合作协议》已具备装修工程施工合同所应具备的典型特征，实质上是一份关于精装修工程施工的合同。

第二，《合作协议》中已确认住房领导小组委托七家房地产公司与远洋公司签订《精装修合同》。根据《合作协议》第十七条"补充条款"中"17.2本协议签订后乙方还须与甲方委托的七家开发商签订精装修合同，甲方应确保乙方与开发商签订的合同以本协议的约定为依据，不得约定与本协议相违背的合同条款"以及附件1"乙方与负责鄂尔多斯市职工第二期限价商品房建设的七家开发商签订的《精装修合同》"约定可知，住房领导小组已确认七家房地产公司并非《精装修合同》的合同一方，而是受其委托签订该协议。因此，即便实际履行的合同是《精装修合同》，受住房领导小组委托签订该协议的七家开发商也并非该合同当事人。

第三，《精装修合同》作为《合作协议》附件，是对《合作协议》的补充和完善。首先，《合作协议》第十七条"补充条款"中"17.2本协议签订后乙方还须与甲方委托的七家开发商签订精装修合同，甲方应确保乙方与开发商签订的合同以本协议的约定

为依据,不得约定与本协议相违背的合同条款"的表述可证明两点:一是《精装修合同》是依据《合作协议》的约定而签订;二是住房领导小组承诺《精装修合同》将以《合作协议》为依据,不与《合作协议》相违背。可见,《精装修合同》是履行《合作协议》的结果,且内容上应与《合作协议》保持一致。其次,《合作协议》上见证的七家房地产公司公章及授权代表签名以及随后签订的《精装修合同》可以证明七家房地产公司已经知道《合作协议》内容并作为受托人已经按《合作协议》约定与远洋公司签订《精装修合同》。最后,《精装修合同》是对《合作协议》的细化。《合作协议》约定的总量庞大待装修房屋已通过作为附件的《精装修合同》形式分配给不同房地产公司。此外,7 月 27 日《精装修合同》第 20 条明确约定"本合同价款支付按照合作协议约定执行"。该付款责任的约定与《合作协议》的约定也是一致的。由上,住房领导小组、远洋公司以及七家房地产公司均知道、认可为案涉精装修工程施工是基于远洋公司与住房领导小组签订《合作协议》及其附件《精装修合同》。在此前提下,不管案涉精装修工程施工是依据哪份《精装修合同》,七家房地产公司都只是受住房领导小组委托签订合同,自身并非合同的一方。至于原审法院关于《精装修合同》是否实际履行的认定,并无不当。原审已查明,双方于 2011 年 7 月 26 日、7 月 27 日分别签订了两份合同,都名为《精装修合同》,故原判决认定其中一份履行,另一份没有履行,并无矛盾。

第四,市政府关于《精装修合同》不能成为《合作协议》附件的主张缺乏依据且与《合作协议》记载相悖。虽然市政府上诉称,从逻辑、内容、要求上,《精装修合同》不能成为《合作协议》的附件,但其并未对此举证证明。至于其以所谓住房领导小组因与七家房地产公司存在经济往来为由,主张住房领导小组付款性质为代七家房地产公司履行付款义务也缺乏证据证明。

另外,《和解协议书》第四条关于远洋公司与七家房地产公司结算的约定,与该协议开头部分"甲乙双方已就本项目结算达成一致,并签署了《定案表》"的表述不一致。从合同背景、目的以及合同相关条款体系解释来看,该协议签订背景是住房领导小组与远洋公司已就案涉精装修工程结算达成一致并已实际支付部分工程款。签订协议目的是解决住房领导小组欠付工程款项支付事宜。而上述远洋公司与七家房地产公司结算的约定则是远洋公司与市政府就本项目欠付款项支付等事宜所达成的协议内容之一。再结合《合作协议》关于七家房地产公司受托签订《精装修合同》的约定,故该处的结算可理解为七家房地产公司受托就特定部分精装修工程与远洋公司进行具体结算。而该协议第五条关于住房领导小组支付维修费用的约定,也可间接证明住房领导小组才是合同当事人。虽然住房领导小组是没有独立法人资格的临时性组织,本身并不能对外独立签订协议并承担责任,但其由市政府办公厅下发公文通知所设立,且由市委常委、常务副市长王凤山担任组长,由市建设委员会主任钟子祥任办公室主任。这些事实足以让远洋公司相信其是代表鄂尔多斯市政府签订案涉《合作协议》。故市政府应受《合作协议》约束,承担相应责任。

【案例来源】

中国裁判文书网,http://wenshu. court. gov. cn。

358 存在共同债务人,且协议中未约定承担按份责任的,债务人应承担连带责任

【关键词】

│建设工程│合同主体│共同债务│连带责任│

【案件名称】

上诉人浙江昆仑建设集团股份有限公司与上诉人安徽文越投资置业有限公司、安徽省文化和旅游厅、被上诉人安徽省文化厅机关服务中心建设工程施工合同纠纷案［最高人民法院(2018)最高法民终207号民事判决书,2018.12.28］

【裁判精要】

最高人民法院认为:

(一)安徽省文化厅应否对文越公司应支付款项承担连带责任问题

经查,安徽省文化厅、文越公司与昆仑公司于2009年11月10日、12日签订了《备忘录》《补充备忘录》,其中明确约定由安徽省文化厅、文越公司共同向昆仑公司承担案涉工程±0.000以上、以下工程款,非正常施工损失费、财务成本增加的付款责任。即根据该三方以备忘录形式所签协议的内容,安徽省文化厅、文越公司为支付相关款项的共同债务人,且协议中未约定按份承担责任。昆仑公司虽然未能充分举证证明安徽省文化厅与文越公司存在人格混同情形,但其上诉要求安徽省文化厅承担连带责任,具有合同依据。在此情况下,如果其中一方债务人退出债的清偿,则需债权人明确表示同意。本案中,虽然文越公司与昆仑公司另就±0.000以上工程签订《建设工程施工合同》,并在《补充协议书》中约定由文越公司支付上述款项,但昆仑公司在《补充协议书》中并未明确表示同意免除安徽省文化厅的付款责任,安徽省文化厅仍应依约承担相应付款责任。文越公司提交的新证据—《建设工程施工许可证》只能证明安徽省文化厅、机关服务中心不是案涉工程建设单位,不足以否定安徽省文化厅基于其在《备忘录》《补充备忘录》的付款承诺所应承担的付款责任。安徽省文化厅认为《备忘录》《补充备忘录》为过渡性文件,合同未明确约定连带责任,亦据理不足。文越公司还主张安徽省文化厅担保无效,但昆仑公司未主张安徽省文化厅承担担保责任,同时,安徽省文化厅进行担保是否有效,亦不影响其付款责任的

承担。因此，一审法院仅从合同相对性角度认定安徽省文化厅不应承担付款责任确属错误，应予以纠正。

【案例来源】

中国裁判文书网，http://wenshu.court.gov.cn。

359 挂靠人可以放弃对被挂靠人主张工程款的实体权利，仅发包人在欠付工程款范围内向挂靠人支付工程款

【关键词】

│建设工程│工程价款│挂靠│

【案件名称】

再审申请人中建东方装饰有限公司与被申请人西安世纪金花珠江时代广场购物有限公司、上海迪旻建筑装饰工程有限公司建设工程施工合同纠纷案［最高人民法院（2017）最高法民再 265 号民事判决书，2018.11.14］

【裁判精要】

最高人民法院认为：

本案的争议焦点为：（1）中建公司与迪旻公司之间法律关系的性质是挂靠关系还是工程分包或转包关系；（2）金花公司和中建公司是否应当以及如何向迪旻公司承担支付工程款的责任。

关于第一个争议焦点。虽然中建公司与迪旻公司签订的《世纪金花珠江时代广场购物中心装修（分包）合同》的名称中含有"分包"字样，但在迪旻公司出具的情况说明及其与中建公司签订的结算对账确认书和结算对账确认书补充协议中，均承认其与中建公司之间属于借用资质的挂靠关系。而且，二审时，迪旻公司和金花公司均认可中建公司与迪旻公司之间系挂靠关系。金花公司认为迪旻公司与中建公司系转包关系的抗辩理由，与事实不符，不能成立。因此，原判决认定中建公司与迪旻公司之间系挂靠关系是正确的，本院予以确认。

关于第二个争议焦点。由于迪旻公司与中建公司属于挂靠关系，根据《建设工程施工合同解释》第一条第（二）项的规定，"建设工程施工合同具有下列情形之一的，应当根据合同法第五十二条第（五）项的规定，认定无效：……（二）没有资质的实际施工人借用有资质的建筑施工企业名义的……"《建筑法》第二十六条第二款规定："禁止建筑施工企业超越本企业资质等级许可的业务范围或者以任何形式用其他建筑企业的名义承揽工程。禁止建筑企业以任何形式允许其他单位或者个人

使用本企业的资质证书、营业执照,以本企业名义承揽工程。"《合同法》第五十二条第(五)项即"违反法律、行政法规的强制性规定"。金花公司与中建公司签订的《世纪金花珠江时代广场购物中心外立面装修工程施工承包合同》《世纪金花珠江时代广场购物中心装修工程施工承包合同》,中建公司与迪旻公司签订的《世纪金花珠江时代广场购物中心装修(分包)合同》,因违反法律强制性规定,均属无效合同。但是,涉案工程已经验收并交付金花公司使用,依照《建设工程施工合同解释》第二条"建设工程施工合同无效,但建设工程经竣工验收合格,承包人请求参照合同约定支付工程价款的,应予支持"的规定,涉案合同虽无效,但仍然在实际施工人(挂靠人)、发包人与被挂靠人之间存在着参照合同约定支付工程款的债权债务关系。

参照中建公司与迪旻公司签订的《世纪金花珠江时代广场购物中心装修(分包)合同》的约定,中建公司对迪旻公司的义务,是在金花公司工程款到达中建公司银行账户后,中建公司扣除相关费用,向迪旻公司支付工程款;如果金花公司不向中建公司支付工程款,则中建公司无需向迪旻公司支付工程款;迪旻公司也无权在中建公司没有收到金花公司支付的工程款的情况下,要求中建公司向其支付。而且,迪旻公司在其2017年11月25日与中建公司签订的结算对账确认书补充协议和2017年12月9日向中建公司出具的两份情况说明中,进一步表示中建公司在涉案工程并无欠付迪旻公司工程款的事实,还承诺无条件放弃向中建公司主张工程款的实体权利。这是中建公司与迪旻公司对彼此债权债务关系的约定,代表了双方的真实意思表示,亦应依照相关法律规定,予以支持。

本案中,对于金花公司和中建公司而言,迪旻公司是涉案工程的实际施工人,根据《建设工程施工合同解释》第二十六条的规定,实际施工人迪旻公司有权向发包人金花公司主张工程款,金花公司应当在其欠付工程款的范围内向迪旻公司承担支付责任。金花公司与中建公司对涉案工程的工程款进行了结算,结算造价为109603346元;双方无争议已付款为66313649元,有争议部分为5758381.14元,该5758381.14元因大多涉及质量问题扣款,应是金花公司请求范围,但金花公司在本案中未就涉案工程施工质量提起反诉,一审法院将该争议部分款项计入金花公司已付款,缺乏事实和法律依据,应予纠正。金花公司与中建公司结算造价为109603346元,减去已付款66313649元,欠付工程款应为43289697元。涉案工程竣工后,中建公司与迪旻公司进行了结算,迪旻公司应得的工程款为105219212元,迪旻公司已经收到工程款为66040236.28元,还有39178975.72元未收到,在金花公司应付未付的工程款范围之内。故本案应判令金花公司向迪旻公司支付工程款39178975.72元。原判决判令中建公司向迪旻公司付款,不符合双方当事人的约定和相关法律规定;原判决不支持金花公司在欠付工程款范围内对迪旻公司承担付款责任,适用法律错误,本院均予以纠正。

【案例来源】

中国裁判文书网,http://wenshu. court. gov. cn。

360 挂靠人与实际施工人签订分包合同的，应当由被挂靠人承担相应责任

【关键词】

│建设工程│工程价款│挂靠│分包│

【案件名称】

再审申请人任启兵、刘九生、王登成与被申请人封智高、江西盛远建设工程有限公司，一审被告江西赛虹实业有限公司建设工程施工合同纠纷案［最高人民法院（2018）最高法民再35号民事判决书，2018.6.4］

【裁判精要】

最高人民法院认为：

关于第一项争议焦点。《最高人民法院关于适用〈中华人民共和国民事诉讼法〉的解释》第九十条规定："当事人对自己提出的诉讼请求所依据的事实或者反驳对方诉讼请求所依据的事实,应当提供证据加以证明,但法律另有规定的除外。在作出判决前,当事人未能提供证据或者证据不足以证明其事实主张的,由负有举证证明责任的当事人承担不利的后果。"本案中,任启兵、刘九生、王登成主张其与封智高于2014年11月4日签订的结算单系各方真实意思表示,应当据此结算工程款。虽封智高主张其在签订该结算单时存在身体不适,系受任启兵等人胁迫签订,该结算单并非其真实意思表示,但封智高并未提供证据证实。封智高还主张案涉结算单不合理,案涉工程的结算人欧阳金保亦在一审中陈述案涉结算单有不合理之处,但该二人均已在结算单上签字确认,其既未对其签字确认的行为作出合理解释,也未能举证证实该结算单确实存在不合理之处。2014年10月24日、10月27日封智高签字确认的钢管外架人工工资结算单、中力高科技园二期钢筋班结算单、中力科技园二期泥工班组工程量结算单载明的厂房孔桩、7#楼孔桩、塔吊基础、已制作未安装钢筋、浇砼及砌墙费用等,均与2014年11月4日结算单载明的相应项目名称、金额、面积等一致。封智高系从事建筑工程施工的专业人士,对2014年11月4日结算单载明的工程量与实际工程量是否相符应当有明确认知,其主张该结算单系受胁迫签订、显失公平等理由均缺乏依据,应当承担举证不能的法律后果。综上,任启兵、刘九生、王登成与封智高于2014年11月4日签订的结算单应当作为案涉工程价款结

算依据。一、二审法院未采信该结算单,对案涉工程造价委托鉴定错误,应予纠正。

虽案涉工程清包合同系封智高与任启兵、刘九生、王登成所签,但封智高系挂靠盛远公司承建中力科技园二期工程,其就案涉工程所签订的合同应当由盛远公司承担相应责任。故案涉工程款依法应由盛远公司支付。

按照上述结算单,盛远公司应当向任启兵、刘九生、王登成支付工程款4470851元。鉴于各方对应当从工程款中扣除的款项,即吉州工业园区管理委员会代发的农民工工资、封智高支付的款项及应核减的保险费等1576040元,吉州工业园区管理委员会承诺支付任启兵、刘九生、王登成款项1021318元,合计2597358元均无异议,盛远公司应再向任启兵、刘九生、王登成支付工程款1873493元(4470851元 – 2597358元)。

因案涉工程未竣工,且双方对欠付工程款利息计付标准未作明确约定,依据《建设工程施工合同解释》第十七条、第十八条规定,应以任启兵、刘九生、王登成起诉之日作为应付工程款之日,并自该日即2015年4月15日起按中国人民银行发布的同期同类贷款利率计付利息至实际付清之日止。二审法院以2015年4月13日作为任启兵、刘九生、王登成起诉之日,并以此作为保证金利息计付的起始时间有误,案涉120万元保证金利息亦应自2015年4月15日起计付,本院对此予以纠正。

【案例来源】

中国裁判文书网,http://wenshu.court.gov.cn。

361 发包人不得仅以与分包人另行签订分包合同并实际支付工程款为由,抗辩总承包人给付分包部分工程款的请求

【关键词】

| 建设工程 | 诉讼主体 | 分包 | 实际履行 |

【案件名称】

上诉人宁夏银峰房地产开发有限公司与上诉人陕西省咸阳市建筑安装工程总公司建设工程分包合同纠纷案 [最高人民法院(2014)民一终字第70号民事判决书]

【裁判精要】

裁判摘要:在分包工程承包人同时签订合法分包合同与违法发包合同的情形下,分包人究竟履行的是哪份合同应当依据施工过程中形成的《工程质量验收记录》《工作联系函》等证据材料的记载内容进行综合判断。发包人不得仅以其与分包工程承包人签订了分包合同并向分包人实际给付了工程款来抗辩总承包人关于分包

部分工程款的给付请求。

【权威解析】

本案双方当事人争议的主要焦点问题就是深圳公司到底履行的是哪份《外墙保温工程分包合同》。对此,双方当事人均提交了各自与深圳公司签订的《外墙保温工程分包合同》。

首先,案涉工程的建设单位是否可以作为分包合同中的发包人。根据《房屋建筑和市政基础设施工程施工分包管理办法》第四条"本办法所称施工分包,是指建筑业企业将其所承包的房屋建筑和市政基础设施工程中的专业工程或者劳务作业发包给其他建筑业企业完成的活动"之规定,分包合同中的发包人只能是承包工程的建筑业企业。又根据该办法第五条可知,专业工程分包是指施工总承包企业将其所承包工程中的专业工程发包给具有相应资质的其他建筑业企业完成的活动。具体到本案中,咸阳公司作为案涉工程的总承包人,与具备资质的深圳公司就外墙保温这一专业工程所签订的《外墙保温工程分包合同》属于合法分包合同。而作为案涉工程的业主单位的银峰公司是案涉工程的发包人,其将案涉工程发包给咸阳公司后,案涉工程的施工事项就由咸阳公司负责,这其中就包括将案涉工程的专业工程部分或劳务部分进行分包的事项。相应的,银峰公司也就无权对案涉工程另行分包。

其次,银峰公司与深圳公司另行签订《外墙保温工程分包合同》行为的性质。根据住房和城乡建设部《建筑工程施工转包违法分包等违法行为认定查处管理办法(试行)》(建市〔2014〕118号)第五条中"(六)建设单位将施工合同范围内的单位工程或分部分项工程又另行发包的"之规定可知,银峰公司在与咸阳公司签订案涉承包合同之后,又将咸阳公司已承包的部分工程另行分包的行为,应属于违法发包。

最后,合同的相对性决定了配合合同一方履行合同权利义务的主体往往是合同的相对方。本案中,深圳公司在对保温工程施工过程中,必然会产生大量的施工资料。这些施工资料既记载了施工的详细过程,又反映了施工方与发包方在施工中的对接情况。故可以作为施工方向谁履行合同义务的直接证据。本案中,咸阳公司提交了《工程质量验收记录》《工作联系函》《报审依据》《工作联系单》《催款信函》等证据材料,记载了深圳公司与总承包人咸阳公司就分包工程具体施工事宜的衔接配合情况,足以与《外墙保温工程分包合同》形成证据链证明深圳公司是在向作为分包工程发包人的咸阳公司履行合同义务。而银峰公司所提交的证明深圳公司向其履行分包合同义务的证据为深圳公司的事后自认以及向深圳公司付款的事实。与此同时,深圳公司也未提交其他证据足以证明其陈述的真实性。故根据《最高人民法院关于民事诉讼证据的若干规定》第七十三条之规定,比较双方当事人所提交证据证明力大小可知,咸阳公司提交的证据证明力明显大于银峰公司提交的证据的证明力。因此,人民法院认定深圳公司履行的是其与咸阳公司签订的《外墙保温工程分包合同》并无不当。进而,银峰公司以所谓已向深圳公司支付分包工程工程款、深圳公司自认其履行的是与银峰公司之间的分包合同为由,来抗辩咸阳公司外墙保温工程部分工程款的主张,不能成立。①

【案例来源】

　　最高人民法院民事审判第一庭编:《民事审判指导与参考》(总第 65 辑),人民法院出版社 2016 年版,第 200 页。

362　合伙人对合伙的债务承担连带责任

【关键词】

　　│建设工程│诉讼主体│合伙│

【案件名称】

　　再审申请人成都精建建筑劳务输出有限责任公司与被申请人陈可,一审被告、二审上诉人陈茂源,一审被告、二审被上诉人四川省鸿盛实业集团有限公司建设工程分包合同纠纷案 [最高人民法院 (2018) 最高法民再 289 号民事判决书,2019.1.3]

【裁判精要】

　　最高人民法院认为:

　　二、陈可与陈茂源系合伙关系,陈可应对陈茂源的债务承担连带支付责任

　　精建公司申请再审提交的《加入诉讼申请书》,是陈可为参与另案诉讼而向法院提出的申请,其并非当事人为达成调解协议或和解的目的作出妥协所涉及的对案件事实的认可。该申请书虽为陈可在另案诉讼中所提交,但另案涉及的工程与本案系同一工程。陈可在另案中确认其与陈茂源系合伙关系,在本案中又予以否认,违反了《民事诉讼法》第十三条所确立的民事诉讼应当遵循诚实信用的原则。另,陈茂源在本案一审中陈述,陈可在案涉工程实际施工中作为投资人实际出资。《加入诉讼申请书》载明的内容亦与本案中陈茂源的陈述能够相互印证。因此,本院确认陈可与陈茂源之间系合伙关系。《民法通则》第三十五条第二款规定:"合伙人对合伙的

---

　　① 参见肖峰:《发包人不得仅以与分包人另行签订分包合同并实际支付工程款为由,抗辩总承包人给付分包部分工程款的请求——陕西省咸阳市建筑安装工程总公司与宁夏银峰房地产开发有限公司建设工程施工合同纠纷上诉案》,载最高人民法院民事审判第一庭编:《民事审判指导与参考》(总第 65 辑),人民法院出版社 2016 年版,第 213～214 页。

债务承担连带责任,法律另有规定的除外。偿还合伙债务超过自己应当承担数额的合伙人,有权向其他合伙人追偿。"精建公司主张陈可对陈茂源的债务承担连带支付责任,符合法律规定,应予支持。

【案例来源】

中国裁判文书网,http://wenshu. court. gov. cn。

363　合作方协商一致不再参与项目未来利润分配以及承担债务,且承包人对此表示同意的,项目开发合作商对工程债务不承担连带责任

【关键词】

│建设工程│诉讼主体│合作开发│

【案件名称】

再审申请人深圳市京圳投资有限公司与被申请人四川朗业建筑工程有限公司、四川嘉益房地产有限责任公司建设工程施工合同纠纷案[最高人民法院(2014)民提字第173号民事判决书,2015.1.31]

【裁判精要】

最高人民法院认为:

本案争议的焦点是京圳公司是否应对香河世家二期工程欠款承担连带清偿责任。

第一,嘉益公司与京圳公司签订的《协议书》约定,"京圳公司以一次性获取定额回报方式收回借款本金、获取借款利息、收回投资及投资回报,共计4100万元,京圳公司不再参与任何分配";"香河项目共分两期开发,现已全面完工,目前销售情况住宅已全部售完,商铺及市场部分90%以上未销售"。上述约定说明,双方签订的《协议书》是在两期工程已经完工的情况下进行的权益分配,京圳公司的投资回报已经双方协商确定,其"不再承担其他成本或其他债务"的意思表示明确。同时还包括"不管将来还有多大利润,京圳公司皆不再参与分配"。第二,对于二审判决认定的"香河世家二期工程欠款在《协议书》签订时尚未确定"事实也是不成立的。根据嘉益公司与朗业公司双方签字盖章确认的2007年12月31日制作的《建设工程造价编审确认表》,已经确定了香河世家二期的工程价款,该时间早于《协议书》签订的时间2008年1月9日。第三,赵方尼作为嘉益公司和朗业公司的实际控制人,同时又是嘉益公司和朗业公司的法定代表人,说明其不仅是两个公司财产权益的实际所有人,也是两个公司意志表达的代表人,对于《协议书》的签订,应当认定是嘉益公司

和朗业公司的共同的意思表示,朗业公司诉称"《协议书》签订是嘉益公司和京圳公司恶意串通结果"与事实不符。二审判决"京圳公司对于香河工程一期欠款不承担责任"的判理不适用于香河工程二期欠款缺乏事实与法理依据。

【案例来源】

中国裁判文书网,http://wenshu.court.gov.cn。

二、合作开发

364 合作开发方参与了施工合同的签订和履行，应对承包人承担连带责任

【关键词】

│ 建设工程 │ 工程价款 │ 合作开发 │

【案件名称】

申诉人肇庆市金诚贸易有限公司与被申诉人何永华、肇庆市景铭房地产开发有限公司、肇庆市景铭建筑工程有限公司拖欠工程款及商铺确权纠纷案〔最高人民法院（2017）最高法民再 185 号民事判决书，2018. 6. 29〕

【裁判精要】

最高人民法院认为：

（二）金诚贸易公司是否应与景铭开发公司对何永华主张的债权承担连带责任

鉴于景铭开发公司对再审判决判令其与金诚贸易公司共同支付何永华工程款的判项不持异议，本院对此予以确认。本案关键是金诚贸易公司是否应承担连带责任。《民法通则》第八十七条规定："债权人或者债务人一方人数为二人以上的，依照法律的规定或者当事人的约定，享有连带权利的每个债权人，都有权要求债务人履行义务；负有连带义务的每个债务人，都负有清偿全部债务的义务，履行了义务的人，有权要求其他负有连带义务的人偿付他应当承担的份额。"本院认为，依据本案查明的事实和相关法律规定，金诚贸易公司应与景铭开发公司对何永华主张的债权承担连带责任。

第一，景铭开发公司与金诚贸易公司签订的《合作开发合同》虽然约定景铭开发公司将位于肇庆市天宁南路，东至天宁南路，南至正东路以南 49. 5 米，西至睦民南路，北至正东路的项目（即天福广场 B 区）的建设经营权交由金诚贸易公司负责建设经营管理，金诚贸易公司开发该项目实行独立核算，自负盈亏，收益自享，风险自担，依法纳税，但该约定系金诚贸易公司与景铭开发公司内部权利义务关系的约定，对合同关系以外的第三人并不能当然产生约束力，除非有证据证明该第三人明知其内部关系。第二，鼎湖房地产公司、景铭开发公司、景铭建筑公司签订的《协议书》甲方为景铭开发公司，虽未明确表明金诚贸易公司为甲方，但金诚贸易公司的法定代表

人李旭球在《协议书》甲方"B地块负责人"处的签字应视为代表金诚贸易公司,且在本院组织的庭审中金诚贸易公司认可李旭球系代表其在《协议书》上签字。因此,金诚贸易公司应被视为与景铭开发公司共同作为"甲方"将天福广场土建工程发包给景铭建筑公司。第三,《协议书》第八条约定"A地块建设商品楼(施工图6/D轴以南)负责人:梁月彩;B地块建设商品楼(施工图6/D轴以北)负责人:李旭球",该约定仅明确约定了天福广场A、B地块的不同负责人,并未明确约定天福广场A区和B区分别由景铭开发公司和金诚贸易公司建设经营,即未明确约定金诚贸易公司仅对天福广场B地块承担发包人责任。第四,金诚贸易公司有实际履行施工合同的行为。根据原审查明的事实,金诚贸易公司曾直接支付部分工程款给景铭建筑公司,金诚贸易公司实际履行了发包人的义务。天福广场A区和B区住宅楼和商铺也均已交付景铭开发公司和金诚贸易公司销售和使用。第五,如前所述,何永华作为实际施工人,依据其与景铭建筑公司签订的《承建协议书》实际承接天福广场土建工程,并无证据证明何永华事先知道天福广场A区和B区分别由景铭开发公司和金诚贸易公司建设经营并独立核算。综上,金诚贸易公司应与景铭开发公司对何永华主张的债权承担连带责任。再审判决认定金诚贸易公司应与景铭开发公司共同支付何永华主张的债权,并无不当。金诚贸易公司关于其不应向何永华主张的债权承担连带责任的申诉理由不成立,本院不予支持。

景铭开发公司、景铭建筑公司和何永华已就天福广场全部土建工程进行结算,总工程款50839987.11元(含广州市建筑机械施工公司的桩基础工程款4812846.71元),景铭开发公司已支付工程款2707万元(含广州市建筑机械施工公司的桩基础工程款4812846.71元和商铺抵偿工程款5834955元),金诚贸易公司已支付工程款14106580.09元,尚欠9663407.02元。因此,景铭开发公司和金诚贸易公司应就尚欠的9663407.02元共同对何永华承担清偿责任。虽然金诚贸易公司未参加景铭开发公司、景铭建筑公司和何永华三方达成的结算,但景铭开发公司与金诚贸易公司为共同发包方,因此,景铭开发公司有权代表金诚贸易公司依据《协议书》的约定,与景铭建筑公司和实际施工人何永华对案涉工程款进行结算,该结算结果对金诚贸易公司有约束力。金诚贸易公司如对景铭开发公司代表其与承包人就案涉工程进行结算不服,可另循法律途径主张权利。

金诚贸易公司申诉还主张,二审判决适用《建设工程施工合同解释》第二条属于适用法律错误。本院认为,本案中,案涉工程虽未竣工验收,但根据查明的事实,天福广场A区和B区住宅楼和商铺均已交付景铭开发公司和金诚贸易公司销售和使用,故依据《建设工程施工合同解释》第十三条、第二十六条的规定,何永华有权请求景铭开发公司和金诚贸易公司支付工程款。此外,依据《协议书》第七条约定,景铭开发公司、景程建筑公司与何永华对案涉工程进行结算,符合合同约定,并无不当。

【案例来源】

中国裁判文书网,http://wenshu. court. gov. cn。

编者说明

《国有土地使用权合同解释》(法释〔2005〕5 号)第十四条规定:"本解释所称的合作开发房地产合同,是指当事人订立的以提供出让土地使用权、资金等作为共同投资,共享利润、共担风险合作开发房地产为基本内容的协议。"①合作开发房地产合同一方作为发包人与承包人签订建设工程施工合同,另一方应否承担责任,实践中存在三种观点:第一种观点认为,根据合同相对性原则,承包人只能向签订施工合同的相对人主张,不能向未签订合同的其他合作方主张工程款。第二种观点认为,出地方对外签订合同,出资方不承担连带责任。出资方对外签订合同,出地方承担连带责任。第三种观点认为,合作双方系合伙关系,对外应当承担连带责任。

对此,应当区分以下情况分别处理:(1)属于个人合作开发的,根据《民法通则》第三十四条的规定,类似于个人合伙,由合伙各方承担连带责任。(2)属于企业之间或企业或个人之间合作开发的,需要审查双方的合作协议,如果符合合伙型合作开发的,根据《民法通则》第五十二条的规定,承担连带责任。不属于合伙型合作开发的,根据合同相对性各自独立承担责任。(3)符合《国有土地使用权合同解释》第二十四条、第二十五条、第二十六条、第二十七条规定名为合作开发实为土地使用权转让、房屋买卖、借款合同、租赁合同的,不承担连带责任。(4)合作开发房地产合同成立项目公司的,合作一方或项目公司对外签订合同的,合作他方不承担连带责任。(5)借用资质开发房地产签订施工合同的,借用人与被借用人应当承担连带责任。②

---

① 该条对合作开发房地产合同概念和法律要件作出规定,明确合作开发房地产合同是指两方以上当事人为合作开发房地产而共同出资、共享利润、共担风险的协议。该规定没有将"共同经营"设定为合作开发的必要条件,反映了合作开发房地产合同与传统的联营合同的不同,也充分表达了合作开发房地产合同中共同出资与共担风险的重要性。

② 《江苏省高级人民法院关于审理建设工程施工合同纠纷案件若干问题的解答》(苏高法审委〔2018〕3 号)第二十四条"合作开发房地产合同各方对承包人的责任如何承担"规定:"合作开发房地产合同中的一方当事人作为发包人与承包人签订建设工程施工合同,承包人要求合作各方当事人对欠付的工程款承担连带责任的,应根据合作开发协议等证据查明事实,依法作出裁判。"参见李玉生主编:《建设工程施工合同案件审理指南》,人民法院出版社 2019 年版,第 429~430 页。

365 根据工程规划许可证、施工许可证记载的建设单位名称，结合中标通知书的发放主体、施工合同的签订主体、土地使用权的登记主体等，认定案涉项目的开发主体

【关键词】

│建设工程│诉讼主体│合作开发│共同发包│

【案件名称】

上诉人重庆伟太建筑工程集团有限公司与被上诉人四川浩元恒达实业集团有限公司、四川通泽置业有限公司建设工程施工合同纠纷案［最高人民法院（2018）最高法民终432号民事判决书，2018.7.16］

【裁判精要】

最高人民法院认为：

一、关于通泽公司是否为伟太公司的合同相对人问题

根据已经查明的事实，案涉项目的《建设工程规划许可证》《建设工程施工许可证》记载的建设单位系通泽公司，《中标通知书》系由通泽公司向伟太公司发放，备案的施工合同由通泽公司与伟太公司签订，案涉项目的土地使用权亦登记在通泽公司名下，应当认定通泽公司亦为案涉项目的开发主体。虽然通泽公司辩称项目报批、开发、建设中使用的通泽公司印章系张浩元个人私刻并使用，不具法律效力。但是，首先，就私刻印章的事实，通泽公司提交的证据均系该公司内部股东之间形成，该事实既未得到伟太公司的认可，亦无证据证明伟太公司对此知情。其次，张浩元在2015年10月12日之前担任通泽公司的法定代表人，而案涉工程的报批、《中标通知书》的发送、备案施工合同的签订等行为均发生在张浩元担任通泽公司法定代表人期间。即便确有张浩元私刻印章并予使用之事实，张浩元的上述行为对伟太公司而言亦可被认定为法定代表人的职务行为，由此产生的责任仍应由通泽公司承担。最后，案涉项目的土地使用权在通泽公司名下，通泽公司对案涉项目的开发成果客观上享有法律上的利益，由其承担相应的责任符合民商事法律中权利义务对等原则。因此，本院认定通泽公司和浩元公司系案涉工程的共同发包人，应共同承担向伟太公司支付工程款等合同义务。一审判决认定本案工程发包人仅为浩元公司，属于认定事实错误，本院予以纠正。

【案例来源】

中国裁判文书网，http://wenshu.court.gov.cn。

366 村委会与公司合作开发房地产，村委会委托公司刻制项目合同专用章和财务专用章，施工合同上同时加盖有合作公司印章和项目合同专用章，施工合同履行后产生的债务应由合作双方承担连带清偿责任

【关键词】

| 建设工程 | 工程价款 | 合作开发 | 印章 |

【案件名称】

再审申请人成龙建设集团有限公司与被申请人陕西锦泽置业发展有限公司、西安市莲湖区安远社区居民委员会建设工程施工合同纠纷案［最高人民法院（2018）最高法民再 296 号民事判决书，2018. 12. 29］

【裁判精要】

最高人民法院认为：

（一）关于安远社区应否与锦泽公司连带承担支付工程款责任的问题

原北关村村委会与锦泽公司存在合作开发房地产合同关系。根据原北关村村委会向锦泽公司出具的《委托书》所载明的内容，原北关村村委会委托锦泽公司刻制东方雅典项目合同专用章和财务专用章，成龙公司提供的《建设工程施工合同》上同时加盖有锦泽公司印章和"西安市莲湖区北关村东方雅典项目合同专用章"，据此，《建设工程施工合同》应当认定为原北关村村委会与锦泽公司共同对外作出的意思表示，合同履行后产生的债务应由合作双方承担连带清偿责任。安远社区系原北关村村委会被撤销而设立，为原北关村村委会债权债务的承继人，成龙公司主张安远社区应与锦泽公司连带承担支付工程款的责任，证据和理由充分，应予支持。根据原北关村村委会与锦泽公司签订的《联合开发合同》和原北关村村委会向锦泽公司出具的《委托书》，锦泽公司全权代理实施项目命名、规划、设计、招标、销售、建设管理及负责落实资金，并受原北关村村委会委托刻制印章和对项目进行全程实施，安远社区抗辩主张其未委托锦泽公司在《建设工程施工合同》上加盖"西安市莲湖区北关村东方雅典项目合同专用章"，该合同与其无关，其理由不成立，本院不予采纳。原审法院未判决安远社区与锦泽公司连带承担向成龙公司支付工程款 8856331.08 元及利息的责任，认定事实、适用法律均有错误，本院予以纠正。

【案例来源】

中国裁判文书网，http://wenshu. court. gov. cn。

367 **合作开发房地产情形，不适用针对共有人共有物债权债务处理的法律规定**

【关键词】

|建设工程|工程价款|合作开发|共有|

【案件名称】

上诉人山东亚新设计工程有限公司与被上诉人烟台昆仑房地产开发有限公司、烟台市清泉综合开发有限公司、山东清泉集团有限公司建设工程设计合同纠纷案［最高人民法院（2013）民一终字第 22 号民事判决书，2013.6.27］

【裁判精要】

最高人民法院认为：

（二）亚新公司请求清泉综合开发公司、清泉集团公司对设计费及违约金承担连带责任应否予以支持

亚新公司于上诉请求中主张清泉综合开发公司、清泉集团公司对设计费及违约金承担连带责任的法律依据为《物权法》第一百零二条。本院认为，该法条关于"共有的不动产或者动产产生的债权债务，在对外关系上，共有人享有连带债权、承担连带债务"的规定，旨在解决因共有财产产生的债权债务如何享有和负担的问题。而本案各方为讼争合作开发法律关系的当事人，不属于上述针对共有人共有物债权债务处理的法律规定情形。亚新公司该项上诉主张缺乏事实和法律依据，不能成立。一审判决将昆仑公司与清泉综合开发公司讼争的合作开发合同关系，与本案亚新公司与昆仑公司之间的建设工程设计合同关系作为两个不同的法律关系分别处理，且依据合同相对性原则，将设计费的承担责任限定在设计合同的相对方当事人之间，从而未支持亚新公司就设计费用向清泉综合开发公司及清泉集团公司主张连带清偿责任的诉讼请求，具有事实及法律依据，予以维持。

【案例来源】

中国裁判文书网，http://wenshu.court.gov.cn。

368 **合作开发房地产的产权归属，应当依据合作协议的约定和房产登记情况全面分析**

【关键词】

|建设工程|诉讼主体|合作开发|房屋产权|

【案件名称】

申请再审人南昌新洪房地产综合开发有限公司与被申请人江西省南昌百货总公司、湖南赛福尔房地产开发公司合资、合作开发房地产合同纠纷案［最高人民法院（2011）民申字第777号民事判决书，2011.12.20］

【裁判精要】

裁判摘要：在审理合作开发房地产纠纷时，判断争议房屋产权的归属应当依据合作协议的约定以及房地产管理部门的登记情况全面分析。在没有证据证明双方变更了合作协议约定的情况下，一方当事人仅以为对方偿还部分债务或向对方出借款项、对争议房产享有优先受偿权，以及"五证"登记在其名下等事实为由，主张确认全部房产归其所有的，人民法院不予支持。

最高人民法院认为：

第二，关于合同约定由百货公司拥有的1～3层裙楼是否已由新洪公司买断，原判认定百货公司享有该争议房产产权是否正确的问题。

新洪公司在原审中主张其已经买断争议房产1～3层产权，主要依据是百货公司与新洪公司2001年2月17日签订的《补充协议》、2001年12月17日签订的《借款协议书》、江西高院执行局2001年9月4日、5日执行协调会会议纪要、(2001)赣执字第39-1号民事裁定书（以下简称39-1号裁定）以及合作项目的"五证"（土地使用权证、建设用地规划许可证、建设工程规划许可证、建设工程施工许可证、商品房预售许可证）均登记在新洪公司名下的事实。经审查，《补充协议》约定，为了将中百大厦项目用地从建设银行贷款和赛福尔公司欠款所涉诉讼而进行的查封中解封出来，新洪公司同意帮助百货公司归还建设银行贷款本息730万元，归还赛福尔公司600万元，百货公司同意用合同约定其所获裙楼1、2、3层由新洪公司售后优先受偿，百货公司须在借款期满后一年内以商场招商收入偿还新洪公司债务；如到期不能归还该款，新洪公司须按百货公司指定的评估机构评估，价格须经百货公司同意并报百货公司主管部门批复同意后，方可收购并处置，总金额超出百货公司借款部分，由新洪公司全部付给百货公司。《借款协议》约定，为了完成项目土地转让手续，新洪公司暂借给百货公司726万元，百货公司于2002年12月31日必须归还，如到期不还，百货公司同意用中百大厦所得的第1、2层房屋由新洪公司销售后优先受偿等。江西高院执行局的协调会记录，仅有中国银行徐文斌和新洪公司章主恩参加，百货公司并未参加，记录内容并不涉及百货公司与新洪公司协商转让裙楼1～3层产权的问题。39-1号裁定仅叙述了将原查封的项目地块解封、变更查封中百大厦第一层和第二层的事实，并未体现新洪公司买断争议房产1～3层的事实。从以上新洪公司所提供的证据来看,《补充协议》和《借款协议》仅能证明:新洪公司与百货公司合作开发房地产过程中,双方为了合作项目能顺利进行,新洪公司同意以借款或为百货公司偿还部分债务的方式使项目用地解封出来继续开发,双方之间因此形成了借款关系,百货公司用其应得的裙楼1~3层作为抵押担保,在债务不能偿还时由新洪公司销售后优先受偿;但不能证明百货公司已经同意将1~3层裙楼产权以物抵债,或新洪公司已经买断该部分产权的事实。会议纪要以及39-1号裁定是应新洪公司的异议请求作出的,目的是为了大厦建设的需要,解除对百货公司拥有土地的查封,转而查封属于百货公司的涉案房产。虽然该裁定表述了新洪公司用涉案房产进行抵押的内容,但并非对涉案房产产权归属的确认。关于"五证",新洪公司作为项目开发商,办在其名下符合常理,但持有"五证"并不能说明其拥有大厦全部房屋的所有权,从而否定联建合同对涉案房产所有权分配的约定。因此,新洪公司上述证据及理由不能证明其已经买断1~3层裙楼产权的诉讼主张。

百货公司与新洪公司签订的联建合同为有效合同,应受法律保护,按照合同约定,案涉裙楼1~3层属百货公司所有。在中百大厦建成后,房地产登记机关根据人民法院生效法律文书,为百货公司办理了争议房产的房产证及土地使用权证。根据公示公信原则,该争议房产的产权应属于百货公司所有。虽新洪公司对该房屋产权一直存有争议,但新洪公司所提出的执行异议经江西省井冈山市人民法院审查,认为其异议不能成立,已裁定予以驳回;此外,对于争议房产的权属,新洪公司本应通过正常的诉讼渠道寻求救济,但其一直怠于行使诉权,在此情况下,原审法院依据双方当事人签订的合同以及政府部门颁发的产权证,认定百货公司享有争议房屋产权并无不当。

新洪公司认为,即便按照合同约定裙楼1~3层属百货公司所有,现房产证所载明的1层也并非合同约定的争议层1层,房产证载明的1层实际为架空层0层,为消防通道层,合同约定的1层应为该层之上的第二层,百货公司应得的部分是目前大楼的2、3、4层,因此原判将房产证1层产权确定为百货公司所有属认定事实错误。经审查,合同约定裙楼建8层,百货公司拥有1~3层;目前裙楼已建设完毕,包括新洪公司所述0层在内共8层;新洪公司所谓作为消防通道的架空层0层即地面以上第一层,目前除少量用于消防通道外,其余部分用做国恩酒店的大堂、精品廊、瓷器店等商务用房;新洪公司认为约定属百货公司享有的第四层已被新洪公司抵押并变卖给他人用于偿债。根据我国民用建筑设计标准,"架空层"是指仅有结构支撑而无外围护结构的开敞空间层。现裙楼地面以上第一层从结构到用途显然与上述定义不符,不应视为架空层。由于裙楼楼层数与合同约定相同,并未因新洪公司所谓的架空层出现而多出一个楼层,因而目前的裙楼8层即应视为合同约定建设的1~8层,地面以上第一层即为1层,从该层起算至第三层按照合同约定即应属于百货公司,原判将1~3层产权确定为百货公司享有并无不当。另外,新洪公司已将第四层抵押并变卖他人偿债的行为与其辩称的地面以上第一层为0层架空层、2~4层属约定为百货公司所有的主张相矛盾,该行为亦证明了地面以上第1~3层属百货公司,第四层以上属新洪公司所有的事实。再者,在新洪公司提交南昌市档案馆备案的中百大厦设计图、竣工图中也不存在架空层0层。因此,新洪公司关于房产证载明的1层属合同以外的架空层0层,不属争议房产,原判将该层产权确定为百货公司所有属认定事实错误的主张不能成立,本院不予支持。

【案例来源】

《中华人民共和国最高人民法院公报》2013年第1期(总第195期)。

三、委托代建

369 代建模式下业主和代建单位之间是委托代理关系，投资人是业主，代建单位承担项目管理责任，获取管理费、咨询费和相关提成

【关键词】

│建设工程│诉讼主体│委托代建│债务加入│

【案件名称】

上诉人美建建筑系统（中国）有限公司与被上诉人青海明瑞房地产开发有限公司、西宁城通交通建设投资有限公司、西宁城市投资管理有限公司建设工程施工合同纠纷案［最高人民法院（2018）最高法民终59号民事判决书，2018.5.22］

【裁判精要】

最高人民法院认为：

七、关于西宁交投、西宁城投是否应承担连带付款责任的问题

承担连带责任必须有当事人约定或者法律规定。本案中西宁交投、西宁城投与美建公司均未签订合同，西宁交投与明瑞公司之间的《合作协议》也未约定连带责任，因此本案不存在由西宁交投、西宁城投承担连带责任的合同依据。至于本案是否符合法定连带责任，美建公司提出四点理由，本院逐一分析：

（一）美建公司主张西宁交投是真正的发包人，应对工程产生的债务承担责任。《合同法》第二百六十九条规定，建设工程合同是承包人进行工程建设，发包人支付价款的合同。西宁交投虽拥有项目产权，但从其与明瑞公司签订的《合作协议》所约定的内容及合作方式来看，西宁交投将案涉项目的开发建设权授权给明瑞公司，由明瑞公司作为全资投资人进行开发建设，该协议并非建设工程合同，并且西宁交投也未与其他主体签订任何建设工程合同，也不承担支付价款的义务，故西宁交投并不具备建设工程法律关系中的发包人地位，其并非案涉项目的发包人。明瑞公司通过合法招投标程序取得案涉项目工程发包主体资格、具备支付工程价款能力并承担付款义务，应认定为案涉项目的发包人。需要指出的是，即便将西宁交投认定为真正的"发包人"，其也并非当然对工程产生的债务承担责任。在发包人与实际施工人并无合同关系时，发包人仅在特定条件下就欠付工程款对实际施工人承担连带责任，其法律依据为《建设工程施工合同解释》第二十六条，但该条因突破了合同相对

性故对其适用有严格限制:首先,该条的立法目的在于解决农民工的权益保护和救济途径问题;其次,除合同相对方破产、下落不明等实际施工人难以保障权利实现的情形外,原则上不准许实际施工人提起以不具备合同关系的发包人、总承包人为被告的诉讼;最后,还需存在转包、非法分包、借用资质等违反法律、行政法规强制性规定导致合同无效的情形。就本案而言,并不符合上述条件,不能适用该条款。因此,美建公司以西宁交投系发包人为由要求其承担连带责任,缺乏事实和法律依据。

(二)美建公司主张西宁交投于2012年9月14日参与支付工程款2090万元,属于债务加入,应承担连带责任。构成债务加入必须有第三人明确的意思表示,同意与债务人共同承担债务。本案《钢结构施工合同》的付款义务人是明瑞公司,西宁交投支付的2090万元系代明瑞公司付款,该行为并不能证明西宁交投有与明瑞公司共同承担支付工程款义务的意思表示,不构成债务加入。

(三)美建公司主张西宁交投、西宁城投、明瑞公司构成联营关系。经查,联合项目部是工程开工后设立的处理紧急事务和项目管理的临时机构,并不符合《民法通则》第五十二条关于联营的定义,不构成联营。此外,美建公司关于构成项目法人的主张亦缺乏法律依据。

(四)美建公司还从"代建"的角度提出主张。代建模式下,业主和代建单位之间是委托代理关系,投资人是业主,代建单位承担项目管理责任,获取管理费、咨询费和相关提成。明瑞公司是案涉项目的唯一投资人,负责项目开发建设,承担整个项目的投资风险,本案并不符合代建法律关系的特征。即便从代建的角度讲,委托代建与工程施工是两个独立的法律关系,也不应由委托人对工程欠款承担连带责任。因此,美建公司以上理由均不能成立,对其要求西宁交投、西宁城投对明瑞公司的债务承担连带责任的上诉主张,本院不予支持。

【案例来源】

中国裁判文书网,http://wenshu. court. gov. cn。

370 委托代建合同纠纷案件的法律适用

【关键词】

| 建设工程 | 诉讼主体 | 委托代建 | 转包 |

【案件名称】

上诉人郑州市正岩建设有限公司与被上诉人北京八威众信国际投资有限公司建设工程施工合同纠纷案[最高人民法院(2015)民一终字第118号民事判决书,2015.6.18]

【裁判精要】

最高人民法院认为:

(一)关于案涉《承包协议书》及《补充协议》的性质和效力问题

本院认为,《承包协议书》及《补充协议》的性质为建设工程施工合同,一审判决认定上述合同因违反《招标投标法》而无效并无不当。第一,从八威公司与正岩公司之间签订的《承包协议书》及《补充协议》的内容看,是典型的建设工程施工合同,八威公司是发包方,正岩公司是承包方。依据上述合同,正岩公司承建的是通许县第一高级中学新校区项目中的土建、安装等工程。八威公司不是分包该工程中的部分项目,而是以发包人的身份将整个工程发包给正岩公司施工。因此,八威公司与正岩公司之间不是建设工程分包合同关系,而是建设工程的发包与承包合同关系。第二,案涉项目的性质决定其关系着公共安全,属于《招标投标法》规定的必须进行招投标的项目,八威公司与正岩公司未进行招投标即直接签订合同,一审法院以该合同违反《招标投标法》为由认定该合同无效,认定事实清楚,适用法律正确。第三,正岩公司有关通许县政府与八威公司之间的合同才是建设工程施工合同,该合同因违反《招标投标法》而无效,且该合同无效,不影响其与八威公司之间的分包合同效力的主张不能成立。通许县政府与八威公司所签订的合同不是建设工程施工合同,不属于《招标投标法》的调整范畴。八威公司的性质是投资公司而非从事建设工程施工的建筑企业。其代通许县政府投资通许县第一高级中学新校区项目是作为建设方而不是施工方来参与项目的开发建设。《招标投标法》除了保障建筑市场中的公平竞争外,更主要的目的是通过招投标,选择确定具有与工程项目要求相符资质的施工单位,以科学、合理的工程造价来进行施工,以保证工程质量。而八威公司根本不是建筑企业,该公司从事投资管理的专业性质决定其不可能直接承包案涉工程项目的施工,而只是代通许县政府作为案涉项目的建设方向项目投资。换句话说八威公司就是通许县政府为案涉项目确定的投资人,案涉项目由八威公司投资并作为建设方负责选择施工单位进行建设,建成后由通许县政府购买。之所以说通许县政府与八威公司之间的合同不受《招标投标法》的调整,是因为该合同并非是确定一个必须进行招投标的项目最终由哪个施工单位进行施工的合同。该合同既不涉及建筑施工企业是否通过公平竞争进入案涉项目,也与如何确定施工企业及其与工程质量相关的工程款等问题无关。但如果通许县政府与八威公司之间的合同无效,则直接影响到八威公司与正岩公司之间的合同效力,因为,如果八威公司的发包人地位被否定,则其与正岩公司签订的《承包协议书》及《补充协议》就失去了基础。而且,《建筑法》第二十八条明确规定:"禁止承包单位将其承包的全部建筑工程转包给他人,禁止承包单位将其承包的全部建筑工程肢解以后以分包的名义分别转包给他人。"也就是说,如果八威公司是将通许县政府发包的案涉工程项目的土建和装修工程分包给正岩公司,则该合同无疑属于转包而非分包,而上述合同因属于违法转包工程而无效。故对于正岩公司有关通许县政府与八威公司之间的合同才是建设工程施工合同,该合同因违反《招标投标法》而无效,且该合同无效,不影响其与八威公司之间分包合同的效力的主张,本院不予支持。

【案例来源】

中国裁判文书网,http://wenshu.court.gov.cn。

编者说明

委托代建通常包括三方主体:建设单位、代建单位(发包人)、承包人。《国务院关于投资体制改革的决定》(国发〔2004〕20 号)中规定"对非经营性政府投资项目加快实行代建制,即通过招标等方式,选择专业化的项目管理单位负责控制项目投资、质量和工期,建成后移交给使用单位",并要求在全国范围内推行建设工程项目的代建制,肯定了代建制的合法性。目前,立法机关的立法理念是将占建筑市场很大份额的政府工程实行强制的委托代建制度。有观点认为,委托代建合同与施工合同是两个独立的法律关系,原则上在审理建设工程施工合同纠纷案件中,不宜追加委托人为本案当事人,不宜判令委托人对发包人偿还工程欠款承担连带责任。委托人也无权以承包人为被告向人民法院提起诉讼,主张承包人对工程质量缺陷承担责任。委托人与代建人就委托代建合同发生的纠纷,也不宜追加承包人为本案当事人。①

前述最高人民法院二审判决书认为,如果代建单位以发包人身份将整个代建工程发包给施工单位施工,其与施工单位之间是建设工程发包与承包合同关系;如果代建单位将代建工程中的部分项目分包给施工单位,其与施工单位之间是建设工程转包合同关系。

371 委托代建合同中受托人的责任承担

【关键词】

│ 建设工程 │ 诉讼主体 │ 委托代建 │ 过错 │

【案件名称】

上诉人呼和浩特市东瓦窑农副产品批发市场公司有限责任公司与被上诉人呼和浩特市东瓦窑房地产开发有限责任公司、原审第三人呼和浩特市建筑工程有限责任公司委托代建合同纠纷案 [最高人民法院二审民事判决书]

---

① 参见冯小光:《回顾与展望——写在〈最高人民法院关于审理建设工程施工合同纠纷案件适用法律问题的解释〉颁布实施三周年之际》,载最高人民法院民事审判第一庭编:《民事审判指导与参考》(总第 33 集),法律出版社 2008 年版,第 85 页。

【裁判精要】

裁判摘要:根据《合同法》第四百零六条的规定,有偿的委托合同,因受托人的过错给委托人造成损失的,委托人可以要求赔偿损失。无偿的委托合同,因受托人的故意或者重大过失给委托人造成损失的,委托人可以要求赔偿损失。受托人超越权限给委托人造成损失的,应当赔偿损失。根据《合同法》第一百零七条的规定,受托人处理委托事务时,因不可归责于自己的事由受到损失的,可以向委托人要求赔偿损失。

最高人民法院认为:

(一)关于房地产公司交付工程是否违约的问题

批发市场公司主张,根据协议书第三条第(一)项、第五条第(一)(三)项和第六条第(一)项的规定,房地产公司向批发市场公司提供施工合同,按约定交付建设工程。根据房地产公司与呼建公司签订的《建设工程施工合同》,综合楼、冷库和大棚等工程于1999年12月15日竣工,可见房地产公司向批发市场公司交付建设工程的时间是1999年12月15日,但房地产公司所承建的建设工程没有正式验收,而且主要工程综合楼没有交付,因此房地产公司交付工程违约。房地产公司主张,本案的性质是委托代建关系,房地产公司只收取管理费,所以其后果应由委托人批发市场公司自己承担,因此房地产公司不存在违约的问题。房地产公司不仅与呼建公司签订了《建设工程施工合同》,还与其余十多家公司签订了施工合同,所以1999年12月15日不是房地产公司向批发市场公司交付工程的时间,包括《建设工程施工合同》在内的施工合同约定的时间只对房地产公司和合同的相对方发生效力,对批发市场公司无效。协议书也没有约定房地产公司向批发市场公司交付工程的时间。所以,房地产公司在履行交付工程义务时没有违约。

本院认为,本案的性质为委托代建关系。对此,双方当事人均无异议。根据《合同法》第四百零六条"有偿的委托合同,因受托人的过错给委托人造成损失的,委托人可以要求赔偿损失"的规定,受托人的违约责任以其存在过错为前提。这是委托合同与其他合同在违约责任承担这一点上最大的区别。其他合同违约责任的归责原则是严格责任,一旦违约事实出现,就应当承担责任,除非有法定或者约定的免责事由。据此,批发市场公司要追究房地产公司在交付建设工程方面的违约责任,必须证明房地产公司在交付建设工程方面存在过错。如果没有证据证明房地产公司在这方面存在过错,即使迟延交付,房地产公司也不承担责任。从批发市场公司提供的证据来看,其没有举出房地产公司在交付建设工程方面存在过错的证据。根据财务审计鉴定,房地产公司不仅没有挪用批发市场公司拨付的委托代建款,而且还为批发市场公司的利益垫付资金。此外,批发市场公司也没有举证证明房地产公司在履行与施工单位的施工合同过程中存在未按照施工合同的约定付款的行为。即使批发市场公司举出了这些证据,还要看批发市场公司是否按时拨付代建款。由于批发市场公司不能证明房地产公司在交付建设工程方面存在过错,其上诉理由不能成立,不予支持。

(二)关于以东瓦窑村委会的名义向信用社的借款200万元是否是委托代建款的问题

批发市场公司主张,以东瓦窑村委会的名义向信用社的借款200万元,全部交付房地产公司作为前期投入。对此,为了便于结算,东瓦窑村委会已经将此笔款项相应的权利转让给房地产公司。这与协议书前言部分"结合前期工作的运行情况和具体条件"是相衔接的,并非无关。房地产公司主张,协议书签订于1999年1月,而200万元款项发生在1998年6月22日,因此,该款项只能是借款,而不可能是代建款。

本院认为,批发市场公司提出的"为了便于结算,东瓦窑村委会已经将此笔款项相应的权利转让给房地产公司","这与协议书前言部分'结合前期工作的运行情况和具体条件'是相衔接的"等理由没有证据加以证实。据此,批发市场公司的此点上诉理由不能成立,不予支持。

(三)关于房地产公司是否应当赔偿批发市场公司可得利益的问题

由于房地产公司在交付建设工程上没有违约,故批发市场公司要求房地产公司赔偿可得利益的上诉主张,不予支持。

(四)关于房地产公司的205万元垫付款,批发市场公司是否应当支付利息的问题

批发市场公司主张,若客观上存在垫付资金的情形,但基于其没有依约征得同意且事后也未告知,对此形成的所谓利息损失也应自负。房地产公司主张,其在批发市场公司缺乏资金的情况下,为委托人批发市场公司的利益垫付款项,批发市场公司应当支付利息,况且批发市场公司于2002年6月20日给房地产公司出具的欠条已经表明,批发市场公司知道房地产公司为其进行了垫付款。关于垫付款项的具体数额,房地产公司提供了2000年5月24日、9月21日建设银行进账单及建设银行批发市场公司资金存款明细账能够证明房地产公司将155万元存入批发市场公司基建专用账户。房地产公司还提供建设银行2001年12月30日、2002年12月30日两份进账单能够证明其将100万元进入批发市场公司基建专用账户。房地产公司认可批发市场公司已偿还50万元,批发市场公司尚欠房地产公司50万元。故房地产公司共垫付款项为205万元。对此事实,一审法院已经查明,本院予以认可。

本院认为,根据《合同法》第四百零七条"受托人处理委托事务时,因不可归责于自己的事由受到损失的,可以向委托人要求赔偿损失"的规定,在批发市场公司缺乏资金的情况下,房地产公司为其垫付款项,属于"不可归责于自己的事由受到损

失",况且批发市场公司知道房地产公司为其垫款的事实,故批发市场公司应当支付该笔款项的利息。批发市场公司的此点上诉理由不能成立,本院不予支持。

(五)关于内蒙古光明会计师事务所出具的财务审计鉴定结论和《鉴定报告》是否应当采信的问题

批发市场公司主张,内蒙古光明会计师事务所出具的财务审计鉴定结论不具有客观真实性,如财务审计结论第三项写明:"本次审计,对已支付的部分材料款、青苗补偿费、拆迁费等由于截至审计之日无法分清该项工程与其他工程占用数额……"关于《鉴定报告》,批发市场公司对外包合同价 5055976 元和管理费 1268656 元有异议。房地产公司主张,财务审计结论和《鉴定报告》都应当采信。

本院认为,对于财务审计结论,批发市场公司虽然提出异议,但提出的证据否定了自己的观点。财务审计结论第三项第 1 目全文是:"本次审计,对已支付的部分材料款、青苗补偿费、拆迁费等由于截至审计之日无法分清该项工程与其他工程占用数额,故本次审计对此未进行确认。"财务审计没有对无法分清的该项工程与其他工程占用数额进行审计,故批发市场公司关于财务审计结论不真实的上诉理由不能成立。

对于《鉴定报告》,批发市场公司主张,对外包合同价应按照房地产公司与外包单位签订的合同及实际支付费用的凭证确定,不属鉴定机构确定工程造价的范围。本院认为,批发市场公司虽然提出了自己的主张,但并没有提供证据否定《鉴定结论》关于外包合同价的结论。双方在一审对《鉴定结论》进行质证时,批发市场公司也只发表自己的观点,并没有证据对该结论进行否定。根据《最高人民法院关于民事诉讼证据的若干规定》第二条第二款的规定,批发市场公司应当承担不能举证的后果。关于管理费 1268656 元,其异议只是认为批发市场公司不应当支付。对于这一问题,将在下一个问题进行阐述。故批发市场公司提出的此点上诉主张不能成立,不予支持。

(六)关于批发市场公司是否应当支付房地产公司管理费 1268656 元的问题

批发市场公司主张,建设工程还没有完全交付,所以不应支付管理费。房地产公司主张,根据协议书第一条的规定,批发市场公司应该支付管理费。

本院认为,批发市场公司是否应当支付管理费,应该严格按照协议书的约定进行。协议书第一条约定:房地产公司"按扩建项目的全部结算款项的 5% 收取建设单位管理费",而本案的结算款项已经鉴定确定。据此,批发市场公司应当支付 1268656 元管理费。

(七)关于 5 万元的罚款是否应当作为代建费的问题

批发市场公司主张,5 万元的罚款是因为房地产公司管理不当造成的,故应当由房地产公司承担。房地产公司主张,5 万元的罚款是因为违法占地造成的,而违法占地的只可能是批发市场公司。

　　经审查,5 万元罚款的原因是违法占地。违法占地的主体是批发市场公司。因此,5 万元应由批发市场公司负担。由于该罚款已从代建费中支出,故应当作为代建款。

【权威解析】

　　本案的核心在于,委托人批发市场公司主张受托人房地产公司没有按期交付房屋,应当承担赔偿责任。而受托人则认为,其是为委托人的利益代建房屋,代建的后果应该由委托人自己承担,所以不存在自己没有按期交房承担违约责任的问题。那么,本案应该如何处理呢?

　　处理本案的关键在于正确认识法律关系的性质。法律关系的性质不同,其结果就大不一样。如果是建设工程合同,那么承包人就负有按期交付建设工程的义务。一旦出现没有按期交付工程的情况,承包人原则上就要承担违约责任,除非有法定的或者约定的免责事由或者减轻责任的事由。这时的归责原则是严格责任原则,而不是过错责任原则。因此,即使因为第三人的原因导致承包人没有按期交房,承包人也得向发包人承担违约责任。承包人仅仅举证证明自己没有过错还不能免除或者减轻自己的责任。承包人要免除或者减轻自己的责任,必须举出约定的或者法定的事由。

　　如果是委托代建合同,根据《合同法》第四百零六条"有偿的委托合同,因受托人的过错给委托人造成损失的,委托人可以要求赔偿损失"的规定,受托人承担的是过错责任,而不是严格责任。也就是说,受托人只需要证明自己没有过错就足够了,而不必像建设工程承包合同的承包人那样,必须承担严格责任,必须举出证据证明有法定的或者约定的免责事由或者减轻责任的事由。法律之所以作如此规定,是因为委托合同的后果由委托人承担,利益由委托人享有,受托人只能收取一定的报酬。如果要求受托人承担严格责任,既对受托人不公平,也违背风险和利益相一致的原理。本案中,房地产公司只收取 5% 的管理费,如果让其承担和建设工程承包合同中承包人一样的责任,显然不符合委托合同的要求。

　　就本案来看,房地产公司只收取涉案工程 5% 的管理费,其性质为委托代建关系。对此,双方当事人均无异议。既然如此,那么批发市场公司要追究房地产公司在交付建设工程问题上的违约责任,必须证明房地产公司在交付房屋问题上存在过错。从本案来看,批发市场公司应该从如下两方面举出证据:(1)房地产公司没有将委托代建款全部用于代违工程,存在挪作他用的情形。(2)在批发市场公司足额拨付代建款的情况下,房地产公司没有按照其与第三人签订的建设工程施工合同的约定拨付工程款。就第一方面的证据而言,虽然批发市场公司有这方面的主张,但是,根据审计鉴定,房地产公司并没有挪用委托代建款。因此,批发市场公司这一主张并没有相应的证据加以证明。就第二方面的证据来看,批发市场公司根本就没有提供这方面证据。即使批发市场公司举出了这些证据,还要看房地产公司未按时拨付代建款的具体原因。如果是因为批发市场公司的原因造成房地产公司不能按时向施工单位拨付工程款,也不能追究房地产公司没有按照约定交付工程的责任。

就房地产公司而言,其要举证证明其不承担交付房屋的责任,需要提供如下几方面的证据:(1)本案是委托代建关系,不是建筑工程施工合同关系。(2)其没有挪用代建款。(3)积极履行其与施工单位签订的施工合同。就第一方面的证据来看,房地产公司已经多次强调本案为委托代建关系,不是施工合同关系。对此,批发市场公司也认可。就第二方面的证据来看,根据财务审计鉴定,房地产公司并没有挪用批发市场公司拨付的委托代建款。因此,其没有过错。就第三方面的证据来看,由于批发市场公司并没有举出房地产公司未按照其与施工方签订的施工合同的约定拨付工程款,所以房地产公司不用抗辩。虽然如此,房地产公司仍然举出了其为了批发市场公司的利益,积极履行其与施工方签订的施工合同,在委托人公司拨付的代建款不足的情况下,还为了委托人的利益为其垫付了工程款。

通过以上分析,批发市场公司并没有举出房地产公司在履行委托代建合同中存在过错的证据。相反,房地产公司还举出了其为了批发市场公司的利益为批发市场公司垫付工程款的证据。因此,批发市场公司要求房地产公司承担违约责任的主张没有证据证明,其主张不能得到人民法院的支持。

特别需要指出的是,在二审中,批发市场公司是按照建设工程施工合同的发包人的地位进行举证的。批发市场公司认为,只要没有按期交付工程,房地产公司就应该承担违约责任。因此,批发市场公司的举证重点在于证明委托合同中的按约定交付工程中的交付工程的时间。即使在这个问题上,批发市场公司的证据也是不充分的,因为房地产公司除了与呼建公司签订施工合同外,还与其他十多家单位签订了施工合同。更何况房地产公司与施工单位签订的施工合同约定的交付房屋的时间只对合同双方发生效力。因此,委托代建合同关于房地产公司何时将委托代建的工程交付给批发市场公司,其约定是不清的。约定不清楚的责任在于双方。此外,即使批发市场公司证明了房地产公司应该向其交付工程的时间,但如果不能证明房地产公司存在过错,其仍然不能要求房地产公司承担违约责任。因此,交付房屋的时间在本案不具有多少法律意义。从批发市场公司的角度看,举证证明房地产公司在履行委托代建合同中存在过错才是批发市场公司胜诉的关键。然而,批发市场公司举证的重点却没有放在这点上,导致其没有举出这方面的证据。总的来看,批发市场公司在二审中混淆了委托代建关系与施工合同的关系,从诉讼策略上看是失败的。当然,二审过程中,合议庭也注意审查房地产公司是否在履行委托代建合同中存在过错。从批发市场公司举出的证据来看,不能证明房地产公司存在过错。相反,房地产公司还为批发市场公司垫付工程款,这足以证明房地产公司为了委托人的利益积极履行义务,不存在怠于履行义务的情况。

顺便谈谈本案签订委托代建合同的真实原因。根据二审庭审查明的情况,房地产公司的法定代表人刘素琴是东瓦窑村的村民,在外经商发了财。东瓦窑村认为刘素琴会经商,会跑关系,所以就签了本案的委托代建协议,约定房地产公司只收取5%的管理费用。实际上这5%的管理费是给刘素琴跑关系的好处费。刘素琴也给东瓦窑村跑了关系,包括到国家计委立项、协助贷款等。因为涉案的批发市场不扩建,就要被拆除,而批发市场是东瓦窑村的"命根子",所以,出现了本案的委托代建合同,否则东瓦窑村完全可以和施工单位直接签订施工合同,没有必要签订委托代建协议,因为委托代建协议对批发市场公司实际上是不利的。

关于房地产公司为批发市场公司垫付的205万元资金,批发市场公司是否应当支付利息的问题。这就涉及受托人在处理委托事务遭受的损失,是否有权要求委托人赔偿的问题。根据《合同法》第四百零七条"受托人处理委托事务时,因不可归责于自己的事由受到损失的,可以向委托人要求赔偿损失"的规定,在受托人没有过错的情况下,委托人应该赔偿其损失。就本案而言,在批发市场公司缺乏资金的情况下,房地产公司为其垫付款项,该款项的利息显然属于"不可归责于自己的事由受到损失",况且批发市场公司知道房地产公司为其垫款的事实,故二审判决批发市场公司应当支付该笔款项的利息。[①]

【案例来源】

最高人民法院民事审判第一庭编:《民事审判指导与参考》(总第32集),法律出版社2008年版,第221~224页。

[①] 参见杨永清:《委托合同中受托人责任的承担——呼和浩特市东瓦窑农副产品批发市场有限责任公司与呼和浩特市东瓦窑房地产开发有限责任公司委托代建合同纠纷上诉案》,载最高人民法院民事审判第一庭编:《民事审判指导与参考》(总第32集),法律出版社2008年版,第225~227页。

四、关联公司

372 关联公司与发包人人格混同，应承担连带清偿责任

【关键词】

|建设工程|工程价款|关联公司|人格混同|

【案件名称】

上诉人陕西江林房地产开发有限公司、陕西江林投资集团有限公司、陕西江林龙腾置业有限公司与被上诉人实事集团建设工程有限公司建设工程施工合同纠纷案［最高人民法院（2018）最高法民终1251号民事判决书，2018.12.29］

【裁判精要】

最高人民法院认为：

三、关于三公司是否存在人格混同，江林投资公司、江林置业公司应否就江林房地产公司欠付实事集团的工程款本金及利息承担连带清偿责任的问题

第一，根据一审已查明的事实，在案涉工程施工期间，江林房地产公司、江林置业公司均为江林投资公司的控股子公司，三公司的法定代表人同为王占林，三公司的股份由王占林及其家庭成员分别持有，实际上为王占林及其家庭控股，三公司办公住所基本一致，可以认定三公司在人员组成方面有混同。而三公司认为江林置业公司的控股股东为北京宝瑞汇盈投资有限公司，但该股东发生变化的事实不能否定案涉工程施工期间江林置业公司创始股东为王占林及其家庭成员的事实，故三公司的该上诉理由不能成立。第二，江林房地产公司、江林置业公司的经营范围均为房地产开发、销售、物业管理，可以看出两家公司的实际经营业务内容一致。江林新城项目系江林置业公司开发的房地产项目，但江林新城项目的相关广告推介上载明的开发商却是江林房地产公司，江林房地产公司还以开发商的名义出席了江林新城涉及的城中村改造项目相关活动，可以认定两家公司在业务方面存在混同。而三公司在事后否定自己通过大众媒体对外宣传的公司经营的重大事实来抗辩三公司之间不存在业务混同，该理由难以成立。第三，江林房地产公司曾直接用江林置业公司开发的江林新城项目中的商品房向实事集团抵偿工程款，并以自己的名义直接出具了江林新城项目购房款的收款收据，且该抵偿已经实现。显然江林房地产公司与江林置业公司在财产方面也存在一些混同。综合以上事实，虽然三公司均具有独立法

人地位,但不能否定三公司在人员、业务、财产等方面存在一些混同的事实。一审法院参照《公司法》第二十条第三款,判决江林投资公司、江林置业公司对江林房地产公司欠付实事集团的工程款本金及利息承担连带清偿责任,有利于实事集团的正当权益得到有效保护,适用法律并无不当。

【案例来源】

中国裁判文书网,http://wenshu.court.gov.cn。

编者说明

《公司法》第二十条第三款规定:"公司股东滥用公司法人独立地位和股东有限责任,逃避债务,严重损害公司债权人利益的,应当对公司债务承担连带责任。"最高人民法院指导案例15号徐工集团工程机械股份有限公司诉成都川交工贸有限责任公司等买卖合同纠纷案明确了以下裁判要点:(1)关联公司的人员、业务、财务等方面交叉或混同,导致各自财产无法区分,丧失独立人格的,构成人格混同。(2)关联公司人格混同,严重损害债权人利益的,关联公司相互之间对外部债务承担连带责任。

本案中,三公司在管理层、住所地、股东、经营范围、财务等方面高度混同,彼此人格难为第三人所区分,其人格混同已经侵及了债权人实事集团的利益,违背了诚实信用原则,其行为本质和危害后果与《公司法》第二十条第三款规定的情形相当,故应参照该规定由江林置业公司、江林投资公司对江林房地产公司欠付实事集团的工程款及利息承担连带清偿责任。①

373 一人有限责任公司的股东不能证明公司财产独立于股东自己的财产的,应当对公司债务承担连带责任

【关键词】

│建设工程│工程价款│一人公司│人格混同│

【案件名称】

上诉人东建建设集团有限公司与上诉人青海景洲房地产开发有限公司、江西景洲实业有限公司、艾卫平及被上诉人青海景洲房地产开发有限公司共和分公司建设工程施工合同纠纷案[最高人民法院(2018)最高法民终915号民事判决书,2018.10.3]

---

① 参见盈城律师团队:《最高人民法院2018年建设工程案件审判研究报告》,载"盈城诀"微信公众号,刊登日期:2019年4月22日。

【裁判精要】

最高人民法院认为：

（三）关于一审判决认定青海景洲公司与艾卫平及江西景洲公司之间构成人格混同并判由艾卫平、江西景洲公司承担连带责任是否正确的问题

本院认为，根据《公司法》第六十三条"一人有限责任公司的股东不能证明公司财产独立于股东自己的财产的，应当对公司债务承担连带责任"的规定，从一审查明的事实看，艾卫平持有青海景洲公司100%股权，该公司属上述规定中的一人有限责任公司，由于在本案中艾卫平未提交证据证明公司财产独立于其个人财产，一审法院依照上述法律规定判决艾卫平对青海景洲公司的本案债务承担连带责任，并无不当。

至于青海景洲公司与江西景洲公司之间，经查，青海景洲公司和江西景洲公司的业务范围相同，均为经营房地产开发；在人员方面，艾卫平同为青海景洲公司和江西景洲公司的法定代表人，分别持有二公司100%和99%的股权，艾卫平对江西景洲公司的决策具有绝对控制权，且二公司在青海省高级人民法院审理的（2017）青民初105号民事调解书中，委托诉讼代理人均为二公司的总工程师程军正，上述事实表明，该二公司存在人员混同的情形；在财务方面，青海景洲公司在向青海省人力资源和社会保障厅的申请书中，将江西景洲公司、青海景洲公司设立的银行账户均称为"我公司银行账户"，可见二公司在财务上亦存在混同情形。此外，二审期间，青海景洲公司与艾卫平及江西景洲公司系以同一份上诉状共同提起上诉，一并交纳诉讼费用，且未能区分各自份额，该事实亦可证明三者之间存在人员和财产上的混同。故一审法院认定青海景洲公司与艾卫平及江西景洲公司之间人格混同，并判决艾卫平、江西景洲公司与青海景洲公司承担支付工程款的连带责任并无不当。

【案例来源】

中国裁判文书网，http://wenshu.court.gov.cn。

374 原告主张一人公司的股东与该公司存在人格混同，鉴于该股东未举证证实该公司财产独立于股东的财产，其应对该公司的债务承担连带责任

【关键词】

│建设工程│一人公司│人格混同│

【案件名称】

上诉人浙江昆仑建设集团股份有限公司与上诉人安徽文越投资置业有限公司、安徽省文化和旅游厅及被上诉人安徽省文化厅机关服务中心建设工程施工合同纠纷案［最高人民法院（2018）最高法民终207号民事判决书，2018.12.28］

【裁判精要】

最高人民法院认为：

（二）关于机关服务中心应否对文越公司应支付款项承担连带责任问题

经查，文越公司是机关服务中心出资设立的一人有限责任公司，机关服务中心是文越公司的唯一股东，虽然机关服务中心并非文越公司与昆仑公司《建设工程施工合同》的当事人，但根据《公司法》第六十三条"一人有限责任公司的股东不能证明公司财产独立于股东自己的财产的，应当对公司债务承担连带责任"的规定，机关服务中心在本案中就其是否与文越公司之间存在财产混同承担举证责任。鉴于机关服务中心在昆仑公司主张其与文越公司存在人格混同的情况下，只是辩称自己应在出资范围内承担有限责任，仍未举证证实文越公司财产独立于机关服务中心财产，故其应对文越公司欠付昆仑公司的相关款项承担连带责任。一审判决以昆仑公司未提交充分证据证明文越公司与机关服务中心财产混同为由，判令机关服务中心不承担连带责任，举证责任分配不当，导致判决民事责任承担错误，应予以纠正。

【案例来源】

中国裁判文书网，http://wenshu. court. gov. cn。

---

375 一人公司提交了近年度财务审计报告，证明其与股东之间没有财产混同，原告也未举证证明股东滥用一人公司法人独立地位以逃避债务严重损害其债权人利益，故对原告要求股东对一人公司的债务承担连带责任的请求不予支持

【关键词】

│建设工程│工程价款│一人公司│财产混同│

【案件名称】

上诉人南京圣火环境科技有限公司与被上诉人贵州鑫晟煤化工有限公司、贵州水城矿业股份有限公司建设工程施工合同纠纷案［最高人民法院（2018）最高法

民终 239 号民事判决书,2018.7.27]

【裁判精要】

最高人民法院认为:

(四)关于水矿公司应否对鑫晟公司的债务承担连带责任

《公司法》第二十条规定,公司股东滥用公司法人独立地位和股东有限责任,逃避债务,严重损害公司债权人利益的,应当对公司债务承担连带责任。第六十三条规定,一人有限责任公司的股东不能证明公司财产独立于股东自己的财产的,应当对公司债务承担连带责任。水矿公司虽系鑫晟公司的唯一股东,但鑫晟公司提交了2011 年至 2015 年度的财务审计报告,证明鑫晟公司与水矿公司之间没有财产混同,圣火公司也未主张并提交证据证明水矿公司滥用鑫晟公司法人独立地位以逃避债务严重损害其债权人利益,故一审对于圣火公司要求水矿公司对鑫晟公司的债务承担连带责任的请求不予支持并无不当,本院亦予维持。

【案例来源】

中国裁判文书网,http://wenshu.court.gov.cn。

376 原告未举证证明股东的财产与公司的财产发生混同,主张夫妻公司参照一人公司的相关法律规定追究股东的连带清偿责任,法律依据不足

【关键词】

│建设工程│工程价款│一人公司│财产混同│

【案件名称】

上诉人西安天虹电气有限公司与被上诉人青海力腾新能源投资有限公司、李平建设工程施工合同纠纷案［最高人民法院(2018)最高法民终 1184 号民事判决书,2018.12.26]

【裁判精要】

最高人民法院认为:

(三)关于李平应否承担连带清偿责任的问题

天虹公司认为,李平变相抽空公司资产,使力腾公司无偿债能力;且力腾公司为夫妻公司,应参照一人公司的特殊规定,由李平对力腾公司债务承担连带责任。本院认为,结合原审查明的事实,力腾公司系李平和其妻子常向青出资设立,公司股东

并非一人且均已全面履行出资义务,天虹公司亦无证据证明李平的财产与力腾公司的公司财产发生混同,天虹公司主张参照一人公司的相关法律规定追究李平的连带清偿责任,法律依据不足;一审判决认定李平不承担连带清偿责任,并无不当,本院予以维持。

【案例来源】

中国裁判文书网,http://wenshu. court. gov. cn。

377 承包人主张发包人股东应在抽逃出资本息范围内承担补充赔偿责任的,负有相应的举证责任

【关键词】

│建设工程│抽逃出资│举证责任│

【案件名称】

上诉人江苏卧牛山保温防水技术有限公司、宁夏润恒农产品市场有限公司与被上诉人江苏润恒农产品有限公司、江苏润恒物流发展有限公司建设工程施工合同纠纷案[最高人民法院(2018)最高法民终906号民事判决书,2018.10.26]

【裁判精要】

最高人民法院认为:

三、关于江苏润恒公司和润恒物流公司是否应当在其抽逃出资本息范围内对宁夏润恒公司不能清偿部分的债务承担补充赔偿责任的问题

宁夏润恒公司作为独立法人,具有独立承担民事责任的能力,应以其公司财产对公司债务承担民事责任。江苏润恒公司和润恒物流公司作为宁夏润恒公司的股东,不是案涉三份施工合同的当事人。宁夏永昌联合会计师事务所出具的验资报告书,可以证明经该所验资,截至2015年8月13日宁夏润恒公司的注册资金9.5亿元全部到位,江苏润恒公司和润恒物流公司不存在出资不实的情形。虽然卧牛山公司认为江苏润恒公司和润恒物流公司存在抽逃出资的嫌疑,但其所提交的证据不足以证明江苏润恒公司和润恒物流公司存在抽逃出资的行为。故一审法院认定卧牛山公司的该项诉讼请求缺乏事实和法律依据,并无不当,本院予以维持。卧牛山公司此项上诉主张不能成立,不予支持。

【案例来源】

中国裁判文书网,http://wenshu. court. gov. cn。

378 客观上债务人将自有资产折价入股不会必然导致该公司偿债能力的下降，债权人可以通过执行其在入股公司享有的合法股权来实现债权

【关键词】

　　|建设工程|在建工程|入股|

【案件名称】

　　申诉人廉江市第一建筑工程有限公司与被申诉人广东振熙投资管理有限公司、许至荣、广州鑫侨投资顾问有限公司建设工程施工合同纠纷案［最高人民法院（2017）最高法民再318号民事判决书，2018.4.12］

【裁判精要】

　　最高人民法院认为：

　　本案再审争议的焦点有以下两点：

　　一、振熙公司是否应就鑫侨公司与廉江一建之间的涉案工程款承担连带责任问题。（1）根据原审查明事实，廉江一建分别先后就涉案工程项目签订四份施工合同，前两份是与鑫侨公司签订的，后两份与振熙公司签订的。鉴于廉江一建与振熙公司之间关于涉案项目收尾部分工程款的纠纷已经通过另案解决，鑫侨公司与振熙公司是两个独立的民事主体，根据合同相对性原则，本案中廉江一建主张的拖欠工程款是发生在其与鑫侨公司之间的欠款，故廉江一建应当向鑫侨公司主张由其承担债务责任，原审法院判决振熙公司不承担责任并无不当。（2）振熙公司就鑫侨公司对廉江一建所应承担的债务是否应当承担连带责任问题。首先，《最高人民法院关于审理与企业改制相关的民事纠纷案件若干问题的规定》第七条关于"企业以其优质财产与他人组建新公司，而将债务留在原企业，债权人以新设公司和原企业作为共同被告提起诉讼主张债权的，新设公司应当在所接收的财产范围内与原企业共同承担连带责任"的规定，适用于与企业改制相关的民事纠纷案件，本案中鑫侨公司与振熙公司均不属于该规定中的适用主体。廉江一建关于《经营协议》中约定的鑫侨公司将协议签订时现有的在建工程折价入股振熙公司，却将在协议签订前已有工程产生的一切债务留在鑫侨公司违反上述规定的主张，原审法院不予采信并无不当。其次，该规定第七条的规定意在于保护债权人权益不受债务人通过转移财产恶意规避债务的影响，而本案中廉江一建并没有提供相关证据证明鑫侨公司将在建工程折价入股振熙公司存在规避债务的主观恶意，且在客观上鑫侨公司将自有资产折价入股不会必然导致该公司偿债能力的下降，债权人可以通过执行其在振熙公司享有的合法股权来实现债权。故振熙公司就鑫侨公司对廉江一建所应承担的债务承担连带

责任没有法律和事实依据。

二、许至荣作为振熙公司股东是否存在未足额出资的问题,若存在未足额出资的情况,许至荣是否应就振熙公司对廉江一建所应承担的债务承担连带清偿责任问题。在振熙公司不承担连带责任的情况下,许至荣作为振熙公司的股东,其是否足额履行了出资义务并不是本案的审理焦点。此外,本案并不满足"揭开公司面纱"由股东许至荣对外承担责任的条件。因此,原审法院认定许至荣不对鑫侨公司所欠廉江一建的债务承担连带清偿责任并无不当。

【案例来源】

中国裁判文书网,http://wenshu. court. gov. cn。

379　母公司已全面履行出资义务的,不应就子公司的债务承担补充赔偿责任

【关键词】

｜建设工程｜诉讼主体｜母公司｜

【案件名称】

上诉人中铁十五局集团有限公司与被上诉人内蒙古太西煤集团股份有限公司及原审被告内蒙古太西煤集团民勤金阿铁路有限责任公司建设工程施工合同纠纷案［最高人民法院（2019）最高法民终 65 号民事判决书,2019. 4. 11］

【裁判精要】

最高人民法院认为:

根据中铁十五局的上诉请求及各方的辩论意见,本案的争议焦点为:太西煤集团是否未全面履行出资义务,从而应承担补充赔偿责任。

根据一审法院查明的事实,太西煤集团全额出资依法设立子公司金阿铁路公司,系金阿铁路公司唯一的股东。金阿铁路公司营业执照载明该公司注册资本为 4 亿元,中铁十五局对目前太西煤集团已实际出资 4 亿元的事实亦不持异议。根据《公司法》第二十六条"有限责任公司的注册资本为在公司登记机关登记的全体股东认缴的出资额"之规定,太西煤集团已完全履行出资义务。

中铁十五局认为,金阿铁路公司设立时公司章程规定"最终注册资本金为项目批准概算总投资的 100%,公司注册资本金一次性认缴,分期到位",甘肃省发改委文件批复核准案涉项目总投资额为 7.8 亿元,且金阿铁路公司于 2010 年、2011 年分别进行增资、注册资本变更登记为 3 亿元、4 亿元,据此,太西煤集团认缴出资额应为

7.8亿元,目前实际出资仅为4亿元,尚未全面履行出资义务,应承担补充赔偿责任。即便如中铁十五局所主张的,结合本院查明的事实,本院认为,第一,根据《合同法》第一百零五条"债权人免除债务人部分或者全部债务的,合同的权利义务部分或者全部终止"之规定,债权人单方作出放弃部分或全部债权的意思表示,即可产生债务部分或全部消灭的法律后果。本案中,太西煤集团将对金阿铁路公司享有的4亿元债权通过债转股的方式对其进行增资,即包含向金阿铁路公司作出免除4亿元债务的意思表示。且太西煤集团于《承诺函》中保证该债务的真实性,并在任何情况下均不以债权人身份向金阿铁路公司主张,其单方法律行为已经产生了金阿铁路公司4亿元债务消灭的效果。第二,太西煤集团的董事会决议与金阿铁路公司股东会决议,均同意将太西煤集团对金阿铁路公司享有的4亿元债权通过债转股的方式转增注册资本4亿元,且《承诺函》中承诺前述股东会决议及债转股事宜真实有效。第三,2015年11月23日,金阿铁路公司作出公司章程修正案,变更后公司章程载明公司股东太西煤集团出资额为人民币8亿元,占注册资本的100%,证明太西煤集团增资4亿元情况属实,亦符合金阿铁路公司设立时公司章程中"最终注册资本金为项目批准概算总投资的100%"的规定。第四,金阿铁路公司股权因办理出质登记而被冻结,暂无法办理注册资本变更登记,并非为损害债权人中铁十五局的权利而恶意拖延。且公司注册资本发生变更而未办理登记,不能否定太西煤集团已经实际出资8亿元的事实。综合以上,太西煤集团已全面履行了出资义务,不应就金阿铁路公司的债务承担补充赔偿责任。

【案例来源】

中国裁判文书网,http://wenshu.court.gov.cn。

诉讼程序

一、诉讼请求

380 **发包人以工程质量不符合合同约定或者法律规定为由，要求承包人支付违约金或者赔偿金的，应当提起反诉**

【关键词】

│建设工程│程序│违约金│反诉│

【案件名称】

上诉人黑龙江四海园建筑工程有限公司与上诉人齐齐哈尔医学院附属第三医院建设工程施工合同纠纷案［最高人民法院（2018）最高法民终 965 号民事判决书，2018.11.29］

【裁判精要】

最高人民法院认为：

五、四海园公司应否支付违约金

本案系四海园公司向齐三院追索工程欠款及利息等的建设工程施工合同纠纷，齐三院在四海园公司一审起诉后，并未反诉主张四海园公司承担违约责任。齐三院关于四海园公司应逾期交工给齐三院造成损失应支付违约金的上诉主张，本院不予支持。

【案例来源】

中国裁判文书网，http://wenshu.court.gov.cn。

编者说明

承包人起诉发包人索要工程欠款，发包人主张工程质量存在问题故应少付、不付工程款，或者要求承包人赔偿损失的，程序上是作为抗辩还是反诉处理，《建设工程施工合同解释（二）》第七条进行了明确，规定："发包人在承包人提起的建设工程施工合同纠纷案件中，以建设工程质量不符合合同约定或者法律规定为由，就承包人支付违约金或者赔偿修理、返工、改建的合理费用等损失提出反诉的，人民法院可以合并审理。"

1. 抗辩和反诉的区别。包括两个方面：一是是否超过原告诉讼请求范围，二是是否具有独立给付请求的内容。如果被告的主张没有超过原告的诉请范围，也没有请求给付内容，则属于抗辩；反之属于反诉。

2. 本条规定明确: (1) 发包人仅主张少付、不付工程款的,构成抗辩; (2) 发包人要求承包人支付违约金或者赔偿修理、返工、改建的合理费用等损失的,属于独立的给付请求,构成反诉。

3.《最高人民法院关于适用〈中华人民共和国民事诉讼法〉的解释》第二百三十二条规定:"在案件受理后,法庭辩论结束前,原告增加诉讼请求,被告提出反诉,第三人提出与本案有关的诉讼请求,可以合并审理的,人民法院应当合并审理。"据此,对于发包人在法庭辩论结束前提出的反诉,符合受理条件的,法院应当与本诉合并审理,而不是告知当事人另行起诉。

381 一审法院对于被告就工程质量提出的反诉应当受理而未受理,属于适用法律错误,但不属于《民事诉讼法》规定的严重违反法定程序的情形,可以不发回重审,当事人就其一审所提之反诉主张可另诉解决

【关键词】

│ 建设工程 │ 程序 │ 反诉 │ 发回重审 │

【案件名称】

上诉人辽阳亚龙房地产开发有限公司与被上诉人中国建筑第八工程局有限公司建设工程施工合同纠纷案 [最高人民法院(2016)最高法民终 135 号民事判决书,2016. 4. 12]

【裁判精要】

最高人民法院认为:

一、关于一审法院对亚龙公司的反诉未予受理是否符合法律规定的问题

依据《最高人民法院关于适用〈中华人民共和国民事诉讼法〉的解释》第二百三十二条关于"在案件受理后,法庭辩论结束前,原告增加诉讼请求,被告提出反诉,第三人提出与本案有关的诉讼请求,可以合并审理的,人民法院应当合并审理"的规定,亚龙公司应当在一审法庭辩论终结前提出反诉。经本院二审查明,一审法院于2014 年 3 月 4 日第一次公开开庭审理,之后,亚龙公司于2014 年 8 月 12 日向一审法院书面提出了反诉。尽管此时亚龙公司的反诉已经超过了法定期限,但在 2015 年 4 月 22 日,一审法院重新组成合议庭后,重新对本案公开开庭审理,并告知了亚龙公司享有依法提出反诉的权利。亚龙公司在此次庭审中仍坚持自己的反诉主张,因此,亚龙公司提出反诉的期限应当重新起算,故其在此次庭审前提出的反诉并未超过法定期限。一审法院对亚龙公司的反诉未予受理属于适用法律错误,且仅在一审判决书"本院认为"部分中对亚龙公司的反诉予以驳回,没有以裁定形式作出处理,

存在违反法定程序的情形。但就亚龙公司的反诉而言,其反诉与本诉虽属同一法律关系,但该反诉与本诉系可分之诉,即亚龙公司可另行诉讼,且其在二审庭审中自称已经就该反诉向辽宁省辽阳市中级人民法院另行提起了诉讼,仅是在等待本案二审结果而尚未交纳诉讼费用。据此,一审法院虽违反法定程序但并未影响亚龙公司就反诉请求的诉讼权利及实体权利。况且,本案一审法院存在的上述问题并不属于《最高人民法院关于适用〈中华人民共和国民事诉讼法〉的解释》第三百二十五条规定的严重违反法定程序的情形,即不符合《民事诉讼法》第一百七十条第一款第(四)项发回重审的法定条件。因此,对于亚龙公司要求将本案发回重审的上诉主张,本院不予支持,就其一审所提之反诉主张可另诉解决。

【案例来源】

中国裁判文书网,http://wenshu.court.gov.cn。

382 原告起诉表示合同效力问题以一审判决认定为准,且表明即使合同无效,其诉讼请求数额也不变更,而仅将请求支付延迟付款违约金变更为请求赔偿损失,故一审未向其释明变更诉讼请求不构成程序违法

【关键词】

│建设工程│程序│合同效力│释明│

【案件名称】

上诉人西安天虹电气有限公司与被上诉人青海力腾新能源投资有限公司、李平建设工程施工合同纠纷案〔最高人民法院(2018)最高法民终1184号民事判决书,2018.12.26〕

【裁判精要】

最高人民法院认为:

(一)关于一审法院认定《总承包合同》无效应否向天虹公司释明变更诉讼请求的问题

天虹公司认为,一审法院在查明涉案《总承包合同》签订前未进行招标、投标的事实后,即依职权认定该合同因违反效力性强制性法律规定而无效,但并未依法向其释明变更诉讼请求,属程序违法。

本院认为,天虹公司虽未请求一审法院认定合同效力,但其请求力腾公司支付欠款本金及迟延付款违约金的基础为《总承包合同》有效。一审法院依职权审查合同效力时查明,涉案合同签订前未依法进行招标投标程序,违反法律强制性规定,应

属无效,确与天虹公司主张的合同效力不一致。但经查,就《总承包合同》的效力认定问题,一审法院曾明确要求天虹公司于庭后提交书面意见,而天虹公司提供的书面回复意见,一方面承认涉案工程确实未履行招投标程序,一方面表示合同效力问题以一审判决认定为准,且表明即使《总承包合同》无效,其主张的诉讼请求具体数额也不变更,而仅将请求力腾公司按照同期中国人民银行贷款利率四倍支付延迟付款违约金变更为请求其按照同期中国人民银行贷款利率四倍赔偿损失。据此,一审未予明确释明并未影响天虹公司诉讼请求,同时天虹公司亦知道合同效力的认定与其诉讼请求的关系,故天虹公司主张一审法院程序违法,无事实和法律依据,本院不予支持。

【案例来源】

中国裁判文书网,http://wenshu.court.gov.cn。

383 一审法院认定款项的性质系被告欠付的工程款而非原告所理解的工程进度款及质保金,对款项性质认定的不同并不属于超出当事人的诉讼请求

【关键词】

│ 建设工程 │ 程序 │ 诉讼请求 │

【案件名称】

上诉人南京圣火环境科技有限公司与被上诉人贵州鑫晟煤化工有限公司、贵州水城矿业股份有限公司建设工程施工合同纠纷案[最高人民法院(2018)最高法民终239号民事判决书,2018.7.27]

【裁判精要】

最高人民法院认为:

(一)关于一审是否超出诉请

圣火公司主张,其一审的诉讼请求是要求鑫晟公司、水矿公司按照《终止协议》的约定支付工程进度款及质保金,但一审将案涉工程是否结算以及是否需要进行审计作为争议焦点,已超出其诉讼请求。

本院查明,圣火公司向一审法院起诉请求判令两被告连带支付3600万元及违约金,其依据为"暂估总额为3.6亿元"的10%。但鑫晟公司(甲方)与圣火公司(乙方)2014年4月1日签订的《终止协议》已明确约定,双方同意从该协议签署之日起30日内,乙方提供完整合格的EPC工程合同结算资料,进入结算程序,交付完整的

竣工档案资料,以便开展工程结算及审计工作。甲方在收到乙方具备结算条件资料后 120 日内完成工程的结算和审计工作,甲方负责选择审计机构开展审计工作,乙方派专人配合中介机构审计。2016 年 2 月 18 日,圣火公司出具《变更工程结算书》对《总承包合同》约定的施工内容的变更内容进行结算变更。同年 8 月 21 日,圣火公司向会计师事务所出具《关于对鑫晟煤化工 3200TPD 水泥生产线工程结算初审意见的回复》,对会计师事务所出具的初审意见提出异议。2017 年 4 月 20 日,会计师事务所出具了《审核意见》。故鑫晟公司与圣火公司事实上已经按照 2014 年 4 月 1 日《终止协议》的约定进入"工程后期结算",不仅已开展工程结算,而且业已开展审计工作,故圣火公司显然不能再以结算前的暂估总额要求鑫晟公司支付工程进度款及质保金。圣火公司一审诉请主张 3600 万元及违约金,一审判令支持其 1200 万元。虽然一审认定该款项的性质系鑫晟公司欠付的工程款而非圣火公司所理解的工程进度款及质保金,但对款项性质认定的不同并不属于超出当事人的诉讼请求。

但圣火公司向一审法院起诉请求:(1)判令两被告连带支付 3600 万元及违约金(暂计算至 2017 年 5 月 2 日为 17082000 元,请求按照每日万分之五的标准,自 2014 年 4 月 11 日计算至实际付清之日);(2)诉讼费用由两被告承担。一审判决:鑫晟公司于判决生效后 15 日内,支付圣火公司工程款 1200 万元。案件受理费 307210 元,由圣火公司负担 237760 元,由鑫晟公司负担 69450 元。故一审判决虽认为圣火公司诉请工程款数额不应全部支持,但判项并未明确驳回圣火公司的其他诉讼请求,本院对此予以纠正。

【案例来源】

中国裁判文书网,http://wenshu.court.gov.cn。

384 虽然发包人一审起诉时仅主张承包人承担延期违约金,并未主张延期损失的赔偿责任,但延期违约金的约定就是为了弥补延期交工给发包人造成的损失,二者并无实质差异,法院结合实际,以工期延误损失的名义,可以酌定由施工方向发包人承担工期延误赔偿责任

【关键词】

| 建设工程 | 程序 | 诉讼请求 | 工期延误 | 赔偿损失 |

【案件名称】

再审申请人熊山林、重庆天字实业集团有限公司、重庆天字实业集团有限公司西宁分公司与被申请人青海云海环保服务有限公司建设工程施工合同纠纷案

[最高人民法院（2018）最高法民再 419 号民事判决书，2018.11.29]

【裁判精要】

最高人民法院认为：

本案各方争议的焦点问题为：二审判决是否存在超诉讼请求裁判的情形。

经审查，本案一审时，云海公司根据合同约定，以案涉工程工期延误为由，请求：(1)由天字公司及天字西宁分公司向云海公司支付工期延误违约金 2800000 元。(2)由天字公司及天字西宁分公司、熊山林连带承担赔偿云海公司培训中心综合楼外墙保温材料修复费用 647621 元；本案诉讼费、鉴定费 50000 元由天字公司及天字西宁分公司、熊山林承担。一审法院经审理后，判决：(1)天字公司、天字西宁分公司于本判决生效后十五日内支付云海公司培训中心综合楼外墙保温材料修复费用 647621 元，熊山林承担连带给付责任；(2)驳回云海公司的其他诉讼请求。该判决作出后，熊山林及云海公司均不服提起上诉。熊山林上诉请求：(1)请求依法撤销一审判决第一项内容，并依法改判驳回云海公司的诉讼请求；(2)判令全案诉讼费、鉴定费由云海公司、天字公司、天字西宁分公司承担。云海公司上诉请求：(1)依法改判，支持云海公司一审的全部诉讼请求；(2)本案诉讼费由熊山林、天字公司、天字西宁分公司承担。可见，云海公司在一审起诉时并未向熊山林主张工期延误的违约责任，一审判决对此亦未予认定及判决；判决后，熊山林及云海公司向二审法院提出上诉时，亦仅针对一审判决内容进行上诉，并未涉及熊山林应否承担工期延误的违约责任承担问题，但二审法院最终判决熊山林与天字公司及其西宁分公司共同赔付云海公司 840000 元的工期延误损失，该处理结果已超出了云海公司一审的诉讼请求及二审上诉请求，属超诉讼请求进行裁判的情形，本院予以纠正，熊山林该再审申请理由能够成立，本院予以支持。

熊山林、天字公司及其西宁分公司还主张，云海公司一、二审中系请求工期延误的违约金，并未主张工期延误损失的赔偿责任，但二审判决判令由天字公司及其西宁分公司、熊山林承担工期延误损失的赔偿责任，属超出诉讼请求裁判。对此，本院认为，本案确实存在因施工方延期完工给云海公司造成一定损失的情形，虽云海公司一审起诉时仅主张天字公司及天字西宁分公司承担延期违约金，并未主张延期损失的赔偿责任，但实际上延期违约金的约定就是为了弥补延期交工给云海公司造成的损失，二者并无实质差异。为平衡双方当事人利益，使因工期延误致云海公司的损失得以弥补，并考虑到节约诉讼成本和司法资源等因素，二审法院结合本案实际，以工期延误损失的名义，酌定判由施工方向云海公司承担 840000 元的工期延误赔偿责任，并无不妥。故熊山林、天字公司及天字西宁分公司的该再审申请理由不能成立，本院不予支持。此外，经审查，天字公司、天字西宁分公司在收到二审诉讼文书及开庭传票后，无正当理由未出庭应诉，在二审法院向天字西宁分公司的总经理文波核实是否收到诉讼文书和开庭传票,并问及未出庭的理由时,其明确表示:"天字公司作为被上诉人,参不参加开庭无所谓。"可见,天字公司及其西宁分公司明知其实体权利可能存在不受法律保护的情况下,仍拒绝参加二审诉讼活动,怠于行使其诉讼权利,该行为应当视为天字公司及其西宁分公司放弃了其二审诉讼中应诉答辩的诉讼权利,并对二审判决可能作出的认定和裁判内容予以接受。既如此,天字公司及其西宁分公司在本案中并不具备再审利益,本院对其再审申请理应不予审查。否则,可能变相鼓励或纵容经合法传唤而拒不到庭应诉的当事人滥用再审程序,造成司法资源的浪费,也有违民事诉讼两审终审的基本制度。故天字公司及天字西宁分公司再审申请理由,本院不予采纳。

【案例来源】

中国裁判文书网,http://wenshu.court.gov.cn。

编者说明

最高人民法院民一庭意见认为:对当事人诉讼请求的理解应当客观全面,不能机械和片面。承包人之所以未主张工程款利息,是基于合同有效的认识,二审法院在认定双方当事人所签建设工程施工合同无效时,不能以承包人没有主张工程款欠款利息而简单予以发回重审。如果承包人基于合同有效提出了违约金主张,而当事人对合同无效的过错清楚,损失确定明了且并未超出当事人请求的数额范围,从司法为民和提高诉讼效率出发,人民法院可以不将案件发回重审,直接判决发包人承担工程欠款的利息损失。①

385 被告在前诉中主张抗辩权,又以同一事实另行起诉的情形下,本案诉讼应否就抗辩权是否成立进行审理

【关键词】

| 建设工程 | 程序 | 抗辩权 | 另行起诉 | 审理范围 |

【案件名称】

申请再审人深圳南方电力建设有限公司与被申请人江苏省华建建设股份有限公司深圳分公司建设工程施工合同纠纷案[最高人民法院再审民事判决书]

---

① 参见最高人民法院民一庭:《一审判决支持承包人要求支付尚欠工程款本金及逾期付款违约金的诉讼请求,二审认定建设工程施工合同无效,能否判决发包人承担工程欠款的利息损失》,载最高人民法院民事审判第一庭编:《民事审判指导与参考》(总第38集),法律出版社2009年版,第218~219页。

【裁判精要】

裁判摘要:在前诉中,被告以原告未依约履行相关合同义务为理由行使履行抗辩权,同时又以同一理由另行起诉,请求对方当事人承担违约责任的,前诉人民法院应对抗辩权是否成立的事实进行审理。一方面,这是抗辩权在实体法上的要求,另一方面,也是诉讼法保障诉讼经济、实现纠纷解决实效性的要求。

最高人民法院认为:

(一)关于南方公司拒绝付款的抗辩权是否成立的问题

根据双方当事人的申请与答辩,该问题涉及两个层次,第一层次为程序问题,即本案应否就南方公司主张的拒绝付款抗辩权进行审理。第二层次为实体问题,即如果本案应当审理,则南方公司主张的抗辩权是否成立。

关于本案应否就南方公司提出的抗辩进行审理的问题,《工程承包补充协议书》第六条第二款约定:"主体工程封顶后,合格部分工程进度款在十五天支付,其进度款按主体工程款累计的30%作为第一次支付,以后按每月支付10%,主体工程款支付到85%时停止支付。"第四款约定:"工程竣工验收后,达到合格标准,工程款支付到90%。工程结算款留3%作工程质量保修金,其余款项一次付清。"结合该条第一款的合同约定可知,涉案合同的履行顺序为,华建公司先全垫资施工至封顶,南方公司再依照合同约定的比例支付工程进度款和工程款,因此,华建公司的垫资施工的履行义务在先,南方公司支付工程款的履行义务在后。南方公司以华建公司履行义务不符合约定为由拒绝支付工程款,是行使先履行抗辩权的行为,如该抗辩权成立,在法律效果上的表现是南方公司有权拒绝支付全部或部分工程款。因此,该抗辩权的行使是南方公司在本案诉讼中提出的攻击防御方法,应在本案中进行审理并作出裁判。

另外,南方公司另案起诉江苏省华建建设股份有限公司及其深圳分公司并形成(2007)深中法民五初字第14号案件的诉讼请求是要求华建公司承担擅自停工的违约责任,该诉讼请求独立于本案南方公司主张的先履行抗辩权,且本案诉讼形成在前,(2007)深中法民五初字第14号案件起诉在后,因此,南方公司主张的先履行抗辩权应在本案中进行审理。

综上所述,广东省高级人民法院二审判决认为南方公司已在广东省深圳市中级人民法院就裙楼停工的原因、停工是否构成违约以及应如何承担违约责任等问题另行起诉,因此对此问题不予审理的结论法律依据不足,应予纠正。

关于南方公司主张拒绝付款的抗辩权是否成立的问题,南方公司认为,由于华建公司擅自停工导致E栋楼至今未封顶,南方公司支付工程款的前提条件不具备。华建公司则认为,E栋楼停工的原因在于南方公司变更设计、不提供图纸导致华建公司无法继续施工,因此,南方公司拒绝付款的抗辩权不能成立。本院认为,首先,华建公司提供的由涉案工程的监理方深圳市中行建设监理有限公司南方国际广场监理办(以下简称中行公司)于 2004 年 1 月 10 日作出的《工程停工通知》上记载："江苏华建南方国际广场项目部:接南方电力建设有限公司工程部谭经理通知,E 栋标高 20 米以上使用功能改变,需增加容积率,特通知贵项目部施工至 20 米标高时暂停施工,待增容手续办理完毕后,另行通知 E 栋开工时间。"华建公司提供的由南方公司、中行公司、华建公司以及其他单位于 2004 年 1 月 16 日参加的工程例会纪要上记载了中国第十九冶金建设公司深圳分公司(为涉案工程的钢结构制作安装工程的承包方,以下简称十九冶公司)的意见:"因 E 栋增建 53 层酒店,目前增容手续未办理完毕,华建与十九冶均暂停施工,通知已发。"2004 年 2 月 27 日的工程例会纪要中记载了十九冶公司的意见:"甲方尽快确定下 E 区 20.00M－24.00M 层钢结构的变更。"2004 年 3 月 5 日的工程例会记载了相同的内容。2004 年 6 月 18 日,华建公司向南方公司发出《关于要求工期顺延、落实工程签证的函件》,其中记载"E 栋 20m以上结构变更图纸,到目前为止已经 5 个月"。南方公司工作人员谭土福在该函件上签字确认收到。2004 年 9 月 2 日,华建公司向南方公司再次发出的《关于要求工期顺延及签证函件》上记载"E 栋 20M 以上结构变更图纸到目前为止已经 8 个月多"。南方公司工作人员谭土福签字确认收到。2004 年 12 月 28 日,华建公司制作《施工现场签证单》就 E 栋楼的施工问题作出了如下记载:"E 栋标高 20.00－24.00 墙体模板、钢筋,于 2004 年元月 20 日施工完毕后,由于设计修改,停工至今,停工期间的有关费用,经甲乙双方有关人员多次协商,同意以下计费方法,请速给予确认:……"该签证单对E 栋的停工期间产生的工程量及其费用详细列明,监理方中行公司盖章,且其工程师罗贤伟签字予以确认,南方公司工作人员李民标注"经二次核算属实",并与南方公司工作人员刘志成分别签字确认。2004 年 12 月 31 日的工程例会纪要中记载了华建公司的意见"E 栋 24 米和 28 米的土建施工图纸未到"。2005 年 1 月 17 日,华建公司就 2005 年 1 月 12 日南方公司发出的 E 栋 24 米的结构修改单向南方公司和监理公司发出《施工联系函》,记载:"……因为该变更单只是甲方工程部画的一个意向草图,不是深圳电子院设计有限公司的正式变更单,且 24 米增加层次属于重大结构修改。如没有设计院的正式变更,我方将不能按此图施工。请甲方、监理尽快催促设计院拿出此部位的修改文件,以便我方施工。"监理方中行公司的总监理王庆国签字确认收到。上述证据有监理方中行公司的签字确认,或者有中行公司和南方公司双方的签字确认,应当作为认定本案事实的证据。另外,更为重要的是,根据广东省深圳市中级人民法院(2007)深中法民五终字第 2529－2532.2535 号民事判决,在南方公司与张晗等五户购买"南方国际广场"的业主之间的商品房预售合同纠纷中,上诉人南方公司在上诉状中明确陈述:"……现南方国际广场已完成竣工验收并已交给业主使用,不能办理房地产证的原因并非上诉人之责任,而是上诉人与五分之四的业主达成了一致意见,同意对南方国际广场 E 栋增建酒店,且由于政府部门规划行政审批至今未能答复,导致南方国际广场 E 栋增建酒店工程至今无法动工,造成整体项目无法通过深圳市规划局的规划验收,致使暂时无法办理房地产证⋯⋯"这是南方公司关于 E 栋楼未能完工原因的陈述,应当予以确认。因此,上述证据能够证明:在施工过程中,南方公司欲改变 E 栋楼的使用功能,通知监理方中行公司和华建公司就此部分暂停施工。由于南方公司一直未能提供符合合同约定的 E 栋楼 20M 以上的设计变更图纸,导致华建公司停工至今。

另外,南方公司为支持其抗辩,提供了十九冶公司分别于 2004 年 2 月 28 日、2004 年 3 月 10 日、2005 年 4 月 15 日发出的《施工联系函》,有华建公司停工的描述,但是并未说明停工的原因,且该《施工联系函》无监理方中行公司和华建公司的签字确认,与前述中行公司于 2004 年 1 月 10 日作出的《工程停工通知》以及 2004 年 1 月 17 日、2004 年 2 月 27 日的工程例会纪要相比较,显然证明力更弱。其次,南方公司提供的华建公司于 2004 年 12 月 3 日向南方公司发出的《工程联系函》作为其证据,但该联系函上记载:"⋯⋯根据市质检总站、档案馆规定,所有工程变更资料须由设计院出具正式设计变更文件,然后由贵司现场工程部发出施工指令。而贵司从 2004 年 5 月以来,很多做法及变更无设计院签署的变更设计文件,仅由工程部签发。鉴于实际情况,我司要求:1. 请按规定将已施工的变更资料补办手续;2. 未施工的我司将按设计图纸和设计部门签署的变更文件施工。"该联系函记载的内容不能反映南方公司主张其未就 E 栋楼提出设计变更的事实,相反,在一定程度上也反映了南方公司在施工过程中不断作出设计变更的情况。南方公司提供的 2004 年 11 月 12 日的工程例会纪要中,记载了南方公司的意见,其中一项为"E 栋钢结构进场施工"。本院认为,由于钢结构施工部分由十九冶公司承包,该证据不能证明停工的原因,也不能证明双方就 E 栋楼的复工达成了一致。同样,南方公司作为证据提交的 2005 年 1 月 7 日的工程例会纪要中记载:"E 区 24 米钢结构、浇制轮 17 日完成。28 米钢结构及饶制轮元月 31 日完成(图纸未完善的李民商量解决)。"该证据恰恰说明至 2005 年 1 月 7 日,E 栋楼的设计图纸尚未完善。而南方公司提供的深圳市城市建设档案馆所保存的施工资料中记载了涉案工程曾下达停工令 1 次,下达复工令 1 次,该记载内容也不能反映出停工的原因,不能反映出本案争议的 E 栋楼是否停工过以及停工的原因。另外,2005 年 11 月 28 日广东省深圳市中级人民法院作出的《调查笔录》是双方都提交的证据,但是该笔录上仅反映出广东省深圳市中级人民法院法官李伟民组织双方解决裙楼的复工问题,并明确说明就停工原因问题不作认定。并且,从该笔录的内容来看,双方均认可李伟民法官的如下表述:"由乙方按照原设计图纸施工,对于甲方单方面增加的夹层,乙方在施工过程中无须顾及⋯⋯在裙楼建成后,如因夹层的存在,导致无法验收合格,乙方不负任何责任⋯⋯"这些表述从侧面反映出南方公司变更了原设计。因此,综上所述,南方公司提供的证据不能证明华建公司擅自停止 E 栋楼施工的事实。

综合双方当事人提供的证据,本院认为,E 栋楼停工的原因在于南方公司欲改变该楼的使用用途和设计并下令停工,但未按照合同的约定和建筑法律法规的要求提供变更后的设计图纸,导致华建公司无法继续施工,并停工至今。因此,南方公司以华建公司未完成 E 栋楼建设至封顶的合同义务为由拒绝付款的抗辩权不能成立,南方公司应当向华建公司支付相应的工程款。

【权威解析】

南方公司在诉讼中主张因华建公司擅自停工,因此南方公司有权拒绝支付工程款。

根据对合同条款的分析可知,南方公司主张拒绝支付工程款的请求权基础是先履行抗辩权,即根据合同约定,华建公司完成相关义务在前,南方公司支付工程款于后。南方公司主张不支付工程款的依据在于华建公司未完成相关义务,其法律效果是阻止对方当事人请求权的发生,因此,从实体法律关系来看,对于南方公司主张的此项抗辩权应在本案中进行审理。

需要注意的是,在本案二审过程中,南方公司以华建公司未完成相关义务为理由另案起诉华建公司承担违约责任的事实并不能成为本案对前述抗辩权不予审理的理由。首先,南方公司在前后两个诉讼中行使权利的内容不同。在前诉即本案诉讼中,南方公司主张的抗辩权的内容是拒绝华建公司主张工程款的请求;而在后诉中,南方公司请求权的内容是要求华建公司承担违约责任。其次,两种权利的表现形式不同,前诉中南方公司行使的抗辩权仅有消极对抗的效果,表现为"吞噬"华建公司的请求权,使华建公司的请求权不产生相应的效果;而后诉中南方公司行使的请求权则有积极给付的效果,表现为华建公司承担积极的给付义务。再次,虽然两种权利所依据的事实具有同一性,即都以华建公司未依约完成相关义务为权利的产生依据,但是,以此事实行使抗辩权在诉讼上无须提出反诉或另行起诉;而以此事实主张违约责任则需要提出反诉或另行起诉。最后,如果不在本案中对南方公司主张的抗辩权进行审理,在诉讼法上可能产生不当的效果:一是本案诉讼所认定的事实将会对后诉产生重要影响,或者说,至少对当事人在后诉中的证明责任产生重要影响。[1] 在本案诉讼中对南方公司主张的此项抗辩权以及其依据的事实不予审理,将影响当事人基于本案诉讼所产生的诉讼预期及策略。二是影响前诉即本案诉讼解决纠纷的实效性,导致诉讼不经济。[2]

---

[1] 《最高人民法院关于民事诉讼证据的若干规定》第九条规定:"下列事实,当事人无需举证证明:……(四)已为人民法院发生法律效力的裁判所确认的事实……"

[2] 参见姜强:《被告在前诉中主张抗辩权,又以同一事实另行起诉的情形下,本案诉讼应否就抗辩权是否成立进行审理》,载最高人民法院民事审判第一庭编:《民事审判指导与参考》(总第 50 辑),人民法院出版社 2012 年版,第 165~167 页。

【案例来源】

最高人民法院民事审判第一庭编:《民事审判指导与参考》(总第 50 辑),人民法院出版社 2012 年版,第 161～164 页。

386 由于工程未进行最终竣工验收,发包人提交的证据不足以证明工程存在其主张的质量问题,故发包人要求鉴定工程质量与修复方案、修复费用的条件亦不成就

【关键词】

│建设工程│程序│竣工验收│反诉│鉴定│

【案件名称】

上诉人中铁北京工程局集团有限公司与上诉人迅通(西安)仓储发展有限公司建设工程施工合同纠纷案[最高人民法院(2018)最高法民终 96 号民事判决书,2018.3.30]

【裁判精要】

最高人民法院认为:

关于第二个争议焦点,即一审判决对迅通公司的反诉请求未予涉及,对迅通公司的鉴定申请未予准许是否正确的问题。

一审审理中,迅通公司提起反诉,要求中铁公司对涉案项目一期商务办公大厦 A、B 座及广场地下车库防水工程、土方回填工程以及砼结构工程等质量问题进行整改、修复、改建直至工程质量合格。由于中铁公司在本案中主张的是工程进度款而非工程全部结算价款,且根据双方当事人在二审庭审过程中的陈述,涉案项目一期商务办公大厦 A、B 座并未完工,亦未进行最终的竣工验收。因此,一审判决未审理迅通公司的反诉请求并无不当。

由于工程未进行最终竣工验收,迅通公司提交的证据不足以证明案涉工程存在着其主张的质量问题,故迅通公司要求鉴定工程质量与修复方案、修复费用的条件亦不成就。一审法院不准许迅通公司的鉴定申请亦无不当。

【案例来源】

中国裁判文书网,http://wenshu.court.gov.cn。

387　鉴于案涉合同无效，承包人提出的违约金请求不能得到支持，对于发包人欠付工程款的利息，承包人可另行主张

【关键词】

　　│建设工程│程序│合同无效│违约金│利息│

【案件名称】

　　上诉人歌山建设集团有限公司与上诉人滁州市顺福房地产开发有限公司建设工程施工合同纠纷案［最高人民法院（2018）最高法民终 821 号民事判决书，2018.11.29］

【裁判精要】

　　最高人民法院认为：

　　另外，歌山公司基于案涉合同有效的主张，还要求顺福公司依约按日万分之五支付逾期付款的违约金。对此，一审判决认定，因案涉合同无效，其中关于违约金的约定亦无效，故歌山公司的该项主张不予支持。歌山公司上诉亦对此提出异议，认为应当判决顺福公司支付欠付工程款的利息，一审在认定合同无效的情况下未对其进行释明，程序不当。经审查，一审法院 2015 年 6 月 11 日的证据交换笔录记载："现释明：双方对涉案工程经过招投标程序都是认可的，按照相关法律规定，本案涉案合同有可能被认定为无效。如果认定为无效，原告的违约金请求会没有事实依据，本院可能不予支持，原告对诉讼请求是否更改？"歌山公司答复："不更改，我方承担不利后果。"可见，一审法院曾就此问题明确释明，歌山公司上诉所称明显与事实不符。二审中，就顺福公司答辩主张的歌山公司该项请求超出一审诉请范围的问题，本院要求歌山公司再次明确其诉请，其称不变更一审诉请，还是主张合同约定的违约金。鉴于案涉合同无效，歌山公司提出的违约金请求不能得到支持。原判决对此认定正确，本院予以维持。对于顺福公司欠付工程款的利息，歌山公司可另行主张。

【案例来源】

　　中国裁判文书网，http://wenshu.court.gov.cn。

388　上诉人当庭增加的上诉请求是否属于案件二审审理范围

【关键词】

　　│建设工程│程序│上诉请求│增加诉请│

【案件名称】

上诉人泸州市第七建筑工程公司与被上诉人云南乾泰投资有限公司建设工程施工合同纠纷案［最高人民法院（2018）最高法民终753号民事判决书，2018.10.16］

【裁判精要】

最高人民法院认为：

一、泸州七建当庭增加的上诉请求是否属于本案二审审理范围

泸州七建二审庭审中当庭增加的上诉请求涉及两方面内容，一是欠付工程款金额从75965284.64元增加为83773527.64元，二是请求判令乾泰公司支付违约金9041.97元。

本院认为，首先，原告根据《民事诉讼法》第一百一十九条第（三）项之规定，于起诉时提出具体的诉讼请求和事实、理由后，仍有权依据《民事诉讼法》第一百四十条、《最高人民法院关于适用〈中华人民共和国民事诉讼法〉的解释》第二百三十二条之规定，在法庭辩论结束前增加诉讼请求。虽然《民事诉讼法》第一百六十五条规定，上诉人所递交上诉状的内容应包括上诉的请求和理由，但依照《民事诉讼法》第一百七十四条关于二审法院审理上诉案件除依照二审程序的相关规定外，适用第一审普通程序的规定，不应将《民事诉讼法》第一百六十五条关于上诉请求的规定理解为上诉状递交之时上诉请求即应固定而不得增加。其次，《诉讼费用交纳办法》第二十条规定上诉人应预交案件受理费，而依据《最高人民法院关于适用〈诉讼费用交纳办法〉的通知》第二条，当事人逾期不按照《诉讼费用交纳办法》第二十条规定交纳案件受理费或申请费并且没有提出司法救助申请，或者申请司法救助未获批准，在人民法院指定期限内仍未交纳案件受理费或者申请费的，由人民法院依法按照当事人自动撤诉或者撤回申请处理。因上诉请求的具体内容与案件受理费的数额直接相关，上诉人在上诉期满后所应缴纳的案件受理费仍应依其具体的诉讼请求最终确定，在不超出原诉请范围的前提下，如上诉人此时增加上诉请求并依此交纳案件受理费，并不存在不予准许的明确依据。因此，《民事诉讼法》第一百六十四条第一款关于十五日的上诉期限系规制当事人上诉权行使的期限，而非规制上诉人上诉请求具体内容的期限。如果将十五日上诉期限理解为规制上诉人上诉请求具体内容的期限，在案情较为复杂的情况下，可能迫使上诉人为规避诉讼风险而对一审裁判内容一律全部提出上诉，这既可能平添当事人的诉累，亦不利于节约司法资源。再次，比较泸州七建上诉状中载明的上诉请求及其当庭所增加诉请的内容，本院认为泸州七建并不存在诉讼偷袭的不当诉讼目的。而且，泸州七建作为本案原审原告提起本案诉讼时，其当庭所增加诉请的内容并未超出其原审所提诉请的范围。针对该当庭增加的诉请内容，乾泰公司一审进行过答辩，一审法院对此进行了审理。二审对于

该当庭增加的诉请内容予以审理,并不必然导致乾泰公司诉讼防御的不便。最后,当事人提起上诉后,一审判决并未发生法律效力,允许泸州七建在不超出原诉请的范围内于二审庭审辩论结束前增加上诉请求,并不会当然损害乾泰公司的实体权利,且有利于实质性解决全案纠纷。被上诉人因泸州七建增加上诉请求导致的不利主要系程序上的不利,在保障乾泰公司的答辩权利,且在由此增加的诉讼成本对乾泰公司予以完全补偿的前提下,该程序上的不利亦可最大程度予以化解。

事实上,在本院当庭询问乾泰公司的意见,并告知乾泰公司有权就增加的诉请部分另行要求答辩期限,以及因此导致其可能因重新组织证据、再次开庭等而增加的诉讼成本可以要求泸州七建承担的情况下,乾泰公司已当庭对增加的诉请予以答辩,且在庭审后合理时间内乾泰公司并未提出另行开庭的请求。

【案例来源】

中国裁判文书网,http://wenshu. court. gov. cn。

389 一审法院对合同效力的认定与当事人主张不一致,应告知当事人可以变更诉讼请求,但一审法院未进行释明并不必然导致案件发回重审

【关键词】

│ 建设工程 │ 程序 │ 合同效力 │ 诉讼请求 │ 释明 │

【案件名称】

上诉人成都市青羊区建筑工程总公司与被上诉人银川望远工业园区管理委员会建设工程施工合同纠纷案[最高人民法院(2019)最高法民终 44 号民事判决书,2019. 4. 4]

【裁判精要】

最高人民法院认为:

三、关于一审是否严重违反法定程序的问题

青羊公司主张一审法院认定案涉施工合同无效,应当向青羊公司进行释明,告知其可以变更诉讼请求,一审未予释明严重违反法定程序,妨碍了青羊公司正当行使诉讼权利,导致判决结果有失公平,应发回重审。本院认为,本案一审法院对合同效力的认定与当事人主张不一致,应当告知青羊公司可以变更诉讼请求,但一审法院未进行释明并不必然导致本案发回重审。首先,《民事诉讼法》对于发回重审的适用条件有严格的规定,即存在认定基本事实不清、严重违反法定程序的情形,而对于严重违反法定程序,《民事诉讼法》及司法解释亦有严格的界定,其中并不包括人民

法院未尽释明义务,不能任意扩大发回重审的适用条件。其次,本案青羊公司系自行垫资施工,不存在施工过程中因发包人欠付进度款而导致的停工、窝工损失,无论合同是否有效,其实际损失均为施工完毕后被欠款而产生的利息损失,故一审法院未释明实际上并未影响其主张利息损失。最后,案涉施工合同系因违法被认定无效,青羊公司作为专业建筑公司,对合同无效亦存在过错,应自行承担相应责任,如前所述,其实际损失应系利息损失,在本院已改判支持其关于利息的全部诉讼请求金额的情况下,青羊公司的权益已得到了充分保障,并不存在显失公平之处。青羊公司该项上诉主张不能成立。

【案例来源】

中国裁判文书网,http://wenshu. court. gov. cn。

编者说明

2019 年《全国法院民商事审判工作会议纪要》(法〔2019〕254 号,2019 年 11 月 8 日)第三十六条规定了合同无效和解除时人民法院的释明义务,避免案结事不了现象的发生。包括以下三款内容:

在双务合同中,原告起诉请求确认合同有效并请求继续履行合同,被告主张合同无效的,或者原告起诉请求确认合同无效并返还财产,而被告主张合同有效的,都要防止机械适用"不告不理"原则,仅就当事人的诉讼请求进行审理,而应向原告释明变更或者增加诉讼请求,或者向被告释明提出同时履行抗辩,尽可能一次性解决纠纷。例如,基于合同有给付行为的原告请求确认合同无效,但并未提出返还原物或者折价补偿、赔偿损失等请求的,人民法院应当向其释明,告知其一并提出相应诉讼请求;原告请求确认合同无效并要求被告返还原物或者赔偿损失,被告基于合同也有给付行为的,人民法院同样应当向被告释明,告知其也可以提出返还请求;人民法院经审理认定合同无效的,除了要在判决书"本院认为"部分对同时返还作出认定外,还应当在判项中作出明确表述,避免因判令单方返还而出现不公平的结果。

第一审人民法院未予释明,第二审人民法院认为应当对合同不成立、无效或者被撤销的法律后果作出判决的,可以直接释明并改判。当然,如果返还财产或者赔偿损失的范围确实难以确定或者双方争议较大的,也可以告知当事人通过另行起诉等方式解决,并在裁判文书中予以明确。

当事人按照释明变更诉讼请求或者提出抗辩的,人民法院应当将其归纳为案件争议焦点,组织当事人充分举证、质证、辩论。

390 诉讼请求不当释明后仍不变更的,法院不予支持

【关键词】

| 建设工程 | 程序 | 诉讼请求 | 释明 |

【案件名称】

上诉人广茂公司与被上诉人伊利公司建设工程施工合同纠纷案［最高人民法院（2003）民一终字第 5 号民事判决书，2003.4.2］

【裁判精要】

最高人民法院认为：

广茂公司与伊利公司签订的《建设工程施工合同》，系当事人真实意思表示，内容亦不违反法律、行政法规的强制性规定，应当认定为有效合同，对双方均具有约束力。广茂公司依约履行了合同，而伊利公司在工程正常施工之际下达暂停施工的通知，之后伊利公司也未对停工后的有关事宜进行妥善处理，故一审法院认定伊利公司的行为构成违约是正确的，双方当事人在二审期间对此也没有异议。伊利公司的违约行为客观上给广茂公司造成了经济损失，其应依照合同约定承担相应的赔偿责任。根据双方合同第 39 条的约定，由于伊利公司原因工程停建、缓建，伊利公司应赔偿由此造成的停工、窝工、材料倒运、人员和机械调迁以及材料、设备积压处理的实际损失。广茂公司起诉要求伊利公司赔偿损失，却不对其实际损失进行举证，而是要求伊利公司按工程总造价每日 5‰ 承担损失 2096 万元。但从整个合同来说，合同第 12 条以及附件罚则中关于工期延误一天罚工程总造价 5‰ 的约定，只是针对广茂公司出现工期延误的违约行为所作的约定，并未约定伊利公司的违约行为也适用该约定。故广茂公司依据合同第 31 条第 3 款及罚则主张每日 5‰ 的损失赔偿金是不当的，一审法院在审理期间已告知广茂公司其诉讼请求的依据不当、应予变更，广茂公司并没有作出变更。广茂公司的诉讼请求与其依据的合同约定不符，在一审法院告知后，广茂公司既不变更诉讼请求，又不对其诉讼请求的赔偿数额举证证明，根据《最高人民法院关于民事诉讼证据的若干规定》第二条第二款的规定，广茂公司应承担诉讼风险。一审法院判决驳回广茂公司的诉讼请求是适当的，广茂公司的上诉理由不能成立。

【案例来源】

最高人民法院民事审判第一庭编著:《最高人民法院建设工程施工合同司法解释的理解与适用》，人民法院出版社 2004 年版，第 634～635 页。

391 **本案是承包人要求发包人支付工程进度款等而提起的诉讼，而发包人于一审过程中另案起诉要求承包人对工程进行整改或重置赔偿，本案应否因此中止审理**

【关键词】

　　│ 建设工程 │ 程序 │ 中止审理 │

【案件名称】

　　上诉人上海隆盛建筑工程（集团）有限公司与上诉人海南晟盛房地产有限公司建设工程施工合同纠纷案［最高人民法院（2017）最高法民终 358 号民事判决书，2018.3.29］

【裁判精要】

　　最高人民法院认为：

　　（一）关于本案是否应当中止诉讼的问题

　　本案系隆盛公司要求晟盛公司支付工程进度款等而提起的诉讼，而晟盛公司于一审过程中在海南省澄迈县人民法院向隆盛公司另案提起诉讼，要求隆盛公司对涉案工程进行整改，若无法整改则要求重置赔偿 800 万元（暂计），故晟盛公司提出中止本案诉讼的请求。根据《民事诉讼法》第一百五十条的规定，本案必须以另一案的审理结果为依据，而另一案尚未审结的，本案应当中止诉讼。就本案情况而言，本案无须以另案审理结果为依据，不应中止诉讼。虽然《补充合同》第十一条第三款约定，未整改完以前，不予支付，整改完的，经验收合格后，方可申请支付，但该条强调的是分段验收申请付款的情形。本案中，《补充协议》约定晟盛公司每月按照实际完成工程量的 70% 支付工程进度款，但晟盛公司未依约履行。一般来说，建设工程施工过程中投入成本高，如果发包方未及时支付工程进度款，必然影响到承包方的施工进度。正因为晟盛公司拖欠工程进度款已达数千万元，导致隆盛公司施工基本处于停工状态。而且，从金额上看，晟盛公司拖欠的工程进度款远远超过晟盛公司另案主张的整改重置赔偿金额。即便晟盛公司另案主张的整改重置赔偿请求成立，其亦可在隆盛公司剩余的工程款中主张抵扣。因此，如果以晟盛公司另案关于整改主张的诉讼未审结为由中止本案诉讼，对隆晟公司显然不公平，故晟盛公司请求中止本案诉讼没有事实和法律依据，本院不予支持。

【案例来源】

　　中国裁判文书网,http://wenshu.court.gov.cn。

392　设计采购施工总承包(EPC)与建设运营转让承包模式(BOT)的区分

【关键词】

│建设工程│法律适用│合同性质│

【案件名称】

上诉人首钢京唐钢铁联合有限责任公司与被上诉人大连绿诺集团有限公司建设工程施工合同纠纷案［最高人民法院(2017)最高法民终57号民事判决书，2017.5.26］

【裁判精要】

最高人民法院认为：

一、关于案涉《工程总承包合同》是否应予解除的问题

本院认为，针对首钢京唐公司的上诉请求及理由，判断案涉《工程总承包合同》是否应予解除，应当从两个方面加以分析，一是案涉合同的承包方式是BOT还是EPC，合同是否因承包模式是BOT而不能解除；二是首钢京唐公司是否在支付工程款方面存在根本违约。

建设工程领域的所谓EPC承包模式，即Engineering——工程设计、Procurement——设备采购、Construction——组织施工，通称设计采购施工总承包。BOT承包模式，即Build——建设、Operate——运营、Transfer——转让，通常是指政府部门就某个基础设施项目签订特许权协议，授权签约的私企来承担该项目的投资、融资、建设和维护。在特许期限内，许可其融资建设和经营特定的公共基础设施，并通过向用户收费或出售产品以清偿贷款，回收投资并赚取利润。政府对该公共基础设施有监督权、调控权，特许期满，签约的私企将该公司基础设施无偿或有偿移交给政府部门。因此，从BOT承包模式的性质和本案所涉工程项目并非公共基础设施以及不存在政府部门作为合同当事人的情况看，案涉《工程总承包合同》不属于BOT承包模式。另一方面，从《工程总承包合同》第二条可以看到，承包方式为"采取设计采供施工(EPC)/交钥匙的工程总承包方式"。而且根据该合同第1.17规定，"组成合同的文件即有限解释顺序"，《工程总承包合同》的解释效力高于合同所附的其他文件。因此，案涉《工程总承包合同》不是BOT承包方式，并非由承包模式决定不能解除。

首钢京唐公司提出应当继续履行案涉《工程总承包合同》的另一个理由是，首钢京唐公司在工程款的支付上没有违约，一审判决以《合同法》第九十四条第(二)项规定为据，支持绿诺公司关于解除《工程总承包合同》的诉讼请求，存在认定事实错误。目前，绿诺公司在《工程总承包合同》中的义务已经履行完毕，只要合同继续履

行,并不影响其收取工程款,实现合同目的。本院认为,首钢京唐公司的上述理由不能成立。一审法院已经查明,案涉工程竣工验收后,双方当事人通过结算,确认了工程款及利息数额共计 231013397 元。首钢京唐公司前五期工程款支付情况是每期均作部分支付,共计支付 5800 万元,合计欠付 69155487 元。首钢京唐公司提出其不欠工程款的理由不能成立。即使是按照首钢京唐公司上诉请求中计算的工程款总额 230988046 元计算,亦不能改变首钢京唐公司迟延支付六千多万元工程款的基本事实。

【案例来源】

中国裁判文书网,http://wenshu. court. gov. cn。

编者说明

根据《建设部关于培育发展工程总承包和工程项目管理企业的指导意见》(2003 年 2 月 13 日,建市〔2003〕30 号)第二条第三款规定,EPC 模式即设计采购施工总承包,是指工程总承包企业按照合同约定,承担工程项目的设计、采购、施工、试运行服务等工作,并对承包工程的质量、安全、工期、造价全面负责。

393 因 PPP[①] 协议引发的争议属于民事争议还是行政争议

【关键词】

│建设工程│法律适用│PPP 协议│特许经营│

【案件名称 I 】

上诉人辉县市人民政府与被上诉人河南新陵公路建设投资有限公司合同纠纷二审案〔最高人民法院(2015)民一终字第 244 号民事裁定书, 2015. 10. 28〕

【裁判精要】

裁判摘要:采取 BOT 模式的政府特许经营协议争议属于民事而非行政纠纷。

---

① 英文 Public – Private Partnership 的简称,即政府与社会资本合作。政府与社会资本合作(PPP)模式是指政府为增强公共产品和服务供给能力、提高供给效率,通过特许经营、购买服务、股权合作等方式,与社会资本建立的利益共享、风险分担及长期合作关系。通常模式是由社会资本方承担设计、建设、运营、维护基础设施的大部分工作,并通过"使用者付费"及必要的"政府付费"获得合理投资回报;政府部门负责基础设施及公共服务价格和质量监管,以保证公共利益最大化。参见江苏省高级人民法院民一庭课题组:《政府与社会资本合作(PPP)的法律疑难问题研究》,载《法律适用》2017 年第 17 期。

最高人民法院认为:

本案是典型的 BOT 模式的政府特许经营协议。案涉合同的直接目的是建设河南省辉县市上八里至山西省省界关爷坪的新陵公路,而开发项目的主要目的为开发和经营新陵公路,设立新陵公路收费站,具有营利性质,并非提供向社会公众无偿开放的公共服务。虽然合同的一方当事人为辉县市政府,但合同相对人新陵公司在订立合同及决定合同内容等方面仍享有充分的意思自治,并不受单方行政行为强制,合同内容包括了具体的权利义务及违约责任,均体现了双方当事人的平等、等价协商一致的合意。本案合同并未仅就行政审批或行政许可事项本身进行约定,合同涉及的相关行政审批和行政许可等其他内容,为合同履行行为之一,属于合同的组成部分,不能决定案涉合同的性质。从本案合同的目的、职责、主体、行为、内容等方面看,合同具有明显的民商事法律关系性质,应当定性为民商事合同,不属于新《行政诉讼法》第十二条第(十一)项、《最高人民法院关于适用〈中华人民共和国行政诉讼法〉若干问题的解释》(法释〔2015〕9 号)第十一条第二款规定的情形。辉县市政府主张本案合同为行政合同及不能作为民事案件受理,没有法律依据。

【案例来源】

中国裁判文书网,http://wenshu. court. gov. cn。

【案件名称Ⅱ】

上诉人北京北方电联电力工程有限责任公司、乌鲁木齐天山大道投资管理有限责任公司与被上诉人乌鲁木齐市交通运输局其他合同纠纷二审案〔最高人民法院(2014)民二终字第 40 号民事裁定书, 2014. 7. 25〕

【裁判精要】

裁判摘要:BOT 投资协议中工程回购款争议属于民事而非行政纠纷。

最高人民法院认为:

本案争议焦点为本案纠纷是否属行政诉讼范围。具体包括:本案争议的具体内容是什么;交通局行政主体身份对本案争议法律关系的影响;本案争议内容是否针对具体行政行为。

关于本案的争议内容问题。根据各方当事人的诉辩意见,各方当事人对终止案涉《BOT 协议》《补充协议》的履行,及终止协议后由当地政府对案涉工程进行回购,并无异议。分歧在于,北方公司请求根据司法鉴定结论支付回购款;而交通局认为,应依双方约定以相关评估机构的评估结果作为支付回购款的依据。故本案争议的主要内容为上述协议终止后,案涉工程回购款的支付依据问题。

关于交通局行政主体身份对本案法律关系的影响。首先,交通局行政主体的身份不影响本案争议的独立性。案涉《BOT 协议》《补充协议》履行过程中,交织着相关行政主体的具体行政行为,而两种性质不同的法律关系中,双方主体重叠,在民事合同关系中的双方当事人,是相关行政法律关系中的行政主体和行政相对人。但该协议与其履行过程中所涉及的行政审批、管理事项等行政行为,依据不同的法律规范,这些行政行为虽影响双方合作,但不能因此否认双方民事合同关系的存在及独立性。同样,上述协议的终止及案涉工程回购事宜,也具有这样的特点。影响回购发生及方式的行政行为,与回购过程中就回购依据产生的争议,分属不同的法律关系、相互独立。其次,交通局行政主体身份,不能当然决定本案争议为行政法律关系。争议法律关系的实际性质,不能仅凭一方主体的特定身份确定。本案需判断争议是否与行政主体行使行政职权相关,应结合争议的具体内容及所针对的行为性质认定。

关于本案争议是否涉及具体行政行为问题。根据《行政诉讼法》第十一条有关受案范围的规定,本案当事人间就回购款支付依据发生的争议,是否属行政诉讼范围,应以争议是否针对具体行政行为判断。如前所述,有关回购原因的行政行为与回购争议本身相互独立,北方公司对终止《BOT 协议》之前的相关行政行为并无异议。根据北方公司诉讼请求及一审查明的事实,双方争议的回购款依据问题,不涉及具体行政行为,北方公司本案亦未针对具体行政行为提出相关诉求。故本案不属于行政诉讼受案范围。一审裁定关于《BOT 协议》《补充协议》具公益目的,作为一方当事人的行政机关在合同订立、解除等方面享有单方优越主导地位,合同履行与行政许可紧密关联,两协议不属平等主体间的民事合同,本案属行政诉讼的观点,混淆了上述协议履行过程中涉及的行政行为与协议终止后的回购款支付行为的性质,没有法律依据。各方当事人在回购款的支付问题上,处于平等的法律地位,不能排除民事法律规范的适用。北方公司起诉符合民事诉讼法关于受理条件的规定,应予受理。

综上,本案争议内容为案涉工程回购款的支付依据问题,独立于相关协议终止前的行政行为;北方公司本案诉求不针对交通局的具体行政行为,与交通局处于平等的法律地位。本案为民事纠纷,一审裁定驳回起诉不当。

【案例来源】

中国裁判文书网,http://wenshu. court. gov. cn。

编者说明

对于因 PPP 协议引发的争议属于民事争议还是行政争议,实践中存在两种观点:第一种观点认为,根据《最高人民法院关于适用〈中华人民共和国行政诉讼法〉若干问题的解释》第十一条①的规定,PPP 协议性质属于行政协议,应作为行政案件受理。理由是:(1)从合同主体看,一方为政府,另一方为社会资本方,符合行政协议的主体要件。(2)从订立协议的目的看,PPP 协议的签订目的不是实现私益,而是基于社会公共利益的需要,地方政府为实现经济和社会管理目标的一种手段。(3)从协议内容看,PPP 协议通常包含多项政府基于其行政管理职能作出的优惠承诺和政策扶持,绝大多数涉及公权力的行使、处分和承诺,如项目规划审批、用地指标取得、土地出让收益处分、税收奖励等,均非平等主体之间所能处分的私法上权益。另一种观点认为,PPP 协议属于民事合同,应当作为民事案件受理。因为尽管合同当事人中有一方是政府,但是双方合同的主要内容是对合作开发进行的约定,合同签订完全遵循平等、自愿、等价有偿的原则,而不存在行政命令和强迫的意思。在前述北京北方电联电力工程有限责任公司诉乌鲁木齐交通局 BOT 纠纷案中,一审法院认为 BOT 协议中涉及工程回购款的争议属于行政争议,二审法院认为属于民事争议。

对于 PPP 协议应当进行区分:(1)涉及行政规划、许可、处罚、管理、监督等行政职能的争议,属于行政法律关系,典型的是特许经营协议内容本身的争议。《行政诉讼法》第十二条第一款规定:"人民法院受理公民、法人或者其他组织提起的下列诉讼:……(十一)认为行政机关不依法履行、未按照约定履行或者违法变更、解除政府特许经营协议、土地房屋征收补偿协议等协议的……"《最高人民法院关于适用〈中华人民共和国行政诉讼法〉若干问题的解释》第十一条第二款第(一)项规定:"公民、法人或者其他组织就下列行政协议提起行政诉讼的,人民法院应当依法受理:(一)政府特许经营协议……"因此,对于 PPP 争议中涉及政府特许经营协议的授予、收回,政府采购投诉,政府信息公开,项目规划许可,对项目公司的处罚,对项目公司征收补偿决定、收费标准的确定等争议的,因涉及相关行政审批和行政许可内容,属于行政争议。(2)内容上设定民事权利义务的,属于民事争议。对于 PPP 协议的履行、变更、解除等行为,体现了当事人平等、等价协商一致的合意,其内容不受单方行政行为强制,合同内容包括了具体的权利义务及违约责任,属于民事法律关系的范围,当事人就此可以提起仲裁,也可以提起民事诉讼。常见的包括土地使用权的取得、项目产权的归属、项目收益的分配、项目公司融资、项目担保、工程建设、项目收益权抵押、项目回购、

① 2015 年 5 月 1 日施行的《最高人民法院关于适用〈中华人民共和国行政诉讼法〉若干问题的解释》(法释〔2015〕9 号)第十一条第一款规定:"行政机关为实现公共利益或者行政管理目标,在法定职责范围内,与公民、法人或者其他组织协商订立的具有行政法上权利义务内容的协议,属于行政诉讼法第十二条第一款第十一项规定的行政协议。"此后,《最高人民法院关于适用〈中华人民共和国行政诉讼法〉的解释》(2018 年 2 月 6 日发布,自 2018 年 2 月 8 日起施行,法释〔2018〕1 号)第一百六十三条规定:"本解释自 2018 年 2 月 8 日起施行。本解释施行后,《最高人民法院关于执行〈中华人民共和国行政诉讼法〉若干问题的解释》(法释〔2000〕8 号)、《最高人民法院关于适用〈中华人民共和国行政诉讼法〉若干问题的解释》(法释〔2015〕9 号)同时废止。最高人民法院以前发布的司法解释与本解释不一致的,不再适用。"应注意的是,虽然根据该条规定,法释〔2018〕1 号司法解释生效时,法释〔2015〕9 号司法解释同时废止,但由于法释〔2018〕1 号司法解释没有对行政协议的相关内容作出明确规定,故凡是涉及行政协议的相关内容,参照法释〔2015〕9 号司法解释涉及行政协议的相关规定适用,在适用法律方面可以援引《行政诉讼法》《民事诉讼法》《合同法》等有关规定。参见最高人民法院行政审判庭编著:《最高人民法院行政诉讼法司法解释理解与适用》,人民法院出版社 2018 年版,第 780 页。

税费负担、违约责任等。在前述河南新陵公路建设投资有限公司诉辉县市人民政府 PPP 纠纷案中,最高人民法院采纳了该观点。①

394 涉案合同是否属于建设工程施工合同的认定

【关键词】

| 建设工程 | 合同性质 | 建设工程施工合同 | 专属管辖 |

【案件名称】

上诉人上海普天能源科技有限公司与被上诉人浙江大卫房地产开发有限公司、浙江省仙居新区发展有限公司建设工程施工合同纠纷案［最高人民法院(2018)最高法民辖终 7 号民事裁定书,2018.1.25］

【裁判精要】

最高人民法院认为:

本案争议焦点是双方之间是否属于建设工程施工合同关系,应否由工程所在地人民法院专属管辖。经查,2012 年 12 月 17 日,大卫公司作为业主方、普天公司作为项目建设方、上海普天邮通科技股份有限公司作为项目咨询方共同签订了《仙居新区"大卫世纪城"能源中心项目能源管理建设合同》,就仙居新区"大卫世纪城"能源中心项目建设总包事宜达成协议,约定普天公司负责对整个项目以 BT 方式分期进行投资建设,大卫公司同意以总金额 97256 万元在 7 年内分次回购,在协议期未结束前以及大卫公司未完全履行本协议规定的所有义务前,项目工程涉及的全部土地、土建、设施、设备相关的占有权、使用权、处分权、收益权均归普天公司所有,同时约定了普天公司的验收、交付、修复等义务。在该份合同项下,大卫公司作为发包方、普天公司作为承包方又签署一系列的《专业总承包工程合同》,对各工程的具体内容、承包方式、合同价款、合同工期、工程款支付进度及支付方式、质量要求和技术标准、竣工结算、违约责任等进行约定。基于上述协议,普天公司作为发包方又与案外人浙江天元建设(集团)股份有限公司、中达建设集团股份有限公司签订《专业分包工程合同》,并由普天公司向分包商支付工程款并开具工程款发票。前述合同内容中包括了工程范围、建设工期、工程质量、工程造价等建设工程施工合同的基本要素,属于《合同法》第二百六十九条关于"建设工程合同是承包人进行工程建设,发包人支付价款的合同"的文义范围。原审据此认为本案属于建设工程施工合同纠

① 参见江苏省高级人民法院民一庭课题组:《政府与社会资本合作(PPP)的法律疑难问题研究》,载《法律适用》2017 年第 17 期。

纷,应由案涉工程所在地人民法院专属管辖,并根据级别管辖的要求将本案移送至浙江省高级人民法院审理,认定事实清楚,适用法律正确,本院予以维持。普天公司认为本案不属于建设工程施工合同,应根据协议约定由上海市高级人民法院管辖的上诉理由,缺乏事实依据,本院不予支持。

【案例来源】

中国裁判文书网,http://wenshu.court.gov.cn。

二、管辖

395 被告提出民事级别管辖异议，认为原告故意虚高诉讼标的额、抬高案件级别管辖，法院经初步审查属实的，应依法予以支持

【关键词】

|建设工程|管辖|级别管辖|

【案件名称】

上诉人潘连华与被上诉人浙江省人民政府、嘉兴市人民政府建设工程施工合同纠纷案［最高人民法院（2017）最高法民辖终 120 号民事裁定书，2017. 9. 22］

【裁判精要】

裁判摘要：被告提出民事级别管辖异议，认为原告故意虚高诉讼标的额、抬高案件级别管辖的，人民法院应当进行审查。如原告诉请的标的额明显缺乏依据，经初步审查即可确认原告诉请的标的额存在虚高情形，且足以抬高案件级别管辖的，法院可以依法认定被告提出的级别管辖异议成立，裁定将案件移送有管辖权的人民法院审理。①

最高人民法院认为：

本案二审当事人争议的焦点问题是：（1）人民法院在立案阶段能否审查原告故意虚高诉讼标的额、抬高案件级别管辖问题；（2）本案应否由嘉兴市中级人民法院管辖。

（一）关于人民法院在立案阶段能否审查原告虚高诉讼标的额问题

可从以下三个方面进行分析。第一，从立案登记秩序的角度。立案登记制要求人民法院依法受理案件，做到有案必立、有诉必理，充分保障当事人的诉权，但这并不意味着人民法院在立案阶段对当事人起诉不进行审查。相反，为了保障当事人规范、有效行使诉权，人民法院在立案阶段应当依法对当事人的起诉进行必要审查。《民事诉讼法》第十七条至第二十条对我国四级法院管辖的第一审民事案件分别作

---

① 参见最高人民法院第三巡回法庭编著：《最高人民法院第三巡回法庭新型民商事案件理解与适用》，中国法制出版社 2019 年版，第 17 页。

出了规定。最高人民法院对高、中级人民法院管辖的第一审民商事案件的诉讼标的额标准亦有明确规定。各级法院依照上述规定各自受理属于自己管辖的第一审民商事案件。当事人故意虚高诉讼标的额、抬高案件级别管辖，违反了上述规定，扰乱了立案登记秩序。人民法院对此予以审查，是维护登记立案秩序的职责所在。第二，从诚信诉讼的角度。诚实信用原则是民事诉讼的基本原则，当事人行使权利、履行义务应当遵循诚实信用原则。故意虚高诉讼标的额、抬高案件级别管辖，是对诉权的滥用，违反了诚实信用原则。人民法院对此予以审查，是维护诉讼诚信、防止当事人滥用诉权的必然要求。第三，从诉讼收费的角度。依法交纳诉讼费，是民事诉讼当事人的法定义务，但并非是当事人启动民事诉讼的对价。当事人提起民事诉讼必须符合法律规定的条件，向有管辖权的人民法院起诉，不得规避法律关于级别管辖的规定。尽管依照《诉讼费用交纳办法》规定，当事人应按诉讼标的额交纳诉讼费，诉讼费由败诉方负担，虚高诉讼标的额的当事人最终将承担未获法院裁判支持的诉讼标的额所对应的诉讼费，为其虚高诉讼标的额的行为承担一定的法律后果，但这并不意味着当事人可以承担诉讼费为代价，故意虚高诉讼标的额、提高案件级别管辖，将本应由下级法院管辖的民商事案件，抬高至上级法院审理。综上所述，人民法院在立案阶段对当事人是否虚高诉讼标的额、抬高案件级别管辖问题进行审查，是保障当事人规范行使诉权、维护诉讼诚信和立案登记秩序的必然要求，并不损害当事人诉权。当然，人民法院在立案阶段对当事人是否虚高诉讼标的额的审查是有限度、有条件的，不能代替实体审理工作。通常情形下，人民法院仅围绕原告起诉提交的材料是否符合《民事诉讼法》第一百一十九条第（三）项关于"有具体的诉讼请求和事实、理由"的规定进行审查，对原告诉请的标的额应否予以支持，留待案件实体审理阶段解决。但在被告提出原告虚高诉讼标的额的主张，并就此提出级别管辖异议的情形下，人民法院应对原告是否故意虚高诉讼标的额、抬高案件级别管辖进行审查。如经审查，原告确实存在故意虚高诉讼标的额、抬高案件级别管辖的情形，人民法院可以依法认定被告提出的级别管辖异议成立，裁定将案件移送有管辖权的人民法院审理。对于故意虚高诉讼标的额、抬高案件级别管辖的情形，应从主客观两个方面予以把握。主观上，原告有通过虚高诉讼标的额以抬高案件级别管辖的意图，即为规避级别管辖，提高案件审级而故意虚高诉讼标的额。原告主张的诉讼标的额可能无法得到人民法院裁判部分或者全额支持，但主观上并无规避级别管辖意图的，不在此列。客观上要符合两个条件：一是原告诉请的标的额明显缺乏依据，包括缺乏相应证据支撑、主要证据系伪造、证据间存在明显矛盾，以及缺乏法律依据等，人民法院经初步审查即可确认原告诉请的标的额存在虚高情形；二是原告虚高诉讼标的额的行为足以抬高案件级别管辖。

《最高人民法院关于审理民事级别管辖异议案件若干问题的规定》对人民法院在立案阶段进行级别管辖审查也作出了明确规定。该规定第一条规定："被告在提交答辩状期间提出管辖权异议,认为受诉人民法院违反级别管辖规定,案件应当由上级人民法院或者下级人民法院管辖的,受诉人民法院应当审查,并在受理异议之日起十五日内作出裁定:(一)异议不成立的,裁定驳回;(二)异议成立的,裁定移送有管辖权的人民法院。"

本案潘连华以浙江省人民政府、嘉兴市人民政府为被告,向浙江省高级人民法院提起诉讼,请求判令两被告共同支付京杭运河(嘉兴段)航道改造工程剩余工程款及迟延付款违约金共计5亿元。但潘连华提供的案涉工程竣工结算书记载案涉工程造价为2778753227元,项目交工验收证明书记载的案涉工程竣工结算总价款为35322.67万元,与浙江省人民政府、嘉兴市人民政府提供的由业主代表、监理代表及潘连华代表施工方签字确认的案涉工程造价决算表所载明的工程决算造价46816761.06元之间差距巨大;其提供的京杭运河嘉兴段2.8km航段护岸加高工程(系案涉工程中的部分工程)施工承包合同记载的合同总价为2502745.16万元,远高于其提供的竣工结算书记载的案涉工程造价及项目交工验收证明书记载的案涉工程结算总价款。潘连华提供的证据明显不符合常理,证据之间存在明显矛盾,其诉请的5亿元诉讼标的额缺乏证据支撑。其主观上虚构诉讼标的额、抬高案件级别管辖的意图明显。嘉兴市人民政府在一审提交答辩状期间提出了级别管辖异议,认为本案不属于浙江省高级人民法院管辖的第一审民商事案件,应由嘉兴市中级人民法院管辖。一审法院依法审查后,认定潘连华存在故意虚高诉讼标的额、抬高案件级别管辖的情形,本案实际争议的标的额不足5亿元,并无不当。潘连华关于一审法院不应在立案阶段对其诉请的诉讼标的额进行审查的上诉理由,不能成立。

(二)关于本案应否由嘉兴市中级人民法院管辖问题

《最高人民法院关于调整高级人民法院和中级人民法院管辖第一审民商事案件标准的通知》(法发〔2015〕7号)第一条规定,当事人住所地均在受理法院所处省级行政辖区的第一审民商事案件中,浙江省高级人民法院管辖诉讼标的额5亿元以上一审民商事案件。本案潘连华主张的诉讼标的额5亿元,明显缺乏依据,存在虚高诉讼标的额、抬高案件级别管辖的情形。据此,一审法院认定本案诉讼标的额不足5亿元,未达到该院管辖标准,并综合考虑本案的社会影响,依法将本案移送至案涉工程所在地的嘉兴市中级人民法院管辖,并无不妥。关于潘连华提出的本案具有较大的社会影响,由浙江省高级人民法院审理有利于查明事实并解决纠纷的主张,虽具有一定合理性,但此情形并不构成一审法院管辖本案的法定事由。一审法院未支持潘连华的该项主张,亦无不当。对潘连华关于裁定一审法院继续审理本案的上诉请求,本院不予支持。

【案例来源】

中国裁判文书网,http://wenshu.court.gov.cn。

396 以 BT 方式分期进行投资建设的纠纷属于建设工程施工合同纠纷,适用专属管辖

【关键词】

| 建设工程 | 管辖 |

【案件名称】

上诉人上海普天能源科技有限公司与被上诉人浙江大卫房地产开发有限公司、浙江省仙居新区发展有限公司建设工程施工合同纠纷案 [最高人民法院(2018)最高法民辖终 7 号民事裁定书,2018.1.25]

【裁判精要】

最高人民法院认为:

本案争议焦点是双方之间是否属于建设工程施工合同关系,应否由工程所在地人民法院专属管辖。

经查,2012 年 12 月 17 日,大卫公司作为业主方、普天公司作为项目建设方、上海普天邮通科技股份有限公司作为项目咨询方共同签订了《仙居新区"大卫世纪城"能源中心项目能源管理建设合同》,就仙居新区"大卫世纪城"能源中心项目建设总包事宜达成协议,约定普天公司负责对整个项目以 BT 方式分期进行投资建设,大卫公司同意以总金额 97256 万元在 7 年内分次回购,在协议期未结束前以及大卫公司未完全履行本协议规定的所有义务前,项目工程涉及的全部土地、土建、设施、设备相关的占有权、使用权、处分权、收益权均归普天公司所有,同时约定了普天公司的验收、交付、修复等义务。在该份合同项下,大卫公司作为发包方、普天公司作为承包方又签署一系列的《专业总承包工程合同》,对各工程的具体内容、承包方式、合同价款、合同工期、工程款支付进度及支付方式、质量要求和技术标准、竣工结算、违约责任等进行约定。基于上述协议,普天公司作为发包方又与案外人浙江天元建设(集团)股份有限公司、中达建设集团股份有限公司签订《专业分包工程合同》,并由普天公司向分包商支付工程款并开具工程款发票。前述合同内容中包括了工程范围、建设工期、工程质量、工程造价等建设工程施工合同的基本要素,属于《合同法》第二百六十九条关于"建设工程合同是承包人进行工程建设,发包人支付价款的合同"的文义范围。原审据此认为本案属于建设工程施工合同纠纷,应由案涉工程所在地人民法院专属管辖,并根据级别管辖的要求将本案移送至浙江省高级人民法院审理,认定事实清楚,适用法律正确,本院予以维持。普天公司认为本案不属于建设工程施工合同,应根据协议约定由上海市高级人民法院管辖的上诉理由,缺乏事

实依据,本院不予支持。

【案例来源】

中国裁判文书网,http://wenshu. court. gov. cn。

编者说明

BT项目,是指项目发起人与投资人约定,由投资者负责项目的融资、建设,并在规定时限内将竣工后的项目移交项目发起人,项目发起人根据事先签订的回购协议分期向投资者支付项目总投资及确定的回报。[①]

397 实际施工人与承包人约定仲裁的,不能起诉发包人

【关键词】

| 建设工程 | 管辖 | 仲裁 | 实际施工人 |

【案件名称】

再审申请人甘肃杰出建筑工程有限公司与被申请人中交第二公路工程局有限公司、二审被上诉人兰渝铁路有限责任公司建设工程施工合同纠纷案 [最高人民法院 (2014) 民申字第 1591 号民事裁定书,2014. 10. 28]

【裁判精要】

裁判摘要:实际施工人与转包人或者违法分包人之间约定了仲裁条款,实际施工人不得以司法解释为依据起诉发包人。

最高人民法院认为:

1. 关于原裁定是否存在法律适用错误的问题

《建设工程施工合同解释》第二十六条规定:"实际施工人以转包人、违法分包人为被告起诉的,人民法院应当依法受理。实际施工人以发包人为被告主张权利的,人民法院可以追加转包人或者违法分包人为本案当事人。发包人只在欠付工程价款范围内对实际施工人承担责任。"本条司法解释第一款确立了实际施工人工程价款请求权的一般规则,即实际施工人可以依法起诉与其具有合同关系的转包人、违法分包人;第二款明确了实际施工人工程价款请求权的例外救济,即实际施工人可以要求发包人在欠付工程价款范围内对实际施工人承担责任。本案中,杰出建筑

---

① 参见邬砚:《建设工程合同纠纷:254 个裁判规则深度解析》,法律出版社 2019 年版,第 56 页。

公司主张工程价款的基础法律关系是其与中交公路公司之间的合同关系,而双方在合同中约定了仲裁条款,排除了法院管辖权。杰出建筑公司将兰渝铁路公司、中交公路公司作为共同被告起诉至甘肃省陇南市中级人民法院,违背了杰出建筑公司与中交公路公司通过仲裁处理双方争议的约定。原裁定书中虽有不甚准确的表述,但适用法释(2004)14号解释第二十六条的规定并不存法律适用错误的问题。

【权威解析】

(一)对《建设工程施工合同解释》第二十六条的理解

《建设工程施工合同解释》第二十六条规定:"实际施工人以转包人、违法分包人为被告起诉的,人民法院应当依法受理。实际施工人以发包人为被告主张权利的,人民法院可以追加转包人或者违法分包人为本案当事人。发包人只在欠付工程价款范围内对实际施工人承担责任。"本条规定是为保护农民工的合法权益作出的规定。因为建筑业吸收了大量的农民工就业,但建设工程的非法转包和违法分包,造成许多农民工辛苦一年往往还拿不到工资。该条规定包含以下四层意思:

一是实际施工人可以发包人为被告起诉。从建筑市场的情况看,承包人与发包人订立建设工程施工合同后,往往又将建设工程转包或者违法分包给第三人,第三人就是实际施工人。按照合同的相对性来讲,实际施工人应当向与其有合同关系的承包人主张权利,而不应当向发包人主张权利。但是从实际情况看,有的承包人将工程转包收取一定的管理费用后,没有进行工程结算或者对工程结算不主张权利,由于实际施工人与发包人没有合同关系,这样导致实际施工人没有办法取得工程款,而实际施工人不能得到工程款则直接影响到农民工工资的发放。因此,如果不允许实际施工人向发包人主张权利,不利于对农民工利益的保护。

二是承包人将建设工程非法转包、违法分包后,建设工程施工合同的义务都是由实际施工人履行的。实际施工人与发包人已经全面实际履行了发包人与承包人之间的合同并形成了事实上的权利义务关系。在这种情况下,如果不允许实际施工人向发包人主张权利,不利于对实际施工人利益的保护。基于此种考虑,《建设工程施工合同解释》第二十六条规定实际施工人可以向发包人主张权利,但发包人仅在欠付工程款的范围内对实际施工人承担责任,如果发包人已经将工程价款全部支付给承包人的,发包人就不应当再承担支付工程价款的责任。因此,发包人只在欠付工程价款范围内对实际施工人承担责任,并不会损害发包人的权益。

三是为了方便案件审理,《建设工程施工合同解释》第二十六条还规定,人民法院可以追加转包人或者违法分包人为本案当事人,考虑到案件的审理涉及两个合同法律关系,如果转包人或者违法分包人不参加到诉讼的过程中来,许多案件的事实没有办法查清,所以人民法院可以根据案件的实际情况追加转包人或者违法分包人为共同被告或者案件的第三人;实际施工人可以发包人、承包人为共同被告主张权利。这样规定,既能够方便查清案件的事实,分清当事人的责任,也便于实际施工人实现自己的权利。

四是《建设工程施工合同解释》的两款为一整体,第一款确立了实际施工人工程价款请求权的一般规则,即实际施工人可以依法起诉与其具有合同关系的转包人、违法分包人;第二款规定了实际施工人工程价款请求权的例外救济,即实际施工人可以要求发包人在欠付工程价款范围内对实际施工人承担责任。

本案中,杰出建筑公司主张工程价款的基础法律关系是其与中交公路公司之间的合同关系,而双方在合同中约定了仲裁条款,排除了法院管辖权。杰出建筑公司将兰渝铁路公司、中交公路公司作为共同被告起诉至甘肃省陇南市中级人民法院,违背了杰出建筑公司与中交公路公司通过仲裁处理双方争议的约定,也违反了仲裁法第五条"当事人达成仲裁协议,一方向人民法院起诉的,人民法院不予受理,但仲裁协议无效的除外"之规定。二审法院在裁定书中虽有不甚准确的表述,但适用《建设工程施工合同解释》第二十六条的规定并不存法律适用错误的问题。①

【案例来源】

中国裁判文书网,http://wenshu.court.gov.cn;最高人民法院民事审判第一庭编:《民事审判指导与参考》(总第60辑),人民法院出版社2015年版,第194~195页。

---

① 参见汪治平:《实际施工人与承包人约定仲裁的情况下不能起诉发包人——甘肃杰出建筑工程有限公司与中交第二公路工程局有限公司、兰渝铁路有限责任公司建设工程施工合同纠纷再审申请案》,载最高人民法院民事审判第一庭编:《民事审判指导与参考》(总第60辑),人民法院出版社2015年版,第196~197页。

三、证据

398 实际施工人提供承包人的项目经理出具的欠条，承包人对欠条的真实性予以否认，在该事实真伪不明的情况下，对欠条真实性应由最便于提供证据的承包人承担举证责任

【关键词】

│建设工程│证据│举证责任│真伪不明│

【案件名称】

再审申请人杨柳保与被申请人甘肃第三建设集团公司、新疆昆玉钢铁有限公司建设工程分包合同纠纷案〔最高人民法院（2018）最高法民再13号民事判决书，2018.5.18〕

【裁判精要】

最高人民法院认为：

本案各方当事人争议的焦点问题是：杨柳保主张甘肃三建集团向其支付工程欠款160万元及利息的诉讼请求应否支持。

根据本案查明事实，甘肃三建集团为履行与昆玉钢铁公司签订的《建设工程施工合同》，将其承包昆玉钢铁公司的部分工程及劳务分包给杨柳保，双方未签订书面合同。杨柳保组织人员施工，张衍坤作为项目部的项目经理，有权代表甘肃三建集团就上述分包工程与杨柳保进行结算。诉讼中杨柳保依据张衍坤出具的《欠条》主张权利，《欠条》上有张衍坤签字，并加盖项目部印章，按常理推断，《欠条》应系由甘肃三建集团出具，但甘肃三建集团对《欠条》的真实性予以否认。在该事实真伪不明的情况下，对《欠条》真实性的证明责任应根据举证便利性原则进行分配，即由最便于提供证据的一方承担举证责任。甘肃三建集团作为案涉工程承包人，张衍坤系其授权管理项目部的项目经理，现《欠条》载明系由张衍坤签字确认并加盖项目部印章，由甘肃三建集团举证证明项目部印章及张衍坤签名的真实与否，必然较由杨柳保提供证据更为便利，故上述事实的证明责任应由甘肃三建集团承担。再者，根据《最高人民法院关于民事诉讼证据的若干规定》第二条的规定，"当事人对自己提出的诉讼请求所依据的事实或者反驳对方诉讼请求所依据的事实有责任提供证据加以证明，没有证据或者证据不足以证明当事人的事实主张的，由负有举证责任的当

事人承担不利后果"。为证明甘肃三建集团欠其160万元工程款的事实,杨柳保提交了《欠条》作为证据,并陈述了《欠条》形成的过程,已经完成其举证责任。虽杨柳保除《欠条》外,未再提供其施工期间的其他相关凭证予以印证,但杨柳保在诉讼过程中陈述,《欠条》是在其与张衍坤核对工程量及工程款确认无误的情况下形成,双方系在结算完成后,由张衍坤收回工程清单及相关凭证后出具《欠条》。鉴于目前双方均表示无法与张衍坤取得联系,对于《欠条》出具的过程以及杨柳保的陈述是否属实,均无法与张衍坤进行核实。在此情况下,本院认为,杨柳保所陈述的情况符合财务结算习惯,亦不违反常理,其陈述应予采纳。现甘肃三建集团否认欠款的真实性,其应承担相应举证责任,但其在一审法院限定的期限内并未针对《欠条》上所加盖项目部印章及张衍坤签字的真实性提出鉴定申请,其依法应承担举证不能的后果,本院对《欠条》的真实性予以确认。

此外,67号判决对该案在案证据《证明》的效力予以确认,而该《证明》上同样加盖了项目部印章,且有张衍坤签字,上述事实表明,张衍坤的签名及项目部印章不仅在本案《欠条》上使用,还曾在其他相关证据材料中使用过。亦即,《证明》与本案《欠条》能够相互印证,证明张衍坤的签字真实且项目部印章确实存在,且由项目部经理张衍坤用于与实际施工人结算并确认工程款之目的。故案涉《欠条》实际上并不属于孤证,二审判决以该《欠条》系单一证据为由对该证据未予采纳,同时将证据真实性的证明责任分配给杨柳保承担,属认定事实不清,适用法律不当,本院予以纠正。

对于款项数额的认定,甘肃三建集团主张《欠条》并未载明时间,杨柳保认可的已付款123万元系包含在《欠条》项下的款项,该款应予扣除,故实际欠款数额并非160万元。杨柳保主张,《欠条》实际形成于2012年12月8日,并不包含此前已付款项。经审查,虽《欠条》未注明形成时间,但《欠条》的内容载明:"2012年在新疆昆玉钢铁有限公司项目,甘肃第三建设集团公司欠杨柳保人工资160万元。"上述内容表明该《欠条》系对双方2012年工程款及劳务款的结算,应包含2012年整年度的结算情况,故可以认定杨柳保所述双方结算发生在2012年12月8日符合实际。甘肃三建集团虽主张其已付工程款123万元应包含在《欠条》载明的160万元之内,但对其主张未能提交证据证明,故《欠条》应作为认定欠款数额的依据,甘肃三建集团理应按《欠条》确认的数额向杨柳保支付160万元工程款及相应利息,利率参照中国人民银行同期同类贷款利率计算。昆玉钢铁公司虽在庭审中主张2013年12月6日杨柳保通过奎屯市劳动监查大队领取人工工资68万元,但对其主张未能提供有效证据,本院不予支持。

【案例来源】

中国裁判文书网,http://wenshu.court.gov.cn。

399 **当事人逾期提供证据的，并不必然导致该证据的失权**

【关键词】

|建设工程|程序|证据|举证期限|

【案件名称】

再审申请人中兴建设有限公司与被申请人江苏润扬交通工程集团有限公司、一审第三人四川纳黔高速公路有限责任公司建设工程分包合同纠纷案［最高人民法院（2017）最高法民再 168 号民事判决书，2018.3.19］

【裁判精要】

最高人民法院认为：

（一）关于二审判决认定事实的主要证据是否未经质证的问题

本院认为，虽然润扬公司在二审庭审结束后一个月补交相关函件作为证据，超过了举证期限，但根据《民事诉讼法》第六十五条的规定，当事人逾期提供证据的，并不必然导致该证据的失权。人民法院此时应当责令其说明理由，并根据具体情形判定是否采纳该证据。中兴公司以二审法院在开庭一个月后接收该补充证明材料程序不合法为由，在接到二审法院明确通知后拒绝质证，应视为中兴公司自行放弃质证的权利。故中兴公司主张二审法院认定事实的主要证据未经质证的理由不能成立，本院不予支持。中兴公司虽拒绝对该证据质证并核实工程款纳税情况，但中兴公司广州分公司在该函件中加盖印章，中兴公司未质疑印章真实性或申请鉴定，故二审法院经审查认为润扬公司提交的该证据具备真实性、合法性和关联性，应予以采信并无不当。

【案例来源】

中国裁判文书网，http://wenshu.court.gov.cn。

400 **当事人提供证据时已超举证期限的，法院基于证据关涉案件基本事实可以予以采纳**

【关键词】

|建设工程|程序|证据|举证期限|基本事实|

【案件名称】

上诉人黄进涛、北京建工集团有限责任公司与被上诉人海口明光旅游发展有限公司、海口明光大酒店有限公司、北京建工集团有限责任公司海南分公司建设工程施工合同纠纷案 [最高人民法院（2018）最高法民终 611 号民事判决书，2018.12.25]

【裁判精要】

最高人民法院认为：

（四）其他几个程序问题

《最高人民法院关于适用〈中华人民共和国民事诉讼法〉的解释》第一百零二条第一款规定，当事人因故意或者重大过失逾期提供的证据，人民法院不予采纳。但该证据与案件基本事实有关的，人民法院应当采纳，并依照《民事诉讼法》第六十五条、第一百一十五条第一款的规定予以训诫、罚款。

2017 年 10 月 23 日，原审法院组织各方当事人对黄进涛提交的证据进行质证，因北京建工及其海南分公司未收到提前发送的证据清单，原审法院决定于 11 月 8 日再组织证据质证。2017 年 11 月 8 日，原审法院召开庭前会议，分别询问北京建工及其海南分公司与黄进涛是否有证据提交。北京建工提交北建海南分公司（2014、2015 年）《用印登记本》；黄进涛亦提交部分证据拟证明其与北建海南分公司之间属分包关系而非挂靠关系。黄进涛与北京建工及北建海南分公司之间合同关系的性质是本案核心争议之一。即使黄进涛提供相关证据时已超举证期限，原审法院基于证据关涉本案基本事实而予以采纳，亦不违反法律规定。黄进涛所提交证据均在原审卷宗，至于黄进涛是否继续依据相关证据提出主张，系其依法处分诉讼权利的行为。北京建工上诉主张原审法院未告知并征求其意见即同意黄进涛撤回已完成质证的证据，与事实不符。

【案例来源】

中国裁判文书网，http://wenshu. court. gov. cn。

四、调解

401 不能用公平原则衡量生效的民事调解书是否应当被撤销

【关键词】

│建设工程│程序│民事调解书│公平│

【案件名称】

上诉人四川(西藏)华西普济医院、西藏藏丰实业有限公司与被上诉人中国第五冶金建设有限公司建设工程施工合同纠纷案[最高人民法院二审民事判决书]

【裁判精要】

裁判摘要:《民事诉讼法》第一百八十二条规定:"当事人对已经发生法律效力的调解书,提出证据证明调解违反自愿原则或者调解协议的内容违反法律的,可以申请再审。人民法院审查属实的,应当再审。"该条规定不仅是人民法院针对当事人不服民事调解书的申请再审作出是否再审裁定的依据,也是人民法院对于再审中判断是否应当撤销民事调解书,对当事人之间的争议重新作出实体判决的依据。

最高人民法院认为:

根据《民事诉讼法》第一百八十二条"当事人对已经发生法律效力的调解书,提出证据证明调解违反自愿原则或者调解协议的内容违反法律的,可以申请再审。人民法院审查属实的,应当再审"的规定,综合当事人上诉理由和答辩意见,当事人二审争议的焦点是,如何确认四川高院(2003)川民初字第31号民事调解书的效力,具体可以分为:(1)四川高院的调解是否违反自愿原则;(2)该调解书的内容是否违反法律、行政法规的禁止性规定。

关于本案调解是否违反自愿原则的问题。本院认为,四川高院(2003)川民初字第31号民事调解书是在普济医院、藏丰公司与五冶公司的和解协议基础上制作的,是对三方和解协议的确认。2005年10月20日,普济医院、藏丰公司和五冶公司达成和解协议后,即共同向四川高院申请"依据三方达成的和解协议,制作民事调解书,对和解协议的内容予以确认",同日,四川高院依据三方签订的和解协议,制作了(2003)川民初字第31号民事调解书。由此可见,调解书的内容即是普济医院、藏丰公司和五冶公司在原一审中通过自行协商达成的和解协议的内容,而非四川高院主持调解的结果,因而,不存在四川高院强行调解,违反自愿原则的情况。普济医院和藏丰公司认为四川高院的调解违反自愿原则的另外两点理由:一是四川高院超标的查封普济医院、藏丰公司的财产,并拖延案件审理,使普济医院、藏丰公司在面临支付巨额违约金的不利情形下,被迫接受调解;二是五冶公司以虚假的15份结算书欺诈普济医院、藏丰公司,使其在受欺诈的情况下签订和解协议。本院认为,普济医院、藏丰公司的上述理由均不成立。首先,原一审期间,四川高院根据五冶公司提出的财产保全申请,查封了普济医院、藏丰公司的相关财产,属于依法采取的诉讼保全措施,目的是为了保证生效判决能够顺利执行,而不是为了调解结案。如果普济医院、藏丰公司认为四川高院所采取的财产保全措施不当,有权依法申请复议;如果认为五冶公司申请保全有错误,还可以请求五冶公司赔偿损失。四川高院所采取的财产保全措施属于司法行为,普济医院、藏丰公司认为该司法行为是迫使其接受调解,进而导致调解违反自愿原则的观点缺少事实和法律依据,本院不予采信。其次,在原一审诉讼期间,普济医院、藏丰公司曾申请造价鉴定;普济医院、藏丰公司与五冶公司分别申请延期举证;普济医院、藏丰公司和五冶公司又于2004年6月8日共同向四川高院申请延期审理,以便三方协商和解。四川高院根据当事人的申请和案件审理的需要,延长案件审理期限,并无不当。因此,普济医院、藏丰公司主张(2003)川民初字第31号调解书是四川高院拖延审限,使其被迫接受调解的结果,缺乏事实和法律依据。最后,如前所述,四川高院(2003)川民初字第31号民事调解书是依据普济医院、藏丰公司和五冶公司在原一审中自行达成的和解协议制作的,而并非四川高院以五冶公司提供的15份结算书为基础进行调解的结果。原一审期间,四川高院已经根据普济医院和藏丰公司的申请,委托了鉴定机构对涉案工程已完成部分的造价进行鉴定,而三方当事人不待鉴定结果作出即自行达成和解协议并共同请求法院以调解书的形式赋予和解协议以法律效力。在原一审法院从未依据上述15份结算书对本案当事人之间的争议作出调解和裁判的情况下,普济医院和藏丰公司以五冶公司提供虚假的15份结算书对其进行欺诈为由,主张四川高院的调解违反自愿原则,缺少事实和法律依据。对其主张,本院不予支持。

关于调解书的内容是否违反法律的禁止性规定的问题。本院认为,(2003)川民初字第31号调解书是对普济医院、藏丰公司和五冶公司在诉讼中自行达成的和解协议的确认。而和解协议又是普济医院、藏丰公司和五冶公司自愿协商签订的,和解协议的内容不损害国家和他人的利益,也没有违反法律和行政法规的禁止性规定。因此,四川高院依据该和解协议制作的民事调解书,确认和解协议内容,亦不存在违反法律、行政法规禁止性规定的情况。普济医院和藏丰公司认为调解书内容违反法律禁止性规定,主要理由是认为调解书掩盖了五冶公司出借资质、非法分包获利的事实,因而其内容违反了《建筑法》的禁止性规定。普济医院和藏丰公司的该理由不能成立。因为普济医院和藏丰公司所述五冶公司出借资质、分包获利问题,是普济医院、藏丰公司和五冶公司之间履行双方签订的建筑工程施工合同的问题。签订和履行建筑工程施工合同时是否存在出借资质和违法分包获利的情况与调解书内容是否违反法律、行政法规的禁止性规定并无关系。故普济医院和藏丰公司以五冶公司在签订和履行建筑工程施工合同时存在出借资质、分包获利行为，主张本案调解书内容违反法律、行政法规的禁止性规定，本院不予支持。

【权威解析】

本案值得重视的有这样两点：第一，对于以调解方式审结的民事案件，启动再审程序应极为慎重。一旦进入再审，人民法院仍然应当严格依照《民事诉讼法》第一百八十二条之规定，审查调解是否违反了自愿原则；调解书的内容是否违反了法律和行政法规的禁止性规定。第二，公平原则不是用来衡量已经发生法律效力的民事调解书是否应当被撤销的原则。①

【案例来源】

最高人民法院民事审判第一庭编：《民事审判指导与参考》（总第38集），法律出版社2009年版，第226～228页。

402 对已经发生法律效力的调解书，当事人以又发生了新的事实和理由提起诉讼的案件应如何处理

【关键词】

| 建设工程 | 程序 | 民事调解书 | 重复起诉 |

【案件名称】

上诉人江苏省建工集团有限公司与被上诉人苏州市相城区国际服装城开发有限公司建设工程施工合同纠纷案［最高人民法院（2007）民一终字第9号民事裁定书，2007.10.16］

【裁判精要】

裁判摘要：本案主要涉及当事人起诉的内容既有重复起诉的内容，又有新发生

---

① 参见韩玫：《"显失公平"作为当事人申请再审撤销发生法律效力的民事调解书的理由不应得到支持——四川（西藏）华西普济医院、西藏藏丰实业有限公司与中国第五冶金建设有限公司建设工程施工合同纠纷上诉案》，载最高人民法院民事审判第一庭编：《民事审判指导与参考》（总第38集），法律出版社2009年版，第228页。

的事实和理由,对此人民法院应如何认定和处理及对重复起诉应驳回起诉,还是驳回诉讼请求等问题进行探讨。

最高人民法院认为:

江苏建工在本案诉讼中,其提出的诉讼请求既有人民法院作出调解协议以后发生的纠纷,又有调解协议以前发生的纠纷,对于调解协议之前双方当事人发生的纠纷,因已经调解协议作出处理,依据《民事诉讼法》第一百一十一条第(五)项之规定,江苏建工的该项诉讼请求属于重复起诉,故人民法院不应予以受理。对于江苏建工就调解协议后发生的纠纷而提起的诉讼,人民法院本应予以受理,但是由于江苏建工所提出的诉讼请求是将调解协议前后所发生的纠纷混合于一体起诉的,而且所请求的工程款、违约金等数额均是合并计算的,诉讼请求不具体、不明确,其不符合法定的起诉条件,人民法院不予受理。江苏建工可就调解协议后发生的纠纷依照《民事诉讼法》第一百零八条的规定另行起诉。

【权威解析】

从以上裁定书的内容可以看出,一、二审两个裁定的结果虽然相同,即均驳回了当事人的起诉,但是其驳回起诉的理由不尽相同。一审法院认为本案当事人的诉讼请求系重复起诉而予以驳回,而二审法院认为当事人起诉内容既有重复起诉的内容,也有新发生的事实和理由,应区分不同情形加以处理。另外对重复起诉应驳回起诉,还是驳回诉讼请求及对法律的适用上亦有值得探讨的问题。

第一,如何认定起诉内容为重复起诉还是新的纠纷问题。本案一审法院是在将江苏建工的全部起诉内容驳回的基础上,告知江苏建工对于苏州服装城迟延支付进度款给其造成的损失,可另行主张。而二审法院是以江苏建工在起诉时将双方当事人调解已达成一致意见的内容与调解后双方又发生的纠纷混为一体进行起诉,因当事人主张不符合《民事诉讼法》的规定,其诉讼主张存在错误,在法院无法予以分离的情况下,驳回当事人的起诉,并告知调解以前双方所发生的纠纷已经调解协议处理,对此不能再提起诉讼。而对双方当事人在调解以后又出现新的事实和理由发生的纠纷,告知当事人可以依照《民事诉讼法》第一百零八条的规定提起诉讼。

本案中江苏建工所提出的诉讼请求包含了生效调解书已经作出处理的内容。如江苏建工提出的,苏州服装城对生效民事调解书确认的付款义务一再迟延履行,民事调解书生效至今已五月有余,经江苏建工催告仅支付了 20 万元,请求判令苏州服装城支付工程价款及赔偿因其不履行调解协议造成江苏建工的经济损失。江苏建工提出的上述请求很明显是生效调解书已确定苏州服装城履行的付款义务,苏州服装城未履行,江苏建工对此提起诉讼,请求苏州服装城履行。对于江苏建工的该项请求内容,生效调解书已经确认应由苏州服装城履行,如果苏州服装城不履行调解书确定的义务,江苏建工可申请人民法院强制执行,对迟延履行部分苏州服装城应依据《民事诉讼法》第二百三十二条之规定,加倍支付迟延履行期间的债务利息。对此,江苏建工不能再行提起诉讼主张迟延履行债务的损失。因此,江苏建工该项起诉内容属于"重复起诉",违反了"一事不再理"的民事诉讼原则。

另外,江苏建工如果对已生效的调解书有异议,根据《民事诉讼法》第一百一十一条第(五)项之规定,提起申诉。《民事诉讼法》第一百一十一条第(五)项之规定,虽然只规定已经发生法律效力的判决、裁定案件,没有提到调解的案件,但是,依据《民事诉讼法》的有关规定,已发生法律效力的调解书与判决、裁定具有同等的法律效力,因此发生法律效力的调解书亦应适用该项规定。再者江苏建工还可依照《民事诉讼法》第一百八十条的规定申请再审。但对调解协议已经处理过的纠纷,当事人不能再提起诉讼。本案中对江苏建工重复起诉部分,予以驳回是正确的。

本案中江苏建工还提出调解书生效后,苏州服装城将调解协议确定由江苏建工继续施工的工程转包给第三人,其无法施工造成江苏建工窝工损失等,请求解除双方施工合同,赔偿经济损失。最高人民法院对此审理认为,江苏建工提出的上述问题,已超出了生效调解书所调解的内容,苏州服装城是否将工程转包、如果转包是否造成窝工损失,其损失是多少均应通过案件的实体审理才可予以认定并作出判决。在此,对江苏建工提出的上述请求是无法通过对原调解书的执行和申请再审而能够得到解决的。如果当事人的该项诉讼请求不给其另诉的权利,当事人就失去了救济途径。因此江苏建工提出的请求,系双方当事人在调解作出以后又出现的新事实和理由,其可依照《民事诉讼法》第一百零八条的规定提起诉讼。人民法院经审理如认为请求不能成立,应驳回当事人的诉讼请求,而不是驳回起诉。

第二,本案为何驳回当事人的起诉。江苏建工虽然在叙述事实和理由时,提到调解以后双方又发生了新的纠纷,但是其诉讼请求将调解前与调解后的纠纷是合并在一起提出的,其请求为:(1)判令解除双方订立的建设工程施工合同;(2)判令苏州服装城支付工程价款 1838.1555 万元;(3)判令苏州服装城赔偿因其违约造成江苏建工的经济损失 1017.5623 万元;(4)判令苏州服装城返还保证金 300 万元。审理过程中,江苏建工又将其中第三项诉讼请求变更为利息损失 187.1434 万元,停工、窝工损失 806.4189 万元,可得利益损失 24 万元。前面已提到根据《民事诉讼法》第一百一十一条第(五)项之规定,江苏建工对调解协议前双方发生的纠纷不能再另行提起诉讼。该部分请求系重复起诉,应予裁定驳回。本案中由于江苏建工是将调解协议前后争议的工程款、违约金、误工费等合并于一起提出的,其起诉不符合《民事诉讼法》第一百零八条规定的条件,人民法院对江苏建工本案提出的诉讼请求亦无法予以审理,因此驳回其起诉是正确的。但是,本案在裁定驳回当事人起诉同时,已告知当事人就调解协议后发生的纠纷,可另行起诉,这样亦不剥夺当事人的诉权。①

【案例来源】

最高人民法院民事审判第一庭编:《民事审判指导与参考》(总第 33 集),法律出版社 2008 年版,第 204 ~ 205 页。

---

① 参见孙延平:《对已经发生法律效力的调解书,当事人以又发生了新的事实和理由提起诉讼的案件应如何处理——江苏省建工集团有限公司与苏州市相城区国际服装城开发有限公司建设工程施工合同纠纷上诉案》,载最高人民法院民事审判第一庭编:《民事审判指导与参考》(总第 33 集),法律出版社 2008 年版,第 205 ~ 206 页。

五、民刑交叉

403 询证函的印章印文具有真实性，该询证函是否因银行相关人员涉嫌犯罪而出具，不影响银行依约而应承担相应的担保责任

【关键词】

|建设工程|程序|印章|民刑交叉|

【案件名称】

上诉人四川公路桥梁建设集团有限公司与上诉人包商银行股份有限公司包头富源支行、被上诉人鄂尔多斯市亿能路桥有限公司、内蒙古天骄公路工程有限责任公司建设工程施工合同纠纷案［最高人民法院（2017）最高法民终 406 号民事判决书，2018.3.26］

【裁判精要】

最高人民法院认为：

三、关于本案是否因相关人员涉嫌犯罪而应驳回起诉，移送公安机关侦查的问题

本院认为，原审法院经委托鉴定，认定加盖于《询证函》上的"包商银行股份有限公司包头富源支行"印章印文与包商银行富源支行在工商存档的同名印章印文样本是同一枚印章盖印形成。因此，原审法院认定《预付款担保》及《询证函》的真实性，并无不当。在这种情况下，根据《民法通则》第四十三条"企业法人对它的法定代表人和其他工作人员的经营活动，承担民事责任"的规定，包商银行富源支行应当依法承担《预付款担保》所约定的担保责任。至于该《预付款担保》及《询证函》是否因其相关人员涉嫌犯罪而出具，是否因此而应追究相关人员的民事、刑事责任，与本案并非同一法律关系，亦不影响包商银行富源支行依据《预付款担保》而应承担相应的担保责任，故并不符合《最高人民法院关于在审理经济纠纷案件中涉及经济犯罪嫌疑若干问题的规定》第十一条规定的情形，包商银行富源支行的该上诉请求及理由不能成立。

【案例来源】

中国裁判文书网，http://wenshu. court. gov. cn。

六、执行异议之诉

404 案外人基于与债务人合作开发房地产提起执行异议之诉，鉴于其不足以证明其为审批手续载明的合法建造主体、投资事实、占有权利外观，不属于合法建造人，不能取得案涉房屋所有权

【关键词】

| 物权 | 异议之诉 | 合作开发 |

【案件名称】

陕西崇立实业发展有限公司与中国信达资产管理股份有限公司陕西省分公司、西安佳佳房地产综合开发有限责任公司案外人执行异议之诉案［最高人民法院（2016）最高法民终763号民事判决书，2017.8.4］

【裁判精要】

裁判摘要：案外人提起执行异议之诉的，应当就其对执行标的享有足以排除强制执行的民事权益承担举证证明责任，且须达到享有权益排除执行的高度盖然性证明标准。

执行异议之诉中，利益和主张相对的双方首先是案外人和申请执行人，被执行人对案件事实的承认可以作为认定案件事实的证据，但不能据此当然免除案外人的举证证明责任。

最高人民法院认为：

本案争议焦点为：原判决认定崇立公司享有案涉十套房屋所有权并可排除执行是否正确。

第一，不动产物权变动一般应以登记为生效要件。依照《物权法》规定的物权法定原则，物权的种类和内容，由法律规定，当事人之间不能创设。《物权法》第九条规定，不动产物权的设立、变更、转让和消灭，经依法登记，发生效力；未经登记，不发生效力，但法律另有规定的除外。《物权法》第十四条规定，不动产物权的设立、变更、转让和消灭，依照法律规定应当登记的，自记载于不动产登记簿时发生效力。根据查明事实，案涉房屋并未登记于崇立公司名下，崇立公司不能依据登记取得案涉房屋所有权。

第二,崇立公司能否基于合法建造取得案涉房屋所有权。本院认为,首先,《物权法》第一百四十二条规定,建设用地使用权人建造的建筑物、构筑物及其附属设施的所有权属于建设用地使用权人,但有相反证据证明的除外。即建设用地使用权人建造的建筑物、构筑物及其附属设施的所有权一般属于建设用地使用权人。就本案而言,建设用地使用权证载明的权利人为佳佳公司并非崇立公司。其次,虽然《物权法》第三十条规定,因合法建造、拆除房屋等事实行为设立或者消灭物权的,自事实行为成就时发生效力。但合法建造取得物权,应当包括两个前提条件,一是必须有合法的建房手续,完成特定审批,取得合法土地权利,符合规划要求;二是房屋应当建成。根据查明事实,案涉房屋的国有土地使用权证、建筑用地规划许可证、建筑工程规划许可证、施工许可证等记载的权利人均为佳佳公司。即在案涉房屋开发的立项、规划、建设过程中,佳佳公司是相关行政审批机关确定的建设方,崇立公司仅依据其与佳佳公司的联建协议,并不能直接认定其为《物权法》第三十条规定的合法建造人,并因事实行为而当然取得物权。结合《佳家时代广场 B、C 座项目联合开发合同书》约定内容分析,双方联建的佳家时代广场 B、C 座楼位及 B 座以北的地下车库项目,双方共同投资至本项目总价的 25% ~ 30% 时,佳佳公司应无条件的将该项目转让、过户给崇立公司,由崇立公司独自建设、经营、销售,收益归崇立公司所有,转让过户的税费由崇立公司承担。即崇立公司、佳佳公司双方亦明知,双方合作开发,崇立公司仅能依据联建协议参与建成房屋分配,项目转让仍须履行相关审批手续。

第三,《最高人民法院关于适用〈中华人民共和国民事诉讼法〉的解释》三百一十一条规定,案外人或者申请执行人提起执行异议之诉的,案外人应当就其对执行标的享有足以排除强制执行的民事权益承担举证证明责任。崇立公司主张其基于合法建造事实享有案涉房屋所有权,应当承担举证证明责任。现其既未提交证据足以证明对于案涉项目投资事实,亦未提交证据证明其对涉案房屋占有的权利外观,更未提交证据证明案涉房屋已经登记至其名下,应当承担举证不能不利后果。

第四,《物权法》规定物权公示原则,即物权的变动必须将其变动的事实通过一定方法向社会公开,其目的在于使第三人知道物权变动情况,以免第三人遭受损害并保障交易安全。本案中崇立公司与佳佳公司之间存在合作开发房地产合同关系,崇立公司有权另案向佳佳公司主张基于合作开发合同产生的相关权利。但在其提交证据不足以证明其为相关审批手续载明的合法建造主体、投资事实、占有权利外观情况下,仅依据其与佳佳公司合作开发合同关系,不属于《物权法》第三十条规定的合法建造人,原判决认定崇立公司基于合法建造取得案涉房屋所有权属,适用法律不当,本院予以纠正。

【案例来源】

《中华人民共和国最高人民法院公报》2018 年第 8 期(总第 262 期)。

405 企业或个人以承包、租赁为名借用建筑施工企业资质的，不适用法律对执行过程中对承包人投入及收益的保护的规定

【关键词】

| 建设工程 | 实际施工人 | 异议之诉 | 挂靠 | 承包 |

【案件名称】

再审申请人孟凡生、长春圣祥建筑工程有限公司与被申请人李建国、一审被告长春市腾安房地产开发有限公司案外人执行异议之诉案 [最高人民法院（2016）最高法民再 149 号民事判决书，2016.7.28]

【裁判精要】

裁判摘要:(1)法律规则是立法机关综合衡量取舍之后确立的价值评判标准,应当成为司法实践中具有普遍适用效力的规则,除非法律有特别规定,否则在适用时不应受到某些特殊情况或者既定事实的影响。

(2)分公司的财产即为公司财产,分公司的民事责任由公司承担,这是《公司法》确立的基本规则。以分公司名义依法注册登记的,即应受到该规则调整。至于分公司与公司之间有关权利义务及责任划分的内部约定,因不足以对抗其依法注册登记的公示效力,进而不足以对抗第三人。

(3)遵法守法依法行事者,其合法权益必将受到法律保护;不遵法守法甚至违反法律者,因其漠视甚至无视法律规则,就应当承担不受法律保护或者受到法律追究的风险。

(4)《最高人民法院关于人民法院执行工作若干问题的规定(试行)》(以下简称《执行规定》)第七十八条规定以及予以保护的承包或者租赁经营,应当是法律所准许的承包、租赁形式。企业或者个人以承包租赁为名借用建筑施工企业资质之实的,因违反有关法律及司法解释规定,故不应包含在该条保护范围之内。

最高人民法院认为:

根据孟凡生及圣祥公司的再审请求,结合李建国的答辩意见,本案的争议焦点为李建国对建和分公司账户内的案涉争议款项提出的执行异议是否成立,是否足以阻却人民法院的强制执行。

(一)建和分公司系圣祥公司的分支机构,其与圣祥公司之间的关系应当受到《公司法》规定的调整

《公司法》第十四条第一款规定:"公司可以设立分公司。设立分公司,应当向

公司登记机关申请登记,领取营业执照。分公司不具有法人资格,其民事责任由公司承担。"根据以上规定,分公司的财产属于公司所有,分公司对外进行民事活动所产生的民事责任由公司承担。《执行规定》第七十八条第一款亦规定,被执行人为企业法人的分支机构不能清偿债务时,可以裁定企业法人为被执行人。同理,当被执行人为企业法人时,如果不能执行该企业法人分支机构的财产,将有违权利义务对等原则。

根据已查明的事实,圣祥公司之前身东亚公司于 2006 年 3 月 17 日向长春市工商行政管理局申请设立分支机构建和分公司。2006 年 3 月 24 日,长春市工商行政管理局颁发了建和分公司营业执照,经营范围为在所隶属的公司经营范围内,从事工程承包经营,其民事责任由所属的公司承担。建和分公司作为圣祥公司的分公司在工商行政管理机关依法注册登记,圣祥公司与建和分公司之间即形成法律上的公司与分公司之间的关系,应当受到《公司法》所确立的公司与分公司之间各项规则的调整。具体表现为:分公司的财产即为公司财产,分公司的民事责任由公司承担。本院同时注意到,本案再审申请人孟凡生申请执行一案的起因即是其与祥泽分公司之间的买卖合同纠纷,该判决因祥泽分公司系圣祥公司的分公司,据此判令圣祥公司承担债务责任并进而执行圣祥公司的财产。李建国在庭审中陈述,圣祥公司多个分公司经营模式基本相同,即以注册成立分公司的形式利用圣祥公司资质承揽建筑工程。在此情形下,对于一个分公司的民事行为适用《公司法》关于公司与分公司之间的规则判令公司承担责任,而对于另一个分公司如不适用该规则而使其免除责任,将有违权利义务对等原则以及法律适用的统一性。

(二)李建国提出的其与圣祥公司关于建和分公司经营模式的内部约定,不具有对抗第三人的法律效力

如前所述,建和分公司作为圣祥公司的分公司在工商行政管理机关依法注册登记,应当受到《公司法》既有规则的调整。无论当时圣祥公司与建和分公司内部如何约定双方之间的权利义务关系及责任划分标准,该约定内容均不足以对抗其在工商行政管理机关依法注册登记的公示效力,进而不足以对抗第三人。建和分公司、李建国如认为其为圣祥公司承担责任有违其与圣祥公司之间的内部约定,可与圣祥公司协商解决。

既然建和分公司系圣祥公司的分支机构,而案涉争议款项又在建和分公司银行账户内,故该笔款项在法律上就是圣祥公司的财产。在对圣祥公司强制执行时,如未出现法定的可以不予执行之情形,人民法院可以执行该笔款项。

(三)建和分公司与圣祥公司之间的内部承包合同,不属于《执行规定》第七十八条规定的企业法人分支机构被承包的情形

首先,该内部承包合同载明的承包人是建和分公司,被承包人是圣祥公司,也就是说,从该合同的表现形式来看,被承包经营的是圣祥公司,建和分公司作为企业法

人的分支机构并没有被承包。且从已查明的事实看,无论是圣祥公司还是建和分公司与李建国之间均没有签订相关承包合同。据此,原判决认定李建国是建和分公司的实际承包人缺乏合同依据。其次,该内部承包合同约定的承包范围为《资质证书》中规定的工业与民用建筑承包范围,也就是说,究其合同约定之实质,该合同名为内部承包,实为建设工程施工企业资质租赁或者有偿使用。李建国在庭审中亦自认其经营建和分公司,主要是利用圣祥公司的资质方便其对外承揽建筑工程。换言之,该内部承包合同约定之实质并非承包法律关系。最后,《执行规定》第七十八条中规定以及予以保护的承包或者租赁经营,应当是法律所准许的承包、租赁形式。众所周知,建筑施工企业具有很强的专业技术性,且施工质量直接关系到人民群众的生命财产安全,因此不仅要求此类企业要具有符合国家规定的注册资本,而且要具有与所从事的建筑施工活动相适应的专业资质。实践中,一些建筑施工企业中所谓承包或者租赁经营的实质,是不具备资质的企业或者个人,以承包或者租赁形式,掩盖其借用建筑施工企业资质进行施工的目的,由于借用资质进行施工是法律及司法解释所禁止的行为,故与之相关的承包或者租赁经营合同以及施工转分包合同亦为法律所不容。因此,即便能够认定李建国与建和分公司之间存在实际承包关系,因其承包经营形式为法律所不容,故亦不应包括在《执行规定》第七十八条规定的承包经营之列。

(四)法律作为一种约束人们各项行为之规范的总和,其中一项重要价值即在于保护合法权益

本院认为并倡导,遵法守法依法行事者,其合法权益必将受到法律保护;反之,不遵法守法甚至违反法律者,因其漠视甚至无视法律规则,就应当承担不受法律保护或者受到法律追究的风险。李建国具有完全民事行为能力,从事建设工程施工事务多年,其应当知道国家有关建设工程施工方面的法律法规规定,应当知道法律对于借用资质从事施工行为的态度,应当知道公司与分公司之间的权利义务以及责任关系。但是,其坚持选择以圣祥公司的分公司名义从事经营活动,坚持选择利用圣祥公司的资质对外承揽建筑工程,坚持选择实施此种为法律所不容之行为并获取收益,其亦应当承担由此可能带来的不受法律保护的法律风险。因此,即便能够认定李建国系建和分公司的实际经营控制人,因其对外以建和分公司名义从事民事活动,案涉争议款项亦实际存至建和分公司账户,其就应当按照既有法律规则承担法律责任,即其对于案涉争议款项提出的执行异议,不足以阻却人民法院的强制执行。

司法实践中,一些案件常产生某些既定事实或者特殊情况与既有的法律规则之间的冲突。本案一、二审法院之所以作出原判决之认定,即是受到这种冲突所引发的利益权衡纠结之影响。诚如原判决之分析,本案圣祥公司、建和分公司以及李建国之间确实存在着有别于一般公司与分公司经营模式的特殊情况,如李建国自述的其虽以分公司形式开展经营活动,但实际上系其个人借用圣祥公司资质从事部分工

程的施工活动,从某种角度上讲,其境遇亦值得同情。但本院同时认为,既然法律规则是立法机关综合衡量取舍之后确立的价值评判标准,就应当成为司法实践中具有普遍适用效力的规则,就应当成为司法者在除非法律有特别规定之外要始终坚守的信条,就应当成为不受某些特殊情况或者既定事实影响的准则。否则,如某一法律规则可以随着个案的特殊情况或者既定事实不断变化而左右逢源,该规则将因其不确定性,而不再被人们普遍信奉、乐于遵守,从而失去其存在意义,并将严重伤害法律的权威性、秩序的稳定性以及司法的公正性。

【案例来源】

《中华人民共和国最高人民法院公报》2017 年第 2 期(总第 244 期)。

七、第三人撤销之诉

406 发包人的债权人就建设工程施工合同纠纷判决提起撤销之诉的处理

【关键词】

│建设工程│程序│撤销之诉│虚假诉讼│

【案件名称】

上诉人张宝升与被上诉人天津市恒增房地产开发有限公司、浙江环宇建设集团有限公司第三人撤销之诉案［最高人民法院（2017）最高法民终13号，2017.3.30］

【裁判精要】

裁判摘要：第三人撤销之诉中无独立请求权的第三人一般限于三种情形：一是当事人的民事权利受到损害或者行使民事权利受到障碍，以及在原案判决中负有返还或者赔偿等义务；二是当事人具有法律所特别保护的优先权利，即法定优先权；三是当事人有证据证明原案存在虚假诉讼情形，对其利益造成损害。

最高人民法院认为：

本案审理的焦点问题是张宝升是否具有针对0018号案件提起撤销之诉的第三人资格。

根据《民事诉讼法》第五十六条的规定，提起第三人撤销之诉的主体必须是原案诉讼中有独立请求权的第三人或者无独立请求权的第三人。

1. 张宝升不属于有独立请求权的第三人

张宝升不是涉案的碧水庄园三期工程的发包方，也不是承包方或实际施工人，且0018号案件的处理结果并不涉及张宝升与恒增公司的民间借贷法律关系，亦未处分张宝升在民间借贷法律关系中的任何权益，因此张宝升对0018号案件的涉案工程没有独立的物上请求权，张宝升不是0018号案件有独立请求权的第三人。

2. 张宝升亦不属于无独立请求权的第三人

无独立请求权的第三人一般限于三种情形：一是当事人的民事权利受到损害或者行使民事权利受到障碍，以及在原案判决中负有返还或者赔偿等义务；二是当事人具有法律所特别保护的优先权利，即法定优先权；三是当事人有证据证明原案存在虚假诉讼情形,对其利益造成损害。

第一,在天津仲裁委员会(2014)津仲调解字第293号和第294号仲裁案件中,张宝升与恒增公司之间是民间借贷法律关系,在0018号案件中恒增公司与环宇公司是建设工程施工合同法律关系,二者并无法律上的牵连。建设工程合同之诉中当事人行使权利、履行义务并未直接或者间接影响民间借贷之诉中当事人行使权利、履行义务。建设工程合同之诉的审理结果对张宝升与恒增公司的民间借贷之诉的审理结果并无法律上的影响,既未损害张宝升在民间借贷法律关系中的民事权益,亦未判决张宝升承担返还或者赔偿等任何义务,故张宝升与0018号案件并无法律上的利害关系。

第二,依据《优先受偿权批复》第一条认定建筑工程的承包人的优先受偿权优于抵押权和其他债权的规定,张宝升对涉案工程享有抵押权,不属于应当适用《民事诉讼法》第五十六条规定的第三人撤销之诉保护的民事权益。

第三,就本案而言,张宝升认为恒增公司与环宇公司涉嫌恶意串通,以恶意提高建设工程价款的方式逃避对张宝升的合法债务,但是张宝升并未提供证据证明自己的主张,因此张宝升的该项上诉理由亦不能成立。

【权威解析】

本案的核心问题是如何理解《民事诉讼法》第五十六条第二款规定的无独立请求权的第三人。对此法律和司法解释并没有予以明确界定,无独立请求权的第三人一般限于三种情形:一是当事人的民事权利受到损害或者行使民事权利受到障碍,以及在原案判决中负有返还或者赔偿等义务;二是当事人具有法律所特别保护的优先权利,即法定优先权;三是当事人有证据证明原案存在虚假诉讼情形,对其利益造成损害。

1.当事人的合法权益受到损害,或者当事人依法行使自己的权利受到障碍,或者在原案中判决当事人承担返还或者赔偿等民事责任,可以认定该当事人与原案处理结果有法律上的利害关系。本案中,0018号案件解决的是恒增公司与环宇公司之间的建设工程价款纠纷,并未损害张宝升在民间借贷法律关系中的合法权益,也未阻碍张宝升依法行使权利,更没有判决张宝升承担任何民事责任,因此张宝升与0018号案件没有法律上的利害关系。

2.当事人具有法律所特别保护的优先权利,即法定优先权,可以适用第三人撤销之诉,主要包括:一是法律规定的享有法定优先权的债权,如《合同法》第二百八十六条规定的建设工程价款优先权,《海商法》第二十一条、第二十二条规定的船舶优先权。二是法律明确规定享有法定撤销权的债权,如《合同法》第七十四条规定的债权人的撤销权,《企业破产法》第三十一条、第三十二条规定的破产债权撤销权。下列情形不得作为无独立请求权的第三人:(1)普通债权,原则上不适用第三人撤销之诉保护,但上述法律明确规定给予特别保护的债权除外;(2)与原被告双方争议的诉讼标的无直接牵连和不负有返还或者赔偿等义务的人,以及与原告或被告约定仲裁或有约定管辖的案外人,或者专属管辖案件的一方当事人;(3)产品质量纠纷案件中,原被告之间法律关系以外的人,证据已证明其已经提供了合同约定或者符合法律规定的产品的,或者案件中的当事人未在规定的质量异议期内提出异议的,或者作为收货方已经认可该产品质量的;(4)已经履行了义务,或者依法取得了一方当事人的财产,并支付了相应对价的原被告之间法律关系以外的人。本案中,张宝升对涉案工程享有抵押权,属于普通债权,而根据《合同法》第二百八十六条和《优先受偿权批复》第一条认定建筑工程的承包人的优先受偿权优于抵押权和其他债权的规定,建设工程价款的优先受偿权属于法定优先权,在张宝升的抵押权与环宇公司的建设工程款优先受偿权指向的标的相同的情况下,建设工程价款优先受偿权可能会影响张宝升的民事权益,但是对普通债权人可能造成的事实上的影响,不属于《民事诉讼法》第五十六条规定的适用第三人撤销之诉保护的法律上的利害关系。若允许与原案判决具有事实上影响关系的普通债权人都可以提起第三人撤销之诉,势必导致类似诉讼大量出现,将造成诉讼秩序的混乱,给各方当事人带来不必要的诉累,影响交易安全和社会秩序,并损害生效裁判的既判力和权威性,显然不符合设立第三人撤销之诉制度的初衷。

3.《最高人民法院关于防范和制裁虚假诉讼的指导意见》(法发〔2016〕13号)第十条规定,在第三人撤销之诉、案外人执行异议之诉、案外人申请再审等案件审理中,发现已经生效的裁判涉及虚假诉讼的,要及时予以纠正,保护案外人诉权和实体权利;同时也要防范有关人员利用上述法律制度,制造虚假诉讼,损害原诉讼中合法权利人利益。作为对普通债权人一般不得提起第三人撤销之诉的例外,为了切实保护案外人的诉权和实体权利,在有证据证明存在虚假诉讼的情况下,普通债权人可以提起第三人撤销之诉,但同时也要防止案外人利用第三人撤销之诉损害原诉讼中合法权利人的利益。对此,当事人以存在虚假诉讼为由提起撤销之诉,必须提供证明虚假诉讼存在的初步证据,具体而言就是符合《最高人民法院关于防范和制裁虚假诉讼的指导意见》第二条所列各种情形的初步证据:(1)当事人为夫妻、朋友等亲近关系或者关联企业等共同利益关系;(2)原告诉请司法保护的标的额与其自身经济状况严重不符;(3)原告起诉所依据的事实和理由明显不符合常理;(4)当事人双方无实质性民事权益争议;(5)案件证据不足,但双方仍然主动迅速达成调解协议,并请求人民法院出具调解书。就本案而言,张宝升认为恒增公司与环宇公司涉嫌恶意串通,以无故提高建设工程价款的方式逃避对张宝升的合法债务,但是张宝升并未提供证据证明自己的主张,因此张宝升的该项上诉理由亦不能成立。①

①　参见付少军:《第三人撤销之诉中无独立请求权第三人的认定标准——张宝升与恒增公司、环宇公司第三人撤销之诉案》,载最高人民法院民事审判第一庭编:《民事审判指导与参考》(总第70辑),人民法院出版社2017年版,第150~152页。

【案例来源】

最高人民法院民事审判第一庭编:《民事审判指导与参考》(总第70辑),人民法院出版社2017年版,第149~150页。

编者说明

《最高人民法院关于适用〈中华人民共和国民事诉讼法〉的解释》第二百九十二条规定:"第三人对已经发生法律效力的判决、裁定、调解书提起撤销之诉的,应当自知道或者应当知道其民事权益受到损害之日起六个月内,向作出生效判决、裁定、调解书的人民法院提出,并应当提供存在下列情形的证据材料:(一)因不能归责于本人的事由未参加诉讼;(二)发生法律效力的判决、裁定、调解书的全部或者部分内容错误;(三)发生法律效力的判决、裁定、调解书内容错误损害其民事权益。"如何界定第三人,特别是无独立请求权的第三人,难以通过列举的方式予以明确。尤其对于哪些第三人能够提起第三人撤销之诉,仅从第三人概念及类型方面也无法判断。在确定提起第三人撤销之诉的主体资格时,除了要按照《民事诉讼法》第五十六条第一款、第二款规定判断第三人外,还应结合《民事诉讼法》第五十六条第三款规定的实体要件来判断,即生效判决、裁定、调解书的内容是否损害到其民事权益,如果没有损害其合法权益,则当然不能提起第三人撤销之诉。如果损害其民事权益,再判断其是否符合《民事诉讼法》第五十六条规定的第三人条件,符合的属于第三人撤销之诉的合格原告。① 如何界定有权提起第三人撤销之诉的第三人,特别是无独立请求权的第三人,法律和司法解释没有作出明确规定,上述最高人民法院裁判文书和法官著述可以参考。

---

① 参见最高人民法院修改后民事诉讼法贯彻实施工作领导小组编著:《最高人民法院民事诉讼法司法解释理解与适用》,人民法院出版社2015年版,第777~778页。

其他

407 建设工程施工合同债权原则上可以转让

【关键词】

│ 建设工程 │ 工程价款 │ 债权转让 │

【案件名称】

上诉人陕西西岳山庄有限公司与被上诉人中建三局建发工程有限公司、中建三局第三建设工程有限责任公司建设工程施工合同纠纷案［最高人民法院（2007）民一终字第 10 号民事判决书，2007.10.16 ］

【裁判精要】

裁判摘要：根据《合同法》第七十九条的规定，债权人可以将合同的权利全部或者部分转让给第三人，但根据合同性质不得转让的、按照当事人约定不得转让的和依照法律规定不得转让的除外。法律、法规并不禁止建设工程施工合同项下的债权转让，只要建设工程施工合同的当事人没有约定合同项下的债权不得转让，债权人向第三人转让债权并通知债务人的，债权转让合法有效，债权人无须就债权转让事项征得债务人同意。

最高人民法院认为：

（一）关于三公司向建发公司转让债权是否合法有效的问题

本案中，三公司履行了部分合同义务，取得了向西岳山庄请求支付相应工程款的权利。转让行为发生时，三公司的此项债权已经形成，债权数额后被本案鉴定结论所确认。西岳山庄接到三公司的《债权转移通知书》后，并未对此提出异议，法律、法规亦不禁止建设工程施工合同项下的债权转让，债权转让无须征得债务人同意。根据《合同法》第八十条、第八十一条的规定，本院确认涉案债权转让合法有效，建发公司因此受让三公司对西岳山庄的债权及从权利。西岳山庄虽然主张涉案债权依法不得转让，但并未提供相关法律依据，故对西岳山庄关于三公司转让债权的行为无效的主张，本院不予支持。建发公司基于受让三公司的债权取得本案诉讼主体资格。

【权威解析】

建筑施工中形成的债权能否转让？对此存在两种不同观点。第一种观点认为，建设工程施工合同中的债权不得转让。理由是：（1）建筑行业与国计民生密切相关，我国法律对建筑施工单位的资质作了严格限定，未取得建筑行业资质的单位签订的建设工程施工合同无效,禁止工程转包,允许债权转让对确保工程质量不利。(2)此类合同关系具有特殊性。西岳山庄基于对三公司的特殊信赖才将工程发包给三公司,这种信赖并不完全取决于三公司的资质,合同的转让无疑会破坏这种信赖关系,影响工程质量和西岳山庄的合法利益。(3)本案工程尚未竣工,工程款尚未进行结算,债权尚未确定,不具备转让条件。第二种观点认为,本案合同债权转让并不违反法律、法规的强制性或者禁止性规定,涉案合同依法可以转让,应认定债权转让有效。

本案一、二审判决均认为涉案合同债权可以转让。笔者赞同第二种观点。理由是:

第一,转让涉案合同债权符合法律规定。建设工程施工合同的转让效力应区别对待。合同转让分为债权让与、债务承担和代替履行。法律对三公司的债权让与没有限制,故与一般债权让与没有本质区别。而债务承担则往往涉及工程审批、三公司的资质和西岳山庄对建发公司的信赖等限制条件,《建筑法》规定工程禁止转包,故不得随意转让合同义务。代替履行是指债权债务一并转让,即由合同的受让人建发公司履行全部合同义务,这也会涉及转让合同义务的问题,因此,债权债务一并转让也不允许。本案债权让与的内容并不涉及债务承担问题,依法应当准许。

第二,本案债权转让不损害西岳山庄的利益。通常情况下,债权人既有权要求债务人直接清偿债务,也有权指定债务人向第三人清偿债务。对债务人而言,向第三人清偿债务等于向债权人清偿债务,其法律后果都是消灭债务。本案的诉讼标的主要是工程款,属于劳务报酬的性质。三公司依约完成了工程的土建和主体结构并经验收合格,有权取得相应的工程款。此时合法的债权已经形成,至于将工程款交给三公司还是建发公司,本质上并无区别。在双方对工程款数额存在争议的情况下,应以法院委托的鉴定机构确认的数额作为债权数额。合同解除后未履行部分不再履行,如果等到工程全部竣工后再付工程款,对于建发公司将是极不公平的。

第三,三公司就债权转让通知了西岳山庄,合同债权转让符合法定条件。依照《合同法》第八十条的规定,债权人转让合同权利的,应通知债务人。本案中,承包人已经履行了通知义务,债权转让已经生效。①

【案例来源】

《中华人民共和国最高人民法院公报》2007年第12期(总第134期)。

---

① 参见张进先:《建筑施工中形成的债权能否转让并对该建筑优先受偿——陕西西岳山庄有限公司与中建三局建发工程有限公司、中建三局第三建设工程有限责任公司建设工程施工合同纠纷上诉案》,载最高人民法院民事审判第一庭编:《民事审判指导与参考》(总第32集),法律出版社2008年版,第181页。

408 不当得利的善意受领人无现存利益的，不负返还责任

【关键词】

｜建设工程｜不当得利｜善意｜

【案件名称】

再审申请人南昌市市政建设有限公司与被申请人刘忠友、江西省福振路桥建筑工程有限公司建设工程合同纠纷案［最高人民法院（2018）最高法民再287号民事判决书，2017.12.27］

【裁判精要】

裁判摘要：不当得利法律制度的适用，应进一步精细化地区分责任构成和责任范围。就责任构成而言，应符合以下条件：民事主体一方取得利益；取得利益没有法律根据；取得利益致使民事主体他方受到损失。其中，因果关系的认定系属难点，除直接因果关系外，如在民事主体一方无法律根据取得利益，另一方受到损失之间，基于公平理念和社会一般观念足以认定存在牵连关系的，亦应认定因果关系成立，构成不当得利。就责任范围而言，我国现行民法未就原物毁损、灭失时不当得利受益人的返还义务范围作出规定，构成法律漏洞。从法律适用的方法论角度，可以类推适用物权法中有关占有关系中占有人和权利人之间的权利义务规则，加以填补。即在确定不当得利返还义务范围时，对现存利益和受领人的主观心理状态加以考量。区分受领人善意或者恶意，如受领人主观上是善意的，其返还义务的范围应以现存利益为限，没有现存利益的，不再负有不当得利的返还义务；如受领人主观上为恶意，即使没有现存利益，也不能免除其返还所受不当利益的义务。①

最高人民法院认为：

本案再审审理的争议焦点为市政公司是否负有返还刘忠友600万元不当得利的义务。该争议焦点项下，涉及不当得利的构成要件和法律效果两个层面的问题，其一，市政公司与刘忠友之间是否构成不当得利；其二，市政公司是否因此负有返还刘忠友600万元及相应利息的义务。分析如下：

（一）市政公司与刘忠友之间是否构成不当得利

《民法通则》第九十二条规定："没有合法根据，取得不当利益，造成他人损失的，应当将取得的不当利益返还受损失的人。"2017年10月1日起施行的《民法总

---

① 参见最高人民法院第三巡回法庭编著：《最高人民法院第三巡回法庭新型民商事案件理解与适用》，中国法制出版社2019年版，第130页。

则》第一百二十二条基本沿袭了该条规定,"因他人没有法律根据,取得不当利益,受损失的人有权请求其返还不当利益"。根据上述规定,构成不当得利,应符合以下要件:民事主体一方取得利益;取得利益没有法律根据;取得利益致使民事主体他方受到损失。根据发生原因的不同,可以将不当得利划分为基于给付而生的不当得利和基于给付之外的事由而生的不当得利两种基本类型。对于前者而言,是否构成不当得利,应就给付行为发生当时进行判断。

根据本案已查明的事实,市政公司系基于与辛国强合伙投标进贤产业园排水工程,于2014年5月12日收到自路桥公司处按照辛国强的指示转入的600万元投标保证金。其系出于对和辛国强形成合伙关系的信赖和基于合伙事务的执行而取得利益,但因该合伙关系为辛国强所虚构,系辛国强犯合同诈骗罪的一个环节,实际并不存在,故市政公司取得该600万元利益不具有合法原因。就刘忠友而言,其于2014年5月5日、6日向路桥公司共计转入2000万元,以及与辛国强作为合伙体,要求路桥公司于2014年5月12日向市政公司转入600万元,均系受辛国强虚构市政公司为发包单位的进贤G320绕城公路工程所欺诈而缴纳的工程保证金,上述2000万元,嗣后仅被返还1120万元,其财产总额减少了880万元,其中的600万元损失,即系因路桥公司按照辛国强的指示转入市政公司而发生。就市政公司取得600万元利益和刘忠友受到600万元损失的原因来看,前者是基于辛国强虚构的合伙投标进贤产业园排水工程,后者是基于辛国强虚构的进贤G320绕城公路工程,似乎不属于严格意义上的同一原因事实,但整体而言,前述两个虚构行为系辛国强同一合同诈骗犯罪活动的不同环节而已,基于公平理念和社会一般观念,应当认定两者之间具有实质上的牵连关系,足以成立因果关系。故,基于上述构成要件层面的分析,市政公司和刘忠友之间成立不当得利。

(二)市政公司是否因此负有返还刘忠友600万元及相应利息的义务

虽市政公司无法律根据取得600万元利益,致刘忠友受到600万元损失,二者之间构成不当得利,但因市政公司在取得600万元的次日,即按照辛国强的指示将该600万元转出至辛国强掌控的博世强公司,就市政公司而言,其所获利益已不存在,是否仍应负有向刘忠友返还600万元及相应利息的义务,还应在不当得利的法律效果层面,尤其在不当得利受益人的返还义务范围上予以检视。

就不当得利受益人的返还义务范围而言,现行法律中,除前述《民法通则》第九十二条有"应当将取得的不当利益返还受损失的人",《民法总则》第一百二十二条有"受损失的人有权请求其返还不当利益"的规定外,并未针对受益人应当返还的不当利益的范围设置具体条文。《最高人民法院关于贯彻执行〈中华人民共和国民法通则〉若干问题的意见(试行)》第一百三十一条亦仅规定,"返还的不当利益,应当包括原物和原物所生的孳息。利用不当得利所取得的其他利益,扣除劳务管理费用后,应当予以收缴",未规定在原物毁损、灭失或者因其他法律或者事实上的原因返还不能的情况下,应当返还的不当利益的范围如何确定。需要指出的是,并非所有法律未规定的事项,均当然地构成法律漏洞。所谓法律漏洞,是指违反立法计划导致法律规范的不完整性。是否构成法律漏洞应视此种未规定的事项是否违反了法律规范的目的,以及是否立法者出于立法技术等方面的考虑而有意不设置条文而定。不当得利法律关系中,如一旦构成不当得利即不问过错一概由受益人负全部返还义务,既欠缺法律依据,混淆了不当得利的构成要件和法律效果这两个本属不同层面的问题,也违反了不当得利调节财产价值不当移动的规范意旨和价值指向。故,现行法律未就原物毁损、灭失或者因其他法律或者事实上的原因返还不能时,受益人应当返还的不当利益的范围作出规定,已对法律适用造成困扰,构成法律漏洞。

具体而言,法律漏洞可以区分为开放的漏洞和隐蔽的漏洞,前者指针对某一事项欠缺法律规定,后者指虽有法律规定,但依据该规定的目的,不应适用于某一事项。在法律适用中,不同性质的法律漏洞,主要通过类推适用、目的论的限缩等不同方法加以填补。本案所涉事项系因法律未作规定而构成的开放的漏洞,应采用类推适用的方法来填补。即对法律未规定的事项,参照、援引与其性质相类似的法律规定,加以适用。本案中,市政公司本身亦为辛国强合同诈骗犯罪活动的对象,其系基于对与辛国强合伙投标进贤产业园排水工程的信赖而收取并转出 600 万元。现无证据证明,市政公司对该合伙项目属辛国强虚构知情,亦无证据证明其对辛国强采取虚构市政公司为发包单位的进贤 G320 绕城公路工程,虚构与路桥公司、刘忠友之间的内部承包、合伙关系,指示路桥公司向市政公司缴纳进贤 G320 绕城工程保证金600 万元的方式诈骗刘忠友的情形知情,其在对该 600 万元款项的收取、占有以及嗣后的转出上,主观均为善意。市政公司作为善意受益人,在其收取的 600 万元已于次日转出、所获利益不存在的情况下,其对受损人刘忠友所负返还义务的范围问题,在法律性质和基本权利义务结构上,与占有关系中占有人和权利人,尤其占有物毁损、灭失之际,权利人可向善意占有人主张的损害赔偿请求权问题,具有相似性,甚至会产生一定程度的竞合关系。《物权法》第二百四十四条规定:"占有的不动产或者动产毁损、灭失,该不动产或者动产的权利人请求赔偿的,占有人应当将毁损、灭失取得的保险金、赔偿金或者补偿金等返还给权利人;权利人的损害未得到足够弥补的,恶意占有人还应当赔偿损失。"上述规定,与该法第二百四十二条关于"占有人因使用占有的不动产或者动产,致使该不动产或者动产受到损害的,恶意占有人应当承担赔偿责任"、第二百四十三条关于"不动产或者动产被占有人占有的,权利人可以请求返还原物及其孳息,但应当支付善意占有人因维护该不动产或者动产支出的必要费用"的规定,共同构成了占有人与权利人之间的权利义务规则。上述规则的体系解释表明,法律对占有关系进行调整时,无论占有人使用占有物时权利人的损害赔偿请求权,占有物毁损、灭失时权利人的损害赔偿请求权,抑或权利人对占有物的返还请求权,均区分占有人的主观心理状态,分别对善意占有人和恶意占有人赋予不同的权利义务、课以不同的责任方式和责任范围。例如,占有物毁损、灭失场合下,权利人请求赔偿的,善意占有人仅负有返还因"毁损、灭失取得的保险金、赔偿金或者补偿金"的义务。同样的,不当得利关系中,亦应区分受益人的善意与否,确定不同的返还义务范围,如受益人主观上是善意的,其返还义务的范围应以现存利益为限,没有现存利益的,不再负有不当利益的返还义务;如受益人主观上为恶意,即使没有现存利益,也不能免除其返还所受不当利益的义务。事实上,这一结论,在比较法解释的层面上,亦能获得充分的支持。基于上述分析,本案中,市政公司作为善意受益人,因其在收到 600 万元的次日即将该款项转出,所受利益已不存在,不应向刘忠友负有返还义务。二审判决关于市政公司无论过错与否均须返还600 万元及其利息的认定,适用法律已有不当;在此之外还依据路桥公司对刘忠友作出的"月息 2 分"的承诺来计算市政公司未返还款项的利息,认定事实更为错误,本院予以纠正。

【案例来源】

中国裁判文书网,http://wenshu. court. gov. cn。

编者说明

不当得利之债的基本内容为受损人的不当得利返还请求权。现行法律和司法解释,未就原物毁损、灭失或者因其他法律或者事实上的原因返还不能时,受益人应当返还的不当利益的范围作出规定,构成法律漏洞。上述最高人民法院裁判文书认为,参照《物权法》第二百四十二条、第二百四十三条、第二百四十四条关于占有关系中占有物毁损、灭失时区分占有人的主观心理状态,分别对善意占有人和恶意占有人赋予不同的权利义务、课以不同的责任方式和责任范围之规定,不当得利关系中,亦应区分受益人的善意与否,确定不同的返还义务范围。也就是说,受益人返还义务的范围依其受利益是否善意而不同:

(1)受益人为善意,即受益人不知情,指受益人于取得利益时不知道自己取得利益无合法的根据,此时,如果受损人的损失大于受益人取得的利益,则受益人返还的利益仅以现存利益为限,这个现存利益是指受益人受到返还请求时享有的利益,而不以原物的固有形态为限。利益已不存在时,受益人不负返还义务。如果受益人受有的利益大于受损人的损失时,受益人返还的利益范围以受损人受到的损失为准。

(2)受益人为恶意,即受益人知情,指受益人于取得利益时知道其取得利益无合法的根据,此时,受益人应当返还其所取得的全部利益,即使其利益已不存在,也应负责返还。如果受益人所得到的利益少于受损人的损失时,受益人除返还其所得到的全部实际利益外,还须就其损失与得利的差额另加以赔偿。这实质上是受益人的返还义务与赔偿责任的结合。①

---

① 参见魏振瀛主编:《民法》(第 7 版),北京大学出版社 2017 年版,第 590 页。

409 发包人主张承包人逾期完工、更换材料须承担赔偿责任的，诉讼时效起算点分别为承包人实际完工时间以及发包人知道承包人安装的材料不是约定材料的时间

【关键词】

| 建设工程 | 诉讼时效 | 起算 |

【案件名称】

再审申请人长春阔尔科技股份有限公司与被申请人河南天丰钢结构建设有限公司建设工程施工合同纠纷案 [最高人民法院（2018）最高法民再 152 号民事判决书，2018. 5. 28]

【裁判精要】

最高人民法院认为：

四、天丰公司提起本案诉讼是否超过诉讼时效

《民法通则》第一百三十七条规定，诉讼时效期间从知道或者应当知道权利被侵害时起计算。但是，从权利被侵害之日起超过二十年的，人民法院不予保护。有特殊情况的，人民法院可以延长诉讼时效期间。该法第一百四十条规定，诉讼时效因提起诉讼、当事人一方提出要求或者同意履行义务而中断。从中断时起，诉讼时效期间重新计算。

第一，天丰公司要求阔尔公司承担违约责任的诉讼时效起算点如何确定。诉讼时效主要针对债权请求权，人身权、物权请求权一般不适用诉讼时效制度。在合同关系中，债务人一方的合同义务构成债权人一方合同权利的内容。债务人不履行或不适当履行合同义务，构成对债权人合同权利的侵害，债权人由此取得请求债务人履行义务，承担相应民事责任的权利。因此，合同纠纷案件中，诉讼时效起算点为债权人知道或应当知道债务人存在违约行为的时间。如果合同约定了履行期限（包括分期履行），从履行期届满时起开始计算诉讼时效期间。本案中，天丰公司主张阔尔公司逾期完工、更换阳光板品牌需承担民事赔偿责任，那么诉讼时效起算点分别为阔尔公司实际完工时间以及天丰公司知道阔尔公司安装的阳光板品牌不是北京拜耳品牌的时间。根据原审查明的事实，完工时间是 2006 年 9 月 15 日，天丰公司曾于2008 年 4 月 17 日向阔尔公司发送《河南少林汽车联合厂房采光带、电动排烟窗索赔清单》，称因拜耳阳光板更换为普特阳光板，要求每平方米扣除 30 元差价款。在阔尔公司向吉林省长春市二道区人民法院起诉天丰公司加工承揽合同一案中，天丰公司于 2009 年 3 月 20 日提出反诉，要求阔尔公司支付其逾期完工违约金 600000 元和

经济赔偿金 270801 元,后因天丰公司未交诉讼费,吉林省长春市二道区人民法院未予审理。从这两个时间点起算至天丰公司在吉林省长春市二道区人民法院提起反诉,没有超过二年诉讼时效,而且提起反诉造成诉讼时效中断,应重新计算,即在之后的二年内行使请求权,不会超过诉讼时效。但天丰公司直至 2014 年 1 月 13 日向河南省郑州市中级人民法院起诉已经超过了二年诉讼时效。

第二,二审判决认为"因阔尔公司使用的阳光板是否符合合同约定,天丰公司就分包部分应承担的违约责任等问题需要天丰公司诉少林汽车公司建设工程施工合同纠纷一案的判决结果予以确定,因此天丰公司于该案终审判决作出之后提起本案诉讼,未超过诉讼时效",没有事实和法律依据。首先,天丰公司和少林汽车公司之间的建设工程施工合同纠纷案,与天丰公司和阔尔公司之间的建设工程施工合同纠纷案是两个独立的民事诉讼。它们是基于两个独立的合同关系而发生的争议。按照合同相对性原理,只有合同当事人向合同相对人承担民事责任。即使因第三人原因造成违约,根据《合同法》第一百二十一条"当事人一方因第三人的原因造成违约的,应当向对方承担违约责任。当事人一方和第三人之间的纠纷,依照法律规定或者按照约定解决"的规定,也应分别解决。其次,天丰公司在少林汽车公司诉其一案中应否承担违约责任,不是阔尔公司在本案承担违约责任的前提与基础。在实体处理上,人民法院应该根据两个合同分别约定的义务内容以及当事人是否全面适当地履行了义务,来确定合同当事人应否承担违约责任,即使在涉及总包合同纠纷案中,天丰公司承担了违约责任,在分包合同纠纷案中阔尔公司也不一定承担民事责任。因此,天丰公司的权利是否受到阔尔公司侵害,并不需要以天丰公司在其与少林汽车公司一案中承担违约责任为判断依据,而应以阔尔公司是否违约为判决依据。

综上所述,天丰公司提起本案诉讼已超过二年诉讼时效,其已丧失胜诉权。阔尔公司关于天丰公司提起本案诉讼超过诉讼时效的再审请求成立。

【案例来源】

中国裁判文书网,http://wenshu.court.gov.cn。

410 最高人民法院司法解释之外的通知、答复、解答等,仅具参考意义,各级法院可依据其精神裁判

【关键词】

| 建设工程 | 法律适用 | 司法解释 | 解答 |

【案件名称】

上诉人兰州市城市发展投资有限公司与被上诉人北京城建建设工程有限公司

及一审被告兰州南山路建设开发有限公司建设工程施工合同纠纷案［最高人民法院（2018）最高法民终 651 号民事判决书，2018. 10. 31］

【裁判精要】

最高人民法院认为：

三、关于一审判决适用法律是否正确的问题

最高人民法院于 2007 年 3 月 9 日发布的《最高人民法院关于司法解释工作的规定》（法发〔2007〕12 号）第六条规定：司法解释的形式分为"解释"、"规定"、"批复"和"决定"四种。也就是说，各级人民法院在审判工作中可直接引用属于这四类的正式发文作为裁判的直接依据；对于不在此列的如通知、答复、解答等，仅具参考意义，各级人民法院可依据其精神裁判。本案中，一审法院适用了《最高人民法院关于建设工程承包合同案件中双方当事人已确认的工程决算价款与审计部门审计的工程结算价款不一致时如何适用法律问题的电话答复意见》（〔2001〕民一他字第 2号），因该答复意见仅具有参考意义，一审法院依据该答复的精神，结合合同的约定，作出判决，适用法律和处理结果均无不当，故上诉人兰州城投公司关于一审判决适用法律错误的上诉理由，不能成立，本院不予支持。

【案例来源】

中国裁判文书网，http://wenshu. court. gov. cn。

第一章｜CHAPTER 01

合同成立

411　在私章所代表的一方否认章为其所有，盖章是其所为，即否认与对方成立房屋买卖合同关系时的举证责任分配

【关键词】

|房屋买卖|合同成立|盖章|举证责任|

【案件名称】

申诉人唐兰与被申诉人程永莉房屋买卖合同纠纷案［最高人民法院（2012）民抗字第 55 号民事判决书，2013. 1. 29 ］

【裁判精要】

裁判摘要：通常情况下，法人或者其他组织在对外签订合同时，采用盖章的形式。而自然人的私章没有登记备案的要求，对外不具有公示效力，在私章所代表的一方否认该私章为其所有，盖章行为是其所为时，该方当事人实质是否认与对方当事人达成合意成立了合同关系，此时就涉及就合同关系是否成立的举证责任的分配问题。根据《最高人民法院关于民事诉讼证据的若干规定》第五条的规定，在合同纠纷案件中，主张合同关系成立的一方当事人对合同订立的事实承担举证责任。即在双方当事人就合同关系是否成立存在争议的情况下，应由主张合同关系成立的一方当事人承担举证责任。因此，在私章所代表的一方否认该私章为其所有，盖章行为是其所为，即否认与对方成立合同关系时，应由主张合同关系成立的一方当事人承担举证责任，该方当事人应当举证证明该枚私章为对方所有以及盖章的行为为对方所为或对方委托他人所为。

最高人民法院认为：

根据唐兰的诉讼请求及相关事实来看，本案争议的核心问题是，以唐兰为卖方、以程永莉为买方的登记号为（九区 2000）买卖第 7595 号的《房地产买卖合同》在唐兰与程永莉之间是否成立，该合同对唐兰是否具有法律拘束力。

依法成立的合同，对当事人具有法律约束力，并受法律保护。当事人达成合意是合同的成立的必备要件。《合同法》第三十二条规定："当事人采用合同书形式订立合同的，自双方当事人签字或者盖章时合同成立。"该条明确了当事人在合同书上签字或盖章的时间为合同成立的时间，不仅确认了当事人达成合意的外在表现形式为签字或者盖章，而且赋予了盖章与签字在合同成立上同等的法律效力。因此，经当事人签字或者盖章的合同应该是当事人达成合意的体现，对双方当事人具有法律拘束力。依法成立的法人或其他组织均有登记备案的公章，经登记备案的公章对外具有公示效力，所以，通常情况下，法人或者其他组织在对外签订合同时，采用盖章

的形式。而自然人的私章没有登记备案的要求，对外不具有公示效力，在私章所代表的一方否认该私章为其所有，盖章行为是其所为时，该方当事人实质是否认与对方当事人达成合意成立了合同关系，此时就涉及就合同关系是否成立的举证责任的分配问题。根据《最高人民法院关于民事诉讼证据的若干规定》第五条的规定，在合同纠纷案件中，主张合同关系成立的一方当事人对合同订立的事实承担举证责任。即在双方当事人就合同关系是否成立存在争议的情况下，应由主张合同关系成立的一方当事人承担举证责任。因此，在私章所代表的一方否认该私章为其所有，盖章行为是其所为，即否认与对方成立合同关系时，应由主张合同关系成立的一方当事人承担举证责任，该方当事人应当举证证明该枚私章为对方所有以及盖章的行为为对方所为或对方委托他人所为。

就本案来说，唐兰否认合同书上的私章为其所有，也否认在合同书上盖过私章，实质是否认与程永莉订立过涉案房屋买卖合同，在此情况下，程永莉应该举证证明其与唐兰之间成立了房屋买卖合同关系，即私章为唐兰所有且盖章行为也为唐兰所为。原审判决认定唐兰在本案中未举示充分的证据证明其与程永莉之间的房屋买卖行为以及过户登记申请不是其真实意思表示，从而将该举证责任分配给唐兰是错误的。本案历经数次审理，程永莉为主张其与唐兰之间成立房屋买卖合同关系所举证据有两个，一是唐兰于 1998 年 12 月 11 日与重庆渝兴房地产综合开发公司签订《房地产买卖合同》购买该套房屋时，也是在合同上加盖私章，无手写签名。以此说明唐兰此次出售房屋时加盖私章的合理性。二是生效的重庆市第一中级人民法院(2006)渝一中行再终字第 1014 号行政裁定认定的事实。对此，本院认为，该两份证据不足以证明上述待证事实。理由是：(1)唐兰于 1998 年 12 月 11 日与重庆渝兴房地产综合开发公司签订《房地产买卖合同》购买该套房屋时，虽然也是在合同上加盖私章，但在唐兰否认与程永莉签订过房屋买卖合同时，程永莉没有举证证明涉案《房地产买卖合同》上"唐兰"的私章和唐兰 1998 年 12 月 11 日与重庆渝兴房地产综合开发公司签订的《房地产买卖合同》上唐兰的私章为同一枚私章。唐兰买受该房屋的时候盖有私章的行为并不必然推导出涉案《房地产买卖合同》上盖有"唐兰"私章就是本案当事人唐兰的私章，也不能证明加盖"唐兰"私章的行为就是唐兰所为。(2)(2006)渝一中行再终字第 1014 号行政裁定是以主体不适格为由，从程序上驳回了唐兰的起诉。该份裁定书上认定的事实，只能证明房屋买卖登记机关对涉案房屋办理过户登记的行为在程序上的合规性，不能证明唐兰与程永莉之间发生了房屋买卖的民事行为。原审判决将行政裁定用于证明唐兰与程永莉之间就涉案房屋成立了房屋买卖合同关系不当。

本案中，除了涉案《房地产买卖合同》外，办理房屋买卖过户登记必备的其他文件，包括《卖方申请书》、收到购房款的《收条》，出现了"卖方""唐兰"的签名，但这些应该由所谓卖房人亲历亲为的签名却并非唐兰所为，而是购房人程永莉的丈夫向某所书写,然后加盖"唐兰"的私章。作为对外出具的文件,出具人可以签名,也可以盖章或者是签名加盖章。但不论是签名或盖章,必须是真实的,才能确定是出具人的真实意思表示。办理涉案房屋过户登记时,唐兰具有签署自己姓名的行为能力,向某是房地产公司的销售人员,应该知道"代替"他人签名的民事法律后果,尤其是程永莉一方在诉讼中主张唐兰已到办理登记过户现场的情况下。程永莉应该就本应由唐兰亲笔书写的名字却由向某所替代作出合理的解释,但程永莉一方在本次再审庭审中仍不能就为何收到购房款的收据及"唐兰"的签名也由其夫向某所代写作出合理的解释。所以,程永莉既未能举证证明涉案《房地产买卖合同》及办理房屋过户登记的相关手续上加盖的"唐兰"的印章为唐兰所有,也未能就本应由唐兰书写并签名的《卖方申请书》及《收条》为何由程永莉之夫书写作出合理的解释,本案没有证据显示唐兰本人有出卖涉案房屋的意思表示,也没有证据表明唐兰曾委托他人办理过房地产买卖及转移登记。原审认定唐兰与程永莉之间成立房地产买卖合同关系,没有事实依据。

综上,在双方当事人就合同关系是否成立存在争议的情况下,应由主张合同关系成立的一方当事人承担举证责任。唐兰否认与程永莉签订过房地产买卖合同,程永莉未能充分举证证明其与唐兰之间就涉案房屋成立了买卖合同关系,应该承担举证不能的法律后果。同时,从涉案《房地产买卖合同》的签订及履行过程看,没有证据显示唐兰有出卖涉案房屋的意思表示,也没有证据表明唐兰曾委托他人办理过房屋买卖及转移登记。因此,应该认定唐兰与程永莉之间没有就涉案房屋成立房屋买卖合同关系,涉案《房地产买卖合同》对唐兰没有法律约束力,程永莉应该将其占有的涉案房屋返还给唐兰。

至于程永莉主张的就该房屋支付过8万元价款的问题,唐兰否认收到过该笔购房款。程永莉在本院再审中仍主张其与唐兰之间成立了合法的房屋买卖合同关系,虽经合议庭释明,其仍没有向负有返还购房款义务的相对人提出返还购房款的主张。本判决生效后,程永莉可另案向负有返还义务的相对人主张返还购房款。

【案例来源】

中国裁判文书网,http://wenshu.court.gov.cn。

412 **在房屋登记制度尚不完善时,双方没有订立书面协议的,确认房屋买卖关系是否存在,应结合实际履行情况进行综合分析判断**

【关键词】

| 房屋买卖 | 合同成立 | 合同履行 | 登记 |

【案件名称】

申请再审人张致清与被申请人冯照霞、一审被告崔枫、新乡市新华综合服务有限责任公司侵权纠纷案 [最高人民法院（2010）民再申字第 163 号民事裁定书，2010.12.29]

【裁判精要】

裁判摘要：对于发生在房屋登记制度尚不完善时的案件，在双方没有订立书面协议时，确认房屋买卖关系是否存在，应结合实际履行情况，考虑买受人是否支付了对价，房屋价值与支付的价格是否合理，出卖人交付房屋及房屋所有权证书或买受人对房屋是否长期占有，在此期间出卖人是否主张过权利，能否排除借用或租赁等关系，在此基础上进行综合分析判断。

最高人民法院认为：

本案焦点问题是张致清与新华服务公司是否存在房屋买卖关系。首先，张致清与新华服务公司虽没有订立书面房屋买卖合同，但张致清认可 1983 年将讼争房屋移交给新华服务公司时收取了 2000 元，而张致清之父张保兴在 1982 年购买该房屋时支付的房款为 1100 元，即使考虑张保兴对房屋进行过翻修，将该 2000 元认定为房屋买卖价款，也符合常理。而且，房屋由张致清移交他人使用已长达 20 多年，该 2000 元对价与使用该房屋 20 多年应付的费用相比甚微。由于交付 2000 元款项时，双方并无房屋使用期限的约定，根据当时房屋的价格，张致清主张 2000 元属房屋使用费，不合常理，该数额与当时房屋的价格相当，更符合购房款性质。其次，1983 年，我国房屋登记制度尚不完善，房屋产权转让时不办理过户登记而采取移交产权证明形式的情况也较普遍。张致清将房屋移交新华服务公司使用时，将政府颁发的证明房屋产权的契纸也交与新华服务公司，能够体现张致清转让房屋产权的真实意思。最后，张致清从把讼争房屋移交给新华服务公司使用到起诉时已超过 20 年，新华服务公司和冯照霞的占有使用是连续的、公开的、和平的，而张致清在长达 20 多年的时间内，没有就此主张过权利，表明其长期对他人占有使用该房屋并无异议，如果认定张致清没有转让房屋产权，其作为所有人长期怠于行使权利，与一般房屋所有人对权利的关注，形成较大反差，明显不合常理。综上所述，张致清与新华服务公司之间已形成房屋买卖合同关系，该买卖合同合法有效，基于有效的合同关系，张致清并无请求返还房屋的权利。原再审判决驳回张致清返还房屋的诉讼请求并无不当，张致清的申请理由不能成立。

【案例来源】

《中华人民共和国最高人民法院公报》2011 年第 7 期（总第 177 期）。

合同效力

413 借款合同双方终止借款合同关系，建立商品房买卖合同关系，将借款本金及利息转化为已付购房款并经对账清算的，具有法律效力

【关键词】

│房屋买卖①│合同效力│借款合同│清偿债务│

【案件名称】

汤龙、刘新龙、马忠太、王洪刚诉新疆鄂尔多斯彦海房地产开发有限公司商品房买卖合同纠纷案［最高人民法院指导案例72号］

【裁判精要】

裁判要点：借款合同双方当事人经协商一致，终止借款合同关系，建立商品房买卖合同关系，将借款本金及利息转化为已付购房款并经对账清算的，不属于《物权法》第一百八十六条规定禁止的情形，该商品房买卖合同的订立目的，亦不属于《最高人民法院关于审理民间借贷案件适用法律若干问题的规定》第二十四条规定的"作为民间借贷合同的担保"。在不存在《合同法》第五十二条规定情形的情况下，该商品房买卖合同具有法律效力。但对转化为已付购房款的借款本金及利息数额，人民法院应当结合借款合同等证据予以审查，以防止当事人将超出法律规定保护限额的高额利息转化为已付购房款。

法院生效裁判认为：

本案争议的商品房买卖合同签订前，彦海公司与汤龙等四人之间确实存在借款合同关系，且为履行借款合同，双方签订了相应的商品房预售合同，并办理了预购商品房预告登记。但双方系争商品房买卖合同是在彦海公司未偿还借款本息的情况下，经重新协商并对账，将借款合同关系转变为商品房买卖合同关系，将借款本息转为已付购房款，并对房屋交付、尾款支付、违约责任等权利义务作出了约定。民事法律关系的产生、变更、消灭，除基于法律特别规定，需要通过法律关系参与主体的意思表示一致形成。民事交易活动中，当事人意思表示发生变化并不鲜见，该意思表示的变化，除为法律特别规定所禁止外，均应予以准许。本案双方经协商一致终止

---

① 最高人民法院于2003年4月28日发布《商品房买卖合同解释》（法释〔2003〕7号），自2003年6月1日起施行。该司法解释共二十八条，主要对商品房预售合同的效力、商品房销售广告、拆迁补偿安置、房屋面积缩水、商品房的交付使用及风险承担、商品房质量、商品房包销、商品房担保贷款（按揭）等方面如何具体适用法律作出明确的规定。其中，对出卖人严重违反诚实信用原则、损害买受人利益的恶意违约、欺诈等行为，明确规定可以适用惩罚性赔偿原则。

借款合同关系,建立商品房买卖合同关系,并非为双方之间的借款合同履行提供担保,而是借款合同到期彦海公司难以清偿债务时,通过将彦海公司所有的商品房出售给汤龙等四位债权人的方式,实现双方权利义务平衡的一种交易安排。该交易安排并未违反法律、行政法规的强制性规定,不属于《物权法》第一百八十六条规定禁止的情形,亦不适用《最高人民法院关于审理民间借贷案件适用法律若干问题的规定》第二十四条规定。尊重当事人嗣后形成的变更法律关系性质的一致意思表示,是贯彻合同自由原则的题中应有之意。彦海公司所持本案商品房买卖合同无效的主张,不予采信。

但在确认商品房买卖合同合法有效的情况下,由于双方当事人均认可该合同项下已付购房款系由原借款本息转来,且彦海公司提出该欠款数额包含高额利息。在当事人请求司法确认和保护购房者合同权利时,人民法院对基于借款合同的实际履行而形成的借款本金及利息数额应当予以审查,以避免当事人通过签订商品房买卖合同等方式,将违法高息合法化。经审查,双方之间借款利息的计算方法,已经超出法律规定的民间借贷利率保护上限。对双方当事人包含高额利息的欠款数额,依法不能予以确认。由于法律保护的借款利率明显低于当事人对账确认的借款利率,故应当认为汤龙等四人作为购房人,尚未足额支付合同约定的购房款,彦海公司未按照约定时间交付房屋,不应视为违约。汤龙等四人以彦海公司逾期交付房屋构成违约为事实依据,要求彦海公司支付违约金及律师费,缺乏事实和法律依据。一审判决判令彦海公司承担支付违约金及律师费的违约责任错误,本院对此予以纠正。

【权威解析】

(一)本案商品房买卖合同的缔约目的

首先需要明确的是,本案作为二审案件,按照《最高人民法院关于认真学习贯彻适用〈关于审理民间借贷案件适用法律若干问题的规定〉的通知》规定,并不应当适用该司法解释的规定。不过,即使不考虑司法解释适用的时间维度,本案依然不应认定为应当适用该解释第二十四条规定的情形,这主要是由该合同的缔约目的决定的。按照司法解释的规定和起草人作出的解释,该条规定系关于让与担保的规定。债权人和债务人签订买卖合同的真实目的,是给民间借贷合同提供担保,而非真正实现买卖合同的目标。因此,司法解释从让与担保的从属性特点出发,规定了此种情形下应按照民间借贷法律关系审理的基本原则。

本案的商品房买卖合同是在借款到期后,当事人经协商对账后签订的,双方一致同意终止借款合同关系,建立商品房买卖合同关系,并将双方之前的借款本金及利息转为购房款,由原出借人向借款人购买标的房屋。从这一合同签订背景和缔约目的看,该商品房买卖合同并非为双方之间借款合同的履行提供担保,而是借款合同到期后,债务人难以清偿债务时,双方协商通过将债务人所有的商品房出售给债权人的方式,实现双方权利义务平衡的一种交易安排,也就是通常所说的"以物抵债"。商品房买卖合同的内容表明,原债权人具有向原债务人购买房屋的真实意愿,原债务人亦具有向原债权人出售该房屋的真实意愿。这与上述司法解释第二十四条第一款规定的"当事人以签订买卖合同作为民间借贷合同的担保"的情形并不相同,这就使该解释规定在本案中适用的前提基础完全丧失了。

(二)本案商品房买卖合同的法律效力

民事法律关系的产生、变更、消灭,除基于法律特别规定外,需要通过法律关系参与主体的意思表示一致形成。而民事交易活动过程中,当事人的意思表示发生变化的情况并不鲜见,该意思表示的变化,除为法律特别规定所禁止外,均应予以准许。因此,在认定本案商品房买卖合同系当事人真实意思表示的前提下,还需分析当事人的这种交易安排,是否存在违反法律、行政法规的强制性规定等无效情形,其中最为关键的是其是否属于《物权法》第一百八十六条规定的流押禁止情形。

根据《物权法》第一百八十六条的规定,"抵押权人在债务履行期届满前,不得与抵押人约定债务人不履行到期债务时抵押财产归债权人所有"。这一规定被称为流押禁止。与民间借贷司法解释第二十四条规定的情形类似,本案中并不存在抵押权的设定情形,商品房买卖合同亦不属于债务履行期届满前当事人作出的约定。而且根据该合同约定,原债务人负有向原债权人履行合同约定的交付房屋、办理过户登记等债务,但并没有直接约定债务到期后房屋所有权即归属于债权人,因而该条法律规定在本案的适用前提亦不存在。而且笔者认为,《物权法》第一百八十六条规定的"不得"应当作该约定不发生物权变动法律效力的理解,而根据《物权法》第十五条规定确立的区分原则,是否因此而造成作出相应约定的合同本身无效,恐怕也是难以得出肯定答案的。当然,在这一问题的认识上,理论上和实践中仍存在一定争议。

还需要提及的是,即使从流押禁止原则的出发点加以慎重考量,本案认定商品房买卖合同的合法有效性亦不存在障碍。流押禁止之法律规定,主要是考虑到民法的公平、等价有偿原则,避免债务人因经济窘迫而将价值很高的财产担保价值较小的债权,债权人乘人之危获取暴利,损害债务人或第三人的利益,因而禁止当事人在抵押权设立至债务履行期届满前,约定债权人未获清偿即取得抵押财产所有权。而为了平衡当事人之间的利益,理论上认为为双方当事人设定清算义务,可以较为公平地兼顾双方利益,也可以实现对当事人意思自治最低程度的干涉。不过,目前法律和司法解释对于此种情形下的清算义务的具体流程及内容等均没有作出规定。从本案的事实看,当事人在签订商品房买卖合同前,至少经过了对账的过程,虽然这与严格意义上的清算尚存差距,但至少避免了以事前约定确定房屋销售价格的压榨可能。从法官的自由心证上看,这一点也是具有重要价值的。

（三）已付购房款数额的审查认定

在确定双方当事人法律关系的性质为商品房买卖合同关系的情况下，本案的审理走向与通常情况下的商品房买卖合同纠纷案件相比，又存在较大不同。虽然双方当事人经对账确认了借款本息数额，并一致同意将其转变为已付购房款，但作为法官，还应当对这一商品房买卖合同关系建立前存在借款合同关系这一特殊背景给予足够注意。通常的商品房买卖合同纠纷案件中，法官会按照真实有效的合同约定内容来认定双方的权利义务。而本案中，由于双方均认可购房款系由借款本息转来，那么就需要对借款本金和利息数额再予以审查核实。本案经审查，双方在商品房买卖合同中确定的借款本息数额，包含了超出司法解释规定的人民法院予以保护范围的高额利息。这部分高额利息，无论是否通过另行订立商品房买卖合同或者其他合同的方式，均不应获得法律的保护，否则将会使法律、司法解释确立的高息不受司法保护的基本原则受到极大冲击，从而造成当事人通过签订商品房买卖合同等方式，将违法高息合法化的情况出现。因此，本案对于经审查确认超出法定保护范畴的高额利息，不确认其能够转为购房款。原债权人在本案中依据商品房买卖合同的约定，主张其已经履行交付购房款义务，而对方没有依约履行交付房屋等合同义务构成违约，并据此请求对方支付违约金。根据《合同法》第六十七条的规定，"当事人互负债务，有先后履行顺序，先履行一方未履行的，后履行一方有权拒绝其履行要求。先履行一方履行债务不符合约定的，后履行一方有权拒绝其相应的履行要求"。在扣除了违法高息后，实际上原债权人作为购房者，应认为其没有依法履行支付相应购房款的义务，尚存在部分差额未支付，那么作为房屋销售方的原债务人，可以根据《合同法》的上述规定，行使先履行抗辩权，其拒绝继续履行合同义务的行为不应视为违约，而是合法行使抗辩权。因此，本案虽然就当事人之间法律关系的性质认定为商品房买卖合同关系，但却没有支持原债权人提出的违约损失赔偿请求，因为在剔除非法高息之后，原债务人的违约事实不能被认定。①

【案例来源】

《最高人民法院关于发布第 15 批指导性案例的通知》（2016 年 12 月 28 日，法〔2016〕449 号）。

编者说明

指导案例 72 号《汤龙、刘新龙、马忠太、王洪刚诉新疆鄂尔多斯彦海房地产开发有限公

---

① 参见最高人民法院案例指导工作办公室：《〈汤龙、刘新龙、马忠太、王洪刚诉新疆鄂尔多斯彦海房地产开发有限公司商品房买卖合同纠纷案〉的理解与参照——当事人协商一致终止借款合同并将借款转化为购房款的法律关系认定》，载《人民司法·案例》2018 年第 23 期。

司商品房买卖合同纠纷案》,旨在明确借款合同双方当事人经协商一致,终止借款合同关系,建立商品房买卖合同关系,将借款本金及利息转化为已付购房款并经对账清算的,若无相关法律禁止情形,该商品房买卖合同具有法律效力,但对转化为已付购房款的借款本金及利息数额,人民法院应当依法进行审查,以防止违法高息合法化。该指导案例有利于正确区分民间借贷中不同的复杂情形,正确适用关于民间借贷司法解释的有关规定,对于平衡借款合同各方当事人的利益,依法公正审理类似案件具有明显的指导价值。

414　共同居住的家庭成员以自己名义将其他成员名下房屋出卖，房屋所有人事前知晓且同意的，对其有约束力

【关键词】

　│ 房屋买卖 │ 合同效力 │ 共有 │ 无权处分 │

【案件名称】

原告万学全、万兵与被告狄平、管耘、丁齐元房屋买卖合同纠纷案 [扬州市中级人民法院二审民事判决书，2014.3.20]

【裁判精要】

裁判摘要:共同居住的家庭成员,以自己的名义将其他家庭成员名下的房屋出卖给他人,该行为对房屋所有人是否有效,须判断房屋所有人是否事前知晓且同意。为此,人民法院应当结合房屋产权证书、钥匙是否为房屋所有人持有,对价支付情况,买受人实际占有房屋持续时间以及相关证人证言等综合判定。

扬州市江都区人民法院一审认为:

依法成立的合同受法律保护。被告丁齐元和管耘 2000 年就收到原告万学全、万兵的 10 万元购房款,并且向原告交付了讼争房屋的钥匙和老产权证,原告占有该房屋后装修并使用至今,三被告一直未提出异议。关于三被告认为被告狄平对房屋出卖一事不知情的辩解,证人夏元庆、邹凤香证实,狄平在房屋出卖后多次来江都时谈及房屋出卖事宜,对房屋出卖的事实和价格等完全知晓。狄平在讼争房屋出卖之前即与丁齐元和管耘共同生活至今,三被告的辩解完全违背客观事实,且与常理不符,法院依法不予采信。本案中,原告按约交付了价款,被告也交付了房屋,双方房屋买卖合同关系依法成立,房屋买卖协议有效。虽然双方签订的《房屋转让协议》存在一定瑕疵,但不影响房屋买卖的效力,故原告要求被告协助办理房屋权属变更手续的诉讼请求符合法律规定,法院予以支持。被告在讼争房屋过户条件成就后,拒绝履行过户义务,有悖诚信,显属无理,应负此次纠纷的全部责任。原告要求被告承

担违约金和经济损失的诉讼请求,于法无据,法院不予支持。

扬州市中级人民法院二审认为:

一、关于本案诉争房屋买卖行为的效力问题

(一)本案诉争房屋应为上诉人狄平、管耘共有

本案诉争房屋系狄平与案外人孙秀珍婚姻期间内取得的合法财产,应为夫妻共有,孙秀珍于农历2000年正月初二去世,诉争房屋归属于孙秀珍的份额应作为遗产由其配偶狄平和其女儿管耘依法继承,在管耘既未明确放弃继承,也未进行析产分割前,本案诉争房屋应为狄平、管耘共有。

(二)本案房屋买卖协议约定对上诉人狄平、管耘均具有约束力

第一,上诉人丁齐元对其与被上诉人万兵就诉争房屋达成转让协议以及协议的主要条款内容没有异议,据此,可以认定丁齐元作为出卖人就诉争房屋与万兵签订过转让协议。

第二,上诉人管耘对2000年8月22日出具的10万元房屋买卖款的收条没有异议,应当认定管耘作为房屋共有人对其配偶丁齐元转让房屋一事知晓且同意。

第三,上诉人狄平自诉争房屋出卖前至本案诉讼发生时一直与上诉人丁齐元、管耘共同居住,应当认定三人系共同居住的家庭成员。狄平将诉争房屋钥匙、产权证书均交由丁齐元持有,并事实上交付给被上诉人万学全、万兵,且在房屋转让后至诉讼发生时约12年的时间内从未对诉争房屋买卖、房款交付提出过异议,足见其对诉争房屋买卖是事前知悉且同意的;证人夏元庆、邹凤香与诉争房屋相邻而居,出庭证实狄平在房屋出卖后,去过万学全、万兵居住的诉争房屋做过客,进一步佐证了狄平知晓房屋买卖一事;三上诉人提供的中共镇江新区大港街道工作委员会出具的《证明》,目的是证明狄平不可能单独去过江都,法院认为该份《证明》系对狄平参与党组织活动的情况说明,且从其内容看,亦不能排除狄平曾从镇江返回过江都的可能,该份《证明》相较于两证人证言的证明力明显较弱,证人证言的内容具有证明效力,应予采信。狄平的上述行为足以证明其对诉争房屋转让一事是知晓且同意的,其辩称不知晓房屋买卖的上诉理由与常识和情理不符,不予支持。

第四,被上诉人万学全应为本案适格当事人。被上诉人万兵与万学全系父子关系,庭审中,万兵陈述购房钱款系家庭共有,案外人丁海燕取走的诉争房屋老产权证亦是出自万学全之手,另外,万学全一直居住在诉争房屋内,因此,万学全应属诉争房屋共同买受人,是本案的适格当事人。

综上,上诉人丁齐元作为共同居住的家庭成员,在上诉人狄平、管耘知晓且同意的情况下,将诉争房屋转让给被上诉人万学全、万兵,该房屋转让协议应当直接约束狄平、管耘。本案诉争房屋买卖行为有效,上诉人主张丁齐元系无权处分无事实根据,故不予支持。

【案例来源】

《中华人民共和国最高人民法院公报》2018 年第 2 期（总第 256 期）。

编者说明

关于共有房屋的无权处分的效力问题，可以区分两种情况：

第一种，有证据证明共有人知道且同意将房屋卖给他人的，该房屋买卖合同当然对共有人具有约束力。前述《中华人民共和国最高人民法院公报》案例可供参考。

第二种，没有证据证明共有人知道且同意将房屋卖给他人的，原则上可以认定买卖合同有效，物权变动效力待定。① 但如果出卖人和买受人恶意串通，②损害其他共有人利益的，可以援引《民法总则》第一百五十四条的规定，"行为人与相对人恶意串通，损害他人合法权益的民事法律行为无效"，认定买卖合同无效。

关于共有房屋的买卖最早规定在 1984 年《最高人民法院关于贯彻执行民事政策法律若干问题的意见》第五十五条，该条明确部分共有人未取得其他共有人同意，擅自出卖共有房屋的，应宣布买卖关系无效。买方如不知情，买卖关系是否有效应根据实际情况处理。其他共有人当时明知而不反对，事后又提出异议的，应承认买卖关系有效。其后，最高人民法院在 1998 年给河南高院的《关于共有人之一擅自出卖共有房屋无效的批复》（〔1988〕民他字第 56 号）中进一步确认共有人擅自处分房屋的，买卖合同无效。1999 年《合同法》第五十一条对无权处分予以缓和，没有正面规定买卖合同无效，而是规定经权利人追认无处分权的人订立合同后取得处分权的，该合同有效。2007 年《物权法》第十五条规定，当事人之间设立、变更、转让和消灭不动产物权的合同，除法律另有规定或者合同另有约定外，自合同成立时生效；未办理物权登记的，不影响合同的效力。该条规定了债权合同与物权变动的区分原则，作为《物权法》总则编的一般规定应适用于第二编第八章关于共有的情形，未经共有人同意转让房产的买卖合同有效，但物权变动尚须经其他共有人同意。2012 年最高人民法院《买卖合同解释》第三条进一步予以明确，规定当事人一方以出卖人在缔约时对标的物没有所有权或者处分权为由主张合同无效的，人民法院不予支持。出卖人因未取得所有权或者处分权致使标的物的所有权不能转移，买受人要求出卖人承担违约责任或者要求解除合同并主张损害赔偿的，人民法院应予支持。该司法解释适用于买卖合同纠纷

---

①　《物权法》第九十七条规定，处分共有的房屋，应当经三分之二以上的按份共有人或者全体共同共有人同意。《城市房地产管理法》第三十八条第（四）项规定，共有房屋，未经其他共有人书面同意的，不得转让。

②　恶意串通，即双方当事人均有损害他人利益的故意。夫妻一方未经他方同意，与他人恶意串通，擅自将夫妻共同财产让与他人的，可构成《民法总则》第一百五十四条所称的行为。参见李宇：《民法总则要义：规范释论与判解集注》，法律出版社 2017 年版，第 714 页。

案件,对房屋买卖没有排除适用。① 据此,共有房屋的无权处分规则应适用《物权法》和《买卖合同解释》最新规定,买卖合同原则上认定为有效。②

415 在市场经济条件下,国有企业参与市场交易与其他市场主体地位平等,其资产利益不能等同于社会公共利益

【关键词】

|房屋买卖|合同效力|国有企业|社会公共利益|

【案件名称】

再审申请人林嘉锋、陈国良与被申请人甘肃省中国青年旅行社房屋买卖合同纠纷案[最高人民法院(2014)民提字第 216 号民事判决书,2015.2.16]

【裁判精要】

最高人民法院认为:

本案的争议焦点为:(1)甘肃青旅是否享有提起本案诉讼的权利;(2)《房地产买卖合同》的效力。

关于甘肃青旅是否享有提起本案诉讼的权利。本院认为,一审法院于 2012 年 6 月 7 日作出的(2012)兰法执字第 143 号民事裁定,系发生法律效力的裁定,在该裁定未依法被撤销前,对双方当事人具有法律拘束力。根据《仲裁法》第九条第二款规定,裁决被人民法院依法裁定撤销或者不予执行的,当事人就该纠纷可以根据双方重新达成的仲裁协议申请仲裁,也可以向人民法院起诉。在强制执行力上,仲裁调

---

① 关于处分权受限制的房地产转让合同效力。合同效力问题的实质是公权力对私法自治的评价。在房地产领域,存在土地出让、合作开发和房屋买卖的一、二、三级市场,从公权力的干预程度上看,是依次减弱的,因此,在对合同效力的把握上,也要依次放宽。要特别注意这三个市场在经济制度、法律制度和法理等方面存在的不同安排和规则。实践中,出卖人在签订房产转让合同时未取得房屋所有权证书、未经其他共有权人同意或者房产已经设定抵押或被依法查封的,房产转让合同的效力问题争议较大。我们认为,总体上看,房地产转让已经属于房地产三级市场,应该更多地发挥私法自治的功能。具体法律适用上,买卖合同司法解释虽然主要适用动产,但在不动产交易上,也要与该解释第三条规定的精神保持一致,要正确适用合同效力和物权变动区分原则,发挥合同法和物权法在不同交易阶段的调整功能,既要严格体现合同对当事人的拘束力,也要通过物权变动的管制保障国家相关政策贯彻落实。对这类合同不宜简单认定合同无效,可以考虑根据当事人过错程度,通过违约责任来平衡双方利益。参见程新文:《关于当前民事审判工作中的若干具体问题》(2015 年 12 月 24 日),载最高人民法院民事审判第一庭编:《民事审判指导与参考》(总第 64 辑),人民法院出版社 2016 年版,第 57 页。

② 参见江苏省高级人民法院民一庭:《商品房买卖合同案件审判疑难问题研究——〈商品房买卖合同司法解释〉施行十五年回顾与展望》,载最高人民法院民事审判第一庭编:《民事审判指导与参考》(总第 70 辑),人民法院出版社 2017 年版,第 203 页。

解书与仲裁裁决书具有同等的法律效力。故仲裁调解书被人民法院裁定不予执行的,亦应适用上述规定,赋予当事人根据协议重新申请仲裁或向人民法院起诉的权利。原审判决认定甘肃青旅享有提起本案诉讼的权利,并无不当。

关于《房地产买卖合同》的效力问题。《合同法解释(二)》第十四条规定,《合同法》第五十二条第(五)项规定的"强制性规定",是指效力性强制性规定。《全民所有制工业企业转换经营机制条例》、《国有资产评估管理办法》以及《企业国有资产监督管理暂行条例》中关于国有资产转让应当进行评估、批准等程序的规定,系对履行出资人职责的机构及相关人员行为的规范,是法律对国有资产管理者课以的义务,要求管理者审慎地履行自己的职责,上述规定均属规范内部程序的管理性规定,而非效力性强制性规定,不应影响国有企业与第三人签订合同的效力。本案中,根据甘肃省人民政府国有资产监督管理委员会向二审法院出具的《省政府国资委关于甘肃青旅大厦产权问题的复函》,案涉资产由团省委作为主管部门承担保值增值责任。根据本院再审查明的事实,团省委曾向林嘉锋、陈国良发函同意该项资产处置。对于案涉资产转让是否损害社会公共利益,本院认为,国有资产转让是国有企业经营权的体现。作为资产的管理者,有责任对资产保值增值,但亦应承担市场经营的风险。《物权法》第三条规定,国家实行社会主义市场经济,保障一切市场主体的平等法律地位和发展权利。在市场经济条件下,国有企业参与市场交易与其他市场主体地位平等,其资产利益不能等同于社会公共利益。此外,甘肃青旅亦未提供证据证明房地产转让双方存在恶意串通损害国有资产权益的情形。相反,从本院再审查明的事实看,首先,《房地产买卖合同》第九条明确约定,案涉房产产权无任何限定条件,亦不存在法律、法规规定禁止出售的其他情形。其次,甘肃青旅在仲裁中即提出确认《房地产买卖合同》无效的反请求,但在仲裁达成调解协议时,并未提出案涉房产转让未经评估、批准等问题。最后,50号调解书作出后,甘肃青旅和团省委又先后向林嘉锋、陈国良发函,要求提高价款,亦未主张案涉房产不能转让。

甘肃青旅提出,案涉房产共九层,其中第九层为加盖,属于违法建筑,买卖违章建筑的合同应为无效。本院认为,首先,案涉房产其他部分系合法建筑,加盖部分违法不应导致全部合同无效。其次,买卖违法建筑物的合同并非绝对无效。根据《城乡规划法》第六十四条规定,未取得建设工程规划许可证或者未按照建设工程规划许可证的规定进行建设的,由县级以上地方人民政府城乡规划主管部门责令停止建设;尚可采取改正措施消除对规划实施的影响的,限期改正,处建设工程造价百分之五以上百分之十以下的罚款;无法采取改正措施消除影响的,限期拆除,不能拆除的,没收实物或者违法收入,可以并处建设工程造价百分之十以下的罚款。本案中,双方在《房地产买卖合同》及其后的50号调解书中,均明确加盖部分已经过行政处罚,城乡规划主管部门并未要求限期拆除,该加盖部分应属于"尚可采取改正措施消除对规划实施的影响的"保留使用建筑物,亦不应因此认定买卖合同无效。

综上,本院认为,案涉《房地产买卖合同》为双方真实意思表示,不存在《合同法》第五十二条规定的情形,应为合法有效。双方应本着诚实信用原则严格履行各自的合同义务,林嘉锋和陈国良占用案涉房产不属于无权占有,甘肃青旅要求林嘉锋和陈国良返还案涉房产无法律依据。关于支付占用期间的房屋使用费问题。《房地产买卖合同》第七条约定,林嘉锋、陈国良认可现有的房屋租赁使用人甘肃省生殖保健院使用的范围,合同约定的房产买卖后由甘肃省生殖保健院继续按照上述范围使用。从上述约定看,房产的交付时间应为《房地产买卖合同》签订时。也即甘肃青旅是按照合同约定交付房产,现合同合法有效,甘肃青旅交付房产的行为系履行合同的行为,故甘肃青旅要求支付占用期间的房屋使用费无法律依据。

【案例来源】

中国裁判文书网,http://wenshu.court.gov.cn。

416 对双方之间的借款合同、转款凭证、约定利率等综合分析,认定双方之间是否存在恶意串通导致合同无效

【关键词】

│房屋买卖│合同效力│恶意串通│

【案件名称】

上诉人内蒙古中银房地产集团股份有限公司与被上诉人吕至、鄂尔多斯谊丰投资有限公司、康宏奎、吴彦东、刘忠海、韩利、丁吏平、牛毅忠、柴平、白美明、吴利军、刘建荣商品房买卖合同纠纷案[最高人民法院(2016)最高法民终530号民事判决书,2018.6.22]

【裁判精要】

最高人民法院认为:

(二)关于谊丰公司与吕至、刘忠海等人之间是否存在恶意串通,从而导致两份商品房买卖合同、地下停车位使用权转让合同、两份三方协议书以及附属合同无效的问题

其一,吕至、刘忠海等人出借款项有借款合同、银行转账凭证及公证书等证据予以证实。其二,因中银公司、谊丰公司自有资金不足以开发建设中银城市广场项目,2009年3月21日以后该项目后续建设由谊丰公司融资全面负责建设,中银公司虽然否认上述民间借贷行为,但不能合理解释中银城市广场的项目资金来源,且白美明的借款3000万元发生在项目开发前期中银公司独自经营期间,中银公司关于白

美明等人的借款均不真实的主张不能成立。其三,谊丰公司向吕至、刘忠海等人的借款中,仅吕至的 2000 万元,刘忠海的 80 万元以及吴利军的 300 万元约定利率为 5%,其余约定利率为 3.5%。3.5% 的借款利率与中银公司独自经营期间向白美明借款约定的 3% 利率相当,中银公司关于利率畸高存在恶意串通的主张不能成立。其四,张建军系中银城市广场项目部的财务总监,中银城市广场项目的财务管理设立账目均以张建军的个人账目进行,结合在案银行转账凭证、借款合同等相关证据,可以认定进入张建军的个人账户的上述借款为中银城市广场项目的借款。其五,谊丰公司代表中银公司与吕至签订的被法院查封的房屋买卖和地下室使用权转让合同,并不违反法院生效裁判文书认定,一审法院适用法律并无不当。综上,中银公司未能举证证明谊丰公司与吕志、刘忠海等人之间存在恶意串通导致案涉合同无效,对其主张本院不予支持。

【案例来源】

中国裁判文书网,http://wenshu.court.gov.cn。

417 经营者故意隐瞒重大风险,造成相对人在信息不对称的情况下达成免责合意,应当认定相对人的真实意思表示中不包括承担被隐瞒的重大风险,免责合意的范围仅限于签约后发生的不确定风险

【关键词】

│ 房屋买卖 │ 合同效力 │ 格式条款 │ 免责条款 │

【案件名称】

原告张宇、张霞与被告上海亚绿实业投资有限公司商品房预售合同纠纷案 [上海市第一中级人民法院(2017)沪 01 民终 9095 号民事判决书,2017.8.28]

【裁判精要】

裁判摘要:责任限制型格式条款本质上是一种风险转移约定,根据诚实信用原则,在签约时,经营者除了需要对条款内容进行重点提示,还应当对免责范围内已经显露的重大风险进行如实告知,以保护相对人的信赖利益。经营者故意隐瞒重大风险,造成相对人在信息不对称的情况下达成免责合意,应当认定相对人的真实意思表示中不包括承担被隐瞒的重大风险,免责合意的范围仅限于签约后发生的不确定风险。在后续履约中,因恶意隐瞒重大风险最终导致违约情形发生,经营者主张适用免责条款排除自身违约责任的,人民法院不予支持。

上海市第一中级人民法院二审认为：

上诉人张宇、张霞与被上诉人亚绿公司签订的系争预售合同系双方真实意思表示，不违反法律的效力性禁止性规定，亚绿公司在签约时亦已经取得了预售许可证，故系争预售合同并不存在整体无效的情形。

系争预售合同约定，被上诉人亚绿公司应于 2015 年 12 月 31 日之前交房，而其实际交房时间为 2016 年 7 月 1 日，超出了合同约定期限。根据法院查明的事实，亚绿公司在 2015 年 8 月完成了系争房屋所在小区范围内的工程量施工，而市政燃气、道路配套工程（以下简称配套工程）由政府部门负责实施，且施工地点不在亚绿公司的受让地块范围之内。配套施工障碍直至 2016 年 2 月 16 日才消除，从该节点至实际交房的期限为 136 天。如果扣除配套工程的受阻停滞期限，则亚绿公司的实际交房期限并未超出合同约定。因此，造成系争房屋逾期交付的原因在于配套工程的延误。

在此前提下，上诉人张宇、张霞主张被上诉人亚绿公司应承担逾期交房违约金，亚绿公司则以系争预售合同存在相应责任限制条款为由主张抗辩权。因此，本案二审争议焦点在于：一、系争责任限制条款是否具有法律效力；二、系争责任限制条款是否应当适用于本案。

一、关于系争责任限制条款是否具有法律效力问题

系争预售合同补充条款第八条约定，导致不能按期交房的"其他难以预计的客观情况"包括：供水、供电、煤气、排水、通讯、网络、道路等公共配套设施的延误，发生上述情况不属于被上诉人亚绿公司逾期交房。第十五条规定，"因市政配套的批准与安装"等"无法预计、无法避免或控制、无法克服的事件和情况"，亚绿公司可以顺延约定的交房日期。上述条款（简称系争责任限制条款）是对交房期限条款的补充约定。上诉人张宇、张霞主张系争责任限制条款属于无效格式条款，亚绿公司则主张该条款有效。

对此，法院认为，系争责任限制条款属于被上诉人亚绿公司事先拟定，并在房屋销售中重复使用的条款，属于格式条款的范畴。系争责任限制条款使用了小号字体，而且根据当事人陈述的签约过程分析，亚绿公司并未采取足以引起注意的方式对该条款予以说明。根据《合同法解释（二）》第九条规定，提供格式条款的一方当事人违反《合同法》第三十九条第一款关于提示和说明义务的规定，导致对方没有注意免除或者限制其责任的条款，对方当事人申请撤销该格式条款的，人民法院应当支持。系争责任限制条款虽然以列举免责事项的方式限制了逾期交房违约责任的范围，但并未绝对免除亚绿公司的违约责任。根据上述法律规定，系争责任限制条款属于可撤销的格式条款，而非绝对无效之格式条款，因张宇、张霞在法定的一年除斥期间内并未申请撤销该条款，故该条款仍属有效。张宇、张霞主张系争责任限制条款无效，无法律依据，法院不予采纳；亚绿公司主张系争责任限制条款有效，法院

予以采纳。

二、关于系争责任限制条款是否应当适用于本案的问题

上诉人张宇、张霞主张，配套工程延误并不属于"不可预见"的"不可抗力"，而且被上诉人亚绿公司在签约时已经知晓配套工程出现延误，但没有对其及时告知，即使系争责任限制条款有效，亦不能在本案中适用。亚绿公司则主张，配套工程延误属于明确约定的免责事由，而且延误障碍可能在签约后消除，应当适用系争责任限制条款。双方对该条款是否应当适用的争议具体可分为三个层次：第一，该条款将免责事项描述为"不可抗力"是否影响其适用；第二，亚绿公司是否在签约时对配套工程延误风险负有告知义务；第三，亚绿公司的风险隐瞒行为是否导致排除该条款适用。法院对此分述如下：

第一，关于系争责任限制条款中的概括描述是否影响其适用的问题。系争责任限制条款所列举的事项中包括"煤气、道路公共配套设施"，但在对此类事项的概括性定义中使用了甲方（亚绿公司）"难以预计""无法预见"的表述。对此，法院认为，配套工程施工虽然不在被上诉人亚绿公司的受让地块范围之内，但作为一家专业的房地产开发企业，配套工程出现延误的理论可能性是其在建造之初就能够预见的，其制定系争责任限制条款的目的也正是在于防范此类风险。因此，"难以预计""无法预见"的表述是对列举事项所作的错误描述，此类事项不属于法定可免责的"不可抗力"范畴。但在列举事项已经具体明确的前提下，该表述并不影响双方就责任限制所达成的基础合意，不构成完全排除该条款适用的事由。上诉人张宇、张霞主张系争责任限制条款的性质表述存在错误，故应当整体排除其适用，缺乏事实依据，法院不予采纳。

第二，关于被上诉人亚绿公司是否在签约时对配套工程延误风险负有告知义务的问题。根据系争预售合同约定，亚绿公司应及时将免责事项的发生情况告知购房者。本案中，上诉人张宇、张霞主张亚绿公司在签约时隐瞒了配套工程延误的情况，违反了合同约定。亚绿公司未提供证据证明其履行了风险告知程序，但称其虽然在2015年3月27日知晓了配套施工受阻的情况，但在签约时还并不确定会造成实际延误，有可能在后续履行中追赶进度，故其并不存在恶意隐瞒行为。

对此，法院认为，首先，被上诉人亚绿公司明知配套工程完成是整体竣工验收的前提条件，应当对配套工程的具体进展保持关注，据此预判实际可交房的时间。政府部门与配套施工单位的签约日期为2015年3月23日，根据亚绿公司的陈述及相关证据显示，由于施工地块未完成土地征收，当地居民与政府部门存在争议，阻挠施工，导致配套工程无法开工，陷入停滞状态。同年3月27日，亚绿公司得知该情况后便向政府部门发函催促，但在2015年8月时，尚不存在能够消除居民阻挠因素的迹象。直至2015年12月30日，配套施工单位在协调会议中仍然不能确定实际进场的施工日期。如果停滞状态保持延续，将势必造成整体工程竣工延误。因此，"配套

工程延误导致逾期交付房屋"在 2015 年 3 月 27 日虽然还不是确定发生的事实,但也已经不再是抽象的理论可能性,而是亚绿公司已知的现实存在的显著风险。

其次,交房期限是购房者选择购房的重要考量因素,在没有收到风险告知的情况下,购房者无法对交房期限的实际可行性进行有效评估,在签约时陷入了信息不对称的意思状态。被上诉人亚绿公司虽然期望障碍因素能够在后续履行中消除,但土地征收问题导致的施工停滞是根本性的延误因素,该因素并非亚绿公司可以主观控制的范围,而且依照常理判断,土地征收需要履行法律规定的程序,无法于短期内导到快速解决。在交房期限事实上存在重大不确定性的前提下,亚绿公司的风险隐瞒行为可能对购房者的信赖利益造成实际损失。因此,亚绿公司不能以后续可能追赶进度为由免除自身的告知义务,法院认定,亚绿公司对自 2015 年 3 月 27 日起签约的购房者均负有对配套工程延误风险的告知义务。系争预售合同的签约日期为 2015 年 8 月 15 日,亚绿公司未对上诉人张宇、张霞告知相应风险,违反了合同约定的告知义务。

第三,关于被上诉人亚绿公司的风险隐瞒行为是否导致排除系争责任限制条款适用的问题。系争责任限制条款中并未明文记载免责事项的产生时间限制。上诉人张宇、张霞主张,在被上诉人亚绿公司隐瞒延误风险的情况下,约定的免责事项仅能适用于签约后新发生的情形,不应适用于本案,是对合同条款的限制解释;亚绿公司主张风险事项的产生时间不应对免责范围构成影响,系争责任限制条款应当适用于本案,是基于合同文义的基本理解。

双方当事人对该问题争议的本质是在被上诉人亚绿公司隐瞒已知风险的背景下,对合同条款的不同解释。《合同法》第四十一条规定,对格式条款的理解发生争议的,应当按照通常理解予以解释。对格式条款有两种以上解释的,应当作出不利于提供格式条款一方的解释。第一百二十五条第一款规定,当事人对合同条款的理解有争议的,应当按照合同所使用的词句、合同的有关条款、合同的目的、交易习惯以及诚实信用原则,确定该条款的真实意思。基于上述格式条款的解释规则,法院对该问题分析如下:

(一)商品房预售合同是在建商品房的销售合同,不同购房者的签约时间对应着不同的建设进度,购房者不知晓具体进度情况,不具备对交房期限可行性的判断能力。而交房期限条款也是由被上诉人亚绿公司单方拟定的格式条款,其可以根据实际建设进度在签约时调整交房期限。本案中,亚绿公司亦认可其在预售合同中设置的交房期限分为 2015 年 9 月与 2015 年 12 月两种,说明其已经在后续销售中根据配套工程进度对交房期限进行了重新规划。因此,在没有被告知已存在现实风险的情况下,购房者与亚绿公司所达成的责任限制合意,是建立在购房者对交房期限具有现实合理性的信赖基础上。

(二)由于被上诉人亚绿公司单方隐瞒了现实延误风险,并且有能力重新规划交房期限,购房者有理由相信亚绿公司对交房期限的现实可行性作出了承诺:该期限充分吸收了亚绿公司已知的实际进度条件,原有的风险事项能够及时消除,如果没有在后续履行中出现新的免责事项,则在该期限内能够实现交房。因此,上诉人张宇、张霞主张双方约定的风险转移范围是针对后续履行中出现的风险事项,不应包括已纳入交房期限考量因素的现实条件,符合《合同法》第一百二十五条的诚实信用解释原则。

(三)双方当事人对于格式合同条款的理解存在冲突,根据《合同法》第四十一条所规定的有利于相对人的解释规则,法院认为,诚实信用原则下的购房者信赖利益价值高于格式条款提供者被上诉人亚绿公司的责任风险限定利益。交房期限条款与系争责任限制条款之间的互补逻辑关系应解释为:系争责任限制条款的适用范围限于签约后发生的不确定风险事项,不能适用于签约时被隐瞒的现实风险事项。亚绿公司主张其风险隐瞒行为不影响系争责任限制条款的适用,法院不予采纳。

(四)本案中,被上诉人亚绿公司在2015年3月27日就已明知配套工程受阻停滞,产生了现实的延误风险,但其在2015年8月15日签约时并未向上诉人张宇、张霞告知该风险事项,而是承诺于2015年12月31日交房。配套工程受阻停滞的现实风险产生于系争预售合同签订之前,在后续没有出现新的风险事项的情况下,原有的风险状态持续延展,最终导致系争房屋于2016年7月1日才完成交付。亚绿公司的上述行为违背了对交房期限具有现实可行性的承诺,无权就配套工程延误主张适用系争责任限制条款。

基于上述理由,被上诉人亚绿公司以配套工程延误为由,主张在本案中适用系争责任限制条款,抗辩上诉人张宇、张霞的逾期交房违约金请求权,无事实与法律依据,法院不予支持。张宇、张霞主张亚绿公司承担逾期交房违约金,符合合同约定,法院予以支持。根据系争预售合同约定,亚绿公司总计逾期达183日,按照实测面积总房款1604177.84元的每日0.02%比例计算,违约金总计为58713元。二审中,张宇、张霞表示自愿按照合同约定标准的55%比例主张违约金,系当事人对自身权利的处分,于法不悖,也与亚绿公司的实际过错相适应,法院予以准许。因此,法院认定亚绿公司应向张宇、张霞支付逾期交房违约金32292.15元。

【案例来源】

《中华人民共和国最高人民法院公报》2019年第5期(总第271期)。

418 对于合同纠纷，确认合同是否有效是确定合同是否应当履行的前提条件

【关键词】

│ 房屋买卖 │ 合同效力 │ 合同履行 │ 诉讼请求 │

【案件名称】

再审申请人西安雨润农产品全球采购有限公司与被申请人陕西润东置业有限公司房屋买卖合同纠纷案［最高人民法院（2019）最高法民申 635 号民事裁定书，2019.2.27］

【裁判精要】

最高人民法院认为：

对于合同纠纷，确认合同是否有效是确定合同是否应当履行的前提条件。本案润东公司作为原告，请求判令被告西安雨润履行合同，虽然其未提起合同效力确认之诉，但人民法院在对润东公司关于继续履行合同的诉讼请求进行审查时，首先对案涉合同有无效力进行确认，进而在认定合同有效的前提下，判决继续履行，并不构成超出诉讼请求的情形。故西安雨润关于原判决自行增加确认合同有效的内容，超出润东公司诉讼请求范围的再审申请理由不成立。

【案例来源】

中国裁判文书网，http://wenshu.court.gov.cn。

419 划拨土地上房屋买卖合同的效力认定

【关键词】

│ 房屋买卖 │ 合同效力 │ 划拨土地 │ 诚实信用 │

【案件名称 I】

申诉人哈尔滨市不锈钢制品厂与被申诉人李岩房屋买卖合同纠纷案［最高人民法院（2017）最高法民再 70 号民事判决书，2017.12.29］

【裁判精要】

最高人民法院认为：

（一）关于案涉《房屋买卖协议》是否有效

依据《城市房地产管理法》第三十一条"房地产转让、抵押时,房屋的所有权和该房屋占用范围内的土地使用权同时转让、抵押"的规定以及物权法上"房地一体"或"房随地走、地随房走"的原理,本案中,不锈钢厂作为房屋的权利人虽对其房屋享有占有、使用、收益、处分的权利,但转让房屋时必然涉及土地使用权的转让。案涉《房屋买卖协议》中的房屋建立于不锈钢厂以划拨方式取得的土地之上,因此其处分房屋时必然涉及划拨土地使用权的转让问题。《城市房地产管理法》第三十九条规定:"以划拨方式取得土地使用权的,转让房地产时,应当按照国务院规定,报有批准权的人民政府审批……"国务院《城镇国有土地使用权出让和转让暂行条例》第四十四条、第四十五条亦明确规定,未经市、县人民政府批准的划拨土地使用权不得转让。根据《合同法解释(一)》第四条"合同法实施以后,人民法院确认合同无效,应当以全国人大及其常委会制定的法律和国务院制定的行政法规为依据,不得以地方性法规、行政规章为依据"的规定,上述条例属于行政法规的强制性规定。本案房屋所涉及的土地为划拨取得,土地使用权人不锈钢厂未经有批准权的人民政府审批,不具有对土地使用权进行处分的权利,双方签订的《房屋买卖协议》违反了法律、行政法规的强制性规定,应认定为无效。另外,参照《国有土地使用权合同解释》第十一条"土地使用权人未经有批准权的人民政府批准,与受让方订立合同转让划拨土地使用权的,应当认定合同无效。但起诉前经有批准权的人民政府批准办理土地使用权出让手续的,应当认定合同有效"的相关规定,本案在起诉前也未经有批准权的人民政府批准办理土地使用权出让手续,案涉《房屋买卖协议》亦应认定为无效。原再审判决认定案涉《房屋买卖协议》有效,属于适用法律确有错误。原二审判决认定案涉《房屋买卖协议》无效并驳回李岩的诉讼请求,有事实和法律依据,应予维持。

【案例来源】

中国裁判文书网,http://wenshu.court.gov.cn。

【案件名称Ⅱ】

申诉人李佰雄与被申诉人刘光华房屋买卖合同纠纷案 [最高人民法院(2017)最高法民再 87 号民事判决书,2017.8.22]

【裁判精要】

最高人民法院认为:

一、案涉房屋的土地性质是否仍为划拨用地

案涉房屋于 1985 年 7 月由南山工业公司建设完工,其土地性质为划拨用地。深圳市人民政府办公厅于 1984 年 12 月 13 日作出第 1135 号批复,原则上同意南山工业公司与博罗县农工商联合总公司签订的《联合兴办"深圳市罗浮山食品饮料公司"合同书》,但该批复并未涉及变更案涉房屋的土地性质的问题。1992 年 10 月 4 日,深圳市人民政府办公厅作出的第 1254 号批复仅是同意法院将罗浮食品公司变卖给益阳华侨公司,亦未涉及变更案涉房屋的土地性质的问题。在案涉房屋流转期间,相关法院裁定将案涉房屋用以抵债,同样未变更案涉房屋的土地性质。因此,案涉房屋的土地性质至今仍为划拨用地。李佰雄有关案涉房屋的土地性质已经不是划拨用地的申诉理由依据不足,本院不予支持。

二、《房屋转让协议》是否合法有效

本院认为,《房屋转让协议》合法有效。理由如下:

首先,签订《房屋转让协议》时,刘光华系案涉房屋的所有权人。湖南省岳阳市中级人民法院(2008)岳中执字第 143 号《民事裁定书》和《协助执行通知书》,裁定并通知将案涉房屋过户给刘光华。《物权法》第二十八条规定:"因人民法院、仲裁委员会的法律文书或者人民政府的征收决定等,导致物权设立、变更、转让或者消灭的,自法律文书或者人民政府的征收决定等生效时发生效力。"因此,刘光华依法对案涉房屋享有所有权,其有权与李佰雄签订《房屋转让协议》。

其次,《房屋转让协议》并未违反法律、行政法规的效力性强制性规定。根据《合同法》第五十二条、《合同法解释(二)》第十四条的规定,只有违反效力性强制性规定的合同才无效。《城市房地产管理法》第三十八条规定:"下列房地产,不得转让:(一)以出让方式取得土地使用权的,不符合本法第三十九条规定的条件的……(六)未依法登记领取权属证书的……"第三十九条规定:"以出让方式取得土地使用权的,转让房地产时,应当符合下列条件:(一)按照出让合同约定已经支付全部土地使用权出让金,并取得土地使用权证书;(二)按照出让合同约定进行投资开发,属于房屋建设工程的,完成开发投资总额的百分之二十五以上,属于成片开发土地的,形成工业用地或者其他建设用地条件。转让房地产时房屋已经建成的,还应当持有房屋所有权证书。"第四十条第一款规定:"以划拨方式取得土地使用权的,转让房地产时,应当按照国务院规定,报有批准权的人民政府审批。有批准权的人民政府准予转让的,应当由受让方办理土地使用权出让手续,并依照国家有关规定缴纳土地使用权出让金。"从条文内容看,第三十八条、第四十条均未直接规定违反后的行为无效。而且在此类纠纷中,认定划拨土地上的房屋买卖合同有效,继续履行合同,也不会侵害国家利益和社会公共利益。因此,《城市房地产管理法》第三十八条和第四十条属于管理性强制性规定。《城镇国有土地使用权出让和转让暂行条例》第四十四条、第四十五条亦不是效力性强制性规定。《房屋登记办法》和《深圳经济特区高新技术产业园区条例》均不是法律、行政法规。综上,《房屋转让协议》违反上述规定并不属于《合同法》第五十二条第(五)项规定的违反法律、行政法规的强制性规定的情形。此外,《房屋转让协议》系转让房屋的合同,《国有土地使用权合同解释》第十一条关于"土地使用权人未经有批准权的人民政府批准,与受让方订立合同转让划拨土地使用权的,应当认定合同无效"的规定规范的是直接以国有土地使用权为合同标的的买卖行为,而非房屋买卖,故该规定不适用于本案合同效力的认定。

再次,登记、审批并非《房屋转让协议》生效的条件。《物权法》第九条第一款规定:"不动产物权的设立、变更、转让和消灭,经依法登记,发生效力;未经登记,不发生效力,但法律另有规定的除外。"第十五条规定:"当事人之间订立有关设立、变更、转让和消灭不动产物权的合同,除法律另有规定或者合同另有约定外,自合同成立时生效;未办理物权登记的,不影响合同效力。"因此,债权合同的效力是独立的,是否登记或者交付,影响到物权变动的效力,但对债权合同的效力不产生影响。《城市房地产管理法》第四十条第一款虽然规定:"以划拨方式取得土地使用权的,转让房地产时,应当按照国务院规定,报有批准权的人民政府审批。有批准权的人民政府准予转让的,应当由受让方办理土地使用权出让手续,并依照国家有关规定缴纳土地使用权出让金。"但该审批行为仅是物权变动的必要条件,也即未经审批,将无法办理房产所有权登记,房屋所有权不发生转移,但这并不影响房屋买卖合同的效力。广东省高级人民法院依据《合同法解释(一)》认定《房屋转让协议》未生效,属适用法律错误,应予以纠正。

最后,认定《房屋转让协议》有效符合诚实信用原则和公平原则。《房屋转让协议》是李佰雄和刘光华的真实意思表示,《房屋转让协议》明确表述了案涉房屋的土地性质是行政划拨用地,详细描述了案涉房屋的流转过程,并约定刘光华积极配合办理过户手续,刘光华不得以合同无效而主张案涉房屋归其所有或要求领取政府征收、拆迁等取得一切权益。刘光华反诉要求确认《房屋转让协议》无效并要求李佰雄支付房屋使用费,显然违背了其在《房屋转让协议》中作出的承诺,其不诚信的行为不应得到法律的支持,否则,对李佰雄将造成极大的不公。综上,《房屋转让协议》合法有效。

【案例来源】

中国裁判文书网,http://wenshu.court.gov.cn。

编者说明

关于划拨土地上的房屋买卖合同的效力问题,前述最高人民法院两个案例裁判观点并不一致,前一个案例认定合同无效,后一个案例认定合同有效。有观点认为,《土地管理法》第四条规定,国家实行土地用途管制制度。第十二条规定,依法改变土地权属和用途的,应当办理土地变更登记手续。第五十六条规定,建设单位使用国有土地的,应当按照土地使用权出让等有偿使用合同的约定或者土地使用权划拨批准文件的规定使用土地;确需改变该幅土地建设用途的,应当经有关人民政府土地行政主管部门同意,报原批准用地的人民政府批准。我国对划拨土地进行严格的用途管制,因为按照《土地管理法》第五十四条的规定,以划拨方式取得的土地主要用于公共利益。因此,如果划拨土地未经批准进行私下转让,将造成国有资产的流失,危及社会公共利益,故 2009 年《城市房地产管理法》第四十条第一款的规定应认定为效力性规定,划拨土地上的房屋买卖合同无效,但在一审起诉前获得相关部门审批的除外。①

420 政府批准在划拨土地上进行商业开发,由此形成的房地产项目进入房地产交易市场,该房屋买卖行为不会造成国有划拨土地使用权控制权的流失和国家利益的损害

【关键词】

  │房屋买卖│合同效力│划拨土地│诚实信用│

【案件名称】

申诉人内蒙古普利房地产开发有限责任公司与被申诉人北京瑞德康住房开发股份有限公司房屋买卖合同纠纷案［最高人民法院(2014)民抗字第 41 号民事判决书,2014.12.24］

【裁判精要】

最高人民法院认为:

普利商城是由呼和浩特市人民政府立项批准,在城市改造建设中享受优惠政策的项目。根据该优惠政策,各房地产公司以划拨方式获得土地,其土地使用权为划拨土地使用权,各房地产公司开发建设的住宅楼和商业楼均属于商品房性质。呼和浩特市批准在划拨土地上进行商品房开发建设,使得普利商城具备了进行房屋产权交易的法律条件。

本案中双方当事人签订的是房屋买卖协议,进行房屋产权交易的意思表示是真实的、明确的。双方在签订房屋买卖协议时已经明确普利商城占有范围内的土地性质是划拨土地,并且约定了交易价格中包含了土地出让金、普利公司向政府主管部

---

① 参见江苏省高级人民法院民一庭:《商品房买卖合同案件审判疑难问题研究——〈商品房买卖合同司法解释〉施行十五年回顾与展望》,载最高人民法院民事审判第一庭编:《民事审判指导与参考》(总第 70 辑),人民法院出版社 2017 年版,第 208 页。例如,常州市工艺雕刻厂划拨土地上房屋买卖合同案:1999 年,常州市工艺雕刻厂从常州市轻工集体联社取得了泰兴里 1 号房屋,并申领了房屋所有权证,土地使用权系行政划拨。2000 年 8 月 9 日,工艺雕刻厂与江苏高成房地产开发有限公司签订《拆迁安置协议书》,约定泰兴里 1 号房屋建筑面积 1018.15 平方米,按 100 万元计算,与安置房源进行置换,后原告起诉请求确认该条款无效。法院认为,以划拨方式取得的国有土地使用权未经市、县人民政府土地管理部门批准,不得转让。已经订立转让合同的,合同无效,故认定该条款无效。该案载于《江苏省高级人民法院公报》2012 年第 4 期。

门报批、为瑞德康公司办理土地过户手续等内容。瑞德康公司已经给付了合同约定的全部价款,呼和浩特市房屋管理部门亦已将房屋产权证办理至瑞德康公司名下。上述事实说明呼和浩特市房屋管理部门对本案双方当事人进行房屋交易行为的认可,房屋产权过户登记亦证明瑞德康公司已经合法取得普利商城的所有权。

民事主体在从事民事活动时,应诚实守信,以善意的方式履行其义务,不得滥用权利及规避法律或者合同约定的义务。《城市房地产管理法》及本院《国有土地使用权合同解释》旨在维护国家土地管理秩序和打击擅自改变划拨土地的使用用途损害国家利益的行为。而本案中呼和浩特市政府已经批准了在划拨土地上进行商业开发,由此形成的房地产项目进入房地产交易市场,并未突破呼和浩特市政府的优惠政策的范围和国家土地管理的目的。诉讼发生至今,普利商城占有范围内的土地性质没有能够得到变更,并非瑞德康公司的责任。在原审以及本次再审中,瑞德康公司多次表示愿意办理土地出让手续并缴纳土地出让金。本案二审过程中,内蒙古自治区高级人民法院曾经致函呼和浩特市政府法制办公室,呼和浩特市政府法制办公室回函表示如果瑞德康公司缴纳土地出让金,经审核批准后可以办理土地过户手续。因此,涉案房屋买卖行为不会造成国有划拨土地使用权控制权的流失和国家利益的损害。普利公司主张涉案房屋买卖协议违反强制性规定,损害国家利益的理由不能成立,其主张《普利商城买卖协议》无效的主张,本院不予支持。

综上,普利商城是呼和浩特市人民政府批准在划拨土地上进行商品房开发建设的项目,瑞德康公司通过市场交易已经合法取得了普利商城的所有权。在普利商城所有权已经过户的情况下,普利公司不积极履行房屋买卖协议约定的义务,为瑞德康公司办理土地过户手续,反而两次提起诉讼,意图收回普利商城,这是一种不诚信的行为,不应当得到法律的保护。瑞德康公司愿意缴纳普利商城占有范围内的国有划拨土地使用权出让金,并未扰乱国家土地管理秩序和损害国家利益。二审判决驳回普利公司的诉讼请求,并要求普利公司协助瑞德康公司办理本案所涉土地使用权的过户手续既维护了市场交易秩序,又保护了国家土地管理利益的做法应当得到支持。

【案例来源】

中国裁判文书网,http://wenshu.court.gov.cn。

421 农村宅基地上房屋买卖合同的效力认定

【关键词】

│ 房屋买卖 │ 合同效力 │ 农村房屋 │ 宅基地 │

【案件名称】

原告邹克友诉被告张守忠合同纠纷案［山东省日照市岚山区人民法院（2015）岚民一初字第 169 号民事判决书，2015.5.5］

【裁判精要】

山东省日照市岚山区人民法院认为：

涉案楼基地所占土地性质系集体所有土地，且张守忠取得该楼基地系基于原宅基地及房屋重新规划、拆迁后的补偿利益，其性质等同于宅基地。张守忠将该楼基地转让给非本集体经济组织成员的邹克友，违反了我国法律、行政法规的强制性规定，法院依法确认该转让协议无效，邹克友不能取得涉案楼基地的使用权。

张守忠提交的收到条，上面加盖的公章在 2004 年 9 月 15 日尚不存在，且与转让协议上周同业的签名差别较大，另一签章人亦否认经手此事，在该份收到条存有诸多疑点的情形下，张守忠以丢失为由无法提供原件，致使无法进一步辨别证据的真伪，应当承担不利的法律后果，法院对该收到条不予采信，对张守忠据此主张的双方已解除合同，并通过周同业返还 60000 元的事实，不予认定。因无效合同取得的财产应当予以返还。张守忠应向邹克友返还购买楼基地款 56900 元。

张守忠明知涉案楼基地依法不能转让给本集体经济组织以外成员仍进行转让；作为日常生活大宗交易，邹克友在未确认土地性质的情况下即购买涉案楼基地，双方对于合同无效均有过错。张守忠在双方转让行为历经十余载，涉案楼基地升值并存有巨大利益后，才以违反法律规定为由主张合同无效，虽然符合法律规定，但从道义、情感角度而言，属于典型的违反诚实信用原则。因此，裁判张守忠以转让款为基数，按照中国人民银行同期贷款利率赔偿张守忠损失。

【案例来源】①

《"用公开促公正 建设核心价值"主题教育活动合同纠纷典型案例》。最高人民法院网，http://www.court.gov.cn；中国裁判文书网，http://wenshu.court.gov.cn。

编者说明

《第八次全国法院民事商事审判工作会议（民事部分）纪要》第十九条规定："在国家确定的宅基地制度改革试点地区，可以按照国家政策及相关指导意见处理宅基地使用权因抵押担保、转让而产生的纠纷。在非试点地区，农民将其宅基地上的房屋出售给本集体经济

---

① 此案例并非最高人民法院裁判案例，但属于最高人民法院公布案例，且对于农村宅基地上房屋买卖合同效力认定具有指导和参考价值。

组织以外的个人,该房屋买卖合同认定为无效。合同无效后,买受人请求返还购房款及其利息,以及请求赔偿翻建或者改建成本的,应当综合考虑当事人过错等因素予以确定。"

关于农村私有房屋买卖问题,可以区分两个层次:第一个层次,区分是否属于宅基地改革试点地区。中共中央办公厅和国务院办公厅于 2016 年联合下发了《关于农村土地征收、集体经营性建设用地入市、宅基地制度改革试点工作的意见》,对改革试点地区宅基地流转的限制性法律规定予以放宽,对此转让合同的效力可以根据试点地区的相关意见予以处理。[①] 第二个层次,区分是否属于同一集体经济组织成员。买卖双方属于同一集体组织成员的,因不违反《土地管理法》中宅基地由农民集体所有的规定,对集体经济组织利益没有侵害,因此房屋买卖协议应认定为有效。买卖双方不属于同一集体组织成员的,根据《土地管理法》第六十二条,农村村民一户只能拥有一处宅基地,农村村民出卖、出租住房后,再申请宅基地的,不予批准。因此,农村私有房屋买卖后,出卖人将成为失地农民,不利于保护农民的利益,同时也违反农村集体经济组织的利益,故在当前城乡界限尚未完全打破,土地制度没有变革的情况下,根据现行法律规定,仍应认定买卖合同无效。[②] 但在无效后的处理上,应综合权衡买卖双方的利益,尤其是出卖人因土地升值或征收补偿所获利益,以及买受人因房屋现值和原买卖价格的差异造成的损失,妥善处理房屋的返还与补充问题。[③]

例如,牟雪文诉郑善国农村房屋买卖合同纠纷案。法院生效判决认为:因无效合同取得的财产应当予以返还;不能返还则应当折价补偿;有过错的一方应当赔偿对方因此所受

[①] 涉农民事审判就是要依法保护好农民的土地承包经营权和宅基地使用权。要在坚持确保土地集体所有制不改变、耕地红线不突破、农民利益不受损的前提下,按照稳定农户承包权、放活土地经营权的要求,因此,本着依法鼓励创新土地流转形式,为稳步推进土地经营权抵押、担保试点提供有力司法保障的精神,纪要明确规定,在国家确定的宅基地制度改革试点地区,可以按照国家政策及相关指导意见处理宅基地使用权因抵押担保、转让而产生的纠纷,依法认定有关合同有效,但同时,对合同具体履行问题,也要注意不能突破"三条红线",尤其是耕地红线不突破,要积极运用司法手段防止流转农田"非粮化""非农化",切实保护当事人权益,保障农业基础地位。参见司伟:《关于物权纠纷案件审理的疑难问题》,载最高人民法院民事审判第一庭编:《民事审判指导与参考》(总第 69 辑),人民法院出版社 2017 年版,第 103 页。

[②] 因非本集体经济组织成员购买宅基地房屋的合同,损害法律、行政法规以及国家政策所维护的社会公共利益,属于《合同法》第五十二条第(四)项规定的情形,应认定无效。纪要对此明确规定,在非试点地区,对于农民将其宅基地上的房屋出售给非本集体经济组织成员的,应该依法认定合同无效。参见司伟:《关于物权纠纷案件审理的疑难问题》,载最高人民法院民事审判第一庭编:《民事审判指导与参考》(总第 69 辑),人民法院出版社 2017 年版,第 99 页。

[③] 参见江苏省高级人民法院民一庭:《商品房买卖合同案件审判疑难问题研究——〈商品房买卖合同司法解释〉施行十五年回顾与展望》,载最高人民法院民事审判第一庭编:《民事审判指导与参考》(总第 70 辑),人民法院出版社 2017 年版,第 207 页。在非试点地区,对于农民将其宅基地上的房屋出售给非本集体经济组织成员的,应该依法认定合同无效,但是可以遵循诚实信用原则,探索合同无效后的损失范围和过错比例的研究,公平地处理无效转让行为。比如,出卖人因房屋涨价、拆迁补偿等原因主张合同无效,要求返还房屋或拆迁补偿款的,可以考虑根据案件实际情况,扩大信赖利益范围,合理确定过错大小,避免出现利益严重失衡的情况。参见程新文:《关于当前民事审判工作中的若干具体问题》(2015 年 12 月 24 日),载最高人民法院民事审判第一庭编:《民事审判指导与参考》(总第 64 辑),人民法院出版社 2016 年版,第 65 页。

到的损失,双方都有过错的,应当各自承担相应损失,该损失应包括因该合同产生的信赖利益损失。本案中,原告在购买房屋当时依循农村购买房屋的习俗,与被告签订了绝卖契约,邀请村干部作为中间人,并取得该村的同意,按当时的市场价支付了相应的对价,居住使用该房屋已有 16 年之久,已经融入该村的生活,本可在该房屋居住终老。现原、被告间于1996 年 3 月 1 日签订的农村房屋买卖合同因违反法律、行政法规的强制性禁止规定而被生效判决认定无效,原告承担返还该房屋的义务,失去了该房屋的使用权,但其所取回的6000 元购房款,因物价上涨等因素,已不足以购买同类房屋的 2 平方米的住房,更无法购买同类地段的商品房。而按目前同类地段的征收价格计算,该房屋价值为 64 万余元,原告因合同无效而产生了巨大的信赖利益损失,被告也因此而获得巨额利益。同时,根据诚信原则,被告也不能从其先过错行为中获得巨额的利益,因此,其对原告所产生的巨额信赖利益损失应承担主要责任,结合原告目前的居住情况、当地房价的实际水平等综合因素,故酌情考虑被告应赔偿原告的损失为 55 万元。①

又如,马海涛与李玉兰房屋买卖合同纠纷上诉案。二审法院认为,宅基地使用权是农村集体经济组织成员享有的权利,与享有者特定的身份相联系,非本集体经济组织成员无权取得或变相取得。马海涛与李玉兰所签之买卖房协议书的买卖标的物不仅是房屋,还包含相应的宅基地使用权。李玉兰并非通州区宋庄镇辛店村村民,且诉争院落的集体土地建设用地使用证至今未由土地登记机关依法变更登记至李玉兰名下。因此,原审法院根据我国现行土地管理法律、法规、政策之规定,对于合同效力的认定是正确的。合同被确认无效后,因该合同取得的财产应当予以返还,不能返还或者没有必要返还的,应当折价补偿。基于上述合同无效之法律后果处理的一般原则,原审法院判决买受人李玉兰将其购买的房屋及院落返还出卖人马海涛,出卖人马海涛将价款返还买受人李玉兰并无不当。但买受人李玉兰在购买房屋后自行出资对房屋及院落进行了新建及装修,考虑到李玉兰对于房屋及院落的添附系附和于出卖人所有的原物上,无法识别与分离,即便能够分离,分离后添附部分的使用价值亦极大贬损,故原审法院判决买受人将原物及添附一并返还及给付出卖人,由出卖人将原房及添附部分的价值折价补偿买受人的处理结果亦无不当,法院亦予以维持。考虑到出卖人在出卖时即明知其所出卖的房屋及宅基地属禁止流转范围,出卖多年后又以违法出售房屋为由主张合同无效,故出卖人应对合同无效承担主要责任。对于买受人信赖利益损失的赔偿,应当全面考虑出卖人因土地升值或拆迁、补偿所获利益,以及买受人因房屋现值和原买卖价格的差异造成损失两方面因素予以确定。但鉴于李玉兰在原审法院审理期间未就其损失提出明确的反诉主张,在二审程序中,不宜就损失赔偿问题一并处理,李

---

① 一审:浙江省宁波市江北区人民法院(2013)甬北慈商初字第 217 号(2013 年 7 月 19 日);二审:浙江省宁波市中级人民法院(2013)浙甬民二终字第 594 号(2013 年 10 月 15 日)。参见黄书建:《牟雪文诉郑善国农村房屋买卖合同纠纷案》,载《人民法院案例选》(2014 年第 1 辑),转引自最高人民法院中国应用法学研究所编:《人民法院案例选:分类重排本·民事卷》,人民法院出版社 2017 年版,第 2284 页。

玉兰可就赔偿问题另行主张。①

具体来说，依照《合同法》第五十八条的规定，因合同无效造成损失的，有过错的一方应当赔偿对方因此受到的损失，双方都有过错的，应当各自承担相应的责任。即买卖双方应各自向对方承担缔约过失责任。缔约过失责任的赔偿范围大多为信赖利益的损失，包括直接损失和间接损失。首先，对于出卖人而言，其直接损失主要是买受人居住使用期间的占有使用费用，可参照同类房屋出租的租赁费用进行确定；对出卖人通常不会造成间接损失，反而可能因房价上涨而获得较多的利益。其次，对于买受人而言，其直接损失主要包括缔约费用、准备履行所支出的费用；其间接损失则主要是丧失与其他人另订合同的机会，因房屋价格上涨而带来的另行购房的损失。应当注意的是：(1)因买受人实际购买的是农村房屋而非城市中的商品房，其价格通常大大低于同类型商品房，故买受人不得主张完全按照城市中同类商品房的增值数额来赔偿间接损失。《北京市法院民事审判实务疑难问题研讨会会议纪要》(2006年9月14日)指出："在合同无效的处理上，应全面考虑出卖人因土地升值或拆迁、补偿所获利益，以及买受人因房屋现值和原买卖价格的差异造成损失两方面因素，平衡买卖双方的利益，避免认定合同无效给当事人造成利益失衡。"(2)由于买受人自身对合同的无效往往也存在过错，故其要求出卖人赔偿间接损失时，应当适用过错相抵规则，相应减轻出卖人的赔偿责任。最后，关于农村房屋被征收后的拆迁补偿利益分配。(1)仅对房屋进行补偿，或者不区分房屋和土地进行补偿的，对双方损失标准参照房屋征收部门规定的各项补偿标准确定。(2)对房屋和土地分别补偿的，涉及农村宅基地的补偿，宅基地补偿费用应由出卖人享有。关于征收补偿方式，在货币补偿形态，出卖人在取得安置补偿款后，应将其中大部分赔偿给买受人；在调产安置形态，可以按安置房市场价格由双方合理分配，并确定安置房归一方所有，取得安置房的一方按双方过错确定分配比例向另一方找付差价。对于部分特定补偿款项，如临时过渡补贴损失、搬家补贴损失、搬迁误工费、提前搬迁奖等，该部分费用是对拆迁前房屋实际居住人的补偿，与房屋及宅基地的权属关系不大，故应归拆迁前房屋的实际居住人即买受人所有。②

2019年《全国法院民商事审判工作会议纪要》(法〔2019〕254号,2019年11月8日)明确了合同不成立、无效或者被撤销时的返还责任、折价补偿以及损害赔偿之间的关系，重申要根据诚实信用原则确定合同无效后的法律后果，不能使不诚信的当事人从合同无效中获利。具体包括以下内容：

一是财产返还与折价补偿。纪要第三十三条规定："合同不成立、无效或者被撤销后，在确定财产返还时，要充分考虑财产增值或者贬值的因素。双务合同不成立、无效或者被撤销后，双方因该合同取得财产的，应当相互返还。应予返还的股权、房屋等财产相对于合同约定价款出现增值或者贬值的，人民法院要综合考虑市场因素、受让人的经营或者添附

---

① 一审：北京市通州区人民法院(2007)通民初字第1031号；二审：北京市第二中级人民法院(2007)二中民终字第13692号。参见李馨：《城镇居民购买农村私有房屋的合同无效》，载《人民司法·案例》2008年第10期。

② 参见司伟：《关于物权纠纷案件审理的疑难问题》，载最高人民法院民事审判第一庭编：《民事审判指导与参考》(总第69辑)，人民法院出版社2017年版，第105~108页。

等行为与财产增值或者贬值之间的关联性,在当事人之间合理分配或者分担,避免一方因合同不成立、无效或者被撤销而获益。在标的物已经灭失、转售他人或者其他无法返还的情况下,当事人主张返还原物的,人民法院不予支持,但其主张折价补偿的,人民法院依法予以支持。折价时,应当以当事人交易时约定的价款为基础,同时考虑当事人在标的物灭失或者转售时的获益情况综合确定补偿标准。标的物灭失时当事人获得的保险金或者其他赔偿金,转售时取得的对价,均属于当事人因标的物而获得的利益。对获益高于或者低于价款的部分,也应当在当事人之间合理分配或者分担。"

二是价款返还。纪要第三十四条规定:"双务合同不成立、无效或者被撤销时,标的物返还与价款返还互为对待给付,双方应当同时返还。关于应否支付利息问题,只要一方对标的物有使用情形的,一般应当支付使用费,该费用可与占有价款一方应当支付的资金占用费相互抵销,故在一方返还原物前,另一方仅须支付本金,而无须支付利息。"

三是损害赔偿。纪要第三十五条规定:"合同不成立、无效或者被撤销时,仅返还财产或者折价补偿不足以弥补损失,一方还可以向有过错的另一方请求损害赔偿。在确定损害赔偿范围时,既要根据当事人的过错程度合理确定责任,又要考虑在确定财产返还范围时已经考虑过的财产增值或者贬值因素,避免双重获利或者双重受损的现象发生。"

422 对是否构成"名为商品房买卖实为民间借贷"法律关系的判断,应将双方书面合同作为判断逻辑起点和基本依据

【关键词】

│房屋买卖│合同效力│合同性质│民间借贷│

【案件名称】

上诉人洪秀凤与被上诉人昆明安钡佳房地产开发有限公司房屋买卖合同纠纷案［最高人民法院(2015)民一终字第 78 号民事判决书,2015.6.1］

【裁判精要】

裁判摘要:(1)合同在性质上属于原始证据、直接证据,应当重视其相对于传来证据、间接证据所具有的较高证明力,并将其作为确定当事人法律关系性质的逻辑起点和基本依据。若要否定书面证据所体现的法律关系,并确定当事人之间存在缺乏以书面证据为载体的其他民事法律关系,必须在证据审核方面给予更为审慎的分析研判。

(2)在两种解读结果具有同等合理性的场合,应朝着有利于书面证据所代表法律关系成立的方向作出判定,借此传达和树立重诺守信的价值导向。

(3)透过解释确定争议法律关系的性质,应当秉持使争议法律关系项下之权利义务更加清楚,而不是更加模糊的基本价值取向。在没有充分证据佐证当事人之间

存在隐藏法律关系且该隐藏法律关系真实并终局地对当事人产生约束力的场合,不宜简单否定既存外化法律关系对当事人真实意思的体现和反映,避免当事人一方不当摆脱既定权利义务约束的结果出现。

最高人民法院认为:

一、关于双方当事人之间法律关系的性质问题

民事法律关系是民事法律规范调整社会关系过程中形成的民事主体之间的民事权利义务关系。除基于法律特别规定,民事法律关系的产生、变更、消灭,需要通过法律关系参与主体的意思表示一致才能形成。判断民事主体根据法律规范建立一定法律关系时所形成的一致意思表示,目的在于明晰当事人权利义务的边界、内容。一项民事交易特别是类似本案重大交易的达成,往往存在复杂的背景,并非一蹴而就且一成不变。当事人的意思表示于此间历经某种变化并最终明确的情况并不鲜见。有些已经通过合同确立的交易行为,恰恰也经历过当事人对法律关系性质的转换过程。而基于各自诉讼利益考量,当事人交易形成过程中的细节并不都能获得有效诉讼证据的支撑。合同在性质上属于原始证据、直接证据。根据《最高人民法院关于民事诉讼证据的若干规定》第七十七条有关证据证明力认定原则的规定,其应作为确定当事人法律关系性质的逻辑起点和基本依据,应当重视其相对于传来证据、间接证据所具有的较高证明力。仅可在确有充分证据证明当事人实际履行行为与书面合同文件表现的效果意思出现显著差异时,才可依前者确定其间法律关系的性质。亦即,除在基于特定法政策考量,有必要在书面证据之外对相关事实予以进一步查证等情形,推翻书面证据之证明力应仅属例外。民事诉讼中的案件事实,应为能够被有效证据证明的案件事实。此外,透过解释确定争议法律关系的性质,应当秉持使争议法律关系项下之权利义务更加清楚,而不是更加模糊的基本价值取向。在没有充分证据佐证当事人之间存在隐藏法律关系且该隐藏法律关系真实并终局地对当事人产生约束力的场合,不宜简单否定既存外化法律关系对当事人真实意思的体现和反映,避免当事人一方不当摆脱既定权利义务约束的结果出现。此外,即便在两种解读结果具有同等合理性的场合,也应朝着有利于书面证据所代表法律关系成立的方向作出判定,借此传达和树立重诺守信的价值导向。综上,若要否定书面证据所体现的法律关系,并确定当事人之间存在缺乏以书面证据为载体的其他民事法律关系,必须在证据审核方面给予更为审慎的分析研判。

根据《合同法解释(二)》第七条规定,"交易习惯"是指,不违反法律、行政法规强制性规定的,在交易行为当地或者某一领域、某一行业通常采用并为交易对方订立合同时所知道或者应当知道的做法,或者当事人双方经常使用的习惯做法。《合同法》针对"交易习惯"问题作出相关规定,其意旨侧重于完善和补充当事人权利义务的内容,增强当事人合同权利义务的确定性。而本案并不涉及运用交易习惯弥补

当事人合同约定不明确、不完整所导致的权利义务确定性不足的问题。在前述立法意旨之外，运用"交易习惯"认定当事人交易行为之"可疑性"，应格外谨慎。首先，关于房屋交付时间问题。案涉房产存在违反规划超建楼层且尚未报批即行出售的事实，在此情况下，当事人约定在合同签订之日后近四个月时交付房产。而即便不考虑前述事实，在现房买卖情形中，如何约定交房期限方符合"交易习惯"，有无必要乃至是否形成"交易习惯"，同类一般交易判断是否已经形成普遍共识，尚存较大疑问。其次，关于房屋价格问题。抛开此节是否属于"交易习惯"的问题，对不合理低价的判断，亦须以当时当地房地产管理部门公布的同等房地产之价格信息为参考依据。虽安钡佳公司称对其法定代表人张晓霞与张琳婕是否为亲属关系不得而知，但其确认张琳婕同张传文（与张晓霞户籍迁移时间、原因，迁出及迁入地均相同）身份证号相同的事实。张琳婕与安钡佳公司《商品房购销合同》的备案登记，已于2014年4月22日（一审庭审时间为2014年9月23日）因退房原因被注销。一审法院未查明相关事实，亦未对安钡佳公司在一审庭审中所作陈述与前述合同约定单价出现明显差异的事实给予必要关注，径以双方当事人约定价格明显低于安钡佳公司与张琳婕在案涉合同签订之日近30个月前所订合同中约定价格为主要理由，否定本案双方当事人之间存在房屋买卖法律关系，理据不足。此外，至本案当事人签约时（2013年8月21日），昆明市进一步加强商品房预售管理实施意见已经在当地施行（2011年1月1日生效）。根据该意见的前述相关规定，可以认定洪秀凤所持本案交易价格符合合理区间的主张成立。再次，关于付款问题。案涉合同约定的购房款支付方式为分期支付，但在洪秀凤所为一次性支付及安钡佳公司受领给付的共同作用下，应当认定其属于合同履行之变更。将此种合同履行变更视作与正常买房人的付款习惯相悖，理据尚不充分。而洪秀凤向安钡佳公司法定代表人张晓霞付款1900万元，也符合该公司所出具付款委托书的要求。购房发票系当事人办理房地产变更登记过程中所必须，一审法院认定安钡佳公司此前先行开具购房款收据违背房屋买卖"交易习惯"，并得出当事人之间不存在房屋买卖法律关系的结论，缺乏足够的事实和法律依据。对本案736万元款项性质，双方所述均无合同依据且无其他证据佐证。然据前所述及，也不宜基此通过解释和推断得出推翻书面证据所反映当事人法律关系存在的结论。最后，关于借贷法律关系问题。洪秀凤与安钡佳公司签订了房屋买卖合同且已经备案登记，在实际履行过程中，虽然有些事实可能引发不同认识和判断，但在没有任何直接证据证明洪秀凤与安钡佳公司之间存在民间借贷法律关系，且安钡佳公司对其所主张民间借贷法律关系诸多核心要素的陈述并不一致的情况下，认定双方当事人之间存在民间借贷法律关系，缺乏充分的事实依据。本案二审庭审时，当庭播放了沈汉卿与安钡佳公司法定代表人张晓霞于2014年11月10日（一审庭审之后）的通话录音。其时，安钡佳公司一审所持抗辩意见已经固定，但安钡佳公司法定代表人张晓霞在通话中对洪秀凤之购房人身份却是认可的。至于安钡佳公司主张支付吴基协的 1840 万元系其所归还的借款本金问题,因其未提供任何证据支持,本院难予采信。如有争议,当事人可另循法律途径解决。

证明标准是负担证明责任的人提供证据证明其所主张法律事实所要达到的证明程度。本案中,洪秀凤已经完成双方当事人之间存在房屋买卖法律关系的举证证明责任,安钡佳公司主张其与洪秀凤之间存在民间借贷法律关系。按照《最高人民法院关于适用〈中华人民共和国民事诉讼法〉的解释》第一百零八条规定,安钡佳公司之举证应当在证明力上足以使人民法院确信该待证事实的存在具有高度可能性。而基于前述,安钡佳公司为反驳洪秀凤所主张事实所作举证,没有达到高度可能性之证明标准。较之高度可能性这一一般证明标准而言,合理怀疑排除属于特殊证明标准。《最高人民法院关于适用〈中华人民共和国民事诉讼法〉的解释》第一百零九条对排除合理怀疑原则适用的特殊类型民事案件范围有明确规定。一审法院认定双方当事人一系列行为明显不符合房屋买卖的"交易习惯",进而基于合理怀疑得出其间系名为房屋买卖实为借贷民事法律关系的认定结论,没有充分的事实及法律依据,也不符合前述司法解释的规定精神,本院予以纠正。

【权威解析】

本案争议的核心问题是当事人之间法律关系的性质究竟为何? 是房屋买卖法律关系,还是名为房屋买卖实为民间借贷法律关系? 民事法律关系是民事法律规范调整社会关系过程中形成的民事主体之间的民事权利义务关系。在特定案件中,明确法律关系性质的目的主要有两个:一是明晰当事人权利义务的边界、内容;二是精准探究和正确揭示当事人之真实意思。除基于法律特别规定,一个具体的民事法律关系的产生、变更、消灭,需要通过法律关系参与主体的意思表示一致才能形成。判断民事主体根据法律规范有目的、有意识地建立一定法律关系时所达成的意思表示一致的方法,一是探究当事人在合同、协议等书面文件中所体现的真实目的,二是把握当事人实际履行行为所反映出来的内心真意。

民事诉讼中的案件事实,应为能够被有效证据证明的案件事实。书面合同是确定当事人法律关系性质的逻辑起点和基本依据,应当重视其相对于传来证据、间接证据所具有的较高证明力。仅应在确有充分证据证明当事人实际履行行为与书面合同文件表现的效果意思出现显著差异时,才可依前者确定其间法律关系的性质。在没有充分证据佐证当事人之间存在隐藏法律关系且该隐藏法律关系真实并终局地对当事人产生约束力的场合,不宜简单否定既存外化法律关系对当事人真实意思的体现和反映,避免当事人一方不当摆脱既定权利义务约束的结果出现。本案的裁判,在准确把握相关证据在对案件事实证明中的作用和证明力大小,并对证据综合审查评判的基础上对当事人的真实意思作出认定,最终认定洪秀凤与安钡佳公司之间法律关系的性质为房屋买卖法律关系。①

【案例来源】

《中华人民共和国最高人民法院公报》2016 年第 1 期(总第 231 期)。

编者说明

　　要注意房地产买卖与民间借贷相交织类型案件的特点。房地产不仅是具有居住功能的消费品,也是融资投资的工具,甚至具有资本市场上金融产品的某些特征。要尊重该类案件特殊的规律,对于既签订民间借贷合同又签订房屋买卖合同的,要具体分析,既要准确理解《最高人民法院关于审理民间借贷案件适用法律若干问题的规定》第二十四条关于法律行为性质的界定,又要注意区分不同案件基本事实,尊重市场主体的交易安排,避免机械适用。比如先签订借款合同,借款到期后无力还债,双方又签订房屋买卖合同,将前期借款转为购房款的,就不应再定性为借款法律关系。当然,要严格禁止变相高利贷、流押等不法行为;对于房地产商非法融资及一房多卖、重复抵押的,在相对人均为善意的情况下,应按照物权优先于债权的原则、物权成立时间先后以及合同履行情况等,确定权利优先保护的顺位。尤其是注意正确认识占有的权利推定效力,妥善处理占有与登记之间的冲突,依法保护合法占有人的权益。②

423　借款人签订买卖合同作为借贷的担保,出借人要求履行买卖合同纠纷案件的处理

【关键词】

　| 房屋买卖 | 合同效力 | 合同性质 | 民间借贷 | 流押 |

【案件名称Ⅰ】

　　申请再审人朱俊芳与被申请人山西嘉和泰房地产开发有限公司商品房买卖合同纠纷案 [最高人民法院 (2011) 民提字第 344 号民事判决书,2012.12.8]

【裁判精要】

　　裁判摘要:(1)双方当事人基于同一笔款项先后签订《商品房买卖合同》和《借

----

① 参见司伟:《如何正确适用证据规则认定当事人之间法律关系的性质——上诉人洪秀凤与被上诉人昆明安钡佳房地产开发有限公司房屋买卖合同纠纷案》,载最高人民法院民事审判第一庭编:《民事审判指导与参考》(总第 63 辑),人民法院出版社 2016 年版,第 186~199 页。

② 参见程新文:《关于当前民事审判工作中的若干具体问题》(2015 年 12 月 24 日),载最高人民法院民事审判第一庭编:《民事审判指导与参考》(总第 64 辑),人民法院出版社 2016 年版,第 57 页。

款协议》，并约定如借款到期，偿还借款，《商品房买卖合同》不再履行；若借款到期，不能偿还借款，则履行《商品房买卖合同》。在合同、协议均依法成立并已生效的情况下，应当认定当事人之间同时成立了商品房买卖和民间借贷两个民事法律关系。该行为并不违反法律、行政法规的强制性规定。

（2）借款到期，借款人不能按期偿还借款。对方当事人要求并通过履行《商品房买卖合同》取得房屋所有权，不违反《担保法》第四十条、《物权法》第一百八十六条有关"禁止流押"的规定。

最高人民法院认为：

在本院再审中，朱俊芳与嘉和泰公司对于山西高院再审判决认定的事实均无异议，但对于双方之间的法律关系性质和效力存在争议，故本案再审的焦点问题就是双方当事人之间法律关系的性质和效力。

朱俊芳主张其与嘉和泰公司之间是商品房买卖合同关系。嘉和泰公司主张双方之间是民间借贷关系。山西高院再审认为，双方是民间借贷合同关系而非商品房买卖合同关系，商局房买卖合同是借款合同的抵押担保内容，借款协议中"到期不能还款用抵押物抵顶借款，双方之间互不支付对方任何款项"的约定违反法律的强制性规定，应属无效。本院认为，本案中，十四份《商品房买卖合同》涉及的款项和《借款协议》涉及的款项，在数额上虽有差额，但双方当事人对于十四份《商品房买卖合同》所涉款项和《借款协议》所涉款项属同一笔款项并无异议。也就是说，双方当事人基于同一笔款项先后签订了十四份《商品房买卖合同》和《借款协议》，且在太原市房地产交易所办理了十四份《商品房买卖合同》销售备案登记手续。《合同法》第三十二条规定"当事人采用合同书形式订立合同的，自双方当事人签字或盖章时合同成立。"第四十四条第一款规定："依法成立的合同，自成立时生效。"案涉十四份《商品房买卖合同》和《借款协议》均为依法成立并已生效的合同。本案双方当事人实际上就同一笔款项先后设立商品房买卖和民间借贷两个法律关系。山西高院再审认为本案双方是民间借贷合同关系而非商品房买卖合同关系不当，应予纠正。从本案十四份《商品房买卖合同》和《借款协议》约定的内容看，案涉《商品房买卖合同》与《借款协议》属并立又有联系的两个合同。案涉《商品房买卖合同》与《借款协议》之间的联系表现在以下两个方面：一是案涉《商品房买卖合同》与《借款协议》涉及的款项为同一笔款项；二是《借款协议》约定以签订商品房买卖合同的方式为《借款协议》所借款项提供担保，即双方当事人实际是用之前签订的十四份《商品房买卖合同》为之后签订的《借款协议》提供担保。同时《借款协议》为案涉《商品房买卖合同》的履行附设了解除条件，即借款到期，嘉和泰公司还清借款，案涉《商品房买卖合同》不再履行，借款到期，嘉和泰公司不能偿还借款，则履行案涉《商品房买卖合同》。关于《借款协议》中"如到期不能偿还，或已无力偿还，乙方（嘉和泰公司）将用以上抵押物来抵顶借款,双方互不再支付对方任何款项"的约定是否违反法律的强制性规定问题。《担保法》第四十条规定:"订立抵押合同时,抵押权人和抵押人在合同中不得约定在债务履行期届满抵押权人未受清偿时,抵押物的所有权转移为债权人所有。"《物权法》第一百八十六条规定:"抵押权人在债务履行期届满前,不得与抵押人约定债务人不履行到期债务时抵押财产归债权人所有。"这是法律上禁止流押的规定。禁止流抑的立法目的是防止损害抵押人的利益,以免造成对抵押人实质上的不公平。本案《借款协议》中"如到期不能偿还,或已无力偿还,乙方(嘉和泰公司)将用以上抵押物来抵顶借款,双方互不再支付对方任何款项"的约定,并非法律上禁止的流押条款。首先,《借款协议》上述条款并非约定嘉和泰公司到期不能偿还借款,《借款协议》所称抵押物所有权转移为朱俊芳所有。在嘉和泰公司到期未偿还借款时,朱俊芳并不能直接按上述约定取得《借款协议》所称的"抵押物"所有权。朱俊芳要想取得《借款协议》所称的"抵押物"即十四套商铺所有权,只能通过履行案涉十四份《商品房买卖合同》实现。正基于此,朱俊芳在本案一审提出的诉讼请求也是确认十四份《商品房买卖合同》有效,判令嘉和泰公司履行商品房买卖合同。其次,案涉十四份《商品房买卖合同》和《借款协议》均为依法成立并生效的合同,双方当事人在《借款协议》中约定以签订商品房买卖合同的形式为《借款协议》提供担保,并为此在《借款协议》中为案涉十四份《商品房买卖合同》附设了解除条件,该约定并不违反法律、行政法规的强制性规定。实际上,双方当事人对于是履行十四份《商品房买卖合同》,还是履行《借款协议》具有选择性,即商品房买卖合同的解除条件成就,就履行《借款协议》;商品房买卖合同的解除条件未成就,就履行十四份《商品房买卖合同》。无论是履行十四份《商品房买卖合同》,还是履行《借款协议》,均符合双方当事人的意思表示,且从合同的选择履行的角度看,嘉和泰公司更具主动性。嘉和泰公司如果认为履行十四份《商品房买卖合同》对其不公平,损害了其利益,其完全可以依据《合同法》第五十四条第一款第(二)项的规定,请求人民法院撤销案涉十四份《商品房买卖合同》,但嘉和泰公司在法定的除斥期间内并未行使合同撤销权,而是拒绝履行生效合同,其主张不符合诚信原则,不应得到支持。因此,《借款协议》上述关于到期不能偿还,或已无力偿还,嘉和泰公司抵押物来抵顶借款的约定,不符合《担保法》第四十条和《物权法》第一百八十六条禁止流押的规定。山西高院再审认为,《借款协议》中"到期不能还款用抵押物抵顶借款,双方之间互不再支付对方任何款项"的约定违反法律的强制性规定,应属无效,缺乏事实和法律依据,本院予以纠正。

综上,案涉十四份《商品房买卖合同》和《借款协议》均为依法成立并生效的合同。《借款协议》约定的商品房买卖合同的解除条件未成就,故应当继续履行案涉十四份《商品房买卖合同》。山西高院再审判决适用法律错误,应予撤销。太原中院二审判决虽在判决理由表述上不够准确和充分,但判决结果正确,可予以维持。

【案例来源】

《中华人民共和国最高人民法院公报》2014 年第 12 期(总第 218 期)。

【案件名称Ⅱ】

广西嘉美房地产开发有限责任公司与杨伟鹏商品房买卖合同纠纷案 [最高人民法院(2013)民提字第 135 号民事判决书, 2013. 11. 19]

【裁判精要】

　　裁判摘要:书面合同并非确认双方当事人之间存在债权债务关系必不可少的要件。只要认定双方有借款的合意,出借人实际向借款人支付了款项,即可认定债权债务关系成立。双方当事人同时签订的《商品房买卖合同》则是为了担保债务的履行。在债务人拒不还债的情况下,债权人有关直接取得房屋所有权的主张,因违反物权法关于禁止流质的规定而不能获得支持。

　　最高人民法院认为:

　　当事人于再审期间的争议焦点仍然是:嘉美公司与杨伟鹏之间是借贷关系还是商品房买卖关系。嘉美公司主张双方为借贷关系,但缺少了关键性的证据《借款合同》。杨伟鹏主张其与嘉美公司之间为商品房买卖合同关系,而从未签订过借款合同。但与其主张相矛盾的是:第一,杨伟鹏未持有其所称交付 340 万元购房款后应当取得的《销售不动产统一发票》原件;第二,杨伟鹏否认先后分九次收到的嘉美公司打入其不同账户的 61.1 万元是嘉美公司支付的借款利息,但却以商业秘密为由拒不说明该款项的性质。再审庭审中,虽经合议庭向其释明其有关商业秘密的说法不能成立,其有义务向法院说明上述款项性质,但杨伟鹏仍然未作出说明。因此,在双方证据均有缺陷的情况下,应当结合双方当事人提交的证据,探究合同签订时双方当事人的真实意思,进而对当事人之间的法律关系作出判断。

　　一、关于当事人签订《商品房买卖合同》时的真实意思

　　根据已经查明的事实,嘉美公司急于从杨伟鹏手中得到 340 万元,恰恰是因为其向严欣等五人所借债务已届清偿期,而嘉美公司必须按时清偿上述债务,以避免严欣等五位债权人依照借钱给嘉美公司时双方签订的《商品房买卖合同》,以总价340 万元取得案涉商铺的所有权。换言之,嘉美公司不愿意让严欣等五位债权人以总价 340 万元取得案涉商铺的所有权,因此,不惜采取借新账还旧账的办法,向杨伟鹏借款。杨伟鹏的 340 万元是根据嘉美公司的指令分两笔直接打给严欣等五人的事实可以印证上述分析。嘉美公司与杨伟鹏即使签订了《商品房买卖合同》,其真实意愿也不是以 340 万元向其出售案涉房产。对于是否存在在同等条件下,嘉美公司

不愿将案涉房产出售给严欣等五人而愿意出售给杨伟鹏的可能,从一、二审及再审查明情况分析,杨伟鹏与嘉美公司的主要负责人以前并不相识,其与嘉美公司也无其他经济往来,作为理性的市场主体,嘉美公司没有理由在自己资金严重不足的情况下,想方设法向严欣等五人偿还债务,以收回案涉房屋,然后再以相同价格,将上述房屋出售给杨伟鹏。由此得出的结论是,嘉美公司正是不愿意以340万元的价款出售案涉商铺,因而以借新债还旧债的方式来达到保住商铺的目的。故可以认定嘉美公司的真实意思是向杨伟鹏借款而非以340万元的总价向其出售案涉商铺。

从杨伟鹏一方的情况看,在与嘉美公司签订《商品房买卖合同》的同一天,杨伟鹏按照嘉美公司的指令,将340万元分两笔直接打入严欣等五位嘉美公司债权人的账户,嘉美公司因此消灭了其与严欣等五人的债权债务关系。由此推断,杨伟鹏应当知晓嘉美公司收到340万元是用于偿还严欣等五人。而且,杨伟鹏与嘉美公司签订的《商品房买卖合同》所涉房屋正是嘉美公司因向严欣等五人借款340万元而以签订《商品房买卖合同》的方式提供担保的房屋。要将《商品房买卖合同》所涉房屋备案到杨伟鹏名下,须首先向来宾市房产管理局申请撤销原来严欣、林燕名下的备案登记。从时间上看,严欣和林燕于2007年6月27日出具的《关于申请撤销商品房备案登记的报告》,是杨伟鹏于次日去办理商品房备案登记手续时必备的文件。由此可以推知,杨伟鹏应当知晓嘉美公司原先向严欣、林燕等借款340万元并以签订《商品房买卖合同》、办理商品房备案登记的方式进行担保的情况。即使杨伟鹏主张其本人在当时的情况下就有购买案涉商铺的意愿,但其亦应知晓嘉美公司的真实意思并非向其出售案涉房屋。

二、关于杨伟鹏提供的《销售不动产统一发票》复印件的证明效力问题

杨伟鹏作为案涉《商品房买卖合同》中的买方,在交纳了全部340万元房款后,未能取得嘉美公司开具的《销售不动产统一发票》原件,却始终没有向嘉美公司索要该发票原件,直到本案诉讼中向法院提交的也是该发票的复印件。且在近两年的时间内,没有要求办理权属登记,这与一般购房者的做法明显不一致,不符合交易习惯。《销售不动产统一发票》原件对于购房者具有十分重要的意义,《发票管理办法实施细则》第三条规定:"发票的基本联次包括存根联、发票联、记账联。存根联由收款方或开票方留存备查;发票联由付款方或受票方作为付款原始凭证;记账联由收款方或开票方作为记账原始凭证。"因此,发票是交易真实发生的证明。而在不动产交易中,发票更是办理不动产权属登记的重要依据。发票复印件则无法起到同样的作用。本案中,杨伟鹏提供《销售不动产统一发票》复印件的目的应当是证明其主张的与嘉美公司存在商品房买卖合同关系,而不是主张其向嘉美公司交付了340万元,因为对于后者双方并不存在争议。而欲证明真实的商品房买卖合同关系的存在,《销售不动产统一发票》原件就显得格外重要。嘉美公司作为《商品房买卖合同》中记载的售房一方,在始终认可收到杨伟鹏340万元的情况下,没有将开具的

《销售不动产统一发票》原件交付给杨伟鹏,却于 2008 年 1 月 8 日将其为杨伟鹏开具的《销售不动产统一发票》原件连同第二、三、四联在当地税务机关做了缴销的行为,充分说明嘉美公司否认房产交易的真实性。而缴销发票行为发生于 2008 年 1 月而非诉讼中,则从另一个侧面证明嘉美公司否认与杨伟鹏之间存在真实的房产交易的态度是一贯的。故结合本案具体情况,仅凭杨伟鹏提供的《销售不动产统一发票》复印件,尚不能认定在杨伟鹏与嘉美公司之间存在商品房买卖的法律关系。

三、关于杨伟鹏收到嘉美公司支付的 61.1 万元的性质问题

杨伟鹏对于嘉美公司所主张的于 2007 年 6 月 28 日至 2007 年 12 月 18 日之间,分九次汇入其账户的 61.1 万元,一是在数额上认为自己只收到了 57.4 万元;二是认为上述款项并非利息,但对款项的性质则以商业秘密为由拒绝作出说明。对于杨伟鹏收到上述款项的数额,二审判决认定事实清楚,杨伟鹏没有提出证据否认上述事实,故本院对于其只收到了 57.4 万元的主张不予采信。本院再审庭审中,曾特别要求杨伟鹏说明上述款项性质,并向其释明不能以该款项性质属于商业秘密为由拒绝向法院陈述事实,如其不能说明 61.1 万元的性质,则可能导致对其不利的后果。但杨伟鹏仍未说明收取嘉美公司上述款项的原因及其性质。考虑到民间借贷支付利息的一般做法,综合全案的情况分析,在杨伟鹏未能证明双方当事人存在其他经济往来的情况下,本院认为嘉美公司关于上述 61.1 万元是其为向杨伟鹏借用 340 万元而支付利息的观点具有更高的可信度。

四、关于案涉《商品房买卖合同》约定的内容

从案涉《商品房买卖合同》本身分析,与一般商品房买卖合同不同,双方当事人没有在合同中约定单价,而是以一口价 340 万元的方式,交易了 1496.97 平方米的 53 间商铺。平均每平方米 2271.25 元。此种不约定单价的售房方式与一般房地产交易习惯不符。

综上,本院认为,认定当事人之间是否存在债权债务关系,书面合同并非不可缺少的要件。只要确认双方当事人就借贷问题达成了合意且出借方已经实际将款项交付给借款方,即可认定债权债务关系成立。杨伟鹏向嘉美公司支付 340 万元并收取利息的行为,足以认定双方之间成立了债权债务关系。嘉美公司从杨伟鹏处取得 340 万元的真实意思是融资还债,其与杨伟鹏签订《商品房买卖合同》的目的,则是为了担保债务的履行。鉴于双方未办理抵押登记,其约定也不符合《担保法》规定的担保方式,故双方签订《商品房买卖合同》并办理商品房备案登记的行为应认定为非典型的担保方式。即在嘉美公司不能按时归还 340 万元的情况下,杨伟鹏可以通过拍卖或者变卖案涉房屋的方式确保其能够实现债权。如果嘉美公司按时归还 340 万元,则杨伟鹏是不能就案涉的 53 间商铺主张权利。嘉美公司对交易的控制体现在借款合同和其没有将《销售不动产统一发票》原件交付给杨伟鹏,而缺少了发票,杨伟鹏是无法实际取得商铺并办理产权登记手续的。《物权法》第一百八十六条规

定,抵押权人在债务履行期限届满前,不得与抵押人约定债务人不履行到期债务时抵押财产归债权人所有。该规定主要是基于平衡双方当事人利益的考虑,防止居于优势地位的债权人牟取不当暴利,损害债务人特别是其他债权人的利益。尽管本案中双方当事人签订《商品房买卖合同》并办理商品房备案登记的行为并不导致抵押权的成立,但足以在双方当事人之间成立一种非典型的担保关系。既然属于担保,就应遵循《物权法》有关禁止流质的原则,也就是说在债权人实现担保债权时,对设定的担保财产,应当以拍卖或者变卖的方式受偿。

本案诉讼中,双方当事人均未向法院提交书面的借款合同,故对于双方当事人之间有关借款期限的约定,并无充分证据加以证明。既然案涉《商品房买卖合同》是作为340万元债权的担保而存在,那么,作为债权人的杨伟鹏实现债权的方式应当是在债务履行期限届满后,向债务人嘉美公司主张债权,如果没有明确的履行期限,则债权人可以随时请求债务人履行,但应当为其留出必要的准备期限。在嘉美公司拒不还债或者无力还债的情况下,杨伟鹏才能以适当的方式就《商品房买卖合同》项下的商铺主张权利,以担保其债权的实现。杨伟鹏请求直接取得案涉商铺所有权的主张违反《物权法》关于禁止流质的规定,本院不予支持。嘉美公司关于双方当事人之间存在借贷关系,签订《商品房买卖合同》只是为担保杨伟鹏债权的实现的主张,有事实依据,本院予以支持。

【案例来源】

最高人民法院民事审判第一庭编:《民事审判指导与参考》(总第58辑),人民法院出版社2014年版,第192~205页。

编者说明

当事人约定以商品房买卖合同为借贷合同进行担保,这种交易方式名为买卖,实为担保。《最高人民法院关于审理民间借贷案件适用法律若干问题的规定》第二十四条将此类合同定性为担保合同,而非代物清偿预约。即双方当事人在签订民间借贷合同之前或之后,为保证借贷合同的履行又签订包括商品房在内的买卖合同,并约定当作为债务人的借款人不能清偿时,须将担保标的物——商品房或者其他标的物的所有权转让给作为债权人的出借人,则其签订买卖合同的真实目的是为了民间借贷合同提供担保,而非真正实现买卖合同的目标。[①] 因此,前述朱俊芳与山西嘉和泰房地产开发有限公司商品房买卖合同纠纷案的裁判观点,与《最高人民法院关于审理民间借贷案件适用法律若干问题的规定》的规定不一致,在司法解释施行后不应再适用;前述广西嘉美房地产开发有限责任公司与杨伟鹏商品房买卖合同纠纷案的裁判观点则与该司法解释一致,可以继续适用。

[①] 参见最高人民法院民事审判第一庭编著:《最高人民法院民间借贷司法解释理解与适用》,人民法院出版社2015年版,第412页。

此外,《最高人民法院关于审理民间借贷案件适用法律若干问题的规定》第二十四条规定裁定的方式,有学者提出质疑。法院在案件审理中已经对买卖合同的真实意思产生怀疑,或者了解到当事人还订有借贷合同。在这一前提下,法院只有审理了案件的实体法律关系,才能否认买卖合同的效力。就此而言,原告之起诉并非不符合诉讼要件,而是不能满足实体要件,法院应当以判决的方式驳回原告的诉讼请求。①

424 双方当事人争议法律关系的性质是房屋买卖还是民间借贷的认定

【关键词】

| 房屋买卖 | 合同效力 | 合同性质 | 民间借贷 |

【案件名称Ⅰ】

上诉人江西华唐投资有限公司与被上诉人保亭黎族苗族自治县城乡投资有限责任公司、原审被告海南保亭华唐风情街投资管理有限公司项目转让合同纠纷案〔最高人民法院(2017)最高法民终 50 号民事判决书,2017. 5. 19〕

【裁判精要】

最高人民法院认为:

一、关于一审判决认定案涉法律关系为房屋买卖关系是否正确的问题

根据已查明的事实,陈冰与保亭华唐公司签订的《房地产买卖协议书》,系双方当事人的真实意思表示,没有法定的合同无效或可撤销等情形。签订该协议时,案涉房屋登记在保亭华唐公司名下,陈冰依约支付了全部房款,已经履行了合同义务。保亭华唐公司也交付了房屋,从协议内容及双方的履行情况来看,均符合房屋买卖的一般交易行为。

保亭城投公司主张陈冰与保亭华唐公司、江西华唐公司之间不是房屋买卖关系,而是借贷关系,但没有提供充分证据证实。江西华唐公司申请延期支付案涉项目款项,只能说明其购买力不足,其将案涉房产转给保亭华唐公司,是与保亭城投公司协商一致的结果,不能仅以此证明保亭华唐公司因融资而向陈冰借款。虽然江西华唐公司竞拍案涉项目的竞拍条件是 20 年内不得将项目分割出让,但案涉房屋已先予过户到保亭华唐公司名下,案涉项目并不存在客观上无法分割的情况,江西华唐公司的该项承诺并不影响陈冰与保亭华唐公司签订的合同效力。一审判决认定陈冰与保亭华唐公司、江西华唐公司之间系房屋买卖关系,符合案件事实,证据充

---

① 参见庄家园:《"买卖型担保"与流押条款的效力——〈民间借贷规定〉第 24 条的解读》,载《清华法学》2016 年第 3 期。

分,并无不当。保亭城投公司关于陈冰与保亭华唐公司、江西华唐公司之间系借贷关系的上诉理由不能成立。

【案例来源】

中国裁判文书网,http://wenshu. court. gov. cn。

【案件名称Ⅱ】

上诉人宁夏象龙房地产开发有限公司与被上诉人赵刚,原审第三人银川山尊投资咨询有限公司、宁夏庆华小额贷款有限公司房屋买卖合同纠纷案〔最高人民法院(2013)民一终字第62号民事判决书,2013.11.11〕

【裁判精要】

最高人民法院认为:

(一)如何确定双方当事人争议法律关系的性质

本院认为,法律事实须为有合法证据证明的事实。《最高人民法院关于民事诉讼证据的若干规定》第二条规定,当事人对自己提出的诉讼请求所依据的事实或者反驳对方诉讼请求所依据的事实有责任提供证据加以证明。没有证据或者证据不足以证明当事人的事实主张的,由负有举证责任的当事人承担不利后果。本案中,赵刚为证明双方为房屋买卖关系,提交了《商品房买卖合同》和象龙公司出具的《收据》两份证据,象龙公司并不否认该证据的真实性。现象龙公司主张双方实际为民间借贷关系,该《商品房买卖合同》仅是对民间借贷行为的担保,但其未能提供任何书面证据证明其所主张的事实。至于该合同是否能够备案、是否已经备案,不因此影响合同的真实性。象龙公司述称,在其无法按期还款时,是需要用房屋抵顶欠款的,这表明在无法按期还款时,象龙公司有受《商品房买卖合同》约束的意思。因此,即便如象龙公司所述,案涉《商品房买卖合同》实际上为双方民间借贷行为的担保,亦不能因此认定本案《商品房买卖合同》并非双方当事人的真实意思表示。在象龙公司认可其未能偿还借款的情况下,赵刚以房屋买卖关系为由诉请返还其已经支付象龙公司的款项,并不违背双方当事人的本意。原判决对象龙公司相应的抗辩主张未予支持,并以优势证据原则认定双方为房屋买卖关系,并无不当。关于象龙公司的反诉请求,本院认为,民间借贷行为并非为法律所禁止,法律不予保护的是违法高利部分,本案《商品房买卖合同》的订立目的即使如象龙公司所述,其亦属于当事人之间的一种交易安排,象龙公司有关案涉《商品房买卖合同》系以合法形式掩盖非法目的,应当认定为无效的主张,无事实和法律依据,原判决驳回象龙公司的反诉请求正确,本院予以维持。

【案例来源】

中国裁判文书网,http://wenshu. court. gov. cn。

425　受托人无视委托人利益恶意处分委托人财产的,即使该处分行为发生效力,仍应就其过错承担相应赔偿责任

【关键词】

│委托合同│民间借贷│担保│

【案件名称】

周伟均、周伟达诉王煦琼委托合同纠纷案〔上海市第一中级人民法院二审民事判决书,2015. 7. 3〕

【裁判精要】

裁判摘要:(1)在借贷关系中,出借人为防止借款无法按期收回而要求借款人提供不动产作为债权担保的,双方应签订抵押合同并办理抵押物登记。出借人回避抵押担保制度,选择指定第三人与借款人签订委托合同并由该第三人取得出售借款人的不动产等重大权利的,此时委托合同虽意在实现抵押担保功能,但其项下的权利义务关系仍应受委托合同的法律规则之制约。

(2)在委托合同项下,受托人负有遵照委托人指示,本着诚实信用的原则在授权范围内依法善意处理委托事务之法定义务。受托人无视委托人的真实意愿与切身利益,转而根据出借人指令恶意处分委托人财产,即使该处分行为对交易相对方发生效力,受托人仍应就其严重侵害委托人利益的行为承担相应赔偿责任。

上海市长宁区人民法院一审认为:

本案原、被告对双方之间的委托合同关系以及合同载明的内容均予以认可,法院予以确认。根据法律规定,委托合同是委托人和受托人约定,由受托人处理委托人事务的合同。受托人在授权范围内依法实施的行为,对外法律后果由委托人承担,故委托合同以委托人与受托人的相互信任为基础。本案中,原、被告在订立委托合同前并不相识,也不存在相互信任的关系。根据被告的辩称,缔结委托协议系应孙某某的要求,其目的是为了在两原告未能清偿借款时,被告通过出售房屋的方式帮助孙某某实现其债权,该种安排意在实现借款担保的功能。两原告则表示其之所以同意该种安排,是因为其在签订委托合同时相信己方有能力按期偿还借款,且认为被告在出售控江路房屋前会向其告知或以市场价格出售。法院认为,关于借款的

担保问题,两原告与孙某某在《抵押借款协议书》中约定以控江路房屋作抵押,故孙某某可在其未收回到期借款的情况下按照法律规定实现其抵押权。而被告并非《抵押借款协议书》的当事人,孙某某也非涉案委托合同的当事人,委托协议双方也未约定任何担保的意思表示。因此,不论本案双方当事人在缔约时各自的主观动机如何,其权利义务关系理应依据委托合同确定,受委托合同的法律规则之调整。

关于被告王煦琼是否违反了委托合同项下的义务。法院认为,被告作为受托人,依法应当按照两原告的指示处理委托事务,向其报告委托事务的处理情况并转交处理委托事务取得的财产。但被告在出售控江路房屋过程中,事先并未以任何方式告知两原告其将出售房屋,事后也未将售房款转交给两原告。在双方并未约定房屋售价的情况下,被告并未试图听取两原告意见,而是在明知孙某某并非委托合同当事人、并不享有以委托人身份发布指示之权利的情况下,仍然按照孙某某的要求,依据两原告的欠款数额确定房屋售价,并将售房款交付给孙某某。委托书虽列明了被告的权限,但应同时注意到委托书在向交易相对人对外昭示受托人行为正当性方面的作用,而不意味着受托人可以无视委托人的真实意愿与切身利益滥用委托人授予的权利。被告作为受托人,仍应本着诚实信用的原则,依法善意处理售房事宜,尽到合理的注意义务。然而,在房屋市场价格存在多种公开、便捷的询价途径情况下,纵观被告出售控江路房屋的过程,其主观上显然具有放任两原告财产利益受损结果发生的间接故意,且该种委托合同项下的主观过错亦不因被告对外法律行为的有效性而受到否定。

关于两原告是否遭受了实际损失。根据评估报告,控江路房屋在2012年2月2日的市场价格为94.4万元,但当日被告仅以50万元的售价签订买卖合同。该次交易虽以789568元的计税价格缴纳契税,但最低计税价格系税收管理部门为防止征管漏洞而设定的最低交易价格,故不能作为确定涉案房屋市场价格的依据。被告王煦琼的售房行为使得两原告遭受了与市场价格相差44.4万元的经济损失。后虽因两原告的起诉,薛某某自愿补偿30万元,但仍有14.4万元的损失未能填平。对于该部分损失的赔偿责任,根据法律规定,因受托人的故意或者重大过失给委托人造成损失的,委托人可以要求赔偿损失。故被告应在其过错范围内承担赔偿责任。另一方面,两原告通过公证委托书将房屋出售等重大事项均授权被告处分,在明知控江路房屋存在被低价出售风险的情况下,既未采取事先与被告约定房屋出售价格或确定售价的方式等措施防范风险,事后在其未能还款的情况下也未主动了解售房进展或单方解除对被告的委托以控制损失。事实上,就涉案经济损失的防范与控制而言,两原告仅须支付少量的时间及经济成本即可实现,但其却抱有侥幸心理,并采取了放任态度,故其对损失的发生亦有一定过错。基于此,对于两原告遭受的实际损失,法院综合考虑双方当事人各自的过错程度、社会风险防范的经济性原则,根据诚实信用原则和公平原则,酌情将被告应承担的赔偿责任确定为10万元。

上海市第一中级人民法院二审认为:

案外人孙某某出借钱款给被上诉人周伟均、周伟达时双方签订了《抵押借款协议书》,明确借款人周伟均、周伟达用控江路房屋为借款及利息提供抵押担保,故孙某某的债权完全可以通过抵押权实现得以保障。但孙某某为避免抵押权实现过程中的繁琐与不可控之因,而联络上诉人王煦琼,以王煦琼与周伟均、周伟达签订并公证《委托书》和《委托书风险声明书》的方式,以确保其对抵押物的随意处置。既然债权人会同王煦琼以与债务人建立委托合同的方式保证债权的实现,则王煦琼应当受委托合同法律规范的调整。

《合同法》就委托合同法律关系规定:受托人应当按照委托人的指示处理委托事务。无偿委托合同,因受托人的故意或者重大过失给委托人造成损失的,委托人可以要求赔偿损失。本案中,上诉人王煦琼认可在出售控江路房屋时是应了债权人孙某某的要求,而未征询委托人周伟均、周伟达的意见。事实上王煦琼作为受托人在出售该房时也仅注重孙某某的债权实现,完全无视委托人周伟均、周伟达的利益,以超低价进行出售。虽然周伟均、周伟达签署了《委托书》和《委托书风险声明书》,但此也仅是赋予受托人行使权利的范围及表明委托人愿意承担一定的风险;并不能以此为据成为受托人可以有违法律规定、恣意实施严重侵害委托人财产利益的借口。因此,王煦琼作为委托合同的受托人,过错显见。周伟均、周伟达据此要求王煦琼承担相应的赔偿责任,有一定的依据与理由。即使在前已审结的房屋买卖合同案中,房屋买受人自愿补偿了周伟均、周伟达30万元,但并不因此而应当免除王煦琼的过错责任。原审法院考虑到周伟均、周伟达在本次事件中自身不守信、防范风险意识缺失的过错,也充分考虑了房屋买受人已自愿补偿部分房款的事实,判令王煦琼按评估价酌情赔偿周伟均、周伟达经济损失,于法无悖,无明显不当。王煦琼的上诉请求,理由不充分,难予支持。

【案例来源】

《中华人民共和国最高人民法院公报》2018年第3期(总第257期)。

426 根据合同履行情况,判断当事人购房的目的是实现融资还是房屋交易

【关键词】

│房屋买卖│合同效力│委托合同│间接代理│

【案件名称】

再审申请人武汉金银湖国际高尔夫实业发展有限公司与被申请人严清军、刘

磊、刘莲，一审被告梁波，一审第三人田进秋、田进蓉、华夏银行股份有限公司武汉江汉支行房屋回购合同纠纷案［最高人民法院（2013）民提字第 25 号民事判决书，2013.12.20］

【裁判精要】

最高人民法院认为：

本案双方当事人争议的焦点问题是：（1）二审判决认定严清军、刘磊、刘莲为真实购房人，梁波对该房产无处分权的依据是否充分；（2）涉案《委托协议》对严清军、刘磊、刘莲是否有效。

（一）关于一审判决认定严清军、刘磊、刘莲为真实购房人，梁波对该房产无处分权，依据是否充分的问题

高尔夫公司主张，虽然严清军、刘磊、刘莲未在《委托协议》上签字，但通过其履行行为推定其知道并实际履行了《委托协议》，该协议明确约定受托人不享有购房的实体权利，其不是真实的购房人，梁波对严清军、刘磊、刘莲名义上购买的房屋有处分权。严清军等六位购房人主张，严清军、刘磊、刘莲未在《委托协议》上签字，也不知道《委托协议》的内容，故不受该协议约束。其与高尔夫公司之间是真实的房屋买卖关系，并且办理了合法的房地产两证，梁波对严清军、刘磊、刘莲购买的 30 间房屋无处分权。江汉支行陈述称，严清军等六人在购房过程中均按规定办理正常按揭手续，所有合同均为面签，为购房所签的借款合同、抵押合同真实有效，且购房人均按期偿还贷款。

本院认为，从合同履行情况看，《委托协议》上的五位受托人在签订《购房合同》前知道《委托协议》的内容，其购房是为了实现融资而非房屋交易。理由是：（1）委托人、受托人之间存在亲属、亲戚关系或同事关系，彼此之间高度信任。（2）《购房合同》约定的首付款为 2546688 元，《购房合同》的六位购房人未支付首付款即已办理了房地产两证，对高尔夫公司极为不利，但高尔夫公司却迅速为其办理了房屋抵押贷款手续，显然不符合购房的常理。（3）六位购房人实际完成融资 500 万元，事实表明他们一起到江汉支行办理的按揭贷款，在分配各自贷款金额时应已进行协商。否则，付款总额不可能是整数且与融资总额完全吻合。（4）完成融资后，购房人均未再依约继续付清房款，高尔夫公司也未催缴，行动如此一致不符合购房交易习惯。因此，可以推定严清军、刘磊、刘莲知道《委托协议》的内容并接受了梁波的委托，实施了为高尔夫公司融资的行为，虽然购房本身是事实且手续齐全，但结合《委托协议》、《购房合同》和《补充协议》内容，购房仅是实现融资的一个环节，并非真正购房。严清军、刘磊、刘莲的目的是完成梁波的委托，梁波实现房屋回购后取得融资总额 500 万元 20% 的补偿，除非高尔夫公司不选择回购房屋。既然融资交易已经完成，高尔夫公司在约定期限内选择了回购房屋，梁波即应按照《补偿协议》的约定返还已购的 49 间房屋，以及无偿取得的 25 个

车位和广告牌。按照《委托协议》约定，受托人对购房不享有任何实体权利，严清军、刘磊、刘莲应当配合梁波履行房屋回购手续。作为《委托协议》的委托人，梁波有义务依照《补充协议》约定将以融资方式取得的49间房屋以及25个车位和广告牌交给高尔夫公司，完成回购。高尔夫公司应当依约支付《补充协议》约定的500万元融资款及每年20%的回报等。由于严清军、刘磊、刘莲购房的目的是融资，故其不是真实的购房人。二审判决认定严清军、刘磊、刘莲为真实的购房人，梁波对该房产无处分权的依据不充分，属于认定事实错误。

(二)涉案《委托协议》对严清军、刘磊、刘莲是否有效

高尔夫公司主张，严清军、刘磊、刘莲知道并实际履行了《委托协议》，故该协议对其有效。《委托协议》上的六人主张，严清军、刘磊、刘莲未在协议上签字，且不知道该协议的存在，故对其无效。本院认为，从全部涉案合同履行情况和委托人与受托人的关系看，严清军、刘磊、刘莲以其购房行为履行了《委托协议》，可以推定其购房前知道《委托协议》的内容。委托行为属于单方法律行为，严清军、刘磊、刘莲以其行为接受了梁波的委托。根据《合同法》第四百零二条"受托人以自己的名义，在委托人的授权范围内与第三人订立的合同，第三人在订立合同时知道受托人与委托人之间的代理关系的，该合同直接约束委托人和第三人，但有确切证据证明该合同只约束受托人和第三人的除外"的规定，应认定严清军、刘磊、刘莲虽未在《委托协议》上签字，但其履行行为表明其为实际受托人，该协议对其有效。对于严清军、刘磊、刘莲关于其不知道《委托协议》存在，该协议对其无效的主张，依据不足，本院不予支持。

【案例来源】

中国裁判文书网，http://wenshu.court.gov.cn。

427 双方约定房屋所有权与建设用地使用权互为对待给付，根据双方所签一系列合同、协议所载内容，可以认定双方之间除房屋转让之外还存在建设用地使用权转让法律关系

【关键词】

｜房屋买卖｜合同效力｜合同性质｜建设用地使用权转让｜

【案件名称】

上诉人中山彤泰投资发展有限公司与上诉人中山火炬开发区建设发展有限公司建设用地使用权转让合同、房屋买卖合同纠纷案［最高人民法院（2014）民一终字第286号民事判决书，2015.2.17］

【裁判精要】

最高人民法院认为：

一、关于如何确定本案争议法律关系性质、效力的问题

（一）性质

案涉争议系因火炬公司受让（分配）房屋是否依约支付对价而产生。一审法院系通过案由确定途经，将本案讼争法律关系性质确定为建设用地使用权转让合同、房屋买卖合同纠纷。火炬公司上诉中对本案争议法律关系性质所提异议，实际上是对双方权利义务关系的具体内容有不同意见。本案事实表明：（1）在 2002 年 3 月 28 日、3 月 30 日两份土地转让及房地产开发合同中，双方当事人约定火炬公司转让相应面积的商住用地、工业用地给彤泰公司，彤泰公司按约应当支付给火炬公司的土地使用权转让价款已经抵冲了火炬公司应当支付的建筑成本造价及工程款。2002 年 9 月 1 日，双方当事人再次签订土地转让及房地产开发合同，约定内容与 2002 年 3 月 28 日合同相同。（2）2002 年 11 月 28 日，双方当事人签订《土地转让及房地产开发合同第四条修正案》，重申了彤泰公司尚欠火炬公司土地使用权转让金 6560 万元的事实（政府周转房及干部成本房部分）。（3）2005 年 5 月 10 日，双方当事人签订《协议书》，明确火炬公司已付款包括 223 亩商住用地转让金 7537.4 万元，149.91 亩工业用地转让金 17989200 元。（4）2008 年 6 月 10 日，彤泰公司就有关违约责任问题向火炬公司发函。火炬公司于 2008 年 6 月 13 日作出《复函》，其中有关"抵工程款的土地问题"部分的内容为"《协议书》中火炬公司抵工程款的土地是：商住用地 223 亩（33.8 万元/亩计价）、工业用地 149.91 亩（12 万元/亩计价）。截至今日，火炬公司已转让给彤泰公司商住地 116.1641 亩。所以未办理转让手续的土地是：商住地 106.8359 亩（33.8 万元/亩计价，价值 3611.05 万元），工业用地差 149.91 亩（12 万元/亩计价，价值 1798.92 万元），合计 5409.97 万元。由于国有土地使用权转让的相关规定，火炬公司未能将上述土地转让给彤泰公司，对此情况与彤泰公司也多次沟通协商，后彤泰公司以中心城区 C 地块土地款名义收取火炬公司 4000 万元土地款，所以剩余 106.8359 亩商住地款全部付清，149.91 亩工业地款也分次现金补足"。（5）2002 年 11 月 28 日，双方当事人签订《土地转让及房地产开发合同第四条修正案》，约定火炬公司政府周转房和干部成本房建筑面积分配权总共 16.5 万平方米，建筑造价为每平方米 1540 元。（6）火炬公司在上诉中亦认可本案"土地转让""土地抵付"是楼款支付的约定方式。（7）至于火炬公司主张用来取代土地抵偿的 4000 万元土地款，经一审查明，该笔款项系火炬公司向彤泰公司支付的占用科技大厦地块补偿款，后因本案双方进行了土地置换，故双方均确认该笔款项转为本案的房款。对 149.91 亩工业用地，火炬公司亦未在二审提交分次给款彤泰公司补足之证据。本院认为，在本案法律关系框架内，基于双方当事人各自角度和合同目的之

间的差异,确实呈现出房屋转让(分配)和建设用地使用权转让的复合性特征,亦即火炬公司对价支付形式并非仅为一般等价物。如果火炬公司对价支付形式仅为一般等价物,则彤泰公司以建筑造价出售房屋显然不符合交易惯例,且将导致双方当事人之间权利义务的显失平衡。火炬公司所持已以现金方式替代履行相应土地使用权交付义务之主张、理由的逻辑前提,也应当是其负有土地使用权转让义务。综合双方当事人相关约定的内容、背景、目的,在合同解释时应当将火炬公司负有相关土地转让义务确定为当事人达成房屋转让交易的对价基础,而从权利义务角度看,土地使用权转让在双方当事人之间亦具有一定的独立性。一审法院认定火炬公司对价支付形式包括转让相应的建设用地使用权,符合本案事实。火炬公司上诉认为其只负有支付楼款的金钱债务,没有事实和法律依据,本院不予采信。据此,一审法院认定本案争议法律关系性质包括建设用地使用权转让合同纠纷,并无不当。

关于一审法院将房屋买卖合同纠纷也作为本案案由的问题。本院认为,根据双方当事人在一系列合同、协议中的约定,火炬公司受让房屋是通过其依约享有的"分配权"实现的。火炬公司所受让房屋,包括政府周转房、干部成本房以及商铺、地下车位等,其中政府周转房、干部成本房在建筑面积数上占绝对比例,而火炬公司受让价格则为建筑造价而非市场价。此外,双方当事人在合同文件中频繁使用"(彤泰公司)代建费"、"冲抵建筑成本造价"乃至"补偿"等语词。由此,案涉房屋转让确与一般房屋买卖不同,但其原因实为火炬公司所负对价支付义务的特殊性,即须向彤泰公司转让相应面积的建设用地使用权。而彤泰公司因依成本价转让案涉房屋所失利益,系通过受让相应建设用地使用权予以填补。该利益实现方式虽与一般房屋买卖合同情形有别,但应属当事人自主利益判断和交易安排的结果。本院认为,一审法院将房屋买卖合同纠纷也作为双方当事人争议权利义务内容之一,亦无不妥。

综上,尽管本案当事人法律关系与单纯、独立的房屋转让、建设用地使用权转让存在一定差别,即房屋所有权与建设用地使用权互为对待给付,但根据双方所签一系列合同、协议所载内容,可以认定本案双方当事人之间除房屋转让之外还存在建设用地使用权转让法律关系。火炬公司有关本案仅系因楼款支付产生的普通债权债务关系的主张和理由,虽与本案双方当事人之间权利义务的最终指向并无实质差别,但将本案案由确定为建设用地使用权转让合同、房屋买卖合同纠纷,可以更为细致准确地描述和界定双方当事人之间法律关系乃至权利义务争议的具体内容。

(二)效力

火炬公司对双方之间存在的房屋买卖法律关系的效力没有异议。至于建设用地使用权转让关系,本院认为亦应有效。理由为:(1)2003年10月18日,中山市火炬高技术产业开发区管理委员会向下属单位发出《关于授权中山火炬开发区建设发展有限公司行使土地储备中心职能的通知》。但依该通知内容,并无授权火炬公司行使建设用地出让职能的内容。退而言之,抛开前述管委会依法是否有权将土地出让职能另行授权的问题,即便已有相应明确授权,因火炬公司为独立的公司法人,其在本案中与彤泰公司达成建设用地使用权转让之意思表示也不能当然认定为土地出让。火炬公司据此认为其与彤泰公司订立于2002年3月28日、2002年3月30日所签土地转让合同中约定的权利义务实为土地使用权出让,没有事实及法律依据。(2)火炬公司认可本案"土地转让""土地抵付"是楼款支付的约定方式。在此情况下,本案所涉土地转让应为市场交易主体的一种交易安排,该一致意思表示体现在双方当事人所签一系列合同、协议之中,不违反法律、行政法规的效力性强制性规定,应对双方当事人产生约束力。(3)虽然涉案土地在缔约时尚未确定具体四至,但双方当事人已经在相关合同中明确约定了所转让建设用地使用权的用地性质、地理方位、面积和价款,合同条款具有可履行性。本案事实表明,双方也已经实际部分履行。亦即,彤泰公司按约支付给火炬公司的土地转让款业已抵冲了火炬公司应当支付的建筑成本造价及工程款,火炬公司已于2003年将群英华庭项目用地以外同样未事先明确约定四至的116.1641亩商住用地办至彤泰公司名下抵作购楼款。(4)火炬公司负有剩余相关土地转让义务是双方形成本案房屋买卖法律关系的对价基础,如因客观原因无法实际交付履行,其法律后果应当是火炬公司承担相应违约责任,而非导致相应法律关系无效或者不成立的法定事由。(5)《广东省土地使用权交易市场管理规定》不属于法律、行政法规,根据《合同法解释(一)》第四条之规定,火炬公司据此主张案涉建设用地使用权转让行为无效,亦无法律依据。

【案例来源】

中国裁判文书网,http://wenshu.court.gov.cn。

428 根据协议约定的全部条款内容,综合分析判断涉案协议是房屋买卖还是房屋租赁

【关键词】

｜房屋买卖｜合同效力｜租赁合同｜

【案件名称】

申请再审人何淑萍与被申请人哈尔滨金展贸易有限公司房屋买卖合同纠纷案〔最高人民法院(2009)民提字第90号民事判决书〕

【裁判精要】

最高人民法院认为:

本案主要涉及三个问题:一是本案协议的性质;二是本案协议的效力;三是双方

过错程度、本案损失范围和责任承担。

（一）关于本案协议的性质

本案协议名称为《房屋购买租赁协议书》，该名称既有购买即买卖合同的性质，又有租赁合同的性质。认定本案协议性质应当从协议约定的全部条款内容来综合分析判断。从协议内容看，协议约定金友公司同意何淑萍购买承租科贸楼第二区第二号楼205室；购买承租期为常年，购买常年使用权的，直至该房屋被政府规划用地征用并拆除为止；何淑萍因特殊情况需转让转租房屋时，须经金友公司同意，并办理承租权、常年使用权变更手续等。但不能单纯依照上述约定，从而认定本案协议的性质为租赁合同关系。因为双方当事人在本案协议第2条又特别约定"本协议所签房屋面积产权归乙方"的内容。该约定显然与租赁合同关系不符，实际上体现了买卖合同的性质。特别是从实际履行情况看，协议签订后，何淑萍给付金友公司326000元款项，金友公司出具的收款收据上均载明是房款。因此，综合本案实际情况，应当认定本案协议的性质为房屋买卖合同。

（二）关于本案协议的效力

本案科贸楼属于临时建筑，依法不能办理产权手续。《城市房地产管理法》第三十七条明确规定"未依法登记领取权属证书的，不得转让"。金友公司将本案临时建筑的房屋出售给何淑萍，违反法律禁止性规定，故应认定双方所签《房屋购买租赁协议书》无效。

（三）关于双方过错程度、本案损失范围和责任承担

《民法通则》第六十一条第一款规定："民事行为被确认为无效或者被撤销后，当事人因该行为取得的财产，应当返还给受损失的一方。有过错的一方应当赔偿对方因此所受到的损失，双方都有过错的，应当各自承担相应的责任。"根据上述规定，金友公司应当将326000元购房款和6600元车库手续费返还何淑萍。鉴于本案临时建筑科贸楼已经被拆迁，故不存在何淑萍返还房屋的问题。何淑萍的损失范围包括326000元本金的利息损失、房屋装修损失96485.25元、车库工程款137245.51元。金友公司将购买（即买卖）与租赁两个不同法律关系并列作为合同名称，有误导消费者之嫌，特别是作为临时建筑的科贸楼，政府批准其建好后出租给企业使用3至5年，但金友公司隐瞒了出租给企业3至5年的事实，在签约时表述为"购买承租期常年"亦属不当，而事实是本案房屋在使用3年后即被政府予以拆除，故应当认定金友公司对本案损失的产生有主要过错；从协议约定的全部内容看，应当认定何淑萍对其购买房屋的临时建筑性质也是明知的，故应当认定何淑萍有次要过错，即本案属于双方当事人因混合过错导致合同无效。根据本案实际情况，326000元本金的利息损失应由何淑萍自行承担；对于房屋装修损失和车库工程款损失，应由金友公司和何淑萍依其过错程度即金友公司承担60%、何淑萍自行承担40%为宜。何淑萍对争议房屋使用3年，应当向金友公司给付相应的使用费55630.56元（自1997年

1月23日起计算3年,月租金为每平方米5.66元)。金友公司现已变更为金展公司,故金友公司的民事责任应当由金展公司承继。

【权威解析】

实践中,合同名称与合同内容的关系大体上有三种情形:一是有的合同名称与合同内容相一致;二是有的合同名称与合同内容不一致;三是有的合同名称互相矛盾,合同内容也互相矛盾。第一种情形可以称之为"名副其实"合同,第二、三种情形可以称之为"名不副实"合同。一般来说,认定合同性质既要看合同名称,更要看合同内容;当合同内容互相矛盾时,要根据合同中是否有特别约定以及当事人的实际履约情况,综合认定合同性质。本案属于合同名称互相矛盾、合同内容也互相矛盾的"名不副实"合同。最高人民法院再审判决之所以认定本案协议性质为房屋买卖合同,主要考虑以下因素:第一,虽本案协议名称之间、协议内容之间均互相矛盾,但协议中有一个双方当事人特别加上去的条款或称特别约定,即"本协议所签房屋面积产权归乙方"。该约定虽然只有一句话,但该约定的含义显然改变了租赁合同的性质,实质上体现了买卖合同的性质。因此,不能以上述协议中有关租赁的条款多一些,买卖的条款少一些,就断然认定本案协议的性质为租赁合同关系,而应当考虑到双方当事人在协议中特别约定的真实意思表示是建立买卖关系而非租赁关系。第二,本案协议履行情况是认定协议性质的重要因素。从本案协议实际履行情况看,协议签订后,何淑萍给付金友公司326000元款项,金友公司出具的收款收据上均载明是房款。按照人们日常的生活经验来分析判断,"房款"显然不同于"房租款"(租金)。前者体现了买卖合同性质,后者体现了租赁合同性质。另从交易习惯看,如果是租赁合同关系的话,租金一般是按月、按季或按年结算,而不是一次性结算完毕的,因此可见,何淑萍向金友公司一次性给付326000元款项的性质系购房款而非租金。综上,根据本案协议的特别约定和协议实际履行情况,应当认定本案协议的性质为房屋买卖合同关系。①

【案例来源】

最高人民法院民事审判第一庭编:《民事审判指导与参考》(总第39集),法律出版社2010年版,第178~179页。

编者说明

合同成立后往往涉及合同性质的认定问题,而合同性质一般通过合同名称与合同内容

---

① 参见徐瑞柏:《"名不副实"合同性质的认定与过错责任承担问题——何淑萍与哈尔滨金展贸易有限公司房屋买卖合同纠纷再审案》,载最高人民法院民事审判第一庭编:《民事审判指导与参考》(总第39集),法律出版社2010年版,第180~182页。

表现出来。合同名称与合同内容的关系大体上有三种情形:一是有的合同名称与合同内容相一致;二是有的合同名称与合同内容不一致;三是有的合同名称互相矛盾,合同内容也互相矛盾。第一种情形可以称之为"名副其实"合同,第二种、第三种情形可以称之为"名不副实"合同。一般来说,认定合同性质既要看合同名称,更要看合同内容;当合同内容也互相矛盾时,要根据合同中是否有特别约定以及当事人的实际履约情况,综合认定合同性质。[①]

429 房屋买卖合同纠纷与房屋代建合同纠纷的认定

【关键词】

│ 房屋买卖 │ 合同效力 │ 代建 │

【案件名称】

上诉人上海优幸投资管理有限公司与被上诉人上海市浦东新区大团镇人民政府房屋买卖合同纠纷案 [最高人民法院 (2014) 民一终字第 79 号民事判决书, 2015. 4. 15]

【裁判精要】

最高人民法院认为:

(一)关于案涉纠纷的性质问题

《招标文件》明确了案涉项目开发建设的条件、开发建设的进度以及项目回购的限价;而对于项目回购的具体细节,《招标文件》明确由中标单位与大团镇政府进一步签订协议约定。《投标文件》明确了项目建设的承诺、项目建设的资金筹措方案以及回购的限价。案涉《项目协议书》则在具体约定项目建设进度之外,特别约定了项目回购价格和回购款支付方式,并进一步明确了相应的违约责任。从上述文件及协议内容可见,《招标文件》《投标文件》《项目协议书》主要包含两种法律关系:一是大团镇政府与优幸公司之间的项目房地产开发建设关系;二是大团镇政府与优幸公司之间的房屋回购法律关系。在第一种法律关系中,优幸公司的义务是确保案涉项目的顺利开发建设。在第二种法律关系中,大团镇政府需要根据约定的房屋价格向优幸公司回购项目;在此种法律关系中,涉及房屋回购价格、回购款支付及回购项目的交付问题。

就本案当事人之间的争议实质而言,优幸公司与大团镇政府对于案涉项目的建设并无纠纷,优幸公司于本案诉请的基础在于大团镇政府迟延支付房屋回购款,故

[①] 参见徐瑞柏:《"名不副实"合同性质的认定与过错责任承担问题——何淑萍与哈尔滨金展贸易有限公司房屋买卖合同纠纷再审案》,载最高人民法院民事审判第一庭编:《民事审判指导与参考》(总第39 集),法律出版社 2010 年版,第 173 页。

本案当事人之间的纠纷性质应该属于项目回购纠纷。该种项目回购纠纷的实质系大团镇政府支付购房款，优幸公司交付房屋，故此种法律关系符合房屋买卖合同的属性，应界定为房屋买卖合同法律关系，故本案案由应为房屋买卖合同纠纷；一审法院认定为房屋代建合同纠纷，认定事实错误，本院予以纠正。

（二）关于案涉相关合同的效力问题

本争议问题又涉及以下几个方面的问题：

1. 关于《项目协议书》中房屋回购款支付条款的效力问题，一方面，在《招标文件》《投标文件》中并无大团镇政府于项目交付后始支付回购款的约定，相反，根据《招标文件》的明确要求"对于建设进度、住宅回购等相关事宜，由中标单位与大团镇政府签订《项目协议书》"，本案当事人大团镇政府与优幸公司签订《项目协议书》就项目回购进行明确约定，符合招标文件的要求，且是对于招投标文件相关条款的进一步明确。在《招标文件》已经要求大团镇政府与优幸公司就回购款支付问题另行协商的情况下，大团镇政府与优幸公司另行约定的付款进度系对招投标文件的补充协商约定，该约定并不违反法律、行政法规的强制性规定，合法有效。另一方面，《投标文件》和《项目协议书》中的资金筹措方案及交纳建设保证金的目的是确保案涉项目顺利建设完成，此种项目建设资金的筹措并没有排斥大团镇政府支付回购款的约定。《招标文件》第37.3款规定，资金筹措方案应具有可操作性，并有利于项目的实施。因此，从资金筹措方案的约定目的来看，其系确保建设项目的顺利完成，同回购款的支付并无关联，更无关于回购款需要在交付项目之后始支付的内容。一审法院以项目建设关系中优幸公司的资金筹措承诺来认定项目回购关系中的回购款支付方式无效，理据不足。

对于招投标合同的签订过程来说，招标为要约邀请，投标是要约，中标则是承诺。在本案中，上海市浦东新区南汇区住宅发展局在向大团镇政府发出中标通知书后，大团镇政府同优幸公司之间实质上即成立了案涉项目的招投标合同，二者应该根据《招标投标法》第四十六条第一款"招标人和中标人应当自中标通知书发出之日起三十日内，按照招标文件和中标人的投标文件订立书面合同。招标人和中标人不得再行订立背离合同实质性内容的其他协议"的规定及中标通知书要求，依据招投标文件订立书面合同，并进行备案。本案优幸公司与大团镇政府签订的《项目协议书》符合上述法律规定及中标通知书程序要求；《项目协议书》中关于回购款支付方式的约定系协议当事人真实意思表示，应作为当事人之间项目回购款支付方式的依据。

2. 关于《补充协议》的效力问题，《补充协议》约定"双方于2005年9月20日签订的《项目协议书》仅用于申报、办理相关手续，协议书所涉及的条款均不作为正式合同的结算依据"，系大团镇政府与优幸公司的真实意思表示，不违反法律、行政法规的强制性规定，合法有效。

3. 关于能否将《2004 年项目协议书》作为大团镇政府的付款依据问题,《2004 年项目协议书》在案涉项目招投标之前签订,该协议书在合同标的、房屋回购价款等合同主要条款上同《项目协议书》明确不同,系优幸公司与大团镇政府针对案涉项目建设所签订的框架性协议,该协议并非优幸公司与大团镇政府的串通招标行为,不违反法律、行政法规的强制性规定,合法有效。

综上,在《补充协议》明确约定,《项目协议书》不作为正式合同的结算依据的情况下,《2004 年项目协议书》中关于"大团镇政府负责在优幸公司交付使用动迁安置用房的同时付清购房款及街坊规划红线外附属工程的一切费用"的约定应作为大团镇政府支付案涉项目回购款的付款时间;优幸公司关于大团镇政府应依据《项目协议书》约定支付项目回购款的上诉理由,无事实及法律依据,本院不予支持。

【案例来源】

中国裁判文书网,http://wenshu. court. gov. cn。

430 双方当事人签订名为代建合同,但实际上依据合同约定的内容以及预售条件的具备,符合商品房预售特征的应为商品房预售合同

【关键词】

│房屋买卖│合同效力│合同性质│代建│

【案件名称】

新疆维吾尔自治区邮政局与乌鲁木齐市圣博特房地产开发有限公司商品房预售合同纠纷上诉案［最高人民法院二审民事判决书］

【裁判精要】

最高人民法院认为:

(一)关于《代建职工住宅楼协议书》的性质问题

圣博特公司与邮电管理局签订的邮电一期《代建职工住宅楼协议书》约定,代建价格为圣博特公司履行全部合同义务、邮电管理局获得合同项下房屋及院落无瑕疵的完整财产所有权的全部对价。上述约定表明圣博特公司按照邮电管理局的要求开发犁铧街邮电一期住宅小区并出售给邮电管理局,邮电管理局支付价款获得犁铧街邮电一期住宅小区的全部产权。圣博特公司通过与新疆维吾尔自治区乌鲁木齐市土地管理局签订《国有土地使用权出让合同》,缴纳土地出让金取得犁铧街邮电一期住宅小区建设用地的土地使用权,办理了开发商品房的相关手续,取得了《商品房预售许可证》,双方签订的《代建职工住宅楼协议书》符合商品房预售合同的法律特

征,且没有违反法律、行政法规的禁止性规定,应为有效。邮电管理局称双方所签合同为代建合同没有法律依据。

(二)关于购房款的结算依据和结论是否正确的问题

尽管双方当事人曾约定过计价方法是取差价,但在实践中并不可行。若委托鉴定单位对犁铧街小区住宅砖混结构与框架结构的差价进行鉴定的话,首先要按照框架结构的图纸委托设计一份砖混结构的图纸,然后要依据同等地段、同等地质条件相同设计的建筑物造价来进行参照,这一鉴定的过程虽然在理论上可行,但实际操作难度较大,涉及框架结构、砖混结构的鉴定及设计院的重新设计工作。一审法院在认定双方之间为商品房预售法律关系的前提下,委托鉴定单位按照犁铧街邮电一期小区实际建设情况,对合同签订时该住宅的市场价值进行评估,符合本案的实际情况,且没有损害双方当事人的利益,可以作为解决双方当事人对款项结算争议的依据。

邮电管理局对该鉴定结论提出异议,主要涉及两个问题:一个是拆迁费用,一个是建筑工程安装费。对于建筑工程安装费,邮政局主张应依据圣博特公司与施工方签订的合同中约定的每平方米 780 元作为计算依据。该主张缺乏依据。依据合同的相对性原则,该施工合同仅能约束签订合同的双方,对于邮电管理局不发生法律效力,且本案既然为商品房预售纠纷,作为卖方的圣博特公司必然存在利润。关于拆迁费用的问题,依据拆迁协议和补偿清单能够计算出准确的拆迁费用,这也是圣博特公司为拆迁实际支出的费用,无须依据市场情况另行评估,因此,依据补偿清单计算拆迁费用的鉴定结论较为准确,故该工程总价款为 114649165 元。新疆维吾尔自治区邮政局等单位尚应支付圣博特公司购房款 30903766.55 - (124632656 - 114649165)元,即 209020275.55 元。

【权威解析】

如何认定代建合同与商品房预售合同是司法实践中比较难界定的问题。代建合同与商品房预售合同,两者有许多相似之处,如一方在房屋建成之前,分期分批向另一方付款。从建设房屋的资金来源看,建房的资金均由获得房屋所有权的一方支付。商品房预售合同本质为买卖合同。《合同法》第一百三十条明确规定:"买卖合同是出卖人转移标的物的所有权于买受人,买受人支付价款的合同。"代建合同的本质属于承揽合同。《合同法》第二百五十一条第一款规定:"承揽合同是承揽人按照定作人的要求完成工作,交付工作成果,定作人给付报酬的合同。"因此,仅依合同的某些内容并不能确定合同的性质。定作合同与买卖合同的区别在于标的物所有权的归属。代建合同标的物的所有权属于定作人,合同双方当事人履行合同并不发生所有权的转移,而商品房预售合同标的物的所有权属于卖方,合同双方当事人履行合同发生所有权的转移。从两者的本质区别来看,1997 年 1 月 6 日,双方当事人签订《代建职工住宅楼协议书》，从双方所签订的合同名称来看，似乎其合同性质为代建合同。但从上述两种合同的本质区别来看，圣博特公司与邮电管理局签订的代建合同名为代建合同，实为商品房预售合同。理由是：(1)圣博特公司作为房地产开发企业，在签订合同前及合同履行过程中取得了建设用地的土地使用权，并办理了商品房开发的相关手续；(2)圣博特公司取得了商品房的预售许可证；(3)双方在合同中约定代建价格为圣博特公司履行全部合同义务，邮电管理局获得合同项下房屋及院落无瑕疵的完整财产所有权的全部对价。工程竣工交付使用后，圣博特公司在3个月内将房屋产权证、土地使用权证及相关手续办理到邮电管理局名下。双方之间的约定表明，圣博特公司按照邮电管理局的要求开发犁铧街住宅小区并出售给邮电管理局，邮电管理局支付价款获得圣博特公司开发的犁铧街住宅小区的全部产权。双方之间的约定符合商品房预售合同的法律特征。虽然圣博特公司将土地使用权提前转让在邮电管理局名下，但并未改变双方当事人合同约定的意思表示，提前转让土地使用权的行为并没有变更双方之间法律关系的性质。邮电管理局称双方之间为无名合同关系没有法律依据。代建合同前提为委托代建方为建设项目的土地使用权人及建设房屋的所有权人，本案中建设用地的使用权人是圣博特公司而并非邮电管理局，故双方之间的合同约定不符合代建合同的法律特征，也不是无名合同。①

【案例来源】

最高人民法院民事审判第一庭编：《民事审判指导与参考》(总第39集)，法律出版社2010年版，第230~232页。

编者说明

司法实践中很难区分代建合同与商品房预售合同。两者的本质区别在于合同标的物所有权的归属。代建合同前提为委托代建方为建设项目的土地使用权人及建设房屋的所有权人。

431 附有违法建筑且与不动产登记的权利状态不一致的房屋买卖合同的效力认定

【关键词】

│房屋买卖│合同效力│违法建筑│诚实信用│

---

① 参见王毓莹：《代建合同与商品房预售合同的区别——新疆维吾尔自治区邮政局与乌鲁木齐市圣博特房地产开发有限公司商品房预售合同纠纷上诉案》，载最高人民法院民事审判第一庭编：《民事审判指导与参考》(总第39集)，法律出版社2010年版，第232~233页。

【案件名称】

原告丁福如与被告石磊房屋买卖合同纠纷案〔上海市第一中级人民法院二审民事判决书，2010.11.24〕

【裁判精要】

裁判摘要：房屋行政主管部门对未经审批而改建、重建的房屋，可因现实状况与不动产登记簿记载的权利状况不一致，将其认定为附有违法建筑并结构相连的房屋并限制交易。如何认定这类房屋买卖合同的效力，实践中存在分歧。善意买受人根据不动产登记的公示公信原则，确信登记的权利状态与现实状态相一致，此信赖利益应予保护；根据区分原则，房屋因附有违法建筑而无法过户属合同履行范畴，不应影响合同效力。因此，这类合同如不具备《合同法》第五十二条的无效情形，应当认定有效。出卖人负有将房屋恢复至原登记的权利状态并消除行政限制的义务。在买受人同意按现状交付并自愿承担恢复原状义务的情况下，出卖人应按诚实信用原则将房屋交付买受人，并于买受人将房屋恢复原状、消除行政限制后协助完成过户手续。

上海市长宁区人民法院一审认为：

本案的争议焦点有三：(1)买卖合同是否有效；(2)买卖合同能否继续履行；(3)如何认定被告石磊的违约责任。

涉讼买卖合同对标的物坐落位置、建筑面积、房屋类型等的约定，与不动产登记簿记载的内容一致。该不动产登记簿记载的内容具有公示、公信效力，一方面表明被告为涉讼房屋的登记权利人，依法享有该房屋的所有权和土地使用权；另一方面表明涉讼房屋的登记信息具有权利的正确性推定效力，可推定登记的权利状态、范围与现实的客观状态相符，善意相对人因信赖该登记的正确性而与登记权利人签订合同，该合同的效力不因登记的错误或权利内容的状态而受影响。原、被告签订买卖合同时，虽然房屋现状已与登记信息不一致，但双方在合同中记载的仍是登记的房屋状况，且被告石磊未举证证明其于签订买卖合同时，已将涉讼房屋现状与登记信息不符的事实如实告知原告丁福如。因此，原告对于本案纠纷的发生无过错，应属善意信赖不动产登记信息的合同当事人，法律应当保护原告的此种信赖利益，此亦系强化不动产公示、公信效力的要求。虽然涉讼房屋被行政机关限制交易，买卖合同的履行可能存在障碍，但根据我国《物权法》区分原则，转让不动产的合同，除法律另有规定或合同另有约定外，自合同成立时生效，未办理物权登记，不影响合同效力，因此，不能因涉讼房屋过户存在障碍就否认其买卖合同的有效性。原、被告就涉讼房屋签订的买卖合同，不具备《合同法》第五十二条规定的无效情形，应属有效。

关于涉讼买卖合同能否继续履行的问题。虽然行政机关对涉讼房屋的权利转移作出限制,但物权未灭失,不能就此认定买卖合同法律上或事实上履行不能。行政机关限制交易的目的在于督促违法行为人纠正违法行为,履行法律手续;被告即使未出售房屋,也应按照行政机关的要求进行整改,使房屋恢复至合法状态,恢复原状系被告应尽的行政法上的义务。被告石磊明知涉讼房屋附有违法建筑仍予出售,应依诚实信用原则全面履行合同义务;对于涉讼房屋存在的违法状态,应自行采取相应措施予以消除后交付原告。经法院释明,原告丁福如同意被告按现状交付房屋,并自愿替代被告承担恢复原状的义务,原告的意思表示不违反法律、行政法规的禁止性规定,亦符合行政机关的执法目的,法院予以准许。原告在恢复原状时,房屋的四至、外观形状、层高等应与登记内容一致,质量应符合国家规定的建筑标准。被告应于原告恢复原状、通过行政机关审查认可并撤销交易限制后再协助原告办理产权手续。

现被告石磊未能按合同约定向原告丁福如交付涉讼房屋,应承担相应的违约责任。涉讼房屋被行政机关限制办理产权转移登记,原告明知此风险仍选择继续履行合同并自愿承担恢复原状的义务,因此被告能否实现权利交付取决于涉讼房屋恢复状况及行政机关行政审查的限制,故被告逾期交房的违约责任应计算至实际交付房屋时止。原告所支付款项中的 2000 万元,由中原公司代为保管至双方进交易中心后再转交被告,现原告已按约履行该付款义务,但因目前无法办理过户登记,中原公司向被告转交的条件尚未成就,故违约金的计算基数应以被告实际收到的数额为标准。

上海市第一中级人民法院认为:

行政机关已认定涉讼房屋是附有违法建筑并结构相连的房屋,上诉人石磊认为涉讼房屋系重建的房屋,但不能改变其违法的性质。上诉人与被上诉人丁福如买卖涉讼房屋的意思表示及交易价格属系真实,结合不动产登记的公示、公信效力,双方签订的买卖合同当属有效。因行政机关的权利限制是为督促违法行为人予以改正,在上诉人未能积极履行相应义务的情况下,被上诉人同意上诉人按现状交付房屋,并自愿替代上诉人承担恢复义务,故在被上诉人完成恢复义务,行政机关撤销限制权利转移后,双方完成权利交付是可行的,买卖合同能够继续履行。

【案例来源】

《中华人民共和国最高人民法院公报》2012 年第 11 期(总第 193 期)。

编者说明

关于违法建筑买卖合同的效力问题,实践中有合同无效说、效力待定说和合同有效说等三种观点。前述丁福如与石磊房屋买卖合同纠纷案采取合同有效说,认为当事人订立的违法建筑买卖合同是有效的,其理由在于买卖合同的债权效力取决于订立该买卖合同的负担行为的效力,与出卖人的物权处分行为的效力无关。违法建筑的违法性不能阻却买卖合同的有效成立。违法建筑无法初始登记导致无法办理产权过户登记,亦不能影响买卖合同的效力。

关于此类买卖合同的履行。虽然行政机关对附有违法建筑房屋的权利转移作出限制,限制交易的目的在于督促违法行为人纠正违法行为,履行法律手续。出卖人即使未出售房屋,也应按照行政机关的要求进行整改,使房屋恢复至合法状态,恢复原状系出卖人应尽的行政法上的义务。出卖人明知房屋附有违法建筑仍予出售,应依诚实信用原则全面履行合同义务;对于房屋存在的违法状态,应自行采取相应措施予以消除后交付买受人。买受人在本案中同意出卖人按现状交付房屋,并自愿替代出卖人承担恢复原状的义务,买受人的意思表示不违反法律、行政法规的禁止性规定,亦符合行政机关的执法目的,但买受人在恢复原状时,房屋的四至、外观形状、层高等应与登记内容一致,质量应符合国家规定的建筑标准。出卖人应于买受人恢复原状、通过行政机关审查认可并撤销交易限制后,再协助买受人办理产权手续。①

432 公司董事与公司签订房屋买卖合同的效力认定

【关键词】

│ 房屋买卖 │ 合同效力 │ 董事 │ 交付房屋 │

【案件名称】

再审申请人开封桦亮房地产开发有限公司、开封市航天商厦有限公司与被申请人赵富宽、一审第三人香港韶骏发展有限公司商品房预售合同纠纷案〔最高人民法院(2013)民提字第 98 号民事判决书, 2013.12.11〕

【裁判精要】

最高人民法院认为:

本案系涉港民事纠纷案件,各方当事人对适用中华人民共和国内地法律审理本案均没有异议,本院予以确认。

(一)关于本案所涉《开封市商品房销售合同》的效力

从本案相关事实看,桦亮公司与赵富宽之所以于 1995 年 12 月 20 日签订《开封市商品房销售合同》,目的是落实赵富宽对桦亮公司 40 万元借款形成的债权,双方约定赵富宽于 1995 年 9 月 3 日借给桦亮公司用于工程的 40 万元款项作为该合同的购房预付款;桦亮公司应于 1996 年 6 月 30 日前将 190.88 平方米的房屋交付赵富

---

① 参见朱爱东:《附有违法建筑的房屋买卖合同的有效性》,载《人民司法·案例》2013 年第 12 期。

宽。该合同是双方当事人的真实意思表示。赵富宽于 1995 年 11 月 9 日退休,即签署该合同时赵富宽已经退休,不应再担任桦亮公司的董事和副总经理。即使赵富宽仍担任桦亮公司的董事和副总经理之职,由于其与桦亮公司签署《开封市商品房销售合同》中约定的房产销售价格为 4200 元/平方米,高于当时的售房市场价格,并未因此损害桦亮公司的利益,不能因此认定该行为违反当时有效的《公司法》的相关规定。1994 年《公司法》第六十一条第二款规定:"董事、经理除公司章程规定或者股东会同意外,不得同本公司订立合同或者进行交易。"该规定的意图在于避免公司董事、经理通过自我交易损害公司利益,因此设置了"公司章程的规定或者董事会同意"的条件,本案中虽然赵富宽没有举出证据证明符合该条件,但由于赵富宽与桦亮公司之间签署的合同并不损害桦亮公司的利益,因此,赵富宽与桦亮公司签订的《开封市商品房销售合同》并不违反我国法律、行政法规的规定,应当认定有效。二审判决认定《开封市商品房销售合同》有效是正确的。桦亮公司关于该合同因违反《公司法》第六十一条第二款的规定而无效的申请再审理由不能成立,不予支持。

(二)关于桦亮公司是否应当向赵富宽履行交房义务

桦亮公司与赵富宽签订的《开封市商品房销售合同》有效,双方均应依约履行各自的合同义务。由于桦亮公司没有向赵富宽交房,引发本案纠纷。赵富宽系于 2002 年 9 月 18 日提起本案诉讼,请求判令桦亮公司交付房屋,开封中院于 2003 年 1 月 6 日作出(2002)汴民初字第 137 号民事判决,判令桦亮公司向赵富宽交房,该一审判决因各方当事人均未提出上诉而生效。桦亮公司非但不履行该生效判决确定的交房义务,反于 2003 年 6 月 24 日通过与航天商厦、开封市航天家电有限公司签署《关于合作建设中山商厦的合同》以及此后与航天商厦签署《商品房买卖合同》,将包括本应向赵富宽交付的《开封市商品房销售合同》项下 190.88 平方米房产在内的中山路 18 号楼 1~2 层房产售予航天商厦。尽管桦亮公司与赵富宽签订的合同第九条第四项约定了"工程竣工交付使用,如桦亮公司不分隔销售,可退还预付款及应付利息给赵富宽",但对其中"不分隔销售"的含义缺乏解释,在(2002)汴民初字第 137 号判决生效后,桦亮公司应当将 190.88 平方米的房产交付赵富宽,此时桦亮公司已经不能再决定将该房产"不分隔销售"。因此,桦亮公司、航天商厦以桦亮公司对房产系不分隔销售、不应向赵富宽交房的申请再审理由亦不能成立,本院不予支持。桦亮公司应当依据《开封市商品房销售合同》的约定,向赵富宽交付系争的 190.88 平方米房产并承担逾期交房的违约责任。二审判决判令桦亮公司向赵富宽交房,并按月息 1%、以 578000 元为本金、从 1996 年 10 月 30 日起计付利息是正确的。

本案中,虽然没有证据证明航天商厦在与桦亮公司签订《商品房买卖合同》时明知(2002)汴民初字第 137 号判决的内容,但桦亮公司于 2003 年 10 月向开封中院申请再审时,航天商厦已经知晓(2002)汴民初字第 137 号判决已经判令桦亮公司将 190.88 平方米房产交付给赵富宽。且此后,航天商厦在申办《房地产权证》的过程中,为该190.88平方米房产与中山路18号楼1~2层其他房产分别办理了《房地产权证》。虽然河南高院生效的行政判决书已经撤销了该190.88平方米房产的《房地产权证》,但包含该190.88平方米房产在内的中山路18号楼1~2层房产目前处于出租状态,如果将该190.88平方米房产判归赵富宽,依据《合同法》关于"租赁物在租赁期间发生所有权变动的,不影响租赁合同的效力"的规定,不会影响租赁商户的利益。航天商厦因此遭受的损失,可以另寻法律途径向桦亮公司主张权利。

【案例来源】

中国裁判文书网,http://wenshu.court.gov.cn。

商品房预售

433 开发商与自然人签订虚假预售商品房买卖合同以自然人名义获得银行贷款的，合同无效，二者对银行贷款承担连带清偿责任

【关键词】

　|房屋买卖|商品房预售|恶意串通|预告登记|连带责任|

【案件名称Ⅰ】

　　原告中国光大银行股份有限公司上海青浦支行与被告上海东鹤房地产有限公司、陈思绮保证合同纠纷案［上海市第二中级人民法院二审民事判决书，2012.10.26］

【裁判精要】

　　裁判摘要：(1)开发商为套取银行资金，与自然人串通签订虚假的预售商品房买卖合同，以该自然人的名义与银行签订商品房抵押贷款合同而获得银行贷款，当商品房买卖合同被依法确认无效后，开发商与该自然人应对银行的贷款共同承担连带清偿责任。

　　(2)预售商品房抵押贷款中，虽然银行与借款人(购房人)对预售商品房作了抵押预告登记，但该预告登记并未使银行获得现实的抵押权，而是待房屋建成交付借款人后银行就该房屋设立抵押权的一种预先的排他性保全。如果房屋建成后的产权未登记至借款人名下，则抵押权设立登记无法完成，银行不能对该预售商品房行使抵押权。

　　上海市第二中级人民法院二审认为：
　　一、关于第一个争议焦点：上诉人光大银行对涉案房产能否行使抵押权
　　二审法院认为，系争房产上设定的抵押预告登记，与抵押权设立登记具有不同的法律性质和法律效力。根据《物权法》等相关法律法规的规定，预告登记后，未经预告登记的权利人同意，处分该不动产的，不发生物权效力。预告登记后，债权消灭或者自能够进行不动产登记之日起三个月内未申请登记的，预告登记失效。即抵押权预告登记所登记的并非现实的抵押权，而是将来发生抵押权变动的请求权，该请求权具有排他效力。因此，上诉人光大银行作为系争房屋抵押权预告登记的权利人，在未办理房屋抵押权设立登记之前，其享有的是当抵押登记条件成就或约定期限届满对系争房屋办理抵押权登记的请求权，并可排他性地对抗他人针对系争房屋的处分，但并非对系争房屋享有现实抵押权，一审判决对光大银行有权行使抵押权的认定有误，应予纠正。

　　二、关于第二个争议焦点：上诉人东鹤公司在本案中是否承担法律责任
　　二审法院认为，根据《最高人民法院关于适用〈中华人民共和国担保法〉若干问

题的解释》第十条的规定,东鹤公司提供阶段性连带保证的主合同为系争贷款合同,现主合同虽被解除,在东鹤公司与光大银行未在保证合同中另有约定的情况下,保证人东鹤公司仍应对债务人的相关民事责任承担连带清偿的保证责任。而所谓阶段性连带保证,其本意就是让房产开发商为借款人在该阶段内(贷款合同签署之日起至抵押有效设定,相关权利证明文件交付银行执管之日止)向银行履行还款义务提供保证,亦为银行获得安全的房屋抵押担保的等待过程提供保证。一旦房屋抵押设定成功,该阶段性保证的任务完成,即阶段性保证期限届满之时即是银行获得借款人的房屋抵押担保之时。本案抵押预告登记在未变更为抵押权设立登记之前,根据物权法定原则,上诉人光大银行就抵押房屋处分并优先受偿的权利在行使要件上有所欠缺,即上诉人东鹤公司提供的阶段性连带保证的期限届满条件未成就。且该期限届满条件的未成就并非光大银行造成,而是东鹤公司与被上诉人陈思绮恶意串通,以商品房买卖为名,行东鹤公司融资之实,损害了光大银行的利益,危及银行贷款安全,陈思绮与东鹤公司具有明显过错。因此,东鹤公司应对陈思绮因贷款合同所产生的所有债务承担连带清偿责任。至于东鹤公司承担连带清偿责任之后与陈思绮之间的权利义务关系,双方可能另行存在约定,东鹤公司可与陈思绮另行解决,本案中不予处理追偿权问题。

【案例来源】

《中华人民共和国最高人民法院公报》2014年第9期(总第215期)。

【案件名称Ⅱ】

原告徐州大舜房地产开发有限公司诉被告王志强商品房预售合同纠纷案[徐州市泉山区人民法院民事判决书,2012.12.25]

【裁判精要】

裁判摘要:房地产开发企业以规避国家对房地产行业调控为目的,借他人名义与自身签订虚假商品房买卖合同,抵押套取银行信贷资金的,如果商品房买受人明知合同非双方真实意思表示,则该情形符合《合同法》第五十二条第(三)项的规定,应当认定合同无效。

徐州市泉山区人民法院一审认为:

1. 原被告双方签订商品房买卖合同时明知该合同非双方真实意思表示。本案中,原、被告双方对于2008年4月2日签订商品房买卖合同的事实不持异议,原大舜公司主张其与被告王志强签订该合同是为了获取银行贷款而借用被告的名义且被告明知,被告则主张双方签订合同为其购房的真实意思表示,争议在于被告签订合同时是否明知该合同非双方真实意思表示。法院认为，一方面，合同签订后，合同约定的购房首付款由原告支付，随后，原告亦以被告名义缴纳了42400元契税、7695元物业维修基金和160元所有权登记费，故应认定被告签订合同时明知自己不需要履行合同且也不准备实际履行合同。另一方面，原、被告双方分别以保证人和借款人名义于2008年4月24日与中国建设银行股份有限公司徐州分行签订了以涉案房地产作为抵押的《房地产抵押借款合同》，之后，被告亦未按约归还贷款，而是原告以被告的名义偿还；被告虽然曾于2011年7月7日向涉诉房屋贷款账户存款5000元但随即取出，至2012年3月20日前并未对贷款予以偿还。被告虽然主张其曾要求原告交付房屋并与闫长印发生争执，且于2011年6月取得了涉案房屋所有权证和土地使用权证，但在该过程中其既未向原告缴纳购房款也未主张偿还购房贷款。此外，2008年4月2日，原告与包括被告王志强在内的闫岩、张丽云、闫磊、李德民、徐斌林、刘东等七人签订了合同编号为No.0130312～No.0130318的《商品房买卖合同》共七份，王志强名下的编号为No.0130315的合同在其中间。根据提交的证据及出庭证人的证言，其中闫岩、刘东、张丽云的房屋产权证及土地证仍在原告处、徐斌林的贷款由原告偿还、李德民明确表示其只是应其妻（闫长印的妹妹）的要求在合同及归还借款的手续上签名，上述各合同签订人均无对合同载明的房屋主张权利的意思表示。故综上本案应认定被告对原告借其名义签订商品房买卖合同进行所有权转移为非其真实目的是明知的。

2. 本案商品房买卖合同应当认定无效。合同是平等主体的自然人、法人、其他组织之间设立、变更、终止民事权利义务关系的协议，当事人在订立合同时，除应遵循自愿公平、等价有偿、诚实信用的原则外，还应当遵守法律、行政法规，尊重社会公德，不得扰乱社会经济秩序，损害社会公共利益。因本案原被告当事人借签订商品房买卖合同之名，掩盖违规向银行抵押贷款套取银行信贷资金的目的，故依照《合同法》第五十二条第（三）项的规定，依法应为无效。双方因该合同所取得的财产，应当予以返还。因此涉案房屋仍为原告所有，被告在2012年3月21日以后所偿还的贷款原告应向被告返还，但被告在本案中并未举证说明其已偿还贷款的数额且未提出返还要求，因此法院在本案中不予理涉，双方可另行解决。

【案例来源】

《中华人民共和国最高人民法院公报》2013年第12期（总第206期）。

434 出卖人明知没有预售许可证仍出卖房屋，导致买卖合同被认定为无效的，应否赔偿买受人购房款利息及房屋租金损失

【关键词】

│ 房屋买卖 │ 商品房预售 │ 赔偿损失 │ 利息 │ 租金 │

【案件名称】

再审申请人沈阳富临房地产开发有限公司与被申请人徐建房屋买卖合同纠纷案 [最高人民法院（2016）最高法民再 3 号民事判决书，2016.4.7]

【裁判精要】

最高人民法院认为：

富临公司作为一家专门从事房地产开发的企业，明知其没有预售许可证，仍与徐建签订具有商品房买卖合同性质的《商业网店定向建设合同》，签订合同后也一直未取得商品房预售许可证明，最终导致本案的《商业网点定向建设合同》被认定为无效，富临公司应负主要责任。对于富临公司依法应当返还徐建支付的 453 万元购房款，双方当事人均无异议。本案争议的主要问题是，徐建因为合同无效遭受损失的范围和数额，即富临公司是否应当赔偿徐建购房款利息及房屋租金损失。

《合同法》第五十八条规定，有过错的一方应当赔偿对方因合同被确认无效后所受到的损失，双方都有过错的，应当各自承担相应的责任。这种赔偿责任是基于缔约过失责任而发生的，赔偿损失的范围应以实际已发生的损失为限，即当事人为准备履行合同而受到的直接损失。徐建支付的 453 万元购房款，长期被富临公司占用，由此产生的利息损失属于直接损失的范畴，理应由富临公司予以赔偿。富临公司再审中提交《关于光荣街 22 号地块规划指标和土地价款调整的补充说明》《国有土地使用权出让补充合同》《建设用地规划许可证》《国有土地使用权证》《关于沈阳富临房地产开发有限公司光荣街 22 号地块商业项目的核准决定书》等新的证据，旨在证明涉案工程系政府原因导致变更规划，富临公司未能如约交房，不应承担责任。本院认为，原判决基于富临公司没有依法取得商品房预售许可证的事实，认定双方所签合同无效，富临公司再审中提交的上述证据，不能推翻合同无效的结论，故上述证据与本案的处理不具有关联性，本院不予采信。富临公司主张其不应承担购房款利息损失的理由不成立，对该再审请求本院不予支持。

关于房屋租金损失问题。本院认为，合同被确认为无效，即不存在继续履行问题，故基于合同有效可以获得的利益不属于赔偿损失的范围。本案中，徐建主张的房屋租金损失，系其经营期间向案外人租赁经营场所发生的费用，徐建认为如果富临公司按照合同约定时间交付房屋，其就可以避免对外支付上述租金。本院认为，

因本案中的房屋买卖合同无效,徐建就不能再期待依据该无效合同取得合同中约定的房屋。因此,该房屋租金不是合同无效必然造成的损失,属于徐建开办公司和批发中心的经营成本,徐建诉请富临公司赔偿其房屋租金损失,没有法律依据。因租金损失不应作为合同无效的损失赔偿范围,故富临公司再审中提交的与租金损失相关的证据,与本案已不具有关联性,对此不予采信。原判决将房屋租金损失认定为合同无效后徐建的经济损失范围并判决富临公司支付徐建房屋租金损失2207756. 25 元,属于适用法律错误,对于富临公司主张的不应负担房屋租金损失的再审请求,本院予以支持。

综上,再审申请人富临公司关于不应承担赔偿徐建房屋租金损失的主张成立,本院对于原判决适用法律上的错误,予以纠正。富临公司关于其不应承担徐建购房款利息损失的再审理由不成立,对其提出的驳回徐建关于支付购房款利息的诉讼请求,不予支持。

【案例来源】

中国裁判文书网,http://wenshu. court. gov. cn。

---

435 **出卖人始终无法取得预售许可证,无法使销售标的合法化,是导致房产买卖合同不能生效的原因,应当承担合同无效的责任**

【关键词】

│ 房屋买卖 │ 商品房预售 │ 预售许可证 │ 合同效力 │

【案件名称】

申诉人海南宇昌房地产开发有限公司与被申诉人海南昌旺达置业顾问有限公司、一审第三人海南瑞昌润房地产开发有限公司商品房预售合同纠纷案 [最高人民法院(2014)民抗字第 75 号民事判决书,2014. 12. 31]

【裁判精要】

最高人民法院认为:

(一)关于本案合同的效力及责任认定问题

本案一、二审、原再审中,宇昌公司、昌旺达公司对涉案两份《房产买卖合同》系商品房预售合同,因宇昌公司未取得房屋预售许可证而致合同无效的认定没有异议。本院再审庭审中,经向宇昌公司核实,其仍未取得涉案房屋的预售许可证。故本院再审对海南省高级人民法院再审对本案两份《房产买卖合同》效力的认定予以维持;宇昌公司系本案房地产开发商,作为卖方,在销售其房产给购房人时,有义务和责任使销售标的达到行政许可的要求,积极促成合约。其在订立本案《房产买卖合同》后没有补办涉案房屋的预售许可证,至本院再审时仍未取得预售许可证,可见,宇昌公司无法使销售标的合法化是导致本案两份《房产买卖合同》不能生效的原因,故宇昌公司应当承担合同无效的责任。昌旺达公司作为购房人,订约时未能尽到审慎的注意义务,虽不是导致合同无效的推手,但亦应对合同无效的后果承担一定的责任。一、二审、原再审对本案合同无效及其后果的责任认定基本正确,本院再审予以维持。根据《合同法》第五十八条"合同无效或者被撤销后,因该合同取得的财产,应当予以返还;不能返还或者没有必要返还的,应当折价补偿。有过错的一方应当赔偿对方因此所受到的损失,双方都有过错的,应当各自承担相应的责任"的规定,因本案合同无效,宇昌公司应返还昌旺达公司所付购房款。国家将海南确定为国际旅游岛后,海南房价明显上涨,一审法院委托的司法鉴定结论亦证实涉案房屋的市场价格已明显上涨,在此情况下,昌旺达公司已无法用原价购得相应地段、相应面积的房屋,该损失是客观存在和已经发生的事实,非将来预期可能要发生的事实。一、二审法院依据司法鉴定结论,以涉案房屋的市场溢价作为无效合同损失认定的基础,由宇昌公司承担因其主要过错给昌旺达公司造成的该部分损失60%的赔偿责任并无不当。该认定符合《合同法》第五十八条关于无效合同损失的规定。昌旺达公司对合同无效造成的损失亦有过错,一、二审法院判令其承担损失部分40%的责任已充分地考虑了双方的利益平衡问题,符合法律公平原则。宇昌公司称原审判决以有效合同的利益处理无效合同与合同法规定不符的理由依据不足,本院再审不予支持。

【案例来源】

中国裁判文书网,http://wenshu.court.gov.cn。

436 交付房屋不符合商品房预售合同的约定,开发商应承担违约责任,改变的建筑事项经过行政审批或符合建筑规范不影响违约责任的承担

【关键词】

| 房屋买卖 | 商品房预售 | 违约责任 | 行政审批 |

【案件名称】

黄颖诉美晟房产公司商品房预售合同纠纷案[北京市第一中级人民法院二审民事判决书,2005.7.8]

【裁判精要】

裁判摘要：对所购房屋显而易见的瑕疵，业主主张已经在开发商收执的《业主入住验收单》上明确提出书面异议。开发商拒不提交有业主签字的《业主入住验收单》，却以业主已经入住为由，主张业主对房屋现状认可。根据《最高人民法院关于民事诉讼证据的若干规定》，可以推定业主关于已提出异议的主张成立。

根据《合同法》第一百零七条规定，交付房屋不符合商品房预售合同中的约定，应由开发商向业主承担违约责任。交付房屋改变的建筑事项，无论是否经过行政机关审批或者是否符合建筑规范，均属另一法律关系，不能成为开发商不违约或者免除违约责任的理由。

北京市第一中级人民法院二审认为：

房屋是价值昂贵的不动产，日常生活经验法则说明，对所购房屋显而易见的瑕疵，业主收房时一般不会轻易忽视。上诉人黄颖在一审中一再陈述，收房时对窗外有装饰钢梁一事，其已在《业主入住验收单》上明确提出书面异议。《业主入住验收单》是被上诉人美晟房产公司单方保存的证据，经法院要求，美晟房产公司拒不提交。《最高人民法院关于民事诉讼证据的若干规定》第七十五条规定："有证据证明一方当事人持有证据无正当理由拒不提供，如果对方当事人主张该证据的内容不利于证据持有人，可以推定该主张成立。"据此，可以推定黄颖关于收房时已对窗外有钢梁一事提出书面异议的主张成立。一审认定黄颖在交接房屋时未提出异议，不符合事实，应当纠正。

本案是商品房预售合同纠纷，双方当事人签订的《商品房买卖合同》合法有效。《合同法》第一百零七条规定："当事人一方不履行合同义务或者履行合同义务不符合约定的，应当承担继续履行、采取补救措施或者赔偿损失等违约责任。"因装饰钢梁影响窗内人的视觉感受，上诉人黄颖诉请判令被上诉人美晟房产公司承担将装饰横梁上移55厘米的责任；美晟房产公司坚称，是从整个小区的美观与协调考虑，且在经过政府有关部门批准与符合建筑规范的情况下才安装这个钢梁，黄颖应顾及整个小区的利益。在美晟房产公司与黄颖签订的合同中，没有约定预售的房屋外有装饰钢梁；在美晟房产公司给黄颖展示的沙盘上，房屋模型外也没有装饰钢梁；而美晟房产公司交付给黄颖的房屋，窗外却有装饰钢梁遮挡。美晟房产公司履行合同义务不符合约定，依法应承担违约责任。至于安装钢梁是否经过行政审批与是否符合建筑规范，属另一法律关系，不能成为美晟房产公司不构成违约或者免除违约责任的理由。业主花费巨额资金购买房屋，注重的不是房屋外墙立面美观，而是房屋内各项设施是否有利于居住使用。只有在这一前提下，黄颖才可能与美晟房产公司签订《商品房买卖合同》。衡法酌理，不能为保全钢梁的装饰功能，而牺牲业主签订《商品房买卖合同》要达到的合同目的。黄颖主张将装饰横梁上移 55 厘米,既有北京首都工程建筑设计有限公司证明在技术上可行,又可以用较低的成本补救装饰钢梁带来的不当影响,此意见应予采纳。

【案例来源】

《中华人民共和国最高人民法院公报》2006 年第 2 期(总第 112 期)。

437 买受人作为先履行义务人未按合同约定履行后期付款义务,其在支付部分房款后不再支付剩余购房款,导致合同没有继续履行,双方未就合同不能继续履行时的权利义务作出处理,不能认定买受人对出卖人享有债权

【关键词】

│ 房屋买卖 │ 商品房预售 │ 债权转让 │ 不当得利 │ 违约金 │

【案件名称】

再审申请人中国信达资产管理股份有限公司辽宁省分公司与被申请人北京富裕达房地产开发有限公司特别清算委员会及一审第三人大连万事通企业发展有限公司商品房预售合同纠纷案 [最高人民法院(2014)民提字第 200 号民事判决书,2015.11.18]

【裁判精要】

最高人民法院认为:

信达辽宁分公司向富裕达公司主张返还 1.9 亿元的依据是该公司受让了交行大连分行对万事通公司的债权以及万事通公司签署的《声明及授权书》。该《声明及授权书》载明,万事通公司将其在北京联合大厦的全部权益无偿转让给信达辽宁分公司以清偿该公司对信达辽宁分公司的欠款,亦即债务人万事通公司以其对第三人富裕达公司的债权清偿其对债权人信达辽宁分公司的债务。据此,信达辽宁分公司作为万事通公司的债权受让人,其能够向富裕达公司主张债权的前提是万事通公司对富裕达公司享有债权。依据 1996 年 1 月 9 日富裕达公司与万事通公司、国电中心签订的《北京市外销商品房预售合同》,万事通公司以 10614.5 万美元购买案涉房产,取得该房产 65% 的权益。合同签订后,万事通公司作为先履行义务人未按合同约定履行第三、第四期及其后数期付款义务,其在支付 2 亿元后不再支付剩余购房款,导致合同没有继续履行,该公司并未取得案涉房产 65% 的产权。合同没有继续

履行系因万事通公司的违约行为所致,万事通公司与富裕达公司一直未就合同不能继续履行时双方当事人的权利义务作出处理,故目前不能认定万事通公司对富裕达公司享有债权。而且,依据案涉商品房买卖合同的约定,万事通公司逾期支付第三、第四期购房款超过 30 日的,富裕达公司有权没收第一、二期购房款。万事通公司在支付前两期款项后未按约定支付后续款项,富裕达公司没收万事通公司已付 2 亿元购房款符合合同约定,不构成不当得利,再加之万事通公司在本案诉前从未向富裕达公司主张降低违约金,故万事通公司的债权受让人信达辽宁分公司无权向富裕达公司主张不当得利返还或降低违约金。综上,信达辽宁分公司依据《声明及授权书》向富裕达公司主张返还 1.9 亿元,理据不足,二审判决未予支持并无不当。信达辽宁分公司的申请再审理由缺乏事实与法律依据,本院不予支持。

【案例来源】

中国裁判文书网,http://wenshu. court. gov. cn。

438 磋商未成导致商品房预售合同未能订立,任何一方当事人均不构成违约,开发商应将定金返还给购房者

【关键词】

│房屋买卖│商品房预售│定金│

【案件名称】

原告戴雪飞诉被告华新公司商品房订购协议定金纠纷案［苏州市中级人民法院二审民事判决书,2005.5.18］

【裁判精要】

裁判摘要:购房者对开发商的样板房表示满意,与开发商签订订购协议并向其交付了定金,约定双方于某日订立商品房预售合同。后由于开发商提供的商品房预售格式合同中有样板房仅供参考等不利于购房者的条款,购房者对该格式条款提出异议要求删除,开发商不能立即给予答复,以致商品房预售合同没有在订购协议约定的日期订立的,属于最高人民法院《商品房买卖合同解释》第四条规定的"不可归责于当事人双方的事由",开发商应当将收取的定金返还给购房者。

苏州市中级人民法院二审认为:

《合同法》第三条规定:"合同当事人的法律地位平等,一方不得将自己的意志强加给另一方。"第五条规定:"当事人应当遵循公平原则确定各方的权利和义务。"

第六条规定:"当事人行使权利、履行义务应当遵循诚实信用原则。"最高人民法院《商品房买卖合同解释》第四条规定:"出卖人通过认购、订购、预订等方式向买受人收受定金作为订立商品房买卖合同担保的,如果因当事人一方原因未能订立商品房买卖合同,应当按照法律关于定金的规定处理;因不可归责于当事人双方的事由,导致商品房买卖合同未能订立的,出卖人应当将定金返还买受人。"相对商品房预售合同来说,订购协议是本约订立之前先行订立的预约合同。订立预约合同的目的,是在本约订立前先行约明部分条款,将双方一致的意思表示以合同条款的形式固定下来,并约定后续谈判其他条款,直至本约订立。预约合同的意义,是为在公平、诚信原则下继续进行磋商,最终订立正式的、条款完备的本约创造条件。因此在继续进行的磋商中,如果一方违背公平、诚信原则,或者否认预约合同中的已决条款,或者提出令对方无法接受的不合理条件,或者拒绝继续进行磋商以订立本约,都构成对预约合同的违约,应当承担预约合同中约定的违约责任。反之,如果双方在公平、诚信原则下继续进行了磋商,只是基于各自利益考虑,无法就其他条款达成一致的意思表示,致使本约不能订立,则属于不可归责于双方的原因,不在预约合同所指的违约情形内。这种情况下,预约合同应当解除,已付定金应当返还。

本案是因被上诉人华新公司没收了上诉人戴雪飞交付的定金而引发纠纷。华新公司没收定金的理由,是认为戴雪飞没有在 4 月 25 日与华新公司签订商品房预售合同,违反了订购协议的约定。订购协议此条约定的全文是:"乙方(戴雪飞)若在甲方(华新公司)通知的签约日前选择放弃已取得的物业购买权,或者到期不签约,5 万元定金不退还。"从此可以看出,华新公司不退还定金的情形有两种,第一种即是戴雪飞在签约日前放弃房屋购买权。本案事实证明,直至 5 月 7 日,戴雪飞仍在书面意见中表达着"需另择日签约"的愿望,自始没有放弃房屋购买权的意思表示,因此不存在此种情形。戴雪飞到期不签订商品房预售合同是华新公司可以不退还定金的第二种情形。4 月 25 日是商品房预售合同的签订到期日。此日戴雪飞曾到达华新公司处,双方进行过洽谈,对这些事实双方当事人认识一致。确定是否存在不退还定金的第二种情形,涉及双方当事人此日的洽谈内容,而对此双方当事人有不同的陈述,进而也在是否发生违约事实上存在认识分歧。戴雪飞说,由于其要待丈夫回来后再签订合同,故请求延期签约,华新公司亦表示同意,未向其出示商品房预售合同文本,当日的签约活动被取消,因此不存在违约。华新公司主张,戴雪飞此日前来是要求降低房价,因遭到拒绝故未订约,进而认为订购协议约定的内容是"乙方到期不签约,5 万元定金不退还",此日戴雪飞前来无论是谈价格还是要求延期,都是对订购协议约定内容进行变更,均属于到期不签约,显然违反订购协议的约定。能否将订购协议中"到期不签约"一语理解为无论存在何种理由,只要不签约就是违约,双方当事人显然有不同解释。

《合同法》第四十一条规定:"对格式条款的理解发生争议的,应当按照通常理解予以解释。对格式条款有两种以上解释的,应当作出不利于提供格式条款一方的解释。格式条款和非格式条款不一致的,应当采用非格式条款。"第一百二十五条第一款规定:"当事人对合同条款的理解有争议的,应当按照合同所使用的词句、合同的有关条款、合同的目的、交易习惯以及诚实信用原则,确定该条款的真实意思。"无论是订购协议还是双方当事人拟订立的商品房预售合同,都是被上诉人华新公司提供的格式合同。当对格式条款有两种以上解释时,应当作出不利于华新公司的解释。预约合同的作用,只是为在公平、诚信原则下订立本约创造条件。从这一认识出发来理解订购协议中的"到期不签约"一语,显然不包括由于不可归责于双方的原因而到期不签约的情形。在买受方只见过出售方提供的样板房、尚未见过商品房预售合同文本的情形下,若将此语理解为无论出于何种原因,只要买受方到期不签本约均是违约,势必将买受方置于要么损失定金,要么被迫无条件全部接受出售方提供的商品房预售格式合同的不利境地,出售方则可以借此获利。双方在订立本约时的地位极不平等,显然违背公平、诚信原则。

就本案说,第一,尽管对4月25日的洽谈内容双方当事人有不同陈述,但在此日,上诉人戴雪飞到被上诉人华新公司处,与华新公司进行过商谈,是可以认定的事实。这一情节证明,戴雪飞有守约如期前往磋商的表现,有别于到期不去签约。第二,从5月7日戴雪飞仍在与华新公司进行磋商的情节看,其没有拒签商品房预售合同的明确表现。第三,对4月25日的洽谈内容双方虽有不同陈述,但都不能举证证明自己的陈述属实,应合理推定为磋商未成。第四,按照戴雪飞的陈述,其是要待丈夫丘荣回来而未在4月25日签约。购买商品房乃一个家庭中的重大事件,理当由家庭成员共同协商确定。鉴于仅见过样板房、还不知商品房预售合同内容,戴雪飞提出等丈夫回来后签约,这个要求合情合理,不违反订立预约合同是为本约创造公平磋商条件的本意。华新公司既然收受了以戴雪飞、丘荣二人名义交付的定金,就应当对戴雪飞关于等丘荣回来订约的要求表示理解。第五,按照华新公司的陈述,戴雪飞4月25日来是要求减让房价。房价属订购协议中的已决条款,戴雪飞如果在本约磋商中提出减价,华新公司当然有权拒绝减价,但在戴雪飞愿意继续磋商本约的情形下,华新公司不能以此为由拒绝与戴雪飞继续磋商本约,更不得以此为由将4月25日没有订立本约的责任强加给戴雪飞承担。第六,5月7日戴雪飞看过商品房预售合同后写下一纸书面意见,华新公司工作人员在这纸书面意见上签署了"该客户意见已收到"。华新公司的这一签署,当然不能证明华新公司同意并接受了戴雪飞的意见,但可以证明戴雪飞在此日与华新公司进行了订立本约的磋商,见到了商品房预售格式合同的原文,并有与华新公司继续进行磋商的愿望。华新公司在以样板房获取购房者满意并与之订立预约合同后,却在商品房预售合同中以附件形式列入样板房仅供参考和合同解释权归华新公司的格式条款,这对购房者来说显失公平。戴雪飞对这样显失公平的格式条款提出异议,是合理的。戴雪飞提出异议的行为,间接证明直至 5 月 7 日,双方当事人仍在对本约进行协商,但未协商一致,华新公司关于此前已决定拒绝与戴雪飞签约的主张不能成立,同时也反证出 4 月 25 日戴雪飞即使不要求等丈夫回来后签合同,也不可能同意并签署这个含有显失公平的格式条款的商品房预售合同。因此,在双方当事人均不能以证据证明自己陈述真实的情形下,应当认定 4 月 25 日未能订立商品房预售合同的原因是双方当事人磋商不成,并非哪一方当事人对订购协议无故反悔。

【案例来源】

《中华人民共和国最高人民法院公报》2006 年第 8 期(总第 118 期)。

第四章 | CHAPTER 04

预约与本约

439 预约合同的法律性质和效力

【关键词】

│房屋买卖│合同效力│预约合同│

【案件名称】

申请再审人成都讯捷通讯连锁有限公司与申请再审人四川蜀都实业有限责任公司、一审第三人四川友利投资控股股份有限公司房屋买卖合同纠纷案［最高人民法院（2013）民提字第 90 号民事判决书，2013.11.14］

【裁判精要】

裁判摘要：(1)判断当事人之间订立的合同系本约还是预约的根本标准应当是当事人的意思表示，也就是说，当事人是否有意在将来订立一个新的合同，以最终明确在双方之间形成某种法律关系的具体内容。对于当事人之间存在预约还是本约关系，不能仅孤立地以当事人之间签订的协议之约定为依据，而是应当综合审查相关协议的内容以及当事人嗣后为达成交易进行的磋商和有关的履行行为等事实，从中探寻当事人真实意思，并据此对当事人之间法律关系的性质作出准确界定。

(2)根据《物权法》第十五条规定之精神，处分行为有别于负担行为，解除合同并非对物进行处分的方式，合同的解除与否不涉及物之所有权的变动，而只与当事人是否继续承担合同所约定的义务有关。

最高人民法院认为：

(一)关于蜀都实业公司与讯捷公司之间就案涉房屋所形成的法律关系的性质和效力问题

基于当事人在本院再审庭审中的相关主张与理由，与本焦点问题密切相关的两个问题需要首先加以明确：第一，蜀都实业公司是否已收到讯捷公司支付的 1000 万元定金。虽然讯捷公司未提供直接向蜀都实业公司支付 1000 万元定金的证据，但 2006 年 9 月 14 日至 2006 年 9 月 20 日，讯捷公司数次向蜀都实业公司的股东友利公司（原舒卡纤维公司）账号转款共计 1000 万元。友利公司于 2006 年 9 月 20 日向讯捷公司开具了两张金额均为 500 万元的收据。本院庭审中，友利公司称其与讯捷公司并无任何其他业务往来，收取这 1000 万元资金亦无任何合同或法律依据，但此后友利公司除向讯捷公司提供两张收据外，双方关于该笔资金再无其他进一步洽谈。本院认为，这种情况显然与日常生活常理及商业习惯不相符合。事实上，结合本案查明的其他事实可知，2006 年 9 月 20 日，蜀都实业公司与讯捷公司签订的《购房协议书》第 2 条明确载明，"本协议签订之日起，甲方（蜀都实业公司）收到乙方（讯捷公司)1000万元定金",表明蜀都实业公司在签订《购房协议书》时已经确认收到讯捷公司支付的1000万元定金。2009年11月5日,讯捷公司向蜀都实业公司的回函中提及继续清偿"剩余"房款,蜀都实业公司在接下来的函件中对"剩余房款"字样并未提出任何异议。2010年3月3日,蜀都实业公司通过成都市蜀都公证处向讯捷公司发的《函》中最后一句载明,请讯捷公司向其办理"定金、使用费等费用的退还和支付"。上述事实足以相互印证,证明蜀都实业公司已收到讯捷公司支付的1000万元定金的事实。综上,蜀都实业公司辩称未收到1000万元定金的理由不能成立,一审、二审判决认定讯捷公司已经交付1000万元定金的事实是正确的。

第二,蜀都实业公司向讯捷公司交付案涉房屋行为的性质。案涉《购房协议书》签订于2006年9月20日,蜀都实业公司于2007年1月4日将案涉房屋交付讯捷公司使用。在本院庭审中,蜀都实业公司提交了双方在2008年5月6日的往来函件材料中的一页作为证据,从该证据的内容及序号可看出,完整的该函件至少应有两页纸。根据《最高人民法院关于民事诉讼证据的若干规定》第三十一条第二款规定,摘录文件、材料应当保持内容相应的完整性,不得断章取义。因此,仅根据蜀都实业公司提交的这一页纸的内容,难以判断双方的真实意思表示是在案涉房屋交付给讯捷公司时就已确定为在双方之间成立租赁关系,还是在已确定房屋买卖关系的基础上希望变更为租赁关系,因此,无法据此证明蜀都实业公司系基于租赁关系而向讯捷公司交付案涉房屋。除此之外,蜀都实业公司在本案的一审、二审及再审中未提供其他证据证明该交付行为系基于租赁关系或者《购房协议书》之外的其他有偿法律关系而为的交付。因此,对于该交付,蜀都实业公司没有充分证据证明其向讯捷公司交付案涉房屋的行为并非基于房屋买卖关系,而是基于租赁等有偿使用关系,故其该主张不能成立,蜀都实业公司向讯捷公司交付案涉房屋的行为应认定为基于当事人之间的房屋买卖法律关系而为的交付。

在明确了上述两个问题的基础上,本院认为,在蜀都实业公司与讯捷公司之间成立了房屋买卖法律关系。理由如下:

首先,仅就案涉《购房协议书》而言,其性质应为预约。预约是指将来订立一定契约的契约。预约的形态多种多样,有的预约条款非常简略,仅表达了当事人之间有将来订立本约的意思,至于本约规定什么内容留待以后磋商决定;有的预约条款则非常详尽,将未来本约应该规定的内容几乎都在预约中作了明确约定。而若仅从内容上看,后者在合同内容的确定性上几乎与本约无异,即使欠缺某些条款,往往也可以通过合同解释的方式加以补全。因此,仅根据当事人合意内容上是否全面,并不足以界分预约和本约。判断当事人之间订立的合同系本约还是预约的根本标准应当是当事人的意思表示,也就是说,当事人是否有意在将来订立一个新的合同,以最终明确在双方之间形成某种法律关系的具体内容。如果当事人存在明确的将来订立本约的意思,那么,即使预约的内容与本约已经十分接近,即便通过合同解释,从预约中可以推导出本约的全部内容，也应当尊重当事人的意思表示，排除这种客观解释的可能性。本案中，蜀都实业公司与讯捷公司在2006年9月20日签订的《购房协议书》中明确约定了双方拟进行买卖的房屋的位置、面积和价款，应当说具备了一份正式的房屋买卖合同的主要内容，可直接据此履行而无须另订本约。但是，双方当事人同时在该协议中约定："……3.甲、乙双方应就购房合同及付款方式等问题在本协议原则下进行具体磋商……5.甲乙双方就该宗房屋买卖合同签订时，本协议自动失效。"可见，双方当事人虽然约定了房屋的位置、面积及总价款，但仍一致认为在付款方式等问题上需要日后进一步磋商，双方的这一意思表示是明确的，而且，当事人在该协议第五条进一步明确要在将来订立一个新的合同，以最终明确双方之间的房屋买卖法律关系的具体内容。因此，本院认为，案涉《购房协议书》的性质为预约合同，一审、二审判决认定该《购房协议书》的性质为本约是错误的，应予纠正。

其次，结合双方当事人在订立《购房协议书》之后的履行事实，蜀都实业公司与讯捷公司之间已经成立了房屋买卖法律关系。本院认为，对于当事人之间存在预约还是本约关系，不能仅凭一份孤立的协议就简单地加以认定，而是应当综合审查相关协议的内容以及当事人嗣后为达成交易进行的磋商甚至具体的履行行为等事实，从中探寻当事人的真实意思，并据此对当事人之间法律关系的性质作出准确的界定。本案中，双方当事人在签订《购房协议书》时，作为买受人的迅捷公司已经实际交付了定金并约定在一定条件下自动转为购房款，作为出卖人的蜀都实业公司也接受了讯捷公司的交付。在签订《购房协议书》的三个多月后，蜀都实业公司将合同项下的房屋交付给了讯捷公司，讯捷公司接受了该交付。而根据《购房协议书》的预约性质，蜀都实业公司交付房屋的行为不应视为对该合同的履行，在当事人之间不存在租赁等其他有偿使用房屋的法律关系的情形下，蜀都实业公司的该行为应认定为系基于与讯捷公司之间的房屋买卖关系而为的交付。据此，由于蜀都实业公司在该房屋买卖法律关系中的主要义务就是交付案涉房屋，根据《合同法》第三十六条、第三十七条的规定，可以认定当事人之间达成了买卖房屋的合意，成立了房屋买卖法律关系。

综上所述，蜀都实业公司与讯捷公司之间的房屋买卖法律关系成立，且系当事人真实意思表示，内容不违反法律、行政法规的强制性规定，合法有效。一审、二审判决认定《购房协议书》即构成本约的理由不当，但其关于蜀都实业公司和讯捷公司之间成立房屋买卖法律关系的结论是正确的。

（二）关于蜀都实业公司发出的解除函是否产生解除双方合同关系效力的问题

本院认为，首先，根据《合同法》第九十三条、第九十四条之规定，合同的解除包括法定解除和约定解除两种情形。本案中，双方在《购房协议书》及其他相关书面文件中均未对单方解除合同的事项作出约定，故蜀都实业公司不享有约定解除权。而根据《购房协议书》,双方的主要合同义务是就达成房屋买卖合意进行诚信磋商,讯捷公司支付 1000 万元定金。讯捷公司已经支付了 1000 万元定金,并且就案涉房屋买卖一事一直在与蜀都实业公司进行协商,其在本案诉讼过程中亦明确表示有意愿、有能力履行支付全部购房款的义务,本案也不存在不可抗力致使不能实现合同目的的情形,因此,本案也不具备单方解除合同的法定解除情形。综上,蜀都实业公司主张其有权单方解除合同的理由不能成立。

其次,根据《合同法》第九十六条的规定,当事人单方解除合同的,应当通知对方。合同自通知到达对方时解除。对方有异议的,可以请求人民法院或者仲裁机构确认解除合同的效力。根据《合同法解释(二)》第二十四条的规定,对于该异议期间,当事人之间有约定的从约定,未约定的为解除合同通知到达之日起三个月。本案中,当事人没有就包括合同解除异议期间在内的合同解除事项进行任何约定,而蜀都实业公司于 2010 年 3 月 3 日向讯捷公司发出了解除《购房协议书》的通知函,该函件于 2010 年 3 月 8 日到达讯捷公司,讯捷公司向一审法院提起诉讼的时间为 2010 年 5 月 12 日。因此,无论蜀都实业公司是否有权单方解除《购房协议书》,因讯捷公司于收到解除函的三个月内通过起诉的方式提出了异议,故蜀都实业公司的解除函也不产生解除双方合同关系的效力。

(三)关于讯捷公司要求继续履行的诉讼请求应否得到支持,蜀都实业公司主张的腾退房屋并支付房屋使用费的请求应否得到支持的问题

本院认为,首先,本案中,当事人已就合同项下房屋的位置、面积和价款进行了明确具体的约定,蜀都实业公司已向讯捷公司交付了案涉房屋,讯捷公司支付了 1000 万元定金,虽然当事人之间在讯捷公司是否应向蜀都实业公司支付使用案涉房屋的场地占用费并承担房屋买卖的全部税费问题上未达成一致意见,但在双方房屋买卖法律关系的主要权利义务均已确定的情形下,上述争议可以通过《合同法》第六十一条、第六十二条规定的合同解释原则进行补救,故并不构成法律上或者事实上的履行障碍。而且,如前所述,在蜀都实业公司与迅捷公司之间,房屋买卖法律关系已经成立并生效,也不存在《合同法》第九十三条、第九十四条规定的合同解除的情形,故讯捷公司主张继续履行的诉讼请求应予支持。

其次,根据《物权法》第十五条规定之精神,处分行为有别于负担行为,解除合同并非对物进行处分的方式,合同的解除与否不涉及物之所有权的变动,而只与当事人是否继续承担合同所约定的义务有关。本案中,蜀都实业公司确实仍然对该房屋享有所有权,但这并不意味着其可在不符合当事人约定或者法律规定的情形下随意解除双方之间的合同关系。在双方房屋买卖法律关系成立并生效后,蜀都实业公司虽系该房屋的所有权人,但其应当依约全面、实际履行其在房屋买卖法律关系项下的义务。二审判决认为在买卖标的物转移之前,所有人对自己的标的物享有占有、使用、收益、处分的权利,进而认定蜀都实业公司有权选择处分财产的方式解除合

同,并判决迅捷公司将房屋腾退给蜀都实业公司,违背了《合同法》保障交易安全的基本原则,系对《物权法》的错误理解与适用,本院对此予以纠正。

最后,蜀都实业公司主张迅捷公司支付场地使用费应有相应的法律依据。如前所述,双方在本案中的法律关系为房屋买卖法律关系,而非租赁等有偿使用法律关系,蜀都实业公司将案涉房屋交付给讯捷公司是基于房屋买卖法律关系而为的交付,因此,蜀都实业公司要求讯捷公司支付场地使用费的主张没有任何事实和法律依据,一审、二审判决对该问题的认定和处理是正确的。

综上所述,本院认为,本案中,蜀都实业公司与讯捷公司之间存在房屋买卖法律关系,当事人均应本着诚实信用的原则履行各自义务,在履行过程中,若当事人之间就对方的履行行为是否构成违约以及应否承担违约责任等问题发生争议,可自行协商或者另寻法律途径解决。

【权威解析】

本案的核心问题在于蜀都实业公司与讯捷公司之间法律关系的性质,具体而言,就是当事人以案涉《购房协议书》为基础形成的法律关系究竟构成了房屋买卖预约还是本约。由于预约与本约在法律效力方面的不同,导致当事人之间的权利义务关系差异很大,因此,准确把握预约的涵义及其与本约的区别,对于正确审理此类案件十分重要。

预约是指将来订立一定契约的契约,其将来应订立之契约成为本契约。[①] 因此,预约从本质上讲,应当是形式完备的合同。换言之,预约与尚未构成合同关系的其他文书相比,其根本区别就在于预约具备了合同成立的要件。合同成立一般要件有:第一,订约主体存在双方或多方当事人。第二,订约当事人对主要条款达成合意。第三,合同的成立应具备要约和承诺阶段。合同成立的根本标志在于,合同当事人就合同的主要条款达成合意。[②]《合同法》对合同成立的要件未作详细规定,根据《合同法解释(二)》第一条第一款[③]中对合同的必备条款的解释,当事人的名称或者姓名、标的和数量等合同的主要条款是确定的,这是判断合同是否成立的根本标准。因此,作为合同的一种形式,预约的成立亦应符合上述要件,包括当事人、标的、意思表示等要素,即预约从形式到内容上而言,都是确定的。

有的预约条款非常简略,可能仅仅表达了当事人之间有将来订立本约的意思,至于本约的主要内容留待以后磋商决定;有的预约条款则非常详尽,将未来本约应

① 参见史尚宽:《债法总论》,中国政法大学出版社 2000 年版,第 12 页;郑玉波:《民法债编总论》,中国政法大学出版社 2004 年版,第 30~31 页。

② 参见王利明:《合同法研究》(第一卷),中国人民大学出版社 2002 年版,第 199~120 页。

③ 《合同法解释(二)》第一条第一款规定:"当事人对合同是否成立存在争议,人民法院能够确定当事人的名称或者姓名、标的和数量的,一般应当认定合同成立……"

该规定的内容几乎都在预约中作了明确约定。那么,对于后者,是否可认为无另行订立合同的必要而直接认定为本约呢? 可见,对于预约与本约,由于两者均具有合同主要条款的确定性这一特征,而上文所述要件系区分合同与其他非合同的标准,故无法据此对预约与本约作出明确界分。并且,由于合同漏洞填补规则的存在,使得两者的区分更加困难。比如,对于规定了本约主要条款的预约,虽然欠缺部分非必备条款,但是否认为可以通过合同的补充、解释,在当事人之间直接成立本约呢? 我们知道,《合同法》第六十一条、第六十二条、第一百二十五条规定了合同漏洞填补的步骤和方法,《合同法解释(二)》第一条第二款进一步明确:"对合同欠缺的前款规定以外的其他内容,当事人达不成协议的,人民法院依照合同法第六十一条、第六十二条、第一百二十五条等有关规定予以确定。"那么此时,不无疑问的是,若在当事人订立的预约中已包含本约成立所必备的要素,则根据上述法律、司法解释之规定,并遵循最大限度促成交易的合同法原则,是否可以通过合同解释将欠缺的条款予以补充,从而使得此种类型下的预约已转化为本约? 笔者认为,如果回答是肯定的,则预约存在的空间将非常狭小,如此,将会导致我们把许多当事人本意为预约的合同解释为本约,从而违反了缔约过程的实际以及当事人的真实意思。因此,判断当事人之间成立预约还是本约,仅根据当事人合意内容上是否全面,并不足以界分。笔者认为,判断当事人之间订立的合同系本约还是预约的根本标准应当是当事人的意思表示。具体来说,基于预约的性质,预约的标的与本约的标的不同,前者是指将来订立本约的作为义务。以房屋买卖为例,此类本约的标的是房屋买卖关系,预约的标的则是订立本约以在当事人之间成立房屋买卖关系。因此,区别预约与本约,就在于当事人是否有意在将来订立一个新的合同,以最终明确在双方之间形成某种法律关系的具体内容。也就是说,如果当事人存在明确的将来订立本约的意思,那么,即使预约与本约在内容上非常近似,并且通过合同解释的方式可以补充相关合同条款使本约的内容完全齐备,也应当排除这种合同解释的运用。因为当事人订此预约的意图或许十分明显:就合同中尚存的一些未决事项,需要由当事人通过订立的本约来加以明确,而不是通过当事人之外的客观因素进行推导和补全。

因此,本案中,虽然蜀都实业公司与讯捷公司在 2006 年 9 月 20 日签订的《购房协议书》中明确约定了双方拟进行买卖的房屋的位置、面积和价款,应当说具备了一份正式的房屋买卖合同的主要内容,可直接据此履行而无须另订本约。但是,双方当事人同时在该协议中约定了在付款方式等问题上需要日后进一步磋商,双方的这一意思表示是明确的,而且,当事人在该协议第五条进一步明确要在将来订立一个新的合同,以最终明确双方之间的房屋买卖法律关系的具体内容。因此,案涉《购房协议书》的性质应为预约。

当然,在实务中,对于当事人之间存在预约还是本约关系,也不能孤立地仅依据当事人之间订立的一份或几份协议就加以认定,而是应当综合审查相关协议的内容以及当事人嗣后为达成交易进行的磋商甚至具体的履行行为等事实,从中探寻当事人的真实意思,并据此对当事人之间法律关系的性质作出准确界定。如《合同法》第三十六条、第三十七条就确立了以实际履行的方式缔约的制度。① 以实际履行方式缔约的,只有在一方履行了主要义务而对方接受的情况下,才能从双方已经履行了主要义务的行为中推定双方已经就合同的主要条款形成了合意。所谓合同的成立,必须是双方当事人就合同的主要条款达成合意。如果一方履行了次要义务而对方接受的,不能认为当事人双方就合同的主要条款已经达成了合意。②《合同法》允许采用行为形式缔约,是考虑到了当事人的真实意图,体现了《合同法》鼓励交易、便利交易、尊重当事人自由意志的法律原则。因此,对于当事人一方已经履行了主要义务,对方也接受,应当承认在当事人之间已成立相应的合同法律关系。

本案中,双方在签订《购房协议书》时,作为买受人的迅捷公司已经实际交付了定金并约定在一定条件下自动转为购房款,作为出卖人的蜀都实业公司也接受了讯捷公司的交付。在签订案涉《购房协议书》的三个多月后,蜀都实业公司也将合同项下的案涉房屋交付给了讯捷公司,讯捷公司接受了该交付。而根据案涉《购房协议书》的预约性质,蜀都实业公司仅仅有义务与迅捷公司进行诚信磋商以订立本约,而并不负有向迅捷公司交付案涉房屋的义务,因此,蜀都实业公司交付房屋的行为并非对该预约合同的履行。在当事人之间不存在租赁等其他有偿使用房屋的法律关系的情形下,依据《合同法》第三十六条、第三十七条的规定,蜀都实业公司交付案涉房屋给讯捷公司的行为应认定为系基于与讯捷公司之间的房屋买卖关系而为的交付。此后,双方又为进一步明确《购房协议书》中未约定的其他交易条件,进行了以买卖房屋为目的的多次磋商。因此,案涉《购房协议书》连同当事人在订立案涉《购房协议书》之后的磋商和履行的事实,可以认定当事人之间达成了买卖房屋的合意,尽管合意的内容之表达是分散的,但不妨碍在当事人之间成立有效的房屋买卖本约,蜀都实业公司与讯捷公司之间成立了房屋买卖本约。而且,由于蜀都实业公司在该房屋买卖法律关系中的主要义务就是交付案涉房屋,也就是说,蜀都实业公司的交付行为构成了《合同法》第三十六条、第三十七条所称的事实上履行本约的形成,因此,从这个意义上讲,蜀都实业公司与讯捷公司之间的房屋买卖本约也已经成立。

因此,本案中当事人之间的法律关系构成了事实上履行的本约和已经订立的预约在交易内容上的重合。双方签订的《购房协议书》虽然具备了与房屋买卖合同本

---

① 《合同法》第三十六条规定:"法律、行政法规规定或者当事人约定采用书面形式订立合同,当事人未采用书面形式但一方已经履行主要义务,对方接受的,该合同成立。"《合同法》第三十七条规定:"采用合同书形式订立合同,在签字或者盖章之前,当事人一方已经履行主要义务,对方接受的,该合同成立。"

② 参见王利明:《合同法研究》(第一卷),中国人民大学出版社2002年版,第482页。

约大致相当的主要内容,但在性质上仍是预约而非本约。但此后,在蜀都实业公司已经实际履行房屋买卖合同主要义务的情况下,事实上成立了的买卖本约吸收了该预约中的内容,在其与讯捷公司之间成立了房屋买卖合同的本约。①

【案例来源】

《中华人民共和国最高人民法院公报》2015 年第 1 期(总第 219 期)。

编者说明

预约,又称预备性契约,是谈判当事人一方或双方为将来订立确定性本合同达成的书面允诺或协议。商品房买卖的认购、订购、预订等协议一般是指商品房买卖合同双方当事人在签署预售契约或买卖契约之前所订立的文书,是对双方交易房屋有关事宜的初步确认,其性质即属于商品房买卖预约合同。《买卖合同解释》第二条确认了预约合同独立的合同效力,规定:"当事人签订认购书、订购书、预订书、意向书、备忘录等预约合同,约定在将来一定期限内订立买卖合同,一方不履行订立买卖合同的义务,对方请求其承担预约合同违约责任或者要求解除预约合同并主张损害赔偿的,人民法院应予支持。"

最高人民法院民一庭意见认为,在审理商品房买卖合同纠纷中,区分当事人订立的协议是商品房买卖的预约合同还是本约合同,要结合当事人立约时的真实意思以及法律、司法解释对于商品房买卖合同形式要件的要求进行综合判定,关键在于区分合同是否还存在法律或事实上的障碍,导致合同部分条款缺失或不确定的情形。如果存在这类情形,一般应认定为预约合同;如果不存在此种情形,无论合同名称为何,均应视为商品房买卖合同。②

440 当事人一方违反预约合同约定,不与对方签订本约合同或无法按照预约的内容与对方签订本约合同的,应当向对方承担违约责任

【关键词】

│房屋买卖│合同效力│预约合同│违约责任│

【案件名称】

原告张励与被告徐州市同力创展房地产有限公司商品房预售合同纠纷案〔徐

---

① 参见司伟:《预约与本约的区分与界定——申请再审人成都讯捷通讯连锁有限公司与申请再审人四川蜀都实业有限责任公司、一审第三人四川友利控股股份有限公司房屋买卖合同纠纷案》,载最高人民法院民事审判第一庭编:《民事审判指导与参考》(总第 57 辑),人民法院出版社 2014 年版,第 206~210 页。

② 参见最高人民法院民一庭:《商品房买卖预约合同与本约合同的区分》,载最高人民法院民事审判第一庭编:《民事审判指导与参考》(总第 67 辑),人民法院出版社 2017 年版,第 178~184 页。

州市泉山区人民法院民事判决书，2011.4.2]

　　裁判摘要：预约合同是一种约定将来订立一定合同的合同。当事人一方违反预约合同约定，不与对方签订本约合同或无法按照预约的内容与对方签订本约合同的，应当向对方承担违约责任。

　　判断商品房买卖中的认购、订购、预订等协议究竟是预约合同还是本约合同，最主要的是看此类协议是否具备《商品房销售管理办法》第十六条规定的商品房买卖合同的主要内容，即只要具备了双方当事人的姓名或名称，商品房的基本情况（包括房号、建筑面积）、总价或单价、付款时间、方式、交付条件及日期，同时出卖人已经按照约定收受购房款的，就可以认定此类协议已经具备了商品房买卖合同本约的条件；反之，则应认定为预约合同。如果双方当事人在协议中明确约定在具备商品房预售条件时还须重新签订商品房买卖合同的，该协议应认定为预约合同。

　　徐州市泉山区人民法院认为：
　　一、关于原、被告双方签订的《橙黄时代小区彩园组团商品房预订单》的性质问题

　　依传统民法理论，当事人之间签订的合同可以分为预约合同和本约合同，预约合同的目的在于当事人对将来签订特定合同的相关事项进行规划，其主要意义就在于为当事人设定了按照公平、诚信原则进行磋商以达成本约合同的义务；本约合同则是对双方特定权利义务的明确约定。预约合同既可以是明确本约合同的订约行为，也可以是对本约合同的内容进行预先设定，其中对经协商一致设定的本约内容，将来签订的本约合同应予直接确认，其他事项则留待订立本约合同时继续磋商。判断商品房买卖中的认购书究竟为预约合同还是本约合同，最主要的是看此类认购书是否具备了《商品房销售管理办法》第十六条规定的商品房买卖合同的主要内容即是否具备当事人名称或者姓名和住所，商品房基本状况，商品房的销售方式，商品房价款的确定方式及总价款、付款方式、付款时间，交付使用条件及日期，装饰、设备标准承诺，水电气讯配套等承诺和有关权益、责任，公共配套建筑的产权归属等条款。但一般来说，商品房认购书中不可能完全明确上述内容，否则就与商品房买卖合同本身无异，因此在实践操作过程中，这类认购书只要具备了双方当事人的姓名或名称，商品房的基本情况（包括房号、建筑面积）、总价或单价、付款时间、方式、交付条件及日期，就可以认定认购书已经基本具备了商品房买卖合同本约的条件。反之，则应认定为预约合同。

　　本案中，原、被告双方签订的《橙黄时代小区彩园组团商品房预订单》对于双方当事人的姓名或名称，商品房的基本情况（包括房号、建筑面积）、单价、付款时间进

行了明确的约定,但因双方在签订该预订单时作为买卖标的物的商品房尚处在规划之中而没有进行施工,被告同力创展公司也没有取得商品房预售许可,所以双方对商品房的交付时间、办证时间、违约责任等诸多直接影响双方权利义务的重要条款在预订单中没有明确约定,属于未决条款,须在签订买卖合同时协商一致达成;事实上,双方在该预订单中通篇所用的词语表达为"预订""预计""预缴(购房款)",其第五条更是明确约定"在甲方(被告)通知签定(订)《商品房销售合同》之前,乙方(原告)可随时提出退房……在乙方按照本条约定签定(订)《商品房销售合同》前,甲方不得将该房另售他人",说明双方在签订该认购单时对于该行为的性质为预约合同的认识是明确而不存在疑义的。因此,法院确认双方于 2004 年 2 月 16 日签订的《橙黄时代小区彩园组团商品房预订单》是以将来签订商品房销售(买卖)合同为目的的预约合同,原告张励要求被告以该商品房预订单为依据履行商品房交付义务的主张不能成立。

【案例来源】

《中华人民共和国最高人民法院公报》2012 年第 11 期(总第 193 期)。

编者说明

前述张励与徐州市同力创展房地产有限公司商品房预售合同纠纷案,法院采取了"视为本约"的审理路径,协议性质是本约还是预约,区分标准是协议主要内容是否缺失。该案判决摘要指出:"判断商品房买卖中的认购、订购、预订等协议究竟是预约合同还是本约合同,最主要的是看此类协议是否具备《商品房销售管理办法》第十六条规定的商品房买卖合同的主要内容。"该案实际参照了《商品房买卖合同解释》第五条的规定,名为预约但视为本约处理。

前述成都讯捷通讯连锁有限公司与四川蜀都实业有限责任公司、四川友利投资控股股份有限公司房屋买卖合同纠纷案,则与张励案视为本约的审理思路不同,明确强调预约与本约的区分,即如果当事人有意在将来订立一个新的合同,无论协议内容详略、是否具备主要内容,性质只能是与本约相对应的预约。法院最后因存在双方事实履行行为而判决合同成立。①

---

① 参见耿利航:《预约合同效力和违约救济的实证考察与应然路径》,载《法学研究》2016 年第 5 期。该文认为,对于约定有将来订立合同条款之协议(无论是否称之为预约合同),法律效力可能是应当缔约,也可能是善意磋商。法院应当区分事实,以探究当事人真意为出发点,既不能任由当事人违反当初的完成交易的承诺,也不能施加给当事人从未允诺的强制缔约责任。对于违约救济,也应根据法律效力区分对待,前者协议具备必要条款,认定当事人达成交易合意,救济应同本约;后者另约定有待协商条款或事项,认定当事人未达成交易合意,法律救济是酌情赔偿信赖利益损失,一般不应包括机会利益损失赔偿。

441 房产商违反购房意向书的约定属于一种违约责任，对守约方因信赖利益落空产生的损失法院应酌情确定赔偿金额

【关键词】

　　|房屋买卖|预约合同|购房意向书|违约责任|信赖利益|

【案件名称】

　　仲崇清诉上海金轩大邸房地产项目开发有限公司合同纠纷案［上海市中级人民法院（2007）沪二中民二（民）终字第 1125 号民事判决书，2007.10.19］

【裁判精要】

　　裁判摘要：预约合同，一般指双方当事人为将来订立确定性本合同而达成的合意。预约合同生效后，双方当事人均应当按照约定履行自己的义务。一方当事人未尽义务导致本合同的谈判、磋商不能进行，构成违约的，应当承担相应的违约责任。

　　上海市第二中级人民法院认为：

　　预约合同，一般指当事人双方为将来订立确定性本合同而达成的合意。根据本案查明的事实，金轩大邸公司与仲崇清签订的《金轩大邸商铺认购意向书》是双方当事人的真实意思表示，不违背法律、行政法规的强制性规定，其效力应予认定。在双方签订意向书之前，金轩大邸公司已经申请取得了有关政府部门的立项核准和建设用地规划许可证，该意向书签订的时间在金轩大邸公司办理有关项目的立项、规划等主要手续之后、取得"金轩大邸"房产预售许可证之前。双方在涉案意向书中所指向的商铺并非虚构，所约定的房屋买卖意向存在现实履行的基础。同时，该意向书明确了双方当事人的基本情况，对拟购商铺的面积、价款计算、认购时间等均作了较为清晰且适于操作的约定。这表明双方当事人经过磋商，就条件成就时实际进行商铺买卖的主要内容达成了合意，对将来正式签署房屋买卖合同进行了预先安排，并以书面形式明确将来商铺正式预售时金轩大邸公司优先同仲崇清订立正式的商品房预售合同。综上，涉案意向书是具有法律约束力的预约合同。一审法院关于涉案意向书是有效的预约合同的认定正确。

　　涉案意向书约定：金轩大邸公司应在其开发的房地产项目对外认购时，优先通知仲崇清在约定的期限内前来认购。金轩大邸公司辩称由于房地产开发中动拆迁及工程造价等成本增加，基于情势变更的原因，没有通知仲崇清认购商铺，但未就成本增加的问题提供足够的证据予以证明，故对其上述抗辩理由不予采信。涉案意向书是合法有效的预约合同，双方当事人均应依法履行意向书的约定。《合同法》第六条规定："当事人行使权利、履行义务应当遵循诚实信用原则。"合同当事人不仅应依

照诚实信用的原则行使合同权利,而且在履行合同义务中也应以善意的方式,依照诚实信用的原则履行,不得规避合同约定的义务。金轩大邸公司未按约履行其通知义务,并将商铺销售一空,导致涉案意向书中双方约定将来正式签订商铺买卖合同的根本目的无法实现,甚至在争议发生时主张双方签订的意向书无效,其行为违背了民事活动中应遵循的诚实信用原则,应认定为违约。《合同法》第一百零七条规定:"当事人一方不履行合同义务或者履行合同义务不符合约定的,应当承担继续履行、采取补救措施或者赔偿损失等违约责任。"第一百一十三条规定:"当事人一方不履行合同义务或者履行合同义务不符合约定,给对方造成损失的,损失赔偿额应当相当于因违约所造成的损失,包括合同履行后可以获得的利益,但不得超过违反合同一方订立合同时预见到或者应当预见到的因违反合同可能造成的损失。"金轩大邸公司的违约行为导致守约方仲崇清丧失了优先认购涉案商铺的机会,使合同的根本目的不能实现,金轩大邸公司也承认双方现已无法按照涉案意向书的约定继续履行。因此,金轩大邸公司应当承担相应的违约责任。一审法院认为金轩大邸公司违反预约合同约定的义务,应当赔偿上诉人仲崇清相应的损失,并无不妥,但一审判决确定的 10000 元赔偿金额,难以补偿守约方的实际损失。为促使民事主体以善意方式履行其民事义务,维护交易的安全和秩序,充分保护守约方的民事权益,在综合考虑上海市近年来房地产市场发展的趋势以及双方当事人实际情况的基础上,酌定金轩大邸公司赔偿仲崇清 150000 元。仲崇清要求金轩大邸公司按照商铺每平方米建筑面积 15000 元至 20500 元的价格赔偿其经济损失,但由于其提交的证据不能完全证明涉案意向书所指商铺的确切情况,且根据金轩大邸公司将有关商铺出售给案外人的多个预售合同,商铺的价格存在因时而异、因人而异的情形。另外,虽然仲崇清按约支付了意向金,但是双方签订的预约合同毕竟同正式的买卖合同存在法律性质上的差异。故仲崇清主张的赔偿金额,不能完全支持。

【权威解析】

有损害即有赔偿,违反预约合同造成损害的,受害方有权请求损害赔偿,当无疑义。存有争论的是,违反预约合同损害的是何种利益? 应赔偿的范围该如何确定?

违约损害依照当事人所受利益的损失可分为履行利益损害和信赖利益损害。[1]所谓履行利益,是指合同有效成立,债务人依约履行债权人所能获得的利益。债务人不履行其债务,导致有效成立的合同效力未实现给债权人造成的损害即为履行利益损害。所谓信赖利益损害,是指相对人信赖合同有效成立,而合同最终无效或被撤销给其造成无法获益的损害。合同不成立而当事人应承担缔约过失责任的,其赔

---

[1] 参见史尚宽:《债法总论》,中国政法大学出版社 2000 年版,第 288～289 页。

偿范围通常也认为是信赖利益。① 预约合同一旦符合合同成立、生效的条件,即为合法有效的合同,违反预约合同损害的应是相对方的履行利益。但是,预约合同的履行利益通常并非指依照预定的本约的内容履行所能获得的利益,因为这是本约合同的履行利益,而本约尚未订立,其能否订立和订立的一些具体内容尚待磋商。② 预约合同的履行利益一般仅是指合同另一方遵守预约合同的约定,按照预约确定的内容与之进行磋商而使相对方可能获得的利益,具体而言,即是合同一方取得依照预约合同确定的内容与另一方签订本约的机会。预约合同履行利益的损失实为订约机会的损失。因此,从实质上看,预约合同的履行利益损害更接近本约的信赖利益损害,因为信赖利益损害既包括为签订合同而合理支出的实际费用,也包括丧失与第三人另订合同的机会所产生的损失。③ 由于预约合同的签订,守约方依诚信原则信赖该买卖合同能够订立,并基于这种信赖进行准备,从而放弃向他人以类似价格购买类似商品的机会,对于这种机会损失如不予赔偿,则将使违约方从中获取不当利益,对守约方有失公平。机会丧失如何赔偿,主要在于签订本约的概率有多大以及本约最后将确定的内容,并根据经济理性人的标准进行判断,总之要综合进行考量。违反预约的损害赔偿还应受到合同法可预见规则的限制。我国《合同法》第一百一十三条规定,损失赔偿额应当相当于因违约造成的损失,包括合同履行后可以获得的利益,但不得超过违反合同一方订立合同时预见到或者应当预见到的因违反合同可能造成的损失。

    本案中,由于金轩公司的违约行为,客观上使仲崇清丧失了系争商铺的优先认购机会;而且,仲崇清亦因意向书的签订对将来订立正式合同产生合理期待,从而放弃了在近似地段以近似价格购买相近条件房屋的机会,应认定其存在财产上的损失。由于客观上双方无法继续履行该意向书,故金轩公司除返还意向金外,应酌情赔偿仲崇清对正式订约产生合理期待造成的机会损失。一审法院虽然注意到上述问题,但判决的 1 万元赔偿数额尚不足以填补仲崇清的损失,也不足以惩戒金轩公司的违约行为。二审法院在认定金轩公司违背诚信原则构成违约的前提下,根据《合同法》有关规定,在考量上海市近年来房地产市场发展和房价变化态势以及双方当事人履约情况的基础上,酌情确定金轩公司赔偿仲崇清经济损失 15 万元,既符合立法精神,保护了守约方的合法权益,也有助于促使民事主体以善意方式履行义务,维护市场交易的诚信和安全秩序。至于仲崇清主张 100 万元的损失额,系要求金轩

---

① 参见黄立:《民法债编总论》,中国政法大学出版社 2002 年版,第 47~48 页。

② 我国台湾地区"法院"曾持此观点。1985 年台上字第 1117 号:"预约与本约之性质及效力均有不同,一方不依预约订立本约时,他方仅得请求对方履行订立本约之义务,尚不得径依预定之本约内容请求赔偿其支付或可预期之利益。"但也有人认为此立场太过保守。参见王泽鉴:《债法原理》,中国政法大学出版社 2001 年版,第 150 页。

③ 参见韩世远:《合同法总论》,法律出版社 2004 年版,第 165 页。

公司承担全额履行利益的赔偿,该主张亦缺乏合理性。一方面,涉案意向书针对的主要义务是谈判义务,不直接涉及确定的财产利益,与违反正式合同产生的赔偿责任存在法律性质上的差异;另一方面,金轩公司违反意向书时,当事人未就正式合同的内容进行磋商,本约尚未成立,从意向书到正式合同的签订及履行,其中的不确定因素仍较多,与违反正式合同相比,当事人最终获得全部履行利益的盖然性还较小。还有,从权利、义务的平衡看,意向书约定仲崇清支付的意向金仅为 2000 元,如其违约,仅失去优先认购权,意向金仍可全额退还。故仲崇清不应获得全额履行利益的赔偿。[①]

【案例来源】

《中华人民共和国最高人民法院公报》2008 年第 4 期(总第 138 期)。

编者说明

购房意向书从性质上讲应为有效的预约合同,其对双方当事人产生在未来某个时候为达成本约依诚信原则进行谈判的义务。房产商违反购房意向书的约定属于一种违约责任,对守约方因信赖利益落空产生的损失应酌情予以赔偿。

442 行政机关签订商品房买卖预约合同,不违反法律、法规的强制性规定,应当认定为有效

【关键词】

│ 房屋买卖 │ 合同效力 │ 预约合同 │ 行政机关 │

【案件名称】

上诉人银川市规划建筑设计研究院发展有限公司与被上诉人宁夏回族自治区人民政府机关事务管理局房屋买卖合同纠纷案 [最高人民法院（2018）最高法民终 914 号民事判决书,2018.10.29]

【裁判精要】

最高人民法院认为:

本案争议的焦点问题是:一审判决解除《意向书》并判令银川规划设计院返还宁夏机关事务局 3 亿元是否正确。

关于案涉《意向书》的效力问题。合同有预约合同和本约合同之分,预约合同是

---

① 参见沈志先、韩峰:《房产商违反预约合同的民事责任》,载《人民司法·案例》2008 年第 6 期。

当事人约定未来订立一定合同的合同;本约合同是为了履行预约合同而订立的合同,签订预约合同的目的是为了订立本约。本案中,双方签订的《意向书》虽然明确了房屋单价、总价、付款时间等基本条款,宁夏机关事务局亦支付了部分房款,但房屋的开发建设专门针对宁夏回族自治区的党政机关进行,并非开发商向不特定社会公众进行销售的商品房买卖合同。且双方在协议中明确约定须在银川规划设计院取得案涉项目销售许可后,在《意向书》的基础上签订正式的商品房买卖合同,《意向书》尚不具备的商品房买卖合同应当具有的主要内容。故《意向书》属于签订正式商品房买卖合同前的基础性合同,一审法院对合同性质认定并无不当,应予确认。其次,《意向书》作为预约合同,是谈判磋商期间对未来事项的预先规划,是对双方交易房屋有关事宜的初步确认。宁夏机关事务局作为国家行政机关做出预约的意思表示应当履行何种前置程序,对此并无法律明文规定。银川规划设计院以宁夏机关事务局行政机关身份签订《意向书》违反《合同法》第五十二条第(四)项的规定,应属无效,该理由不能成立。《意向书》系预约合同,双方约定案涉项目取得销售许可后,在《意向书》的基础上须签订由银川市工商行政管理局和住房保障局监制的商品房买卖合同。由此可知,《意向书》是双方当事人真实意思表示,不违反法律、法规的强制性规定,应当认定为有效。在本案中,宁夏机关事务局明确表示不再继续履行合同,且请求解除合同。一审判决结合案件客观实际情况,根据《合同法》第九十四条"有下列情形之一的,当事人可以解除合同:……(二)在履行期限届满之前,当事人一方明确表示或者以自己的行为表明不履行主要债务……(四)当事人一方迟延履行债务或者有其他违约行为致使不能实现合同目的……"的规定,认定本案合同目的已无法实现,应予解除,适用法律正确;依照《合同法》第九十七条"合同解除后,尚未履行的,终止履行;已经履行的,根据履行情况和合同性质,当事人可以要求恢复原状、采取其他补救措施,并有权要求赔偿损失"的规定,判令银川规划设计院返还宁夏机关事务局已支付的3亿元,结果并无不当,本院予以维持。

【案例来源】

中国裁判文书网,http://wenshu. court. gov. cn。

443 认定《预定协议》是房屋买卖合同还是预约合同,需要分析双方当事人依据协议约定内容及实际履约行为所形成的法律关系

【关键词】

| 房屋买卖 | 合同性质 | 买卖合同 | 预约合同 |

【案件名称】

再审申请人经纬置地有限公司与被申请人上海虹房置业有限公司房屋买卖合同纠纷案〔最高人民法院（2013）民提字第 123 号民事判决书，2015.12.31〕

【裁判精要】

最高人民法院认为：

（一）案涉《预定协议》的性质

认定《预定协议》的性质，需要分析双方当事人依据协议约定内容及实际履约行为所形成的法律关系。首先，《预定协议》约定内容表明双方当事人合意目的系形成商品房买卖合同关系。其一，协议约定虹房公司定向预定经纬公司和泰苑住宅房。按照文意解释，"定向预定"含义为预先约定购买。协议签订时，案涉项目尚未开工进行建设。原建设部颁布的《商品房销售管理办法》第三条第二款规定，商品房预售是指房地产开发企业将正在建设中的商品房预先出售给买受人，并由买受人支付定金或者房价款的行为。按照上述办法对商品房预售的定义，《预定协议》约定的"定向预定"，应理解为经纬公司向虹房公司预先出售将要建设的商品房，属于商品房买卖合同范畴。其二，《预定协议》具备商品房买卖合同的主要内容。协议约定了缔约主体、买卖房屋的位置及面积、价款及价款支付、购房款结算；协议约定在和泰苑符合上海市商品房预售条件下，经纬公司如何履行交付房屋义务；缔约双方未履行交付房屋、支付价款等主要合同义务时违约责任的承担。上述约定表明，《预定协议》具备商品房买卖合同所必备的内容。其次，双方当事人实际履行了《预定协议》。经纬公司取得和泰苑 0000354 号商品房预售许可证后，双方签订了 13830.98 平方米房屋商品房出售合同。经纬公司取得 0001709 号商品房预售许可证后，按照虹房公司指令与案外人签订了三份商品房出售合同，经纬公司交付了 14012.42 平方米房屋，经纬公司在原审诉讼过程中，并未否认虹房公司已经支付上述销售房屋价款。上述事实表明，双方当事人依照《预定协议》约定实际履行了支付房款及交付房屋的合同义务，部分实现了《预定协议》的缔约目的。二审判决认定《预定协议》为商品房买卖合同正确。

依照《城市房地产管理法》规定，房地产开发企业预售商品房，应当取得商品房预售许可证明。房地产开发企业办理预售许可证需取得建设工程规划许可证和开工许可证。原建设部颁布的《城市商品房预售管理办法》第十条规定，商品房预售，开发企业应当与承购人签订商品房预售合同。商品房预售人应当按照国家有关规定将预售合同报县级以上人民政府房产管理部门和土地管理部门登记备案。案涉《预定协议》签订时，经纬公司尚未取得建设工程规划许可证和开工许可证，不符合商品房预售许可证办理条件，不能签订商品房预售合同。《预定协议》第 11.1 条、第十九条约定对经纬公司取得商品房预售许可证后,双方签订商品房预售合同及备案进行了约定。结合第 4.3 条有关经纬公司获得预售许可证之日起一周内,虹房公司支付第四期预定款的约定,可以判定《预定协议》第十九条约定的"双方签订正式《商品房预售协议》"的意思表示是依照《预定协议》约定履行买卖房屋的环节,是双方继续商品房交易,推动缔约目的实现的方式,该协议是《预定协议》所确定的合同权利义务的延续及法律关系的承继。经纬公司认为上述条款约定表明《预定协议》为预约合同,"双方签订正式《商品房预售协议》"为本约合同,与《预定协议》所体现的双方当事人真实合意不符,本院不予支持。

合同履行过程中,经纬公司就涉案项目办理了相关审批手续,并取得了商品房预售许可证。《商品房买卖合同解释》第二条规定:"出卖人未取得商品房预售许可证明,与买受人订立的商品房预售合同,应当认定无效,但在起诉前取得商品房预售许可证明的,可以认定有效。"依照上述司法解释规定,案涉《预定协议》应认定有效。经纬公司主张《预定协议》签订时,和泰苑项目未取得建设用地规划许可证、建设工程规划许可证等行政审批,项目亦未开工建设,作为买卖合同的标的物不存在。《预定协议》不具备商品房买卖合同的主要内容,且协议约定虹房公司支付的不是购房款,而是定金,《预定协议》应为预约合同,事实依据及法律依据均不足,本院不予支持。

【案例来源】

中国裁判文书网,http://wenshu. court. gov. cn。

444 区分预约与本约,可以结合是否需要另行达成合同,是否直接发生交付、付款义务等因素进行分析

【关键词】

│ 房屋买卖 │ 合同性质 │ 预约合同 │ 本约 │

【案件名称】

上诉人青海富恒实业有限公司与上诉人青海省华德房地产有限公司及被上诉人青海夏都旅游产品开发有限责任公司合同纠纷案 [最高人民法院(2017)最高法民终 68 号民事判决书,2017. 6. 30]

【裁判精要】

最高人民法院认为:

一、关于涉案《商场租赁及租期内购买约定合同》中相关条款的性质与效力的

问题

涉案《商场租赁及租期内购买约定合同》,既有关于租赁关系的内容,也有在租赁期间达成购买合意的预约,因此合同应当认定为无名合同。该无名合同双方意思表示真实,不违反法律法规的强制性规定,应认定有效。

(一)关于回购约定的问题。涉案合同约定"甲方在收到定金后3个月内解除设定在该商场的所有担保抵押和第三方债权,并负责回购甲方在本合同签订之前已出售的约1300m²的商场,然后整体出售给乙方",从合同的文义看,双方关于华德公司的解除抵押及回购的义务,是涉及华德公司履行合同义务的约定,不是处分他人财产的行为,华德公司如不能完成上述约定,应承担相应违约责任。该部分约定意思表示真实,未违反法律法规的规定,原审判决认定该约定处分了第三人权利并认定该条款无效,该认定不当,本院予以纠正。

(二)关于商场购买的约定是否为预约的问题。富恒公司上诉认为,涉案《商场租赁及租期内购买约定合同》已经具备了房屋买卖本约合同的主要条款,双方对商场的买卖合意具体明确且已经达成。该主张依据不足。一般认为,区分预约与本约,可以结合"是否需要另行达成合同""是否直接发生交付、付款义务"等因素全面进行分析。本案中,尽管在涉案《商场租赁及租期内购买约定合同》中,关于商场购买的价款数额、面积如何确定均已作出了约定,但在履行《商场租赁及租期内购买约定合同》时,并不能直接发生交付、付款义务,需要富恒公司另行提出关于购买商场的要约,即需要另行达成合意。富恒公司不在合同约定的期限内提出前述要约,则商场购买的合同不成立,华德公司不能直接要求富恒公司购买。涉案《商场租赁及租期内购买约定合同》关于商场购买预约的特殊之处在于,双方约定只要富恒公司提出关于购买商场的要约,华德公司不得拒绝承诺,否则应当承担相应法律责任。换言之,当富恒公司提出关于购买商场的要约后,华德公司不得以磋商的名义拒绝承诺,而是应当缔约。但这样的约定并未改变合同约定涉案商场购买事项需要另行达成合同(要约、承诺)的内容。富恒公司主张该部分内容构成本约依据不足。综上,富恒公司关于回购条款效力部分上诉理由成立。

【案例来源】

中国裁判文书网,http://wenshu. court. gov. cn。

445 预约合同违约责任的确定

【关键词】

| 房屋买卖 | 违约责任 | 预约合同 |

【案件名称】

上诉人青海富恒实业有限公司与上诉人青海省华德房地产有限公司及被上诉人青海夏都旅游产品开发有限责任公司合同纠纷案〔最高人民法院（2017）最高法民终 68 号民事判决书，2017.6.30〕

【裁判精要】

最高人民法院认为：

三、关于富恒公司、华德公司主张原审判决确定责任承担标准错误的问题

尽管预约合同违约责任判断的基础是预约合同而不是本约合同，但在判断本案预约合同违约责任时，应当全面考虑以下因素：

（一）民事主体从事民事活动，应当遵循公平原则、诚信原则。

（二）本案中，关于房屋买卖的预约是涉案无名合同（即《商场租赁及租期内购买约定合同》）各方意思表示的重要组成部分，租赁以及购买预约均是各方达成的合意内容，从涉案合同内容、文义以及履约情况看，达成关于购买预约的合意与达成租赁的合意互为条件。因此，不能将租赁和买卖预约的内容割裂开来。

（三）虽然双方在签订合同时约定，如在租赁期内，乙方（富恒公司）向甲方（华德公司）提出购买，甲方不得再以任何理由拒绝履行出售义务，如甲乙双方违反上述约定，致使合同不能成立或生效，则违约方应向对方承担约定总价 5100 万元的 30%的赔偿金。但同时，合同第十九条还约定甲乙双方如有违约，违约方应向对方支付500 万元违约金，同时应按合同约定或实际损失赔偿对方因此所受到的经济损失。根据上述约定，合同约定的"赔偿金"以及"实际损失"赔偿，均为合同约定的确认方式，在实际损失大于合同所约定合同总价 5100 万元的 30%的赔偿金的情况下，作为守约方的富恒公司，选择主张按约定的"实际损失"而不是约定的"赔偿金"，由华德公司承担违约责任，并不违反合同约定和法律规定。

（四）前文已经分析，涉案合同关于商场购买的价款数额、面积如何确定都已经作出了约定，还约定只要富恒公司提出关于购买商场的要约，华德公司不得拒绝，不能以磋商的名义拒绝承诺，而是应当缔约。在此情形下，涉案房产的价值虽不能直接作为预约合同"实际损失"的依据，但可以作为判断预约合同违约责任的参考。

（五）涉案合同在达成房屋购买的预约时，只约定富恒公司可以提出购买的要约，没有约定华德公司可以要求富恒公司购买的内容。涉案合同约定了较长的期限，给各方在签订合同时判断合同风险造成较大难度，但签订合同时存在的未来房屋价值下跌的风险，富恒公司可以通过不提出购买要约来规避，而合同未约定华德公司规避同类风险的内容。

综上，本案应当全面考虑前述因素。此外，原审判决在酌定富恒公司的损失时，

还考虑了涉案房屋所处地理位置、商场用途特点、市场背景、维持目前状况使用可发挥的价值等因素;考虑了签订合同时房屋市场价格、房屋市场价格的升值、变化及签订合同时富恒公司可预见到或者应当预见到的预期利益的合理空间,将华德公司赔偿富恒公司的损失数额酌定为该房屋市场价格的50%,该裁量在合理的裁量范围之内,但认定应当减去因涉及第三方权利应由富恒公司自行承担的损失数额18203932.02元没有事实和法律依据,本院予以纠正。故富恒公司的损失应当为:涉案房屋市场价格350136228元减去合同约定的房屋购买价格5100万元的50%,即149568114元。在按照"实际损失"承担违约责任的情况下,富恒公司同时要求适用合同违约金条款没有法律依据。

【案例来源】

中国裁判文书网,http://wenshu.court.gov.cn。

合同履行

446 出卖人将房屋出售后，又发包给案外人承包经营并进行出售的，其请求确认与买受人之间房屋买卖合同不存在的主张不应得到支持

【关键词】

│ 房屋买卖 │ 合同履行 │ 合同成立 │ 诚实信用 │

【案件名称】

申诉人凤城市物资（集团）总公司与被申诉人于作范房屋买卖合同纠纷案 [最高人民法院（2015）最高法民抗字第 26 号民事判决书，2016. 12. 16]

【裁判精要】

最高人民法院认为：

本案的争议焦点为凤城物资公司与于作范之间的房屋买卖合同是否成立，是否应当继续履行。

本次再审庭审中，凤城物资公司明确其再审请求是确认凤城物资公司与于作范之间不存在合同关系，主要理由是凤城物资公司只有凤城物资商场，并无凤城物资供销商场，于作范诉讼主张的房产不存在；于作范购买并不存在的凤城物资供销商场而预交购房款也是不存在的，凤城物资局 1998 年财会账目上也没有记载该笔款项。对凤城物资公司提出的再审请求及理由，作以下分析：

第一，依据原审查明的事实可知，凤城物资公司在履行了国有资产价值评估、报批等程序后，向社会公开发布了招标公告，出售国有资产凤城物资商城。结合凤城物资公司出具的《情况说明》《关于物资局国有资产房屋产权流标的情况说明》《关于对于明（作）范同志购房的决定》以及凤城市人民政府发给辽宁省丹东市中级人民法院的《关于暂缓强制执行凤城市物资公司的函》可知，凤城物资商场以 89 万元底价拍卖流标后，于作范经凤城市拍卖行介绍与时任凤城物资局领导进行了商谈，双方确定凤城物资商场营业厅及楼前门市房、楼后简易库房以 91 万元出售给于作范。于作范缴纳了 1 万元。因此，于作范经拍卖机构介绍与凤城物资公司协商购买拍卖公告上确定的拍卖物，即凤城物资公司一楼营业厅、楼后简易仓库、楼前铝合金门市房。虽然于作范在起诉时提出权利主张的是凤城物资供销商场，但无论是作为买方的于作范还是卖方的凤城物资公司对于交易标的物的认识是一致的，标的物是确定的，合同价格也是确定的。申诉人凤城物资公司在诉讼中强调于作范提出权利主张以及原审判决确认的凤城物资供销商场是不存在的、凤城市人民政府未批准出售凤城物资供销商场，此节理由，本院不予支持。

第二，原审已经查明，凤城市人民政府主持召开由凤城物资公司及凤城市产权制度改革办公室等部门参加的现场协商会，会议决定由凤城物资公司补办房照后，

于作范再交款,于作范表示同意。该节事实有凤城物资公司的《情况说明》,凤城物资公司《关于补发房照的申请》及凤城市人民政府有关负责同志在该份申请文件中批示"物资局一楼营业厅已经出售……按照一楼营业地出售的实际面积(见图),给购买者办理分劈房照……"等证据材料予以佐证。此外,本案重审一审庭审笔录记载,凤城物资公司承认召开过现场协调会,在会上提过各个部门应当尽快协助凤城物资局将有关事情办理完毕。申诉人凤城物资公司虽抗辩称现场协调会未决定由凤城物资公司补办证照后于作范再交款,但由于凤城物资公司派员参加了本次会议,其有举证能力出示该次现场协调会的讨论内容和决议事项,但凤城物资公司仅仅提出抗辩,而未举示相关证据材料。故申诉人凤城物资公司提出的现场协调会研究凤城物资商场解封变现偿还银行债务事项,并未决定由凤城物资公司补办证照后于作范再交款的理由,本院不予支持。

由此,于作范与凤城物资公司达成购买凤城物资商场的合意,确定购买的标的物为凤城物资公司一楼营业厅、楼后简易仓库、楼前铝合金门市房,购买价款为 91 万元。随后,在凤城市人民政府主持的现场协调会上,经凤城市人民政府协调确定先由凤城物资公司补办房照,于作范再交付剩余款项的履行顺序。在合同主要条款已经具备,并经凤城市人民政府召开现场协调会批准的情形下,案涉房屋买卖合同已经成立。凤城物资公司应当积极办理房照,这是凤城物资公司应当履行的合同义务。而案涉房屋产权证书是在现场协调会召开后将近 5 年时间才补办完成,在此之前,于作范并无缴纳全部购房款的合同义务。于作范诉请继续履行案涉房屋买卖合同的请求应当得到支持。申诉人凤城物资公司认为案涉交易关系房地产转让性质,应以书面形式为法定形式要件,并且于作范仅仅缴纳 1 万元,未履行合同主要义务,案涉合同不成立的理由,本院不予支持。

第三,凤城物资公司收取于作范现金 1 万元,并向于作范出具收条。对于该 1 万元现金,原审依据《关于于作范购买物资供销商场门市房情况说明》《关于对于作范同志购房的决定》《关于暂缓强制执行凤城市物资公司的函》等书面材料记载予以认定。原审庭审中,凤城物资公司也认可该份收条的真实性。凤城物资公司仅以凤城物资局 1998 年财会账目上并没有记载该笔款项提出抗辩,不足以推翻上述证据材料记载的事实。

收条记载的是"收于购商场款",并未注明定金性质。定金性质的界定应当依据当事人合意内容进行判断,如果当事人未明确定金性质的,应解释为违约定金,这符合我国法律体系中定金概念的解释原则。凤城物资公司还认为于作范在原审庭审中也多次主张 1 万元系定金,但凤城物资公司进一步主张该 1 万元是订约定金,系单方对 1 万元款项性质的解释,并非合同当事人合意的内容。凤城物资公司提出案涉 1 万元系订约定金的理由,本院不予支持。

综上所述,1998 年 7 月 15 日,凤城市人民政府主持的现场协调会召开之后,于作范与凤城物资公司之间的房屋买卖合同已经成立,合同标的物是确定、唯一的,该房屋买卖合同对双方当事人都有法律拘束力。但凤城物资公司在合同履行中,单方改变合同履行内容,将案涉房屋发包给案外人承包经营,并进行出售。凤城物资公司请求确认案涉房屋买卖合同不存在的主张不应得到支持。于作范在本案诉讼中已经将剩余购房款90万元提存至凤城市公证处,并取得了诉争房产的权属证书,于作范的合法权益应当得到保护。再审判决认定事实清楚,适用法律正确,应予以维持。①

【案例来源】

中国裁判文书网,http://wenshu.court.gov.cn。

---

447 处理一房二卖情况下的合同履行争议,可从房屋买卖合同的缔约真实性、签约时间顺序、付款程度、合同备案情况、讼争房屋的占有事实、预登记情况以及权利主张等方面加以评判

【关键词】

│ 房屋买卖 │ 合同效力 │ 一房二卖 │ 合同履行 │ 占有 │

【案件名称 I 】

原告遵义市红花岗区长征镇沙坝村纪念街村民组与被告遵义明顺房地产开发有限责任公司、第三人褚文镇、曾珠治、冉建红、范越商品房买卖合同纠纷案 [贵州省遵义市中级人民法院一审民事判决书,2015.12.22]

【裁判精要】

裁判摘要:处理一房二卖情况下的合同履行问题,可从商品房买卖合同的缔约真实性、签约时间顺序、付款程度、合同备案情况、讼争不动产的占有事实、预登记情况等方面加以评判。

---

① 辽宁省丹东市中级人民法院于2004年10月25日作出(2004)丹民一房初重字第21号民事判决:(1)于作范与凤城物资公司口头订立的房屋买卖协议继续履行;(2)于作范于判决发生法律效力之日起1个月内给付凤城物资公司购房款90万元;(3)凤城物资公司于判决发生法律效力之日起1个月内将物资供销商场营业厅面积336平方米,简易仓库316.8平方米,楼前铝合金门市部房39.1平方米交付给于作范,并办理房屋过户手续。辽宁省高级人民法院于2005年10月31日作出(2005)辽民一终字第60号民事判决:驳回上诉,维持原判。——编者注

贵州省遵义市中级人民法院认为：

一、关于合同效力问题

从签约主体资格看，虽然《商品房买卖合同》尾部加盖的是沙坝村委会公章，但在合同前部"买受人"处填写的是原告纪念街村民组，根据沙坝村委会、长征镇政府出具的两份《证明》可知，之所以由沙坝村委会盖章系因该村民组无公章，故村委会的盖章行为仅系代理性质，而真正的合同当事人是纪念街村民组。纪念街村民组作为合法成立、有一定的组织机构和财产的非法人组织，享有民事权利能力，其与被告遵义明顺公司签订《商品房买卖合同》主体适格；从签约过程看，遵义明顺公司"为了尽快对外环路综合市场项目进行实施"，"对长征镇沙坝村纪念街界内修建的两层临时建筑进行拆除"而与纪念街村民组签订《拆除补偿协议》，随后双方几经协商，最终决定将遵义明顺公司开发的"金帝世家"C 幢一层 1 至 7 号门面作为拆迁还房，16 至 18 号门面作为商品房购买，并由遵义明顺公司预填合同通用条款内容并加盖公司公章后交由纪念街村民组内部协商后签字、盖章。由此可见，《商品房买卖合同》是双方就门面购买事宜达成合意之后慎重签订，而非事后补签、倒签；从合同内容看，虽然该合同部分内容确与其他内容笔迹不一致，但一方面该合同签约时间有先后，故合同内容逐步完善符合常理，另一方面，遵义明顺公司对该合同约定的还房房号及面积、还房超平方需补价差的面积、作为商品房出售的房号及面积、房款单价与总价等合同核心内容均不持异议。由此表明，该《商品房买卖合同》是遵义明顺公司与纪念街村民组的真实意思表示。据此，根据《合同法》第三十二条关于"当事人采用合同书形式订立合同的，自双方当事人签字或者盖章时合同成立"、第四十四条第一款关于"依法成立的合同，自成立时生效"之规定，纪念街村民组与遵义明顺公司签订的《商品房买卖合同》，因缔约主体适格、签约过程真实、合同条款完整、约定内容充分体现双方购销意愿，且不违反法律法规的强制性规定，故该合同系合法有效合同。

二、关于合同义务履行问题

本案纠纷的产生系因被告遵义明顺公司一房二卖所致。虽然遵义明顺公司辩称讼争 16 至 18 号门面是在原告纪念街村民组退还之后再次出售，但其并未提交退房移交手续加以佐证，亦与纪念街村民组常年对外出租讼争门面的事实不符，故法院对该辩解意见不予采信。处理一房二卖情况下的合同履行问题，可从商品房买卖合同的缔约真实性、签约时间顺序、付款程度、合同备案情况、讼争不动产的占有事实、预登记情况以及权利主张等方面加以评判。

第一，缔约真实性。在一房二卖争产诉讼中，合同真实、有效是判断各自合同能否继续履行，后订立的合同能否对抗在先订立合同的前提。原告纪念街村民组、第三人褚文镇与被告遵义明顺公司签订的《商品房买卖合同》，遵义明顺公司均认可系买卖合同性质，且与纪念街村民组、褚文镇向遵义明顺公司支付购房款的事实相吻合,故法院对纪念街村民组、褚文镇与遵义明顺公司签订的《商品房买卖合同》真实性予以确认;第三人范越与遵义明顺公司签订的《商品房买卖合同》,因第三人冉建红与遵义明顺公司均认可该合同本质为以物抵债协议,而冉建红并未举证证明其系讼争门面的承包人或实际施工人以及遵义明顺公司所拖欠的工程款数额等基础事实,故法院对该《商品房买卖合同》的真实性不予认定。

第二,签约时间顺序。被告遵义明顺公司与原告纪念街村民组之间的《商品房买卖合同》成约时间是 2009 年 2 月 12 日,而第三人褚文镇、第三人范越则分别在 2010 年 8 月 25 日和 2010 年 10 月 25 日与遵义明顺公司签订《商品房买卖合同》。由此可见,纪念街村民组购房在前,褚文镇、范越签约在后。虽然债权具有平等性,但债权形成时间的先后顺序是考量物权分配的重要因素。

第三,付款情况。买受人支付购房款的程度,能够反映其履行合同义务的状况,对于积极履行合同义务的买受人,理应得到更优保护。根据原告纪念街村民组与被告遵义明顺公司签订的《商品房买卖合同》约定,纪念街村民组应付 16 至 18 号门面购房款以及超面积补差款共计 2125056 元,其已通过转账方式汇付购房款 1330456 元是不争事实,遵义明顺公司在庭审时亦予认可,故法院予以确认。虽然该公司主张其向纪念街村民组所借 200000 元以及补偿款 594600 元不能抵扣购房款,但该公司加盖公章的《纪念街村民组结账清单》中载明已付 1400000 元,减去通过转账汇付无争议的 1200000 元,余下 200000 元在遵义明顺公司未举证证明其已归还纪念街村民组的情况下,只能视为双方在最终结算时已经达成借款抵房款的合意。同样,594600 元虽系补偿款性质,但双方亦已协商予以抵扣。据此,法院认定纪念街村民组已经支付完毕全部购房款。根据第三人褚文镇与遵义明顺公司签订的两份《商品房买卖合同》约定,褚文镇应向遵义明顺公司支付购房款共计 2149888 元,其通过转账方式支付了 1920000 元,其余尾款褚文镇主张为现金支付,遵义明顺公司向其出具了 2150000 元《收据》,纪念街村民组、第三人冉建红、范越对付款真实性均未提出异议,故法院对褚文镇已付清 16、17 号门面购房款的事实亦予确认。范越与遵义明顺公司签订的《商品房买卖合同》所约定的购房款因未实际发生,故法院不予认定。

第四,合同备案及预告登记情况。本案中,原告纪念街村民组、第三人褚文镇、范越均未在行政机关申请对讼争门面进行预告登记,但褚文镇、范越已在遵义市房产市场管理处对其与被告遵义明顺公司签订的《商品房买卖合同》进行了预售登记备案,而纪念街村民组未申请备案。根据《物权法》第二十条第一款关于"当事人签订买卖房屋或者其他不动产物权的协议,为保障将来实现物权,按照约定可以向登记机构申请预告登记。预告登记后,未经预告登记的权利人同意,处分该不动产的,不发生物权效力"之规定,对不动产进行预告登记方有准物权对抗效力,而合同备案只能表明买受人正在为最终取得物权做准备,故褚文镇、范越进行合同备案只能作为物权分配的参考因素。

第五,占有情况。如前所述,针对 16 号、17 号门面,原告纪念街村民组、第三人褚文镇均已付清购房款,现纪念街村民组的证据优势在于签约在先、占有在先、使用在先,而褚文镇的证据优势则是其已对《商品房买卖合同》进行了备案登记。对此,虽然被告遵义明顺公司与纪念街村民组签订《临时交房协议》时,讼争门面尚不具备法定交房条件,但该门面已在 2007 年 9 月通过了竣工验收,根据《合同法》第一百四十条关于"标的物在订立合同之前已为买受人占有的,合同生效的时间为交付时间"之规定,纪念街村民组至迟也在 2009 年 2 月 12 日通过与遵义明顺公司签订《商品房买卖合同》而合法取得并占有 16 至 18 号门面。纪念街村民组将 16、17 号门面租给苏春城、18 号门面租给苏瑶琪,双方形成租赁合同关系。对于 18 号门面,苏瑶琪自始至终与纪念街村民组签约并交付租金,表明纪念街村民组持续对 18 号门面进行占有、收益、处分;对于 16、17 号门面,虽然遵义明顺公司于 2013 年 5 月 16 日向褚文镇发出《房屋移交通知书》,但因 16、17 号门面已先期交付纪念街村民组并由其占有和对外租赁,故该《房屋移交通知书》不能实现交付效果。2014 年 5 月起,虽然苏春城与纪念街村民组签订的书面《租赁合同》到期,但双方之间的事实租赁合同关系并未解除,纪念街村民组仍然合法对 16、17 号门面进行占有、收益、处分。苏春城虽因褚文镇向其出示《商品房买卖合同》而与之签订《房屋租赁合同》,但根据合同相对性原则,该合同只能约束苏春城与褚文镇而对纪念街村民组无约束力。因苏春城向纪念街村民组租赁在先,即便双方解除租赁关系,苏春城作为合同相对人亦应先行向纪念街村民组返还门面,现苏春城直接与褚文镇签订《房屋租赁合同》,既不能终止其与纪念街村民组之间的租赁合同关系,亦不能阻却纪念街村民组对 16、17 号门面的占有事实。据此,褚文镇辩称其在 2014 年 5 月与苏春城签订租赁合同之后便合法占有、实际控制 16、17 号门面的主张不能成立,法院不予采纳。

第六,权利主张情况。在其他途径难以解决一房二卖不动产的归属及合同履行问题时,买受人应当积极通过司法途径寻求法律救济。2014 年底,原告纪念街村民组在向苏春城催收租金未果并知晓苏春城与第三人褚文镇签订租赁合同之后,便于 2015 年 1 月向遵义市红花岗区人民法院提起诉讼,撤诉后又在 2015 年 7 月向法院起诉主张权利,而褚文镇、第三人范越并未以原告身份起诉请求遵义明顺公司履行协助办理房产证的合同义务,而仅在本案作为第三人提出其为 16、17 号门面合法占有人的抗辩意见。对此,"占有"仅是法律保护的对物进行实际控制的事实状态,其虽具有类物权性质但终究不是物权本身。在一房二卖情形下,基于买卖合同关系对物进行占有的买受人不能对抗最终取得所有权的买受人。换言之,即便褚文镇的前述辩解意见成立,因纪念街村民组、褚文镇与遵义明顺公司签订的《商品房买卖合同》均为有效合同,现纪念街村民组主动寻求司法救济,诉请遵义明顺公司履行协助办理讼争门面房产证义务,故当产权证办理完成,纪念街村民组成为所有权人之时,即便 16、17 号门面为褚文镇占有,其仍应返还给纪念街村民组。

综前所述,原告纪念街村民组与被告遵义明顺公司签订的《商品房买卖合同》系有效合同,其在先取得债权并已如约完成己方主要合同义务即付清购房款并合法占有讼争门面,根据《合同法》第六十条关于"当事人应当按照约定全面履行自己的义务"、第一百零七条关于"当事人一方不履行合同义务或者履行合同义务不符合约定的,应当承担继续履行、采取补救措施或者赔偿损失等违约责任"之规定,遵义明顺公司应当继续履行己方未尽合同义务,即根据其与纪念街村民组签订的《商品房买卖合同》第十五条之约定,按照国务院《不动产登记暂行条例》第十四条第一款关于"因买卖、设定抵押权等申请不动产登记的,应当由当事人双方共同申请"、第十六条第一款关于"申请人应当提交下列材料,并对申请材料的真实性负责:(一)登记申请书;(二)申请人、代理人身份证明材料、授权委托书;(三)相关的不动产权属来源证明材料、登记原因证明文件、不动产权属证书;(四)不动产界址、空间界限、面积等材料;(五)与他人利害关系的说明材料;(六)法律、行政法规以及本条例实施细则规定的其他材料"等规定要求,主动配合、积极协助纪念街村民组共同向产权登记机关提出 16 至 18 号门面的不动产权属登记申请,并提交办理权属登记须由出卖人提供的材料。第三人褚文镇虽对其与遵义明顺公司签订的《商品房买卖合同》进行了备案登记,但其签约在后、债权形成时间较晚且备案行为不具备物权公示、对抗效力,加之其未能合法占有讼争门面以及未向人民法院起诉要求遵义明顺公司履行合同义务,故法院对其辩解意见均不予采纳,褚文镇、第三人曾珠治可另行向遵义明顺公司主张权利。第三人范越与遵义明顺公司签订的《商品房买卖合同》因缺乏证据佐证而真实性存疑,即便因以物抵债签订本合同属实,范越、第三人冉建红由始至终未合法占有 18 号门面且未起诉主张合同权利亦是不争事实,故其辩解意见也难成立,法院不予采纳,冉建红、范越可另行向遵义明顺公司主张权利。

关于确权问题。根据《物权法》第九条第一款关于"不动产物权的设立、变更、转让和消灭,经依法登记,发生效力;未经登记,不发生效力,但法律另有规定的除外"之规定,因讼争 16 至 18 号门面尚未完成不动产权属登记,故原告纪念街村民组诉请确认其为讼争门面所有权人的主张不能成立,法院不予支持。

综上,原告纪念街村民组请求确认其与被告遵义明顺公司签订的《商品房买卖合同》合法有效并诉请遵义明顺公司继续履行合同的主张成立,予以支持;纪念街村民组请求确认其为讼争 16 至 18 号门面所有权人的主张不能成立,予以驳回。

【案例来源】

《中华人民共和国最高人民法院公报》2018 年第 12 期。

【案件名称Ⅱ】

再审申请人郑松与被申请人余拼、北海拓海投资咨询服务有限责任公司房屋买卖

合同纠纷案 [最高人民法院(2016)最高法民申 1234 号民事裁定书，2016.8.19]

【裁判精要】

最高人民法院认为：

三、原判决认定余拼与拓海公司签订的《商品房买卖合同》应当优先于郑松与拓海公司签订的《商品房买卖合同》得到履行是否适用法律错误

商品房预售合同登记备案是国家对不动产交易的一种行政管理方式，并非《物权法》第二十条规定的预告登记，原判决认定郑松与拓海公司在签订《商品房买卖合同》后办理的房屋预售备案登记不产生登记请求权的物权效力，符合法律规定。郑松申请再审中对此亦未提出异议。根据《借款合同》的约定，郑松向拓海公司支付的300 万元实为借款，其并未向拓海公司支付购房款。而余拼与拓海公司的《商品房买卖合同》签订后，余拼依约支付了购房款 1523.2 万元，拓海公司将讼争商铺交付给了余拼使用，2009 年 4 月，余拼将该商铺等出租给北海市皇家餐饮娱乐管理有限公司。参照《最高人民法院关于审理建筑物区分所有权纠纷案件具体应用法律若干问题的解释》第一条第二款基于与建设单位之间的商品房买卖民事法律行为，已经合法占有建筑物专有部分，但尚未依法办理所有权登记的人，可以认定为《物权法》第六章所称的业主；《商品房买卖合同解释》第十一条对房屋的转移占有，视为房屋的交付使用。房屋毁损、灭失的风险，在交付使用前由出卖人承担，交付使用后由买受人承担等规定，占有的推定效力决定了占有事实具有一定意义上符合《物权法》规范性要求的公示效力。余拼对讼争商铺的占有行为就是在公示其对于商铺的权利主张，且这种占有具有公开性、排他性和持续性特点。基于余拼已就讼争商铺支付完全部购房款且已经取得拓海公司交付并实际占有使用的事实，原判决认定余拼与拓海公司签订的《商品房买卖合同》应当优先于郑松与拓海公司签订的《商品房买卖合同》得到履行并无不当。故郑松有关原判决适用法律错误，讼争商铺应归郑松所有的主张，本院亦不予支持。

【案例来源】

中国裁判文书网,http://wenshu. court. gov. cn。

编者说明

《第八次全国法院民事商事审判工作会议(民事部分)纪要》第十五条规定："审理一房数卖纠纷案件时，如果数份合同均有效且买受人均要求履行合同的，一般应按照已经办理房屋所有权变更登记、合法占有房屋以及合同履行情况、买卖合同成立先后等顺序确定权利保护顺位。但恶意办理登记的买受人，其权利不能优先于已经合法占有该房屋的买受人。对买卖合同的成立时间，应综合主管机关备案时间、合同载明的签订时间以及其他证

据确定。"即对于房地产商非法融资及一房多卖、重复抵押的,在相对人均为善意的情况下,应按照物权优先于债权的原则、物权成立时间先后以及合同履行情况等,确定权利优先保护的顺位。尤其是注意正确认识占有的权利推定效力,妥善处理占有与登记之间的冲突,依法保护合法占有人的权益。①

出卖人就同一房屋订立两个以上买卖合同,形成两个以上具有重叠内容的债权债务关系,俗称"一房数卖",主要涉及两个问题:第一,几个买卖合同的效力是否受到影响;第二,数个买受人的利益如何保护。

对于第一个问题,通说认为,我国物权变动系采债权形式主义物权变动模式,即债权行为加交付或登记的事实行为发生物权变动。根据《物权法》第十五条确定的区分原则,当事人之间订立的房屋买卖合同,除法律另有规定或者合同另有约定外,自合同成立时生效;未办理物权登记,不影响合同效力。因此,出卖人就同一房屋订立数个买卖合同的,在没有其他合同无效情形的情况下,数个买卖合同均应为有效合同。

对于第二个问题,根据债权平等原则,在数个买卖合同均为有效合同的情况下,数个买受人作为债权人的合法利益均应受到法律保护,各受让方均可要求继续履行合同。但房屋只有一个,哪一份合同能够得到继续履行,着重考察各个合同的履行程度确定对不同当事人的保护顺序。如果数份合同均有效且买受人均要求履行合同的,一般应优先保护已经办理房屋所有权变更登记的买受人,因为此时该买受人已经成为合法的物权人;对于各买受人均没有办理登记的,应当优先保护已经合法占有房屋的买受人;如果各个买受人均未办理所有权变更登记,也未合法占有,则要进一步考察合同履行情况,比如购房款的缴纳情况、买卖合同的登记备案情况、办理贷款情况等,总体的原则应是公平原则和经济原则,避免因恢复原状或者重复履行造成社会经济和司法成本的巨大浪费。如果数个买卖合同均未履行的情况,可以参考买卖合同成立先后等顺序确定权利保护顺位。由于合同关系仅在当事人内部发生,如果各方对买卖合同的成立时间存在争议的,应综合主管机关备案时间、合同载明的签订时间以及其他证据等综合确定。当然,注意防止当事人之间通过倒签合同或者篡改合同签订时间等方式获取不法利益。

特别说明的是,虽然根据物权优先于债权的基本原则,应当优先保护已经办理所有权登记的买受人利益,但如果根据已经查明的案件事实,在办理所有权转移登记之前,其他买受人已经合法占有该房屋的,办理登记的买受人不能作出合理说明,一般情况下出卖人与该买受人可能存在关联公司或者近亲属等密切关系的,应注意审查当事人之间是否存在恶意串通损害第三人利益的情形,如果存在,则相应的买卖合同应当认定为无效,该恶意办理登记的买受人,其权利不能优先于已经合法占有该房屋的买受人。②

---

① 参见程新文:《关于当前民事审判工作中的若干具体问题》(2015年12月24日),载最高人民法院民事审判第一庭编:《民事审判指导与参考》(总第64辑),人民法院出版社2016年版,第57页。

② 参见王丹:《房地产纠纷案件审理中的疑难问题》,载最高人民法院民事审判第一庭编:《民事审判指导与参考》(总第68辑),人民法院出版社2017年版,第39~42页。

448 《商品房买卖合同解释》第八条规定的惩罚性赔偿制度中的"损失"不包括对可得利益损失的赔偿，一般不应与《合同法》规定的可得利益赔偿同时适用

【关键词】

｜房屋买卖｜违约责任｜惩罚性赔偿｜可得利益｜

【案件名称】

上诉人郑国安与上诉人青海万通物业发展有限公司商品房买卖合同纠纷案〔最高人民法院二审民事判决书，2014.9.4〕

【裁判精要】

裁判摘要：根据《商品房买卖合同解释》第八条的制定背景及目的，其规定的惩罚性赔偿制度主要针对的是房价涨速过快、涨幅较大情形下房地产开发商在较短时间内一房数卖的行为，该条规定的"损失"不包括对可得利益损失的赔偿，一般不应与《合同法》第一百一十三条第一款规定的可得利益赔偿同时适用。

最高人民法院认为：

（一）关于万通公司是否应赔偿郑国安已付购房款一倍的损失5035400元的问题

首先，《商品房买卖合同解释》第八条规定："具有下列情形之一，导致商品房买卖合同目的不能实现的，无法取得房屋的买受人可以请求解除合同、返还已付购房款及利息、赔偿损失，并可以请求出卖人承担不超过已付购房款一倍的赔偿责任：……（二）商品房买卖合同订立后，出卖人又将该房屋出卖给第三人。"该条规定明确赋予买受人请求出卖人承担解除合同、返还已付购房款及利息、赔偿损失等合同解除后的民事责任，并承担不超过已付购房款一倍的惩罚性赔偿责任的权利，万通公司认为该条规定明确出卖人承担的损害赔偿责任不应超过已付购房款一倍系理解错误，不能成立。

其次，赔偿损失是指违约方以支付金钱的方式弥补受损害方因违约行为所减少的财产或者所丧失的利益，包括所受损失和可得利益。根据《合同法》第一百一十三条第一款的规定，合同履行后的可得利益应当由违约方予以赔偿，因此，万通公司应当赔偿郑国安的所受损失和可得利益。而考察《商品房买卖合同解释》第八条的制定背景及目的，该条规定的"损失"并不包括对可得利益损失的赔偿，而对于在房价涨速过快、涨幅较大的情形下，房地产开发商在较短时间内一房数卖的行为，仅支持返还已付购房款及利息，赔偿所受损失将会导致出卖人违约成本过低、从而在客观

上鼓励违约行为的后果,故该条进一步规定了惩罚性赔偿制度。因此,应当综合考虑上述情形,对万通公司应当承担的违约责任加以认定。对于郑国安主张的已付房款一倍即5035400元赔偿,虽然万通公司存在违约行为,但郑国安已经占有案涉商铺6年多并用于出租,万通公司向新华百货公司过户商铺产权时,就案涉商铺的回购问题与郑国安进行过洽谈,并且万通公司以同样的方式回购了其他商铺,因此,万通公司的行为有别于《商品房买卖合同解释》第八条规定的情形,一审判决对郑国安请求赔偿已付购房款一倍的损失5035400元的主张不予支持并无不当,本院予以维持。

(二)关于一审判决万通公司赔偿郑国安商铺差价损失11513700元是否正确的问题

郑国安一审起诉所主张的房屋涨价损失,实际上指的就是可得利益损失。《合同法》第一百一十三条第一款规定,违约方应当赔偿守约方的可得利益损失,但不得超过其订立合同时预见到或者应当预见到的因违反合同可能造成的损失。本案中,万通公司与郑国安签订《商品房买卖合同》时,《商品房买卖合同解释》已经实施,因此,万通公司应当预见到,如其违反合同约定,根据该解释第八条的规定,其可能承担的违约责任,除对方当事人所受直接损失外,还可能包括已付购房款一倍的赔偿。综合本案中郑国安已经实际占有案涉房产并出租获益6年多,以及万通公司将案涉房产转售他人的背景、原因、交易价格等因素,一审判决以合同无法继续履行时点的市场价与郑国安购买价之间的差额作为可得利益损失,判令万通公司赔偿郑国安11513700元,导致双方当事人之间利益的显失平衡,超出了当事人对违反合同可能造成损失的预期,根据《合同法》第一百一十三条第一款规定精神,为了更好平衡双方当事人的利益,本院酌定万通公司赔偿郑国安可得利益损失5035400元。

此外,关于郑国安主张一审判决以2012年1月20日作为评估基准日缺乏事实和法律依据,从而少判商铺差价损失1384500元的问题,本院认为,鉴定意见仅系法院最终确认的参考,以何时点作为评估基准日进行鉴定,系一审法院行使自由裁量权的范畴,故其该理由不能成立。关于当事人重新鉴定的申请,是否予以采纳属于人民法院在审理案件中的审判职权行使问题,《民事诉讼法》《最高人民法院关于民事诉讼证据的若干规定》并未规定必须要通过裁定等方式对当事人予以回复,故万通公司认为一审法院对其申请既没有驳回、也没有采信违法的理由没有法律依据。

(三)关于万通公司是否应赔偿郑国安购房按揭贷款利息1070474.58元的问题

由上所述,郑国安的可得利益损失应当得到赔偿,而郑国安主张的按揭贷款利息,系合同正常履行后郑国安为获得利益所支出的必要成本,故一审判决对郑国安请求赔偿购房按揭贷款利息1070474.58元的主张不予支持并无不当,本院予以维持。

【权威解析】

本案的核心问题在于如何理解《商品房买卖合同解释》第八条规定的出卖人应承担的违约责任。

《商品房买卖合同解释》第八条规定:"具有下列情形之一,导致商品房买卖合同目的不能实现的,无法取得房屋的买受人可以请求解除合同、返还已付购房款及利息、赔偿损失,并可以请求出卖人承担不超过已付购房款一倍的赔偿责任:……(二)商品房买卖合同订立后,出卖人又将该房屋出卖给第三人。"本案中,万通公司在将案涉房屋出卖给郑国安后,又将其出售给新华百货公司并办理了产权过户手续,符合《商品房买卖合同解释》第八条规定的情形。

一方面,根据制定该司法解释时的合同法理论,解除合同、返还已付购房款及利息、赔偿损失系合同解除后出卖人应承担的责任(不同于违约责任),不超过已付购房款一倍的赔偿责任系出卖人因其恶意违约行为而应承担的惩罚性赔偿责任。从文义理解,上述两种责任是并行不悖的,无法取得房屋的买受人可以请求出卖人同时承担上述两种责任,该条并未将出卖人此种情形下应承担的民事责任限定为不超过已付购房款一倍,故万通公司认为不应赔偿超过已付购房款一倍的上诉理由不能成立。

另一方面,郑国安请求万通公司赔偿购房按揭贷款利息及已付购房款一倍的损失,对此应否支持,应当在正确理解《商品房买卖合同解释》第八条规定的背景、涵义的基础上,并结合本案的实际情况加以认定。这其中的关键问题是对《商品房买卖合同解释》第八条中所称的"损失"的理解,对此,应当以该司法解释制定时的考虑及理论研究背景加以理解。

损害赔偿,又称为赔偿损失,是指违约方以支付金钱的方式弥补受损害方因违约行为所减少的财产或者所丧失的利益,包括所受损失和可得利益。对合同解除的损害赔偿的范围分歧较大。有观点认为,合同解除的损害赔偿是对全部损失的赔偿,包括所受损失和可得利益;也有观点认为,损害赔偿仅仅是对恢复原状而发生的。笔者认为,根据《民法通则》和《合同法》有关规定和损害赔偿理论,合同解除后的损害赔偿首先应包括因恢复原状而发生的损害,因合同解除的法律效果就是要将当事人之间的权利义务关系恢复到合同订立前的状态,恢复原状作为合同解除的首要责任,其目的就在于通过当事人之间相互返还已履行的财产,恢复到当事人的财产原始状况。如通过返还财产的办法仍不足以使当事人的财产关系恢复到原来状态,还有因订立、履行合同或返还财产等实际支出的费用,就须借助损害赔偿予以补救。这些费用主要为因返还财产支出的必要费用、为订立合同或履行合同而造成的财产实际损失等,也即所受损失。但解除合同的损害赔偿不包括对可得利益损失的赔偿。根据《合同法》第一百一十三条规定,可得利益是在合同完全履行的情况下才能产生,只是在当事人一方不履行合同义务或者履行不符合约定,相对方请求人民法院强制违约方履行时应承担的赔偿责任,可得利益的取得是以合同双方继续履行为前提的。在合同解除的情况下,表明守约当事人不愿继续履行合同,放弃了可得利益,因此,赔偿损失范围内不应包括可得利益的损失。① 而仅仅赔偿所受损失,在房价快速大幅上涨的情形下,往往会导致出卖人违约成本过低,为了平衡买卖双方的利益,该条司法解释因此还对出卖人课以赔偿相应的购房款利息以及不超过已付购房款一倍的惩罚性赔偿。因此,如按此理解,万通公司应承担的返还已付购房款及利息、赔偿损失、不超过已付购房款一倍的赔偿责任总计金额应当不超过 1200 万元。而本案一审判决已经根据《合同法》第一百一十三条之规定支持了郑国安的可得利益损失 11513700 元,万通公司承担的民事责任总计金额已经达到了 1600 余万元。而且,本案确实存在案涉房屋已经交付给郑国安 6 年多、万通公司在当地政府的主导下与郑国安进行了房屋回购的洽谈等有别于《商品房买卖合同解释》第八条的情形。因此,在此种情况下,一审判决对郑国安主张的按揭贷款利息及已付购房款一倍的赔偿未予支持并无不当,符合《合同法》第一百一十三条、《商品房买卖合同解释》第八条的精神以及本案的实际情况。

当然,对于可得利益损失的计算有其特定的法律规则。《合同法》第一百一十三条明确规定损失赔偿额应当相当于因违约所造成的损失,包括合同履行后可以获得的利益,但不得超过违反合同一方订立合同时预见到或者应当预见到的因违反合同可能造成的损失。《最高人民法院关于当前形势下审理民商事合同纠纷案件若干问题的指导意见》第十条规定:"人民法院在计算和认定可得利益损失时,应当综合运用可预见规则、减损规则、损益相抵规则以及过失相抵规则等,从非违约方主张的可得利益赔偿总额中扣除违约方不可预见的损失、非违约方不当扩大的损失、非违约方因违约获得的利益、非违约方亦有过失所造成的损失以及必要的交易成本。"因此,根据可预见规则,2004 年双方订约卖房,考虑到无论哪一方当事人都难以预期2012 年的房价,故仅仅以合同无法继续履行时点的市场价与郑国安购买价之间的差额计算可得利益损失,难免失之于简,再加上万通公司并非明显为了牟利而恶意违约、郑国安于占有房屋期间所获的租金收入等情况,一审判决万通公司承担 1100 多万元的可得利益损失则在法律和事实上均有不当。那么,在本案中,笔者认为,参考《商品房买卖合同解释》第八条关于惩罚性赔偿的规定确定可得利益损失较为恰当。因为《商品房买卖合同解释》在 2004 年时已经生效实施,万通公司应当预见到如果

① 参见最高人民法院民事审判第一庭编著:《最高人民法院关于审理商品房买卖合同纠纷案件司法解释的理解与适用》,人民法院出版社 2003 年版,第 107～109 页。需要特别指出的是,根据现在的合同法理论研究成果,《合同法》第一百一十三条规定的可得利益损失亦适用于合同解除的情形,而非以合同继续履行为前提了。

违反合同约定,则其对自身的损失除去应承担的对方所受损失外,显然还包括惩罚性赔偿,也就是买方已支付购房款一倍的赔偿。因此,虽然如上所述,本案不应支持惩罚性赔偿,但以此为参照标准确定应赔偿的可得利益损失有事实及法律依据,故最高人民法院最终确定万通公司赔偿郑国安的可得利益损失金额为5035400元。①

【案例来源】

最高人民法院民事审判第一庭编:《民事审判指导与参考》(总第61辑),人民法院出版社2015年版,第251~253页。

编者说明

一物数卖,亦称"二重买卖",指出卖人与数个相对人订立买卖合同,将同一标的物多次出卖的行为。关于多重买卖合同的效力认定问题,最高人民法院的意见是:除存在《合同法》第五十二条规定的合同无效情形外,各个买卖合同均有效。就合同标的物的所有权而言,除当事人另有约定或者法律另有规定外,先接受标的物交付或完成登记的买受人应取得标的物的所有权,出卖人向不能取得标的物所有权的其他买受人承担违约赔偿责任。最高人民法院《合同法解释(二)》第十五条就此问题再次予以明确。

《商品房买卖合同解释》第八条规定:"具有下列情形之一,导致商品房买卖合同目的不能实现的,无法取得房屋的买受人可以请求解除合同、返还已付购房款及利息、赔偿损失,并可以请求出卖人承担不超过已付购房款一倍的赔偿责任;……(二)商品房买卖合同订立后,出卖人又将该房屋出卖给第三人。"前述郑国安与青海万通物业发展有限公司商品房买卖合同纠纷二审案,万通公司在将案涉房屋出卖给郑国安后,又将其出售给新华百货公司并办理了产权过户手续,符合《商品房买卖合同解释》第八条规定的情形。

449 出卖人一房二卖,不管其是否具有恶意违约故意,无法取得房屋的买受人均可请求出卖人承担不超过已付购房款一倍的赔偿责任

【关键词】

│房屋买卖│一房数卖│惩罚性赔偿│违约责任│

【案件名称】

湖北金华实业有限公司与苏金水、武汉皓羽地产顾问有限公司商品房买卖合

---

① 参见司伟:《如何理解〈最高人民法院关于审理商品房买卖合同纠纷案件适用法律若干问题的解释〉第八条关于惩罚性赔偿的规定,违约方在承担了合同法第一百一十三条规定的可得利益损失的情况下,是否还应承担惩罚性赔偿——郑国安与青海万通物业发展有限公司商品房买卖合同纠纷二审案》,载最高人民法院民事审判第一庭编:《民事审判指导与参考》(总第60辑),人民法院出版社2015年版,第253~255页。

同纠纷案［最高人民法院（2012）民抗字第 24 号民事判决书，2013.7.1］

【裁判精要】

裁判摘要：（1）人民法院审理检察机关抗诉的再审案件一般应以原审审理范围为限。当事人的诉讼请求不同于支持其提出请求的理由和依据，如当事人提出请求的理由和依据不同于检察机关抗诉所提出的理由和依据，并不意味其申请抗诉的请求未获得检察机关抗诉支持；当事人的再审请求未超出原审审理范围的，人民法院再审中应予审理。

（2）在房地产开发企业委托代理机构销售房屋的情况下，房地产开发企业因委托代理机构未告知其特定房屋已经售出而导致一房二卖，属于其选择和监督委托代理人的经营风险，不得转嫁于购房者，房地产开发企业以此为由主张最高人民法院《商品房买卖合同解释》第八条规定的惩罚性赔偿应予免除的请求，人民法院不予支持。

最高人民法院认为：

二、关于金华公司是否因另售 06 号、07 号商铺而对苏金水负担相应赔偿责任的问题

根据本院《商品房买卖合同解释》第八条规定，"具有下列情形之一，导致商品房买卖合同目的不能实现的，无法取得房屋的买受人可以请求解除合同、返还已付购房款及利息、赔偿损失，并可以请求出卖人承担不超过已付购房款一倍的赔偿责任：（一）商品房买卖合同订立后，出卖人未告知买受人又将该房屋抵押给第三人；（二）商品房买卖合同订立后，出卖人又将该房屋出卖给第三人。"可见，只要出卖人在商品房买卖合同订立后事实上存在将该房屋出卖给第三人的行为，无法取得房屋的买受人即可请求出卖人承担不超过已付购房款一倍的赔偿责任，且上述规定中并不存在此种赔偿责任的适用以出卖人具有恶意违约故意为前提的规定。2006 年 4 月皓羽公司作为委托代理人与苏金水订立 06 号合同与 07 号合同，法律后果上即为被代理人金华公司已与苏金水订立 06 号合同与 07 号合同，此后金华公司向苏金水之外的第三人出卖房屋并导致苏金水无法取得 06 号、07 号商铺，苏金水即有权依据本院《商品房买卖合同解释》第八条第（二）项规定请求金华公司承担不超过其已付购房款一倍的赔偿责任。而金华公司的相关申诉请求实质上系将其选择及监督委托代理人的经营风险不当转嫁于购房者，本院不予支持。在金华公司另售商铺导致 06 号、07 号合同已无继续履行可能的情况下，二审法院依据苏金水的诉讼请求而判令解除 06 号、07 号合同并无不当。同时，二审酌情判决金华公司向苏金水承担购房款金额 50% 的赔偿责任，作为相关权利的有权处分人苏金水在再审中表示尊重二审该判决结果，故本院对该赔偿比例不予调整。

另,(1)关于再审审理范围的问题。苏金水再审中提出因抗诉并未支持金华公司的申诉请求,应根据本院《关于适用〈中华人民共和国民事诉讼法〉审判监督程序若干问题的解释》第三十三条规定,金华公司的观点不应纳入再审范围。苏金水该项主张的基础系其认为抗诉理由与金华公司对两份购房合同效力认识理由存在不同,但当事人的诉讼请求不同于支持当事人提出请求的理由和依据,金华公司对合同效力认识所提出的理由和依据不同于抗诉所提出的理由和依据,并不意味其申诉请求未获得抗诉支持,且金华公司的再审请求并未超出本案原审的审理范围,因此对苏金水的该项主张,本院不予支持。苏金水再审中还提出此前湖北省武汉市中级人民法院撤销本案仲裁裁决、一审判决结果和执行行为均存在违法情形,因本院再审此案系基于最高人民检察院对湖北省高级人民法院二审判决所提出的抗诉,其审理范围一般应以原审审理范围为限,苏金水的前述主张并未在原审中主张,显然不属于本案再审审理范围,本院不予处理。(2)关于二审判决确定皓羽公司所承担责任是否应当变更的问题。在委托代理人皓羽公司销售 06 号、07 号商铺的行为构成有权代理且 06 号、07 号合同被解除的情况下,根据法律的规定,应由被代理人金华公司单独承担向苏金水返还购房款及赔偿资金占用损失的给付义务,二审法院却判令皓羽公司向苏金水返还购房款及赔偿资金占用损失并由金华公司对此负补充赔偿责任,本院本应依法予以纠正,但考虑到如予改判将加重申诉人金华公司的责任负担,加之二审判决关于赔偿责任的此种认定既未超出苏金水诉讼请求的总体范围,也未实质损害苏金水的利益,还未损害国家利益和社会公共利益,同时苏金水再审中对此未提出异议,作为有权处分其自身权利的民事主体皓羽公司在再审中亦要求维持二审判决,故为尊重当事人的处分权和维护已进入稳定的社会关系和秩序,本院对此不作变更。

【案例来源】

《中华人民共和国最高人民法院公报》2014 年第 1 期(总第 207 期)。

450 部分房屋转让给案外人且已经办理过户手续或者办理网签的,针对该部分房屋的履行,已出现客观障碍的处理

【关键词】

| 房屋买卖 | 继续履行 | 赔偿损失 |

【案件名称】

再审申请人湖北江山重工有限责任公司与被申请人襄阳华康投资有限公司、原审第三人襄阳市慧江混凝土有限公司、湖北江山专用汽车有限公司房屋买卖合

同纠纷案［最高人民法院（2018）最高法民再50号民事判决书，2018.8.28］

【裁判精要】

最高人民法院认为：

四、商品房合同目前能否实际履行

（一）原判决确认的华康公司应交付给江山重工公司的第2#一单元2-1-17A-1，第2#一单元2-1-24-3，第2#二单元2-2-24-1，第2#二单元2-2-24-3四套房屋，可以实际履行。根据商品房合同第八条、第九条的约定，华康公司应向江山重工公司支付该四套房屋逾期交房违约金。（二）江山重工公司提交的三份证据证明，第2#一单元2-1-24-1号（以下简称2-1-24-1号）、第2#一单元2-1-24-2号（以下简称2-1-24-2号）、第2#二单元2-2-24-2号（以下简称2-2-24-2号）房产在原二审判决作出后发生变化，其中2-1-24-1号转让给案外人张风且已经办理过户手续，2-1-24-2号、2-2-24-2号转让给案外人郭磊且办理了网签。针对该三套房屋的履行，已经出现了客观障碍。经本院释明，江山重工公司称其不变更诉讼请求，但其确认的该项诉讼请求为"继续履行合同，在不能交付房屋的情况下，按实际的销售价格进行补偿"。《民法总则》第一百七十九条"承担民事责任的方式"第（七）项为"继续履行"，第（八）项为"赔偿损失"。江山重工公司在再审庭审中所明确的诉讼请求，即为在不能继续履行合同的情况下，请求赔偿损失。本院《关于民事审判监督程序严格依法适用指令再审和发回重审若干问题的规定》（法释〔2015〕7号）第七条规定，"再审案件应当围绕申请人的再审请求进行审理和裁判……当事人的再审请求超出原审诉讼请求的不予审理，构成另案诉讼的应告知当事人可以提起新的诉讼"。本案再审中，江山重工公司提出了"赔偿损失"诉讼请求，超出了原审的诉讼请求，因江山重工公司不同意调解，本院无法予以审理。故驳回江山重工公司对2-1-24-1、2-1-24-2、2-2-24-2号房产的诉讼请求，其可就这三套房屋另行起诉。

【案例来源】

中国裁判文书网，http://wenshu.court.gov.cn。

451 房地产公司未进行商品房预售合同备案登记，且对买房人的合理请求没有给予积极的答复，买房人在履行付款义务前，有权要求中止履行合同先履行义务

【关键词】

｜房屋买卖｜合同履行｜预售｜不安抗辩权｜

【案件名称】

某房地产公司与某买房人商品房买卖合同纠纷申请再审案［最高人民法院民事裁定书］

【裁判精要】

裁判摘要:根据《商品房买卖合同解释》第一条"本解释所称的商品房买卖合同,是指房地产开发企业……将尚未建成或已竣工的房屋向社会销售并转移房屋所有权于买受人,买受人支付价款的合同"的规定,买房人的主要合同义务是按期交纳房款,开发商的主要合同义务就是转移房屋所有权,先交款后交房是涉案合同中对待给付的内容。买房人提出不安抗辩的理由主要就是备案问题和抵押问题,并非主要债务内容。在这种情况下,买房人提出的不安抗辩权能否成立? 本案的情况是房地产公司拒绝办理预售备案登记,显然属于给付意愿欠缺而非不能履行,买房人为充分保障自身的权利,行使不安抗辩暂缓交纳剩余房款,似也可以理解。此后,房地产公司在双方合同履行期间,又将涉案全部房屋抵押给第三人,属于一种加重买房人不安的不当行为。故买房人的不安抗辩权可以成立。

最高人民法院认为:

房地产公司未能依法进行商品房预售合同备案登记,且对买房人的合理请求没有给予积极的答复不当。在上述情况下,买房人在履行付款义务前,为保障合同的顺利履行,要求中止履行合同先履行义务,具有法律依据。房地产公司不能提交充分的证据证明已告知买房人涉案房屋已抵押的情况,故一、二审法院认定房地产公司故意隐瞒所售房屋部分抵押的事实正确。买房人了解到合同所涉标的在预售前已经进行贷款抵押登记后,再次去函重申行使不安抗辩权,并无不当。双方对合同履行发生争议后,在合同未终止的情况下,房地产公司与第三人签订抵押合同将涉案之房重新设置抵押不当。二审判决支持买房人要求房地产公司继续履行合同的请求,适用法律并无不当。综上,裁定驳回房地产公司的再审申请。

【权威解析】

本案买房人的不安抗辩权能否成立,存在着重大的争议,经过一、二审法院审委会甚至最高人民法院审委会讨论才最终定案。根据《商品房买卖合同解释》第一条"本解释所称的商品房买卖合同,是指房地产开发企业将尚未建成或已竣工的房屋向社会销售并转移房屋所有权于买受人,买受人支付价款的合同"的规定,买房人的主要合同义务是按期交纳房款,开发商的主要合同义务就是转移房屋所有权,先交款后交房是涉案合同中对待给付的内容。买房人提出不安抗辩的理由主要就是备

案问题和抵押问题,并非主要债务内容,具体分析如下:

1. 关于备案的问题。合同中并未对备案问题进行约定,只是相关行政法规和部门规章规定签订合同后 30 日内开发商应办理预售商品房登记备案,该义务仍是后给付义务。预售备案制度可以防止开发商一房二卖,是最终交房的保障之一。本案的情况是房地产公司拒绝办理预售备案登记,显然属于给付意愿欠缺而非不能履行,买房人为充分保障自身的权利,行使不安抗辩暂缓交纳剩余房款,似也可以理解。

2. 关于抵押的问题。现代民法已经从重视财产的归属向重视财产的利用转变,抵押不改变占有,有利于发挥财产的使用和收益权能,不应对其有过敏反应。本案中,抵押涉及的范围很小,买房人所应先给付的第二期房款也足以清偿相应的抵押债务。但房地产公司未告知买受人待交付的标的物权利上存在瑕疵,①确实有损商誉,①设定抵押的部分房屋也确实存在交付不能的风险,按照上述定性不定量理论,即使后履行债务人仅有小部分债务存在给付能力恶化的情形,先履行债务人仍可以就其全部先履行债务主张不安抗辩权。此后,房地产公司在双方合同履行期间,又将涉案全部房屋抵押给第三人,属于一种加重买房人不安的不当行为。综上,买房人的不安抗辩权可以成立,但本案也揭示出不安抗辩权成立条件的判定制度亟须完善。②

【案例来源】

杜万华主编:《最高人民法院民商事案件审判指导》(第 4 卷),人民法院出版社 2016 年版,第 20~31 页。

---

① 当然,该行为是否已经达到了《合同法》第六十八条规定的"丧失商业信誉"的程度,值得研究。

② 参见万挺:《不安抗辩权,时间利益的争夺》,载杜万华主编:《最高人民法院民商事案件审判指导》(第 4 卷),人民法院出版社 2016 年版,第 215~228 页。

第六章｜CHAPTER 06

交付房屋与过户登记

452 法院在审理双方的房屋买卖合同关系时，不得违反合同相对性原则，直接判令不涉及该法律关系的案外人履行其与一方当事人的过户登记义务

【关键词】

│房屋买卖│过户登记│相对性│

【案件名称】

上诉人保亭黎族苗族自治县城乡投资有限责任公司与被上诉人陈冰、海南保亭华唐风情街投资管理有限公司、江西华唐投资有限公司房屋买卖合同纠纷案［最高人民法院（2018）最高法民终242号民事判决书，2018.6.29］

【裁判精要】

最高人民法院认为：

二、关于一审判决判令保亭城投公司应将案涉房屋土地使用权证或者不动产权证书办理过户登记至保亭华唐公司名下是否正确的问题

据已生效的50号判决认定："江西华唐公司主张存在先办证后付款的合同履行顺序缺乏合同依据……故在江西华唐公司欠付转让金事实成立的情况下，其主张土地登记过户手续应由保亭城投公司先行办至保亭华唐公司名下且以享有先履行抗辩权为由拒付剩余转让金，与竞买须知约定内容明显不符，不能成立。"该判决判令江西华唐公司、保亭华唐公司向保亭城投公司支付尚欠的转让金9400万元及相应的逾期付款违约金，驳回了保亭城投公司的其他诉讼请求。可见，保亭城投公司在未收到全部案涉项目土地转让款的情况下，有权不将相关土地使用权过户至保亭城投公司名下。在江西华唐公司、保亭华唐公司履行完毕50号判决判项后，保亭城投公司才应履行办理相关土地使用权证过户登记手续的义务。一审判决在保亭城投公司已申请执行50号判决，但未执行完毕，未得到尚欠转让金的情况下，判令保亭城投公司应将案涉房屋土地使用权证或者不动产权证书办理过户登记至保亭华唐公司名下，与50号判决的结果产生冲突。

而且，本案纠纷源自陈冰与保亭华唐公司签订的《房地产买卖协议书》，该合同只能约束合同双方。保亭城投公司是否应当、何时应当履行办理案涉项目的相关土地使用权证过户登记手续，决定于保亭城投公司与江西华唐公司、保亭华唐公司的合同关系。一审判决在审理陈冰与江西华唐公司、保亭华唐公司的房屋买卖合同关系时，直接判令不涉及该法律关系的保亭城投公司履行其与江西华唐公司、保亭华唐公司的其他合同义务，违反了合同相对性原则，系适用法律错误。本院依法予以纠正。

但陈冰已经履行完《房地产买卖协议书》约定的义务,应当享有案涉房屋的物权,保亭华唐公司负有将案涉房屋的房屋产权证办理至陈冰名下的义务。虽然 50 号判决的履行结果,决定了案涉房屋的土地使用权证能否办至保亭华唐公司名下,从而决定了保亭华唐公司能否最终办至陈冰名下,但保亭城投公司与江西华唐公司、保亭华唐公司关于案涉项目土地使用权证过户的问题已经生效 50 号判决审理判定,本案不能对此重复审理,更不能做出有冲突的判决结果。因此,本院对陈冰关于保亭城投公司应将案涉房屋对应的土地使用权证办理过户登记至保亭华唐公司名下的诉讼请求不予支持。保亭华唐公司应及时履行 50 号判决确定的义务,若因执行 50 号判决的问题,导致不能履行将案涉房屋的房屋产权证办理至陈冰名下,应承担《房地产买卖协议书》约定的履行不能的责任。

【案例来源】

中国裁判文书网,http://wenshu. court. gov. cn。

453 房屋买卖合同约定开发商承担逾期交房责任后,逾期办证的违约责任就不予承担的,属于免除开发商按时办证义务的无效格式条款

【关键词】

│房屋买卖│办证│违约责任│格式条款│

【案件名称】

原告周显治、俞美芳诉被告余姚众安房地产开发有限公司商品房销售合同纠纷案[浙江省宁波市中级人民法院二审民事判决书,2014.8.13]

【裁判精要】

裁判摘要:商品房买卖中,开发商的交房义务不仅仅局限于交钥匙,还须出示相应的证明文件,并签署房屋交接单等。合同中分别约定了逾期交房和逾期办证的违约责任,但同时又约定开发商承担了逾期交房的责任之后,逾期办证的违约责任就不予承担的,应认定该约定属于免除开发商按时办证义务的无效格式条款,开发商仍应按照合同约定承担逾期交房、逾期办证的多项违约之责。

浙江省余姚市人民法院一审认为:

本案的争议焦点:一是涉案房屋的交付;二是违约责任的承担。

本案中,原告周显治、俞美芳与被告众安公司签订的《商品房买卖合同》系双方当事人真实意思表示,属有效合同,对当事人具有法律约束力。双方当事人应按照

约定全面履行自己的权利义务。当事人一方不履行合同义务或者履行合同义务不符合约定的,应当承担继续履行、采取补救措施或者赔偿损失等违约责任。

一、涉案房屋的交付

《商品房买卖合同解释》第十一条规定:对房屋的转移占有,视为房屋的交付使用,但当事人另有约定的除外。依据原告周显治、俞美芳与被告众安公司双方所签订的《商品房买卖合同》的约定,"出卖人应当在2012年12月31日前,将符合各项条件的商品房交付买受人使用;商品房达到交付使用条件后,出卖人应当书面通知买受人办理交付手续,双方进行验收交接时,出卖人应当出示本合同第九条规定的证明文件,并签署房屋交接单,在签署房屋交接单前,出卖人不得拒绝买受人查验房屋,所购商品房为住宅的,出卖人还须提供《住宅质量保证书》和《住宅使用说明书》,出卖人不出示证明文件或出示证明文件不齐全,买受人有权拒绝交接,由此产生的延期交房责任由出卖人承担"。被告认为依据二原告出具的《双方同意书》,被告已就房屋交房情况向原告作了明确说明,原告已经知晓被告无须再在2012年12月31日前另行书面通知原告办理交房手续。二原告在该《双方同意书》上言明"经本人与众安公司协商一致,本人按照合同约定时间配合办理相关交房工作,以便按期办理相关产证等手续,但不领取×幢×号钥匙等物料",该文字表述并没有包含被告无须书面通知原告方办理房屋交付手续的意思表示,只是原告表明愿意按照合同约定的时间配合被告办理相关交房工作,即并未免除被告的书面通知以及签署交接单等义务,因此商品房达到交付使用条件后,被告仍应当按照合同的约定以书面的方式通知原告方办理房屋交付手续,双方进行验收交接,并签署房屋交接单等,且不仅仅局限于"领取×幢×号钥匙等物料"。被告辩称原告在该《双方同意书》上已向被告承诺将于约定日期即2012年12月31日前配合被告办理相关交房手续,以便按期办理产权手续,现原告无正当理由不予以配合交房工作是明显违约行为,但被告未向法院提供证据以证明确系原告不配合导致被告无法完全交房。且在2013年9月23日,原告就×幢×号房产的有关车库、地下室、进户门、阳台等方面的质量瑕疵问题至被告处交涉,被告方的工作人员在《悦龙湾×幢×号房产所在问题》上进行了说明,并提出整改意见(在2013年10月5日前整改完毕)。可见,双方事实上也认可涉案房屋尚未具备交付条件,该房屋亦未实际转移给原告方占有使用。同时,依据二原告在该《双方同意书》上的承诺"本人承诺愿意在2013年6月30前将×幢×号作为众安公司工程部办公使用待期满后于2013年7月1日将房屋钥匙等相关物料重新交接,如不能如期交付按商品房买卖合同第十条逾期交房的违约责任来处理,房屋内部恢复合同交房标准,特此承诺",可推断出原告方同意将涉案房屋延迟至2013年7月1日交付。综合分析上述情况,法院认定被告尚未依照约定将涉案房屋交付给原告方,故被告的逾期交付行为已构成违约。

二、违约责任的承担

1. 原告俞美芳、周显治认为被告众安公司应当承担逾期交房和逾期交付房产证、土地证的违约责任;被告认为被告已经于 2013 年 3 月 9 日取得涉案房屋所有权证,于 2013 年 3 月 25 日取得土地使用权证,上述均属于合同约定 2013 年 3 月 31 日之前,只有在买卖双方办理完毕交房手续后上述权证才可以过户到原告名下,因原告原因导致产权证无法过户,即使认定被告逾期交房,那么逾期交房屋权属证书时间应当相应的顺延。首先,《商品房买卖合同》载明,"出卖人负责办理土地使用权初始登记,取得《土地使用权证书》或土地使用证明,出卖人负责申请该商品房所有权初始登记,取得该商品房《房屋所有权证》,出卖人承诺于 2013 年 3 月 31 日前,取得前款规定的土地、房屋权属证书,交付给买受人",该内容明确被告应当于 2013 年 3 月 31 日前取得土地、房屋权属证书,并交付给原告方,而不能理解为被告自身于 2013 年 3 月 31 日前取得《土地使用权证书》《房屋所有权证》的初始登记,否则无法确定原告方何时才能取得房地产权证(将房产从被告公司转移登记过户至原告个人名下),现被告已逾期交付房地产权属证书,显然与此相悖,被告亦未提供证据证明系可归责于原告方的原因导致逾期交付房地产权属证书。其次,依照合同约定,被告负有按时交房与按时交付权属证书的义务。现被告以合同中的条款(附件八补充协议第 6 条第 2 款)"若出卖人逾期交房并承担了逾期交房违约责任的,则本合同第十六条中出卖人承诺取得土地、房屋权属证书的时间相应顺延,顺延期限与商品房交付的逾期期限相同等"为由,认为即使认定被告逾期交房,那么逾期交房屋权属证书时间也应当相应的顺延。《合同法》第三十九条、第四十条规定:采用格式条款订立合同的,提供格式条款的一方应当遵循公平原则确定当事人之间的权利和义务,并采取合理的方式提清对方注意免除或者限制其责任的条款,按照对方的要求,对该条款予以说明;格式条款具有本法第五十二条和第五十三条规定情形的,或者提供格式条款一方免除其责任、加重对方责任、排除对方主要权利的,该条款无效。附件八补充协议第 6 条第 2 款系被告方提供,其内容显然置原告方的利益于不顾,导致其权益处于不确定状态,免除了被告按时交付房地产权属证书的义务,应当为无效的格式条款,故被告不能因为双方有此条款的约定而免除其逾期交付权属证书的违约责任。

2. 二原告要求被告支付逾期交房的违约金以及逾期交付权属证书的违约金;被告余姚众安房地产开发有限公司认为,即使认定构成违约情况下恳请按照法律规定适当减少违约金。《商品房买卖合同解释》第十六条规定:当事人以约定的违约金过高为由请求减少的,应当以违约金超过造成的损失 30% 为标准适当减少;当事人以约定的违约金低于造成的损失为由请求增加的,应当以违约造成的损失确定违约金数额。从双方订立《商品房买卖合同》的目的来看,二原告与被告之间关于逾期交房和交付房地产权属证书的违约金约定更具惩罚性质(惩罚性违约金),换言之,是合同双方对于违约所约定的一种制裁。二原告已按照合同约定将购房款 5162730 元全部支付给被告,为防止被告怠于履行其合同义务,敦促其及时履行交付房屋和交付房地产权属证书的义务,违约金仍应按照合同约定计算。二原告诉请被告立即履行 2013 年 9 月 23 日出具的《悦龙湾×幢×号房产所在问题》维修单确定的维修义务,维修结果应与图纸相符,达到国家标准,其实质在于要求被告按约及时交付房屋。

浙江省宁波市中级人民法院二审认为:

上诉人众安公司与被上诉人周显治、俞美芳签订的《商品房买卖合同》系双方当事人真实意思表示,属有效合同,双方应按照约定全面履行自己的权利义务。根据双方所签订《商品房买卖合同》的约定,"出卖人应当在 2012 年 12 月 31 日前,将符合各项条件的商品房交付买受人使用;商品房达到交付使用条件后,出卖人应当书面通知买受人办理交付手续……"说明上诉人应当书面通知被上诉人办理交付手续;而依据被上诉人出具的《双方同意书》,被上诉人会按照双方约定的时间配合办理交房手续,故上诉人无须在 2012 年 12 月 31 日前另行书面通知被上诉人办理交房手续。但根据双方在 2013 年 9 月 23 日就涉案房产有关车库、地下室、进户门、阳台等方面存在的质量瑕疵问题的说明及一直未对存在问题的整改作出结论情况看,双方至今并未解决交房问题,上诉人存在逾期交房的违约行为。对于《商品房买卖合同》中约定的"出卖人负责办理土地使用权初始登记,取得《土地使用权证书》或土地使用证明,出卖人负责申请该商品房所有权初始登记,取得该商品房《房屋所有权证》,出卖人承诺于 2013 年 3 月 31 日前,取得前款规定的土地、房屋权属证书,交付给买受人",明确了上诉人应当于 2013 年 3 月 31 日前取得土地、房屋权属证书,并交付给被上诉人,而不能理解为上诉人自身于 2013 年 3 月 31 日前取得《土地使用权证书》《房屋所有权证》的初始登记,否则无法确定被上诉人何时才能取得房地产权证书(将房产从上诉人公司转移登记过户至被上诉人名下),现上诉人已逾期交付房地产权属证书,应当承担违约责任。至于附件八补充协议第 6 条第 2 款关于"若出卖人逾期交房并承担了逾期交房违约责任的,则本合同第十六条中出卖人承诺取得土地、房屋权属证书的时间相应顺延,顺延限期与商品房交付的逾期期限相同"的约定,根据《合同法》第三十九条、第四十条规定,采用格式条款订立合同的,提供格式条款的一方应当遵循公平原则确定当事人之间的权利和义务,并采取合理的方式提请对方注意免除或者限制其责任的条款,按照对方的要求,对该条款予以说明;格式条款具有本法第五十二条和第五十三条规定情形的,或者提供格式条款一方免除其责任、加重对方责任、排除对方主要权利的,该条款无效。该补充协议的格式条款系上诉人提供,并没有采取合理的方式提请对方注意,而其内容显然对被上诉人利益不利,导致被上诉人权益处于不确定状态,免除了上诉人按时交付房地产权属证书的义务,应当为无效。

【案例来源】

《中华人民共和国最高人民法院公报》2016 年第 11 期（总第 241 期）。

454 逾期交房违约金的确定

【关键词】

| 房屋买卖 | 逾期交房 | 违约金 |

【案件名称】

再审申请人邹东洋、邹季君与被申请人三亚中铁置业有限公司及一审第三人淮创实业发展（上海）有限公司商品房销售合同纠纷案［最高人民法院（2017）最高法民再 313 号民事判决书，2017.12.22］

【裁判精要】

最高人民法院认为：

二、案涉违约金的计算标准双方当事人就逾期交房违约金约定为日万分之五，中铁公司认为该违约金过高，明确主张法院予以调整。二审法院认定邹东洋和邹季君的实际损失为已付房款被中铁公司逾期交房期间占用的贷款利息，判令将违约金酌减为已付房款贷款利息的 130%，符合《商品房买卖合同解释》第十六条"当事人以约定的违约金过高为由请求减少的，应当以违约金超过造成的损失 30% 为标准适当减少"之规定。再审期间，邹东洋和邹季君向本院提交书面申请，明确表示对二审判决酌定的违约金标准予以认可，因此本院对该标准不予调整。故中铁公司应支付邹东洋、邹季君的违约金为 899905.45 元（以 9747500 元为基数，按中国人民银行发布的同期同档次人民币贷款基准利率的 130% 自 2013 年 11 月 23 日起计算至 2015 年 1 月 14 日止）。

【案例来源】

中国裁判文书网，http://wenshu.court.gov.cn。

455 逾期办证的责任承担

【关键词】

| 房屋买卖 | 逾期办证 | 违约金 | 赔偿损失 |

【案件名称Ⅰ】

再审申请人肖斌与被申请人云南金兔房地产开发经营有限公司房屋买卖合同纠纷案［最高人民法院（2016）最高法民再 417 号民事判决书，2017.12.12］

【裁判精要】

最高人民法院认为：

（一）关于肖斌诉请支付逾期办证违约金是否有事实和法律依据的问题

当事人应当按照合同约定全面履行义务。《合同法》第一百零七条规定："当事人一方不履行合同义务或者履行合同义务不符合约定的，应当承担继续履行、采取补救措施或者赔偿损失等违约责任。"第一百一十四条规定："当事人可以约定一方违约时应当根据违约情况向对方支付一定数额的违约金，也可以约定因违约产生的损失赔偿额的计算方法。约定的违约金低于造成的损失的，当事人可以请求人民法院或者仲裁机构予以增加；约定的违约金过分高于造成的损失的，当事人可以请求人民法院或者仲裁机构予以适当减少。当事人就迟延履行约定违约金的，违约方支付违约金后，还应当履行债务。"根据上述规定，如果本案当事人金兔公司未能按约履行办证义务，则应当按照双方约定的方式承担违约责任。

本案中，根据《商品房购销合同》第十二条关于产权登记的约定，为肖斌办理房屋产权登记手续需要先完成以下事项：第一，金兔公司将需要由其提供的办理房屋权属登记的资料报送房屋所在地的房产行政主管部门；第二，肖斌需要向金兔公司提供办理产权登记所需的全部资料和税费，并委托金兔公司办理房屋产权登记申请手续和房屋产权登记手续。第一项为金兔公司需要事先完成的事项，第二项为肖斌需要事先完成的事项。双方当事人对肖斌是否已经提供办理产权登记所需的全部资料和税费存在争议。在再审庭审中，金兔公司主张房屋办证需要以下资料：不动产产权登记申请表、房屋买卖合同原件、维修基金专用收据、契税完税凭证、购房者身份证明、银行提前还贷证据。金兔公司称，以上情况已经通过电话告知肖斌，肖斌尚未提交提前还贷证据和共有人身份证据材料。从一审查明事实看，2012 年 5 月 22 日，肖斌向金兔公司交纳配套费 25000 元，交纳契税 114720 元，并交纳了维修基金。从二审法院查明事实看，2012 年 5 月 10 日，肖斌与肖瑞华签订《委托书》，委托肖瑞华全权办理诉争房屋产权登记的相关事宜。2012 年 5 月 22 日，肖瑞华向金兔公司出具《房屋产权登记委托代办协议书》，委托金兔公司办理诉争房屋的产权登记。综合上述情况，本院认为，金兔公司作为房地产开发公司，在受托办理产权登记时，应当遵循诚实信用原则，根据合同的性质、目的和交易习惯，履行通知、协助等义务。从肖斌履行自身义务的情况看，其已于 2012 年积极向金兔公司提交办理产权登记所需的资料和税费，并委托金兔公司办理相关手续，但金兔公司并未提出证据证明其于 2012 年肖斌提交材料时,已经向肖斌说明委托手续或者所需资料是否存在问题。因此,2012 年肖斌已经积极履行了自己的主要义务。但是,金兔公司并没有完成其应当事先完成的事项,即没有将需要由其提供的办理房屋权属登记的资料报送房屋所在地的房产行政主管部门。这一事实金兔公司在再审庭审中予以认可,并确认案涉房屋的初始登记尚未完成。综上,肖斌未能按约定取得产权证的主要原因在于金兔公司,金兔公司应当按合同约定承担违约责任。

(二)关于违约金数额的确定问题

肖斌在一审中要求金兔公司按照每天购房款万分之三的标准向肖斌支付从 2008 年 3 月 2 日到办完产权登记之日止的逾期办证违约金,在再审庭审中主张违约金从 2012 年 5 月 22 日起计算,标准为每天按购房款的万分之三支付。金兔公司主张,如果要计算违约金,则从 2014 年 10 月 24 日起算,因为在这一天肖斌和孙丽明通话时确认金兔公司有义务邮寄表格。由于肖斌已经占有使用房屋,希望降低逾期办证违约金,按照实际损失来计算,以房屋总价的百分之三以下判决违约金。

本院认为,根据当事人约定,由金兔公司办理产权证有两个前提条件,即金兔公司将需要由其提供的办理房屋权属登记的资料报送房屋所在地的房产行政主管部门,而肖斌需要向金兔公司提供办理产权登记所需的全部资料和税费,并委托金兔公司办理房屋产权登记申请手续和房屋产权登记手续。缺少前述任一条件都无法由金兔公司办理产权证。双方当事人均认可肖斌于 2012 年 7 月 2 日完成了房屋维修基金交付义务。由于金兔公司没有证据证明其已及时告知肖斌是否尚缺资料或者委托手续是否存在问题,至此,可以认为肖斌已经基本履行其义务。因此,根据合同约定,金兔公司履行办理房屋产权登记手续义务的期间为 2012 年 7 月 2 日起 120 天以内,即应当在 2012 年 10 月 29 日之前为肖斌办理房屋产权登记手续。逾期办证违约金应当从 2012 年 10 月 30 日起计算至涉案房屋产权登记实际办理完毕之日止。

关于违约金的计算标准。双方当事人在合同中约定计算标准为,"如因金兔公司原因,肖斌未能按本条约定取得产权证的,按合同第九条第一种方式处理"。第九条第一种处理方式为:金兔公司(甲方)如未按合同第七条约定的时间交房,则"自本合同约定的交房时间届满后的次日起至实际交房之日止 90 天内,甲方按每天 50 元向乙方支付违约金,合同继续履行",逾期 90 天后,金兔公司"按乙方已付款的 0.03% 乘以逾期天数向乙方支付违约金,合同继续履行"。虽然金兔公司认为违约金过高,请求调整,但未提供证据证明违约金过分高于造成的损失。故本案违约金应当按照合同约定标准计算。从 2012 年 10 月 30 日至 2013 年 1 月 27 日的逾期办证违约金为 4500 元(50 元×90 天=4500 元)。从 2013 年 1 月 28 日起至房屋产权登记实际办理完毕之日止,按每日 1147.2 元(3824000 元×0.03%=1147.2 元)计算,计算至金兔公司实际为肖斌办理房屋产权登记手续为止。

【案例来源】

中国裁判文书网,http://wenshu.court.gov.cn。

【案件名称Ⅱ】

再审申请人连永萍与被申请人新疆卓越房地产开发有限公司房屋买卖合同纠纷案［最高人民法院(2016)最高法民申 478 号民事裁定书,2016.4.29］

【裁判精要】

最高人民法院认为:

本案争议焦点为:卓越公司是否应当承担逾期办证的违约责任;卓越公司是否应当承担未办理土地使用权证的违约责任。

(一)关于连永萍逾期办证的事实及原因

按照办理房屋权属证书规定程序,连永萍须缴纳相关税费,事实上,其于 2012 年 8 月 13 日方将相关税费缴纳完毕,房屋管理部门于一个月后即完成房屋产权登记。因此,逾期办证的主要原因是连永萍未及时缴纳相关税费。至于其未及时缴纳相关税费的原因,连永萍主张其多次到税务局缴税,因卓越公司未备案且其仅有一份合同原件,无法完成缴税义务,但其对该主张及相关事实并未提供相应证据证实;称应当由卓越公司对该合同义务的履行负有举证责任,据理不足。因此,对于连永萍的此项申诉理由,不予采纳。

(二)关于双方当事人签订合同约定的违约责任

双方当事人签订的《商品房买卖合同》中,关于产权登记一项约定,"如因出卖人的责任,买受人不能在规定期限内取得房地产权属证书的,须在交清办证费用条件下由出卖人协助买受人办理房产证"。由此可见,双方已明确约定了出卖人承担协助买受人办理房产证的逾期办证违约责任,一是要因出卖人的责任,二是买受人须交清办证费用。本案中,连永萍未及时交清办证费用且没有证据证明是由于卓越公司的责任导致办证逾期。因此,连永萍逾期办证的违约责任不能归于卓越公司。连永萍主张逾期办证损失 185 万元,包括贷款利息、契税增加损失、网络注销费、仲裁费、保全费、图纸费等费用,缺乏事实和法律依据,不予采纳。

(三)关于土地使用权证的办理

卓越公司基于司法拍卖取得案涉房屋,房屋占用范围内的土地使用权未同时进行拍卖,现该土地使用权仍登记在新疆电熔爆技术研究所名下,形成地、房分离的现状。因此,二审判决认为卓越公司协助办理土地使用权属证书的条件并不具备,待该土地变更登记至卓越公司名下后,连永萍可另行主张此项权利,比较符合本案实际。现连永萍主张卓越公司应当对此承担违约责任的申诉理由,没有合同依据,不予支持。

【案例来源】

中国裁判文书网,http://wenshu. court. gov. cn。

编者说明

《商品房买卖合同解释》第十八条规定:"由于出卖人的原因,买受人在下列期限届满未能取得房屋权属证书的,除当事人有特殊约定外,出卖人应当承担违约责任:(一)商品房买卖合同约定的办理房屋所有权登记的期限;(二)商品房买卖合同的标的物为尚未建成房屋的,自房屋交付使用之日起 90 日;(三)商品房买卖合同的标的物为已竣工房屋的,自合同订立之日起 90 日。合同没有约定违约金或者损失数额难以确定的,可以按照已付购房款总额,参照中国人民银行规定的金融机构计收逾期贷款利息的标准计算。"对该条所规定的"由于出卖人原因"的理解适用,就是只要出卖人在约定或者法定的期限内,向房地产管理部门提交完备的房屋所有权初始登记的证明文件,并在买受人申请办理房屋所有权登记时,提供申请办理房屋所有权登记所需的相关材料,即可认定出卖人已履行完毕其应承担的合同义务和法定义务。因第三人或者不可抗力导致的逾期办证,只要出卖人能够有证据证明,可以作为出卖人逾期办证的免责事由予以处理。至于因买受人自身原因导致的逾期办证,因申请办理房屋所有权证书是其对民事权利的自行处分,不存在违约责任的承担问题。①

从商品房买卖合同的履行情况看,导致逾期办证的原因主要有以下四种:其一,出卖人的原因,即在合同约定或法定的期限内,不能提交办理房屋所有权初始登记应具备的文件材料,或者在买受人申请办理房屋所有权登记时,不能提供相关证明材料。这是导致逾期办证的主要原因,如出卖人的土地使用权手续不合法、未支付全部土地使用权出让金、违规开发建设、没有通过综合验收或提供综合验收合格证明、所售房屋设定的抵押尚未注销等。其二,第三人的原因,主要是指房地产行政管理机构、测绘机构等相关部门工作拖延、推诿、失职等因素。其三,不可抗力。其四,买受人原因,主要指在出卖人按照合同约定或者法律规定如期办理房屋所有权初始登记,并备齐相关证明文件的情况下,因买受人自身原因无法办理。例如,因办理房屋所有权登记需要支付一定数额的契税和相关费用,买受人因资金缺乏而不申请办理或者迟延申请办理;因买受人不能按约支付购房款,出卖人行使抗辩权导致逾期办证等。《商品房买卖合同解释》第十八条所规范解决的逾期办证纠纷,是指因出卖人原因,导致买受人在约定或者法定的期限届满时未能取得房屋所有权证书情况。

此外,关于逾期办证违约责任的诉讼时效的起算时点,《第八次全国法院民事商事审判工作会议(民事部分)纪要》第十八条第一款规定:"买受人请求出卖人支付逾期办证的违约金,从合同约定或者法定期限届满之次日起计算诉讼时效期间。"明确了逾期办证违约金诉讼时效起算的一般原则,即当事人有约定的,从其约定;无约定的,以法律规定的办理房屋所有权证期限届满之次日作为起算点。对该条规定,应结合房屋买卖中当事人约定的违约金计算方式以及逾期办证违约行为的特点加以全面、正确理解。

---

① 参见韩延斌:《商品房买卖纠纷中逾期办证责任的认定》,载《人民司法》2006 年第 5 期。

以当事人约定为例,如果当事人在合同中明确约定了违约金的具体数额,即一旦发生逾期办证的违约情形,出卖人应支付确定金额的违约金,则该种违约金给付,在性质上属于一时性债权,其内容在出卖人未按约定履行办证义务时就已确定,故诉讼时效应当从该一时性债权的清偿期限届满的次日起算。如果当事人在合同中约定以每日或每月为单位累计计算违约金数额,则违约金的数额随着违约行为的持续而不断增长,则该种违约金给付,在性质上属于继续性债权,即其内容和范围受到时间因素的影响,随着时间的推移不断发生变化,违约金应当以每个个别的债权分别适用诉讼时效。虽然此种继续性债权的诉讼时效也是两年,但在买受人于办证期限届满超过两年后起诉主张违约金时,由于逾期办证违约行为仍在继续,故对于自起诉之日倒推两年的违约金,一般仍应予以保护;自起诉之日回溯超过两年的部分,应认定为已超过诉讼时效期间。①

456 房屋买卖合同的出卖人不能以房屋的工程价款须优先受偿为由,拒绝按合同约定向买受人交付房屋

【关键词】

│房屋买卖│交付│优先受偿权│

【案件名称】

三门峡水利管理局诉郑州市配套建设公司房屋买卖合同纠纷案［河南省高级人民法院二审民事判决书,2003.7.26］

【裁判精要】

河南省高级人民法院认为:

本案系商品房买卖合同纠纷,双方当事人的主要争议焦点为:(1)合同效力及责任承担;(2)合同可否继续履行。由于双方的房屋买卖合同签订于《城市房地产管理法》施行前,故应适用《民法通则》和《最高人民法院关于审理房地产管理法施行前房地产开发经营案件若干问题的解答》(以下简称《解答》)。

一、关于合同效力及责任承担问题

《解答》第二十五条规定:"商品房的预售方,没有取得土地使用证,但投入一定的开发建设资金,进行了施工建设,预售商品房的,在一审诉讼期间补办了土地使用证、商品房预售许可证明的,可认定预售合同有效。"本案中,原告水利管理局与被告配套建设公司于1992年12月27日所签4份《房地产交易合同》及1993年10月29日达成的补充协议均系双方真实意思表示,且不违反国家法律、法规禁止性规定。

---

① 参见本书研究组:《逾期办证违约金诉讼时效应如何起算》,载最高人民法院民事审判第一庭编:《民事审判指导与参考》(总第68辑),人民法院出版社2017年版,第246页。

虽然合同签订时,配套建设公司尚未取得土地使用证等相关手续,但在案件成讼前已投入了一定的开发建设资金,进行了施工建设,并取得了土地使用证,办理了相关的开发建设及预售手续,因此,双方所签预售合同应为有效合同。配套建设公司辩称双方合同无效的理由与相关司法解释的规定不符,故不予采纳。合同签订后,水利管理局已依约向配套建设公司支付了大部分购房款,履行了合同约定的义务。而配套建设公司不但至今未能依约按期交付房产,反而将有关房产擅自处置,售予他人或交给施工方占有使用并从收益中优先抵偿所欠工程款。配套建设公司的行为违反了与水利管理局的合同约定,严重侵犯了水利管理局的合法权益,应对此承担违约责任。配套建设公司主张与水利管理局签订的合同无效,水利管理局也有过错,亦应承担相应责任的请求无事实根据和法律依据,不予支持。

二、关于合同可否继续履行问题

《解答》第二十七条规定:"预售商品房合同签订后,预购方尚未取得房屋所有权证之前,预售方未经预购方同意,又就同一预售商品房与他人签订预售合同的,应认定后一个预售合同无效;如后一个合同的预购方已取得房屋所有权证的,可认定后一个合同有效,但预售方给前一个合同的预购方造成损失的,应承担相应的民事责任。"本案中,配套建设公司与水利管理局的合同签订在先,与左坤鹏等24位购房人的房屋买卖合同签订在后,左坤鹏等24人所购房产虽然在房产管理部门办理了登记手续,但所购房产并未交付,也未实际取得房屋所有证。因此,配套建设公司将房产出售给左坤鹏等24人的行为,不能对抗水利管理局作为购房人的权利。此外,荥阳一建虽然因工程价款优先受偿权而占有部分房产,但并未实际取得所有权,它通过与配套建设公司的合同所取得的权利只是对房屋的占有权、使用权、收益权,不能对抗水利管理局所享有的权利。此外,房屋尚未竣工交付使用,荥阳一建和左坤鹏等24位购房人的权利也可以通过其他途径进行保护。配套建设公司作为房屋买卖合同的出卖人,在收取了买受人支付的大部分款项后,不能以房屋的工程价款须优先受偿为由,拒绝按合同约定向房屋买受人交付房屋。因此,水利管理局的诉讼请求应予以支持。

从合同约定及诚实信用、公平原则出发,配套建设公司应向水利管理局赔偿与定金全额相等的经济损失。依双方合同约定,配套建设公司拖延两个月以上交付房屋,应赔偿水利管理局与定金相等的损失,即736万元。由于水利管理局尚有643.95万元购房款未付,可与配套建设公司支付的赔偿金相抵。配套建设公司辩称房屋已处置给第三方,合同不能继续履行的主张不符合法律规定,不予采信。

【案例来源】

《中华人民共和国最高人民法院公报》2004年第8期(总第94期)。

第七章｜CHAPTER 07

合同解除

457 当事人未行使约定解除权但符合法定解除条件的，可行使法定解除权解除合同

【关键词】

│房屋买卖│合同解除│约定解除权│法定解除权│

【案件名称】

上诉人山西通盛房地产有限公司与被上诉人山西东民集团有限公司、原审第三人太原市城区农村信用合作联社阳曲信用社房屋买卖合同纠纷案［最高人民法院（2016）最高法民终 715 号民事判决书，2017.6.28］

【裁判精要】

最高人民法院认为：

一、关于 2003 年 10 月 8 日通盛公司与东民公司签订的《协议书》应否解除以及相应法律后果的问题

根据案涉《协议书》的约定，通盛公司的主要义务是将案涉房屋交付给东民公司并协助办理产权转移手续，东民公司的主要义务是在 2004 年 10 月 31 日前付清购房款 66497040 元。通盛公司于当月即将房屋所有权转移登记至东民公司名下，并将案涉房屋交付给东民公司占有使用；而除了抵顶购房款的 348 万元材料款外，东民公司至今仍欠通盛公司绝大部分购房款未付，显然已经构成严重违约，导致通盛公司的合同目的不能得到实现，故符合《合同法》第九十四条规定的解除合同的情形。对此，通盛公司于 2005 年即已提起诉讼主张相应权利，虽然在诉讼中形成的（2005）晋民初字第 21 号民事调解书在 2010 年被本院（2010）民提字第 41 号民事裁定所撤销，但通盛公司在合同解除条件具备后，东民公司未催告其行使解除权的情况下，已经及时通过提起诉讼的方式主张权利，故并不符合《合同法》第九十五条、《商品房买卖合同解释》第十五条第二款规定的解除权消灭的情形。此外，《合同法》第九十三条规定了当事人的约定解除权，第九十四条规定了当事人的法定解除权，两者之间在行使上并不矛盾或互相排斥，在当事人未行使约定解除权但符合法定解除条件时，可行使法定解除权解除合同。本案中，虽然当事人在《协议书》中约定了解除条件，但通盛公司未予行使的行为并不导致其法定解除权的丧失，故其有权主张行使法定解除权解除《协议书》。综上，通盛公司通过提起本案诉讼的方式请求解除案涉《协议书》，有事实和法律依据，本院予以支持。

《合同法》第九十七条规定："合同解除后，尚未履行的，终止履行；已经履行的，根据履行情况和合同性质，当事人可以要求恢复原状、采取其他补救措施，并有权要求赔偿损失。"本案中，案涉房屋已登记在通盛公司名下，并为通盛公司占有使用，虽

然基于当事人达成的调解协议而制作的(2005)晋民初字第 21 号民事调解书已被撤销,但当事人在案涉房屋已经解除查封的情形下进行的房屋所有权转移登记,实系基于当事人之间就此达成的合意,故该调解书的撤销并不能直接影响已经完成的案涉房屋所有权的变动,亦不会对案涉《协议书》解除后房屋所有权恢复原状构成障碍。因此,对于通盛公司主张的返还案涉房屋的请求,应予支持。相应地,对于东民公司已付的购房款 348 万元,通盛公司亦应予以返还。此外,由于东民公司未按约定支付购房款,构成违约,根据当事人在《协议书》中的约定,逾期支付在三个月以内的,应按每日万分之三支付违约金,据此计算违约金金额为 1739270.30 元,现通盛公司请求东民公司支付 173.92 万元,符合约定,本院予以支持。

三、关于一审程序是否存在错误的问题

本案系由阳曲信用社提出案外人申请再审,被本院提审并发回进入重审程序,阳曲信用社亦针对本案所涉《协议书》及房屋所有权提出了独立的诉讼请求,故一审法院同意其作为有独立请求权的第三人参加本案诉讼,无明显不当。

但是,应当指出的是,一审法院认为通盛公司解除《协议书》的理由不能成立,从而判决《协议书》继续履行,在程序上存在一定瑕疵,应予纠正;对于案涉房屋是否为东民公司财产而得以强制执行,阳曲信用社的债权是否须借此得以实现,以及如何协调一审判决继续履行《协议书》的情况下通盛公司的债权与阳曲信用社的债权的问题,系执行程序解决的问题,应由执行部门负责,一审判决在"本院认为"部分对此问题所作处理,有违审执分离的原则,本院对此予以纠正。

此外,对于一审判决适用《买卖合同解释》是否错误的问题,本院认为,《买卖合同解释》自 2012 年 7 月 1 日起施行,其第四十六条第二款规定:"本解释施行后尚未终审的买卖合同纠纷案件,适用本解释;本解释施行前已经终审,当事人申请再审或者按照审判监督程序决定再审的,不适用本解释。"而本案系已经生效的(2005)晋民初字第 21 号民事调解书为本院(2010)民提字第 41 号民事裁定所撤销,并由一审法院按照审判监督程序进行审理的再审案件,故本案不适用该解释,一审判决以该解释第三十四条之规定为依据作出的认定,系适用法律错误,应予纠正。当然,需要指出的是,这并不意味着通盛公司根据保留案涉房屋所有权的约定从而对抗阳曲信用社对案涉房屋的申请执行的理由因此成立。

【案例来源】

中国裁判文书网,http://wenshu.court.gov.cn。

458 当事人一方在合同约定的合同解除条件成就后，发出解除合同通知为行使合同约定解除权，不必经过对方当事人同意，只需向对方作出解除合同的意思表示即可

【关键词】

│房屋买卖│合同解除│约定解除权│要约│

【案件名称】

上诉人北京中亿创一科技发展有限公司与被上诉人信达投资有限公司、一审被告北京北大青鸟有限责任公司、一审被告正元投资有限公司房屋买卖合同纠纷案［最高人民法院（2014）民一终字第58号民事判决书，2015.2.16］

【裁判精要】

裁判摘要：附约定解除条件合同，自条件成就时，解除权人解除合同通知到达对方时合同解除，无须相对方作出明确意思表示；解除合同通知因意思表示生效而生解除效果且保护相对人合理信赖，一般具有不可撤销性。

合意抵销不以当事人互负债务标的物种类、品质相同为要件。一方当事人以其对于对方的债权约定所附条件成就时解除合同由第三人清偿亦属有效。

合同解除权人主动发出解除合同通知并明示其债权与合同约定第三人未届清偿期或未至给付条件债权抵销，应视为其对期限利益或抗辩放弃，应尊重其意思自治并维护诚实信用。

最高人民法院认为：

（一）信达投资公司发出落款时间为2009年11月4日《解除合同通知》的证据采信及性质认定

在本案一审第一次证据交换阶段，中亿创一公司、北大青鸟公司向一审法院提交落款时间为2009年11月信达投资公司发出的特快专递详情单和《解除合同通知》复印件，信达投资公司对详情单真实性没有异议，但对于《解除合同通知》因没有原件对证明事项有异议。而中亿创一公司、北大青鸟公司称原件被信达投资公司以"调整个别字眼"为由收回。在一审质证阶段，对于中亿创一公司、北大青鸟公司提交的2009年11月信达投资公司发出的特快专递详情单和《解除合同通知》复印件，信达投资公司以没有原件为由而不予认可，且认为不是其发出的解除通知书内容，但对其认可的特快专递详情单并未提供别的反证。本院认为，根据《最高人民法院关于民事诉讼证据的若干规定》第七条规定，在法律没有具体规定，依本规定及其他司法解释无法确定举证责任承担时，人民法院可以根据公平原则和诚实信用原

则,综合当事人举证能力等因素确定举证责任的承担。第七十三条规定,双方当事人对同一事实分别举出相反的证据,但都没有足够的依据否定对方证据的,人民法院应当结合案件情况,判断一方提供证据的证明力是否明显大于另一方提供证据的证明力,并对证明力较大的证据予以确认。因证据的证明力无法判断导致争议事实难以认定的,人民法院应当依据举证责任分配的规则作出裁判。本案中,信达投资公司认可特快专递详情单的真实性,虽然否认落款时间为 2009 年 11 月 4 日的《解除合同通知》并以无原件为由不予认可,但在中亿创一公司、北大青鸟公司作出合理说明后并未进一步提供反证,一审法院根据举证责任及证据认定分析,认定落款时间为 2009 年 11 月 4 日《解除合同通知》函件真实存在正确,本院予以确认。

一审法院认为虽然信达投资公司向中亿创一公司、北大青鸟公司、正元投资公司发出落款时间为 2009 年 11 月 4 日的《解除合同通知》,但由于信达投资公司又于 2010 年 1 月 8 日发出新的《解除合同通知》,函件在后且变更原通知有关内容,应视为新的要约,中亿创一公司、北大青鸟公司、正元投资公司对两份函件均仅是签收并未明确发表意见,应视为未作出新的承诺属于《解除合同通知》性质认定错误,适用法律不当。理由如下:

第一,从《资产转让协议》第 5.2 条文意理解,应包括两层意思:一是若中亿创一公司、北大青鸟公司未能在 2009 年 10 月 31 日之前将案涉房屋变更登记于信达投资公司名下并移交相关资料,信达投资公司享有合同解除权,即符合《合同法》第九十三条规定,当事人约定信达投资公司解除合同条件,条件成就时,信达投资公司有权解除案涉《资产转让协议》;二是信达投资公司解除合同的后果,信达投资公司一旦解除案涉《资产转让协议》,则北大青鸟公司放弃鉴于 6 所述《协议》第一条约定的对信达投资公司的全部债权,北大青鸟公司用此种方式代替中亿创一公司偿还信达投资公司以最高债权额 1.8 亿元为限的已付转让价款及违约金。

第二,从合同履行情况分析。信达投资公司向中亿创一公司、北大青鸟公司、正元投资公司发出落款时间为 2009 年 11 月 4 日的《解除合同通知》,属于《合同法》第九十六条规定的解除权人行使合同解除权的行为。《资产转让协议》约定了信达投资公司解除合同条件,条件成就时,信达投资公司享有合同解除权,其向合同相对方发出《解除合同通知》,属于履行通知程序。该《解除合同通知》到达对方时,案涉《资产转让协议》解除。

第三,从法律性质分析。根据《合同法》第十四条、第二十一条规定,要约是希望和他人订立合同的意思表示,承诺是受要约人同意要约的意思表示。本案中,信达投资公司在《资产转让协议》约定的解除合同条件成就后,发出落款时间为 2009 年 11 月 4 日《解除合同通知》为行使合同约定解除权,不必经过对方当事人同意,只需向对方作出解除合同的意思表示即可以解除合同,在该《解除合同通知》到达相对方时发生解除合同后果,既不属于要约,亦不需要相对方的承诺。相对方接到解除合同通知后,如果认为不符合约定条件不同意解除合同,可以请求人民法院或者仲裁机构确认能否解除合同。但本案中,中亿创一公司、北大青鸟公司、正元投资公司一直认可信达投资公司该解除合同通知效力。

【权威解析】

本案的处理涉及合同法实务中的两大难点问题:一是合同的解除,二是债权债务的抵销。

(一)合同约定解除权的特点及性质

根据《合同法》第九十三、第九十四条之规定,合同解除包括协议解除、约定解除和法定解除。其中约定解除是指当事人双方订立合同时,在合同中约定一方解除合同的条件,或者在订立合同以后,另行约定一方解除合同的条件,在合同成立以后,没有履行或者没有完全履行之前,出现了约定的解除合同的条件时,约定的享有解除权的人可以行使解除权,终止合同的权利义务。[①] 合同约定解除权的特点:一是既可以在订立合同中约定一方解除合同的条件,也可以在订立合同后另行约定解除合同条件;二是约定将来享有解除权本身并不导致合同的必然解除,仅是赋予当事人某种情况下解除合同的权利,是否行使由解除权人利益衡平后决定;三是约定将来享有合同解除权,是对将来合同效力的约定;四是约定解除合同的条件发生,并不导致合同的自动解除,必须由解除权人行使解除权才能解除。

根据《合同法》第九十六条规定,当事人一方依照《合同法》第九十三条第二款规定主张解除合同的,应当通知对方。合同自通知到达对方时解除。对方有异议的,可以请求人民法院或者仲裁机构确认解除合同的效力。

解除权就其性质而言,为形成权。形成权是指权利人以自己的意思表示,使民事法律关系发生、变更或者消灭的权利。属于形成权的实践中一般有追认权、选择权、撤销权、抵销权、解除权及继承权的抛弃权等。行使解除权为单方法律行为,所谓单方法律行为,是一方行为人的意思表示就能成立的民事行为,其特点是无须他人的同意就能发生法律效力,单方法律行为的效力只来源于当事人的意思表示,与相对人无关。

本案中一审法院适用法律不妥之处即是对于合同约定解除权性质的认识,一方面认可 2009 年 11 月 4 日的解除合同通知的真实存在,另一方面认为 2010 年 1 月 8 日解除合同通知在后,且变更了前一个通知有关内容,视为新的要约,由于中亿创一公司、北大青鸟公司、正元投资公司对两份函件均未明确发表意见,应视为未作出新的承诺。我们认为解除权为形成权,约定解除合同的条件发生以后,只要约定享有

---

① 参见全国人大法工委研究室编写组:《中华人民共和国合同法释义》,人民法院出版社 1999 年版,第 143 页。

解除权的一方作出解除合同的意思表示,合同的权利义务就终止了,而无须再获得另一方的同意。且依司法实践,解除的意思表示一般不得撤销,对此《合同法》尽管未作规定,但因解除的意思表示生效已生解除效果,且保护相对人合理信赖,一般不得撤销,除非相对人同意。

(二)关于本案的合意抵销

本案信达投资公司辩称北大青鸟公司对其享有债权为附条件、附期限的或有债权,转化为现实债权前不能抵销。我们对该主张能否成立从几个方面进行分析判断:

一是《资产转让协议》第5.2条及信达投资公司与北大青鸟公司2008年7月1日《协议》的文义理解。两者具有牵连性,从合同内容而言,约定合同解除条件及合意抵销后果。

二是从合同履行情况进一步分析。在当事人约定的案涉房屋办理过户及移交相关资料的2009年10月31日,乃至《解除合同通知》的落款时间2009年11月4日,确如信达投资公司所辩称,6000万股股票尚处于限售期、股价也尚未达到可以出售的9元以上,北大青鸟公司对信达投资公司享有债权的条件尚未成就。在此情况下,信达投资公司可有两种选择:一是要求作为房屋出卖方的中亿创一公司返还购房款及承担违约金,二是放弃期限利益、按照《资产转让协议》第5.2条约定,由北大青鸟公司代替中亿创一公司偿还以最高债权额1.8亿元为限的已付转让价款及违约金。而一旦信达投资公司选择后者,承载其意思表示的《解除合同通知》到达对方,则发生债权抵销的后果。信达投资公司作为理性商事主体,应承担自己的行为后果,不得随意撤回相关的意思表示。①

【案例来源】

中国裁判文书网,http://wenshu.court.gov.cn。

编者说明

2019年《全国法院民商事审判工作会议纪要》(法〔2019〕254号,2019年11月8日)第四十六条对通知解除的条件作出明确规定:"审判实践中,部分人民法院对合同法司法解释(二)第24条的理解存在偏差,认为不论发出解除通知的一方有无解除权,只要另一方未在异议期限内以起诉方式提出异议,就判令解除合同,这不符合合同法关于合同解除权行使的有关规定。对该条的准确理解是,只有享有法定或者约定解除权的当事人才能以

---

① 参见李琪:《合同约定解除与债权合意抵销——上诉人北京中亿创一科技发展有限公司与被上诉人信达投资有限公司、一审被告北京北大青鸟有限责任公司、一审被告正元投资有限公司房屋买卖合同纠纷案》,载最高人民法院民事审判第一庭编:《民事审判指导与参考》(总第62辑),人民法院出版社2015年版,第253~255页。

通知方式解除合同。不享有解除权的一方向另一方发出解除通知,另一方即便未在异议期限内提起诉讼,也不发生合同解除的效力。人民法院在审理案件时,应当审查发出解除通知的一方是否享有约定或者法定的解除权来决定合同应否解除,不能仅以受通知一方在约定或者法定的异议期限届满内未起诉这一事实就认定合同已经解除。"

纪要第四十七条对约定解除条件作出明确规定:"合同约定的解除条件成就时,守约方以此为由请求解除合同的,人民法院应当审查违约方的违约程度是否显著轻微,是否影响守约方合同目的实现,根据诚实信用原则,确定合同应否解除。违约方的违约程度显著轻微,不影响守约方合同目的实现,守约方请求解除合同的,人民法院不予支持;反之,则依法予以支持。"

459 出卖人在合同履行过程中未及时解决房屋被查封事宜且房屋多次被查封,导致双方签订的房屋买卖合同长期无法继续履行的,出卖人构成根本违约,买受人有权请求解除合同

【关键词】

|房屋买卖|合同解除|查封|根本违约|

【案件名称】

再审申请人吉林老参堂科技发展股份有限公司与被申请人通化长城置业股份有限公司房屋买卖合同纠纷案[最高人民法院(2015)民提字第130号民事判决书,2015.12.30]

【裁判精要】

最高人民法院认为:

虽然《城市房地产管理法》第三十八条规定被司法机关依法裁定查封的房地产不得转让,但该规定系对房地产被查封期间所有权转移进行的限制,并不因此影响房地产转让合同的效力。老参堂公司再审中依据该规定主张涉案房屋买卖合同无效,理由不成立。本案争议焦点为:老参堂公司诉请解除涉案房屋买卖合同及返还购房款及利息的请求是否成立。

(一)关于涉案1177号房屋买卖合同是否应解除的问题

本案老参堂公司系以长城公司在签订合同时隐瞒涉案房屋被查封的事实,在合同履行过程中未解除相关查封且该房屋又被多次查封,导致其合同目的无法实现为由,诉请解除合同。本院认为,根据本案查明的事实,老参堂公司主张从2011年7月1日涉案《房屋买卖协议书》签订时至本案原一、二审诉讼期间,涉案1177号房屋始终处于因长城公司与案外人的纠纷产生的查封状态属实。《合同法》第一百三十

条规定:"买卖合同是出卖人转移标的物的所有权于买受人,买受人支付价款的合同。"长城公司与老参堂公司签订涉案《房屋买卖协议书》,约定长城公司将涉案1177号房屋出售给老参堂公司。老参堂公司作为买受人,依法负有支付购房款的义务。长城公司作为出卖人,依法负有交付房屋并转移房屋所有权给老参堂公司的义务。《城市房地产管理法》第三十八条的规定虽然不影响房屋买卖合同效力,但是对被司法机关裁定查封的房屋所有权转移进行了限制。长城公司作为涉案房屋出卖人,在转让的房屋因其与案外人纠纷原因被查封时,依法负有消除标的物上存在的限制权利转让情形,以履行转移房屋所有权的义务。双方签订的《房屋买卖协议书》中对房屋交付及办理产权转移手续的具体时间没有约定,根据《合同法》第六十二条第(四)项规定,"履行期限不明确的,债务人可以随时履行,债权人也可以随时要求履行,但应当给对方必要的准备时间"。根据本案查明的事实,在老参堂公司诉请解除合同前已明确要求长城公司解决涉案房屋被查封事宜,并协助办理房屋产权转移手续。长城公司不仅对老参堂公司要求其解决房屋被查封事宜以继续履行房屋买卖合同予以拒绝,相关查封裁定显示在涉案房屋买卖合同履行期间其还以该房屋进行抵押并因此导致该房屋再次被查封。从有证据证明老参堂公司要求长城公司解决查封事宜到老参堂公司起诉解除合同的近一年时间,长城公司不仅没有解除在签订房屋买卖合同时涉案房屋上已经存在的查封,还因其他纠纷导致涉案房屋在合同履行期间及诉讼过程中又多次被查封,涉案房屋所有权始终处于法律限制转让的状态。

对长城公司抗辩主张签订房屋买卖合同时其已经将涉案房屋被查封的事实告知老参堂公司,之后未解除查封及房屋再次被查封是老参堂公司违约造成,责任应由老参堂公司承担的问题,本院认为,首先,根据本案查明的事实,涉案《房屋买卖协议书》中并没有关于转让的房屋已经被查封的内容。协议第三条中约定老参堂公司代长城公司偿还吉林银行1200万元贷款本息,可以体现老参堂公司以购房款直接代长城公司向吉林银行偿还贷款本息的目的是解决所购房屋被抵押及查封事宜,因而可以证明老参堂公司对涉及吉林银行抵押及查封的事实应属于明知。但约定向长城公司直接支付的购房款600万元,并非采取与上述向吉林银行偿还1200万元贷款本息相同的方式,即通过直接向查封该房屋的债权人履行的方式支付购房款。因此,合同约定的600万元购房款的支付方式并没有体现系专门用于解决集安市人民法院查封事宜。长城公司原审中提交的该公司职员于某的证言,因其在原审中未出庭作证,且其与长城公司之间存在利害关系,原审对其证言未采信并无不当。因此,长城公司主张其在签订合同时已经将涉案房屋被集安市人民法院查封的事实告知老参堂公司,证据不足。其次,长城公司主张老参堂公司未支付600万元购房款构成违约,导致其未能以该款解决集安市人民法院的查封事宜,也使得涉案房屋所有权未能及时转移给老参堂公司,造成该房屋被再次查封,责任应由老参堂公司承担。本院认为,根据本案查明的事实,老参堂公司在合同履行中没有按照合同约定的时间在 2011 年 7 月 15 日前代偿吉林银行贷款本息,按合同约定应支付长城公司的 600 万元迄今未付。老参堂公司在本院再审中主张,在其与吉林银行协调偿还贷款过程中发现该房屋上存在其他查封事项,因而行使了不安履行抗辩权,但老参堂公司要求长城公司解决查封事宜以使得房屋买卖合同可以继续履行的行为发生在 2012 年,也即其按合同约定已经构成迟延支付购房款之后。因此,老参堂公司主张其未按合同约定支付购房款不构成违约的理由不成立。但是,如前所述,双方签订的涉案《房屋买卖协议书》中并未约定以支付 600 万元购房款解决涉案房屋被集安市人民法院查封的事宜。在无合同约定的情况下,老参堂公司不负有以支付 600 万元购房款解决涉案房屋查封事宜的法定义务。且因老参堂公司基于房屋买卖合同应履行的支付购房款的义务,和长城公司作为出卖人依法负有的保障转让的房地产权利不受限制的义务,二者独立存在,在法律上并不属于互为必然因果关系,故长城公司主张涉案房屋上的查封未解除及之后多次被查封的责任应由老参堂公司承担,缺乏合同和法律依据。

综上,虽然老参堂公司在合同履行过程中存在未按合同约定支付部分购房款的违约行为,但在双方发生纠纷时,老参堂公司已经支付了近一半的购房款。尚欠未支付的购房款中,老参堂公司支付 600 万元购房款的义务与长城公司负有的协助用该房屋办理抵押贷款手续的义务在同一合同条款中约定,可以认定在老参堂公司支付 600 万元时,长城公司即负有协助以该房屋办理抵押贷款的义务。剩余 830 万元购房款明确约定待贷款到账后转付。因此对老参堂公司未支付的剩余购房款,双方互负支付剩余购房款和协助以该房屋办理抵押贷款手续的履行义务。虽然老参堂公司作为买受人,在签订合同时对涉案房屋情况应尽合理注意义务,但对在其已经支付了部分购房款后,签订合同时涉案房屋上存在的两项查封依然未解除,之后又多次被查封的事实,应超出了老参堂公司签订合同时的预期。而长城公司在合同履行过程中没有及时解决涉案房屋被查封事宜,且因其与案外人的纠纷该房屋又多次被人民法院查封,不仅长城公司负有的转移房屋所有权的义务履行不能,其按合同约定协助以该房屋办理抵押贷款手续的义务能否履行亦存在不确定性,还存在长城公司在司法程序中以该房屋清偿其他债权的可能性。因此应认定长城公司在合同履行过程中未及时解决涉案房屋被查封事宜及涉案房屋又多次被查封是导致双方签订的房屋买卖合同长期无法继续履行的根本原因,长城公司构成根本违约,致使老参堂公司合同目的无法实现。老参堂公司诉请解除房屋买卖合同符合《合同法》第九十四条第(四)项关于“当事人一方迟延履行债务或者有其他违约行为致使不能实现合同目的”的规定。原审对长城公司在合同履行过程中是否存在根本违约,并因此导致老参堂公司合同目的无法实现未予审理认定,判决认为老参堂公司诉请解除合同不符合《合同法》第九十四条规定,认定事实及适用法律均属不当,本院予以纠正。由于经本院审理认定,老参堂公司诉请解除涉案 1177 号房屋买卖合同的主张成立,故对长城公司在本院再审本案期间发出的解除合同通知的效力,本院不予以确认。

(二)关于涉案 507.68 平方米房屋买卖合同是否应解除的问题

双方当事人 2010 年 12 月 13 日签订的《协议书》中约定长城公司将 507.68 平方米房屋出售给老参堂公司,价款 127 万元。合同履行过程中,老参堂公司已支付全部购房款 127 万元。长城公司未交付房屋,双方也未办理房屋产权过户手续。长城公司在原审中称因老参堂公司没有按照《协议书》约定借给长城公司 50 万元,也没有在约定时间内将借用房屋还给长城公司,因而没有及时帮助老参堂公司办理产权过户手续。双方已经达成待借用房屋返还后再交付涉案 507.68 平方米房屋的口头协议。本院认为,由于交付房屋并转移房屋所有权给老参堂公司是长城公司的合同义务,因此应由长城公司举证证明其未交付涉案 507.68 平方米房屋也未及时协助办理产权转移手续不构成违约。虽然《协议书》中约定长城公司向老参堂公司借款 50 万元,但并未约定以该 50 万元的实际支付作为长城公司协助办理房屋产权转移过户手续的前提条件。涉案 507.68 平方米房屋买卖合同与双方签订的借用房屋合同各自独立存在,在没有证据证明二者存在关联关系的情况下,基于合同相对性原则,应按照各自合同约定履行并承担各自合同责任。长城公司并无证据证明双方达成待借用的房屋返还后再交付涉案 507.68 平方米房屋的口头协议。因此,长城公司抗辩其未交付房屋及未及时协助办理产权转移手续不构成违约的理由,缺乏事实依据。根据本案查明的事实,至 2011 年 8 月 21 日,老参堂公司已经支付了涉案 507.68 平方米房屋全部购房款,而长城公司在原一、二审判决前始终没有交付房屋也没有办理产权转移手续。在长城公司没有证据证明其存在正当理由的情况下,应认定长城公司构成根本违约,老参堂公司诉请解除涉案 507.68 平方米房屋买卖合同,符合《合同法》第九十四条第(四)项的规定。原审以老参堂公司对长城公司主张的没有按约定将长城公司借其用于贷款抵押的 509.8 平方米商业用房如期交回所致的观点未提供反驳证据,对老参堂公司解除合同的诉请不予支持,举证责任分配错误,本院予以纠正。由于双方 2010 年 12 月 13 日签订的《协议书》中包括借款合同关系,虽然老参堂公司诉请返还的款项中包括已支付的购房款和借款,但其诉请解除的是房屋买卖合同关系,原审未将借款合同关系纳入审理范围,对相关事实也未进行审理认定。故本院对《协议书》中关于涉案 507.68 平方米房屋买卖合同关系予以解除,对《协议书》中涉及的借款合同关系当事人可另行解决。

(三)关于长城公司是否应返还购房款及利息的问题

根据《合同法》第九十七条"合同解除后,尚未履行的,终止履行;已经履行的,根据履行情况和合同性质,当事人可以要求恢复原状、采取其他补救措施,并有权要求赔偿损失"的规定,老参堂公司诉请涉案房屋买卖合同解除后,长城公司应返还其购房款及该款占用期间的利息,符合法律规定,本院予以支持。根据本案查明的事实,老参堂公司已支付涉案 1177 号房屋购房款人民币 14434052.5 元,507.68 平方米房屋购房款人民币 127 万元,故长城公司应返还老参堂公司已支付的购房款共计人民币 15704052.5 元。对应支付的购房款利息,涉案 1177 号房屋购房款 14434052.5 元的利息从老参堂公司每笔购房款支付之次日起计付。由于老参堂公司基于《协议书》支付的款项无法具体区分哪些是借款哪些是购房款,故从老参堂公司支付最后一笔款项的次日即 2011 年 8 月 22 日起计付 127 万元购房款利息。利息按照中国人民银行同期贷款基准利率计付至应返还的购房款实际给付之日止。对老参堂公司的其他诉讼请求本院不予支持。

【案例来源】

中国裁判文书网,http://wenshu. court. gov. cn。

460 商品房预售合同解除后,借款合同及房屋抵押合同应当予以解除

【关键词】

│ 房屋买卖 │ 合同解除 │ 借款合同 │

【案件名称】

上诉人中国建设银行股份有限公司青海省分行与被上诉人王忠诚,一审被告青海越州房地产开发有限公司,一审第三人王琪博、王琪宝商品房预售合同纠纷案 [最高人民法院(2017)最高法民终 683 号民事判决书, 2017.11.28]

【裁判精要】

最高人民法院认为:

一、关于《商品房预售合同》解除后,《个人住房(商业用房)借款合同》及《房地产抵押合同》是否应当予以解除的问题

建行青海分行认为,《个人住房(商业用房)借款合同》第十九条第二款规定,借款人与售房人签订的商品房买卖合同被确认无效或被撤销、被解除的,借款人仍应承担本合同项下的还款义务;第四款规定,贷款人与借款人的借贷关系解除的,借款人应立即返还其所欠贷款人的贷款本金、利息、罚息及实现债权的费用,或委托售房人直接将上述款项归还贷款人。由于王忠诚诉讼请求之一是由越州公司承担借款合同项下剩余贷款本息的还款义务,免除自己对建行青海分行的还款义务,故其请求违反了上述合同约定,《个人住房(商业用房)借款合同》不能解除。

王忠诚认为,根据《商品房买卖合同解释》第二十四条的规定,案涉《个人住房(商业用房)借款合同》应予解除。

本院认为,案涉《个人住房(商业用房)借款合同》应予解除,理由如下:《商品房买卖合同解释》第二十四条规定:"因商品房买卖合同被确认无效或者被撤销、解除,致使商品房担保贷款合同的目的无法实现,当事人请求解除商品房担保贷款合同的,应予支持。"据此,在《商品房预售合同》解除的情况下,王忠诚从建行青海分行借款支付购房款的目的已经无法实现,王忠诚请求解除《个人住房(商业用房)借款合同》的,应予支持。建行青海分行的这一上诉请求,理由不能成立,本院不予支持。

关于《个人住房(商业用房)借款合同》第十九条第二款和第四款的特别规定,本院认为,该两款约定的含义并非《商品房预售合同》解除后,《个人住房(商业用房)借款合同》不得解除,而是约定《个人住房(商业用房)借款合同》解除后,王忠诚应立即返还其所欠建行青海分行的贷款本金、利息、罚息及实现债权的费用,或委托越州公司直接将上述款项归还建行青海分行。故即使依据这两款规定,《个人住房(商业用房)借款合同》也可以解除。

在主合同《个人住房(商业用房)借款合同》解除的情况下,因《房地产抵押合同》是该合同的从合同,故《房地产抵押合同》也应当解除。

二、关于越州公司不能返还建行青海分行剩余贷款本息时,王忠诚是否应当承担还款责任的问题

建行青海分行认为,《商品房预售合同》解除后,即使《个人住房(商业用房)借款合同》也被解除的,借款人王忠诚仍然应当承担还款责任。王忠诚认为,《商品房预售合同》解除后,《个人住房(商业用房)借款合同》也被解除的,根据《商品房买卖合同解释》第二十五条第二款的规定,其对建行青海分行不再负有还款义务,还款义务人是越州公司。

本院认为,王忠诚在向建行青海分行借款时,建行青海分行为了其贷款安全,对该笔贷款办理了抵押登记。抵押物是《商品房预售合同》约定的标的物即66-16商业用房,因该商品房属于在建工程,没有办理产权证,所以实际上的抵押人是越州公司。由于商品房担保贷款合同的特殊性,本案贷款实际上由建行青海分行直接支付到了开发商越州公司的账户,因此根据《商品房买卖合同解释》第二十五条第二款"商品房买卖合同被确认无效或者被撤销、解除后,商品房担保贷款合同也被解除的,出卖人应当将收受的购房贷款和购房款的本金及利息分别返还担保权人和买受人"的规定,越州公司应将剩余的贷款本息返还建行青海分行。不过,就《商品房买卖合同解释》第二十五条第二款的本义来说,并没有免除购房者(同时又是借款合同的借款人)的还款义务。这是因为,商品房出卖人将其收到的购房贷款本息返还银行,从法律关系上来说是受购房者的委托向银行归还贷款本息,其所还款项就是购房者的还款,但还款义务人仍然应当是借款合同的借款人,因为根据合同相对性原理,购房者才是借款合同的借款人,商品房出卖人不是借款合同的借款人,就借款合同而言,其不负有还款义务。《商品房买卖合同解释》第二十五条第二款之所以作这

样的规定,是考虑到按揭合同的特殊性,因商品房出卖人直接接受了银行支付的贷款,在商品房买卖合同和贷款合同都解除后,就没有必要由商品房出卖人将银行支付的贷款先归还给购房者,然后再由购房者归还给银行,而是应当直接由商品房出卖人归还给银行。因此,一审判决第四项判决越州公司承担对建行青海分行剩余贷款本息的还款责任正确,但免除了《个人住房(商业用房)借款合同》借款人王忠诚的还款责任错误。本院认为,对王忠诚免除自己对建行青海分行剩余贷款本息的还款责任这一诉讼请求,依法应予驳回。鉴于建行青海分行在一审中的诉讼地位是被告,其没有对王忠诚提出诉讼请求,根据民事诉讼不告不理原则,王忠诚应当怎样承担责任,本院不予审理。

【案例来源】

中国裁判文书网,http://wenshu.court.gov.cn。

编者说明

商品房担保贷款,也就是人们通常所说的商品房"按揭"。"按揭"作为一种融资购楼方式,从香港传入我国内地得到广泛推广,目前已经成为买受人购买商品房或者融资的一种主要方式。由于我国内地法律没有关于"按揭"的规定,而且实务中所称的"按揭"与香港地区、英美法系所称的"按揭"也有所不同,因此,对我国出现的商品房"按揭"性质的认识也不统一。对买受人以"按揭"方式购买商品房而发生的纠纷应如何处理,我国法律没有明确的规定。《商品房买卖合同解释》根据《合同法》《民事诉讼法》《担保法》及相关法律规定的原则,将商品房"按揭"贷款统称为商品房担保贷款,并在总结审判实践经验的基础上,对审理商品房担保贷款纠纷案件中遇到的主要问题作出了相应的规定。

一是明确了当事人行使商品房买卖合同解除权的条件。对当事人在签订商品房买卖合同时,明确约定以担保贷款方式付款的,如因当事人一方的原因或者不可归责于当事人双方的原因,买受人不能签订担保贷款合同而导致买卖合同无法继续履行的情况,应当允许当事人解除合同,否则买受人没有能力支付购房款,也无法实现商品房买卖合同的目的。

二是明确了当事人行使担保贷款合同解除权的条件。买受人签订商品房担保贷款合同的目的是为了购买商品房,当商品房买卖合同被确认无效或者被撤销、解除时,买受人贷款已经失去了意义,如果不允许解除合同,对买受人是不利的。同时,贷款银行在没有任何担保的情况下将大量的贷款供给买受人,也将面临很大的风险。因此,《商品房买卖合同解释》第二十四条规定,在商品房买卖合同被确认无效或者被撤销、解除时,当事人可以请求解除担保贷款合同。[1]

---

[1] 参见《最高人民法院有关负责人就〈关于审理商品房买卖合同纠纷案件适用法律若干问题的解释〉答记者问》,载杜万华主编:《解读最高人民法院司法解释、指导性案例·民事卷》,人民法院出版社2016年版,第640页。

461 补充协议是商品房买卖合同的基础，补充协议解除后，商品房买卖合同亦应予以解除

【关键词】

︱房屋买卖︱合同解除︱单方解除︱

【案件名称】

上诉人赣州银行股份有限公司与上诉人九江银行股份有限公司、上诉人九江市嘉信实业有限公司房屋买卖合同纠纷案［最高人民法院（2018）最高法民终797号民事判决书，2018.11.26］

【裁判精要】

最高人民法院认为：

嘉信公司、赣州银行、九江银行三方签订的《三方协议》《补充协议》，以及嘉信公司与赣州银行签订的《商品房买卖合同（预售）》，均属各方当事人真实意思表示，内容不违反法律和行政法规的禁止性规定，原审判决认定上述合同有效正确。九江银行主张《补充协议》中"如因嘉信公司、九江银行未能如期交付房屋，而赣州银行基于开业时间安排的需要须提前进场装修，则赣州银行的正常装修行为导致大楼无法完成规划设计、消防、主体等验收的责任全部由嘉信公司、九江银行承担"的约定为无效条款，缺乏法律依据，本院不予支持。

关于案涉《三方协议》、《补充协议》及《商品房买卖合同（预售）》是否符合解除条件，是否已经解除，以及原审判决认定上述合同于2017年9月4日赣州银行起诉时解除，适用法律是否正确的问题。第一，就赣州银行可以行使单方解除合同权利的条件，《三方协议》第三条第四款第三项约定，由于嘉信公司的过错造成其不能满足本协议规定的要求，赣州银行会延期支付购房款直至取得增值税专用发票，若确定无法提供增值税专用发票，赣州银行有权单方面解除本协议及后续购房合同；《补充协议》第五条第四款约定，由于嘉信公司与九江银行的原因、其他债权债务引发纠纷、房屋产权瑕疵等非赣州银行原因导致无法按照《三方协议》及《补充协议》完成验收、交付、办证等事项的，为嘉信公司、九江银行违约，赣州银行可单方面终止《三方协议》及《补充协议》；《商品房买卖合同（预售）》第十二条约定：除不可抗力外，出卖人未按照第十一条约定的时间将该商品房交付买受人的，双方同意以双方签订的相关协议为准的方式处理。由此，当上述合同约定的增值税专用发票无法提供，或者非赣州银行原因导致不能依约完成案涉房屋的验收、交付、办证等情形中的任一情形发生时，赣州银行均享有单方解除案涉合同的权利。第二，根据《补充协议》第一条第三款、第四款的约定，2017年5月30日前，嘉信公司、九江银行应完成嘉信国

际公馆整栋大楼的竣工验收;2017 年 10 月 31 日前,嘉信公司、九江银行办理好嘉信国际公馆的房屋所有权证及过户手续。而事实上,嘉信国际公馆至本案诉讼中,仍未办理竣工验收。至于未能办理竣工验收的原因,根据 2017 年 3 月 21 日九江市建设工程质量监督检验站作出的调查报告,系该工程施工中违规使用不合格的原材料,造成该工程的建筑节能外墙保温节能分项施工质量不符合验收规范标准的要求不能验收而必须返工重新施工造成的。对此,嘉信国际公馆的建设单位嘉信公司、施工单位、监理单位、设计单位、勘察单位均一致认可。九江银行在向本院提交的代理意见中亦予以认可。第三,赣州银行依据《补充协议》第一条第五款的约定,基于其九江分行开业时间安排的需要提前进场装修,属于积极履行《三方协议》的行为,该装修行为不能认定属于九江银行所主张的交付行为。而且,《补充协议》亦约定赣州银行的正常装修行为导致大楼无法完成规划设计、消防、主体等验收的责任全部由嘉信公司、九江银行承担,九江银行主张赣州银行提前进场装修的行为,实际已免除不能如期验收交房的责任,与双方合同约定不符。据此,赣州银行基于嘉信国际公馆未能如期整体竣工验收,主张嘉信公司、九江银行构成违约并请求解除《三方协议》及《补充协议》,有事实依据和合同依据。原审判决认定赣州银行对《三方协议》及《补充协议》行使单方解除权的条件成就,并无不当。案涉《商品房买卖合同(预售)》系嘉信公司与赣州银行为了履行《三方协议》及《补充协议》而进行的网签备案,且该合同第十二条约定嘉信公司逾期交付房屋时,双方同意按照双方签订的相关协议处理。因而,原审判决认定《三方协议》《补充协议》是《商品房买卖合同(预售)》的基础,《三方协议》《补充协议》解除后,《商品房买卖合同(预售)》亦应予以解除,亦无不当。另,本案起诉前,赣州银行仅向九江银行发送了《解除〈九江市嘉信国际公馆买卖三方协议书〉及其补充协议的函》,而未向嘉信公司发送该解除函,原审判决认定自赣州银行提起本案诉讼的 2017 年 9 月 4 日起,上述《三方协议》、《补充协议》及《商品房买卖合同(预售)》解除正确。

【案例来源】

中国裁判文书网,http://wenshu. court. gov. cn。

---

462 **当事人向法院起诉请求解除与对方之间合同关系时,超过了解除权的法定行使期限,应认定其解除权依法已经消灭**

【关键词】

| 房屋买卖 | 合同解除 | 行使期限 |

【案件名称】

上诉人张掖市城投房地产开发有限责任公司与被上诉人刘岗房屋买卖合同纠纷案［最高人民法院（2018）最高法民终 1213 号民事判决书，2018.12.4］

【裁判精要】

最高人民法院认为：

本案为确认之诉，二审的争议焦点有以下两点：第一，一审判决认定张掖城投公司的解除权已经消灭是否正确；第二，案涉八份《商品房买卖合同》是否应当解除。二审中，张掖城投公司作为新证据提交的材料，是为了证明刘岗与宏武公司之间不存在 7000 万元的借款关系，不可能支付 7000 万元的购房款。实际上，第二个焦点问题所涉及的事实是以第一个焦点问题为基础的，如果一审判决认定张掖城投公司的解除权消灭是错误的，到起诉时张掖城投公司仍然享有解除权，那么需要对第二个焦点问题所涉及的事实问题进行审查；如果一审判决认定张掖城投公司的解除权已经消灭是正确的，那么驳回张掖城投公司解除合同的诉讼请求就是正确的，无须审理第二个焦点问题。

关于张掖城投公司与宏武公司于 2013 年 2 月 26 日签订《城投财智广场房屋团购预定协议》的事实，双方当事人均无异议。其中约定：将张掖城投公司开发的位于张掖市甘州区南环路向东延伸段的张掖市财智广场商业综合楼整体出售给宏武公司，用地性质为商业居住综合用地，项目建筑面积 44000m²，其中初步方案设计地下室 6000m²，一至五层商业面积 17000m²，六至十二层酒店约为 12000m²，十三至十七层办公写字楼约 9000m²；预定购房：整体楼盘，建筑面积 44000m²；房屋价款：商业部分 6000 元/m²、办公写字楼 4200 元/m²、地下室 2200 元/m²，房屋预定总价 21360 万元；宏武公司配合张掖城投公司根据宏武公司所购房屋建筑面积与使用功能参与前期策划、单体设计、施工图设计等，宏武公司购买的房屋经双方审核认可设计方案，宏武公司可指派专人对所购房屋参与施工过程中的工期、质量、进度、安全、资金使用监管；双方约定建设资金全部由宏武公司垫付，未经宏武公司同意，张掖城投公司不得将财智广场向第三人销售，否则视为严重违约。对于刘岗提供的 2014 年 5 月 9 日张掖城投公司出具的《证明》，其内容载明：张掖市财智广场综合楼建设项目，经张掖城投公司与宏武公司协商，将张掖市财智广场综合楼整体出售予宏武公司。即使没有原件，内容也与《城投财智广场房屋团购预定协议》所载内容完全吻合，足以相互印证，一审判决采信该证据并无不当。

对于刘岗提供的宏武公司 2015 年 9 月 10 日向张掖城投公司发出甘宏房发（2015）025 号《签订房屋销售合同委托》的真实性和张掖城投公司是否清楚并同意的问题。《签订房屋销售合同委托》载明：依据该公司（宏武公司）与张掖城投公司签订的《城投财智广场房屋团购预订协议》,同意将财智广场六至十三层销售给刘岗,并明确载明了各层的面积、单价、总价,并表明该公司已收到全部售房款7000万元,请张掖城投公司与刘岗签订商品房买卖合同。宏武公司向刘岗出具编号为0026762号《收据》一张,载明:"今收到刘岗交来财智广场6~13层购房款柒仟万元。"应当认定张掖城投公司对于《签订房屋销售合同委托》和《收据》是明知并认可的,因为:第一,虽然张掖城投公司在诉讼中表示对《签订房屋销售合同委托》和《收据》毫不知情,但在当日,张掖城投公司即与刘岗签订《商品房买卖合同》八份,约定张掖城投公司拥有该项目的国有土地使用证、建设工程规划许可证、施工许可证、房屋销售许可证。刘岗购买财智广场商业综合楼第六至十三层,每层建筑面积均为1998.95m²,八层建筑面积共计15991.6m²。双方约定八份合同总价为7000万元,第六、七、八、九、十、十一层的单价为4400元/m²,每层价格均为8795380元;第十一层单价4310元/m²,价格8615474.5元;第十二层单价4308元/m²,价格8612276.5元;总价合计7000.0031万元,付款方式均为一次性支付。刘岗与张掖城投公司所签八份合同的内容,包括楼层、面积、单价、价款、付款方式等均与《签订房屋销售合同委托》内容完全一致,可以互相印证,张掖城投公司对于《签订房屋销售合同委托》是完全知晓并按委托内容实际履行的。第二,八份《商品房买卖合同》约定,张掖城投公司于2016年12月31日前向刘岗交付房屋,却并未约定刘岗支付购房款的时间,也从未向刘岗主张过购房款,如果其不知道《签订房屋销售合同委托》《收据》的内容,如此约定和此后一直未向刘岗主张购房款的行为,是完全不符合情理的,张掖城投公司对此也没有合理解释。第三,从《城投财智广场房屋团购预订协议》约定的内容看,张掖城投公司与宏武公司对案涉工程合作密切,明确约定张掖城投公司不得向宏武公司以外的人销售案涉房屋;但一审庭审笔录显示,宏武公司参与了一审庭审全过程,并发表了意见,并未对其向张掖城投公司出具《签订房屋销售合同委托》和向刘岗开出《收据》以及张掖城投公司与刘岗签订八份《商品房买卖合同》提出任何异议,至今也没有向法院提出其未签订和出具《签订房屋销售合同委托》和《收据》的主张,也没有对其签字和盖章提出异议。因此,张掖城投公司主张其对此并不知情,与宏武公司的行为完全不符。第四,张掖城投公司提出,虽然其与宏武公司原来约定整体出售,但后来因宏武公司款项支付不到位,所以双方商定只是五层以下出售给宏武公司,其他层全部由其对外销售。但张掖城投公司表示这只是口头约定,没有其他证据证明。因此,其该主张不能成立。第五,张掖城投公司在二审庭审过程中,明确表示与宏武公司之间从未发生过互相合作对外出售房屋并发生纠纷的事实。但是,经审查,其所述内容并不属实。可见,张掖城投公司并未在本案中如实陈述相关事实。

在张掖城投公司明知《签订房屋销售合同委托》和《收据》内容的情况下,按照委托内容与刘岗签订八份《商品房买卖合同》,并约定一次性付款。或者证明其在签订合同时承认宏武公司代其收取刘岗全部购房款的事实,在这种情况下,应视为张掖城投公司认可了其已经收取全部购房款的事实,张掖城投公司则没有解除权;或者证明其在签订合同时不承认宏武公司代其收取刘岗全部购房款的事实,但在其知道宏武公司已经向刘岗收取了全部购房款的情况下,在签订合同时,即2015年9月10日就已经享有了解除合同的权利。所以,张掖城投公司主张应当从2016年12月31日约定交房之日起计算解除权发生日期,没有事实和法律依据。根据《商品房买卖合同解释》第十五条"根据《合同法》第九十四条的规定,出卖人迟延交付房屋或者买受人迟延支付购房款,经催告后在三个月的合理期限内仍未履行,当事人一方请求解除合同的,应予支持,但当事人另有约定的除外。法律没有规定或者当事人没有约定,经对方当事人催告后,解除权行使的合理期限为三个月。对方当事人没有催告的,解除权应当在解除权发生之日起一年内行使;逾期不行使的,解除权消灭"的规定,张掖城投公司与刘岗于2015年9月10日签订《商品房买卖合同》,双方未明确约定解除合同的条件。签订合同时,张掖城投公司即已经享有解除合同的权利,在双方都不存在向对方催告和协议解除合同的情况下,到张掖城投公司于2017年8月14日向张掖市甘州区人民法院起诉请求解除与刘岗之间合同关系的时候,已经超过了解除权的法定行使期限。故一审判决张掖城投公司的解除权依法已经消灭,是正确的,应予维持。

在此情况下,无须再对第二个焦点问题进行审理。事实上,因为宏武公司并未参与本案审理,也不能查清其与刘岗之间的借款数额和偿还数额。如果确如张掖城投公司在上诉中所称,本案所涉八份《商品房买卖合同》并非真正的房屋买卖关系,而是担保关系,判令驳回其解除合同的诉讼请求,并不妨碍在其他纠纷中依照事实和法律进行审理和认定。

【案例来源】

中国裁判文书网,http://wenshu.court.gov.cn。

---

463 **合同因违约而解除后,守约方能否继续主张适用违约金条款**

【关键词】

| 房屋买卖 | 合同解除 | 违约责任 | 违约金 |

【案件名称Ⅰ】

申请再审人枣庄矿业(集团)有限公司柴里煤矿与被申请人华夏银行股份有限公司青岛分行、青岛保税区华东国际贸易有限公司联营合同纠纷案[最高人民法院(2009)民提字第137号民事判决书,2010.4.15]

【裁判精要】

裁判摘要：对合同约定不明而当事人有争议的合同条款，可以根据订立合同的目的等多种解释方法，综合探究当事人的缔约真意。但就目的解释而言，并非只按一方当事人期待实现的合同目的进行解释，而应按照与合同无利害关系的理性第三人通常理解的当事人共同的合同目的进行解释，且目的解释不应导致对他人合法权益的侵犯或与法律法规相冲突。

最高人民法院认为：

本案争议的焦点为：华夏银行应否对柴里煤矿 1000 万元出资损失承担补充赔偿责任。

解决这一争议焦点，关键在于认定华夏银行是否对本案 1000 万元资金具有监管义务。如果其负有监管义务且能够监管，但却怠于履行义务，则应当承担由此产生的法律后果；如其并无监管义务，则不应承担责任。

银行对储户资金的监管义务主要来源于两方面，一是法律、法规以及规章制度的规定，二是储户与银行的特殊约定。本案诉争的 1000 万元性质上为开证保证金的备付金，由柴里煤矿交华东公司存于华东公司的一般结算账户上。根据《商业银行法》第三十条、《中国人民银行银行账户管理办法》第十一条等规定，开户人对一般结算账户内的资金有自主支配权，任何单位包括银行不得任意限制、冻结和扣划，否则即构成对开户人的侵权。因此，华夏银行对涉讼 1000 万元并无法定的监管职权或义务。《合作经营印尼木材协议》第三条约定："乙方（即柴里煤矿）负责为本次合作提供资金（人民币 1000 万元），于 2004 年 3 月 18 日前按甲方（即华东公司）的要求将该笔资金汇往丙方（即华夏银行），由甲方办理国际贸易开证申请。但在办理国际贸易开证申请时须同时有柴里煤矿负责人温忠诚的书面同意意见，丙方见到温忠诚的书面同意意见后，按照甲乙申请的条款办理信用证开证事宜。"据此可以认定，当华夏银行为华东公司办理开具信用证的相关事宜时，应审查是否有柴里煤矿负责人温忠诚的书面同意意见。只有经温忠诚书面同意后，华夏银行才能为华东公司办理开证的相关事宜，包括办理以开证为目的的款项支取事宜。如未经温忠诚的书面同意，华夏银行即准许华东公司以开证用途而支出该笔款项，则属于没有履行协议约定的监管义务，应承担违约责任。

上述协议没有明确约定华东公司以申请开证以外的其他用途支取该笔资金时，华夏银行是否具有监管义务，属于合同约定不明。对该约定不明事项，当事人存在争议。柴里煤矿主张其签订三方协议的目的在于保障专款专用和出资安全，按照目的解释，应认定《合作经营印尼木材协议》第三条已使华夏银行对该 1000 万元资金负有了不可推卸的监管责任和使用审查义务，无论华东公司是否用于开证，华夏银行均应负责监管。本院认为，对合同约定不明而当事人有争议的合同条款，可以根据合同目的等多种解释方法，综合探究当事人的缔约真意。但就目的解释而言，并非只按一方当事人期待实现的合同目的进行解释，而应按照与合同无利害关系的理性第三人通常理解的当事人共同的合同目的进行解释，且目的解释不应导致对他人合法权益的侵犯或与法律法规相冲突。本案中，柴里煤矿确曾对其出资的安全存有隐忧，而且还专门为此与华东公司、华夏银行订立合同条款。但在三方对柴里煤矿出资何时监管、如何监管已有明确约定和安排的情况下，仅根据柴里煤矿一方的效果意思和缔约目的，即推定合同相对人华夏银行和华东公司须另行承担约定义务之外的义务，则难谓符合当事人共同的合同目的。从实践上分析，该1000万元存在华东公司一般结算账户上，与账户上的其他资金相混同，华夏银行事实上也无法将其区分出来单独实施全面监管。如果根据目的解释推定华夏银行负有此项义务，只能导致华夏银行对华东公司一般结算账户内所有混同资金均予限制使用，这无疑会侵犯华东公司对其一般结算账户上所存资金的自主支配权。这是与法律法规相违背的。因此，本院认为，华夏银行对华东公司非以开证用途而从其一般结算账户上支取该笔资金并无监管义务。

2004年9月22日，柴里煤矿致函华夏银行称：对其提供的1000万元，"除先期付出的300万元资金外，其余700万元资金的使用和支配，拜望严格依合作协议的约定即资金的使用和支配前必须有我方负责人王玉海先生或温忠诚先生的书面同意意见方可"。该函对先前三方协议中约定的华夏银行的开证监管义务进行了变更，扩大了华夏银行的资金监管范围，性质上应视为一种新要约。对此，华夏银行当时的客户经理陈刚在该函上签注："请双方按2004年3月16日签订的联营协议执行。"这实际上表明华夏银行并未同意柴里煤矿提出的变更三方协议的请求。而且，该要约亦未征得华东公司的同意。因此，柴里煤矿的函并不能单方改变三方协议的约定。

综上，本院认为，根据《合作经营印尼木材协议》第三条的约定，华夏银行应对华东公司因申请开证用途而支取该1000万元资金负有监管义务。除此之外，并无其他监管义务。

从华东公司对该1000万元的支出情况看，2004年4月21日、23日分别支出的350万元、300万元，在转账支票上款项用途栏均注明为"木材开证"。虽然华东公司并未将上述款项实际用于木材开证，但当其以申请开证名义而支取该两笔款项时，已经符合了《合作经营印尼木材协议》第三条约定的华夏银行的监管条件，华夏银行负有审查该事项是否经过了温忠诚书面同意之义务。柴里煤矿在庭审中自认，对4月23日支出的300万元"木材开证"款经过了温忠诚的书面同意，但辩称其同意华东公司支出该款是用于申请开证，然而华东公司并未实际申请开证，故对此损失华夏银行仍应承担责任。但根据《合作经营印尼木材协议》，华夏银行只负有对华东公司因申请开证而动用该款的形式审查义务,即当华东公司为开证用途而支取该款时,只要有柴里煤矿负责人温忠诚的书面同意,华夏银行即可放款,至于华东公司支取该款后是否实际用于开证,抑或如何使用,则非华夏银行所能干涉。故柴里煤矿的上述理由不能成立。《最高人民法院关于民事诉讼证据的若干规定》第七十四条规定:"诉讼过程中,当事人在起诉状、答辩状、陈述及其委托代理人的代理词中承认的对己方不利的事实和认可的证据,人民法院应当予以确认,但当事人反悔并有相反证据足以推翻的除外。"因柴里煤矿未能提供相反证据推翻其自认的华东公司支取 300 万元业经其同意的事实,故本院对此项事实予以确认,并据此免除华夏银行对该 300 万元的监管责任。但华夏银行在符合监管条件且能够进行监管的情况下,违反三方协议约定,怠于履行监管义务,致华东公司以"木材开证"名义擅自支取 350 万元,显然已构成违约,应承担相应的违约责任。

综上,本院认为,华夏银行应对华东公司以"木材开证"名义而擅自支取的 350 万元承担监管责任,山东高院原再审判决认定华夏银行不承担责任有误,应予以纠正。

【案例来源】

《中华人民共和国最高人民法院公报》2010 年第 6 期(总第 163 期)。

【案件名称Ⅱ】

上诉人广西泳臣房地产开发有限公司与被上诉人广西桂冠电力股份有限公司房屋买卖合同纠纷案 [最高人民法院(2009)民一终字第 23 号民事判决书,2009. 12. 15]

【裁判精要】

裁判摘要:《合同法》第九十七条规定:"合同解除后,尚未履行的,终止履行,已经履行的,根据履行情况和合同性质,当事人可以请求恢复原状、采取其他补救措施,并有权要求赔偿损失。"合同解除导致合同关系归于消灭。故合同解除的法律后果不表现为违约责任,而是返还不当得利、赔偿损失等形式的民事责任。

最高人民法院认为:

双方当事人争议的焦点为:涉案合同的效力以及合同是否应当解除,如果合同解除该如何处理。

关于涉案合同的效力。依据本案事实,2003 年 3 月 12 日,桂冠公司(甲方)与泳臣公司(乙方)签订《定向开发协议》,委托泳臣公司在广西南宁市琅东凤岭段为桂冠公司建设办公综合楼和商品住宅小区。协议约定:办公楼主楼初定 21 层,占地面积约 30 亩,建筑面积约 3 万平方米,办公楼总投资包括:土地每亩按 53 万元(含土地平整费)计算;开发建设费造价暂按建筑面积每平方米 2500 元计算。商品住宅小区为 6 层框架式结构,占地面积约 30 亩,单价按每平方米 1500 元计算。同时双方就设立共管账户、付款方式、合同工期、担保义务、双方其他权利义务以及违约责任等方面进行了约定。从双方当事人的约定来看,双方所签订的《定向开发协议》,是双方当事人真实意思表示,且不违反法律的禁止性规定,应为有效合同。

关于合同是否应当解除以及合同解除后如何处理的问题。关于工程工期及交付问题,双方作如下规定:主体工程开工 28 个月内竣工验收,通过验收合格后 2 个月内交付桂冠公司使用。在权利义务方面双方约定:桂冠公司有权监督工程进展,在工程形象进度未达到计划要求时,有权拒绝支付任何款项。在交付方面约定:当泳臣公司无法按期交付时,则桂冠公司可以选择通知泳臣公司解除协议或继续等待。如果桂冠公司选择继续等待,则等待时间由桂冠公司决定,等待后仍然可以解除协议。依据本案事实,现泳臣公司并未按期交工,依据双方合同约定,桂冠公司有权解除合同。

对合同解除后的责任承担问题,桂冠公司诉请泳臣公司返还购房款、双倍返还定金、支付违约金并且赔偿购房款利息损失、办公楼重置费损失。本院认为,依照《合同法》第九十七条的规定,"合同解除后,尚未履行的,终止履行,已经履行的,根据履行情况和合同性质,当事人可以请求恢复原状、采取其他补救措施,并有权要求赔偿损失"。因此,合同解除后,应由泳臣公司返还桂冠公司的购房款和利息。关于桂冠公司主张的双倍返还定金问题,《补充协议》第 2.3.4 条约定"桂冠公司在 2005 年 3 月 30 日前支付的费用作为已付部分土地补偿费",因此,桂冠公司于 2003 年 4 月 16 日支付的具有履约定金性质的 50 万元因《补充协议》重新约定为预付土地款而不再具有定金性质。因此,不应予以返还。关于桂冠公司要求泳臣公司支付工期逾期违约金和泳臣公司擅自抵押土地的违约金的诉讼请求。本院认为,合同解除的法律效果是使合同关系归于消灭,解除合同的后果,违约方的责任承担方式也不表现为支付违约金。因此,对桂冠公司要求支付违约金的主张,本院亦予不予支持。鉴于本案合同解除后桂冠公司另行购买办公楼等需要支付费用,而泳臣公司专门按照桂冠公司的要求定向建设的住宅楼和商品住宅小区,合同不履行后也会给泳臣公司造成一定损失。综合考虑本案的实际情况,本院酌定泳臣公司赔偿桂冠公司损失 1000 万元。

【案例来源】

《中华人民共和国最高人民法院公报》2010 年第 5 期(总第 162 期)。

编者说明

在合同解除权与违约金请求权能否并用方面,上述最高人民法院的判决观点存在差异。

1. 案例二采取"直接效果说"①和"否定说"②。案例二"桂冠电力与泳臣房产房屋买卖合同纠纷案",基本案情是因泳臣房产的违约行为符合合同约定的解除条件,解除权人桂冠电力行使解除权而解除合同。对于合同解除后的责任承担问题,一审法院和二审法院均认为:"合同解除的法律效果是使合同关系归于消灭,解除合同的后果,违约方的责任承担方式也不表现为支付违约金",并以此为由否定了合同解除权人的违约金请求。该判决的裁判精要表明,《合同法》第九十七条规定:"合同解除后,尚未履行的,终止履行;已经履行的,根据履行情况和合同性质,当事人可以要求恢复原状、采取其他补救措施,并有权要求赔偿损失。"合同解除导致合同关系归于消灭,故合同解除的法律后果不表现为违约责任,而是返还不当得利、赔偿损失等形式的民事责任。由此可见,该判决理由的基本逻辑如下:第一,违约金责任属于违约责任,而违约责任以合同关系的存在为前提,故违约金责任以存在合同关系为前提;第二,合同关系因合同解除而消灭;第三,既然合同关系已消灭,合同关系不再存在,是故违约金责任也不复存在。

2. 案例一采取"折中说"③和"肯定说"④。案例一虽然经历了枣庄市中院二审、山东省高院再审以及最高人民法院再审,但对于一审判决中关于解除合同、退还出资款、支付违

---

① 该说主旨为,合同因解除而溯及地归于消灭,尚未履行的债务免于履行,已经履行的部分发生返还请求权。直接效果说的优点是简洁明快,以合同溯及消灭为中心。直接效果说源于20世纪初期的德国民法理论,并贯彻到德国旧债法的立法之中,乃德国民法之通说。我国的立法虽然没有以"法典继受"的方式完全纳受德国的直接效果立法模式,但在"学说继受"方面的表现却尤为突出,以致直接效果说成了我国学者关于解除效果的主流观点。参见黄立:《民法债编总论》,中国政法大学出版社2002版,第529页;崔建远主编:《合同法》,法律出版社2003年版,第198页。

② 该说认为,依合同解除的"直接效果说",合同因解除而溯及地消灭,皮之不存,毛将焉附?故违约金条款自然丧失其所附丽之基础,违约金请求权自当归于消灭,不得再行请求。参见左觉先:《论契约解除后违约金之请求权是否存在》,载郑玉波主编:《民法债编论文选辑》(中),台湾地区五南图书出版公司1984年版,第885页以下。实务界也有观点赞同该说,认为既然违约金是以有效合同的存在为前提,如果合同已经解除,则当事人之间只能产生恢复原状之义务,合同因解除而溯及既往地消灭,合同自订立时起失去效力,违约金条款也失去效力,当事人无权请求支付违约金。参见尹显忠主编:《新合同法审判实务研究》,人民法院出版社2006年版,第295页。

③ 该说认为,对于尚未履行的债务自合同解除时消灭(与直接效果说相同);对于已经履行的,合同解除后债务并不消灭,而是发生新的返还债务。参见林诚二:《民法债编总论——体系化解说》,中国人民大学出版社2003年版,第454页;韩世远:《合同法总论》(第2版),法律出版社2008年版,第617页。

④ 该观点认为,"因为当事人违约而产生的违约金责任是客观存在,不能因合同解除而化为乌有,对此,不论什么性质的违约金均应一样。为了照顾违约金需要以合同关系存在为前提的理论,在合同解除有溯及力时,可以拟制合同关系在违约金存在的范围内继续存在"。参见崔建远:《合同责任研究》,吉林大学出版社1992年版,第257页。《合同法》第九十八条规定:"合同的权利义务终止,不影响合同中结算和清理条款的效力。"合同解除是合同的权利和义务终止的情形之一,故在合同解除场合,合同中的结算和清理条款仍然有效,违约金条款即属于结算和清理条款。在我国现行法上,违约金并不因为合同解除而受到影响,仍可请求。参见韩世远:《合同法总论》(第2版),法律出版社2008年版,第788页。审判实务界也有观点认为,违约金是当事人通过约定而预先设定并独立于履约行为之外的给付行为,属于《合同法》第九十八条规定的合同中的结算和清理条款,其效力并不因合同的权利义务终止而受到影响。在因一方违约而导致合同解除之场合,人民法院应当认定守约方可以行使违约金请求权。参见王闯:《当前人民法院审理商事合同案件适用法律若干问题》,载《法律适用》2009年第9期。

约金的内容均予维持,明确肯定合同解除后可以一并行使合同解除请求权和违约金请求权。各地法院多数生效判决持"折中说"和"肯定说",认为包括违约金在内的违约责任属于"结算与清理"条款,不因合同的解除而影响其效力。此外,《中华人民共和国最高人民法院公报》刊载的"新宇公司诉冯玉梅商铺买卖合同纠纷案"①也体现出合同解除并不影响违约金请求之裁判思路,尽管该案件的诉讼焦点并非合同解除与违约金的关系。

《最高人民法院关于当前形势下审理民商事合同纠纷案件若干问题的指导意见》(法发〔2009〕40号)第八条中规定:"合同解除后,当事人主张违约金条款继续有效的,人民法院可以根据合同法第九十八条的规定进行处理。"该条指导意见的理论依据采纳"折中说"和"肯定说",认为违约金是当事人通过约定而预先设定并独立于履约行为之外的给付行为,属于《合同法》第九十八条规定的合同中的结算和清理条款,其效力并不因合同的权利义务终止而受到影响。②《城镇房屋租赁合同解释》(法释〔2009〕11号)第十七条第一款也规定:"因承租人拖欠租金,出租人请求解除合同时,次承租人请求代承租人支付欠付的租金和违约金以抗辩出租人合同解除权的,人民法院应予支持……"该款也在一定程度上表明出租人在解除租赁合同时可以请求支付违约金。

《买卖合同解释》第二十六条规定:"买卖合同因违约而解除后,守约方主张继续适用违约金条款的,人民法院应予支持;但约定的违约金过分高于造成的损失的,人民法院可以参照合同法第一百一十四条第二款的规定处理。"即在合同解除的效果方面,肯定"折中说";在合同解除与违约金责任能否并存方面,赞同"肯定说"。③ 据此,在该司法解释施行后,案例二的裁判观点不再适用。

464 房屋买卖合同解除后,出卖方对房屋添附补偿的确定

【关键词】

|房屋买卖|合同解除|添附|

【案件名称】

上诉人长沙物资股份有限公司与被上诉人湖南省万国医疗器械保健品博览会交易中心有限公司、原审被告长沙市物资集团公司房屋买卖合同纠纷案〔最高人民法院二审民事判决书〕

---

① 在该案中,法院认定新宇公司在合同约定的期限内未办理产权过户手续,已构成违约,但以支付的履行费用过高为由否定了非违约方的继续履行请求,并允许违约方解除合同。该案中,法院在判决合同解除的同时,判决"新宇公司赔偿上诉人冯玉梅逾期办理房屋权属登记过户手续的违约金及其他经济损失68万元"。该案详情参见《中华人民共和国最高人民法院公报》2006年第6期。

② 参见王闯:《当前人民法院审理商事合同案件适用法律若干问题》,载《法律适用》2009年第9期。

③ 参见最高人民法院民事审判第二庭编著:《最高人民法院关于买卖合同司法解释理解与适用》,人民法院出版社2012年版,第414~423页。

【裁判精要】

裁判摘要:《担保法》第四十九条规定了抵押人转让已办理登记的抵押物的,应当告知受让人转让物已经抵押的情况,未告知受让人的,转让行为无效。房屋买卖行为因此无效后,产生的法律后果是双方返还房屋和购房款。如房屋已有所添附,应根据添附的实际情况,确定出卖方给予买受方的合理补偿。

最高人民法院认为:

《房屋买卖合同》被认定部分无效、部分解除后,物资股份公司和物资集团公司作为出售房屋一方应返还万国公司已经交付的购房款,万国公司作为购房方应返还已经实际占有的房屋。因万国公司已经对所购房屋进行了一定的添附,对其有效添附的部分,物资股份公司和物资集团公司应当给予适当补偿。对因合同解除而造成的损失按合同双方的责任大小进行分担。一审法院委托鉴定单位对万国公司装修工程进行了工程造价鉴定,但因该装修工程尚未完工,且工程质量也存在瑕疵,故该鉴定结论虽然不能作为确定房屋有效添附价值的依据,却可作为本院确定双方分担损失的参考。该工程的装修费用对于万国公司而言,是因房屋买卖合同不能履行而造成的损失,而对于物资股份公司和物资集团公司而言,其收回房屋的同时,即接受了万国公司以装修形式对该房屋进行的添附,是装修价值的受益者。因此,应当对万国公司为装修支付的价款,给予适当补偿。本院以装修工程造价为基础,结合物资股份公司和物资集团公司收回房屋、承受了房屋装修利益的情况,依据各方对合同不能继续履行所应当承担的责任,确认物资股份公司和物资集团公司承担万国公司装修工程费用的70%,即15286980.22元(21838543.18元×70%),万国公司承担装修工程30%的费用。

【案例来源】

最高人民法院民事审判第一庭编:《民事审判指导与参考》(总第31集),法律出版社2007年版,第201~212页。

编者说明

房屋买卖合同解除后,发生相互返还的法律后果。如果在合同解除之前,买受方对房屋进行了装修,那么双方相互返还房款和房屋后,由于出卖方收回房屋后,就实际享受了房屋的装修利益,由于这种装修利益是买受人付出的,按照公平的原则,出卖人应给予买受方适当的补偿。所谓酌定适当补偿的数额时,应考虑装修的实际支出、已经使用的时间、折旧、房主的不同喜好等因素。①

---

① 参见李明义:《房屋买卖合同解除后,如何确定出卖方对房屋添附的补偿——长沙物资股份有限公司与湖南省万国医疗器械保健会交易中心有限公司、原审被告长沙市物资集团公司房屋买卖合同纠纷案》,载最高人民法院民事审判第一庭编:《民事审判指导与参考》(总第31集),法律出版社2007年版,第201页。

第八章｜CHAPTER 08

违约责任

465 购房人不申请贷款、拒不付款及相关抗辩，表明其不履行付款这一主要义务，且至今仍不支付购房款，构成根本违约

【关键词】

| 房屋买卖 | 违约责任 | 根本违约 |

【案件名称】

上诉人湖南芙蓉国企业集团有限公司与被上诉人湖南湘通物业发展有限公司、长沙昌平建材贸易有限公司房屋买卖合同纠纷案［最高人民法院（2017）最高法民终 646 号民事判决书，2018.12.28］

【裁判精要】

最高人民法院认为：

本案的主要争议是：芙蓉国集团是否违约及合同是否应当部分解除。

根据查明的事实，芙蓉国集团至今尚未支付的款项为 44166128.3 元。芙蓉国集团认为其中 4000 万元付款条件还不具备，951 万元工程款应予扣减。

关于 4000 万元款项。芙蓉国集团称，其中 4000 万元为借款，不是购房款。该款项本属于购房款的一部分。之后双方于 2006 年 3 月 9 日签订《补充协议》，约定在总购房款的尾款 4000 万元以内资金作为芙蓉国集团借款，在房屋验收合格交房后 6 个月内支付的部分，湘通公司免收资金占用费，超过 6 个月的按年利率 7% 计算实际欠款的资金占用费。由此可见，该款项并非单纯的借款，湘通公司实际上并未向芙蓉国集团借出款项，双方同意芙蓉国集团可以在一定期限内无需支付利息，超过该期限则应支付利息，这是对购房款支付方式的变更。

根据芙蓉国集团 2009 年 1 月 19 日向湘通公司出具的《承诺函》，芙蓉国集团拟以湘豪大厦裙楼酒店部分做抵押向银行申请贷款 9000 万元~10000 万元，在银行发放该笔贷款前提下，芙蓉国集团保证向湘通公司支付 3000 万元购房款，若银行分期发放该笔贷款，将保证按每批次贷款发放额不少于 30% 的比例向湘通公司支付购房款。该《承诺函》改变了双方在 2006 年 3 月 9 日《补充协议》中关于 4000 万元支付的约定，但并未免除芙蓉国集团给付尾款的义务。故芙蓉国集团应当按照其承诺积极向银行申请贷款，并用贷款支付剩余款项。如果认定该款项支付的前提是取得银行贷款，进而片面认定芙蓉国集团可以通过不履行申请贷款的义务而无需支付尾款，则湘通公司就一直无权收取尾款，其权利就得不到保障，这显然是不合情理的。因此，在芙蓉国集团并未主张且无证据证明其履行了向银行申请贷款的义务，更未证明湘通公司为其贷款设置障碍的情况下，认定其欠款构成违约，是正确的。

即使减去上述 4000 万元，芙蓉国集团仍欠款 4166128.3 元。这显然属于违约。

芙蓉国集团称应扣减"未完工程"工程款 951 万元,但双方之间的工程款纠纷与本案房屋买卖合同纠纷并非同一法律关系,湘通公司亦没有认可以工程款抵购房款,该上诉理由不能成立。

支付购房款是芙蓉国集团的主要义务,湘通公司签订本案合同的目的是为了取得购房款。芙蓉国集团不申请贷款、拒不付款及相关抗辩,表明其不履行付款这一主要义务,且至今仍不支付 4400 余万元款项,构成根本违约。一审法院根据《合同法》第九十四条第(二)项规定,判决在芙蓉国集团欠款范围内,部分解除合同,适用法律正确。一审判决按照欠款金额和房屋面积及均价,确定解除其中 58 套房屋的买卖合同,并无不当。从已知情况看,也没有更合理的确定具体房屋的方法。

此外,芙蓉国集团还请求确认湘通公司与昌平公司签订的上述 58 套房屋的买卖合同无效,由昌平公司将房屋产权返还给湘通公司,并改判湘通公司将房产过户到芙蓉国集团名下;请求判令湘通公司因迟延办证给芙蓉国集团造成的损失23829193.39 元。对于此两点请求,本院认为:首先,关于 58 套房屋问题。芙蓉国集团一审反诉请求确认 90 套房屋的商品房买卖合同无效,并判令昌平公司将上述 90套房屋产权返还湘通公司以及协助办理相关登记手续至芙蓉国集团。一审判决已确认湘通公司与昌平公司签订的其中 32 套房屋的房屋买卖合同无效,昌平公司应将 32 套房屋返还给湘通公司,并由湘通公司于本判决生效之日起 30 日内办理至芙蓉国集团名下。湘通公司的合法权益已得到保护。由于芙蓉国集团与湘通公司的58 套房屋买卖合同已被判令解除,芙蓉国集团丧失了主张权利的基础,应驳回其关于上述 58 套房屋的请求。其次,关于延期办证的损失。湘通公司已按照 2008 年 1月 28 日《补充协议》关于"2008 年 3 月 10 日应按现状交付全部物业"的约定将湘豪大厦北栋酒店移交给芙蓉国集团,湘通公司违约,原判决认定湘通公司在交房问题上不存在违约行为,并无不当。芙蓉国集团一直占有和使用有关房产,其主张湘通公司因迟延办证给其造成损失,主张以未办证的房产总款为基数计算损失本金的计算方式没有法律依据,且没有提供证据证明存在实际损失,对其要求湘通公司赔偿损失的主张本院不予支持。

【案例来源】

中国裁判文书网,http://wenshu.court.gov.cn。

466 出卖人以违法手段办理竣工验收备案与房产证的行为虽构成履行瑕疵，但并未导致买受人对标的物及内容产生实质性的错误认识，继而作出错误的缔约意思表示，故不能认定出卖人构成《合同法》上的欺诈行为

【关键词】

　｜房屋买卖｜违约责任｜欺诈｜

【案件名称】

上诉人海航资产管理集团有限公司与被上诉人北京国美商都建设开发有限公司、被上诉人国美地产控股有限公司房屋买卖合同纠纷案［最高人民法院（2015）民一终字第 267 号民事判决书，2017.9.23］

【裁判精要】

最高人民法院认为：

根据各方当事人的诉辩情况,本案二审争议焦点是:国美商都公司是否存在欺诈行为,包括隐瞒以违法手段办理竣工验收备案与房屋初始登记和骗称项目不需要做环保验收两个问题。

（一）关于隐瞒以违法手段办理竣工验收备案与房屋初始登记的问题

海航资产公司上诉称,案涉合同的标的为合法取得竣工验收备案和房产证的现房,合法取得的房产证是双方交易的前提和基础。对此《框架协议书》《资产收购协议》中均有约定。国美商都公司故意隐瞒以违法手段办理竣工验收备案与房产证的事实,诱使海航资产公司作出错误意思表示同其签订协议,构成欺诈。

本院认为,《民法通则》第四十三条规定:"企业法人对它的法定代表人和其他工作人员的经营活动,承担民事责任。"《最高人民法院关于贯彻执行〈中华人民共和国民法通则〉若干问题的意见（试行）》第五十八条规定:"企业法人的法定代表人和其他工作人员,以法人名义从事的经营活动,给他人造成经济损失的,企业法人应当承担民事责任。"据此,企业工作人员以法人名义从事的经营活动,应归属为企业的法人行为且由企业法人承担民事责任。而企业工作人员是否受到有效监督并非该法条适用的限定性条件。本案中,王运杰系国美商都公司前期部经理,目标物业的建设工程消防验收意见书及房屋所有权证书的办理为其职权范围内的相关工作内容。因此,王运杰伪造消防验收合格文件并骗取竣工验收备案证明的行为,因其履行辅助人之身份应被认定为国美商都公司的行为,由国美商都公司承担责任。国美商都公司及法定代表人在伪造文本上加盖单位公章及法定代表人名章的事实,应

被推定为国美商都公司对此伪造事实知情或者应当知情。一审判决关于"……王运杰在工作中有很多接触使用公章的机会,公司高管不可能对其每一次用章行为都加以严密无误的监管。现无证据证明 A 区竣工验收备案表中黄秀虹的人名章由其亲自加盖,即使系其亲自加盖也不代表其对该表的每一份附件都有详尽无遗的了解……"的认定,系混淆了公司内外部法律关系,即公司内部追责与公司对外承担责任的不同认定标准,事实依据不足,适用法律错误,应予纠正。

根据《最高人民法院关于贯彻执行〈中华人民共和国民法通则〉若干问题的意见(试行)》第六十八条和《最高人民法院关于适用〈中华人民共和国民事诉讼法〉的解释》第一百零九条的规定,认定欺诈行为,除行为人具有欺诈的主观故意外,还应当具备相对方基于行为人的不实或虚假陈述,就法律关系的主体、客体、内容等产生实质性的错误认识,并基于该错误认识而作出意思表示的后果。综合本案查明事实分析,本院认为,首先,案涉《框架协议书》《资产收购协议》不仅约定了目标物业为现房,已通过竣工项目审查并取得竣工验收备案证明书及房屋所有权证书,同时《框架协议书》第二条、第六条,《资产收购协议》第 4.1 条、第 6.3 条等条款亦明确,双方本次交易的基础和原则是目标物业现状作价、现状交付,载明了现状交付条件下各方权利义务关系的具体内容。因此,案涉《框架协议书》《资产收购协议》的性质为资产收购协议,并非典型的房屋买卖合同。双方交易标的并非真正意义上的不需要消防及环保竣工验收的完全合格的现房,而是在消防、环保、人防等方面有待进一步完善的在建房屋。双方的真实意思表示为,通过签订资产收购协议的方式,由国美商都公司就目标物业进行现状交付,由海航资产公司整体收购目标物业并支付对价。

其次,国美商都公司虽在《框架协议书》中作出了"消防设施在物理上已经合格"的承诺,但通观《资产收购协议》第 2.3 条及第 2.4 条载明的"以现状为准"的特别注明和"目标物业消防验收未完成"及"相关消防验收正在办理"、"消防工程甩项"等文义表述内容,就案涉消防工程未完工的事实,海航资产公司明知且未在尽职调查中提出异议。一审判决关于在海航资产公司此前已经委托专业机构进行了实地考察和尽职调查,了解了目标物业的现状,并同意所有未完成的消防工程由其自行建设、整改及验收的情形下,海航资产公司在合同成立之时不可能形成消防设施在物理上已经合格的错误认识的认定,符合合同约定及合同目的解释。海航资产公司上诉中提出的,一审判决对正在办理和甩项的解释脱离了合同目的,尤其是合同中特别约定的承诺保证条款,据此认定海航资产公司知道或应当知道案涉项目尚未通过消防验收显失公平,与常理相悖无充分有效证据佐证,本院不予采信。海航资产公司在明知目标物业消防工程未完工、案涉房产证可能存在非法取得的情形下,却仍愿意缔结案涉资产收购合同,系其在特定商业交易时期及条件下,基于自身利益的考量结果,并非国美商都公司隐瞒违法取得竣工验收备案表和房产证的行为所导致,两者之间并不具有直接的因果关系。

最后,二审中,目标物业 A 区京房权证丰字第 2410××号房屋所有权证书虽被撤销,但一方面,案涉房产证是否被撤销与认定国美商都公司是否构成缔约欺诈行为之间不具有同一性;另一方面,国美商都 A 区经重新验收已取得消防验收合格证书,且国美商都公司亦于国美商都 A 区房产证被撤销后向北京市住建委申请重新补办。退而言之,即便出现国美商都公司补办不能的情形,海航资产公司亦可根据违约责任条款获得救济或另寻其他法律途径予以主张。因此,国美商都 A 区房产证被撤销的新的事实的出现,尚不构成本案资产收购协议不能履行的实质性障碍。

综上,本案中,国美商都公司以违法手段办理竣工验收备案与房产证的行为虽然构成履行瑕疵,但并未导致海航资产公司对本案法律关系的标的物及内容产生实质性的错误认识,继而作出错误的缔约意思表示,因而尚不能认定国美商都公司构成合同法上的欺诈行为。

(二)关于骗称项目不需要做环保验收的问题

海航资产公司上诉提出,国美商都公司故意告知海航资产公司不需要做竣工环保验收的虚假情况,诱使海航资产公司基于对房产证的信任而相信其虚假陈述并同其签订合同的行为,构成欺诈。本院认为,首先,从北京市环境保护局京环审〔2006〕661 号批复最后一条关于"项目竣工后三个月须向市环保局申请办理竣工环保验收手续"的载明内容看,案涉目标物业在项目竣工后应当申请办理竣工环保验收手续是行政批复的明确要求。其次,国美商都公司向海航资产公司提交了该行政批复且海航资产公司就此进行了尽职调查。尽职调查机构北京市直方律师事务所在其调查问题回函中将问题 8 详细描述为环评报告批复要求验收。故就案涉项目需要申请竣工环保验收的问题,海航资产公司在《资产收购协议》签订前即已明知。最后,为核实国美商都项目的环保审批验收情况及相关规定和流程,一审法院依职权于2014 年 10 月 29 日向北京市环境保护局发出《协助调查函》。该局于 2014 年 11 月 4日回函称:"……关于'环保设计'的审查和验收问题,根据国务院和北京市原先的规定,环保部门负责对建设项目初步设计中的环境保护篇进行审查,该审查属于'按照审批方式运作'的事项,不属于行政许可,也不单独进行验收。1998 年颁布的《建设项目环境保护管理条例》取消了环保部门负责对建设项目初步设计中的环境保护篇进行审查的表述。2003 年,为优化发展环境,北京市政府发文取消了环保部门承担的上述审查工作。据此,国美商都项目不涉及'环保设计'的审批与验收……"由此,一审法院认为,在海航资产公司明知目标物业尚需通过竣工环保验收的情形下,国美商都公司关于《国美商都项目法律尽职调查问题的回复》的相关答复仅针对环保设计未验收这一问题的解释合理可信,具有事实依据。海航资产公司关于国美商都公司故意告知海航资产公司不需要做竣工环保验收的虚假情况构成欺诈的上诉主张,理据不足。

综上所述,一审判决部分理由虽然失当,但判决结果正确,本院予以维持。

【案例来源】

中国裁判文书网,http://wenshu.court.gov.cn。

---

467 **虽然房屋因承租人的承租使用不具备交付条件,但与房屋相关的图纸等档案资料与房屋具有可分性,出卖人应按照合同约定向买受人交付档案资料**

【关键词】

|房屋买卖|违约责任|档案资料|房屋租赁|

【案件名称】

上诉人抚顺苏宁电器有限公司与上诉人抚顺时代广场房地产开发有限公司及被上诉人张建化、抚顺中兴时代广场商业有限公司房屋买卖合同纠纷案〔最高人民法院（2014）民一终字第274号民事判决书,2015.12.13〕

【裁判精要】

最高人民法院认为:

（一）关于抚顺苏宁电器要求抚顺地产公司向其交付房屋及附属设备、设施与档案资料的请求应否得到支持问题

本院认为,作为涉案房屋的权利人,抚顺地产公司在2011年5月9日将本案房屋出售给抚顺苏宁电器之前,即在2008年1月1日将房屋租赁给了抚顺中兴公司承租使用。承租期自2007年12月1日开始计算,为期十年。抚顺苏宁电器对此知情。抚顺苏宁电器虽依据《商品房买卖合同》取得了本案房屋所有权,但根据《合同法》第二百二十九条规定,"租赁物在租赁期间发生所有权变动的,不影响租赁合同的效力"。承租人抚顺中兴公司依据《租赁合同》占有、使用涉案房屋的承租权利依法应予保护。抚顺苏宁电器要求抚顺地产公司立即交付本案房屋及附属设备设施的上诉请求缺乏法律依据,本院不予支持。

抚顺苏宁电器与抚顺地产公司签订的《商品房买卖合同》之补充协议第四条第一款约定,抚顺地产公司在向抚顺苏宁电器交付房屋及附属设备、设施的同时,还应将标的物全部图纸、给排水配置图、消防系统图等档案资料交付给抚顺苏宁电器。虽然本案房屋因承租人抚顺中兴公司的承租使用不具备交付条件,但与房屋相关的图纸等档案资料与房屋具有可分性。据此,抚顺地产公司应按照合同约定交付档案资料。抚顺苏宁电器称抚顺地产公司应向其交付档案资料的上诉理由成立,本院予

以采纳。一审判决对该项诉请未予裁判有误,本院予以纠正。

(二)关于抚顺地产公司逾期交付房屋及附属设备、设施与档案资料应承担的违约金数额如何确定问题

1. 关于违约金数额问题。依据抚顺苏宁电器与抚顺地产公司在《商品房买卖合同》之补充协议第四条第一款以及第五条约定,抚顺地产公司应在2001年9月15日前,腾空并交付涉案房屋及附属设备、设施与档案资料。抚顺地产公司未能实际交付涉案房产,但由于本案房产的所有权过户至抚顺苏宁电器名下,抚顺苏宁电器亦另案提起诉讼要求承租人抚顺中兴公司立即向其交付承租房屋及附属设备设施,并以4547.87万元/年的市场租金标准自2011年6月21日起向其支付租赁费至《租赁合同》解除之日止的房屋占用费及利息损失共计2.4亿元。抚顺苏宁电器的行为表明,涉案房屋虽暂不能归其实际占有、使用,但其已基于房屋所有权人的身份行使权利,应视为抚顺苏宁电器已接收涉案房屋及附属设备设施。抚顺苏宁电器要求抚顺地产公司对此支付违约金的理由不能成立,本院不予支持。抚顺地产公司对于房屋档案资料至今没有移交,构成违约。档案资料与房屋具有可分性,对房屋的使用不构成主要影响,且涉案房屋亦是在正常使用中。对此违约交付资料行为,本院酌定抚顺地产公司按照中国人民银行同期同类存款利息向抚顺苏宁电器支付违约金。抚顺地产公司要求减少违约金的上诉请求成立,本院予以支持。

2. 关于违约金计算期间问题。抚顺苏宁电器在一审的诉讼请求中虽表示对于违约金暂计算至2013年2月28日,但亦表示违约金应支付到抚顺地产公司实际完成交付义务止,并未放弃该日期之后的违约金。据此,一审判决抚顺地产公司支付违约金至本判决确定给付之日止,并未超出抚顺苏宁电器的诉讼请求。抚顺地产公司称一审判决超出抚顺苏宁电器诉请的上诉理由不能成立,本院不予采信。抚顺苏宁电器要求违约金支付的截止日期是抚顺地产公司按照合同约定实际交付之日止,一审判决违约金截止日期为判决确定给付之日止与合同约定不符,本院予以纠正。抚顺苏宁电器称违约金应计算到抚顺地产公司实际交付之日止的上诉理由成立,本院予以支持。

【案例来源】

中国裁判文书网,http://wenshu.court.gov.cn。

468 房屋价格较大幅度的上涨虽然可能超出当事人的预见,但仍属于正常商业风险,不应以此为由调整交易价格

【关键词】

| 房屋买卖 | 违约责任 | 情势变更 |

【案件名称】

申诉人安妍与被申诉人邵庆珍房屋买卖合同纠纷案［最高人民法院（2017）民再 26 号民事判决书，2017.12.20］

【裁判精要】

最高人民法院认为：

本案在本院再审期间的争议焦点为：原终审判决安妍在约定房价之外另行补偿 70 万元是否合法有据。

就此，本院认为，当事人应当按照合同约定全面履行自己义务，变更合同约定须经当事人协商一致，或是具备法定事由时由一方当事人请求人民法院变更。本案租售合同包含有租赁和买卖两重法律关系，其中买卖关系约定于合同签订四年后履行，期间房屋市场价格出现较大幅度上涨，约定到期，市场价格高出约定价格近三倍，属于合同订立后出现的重大变化。对此，双方当事人并未能通过协商予以变更，而依据《合同法解释（二）》第二十六条，主张客观情况发生重大变化请求变更合同的条件为，合同成立以后客观情况发生了当事人在订立合同时无法预见的、非不可抗力造成的不属于商业风险的重大变化，继续履行合同对于一方当事人明显不公平或者不能实现合同目的。而本案中房屋价格较大幅度的上涨虽然可能超出当事人的预见，但仍属于正常的商业风险，故以房屋价格出现较大上涨、继续履行显失公平为由主张调整交易价格缺乏充分的法律依据，不应予以支持。合同对违约责任的约定并非赋予邵庆珍任意解约权，而依据安妍对履行合同所持态度、所做准备及履行合同后其所能获得利益等情况，应确认安妍未违约，一审对邵庆珍解约通知不产生解除合同效力的认定亦无不当，合同应继续履行。

综上，原二审、再审判决安妍在约定房价之外另行补偿 70 万元的法律依据不足，本院予以纠正，一审判决适用法律正确，本院予以维持。

【案例来源】

中国裁判文书网，http://wenshu. court. gov. cn。

469 买受人在受让房产并实际占有后又将房产转让给第三人，第三人亦自行将产权证办理至其名下，出卖人有权要求买受人支付相应期间的房产占用损失

【关键词】

房屋买卖 ┃ 违约责任 ┃ 权属证书

【案件名称】

再审申请人李楚文与被申请人陈叙波、蒋修太、陈祖平、湖南合泰房地产开发有限公司房屋买卖合同纠纷案［最高人民法院（2017）民再345号民事判决书，2017.12.21］

【裁判精要】

最高人民法院认为：

综合各当事人的诉辩意见，本案再审的争议焦点为：李楚文提出的损失赔偿请求应否得到支持，损失金额如何确定。

根据《合同法》第一百三十条、第一百三十五条规定，买卖合同是出卖人转移标的物的所有权于买受人，买受人支付价款的合同。出卖人应当履行向买受人交付标的物或者交付提取标的物的单证，并转移标的物所有权的义务。即买卖合同中出卖人与买受人各自的合同主给付义务分别为交付标的物并转移所有权和支付价款。本案《房产买卖合同》的效力经生效的256号民事判决认定有效，本院予以确认，对此不再赘述。该合同约定支付购房款的期限为：合同签订后10天内交定金194万元，其余款项待相关权属证书办妥交给买受人之日起90天内分三次付清。有关房产的交付则约定为：买受人交清定金后，即可进行相应的设施安装及商场装修，开展商业经营活动。合同签订后，陈叙波依约支付了定金。从案涉《房产买卖合同》2003年8月11日签订到陈叙波于同年8月30日又与合泰公司签订买卖合同再次转让案涉房产，直至2004年11月24日株洲市房产管理局向合泰公司颁发了包含案涉房产在内的房屋权属证书等事实来看，案涉房产确已实际交付给陈叙波，并在陈叙波转让后由合泰公司自行重新办理了产权证。256号民事判决基于《房产买卖合同》对陈叙波与李楚文履行合同先后顺序的安排，确定了陈叙波的付款义务在取得李楚文交付的相关权属证书之后，故李楚文在本案中主张陈叙波存在逾期付款的违约行为与256号民事判决认定相悖，本院不予采信。

但如前所述，陈叙波在受让案涉房产并实际占有后又将房产转让给合泰公司，合泰公司亦自行将产权证办理至其名下，可见李楚文未履行交付相关权属证书的义务并未影响陈叙波履行与合泰公司后续房产交易的相关义务。就此而言，在李楚文已经实际交付房屋的情况下，其交付相关权属证书的义务，自2004年11月24日合泰公司取得产权证之日起对陈叙波的合同权利已不具有实质影响，即陈叙波作为案涉《房产买卖合同》的相对人，客观上已实际享有案涉房产的权益。有鉴于此，根据权利义务对等之公平原则，李楚文作为房产的原所有权人，有权就合泰公司取得产权证后90天之日（即2005年2月24日）起至购房款实际支付完毕期间的房产占用损失，向陈叙波主张权利。从利益衡量的角度，综合考虑合同约定、当事人履约及获益情况、案涉房产后续交易等因素，本院认为损失应当以欠付的801.032万元为基数分段计算,具体按中国人民银行同期同类贷款利率标准,自 2005 年 2 月 24 日起分段计至 2015 年 8 月 24 日止。

至于蒋修太、陈祖平、合泰公司应否对本案中李楚文的损失承担共同赔偿责任的问题。李楚文主张蒋修太、陈祖平与陈叙波串通,擅自改变《委托合同》约定的付款方式,造成李楚文巨额损失。本院认为,《委托合同》对蒋修太、陈祖平履行受托事务即代李楚文出售房产签订买卖合同,并未作出有关付款及交房顺序的具体限定,反而确定了蒋修太、陈祖平享有全权代理的权利。虽然李楚文在知晓蒋修太、陈祖平与陈叙波签订案涉《房产买卖合同》后对该买卖合同中的相应条款提出异议,但仅凭异议并不能证明受托人在处理委托事务时存在过错,更不能证明蒋修太、陈祖平与陈叙波在签订合同中存在恶意串通行为。因此,李楚文在本案中向蒋修太、陈祖平提出赔偿损失的主张不应得到支持。就合泰公司而言,其并非案涉《房产买卖合同》的当事人,与李楚文不存在合同关系。合泰公司向陈叙波购买案涉房产的行为与李楚文主张的损失并无直接关联,对李楚文向合泰公司主张赔偿的请求本院亦不予支持。

此外,关于本案是否构成重复起诉的问题。本案系李楚文主张案涉房产被占用造成其损失而起诉请求赔偿,与 256 号民事判决中案涉《房产买卖合同》应否继续履行之诉讼标的明显不同。就陈叙波有关继续履行合同的诉讼请求,256 号民事判决在确定合同继续履行的情况下,基于《房产买卖合同》对陈叙波与李楚文履行合同先后顺序的安排,一并对李楚文欠付的购房款作出了处理,符合纠纷的一次性解决原则。256 号民事判决并不影响李楚文就该判决未涉及的损失赔偿问题另行提起本案诉讼,李楚文提起的诉讼请求亦非在实质上否定前诉裁判结果。且株洲市中级人民法院曾作出(2006)株中法民一初字第 44 号《通知》,也对李楚文提出损失赔偿请求作出另诉指引。因此,本案与 256 号民事判决虽然诉讼主体相同,但诉讼标的、诉讼请求均不相同,不属于重复起诉。

【案例来源】

中国裁判文书网,http://wenshu.court.gov.cn。

470 当合同履行不符合约定时,守约方可以同时主张继续履行合同并赔偿其因此产生的损失

【关键词】

| 房屋买卖 | 合同履行 | 违约责任 | 赔偿损失 | 违约金 |

【案件名称】

再审申请人经纬置地有限公司与被申请人上海虹房置业有限公司房屋买卖合同纠纷案［最高人民法院（2013）民提字第 123 号民事判决书，2015.12.31］

【裁判精要】

最高人民法院再审认为：

（五）经纬公司违约应如何承担违约责任问题

1. 经纬公司违约是否应同时承担继续履行、赔偿损失及违约金支付责任。经纬公司再审认为，一审判决其不能交付房屋，则按照 15706 元每平方米标准对虹房公司赔偿，该赔偿应当包含经纬公司应当承担的违约赔偿。原审判决其在赔偿的同时承担违约金，违反《合同法》第一百零七条有关违约金及赔偿损失不能并用的规定。《预定协议》第十二违约责任 12.1 约定，经纬公司违约包括未按照协议约定的交付时间交付房屋。12.3 违约责任以及违约金的计算方式约定，如合同任何一方违约，守约方有权终止合同，定金按《合同法》规定的方式结算，并且违约方应向守约方支付违约金，违约金的计算方法如下：12.3.2 约定，如甲方违约，日违约金按截至违约行为发生之日，甲方实际收取的房款及定金总额的 5‰；12.3.3 违约天数 = 自违约事实发生之日起至纠正之日止日历天数；12.4 违约金至迟应于明确违约责任之日起十天内偿付；违约事实于偿付当日及其之后仍在延续的，违约方应继续支付违约金直至违约行为终止。上述约定表明，双方就经纬公司迟延履行交房义务约定了违约金。《合同法》第一百一十四条第三款规定：当事人就迟延履行约定违约金的，违约方支付违约金后，还应当履行债务。第一百零七条规定：当事人一方不履行合同义务或者履行合同义务不符合合同约定的，应当承担继续履行、采取补救措施或者赔偿损失等违约责任。第一百一十二条规定：当事人一方不履行合同义务，或者履行合同义务不符合约定的，在履行义务或者采取补救措施后，对方还有其他损失的，应当赔偿损失。上述法律规定表明，违约方承担迟延履行违约金后，仍须承担继续履行合同义务。当合同履行不符合约定时，守约方可以同时主张继续履行合同并赔偿其因此产生的损失。虹房公司基于案涉《预定协议》有关迟延违约金的约定，主张经纬公司承担逾期交房违约责任，继续履行合同约定的交房义务，在经纬公司不能完成履行交付房屋义务时，赔偿其损失，符合上述法律规定的违约责任承担方式。经纬公司认为，一审判决其不能交付房屋，则按照 15706 元每平方米标准对虹房公司赔偿，该赔偿应当包含经纬公司应当承担的违约赔偿。原审判决其在赔偿的同时承担违约金，违反《合同法》第一百零七条有关违约金及赔偿损失不能并用规定，缺乏依据，本院不予支持。

2. 经纬公司不能交付房屋向虹房公司承担的赔偿责任是否应以一亿元为限。

案涉《预定协议》12.4约定:违约造成的另一方经济损失超过违约金的,违约方应赔偿守约方一亿元。上述协议约定的一亿元,从文字表述上看,应理解为在损失超出违约金时,在违约金基础上赔偿一亿元,具有惩罚性赔偿性质,属于违约金的计算方法。该种计算方法与损失额的确定并不相同,并非体现守约方损失的具体数额。本案中,因经纬公司未交付虹房公司购买的全部房屋,虹房公司要求经纬公司继续交付房屋。从案件查明的事实看,和泰苑一期尚有部分房屋未销售,经纬公司可以交付虹房公司。因经纬公司不能提供其尚未出售的房屋面积的准确数字,无法查明其可以交付的房屋面积。在此情形下,经一审法院释明,虹房公司请求对于不能交付的房屋,按照现值予以赔偿。该种请求是对于不能实际履行的部分房屋,通过货币替代履行方式予以补救。通过该种补救措施,虹房公司损失得到弥补,不存在损失超过违约金的问题。亦不属于按照《预定协议》上述约定以一亿元为赔偿限额的问题。经纬公司认为对于其不能交付的房屋的赔偿,应当以一亿元为限,缺乏事实依据,本院不予支持。

【案例来源】

中国裁判文书网,http://wenshu.court.gov.cn。

471 在以分割商铺为标的物的买卖合同中,买方行使的权利必须受到其他商铺业主整体意志的限制

【关键词】

│房屋买卖│分割商铺│违约责任│赔偿损失│

【案件名称】

原告江苏省南京新宇房产开发有限公司与被告冯玉梅商铺买卖合同纠纷案[南京市中级人民法院二审民事判决书,2004.9.6]

【裁判精要】

裁判摘要:(1)根据《合同法》第一百一十条规定,有违约行为的一方当事人请求解除合同,没有违约行为的另一方当事人要求继续履行合同,当违约方继续履约所需的财力、物力超过合同双方基于合同履行所能获得的利益,合同已不具备继续履行的条件时,为平衡双方当事人利益,可以允许违约方解除合同,但必须由违约方向对方承担赔偿责任,以保证对方当事人的现实既得利益不因合同解除而减少。

(2)在以分割商铺为标的物的买卖合同中,买方对商铺享有的权利,不同于独立商铺。为保证物业整体功能的发挥,买方行使的权利必须受到其他商铺业主整体意

志的限制。

南京市玄武区人民法院一审认为：

《合同法》第八条规定："依法成立的合同，对当事人具有法律约束力。当事人应当按照约定履行自己的义务，不得擅自变更或者解除合同。依法成立的合同，受法律保护。"原告新宇公司与被告冯玉梅签订的商铺买卖合同，是双方当事人的真实意思表示，该合同合法有效，依法对双方当事人都有约束力。合同签订后，冯玉梅履行了给付价款的义务，新宇公司也将商铺交付给冯玉梅使用。后由于他人经营不善，致使时代广场两次停业，该广场内的整体经营秩序一直不能建立，双方当事人通过签订合同想达到的营利目的无法实现，这是在签订合同时双方当事人没有预料也不希望出现的结局。

《合同法》第五条规定："当事人应当遵循公平原则确定各方的权利和义务。"第六条规定："当事人行使权利、履行义务应当遵循诚实信用原则。"原告新宇公司在回收了大部分业主的商铺后，拟对时代广场重新进行规划布局，争取再次开业。被告冯玉梅坚持新宇公司必须按每平方米30万元的高价回收其商铺，否则就要求继续履行商铺买卖合同。虽经调解，由于双方当事人互不信任，不能达成调解协议，以至新宇公司的6万平方米建筑和冯玉梅的22.50平方米商铺均处于闲置状态。考虑到冯玉梅所购商铺，只是新宇公司在时代广场里分割出售的150余间商铺中的一间。在以分割商铺为标的物的买卖合同中，买方对商铺享有的权利，不能等同于独立商铺。为有利于物业整体功能的发挥，买方行使权利必须符合其他商铺业主的整体意志。现在时代广场的大部分业主已经退回商铺，支持新宇公司对时代广场重新规划布局的工作，今后的时代广场内不再具有商铺经营的氛围条件。冯玉梅以其在时代广场中只占很小比例的商铺，要求新宇公司继续履行本案合同，不仅违背大多数商铺业主的意愿，影响时代广场物业整体功能的发挥，且由于时代广场内失去了精品商铺的经营条件，再难以通过经营商铺营利，继续履行实非其本意。考虑到时代广场位于闹市区，现在仅因双方当事人之间的互不信任而被闲置，这种状况不仅使双方当事人的利益受损，且造成社会财富的极大浪费，不利于社会经济发展。从衡平双方当事人目前利益受损状况和今后长远利益出发，依照公平和诚实信用原则，尽管双方当事人之间存在的商铺买卖合同关系合法有效，尽管冯玉梅在履行合同过程中没有任何违约行为，本案的商铺买卖合同也应当解除。

鉴于被告冯玉梅在履行商铺买卖合同中没有任何过错，在商铺买卖合同解除后，其因商铺买卖合同而获得的利益必须得到合理充分的补偿，补偿标准是保证冯玉梅能在与时代广场同类的地区购得面积相同的类似商铺。原告新宇公司同意在商铺买卖合同解除后，除返还冯玉梅原付的购房价款、赔偿该商铺的增值款外，还给冯玉梅补款48万元，这一数额足以使冯玉梅的现实既得利益不因合同解除而减少，应予确认。

南京市中级人民法院二审认为：

上诉人冯玉梅与被上诉人新宇公司签订的商铺买卖合同合法有效。新宇公司在合同约定的期限内未办理产权过户手续，已构成违约，又在合同未依法解除的情况下，将 2B050 商铺的玻璃幕墙及部分管线设施拆除，亦属不当。《合同法》第一百零七条规定："当事人一方不履行合同义务或者履行合同义务不符合约定的，应当承担继续履行、采取补救措施或者赔偿损失等违约责任。"从这条规定看，当违约情况发生时，继续履行是令违约方承担责任的首选方式。法律之所以这样规定，是由于继续履行比采取补救措施、赔偿损失或者支付违约金，更有利于实现合同目的。但是，当继续履行也不能实现合同目的时，就不应再将其作为判令违约方承担责任的方式。《合同法》第一百一十条规定："当事人一方不履行非金钱债务或者履行非金钱债务不符合约定的，对方可以要求履行，但有下列情形之一的除外：（一）法律上或者事实上不能履行；（二）债务的标的不适于强制履行或者履行费用过高；（三）债权人在合理期限内未要求履行。"此条规定了不适用继续履行的几种情形，其中第（二）项规定的"履行费用过高"，可以根据履约成本是否超过各方所获利益来进行判断。当违约方继续履约所需的财力、物力超过合同双方基于合同履行所能获得的利益时，应该允许违约方解除合同，用赔偿损失来代替继续履行。在本案中，如果让新宇公司继续履行合同，则新宇公司必须以其 6 万余平方米的建筑面积为冯玉梅的 22.50 平方米商铺提供服务，支付的履行费用过高；而在 6 万余平方米已失去经商环境和氛围的建筑中经营 22.50 平方米的商铺，事实上也达不到冯玉梅要求继续履行合同的目的。一审衡平双方当事人利益，判决解除商铺买卖合同，符合法律规定，是正确的。冯玉梅关于继续履行合同的上诉理由，不能成立。

考虑到上诉人冯玉梅在商铺买卖合同的履行过程中没有任何违约行为，一审在判决解除商铺买卖合同后，一并判决被上诉人新宇公司向冯玉梅返还商铺价款、赔偿商铺增值款，并向冯玉梅给付违约金及赔偿其他经济损失。这虽然不是应冯玉梅请求作出的判决，但此举有利于公平合理地解决纠纷，也使当事人避免了讼累，并无不当。在二审中，新宇公司表示其愿给冯玉梅增加 20 万元赔偿款，应当允许。

【案例来源】

《中华人民共和国最高人民法院公报》2006 年第 6 期（总第 116 期）。

编者说明

本案的争议焦点在于：新宇公司能否请求解除合同，以承担损害赔偿责任替代实际履行责任。法院裁判观点认为，判决解除双方当事人之间的合同符合《合同法》第一百零七条、第一百一十条的规定,①且可以从根本上解决双方矛盾,使社会资源发挥最大的效益。本案中,冯玉梅所购的门面房在整个时代广场布局中所占比例很小,在新宇公司已与绝大部分购房人解除合同的情况下,如要求新宇公司继续履行本案买卖合同,会对新宇公司经营整个广场产生影响。而如果解除合同,冯玉梅所获得的房屋增值款、违约金及其他经济补偿将足以弥补其基于合同履行所能获得的利益。相比之下,解除合同比继续履行合同更能使双方的利益冲突达到相对合理的平衡。此外,以分割商铺为标的物的买卖合同中,个别业主权利的行使应受到其他多数业主整体意志的限制,应有利于物业整体功能的发挥。在时代广场多数业主要求解除合同并已退还房屋的情况下,冯玉梅要求继续履行合同的请求与多数业主的意愿相冲突,如实际履行将导致新宇公司利益失衡,物业整体功能难以发挥,双方都可能无法正常行使各自的权利。因此,解除合同,由新宇公司对冯玉梅进行充分赔偿的处理具有法律依据,也更有利于维护合同双方的利益。② 本案的裁判规则对处理类似案件有示范意义:在《合同法》司法实践中,如果不存在协议解除或者法定解除合同的情形,一般将实际履行作为违约方承担违约责任的首选方式。但当继续履行出现《合同法》第一百一十条规定的"事实上不能"的情况后,应当允许当事人解除合同,同时对当事人受到损害的利益,予以充分填补。同时,在处理以分割商铺为标的物的买卖合同中,个别业主对权利的行使应受到其他多数业主整体意志的限制,应有利于物业整体功能的发挥,不能因继续履行该合同,造成物的浪费。

有学者对本案涉及的《合同法》第一百一十条第(二)项上的"履行费用过高"规则进行了探讨,认为《合同法》第一百一十条第(二)项后半句为实际履行请求权设置了排除规则,其正当性基础并非合同目的不能实现或者经济效益分析,诚信原则的解读进路亦不尽妥当,对意思自治和自我决定的尊重才是其正当性来源。就规范功能而言,本规则属于法定的风险分配规则,以履行障碍之额外费用负担的配置为宗旨。具体操作上,应当对债权人利益与债务人负担进行评估和对比,并在个案中经由综合衡酌进行判断,其裁量导向须与实际履行原则的价值基点保持一致。就其与情势变更原则的关系而言,应区分对待额外费用溢出于牺牲界限之前与之后两种案型。在前者,《合同法》第一百一十条第(二)项实际上为情势变更原则设定了排除标准;在后者,情势变更原则因其法律效果上的相对弹性而应优先适用。在实践中,当事人有一定的选择权。对于不可抗力导致的额外费用过高,应排除情势变更原则的适用,只能由履行费用过高规则调整。③

2019年《全国法院民商事审判工作会议纪要》(法〔2019〕254号,2019年11月8日)明确,在合同僵局的前提下,符合一定条件的,违约方有权起诉请求解除合同。纪要第四十

① 该条对违约责任的替代作出了规定,其中第(二)项中的"履行费用过高"可以依据履约的成本超过各方所获的利益来判断,当违约方继续履约所需的财力、物力超过合同双方基于合同履行所能获得的利益时,应该允许违约方解除合同,用损害赔偿代替实际履行。
② 参见邓楠:《南京新宇房产开发有限公司诉冯玉梅商铺买卖合同案》,载《人民法院案例选》(总第55辑),人民法院出版社2006年版,第182~183页。
③ 参见刘洋:《"履行费用过高"作为排除履行请求权的界限——"新宇公司诉冯玉梅商铺买卖合同纠纷案"评析》,载《政治与法律》2018年第2期。

八条(违约方起诉解除)规定:"违约方不享有单方解除合同的权利。但是,在一些长期性合同如房屋租赁合同履行过程中,双方形成合同僵局,一概不允许违约方通过起诉的方式解除合同,有时对双方都不利。在此前提下,符合下列条件,违约方起诉请求解除合同的,人民法院依法予以支持:(1)违约方不存在恶意违约的情形;(2)违约方继续履行合同,对其显失公平;(3)守约方拒绝解除合同,违反诚实信用原则。人民法院判决解除合同的,违约方本应当承担的违约责任不能因解除合同而减少或者免除。"

472 双方协议约定的以"每日万分之二"承担逾期办证违约金并无明显过高之情形,无须进行调整

【关键词】

| 房屋买卖 | 违约金 | 逾期办证 |

【案件名称】

上诉人陕西福源置业有限公司与上诉人马平、王平、武小春,被上诉人张艳及一审第三人陕西御都俪景餐饮娱乐有限公司、西安高科集团高科房地产有限责任公司房屋买卖合同纠纷案[最高人民法院(2018)最高法民终576号民事判决书,2018.9.28]

【裁判精要】

最高人民法院认为:

二、关于福源置业公司应否承担19#楼"可售房产"逾期办证的违约金及如何计算违约金的问题

本院认为,马平等四人根据两份《房产购买协议书》中第三条的约定,均已向福源置业公司履行了19#楼及18#楼"可售房产"部分的首笔定金及第二笔购房款的支付义务,其中,2011年4月29日至2011年6月9日支付19#楼的购房款共计5720万元;2011年11月18日至2012年4月1日支付18#楼的购房款共计800万元。因马平等三人反诉时仅主张了19#楼"可售房产"已付购房款5720万元的逾期办证违约金,根据19#楼的《房产购买协议书》第四条第二款"福源置业公司承诺在前列网签手续完成后四个月内,负责将相应房产的产权证书办理完毕。否则除应继续负责办理产权证书外,还应按照该次马平等人付款数额以每日万分之二,向马平等人承担逾期办证违约金"的约定,福源置业公司未按双方协议约定的时间办理相应房产的产权证书已构成违约。福源置业公司在一、二审中均提出抗辩称其未办证是因马平等四人违法加建导致,但其未能举证证明该项事实,故其抗辩理由不能成立,不予采纳。因此,福源置业公司应按照双方协议的约定,向马平等三人支付逾期办证的违

约金。因张艳在本案中并未向福源置业公司主张该项违约金,所以计算违约金的付款基数中应扣除张艳支付的20%购房款,即应以马平等三人80%的已付款金额4576万元(5720万元×80%＝4576万元)作为计算违约金的基数。一审判决计算违约金的基数中未扣除张艳的支付数额有误,本院予以纠正。本案双方当事人对于一审判决认定19#楼"可售房产"首次网签的时间为2011年6月8日均未提出异议,根据双方在协议中的约定,逾期办证的违约金应自2011年10月8日起计算。

关于马平等三人上诉请求违约金应计算至解除判决生效之日能否成立的问题。因马平等三人在一审反诉请求中只主张了5年的违约金,即从2011年10月8日至2016年10月8日,根据《最高人民法院关于适用〈中华人民共和国民事诉讼法〉解释》第三百二十三条的规定,对于一审中没有提出的诉讼请求,二审不予审理。故,本案二审中,对于马平等三人上诉请求中超出一审反诉请求范围的部分不予审理。一审判决违约金计算的截止时间,是依据2013年5月17日西安高新技术产业开发区管委会规划建设局作出行政处罚决定的时间,但2013年5月17日双方当事人尚无解除《房产购买协议书》之意愿,根据双方《房产购买协议书》所约定的继续办证外还应承担违约金之本意,一审判决2013年5月17日为计算违约金的截止时间既与双方协议约定不相符,也与双方在诉讼过程中才达成解除协议之合意的客观事实不相符。鉴于马平等三人是在本案一审开庭审理后,2016年10月20日法庭主持调解时才表明同意解除两份《房产购买协议书》的事实,马平等三人一审反诉请求违约金计算至2016年10月8日并无不当,应予以支持。

关于福源置业公司提出违约金按照"每日万分之二"计算过高,应予调整的问题。经核算,双方在《房产购买协议书》中约定的"每日万分之二"相当于年利率7.3%,而2011年中国人民银行公布的3年至5年的贷款基准利率为6.9%,二者相比较,双方协议约定的以"每日万分之二"承担逾期办证违约金并无明显过高之情形,无须进行调整。福源置业公司的该抗辩理由不成立,不予采纳。故,福源置业公司向马平等三人支付逾期办证的违约金,应以马平等三人支付19#楼"可售房产"的购房款4576万元为基数,按照每日万分之二自2011年10月8日起计算至2016年10月8日止。

关于福源置业公司上诉提出本案中违约金与定金不能一并主张,一审判决适用法律错误的问题。因双方签订的《房产购买协议书》中,违约金条款与定金条款是分别对"可售房产"部分和"回购房产"部分作出的约定,马平等三人也是针对"可售房产"部分及"回购房产"部分向福源置业公司分别主张的违约金及双倍返还定金。根据已经查明的案件事实,福源置业公司既未履行"可售房产"产权证的办理义务,也未履行"回购房产"的回购义务,均构成违约。马平等三人同时主张"可售房产"逾期办证的违约金及双倍返还"回购房产"的定金,具有相应的事实和法律依据,并无不当。福源置业公司提出两者不能同时主张的抗辩理由不能成立,不予采纳。

【案例来源】

中国裁判文书网,http://wenshu. court. gov. cn。

473 协议就违约责任的具体承担方式约定有选择权时,守约方以行为方式作出选择后,不得再直接适用选择性条款主张其他追究违约责任的方式

【关键词】

│房屋买卖│违约责任│合同解除│违约金│

【案件名称】

申诉人桂林市正文房地产开发有限责任公司与被申诉人张建华、马榕森商品房买卖合同纠纷案[最高人民法院(2014)民提字第106号民事判决书,2014.11.9]

【裁判精要】

裁判摘要:双方当事人在协议中就违约责任承担方式约定选择性条款,意味着一方违约时,守约方获得了在约定违约责任范围内主张何种违约责任的选择权。除非作出特别约定,否则选择性条款只能择一行使,而不能相继行使。守约方一旦作出选择,即意味着违约责任承担的具体方式已固定下来。进而,守约方已不能主张直接适用之前约定的选择性条款,再选择其他违约责任承担方式。

最高人民法院认为:

(三)关于张建华、马榕森是否有权主张案涉房屋的所有权和逾期交房违约金问题

张建华、马榕森认为,由于正文公司没有按约定支付违约金和返还全部购房款,故根据《退房退款协议书》的约定,应根据《商品房买卖合同》条款执行。而根据《商品房买卖合同》有关条款,正文公司应交付案涉10套房屋并支付逾期交房违约金。对其主张,不予支持。

根据已查明的事实可知,关于退还购房款的最后时间和违约金的支付时间,双方当事人在《补充协议书2》中约定了正文公司退还购房款的最后期限为2006年3月28日。相应地,《退房退款协议书》约定的退还购房款的期限为2006年3月28日。至于违约金的支付期限,则根据《退房退款协议书》第一条可知,违约金由正文公司于每月1日以现金转账方式支付给张建华、马榕森。又根据《退房退款协议书》第四条,2006年3月28日期限届满时,如正文公司不提出延长退还购房款期限,又

不全部退清购房款及违约金给张建华、马榕森的,张建华、马榕森有权按购买签订的
《商品房买卖合同》条款执行。也即,张建华、马榕森有权选择让以《商品房买卖合
同》条款为内容新成立的合同生效。可见,在 2006 年 3 月 28 日这一日期到期时,张
建华、马榕森要么选择同意延长退还购房款期限,继续收取逾期退还购房款违约金;
要么选择让《商品房买卖合同》条款为内容的新成立的合同生效。由于在《补充协
议书2》后,双方再未就案涉房屋退房款、违约金等问题达成过书面协议,故现有证
据能证明的双方关于退房款退还和违约金给付问题的最后书面约定就是,在 2006
年 3 月 28 日这一日期到期时,如果正文公司不全部退清全部购房款及相应违约金
给张建华、马榕森的,张建华、马榕森要么选择同意延长退还购房款期限,继续收取
逾期退还购房款违约金,要么选择让《商品房买卖合同》条款为内容新成立的合同生
效。从已查明事实可知,在 2006 年 3 月 28 日之后,正文公司依据《退房退款协议
书》确定的逾期退还购房款的违约金标准分别在 2006 年 4 月、5 月和 7 月分三次向
张建华、马榕森支付共计 32 万元违约金(分别为3、4、5、6月的违约金)。张建华、马
榕森为此分别出具了三张收条,证明收到了上述逾期退还购房款违约金。从 2006
年 3 月 28 日之后,正文公司给付违约金的数额、给付月份可知,双方当事人仍是按
《退房退款协议书》约定标准给付或收取违约金。另外,在 2006 年 3 月 28 日之后继
续收取违约金行为性质的问题上,张建华、马榕森在本院庭审中的解释为"因为对方
也说明了不交房,不配合办证,所以我们答应了履行退房退款协议,收了他们违约
金"。正文公司在本院庭审中明确表示"我们是按合同约定支付违约金,以期对购房
款延期给付"。可见,双方当事人都承认是根据《退房退款协议书》给付逾期退购房
款违约金。这也印证了双方当事人给付和收取违约金的依据仍是在履行《退房退款
协议书》。既然是履行《退房退款协议书》,那么根据《退房退款协议书》的约定可
知,在 2006 年 3 月 28 日之后,张建华、马榕森选择收取逾期退购房款违约金,意味着
其当时仍是在要求返还购房款,而不选择要求交房办证。也即,根据《退房退款协议
书》的约定,在 2006 年 3 月 28 日之后,张建华、马榕森已通过收取逾期退还购房款
违约金的行为选择了要求正文公司退还购房款而不是选择要求正文公司交房办证。
既然张建华、马榕森在《退房退款协议书》约定的 2006 年 3 月 28 日届满时,通过继
续收取违约金行为主张返还购房款而并没有选择按《商品房买卖合同》条款执行要
求交房办证,那么在正文公司不再给付逾期付款违约金或不退还购房款时,张建华、
马榕森不能再依据《商品房买卖合同》条款要求正文公司向其交付案涉房屋并办理
相关产权证件,也不能要求正文公司支付相应逾期交房违约金和逾期办证违约金。
由上,张建华、马榕森一审基于《商品房买卖合同》条款提出的诉讼请求,缺乏依据,
不予支持。至于正文公司不退还购房款、不再给付逾期返还购房款违约金的责任问
题,张建华、马榕森可另行起诉主张。

　　另外,关于正文公司一审反诉关于确认《商品房买卖合同》无效的请求以及张建

华、马榕森撤销房屋登记备案的请求,则因缺乏依据,亦不予支持。

【权威解析】

本案的核心就是在案涉《商品房买卖合同》已被双方当事人协议解除的前提下,如何看待双方当事人在《退房退款协议书》第四条中的约定。

该协议第四条约定:"在退还购房款期限内,若到商品房交付时间的,乙方不能催促甲方交付,也不能入住或出租,但退还购房款期限届满时,如甲方既不提出延长退还购房款期限,又不全部退清购房款及违约金给乙方的,乙方有权按购买签订的《商品房买卖合同》条款执行,并有权入住、出租使用,甲方应当为乙方办理有关手续,包括办理上述商品房的产权证。"从该条的目的解释而言,双方约定该条的目的是为了解决《商品房买卖合同》协议解除后,正文公司不按约定期限返还房款该如何追究正文公司违约责任的问题。从条文语义和上下文逻辑而言,一旦正文公司在约定期限届满时,不履行相应返还房款义务时,张建华、马榕森既可以选择要求正文公司按约定继续支付违约金,又可以选择要求按《商品房买卖合同》执行,要求正文公司办理案涉房屋的产权证。从双方解除《商品房买卖合同》后签订一系列协议及给付违约金的情况来看,双方先后于2005年10月28日和2005年12月27日两次签订《延期退还购房款补充协议书》,最终将退还购房款的最后时间和违约金支付的截止时间推迟为2006年3月28日。换言之,经过几次补充协议,双方只是将《退房退款协议书》中的退还购房款和违约金的期限作了延期处理。也即,案争纠纷仍应以《退房退款协议》为基础。另一方面而言,双方就延期返还购房款和违约金支付方式先后达成了两次补充协议这一事实本身也说明张建华、马榕森在2006年3月28日前,一直是接受以推迟收退房款为代价收取相应违约金的。

至于2006年3月28日约定期限届满没有退还购房款及支付违约金该如何处理的问题,则在《退房退款协议书》第四条中也有约定。即如正文公司不提出继续支付违约金、延长退还购房款期限的,张建华、马榕森有权按《商品房买卖合同》条款执行。换言之,张建华、马榕森有权在同意延期主张购房款的前提下,要求正文公司继续支付违约金,亦有权根据《商品房买卖合同》主张得到房屋所有权。

至于上述两种选择是并列关系还是择一关系,则应结合违约金进行分析。本案中的违约金是针对正文公司不按约定返还购房款这一违约行为的违约责任方式。而得到房屋所有权也是针对不按约定返还购房款这一违约行为的违约责任方式。也即,本案中一种违约行为约定了两种违约责任承担方式供守约方选择。从双方履约过程来看,双方先后签订的两次补充协议内容及双方当事人之前就违约金的支付和收取的行为均可证明,张建华、马榕森同意正文公司以支付违约金为代价换取推迟返还购房款这一对己有利结果。正常情况下,如果正文公司在2006年3月28日给付了购房款和相应违约金,则张建华、马榕森是无权再根据《商品房买卖合同》主张案涉房屋所有权的。既然违约金是延期返还购房款的代价,那么选择要违约金的前提是同意延期返还购房款。显然,根据上述第四条的语义逻辑,张建华、马榕森不能在返还购房款的同时又主张房屋所有权。进而,张建华、马榕森同意延期返还购房款,即意味着在延期内不再主张房屋所有权。这也是本案双方当事人所达成的合意。也即给付违约金和转移房屋所有权两者是二选一的关系。从现有证据看,双方当事人关于最后退还购房款期限的约定为 2006 年 3 月 28 日。但正文公司既未在 2006 年 3 月 28 日之前支付购房款,又未按约定时间支付违约金。此时,张建华、马榕森应在主张违约金和主张房屋所有权之间作出选择。从已查明事实看,张建华、马榕森在 2006 年 3 月 28 日之后,又分三次共收取 32 万元违约金(分别为 3、4、5、6月的违约金)。双方当事人继续给付和收取违约金的行为可证明,正文公司已用行为表示要求以支付违约金为代价继续推迟返还购房款,而张建华、马榕森也用行为表示其同意继续延期退还购房款。进而,张建华、马榕森也通过选择收取违约金事实上放弃了选择主张执行《商品房买卖合同》相关条款。

这里需要注意的是,如果正文公司此后再次不给付违约金,张建华、马榕森也不能直接主张执行《商品房买卖合同》相关条款。这是因为,双方在《退房退款协议》及相关补充协议中只对 2006 年 3 月 28 日届满时,不返还购房款及违约金约定了张建华、马榕森有权主张执行《商品房买卖合同》相关条款,双方并未对正文公司何时应返还购房款以及不支付违约金该承担什么形式的违约责任作出明确约定。因此,在张建华、马榕森以接受违约金的形式已放弃主张执行《商品房买卖合同》相关条款的情形下,张建华、马榕森再次提出要求执行《商品房买卖合同》相关条款的主张,不能得到支持。①

【案例来源】

最高人民法院民事审判第一庭编:《民事审判指导与参考》(总第 60 辑),人民法院出版社 2015 年版,第 215~216 页。

---

① 参见肖峰:《协议就违约责任的具体承担方式约定有选择权时,有选择权一方以行为方式作出选择后,不得再直接适用选择性条款主张其他追究违约责任方式——广西壮族自治区桂林市正文房地产开发有限责任公司与张建华、马榕森商品房买卖合同纠纷再审案》,载最高人民法院民事审判第一庭编:《民事审判指导与参考》(总第 60 辑),人民法院出版社 2015 年版,第 217~218 页。

474 已经嵌入到房屋中不能分离或分离后丧失原有价值的装修材料损失，以及已经实际发生的设计、审核、预算损失、人工费用等，属于实际损失

【关键词】

│ 房屋买卖 │ 赔偿损失 │

【案件名称】

上诉人赣州银行股份有限公司与上诉人九江银行股份有限公司、九江市嘉信实业有限公司房屋买卖合同纠纷案［最高人民法院（2018）最高法民终797号民事判决书，2018.11.26］

【裁判精要】

最高人民法院认为：

关于原审判决确认的赣州银行因履行案涉合同而发生的实际损失问题。首先，本案中，赣州银行对嘉信国际公馆已经进行了装修的事实，各方当事人均不持异议。原审中，就嘉信国际公馆装修所涉费用，赣州银行提交了江西兴元建设工程有限公司出具的《装修工程清算书》、江西中建消防工程有限公司赣州分公司出具的《工程预算书》、江西赛瑞智能工程有限公司出具的《弱电工程实施单》和《智能化工程设计费及施工费申请表》、赣州银行与赣州市科正建设工程施工图设计审查中心签订的《建筑工程施工图设计文件审查合同》，以及相关付款凭证等证据予以证明。因此，原审判决对赣州银行所主张的装修所涉损失中，就已经嵌入到案涉房屋中不能分离或分离后丧失原有价值的装修材料损失，以及已经实际发生的设计、审核、预算损失、人工费用等予以支持，并无不当。嘉信公司虽对上述证据的证明效力提出异议，但未提交足以反驳的证据，对其上诉不应承担上述费用的请求，本院不予支持。赣州银行主张对未实际发生的费用亦应当由九江银行和嘉信公司承担，缺乏事实依据，不予支持。

其次，根据至盛冠美公司于2017年9月3日向赣州银行九江分行所发的函件，赣州银行向该公司购买的案涉家具，系为办公场所设在嘉信国际公馆内的赣州银行九江分行开展经营使用，原审判决基于该家具的尺寸系按照嘉信国际公馆特有户型制作，其使用与嘉信国际公馆不可分的情形，认定赣州银行向至盛冠美公司支付的家具款，属于赣州银行为履行本案合同而发生的实际损失，有事实依据。嘉信公司主张上述家具损失与本案无关，理由不能成立，本院不予支持。

【案例来源】

中国裁判文书网，http://wenshu.court.gov.cn。

第九章 | CHAPTER 09

房屋质量

475 房屋通过了行政管理部门的工程建设强制性标准审查，但存在质量缺陷的，出卖人应向买受人承担修复等民事法律责任

【关键词】

｜房屋买卖｜质量缺陷｜修复｜

【案件名称】

杨珺诉东台市东盛房地产开发有限公司商品房销售合同纠纷案［盐城市中级人民法院二审判决书，2009.5.15］

【裁判精要】

裁判摘要：(1)人民法院依法独立行使审判权,在审理案件中以事实为根据,以法律为准绳。人民法院据以定案的事实根据,是指经依法审理查明的客观事实,建设行政主管部门的审批文件以及建筑工程勘察、设计、施工、工程监理等单位分别签署的质量合格文件,在关于房屋建筑工程质量的诉讼中仅属诉讼证据,对人民法院认定事实不具有当然的确定力和拘束力,如果存在房屋裂缝、渗漏等客观事实,并且该客观事实确系建筑施工所致,则人民法院应当依法认定房屋存在质量缺陷。

(2)除有特别约定外,房屋出卖人应当保证房屋质量符合工程建设强制性标准以及合同的约定,房屋买受人因房屋存在质量缺陷为由向出卖人主张修复等民事责任的,人民法院应当予以支持。

东台市人民法院一审认为：

第一,被告东盛房地产公司出售给原告杨珺的房屋存在质量缺陷。(1)根据《建筑法》第六十条、第六十二条的规定,竣工验收的建筑工程的屋顶、墙面不得有渗漏、开裂等质量缺陷,且建筑工程实行质量保修制度。该法及国务院《建筑工程质量管理条例》(以下简称质量管理条例)未对"质量缺陷"作出进一步的解释或规定。建设部《房屋建筑工程质量保修办法》第三条规定："本办法所称房屋建筑工程质量保修,是指对房屋建筑工程竣工验收后在保修期限内出现的质量缺陷,予以修复。本办法所称质量缺陷,是指房屋建筑工程的质量不符合工程建设强制性标准以及合同的约定。"参照该条规定,只要房屋建筑工程质量不符合法定标准以及合同目的,则可以认定存在质量缺陷。(2)根据《建筑法》第五十二条的规定,建筑工程勘察、设计、施工的质量必须符合国家有关建筑工程安全标准的要求,具体管理办法由国务院规定。根据质量管理条例第三条、第十六条的规定,建设单位、勘察单位、设计单位、施工单位、工程监理单位依法对建筑工程质量负责,建设单位在收到建设工程竣工报告后,应当组织对建筑工程质量负责的有关单位进行竣工验收,由勘察、设

963

计、施工、工程监理等单位分别签署质量合格文件后，方可交付使用。在当事人对房屋建筑工程质量提起的诉讼中，建设单位提供的有关行政管理部门的批准文件，以及勘察、设计、施工、工程监理等单位的质量合格文件，只能作为证据使用，对人民法院认定事实不具有当然的确定力和拘束力。（3）本案中，原告购买的房屋存在裂缝、渗漏等问题，这是一个客观事实，并且该客观事实经司法鉴定结论证实系温度变化时结构材料不均匀收缩所致，屋面设计瑕疵和墙体砌筑质量较差导致顶部楼层温度裂缝明显。综合以上三点，足以认定本案被告出售给原告的房屋存在质量缺陷，被告认为房屋的施工设计文件经有关行政部门审核批准、房屋竣工后经有关单位验收合格，因此应当认定房屋质量合格的理由，不予采纳。

第二，被告东盛房地产公司应当对本案的房屋质量缺陷承担相应的民事责任。（1）如上所述，我国实行建筑工程质量保修制度。根据质量管理条例第四十条的规定，在正常使用条件下，房屋主体结构工程的保修期限为设计文件规定的该工程的合理使用年限，房间和外墙面的防渗漏工程的保修期限为5年，保修期自竣工验收合格之日起计算。根据司法鉴定结论，本案讼争房屋的主体结构虽然不存在安全问题，但存在裂缝的质量缺陷，且出现了渗漏。原告杨珺在保修期内主张权利，应当予以支持。（2）根据《产品质量法》第二条的规定，建设工程不适用该法，因此，原告主张的房屋质量缺陷责任应当适用建筑法律法规的规定以及民事法律的一般性规定。《建筑法》第五十八条、第六十条确定了由施工单位对建筑工程施工质量负责的一般原则。质量管理条例第四十一条规定："建设工程在保修范围内和保修期限内发生质量问题的，施工单位应当履行保修义务，并对造成的损失承担赔偿责任。"以上建筑法律法规的规定，旨在明确建筑工程质量的最终责任承担者为施工单位。根据《合同法》第一百五十五条的规定，出卖人交付的标的物不符合质量要求的，买受人可以要求其承担相应的违约责任。所以，原告向被告主张权利有法律规定上的依据。（3）本案中，被告交付给原告的房屋存在的质量缺陷比较隐蔽，经鉴定，质量缺陷的产生原因在房屋交付时即已存在，只是在交付后才被发现。在原、被告双方签订的《住宅质量保证书》中，也约定了在房屋保修范围和保修期限内发生质量问题，出卖人应当履行保修义务。综合以上三点，原告有权主张被告承担相应的民事责任。

第三，被告东盛房地产公司应当对房屋质量缺陷承担修复责任。根据《合同法》第一百一十一条的规定，对于质量不符合约定的，买受人可以合理选择要求对方承担修理、更换、重作、退货、减少价款或者报酬等违约责任。最高人民法院《商品房买卖合同解释》第十三条规定："因房屋质量问题严重影响正常居住使用，买受人请求解除合同或赔偿损失的，应予支持。交付使用的房屋存在质量问题，在保修期内，出卖人应当承担修复责任；出卖人拒绝修复或者在合理期限内拖延修复的，买受人可以自行或者委托他人修复。修复费用及修复期间造成的其他损失由出卖人承担。"

本案中,被告交付给原告杨珺的房屋因出现裂缝渗漏质量问题严重影响居住使用,原告选择要求被告承担根治修复房屋裂缝渗漏的民事责任,依法应予支持,被告应当按照南京东南建设工程安全鉴定有限公司作出的第 SF207078－1 号鉴定报告中所明确的整改修复方案履行修复义务。关于原告要求被告承担根治修复房屋裂缝渗漏的相关费用的诉讼请求,因该费用尚未实际发生,不予支持。关于原告要求被告赔偿因裂缝渗漏造成的损失 7100 元,证据不足,不予支持。

盐城市中级人民法院二审认为:

上诉人东盛房地产公司与被上诉人杨珺签订房屋买卖合同,其应当保证出卖的房屋符合法律规定或者合同约定的质量,现上诉人交付给被上诉人的房屋出现墙体裂缝及渗漏问题,经专业部门鉴定,其主要原因系温度变化时结构材料不均匀收缩所致,而屋面未作保温层和墙体砌筑质量较差导致顶部楼层温度裂缝明显。对此,上诉人作为房屋的出卖人,对其出售房屋存在的质量缺陷,依法应当承担相应的修复义务,一审判决并无不当。

关于上诉人东盛房地产公司以交付的房屋通过了有关行政管理部门的强制性标准审查且通过了竣工验收为由拒绝承担相应责任的主张,法院认为,虽然上诉人交付的房屋从设计施工至竣工均经有关行政管理部门审核批准,未设置保温层符合当时的建筑标准和规范,但是上诉人交付给被上诉人杨珺的房屋存在明显有质量缺陷,且已严重影响被上诉人对房屋的正常居住使用,其原因亦经相关专业部门鉴定。上诉人提出的房屋通过标准审查仅是有关行政管理部门认定的事实,并不能据此否定房屋存在质量缺陷的客观事实。故对上诉人的该上诉理由,不予采纳。

上诉人东盛房地产公司认为,其已向被上诉人杨珺出具了房屋的相关图纸资料,被上诉人应当知道屋面未设置保温层的事实。对此本院认为,房屋的图纸资料属于专业技术材料,没有上诉人的相关告知,被上诉人仅凭常识,不可能得知房屋未设置保温层,即使被上诉人知道未设置保温层的事实,在上诉人交付房屋时,被上诉人也不可能知道未设置保温层会产生裂缝渗漏等问题。且本案中的房屋质量缺陷具有隐蔽性,被上诉人在使用过程中才得以发现,上诉人不能以订立合同时所拥有的信息优势来免除保证房屋质量的法定责任。故上诉人的这一上诉理由,不予采纳。

【案例来源】

《中华人民共和国最高人民法院公报》2010 年第 11 期(总第 169 期)。

编者说明

在商品房买卖合同纠纷的实践中,存在出卖人出卖的商品房虽然经过验收,但仍然存在各种缺陷的情形,导致出现"楼薄薄""楼倒倒""楼歪歪"等严重损害房屋买受人权利的情形。上述案例表明,建设行政主管部门的审批文件以及建筑工程勘察、设计、施工、工程监理等单位分别签署的质量合格文件,在关于房屋建筑工程质量的诉讼中仅属诉讼证据,对人民法院认定事实不具有当然的确定力和拘束力。人民法院仍然应当依据法律规定,对出卖人出卖的商品房是否存在缺陷作出认定,并判令出卖人承担相应的合同责任。这对于维护买受人合法权益,具有重要意义。

476 开发商交付的房屋与购房合同约定的方位布局相反,且无法调换的,购房者可以合同目的不能实现为由要求解除合同

【关键词】

│ 房屋买卖 │ 质量缺陷 │ 合同目的 │ 合同解除 │

【案件名称】

张俭华、徐海英诉启东市取生置业有限公司房屋买卖合同纠纷案 [南通市中级人民法院（2015）通中民终字第 03134 号民事判决书,2016.3.7]

【裁判精要】

裁判摘要:当事人将特定主观目的作为合同条件或成交基础并明确约定,则该特定主观目的之客观化,属于《合同法》第九十四条第（四）项的规制范围。如开发商交付的房屋与购房合同约定的方位布局相反,且无法调换,购房者可以合同目的不能实现解除合同。

南通市中级人民法院二审认为:

本案二审的争议焦点为:上诉人张俭华、徐海英能否以合同目的不能实现解除案涉购房合同。

根据《合同法》第九十四条第（四）项规定,当事人一方迟延履行债务或者有其他违约行为致使不能实现合同目的,当事人可以解除合同。该条赋予合同目的不能实现时非违约方的法定解除权,案涉房屋内部布局左右相反导致上诉人张俭华、徐海英合同目的不能实现,其有权解除购房合同。

其一,合同目的包括客观目的和主观目的。客观目的即典型交易目的,当事人购房的客观目的在于取得房屋所有权并用于居住、孩子入学、投资等,影响合同客观目的实现的因素有房屋位置、面积、楼层、采光、质量、小区配套设施等,客观目的可通过社会大众的普通认知标准予以判断。主观目的为某些特定情况下当事人的动机和本意。一般而言,《合同法》第九十四条第（四）项中的合同目的不包括主观目

的,但当事人将特定的主观目的作为合同的条件或成交的基础,则该特定的主观目的客观化,属于《合同法》第九十四条的规制范围。

其二,本案中,双方当事人对于房屋的内部左右布局约定明确。从现有证据来看,无论是被上诉人取生置业的宣传图片还是购房合同附件中的房屋平面图,均明确了房屋进门后的左右布局。取生置业在购房合同附件中的房屋平面图加盖合同专用章,该附件并未提醒购房者,实际交付房屋的内部左右布局可能与平面图相反。取生置业辩称其工作人员在销售房屋时曾明确告知,但并未提供证据予以证明,应承担举证不能的不利后果。且上诉人张俭华、徐海英所购房屋为期房,在购房时参观的样板房也与实际交付的房屋不一致,无法据此推断张俭华、徐海英明知所购房屋的内部左右布局与合同约定相反。

其三,上诉人张俭华、徐海英对于房屋内部左右布局明确约定并作为特定的合同目的,并不违反法律、行政法规的禁止性规定,亦未侵害第三人权益,属于当事人意思自治的范畴,法律尊重和保护个体通过自身价值判断自由选择合适房屋的合法权利。房屋并非普通商品,购房者对所购房屋的谨慎选择符合生活常理。由于被上诉人取生置业并未交付符合合同约定布局的房屋且无法调换,致使张俭华、徐海英购买符合购房合同附件中约定布局房屋的合同目的落空,张俭华、徐海英要求解除合同于法有据,法院予以确认。张俭华、徐海英于2015年7月16日向取生置业发出律师函,告知取生置业构成根本违约,要求其拿出解决方案,但未明确解除合同,故法院确认案涉购房合同的解除时间为一审期间起诉状副本送达取生置业之日即2015年8月1日。

根据《合同法》第九十七条的规定,合同解除后,尚未履行的,终止履行;已经履行的,根据履行情况和合同性质,当事人可以要求恢复原状、采取其他补救措施,并有权要求赔偿损失。由于上诉人张俭华、徐海英并未实际取得案涉房屋,被上诉人取生置业应返还购房款630000元,同时,张俭华、徐海英放弃对违约金部分的主张,系对自身权利的自由处分,法院照准。

【案例来源】

《中华人民共和国最高人民法院公报》2017年第9期(总第251期)。

编者说明

《商品房买卖合同解释》第十三条第二款规定:交付使用的房屋存在质量问题,在保修期内,出卖人应当承担修复责任。实践中出卖人主张所售商品房经建设主管部门审批,并经建设工程勘察、设计、施工、工程监理等单位分别签署质量合格文件,因此不应承担责任。我们认为,交付的房屋虽然经过有关行政管理部门审批,符合当时的建筑标准和规范,但事实上存在质量缺陷的客观事实的,仍应承担责任。①

477 房屋存在质量问题导致购房人无法正常使用、收益的,法院可以房屋同期租金为标准计算实际损失

【关键词】

│ 房屋买卖 │ 质量缺陷 │ 赔偿损失 │ 租金 │

【案件名称】

李明柏诉南京金陵置业发展有限公司商品房预售合同纠纷案［南京市中级人民法院再审二审民事判决书,2015.9.25］②

【裁判精要】

裁判摘要:(1)对于政府机关及其他职能部门出具的证明材料,人民法院应当对其真实性、合法性以及与待证事实的关联性进行判断,如上述证据不能反映案件的客观真实情况,则不能作为人民法院认定案件事实的根据。

(2)因出卖人所售房屋存在质量问题,致购房人无法对房屋正常使用、收益,双方当事人对由此造成的实际损失如何计算未作明确约定的,人民法院可以房屋同期租金作为标准计算购房人的实际损失。

江苏省高级人民法院再审审查认为:

人民法院应当以证据能够证明的案件事实为依据依法作出裁判,无论是当事人提供的证据,还是人民法院依职权调取的证据,均应客观真实地反映案件事实,并经双方当事人质证后,才能作为定案的依据。对于政府机关及其他职能部门出具的询价意见、咨询意见等证据材料,人民法院应当对其真实性、合法性以及与待证事实的关联性进行判断,如上述证据不能反映案件的客观真实情况,则不能作为人民法院

---

① 参见江苏省高级人民法院民一庭:《商品房买卖合同案件审判疑难问题研究——〈商品房买卖合同司法解释〉施行十五年回顾与展望》,载最高人民法院民事审判第一庭编:《民事审判指导与参考》(总第70辑),人民法院出版社2017年版,第220页。如杨珺诉东台市东盛房地产开发有限公司商品房销售合同纠纷案,法院认为虽然东盛房产公司交付的房屋从设计施工至竣工均经有关行政管理部门审核批准,未设置保温层符合当时的建筑标准和规范,但东盛房产公司交付给杨珺的房屋存在明显的质量缺陷,且已严重影响杨珺对房屋的正常居住使用。东盛房产公司提出的房屋通过标准审查仅是有关行政管理部门认定的事实,并不能据此否定房屋存在质量缺陷的客观事实。该案载于《中华人民共和国最高人民法院公报》2010年第11期。

② 此案经江苏省高级人民法院再审、南京市江宁区人民法院重审后,当事人又上诉至南京市中级人民法院。

认定案件事实的根据。本案中,金陵置业公司违反合同约定,交付的房屋存在质量问题致李明柏不能正常居住,应承担违约责任。李明柏请求以同期房屋租金为标准计算其因房屋质量问题而造成的实际损失,人民法院应予支持。关于租金损失的计算标准问题,原审法院以南京市江宁区物价局价格认证中心咨询的意见作为涉案房屋的租金标准,并以此计算房屋租金损失,即 2010 年涉案房屋租金认定为 9000 元/月,2011 年认定为 9900 元/月。根据市场一般行情,决定房屋租赁价格的因素主要包括房屋面积、户型、地理位置、装潢档次、周边环境等因素,物价局价格认证中心出具的询价意见仅是认定房屋租赁价格的参考和证据材料,而不应成为认定涉案房屋租金标准的直接依据。根据法院查明的事实,物价局价格认证中心出具的房屋租金标准远低于美仕别墅区位的同类房屋实际市场租赁价格,故该询价标准不符合当时涉案房屋租赁市场价格的实际情形。因此,原审法院仅以向物价局的询价标准来认定涉案房屋租金损失显失公平,在计算涉案房屋租金实际损失时,应当综合房屋市场租赁价格真实情况据实予以认定。而李明柏提交的同地段房屋租赁协议虽证明涉案小区有业主出租房屋租金可达到每月 21000 元以上,但该租金价格仅系个别业主根据自己房屋的区位及装修情况,结合租房人的实际需求,协商达成的价格,并不具有普遍性。

南京市江宁区人民法院经再审一审认为:

原审原告李明柏与原审被告金陵置业公司签订的商品房预售合同合法有效,双方均应按约履行。因房屋质量问题,致李明柏无法对涉案房屋使用、收益,金陵置业公司应该赔偿李明柏的相关的租金及物业费损失。比较物价部门的询价意见和上级法院调取的同区域别墅租金清册,差距悬殊,后者所体现的租金单价更能反映案涉房屋当时的真实租赁价格,应予以采用。关于 2010 年 4 月 21 日至 12 月的租金损失,法院酌定为 143229 元(61.36 × 280.22 元/月 × 8.33 个月);2011 年 1 月至 7 月 22 日的租金损失,法院酌定为 127330 元(67.82 × 280.22 元/月 × 6.7 个月),以上合计 270559 元。李明柏 2008 年 7 月至 11 月缴纳的物业费用损失 1922 元(扣除 2008 年 12 月至 2009 年 3 月的装修期)、2009 年 4 月至 2011 年 7 月 22 日缴纳的物业费用 18181.2 元,应当由金陵置业公司赔偿。

南京市中级人民法院经再审二审认为:

因金陵置业公司交付的房屋存在质量问题,致李明柏无法正常居住,李明柏要求赔偿损失,符合法律规定。关于损失计算标准问题,李明柏提交的房屋租赁协议虽证明涉案小区有业主出租房屋租金可达到每月 21000 元以上,但该租金价格并不具有普遍性,而江苏省高级人民法院向南京市住建局调取的同区域别墅租金清册载明的价格,系综合多方因素得出的平均租金价格,更具有普遍性,再审一审法院在双方均不申请对案涉房屋装修前后出租价格进行评估的基础上,结合案涉房屋的具体情况,参考该租金清册所确定的租金价格并无不当。李明柏要求至少按每月 21000

元标准进行补偿,不予支持。

【案例来源】

《中华人民共和国最高人民法院公报》2016 年第 12 期。

478 拍卖合同中买受人明知房屋未经过消防验收的,不享有拒付房屋价款的抗辩权

【关键词】

│房屋买卖│拍卖│消防验收│抗辩│

【案件名称】

重庆市亿桥置业有限公司与中国光大银行重庆分行、重庆天赐拍卖有限责任公司房屋拍卖合同纠纷案〔最高人民法院再审民事判决书〕

【裁判精要】

裁判摘要:房屋拍卖合同中,买受人明知买受的房屋未经消防验收,且约定拍卖合同签订后由出卖人完成消防改造和验收。出卖人未按照约定完成消防验收应当承担违约责任。但是,出卖人未按照约定的时间完成涉案房屋的消防验收,并不构成买受人拒绝受领房屋和拒付房屋价款的理由,买受人以出卖人未按照约定的时间完成涉案房屋的消防验收为由,拒绝受领涉案房屋和拒付房屋价款,也构成违约。

【权威解析】

关于涉案房屋消防验收的约定体现在《竞买协议书》第八条的第 1 项和第 5 项中。从该协议的约定来看,涉案房屋拍卖给华鹏公司之后,消防工程的改造费用由华鹏公司承担,并由华鹏公司和光大银行重庆分行监管使用,不够的部分由光大银行重庆分行承担,结余的部分归华鹏公司所有。该协议并没有明确约定消防工程完善由哪一方具体负责,也没有明确约定消防验收合格的义务到底由谁承担。但从消防工程改造的实际履行情况看,讼争房屋在拍卖给华鹏公司之前,光大银行重庆分行就与金威公司签订消防改造施工承包合同,由光大银行重庆分行将涉案房屋的消防改造工程发包给金威公司实施;涉案房屋拍卖给华鹏公司之后,光大银行重庆分行与金威公司不仅继续履行涉案房屋消防改造的施工承包合同,双方还为此签订过补充协议,直到 2005 年 8 月 11 日双方才解除施工承包合同。消防工程改造的实际履行情况表明,涉案房屋的消防工程改造在涉案房屋拍卖前后均由光大银行重庆分行具体负责实施,华鹏公司仅负涉案房屋拍卖之后消防工程改造的付款义务,华鹏

公司已实际履行了该付款义务,且《竞买协议书》第八条第5项也就光大银行重庆分行未按照约定的时间完成消防改造验收的责任作了明确约定。所以,涉案房屋未按照约定的时间完成消防改造验收的责任主体应该是光大银行重庆分行而非华鹏公司。二审判决关于光大银行重庆分行仅负协助义务而不承担涉案房屋未能通过消防验收的责任和后果的认定没有依据,最高人民法院予以纠正。

但是,光大银行重庆分行未按照约定的时间完成涉案房屋的消防验收,并不构成华鹏公司拒绝受领涉案房屋和拒付房屋价款的理由,华鹏公司以光大银行重庆分行未按照约定的时间完成涉案房屋的消防验收为由,拒绝受领涉案房屋和拒付房屋价款,也构成违约。其一,华鹏公司通过天赐拍卖公司的拍卖买受涉案房产的时候,天赐拍卖公司已经明确告知华鹏公司拍卖的房屋没有经过消防验收,华鹏公司已经知道买受的房屋是一个没有经过消防验收的房屋,因此,光大银行重庆分行不应承担标的物未经消防验收的瑕疵担保责任。其二,《竞买协议书》第八条第5项已就光大银行重庆分行未按照约定的时间完成消防改造验收的责任作了明确约定,即"如因委托人原因未能按期验收合格,委托人承担成交价总额万分之一/日的违约金",双方并未约定未按照约定的时间完成消防改造验收可以构成华鹏公司拒付房屋价款的理由。其三,按照《竞买协议书》的约定,华鹏公司支付房屋价款的时间在先,光大银行重庆分行完成消防验收的时间在后,且通过消防验收并非是华鹏公司受领房产、支付房屋价款的前提条件,华鹏公司并不因涉案房屋未按约定的时间完成消防验收而享有不履行支付房屋价款义务的抗辩权。在合同约定的支付房屋价款的时间到期之后,因华鹏公司未按约受领房屋、支付房屋价款,天赐拍卖公司先后于2004年12月两次发函给华鹏公司,催告华鹏公司受领本案房产并支付房屋价款,但华鹏公司既未受领房屋,也未支付购房价款,且在2005年8月31日消防验收合格后,华鹏公司仍然拒绝受领房产、拒付购房价款,显属违约行为,应该承担相应的违约责任。

由于华鹏公司拒绝受领房产、拒付购房款,按照《拍卖成交确认书》第四条"买受人违反本确认书第三条且自拍卖日起超过三十日时,拍卖人可解除本成交确认书并对拍卖物另行拍卖"的约定,光大银行重庆分行在本案二审判决生效以后,通知华鹏公司履行《竞买协议书》,在华鹏公司仍不履行的情况下,光大银行重庆分行将涉案房屋另行出售给了他人。鉴于讼争房产已由光大银行重庆分行在本案二审判决生效后处分给了他人,《竞买协议书》中约定的标的物已不存在,《竞买协议书》已实际履行不能,且双方均不愿再履行合同,《竞买协议书》应予解除。

为购买涉案房屋,华鹏公司按照《竞买协议书》的约定向天赐拍卖公司交付了50万元保证金,按照天赐拍卖公司与华鹏公司签订的《拍卖成交确认书》的约定,自《拍卖成交确认书》签订之日起,该50万元保证金转化为华鹏公司交付的购房定金。由于华鹏公司违反《竞买协议书》的约定拒绝受领房屋并拒付购房款,按照《合同法》第一百一十五条的规定,给付定金的一方不履行约定的债务的,无权要求返还定金,故华鹏公司无权要求光大银行重庆分行返还 50 万元定金。①

【案例来源】

最高人民法院审判监督庭编:《审判监督指导》(总第 37 辑),人民法院出版社 2012 年版,第 134 页。

---

① 参见张华:《买受人明知房屋未经过消防验收的情形下,并不享有拒付房屋价款的抗辩权——重庆市亿桥置业有限公司与中国光大银行重庆分行、重庆天赐拍卖有限责任公司房屋拍卖合同纠纷案》,载最高人民法院审判监督庭编:《审判监督指导》(总第 37 辑),人民法院出版社 2012 年版,第 134~137 页。

第十章 | CHAPTER 10

以物抵债

479 准确认定以房担保与以房抵债法律关系的联系和区别

【关键词】

|房屋买卖|以物抵债|合同解除|

【案件名称】

再审申请人营口弘逸房地产开发有限公司与被申请人王巧云、原审被告营口弘逸房地产开发有限公司老边分公司民间借贷纠纷案［最高人民法院（2016）最高法民申字第 112 号民事判决书，2016.3.31］

【裁判精要】

裁判摘要：当事人以签订买卖合同作为民间借贷合同的担保，但并未明确民间借贷合同到期后买卖合同处理方式的，不应认定双方之间存在以房抵债的意思表示。出借人仍按民间借贷法律关系主张偿还借款的，人民法院应予以支持。

最高人民法院认为：

弘逸公司主张原判决认定的基本事实缺乏证据证明及适用法律确有错误，主要涉及以下两个方面的问题：（1）弘逸老边分公司是否已经通过以房抵债的方式清偿了所欠王巧云的借款；（2）弘逸公司应对弘逸老边分公司的债务承担何种责任。

（一）关于弘逸老边分公司是否已经通过以房抵债的方式清偿了所欠王巧云借款的问题

本院认为，以房抵债是指债务人难以清偿到期的金钱债务，而在原债权债务届满前或届满后与债权人达成的以其所有的房屋折抵所欠债务的行为。因此，以房抵债是对原债务履行方式的根本变更，需要双方当事人有明确的变更履行方式的意思表示，即存在用特定物清偿债务的合意。本案中，双方在《还款协议》中明确约定，弘逸老边分公司以 10 套房产作为抵押，担保所欠王巧云借款，虽后来弘逸老边分公司与王巧云未办理上述房屋的抵押登记手续，但双方在本院询问时均认可该房屋无法办理抵押登记手续。而弘逸老边分公司与王巧云之子王某签订的 10 份《商品房买卖合同》标的与《还款协议》中约定的用于抵押担保的 10 套房产完全一致。对此，双方存在不同主张，王巧云主张双方通过签订《商品房买卖合同》并进行备案的方式作为上述借款的担保，弘逸公司主张双方将借款抵押关系变更为商品房买卖关系，以房屋抵顶上述借款。《最高人民法院关于适用〈中华人民共和国民事诉讼法〉的解释》第九十一条第（二）项规定：主张法律关系变更、消灭或者权利受到妨害的当事人，应当对产生该法律关系变更、消灭或者权利受到妨害的基本事实承担举证证明责任。因此，弘逸公司在本案中负有举证证明双方已经将《还款协议》约定的以房屋担保的意思表示变更为以该房抵债的意思表示的事实。经审查，首先，双方之间并无书面的以房抵债协议,而《商品房买卖合同》是由弘逸老边分公司与王巧云之子王某签署,并不能反映出双方同意以买卖合同约定的房屋抵顶弘逸老边分公司所欠王巧云借款的意思表示;其次,上述买卖合同签订后,弘逸老边分公司并未向王某或王巧云履行房屋交付的相关手续,王巧云及王某也没有在《商品房买卖合同》约定的履行期限届满后要求弘逸老边分公司向其交付房屋;最后,在上述 10 份《商品房买卖合同》签订后,弘逸老边分公司又分两次给付王某现金共计 10 万元,并将备案登记中一套商品房出售后的款项给付王某。据此,弘逸公司主张双方已经将借款关系变更为商品房买卖关系,通过以房抵债的方式清偿了案涉借款,证据不足。原判决认定案涉《商品房买卖合同》并非真实的房屋买卖关系,而是案涉借款的一种担保方式,有事实依据,并无不当。弘逸公司主张原判决认定的基本事实缺乏证据证明的再审事由不成立。

(二)关于弘逸公司应对弘逸老边分公司的债务承担何种责任的问题

弘逸老边分公司系弘逸公司设立的分支机构,领取了营业执照,但不具有法人人格。《公司法》第十四条第一款规定:……分公司不具有法人资格,其民事责任由公司承担。因弘逸老边分公司是弘逸公司的分支机构,弘逸老边分公司的民事责任依法应由弘逸公司承担。本案中,王巧云同时起诉弘逸公司及弘逸老边分公司,原判决判令弘逸公司及弘逸老边分公司共同偿还债务符合《公司法》的上述规定,弘逸公司主张原判决适用法律确有错误的再审事由不成立。

【权威解析】

本案的争议焦点在于当事人之间签订《商品房买卖合同》是否属于以房抵债行为;借款合同到期后,弘逸老边分公司能否主张已通过房屋抵顶的方式偿还了全部借款。

笔者认为,对于仅仅具有替代给付合意而尚无债权人受领债务人他种给付事实的以物抵债协议,应当依据协议的签订时间点来确定其效力。以抵债设立的时间为标准,以物抵债可以分为债务履行期限届满前的以物抵债和债务履行期限届满后的以物抵债。债务履行期限届满前的以物抵债协议,虽在形式上并未依附于担保合同,其目的也仅为消灭债务,但协议的最终落脚点仍在物权的变动,体现了抵债物的交换价值,具有债的担保性质。因此,履行期限届满前的以物抵债协议以债务不履行为条件,本质上依然为流担保条款。而《物权法》第一百八十六条、第二百一十一条明文禁止设定流担保条款。在债务清偿期届满前,当事人关于"届期不履行债务,则担保物归债权人所有"的流担保条款系《物权法》所禁止的无效约定。因此,在现行法律框架下,不能脱离我国法律的相关规定,认定债务履行期限届满前的以物抵债协议的效力,对于债权人诉请履行以物抵债协议的,也不应予以支持。

而对于债务履行期限届满后的以物抵债协议的效力问题,由于原债权债务已届清偿期,通过以物抵债担保债权实现的目的不复存在,此时双方达成以特定物抵顶债务的协议,更加着眼于消灭债务,只是由于金钱给付不能而对原债务履行方式作出了变更。比如,双方原先签订有借款合同,借款到期后债务人无力还债,双方又签订房屋买卖合同,将前期借款转为购房款的,此种情形下,就不应将房屋买卖合同再定性为是对借款法律关系的担保,而应当认可该以物抵债的买卖合同的效力及履行性。《物权法》第一百九十五条第一款规定:"债务人不履行到期债务或者发生当事人约定的实现抵押权的情形,抵押权人可以与抵押人协议以抵押财产折价或者以拍卖、变卖该抵押财产所得价款优先受偿……"可见,在担保法律关系中,现行法律并不禁止债务履行期限届满后双方就抵押物达成折价协议。因此,对于债务履行期限届满后的以物抵债协议不应过分强调协议的实践性,而应根据案件的具体情况,在平衡当事人利益的基础上,对以物抵债协议的效力从宽认定,充分尊重市场主体的意思自治及契约自由,保护守约方的合同利益。

本案中,王巧云与弘逸公司存在真实有效的借款关系,双方在《还款协议》中以案涉房屋作为抵押物,表明其真实意思是以该房屋为王巧云的债权提供担保,保障债权能够得以实现,合同目的并非为王巧云取得案涉房屋所有权。因双方并未办理抵押登记,王巧云并未实际取得抵押权。其后,弘逸公司与王巧云之子签订房屋买卖协议,但双方之间不存在明确的变更原有债权债务履行方式的合意。上述买卖合同签订后,弘逸老边分公司没有向王珏或王巧云履行房屋交付的相关手续,王巧云及王珏也没有在《商品房买卖合同》约定的履行期限内要求弘逸公司向其交付房屋,双方并无转移房屋所有权抵顶借款的意思。弘逸老边分公司分别于2014年6月20日和2014年6月23日给付王珏现金5万元,该行为亦能够证明其仍在继续履行双方《还款协议》约定的还款义务。因此,从协议的签订及履行的事实可以认定,双方之间的基础法律关系仍为民间借贷,签订房屋买卖协议仅是以该方式使得王巧云实现对上述房屋的控制。所以,案涉《商品房买卖合同》系以签订买卖合同作为民间借贷合同的担保,根据《最高人民法院关于审理民间借贷案件适用法律若干问题的规定》第二十四条的规定,当事人以签订买卖合同作为民间借贷合同的担保,借款到期后借款人不能还款,出借人请求履行买卖合同的,人民法院应当按照民间借贷法律关系审理,并向当事人释明变更诉讼请求。当事人拒绝变更的,人民法院裁定驳回起诉。王巧云依据民间借贷基础法律关系要求弘逸老边分公司偿还借款,应当予以支持。弘逸老边分公司所持以房屋出卖的方式抵顶了弘逸老边分公司的全部欠款,没有相应的事实和法律依据。①

【案例来源】

中国裁判文书网,http://wenshu.court.gov.cn。

---

① 参见苗佳:《准确认定以房担保与以房抵债法律关系的联系和区别》,载最高人民法院第二巡回法庭编著:《民商事再审典型案例及审判经验》,人民法院出版社2019年版,第43~46页。

480 仅依据双方关于清理占用人员的约定内容，不足以证明买受人在订立合同时即知道或者应当知道房屋上存在第三人权利，亦不足以得出其自愿承担涉案房屋所有权具有权利瑕疵风险的结论

【关键词】

│ 房屋买卖 │ 以物抵债 │ 合同解除 │

【案件名称】

再审申请人新疆天山水泥股份有限公司塔里木分公司、新疆和静天山水泥有限责任公司与被申请人库尔勒神力商贸有限公司、一审第三人国药新疆库尔勒医药有限责任公司房屋买卖合同纠纷案［最高人民法院（2016）最高法民再199号民事判决书，2016.12.28］

【裁判精要】

最高人民法院认为：

本案再审审理的争议焦点为：（1）神力公司是否有权请求解除《楼房抵账协议》，要求返还220万元购房款；（2）如果解除《楼房抵账协议》，一审、二审判决神力公司仅返还365.41平方米房屋是否有误。

关于第一个争议焦点。合同应被全面、适当地履行。交付无瑕疵房屋系塔里木公司、和静公司作为《楼房抵账协议》出卖人一方负有的主要义务。本案中，虽神力公司依据《楼房抵账协议》，曾于2004年6月29日取得过房屋所有权证——即原第9900080680号房屋所有权证，并登记在其法定代表人温彦军名下，但该房屋所有权证嗣后已被巴州中院(2006)巴行终字第16号行政判决撤销。温彦军诉王忠平、付国第、朱建全、医药公司侵权纠纷案中，巴州中院亦系基于前述行政判决而对该案予以再审，改判驳回温彦军请求占用人员搬离房屋的诉讼请求。至此，神力公司基于《楼房抵账协议》取得的原登记在其法定代表人温彦军名下的房屋所有权证已被撤销，部分房屋则被他人占用未实际交付。塔里木分公司、和静公司申请再审虽主张巴州中院(2006)巴行终字第16号行政判决错误，但本案再审庭审中，经法庭调查，其称未就该行政判决申请再审或者申诉；神力公司则称其自2008年起多次就该行政判决申请再审或者申诉，但均无果。未依法经审判监督程序撤销该行政判决或者改判之前，塔里木分公司、和静公司在本案所涉民事纠纷中申请再审，以该行政判决错误为由，主张原登记在温彦军名下的案涉房屋所有权证不应被撤销，进而主张《楼房抵账协议》不应解除、双方亦不应互相返还基于《楼房抵账协议》取得的财产，欠缺事实和法律依据。

此外，虽《楼房抵账协议》第三条中有"承担……现占用商用楼的人员清理工作等所需的一切费用"的约定，但房屋作为不动产系以登记为法定公示方法，占有与实

际权属状态并不必然完全一致,仅依据前述关于清理占用人员的约定内容不足以证明神力公司在订立合同时即知道或者应当知道房屋上存在第三人权利,亦不足以得出神力公司自愿承担其基于《楼房抵账协议》取得的房屋所有权具有权利瑕疵风险的结论。

一审、二审判决综合判断全案证据,在认定神力公司登记在其法定代表人温彦军名下的房屋所有权证已被撤销,部分房屋被他人占用未实际交付,神力公司购房目的无法实现的基础上,判令解除《楼房抵账协议》,并无不当。

此外,本案二审判决已执行完毕,双方当事人之间基于本案产生的权利义务状态已趋稳定,同时案涉具有产权争议的房屋上亦存在多个相关另案生效判决,基于尊重生效判决既判力和维护法律秩序安宁的考虑,并结合其他案件事实,本院对一审、二审判决解除《楼房抵账协议》、由塔里木分公司、和静公司向神力公司返还220万元购房款的处理结果,予以维持。

关于第二个争议焦点。根据本案已查明事实,案涉596.78平方米房屋中,有部分房屋存在产权争议。前已述及,神力公司基于《楼房抵账协议》取得的登记在其法定代表人温彦军名下的596.78平方米房屋的所有权证已被撤销,神力公司对该房屋所有权证项下有产权争议的房屋亦未取得实际占有。塔里木分公司、和静公司申请再审主张《楼房抵账协议》解除后,神力公司应向其一并返还包括有产权争议房屋在内的全部596.78平方米房屋,与其并未向神力公司实际交付过全部面积的房屋的事实不符,欠缺实体法上的请求权基础。一审、二审判决神力公司返还其掌控的、原9900080680号房屋所有权证项下无产权争议的365.41平方米房屋,并无不当。至于有产权争议的房屋,其上存在多起诉讼,所涉各方当事人如有充分证据,可依法另行主张权利。

【案例来源】

中国裁判文书网,http://wenshu.court.gov.cn。

481 双方之间的商品房合同并非约定房屋归债权人所有,该买卖合同并非以物抵债合同,其效力也不受债务履行期限是否届满的限制

【关键词】

│ 房屋买卖 │ 合同效力 │ 以物抵债 │

【案件名称】

再审申请人湖北江山重工有限责任公司与被申请人襄阳华康投资有限公司、原审第三人襄阳市慧江混凝土有限公司、湖北江山专用汽车有限公司房屋买卖合同纠纷案[最高人民法院（2018）最高法民再50号民事判决书,2018.8.28]

【裁判精要】

最高人民法院认为：

一、四方协议、商品房合同是否生效

原判决认定案涉四方协议及商品房合同虽成立但并未生效的理由是：四方协议本质上是以物抵债协议，是实践性合同，因案涉协议约定的房屋物权未完成转移登记，清偿行为尚未完成，因此，四方协议未生效，而商品房合同系四方协议的从合同，四方协议未生效，商品房合同亦未能生效。本院认为，本案四方协议涉及多方当事人间多个债权债务关系清偿安排，是各方当事人的真实意思表示，并未违反法律法规的强制性规定，并不以协议约定的房屋物权转移登记为生效要件。原判决认定四方协议虽成立但并未生效的观点欠妥，应认定四方协议已生效。华康公司与江山重工公司之间的商品房合同并非约定房屋归债权人所有，该买卖合同并非以物抵债合同，其效力也不受债务履行期限是否届满的限制。依据《物权法》第十五条"当事人之间订立有关设立、变更、转让和消灭不动产物权的合同，除法律另有规定或者合同另有约定外，自合同成立时生效；未办理物权登记的，不影响合同效力"的规定，即使房屋物权未完成转移登记，亦不影响商品房合同的效力。华康公司在原审中依据商品房合同的约定，要求江山重工公司履约并承担违约责任的反诉请求，实际上亦属于认为该商品房合同已经生效。因此，原判决认定商品房合同未生效错误，应认定商品房合同已经生效。

二、慧江公司对华康公司的债权数额应否影响房屋买卖合同的履行

《合同法》第八十二条规定："债务人接到债权转让通知后，债务人对让与人的抗辩，可以向受让人主张。"但案涉四方协议第三条约定"因江山重工公司向华康公司认抵买了6443122元的房产，慧江公司相应冲减华康公司的预估债务6443122元（此数额的确定，最终以慧江公司、华康公司双方结算时确定，双方多退少补）"，该约定至少表明签订案涉协议时，华康公司明知其与慧江公司之间的债务是不确定的，而结算债务的主体约定为其与慧江公司之间多退少补，并不涉及江山重工公司。从维护交易秩序稳定性的角度，应理解为即使华康公司欠慧江公司的货款不足以冲抵购房款，则由华康公司与慧江公司解决，不牵扯江山重工公司。即依据该约定，华康公司放弃了对江山重工公司的抗辩权，而该放弃系通过双方合意达成的，未损害其他人利益和社会公共利益，该约定并不违反法律法规的强制性规定，合法有效。华康公司以其与慧江公司之间的债权数额与预估的不符而拒绝履行其与江山重工公司之间的合同，违反了四方协议的约定，不应支持。即使没有该约定，因慧江公司与江山专用车公司、江山专用车公司与江山重工公司之间的债权债务已经因该合同的履行归于消灭，如果仅因其中两方的债权债务数额影响合同全面履行，亦是对交易秩序的破坏，降低商事交易的效率。

该约定合法有效，当事人应当遵守，依据四方协议关于华康公司与慧江公司之

间债权数额确定后,双方多退少补的约定,华康公司不得据此拒绝向江山重工公司履行交付商品房的义务。

三、关于慧江公司对华康公司的债权数额

根据四方协议的约定,华康公司无权对江山重工公司行使对慧江公司的抗辩权,故没必要审理华康公司尚欠慧江公司的债务数额,本院所确认的原审事实中,不包括该债务数额。华康公司与慧江公司的债务结算应当另案解决。

【案例来源】

中国裁判文书网,http://wenshu. court. gov. cn。

482 案涉债权转让协议并非单纯债权转让合同,还有工程款结算以及变更履行方式的条款,当事人在该债权转让协议中盖章的,表明其确认结欠工程款及变更履行方式

【关键词】

│房屋买卖│债权转让│以房抵债│

【案件名称】

再审申请人陈建与被申请人二连民贸龙泽房地产开发有限公司、一审第三人江苏盐城二建集团有限公司商品房买卖合同纠纷案 [最高人民法院(2017)最高法民再 28 号民事判决书,2018.8.27]

【裁判精要】

最高人民法院认为:

二、11 份《商品房买卖合同》形成的原因是打包协议还是案涉《债权转让协议》

陈建诉请民贸公司履行案涉 11 份《商品房买卖合同》,民贸公司认可签订了该 11 份《商品房买卖合同》并出具收款收据,但认为该 11 份《商品房买卖合同》以及收款收据是民贸公司与陈建协商打包购买房产形成的,陈建为此已经支付了 800 万元,之后陈建未再继续付款。经查,案涉《债权转让协议》形成时间与 11 份《商品房买卖合同》、收据形成时间是同一天,并且《债权转让协议》第 1.1 条约定陈建同意民贸公司用其开发的位于二连××北、××路东[××二国用(2011)第 000288]地块(商品房预售许可证:009 号)的南塔楼的部分房产,折合人民币 2969.9922 万元,对债务进行抵押(具体参见商品房买卖合同)。第 1.2 条约定民贸公司负责与陈建签订正式房屋买卖合同,并向陈建出具收款凭证,并为陈建办理房屋产权证。上述 11 份《商品房买卖合同》约定的购房款合计 2969.9922 万元,与案涉《债权转让协议》约定的转让债权数额是一致的。《商品房买卖合同》约定的项目建设地址、土地使用权

批准文号与《债权转让协议》约定也是一致的。收款收据也进一步明确了收款数额和楼层,且与《债权转让协议》约定的履行方式相符。民贸公司虽辩称其与陈建召开会议协商《关于龙泽地产和陈建打包处理土地和房产的协议》,案涉 11 份《商品房买卖合同》是基于上述打包协议签订的,但其提交的电子邮箱系统显示上述打包协议邮件发送时间是 2014 年 1 月 14 日,晚于案涉《商品房买卖合同》签订的时间,且民贸公司并未提交上述打包协议的合同文本,相关会议纪要、工作函件当中均无陈建的签字,仅为民贸公司的单方陈述。民贸公司所举证据不能达到认定上述打包协议已经形成合意的证明标准。民贸公司主张 800 万元系基于上述打包协议所为的支付,没有事实根据。故案涉 11 份《商品房买卖合同》与案涉《债权转让协议》的内容一致,能够体现合同当事人的真实意思表示,民贸公司提出的案涉 11 份《商品房买卖合同》与《债权转让协议》无关的理由,本院不予支持。

案涉《债权转让协议》第 1.1 条约定民贸公司欠二建公司建设二连浩特市新民贸百货大楼工程款中的 2969.9922 万元,二建公司将该笔债权转让给陈建,陈建同意受让后抵顶对二建公司相应债权……本案历次审理当中,民贸公司并无证据证明上述债权依法或依约不得转让,故依据《合同法》第七十九条规定,二建公司作为债权人,有权将案涉建筑施工合同项下的应当收取的 2969.9922 万元工程款的合同权利转让给第三人陈建。二建公司、陈建分别在案涉《债权转让协议》中盖章或签字后,上述债权发生让与的法律效果。民贸公司在案涉《债权转让协议》中盖章,表明其确认结欠二建公司相应工程款并知晓债权转让的事实,民贸公司负有向陈建履行《债权转让协议》确定的合同义务。基于债权转让的同一性,债权所附随的抗辩以及债权人对转让人所享有的抵销权仍然可由债务人向受让人主张,但民贸公司提出案涉《债权转让协议》系虚假的抗辩理由不成立,本院不予支持。民贸公司还提出有另案主张民贸公司已经超付工程款的诉讼,但该案受理法院已于 2018 年 3 月 12 日作出(2015)二民初字第 00134 号裁定准许民贸公司、二连市民贸百货大楼股份有限公司撤回起诉,故民贸公司以超付工程款作出对抗债权受让人陈建的抗辩理由不成立,本院不予支持。

进一步而言,案涉《债权转让协议》第 1.1 条约定,陈建同意民贸公司用其开发的部分商品房,折合人民币 2969.9922 万元对债务进行抵销;第 1.2 条约定民贸公司负责与陈建签订正式房屋买卖合同,并向陈建出具收款凭证,并为陈建办理房屋产权证。故二建公司与民贸公司以 2013 年 12 月 13 日为时点,进行了一定的工程款结算并变更了债务履行方式,即民贸公司向陈建履行债务的方式是向其交付商品房。可见,案涉《债权转让协议》并非单纯债权转让合同,还有工程款结算以及变更履行方式的条款。民贸公司在案涉《债权转让协议》中盖章,表明其确认结欠工程款及变更履行方式。陈建作为债权受让人提起诉讼,要求民贸公司履行案涉《债权转让协议》,一审法院判令民贸公司交付案涉 11 份《商品房买卖合同》中确定的商品房并为陈建办理房屋产权证,有事实和法律依据,本院予以维持。

三、二连公安局刑事立案等因素对本案审理是否存在影响

2018年4月4日,二连公安作出二公(经)撤案字(2018)1号《撤销案件决定书》,记载该局办理的民贸公司被合同诈骗案因没有犯罪事实,决定撤销此案。故民贸公司抗辩称本案应当终止审理的理由,本院不予支持。此外,(2016)内25民初56号案件的审理范围是陈胜在案涉工程项目中的权益,涉及案涉工程项目价款的确定问题。结合案涉《债权转让协议》第1.1条约定民贸公司欠二建公司建设二连浩特市新民贸百货大楼工程款中的2969.9922万元,二建公司将该笔债权转让给陈建,陈建同意受让后抵顶对二建公司相应债权……可知,案涉《债权转让协议》对工程价款已经进行了部分结算,本案裁判结果与该案有一定的关联性,但并非为本案裁判的前提,不影响本案的裁判结果。

综上,二建公司承建二连浩特市民贸百货大楼(市场)发包的案涉项目工程,形成建筑施工合同关系。二建公司、民贸公司及陈建签订《债权转让协议》约定将该合同项下工程款中的2969.9922万元转让给陈建,进行了阶段性结算并变更了履行方式。据此,陈建与民贸公司签订了11份《商品房买卖合同》,用于抵销民贸公司的债务。陈建主张案涉《债权转让协议》有效,民贸公司应向其交付案涉房屋并办理房屋产权证有事实依据和法律依据,应予支持。原审裁定适用法律错误,应予纠正,且认定的本案涉及二连公安局已决定立案侦查的刑事案件范围,二连公安局明确要求将本案移送的事实,已经不再存在。

【案例来源】

中国裁判文书网,http://wenshu. court. gov. cn。

483　债务人与债权人签订以房抵债协议时,虽然房屋没有登记在债务人名下,但产权人同意债务人处分该房屋以抵偿债务的,该以房抵债协议有效

【关键词】

| 房屋买卖 | 以物抵债 | 合同效力 | 无权处分 |

【案件名称】

再审申请人史志成与被申请人新疆信业典当有限公司房屋买卖合同纠纷案[最高人民法院(2014)民提字第14号民事判决书,2014.4.30]

【裁判精要】

最高人民法院认为:

史志成与信业公司2005年4月28日订立的《抵债房产转让协议》,是双方当事人

真实意思表示,内容不违反法律、行政法规的强制性规定,该协议有效。涉案房产在《抵债房产转让协议》订立时虽然没有自品德公司过户到信业公司名下,但根据 2005 年 4 月 22 日信业公司与品德公司签订的《绝当房产作价抵债协议》的约定,品德公司同意信业公司处分涉案房产以抵偿其所欠信业公司的债务。在《抵债房产转让协议》订立后,品德公司亦配合史志成办理了房屋所有权转移登记手续。信业公司在本院再审中提出的转让协议签订时信业公司没有获得房产证、根据建设部 1995 年 45 号令应当认定无效的主张,因信业公司在涉案房产转让过程中并非无权处分,且建设部 1995 年 45 号令作为部门规章亦非《合同法》第五十二条第(五)项所指的法律、行政法规的范畴,信业公司的此项主张缺乏事实依据和法律依据,本院不予支持。

根据本案查明的事实,市房产局向品德公司核发的 00373655 号房产证记载的涉案房屋面积为 355.2m²,信业公司与史志成在《抵债房产转让协议》中约定转让的房屋面积为 355.2m²,史志成在品德公司配合下取得的 2005036987 号房产证记载的房屋面积亦为 355.2m²。但房产局向史志成核发的 2005036987 号房产证的行政行为已被行政判决撤销,史志成重新取得的房产证登记的面积减少至 169.41m²。信业公司和史志成基于对房产登记的信赖订立转让协议,双方对于涉案房屋面积的减少均无过错,但信业公司作为出卖方,对交易标的之品质和数量应承担严格责任,在实际交付面积少于登记面积的情况下,应当按照实际交付面积收取转让款,面积减少部分的转让款,信业公司应当退还史志成。二审判决关于史志成应自行承担面积减少的风险的认定,无法律依据,本院予以纠正。由于在一审起诉时史志成尚有 5% 购房款即 7814400 × 5% = 390720 元未支付,诉讼过程中也无证据证明史志成已经支付了该笔转让款,该部分款项应当从面积减少部分的转让款 7814400 ÷ 355.2 × (355.2 − 169.41) = 4087380 元中扣除。信业公司应当向史志成退还的转让款为 4087380 − 390720 = 3696660 元。一审判决对此计算有误,本院予以纠正。信业公司如有损失,可以另寻法律途径解决。

【案例来源】

中国裁判文书网,http://wenshu.court.gov.cn。

其他

一、诉讼请求

484 法院判决既未在"本院认为"中对当事人的某项诉讼请求是否成立进行分析论述，亦未在判决主文中对此项诉讼请求能否支持进行判定，属于遗漏当事人的诉讼请求

【关键词】

│房屋买卖│诉讼请求│产权登记│违约金│

【案件名称】

再审申请人刘华与被申请人大连华成天宇房地产开发有限公司房屋买卖合同纠纷案［最高人民法院（2016）最高法民再 13 号民事判决书，2016.3.29］

【裁判精要】

最高人民法院认为：

（一）关于二审判决是否遗漏刘华的诉讼请求以及该项诉讼请求应否支持的问题

经审查，刘华在一审中的诉讼请求为四项，第一项即为请求"华成天宇公司协助刘华办理产权登记手续"，刘华在二审上诉请求中亦是要求支持其一审全部诉讼请求。但二审判决在撤销一审判决后，对该项诉讼请求未予处理，既未在"本院认为"中对此项诉讼请求是否成立进行分析论述，亦未在二审判决主文中对此项诉讼请求能否支持进行判定，属于遗漏当事人的诉讼请求。对此，本院认为，刘华与华成天宇公司签订的《商品房买卖合同》第十五条约定："出卖人应当在商品房交付使用后180 日内，将办理权属登记需由出卖人提供的资料报产权登记机关备案。如因出卖人的责任，买受人不能在规定期限内取得房地产权属证书的，买受人给予出卖人合理期限继续协助办理，但其合理期限不超过一年，否则买受人不退房，出卖人按已付房价款的 0.1% 向买受人支付违约金。"由此可见，华成天宇公司应当在房屋交付使用后的一定期间内协助刘华办理权属登记备案，否则承担违约责任。此项义务是华成天宇公司应履行的合同义务，同时依据《城市房地产开发经营管理条例》第三十三条有关"房地产开发企业应当协助商品房购买人办理土地使用权变更和房屋所有权登记手续，并提供必要的证明文件"的规定，房地产开发企业负有协助买房人办理房屋权属登记的法定义务。但涉案房屋并没有办理竣工验收，刘华即实际占有使用，

涉案房屋并非经验收质量合格的商品房。因此,根据《合同法》第二百七十九条"……建设工程竣工经验收合格后,方可交付使用;未经验收或者验收不合格的,不得交付使用"、《建筑法》第六十一条第二款"建筑工程竣工经验收合格后,方可交付使用;未经验收或者验收不合格的,不得交付使用"、《城市房地产管理法》第二十七条"房地产开发项目的设计、施工,必须符合国家的有关标准和规范。房地产开发项目竣工,经验收合格后,方可交付使用"以及《城市房地产开发经营管理条例》第十七条第一款"房地产开发项目竣工,经验收合格后,方可交付使用;未经验收或者验收不合格的,不得交付使用"等法律法规的规定,竣工验收是房屋交付使用的必经环节,建设工程经竣工验收合格后,始具备交付使用的条件。虽然刘华实际占有使用房屋已一年多,但本案至今尚不具备办理房产登记的法定条件,待具备办理房产登记的法定条件后,华成天宇公司负有协助刘华办理房产登记的义务,因此,刘华要求华成天宇公司协助办理房产登记手续的部分请求应予支持。

华成天宇公司未按合同约定履行此项义务,应按合同约定承担违约责任,支付违约金,对此,原审判决已支持刘华此项诉讼请求,本院对此予以维持。

【案例来源】

中国裁判文书网,http://wenshu.court.gov.cn。

485 买受人请求出卖人交付房屋,是否涵盖请求出卖人履行协助过户义务以及因出卖人未依约交付房屋而增加的税费

【关键词】

| 房屋买卖 | 诉讼请求 | 交付房屋 | 税费 |

【案件名称】

再审申请人经纬置地有限公司与被申请人上海虹房置业有限公司房屋买卖合同纠纷案〔最高人民法院(2013)民提字第123号民事判决书,2015.12.31〕

【裁判精要】

最高人民法院认为:

(三)一审判决是否存在程序违法

虹房公司基于和泰苑二期房屋涵盖在买卖房屋面积中,提出经纬公司继续履行合同,交付房屋的请求。一审法院经庭审查明,和泰苑二期房屋不属于《预定协议》约定的买卖房屋范围,基于虹房公司在错误判断事实基础上所提出的诉讼请求不完善,向虹房公司予以释明,并无不妥。虹房公司经释明后将其请求修正为如经纬公

司不能交房则按照市场价予以赔偿,该主张应当作为虹房公司的诉讼请求。经纬公司认为虹房公司上述请求为增加新的诉讼请求,一审法院予以准许程序违法,缺乏依据,本院不予支持。

（四）原审判决适用法律是否正确

1. 一审判决是否超出当事人诉讼请求范围

经纬公司再审认为,虹房公司并未就经纬公司协助办理过户手续及承担房屋过户时应当缴纳的税、费提出请求,一审法院就此作出判决,超出当事人诉讼请求范围。经纬公司在二审提起上诉时,并未提出上述主张。《最高人民法院关于适用〈中华人民共和国民事诉讼法〉审判监督程序若干问题的解释》第三十三条规定,人民法院应当在具体的再审请求范围内或在抗诉支持当事人请求的范围内审理再审案件。当事人超出原审范围增加、变更诉讼请求的,不属于再审审理范围。但涉及国家利益、社会公共利益,或者当事人在原审诉讼中已经依法要求增加、变更诉讼请求,原审未予审理且客观上不能形成其他诉讼的除外。依照上述司法解释规定确定的原则,再审程序与普通诉讼程序不同,其是对原审的再次审理,是对已经生效的原审裁判存在错误的纠正程序,因此,必须立足于原审裁判。由于原审生效裁判的作出使得当事人原审诉讼请求已经固定,再审诉讼标的应以此为限,受原审诉讼请求限制。按照上述观点,对于原审被告一方在一审判决后提起上诉,后就终审判决提起再审,再审申请范围应当限定在其二审提起上诉请求范围内。在经纬公司未提供证据证明其未就经纬公司承担房屋过户时应当缴纳的税、费提起上诉具有正当理由情形下,应当认定其已对该请求作出处分,不应作为再审审理范围。故经纬公司就一审判决判令其承担协助过户义务及过户税费承担判项提出的主张,不应作为本案再审审理范围。从上述判项法律适用分析,《合同法》第一百三十条规定,买卖合同是出卖人转移标的物的所有权于买受人,买受人支付价款的合同。第一百三十三条规定,标的物的所有权自标的物交付时起转移,但法律另有规定或者当事人另有约定的除外。《物权法》第九条规定,不动产物权的设立、变更、转让和消灭,经依法登记,发生效力;未经登记,不发生效力,但法律另有规定的除外。《城市房地产管理法》第六十条规定,国家实行土地使用权和房屋所有权登记发证制度。依照上述法律规定,经纬公司履行向虹房公司交付房屋义务,必然需要协助虹房公司办理产权过户手续,这是交付房屋的附随义务。虹房公司请求经纬公司交付房屋,当然涵盖请求经纬公司履行协助过户义务,亦包括因经纬公司未依约交付房屋,经纬公司应承担虹房公司因此增加的税费。综上,经纬公司认为一审判决判令其履行协助虹房公司办理房屋过户手续义务,并承担相应过户税、费,超出虹房公司诉讼请求范围的主张不成立,本院不予支持。

2. 一审判令虹房公司交付的房屋是否包括和泰苑二期房屋

经纬公司再审认为,原审判决认定和泰苑二期并非本案标的房产,却判决经纬公司向虹房公司交付该期157套房屋,是错误的。一审判决认为:"合同约定住房系指经纬公司开发的位于沪太路4059号约120亩土地上建造的建筑物,而和泰苑一期建设基地面积81011平方米,与合同约定的120亩相当。合同签订时相关房地产政府职能部门尚未核发和泰苑二期建设用地规划许可证,故和泰苑二期的房屋不属于双方当事人所签合同的约定范围。"一审判决第一项为:"经纬公司向虹房公司交付上海市沪太路4099弄内120亩土地上建造的建筑面积19893.48平方米的住宅房屋。"联系一审判决的上述分析,判决经纬公司交付的房屋应为和泰苑一期房屋。经纬公司再审认为和泰苑二期并非双方协议约定购房范围,不能继续履行,属于错误理解一审判决主文,其主张本院不予支持。

【案例来源】

中国裁判文书网,http://wenshu.court.gov.cn。

二、主体

486 卖方将同一房屋通过多个中介公司挂牌出售，买方通过其他公众可以获知的正当途径获得相同房源信息的，有权选择报价低、服务好的中介公司促成房屋买卖合同成立

【关键词】

│ 房屋买卖 │ 居间合同 │ 二手房买卖 │ 违约 │

【案件名称】

上海中原物业顾问有限公司诉陶德华居间合同纠纷案［最高人民法院指导案例 1 号］

【裁判精要】

裁判要点：房屋买卖居间合同中关于禁止买方利用中介公司提供的房源信息却绕开该中介公司与卖方签订房屋买卖合同的约定合法有效。但是，当卖方将同一房屋通过多个中介公司挂牌出售时，买方通过其他公众可以获知的正当途径获得相同房源信息的，买方有权选择报价低、服务好的中介公司促成房屋买卖合同成立，其行为并没有利用先前与之签约中介公司的房源信息，故不构成违约。

法院生效裁判认为：

中原公司与陶德华签订的《房地产求购确认书》属于居间合同性质，其中第 2.4 条的约定，属于房屋买卖居间合同中常有的禁止"跳单"格式条款，其本意是为防止买方利用中介公司提供的房源信息却"跳"过中介公司购买房屋，从而使中介公司无法得到应得的佣金，该约定并不存在免除一方责任、加重对方责任、排除对方主要权利的情形，应认定有效。根据该条约定，衡量买方是否"跳单"违约的关键，是看买方是否利用了该中介公司提供的房源信息、机会等条件。如果买方并未利用该中介公司提供的信息、机会等条件，而是通过其他公众可以获知的正当途径获得同一房源信息，则买方有权选择报价低、服务好的中介公司促成房屋买卖合同成立，而不构成"跳单"违约。本案中，原产权人通过多家中介公司挂牌出售同一房屋，陶德华及其家人分别通过不同的中介公司了解到同一房源信息，并通过其他中介公司促成了房屋买卖合同成立。因此，陶德华并没有利用中原公司的信息、机会，故不构成违约，

对中原公司的诉讼请求不予支持。

【权威解析】

（一）关于禁止跳单条款的法律效力问题

1. 关于房地产求购确认书的法律性质。本案中,中介公司带领买方看房时,让买方签署了房地产求购确认书,其中明确了由买方委托中介公司求购房屋,并约定了报酬和违约条款。该确认书系中介公司向买方报告订立房屋买卖合同的机会、提供相关媒介服务,并由买方支付报酬的合同,符合《合同法》第四百二十四条对于居间合同的定义,其法律性质属于居间合同。实践中,中介公司与买方签订的合同名称多样,有的称为二手房买卖服务合同,有的称为委托看房书,有的称为看房协议书。不论其名称如何,其核心内容都是由中介公司向委托人提供二手房买卖的信息和媒介服务,都属于居间合同,应按照《合同法》中关于居间合同的相关法律规定认定和处理。

2. 关于禁止跳单条款的法律效力。中介公司为了保障自己的利益,通常在居间合同中载明禁止委托人跳单的条款,约定跳单行为是违约行为。对于禁止跳单条款的法律效力问题,司法实践中存在不同的认识,有的认为这是中介公司利用自己的优势地位而设立的霸王条款,限制了买方的选择权,应属无效;有的则认为买方在签订合同时,对该条款的内容和法律后果应当明知,且不违反法律规定,应属有效。我们认为,应根据约定的具体内容来认定其效力,不可一概而论,只要当事人主体身份适格,意思表示真实,约定内容没有违反法律或行政法规强制性规定,就是合法有效的。具体来说,应考察以下两方面。

一是看禁止跳单条款是否有《合同法》第五十二条、第五十三条规定的合同无效的情形。由于禁止跳单的约定通常并不涉及损害国家、集体、第三人利益或者社会公共利益的内容,其主旨在于防止买方的不诚信行为,而非具有"非法目的",法律、行政法规亦未强行规定当事人不得签订禁止跳单的条款,且并非免责条款,故不属于《合同法》第五十二条、第五十三条规定的情形。

二是看禁止跳单条款提供方是否具有免除其责任、加重对方责任、排除对方主要权利的情形。实践中,禁止跳单条款通常都是中介公司事先在合同中拟好,而后在居间活动中直接交给委托人签字确认的,这种为了重复使用而预先拟定且在订立合同时未与对方协商的条款,其性质属于格式条款。《合同法》第四十条对格式条款的效力作了特别限制,规定"提供格式条款一方免除其责任、加重对方责任、排除对方主要权利的,该条款无效"。免除责任,是指免除格式条款提供者按照通常情形应当承担的主要义务。加重责任,是指格式条款中含有通常情形下对方当事人不应当承担的义务。排除主要权利,是指排除对方当事人按照通常情形应当享有的主要权利。是否属于"通常情形下"的责任或权利,不能仅仅看当事人约定的合同内容,而应当根据具体合同的性质作出判断。根据二手房买卖居间合同的性质,中介公司的主要责任是根据委托人的要求,向委托人如实报告订立合同的机会、提供订立合同的媒介服务,其权利是在促成合同成立后获得报酬;委托人的主要权利是获得信息和服务,其主要义务是在中介公司促成合同成立时支付报酬。从本案例来看,当事人约定在一定期间内委托人利用了中原公司的信息、机会等条件却不通过中原公司而达成买卖交易的行为构成违约,该约定目的在于防止买方一方面利用自己的信息和服务,另一方面又绕开自己(中介公司),从而使自己得不到应得的报酬,不属于免除其责任、加重对方责任、排除对方主要权利的情形。再者,利用了中介公司的信息和服务却绕开中介公司的跳单行为,违反了诚实信用原则,当事人将该行为约定为违约行为并应当支付违约金,是对中介公司合法利益的正当保护,有利于促进中介公司的正常经营发展,有利于鼓励诚信交易。故案例中关于禁止买方利用中介公司提供的房源信息、机会等条件,却绕开该中介公司与卖方签订房屋买卖合同的约定,应认定为合法有效。

(二)买方未利用中介公司提供的信息、机会等条件时,不构成违约

本案例中,当事人约定买方在一定期间内利用了中原公司的信息、机会等条件却不通过中原公司而达成买卖交易的行为构成违约。因此,如果没有利用中原公司的信息和机会,则不构成违约。

从本案例来看,显然不能认定陶德华利用了中原公司的信息、机会。首先,房源信息并非中原公司独家掌握。法律或行政法规并无禁止房主委托多家中介公司出售房屋的规定,实践中房主为了增加交易机会,往往通过多家中介公司挂牌出售同一房屋,而不是委托某中介公司独家代理出售,因此有多家中介公司掌握同一房源信息。中介公司接受委托后通过多种渠道公布房源信息,比如在店面、网络、报刊发布或自己印制小广告发布等,这些都是公众可以获知房源信息的正当途径。由于买方可以通过多种正当途径了解到同一房源信息,也可以联系多家中介公司以选择最低的房屋报价、居间报酬报价和最优质的服务,如果最终通过某家中介公司促成了交易,很难认定买方是利用了其他中介公司的信息和服务。其次,从时间先后上看,中原公司并非第一个提供房源信息的中介公司。本案中先后有三家中介公司带买方看过房,中原公司是最后一家,且中原公司仅带买方看过一次房。从时间上看,买方最终选择了第二家中介公司与房主达成交易,不可能是利用了中原公司提供的信息和机会才达成房屋买卖交易。需要注意的是,裁判要点中并未将时间先后作为是否构成利用的要素之一。理由是:尽管时间先后可以成为考察是否构成利用的一个逻辑上的原因,但即使中原公司是第一家带买方看房的中介公司,也不能充分证明买方一定是利用了中原公司的信息,不能简单地理解为只要中介公司提供了信息,买方就构成了"利用"。最后,中原公司未能举证证明陶德华利用了中原公司的房源信息。根据"谁主张,谁举证"的原则,中原公司作为原告,对于陶德华利用了中原公

司的房源信息这一主张负有举证责任,但中原公司没有提供充分证据证明陶德华利用了中原公司的房源信息。

但是,司法实践中也要注意防止买方恶意跳单的情况,比如通过某一中介公司的中介服务,房屋买卖合同已经基本达成,买方仅仅因其他中介公司的居间报酬更低,就转而寻求其他中介公司与房主签约,则有违诚实信用原则。在这种情况下,可以认定买方利用了前一中介公司的信息和服务,构成违约。

(三)其他需要说明的问题

1. 关于禁止跳单条款的可撤销问题。本案例中的禁止跳单条款属于合法有效的情形,但实践中有的禁止跳单条款则可能存在显失公平的情况。比如有的条款约定中介公司带买方看房后,买方不得私下或通过其他中介公司与该房房主交易,否则须支付相当于居间报酬的违约金,该约定意味着中介公司带领买方看房后就能旱涝保收,而不论该中介公司报价是否偏高、服务质量如何,买方如果打算购买该套房屋,只能选择该中介公司进行交易,否则就构成跳单违约,要支付相当于居间报酬的违约金。对此,我们认为,从中介公司的付出来看,其获得售房信息往往是卖方的主动委托,带领买方看房也只是简单劳动,其付出是有限的;在多家中介公司掌握同一房源信息的情况下,各家中介公司的报价和服务可能存在较大差异,如果某中介公司以有限的付出来永久限制买方的选择权,双方的利益是明显失衡的。在这种情况下,买方如果认为显失公平,可以根据《合同法》第五十四条的规定申请变更或撤销该条款。

2. 关于居间人如实报告义务问题。《合同法》第四百二十五条规定:"居间人应当就有关订立合同的事项向委托人如实报告。居间人故意隐瞒与订立合同有关的重要事实或者提供虚假情况,损害委托人利益的,不得要求支付报酬并应当承担损害赔偿责任。"本案中,中原公司报出的房价为165万元,明显高于另一家中介公司145万元的报价,案中当事人并未就此提出异议,但是如果中介公司故意超出房主报价虚报房屋价格,损害买方利益的,不得要求买方支付报酬并应承担损害赔偿责任。

3. 关于居间费用问题。《合同法》第四百二十七条规定,居间人未促成合同成立的,不得要求支付报酬,但可以要求委托人支付从事居间活动支出的必要费用。据此,中介公司即使没能促成房屋买卖合同成立,也有权要求买方支付必要的居间费用,因为中介公司毕竟付出了劳动,支出了必要的费用,而买方也得到了中介公司的服务,根据权利义务相对等的原则,买方应当支付中介公司为居间活动付出的必要居间费用。①。

---

① 参见最高人民法院案例指导工作办公室:《〈上海中原物业顾问有限公司诉陶德华居间合同纠纷案〉的理解与参照》,载《人民司法·案例》2014年第6期。

【案例来源】

《最高人民法院关于发布第一批指导性案例的通知》(2011 年 12 月 20 日,法〔2011〕354 号)。

编者说明

　　指导案例 1 号上海中原物业顾问有限公司诉陶德华居间合同纠纷案,旨在解决二手房买卖活动中买方与中介公司因"跳单"引发的纠纷。该案例确认:居间合同中禁止买方利用中介公司提供的房源信息,却撇开该中介公司与卖方签订房屋买卖合同的约定具有约束力,即买方不得"跳单"违约;但是同一房源信息经多个中介公司发布,买方通过上述正当途径获取该房源信息的,有权在多个中介公司中选择报价低、服务好的中介公司促成交易,此行为不属于"跳单"违约。从而既保护中介公司合法权益,促进中介服务市场健康发展,维护市场交易诚信,又促进房屋买卖中介公司之间公平竞争,提高服务质量,保护消费者的合法权益。

　　有学者认为,指导案例 1 号就房屋买卖居间合同违约金格式条款的效力及委托人选择其他中介签约的行为是否违约作出了判断。该指导案例确认了审判实践的趋势,但只是确认了不存在《合同法》第四十条情形的其中一种情形,并未创造新的规范,不属于先例性规范,而只是一个"事例"判决。该指导案例对于同类格式条款的效力判断、违约判断上不采纳委托人的恶意要件等具有指导参照作用。但在法院是否得以主动介入该案格式条款的效力判断方面,值得商榷。在居间报酬格式条款的效力以及更为苛刻的格式条款的效力等方面,该指导案例并不具有参照作用,仍有待今后的判例法理进一步发展。①

487　房屋买卖中介公司未尽注意义务致使购买方受欺诈遭受损失的,应根据其过错程度承担相应的赔偿责任

【关键词】

　　│房屋买卖│居间合同│注意义务│补充责任│

【案件名称】

　　李彦东诉上海汉宇房地产顾问有限公司居间合同纠纷案〔上海市第二中级人民法院二审民事判决书,2013.5.9〕

【裁判精要】

　　裁判摘要:在房屋买卖居间活动中,中介公司(居间人)对于受托事项及居间服

---

　　①　参见周江洪:《"上海中原物业顾问有限公司诉陶德华居间合同纠纷案"评释》,载《浙江社会科学》2013 年第 1 期。

务应承担符合专业主体要求的注意义务,注重审查核实与交易相关的主体身份、房产权属、委托代理、信用资信等证明材料的真实性。中介公司因未尽必要的注意义务而未能发现一方提供的相关材料存在重大瑕疵、缺陷,由此使另一方受欺诈遭受损失的,应根据其过错程度在相应的范围内承担赔偿责任。

上海市嘉定区人民法院一审认为:

被告汉宇地产作为专业的房屋中介机构,在进行居间服务时应尽到必要的、审慎的审查、核实义务,如核实房源信息、核实卖房人的身份信息、判断交易过程中的合理性等。买房人对于房屋交易也负有注意义务。本案中,汉宇地产虽进行了一定的调查、核实等行为,但未就系争房屋是否存在一房二卖、公证书是否系伪造等事宜进行调查核实,导致原告李彦东定金损失。而李彦东也未依约将定金交予汉宇地产保管,而是将定金直接支付于周敏,也未对公证书的真实性尽到注意义务,导致定金无法追回。双方在此过程中均有过错,应各自承担相应的责任。现周敏已被判处刑罚,并被责令退赔犯罪所得,结合李彦东、汉宇地产双方的过错程度,确定汉宇地产在3万元的数额范围内承担补充赔偿责任。

上海市第二中级人民法院二审认为:

根据查明的事实,上诉人李彦东系周敏实施合同诈骗的被害人,周敏骗得李彦东支付的购房定金20万元,周敏犯罪所得应予追缴并发还被害人。一审法院判令汉宇地产承担补充赔偿责任,符合案件事实,二审予以认同。

本案二审主要争议在于汉宇地产承担补充赔偿责任的范围,对此应综合本案案情予以判定。根据二审查明的事实,伪造的公证书中载明的蔡芳出生日期与其身份证号码记载不一致,该事项无须专业知识即可判断。在公证机构无法提供电话核实真伪的情况下,汉宇地产理应赴公证机构进行现场核实,但汉宇地产未采取前述措施。而根据上诉人李彦东在二审时的陈述,其在付款前已注意到公证书存在的问题并提出异议,李彦东完全有机会主动核实公证书真伪后再行付款。由于李彦东、汉宇地产均未尽到前述审慎义务,致使李彦东本人成为周敏合同诈骗的被害人。汉宇地产作为专门从事居间活动的单位,开展经营业务理应尽职尽力维护好委托人的利益。根据查明的事实,汉宇地产经办本案居间业务的工作人员不具备经纪人资格,未认真核查系争房屋已被出卖情况,未严格按照合同约定履行定金保管义务,使案外人周敏得以实施诈骗,继而造成李彦东损失。综合前述情况,李彦东提出汉宇地产在10万元范围内承担补充赔偿责任,尚属合理,可予支持,对一审判决作相应调整。

【案例来源】

《中华人民共和国最高人民法院公报》2015年第2期(总第220期)。

488 **涉案项目的实质信托收益权人，应承担担保责任还是直接还款责任**

【关键词】

| 房屋买卖 | 信托 |

【案件名称】

上诉人赣州银行股份有限公司与上诉人九江银行股份有限公司、上诉人九江市嘉信实业有限公司房屋买卖合同纠纷案［最高人民法院（2018）最高法民终797号民事判决书，2018.11.26］

【裁判精要】

最高人民法院认为：

关于九江银行在本案中应承担担保责任还是直接还款责任的问题。第一，根据九江银行、嘉信公司、航富公司三方签订的《合作框架协议》第四条第一款、《三方协议》第二条第三款第一项的约定，九江银行是嘉信国际公馆项目的实质信托收益权人，在案涉信托存续期间，嘉信国际公馆由九江银行负责管理，九江银行指定航富公司委托嘉信公司以嘉信公司的名义进行销售，嘉信公司同意以自己的名义销售嘉信国际公馆。由此，案涉《商品房买卖合同（预售）》的签约双方虽为嘉信公司与赣州银行，但该合同项下的买卖标的即嘉信国际公馆的实际管理人与收益权人均是九江银行而非嘉信公司。第二，《三方协议》第三条第三款约定，赣州银行所支付的案涉购房款应转入嘉信公司在九江银行开立的特定账户，嘉信公司收到该款的同日将款项转入九江银行指定的账户，且该款项的划转由九江银行控制，由此产生的风险由九江银行承担。可见，赣州银行支付的案涉购房款虽转入户名是嘉信公司的账户，但该款实际控制人以及风险的承担人为九江银行而非嘉信公司。第三，《三方协议》第三条第四款第四项、《补充协议》第五条第四款均约定，若因非赣州银行原因导致无法按照该协议约定时间交付办证，为九江银行违约，由九江银行于违约事由发生之日起十日内退还赣州银行支付的所有房款及利息。上述约定表明，一旦案涉房屋非因赣州银行原因不能如期交付，应由九江银行承担直接退还赣州银行已付购房款的责任。《补充协议》第五条第六款亦约定，案涉协议约定的嘉信公司或九江银行应承担的义务，该两方均负有共同履行的义务，如任何一方因履行不能而导致应向赣州银行承担违约赔偿责任，需由嘉信公司和九江银行共同承担，其双方之间的责任划分由该两方自行处理，与赣州银行无关。第四，案涉合同履行中，九江银行曾向赣州银行发函，就嘉信国际公馆的建设、验收交房、开立增值税发票以及办理房产证等事宜与赣州银行协商,表明九江银行自己亦认可其是案涉合同的主债务人。据此,《三方协议》第二条第三款第二项中虽有九江银行为赣州银行就案涉房屋的购买合同和该协议进行担保兜底的约定,但综合上述合同有关九江银行是嘉信国际公馆的实际管理人、赣州银行支付的购房款由九江银行实际控制、九江银行和嘉信公司应共同承担违约赔偿责任等约定以及上述合同的履行情况,原审判决认定九江银行应当与嘉信公司共同向赣州银行承担本案责任,有合同依据,并无不当。至于九江银行上诉主张嘉信公司将收到的案涉购房款中的 7900 多万元转付中航信托,其并没有收到该款,因此不应成为本案主债务人的问题,根据《三方协议》约定,九江银行系通过安排航富公司委托中航信托发起设立案涉信托,故上述款项转入中航信托的事实不影响对九江银行在本案合同中法律地位的认定。

【案例来源】

中国裁判文书网,http://wenshu. court. gov. cn。

三、证据

489　当事人多次推翻己方在之前庭审活动中所作陈述，严重违背诚实信用原则，法院对其陈述不予采纳

【关键词】

　|房屋买卖|自认|诚实信用|

【案件名称】

再审申请人陈建与被申请人二连民贸龙泽房地产开发有限公司、一审第三人江苏盐城二建集团有限公司商品房买卖合同纠纷案［最高人民法院（2017）最高法民再 28 号民事判决书，2018.8.27］

【裁判精要】

最高人民法院认为：

一、案涉《债权转让协议》是否真实有效的问题

关于民贸公司印章的真实性。案涉《债权转让协议》中有陈建的签字并加盖了民贸公司、二建公司印章。根据民贸公司的申请，一审法院委托鉴定，鉴定意见是《债权转让协议》上民贸公司加盖的印章为真实印章。民贸公司对该次鉴定意见并无异议。依据《合同法》第三十二条之规定，当事人在合同上签字或盖章后合同成立，签字、盖章如无特别约定则并非两者应同时具备。民贸公司提出如此重大的交易活动，仅有公司印章而法定代表人王丙江未签名，不符合商业常理。这一观点只是其一方推断，并不能据此否定《债权转让协议》上民贸公司印章的真实性。民贸公司还提出《债权转让协议》上印章形成时间与合同文本形成时间不一致，但法律对两者形成时间的先后次序并无强制性规定。民贸公司否认案涉《债权转让协议》的真实性的理由，本院不予支持。

关于二建公司印章的真实性。本案一审期间，民贸公司曾向一审法院申请鉴定二建公司印章，陈建不同意鉴定，一审法院亦未予准许鉴定。民贸公司提出一审法院调取了二连公安局工作人员对二建公司副总裁刘德明所作询问笔录和二建公司向该局出具的《证明》，证明二建公司没有承接民贸公司项目，案涉《债权转让协议》中二建公司印章系虚假的。庭审中，二建公司对上述《证明》中加盖的印章没有异议，但认为内容是不真实的，理由是二建公司副总裁刘德明分管二建公司行政工作，

999

对于业务工作不熟悉,不了解陈胜、陈必桂挂靠该公司的事实。二建公司在本案多次庭审活动中对陈胜、陈必桂挂靠二建公司,实际承包案涉项目工程均予以认可。民贸公司在本案一审中向法庭提交建设工程施工合同书文本,并陈述二连浩特市民贸百货大楼新建工程发包给二建公司承建,陈胜、陈必桂挂靠二建公司进行实际施工,并且在本次庭审活动中亦陈述过挂靠二建公司承包工程的事实。另一方面,民贸公司在多次庭审或询问活动中否认二建公司委托诉讼代理人的代理权限,二建公司在多次庭审或询问活动中否认作为名义施工单位,承建案涉工程项目的事实,并随意推翻委托诉讼代理人的代理行为。民贸公司、二建公司多次推翻己方在之前庭审活动中所作陈述,未正当行使其诉讼权利,严重违背了民事诉讼应当遵循的诚实信用原则。一审法院对二建公司刘德明所作陈述及《证明》记载内容不予采纳,符合法定的证据采信标准,本院予以确认。二建公司刘德明的陈述及二建公司《证明》并不能否定案涉《债权转让协议》的真实性,一审法院未予准许民贸公司申请鉴定二建公司印章,不违反法定程序。一审法院关于案涉《债权转让协议》真实、合法、有效,各方当事人应当按约继续履行的认定,并无不当。

【案例来源】

中国裁判文书网,http://wenshu. court. gov. cn。

490 如果合同一方当事人不能向法院提供合同原件,亦不能提供其他确有证明力的证据以否定对方当事人提供的合同原件的真实性,应当依据优势证据原则,认定对方当事人提供的合同原件真实

【关键词】

| 房屋买卖 | 自认 | 诚实信用 |

【案件名称】

上诉人福建三木集团股份有限公司与被上诉人福建省泉州市煌星房地产发展有限公司商品房预售合同纠纷案[最高人民法院(2005)民一终字第104号民事判决书,2005. 9. 8]

【裁判精要】

裁判摘要:根据《最高人民法院关于民事诉讼证据的若干规定》第二条、第十条、第三十四条的规定,当事人对自己提出的诉讼请求所依据的事实或反驳对方诉讼请求所依据的事实有责任提供证据加以证明。当事人向人民法院提供书证的,应当提供原件,并在人民法院指定的举证期限内积极、全面、正确地完成举证义务。因此,

签订合同的一方当事人主张对方向法院提供的合同文本原件不真实,即应当向法院提供自己持有的合同文本原件及其他相关证据;如果不能向法院提供合同文本原件,亦不能提供其他确有证明力的证据以否定对方当事人提供的合同文本原件的真实性,人民法院应当依据优势证据原则,认定对方当事人提供的合同文本原件真实。

最高人民法院认为:

根据三木公司的上诉请求及煌星公司的答辩,本院对当事人争议的焦点分析认定如下:

一、关于煌星公司是否隐瞒了三份《商品房合同》项下房产已作为投资投入南南公司,已构成对三木公司欺诈的问题

本院认为,三木公司认可其与申达公司、南南公司三方签订《协议书》的事实,双方对此问题争议的焦点是:《协议书》第五条关于"由于三木公司所购的煌星大厦的房产为在建工程,已作为投资投入南南公司作为资本"的内容是否为煌星公司变造。即三方签订《协议书》时,煌星公司是否隐瞒了三份《商品房合同》项下房产已作为投资投入南南公司的事实,已构成对三木公司欺诈。对这一争议的判定,应当依据三木公司的举证以及煌星公司的抗辩来确定。根据《最高人民法院关于民事诉讼证据的若干规定》第二条、第十条及第三十四条之规定,当事人对自己提出的诉讼请求所依据的事实或反驳对方诉讼请求所依据的事实有责任提供证据加以证明。当事人向人民法院提供书证的,应当提供原件,并在人民法院指定的举证期限内积极、全面、正确地完成举证义务。据此,三木公司作为《协议书》签约一方主体,对其主张的合同撤销权负有法律上履行提供《协议书》原件的义务,但三木公司自始未能提供《协议书》原件,也未能提供证据证明煌星公司的《协议书》原件非真实制作而成以及内容不是其真实意思表示。

关于三木公司提供的申达公司出具的《说明》是否具有证明力的问题。依据《民事诉讼法》第七十条的规定,申达公司作为知晓案件事实的证人,有义务出庭作证,作为《协议书》签约一方亦应当出具《协议书》原件,以证实三木公司持有的《协议书》复印件与原件无异,但申达公司没有就三木公司与煌星公司争议的待证事实出庭或提供《协议书》原件,因此,申达公司出具的《证明》不具有证明力,不予采纳。

关于高德公司、华天公司为三木公司出具的《担保函》的证明力问题。如同一审法院查明的案件事实,三木公司提供的《协议书》内容没有南南公司作为担保人提供担保的约定,三木公司亦未能就南南公司知道并认可高德公司、华天公司为其履行《协议书》作担保的事实进行举证证明。且其《担保函》内容不能证明煌星公司对三木公司存在欺诈的事实是否存在或真实。因此,该《担保函》亦不能作为证据采纳。

在双方当事人对《协议书》的形式与内容主张不一,三木公司作为签约一方又不能提供《协议书》原件或相反证据证明煌星公司《协议书》原件不真实的情况下,一

审法院依据优势证据原则认定煌星公司提供的《协议书》原件,能够证明《协议书》第五条关于"由于三木公司所购买的煌星大厦的房产为在建工程,并已作为投资投入南南公司作为资本"的内容,为三方当事人真实意思表示,并以此作为认定三木公司知道煌星公司已将三份《商品房合同》项下房产作为投资投入南南公司的证据采纳,并无不当。故对三木公司关于煌星公司持有的《协议书》原件内容为其变造,并对其隐瞒了该事实,已构成欺诈的主张,本院不予支持。

二、关于三木公司请求撤销的三份《商品房合同》是否真实合法的问题

本院认为,三木公司认可三份《商品房合同》签约的事实及三份《商品房合同》上加盖的公章及总裁陈维辉签名。双方对此问题争议的焦点是:双方签订三份《商品房合同》时,煌星公司是否隐瞒房产作为南南公司投资转让及没有预售资格的事实,导致其作出错误的意思表示,已构成对三木公司欺诈。对这一争议事实的判定,首先应当查明煌星公司是否实施了欺诈行为。根据《最高人民法院关于贯彻执行〈中华人民共和国民法通则〉若干问题的意见(试行)》第六十八条及《合同法》第五十四条的规定,一方当事人故意告知对方虚假情况,或者故意隐瞒真实情况,诱惑对方当事人作出错误意思表示的,可认定为欺诈,受欺诈方才依法有权行使请求撤销权。本案"煌星公司经批准作为发起人之一,以其经批准开发建设的煌星大厦主楼1至21层、商场3至4层、地下室1层80个车位作为出资,于2000年5月26日发起设立南南公司"。"双方订立《商品房合同一、三》的时间为2000年8月23日之后,双方订立《商品房合同二》的时间为2000年6月15日之后"。上述事实,已经生效的(2002)闽民初字第4号、第5号民事判决查明认定,构成了本案煌星公司对双方争议的待证事实免予证明的举证义务,也证明三份《商品房合同》项下房产的客观现状及双方签约情况。对此,煌星公司能否履行交付1.3487亿元房产的义务,南南公司能否保证煌星公司所取得的该笔售房款全额用于购买卓诚公司、高德公司及华天公司持有的三木公司股权,最终实现订立三份《商品房合同》的目的,三木公司明知且应当预见。三木公司自始未能举证证明双方订立三份《商品房合同》时,煌星公司有对三木公司存在故意隐瞒煌星大厦现状真实情况的行为。

本案诉讼中,三木公司自始认可双方订立三份《商品房合同》及该公司签章与法定代表人签名的事实。公章是机关、团体、企业、事业等单位确认其对外从事民事活动效力的法定凭证。法人的法定代表人是依据法律或者法人组织章程的规定代表法人行使职权的负责人,有权代表法人从事民事活动,其执行职务的行为所产生的一切法律后果应当由法人承担。因此,在双方对三份《商品房合同》上三木公司签章及法定代表人陈维辉签名之事实真实性无异议、三木公司不能举证证明三份《商品房合同》内容为煌星公司单方擅自填写及已依约履行1.3487亿元购房款收付、股权转让行为已完成的情况下,三份《商品房合同》中所为的陈述内容应当认定是双方协商一致的结果,无据认定为属于受欺诈而订立的合同。三木公司提供的煌星公司填

报的《商品房预售申请表》、泉州市房地产管理局出具的《证明》及第 2824 号《房屋所有权证》亦证明:煌星大厦预售总面积为 36039 平方米,而三份《商品房合同》项下房产总面积为 9061.34 平方米。因此,一审法院依据煌星公司取得的煌星大厦《国有土地使用权证》及含三份《商品房合同》项下房产的《房屋所有权证》,认定三份《商品房合同》项下房产已经获准预售,三份《商品房合同》真实、合法、有效,依据充分。三木公司以上述证据否认双方房屋买卖的真实交易关系,主张煌星公司隐瞒了煌星大厦房产真实情况及没有预售资格构成欺诈,请求撤销三份《商品房合同》于法无据。

关于三木公司主张三份《商品房合同》价格显失公平的问题。我国现行法律没有明确显失公平的具体标准。本案三份《商品房合同》明确约定了预售房屋的面积、价格、付款时间与支付方式、交房时间等主要内容,双方权利义务内容是完整和真实的,不存在三木公司因胁迫或缺乏经验而订立合同的情形,且 1.3487 亿元购房款已在三份《商品房合同》订立前的 2000 年 6 月 1 日三方签订的《协议书》中明确。即便三份《商品房合同》项下房产价格比当时当地的同类房屋交易价格有所上涨,亦属于三木公司应当预见的商业交易风险。三木公司以福建华兴会计师事务所出具的《资产评估报告书》为据,主张三份《商品房合同》约定的房产价格显失公平,请求予以撤销,亦不符合撤销的法定要件。

三、关于三木公司申请调查证据的权利是否受到损害的问题

本院认为,三木公司申请人民法院对煌星公司取得的《商品房预售许可证》项下的房产进行调查,该《商品房预售许可证》不属于《最高人民法院关于民事诉讼证据的若干规定》第三条规定的"当事人因客观原因不能自行收集的证据"范围。本案一、二审诉讼中,三木公司亦认可煌星公司取得的《商品房预售许可证》的真实性及合法性。同时,二审庭审后,本院再次给三木公司延长举证期限,故三木公司的诉讼权利并未受损。

综上,一审判决认定三木公司请求撤销三份《商品房合同》,不符合《合同法》第五十四条的规定,事实清楚,适用法律正确。

【案例来源】

《中华人民共和国最高人民法院公报》2006 年第 5 期(总第 115 期)。

第三编｜PART 03

房屋租赁

第一章｜CHAPTER 01

合同效力

491　租赁标的物未经整体验收合格的，当事人订立的房屋租赁合同依法认定无效

【关键词】

│房屋租赁①│合同效力│消防验收│

【案件名称】

上诉人湘财证券有限责任公司与上诉人云南志远房地产开发有限公司房屋租赁合同纠纷案［最高人民法院（2003）民一终字第55号民事判决书］

【裁判精要】

裁判摘要：本案志远大厦作为租赁标的物仅通过主体与基础部分验收，双方当事人在履行上述合同过程中，承租人以该租赁标的物未办理竣工验收与消防验收为由提起诉讼，请求判令双方签订的租赁合同无效。

《建筑法》第六十一条第二款规定，建筑工程竣工经验收合格后，方可交付使用。《消防法》第十条第一款规定，按照国家工程建筑消防技术标准进行消防设计的建筑工程竣工时，必须经公安消防机构进行消防验收；未经验收或者经验收不合格的，不得投入使用。据此，工程竣工验收是工程建设的最后一道程序，是对工程质量实行监督检验和控制的重要环节。《建筑法》第六十一条和《消防法》第十条均为法律的强制性规定。

本案二审判决维持了一审法院关于涉案租赁合同无效的判决，其意义在于：确立了审理此类纠纷案件的原则，即建筑应当确保建筑工程质量和安全符合国家的建筑安全标准，该标准是建筑行业的核心。任何一项工程单项验收或局部验收均不能作为工程竣工整体验收的标准。否则，当事人将承担合同无效的法律后果。

最高人民法院认为：

《建筑法》第六十一条第二款规定，建筑工程竣工经验收合格后，方可交付使用；未经验收或者验收不合格的，不得交付使用。《消防法》第十条第一款规定，按照国家工程建筑消防技术标准进行消防设计的建筑工程竣工时，必须经公安消防机构进

---

① 最高人民法院于2009年7月30日发布《城镇房屋租赁合同解释》（法释〔2009〕11号），自2009年9月1日起施行。该司法解释共二十五条，包括：明确租赁合同无效的范围；合同无效后占有利益的返还；装饰装修物的处理，针对合同无效、合同解除、合同履行期间届满三种情形，吸收装饰装修物形成附合、未形成附合情形下所有权归属理论及补偿理论，用五个条款对装饰装修物的处理进行了详细规定；依法保护承租人的优先购买权等。

行消防验收；未经验收或者经验收不合格的，不得投入使用。建筑工程竣工验收包括消防、环境、卫生等质量验收，单项工程验收或工程局部验收不是建筑工程竣工验收的标准。本案双方签订《租赁合同》时，志远房地产公司持有的云南质监站《工程竣工验收证明》只是志远大厦主体和基础部分的验收，志远大厦整体工程质量验收至今尚未办理。因此，志远房地产公司以云南质监站出具的《工程竣工验收证明》主张志远大厦已经通过工程整体验收，依据不足。双方签订《租赁合同》时，志远大厦未经过消防验收，2000 年 5 月 27 日，湘财证券公司已就双方履行《租赁合同》发生纠纷提起诉讼。2000 年 10 月 12 日昆明消防支队出具《会议纪要》载明"同意志远大厦 1、3、4 层投入使用"，同时又明确"《建筑工程消防验收合格意见书》待大厦整体验收合格后，统一办理"。但是，志远大厦至今尚未办理消防整体验收，因此，志远房地产公司以《会议纪要》为据主张志远大厦已通过消防验收，依据不足。双方签订《租赁合同》之行为，违反了《建筑法》和《消防法》的强制性规定，一审法院判决《租赁合同》无效，适用法律正确，应予维持。同理，一审法院依据《最高人民法院关于民事诉讼证据的若干规定》之相关规定向志远房地产公司行使释明权后，该公司仍然坚持双方签订的《租赁合同》合法有效，诉讼风险应由其自行承担。

志远房地产公司作为建设单位在志远大厦未经建筑工程质量验收合格的情况下对外出租；湘财证券公司签订《租赁合同》时，未对志远房地产公司相应的证件资料进行必要的审查，没有对自己权利尽相应的注意义务，导致双方签订的《租赁合同》无效，不能实现《租赁合同》签订的目的，一审法院在查清事实的基础上，认定志远房地产公司承担 80% 的责任，湘财证券公司承担 20% 的责任，其责任比例划分并无不当，应予维持。

志远房地产公司上诉认为司法鉴定研究所出具的鉴定结论不客观，但是，未按本院要求提交重新鉴定的书面申请，也未在二审庭审中提供充分证据证明一审鉴定结论的错误所在，根据已经查明的事实，司法鉴定研究所鉴定资质合法，鉴定人员具备鉴定的相应资格，《鉴定报告》及《补充鉴定报告》已经一审法院组织司法鉴定研究所向双方答疑质证，因此，司法鉴定研究所出具的《鉴定报告》应作为定案的证据。

该《租赁合同》因违反了《建筑法》和《消防法》的强制性规定而无效，该《租赁合同》约定的条款不能作为认定双方权利义务的依据，一审法院征求云南省有关单位对志远大厦租金的使用情况，调查了志远大厦相邻楼房租金标准，在结论与双方当事人签订的《租赁合同》约定的租金标准相近的情况下，参照《租赁合同》约定的租金标准数额并无不当，且湘财证券公司上诉没有提供证据证明以何种标准计算使用费乃为客观，同时认为一审法院认定其使用至交还志远房地产公司管理期间的租金"参照租金标准"错误，理由不充分，本院不予支持。

湘财证券公司在双方签订《租赁合同》后的 1999 年 12 月 16 日支付志远房地产公司一年租金 2304000 元，此后与山木公司签订《装修工程承包合同》约定：山木公司装修工程期限自"2000年1月15日至2000年4月22日"。在双方不能举证证明实际交付湘财证券公司使用的具体时间之情况下,一审法院结合上述事实认定湘财证券公司使用志远大厦时间为2000年1月1日并无不当。又鉴于司法鉴定研究所2001年10月25日现场勘察后,房屋即交由志远房地产公司管理的实际情况,一审法院认定湘财证券公司将房屋交还志远房地产公司的时间为2001年10月25日,亦无不妥,应予维持。

双方签订的《租赁合同》无效,但是,湘财证券公司已实际使用志远大厦3~4层,理应向志远房地产公司支付房屋使用费,一审法院判决志远房地产公司返还湘财证券公司已付2304000元租金的同时,依据湘财证券公司实际使用志远大厦3~4层楼房的时间,判决其支付志远房地产公司房屋使用费4192000元,并无不妥,湘财证券公司上诉不支付志远房地产公司房屋使用费及请求志远房地产公司支付返还2304000元租金利息的主张,依据不足,本院不予支持。综上,一审法院判决认定事实清楚,适用法律正确,湘财证券公司上诉请求及志远房地产公司上诉请求事实根据及法律依据不足。

【案例来源】

最高人民法院民事审判第一庭编:《最高人民法院二审民事案件解析》(第4集),法律出版社2007年版,第1~17页。

492 尚未取得产权证的房屋所有权人签订的房屋租赁合同效力认定

【关键词】

房屋租赁 | 合同效力 | 产权证书

【案件名称】

上诉人甘肃省水利厅与上诉人甘肃省嘉宝商贸有限责任公司房屋租赁、买卖纠纷案[最高人民法院(1999)民终字第152号民事判决书,1999.12.30]

【裁判精要】

裁判摘要:房屋所有权人出租、出售属于自己法人产权没有争议的房屋,是其行使对所有物收益、处分权的行为。其所签订的房屋租赁合同、房屋买卖合同不因所有权人于缔约时没有取得房屋所有权证而无效。

最高人民法院认为:

水利厅对向嘉宝公司出租、出售的培训中心大楼享有处分的权利,双方当事人之间签订的房屋租赁协议和售房合同,意思表示真实,不违反法律和行政法规的规定。至于当时未能及时拿到房屋所有权证,并非水利厅过错造成,也未因此而影响嘉宝公司对所租赁及随后购买的房屋的实际使用。按照双方在售房合同中约定的履行顺序,嘉宝公司向水利厅支付所欠房租和购房款在先,水利厅为其办理房屋所有权转移手续在后,嘉宝公司在自己未履行合同义务的情况下,无权要求水利厅先为其办理房屋所有权转移手续。嘉宝公司在水利厅起诉前也并未主张合同无效,而是一直实际使用所购房屋,作为培训中心大楼的承租人和购买人,惠宝公司应了解该房的产权状况,其提出水利厅隐瞒产权状况没有相应证据,故应认定售房合同有效。鉴于嘉宝公司未按售房合同约定支付所欠房租和购房款已超过 6 个月,故水利厅请求解除售房合同的理由成立,本院予以支持。嘉宝公司应将培训中心大楼 1~2 层房屋退还水利厅,并按售房合同的约定承担违约责任。水利厅应对嘉宝公司装修房屋所支出的费用给予补偿。本院二审期间,嘉宝公司对兰州审计师事务所作出的评估结论不服,申请重新评估,但没有提出原评估单位资格或评估程序不合法的证据,对这一请求,本院不予支持。嘉宝公司根据房屋租赁协议和售房合同,长期使用培训中心大楼的 1~2 层和 3 层的部分房屋,故应根据双方当事人在房屋租赁协议中约定的房租标准和起租时间,向水利厅支付实际使用房屋期间的房租和暖气使用费 3699337.20 元。根据《售房合同》的约定,双方协议解除了 1997 年 5 月 18 日签订的房屋租赁合同,并约定了具体结算事项,故水利厅提出要求嘉宝公司承担违反房屋租赁协议的违约金的请求,本院不予支持。嘉宝公司应按《售房合同》约定的违约金赔偿水利厅因解除售房合同而造成的经济损失 1464706 元。

【权威解析】

关于《房屋租赁协议》和《售房合同》的效力问题。一审判决认定水利厅与惠宝公司所签订的《房屋租赁协议》和《售房合同》无效的主要理由是,在上述两份合同签订时,水利厅没有取得房屋所有权证,合同因违反国家法律而无效。嘉宝公司还提出水利厅故意隐瞒租赁、转让的房屋没有产权证的事实,误导其投资达 510 万元人民币。但实际上,水利厅对其出租、出售的房屋享有无可争辩的所有权。水利厅向人民法院出具的购买培训中心大楼的付款收据可以证明这一点。未能及时拿到房屋产权证,责任不在水利厅。而且,按照《售房合同》约定,嘉宝公司应先向水利厅支付所欠房屋租金和购房款,然后由水利厅为其办理房屋所有权转移手续。嘉宝公司作为负有先履行义务的一方当事人,在没有履行义务的情况下,无权要求水利厅为其办理房屋产权转移手续或以对方不为自己办理产权转移手续为由主张合同无效。作为培训中心大楼的承租人和购买人,嘉宝公司提出不知道该楼的产权状况的主张缺少证据,如果确实不清楚所购房屋的产权状况,则只能说明嘉宝公司自己有过错。又考虑到本案二审期间,水利厅已经取得培训中心大楼的所有权证,因此,二审法院认定《售房合同》系双方当事人真实的意思表示,不违反法律,为有效合同是正确的。关于房屋租赁合同的效力问题,一审法院依据建设部颁发的《城市房屋租赁管理办法》的规定,认定水利厅出租的房屋没有办理租赁登记手续,因而导致《房屋租赁合同》无效,属于适用法律不当。《城市房屋租赁管理办法》是部颁规章,不能将违反部颁规章等同于违法并因此认定合同无效。①

【案例来源】

最高人民法院民事审判庭编:《民事审判指导与参考》(总第 5 卷),法律出版社 2001 年版,第 208～209 页。

编者说明

关于房屋租赁合同的出租人是否必须具有产权证书,是人民法院在审理房屋租赁合同中经常遇到的一个问题。1995 年 5 月 9 日建设部发布的《城市房屋出租管理办法》是一个部颁规章,根据《合同法》第十三章的规定和最高人民法院《合同法解释(一)》的规定,要求出租房屋必须具有产权证是缺少法律依据的。目前,多数法院在司法实践中,在确认房屋租赁合同的效力时,仅仅要求出租人具有房屋所有权(产权没有争议)或者得到房屋所有权人的合法授权,而没有一律要求出租人证明其持有产权证。我国现行法律中,只有 1999 年 1 月 1 日实施的《城市房地产管理法》第五十二条给城市房屋租赁下了定义:房屋租赁,是指房屋所有权人作为出租人将其房屋出租给承租人使用,由承租人向出租人支付租金的行为。司法实践中,一些法官以此为依据,主张房屋租赁合同的出租人必须是所有权人,否则房屋租赁合同无效。这种观点是不正确的,首先,且不说根据新法优于旧法的原则,人民法院审理涉及房屋租赁合同纠纷案件首先应当考虑适用的是 1999 年 10 月 1 日实施的《合同法》,而且《城市房地产管理法》第五十二条内容的本身并不属于法律关于城市房屋租赁的禁止性规定,该条并没有规定租赁合同的出租人必须对合同标的物享有所有权,否则合同无效。按照民法理论,有权对财产进行占有、使用、收益的人,不仅仅有所有权人,还包括合法占有人。即使是出租他人之物,其中既包括擅自出租他人之物,也包括承租人于租赁期内或者租赁期届满后擅自转租他人之物的,是否要一概认定这些租赁合同无效,不仅在理论上存在争议,在人民法院司法实践中也仍然做法不一。最高人民法院倾向性观点认为,虽然合同的效力属于人民法院主动审查的范畴,但我国现行法律和行政法规中并没有规定租赁合同中出租人必须对合同标的物具有所有权或者经所有权人授权,否则合同即为无效的规定。因此,不能认为租赁合同的出租人对合同标的物必须具有所有权或

---

① 参见韩玫:《甘肃省水利厅与甘肃省嘉宝商贸有限责任公司房屋租赁、买卖纠纷上诉案——如何认定本案房屋买卖合同的效力》,载最高人民法院民事审判庭编:《民事审判指导与参考》(总第 5 卷),法律出版社 2001 年版,第 210～211 页。

者其出租行为必须经过所有权人的授权。①

虽然《最高人民法院关于未经消防验收合格而订立的房屋租赁合同如何认定其效力的函复》(2004年3月4日,〔2003〕民一他字第11号)已被《最高人民法院关于废止1997年7月1日至2011年12月31日期间发布的部分司法解释和司法解释性质文件(第十批)的决定》(2013年2月26日,法释〔2013〕7号)废止,但前述最高人民法院法官著述符合法律规定,仍有借鉴意义。

493 承租人与出租人之间的租赁合同订立在法院查封之前,承租人经出租人同意,与第三人之间的转租合同虽订立在法院查封之后,但该转租合同不应被认定为无效

【关键词】

│房屋租赁│合同效力│转租│查封│

【案件名称】

上诉人长春大富豪餐饮娱乐有限公司与上诉人吉林大学第一医院房屋租赁合同纠纷案〔最高人民法院(2017)最高法民终338号民事判决书,2017.6.30〕

【裁判精要】

最高人民法院认为:

关于案涉合同是否有效的问题。《合同法》第二百二十四条第一款规定:"承租人经出租人同意,可以将租赁物转租给第三人。承租人转租的,承租人与出租人之间的租赁合同继续有效……"本案中,大富豪公司与跨世纪公司之间就涉案房屋分别于2003年12月10日、2004年2月10日和2006年11月10日签订的《租赁合同》《补充协议书》《协议书》,均系双方当事人的真实意思表示,且均是在涉案房屋被设定抵押和被法院查封之前签订,不违反法律、法规的强制性规定,应认定为合法有效。大富豪公司在取得承租权后,与吉大一院分别于2010年8月12日和2010年8月19日签订了两份《房屋租赁合同》,除房屋租赁期间由原来的自2010年10月30日起至2020年10月30日止变更为自2011年1月30日起至2021年1月30日止,以及合同签章处无"同意出租"字样以外,两份合同的内容基本一致,且均有出租方跨世纪公司加盖的公章,据此,应认定跨世纪公司作为涉案房屋出租人对于承租人

---

① 参见韩玫:《〈关于未经消防验收合格而订立的房屋租赁合同如何认定其效力的函复〉的解读》,载最高人民法院民事审判第一庭编:《民事审判指导与参考》(总第18集),法律出版社2004年版,第17~18页。

大富豪公司的转租行为予以认可,应认定大富豪公司与跨世纪公司之间的《租赁合同》《补充协议书》《协议书》合法有效。

《物权法》第一百九十条规定:"订立抵押合同前抵押财产已出租的,原租赁关系不受该抵押权的影响。抵押权设立后抵押财产出租的,该租赁关系不得对抗已登记的抵押权。"本案中,一方面,大富豪公司与跨世纪公司之间的租赁合同订立在法院查封之前,大富豪公司与吉大一院之间的转租合同虽订立在法院查封之后,即涉案房屋在大富豪公司与吉大一院签订《房屋租赁合同》时,虽已因案外人赵某申请执行案件而被法院依法查封,但吉大一院在其租赁期限内承接了大富豪公司的承租权,该承租行为并未增加申请执行人实现债权的负担,大富豪公司与吉大一院之间的《房屋租赁合同》不应因签订在涉案房屋被法院查封之后而被认定为无效。另一方面,涉案房屋在大富豪公司与吉大一院签订《房屋租赁合同》时,已经由房屋所有权人跨世纪公司抵押给宽城支行,且因宽城支行依据法院生效判决申请执行而被查封。但跨世纪公司在与宽城支行签订抵押合同之前,已经与大富豪公司签订了出租合同,故跨世纪公司与大富豪公司之间的原租赁关系不受宽城支行抵押权的影响,大富豪公司仍可继续承租本案涉案房屋,在跨世纪公司同意的前提下,大富豪公司有权就涉案房屋进行转租。吉大一院对涉案房屋的租赁期限没有超出大富豪公司租赁期限,吉大一院在其租期内承接了大富豪公司的承租权,并不受抵押权的影响。根据以上事实和理由,一审法院认定案涉合同合法有效,该认定并无不当,本院予以维持。

【案例来源】

中国裁判文书网,http://wenshu.court.gov.cn。

494 房屋预租合同的效力认定

【关键词】

| 房屋租赁 | 合同效力 | 预租 | 赔偿损失 |

【案件名称】

上诉人浙江银泰投资有限公司与上诉人包头市中冶置业有限责任公司房屋租赁合同纠纷案[最高人民法院(2017)最高法民终171号民事判决书,2017.9.6]

【裁判精要】

裁判摘要:双方当事人就尚不存在或尚未建成的房屋签订的租赁合同为房屋预租合同。现行法律、行政法规、司法解释对房屋预租合同无特别规定,在此情形下,其相关问题的认定可参照适用有关房屋租赁的规定。若合同约定的预租物没有取得建设工程规划许可证的,预租合同应认定无效。

最高人民法院认为:

关于焦点一,《房屋租赁合同》的效力如何认定的问题。根据《房屋租赁合同》的约定,中冶公司的主要合同义务是按时交付符合合同约定要求的租赁物,银泰公司的主要合同义务是支付履约保证金及租金,双方的主要权利义务符合房屋租赁合同的特点。但《房屋租赁合同》签订时,作为租赁物的房屋尚未建成,因此属于对未来建成房屋的预租。关于房屋预租,在现行法律、行政法规没有规定的情形下,可参照适用有关房屋租赁的规定。《城镇房屋租赁合同解释》第二条规定:"出租人就未取得建设工程规划许可证或者未按照建设工程规划许可证的规定建设的房屋,与承租人订立的租赁合同无效。但在一审法庭辩论终结前取得建设工程规划许可证或者经主管部门批准建设的,人民法院应当认定有效。"同时,根据《城乡规划法》(2007 年)第四十条第一款"在城市、镇规划区内进行建筑物、构筑物、道路、管线和其他工程建设的,建设单位或者个人应当向城市、县人民政府城乡规划主管部门或者省、自治区、直辖市人民政府确定的镇人民政府申请办理建设工程规划许可证"的规定以及第六十四条"未取得建设工程规划许可证或者未按照建设工程规划许可证的规定进行建设的,由县级以上地方人民政府城乡规划主管部门责令停止建设……"的规定,取得建设工程规划许可证是进行合法建设的前提,也是判断是否为合法建筑的标准。本案中,根据双方提交的证据以及一审法院向包头市规划局稀土高新区规划分局核实的情况可以认定,没有证据证明在一审庭审辩论结束之前,案涉地块建设项目已经取得了建设工程规划许可证,即《房屋租赁合同》约定的租赁物既未建成,也没有取得合法的建设手续,这种情形下,《房屋租赁合同》应当认定无效,一审判决对此认定并无不当,银泰公司关于此点的上诉理由不成立。

【案例来源】

中国裁判文书网,http://wenshu.court.gov.cn。

编者说明

商品房预租,是指房地产开发经营企业在新建商品房未办理房地产权属初始登记、取得房地产权证前,与承租预约人签订商品房租赁预约协议,并向承租预约人收取一定数额的预收款的行为。① 实践中大量存在商业地产预租,如约定将来承租、出租方按照承租方的特定要求建造商业房、承租方会预交租金或者保证金等内容。对此,现行法律法规、司法

---

① 参见 1998 年《上海市商品房预租试行办法》第一条规定。

解释没有作出规定。① 鉴于出租方的目的是收取租金，承租方的目的是对租赁物进行使用、收益，故预租符合房屋租赁合同的特点，可以参照适用有关房屋租赁的法律规定。同时，预租也是对未来建成房屋的权益的预先处分，和商品房预售有相似之处，故应也可参照适用有关房屋预售的规定。参照《城镇房屋租赁合同解释》第二条之规定，出租的房屋是否取得建设工程规划许可证或者是否按照建设工程规划许可证的规定建设直接影响租赁合同的效力。同时根据《城市房地产管理法》第四十五条"商品房预售，应当符合下列条件：……（二）持有建设工程规划许可证"之规定，取得建设工程规划许可证也是进行商品房预售的条件之一；《城乡规划法》第四十条第一款规定："在城市、镇规划区内进行建筑物、构筑物、道路、管线和其他工程建设的，建设单位或者个人应当向城市、县人民政府城乡规划主管部门或者省、自治区、直辖市人民政府确定的镇人民政府申请办理建设工程规划许可证。"故，取得建设工程规划许可证是进行合法建设的前提，也是判断是否为合法建筑的标准，房屋预租也应遵循该规定。因此，是否取得建设工程规划许可证，直接影响房屋预租合同的效力。本案中，没有证据证明在一审庭审辩论结束之前，案涉地块建设项目已经取得了建设工程规划许可证，即案涉《房屋租赁合同》约定的租赁物既未建成，也没有取得合法的建设手续，故案涉《房屋租赁合同》应当认定无效。②

495 房屋预租合同无效的法律后果

【关键词】

│ 房屋租赁 │ 合同效力 │ 预租 │ 违约金 │ 赔偿损失 │

【案件名称】

上诉人浙江银泰投资有限公司与上诉人包头市中冶置业有限责任公司房屋租赁合同纠纷案［最高人民法院（2017）最高法民终171号民事判决书，2017.9.6］

---

① 地方上有所尝试，如1998年《上海市商品房预租试行办法》第四条规定："房地产开发经营企业申请预租商品房，应当具备以下条件：（一）已按规定支付全部的土地使用权出让金，土地使用权已经依法登记并取得房地产权证书；（二）取得商品房的建设工程规划许可证和建设工程施工许可证；（三）预租的商品房主体结构完工，已经市或区、县的建设工程质量监督部门验收合格；（四）已落实市政、公用和公共建筑设施的配套建设计划并已确定该预租商品房一年内能竣工交付使用。"1999年《上海市房屋租赁条例》第九条第一款规定："房地产开发企业预租商品房，应当符合商品房预售的条件，并依法取得市或者区、县房屋行政管理部门核发的商品房预售许可证明。"根据这些规定，上海市是将商品房预租纳入房屋租赁统一管理，同时对商品房预租设置了条件，即《上海市商品房预租试行办法》第四条规定的四个条件，《上海市房屋租赁条例》规定的"应当符合商品房预售的条件"。

② 参见于蒙：《房屋预租合同的效力如何认定——浙江银泰投资有限公司与包头市中冶置业有限责任公司房屋租赁合同纠纷案》，载最高人民法院民事审判第一庭编：《民事审判指导与参考》（总第71辑），人民法院出版社2017年版，第224～226页。

【裁判精要】

最高人民法院认为：

关于焦点二,迟延交房违约金和解约赔偿金应否支付的问题。《房屋租赁合同》认定无效后,不再涉及违约和解约的问题,有关迟延交房违约金和解约赔偿金的相关条款不再适用,故银泰公司有关中冶公司应支付迟延交房违约金和解约赔偿金的诉讼请求不能成立,一审判决对此认定并无不当,银泰公司关于此点的上诉理由不成立。

关于焦点三,如果认定《房屋租赁合同》无效,中冶公司应否向银泰公司赔偿损失及损失数额如何确定的问题。《合同法》第五十八条规定："合同无效或者被撤销后,因该合同取得的财产,应当予以返还;不能返还或者没有必要返还的,应当折价补偿。有过错的一方应当赔偿对方因此所受到的损失,双方都有过错的,应当各自承担相应的责任。"本案中,根据《房屋租赁合同》第2.3条和第11.11条约定,中冶公司保证和承诺"租赁房屋为合法建筑,具有中国法律规定的审批合格手续""拥有对租赁房屋范围内的合法开发权",现《房屋租赁合同》因未取得建设工程规划许可证而被认定无效,是由于中冶公司未实现上述保证和承诺所致,故中冶公司对于合同无效负有全部过错,应当赔偿银泰公司因此所受到的损失,中冶公司关于其不存在过错、银泰公司存在过错的主张不能成立。中冶公司称未取得建设工程规划许可证是由于政府行为导致,属于不可抗力,但根据《房屋租赁合同》第18.1条约定,双方并没有将政府行为约定为不可抗力,且根据第18.2条约定,发生了不可抗力后,中冶公司要立即向银泰公司发出通知并提供相关证明,但中冶公司并没有提交其已经就政府行为构成不可抗力向银泰公司发出通知及证明的相关证据。故中冶公司关于不可抗力的主张不成立。

关于赔偿数额,《合同法》第五十八条所称的"对方因此所受到的损失"应限于信赖利益,不包括在合同有效情形下通过履行可以获得的利益。银泰公司所提交的评估报告,是对其在合同有效情形下通过履行可以获得的利益的评估,不能作为认定合同无效后损失赔偿数额的依据,故银泰公司关于应依据该评估报告认定赔偿数额的主张不能成立。另一方面,因银泰公司已向中冶公司支付了500万元履约保证金,在中冶公司占有此500万元期间,银泰公司遭受资金损失,故对该部分资金损失中冶公司应予以赔偿。一审判决参照民间借贷的相关规定,酌情以500万元为计算基数、以中冶公司占有该500万元的期间为计算期间、参照24%年利率计算损失赔偿数额并无不当,中冶公司关于此点的上诉理由不能成立。关于律师费、评估费,虽然《房屋租赁合同》第11.8条对其负担有约定,但在《房屋租赁合同》被认定无效的情形下,该条款不再适用,故一审判决对该两项费用没有支持并无不当。关于诉讼费用,依据《诉讼费用交纳办法》第二十九条规定"诉讼费用由败诉方负担,胜诉方自愿承担的除外。部分胜诉、部分败诉的,人民法院根据案件的具体情况决定当事人各自负担的诉讼费用数额……",在银泰公司的诉讼请求没有得到全部支持的情形下,其要求诉讼费用全部由中冶公司负担的主张不成立。

【案例来源】

中国裁判文书网,http://wenshu. court. gov. cn。

496 当事人以在建房屋作为租赁标的物的,应否受到法律保护

【关键词】

│ 房屋租赁 │ 合同效力 │ 在建房屋 │

【案件名称】

西安九龙房地产开发有限责任公司与陕西兵器工业西北公司、西安市赛格商贸有限公司房屋租赁合同纠纷上诉案 [最高人民法院(2002)民一终字第75号民事判决书,2003.3.12]

【裁判精要】

最高人民法院认为:

《租赁合同书》《变更主体协议》及相关补充协议,为各方当事人真实意思表示,内容不违背法律,一审法院判决合法有效,适用法律正确。

1996年5月31日,九龙公司与西北公司签订《变更后的主体协议》承继《租赁合同书》中顺安公司北方大厦收尾及装修后续工程,对此,九龙公司认可无异议。九龙公司在认可《租赁合同书》《变更主体协议》《变更后的主体协议》等相关补充协议真实性、合法性的情况下,主张西北公司出租北方大厦不具备租赁条件无据,本院不予支持。

鉴于九龙公司建设北方大厦收尾及装修工程违约没有继续履约的能力以及赛格公司已经承租西北公司B区开办电脑城的事实,一审法院根据西北公司起诉请求,判决解除九龙公司与西北公司的租赁关系,九龙公司与赛格公司签订的北方大厦B区《合作协议书》,除超过《租赁合同书》约定的期限无效外,其他继续履行的判项正确,应予维持。

依据顺安公司1996年6月3日的公函,西北公司与九龙公司已经对北方大厦施工现场、库存物资、设计图纸等相关资料进行了交接,《衔接签字单》及附件所载的内容证明:九龙公司对北方大厦已经存在的南门挑檐需要拆除、改建东门为通行出入口的事实清楚,诉讼过程中,该公司亦没有举证证明双方签订《变更主体协议》及相关补充协议时,西北公司隐瞒了北方大厦存在挑檐的事实,因此,九龙公司以其与西北公司签订《变更主体协议》及相关协议时该出租标的物不具备出租条件、西北公司

隐瞒了出租标的物存在违章建筑,应追究西北公司违约责任的主张,没有事实根据,本院不予采纳。

九龙公司作为北方大厦收尾及装修工程的义务人,违反了双方《补充协议二》"1999年9月28日前具备三星级宾馆运营条件是北方大厦具备运营条件的最终延限"之约定,已构成违约。依据《补充协议二》"仅此时限而已,过去所有合同、协议中约定的其他事项一律不变"之约定,应当认定《租赁合同书》第6条第1款第(1)项"出租方免收承租方的租金"之约定条件已不存在,九龙公司在其违约的情况下,以此约定条款主张西北公司免收租金,理由不足。

九龙公司对2000年4月17日出具的《法人授权委托书》及《对账单》的真实性、合法性没有异议,因此,刘义国根据该公司授权委托,在与西北公司对账后形成《对账单》上的签字,应当认定为有权代表九龙公司的职务行为,一审法院根据九龙公司的违约事实及双方依据《租赁合同书》约定的房屋租赁数额计算核对后形成的《对账单》确认的房屋租金数额,判决九龙公司支付西北公司2000年房屋租金418.8万元,事实根据充分,应予维持。

一审法院在双方当事人对收尾及装修工程造价主张不一的情况下,委托价格中心进行鉴定,该委托程序合法,又鉴于双方当事人对价格中心的资质、鉴定人员的资格及对北方大厦收尾及装修工程造价的鉴定程序合法性均无异议,该价格中心出具的《鉴定报告》应作为认定九龙公司、赛格公司完成收尾及装修工程的证据予以采信,九龙公司申请重新鉴定的理由不足,本院不予支持。

九龙公司一审期间申请追加案外人兵工局、顺安公司、建筑公司为本案诉讼当事人,但是,没有提供足以证明上述案外人与本案有直接利害关系的证据。该公司口头提出反诉者,亦没有提出书面反诉状并按照一审法院的要求依法预交反诉案件受理费,因此,一审法院对九龙公司的反诉没有立案审理,并不违法。

综上,一审法院判决认定事实清楚,适用法律正确,本院应予维持。

【权威解析】

(一)在建房屋作为房屋租赁标的物,受国家法律的保护

在建房屋出租,出租人可以在不丧失标的物所有权的前提下,融通资金,盘活资产,承租人可以经由租金的一期或多期支付,以相对较小的代价获取房屋的使用和收益的权利,即双方不通过买卖均可以得到利益的满足,这种房屋租赁方式,对鼓励交易,促进房地产市场稳步健康发展,起到了积极向上的作用。1995年1月1日施行的《城市房地产管理法》,在总结我国房屋租赁经验的基础上,结合目前我国房地产开发的实践,首次以国家基本法的形式确认了房屋租赁的法律制度,该法第四章就房屋租赁的概念、房屋租赁合同的订立、房屋租金等基本原则等分别作出了规定,而且没有区分在建房屋出租与现房出租的界限,这是人民法院审理房屋租赁纠纷案

件包括在建房屋租赁纠纷案件具体的法律依据。

人民法院审理在建房租赁合同纠纷案件,对合同效力的判断标准,同其他普通合同一样,主要审查内容是否违反了法律、行政法规的强制性规定和社会公共利益。由于无效合同具有违法性,因此,租赁合同也实行国家干预原则,即不待当事人请求无效,人民法院主动审查合同是否存在违法性,不具备法定的无效要件的租赁合同,应当尊重双方自治意思表示,并依据约定认定双方的权利义务。

本案当事人就在建房屋租赁所签订的《租赁合同书》《变更主体协议》及相关补充协议,为各方当事人真实意思表示,内容不违背法律,一审法院根据双方签约及履行情况判决上述合同、协议合法有效,适用法律正确。

(二)双方签约时西北大厦是否具备出租条件,西北公司是否隐瞒了大厦的违章建筑,对九龙公司存在欺诈

1987年1月1日施行的《民法通则》第五十八条规定"一方以欺诈、胁迫的手段或乘人之危,使对方在违背真实意思的情况下所为的"民事行为无效。1993年10月31日施行的《消费者权益保护法》第四十九条规定:"经营者有欺诈行为的,可以获得双倍赔偿。"1999年10月1日施行的《合同法》第五十二条、第五十四条分别规定:"一方以欺诈、胁迫的手段订立合同,损害国家利益"的合同无效。"一方以欺诈、胁迫的手段或者乘人之危,使对方在违背真实意思的情况下订立的合同,受损害方有请求人民法院或者仲裁机构变更或者撤销"。这些规定,共同构成了我国民法反欺诈的法律制度。

1988年4月2日,《最高人民法院关于贯彻执行〈中华人民共和国民法通则〉若干问题的意见(试行)》第六十八条将欺诈解释为:"一方当事人故意告知对方虚假情况,或者故意隐瞒真实情况,诱使对方当事人作出错误意思表示的,可以认定为欺诈。"欺诈合同是受欺诈人因欺诈行为而作出错误意思表示基础上产生的。欺诈合同是欺诈行为的结果,欺诈会给被欺诈方造成不同程度的经济损失。因此,欺诈是一种故意违法行为。

依据上述司法解释的规定衡量本案:1994年11月16日,西北公司与顺安公司签订《租赁合同书》。1996年4月25日,九龙公司为承继顺安公司《租赁合同书》权利义务,与西北公司、顺安公司签订《变更主体协议》。1996年5月31日,西北公司与九龙公司签订《变更后的补充协议》。同年6月3日,西北公司与九龙公司就北方大厦图纸资料、施工现场、库存物资移交签订《衔接签字单》:"由于城市二环路拓宽,使原设计大堂主入口无法实现,为此,将主入口移至原大堂东边。"同年10月20日,当地建委就大厦原南门存在的挑檐向九龙公司发出《违章处罚决定书》。1997年6月28日、1998年6月16日,西北公司与九龙公司先后签订《补充协议一》《补充协议二》,将九龙公司完成大厦收尾及装修工程的最初期限从"1995年12月31日顺延至最终的期限1999年9月28日"。完成"大厦收尾及装修工程"、拆除南门挑檐

之合同、协议内容,是九龙公司承租大厦必尽的首要义务。对出租标的物的现状、能否履行此项义务的风险及能否获得可得利益,九龙公司对此明知且应当预见。这些现存的客观事实,也非西北公司能够隐瞒或故意隐瞒而存在。九龙公司认为西北公司已经构成对其欺诈,应举证证明西北公司对其隐瞒的具体事实、时间、情节及后果。但是,九龙公司自始未能举证证明其未完成大厦"收尾及装修工程"与西北公司提供的出租标的物现状之间存在的必然因果关系。

九龙公司认可合同及相关协议真实、合法,未能举证证明西北公司对其隐瞒大厦存在违章建筑,已构成欺诈,又以同一事实和理由主张追究西北公司违约责任,没有事实根据,这是二审法院驳回了九龙公司此项上诉请求的根本理由所在。

(三)九龙公司应否支付西北公司 418.8 万元房屋租金

通常情况下,当事人可以以其将来发生或者不能发生的某种事实作为合同生效或者不生效的限制条件,即附条件的合同。当合同所附的条件出现时,合同即生效,否则,即为未生效的合同。

本案九龙公司以《租赁合同书》第 6 条"单位工程收尾及装修期间,即本合同签字后至 1995 年 12 月 31 日,出租方免收承租方的租金"的条款,作为主张西北公司免收租金、反驳一审法院判决其支付西北公司 4188 万元租金的合同依据。西北公司则以《租赁合同书》第 10 条"承租方应在 1995 年 7 月 31 日前工程收尾及所需资金到位,如资金不能按时到位或其他原因造成施工拖延,租金支付时间、标准和办法不变"、《变更补充协议二》九龙公司完成大厦时间延至"1999 年 9 月 28 日前,仅此而已,过去所有合同、协议中其他事项一律不变"的条款,作为对抗和否认九龙公司不能免租、免责的依据。双方意在通过行使合同上的权利,消灭对方的请求权。如果西北公司的抗辩理由不成立,九龙公司依据《租赁合同书》第 6 条请求免责,不承担支付西北公司 418.8 万元租金的主张自应得到支持。

综观全案事实,从 1994 年 11 月 16 日《租赁合同书》约定九龙公司完成大厦收尾及装修工程的最初时间 1995 年 12 月 31 日,至 1998 年 6 月 16 日《补充协议二》约定九龙公司完成大厦收尾及装修工程的最终时间为 1999 年 9 月 8 日,因为九龙公司屡屡违约,致使双方签订的合同、协议内容、目的不能实现,西北公司请求依约解除合同、协议。《租赁合同书》约定的免租及免除违约责任的事由没有成就。因此,九龙公司没有举证证明其主张免租、免责请求成立的事实依据,《租赁合同书》第 6 条之约定事由没有成就,一审法院判决九龙公司支付西北公司 418.8 万元租金依据充分,二审法院应当予以维持。①

---

① 参见张雅芬:《西安九龙房地产开发有限责任公司与陕西兵器工业西北公司、西安市赛格商贸有限公司房屋租赁合同纠纷上诉案——在建房屋作为租赁标的物应否受到法律保护》,载最高人民法院民事审判第一庭编:《民事审判指导与参考》(总第 16 集),法律出版社 2004 年版,第 258~263 页。

【案例来源】

最高人民法院民事审判第一庭编:《民事审判指导与参考》(总第 16 集),法律出版社 2004 年版,第 256 ~ 258 页。

编者说明

近年来,随着我国改革开放和房地产业的发展,房屋租赁打破了以往先有房屋、再行出租的传统租赁制度。在建房屋作为租赁标的物出租,已经成为我国房地产开发领域的一种常见的现象。本案判决表明,人民法院对于当事人以在建房屋作为租赁标的物签订的《租赁合同书》及《房屋转租合同》之效力的认定,同其他合同一样,实行国家干预原则,即依职权审查合同是否存在违法性。对于合同内容没有违反法律、行政法规的强制性规定,不具备法定无效要件的合同,应当尊重当事人意思自治原则,认定此类合同有效。

第二章 | CHAPTER 02

租金

497 出租人对承租人续租要求没有明确表示增加年租金数额，按原租金数额执行符合交易习惯

【关键词】

| 房屋租赁 | 租金 | 续租 | 交易习惯 |

【案件名称】

上诉人汇达资产托管有限责任公司与被上诉人甘肃大西洋投资发展有限公司及原审被告中国人民银行兰州中心支行房屋租赁合同纠纷案［最高人民法院（2016）最高法民终 477 号民事判决书，2018.2.12］

【裁判精要】

最高人民法院认为：

（一）关于汇达公司请求大西洋公司支付恒森宾馆 2015 年年租金 5755414.90 元及利息应否得到支持的问题

根据一审查明的事实，2004 年 10 月 20 日，兰州支行与大西洋公司签订《中国人民银行兰州中心支行原五里铺恒森宾馆房屋租赁合同》，租赁期限至 2014 年 12 月 31 日届满。2012 年 1 月 5 日，大西洋公司向兰州支行呈报《关于大西洋恒森宾馆重新装修和设备更新的申请》，申请中大西洋公司除对恒森宾馆的重新装修和设备更新提出申请外，还申请对承租的房屋延续租赁期限 15~20 年。兰州支行后勤服务中心钤印并在申请上批注："同意装修，装修期为 6 个月，延续租赁期为 10 年。"对此批注，大西洋公司认为是对原合同延续 10 年，汇达公司、兰州支行认为该批示仅是同意对原合同期限延续 10 年，其余条款未作约定。本院认为，若将大西洋公司申请延续租赁期 15~20 年的行为视为要约行为，根据《合同法》第三十条和第三十一条的规定，承诺的内容应当与要约的内容一致，受要约人对要约的内容，如履行期限作出实质性变更的，为新要约。本案中兰州支行在申请的批注中修改了履行期限，对大西洋公司的要约内容作出了实质性变更，因此应当视为对大西洋公司的新要约，其后根据大西洋公司对租赁物进行装修的行为，应该确定大西洋公司接受兰州支行新要约租期延续 10 年的认可约束，且该约束对汇达公司亦发生效力。从双方的诉讼请求来看，对合同继续履行没有异议，核心问题是续租后的租金标准问题。关于续租后租金问题，就本案的实际情况看，兰州支行只提到同意装修，装修期 6 个月，对于大西洋公司提出的装修费用从其租赁费中逐年抵扣的请求并未进行回复，也未提及提高或者增加年租金数额，应该理解为，兰州支行同意续租合同，续租 10 年。由于装修费用从租金中逐年抵扣的请求在双方的原租赁合同中并未约定，兰州支行的回复应认为，不同意装修费用从租金中抵扣。因兰州支行没有明确提出增加年租金

数额的表示,应当按照原年租金数额执行,不按照原年租金履行不符合交易习惯,也与本案事实不符,亦不属于价款没有约定或者约定不明确的情形,故汇达公司请求大西洋公司支付恒森宾馆 2015 年年租金 5755414.90 元不能成立,本院不予支持。2014 年 12 月 17 日,大西洋公司以汇款方式向汇达公司支付 2015 年恒森宾馆租金 180 万元,但汇达公司拒收,退回租金,汇达公司一审期间反诉主张大西洋公司支付恒森宾馆 2015 年年租金 5755414.90 元,一审判决驳回汇达公司的诉讼请求并无不当,故对汇达公司请求支付利息的主张亦不涉及,本院不予支持。

（二）关于大西洋公司是否有其他转租、联营行为的问题

汇达公司主张大西洋公司与"兰州银行""黄铁亮""彭建玉"等第三人签订了转租合同,与"陈红雨"签订了承包经营合同,但由于与"兰州银行""黄铁亮""彭建玉"等第三人签订的转租合同尚未履行,"陈红雨"属于大西洋公司的员工,不属于联营行为,因而汇达公司主张被大西洋公司存在转租和联营行为的证据不足,一审判决认定汇达公司主张的其他转租、联营行为无确凿证据,亦无不当。汇达公司上诉主张停止转租、联营行为的理由,本院不予支持。

【案例来源】

中国裁判文书网,http://wenshu.court.gov.cn。

498 承租人被法院裁定通知冻结并提取出租人租金的，应当认定承租人履行支付租金义务存在法律上的障碍，其未支付租金不构成违约

【关键词】

| 房屋租赁 | 租金 | 冻结 | 执行 |

【案件名称】

再审申请人常德铜锣湾酒店有限公司与被申请人常德铜锣湾广场经营有限责任公司、一审第三人湖南常德平和房地产开发有限公司房屋租赁合同纠纷案［最高人民法院（2017）最高法民再 343 号民事判决书，2017.12.28］

【裁判精要】

最高人民法院认为:

二、关于酒店公司是否存在逾期交纳租金之违约行为的问题

首先,《最高人民法院关于适用〈中华人民共和国民事诉讼法〉的解释》第五百零一条第一款规定:"人民法院执行被执行人对他人的到期债权,可以做出冻结债权的裁定,并通知该他人向申请执行人履行。"《最高人民法院关于人民法院执行工作

若干问题的规定(试行)》第六十一条规定:"被执行人不能清偿债务,但对本案以外的第三人享有到期债权的,人民法院可以……向第三人发出履行到期债务的通知……履行通知应当包含下列内容:(1)第三人直接向申请执行人履行其对被执行人所负的债务,不得向被执行人清偿……"第六十七条规定:"第三人收到人民法院要求其履行到期债务的通知后,擅自向被执行人履行,造成已向被执行人履行的财产不能追回的,除在已履行的财产范围内与被执行人承担连带清偿责任外,可以追究其妨害执行的责任。"据此,被执行人的债务人在收到人民法院协助执行通知书后即负有不得向其债权人即被执行人履行的义务,否则除在已履行的财产范围内与被执行人承担连带清偿责任外,人民法院亦可追究其妨害执行的责任。本案中,酒店公司自2010年6月23日起,先后收到有关法院作出的裁定及协助执行通知书,要求冻结并提取平和公司在该酒店公司享有的租金收益。虽然本院认定本案的实际出租人为铜锣湾公司,鉴于平和公司与铜锣湾公司之间亦存在租赁关系,在酒店公司只负有支付一次租金义务的情况下,法院限制其向平和公司支付并通知提取相应租金,酒店公司即负有依法协助法院执行生效裁判的义务。直至本案二审判决作出时,执行裁定及协助执行通知书仍然对酒店公司具有法律效力,故根据上述司法解释的规定,酒店公司履行支付租金的合同义务存在法律上的障碍,其未履行支付租金义务的行为不应认定为违约,铜锣湾公司主张酒店公司支付违约金不应得到支持。二审判决认定法院并未实际冻结或提取酒店公司的财产,酒店公司作为承租人仍然应当直接向出租人交纳租金否则即构成违约的观点,属于对上述规定的错误理解。至于酒店公司亦未依照人民法院协助执行通知书的要求在执行程序中交付租金的问题,属于执行法院与酒店公司之间执行法律关系的范畴,可由相关执行法院在执行程序中解决。

其次,铜锣湾公司对酒店公司享有租金收益的权利是双方存在租赁关系的应有之意。现有证据表明,酒店公司在被要求协助提取租金收益期间并未实际向法院全面履行相应提取租金的义务,导致铜锣湾公司、平和公司应当被涤除的债务依然存在。虽然酒店公司因履行人民法院的有关生效法律文书而未支付租金的行为不构成违约,但在其负有协助法院执行生效法律文书义务却未履行的情形下,并不能免除酒店公司本身负有的承担租金之义务。因酒店公司代平和公司付税费371864.87元及履行生效判决债务277189元,考虑平和公司、铜锣湾公司、酒店公司三者之间的租赁关系,酒店公司同样得就其履行的该部分义务向铜锣湾公司主张租金抵扣。故,本院确认截至2013年10月31日铜锣湾公司对酒店公司享有的租金债权为2561196.13元(3210250元 - 371864.87元 - 277189元)。该租金债权虽然有效存在,但由于执行法院已经向酒店公司发出协助执行通知书,根据上述司法解释的规定酒店公司依据合同约定向出租人支付租金存在法律上的障碍,故本院在本案中亦不能直接判决酒店公司向铜锣湾公司履行给付义务,该笔债权可由相关执行法院依法执行。

【案例来源】

中国裁判文书网,http://wenshu.court.gov.cn。

499 承租人使用涉案房屋持续处于风险中而没有得到出租人的保证,其行使后履行抗辩权符合法律规定,未按合同约定给付租金的行为不构成违约

【关键词】

│房屋租赁│租金│后履行抗辩权│违约金│

【案件名称】

上诉人长春大富豪餐饮娱乐有限公司与上诉人吉林大学第一医院房屋租赁合同纠纷案[最高人民法院(2017)最高法民终338号民事判决书,2017.6.30]

【裁判精要】

最高人民法院认为:

关于双方案涉合同履行过程中,是否存在违约行为的问题。《合同法》第六十条规定:"当事人应当按照约定全面履行自己的义务。当事人应当遵循诚实信用原则,根据合同的性质、目的和交易习惯履行通知、协助、保密等义务。"第六十七条规定"当事人互负债务,有先后履行顺序,先履行一方未履行的,后履行一方有权拒绝其履行要求。先履行一方履行债务不符合约定的,后履行一方有权拒绝其相应的履行要求。"本案中,《房屋租赁合同》中明确约定大富豪公司向吉大一院交付出租房屋以及吉大一院每月支付58.33万元租金的合同义务。从2010年8月19日双方签订的交接清单中可以看出,大富豪公司已经依照合同约定向吉大一院交付了房屋,之后按照吉大一院要求给付了风险保证金2000万元。从吉大一院的履行情况看,吉大一院在2010年8月19日与大富豪公司签订《房屋租赁合同》,并于当日接收房屋,但于接受房屋10余天后即2010年9月1日就接到了吉林中院(2010)吉中民执字第33号公告,并被告知在查封期间非经该院同意,任何单位和个人不得对查封的财产有转移、隐匿、损毁、变卖、承租、出租等行为。有鉴于此,吉大一院虽接收占有了涉案房屋,但在使用过程中受到了限制,致使其签订《房屋租赁合同》的目的难以实现,故其于2011年8月25日向法院诉请解除《房屋租赁合同》。由于出租人跨世纪公司将涉案房屋在出租给大富豪公司之后,因欠付赵某工程款,而被法院将涉案房屋依法查封,同时又抵押给宽城支行,造成了吉大一院在承租房屋的过程中存在

不能继续使用的风险,吉大一院行使后履行抗辩权,中止给付租金的行为,并不构成违约。虽然吉大一院在签订《房屋租赁合同》时对于涉案房屋已被法院查封的事实是明知的,但直至 2011 年 6 月 3 日大富豪公司向吉大一院发出通知,要求对方告知单位账户时,以及 2011 年 8 月 17 日大富豪公司转入吉大一院 2000 万元风险保证金时,距 2010 年 9 月 1 日吉大一院接到吉林中院(2010)吉中民执字第 33 号公告已经近 9 个月和 11.5 个月,在这期间,大富豪公司没有向吉大一院给付 2000 万元风险保证金,即吉大一院在该时间内使用涉案房屋持续处于风险中而没有得到大富豪公司的保证,吉大一院据此行使后履行抗辩权符合法律规定,其未按合同约定给付租金的行为不构成违约,据此一审法院认定大富豪公司要求吉大一院给付其违约金的主张不能成立,该认定并无不当,本院予以维持。

关于案涉合同解除后,吉大一院应否给付租金和利息的问题。本案中,大富豪公司依照案涉合同已经将出租房屋交付给吉大一院,因此吉大一院应依合同约定向大富豪公司给付房屋租金。虽吉大一院行使后履行抗辩权的事由成立,但双方在案涉合同解除前,吉大一院并未向大富豪公司主张解除合同,其对涉案房屋进行持续占有,吉大一院应依《房屋租赁合同》的约定,从案涉合同约定的起算日直至解除日止给付大富豪公司涉案房屋租金即 583.3 万元[58.33 万元 × 10 个月(2011 年 1 月 30 日至 2011 年 11 月 29 日)]。关于利息,由于吉大一院和大富豪公司双方在合同履行过程中,均没有违约行为。综上,一审法院认定合同解除后,吉大一院应仅给付占有期间的租金,而无须再另行给付利息,该认定并无不当,本院予以维持。

【案例来源】

中国裁判文书网,http://wenshu. court. gov. cn。

500 分期缴纳租金的租赁合同,应按照最后一期租金计算诉讼时效

【关键词】

│ 房屋租赁 │ 租金 │ 诉讼时效 │

【案件名称】

申请再审人秦皇岛华侨大酒店与被申请人秦皇岛市海港区工商行政管理局租赁合同纠纷案[最高人民法院(2011)民提字第 304 号民事判决书,2011. 12. 2]

【裁判精要】

裁判摘要:对于约定了分期缴纳租金的租赁合同,各期租金的诉讼时效应分别计算还是一并计算向来存在一定争议。在同一租赁合同项下,虽然各期租金的支付

具有一定的独立性,但该独立性不足以否认租金债务的整体性。若从每一期租金债务履行期限届满之日分别计算诉讼时效,则不仅割裂同一合同的整体性,而且将导致债权人因担心其债权超过诉讼时效而频繁地主张权利,动摇双方之间的互信,不利于保护债权人,更将背离诉讼时效制度的价值目标。因此,在租赁合同持续履行的前提下,各期租金的诉讼时效可一并计算,只要债权人提起诉讼时尚未超过最后一期租金的诉讼时效即可。

最高人民法院认为:

根据华侨大酒店申请再审的请求及理由,本案再审争议焦点有两个:一、海港区工商局是否已经免除了华侨大酒店1998年6月15日至2000年10月1日的租金;二、海港区工商局的诉请是否超过了诉讼时效。

关于第一个争议焦点,即案涉诉争租金是否已经免除的问题。华侨大酒店对于未向海港区工商局支付1998年6月15日至2000年10月1日期间的房屋租金96.83万美元这一事实予以确认,但主张海港区工商局已经免除了其支付上述租金的义务。根据《转租协议》第七条和《补充协议》第五条的约定,《转租协议》签订后,1995年和1996年签订的两份《工商综合楼租赁使用合同》中关于租金支付的条款均已失效,且《工商综合楼租赁使用合同》中约定由华侨大酒店承担的责任转由羊城大酒店承担,华侨大酒店据此主张海港区工商局已经丧失了要求其支付租金的合同基础。本院认为,从《转租协议》和《补充协议》的整体约定内容看,上述合同条款是对房屋转租后出租方、原承租方和转承租方这三方当事人权利义务的重新分配以及租金支付方式进行变更,但并未约定对于合同变更前已经发生的债权债务关系如何处理,各方当事人也未作出债务承担或免除的意思表示。由于《补充协议》第二条的约定是对于羊城大酒店2001年至2004年期间支付的租金作出分配,并未提及此前华侨大酒店与海港区工商局之间的租金债权债务关系,因此不能视为对案涉租金的免除。债务的免除对于债权人权利有较大影响,需有明确的意思表示方能认定,华侨大酒店主张根据《转租协议》第七条和《补充协议》第二条、第五条的约定以默示方式推定海港区工商局放弃权利,事实依据不充分,本院不予支持。

关于第二个争议焦点,海港区工商局的诉请是否超过诉讼时效的问题。认定华侨大酒店欠付案涉租金的主要合同依据是1996年签订的《工商综合楼租赁使用合同》,该合同约定的租期是18年,自1995年6月15日起至2013年6月15日止。虽然海港区工商局、八大处公司和羊城大酒店于2000年11月21日签订的《转租协议》将案涉房屋进行了转租,但根据《合同法》第二百二十四条的规定,1996年《工商综合楼租赁使用合同》继续有效,且处于履行状态,合同项下的租金给付之债仍然存续。对于《工商综合楼租赁使用合同》而言,转租后羊城大酒店支付租金的行为应视为合同当事人以外的第三人向债权人履行债务的行为,根据《合同法》第六十五条的规定,华侨大酒店对于租赁期间的租金仍负有支付义务。虽然《工商综合楼租赁使用合同》约定的租金支付方式为分期履行,使得各期租金的支付具备一定的独立性,但该独立性不足以否认租金债务的整体性。若从每一期租金债务履行期限届满之日分别计算诉讼时效,则不仅割裂同一合同的整体性,而且将导致债权人因担心其债权超过诉讼时效而频繁地主张权利,动摇双方之间的互信,不利于保护债权人,更将背离诉讼时效制度的价值目标。本案双方签订长达 18 年的租赁合同,无疑是基于长期合作和互信。在《工商综合楼租赁使用合同》正常履行且双方合作愉快、交往顺利的情况下,海港区工商局有理由相信华侨大酒店会依约履行租赁合同项下的租金支付义务,其未在 2000 年当期租金履行期限界至时立即主张支付租金,与其说是放弃该期间内的租金,毋宁说是基于维护双方的友好合作关系和对华侨大酒店的信任和谅解,符合社会经济交往的习惯,不应被认定为怠于行使权利。华侨大酒店于 2001 年被吊销营业执照,但与本案租赁合同相关的权利义务均由其股东八大处公司顺利承接,未对海港区工商局行使权利造成实际影响,华侨大酒店提出海港区工商局应在其营业执照被吊销后及时主张权利,其主张没有充分的事实依据。尽管本案争议租金的履行期限是 2000 年 12 月 15 日,但租赁合同履行期至今尚未届满,按照公平原则及诚实信用原则,海港区工商局对于同一租赁合同项下的租金当可在合同履行期内要求债务人依约履行支付义务。华侨大酒店主张海港区工商局提起本案诉讼已经超过诉讼时效法律依据不足,本院不予支持。

【权威解析】

本案双方当事人就分期支付的租金诉讼时效产生的争议,其实是分期履行的债务应如何计算诉讼时效这一理论问题在司法实务中的反映,唯因租金纠纷在分期履行的债务纠纷中最为常见,故而使这一问题在租金纠纷中得以凸显。

对于同一合同项下分期履行的债务,由于债务产生原因的同一性与债务履行期限的独立性同时并存,是否应视为同一债务存在争议,这一争议映射于诉讼时效制度,导致学理上和司法实务中对于应分别计算还是统一计算诉讼时效起算点莫衷一是。最高人民法院在 2000 年至 2004 年期间数次针对个案作出答复,在这一问题上表现出了犹疑不定的态度,使该问题的答案呈现出更加扑朔迷离的状态。尤其是上述几次针对个案的答复均未区分分期履行债务的不同类型,使答复内容在理论方面欠缺说服力。针对分期履行债务诉讼时效起算点的争议,2008 年 9 月 1 日起施行的《最高人民法院关于审理民事案件适用诉讼时效制度若干问题的规定》给出了直接的回应,并通过"同一债务"这一概念,解释上将分期履行的债务区分为两种情形:分期履行合同之债与同一债务分期履行。其中,分期履行合同之债通常是指继续性合同履行过程中持续定期发生的债务,本案的租金即为一例;而同一债务分期履行则是指债务在合同订立时已经产生并确定,只是依照约定的时间分期履行,例如分期付款的买卖。两种情形相比较,前者债务发生有先后,可以视为不同债务;后者系同一债务的分期次履行或支付,在法律关系上无法分割。因此,诉讼时效司法解释第五条仅规定同一债务分期履行的,诉讼时效期间从最后一期履行期限届满之日起计算,而分期履行合同之债的情形则刻意模糊处理,留待司法实务中进一步完善。

在以租金为代表的分期履行合同之债情形下,诉讼时效计算问题之所以让法院如此难以抉择,其实质在于两种价值取向的博弈。从诉讼时效制度设计的初衷出发,各国立法均坚定地认为应该对债权的行使设定期限,以避免债权债务关系长期处于不确定状态,其实体现的是司法的效率原则。效率原则对于社会经济秩序之稳定、社会资源之调配至关重要,但却难以做到在每一次具体的交易关系中实现公平。正因如此,虽然各国立法均建立了诉讼时效制度,但在具体的纠纷裁判过程中,法官往往会从实质正义的理念出发,寻找各种理由来限缩诉讼时效制度的适用空间,使债权人获得最大限度的保护。公平和效率这两大原则的权衡,在模糊的边界地带显得尤为艰难,分期履行合同之债就是一个典型范例。在一个履行期限很长的租赁合同关系中,出租人对于承租人欠付的租金一直未提出主张,例如本案中债权人在租金履行期限届满后近十年的时间内都没有要求承租人支付该笔租金,一方面我们会觉得租金支付期限早已届满,债权人应当知道自身权益有可能受到损失却不予主张,无疑是怠于行使自身的权利,符合诉讼时效制度建立的宗旨,应不予保护;另一方面又觉得债权的存在确定无疑,况且合同仍在履行,债权人有可能是基于双方的互信关系而没有及时提出主张,不予保护对债权人不够公平。这种两难的抉择,是分期履行合同之债自身特质所导致的必然结果。

本案最终选择了从最后一期履行期限届满之日起计算诉讼时效,是在综合分析了各方面因素的基础上所作出的审慎决定,原因可以归纳为以下几个方面:

第一,为了更好地保护当事人合法权益。按照通常理解,诉讼时效制度适用的前提是债权人怠于行使自身权利。因此《民法通则》第一百三十七条规定,诉讼时效期间从知道或者应当知道权利被侵害时起计算。如果债权人主观上没有怠于行使权利,则不应适用诉讼时效制度剥夺其胜诉权。在分期支付租金的情形下,债权人的主观情形是存在多种可能的。在合同持续履行的情况下,债权人有可能是认为合同还在履行、承租人还在使用租赁物,为了避免双方关系破裂,没有及时主张欠付租金;也可能是由于欠付租金数额不大、对于是否支付并不在意而没有提出主张;还有可能是认为合同尚未到期,随时有权利提出主张,并没有怠于主张的意思。按照诉讼时效制度的本意,债权人的不同主观状态对于诉讼时效的起算十分重要,然而主观状态毕竟难以准确判断,并且从公平原则出发,也无法针对履行情况相同、主观状态判断不同的具体合同分别适用不同的规则、形成不同的法律后果。既然无法判断债权人的主观状态,而债务未履行的事实又确实存在,那么将裁判标准统一在有利于保护债权的方向,显然更符合实质公平。

第二,为了便于统一司法尺度。诉讼时效司法解释第五条虽然未对分期履行合同之债作出明确规定,但却对类似情形的同一债务分期履行作出了规范。在司法实践中,面对现实生活中的各种情形,无论是当事人还是审理案件的人民法院都很难准确判断每一个具体债权债务关系应归属于分期履行合同之债还是同一债务分期履行。从某种意义上说,理论上越细致的区分,越有可能远离生活实践的需要。将这两类情形适用诉讼时效的规则相统一,不但可以避免具体案件审理时在区分两类情形时的困难,还可以简化规则、统一认识,形成一致的规则指引,便于当事人和人民法院的适用。民二庭审判长联席会少数观点认为对于分期履行合同之债的诉讼时效可以不确立绝对标准,而按照债务同一性的原则来进行判断,对于同一性大于独立性的债务,诉讼时效从最后一期履行期限届满时起算;独立性大于同一性的债务,诉讼时效从每一期履行期限届满时起算。这种观点是对公平和效率原则的折中处理,从处理结果而言或许更为恰当,但其弱点就在于将裁量判断的权力完全赋予处理具体案件的法官,司法尺度难以统一,可操作性较差。综合各方面利弊分析,最终没有选择这一立场。

第三,为了便于当事人主张权利。从当事人订立和履行合同的实际出发,对于一个履行期限相对较长的租赁合同,如果要求债权人对于每一期到期未支付的租金均单独提出主张,并且在合同履行过程中时刻关注诉讼时效期间届满或中断的情形,将会造成债权人过重的负担,显然过于苛刻。并且司法实践中通常仅认可正式提出的书面主张作为证据,为此债权人与债务人须就欠付租金进行正式、书面的交涉,对于合同的持续履行及双方的合作互信关系将形成极大考验,一旦处理不当就会导致合同关系的破裂。而允许债权人以最后一期租金履行期作为诉讼时效起算点,更符合维护合同关系的需要,也更有利于债权人从容选择主张权利的时间和方式。尤其在我国立法规定的普通诉讼时效较为短暂的情况下,可以更好地平衡双方利益。[1]

【案例来源】

中国裁判文书网,http://wenshu.court.gov.cn。

编者说明

最高人民法院民二庭审判长联席会经讨论认为,该案在诉讼时效方面涉及两个争议问题,一是诉讼时效司法解释第五条[2]是否适用于分期支付租金的情形,二是同一租赁合同项下各期租金分别约定履行期限的,诉讼时效应从何时起开始计算。

关于诉讼时效司法解释第五条,审判长联席会一致意见认为,从司法解释规定的本义出发作出解释,该规定所指的"同一债务"不包括租金、水电费等持续发生的定期金债务,即不适用于本案分期支付租金的情形。

---

[1] 参见原爽:《同一租赁合同项下分期支付的租金应如何计算诉讼时效》,载最高人民法院民事审判第二庭编:《商事审判指导》(总第29辑),人民法院出版社2012年版,第65~68页。

[2] 《最高人民法院关于审理民事案件适用诉讼时效制度若干问题的规定》(法释〔2008〕11号)第五条规定:"当事人约定同一债务分期履行的,诉讼时效期间从最后一期履行期限届满之日起计算。"

关于同一租赁合同项下各期租金分别约定履行期限时的诉讼时效如何计算问题。审判长联席会多数意见认为应从最后一期租赁履行期限届满时起算诉讼时效,同时有意见认为可以作出进一步的细分,对于分别约定了不同履行期限的各期租金,每期租金履行期限届满时起债权人即有权利主张债权,如果债务人未履行债务,该期租金的诉讼时效即开始计算。在欠付租金的情形下,如果租赁合同仍然在履行,承租人支付后续租金或继续使用租赁物都可以认为是对租金债务的认可,可以作为诉讼时效重新起算的依据,如此累计计算,就可以将最后一期租金的履行期限届满日作为诉讼时效的起算点,同时对各期租金亦可以分别提起主张,这种情形下存在双重的诉讼时效。少数意见认为,对于分期支付租金的诉讼时效,很难作出一个明确的规定,如果按各期租金的履行期限分别计算,对于债权人的权利及租赁合同的稳定性均有可能造成损害;如果按最后一期租金的履行期限计算,则可能会对债务人造成额外的负担,也可能会导致债权的追诉期过长。诉讼时效如何计算,从根本上说是各期租金是否具有同一性的问题,可以在具体案件中作出判断,如果是同一合同项下、履行期限较短,应当统一计算诉讼时效;如果涉及不同合同或履行期限较长,则可以分别计算。[1]

2017 年《民法总则》第一百八十九条规定:"当事人约定同一债务分期履行的,诉讼时效期间自最后一期履行期限届满之日起计算。"该条规定旨在解决当事人约定的同一债务分期履行时的诉讼时效期间起算点问题。所谓"同一债务","是指该债务在合同订立之时即已经确定,债权的内容和范围不随着时间的经过而变化,受到时间因素影响的只是履行的方式"。[2] 典型情况是约定分期偿还的借款之债、分期(批)交货的买卖之债或者是侵权损害赔偿协议中约定加害人分期向受害人支付赔偿金。

有的观点认为,在租赁合同中,承租人缴纳各期租金的义务都对应着不同的租赁期间,并非针对同一债务。但也有学者认为,分期履行的请求权,如租赁合同的租金请求权、分期付款买卖的价金请求权、借款合同的利息请求权,从最后一期履行期限届满之次日起算。[3] 在司法实践中,也倾向于采用同一债务分期履行相同的起算规则。[4] 前述最高人民法院判决也是认为,"虽然《工商综合楼租赁使用合同》约定的租金支付方式为分期履行,使得各期租金的支付具备一定的独立性,但该独立性不足以否认租金债务的整体性。若从每一期租金债务履行期限届满之日分别计算诉讼时效,则不仅割裂同一合同的整体性,而且将导致债权人因担心其债权超过诉讼时效而频繁地主张权利,动摇双方之间的互信,不利于保护债权人,更将背离诉讼时效制度的价值目标";"尽管本案争议租金的履行期限是 2000 年 12 月 15 日,但租赁合同履行期至今尚未届满,按照公平原则及诚实信用原则,海港区工商局对于同一租赁合同项下的租金当可在合同履行期内要求债务人依约履行支付义务"。

---

① 参见原爽:《同一租赁合同项下分期支付的租金应如何计算诉讼时效》,载最高人民法院民事审判第二庭编:《商事审判指导》(总第 29 辑),人民法院出版社 2012 年版,第 65 ~ 68 页。
② 参见最高人民法院民事审判第二庭编著:《最高人民法院关于民事案件诉讼时效司法解释理解与适用》(第 2 版),人民法院出版社 2015 年版,第 105 页。
③ 参见梁慧星:《民法总论》(第 4 版),法律出版社 2011 年版,第 256 页。
④ 参见最高人民法院民事审判第二庭编著:《最高人民法院关于民事案件诉讼时效司法解释理解与适用》(第 2 版),人民法院出版社 2015 年版,第 105 ~ 107 页。

考虑保障普通民众的一般司法认识,《民法总则》第一百八十九条的适用,应维持诉讼时效司法解释依赖逐渐形成的司法惯例,就定期给付,亦应参照本条规定的精神作出处理。①

501 出租人不能以承租人签署了终止协议为由拒不返还押金

【关键词】

│房屋租赁│租金│押金│格式合同│

【案件名称】

徐蕾诉中汇房产公司财产所有权纠纷案［北京市第一中级人民法院二审民事判决书,2005.4.20］

【裁判精要】

裁判摘要:根据《合同法》第四十一条的规定,承租人和出租人没有协商免除出租人退还押金的义务,出租人以双方签署的由其提供的解除房屋租赁关系格式合同中有"双方再无经济关系"的约定为由,拒绝退还押金,承租人提出异议的,出租人不能免除退还押金的义务。

北京市第一中级人民法院二审认为:

房屋租赁合同中的押金,是承租人抵押给出租人的一笔财产,用以保证自己履行租赁合同中的义务。承租人履行了租赁合同中的义务后,出租人应当将押金返还给承租人。综合审查判断本案所有证据,可以认定:房屋租赁合同终止后,在上诉人徐蕾既没有损坏租赁房屋或者租赁房屋中的物品,也没有应交而未交的费用,更没有表示放弃押金权利的前提下,对徐蕾抵押给被上诉人中汇房产公司的1600元,中汇房产公司没有返还。该公司不返还押金的唯一理由,就在于终止协议中有"双方再无任何房屋租赁关系及经济关系"这一条款。

按照通常理解,押金法律关系是一种经济关系。双方既然再无任何经济关系,当然包括再无押金法律关系。但水费、燃气费的交纳与收取,也是一种经济关系。双方在签署了"再无任何经济关系"的协议后,仍然交纳与收取这两项费用,说明他们对"再无任何经济关系"的认识,不符合常理。上诉人徐蕾认为,"再无任何经济关系"不包括押金法律关系;被上诉人中汇房产公司虽然认为"再无任何经济关系"包括押金法律关系,但却以收费的行为,将水费、燃气费的交纳与收取排除在经济关系之外。双方对这一条款的解释截然相反。

本案所涉的北京市房屋租赁承租合同和终止协议,都是被上诉人中汇房产公司

---

① 参见陈甦主编:《民法总则评注》,法律出版社2017年版,第1366页。

向上诉人徐蕾提供的格式合同。双方当事人除对终止协议中"双方再无任何房屋租赁关系及经济关系"这一条款的理解存在歧义外,对其他条款的理解一致,这两份合同的其他条款合法有效。《合同法》第三条规定:"合同当事人的法律地位平等,一方不得将自己的意志强加给另一方。"第四十一条规定:"对格式条款的理解发生争议的,应当按照通常理解予以解释。对格式条款有两种以上解释的,应当作出不利于提供格式条款一方的解释。格式条款和非格式条款不一致的,应当采用非格式条款。"在签署终止协议时,中汇房产公司明知其按照租赁合同约定收取的押金尚未退还,1600元的押金收据还在徐蕾手中。作为格式合同的提供者,中汇房产公司既然认为"双方再无任何房屋租赁关系及经济关系"这一格式条款中包含了不返还押金的意思,此时就有义务提醒徐蕾注意或在协议中注明:这一条款签署后,押金不再退还,押金收据废止。中汇房产公司并未履行这一义务。鉴于终止协议里对押金以及押金收据如何处理只字未提,从"双方再无任何房屋租赁关系及经济关系"这一格式条款的文字中,不能直接推导出徐蕾有自愿放弃押金权利的意思表示。因此在租赁合同终止并且应交纳的费用已交纳的前提下,中汇房产公司仅以徐蕾签署了终止协议为由拒不返还押金,于法无据,是侵犯徐蕾的财产所有权。

综上,上诉人徐蕾要求被上诉人中汇房产公司返还其押金1600元的上诉理由成立,应予采纳。

【案例来源】

《中华人民共和国最高人民法院公报》2005年第9期(总第107期)。

502 双方约定的逾期付款违约金是否过高的判断标准

【关键词】

│房屋租赁│违约责任│违约金│过错│

【案件名称】

申诉人上海昆仑商城有限公司与被申诉人上海明虹投资有限公司以及一审被告、二审被上诉人上海昆仑台湾商城有限公司和一审被告新加坡台联商业股份有限公司房屋租赁合同纠纷案[最高人民法院(2018)最高法民再194号民事判决书,2018.12.29]

【裁判精要】

最高人民法院认为:

(三)关于昆仑商城应向明虹公司支付的逾期付款违约金

根据《合同法解释(二)》第二十九条第一款的规定,当事人主张约定的违约金过高请求予以适当减少的,人民法院应当以实际损失为基础,兼顾合同的履行情况、当事人的过错程度以及预期利益等综合因素,根据公平原则和诚实信用原则予以衡量,并作出裁决。昆仑商城与明虹公司约定的逾期付款违约金标准日千分之一(月息3%),相对过高。明虹公司在二审中将违约金标准调低为日万分之六(月息1.8%)相对合理,按照日万分之六标准计算的涉案违约金为35170407.12元。二审法院酌定违约金4000万元,在标准上超过按日万分之六计算的数额,确有不当。昆仑商城从2005年12月5日至2008年12月5日(3年)期间、从2012年8月至2014年2月发生拖欠租金情况,除其自身主观上懈怠支付外,还分别受到昆仑公司与明虹公司拟协商减免2006年至2008年租金事宜和本案诉讼的影响。鉴于昆仑商城逾期支付租金存在受协商减免租金等因素影响,协商不成之后,其于2009年1月至2011年12月均能及时全额支付租金,而且双方长期对租金支付标准未形成统一认识,其逾期支付租金的过错程度相对较轻,本院将逾期付款违约金酌定为3000万元。

【案例来源】

中国裁判文书网,http://wenshu.court.gov.cn。

503 违约方主张违约金过高,请求调整违约金数额的,应以守约方的实际损失为基础加以认定

【关键词】

│房屋租赁│违约责任│违约金│损失│

【案件名称】

再审申请人松原大润发商业有限公司与被申请人吉林省金钻购物广场有限公司房屋租赁合同纠纷案[最高人民法院(2018)最高法民再238号民事判决书,2018.9.11]

【裁判精要】

最高人民法院认为:

(二)关于松原大润发公司应承担的违约金数额的认定问题

《合同法解释(二)》第二十九条规定,当事人主张约定的违约金过高请求予以适当减少的,人民法院应当以实际损失为基础,兼顾合同的履行情况、当事人的过错程度以及预期利益等综合因素,根据公平原则和诚实信用原则予以衡量,并作出裁决。当事人约定的违约金超过造成损失的百分之三十的,一般可以认定为《合同法》第一百一十四条第二款规定的过分高于造成的损失。根据该规定,违约方主张违约

金过高,请求调整违约金的,应以守约方的实际损失为基础加以认定。在本案中,金钻公司主张,松原大润发公司收取的 13526834.35 元展位费、促销费,对应有高达数亿元的营业额,该营业额被松原大润发公司隐瞒,从而造成了金钻公司高额租金损失。松原大润发公司则主张,无论是通过展位或促销活动销售的商品,还是其他商品,均由收银台统一收银,并不存在被隐瞒的营业额。金钻公司并未提交证据证明松原大润发公司在收银台统一收银之外还存在巨额营业收入,亦未提供证据证明松原大润发公司实际持有相应展位合同、促销合同等相关资料而拒不提交。故原审判决认定松原大润发公司拒不提交相应资料,导致金钻公司损失无法通过鉴定查明,从而认定应由松原大润发公司承担举证不能的不利后果,没有证据支持。另一方面,因案涉《租赁合同》的履行时间并不当然与金钻公司主张的违约损失相关联,原审判决以案涉《租赁合同》实际履行近三分之一的时间为由,判令松原大润发公司承担 1000 万的违约金,缺乏事实依据,应予纠正。

本案中,原审法院就松原大润发公司的展位费、促销费收入数额委托松原智信会计师事务所作出松智会鉴字〔2015〕002 号司法会计鉴定书。鉴定意见载明松原大润发公司 2010~2012 年展位费、促销费收入 13526834.35 元,上述费用由松原大润发公司开具发票、账目记载确定,应予认定。按照当事人约定 2.5% 的租金计提标准,松原大润发公司相应欠缴租金的金额为 331420 元,金钻公司亦无证据证明存在其他损失,故该欠缴租金应认定为金钻公司的实际损失数额。松原大润发公司已按照合同约定实际交付绝大部分租金,未履行部分仅为争议展位费、促销费对应租金,数额占应交租金的比例较小。根据上述分析,案涉《租赁合同》所约定的违约金 3000 万元显然高于实际损失。松原大润发公司未实际缴纳展位费、促销费对应的租金,客观上也与双方对营业额的范围约定不明确有关,其主观过错程度较低。综合考虑本案事实和法律规定,本院酌定松原大润发公司赔偿金钻公司与租金损失相当的违约金 331420 元。

【案例来源】

中国裁判文书网,http://wenshu.court.gov.cn。

第三章 | CHAPTER 03

合同解除

504 以起诉方式解除合同的解除时间确定

【关键词】

｜房屋租赁｜合同解除｜形成权｜送达｜

【案件名称】

上诉人长春大富豪餐饮娱乐有限公司与上诉人吉林大学第一医院房屋租赁合同纠纷案［最高人民法院（2017）最高法民终338号民事判决书，2017.6.30］

【裁判精要】

最高人民法院认为：

关于案涉合同是否已经解除的问题。《合同法》第九十三条第一款规定："当事人协商一致，可以解除合同。"第九十四条规定："有下列情形之一的，当事人可以解除合同：（一）因不可抗力致使不能实现合同目的；（二）在履行期限届满之前，当事人一方明确表示或者以自己的行为表明不履行主要债务；（三）当事人一方迟延履行主要债务，经催告后在合理期限内仍未履行；（四）当事人一方迟延履行债务或者有其他违约行为致使不能实现合同目的；（五）法律规定的其他情形。"第九十六条规定："当事人一方依照本法第九十三条第二款、第九十四条的规定主张解除合同的，应当通知对方。合同自通知到达对方时解除。对方有异议的，可以请求人民法院或者仲裁机构确认解除合同的效力。法律、行政法规规定解除合同应当办理批准、登记等手续的，依照其规定。"

本案中，大富豪公司主张案涉合同依然合法有效，尚未解除。但本案查明的事实是，在一审法院受理的（2011）吉民一初字第2号房屋租赁合同纠纷民事案件中，吉大一院是本诉原告，大富豪公司是反诉原告。在该案中，吉大一院和大富豪公司均诉请要求解除案涉合同，且各自的民事起诉状均已向对方送达，大富豪公司于2011年9月28日收到吉大一院民事起诉状副本，吉大一院于2011年11月29日收到大富豪公司民事起诉状副本，后双方于2012年9月27日撤回了该案的诉讼。2012年11月1日，吉大一院、大富豪公司与跨世纪公司就涉案房屋签订了《房屋买卖合同》，但因故未能实际履行，该合同的签订能推定双方有解除案涉合同的意愿。综合上述事实和法律，一审法院认定双方皆有明确表示解除合同的真实意思表示，案涉合同合意解除的时间为最后收到对方民事起诉状的时间即2011年11月29日，该认定并无不当，本院予以维持。

【案例来源】

中国裁判文书网，http://wenshu.court.gov.cn。

编者说明

解除权为形成权,《合同法》第九十六条第一款前段规定,解除权的行使采取向相对人发出解除的意思表示的方式,该解除的意思表示到达相对人时发生合同解除的效力。以诉讼方式主张解除合同,确定合同于何时解除,关乎违约责任的计算,对于负有持续履行义务或者分阶段履行义务的当事人来说更为重要。解除权人在起诉前不向对方作出有效解约的意思表示,直接向法院提起诉讼,要求解除合同,如果合同解除被法院认定有效,即具备解除权产生的条件而法院确认合同解除的,依据《合同法》第九十六条第一款中、后段关于"合同自通知到达对方时解除。对方有异议的,可以请求人民法院或者仲裁机构确认解除合同的效力"的规定,自载有解除意思的起诉书送达于相对人时,发生合同解除的效力。①

最高人民法院民一庭意见认为:解除权为形成权,依解除权人单方意思表示即可发生合同解除的法律效果。在解除权人以通知方式行使解除权时,合同自通知到达对方时解除。解除权人直接向人民法院提起诉讼行使解除权,法院确认合同解除,解除合同的效力可自载有解除请求的起诉状副本送达对方时,发生解除合同的效力。②

505 当事人一方通知对方解除合同,如果不具备《合同法》第九十三条或第九十四条规定的解除合同条件的,该通知不发生解除合同的法律效力

【关键词】

│房屋租赁│合同解除│通知│强制履行│

【案件名称Ⅰ】

上诉人银川新华百货商业集团股份有限公司与被上诉人宁夏大世界实业集团有限公司房屋租赁合同纠纷案[最高人民法院(2016)最高法民终743号民事判决书,2017.9.13]

【裁判精要】

最高人民法院认为:

一、关于案涉《商业用房租赁合同》是否应当继续履行的问题

《合同法》第九十六条第一款规定:"当事人一方依照本法第九十三条第二款、第九十四条的规定主张解除合同的,应当通知对方。合同自通知到达对方时解除。

---

① 参见崔建远:《合同法》(第2版),北京大学出版社2013年版,第286页。
② 参见最高人民法院民一庭:《以起诉方式解除合同解除时间的确定》,载最高人民法院民事审判第一庭编:《民事审判指导与参考》(总第72辑),人民法院出版社2018年版,第194页。

对方有异议的,可以请求人民法院或者仲裁机构确认解除合同的效力。"《合同法解释(二)》第二十四条规定:"当事人对合同法第九十六条、第九十九条规定的合同解除或者债务抵销虽有异议,但在约定的异议期限届满后才提出异议并向人民法院起诉的,人民法院不予支持;当事人没有约定异议期间,在解除合同或者债务抵销通知到达之日起三个月以后才向人民法院起诉的,人民法院不予支持。"《最高人民法院研究室对〈关于适用《中华人民共和国合同法》若干问题的解释(二)〉第24条理解与适用的请示的答复》(法研〔2013〕79号)规定:"当事人根据合同法第九十六条的规定通知对方要求解除合同的,必须具备合同法第九十三条或者第九十四条规定的条件,才能发生解除合同的法律效力。"因此,当事人一方通知对方解除合同的,如果不具备《合同法》第九十三条或第九十四条规定的解除合同条件的,该通知不发生解除合同的法律效力。

本案中,第一,虽然《商业用房租赁合同》约定应当按照双方认可的建筑设计作为交付标准并对商业用房进行验收,以及应按照该合同及合同附件三《甲、乙双方责任及工程范围》中对具体工程界面的约定,完成其责任范围内的工程施工。但是当事人均认可并未形成上述约定的附件,之后对交付条件和责任范围也未达成任何合意,故无法据此确定工程是否已经达到合同约定的"乙方可进场施工的程度"。新华百货在2013年6月1日对大世界商务广场进行验收,因《交付验收表》系新华百货自行制作,当事人亦无证据证明该表所列验收项目系双方对于交付装修施工条件达成的合意,故该验收行为既不能证明当事人已经对交付装修施工的条件达成了约定,亦不能据此判定工程是否已经达到合同约定的"乙方可进场施工的程度"。而由于新华百货迟延履行合同约定的提供设计图纸报审的义务,客观上使当事人无法在约定的时间即2013年6月1日交付装修施工,而且根据案涉合同约定,该交付时间节点可根据双方对合同履行的进度产生变化,故大世界实业集团公司并不因未在2013年6月1日交付装修施工以及案涉工程未能按约竣工验收而构成违约。

第二,根据2015年4月30日大世界实业集团公司申请规划变更后宁夏回族自治区银川市规划管理局公布的《大世界商务广场项目局部规划变更批前公示图》以及该局2015年5月22日盖章的《大世界商务广场一期、二期总平面图》,在2015年5月22日政府主管部门批准之前,大世界商务广场项目中的"地下建筑面积"项目中并不包含"地下商业",除面积变化之外,地下部分的项目在变更批准前后的变化就表现为"地下储藏室及设备"被"一期地下商业""二期地下商业"所代替。而根据《商业用房租赁合同》第4.2.3条、第4.3条、第16.1.2条、第16.1.3条、第16.1.4条的约定,大世界实业集团公司负有完成与地下一层超市相关的各项审批手续有关的义务,如因大世界实业集团公司的原因而使新华百货不能按照合同约定时间范围内开始正常营业超过六十天的,新华百货有权解除合同;或者在接到乙方书面通知后,在六十天内将该违约情形恢复至正常状态,如上述时间超过十天,新华百货有权解除合同。据此,在大世界实业集团公司没有完成与地下一层超市相关的各项审批手续的义务,并导致新华百货不能按照合同约定时间范围内开始正常营业时,经过一定时间,新华百货有权解除合同,而并非只要大世界实业集团公司没有完成与地下一层超市的各项审批手续的义务,无论是否因此对新华百货正常营业造成影响,新华百货均可解除合同。虽然根据约定,案涉工程应于2013年10月31日前交付竣工验收,但由于前述新华百货迟延履行的违约行为,导致案涉工程无法于约定日期交付竣工验收,相应的交付竣工验收日期亦应合理顺延,故2013年12月16日新华百货发出的《关于对大世界工程项目的复函》时,尚不构成对新华百货依约开始正常营业产生影响,因此并不具备合同约定的解除条件,因而该复函不发生解除合同的效力。现虽没有证据证明案涉项目在2012年12月5日之后又取得了项目变更后的《建设工程规划许可证》,但主管部门于2015年5月22日在变更后的《大世界商务广场一期、二期总平面图》上盖章,并注明"经审查,同意按此总平图做方案设计",故该变更在事实上已经得到了主管部门的同意,地下一层的规划已经符合合同约定的用途,大世界实业集团公司履行了合同约定的义务。

第三,案涉项目D、E座已建18层,虽然与2012年12月5日的《建设工程规划许可证》不符,但经主管部门盖章同意的2015年5月22日的《大世界商务广场一期、二期总平面图》显示D、E座为18层,由此,该变更在事实上已经得到了主管部门同意,新华百货称D座、E座层数不符合规划要求,与事实不符。

综上,新华百货主张大世界实业集团公司、大世界房地产公司构成违约,不能成立,因此,新华百货发出的解除合同的通知,不符合法律规定的解除合同的情形,不能产生解除合同的效力。而新华百货在此情况下单方发出解除合同的通知,并且至今拒不接收案涉房屋,显然已构成违约。根据《合同法》第一百零七条的规定,其应当承担继续履行、采取补救措施或者赔偿损失等违约责任。但对于大世界实业集团公司主张新华百货继续履行合同的请求应否支持,仍应根据《合同法》的相关规定加以分析。

《合同法》第一百一十条规定:"当事人一方履行非金钱债务或者履行非金钱债务不符合约定的,对方可以要求履行,但有下列情形之一的除外:(一)法律上或者事实上不能履行;(二)债务的标的不适于强制履行或者履行费用过高;(三)债权人在合理期限内未要求履行。"本案为房屋租赁合同纠纷,虽然承租人在租赁合同中的主要义务是支付租金,但除此之外还负有按照约定方法使用租赁物、不当使用租赁物时的损害赔偿等义务。本案中,大世界实业集团公司请求继续履行的内容并非仅为新华百货依约支付租金,更为重要的是,本案所涉项目系商业地产租赁,作为大型百货业态的新华百货依约进场经营对于整个项目的正常租赁经营有着重要影响,大世界实业集团公司请求新华百货继续履行的内容包括新华百货应继续依约接收房屋、进场装修、开办经营等概括性、持续性的行为,对于这些行为,显然难以强制履行,故构成《合同法》第一百一十条第(二)项规定的"债务的标的不适于强制履行"的情形。而且,租赁合同为继续性合同,这些义务的履行具有相当程度的人合性,有赖于双方之间的信任关系。而本案中,新华百货与大世界实业集团公司之间就是否符合房屋接收条件等问题自 2013 年起就发生争议,2014 年提起本案诉讼,可见,双方之间的信任基础已然丧失,而案涉合同的未履行期限尚有 10 余年,并非短时间内即可履行完毕,在新华百货不愿继续履行合同或者已经以自己的行为表明其不再继续履行合同时,继续履行合同的基础显然已经不复存在。在这种情况下,一审判决判令继续履行案涉合同,显属适用法律错误,故本院对此予以纠正,对大世界实业集团公司主张继续履行合同的请求不予支持。

【案例来源】

中国裁判文书网,http://wenshu. court. gov. cn。

【案件名称Ⅱ】

再审申请人丹东苏宁云商销售有限公司、沈阳苏宁云商销售有限公司与被申请人丹东泰丰实业有限公司房屋租赁合同纠纷案 [最高人民法院(2017)最高法民申 4793 号民事裁定书,2017. 12. 20]

【裁判精要】

最高人民法院认为:

根据原审查明的事实,《租赁合同》约定的租期为 2011 年 8 月 1 日至 2019 年 9 月 30 日。2013 年 3 月 12 日,丹东苏宁公司向泰丰公司出具了关于解除租赁合同的通知函,要求解除双方《租赁合同》,并于 2013 年 6 月 15 日搬出了案涉房屋。泰丰公司对此提出了异议并拒绝接收房屋。至本案纠纷发生时,案涉房屋钥匙一直由丹东苏宁公司保管,房屋也由丹东苏宁公司管理。该事实表明双方并未就《租赁合同》的解除达成一致。《合同法》第八条规定:依法成立的合同,对当事人具有法律约束力。当事人应当按照约定履行自己的义务,不得擅自变更或者解除合同。第九十六条规定:当事人一方依照本法第九十三条第二款、第九十四条的规定主张解除合同的,应当通知对方。合同自通知到达对方时解除。对方有异议的,可以请求人民法院或者仲裁机构确认解除合同的效力。《租赁合同》并未约定丹东苏宁公司在出现其解除通知函中载明的相关情形时享有单方解除权。已经生效的(2016)辽民终 722 号民事判决已认定丹东苏宁公司在合同约定的租赁期限未届满且未经泰丰公司同意的情况下单方以经营状况不理想等原因要求解除合同构成违约。作为违约方,丹东苏宁公司并不享有《合同法》第九十四条规定的法定解除权。据此,在丹东苏宁公司不享有合同约定解除权,作为违约方也不享有法定解除权的情形下,其向泰丰公司出具解除通知函的行为并不能产生《合同法解释(二)》第二十四条规定的合同解除的法律效力。原审判决确认 2013 年 3 月 12 日解除通知函到达泰丰公司时《租赁合同》即已解除,对《租赁合同》解除时间认定不当。尽管在《租赁合同》经人民法院确认解除前,泰丰公司有权拒绝接收房屋,但是,由于丹东苏宁公司已经搬离了案涉房屋,原审法院以 2015 年 12 月 1 日一审法院组织双方对鉴定部门就案涉房屋相关工程质量及维修费用作出的司法鉴定报告进行质证,泰丰公司知晓案涉房屋相关工程质量情况及受损数额为时间节点,认定在此时间节点后泰丰公司应积极采取适当措施防止因案涉房屋闲置造成损失继续扩大,并判令丹东苏宁公司给付泰丰公司 2013 年 4 月 1 日至 2015 年 12 月 1 日期间相应时间段的房屋使用费及利息以及赔偿房屋闲置期间的租金损失,对该时间节点以后的房屋闲置损失不予赔偿,符合本案实际情况,并不存在适用法律错误的情形,亦不构成对丹东苏宁公司不公平。原审对合同解除时间的认定虽然存在瑕疵,但判决结果正确。丹东苏宁公司、沈阳苏宁公司申请再审主张泰丰公司无权拒绝接收房屋,扩大了房屋闲置损失,原审判决给付房屋闲置租金损失错误的申请再审主张本院不予支持。

【案例来源】

中国裁判文书网,http://wenshu.court.gov.cn。

编者说明

《合同法解释(二)》第二十四条规定:"当事人对合同法第九十六条、第九十九条规定的合同解除或者债务抵销虽有异议,但在约定的异议期限届满后才提出异议并向人民法院起诉的,人民法院不予支持;当事人没有约定异议期间,在解除合同或者债务抵销通知到达之日起三个月以后才向人民法院起诉的,人民法院不予支持。"实践中对该条规定的解除合同通知的效力有两种理解。

第一种意见认为,当事人根据《合同法》第九十六条的规定通知对方要求解除合同,必须具备《合同法》第九十三条规定的约定解除条件或者第九十四条规定的法定解除条件,否则,即使解除通知到达对方也不产生解除的法律效力。

第二种意见认为,只要解除合同通知到达对方且没有在约定或者法定的异议期 3 个月内提起异议之诉,就发生解除的法律效力,而不论其是否符合约定或者法定的解除条件。

编者同意第一种意见。理由是:(1)符合《合同法》的规定。关于合同解除权的行使程序,《合同法》第九十六条第一款规定:"当事人一方依照本法第九十三条第二款、第九十四条的规定主张解除合同的,应当通知对方。对方有异议的,可以请求人民法院或者仲裁机构确认解除合同的效力。"据此,当事人一方依照《合同法》第九十三条第二款、第九十四条规定解除合同,应当符合以下两个条件:第一,具备法律规定的解除合同条件,即《合同法》第九十三条第二款规定的当事人约定解除合同的条件,第九十四条规定的法定解除合同的条件。不具备上述条件,一方当事人不能解除合同。第二,行使解除权应当通知对方当事人。（2）符合《合同法》的立法目的。《合同法》的立法目的是尽量使合同有效，促进交易安全。合同解除以合同生效为前提。合同生效后，即对缔约双方产生约束力，任何一方违反合同将承担违约责任。如果缔约方可以任意解除合同，将使合同目的无法实现，破坏合同的合法性和严肃性，严重影响经济发展和社会秩序。任意解除合同违背《合同法》的精神。如果按照上述第二种意见，违约方可以任意解除合同，守约方的利益将无法得到保障，会造成合同双方权利义务的失衡。①

此外，《合同法解释（二）》第二十四条规定了非解除权人在异议期内没有行使异议权的法律后果："当事人对合同法第九十六条、第九十九条规定的合同解除或者债务抵销虽有异议，但在约定的异议期限届满后才提出异议并向人民法院起诉的，人民法院不予支持；当事人没有约定异议期间，在解除合同或者债务抵销通知到达之日起三个月以后才向人民法院起诉的，人民法院不予支持。"基于严格限制合同解除权，维护社会经济秩序稳定的考虑，《最高人民法院研究室对〈关于适用《中华人民共和国合同法》若干问题的解释（二）〉第24条理解与适用的请示的答复》（2013年6月4日，法研〔2013〕79号），进一步明确："当事人根据合同法第九十六条的规定通知对方要求解除合同的，必须具备合同法第九十三条或者第九十四条规定的条件，才能发生解除合同的法律效力。"②也就是说，认定合同解除通知的效力，应当看合同解除的要件是否具备，既要符合《合同法》第九十三条第二款、第九十四条规定的实质性要件，又要符合通知合同相对人这一形式要件。在此基础上，如果当事人约定了异议期，异议期内对方当事人未向法院提出异议；或者当事人对合同解除没有约定异议期，在解除合同通知到达之日起三个月内不向法院提出异议，应当认定合同解除通知有效。③

最高人民法院第一巡回法庭副庭长张勇健2018年4月18日在第一巡回法庭巡回区民商事审判工作座谈会上的讲话中也指出：准确把握合同解除条件。在此问题上，主要是正确理解《合同法解释（二）》第二十四条的规定。该条规定明确了对于合同解除通知提出异议的期限为三个月，未在期限内提出异议而起诉的，人民法院不予支持。随着这几年审判实践经验的积累和理论研究的不断深入，对这一规定的具体理解问题，出现了一些争议：如当事人通知解除，但其并不享有符合《合同法》规定的实体上的解除权，对方未在期限内提出异议，是否仍应以此认定合同解除？我们倾向于认为，当事人根据《合同法》第九十六条的规定通知对方要求解除合同的，应符合《合同法》第九十三条或者九十四条规定的条件。亦即《合同法》第九十三条第二款和第九十四条是行使合同解除权的实质性要件，"通知对方"是形式要件，二者缺一不可。从《合同法》的立法目的看，除法律有明确规定外，一般应尽量维持合同关系的存续，规范合同行为，促进交易安全。如果缔约方可以任意解除

---

① 参见本书研究组：《应如何认定解除合同通知的效力》，载最高人民法院民事审判第一庭编：《民事审判指导与参考》（总第53辑），人民法院出版社2013年版，第242～243页。

② 参见人民法院出版社法规编辑中心编：《解读最高人民法院司法复函》，人民法院出版社2016年版，第410～418页。

③ 李志刚主编：《民商审判前沿：争议、法理与实务——"民商法沙龙"微信群讨论实录》（第一辑），人民法院出版社2019年版，第44～45页。

合同,将使合同目的无法实现,破坏了合同的合法性和严肃性,影响经济发展和社会秩序。①前述案件所涉项目系商业地产租赁,作为承租方依约进场经营对于整个项目的正常租赁经营有着重要影响,出租方请求承租方继续履行的内容包括承租方继续依约接收房屋、进场装修、开办经营等概括性、持续性的行为,对于这些行为,难以强制履行,故构成《合同法》第一百一十条第(二)项规定的"债务的标的不适于强制履行"的情形。

506 租赁合同的解除系基于双方意思表示一致,并非承租人主张的因出租人违约导致解除,对承租人要求出租人支付违约赔偿金的诉讼请求不予支持

【关键词】

│房屋租赁│合同解除│赔偿损失│违约金│

【案件名称】

上诉人北京华联综合超市股份有限公司与被上诉人汇通国基房地产开发有限责任公司房屋租赁合同纠纷案〔最高人民法院(2019)最高法民终497号民事判决书,2019.6.27〕

【裁判精要】

最高人民法院认为:

本案为房屋租赁合同纠纷,案涉《租赁合同》系当事人真实意思表示,不存在法定应当认定无效的情形,该合同有效。根据华联超市公司与汇通房产公司于本院二审庭前会议达成的争议焦点协议,本案争议焦点为:(1)华联超市公司是否应当支付汇通房产公司房屋租赁损失费458.33万元;(2)汇通房产公司是否应当向华联超市公司支付违约赔偿金8618830.34元。除上述争议焦点之外,各方当事人明确表示对一审判决认定的事实和适用法律不持异议。

一、华联超市公司是否应当支付汇通房产公司房屋租赁损失费458.33万元的问题

2004年4月8日,汇通房产公司(出租人)与华联超市公司(承租人)签订《租赁合同》,租赁期限为20年。2017年6月21日,华联超市公司以汇通房产公司未依合同约定与部分已售房屋业主签订为期20年的返租合同为由,向汇通房产公司送达

---

① 参见张勇健:《深入贯彻落实党的十九大精神,开创巡回区民商事审判工作新局面》,载微信公众号"法盏",刊登日期:2018年6月1日。

《解除〈租赁合同〉通知书》。2017年8月15日，汇通房产公司向一审法院起诉，请求判令解除案涉《租赁合同》。本院认为，在华联超市公司向汇通房产公司送达《解除〈租赁合同〉通知书》后，汇通房产公司未对此提出异议并请求人民法院确认解除合同的效力，也未要求华联超市公司继续履行案涉《租赁合同》，而是起诉亦要求解除案涉《租赁合同》。即双方当事人对于解除案涉《租赁合同》意思表示一致。一审判决认定案涉《租赁合同》已于2017年6月21日解除，依据充分。《合同法》第九十七条规定："合同解除后，尚未履行的，终止履行；已经履行的，根据履行情况和合同性质，当事人可以要求恢复原状、采取其他补救措施，并有权要求赔偿损失。"根据上述规定，案涉《租赁合同》解除后，尚未履行的终止履行。案涉《租赁合同》系基于当事人合意解除，汇通房产公司并未提供证据证明案涉《租赁合同》系基于华联超市公司的单方过错导致合同解除，华联超市公司在合同解除后，本不应再负有支付租金的义务。但鉴于案涉《租赁合同》为长期合同，涉及总面积约为12950平方米的地下一层、地上两层的全部商业用房，且华联超市公司在2017年6月21日向汇通房产公司送达《解除〈租赁合同〉通知书》后，于2017年8月6日向汇通房产公司送达《接房通知》，应给予汇通房产公司处理合同解除后相关事宜的合理期限，故一审法院综合考量认为应酌定华联超市公司向汇通房产公司支付部分房屋租赁损失，并无不当。但一审法院认定华联超市公司应赔偿汇通房产公司2017年4月至2018年1月房屋租赁损失458.33万元（500万元÷12×11），存在以下错误：第一，经审理查明，华联超市公司已向汇通房产公司支付2017年4月的租金，一审判决华联超市公司再向汇通房产公司支付2017年4月份的租金，缺乏事实依据；第二，一审法院酌定的支付房屋租赁损失费的期间为2017年4月至2018年1月，应为10个月，但其实际计算了11个月的租金，计算错误，本院依法予以纠正。华联超市公司应向汇通房产公司支付2017年5月至2018年1月的房屋租赁损失费375万元（500万元÷12×9）。

二、汇通房产公司是否应当向华联超市公司支付违约赔偿金8618830.34元的问题

华联超市公司主张因汇通房产公司未能全面履行与小业主续签返租协议的合同义务，导致华联超市公司无法实现继续正常经营的合同目的，华联超市公司有合法理由解除合同，汇通房产公司应按照合同约定支付违约赔偿金。案涉《租赁合同》第八条约定，出租人违反上述各项承诺，除不可抗力外，由出租人承担法律责任；如因此给承租人造成经济损失，由出租人承担赔偿责任；如因此导致承租人无法继续经营或本合同不能继续履行，承租人有权解除合同，如承租人选择解除本合同，则出租人应以承租人对标的房屋进行固定资产投资的当时净值（折旧期一律为本合同租赁期限）加上保底年租金标准之和赔偿承租人的经济损失。根据上述合同条款的约定，华联超市公司解除合同并要求汇通房产公司以华联超市公司对标的房屋进行固定资产投资的当时净值（折旧期一律为本合同租赁期限）加上保底年租金标准之和

赔偿损失的条件应为"无法继续经营或本合同不能继续履行"。而从本案查明的事实看,虽然汇通房产公司未与部分小业主续签租赁合同构成违约,但华联超市公司并未提供证据证明因汇通房产公司的该违约行为导致其无法继续经营或合同不能继续履行。案涉《租赁合同》之所以解除,实际上系基于双方当事人意思表示一致,并非华联超市公司主张的因汇通房产公司违约导致其无法继续经营或合同不能继续履行而解除。一审判决认定华联超市公司要求提前解除合同的条件并未成就,对其要求汇通房产公司支付违约赔偿金 8618830.34 元的诉讼请求不予支持,依据充分,并无不当。华联超市公司的该项上诉请求缺乏事实和法律依据,不能成立,本院不予支持。

【案例来源】

中国裁判文书网,http://wenshu.court.gov.cn。

507 承租人经出租人多次催促交接房屋,仍未接收案涉租赁房屋,并发函表示无法支付租金,出租人依法享有解除合同的权利

【关键词】

│房屋租赁│合同解除│赔偿损失│租金│违约金│

【案件名称】

上诉人江苏乐天玛特商业有限公司与上诉人淮北兆基实业有限公司房屋租赁合同纠纷案[最高人民法院(2016)最高法民终 746 号民事判决书,2017.12.29]

【裁判精要】

最高人民法院认为:

结合当事人的诉辩情况,本案二审争议焦点为:(1)一审判决对案涉房屋租金损失、房屋改造及恢复损失、利息损失的认定是否正确;(2)兆基公司主张的 2000 万元违约金是否应予支持。

(一)关于案涉房屋租金损失、房屋改造恢复损失、利息损失的认定问题

《合同法》第九十七条规定:"合同解除后,尚未履行的,终止履行;已经履行的,根据履行情况和合同性质,当事人可以要求恢复原状、采取其他补救措施,并有权要求赔偿损失。"本案中,2012 年 8 月 9 日,兆基公司与乐天玛特公司签订《房屋租赁合同》,约定兆基公司将案涉房屋租赁给乐天玛特公司。合同签订后,兆基公司按照合同要求腾空租赁房屋,对房屋进行改造,并多次致函乐天玛特公司要求交接房屋。2014 年 3 月 24 日,乐天玛特公司致函兆基公司称:原定 2014 年 5 月 1 日开业,因市

场原因,我司决定将开业日期延后至 2015 年 12 月底,贵公司要求我司支付从 2014 年 5 月 1 日起至 2015 年 12 月开业时的租金。我司因为卖场尚未开业,无法支付租金无法履行双方签订的租赁合同。请贵公司自行安排招商。上述事实表明,合同签订后,兆基公司依约履行了相关义务,但乐天玛特公司经兆基公司多次催促交接房屋,仍未履行接收案涉租赁房屋,并发函表示无法支付租金,根据《合同法》第九十四条有关"在履行期限届满之前,当事人一方明确表示或者以自己的行为表明不履行主要债务"的规定,兆基公司依法享有解除合同的权利。由此,一审判决解除其与乐天玛特公司于 2012 年 8 月 9 日签订的《房屋租赁合同》具有事实和法律依据。合同解除后,应依法确定当事人应承担的民事责任。根据当事人的上诉请求,本案主要涉及房屋租金损失、房屋改造损失及利息损失的确定。对此,本院逐一进行评判:

1. 关于房屋租金损失的问题。本案中,因乐天玛特公司的原因而导致案涉合同的解除。由此,乐天玛特公司对兆基公司的损失应承担赔偿责任。结合兆基公司的诉讼请求,案涉房屋租金损失为兆基公司主张损失的一部分内容。根据本案的情况,兆基公司主张的房屋租金损失主要表现为房屋空置所发生的租金损失。诉讼中,当事人对案涉房屋的空置时间和租金计算标准存在较大争议。由此,如何确定房屋的空置期间,即房屋空置的起始点和终点,则是认定案涉房屋租金损失的前提。根据本院二审查明的事实,2013 年 11 月 11 日,兆基公司向乐天玛特公司发送的《关于相山路店现场情况说明函》记载,案涉房屋的空置时间应从 2013 年 5 月 1 日开始。但乐天玛特公司在二审中对一审法院以 2013 年 4 月 20 日作为房屋空置时间的起点的认定予以认可。而关于房屋空置的终点认定问题,根据一审法院已查明的相关事实,一层房屋于 2015 年 4 月 28 日开始举办淮北房产超市,而二、三层房屋,兆基公司分别于 2015 年 9 月 1 日、2016 年 1 月 1 日对外出租,未出租部分场地与兆基公司经营方式和市场需求相关,与乐天玛特公司违约行为造成的后果无直接的关系。乐天玛特公司并未提供充分证据推翻一审判决认定的上述事实,对此,本院对一审判决有关案涉一、二、三层房屋的使用时间(房屋空置的终点)的事实认定予以维持。关于案涉房屋租金的计算标准问题,根据合同约定,案涉房屋的租金为 1.2 元/天/建筑平方米。根据已查明的事实,案涉房屋一层闲置 738 天,损失为 7042999.68 元(7952.8 平方米 × 1.2 元/天/建筑平方米 × 738 天);案涉房屋二层闲置 861 天,损失为 9706562.71 元(9394.66 平方米 × 1.2 元/天/建筑平方米 × 861 天);案涉房屋三层闲置 981 天,损失为 11282791 元(9584.43 平方米 × 1.2 元/天/建筑平方米 × 981 天),合计损失 28032353.39 元(7042999.68 元 + 9706562.71 元 + 11282791 元)。一审判决根据本案情况,参照合同约定并结合房屋闲置的时间,对案涉房屋的租金损失认定并无不当,本院予以维持。乐天玛特公司、兆基公司就此上诉主张事实依据和法律依据不足,本院不予支持。

此外,关于乐天玛特公司上诉主张一审判决对租金损失的认定存在遗漏、超出兆基公司诉讼请求的问题,对判决是否超出当事人的诉讼请求,应结合判决判项的具体内容和当事人诉讼请求范围加以判定。本案中,兆基公司一审诉讼请求主张的租金损失包括:改造期间的租金损失 2011.10 万元、未提前通知兆基公司解除合同的租金损失 24133248 元以及解除合同补偿金 603.33 万元。对于第三项诉讼请求,兆基公司在庭审中明确其理由为原来主张 12 个月的租金损失,现在是 24 个月,按照合同约定最少租三年,乐天玛特公司解除合同应提前一年通知兆基公司,但乐天玛特公司没有提前通知导致房屋闲置了几年的时间。由此,根据兆基公司主张的租金损失内容及理由,兆基公司主张的损失既包括改造期间的租金损失、房屋闲置期间的损失及解除合同补偿金。一审判决对此未进行明确区分而以房屋闲置期间合并计算租金损失,该判决结果并未超出、遗漏兆基公司诉讼请求。乐天玛特公司该项主张事实依据和法律依据不足,本院不予支持。

2. 关于案涉房屋的改造损失、恢复损失的问题。合同订立后,兆基公司根据约定对案涉租赁房屋进行了腾空、改造并发生相应的费用,且合同解除后亦将发生相应的恢复费用。上述费用的发生因乐天玛特公司的违约行为造成,应由乐天玛特公司予以承担。一审中,法院根据兆基公司的申请依法委托天启咨询公司对案涉租赁房屋拆除、改造和恢复工程造价进行鉴定。2015 年 4 月 17 日,天启咨询公司出具《关于对淮北兆基乐天玛特改造工程造价鉴定报告》(天启审字〔2015〕第 046 号),鉴定意见为:案涉房屋拆除、改造和恢复工程造价金额为 20210700 元。此后,针对兆基公司提出的开孔加固费用未计、楼板开孔工程量少计、恢复工程标准应为精装等问题,天启咨询公司分别于 2015 年 6 月 17 日、12 月 25 日出具了《关于对"淮北兆基乐天玛特改造工程造价鉴定报告"(天启审字〔2015〕第 046 号)有关情况的说明》《关于淮北兆基乐天玛特改造工程按精装修标准进行补充鉴定的意见》。该意见为:(1)根据图纸,开孔加固费造价为 188756 元;(2)楼板开孔工程量经重新复核,增加工程量 386.9m,造价为 21217 元;(3)按精装修标准鉴定,原商户装修造价 10404624 元,原商户按工装标准造价为 5426515 元。该鉴定意见经当事人的庭审质证,鉴定人员亦针对当事人的异议出庭接受了质询。鉴定人员具有相应的资质,鉴定程序合法,鉴定意见应作为本案的定案依据。乐天玛特公司有关重新鉴定的主张,依据不足,本院不予支持。结合案涉房屋为精装修的事实及鉴定意见,案涉房屋拆除、改造费用为 25398782 元(20210700 元 + 188756 元 + 21217 元 + 10404624 元 − 5426515 元)。

3. 关于利息损失的问题。兆基公司主张其为履行与乐天玛特公司签订的租赁合同,向中国农业银行淮北分行贷款 1800 万元,因乐天玛特公司未能履行合同,导致贷款逾期。乐天玛特公司应赔偿兆基公司利息损失 3274133.4 元。本院认为,对此主张,兆基公司应举证证明案涉 1800 万元贷款与本案的关联性,即证明贷款用于房屋的拆除、改造等事实。根据当事人举证的情况,兆基公司主张案涉 1800 万元款项用于案涉房屋的拆除、改造和恢复工程的依据为两份借款合同。而从该合同的记载看,案涉借款用途为支付货款。由此,该证据不足以证明案涉借款用于案涉房屋的拆除、改造和恢复工程,与本案不具关联性。故兆基公司有关乐天玛特公司应赔偿其利息损失3274133.4元的主张依据不足。一审法院对此认定存在不当,本院予以纠正。

(二)关于兆基公司主张的2000万元违约金是否应予支持的问题

违约金制度以补偿性为主,惩罚性为辅,主要目的在于填补守约方一方的损失。根据前述分析,因乐天玛特公司违约导致案涉合同解除后,一审法院已对兆基公司主张的租金损失以及房屋的改造、恢复损失进行了认定,并判令乐天玛特公司向兆基公司赔偿相应的损失。在此情况下,兆基公司的损失已得到合理弥补。结合本案案情,一审法院未支持兆基公司有关乐天玛特公司支付2000万元违约金的诉讼请求,并无明显不当。

另外,关于履约定金应否在本案中予以扣减的问题。根据"不告不理"的民事诉讼原则,人民法院应当围绕当事人的诉讼请求进行审理。根据兆基公司的一审诉讼请求及乐天玛特公司的反诉请求,对履约定金的问题,当事人均未向法院提出主张,一审法院对此未予处理并无不当。对案涉履约定金问题,合同解除后,乐天玛特公司如存在争议,可通过相关途径予以救济。因此,乐天玛特公司上诉有关应对其缴纳的300万元履约定金进行扣减的主张,本院不予支持。

【案例来源】

中国裁判文书网,http://wenshu. court. gov. cn。

508　承租人明知涉案房屋尚未完成竣工验收,亦未提交证据证明房屋不能实际正常使用,其主张合同目的不能实现,事实依据不足

【关键词】

|房屋租赁|合同解除|竣工验收|违约责任|

【案件名称】

再审申请人曲靖市麒麟区艾维克酒店有限公司与被申请人曲靖明珠集团投资开发有限公司、曲靖华庭房地产开发有限公司房屋租赁合同纠纷案[最高人民法院(2018)最高法民再1号民事判决书,2018.6.22]

【裁判精要】

最高人民法院认为:

本案再审的争议焦点为:(1)案涉合同的解除应如何认定;(2)案涉合同因解除

造成损失的责任应如何承担。

关于第一个焦点问题，艾维克公司主张因明珠公司、华庭公司未交付质量符合法定验收标准的租赁房屋，违反了《租赁合同》的约定及法律规定，其于2014年7月25日向明珠公司发出的《关于要求及时提供相关资料的函》已发生解除合同的法律后果。本院认为，案涉《租赁合同》是双方真实意思表示。其中第八条"合同的变更、解除与终止"条款中并没有约定，与本案情形相符艾维克公司可以单方解除合同。艾维克公司主张因明珠公司、华庭公司提供的租赁房屋没有通过法定验收，违反合同约定，致使租赁房屋不能投入使用，合同目的不能实现，其应享有法定解除权。

关于明珠公司、华庭公司是否构成根本违约的问题。《租赁合同》中对交付的租赁物有以下约定：1.4该大楼质量符合法定验收标准；7.1.2甲方将明珠大楼酒店租赁给乙方，并保证符合法律法规等规定；7.1.3甲方提供的明珠大楼酒店具备主体完工、水电完工、消防及通风工程完工、主楼排水、主供电力完工、道路完工、电梯安装完工；7.1.4甲方提供明珠大楼有关证件及资料复印件。以上约定可以看出，首先，在签订合同时，双方对明珠大楼应具备主体、水电、消防及通风、主楼排水、主供电力、道路、电梯安装工程完工，基本符合使用的条件，且工程质量需符合法定验收标准等内容达成了一致。对于明珠大楼酒店工程整体尚未验收合格的事实双方明知。艾维克公司因明珠大楼酒店未经竣工验收合格主张明珠公司、华庭公司交付租赁物不符合合同约定，缺乏合同依据。其次，双方虽在合同中约定了明珠公司、华庭公司应保证将明珠大楼酒店出租应符合法律法规的规定，但内容不明确。《合同法》《建筑法》均规定：建筑工程竣工经验收合格后，方可交付使用；未经验收或者验收不合格的，不得交付使用。《城市房地产管理法》规定：房地产开发项目竣工，经验收合格后，方可交付使用。对于明珠公司、华庭公司出租明珠大楼酒店是否违反以上规定，是否属于未经"验收合格"不得交付使用的建筑工程或者房地产开发项目，双方存在争议。艾维克公司认为，只有拿到验收合格证才算竣工验收完成。明珠公司、华庭公司认为，竣工验收和竣工验收备案是两回事儿，明珠大楼酒店出租时已经初验收，质量已符合验收标准。本院认为，根据《城市房地产开发经营管理条例》第十七条"房地产开发项目竣工，依照《建设工程质量管理条例》的规定验收合格后，方可交付使用"的规定，建筑工程的验收应以《建设工程质量管理条例》的规定确定验收合格可以交付使用的标准。根据《建设工程质量管理条例》第十六条、第四十九条的相关规定，建设单位应当组织设计、施工、工程监理等有关单位进行竣工验收，并在竣工验收合格之日起15日内，将建设工程竣工验收报告和规划、公安消防、环保等部门出具的认可文件或者准许使用文件报建设行政主管部门或者其他有关部门备案。因此，行政主管部门颁发备案证可以证明建设工程已竣工验收合格，但不是确定"验收合格"的依据。故艾维克公司认为因明珠大楼酒店未办理竣工验收备案即是未验收合格的相关理由不能成立。最后,明珠公司、华庭公司再审提交以下证据:其于2014年4月1日取得《建设工程消防验收意见书》;2015年9月19日案涉工程人防工程验收合格;2017年7月案涉工程规划验收合格;2018年1月24日取得明珠大厦(1栋、2栋)《曲靖市房屋建筑和市政基础设施工程竣工验收备案证》;明珠大厦1栋、2栋及裙楼的承租人9家取得的营业执照、特许经营许可证。以上证据用以证明案涉租赁物正常使用的现状,不存在艾维克公司所称的不能使用的情形。本院认为,对于明珠公司、华庭公司举示的上述证据,艾维克公司对真实性没有异议,本院予以确认。虽然明珠公司、华庭公司未能证明其在租赁物交付艾维克公司使用时已组织设计、施工、工程监理等有关单位对明珠大楼工程进行了竣工验收,并验收合格的事实,但从其提交的证据可以看出,案涉租赁物在未验收合格之前已交付多家承租单位正常使用,且在之后明珠公司、华庭公司也补齐了案涉租赁房屋的竣工验收手续。参照《城镇房屋租赁合同解释》第八条"因下列情形之一,导致租赁房屋无法使用,承租人请求解除合同的,人民法院应予支持:……(三)租赁房屋具有违反法律、行政法规关于房屋使用条件强制性规定情况的"的规定,艾维克公司虽发函要求对方及时提供相关资料,但因其明知租赁的明珠大楼尚未完成竣工验收,亦未在合同中要求对方提供竣工验收资料的时间,亦未提交证据证明案涉租赁房屋不能实际正常使用的证据,故艾维克公司以此主张合同目的不能实现,事实依据不足,其请求确认2014年7月25日发函行为发生解除合同的法律后果,法律依据不足。一、二审将双方在诉讼过程中同意解除《租赁合同》的意思表示作出的时间,确定为《租赁合同》解除的时间,并无不当,本院予以维持。

关于第二个焦点问题,双方均主张对方存在违约,合同解除后的损失责任应由违约方承担。本院认为,双方在签订《租赁合同》时,因案涉租赁房屋尚未验收合格,确实违反了"验收合格,方可交付使用"的相关法律法规,对此艾维克公司与明珠公司、华庭公司均有过错。虽然本案中艾维克公司未能证明案涉租赁房屋不能正常使用,不能以此主张解除合同,但因合同中明确约定甲方交付租赁物应"保证符合法律法规等规定",故应由明珠公司、华庭公司对此承担违约责任。在履行合同过程中,艾维克公司发函要求解除合同,明珠公司明确回函表示不同意,在未与出租方协商一致的情况下,艾维克公司未履行缴纳租金的合同义务,亦构成违约。

关于损失范围,一、二审中,双方对法院作出的艾维克公司装修办公室和样板间的造价损失为1289412.48元的认定均未提出异议,本院予以确认。艾维克公司主张其还存在样板间装修设计、员工培训和员工宿舍装修、宣传推广广告、流动资金贷款利息等损失,一、二审均认定这些损失属于单方的商业风险而非因合同解除造成的经济损失,并无不妥。对于明珠公司、华庭公司主张的损失,一、二审认定艾维克公司未按合同约定的原则缴纳,造成2014年11月9日至2015年11月9日租金及管理费损失为410万元。艾维克公司认为其中管理费260万元作为损失没有依据。

明珠公司、华庭公司陈述该项管理费实际上也是租金,是为了避税才约定为管理费。本院认为,《租赁合同》第三条对租金及管理费作了约定,涉及本案的第一个计费租赁期约定为"基本租金及管理费410万元,其中租金为每年150万元,管理费为每年260万元",而对于管理费具体包含哪些项目未予明确。明珠公司、华庭公司首先未举证证明实际发生了管理费,同时主张该条款中的管理费也是租金,分开约定是为了避税。对此,本院不予支持。一、二审对租金与管理费的性质未区分且均认定为实际损失,适用法律不当,本院予以纠正。综上,本案因合同解除造成的实际损失范围应为艾维克公司装修办公室和样板间的造价损失1289412.48元与明珠公司、华庭公司的租金损失150万元。

关于责任承担,因本案《租赁合同》的解除被认定为协商一致解除情形,在履行合同过程中双方又均存在一定的违约行为,故一、二审认定的双方各应承担50%的责任比例无明显不妥,本院予以确认。

【案例来源】

中国裁判文书网,http://wenshu.court.gov.cn。

509 出租人不及时审批,承租人在装修方案未获出租人批准即进行全面装修的,双方在装修问题上均有一定过错,承租人不构成根本违约

【关键词】

|房屋租赁|合同解除|装修|根本违约|

【案件名称】

再审申请人九江雅格泰大酒店有限公司与被申请人九江世惠科技服务有限公司、江西金誉酒店管理有限公司房屋租赁合同纠纷案[最高人民法院(2017)最高法民再227号民事判决书,2017.8.16]

【裁判精要】

最高人民法院再审认为:

(一)关于雅格泰公司解除合同的行为是否合法问题

雅格泰公司与世惠公司订立的关于九江雅格泰大酒店的租赁合同,系双方真实意思表示,内容不违反法律、行政法规的强制性规定,合法有效,对双方具有法律约束力。雅格泰公司与世惠公司应按照合同约定和诚实信用原则行使权利、履行义务,不得擅自变更或解除合同。雅格泰公司再审主张,世惠公司未经雅格泰公司同意,擅自对酒店进行装修改造的行为构成根本违约;世惠公司对酒店一层大堂公共

区域、健身房等租赁范围以外的区域进行改造装修,构成根本违约;世惠公司未经其同意,以金誉公司名义租赁经营酒店,构成违约;世惠公司的装修方案未经雅格泰公司批准,不享有2个月免租金期,且世惠公司以往来款名义抵扣150078.98元租金缺乏事实依据,其行为构成逾期支付租金的违约行为;世惠公司未按租赁合同约定履行雅格泰公司与第三方订立的租赁合同,构成违约;世惠公司拆除了九江雅格泰大酒店招牌,违反了合同关于世惠公司在经营过程中须维护九江雅格泰大酒店整体商业形象的约定;因世惠公司根本违约,雅格泰公司有权解除合同,其解除合同的行为符合法律规定。世惠公司对雅格泰公司的主张均不予认可,认为雅格泰公司解除合同的行为既无合同依据,也无法律依据。

1. 关于世惠公司对酒店装修改造是否构成根本违约问题。《合同法》第六十条第二款规定,当事人应当遵循诚实信用原则,根据合同的性质、目的和交易习惯,履行协助义务。从雅格泰公司与世惠公司订立租赁合同的目的,以及双方在合同中关于免租金期、装修时间、装修方案报批等约定分析,世惠公司对酒店进行装修既是履行合同义务,也是行使对酒店的经营权。合同关于装修方案报雅格泰公司审批的约定,对雅格泰公司来说,既是权利,也是义务,其应当及时对世惠公司报送的装修方案进行审批。在世惠公司提交装修方案,并邀请雅格泰公司法定代表人刘淑萍参观装修样板房之后,雅格泰公司虽对装修行为提出异议,但对装修方案一直未予明确答复、提出修改意见,不履行审批义务,违反了上述法律关于履行协助义务的规定。因此,虽然世惠公司在装修方案未获雅格泰公司批准的情况下即对酒店进行全面装修,违反了合同约定,但雅格泰公司不及时履行审批义务,也违反了诚实信用原则。双方在酒店装修问题上,均有一定过错。雅格泰公司关于世惠公司未经其同意,擅自对酒店进行装修改造,构成根本违约的主张,与本案事实不符,本院不予支持。

2. 关于世惠公司是否超出租赁区域装修及构成根本违约问题。租赁合同虽未明确将酒店一层大堂公共区域列入租赁范围,但酒店大堂是酒店客房及相关物业正常经营必不可少的场所,且大堂大部分由世惠公司承租,双方未对大堂公共区域作出其他约定,该区域的水电及日常维护亦由世惠公司一并承担,故世惠公司对酒店大堂的整体使用并装修符合租赁经营的合同目的,该行为不构成违约。根据租赁合同约定,世惠公司承租范围并不包含健身房,世惠公司未经雅格泰公司同意擅自将其改造为餐厅,系超出租赁范围进行装修改造的行为,违反了合同约定,但该行为属可整改情形,并不会导致租赁合同无法继续履行,且合同也未约定雅格泰公司可以据此解除合同,故该行为不构成根本违约。雅格泰公司关于该行为构成根本违约的主张,不能成立。

3. 关于世惠公司以金誉公司名义租赁经营酒店是否违约问题。租赁合同约定,世惠公司以自己的公司独立经营租赁物。世惠公司与金誉公司虽为两个独立法人,但实际控制人均为姜立人,酒店由金誉公司经营管理,经营主体并无实质性变化,也不损害雅格泰公司利益。从合同实际履行情况看,合同约定的 200 万元保证金也系金誉公司支付,雅格泰公司接收并认可了合同保证金已支付的事实。因此,世惠公司承租酒店后,将酒店交由其控股的金誉公司经营,不应认定为违约行为。雅格泰公司关于世惠公司以金誉公司名义经营酒店构成违约的主张,不能成立。

4. 关于世惠公司是否存在逾期支付租金的违约行为问题。租赁合同约定,雅格泰公司为世惠公司提供 2 个月的免租金期,自装修方案批准之日起算。从合同的这一约定以及房屋租赁市场习惯做法来分析,该 2 个月的免租金期的约定,系保障承租方享有的装修期间免交租金的权利。虽然双方约定了免租金期自装修方案批准之日起算,但在世惠公司已报送装修方案,雅格泰公司对装修方案不予审批的情况下,世惠公司主张享有并行使 2 个月的免租金期的权利,应予支持。世惠公司在合同订立后及时支付了一个季度租金,并于 2011 年 8 月开始报批装修方案并进行装修,故 2 个月免租金期计算为 2011 年 8 月至 12 月中的任意 2 个月,世惠公司均不存在逾期支付 2011 年 11 月、12 月租金的问题。关于世惠公司以往来款名义抵扣 150078.98 元租金问题。经查,上述抵扣款项中,16630 元已在(2013)九中民一初字第 55 号民事案件审理过程中由雅格泰公司、世惠公司、金誉公司共同确认为预付款客户实际消费金额。剩余 133448.98 元,世惠公司主张系雅格泰公司在酒店出租前收取的客户消费定金,因该费用涉及雅格泰公司将酒店出租给世惠公司前的遗留问题,租赁合同对预付款客户的消费问题亦未作明确约定,且世惠公司曾就上述抵扣事项告知雅格泰公司,雅格泰公司也未就此与世惠公司进行协商,给予明确答复,故世惠公司以往来款名义抵扣租金的行为,可不认定为逾期支付租金的违约行为。综上,雅格泰公司关于世惠公司构成逾期支付租金的违约行为的主张,亦不能成立。

5. 关于世惠公司是否按约履行雅格泰公司与第三方合同问题。因雅格泰公司未能提供证据证实其与相关第三方合同解除系因世惠公司过错所致或世惠公司明确表示不再履行上述合同,故其以第三方解除合同为由,主张世惠公司违约,缺乏事实依据。

6. 关于世惠公司是否损害雅格泰公司商业形象问题。租赁合同约定世惠公司在经营活动中,须维护九江雅格泰大酒店的整体商业形象。在世惠公司更换九江雅格泰大酒店招牌过程中,雅格泰公司向其提出异议,并表示在保持九江雅格泰大酒店招牌原状的前提下,同意将其招牌置于酒店楼顶的其他位置,但世惠公司以无其他合适位置放置其招牌为由,执意将九江雅格泰大酒店招牌替换成金誉国际酒店招牌。在案涉合同为租赁合同这一前提下,虽合同赋予世惠公司自主经营租赁物的权利,但其未经雅格泰公司同意,擅自拆除九江雅格泰大酒店招牌,违反了合同关于租赁期间世惠公司应当维护九江雅格泰大酒店整体形象的约定。

综上,世惠公司履约过程中具有一定的违约行为,但其行为不足以导致合同目的不能实现,不构成根本违约,也不符合双方在合同中约定的解除合同的条件。对合同约定不明、双方发生争议的事项,雅格泰公司可与世惠公司进一步协商予以明确;对世惠公司履约过程中出现的违约行为,雅格泰公司可依法、依约要求世惠公司予以纠正、赔偿损失。雅格泰公司不应在未与世惠公司充分沟通协商,法定和约定的合同解除条件均未成就,不具备合同解除权的情形下,向世惠公司发送解除合同的通知,要求解除合同。雅格泰公司单方提出解除合同,违反了《合同法》第八条关于当事人应当按照约定履行自己的义务,不得擅自变更或解除合同的规定,构成违约。

鉴于雅格泰公司于2012年2月2日向世惠公司发出解除租赁合同的通知,世惠公司、金誉公司在案件审理过程中,于2013年10月16日提起反诉,请求法院判决解除租赁合同,本案应认定世惠公司与雅格泰公司于2013年10月16日就解除合同达成了一致意见,案涉租赁合同于当日解除。

【案例来源】

中国裁判文书网,http://wenshu.court.gov.cn。

510 承租人欠付租金的行为未阻碍租赁合同目的实现的,合同不应解除

【关键词】

| 房屋租赁 | 合同解除 | 租金 | 违约责任 |

【案件名称】

上诉人重庆解放碑茂业百货有限公司与上诉人重庆鑫隆达房地产开发有限公司、原审第三人成都人民商场(集团)股份有限公司、成都人民百货连锁有限公司房屋租赁合同纠纷案[最高人民法院(2008)民一终字第124号民事判决书,2008.12.3]

【裁判精要】

最高人民法院认为:

(一)关于本案所涉房屋租赁合同是否应予解除

从《商厦商业经营房产租赁合同》约定内容来看,鑫隆达公司缔约目的有两个:一是收取承租人支付的预付租金,以完成世贸中心预租房屋的建设;二是将竣工的世贸中心预租房屋交付承租人租赁经营,收取租金。合同履行过程中,鑫隆达公司收取了茂业公司支付的11280.7万元预付租金,完成了世贸中心预租房屋的建设,并将其交付给茂业公司租赁经营。依照合同约定,茂业公司交纳的预付租金在商场开幕营业日,即2004年10月1日起开始抵扣其应付租金。依照合同约定的租金交

纳标准,至茂业公司提起诉讼时,其已交付的预付租金尚未抵扣完毕。上述事实表明,茂业公司拖欠的1119.3万元预付租金,并未导致鑫隆达公司无法完成世贸中心建设,并影响其出租世贸中心获取租金收益。鑫隆达公司以茂业公司拖欠预付租金导致合同目的无法实现为由,请求解除合同,其主张缺乏事实依据和法律依据,本院不予支持。在合同继续履行情形下,鑫隆达公司主张茂业公司支付房屋占用费和合同解除的违约金,缺乏请求依据,本院亦不予支持。

【权威解析】

关于欠付租金的比例、数额及期限达到何种程度,可以作为解除合同的事由,现行的法律法规及司法解释没有明确的规定,实践中的做法也不尽一致,学术界的认识同样莫衷一是。我们认为,对上述问题作出细致的规定,本身就存在相当的难度,况且实践中的情况更为复杂。尽管该问题应当进一步加以深入研究,但还是应当以《合同法》的规定作为原则,即识别违约行为是否阻碍了租赁合同目的的实现,并以此作为尺度去衡量违约行为的程度和合同是否解除。本案中,承租人茂业公司在合同履行过程中,履行了主要义务,支付了91%的房屋租金。虽然存在未足额付款、未按约投保、更换百货品牌的违约行为,但这些行为并非根本性违约,没有因此导致鑫隆达公司无法实现合同目的,没有触及和破坏鑫隆达公司的根本利益,故鑫隆达公司所主张的解除合同事由不能成立,其发出的《关于解除合同的通知》不发生解除合同的法律效果。茂业公司与鑫隆达公司之间的租赁合同应当继续履行,茂业公司应当支付欠付的租金,并自2004年10月1日起计付利息。

此外,本案中有些具体情况应当进行具体分析。从《商厦商业经营房产租赁合同》约定内容来看,鑫隆达公司缔约目的有两个:一是收取承租人支付的预付租金,以完成世贸中心预租房屋的建设;二是将竣工的世贸中心预租房屋交付承租人租赁经营,收取租金。合同履行过程中,鑫隆达公司收取了茂业公司支付的11280.7万元预付租金,完成了世贸中心预租房屋的建设,并将其交付给茂业公司租赁经营。依照合同约定,茂业公司交纳的预付租金在商场开业营业日,即2004年10月1日起开始抵扣其应付租金。依照合同约定的租金交纳标准,至茂业公司提起诉讼时,其已交付的预付租金尚未抵扣完毕。上述事实表明,茂业公司拖欠的1119.3万元预付租金,并未导致鑫隆达公司无法完成世贸中心建设,并影响其出租世贸中心获取租金收益。鑫隆达公司以茂业公司拖欠预付租金导致合同目的无法实现为由,请求解除合同,其主张缺乏事实依据和法律依据,难以得到支持。[①]

---

① 参见贾劲松:《欠付租金在何种情况下可以导致房屋租赁合同的解除——重庆解放碑茂业百货有限公司与重庆鑫隆达房地产开发有限公司房屋租赁合同纠纷上诉案》,载最高人民法院民事审判第一庭编:《民事审判指导与参考》(总第37集),法律出版社2009年版,第249~250页。

【案例来源】

最高人民法院民事审判第一庭编:《民事审判指导与参考》(总第 37 集),法律出版社 2009 年版,第 245~248 页。

编者说明

在房屋租赁合同纠纷案件中,承租人欠付租金是经常出现的情形。该类合同一般履行期限较长,结合房地产市场的变化,在一定情况下,出租人会以承租人欠付租金为由,主张解除已有的租赁合同。由于现行的法律、法规及司法解释对租赁合同的解除规定较少,尤其欠付租金的数额、比例、期限等因素如何对合同的解除产生影响,都是司法实践中应当探讨的问题。在现有的法律框架下,认定合同是否解除,应当以《合同法》为依据,结合个案的具体情况进行处理。

511 租赁房屋装修后因墙面起皮、裂缝等无法投入经营使用的,租赁合同双方均有过错,按照各自过错分别承担相应的责任

【关键词】

| 房屋租赁 | 合同解除 | 过错 | 违约责任 |

【案件名称】

再审申请人河北京通物流开发有限公司与被申请人霸州市鑫航物流有限公司、原审第三人廊坊市城市建设工程集团公司房屋租赁合同纠纷案[最高人民法院(2017)最高法民再 105 号民事判决书,2017.9.1]

【裁判精要】

最高人民法院认为:

(一)关于房屋租赁合同是否应当解除的问题

本院再审期间,京通公司当庭表示其不存在违约行为,房屋租赁合同不应当解除,但在庭后提交书面意见表示同意解除合同。鉴于双方均同意解除合同,本院予以确认。二审法院认定 2014 年 8 月 14 日为双方合同解除日期并无不当。

(二)关于租赁房屋质量问题导致合同解除造成的损失应当由谁承担以及如何划分责任的问题

本院认为,建设工程质量问题需要专业判断,一审法院根据京通公司申请委托有鉴定资质的国家建筑工程质量监督检验中心司法鉴定所对案涉房屋进行鉴定,鉴定程序合法,双方对鉴定结论均无异议,故该检验中心出具的《鉴定检验报告》应作

为认定双方责任的依据。《鉴定检验报告》表明,案涉房屋由于墙面起皮、裂缝等原因无法投入经营使用,既有房屋墙体自身质量不合格的原因,也有装修过程不符合建筑装饰装修工程质量验收规范的原因。因此,应认定京通公司和鑫航公司对合同解除造成的损失均应承担相应责任。京通公司作为出租人,负有保证出租房屋符合合同约定用途的义务,但在房屋墙面墙体出现质量问题时没有尽到维修义务,应当承担主要责任。租赁合同约定鑫航公司负责装修案涉房屋,故鑫航公司负有按照装饰装修工程质量验收规范进行装修的义务,但在发现房屋墙面墙体存在问题时,未能按照装修规范要求采取有效措施进行弥补和及时止损,应当承担次要责任。二审判决认定京通公司承担全部责任有误,应予纠正。由于案涉合同解除系因双方都存在违约行为造成,所以应依据双方的责任程度对损失予以分担,本院酌定以二审判决认定的6903326.5元为损失总额,京通公司承担80%的责任,鑫航公司承担20%的责任,即京通公司向鑫航公司支付装修款、物品购置款及员工工资各项损失共计5522661.2元。二审判决以2014年8月14日双方同意解除合同日期为利息起算点亦无不当。

【案例来源】

中国裁判文书网,http://wenshu.court.gov.cn。

512 逾期付款违约金不是房屋租赁合同项下的主要债务,承租人迟延支付逾期付款违约金并不导致出租人不能实现合同目的

【关键词】

│房屋租赁│合同解除│合同目的│违约金│

【案件名称】

申诉人上海昆仑商城有限公司与被申诉人上海明虹投资有限公司及一审被告、二审被上诉人上海昆仑台湾商城有限公司和一审被告新加坡台联商业股份有限公司房屋租赁合同纠纷案[最高人民法院(2018)最高法民再194号民事判决书,2018.12.29]

【裁判精要】

最高人民法院认为:

(四)关于明虹公司于2012年7月7日是否有权解除合同

明虹公司与昆仑商城在《房地产转让补充协议书》中没有约定解除合同的条件,仅约定昆仑商城逾期付款应承担违约责任以及逾期支付租金按每日万分之一支付违约金。明虹公司是否有权解除合同应当根据《合同法》第九十四条关于合同的法

定解除的规定予以认定。《合同法》第九十四条规定:"有下列情形之一的,当事人可以解除合同:(一)因不可抗力致使不能实现合同目的;(二)在履行期限届满之前,当事人一方明确表示或者以自己的行为表明不履行主要债务;(三)当事人一方迟延履行主要债务,经催告后在合理期限内仍未履行;(四)当事人一方迟延履行债务或者有其他违约行为致使不能实现合同目的;(五)法律规定的其他情形。"就本案而言,主要审查昆仑商城是否存在上述第(三)项、第(四)项的情形。

涉案房屋租赁合同项下的主要债务是明虹公司提供用于租赁的房地产和昆仑商城支付租金。明虹公司在一、二审中以昆仑商城未按约定支付租金且经其催告仍未支付,主张行使法定解除权。昆仑商城认为其当时不存在欠付租金的情形。事实上,明虹公司于2012年7月7日通知解除合同时昆仑商城并不欠付租金。二审法院未查明明虹公司于2012年7月7日通知解除合同时昆仑商城是否存在欠付租金情形,直接根据《合同法》第九十四条第(三)项的规定支持明虹公司解除合同的主张,缺乏事实依据,适用法律错误。逾期付款违约金不是涉案房屋租赁合同项下的主要债务,昆仑商城迟延支付讼争逾期付款违约金也并不导致明虹公司不能实现合同目的。最高人民检察院抗诉和昆仑商城申诉主张明虹公司无权于2012年7月7日通知解除合同有理,本院予以支持。

【案例来源】

中国裁判文书网,http://wenshu.court.gov.cn。

513 有关征收及拆迁行为是由政府决定并付诸实施的强制行为,符合不可预见性、不可避免性、不可克服性等不可抗力的基本特征,不能归责于双方当事人

【关键词】

| 房屋租赁 | 合同解除 | 不可抗力 | 征收 |

【案件名称】

上诉人湖北水调歌头饮食文化发展有限公司与上诉人武汉市洪山区人民政府洪山街办事处洪山村村民委员会、武汉三鸿实业有限责任公司房屋租赁合同纠纷案[最高人民法院(2018)最高法民终107号民事判决书,2018.12.25]

【裁判精要】

最高人民法院认为:

一、关于洪山村委会、三鸿公司因不可抗力解除案涉《房屋租赁合同》《租赁商

铺合同》的理由是否成立的问题

《合同法》第九十四条规定:"有下列情形之一的,当事人可以解除合同:(一)因不可抗力致使不能实现合同目的……"案涉《房屋租赁合同》第八条也约定,由于不可抗力(水灾、地震、战争)原因造成本合同不能继续履行,双方互不负责任。虽然该合同仅列举了水灾、地震、战争等不可抗力的情形,但根据《民法总则》第一百八十条关于"不可抗力是指不能预见、不能避免且不能克服的客观情况"的规定,不可抗力并不限于双方当事人在上述《房屋租赁合同》中约定的情形,应以有关客观情况是否同时具备不可预见性、不可避免性、不可克服性等特征加以综合判断。

具体到本案中,根据武汉市人民政府 2011 年 3 月 18 日发布的〔2011〕第 54 号征收土地公告,案涉土地作为洪山村综合改造还建用地,在征收土地的四至范围内,并根据《省国土资源厅关于批准武汉市 2010 年度城中村改造第三批次建设用地的函》(鄂土资函〔2010〕374 号)及《武汉市建设用地批准书》(武土批准书〔2014〕第 23 号)文件,随后办毕征收土地批后手续,在拆除原楚灶王大酒店后作为国有建设用地使用。因案涉土地被政府征收,并导致案涉房屋因政府征收行为被拆除,显然已无法继续提供给水调歌头公司租赁使用,故双方签订《房屋租赁合同》《租赁商铺合同》的目的已无法实现。在此情形下,洪山村委会、三鸿公司可以依据《合同法》第九十四条第(一)项的规定,解除其与水调歌头公司签订的《房屋租赁合同》《租赁商铺合同》。

水调歌头公司上诉称案涉地块被置换进而被拆迁系洪山村委会、三鸿公司策划并操纵的结果,对此本院认为,根据《中共武汉市委武汉市人民政府关于积极推进"城中村"综合改造工作的意见》中关于城中村改造"要认真听取村民意见、反映村民意愿"的原则精神,洪山村委会、三鸿公司分别作为基层村民自治组织、村集体经济组织,有责任将该村在还建安置中的矛盾及村民安置意愿需求反映给上级政府,但这并不能改变上述征收及拆迁行为系政府行为的属性,即有关征收及拆迁行为仍是由政府决定并付诸实施的强制行为,符合不可预见性、不可避免性、不可克服性等不可抗力的基本特征,不能归责于本案任何一方。

水调歌头公司还上诉称洪山村委会、三鸿公司在取得新建的商业住宅综合楼的商业部分后仍可以继续履行租赁合同,对此本院认为,新建商业住宅综合楼商业部分与案涉房屋并不属于同一标的物,在双方没有协商一致的情况下,水调歌头公司要求洪山村委会、三鸿公司按原租赁合同继续出租给水调歌头公司缺乏依据。

【案例来源】

中国裁判文书网,http://wenshu.court.gov.cn。

514　出租人在寄送解除合同通知书的当日即强行接管租赁房屋，是造成租赁合同不能继续履行的主要原因，对此出租人应承担房屋租赁合同不当解除的主要责任

【关键词】

│房屋租赁│合同解除│装修│定金│

【案件名称】

上诉人青州美好家居广场有限公司、于天卿、操礼根与被上诉人青州市双喜家具有限公司房屋租赁合同纠纷案［最高人民法院（2017）最高法民终 60 号民事判决书，2018.6.28］

【裁判精要】

最高人民法院认为：

根据美好家居公司、于天卿、操礼根的上诉请求及双喜家具公司的答辩理由，归纳本案二审争议焦点为：双喜家具公司应否承担返还双倍定金共计 1200 万元和直接经济损失 11114288.89 元（其中，直接投资损失 10996063.19 元，账外资产价值 118225.70 元）及赔偿预期利益损失 2200 万元。

2013 年 1 月 19 日，于天卿、操礼根与双喜家具公司签订的《房屋租赁合同》，是当事人的真实意思表示，不违反国家法律规定，该《房屋租赁合同》合法有效，各方当事人应当自觉遵守合同，诚信履约。

2013 年 3 月 28 日，操礼根、于天卿、宋仁鹏出资成立青州双喜美好家居有限公司即美好家居公司的前身，美好家居公司、于天卿、操礼根同时对涉案租赁房屋进行了装修、装饰，使该房屋具备符合家具城经营的条件并开始经营。2014 年 9 月 12 日，"青州双喜美好家居有限公司"更名为"青州美好家居广场有限公司"。2013 年 4 月到 2015 年 4 月期间，分别以"青州双喜美好家居有限公司""青州美好家居广场有限公司"的名义与 62 家商户签订租赁合同。

2015 年 4 月 11 日，双喜家具公司向美好家居公司、于天卿、操礼根寄送《解除合同通知书》，随后在 2015 年 4 月 26 日美好家居公司、于天卿、操礼根即向一审法院提起诉讼，要求双喜家具公司双倍返还定金及赔偿损失，并未提出确认双喜家具公司解除合同无效或主张继续履行合同的诉请，对此美好家居公司、于天卿、操礼根享有选择权，本院予以确认。双方已经实际履行了《房屋租赁合同》两年时间，一审判决根据美好家居公司、于天卿、操礼根的诉讼请求及涉案房屋已被双喜家具公司接管的事实，确认《房屋租赁合同》已经解除并无不当。根据《房屋租赁合同》第十一条变更和终止第 11.4"甲方解除权因下列情形之一，甲方有权终止本合同，由此造成甲方损失的，乙方应向甲方赔偿，并承担违约责任：……（6）乙方未履行本合同项下

其他义务,经甲方限期整改,期满后仍未改正的"的约定,双喜家具公司在寄送《解除合同通知书》的当日即强行接管了涉案租赁房屋,是造成《房屋租赁合同》不能继续履行的主要原因,对此,双喜家具公司应承担《房屋租赁合同》不当解除的主要责任。依据《合同法》第九十七条"合同解除后,尚未履行的,终止履行;已经履行的,根据履行情况和合同性质,当事人可以要求恢复原状、采取其他补救措施,并有权要求赔偿损失"的规定,《房屋租赁合同》从 2015 年 4 月 11 日后未履行的租赁期限不再履行。经鉴定,美好家居公司、于天卿、操礼根对涉案房屋的装修、装饰实际投入资金为 10996063.19 元,应当由双喜家具公司予以全部返还。一审判决按照双方各承担 50% 的责任比例,判决由双喜家具公司赔偿美好家居公司、于天卿、操礼根 5498031.60 元不当,本院予以纠正。账外资产价值 118225.70 元,美好家居公司、于天卿、操礼根未提交有关账外资产的有效证据,对该账外资产价值的上诉请求,本院亦不予支持。美好家居公司、于天卿、操礼根实际给付定金 600 万元,双方对此无异议,本院予以确认。《房屋租赁合同》约定,该定金在合同履行中冲抵租金,又鉴于双喜家具公司承诺免除两年租金,故未发生美好家居公司、于天卿、操礼根需要支付租金的情形,600 万元定金在《房屋租赁合同》解除后应予返还。《房屋租赁合同》第 9.2(10) 约定,"在租赁期内,乙方保证并承诺在该房屋内注册新的公司愿意共同承担本合同项下的所有权利、义务和责任,作为共同承租人的承诺书,否则,甲方有权采取必要措施阻止其经营,并有权解除本合同",美好家居公司、于天卿、操礼根未出具共同承租人的承诺书,对《房屋租赁合同》的解除亦负有一定责任,一审判决认定不应双倍返还定金亦无不当,但对双喜家具公司已经收取的 600 万元定金未判决返还错误,对此,本院予以改判,由双喜家具公司返还美好家居公司、于天卿、操礼根定金 600 万元。美好家居公司、于天卿、操礼根上诉主张应双倍返还定金为 1200 万元理据不足,本院不予支持。美好家居公司、于天卿、操礼根主张赔偿预期可得利益损失 2200 万元,因后期市场经营风险无法准确预测,美好家居公司、于天卿、操礼根亦未提供充分证据证明其可获取经营利润收益的证据,对主张预期利益 2200 万元的请求,本院不予支持,一审判决对此问题认定亦正确。

【案例来源】

中国裁判文书网,http://wenshu.court.gov.cn。

515 在租赁期内,出租方负有对房屋交付使用、监督、管理等义务

【关键词】

| 房屋租赁 | 合同解除 | 交付 |

【案件名称】

申请再审人石家庄宝石集团电视机厂与被申请人石家庄市冀发商贸有限公司租

赁合同纠纷案［最高人民法院（2012）民提字第 73 号民事判决书，2012.10.25］

【裁判精要】

> 裁判摘要：双方签订房屋租赁合同后，出租方的义务并非仅交付房屋的使用权即履行完毕，而是在租赁期内，还负有对房屋交付使用、监督、管理等义务，其义务具有阶段性和持续性，只有在房屋租赁合同履行期限届满后，出租方的义务才履行完毕。

最高人民法院认为：

本案再审争议焦点为，电视机厂管理人 2009 年 7 月 31 日向冀发商贸发出的《解除〈租赁办公楼协议〉通知书》是否有效。

一、电视机厂与冀发商贸签订的《租赁办公楼协议》在电视机厂破产申请受理后是否属于双方均未履行完毕的合同

1998 年 11 月 11 日，电视机厂与冀发商贸签订《租赁办公楼协议》，约定电视机厂以月租金 6.5 万元将办公楼一幢 5046 平方米、警卫室 200 平方米、收发室 100 平方米租赁给冀发商贸做办公楼使用，租期为 15 年，自 1999 年 1 月至 2013 年 12 月 31 日止。该租赁协议是双方真实意思表示，不违反法律、法规的禁止性规定，应认定为合法有效。

电视机厂与冀发商贸签订的《租赁办公楼协议》作为房屋租赁合同，出租方的义务并非仅交付房屋的使用权即履行完毕，而是在租赁期内，还负有对房屋保证使用、管理、监督等义务，其义务具有阶段性和持续性，只有在房屋租赁合同履行期限届满后，出租方的义务才履行完毕。本案电视机厂与冀发商贸之间的《租赁办公楼协议》签订于 1998 年 11 月 11 日，租期为 15 年，自 1999 年 1 月至 2013 年 12 月 31 日止，电视机厂的破产申请受理于 2005 年 12 月 16 日，故《租赁办公楼协议》属于破产申请前成立而债务人和对方当事人均未履行完毕的合同。二审判决关于电视机厂将房屋交付承租方即履行完毕合同义务，该协议不属于双方均未履行完毕的合同而应适用《合同法》的认定不当。

二、电视机厂管理人依据《企业破产法》向冀发商贸发出的《解除〈租赁办公楼协议〉通知书》是否有效

2009 年 7 月 30 日电视机厂管理人所发出的《解除〈租赁办公楼协议〉通知书》载明："按照《企业破产法》之规定，现石家庄宝石集团电视机厂管理人向你发出书面通知，自即日起解除合同。"首先，电视机厂的破产申请受理于 2005 年 12 月 16 日，即电视机厂的破产申请发生在现行《企业破产法》颁布实施之前，故电视机厂的破产程序应适用《企业破产法（试行）》的相关规定。《企业破产法（试行）》第二十六条规定："对破产企业未履行的合同，清算组可以决定解除或者继续履行。清算组决定解除合同，另一方当事人因合同解除受到损害的，其损害赔偿额作为破产债权。"

根据该条规定,对于破产企业已经在履行的合同,清算组不能单方决定解除。其次,《企业破产法》第十八条适用的情形是在新法施行后受理破产案件同时指定管理人的情形,而不是本案中2005年12月16日受理电视机厂的破产申请,2007年12月29日指定清算组为管理人的情形。且无论是《企业破产法》第十八条还是《最高人民法院关于〈中华人民共和国企业破产法〉施行时尚未审结的企业破产案件适用法律若干问题的规定》第二条,都是为了在破产程序中尽快明确合同双方的权利义务,如管理人在法定期间内没有行使选择继续履行合同的权利,即丧失了要求对方继续履行的权利,而不是双方已经在持续履行合同的情况下如果管理人未明确通知对方继续履行合同即推定解除合同。本案中,冀发商贸自1999年起按约定向电视机厂支付租金直至2009年7月,2005年12月电视机厂进入破产程序后,租金先由监管组收取后改为管理人收取。但无论是由监管组收取租金还是管理人收取租金,其都是在代表电视机厂收取,所获利益归为电视机厂财产。电视机厂在破产申请受理后继续收取冀发商贸租金的行为表明,电视机厂和冀发商贸一直在以实际行为继续履行双方于1999年签订的《租赁办公楼协议》。因此,在该合同的持续履行期间,电视机厂管理人在破产申请受理近四年后单方以通知形式解除《租赁办公楼协议》缺乏法律依据,电视机厂管理人依据《企业破产法》向冀发商贸发出的《解除〈租赁办公楼协议〉通知书》应为无效。

【案例来源】

中国裁判文书网,http://wenshu.court.gov.cn;最高人民法院民事审判第二庭编:《最高人民法院商事审判指导案例·合同与借贷担保》,中国民主法制出版社2013年版,第283~289页。

第四章 | CHAPTER 04

装饰装修

516 出租人同意按照承租人的装饰装修风格进行房屋的重新装修，鉴于出租人就房屋所增设的权利负担导致合同不能继续履行，对出租人要求承租人恢复原状或者赔偿损失的主张不予支持

【关键词】

｜房屋租赁｜装饰装修｜合同解除｜恢复原状｜

【案件名称】

上诉人长春大富豪餐饮娱乐有限公司与上诉人吉林大学第一医院房屋租赁合同纠纷案［最高人民法院（2017）最高法民终338号民事判决书，2017.6.30］

【裁判精要】

最高人民法院认为：

关于大富豪公司主张的对涉案房屋恢复原状，或者支付自行恢复的相应价款，以及赔偿损失是否成立的问题。

本案中，案涉合同第二条第一款第三项约定"该房屋现有装修及设施、设备情况详见合同附件"。但案涉合同签订后，双方并未就案涉合同签订相关附件内容，仅就楼房及相关设备签订交接清单一份，即对于大富豪公司于2010年8月19日交付给吉大一院租赁房屋的装修状况，双方并未进行明确约定，且现双方均未提供充分证据证明涉案房屋在交接时的原有状况，故对于涉案房屋在交接时的原状现已无法查清。同时，由于承租房屋的用途发生变化，双方案涉合同第十六条第三款约定，甲方（大富豪公司）应同意按照乙方（吉大一院）的装饰装修风格进行房屋的重新装修。吉大一院在承租房屋后进行了部分拆改，亦属于正常的房屋使用过程。如上所述，大富豪公司与吉大一院在履行案涉合同过程中，均不存在违约行为。双方《房屋租赁合同》的最终解除，虽系双方的最终合意，但该合同不能继续履行的主要原因在于出租人跨世纪公司就涉案房屋所增设的各种权利负担和限制，据此，一审法院认定对于大富豪公司要求对涉案房屋恢复原状或者赔偿自行恢复原状的相应价款以及赔偿损失的主张不予支持，该认定并无不当，本院予以维持。

【案例来源】

中国裁判文书网，http://wenshu.court.gov.cn。

517 因合同双方当事人在履约过程中对合同约定不够明确的事项未能协商处理，产生矛盾，导致合同最终被解除，双方均有违约行为，应当各自承担相应的责任

【关键词】

　　│房屋租赁│装饰装修│合同解除│租金│

【案件名称】

　　再审申请人九江雅格泰大酒店有限公司与被申请人九江世惠科技服务有限公司、江西金誉酒店管理有限公司房屋租赁合同纠纷案［最高人民法院（2017）最高法民再 227 号民事判决书，2017. 8. 16］

【裁判精要】

　　最高人民法院认为：

　　（二）关于违约责任问题

　　雅格泰公司与世惠公司在租赁合同中约定,如出租方违约造成承租方无法履行合同,则出租方双倍赔偿承租方押金和折旧后的装修款;如承租方违约则押金不退,所有装修无偿归出租方,另承租方按折旧后的装修款赔付现金给出租方。从责任的承担方式、后果程度等分析,该约定的违约责任属于单方违约情形下,合同相对方应承担的责任。在合同双方均有违约行为的情形下,适用该约定确定违约责任,不仅不符合合同当事方的真实意思表示,而且会导致显失公平的后果。本案因雅格泰公司与世惠公司在履约过程中对合同约定不够明确的事项未能进行友好协商处理,产生矛盾,导致合同最终解除,双方均有违约行为,故不应适用上述约定来确定违约责任承担。因此,对雅格泰公司关于依据上述约定判决世惠公司对酒店的装修无偿归雅格泰公司所有,世惠公司按折旧后的装修款数额赔付现金给雅格泰公司,200 万元保证金不予退还的诉讼请求,以及世惠公司、金誉公司关于按上述约定判决雅格泰公司双倍赔偿世惠公司、金誉公司保证金和折旧后的装修款的诉讼请求,本院均不予支持。《合同法》第一百二十条规定:"当事人双方都违反合同的,应当各自承担相应的责任。"本案应根据雅格泰公司与世惠公司都存在违约行为的实际情况,依据该条法律规定,确定案涉租赁合同解除后,双方各自应承担的法律责任。

　　1. 关于租赁物及保证金、装修价值的返还问题。《合同法》第九十七条规定:"合同解除后,尚未履行的,终止履行;已经履行的,根据履行情况和合同性质,当事人可以要求恢复原状、采取其他补救措施,并有权要求赔偿损失。"雅格泰公司关于世惠公司将租赁物九江雅格泰大酒店按现状返还的请求,符合上述法律规定,本院予以支持。因金誉公司也是实际控制酒店的主体,故其也应承担返还酒店的责任。

同时,雅格泰公司也应就世惠公司为履行合同所交的 200 万元保证金以及酒店装修价值进行返还。因装修无法返还实物,故雅格泰公司应以折价现金的方式返还世惠公司折旧后的装修价值。该部分装修价值指合同履行期间世惠公司对合同约定的租赁区域范围内的酒店客房等进行装修的价值,不包括世惠公司超出租赁区域范围装修的价值,以及其在合同解除后安装空调的价值。酒店大堂虽有部分区域不属于租赁范围,但根据前述分析,世惠公司就该部分区域进行装修使用并不违反合同约定,故对该部分装修价值,雅格泰公司也应予以返还。就案涉装修的价值,一审法院委托九江市价格认证中心进行了评估,该中心出具了评估报告。雅格泰公司虽对评估报告不认可,但其未能提供补充鉴定所需的证据材料,也未能提供证据证实评估报告不应采信。故本案可依据该评估报告确定相应装修的价值。依据九江市价格认证中心出具的评估报告,2012 年 3 月世惠公司投入酒店装修的各项资产重置总价为 9208369 元;合同履行期间世惠公司对合同约定的租赁区域范围内的酒店客房、大堂等进行装修的重置价为 7592843 元,即在重置总价基础上,扣除四楼餐厅装修工程重置价 1043809 元、厨房设备重置价 160950 元、餐饮用具重置价 40687 元、租赁合同解除后安装的 153 台空调重置价 370080 元;按平均 8 年折旧年期,年折旧费率为 12.5%,平均每日折旧 2600.29 元[7592843(元)÷8(年)÷365(日)]。雅格泰公司应以折价现金的方式,将酒店交还当日酒店装修价值返还世惠公司,即以 7592843 元为基数,从 2012 年 3 月 1 日起,按每日折旧减少 2600.29 元,计算至酒店返还雅格泰公司之日。

2. 关于合同解除后酒店返还前的租金损失、装修折旧损失承担问题。因雅格泰公司与世惠公司均有违约行为,对案涉租赁合同解除均有过错,故双方对合同解除后酒店返还前的租金损失、装修折旧损失,应予以分担。综合考虑合同解除后世惠公司仍继续经营酒店至 2016 年 10 月 7 日、合同解除必然导致世惠公司预期可得利润损失等因素,可按各承担 50% 比例来确定雅格泰公司与世惠公司对该两部分损失的分担责任。租金损失部分的具体数额可参照合同关于租金的约定来确定,即 2014 年 1 月 1 日至同年 7 月 31 日租金标准为每年 300 万元,2014 年 8 月 1 日至 2017 年 7 月 31 日租金标准为每年 315 万元,2017 年 8 月 1 日至 2020 年 7 月 31 日租金标准为每年 330 万元。因自合同解除之日至 2013 年 12 月 31 日的租金损失问题,双方当事人已通过另案予以解决,故本院在本案中对此不再处理,本案租金损失自 2014 年 1 月 1 日起计算至酒店实际返还之日止。装修折旧损失指合同履行期间世惠公司对合同约定的租赁区域范围内的酒店客房、大堂等进行的装修自租赁合同解除日至酒店交还雅格泰公司日期间的折旧损失。依据九江市价格认证中心出具的评估报告,该部分装修每日折旧减少 2600.29 元,装修折旧损失自 2013 年 10 月 16 日计算至实际返还酒店之日止。

3. 关于健身房改造成餐厅及九江雅格泰大酒店招牌被拆所造成损失承担问题。

世惠公司在未经雅格泰公司同意的情况下,将不属于其租赁经营区域的健身房改造成餐厅,并将九江雅格泰大酒店的招牌拆除,侵害了雅格泰公司合法权益。世惠公司应当自行承担健身房改造装修成餐厅的相关费用,并应赔偿雅格泰公司健身房改造及九江雅格泰大酒店招牌被拆造成的相应损失。世惠公司为餐厅添置的厨房设备、餐饮用具等,由其自行处置。依据九江市价格认证中心出具的评估报告,健身房被拆部分损失为 165368.35 元,九江雅格泰大酒店招牌被拆损失 95200 元,共计 260568.35 元。

4. 关于空调损失承担问题。世惠公司在案涉租赁合同履行期间,先后于 2011 年 9 月安装了 6 台分体空调、2012 年 1 月安装了 25 台分体空调;在租赁合同解除后,又于 2013 年 12 月安装了 153 台分体空调。对于合同解除前安装 31 台空调,因系世惠公司在合同履行期间进行装修改造而配置,雅格泰公司应对该部分空调折旧价值及折旧损失承担相应责任。该部分价值及损失已计入装修价值和装修折旧损失。对于 2013 年 10 月租赁合同解除后,世惠公司安装的 153 台分体空调,应由其自行承担相关费用。关于雅格泰公司主张的世惠公司未经其同意,擅自拆除酒店中央空调问题,因雅格泰公司未能提供证据证实酒店中央空调已被拆除或损坏,故对其请求世惠公司赔偿该部分损失,本院不予支持。雅格泰公司如有新的证据证明该部分损失,可依法另行主张。

5. 关于世惠公司、金誉公司主张的其他损失问题。租赁合同约定,世惠公司在合同履行期内可根据经营需要,寻求合作或出租除客房、会议室外部分场地,经营与酒店配套项目,故世惠公司将酒店大堂部分区域出租给案外人经营超市符合合同约定。关于世惠公司主张的因租赁合同解除导致其与案外人订立的出租超市场地的合同解除问题,因其未能提供证据证实其赔付了案外人损失,故对其要求雅格泰公司赔偿该部分损失,本院不予支持。世惠公司如有新的证据证明该部分损失,可依法另行主张。关于世惠公司、金誉公司主张的员工服装损失问题,因员工服装属于低值易耗品,且无法交由他人再次使用,故不宜作为资产移交雅格泰公司,应由世惠公司、金誉公司自行处理。对世惠公司、金誉公司主张的经营损失,综合考虑其未能提供充分证据证实及前述各项损失分担情况,本院不予支持,应由世惠公司、金誉公司自行承担。对世惠公司、金誉公司主张的员工工龄补偿金损失,因其未能提供证据证实该部分损失实际发生,故本院亦不予支持。

【案例来源】

中国裁判文书网,http://wenshu.court.gov.cn。

518 装饰装修残值损失之外的其他损失，可适用公平原则由双方分担

【关键词】

｜房屋租赁｜装饰装修｜合同解除｜公平原则｜

【案件名称】

上诉人湖北水调歌头饮食文化发展有限公司与上诉人武汉市洪山区人民政府洪山街办事处洪山村村民委员会、武汉三鸿实业有限责任公司房屋租赁合同纠纷案［最高人民法院（2018）最高法民终107号民事判决书，2018.12.25］

【裁判精要】

最高人民法院认为：

二、关于一审判决根据公平原则对水调歌头公司的损失进行补偿是否正确的问题

因案涉《房屋租赁合同》《租赁商铺合同》的解除事由不可归责于任何一方当事人，故双方当事人均不存在过错，不需向对方承担含赔偿损失在内的违约责任，但仍存在合同解除后的损失合理分担问题。一审法院鉴于水调歌头公司租赁的房屋所占用的土地被武汉市人民政府征收后用于实施洪山村综合改造还建用地项目，故洪山村委会、三鸿公司系洪山村综合改造后的实际受益人，从公平原则出发，判令洪山村委会、三鸿公司对水调歌头公司所受损失予以补偿。洪山村委会、三鸿公司不服，上诉称本案不符合公平原则的适用条件，对此本院认为，《城镇房屋租赁合同解释》第十一条规定："承租人经出租人同意装饰装修，合同解除时，双方对已形成附合的装饰装修物的处理没有约定的，人民法院按照下列情形分别处理：……（四）因不可归责于双方的事由导致合同解除的，剩余租赁期内的装饰装修残值损失，由双方按照公平原则分担"，即在合同因不可归责于双方的事由而解除的情况下，可以按照公平原则分担损失，虽然该条款针对的是剩余租赁期内的装饰装修残值损失，但公平原则是《民法总则》及《合同法》规定的基本原则，一审法院在本案中对装饰装修残值损失之外的其他损失，亦适用公平原则判令作为受益人的洪山村委会、三鸿公司予以补偿，符合上述法律原则和规定的精神。

三、关于案涉《房屋租赁合同》《租赁商铺合同》解除后水调歌头公司的损失范围和具体数额问题

第一，关于水调歌头公司主张的扩建工程损失336.71万元及附属设施设备损失420.96万元问题。对于扩建工程，因案涉《房屋租赁合同》《租赁商铺合同》明确约定水调歌头公司对所承租的房屋进行改扩建须征得洪山村委会的书面同意，而水调歌头公司并未提交证据证明上述扩建工程已征得洪山村委会的书面同意，其上诉所称的洪

山村委会已默示同意,洪山村委会既不认可,也缺乏合同或法律依据,故该扩建工程的费用应由水调歌头公司自行承担。对于附属设施设备损失420.96万元,因该设施设备为可移动财产,因此水调歌头公司可自行收回。水调歌头公司上诉称案涉房屋一夜之间被强拆,水调歌头公司根本没有时间和机会转移,因洪山村委会、三鸿公司早在2012年9月5日就提前向水调歌头公司发出《关于解除并终止履行的通知》,且水调歌头公司无证据证明系洪山村委会、三鸿公司实施了上述强拆行为,故水调歌头公司要求洪山村委会、三鸿公司承担附属设施设备损失的依据不足。

第二,关于水调歌头公司主张的其向第三方(即78位预定宴席的客人及两家厨房设备供应商)支付的违约金及定金1089300元。因水调歌头公司并未向法院提供实际支付凭证,一审判决以该证据系白条,并无第三方出具的证明,也未申请法院委托鉴定机构审核为由不予认定并无不当。

第三,关于水调歌头公司主张的365万元违约金问题。由于洪山村委会、三鸿公司系因不可抗力而解除案涉《房屋租赁合同》《租赁商铺合同》,行使的是法定解除权,故不涉及到含违约金在内的违约责任问题。

第四,关于预期利益损失问题,水调歌头公司依据安华会计事务公司所作的鄂安华[2014]法鉴字第001号《关于剩余租期内湖北水调歌头饮食文化发展有限公司楚灶王大酒店经营的预期可获得利益司法会计鉴定意见书》,主张其2013~2023年度持续经营的预期可获得利益为94495800元,因案涉《房屋租赁合同》和《租赁商铺合同》的解除并非水调歌头公司的违约行为所致,而是因为不可抗力,故本案不宜按照违约赔偿的原则,对水调歌头公司主张的上述预期可获得利益全部认定。一审法院考虑在上述合同解除后,水调歌头公司需要重新寻找场地,这必然导致楚灶王大酒店在一段时间内无法正常开展经营,理应给一年宽限期,故从公平原则出发,酌定按2010~2012年三年利润的平均值4798533.33元作为水调歌头公司2013年的经营利润损失的补偿,符合本案的实际情况,较为公允。洪山村委会、三鸿公司上诉称应按2003~2012年的平均利润来认定水调歌头公司2013年的经营利润损失,对此本院认为,考虑价格、市场因素及经济发展情况的变化,采取近三年的平均利润值,更为客观。

第五,关于水调歌头公司向其员工支付的提前解除劳动合同经济补偿金5955640.54元的问题,上述款项的支付经武汉市洪山区人力资源局的鉴证,且是因案涉《房屋租赁合同》和《租赁商铺合同》被解除、水调歌头公司无法继续经营而向其员工支付,应予认定。该经济补偿金与2013年的经营利润损失均为水调歌头公司因合同解除而遭受的损失,并不存在重复内容,洪山村委会、三鸿公司关于两者不应均支持的上诉主张不能成立。

【案例来源】

中国裁判文书网,http://wenshu.court.gov.cn。

第五章 | CHAPTER 05

承租人优先购买权

519 承租人明确表示不购买承租房屋，其请求宣告出租人与他人的房屋买卖合同无效的，不予支持

【关键词】

│房屋租赁│优先购买权│房屋买卖│合同效力│

【案件名称】

上诉人重庆鑫隆达房地产开发有限公司、重庆宏彪商贸有限公司与被上诉人重庆解放碑茂业百货有限公司优先购买权房屋租赁合同纠纷案 [最高人民法院二审民事判决书]

【裁判精要】

裁判摘要：承租人在无意以同等价格购买租赁房屋的情况下，请求宣告承租人与购买房屋人的买卖合同无效，不符合相关法律规定精神，其诉讼请求应予驳回。

最高人民法院认为：

承租人优先购买权的性质是先买权。《合同法》第二百三十条规定：出租人出卖出租房屋的，应当在出卖之前的合理期限内通知承租人，承租人享有以同等条件优先购买的权利。该规定的主要目的是保障出租人出卖房屋时，承租人在同等条件下，优先购买租赁房屋。本案中，虽然鑫隆达公司在出卖租赁房屋时未通知茂业百货公司，但是，本案在一审审理时，一审法院多次询问茂业百货公司是否在同等条件下购买房屋，茂业百货公司致函给一审法院明确表示，按同等价格将房屋销售给茂业百货公司不公平，属于强买。由此可以认定茂业百货公司没有在同等条件下购买该租赁房屋的意愿，已放弃了优先购买权的行使。据此，茂业百货公司在无意以同等价格购买租赁房屋的情况下，请求宣告鑫隆达公司与宏彪公司房屋买卖合同无效，并确认其在此次房屋买卖活动中在同等条件下享有优先购买权，不符合法律规定，其诉讼请求不应予以支持。

关于鑫隆达公司与茂业百货公司解除租赁合同纠纷，一审法院已另案审理，不属本案审理范围。

【权威解析】

从本案审理的情况看，茂业百货公司无意在同等条件下购买承租房屋。因此，最高人民法院终审判决驳回茂业百货公司的诉讼请求是正确的。理由是：第一，在起诉状的请求中，茂业百货公司未提出购买房屋的请求；第二，在一审法院多次释明茂业百货公司是否购买房屋时，茂业百货公司表示，按同等的价格将房屋销售给茂

业百货公司不公平,属于强买;第三,虽然后来茂业百货公司称同等条件下愿意购买房屋,但法院让茂业百货公司将买房款打入指定账户时,该公司未予理睬。因此,可以认定茂业百货公司没有购买房屋的意愿。虽然鑫隆达公司在买卖房屋时没有通知茂业百货公司,但在诉讼中,茂业百货公司无意购买房屋的行为,已证明茂业百货公司放弃了优先购买权的行使。在此情况下,鑫隆达公司将房屋卖与他人,并未侵犯茂业百货公司的优先购买权。故茂业百货公司在本案中,请求宣告鑫隆达公司与他人房屋买卖合同无效,不符合法律对该问题的立法目的,也不利于市场经济交易安全。①

【案例来源】

最高人民法院民事审判第一庭编:《民事审判指导与参考》(总第37集),法律出版社2009年版,第209页。

编者说明

根据《合同法》第二百三十条的规定,优先购买权是指特定人依法律规定或约定而享有的、于出卖人出卖其标的物于第三人时,得以同等条件优先于他人而购买的权利。设立优先购买权制度,目的是维护和稳定既有经济秩序,充分发挥财产的使用效能,解决人们的基本生产和生活条件,而不是对出卖人所有权的限制。因此,优先购买权的性质为债权,不能取得物权对抗第三人的效力。②《最高人民法院关于贯彻执行〈中华人民共和国民法通则〉若干问题的意见(试行)》第一百一十八条曾规定:"出租人出卖出租房屋,应提前三个月通知承租人,承租人在同等条件下,享有优先购买权;出租人未按此规定出卖房屋的,承租人可以请求人民法院宣告该房屋买卖无效。"鉴于承租人优先购买权不具有物权效力,

① 参见孙延平:《承租人明确表示不购买承租房屋,其请求宣告出租人与他人的房屋买卖合同无效的,不应给予支持——重庆鑫隆达房地产开发有限公司、重庆宏彪商贸有限公司与重庆解放碑茂业百货有限公司优先购买权纠纷上诉案》,载最高人民法院民事审判第一庭编:《民事审判指导与参考》(总第37集),法律出版社2009年版,第210页。

② 对承租人优先购买权的法律性质,理论界一直有争议,有物权或准物权说、债权说、请求权说、期待权说、形成权说等不同学说。而我国法律、司法解释的沿革,反映出承租人优先购买权债权性质的逐步回归。《物权法》未将优先购买权规定为物权,依据物权法定原则,承租人优先购买权也就不应再纳入物权保护的范畴,不具有排他性。基于此,2008年12月《最高人民法院关于废止2007年底以前发布的有关司法解释(第七批)的决定》以与《物权法》有相关内容冲突为由,将《最高人民法院关于贯彻执行〈中华人民共和国民法通则〉若干问题的意见(试行)》第一百一十八条废止。《城镇房屋租赁合同解释》第二十一条规定:"出租人出卖租赁房屋未在合理期限内通知承租人或者存在其他侵害承租人优先购买权情形,承租人请求出租人承担赔偿责任的,人民法院应予支持。但请求确认出租人与第三人签订的房屋买卖合同无效的,人民法院不予支持。"将承租人优先购买权定位为承租人的法定优先缔约权,系债权,不具有对抗善意第三人的效力。参见马成波:《解读〈关于福清市名流园艺有限公司与翁武强、翁武雄及福清市国有资产营运中心确认合同效力纠纷案的请示的答复〉》,载最高人民法院审判监督庭编:《审判监督指导》(总第29辑),人民法院出版社2010年版,第49~50页。

2008 年 12 月 18 日《最高人民法院关于废止 2007 年底以前发布的有关司法解释(第七批)的决定》废止了该条规定。

关于出租人与第三人成立的买卖合同的效力。根据合同相对性原则,合同只在合同当事人之间成立和生效,非合同当事人的行为一般不应影响合同的效力,故不论第三人是否已受让标的物,其与出卖人之间成立的买卖合同的效力都不应因优先购买权的行使而受影响,除非双方以优先购买权的不行使作为合同的生效条件。承租人优先购买权是一种强制缔约请求权,当承租人主张行使优先购买权时,其与出租人之间形成买卖合同关系。如果出租人与第三人之间的买卖合同已实际得到履行,优先购买权人可依据优先购买权的保护,主张优先履行其与出租人之间形成的买卖合同,①第三人因此无法取得标的物之所有权,其可依买卖合同要求出卖人承担违约责任或者赔偿责任。因此,出卖人与第三人订立的买卖合同,只要双方买卖的意思表示真实,且无虚高定价排除优先购买权人行使权利的恶意,应认定为有效合同。②

520 抵押权设立后抵押财产出租的,承租人不得以其租赁权对抗抵押权人

【关键词】

│房屋租赁│优先购买权│抵押权│执行异议│

【案件名称】

再审申请人大连舒心门业有限公司与被申请人中信银行股份有限公司大连甘井子支行、大连国滨企业发展总公司案外人执行异议之诉纠纷案 [最高人民法院(2015)民申字第 16 号民事裁定书,2015.1.29]

【裁判精要】

裁判摘要:(1)根据《民事诉讼法》第二百二十五条之规定,房屋承租人主张拍卖房屋未通知其行使优先购买权,属于对人民法院执行行为是否合法的异议,而不

---

① 为避免承租人不具备购房能力或者没有购房意图而滥用权利,支持承租人行使优先购买权时应赋予其一定的义务,如承租人应当交付一定数额的定金或者担保,以使出租人信任其履行能力。如果在合理期限内承租人未切实履行优先购买权,则出租人与第三人就出租房屋的买卖合同依然可以继续履行。如刘绪国诉万战、李冬梅承租人优先购买权案,法院认为,刘绪国于 2009 年 5 月即知晓万战向李冬梅出售房屋一事,在长达一年多的时间里,未作出以此价格购买的意思表示,未积极行使优先购买权,其早已超过合理期限,判决驳回其诉讼请求。参见张英周、王歆:《承租人优先购买权行使合理期限的确定》,载北京市房地产法学会编:《最新房地产典型案例评析》,法律出版社 2012 年版,第 519~525 页。

② 参见最高人民法院民事审判第一庭编著:《最高人民法院关于审理城镇房屋租赁合同纠纷案件司法解释的理解与适用》,人民法院出版社 2009 年版,第 288~289 页。

属于对执行标的的异议。

（2）租赁合同是否合法有效，均不能产生阻却人民法院对该房屋及其占用土地使用权予以执行的法律效果。

（3）当事人所持因土地被征用而使抵押物发生变化，申请执行人就案涉土地使用权无权行使抵押权的主张，属于对执行所依据的法律文书的异议，而不属于对执行标的的异议，应通过针对执行依据的审判监督程序解决。

最高人民法院认为：

关于案涉地块上 3500 平方米仓库是否属于抵押财产的问题。舒心门业提交的三份租赁合同中，落款日期为 2004 年 9 月 23 日的国滨公司与舒心门业的租赁合同约定，租赁物范围为国滨公司拥有的案涉土地使用权及地上厂房，其中包含了仓库 3500 平方米。舒心门业主张其仅从国滨公司租赁了土地使用权，地上仓库系舒心建材投资建设，但就该节事实，未提供充分证据予以证明，其仅提供与舒心建材签订的房屋租赁合同，不能证明该房屋系舒心建材投资建设于案涉抵押权设定之后的事实。而且根据《担保法》第五十五条、《物权法》第二百条的规定，即使可以认定土地使用权抵押后该土地上新增建筑物不属于抵押财产的情况下，在抵押权人就该土地使用权实现抵押权时，人民法院亦应当依法将该土地上新增的建筑物与土地使用权一并处分，故舒心门业所持案涉地块上 3500 平方米仓库不属于抵押财产范畴的理由，不能产生阻却人民法院对该土地使用权及地上房屋采取执行措施的法律效果，该申请再审理由不能成立。

关于优先购买权问题。本院认为，根据一审、二审判决载明的事实，案涉房产及土地使用权拍卖前，法院曾就拍卖事宜多次通知舒心门业，但该公司未行使优先购买权，舒心门业称并未收到拍卖通知与其经理在接受法院调查时所作陈述不相符。而且，根据《民事诉讼法》第二百二十五条之规定，舒心门业关于优先购买权行使问题的异议，属于对人民法院执行行为是否合法的异议，而不属于对执行标的的异议，故其所持该项申请再审理由不能成立。

关于舒心门业对案涉房屋是否享有合法承租权的问题。本院认为，舒心门业主张案涉建筑物在大连市甘井子区土地规划局有总体规划图，并非违法建筑，但就该节事实未举证证明，且仅具有总体规划图，亦不符合取得建设工程规划许可并按照规划许可建设施工的要求，不能因此推翻本案一审、二审判决作出的事实认定。本案系执行异议之诉，案件争议焦点为舒心门业就案涉执行标的物是否享有合法权利且该权利是否可以阻却人民法院的执行。根据《最高人民法院关于适用〈中华人民共和国担保法〉若干问题的解释》第六十六条的规定，抵押人将已抵押的财产出租的，抵押权实现后，租赁合同对受让人不具有约束力。抵押人将已抵押的财产出租时，如果抵押人未书面告知承租人该财产已抵押的，抵押人对出租抵押物造成承租人的损失承担赔偿责任;如果抵押人已书面告知承租人该财产已抵押的,抵押权实现造成承租人的损失,由承租人自己承担。根据一审、二审判决载明的事实,本案中信银行的抵押权设定在先,舒心门业所持租赁合同签订在后,因此无论该租赁合同是否合法有效,舒心门业的承租权是否合法存在,都不能产生阻却人民法院对案涉土地使用权及房屋予以执行的法律效果。舒心门业以其享有合法承租权为由,要求停止人民法院对抵押物执行的申请再审理由不能成立。

【案例来源】

中国裁判文书网,http://wenshu.court.gov.cn。

编者说明

抵押人将抵押财产出租的,如果抵押办理了抵押登记,抵押权可以对抗租赁权,《物权法》第一百九十条、《最高人民法院关于适用〈中华人民共和国担保法〉若干问题的解释》第六十六条均有规定,其对承租人的租赁权赋予了"物权化"的特征,承认租赁权与抵押权之间存在权利顺位关系。《物权法》第一百九十条规定:"订立抵押合同前抵押财产已出租的,原租赁关系不受该抵押权的影响。抵押权设立后抵押财产出租的,该租赁关系不得对抗已登记的抵押权。"故,不动产抵押权、动产抵押权均应以抵押登记时间确定与租赁权的顺位:登记在先,租赁在后的,抵押权优先;登记在后,租赁在先的,租赁权优先。①

具体来说,关于租赁与抵押的问题,区分为以下两种情形:

(1)承租人在债权人设立抵押权之前已经与被执行人签订了合法有效的房屋租赁合同,且已按约支付租金,并实际占有使用租赁物的,应当认定为"先租赁后抵押"。根据《物权法》第一百九十条规定,订立抵押合同前抵押财产已出租的,原租赁关系不受该抵押权的影响,执行法院根据抵押权人的申请,在对该租赁物采取拍卖等执行措施时,如果影响到承租人租赁权的行使,对承租人要求停止执行的诉讼请求应当予以支持。

(2)承租人在债权人设立抵押权之后,与被执行人签订房屋租赁合同的,应当认定为"先抵押后租赁"。抵押权设立后抵押财产出租的,承租人不得以其租赁权对抗申请执行人(即抵押权人),其要求停止执行的,不予支持。②

---

① 需要注意的是,《物权法》第一百九十条表述不够严谨,依照该条前半句,租赁权优先于抵押权(即租赁权不受抵押权影响)以抵押合同签订时间为标准;依照该条后半句,抵押权优先于租赁权(即租赁关系不得对抗已登记抵押权)以抵押权设立时间为标准。动产抵押权的设立时间与抵押合同签订的时间一般为同一时间,但不动产(包括准物权)抵押权的设立时间与抵押合同订立的时间往往不同。鉴于《物权法》第一百九十条明确规定租赁权人与抵押权人的权利顺位时间以权利发生顺序为准,故应当以抵押登记时间为准,确定抵押权与租赁权的顺位,即适用该条后半句的"抵押权设立"时间为标准。参见曹士兵:《中国担保制度与担保方法》,中国法制出版社2017年版,第265~266页。

② 参见王毓莹:《执行异议之诉案件的裁判思路》,载最高人民法院民事审判第一庭编:《民事审判指导与参考》(总第67辑),人民法院出版社2017年版,第52页。

521 承租人享有的优先购买权仅适用于自己承租的房屋，不适用于出租人出卖的其他房屋

【关键词】

| 房屋租赁 | 优先购买权 | 房屋买卖 |

【案件名称】

杨巧丽诉中州泵业公司优先购买权侵权纠纷案［郑州市中级人民法院二审民事判决书，2003.3.14］

【裁判精要】

裁判摘要：根据《合同法》第二百三十条的规定，房屋出租人出卖租赁房屋时，承租人在同等条件下享有的优先购买权，应为购买自己承租的房屋，而不是出租人出卖的其他房屋。

荥阳市人民法院一审认为：

《合同法》第二百三十条规定："出租人出卖租赁房屋，应当在合理期限内通知承租人，承租人享有以同等条件优先购买的权利。"《最高人民法院关于贯彻执行〈中华人民共和国民法通则〉若干问题的意见（试行）》第一百一十八条规定："出租人出卖出租房屋，应提前三个月通知承租人。承租人在同等条件下，享有优先购买权；出租人未按此规定出卖房屋的，承租人可以请求人民法院宣告该房屋买卖无效。"依照上述规定，承租人行使优先购买权，应当具备以下条件：（1）承租人与出租人之间必须存在合法有效的租赁合同。如果租赁合同不成立、无效、被撤销或者因履行期届满而终止，则承租人不享有此项权利。（2）优先购买权只能在出租人决定出卖租赁房屋后享有，并且必须在接到出卖通知后三个月内行使。（3）承租人必须是在同等条件下享有优先购买权。所谓同等条件，主要是指价格以及价款的给付时间、给付方式等。第三人的出价条件优于承租人时，承租人没有优先购买权。从出租人一方说，如果出卖租赁房屋而不通知承租人，或者在通知的有效期内不征求承租人的意见即出卖房屋，或者当承租人与第三人的出价同等时不把租赁房屋卖给承租人，都是侵犯承租人优先购买权的违法行为。

原告杨巧丽与被告中州泵业公司签订的租房协议，意思表示真实，符合法律规定，且已履行多年，是有效合同。当出租人出卖杨巧丽承租的房屋时，杨巧丽享有优先购买权。

《民事诉讼法》第六十四条第一款规定："当事人对自己提出的主张，有责任提供证据。"《最高人民法院关于民事诉讼证据若干问题的规定》第二条规定："当事人

对自己提出的诉讼请求所依据的事实或者反驳对方诉讼请求所依据的事实有责任提供证据加以证明。没有证据或者证据不足以证明当事人的事实主张的,由负有举证责任的当事人承担不利后果。"原告杨巧丽既然认为其享有的优先购买权受到侵害,就有责任提供能够证明侵害事实存在的证据。需要证明的事实包括:(1)双方之间存在着合法有效的租赁关系;(2)出租人决定出卖或者已经出卖租赁房屋而不通知承租人,或者虽然通知但在通知的有效期未过时即将租赁房屋卖与第三人,或者在承租人与第三人出价同等的情况下将租赁房屋卖给第三人。纵观杨巧丽提交的证据,只能证明中州泵业公司有出卖房屋的行为,却不能证明中州泵业公司决定将或者已将杨巧丽承租的房屋出售,中州泵业公司也不承认杨巧丽的诉讼主张;况且杨巧丽在提起诉讼后,又向中州泵业公司交纳了房租,中州泵业公司也收取了杨巧丽此次交纳的房租。这一事实证明,双方当事人之间的房屋租赁关系依然存在。故杨巧丽以其优先购买权受到侵犯为由提起的诉讼,缺乏事实证据,其请求不予支持。

郑州市中级人民法院二审认为:

《最高人民法院关于民事诉讼证据若干问题的规定》第六十三条规定:"人民法院应当以证据能够证明的案件事实为依据依法作出裁判。"第六十四条规定:"审判人员应当依照法定程序,全面、客观地审核证据,依据法律的规定,遵循法官职业道德,运用逻辑推理和日常生活经验,对证据有无证明力和证明力大小独立进行判断,并公开判断的理由和结果。"法律规定的优先购买权,是指当出租人出卖租赁房屋时,承租人在同等条件下可以优先购买自己承租的房屋;对出租人出卖的其他房屋,承租人不享有优先购买权。上诉人杨巧丽提交的证据,只能证明中州泵业公司出卖过房屋并且收取过卖房款,不能证明其承租的房屋已被中州泵业公司出卖。而只要杨巧丽不能证明其承租的房屋已被中州泵业公司出卖,就不能因中州泵业公司出卖其他房屋而主张享有优先购买权,中州泵业公司出卖其他房屋与杨巧丽无关。二审查明,争议房屋已被中州泵业公司抵押给银行,再次证明房屋所有权人仍是中州泵业公司,该房屋的所有权并未发生转移。杨巧丽的上诉理由没有事实根据,不能成立,其上诉请求不予支持。原审依照法定程序对本案证据进行全面、客观审核后认定的事实清楚,适用法律正确,应当维持。

【案例来源】

《中华人民共和国最高人民法院公报》2004年第5期(总第91期)。

一、主体

522 租赁期间发生所有权变动的,原出租人能否对产权变更前承租人的违约行为主张合同权利

【关键词】

│房屋租赁│所有权变动│合同解除│

【案件名称】

上诉人善岛建设(天津)有限公司与被上诉人天津一商集团有限公司房屋租赁合同纠纷案 [最高人民法院二审民事判决书]

【裁判精要】

裁判摘要:《合同法》第二百二十九条规定,租赁物在租赁期间发生所有权变动的,不影响租赁合同的效力。也就是通常所说的"买卖不破租赁"原则,旨在保护承租人的利益。但该条规定并不意味着原出租人没有权利对承租人产权变更前的违约行为行使合同解除权。现行法律并未限制房屋产权变更后,原房屋出租人不可以依据现存有效的租赁合同,对承租人以前的违约行为主张合同权利,这种合同权利既包括追索所欠租金,也包括行使合同解除权。

最高人民法院认为:

(一)关于一商集团在履行租赁合同时是否存在违约行为的问题

善岛公司要求一商集团支付从 2005 年 4 月 1 日至 6 月 30 日的第二季度租金,一商集团对拖欠租金的事实并无异议。但以善岛公司没有履行修缮义务而要求抵销。一商集团称自己只是暂停支付租金,在其发出要求房屋修缮的函件后,善岛公司没有履行义务,所以暂停支付房租。按照双方租赁合同约定,一商集团应当先向善岛公司发出修缮通知,只有发生实际修缮费用后才能冲抵租金,一商集团无权因为房屋修缮问题自行决定暂停支付租金。2005 年第二季度的租金应于 4 月份交纳,但一商集团一直没有交纳。在本院二审庭审中,一商集团称维修期间商场并没有停业。故一商集团主张因善岛公司没有履行修缮义务而应抵销租金不能成立,一商集团在履行租赁合同时存在违约行为,应承担拖欠房屋租金的违约责任。

(二)关于善岛公司是否有权请求解除租赁合同的问题

按照双方签订《房屋租赁合同》的约定,如果一商集团拖欠善岛公司租金超过30天以上,善岛公司有权提前终止合同。善岛公司主张的一商集团违约情形,都是发生在其与金元宝公司签约转让房产之前,善岛公司提出解除租赁合同也得到金元宝公司的认可。如果不允许善岛公司根据一商集团的违约行为解除合同,新的产权人金元宝公司又没有权利对一商集团以前的违约行为追究责任的话,将有损房屋出租方的合法权益。善岛公司提出解除租赁合同是基于该租赁房屋产权变更前一商集团的违约行为。现行法律并未限制房屋产权变更后,原房屋出租人不可以依据现存有效的租赁合同主张合同权利,追究违约方的合同责任,该合同责任既包括追缴租金,也包括违约方承担终止合同履行的违约责任。《合同法》第二百二十九条规定的"租赁物在租赁期间发生所有权变动的,不影响租赁合同的效力",并不意味着原出租人没有权利对承租人产权变更前的违约行为行使合同解除权。案外人金元宝公司2005年12月6日致函善岛公司,对善岛公司提出解除租赁合同的行为表示认同。故善岛公司请求解除租赁合同,应予以支持。

【权威解析】

本案最具争议的焦点问题是:在房屋所有权已经变更的情况下,原出租人也就是原产权人善岛公司还有没有权利主张解除租赁合同。

出租人的合同解除权,是指在法律规定或合同约定的解除合同事由出现的情形下,出租人有权单方解除房屋租赁合同,并经合理期限之后收回租赁房屋。按照善岛公司与一商集团签订的《房屋租赁合同》约定,如果一商集团拖欠善岛公司租金超过30天以上,善岛公司有权提前终止租赁合同。本案中善岛公司于2005年5月8日与案外人金元宝公司签订了房屋买卖协议,并很快于5月12日将房屋产权过户给金元宝公司。2005年6月20日,善岛公司向一商集团发出解除租赁合同的通知。如果善岛公司于房屋产权变更前基于一商集团拖欠租金超过30天的违约行为提出解除租赁合同,应该说顺理成章没有问题。问题恰恰是善岛公司在自己已经不是房屋产权人的情况下,究竟还有没有资格就一商集团以前的违约行为主张解除租赁合同。

在租赁关系存续期间,租赁物所有权因出租人的买卖、赠与、互易等行为发生变动时,原租赁合同的效力并不受影响,新的所有人取代原出租人地位后,应尊重承租人的使用收益权。新的所有人与承租人之间的权利义务内容,如租金的数额、租期、修缮义务等,均应依照原租赁合同的约定履行。新的所有人当然地承继原出租人享有租赁合同中的权利,同时承担租赁合同的义务。而原出租人则脱离租赁关系,不再承担原租赁合同的义务,也不再享有相应的权利。也就是说,租赁物所有权变更前因租赁事宜产生的各种纠纷,应由原出租人处理;租赁物所有权变更后发生的问题,应由新的所有人处理。

承租人一商集团与新的所有人金元宝公司因房屋优先购买权问题产生诉讼,一商集团不承认金元宝公司是合法的产权人。金元宝公司又致函善岛公司,坚决不同意与一商集团继续维持租赁关系,对善岛公司要求与一商集团解除租赁合同表示认同。在这种情况下,如果片面强调善岛公司已不是房屋产权人,不允许善岛公司根据一商集团的违约行为解除合同,而新的产权人金元宝公司又没有权利对一商集团以前的违约行为追究责任的话,将出现权利行使的一段空白期,亦有损房屋出租人的合法权益。故合议庭经反复研究后,认为善岛公司要求解除租赁合同的主张成立。

也有观点认为,金元宝公司成为新的产权人后,其有权利根据一商集团以前的违约行为行使合同解除权。本案中善岛公司在没有产权人身份的情况下丧失了租赁合同解除权,金元宝公司可以另行起诉要求解除租赁合同。[①]

【案例来源】

最高人民法院民事审判第一庭编:《民事审判指导与参考》(总第 32 集),法律出版社 2008 年版,第 242~243 页。

523　担保人受让其他公司的股权，不等于降低了对外承债能力

【关键词】

│房屋租赁│股权转让│

【案件名称】

再审申请人北京营韵投资发展有限公司、东方家园津通（北京）装饰建材有限公司、北京营韵来葆营投资发展有限公司与被申请人太原绿缘建材家居有限公司及二审上诉人东方家园太原绿缘建材家居连锁超市有限公司、东方家园有限公司、一审被告北京营韵利泽投资发展有限公司房屋租赁合同纠纷案［最高人民法院（2017）最高法民再 323 号民事判决书，2018.8.30］

【裁判精要】

最高人民法院认为:

(二)关于津通公司、来葆营公司应否在营韵公司出资范围内与营韵公司共同承担连带责任的问题

---

① 参见吴晓芳:《租赁期间发生所有权变动,原出租人能否对产权变更前承租人的违约行为行使合同解除权——善岛建设(天津)有限公司与天津一商集团有限公司房屋租赁合同纠纷上诉案》,载最高人民法院民事审判第一庭编:《民事审判指导与参考》(总第 32 集),法律出版社 2008 年版,第 242~243 页。

《公司法》第三条规定:"公司是企业法人,有独立的法人财产,享有法人财产权。公司以其全部财产对公司的债务承担责任。有限责任公司的股东以其认缴的出资额为限对公司承担责任;股份有限公司的股东以其认购的股份为限对公司承担责任。"第二十条第三款规定:"公司股东滥用公司法人独立地位和股东有限责任,逃避债务,严重损害公司债权人利益的,应当对公司债务承担连带责任。"太原绿缘公司并未提供证据证明营韵公司与津通公司、来葆营公司之间存在人员、业务、财务等方面交叉或混同,导致各自财产无法区分,从而丧失公司独立人格,严重损害公司债权人利益。营韵公司受让东方家园公司、东方家园网络信息有限公司持有的津通公司、来葆营公司股权,取得股权交易款的是东方家园公司、东方家园网络信息有限公司,而非津通公司、来葆营公司。二审法院以营韵公司因受让津通公司、来葆营公司的股权,降低了对外承债能力,判令津通公司、来葆营公司在营韵公司出资范围内与营韵公司共同承担连带责任,缺乏事实与法律依据,本院不予支持。

【案例来源】

中国裁判文书网,http://wenshu.court.gov.cn。

524 担保人承诺的担保范围是否包括因履行房屋租赁合同所产生的全部债务应根据担保函的具体内容确定,而非仅限于担保函出具前已签订的协议

【关键词】

|房屋租赁|合同解释|担保范围|公章|

【案件名称】

再审申请人北京营韵投资发展有限公司、东方家园津通(北京)装饰建材有限公司、北京营韵来葆营投资发展有限公司与被申请人太原绿缘建材家居有限公司及二审上诉人东方家园太原绿缘建材家居连锁超市有限公司、东方家园有限公司、一审被告北京营韵利泽投资发展有限公司房屋租赁合同纠纷案[最高人民法院(2017)最高法民再323号民事判决书,2018.8.30]

【裁判精要】

最高人民法院认为:

(一)关于营韵公司应否对超市公司的债务承担连带保证责任,以及连带保证责任的范围如何确定问题

营韵公司、津通公司、来葆营公司申请再审主张,二审法院认定事实的主要证据

《担保函》是伪造的,但并未提供充分证据予以证明。一审法院认为太原绿缘公司在2008年3月10日后收到《担保函》,并在委托鉴定时明确要求营韵公司提供加盖有2008年使用的印章的文件作为鉴定检材,营韵公司应当知悉不提交2008年印章使用样本的法律后果。营韵公司作为公司印章合法持有人,应当可以提供2008年使用印章的样本,其未能提交2008年使用印章的样本作为鉴定检材,缺乏合理解释。根据查明的事实,营韵公司在2008年3月10日成立后,分别于2008年3月受让了东方家园公司、东方家园网络信息有限公司持有的津通公司股权,于2008年4月受让了东方家园公司持有的来葆营公司股权,于2008年4月受让了东方家园公司持有的东方家园哈尔滨公司股权,于2008年5月受让了东方家园公司持有的利泽公司股权。营韵公司辩称其2008年注册、2008年初没有开展相关的业务,缺乏事实基础。因此,虽然营韵公司提供的2009年、2010年印章样本经鉴定与《担保函》中所加盖的印章并非同一枚印章,但并不能否定《担保函》上印章的真实性,依据《担保函》判令营韵公司承担连带保证责任有事实与法律依据。

营韵公司提交补充再审申请书,主张即使《担保函》真实有效,营韵公司也不应承担《还款计划书》所涉债务全部保证责任。经查,营韵公司在《担保函》中承诺"我司自愿为其与贵司履行《房屋租赁合同》及相关补充协议提供如下担保:当东方家园太原绿缘建材家居有限公司无力承担其应承担的义务时,我司同意由我司代其承担相应的义务"。从上述表述来看,无法得出营韵公司所承诺担保责任仅限于《担保函》出具前已签订协议的结论,其担保范围应包括因履行房屋租赁合同及相关补充协议所产生的全部债务。超市公司与太原绿缘公司于2012年12月签订的《还款计划书》,系对双方就房屋租赁期间债权债务的清理确认,营韵公司对《还款计划书》所确认的超市公司的债务承担连带保证责任,符合《担保函》的本意。

营韵公司在补充再审申请书中还主张二审法院对《〈房屋租赁合同〉解除协议》中的补偿金性质认定错误。对于《〈房屋租赁合同〉解除协议》中约定的补偿金,双方在随后签订的《还款计划书》及所附《东方家园绿缘店与太原市绿缘房地产公司双方对账情况表》中并未提及,结合超市公司于2012年12月31日向太原绿缘公司出具的《承诺函》中载明的"关于你司提到的《东方家园》品牌已遭到当地政府和百姓质疑的情况,你司日后可自行解决是否续用《东方家园》品牌,补偿金问题根据是否续用进行变更"内容,可认定补偿金系太原绿缘公司在《房屋租赁合同》解除后继续使用"东方家园和欧华尚美名称、标识"应支付的品牌使用费。营韵公司主张该补偿金并非品牌使用费,而系因政府拆迁行为导致提前解除《房屋租赁合同》的损失补偿,理由证据不足,本院不予采信。

【案例来源】

中国裁判文书网,http://wenshu.court.gov.cn。

二、诉请

525 法院再审审理范围是否应当限于检察机关抗诉提出的问题

【关键词】

│ 房屋租赁 │ 诉讼请求 │ 审理范围 │ 抗诉 │

【案件名称】

申诉人上海昆仑商城有限公司与被申诉人上海明虹投资有限公司以及一审被告、二审被上诉人上海昆仑台湾商城有限公司和一审被告新加坡台联商业股份有限公司房屋租赁合同纠纷案〔最高人民法院（2018）最高法民再 194 号民事判决书，2018.12.29〕

【裁判精要】

最高人民法院认为：

（一）关于本案再审审理范围

最高人民检察院的抗诉意见是明虹公司无权于 2012 年 7 月 7 日解除涉案房屋租赁合同。昆仑商城提出的再审请求，除涉及最高人民检察院抗诉提出的合同解除问题之外，还包括请求依法改判参照银行同期贷款利率承担逾期付款违约金，其再审请求没有超出原审诉讼请求，没有违反《最高人民法院关于适用〈中华人民共和国民事诉讼法〉的解释》第四百零五条第一款关于"当事人的再审请求超出原审诉讼请求的，不予审理"的规定，昆仑公司提出的上述再审请求均属于本案再审审理范围。明虹公司主张本院再审审理范围应当限于最高人民检察院抗诉提出的合同解除问题，而不应涉及逾期付款违约金问题，没有法律依据，本院不予支持。

【案例来源】

中国裁判文书网，http://wenshu.court.gov.cn。

526 当事人上诉后增加了上诉请求数额，没有超过一审起诉主张的数额，不违反法律规定

【关键词】

│ 房屋租赁 │ 诉讼请求 │ 上诉请求 │

【案件名称】

上诉人青州美好家居广场有限公司、于天卿、操礼根与被上诉人青州市双喜家具有限公司房屋租赁合同纠纷案［最高人民法院（2017）最高法民终 60 号民事判决书，2018.6.28］

【裁判精要】

最高人民法院认为：

本案在一审诉讼中，美好家居公司、于天卿、操礼根作为共同原告提起诉讼，一审判决作出后，美好家居公司、于天卿、操礼根共同作为一方提交上诉状提出上诉，不存在双喜家具公司答辩中所述上诉期满后又增加了上诉人的情形；美好家居公司、于天卿、操礼根上诉后增加了上诉请求数额，没有超过一审起诉主张的数额且就增加数额部分补交了相应的上诉费，法律法规并未禁止，本院予以准许。

【案例来源】

中国裁判文书网，http://wenshu.court.gov.cn。

三、损害赔偿

527 房屋出租人将不符合消防安全要求或未经消防验收合格的房屋出租给承租人用于生产，租赁期间因故导致火灾的，应依法承担相应的赔偿责任

【关键词】

| 房屋租赁 | 合同解除 | 赔偿损失 | 违约金 |

【案件名称】

原告仪征市兴成塑业包装有限公司诉被告仪征市新城镇新华村村民委员会、郭玉年财产损害赔偿纠纷案 [江苏省扬州市中级人民法院二审民事判决书，2013.12.18]

【裁判精要】

裁判摘要：房屋出租人明知承租人生产易燃产品而将不符合消防安全要求或未经消防验收合格的房屋出租给承租人用于生产，租赁期间因房屋不符合消防安全要求导致火灾发生或扩大的，出租人存在过错，应依法承担相应的赔偿责任。

江苏省仪征市人民法院一审认为：

本案一审的争议焦点为：（1）火灾赔偿责任应由谁承担；（2）火灾损失数额如何确定。

关于争议焦点一，仪征市通达船舶配件厂是火灾源起，在火灾发生时无人员在场，对自身厂房未尽到安全管理义务，对火灾的发生存在明显过错，其业主被告郭玉年应当承担主要的赔偿责任。任何单位和个人都有预防火灾、维护消防安全的义务。《机关、团体、企业、事业单位消防安全管理规定》第八条规定：实行承包、租赁或委托经营、管理时，产权单位应当提供符合消防安全要求的建筑物，当事人在订立的合同中应当依照有关规定明确各方的消防安全责任。承包、租赁或委托经营、管理的单位应当遵守本规定，在其使用、管理范围内履行消防安全职责。本案中，失火厂房屋顶为芦席顶，该厂房明显不符合消防安全要求，被告新华村委会明知原告兴成公司生产易燃产品却将不符合消防安全要求的厂房出租给原告用于生产，且在与原告订立的租赁合同中未约定消防责任，在签订合同时以及承租人生产期间也未尽到提醒承租人注意防火的义务，对火灾发生及扩大存在一定过错，应承担相应的赔偿

责任。原告在与新华村委会订立的租赁合同中未约定消防责任,在未进行必要的符合耐火等级改造的情况下即投入生产,自身对火灾扩大存在一定过错,可以减轻侵权人的赔偿责任。

综合全案,根据过错程度及原因力大小等因素,确定由被告郭玉年承担60%的赔偿责任,由被告新华村委会承担10%的赔偿责任,其余损失应由原告兴成公司自行承担。

关于争议焦点二,对于无法鉴定的损失,其中"老林衣服现金2800元、小邓衣服现金2600元、王玲衣服快递600元",因原告兴成公司未提供证据证明,不予采信;"办公室装修"40000元,虽然原告提供了证人宋盛林证言及费用明细,但无相关单据佐证,且明细中所列"灯"与第1项"吊灯","布艺沙发一组"与车间被烧物品中的"五人沙发""独体沙发"属重复主张,故酌定"办公室装修"为15000元、酌定第1项"水瓶、饮水机、吊灯"为150元;基于上述理由,根据原告提供的实物照片、购买单据等证据,酌情认定无法鉴定的损失为77162.3元。对于间接损失,"恢复生产费用"不属损失范畴,故不予支持;第1、2项"交货延期赔偿金""被烧货物资金积压利息费",鉴定人系根据合同上的数额作出评估的,有无实际兑付没有核实且原告未提供证据证明,况且合同损失系间接损失,故对"交货延期赔偿金""被烧货物资金积压利息费"不予支持;对"停产营业损失"126000元、"未完成订单利润"16700元予以支持;"工人工资""未经营房租费"在停业损失中已作为成本列支,故不予支持;基于上述理由,认定间接损失为142700元。对于存货和产成品、车间被烧物品,机器设备,因本案所选定的鉴定机构具备鉴定资格,鉴定程序合法,鉴定依据较为充分,应采信鉴定意见,但是机械设备、存货等资产存在残值,应予扣除,故认定火灾损失数额为1063809.4元(存货、产成品369799.10元 + 车间被烧物品59955.00元 + 机器设备466683.00元 − 机械设备残值46590元 − 存货等其他资产残值5900元 + 无法鉴定的损失77162.3元 + 间接损失142700元)。

扬州市中级人民法院经二审认为:

当事人对自己提出的主张,有责任提供证据。没有证据或者证据不足以证明自己的事实主张,由负有举证责任的当事人承担不利的法律后果。经查,本起火灾事故损失的资产评估系一审法院委托扬州佳诚资产评估事务所评估,该评估机构及其资产评估师均具备相应的资质,对被上诉人兴成公司因火灾遭受损失的评估,程序合法,依据较为充分,其出具的资产评估结论具有证明效力,予以采信。上诉人新华村委会对该资产评估报告提出异议,但是其未提交充分证据证实自己的主张,且在一审时也未申请重新鉴定,故对新华村委会的该项上诉主张不予采信。

上诉人新华村委会作为出租方,其出租房屋给承租人的用途是生产经营,故其将房屋出租给被上诉人兴成公司时,应提供经过消防验收合格的房屋。本案中,当火灾发生时,因新华村委会出租厂房的屋顶为芦席顶,系易燃材料,耐火等级低,导致燃烧蔓延迅速,损失扩大。由于新华村委会出租未经消防验收合格的房屋,且兴成公司生产的塑料包装制品系易燃物品,故其对火灾造成的损失具有一定过错。因此,一审根据本案的实际情况,判决新华村委会承担10%的赔偿责任并无不当。

【案例来源】

《中华人民共和国最高人民法院公报》2016年第3期(总第233期)。

编者说明

出租人和承租人对火灾均有过错,导致第三人损失的,不宜让二者承担连带责任。

例如,甲租赁乙的房屋进行生产经营,甲的工作人员在生产作业中违反安全管理规定引发火灾。乙出租给甲的房屋耐火等级低,防火间距不足,无消防水源及设施,不符合工程建设消防技术标准及消防安全要求,导致火灾蔓延,给邻近的丙公司造成损失。乙对丙公司的损失应否承担连带责任?

此种情况,甲和乙对丙公司的损失宜各自承担责任。《侵权责任法》第十二条规定,二人以上分别实施侵权行为造成同一损害,能够确定责任大小的,各自承担相应的责任;难以确定责任大小的,平均承担赔偿责任。甲的工作人员在生产作业中违反安全管理规定引发火灾,甲作为雇主对火灾事故的发生存在过错,应承担主要责任;乙对外出租的房屋不符合工程建设消防技术标准及消防安全要求,亦有过错,应承担次要责任。甲与乙分别实施侵权行为造成同一损害,且能够确定责任大小和主次,应各自承担相应的责任。《侵权责任法》第八条规定,二人以上共同实施侵权行为,造成他人损害的,应当承担连带责任;第十一条规定,二人以上分别实施侵权行为造成同一损害,每个人的侵权行为都足以造成全部损害的,行为人承担连带责任。甲和乙不具有共同侵权的意思联络;如果没有甲的侵权行为,不会发生火灾,出租房屋不合格并不足以造成全部损害,甲和乙对丙公司的损失无须承担连带责任。[1]

---

[1] 参见本书研究组:《出租房屋消防不合格导致火灾蔓延,出租人应否对受害人的损失承担连带责任》,载最高人民法院民事审判第一庭编:《民事审判指导与参考》(总第68辑),人民法院出版社2017年版,第247页。

四、执行异议

528 申诉人与被执行人之间成立在后的租赁关系，依法不能产生阻却执行法院对涉案资产拍卖行为的效力

【关键词】

│房屋租赁│执行异议│抵押│拍卖│

【案件名称】

申诉人鄂州良龙商贸公司与申请执行人中国农业发展银行鄂州市分行等执行申诉案［最高人民法院（2016）最高法执监 429 号执行裁定书，2017.5.31］

【裁判精要】

最高人民法院审查认为：

四、关于良龙公司对拍卖裁定所提异议是否属于利害关系人异议的问题

首先，根据被执行人广源米业公司的工商登记档案资料的记载，良龙公司租赁广源米业公司房产的期限为 3 年，自 2012 年 2 月 27 日起至 2015 年 2 月 26 日止，即在 2015 年 12 月 15 日作出的（2014）鄂鄂州中执字第 00065 - 4 执行裁定，裁定拍卖涉案财产，以及在 2016 年 3 月 20 日裁定重新拍卖该资产时，租赁合同早已到期，申诉人已不再是涉案资产的承租人。据此，良龙公司无权就涉案资产的拍卖提出异议。

其次，本案中，申诉人向人民法院提交其与广源米业公司 2012 年 3 月 6 日订立的期限为 20 年的租赁合同，未经备案，该租赁合同的真实性存疑。退一步讲，即便该租赁合同是真实的，根据农发行鄂州分行针对涉案的拍卖资产抵押登记信息的记载，涉案资产在 2007 年和 2008 年期间就设置了抵押，在抵押期届满后，又办理了续押手续，抵押行为一直处于不间断状态。这意味广源米业公司对涉案资产的抵押在先，租赁在后。《物权法》第一百九十条规定：订立抵押合同前抵押财产已出租的，原租赁关系不受该抵押权的影响。抵押权设立后抵押财产出租的，该租赁关系不得对抗已登记的抵押权。《最高人民法院关于适用〈中华人民共和国担保法〉若干问题的解释》第六十六条规定："抵押人将已抵押的财产出租的，抵押权实现后，租赁合同对受让人不具有约束力。抵押人将已抵押的财产出租时，如果抵押人未书面告知承租人该财产已抵押的，抵押人对出租抵押物造成承租人的损失承担赔偿责任；如果

抵押人已书面告知承租人该财产已抵押的,抵押权实现造成承租人的损失,由承租人自己承担。"《最高人民法院关于人民法院民事执行中拍卖、变卖财产的规定》第三十一条第二款规定:"拍卖财产上原有的租赁权及其他用益物权,不因拍卖而消灭,但该权利继续存在于拍卖财产上,对在先的担保物权或者其他优先受偿权的实现有影响的,人民法院应当依法将其除去后进行拍卖。"根据上述规定,鄂州中院在对城投公司与农发行鄂州分行两个申请执行主体合并执行的案件中,所拍卖的两案被执行人广源米业公司名下的资产,在其租赁给良龙公司前已经抵押给农发行鄂州分行。申诉人与广源米业公司之间成立在后的租赁关系,依法不能产生阻却执行法院对涉案资产拍卖行为的效力。

本案中,良龙公司基于其对涉案资产的所谓租赁权对拍卖行为提出的异议,属于利害关系人异议,鄂州中院适用《民事诉讼法》第二百二十五条的规定进行审查,有事实依据且适用法律正确。

【案例来源】

中国裁判文书网,http://wenshu.court.gov.cn。

第四编 | PART 04

土地使用权出让转让

合同效力

529 建设用地使用权出让合同争议属于民事纠纷还是行政纠纷

【关键词】

│ 土地使用权出让 │ 合同效力 │ 民事合同 │

【案件名称】

上诉人淮南市国土资源局与被上诉人淮南禹洲房地产开发有限公司建设用地使用权出让合同纠纷案 [最高人民法院（2016）最高法民终 729 号民事判决书，2017.1.19]

【裁判精要】

最高人民法院认为：

（一）关于本案应否提交淮南仲裁委员会进行仲裁的问题

案涉地块的拍卖出让文件《竞买人须知》第二十六条规定"竞得人在本次拍卖过程中产生的争议，应通过协议处理，如协商不成的，应提交淮南仲裁委员会仲裁"，也就是说，关键是如何界定"拍卖过程中产生的争议"。本案的实际情况是，禹洲房产公司通过公开竞价的方式竞得签订案涉五宗建设用地使用权出让合同的资格，并于当日与淮南国土局签订《成交确认书》，双方在拍卖过程中并没有产生争议，拍卖行为已经完成。《成交确认书》中明确约定"竞得人缴纳的竞买保证金，成交后自动转作受让地块的定金"，本案双方争议的是签订《成交确认书》之后的履行行为，不属于拍卖过程中产生的争议，淮南国土局关于本案应提交淮南仲裁委员会进行仲裁的主张不能成立。

（二）关于本案是否属于民事合同纠纷的问题

《国有土地使用权合同解释》明确规定，根据《民法通则》《合同法》《土地管理法》《城市房地产管理法》及民事审判实践制定该解释，解释对国有土地使用权出让合同、出让金及其调整、土地用途变更等作出了规范性规定，即该司法解释对建设用地使用权出让合同的民事性质有明确界定。且"建设用地使用权出让合同纠纷"作为民事案件处理也在《民事案件案由规定》中有明确规定。

从本案《成交确认书》的内容来看，一是确认成交地块的位置、面积和成交金额；二是确认双方随后签订正式的国有土地使用权出让合同。从本案双方当事人争议的焦点来看，双方争议的是《成交确认书》能否履行、未能履行的责任如何承担等问题，并非对淮南国土局的具体行政行为是否合法提出异议。双方签订《成交确认书》的行为，符合自愿平等、等价有偿的民事法律行为的特征，一审法院认定本案属于民事合同纠纷是适当的。

（三）关于一审法院在审理本案中是否存在程序违法的问题

淮南国土局上诉主张一审法院受理和审理程序违法。本院认为，第一，淮南国土局在一审答辩期内提出本案不应通过民事诉讼程序解决,而应由淮南仲裁委员会依照仲裁程序和仲裁规则解决该起纠纷。淮南国土局的主张并非管辖权异议,而是本案是否属于人民法院主管的问题。一审判决在"本院认为"部分对此问题进行了论述,不存在程序违法之处;第二,一审庭审结束后,淮南国土局向法庭提交了禹洲房产公司不享有 10959 万元土地成交价款权利及其应偿还农民工工资的相关证据资料,淮南国土局认为一审法院没有组织质证程序违法。根据《最高人民法院关于民事诉讼证据的若干规定》第三十四条"当事人应当在举证期限内向人民法院提交证据材料,当事人在举证期限内不提交的,视为放弃举证权利。对于当事人逾期提交的证据材料,人民法院审理时不组织质证。但对方当事人同意质证的除外"的规定,淮南国土局在一审庭审结束后才提交有关证据资料,显然超过了举证期限,且所举证据与本案并无直接关系,一审法院没有组织质证不属于程序违法的情形。

【案例来源】

中国裁判文书网,http://wenshu.court.gov.cn。

编者说明

《国有土地使用权合同解释》(2005 年 6 月 18 日,法释〔2005〕5 号)第一条规定:"本解释所称的土地使用权出让合同,是指市、县人民政府土地管理部门作为出让方将国有土地使用权在一定年限内让与受让方,受让方支付土地使用权出让金的协议。"《物权法》第十二章明确规定建设用地使用权为用益物权的一个种类,其中第一百三十七条规定了建设用地使用权的设立方式:"设立建设用地使用权,可以采取出让或者划拨等方式。工业、商业、旅游、娱乐和商品住宅等经营性用地以及同一土地有两个以上意向用地者的,应当采取招标、拍卖等公开竞价的方式出让。严格限制以划拨方式设立建设用地使用权。采取划拨方式的,应当遵守法律、行政法规关于土地用途的规定。"其中,以出让方式设立建设用地使用权,是指建设用地使用权人通过向国家支付建设用地使用权出让金的方式,由国家以土地所有者的身份将土地使用权在一定期限内让与土地使用者,用以建造建筑物、构筑物及其附属设施。其特点是建设用地使用权人对土地是有偿使用、有期限使用,且出让主要通过协商、招标或投标的方式,并通过签订出让合同来确立权利义务的主要内容。以出让方式设立的建设用地使用权,系当事人在平等、自愿、协商的基础上,通过签订出让合同的方式设立,因此发生纠纷的,人民法院应作为民事案件受理,通过适用《合同法》《城市房地产管理法》《招标投标法》等,对出让合同效力作出认定,以确定建设用地使用权设立行为的效力。由于设立方式的不同,人民法院对建设用地使用权的设立行为的干预,也应遵循不同的诉讼程序。

第一,以出让方式设立的建设用地使用权,由于系当事人在平等、自愿、协商的基础上,通过签订出让合同的方式设立。因此发生纠纷的,人民法院应作为民事案件受理,通过适用《合同法》《城市房地产管理法》《招标投标法》等,对出让合同效力作出认定,以确定建设用地使用权设立行为的效力。

第二,以划拨方式设立的建设用地使用权,由于是经用地人申请,由有关人民政府通过审查批准的方式设立,属于通过政府行政行为产生的权利。因此,在因设立行为是否合法发生纠纷时,不能通过民事诉讼的方式解决,而应通过行政诉讼的方式,确定政府的划拨决定或拒绝划拨用地的决定是否合法。①

530 合同效力属于人民法院依职权审查的范围,不受当事人诉讼请求限制

【关键词】

│土地使用权出让│合同效力│管委会│

【案件名称】

上诉人北京中科拜克生物技术有限公司、绥中中科拜克生物工程有限公司与被上诉人辽宁东戴河新区管理委员会、绥中县国土资源局建设用地使用权出让合同纠纷案[最高人民法院(2017)最高法民终 340 号民事判决书,2017.12.26]

【裁判精要】

最高人民法院认为:

一、涉案项目合同履行中,哪一方当事人构成违约

2009 年 5 月 5 日,东戴河管委会与北京中科公司签订的《项目合作协议书》《补充协议》约定的主要内容为,东戴河管委会在生命科学园内无偿提供 60 亩土地,北京中科公司投资建设案涉项目,如两年内未能投产,东戴河管委会将收回该宗土地使用权。对项目建设需要的一切审批手续一站式全程服务。上述协议实质内容为:东戴河管委会代表地方政府招商引资,北京中科公司作为高科技企业在产业园区投资兴建生物制药项目,优惠取得厂区工业用地的国有土地使用权,故协议具有国有土地使用权出让合同性质。依据《国有土地使用权合同解释》第二条"开发区管理委员会作为出让方与受让方订立的土地使用权出让合同,应当认定无效"的规定,东戴河管委会作为同级人民政府派出机构,无权签订土地使用权出让合同,故《项目合作协议书》《补充协议》应认定无效。合同效力属于人民法院依职权审查的范围,不受当事人诉讼请求限制,一审未对《项目合作协议书》《补充协议》的合同效力进行审查,即认定双方当事人均存在违约,并判令解除上述协议,适用法律不当,本院予

---

① 参见最高人民法院物权法研究小组编著:《〈中华人民共和国物权法〉条文理解与适用》,人民法院出版社 2007 年版,第 418 页。

以纠正。导致该宗土地使用权出让合同无效的主要原因在于东戴河管委会作为土地使用权出让合同中的出让方,主体不适格,无权出让诉争宗地,应对合同无效承担主要缔约过错责任。具体讲,东戴河管委会作为土地供给方,对《项目合作协议书》《补充协议》无效负有主要缔约过错,应当依据《合同法》第五十八条规定承担赔偿责任,其在一审中也同意赔偿经审计得出的北京中科公司和绥中中科公司地上建筑物等损失。一审认定《项目合作协议书》《补充协议》的合同效力虽有不当,但一审判决主文第二项判令东戴河管委会赔偿北京中科公司和绥中中科公司项目投资3023639.98元,各方当事人均未就此判项提出上诉,本院予以维持。

绥中县国土局与绥中中科公司于2010年9月25日签订《国有建设用地使用权出让合同》,约定案涉项目用地为工业用地性质,土地使用期限为50年。本案双方当事人签订上述土地使用权出让合同的签约目的仍是实现前述招商引资目标;为此,北京中科公司设立绥中中科公司为高科技产业项目公司进入园区落地投产,至此引资到位。绥中国土局作为出让合同出让方在二审庭审时陈述,签订上述《国有建设用地使用权出让合同》前履行了招拍挂程序,对东戴河管委会签订的有关项目合作协议不清楚。案涉《国有建设用地使用权出让合同》并非对《项目合作协议书》《补充协议》追认或者补充,具有独立性。《国有建设用地使用权出让合同》与《项目合作协议书》《补充协议》指向同一宗建设用地,招商引资来的企业以在开发区落地投资建厂为对价优惠取得国有出让土地使用权的合同内容和合作方式基本相同,在招商引资的大背景下,二者存在着事实上的关联。《国有建设用地使用权出让合同》系有权主体绥中国土局依照法定程序签订,签约时间在《项目合作协议书》《补充协议》成立之后,体现了双方在招商引资背景下互利合作的真实意思表示,《国有建设用地使用权出让合同》依法成立并生效,对双方当事人具有约束力。因《国有建设用地使用权出让合同》有效,前述无效合同中与本合同内容相同、相近、有关联的合同内容得以在本合同中体现,并通过履行本合同实现前述无效合同当事人意愿。当事人的权利义务关系,如土地出让年限、投资建设工期等约定内容应以《国有建设用地使用权出让合同》的约定内容为准。《国有建设用地使用权出让合同》签订后,绥中国土局于2010年12月1日收取了绥中中科公司依约交纳的土地出让金,并于次日依照当时招商引资的优惠政策将土地出让金及相关税费全额退还,但这并不影响出让合同的效力、约束力及合同已得到部分履行的事实认定。2010年12月29日,案涉项目通过当地环境保护局批复同意可以建设。本合同项下建设项目在2010年11月30日之前开工,在2012年11月30日之前竣工。此前,绥中中科公司亦根据东戴河管委会主持召开的案涉项目建设与施工调解会的要求,与辽宁金地第二建筑工程有限公司签订《建设工程施工合同》,拟对项目二期进行投资建设。上述事实说明,绥中中科公司积极履行《国有建设用地使用权出让合同》,并无明显违约行为。2010年12月10日,即绥中国土局收取绥中中科公司的土地出让金数日后,东戴河管委会向绥中中科公司第四次发函,通知绥中中科公司一周内退出场地归还建设用地,不允许绥中中科公司继续施工。2011 年 4 月 17 日,东戴河管委会召开主任办公会议,对绥中滨海经济区控规进行调整,将包括案涉项目用地在内的 202.3 亩工业用地调整为二类居住用地。绥中国土局参加了此次会议。此时,距离《国有建设用地使用权出让合同》的签订仅有半年,即使依据《项目合作协议书》《补充协议》的约定,两年的投产期限尚未届满。上述土地性质调整的事实表明,绥中国土局主观上已不愿、客观上已不能再继续履行案涉出让合同。故案涉出让合同不能继续履行,难以归咎于绥中中科公司开发建设进度缓慢。2011 年 5 月 19 日,绥中县人民政府批复同意绥中国土局《关于收回三宗国有土地使用权的请示》,案涉项目用地被收回。2012 年 4 月 18 日,绥中国土局将诉争土地使用权以二类居住用地条件另行出让案外人。绥中中科公司随即发函提出异议。涉案用地性质变更后另行出让给案外人,显然背离了地方政府招商引资初衷,客观上终结了招商引资进程,实现了绥中国土局所追求的土地变性为开发用地的意图,显然从根本上违背了作为引资兴办的高科企业绥中中科公司落地投产的意愿。《合同法》第六条规定:"当事人行使权利、履行义务应当遵循诚实信用原则。"地方政府及有关部门与投资主体签订招商引资合同后,应遵守诚实信用原则,依法严格履行合同义务。本案《国有建设用地使用权出让合同》有效,合同目的不能实现的主要原因在于土地控制性规划调整,绥中国土局在《国有建设用地使用权出让合同》约定的投资建设和土地使用权出让期限内,将案涉项目用地另行出让。综上,绥中国土局对绥中中科公司构成根本违约,应承担相应责任。

【案例来源】

中国裁判文书网,http://wenshu.court.gov.cn。

编者说明

《国有土地使用权合同解释》第二条对开发区管委会出让土地使用权的合同效力认定作出规定:"开发区管理委员会作为出让方与受让方订立的土地使用权出让合同,应当认定无效。本解释实施前,开发区管理委员会作为出让方与受让方订立的土地使用权出让合同,起诉前经市、县人民政府土地管理部门追认的,可以认定合同有效。"

根据《城市房地产管理法》规定,土地使用权出让合同的出让人主体是特定的,即必须由市、县人民政府土地管理部门代表国家以国有土地所有者的身份具体实施出让行为,其他部门、单位无权以出让人的身份订立土地使用权出让合同。但在审判实践中,对开发区管委会出让土地引发的合同纠纷较难处理,特别是对开发区管委会订立的土地使用权出让合同的效力认定问题,一直存有异议。一种意见认为,依据现行法律规定,土地使用权出让合同的出让方是特定的,必须是市、县人民政府土地管理部门,其他任何部门、单位以出让人身份订立的土地使用权出让合同一律无效。另一种意见认为,市、县人民政府土地管理部门是依法有权经办国有土地所有权出让行为的唯一主体。但从出让土地使用权的行为目的看,其实质是为创设一种对土地的用益物权,国有土地使用权的出让属于对国有土地所有权的法律处分行为,因此,开发区管委会出让国有土地属于无权处分行为,依据《合同法》第五十一条规定,应按照效力待定合同处理,而不是无效合同,在经过市、县人民政府土地管理部门追认后,可以认定合同有效。

从我国实际情况出发,目前对开发区管委会作为出让方订立的土地使用权出让合同效力的认定,以《国有土地使用权合同解释》实施时间为界,采取了区别对待的处理原则。既没有一概认定为无效,也没有全部按照效力待定予以处理。

首先,为配合国务院当前部署开展的土地市场整顿工作,加大促进国土管理部门对土地市场的管理力度,司法解释第二条第一款明确规定:"开发区管理委员会作为出让方与受让方订立的土地使用权出让合同,应当认定无效。"《城市房地产管理法》第十一条、第十四条规定,市、县人民政府土地管理部门是依法有权经办国有土地所有权出让行为的唯一主体,具有出让土地使用权的民事行为能力,开发区管理委员会则不具备相应的民事权利和民事行为能力。依据《民法通则》第五十五条、第五十八条规定,对不具备法定主体资格的开发区管委会作为出让方与受让方订立的土地使用权出让合同应按无效处理,以对今后土地出让行为给予有效规范。

其次,在前款明确规定将开发区管理委员会作为出让方与受让方订立的土地使用权出让合同认定为无效的同时,又考虑到开发区管理委员会行使出让土地权利的历史形成原因和目前我国土地市场存在的实际情况等因素,《国有土地使用权合同解释》对开发区管委会在司法解释实施前订立的土地使用权出让合同,按照无权处分的理论,在效力认定上采取了相应的补救措施。根据《城市房地产管理法》的规定,市、县人民政府土地管理部门是依法有权经办国有土地使用权出让行为的主体,其实施的土地使用权出让行为,实质是为创设一种对土地的用益物权,属于对国有土地所有权的法律处分行为,开发区管委会未经授权出让国有土地应属于无权处分行为,对其订立的土地使用权出让合同可以作为效力待定的合同予以处理,而不是直接认定合同无效。根据《合同法》第五十一条规定,无处分权的人处分他人财产,经权利人追认后,该合同有效。即开发区管理委员会订立的土地使用权出让合同,在起诉前经市、县人民政府土地管理部门追认后,可以认定合同有效。即在本解释实施后,对开发区管理委员会作为出让方订立的土地使用权出让合同,应严格依法处理,一律认定为无效,对在本解释实施前开发区管理委员会订立的土地使用权出让合同,可以按照无权处分的原则予以认定处理,以此为补救手段,有条件地认定合同有效。《国有土地使用权合同解释》第二条第二款规定:"本解释实施前,开发区管理委员会作为出让方与受让方订立的土地使用权出让合同,起诉前经市、县人民政府土地管理部门追认的,可以认定合同有效。"①

---

① 参见韩延斌:《国有土地使用权合同案件审理中的理论与实务分析》,载《人民司法》2005年第8期。

531 开发区管委会出让土地使用权的合同效力认定

【关键词】

| 土地使用权出让 | 合同效力 | 管委会 |

【案件名称】

上诉人何伟忠与被上诉人常昆工业园区管理委员会、常熟市国土资源局、常熟市石油机械有限公司，原审第三人常熟市常昆大酒店有限公司建设用地使用权出让合同纠纷案 [最高人民法院（2017）最高法民终 215 号民事判决书，2017. 6. 9]

【裁判精要】

最高人民法院认为：

（二）关于案涉土地使用权出让合同的效力

《国有土地使用权合同解释》第二条规定："开发区管理委员会作为出让方与受让方订立的土地使用权出让合同，应当认定无效。本解释实施前，开发区管理委员会作为出让方与受让方订立的土地使用权出让合同，起诉前经市、县人民政府土地管理部门追认的，可以认定合同有效。"本案土地使用权出让合同的订立主体系常昆工业园管委会与常昆大酒店，在常熟国土局对合同未予追认的情况下，一审法院依据上述司法解释规定，认定该合同无效，并无不当。何伟忠关于案涉合同有效的上诉理由不成立。

（三）关于常熟国土局若系案涉土地使用权出让合同订立主体，其是否违约的问题

本案常昆大酒店未按照《意向书》约定，在签约后七天内交付 160 万元土地使用权出让金，也未在合理的期间内补交。何伟忠虽主张常昆大酒店通过给付土地平整费用折抵的方式缴纳了土地使用权出让金 302 万元，但未能提供证据证实。因常昆大酒店工程未能继续施工，案涉项目一直处于停滞状态，故即便常熟国土局是案涉土地使用权出让合同的订立主体，该合同未能履行的原因也是常昆大酒店未按约支付土地使用权出让金并进行投资建设。因此，何伟忠关于常熟国土局未为常昆大酒店办理案涉土地使用权证，将土地使用权出让给第三方，构成违约的主张，亦不成立。

【案例来源】

中国裁判文书网，http://wenshu. court. gov. cn。

532 未达到投资开发条件而订立的土地转让合同的效力

【关键词】

｜土地使用权转让｜合同效力｜土地出让金｜

【案件名称Ⅰ】

上诉人陕西长通投资开发有限公司、汇通国基房地产开发有限责任公司、汇通国基房地产开发有限责任公司西安分公司与被上诉人深圳市鹏跃投资发展有限公司项目转让合同纠纷案［最高人民法院（2018）最高法民终431号民事判决书，2018.7.30］

【裁判精要】

最高人民法院认为：

（一）案涉《项目转让协议书》是否有效

长通公司上诉主张《项目转让协议书》约定的转让标的是土地使用权而非项目公司100%股权，案涉土地尚未征转为国有土地，长通公司亦未以出让方式取得案涉土地使用权，依据《土地管理法》第二条第三款、《城市房地产管理法》第三十九条第一款第（一）项和《国有土地使用权合同解释》第九条的规定，《项目转让协议书》应属无效。

本院认为，首先，案涉项目为城中村改造项目，依据《项目转让协议书》鉴于部分第2条"乙方同意成立项目公司通过挂牌方式将项目内部分土地使用权确权到项目公司（暂定名：陕西长通卓越房地产开发有限公司）名下，并同意通过出让项目公司100%股权的形式将该部分土地使用权（以下简称：出让土地，编号：DK－3－1）转让给甲方"约定长通公司先成立项目公司，后通过挂牌方式将土地使用权确权到项目公司名下，鹏跃公司再受让项目公司100%股权。虽然该协议约定将项目公司全部股权转让给鹏跃公司，但原属于该项目公司的土地使用权应始终登记在项目公司名下，属于项目公司的资产，并未因股权转让而发生流转。因此，案涉《项目转让协议书》并非土地使用权转让合同，长通公司上诉主张《项目转让协议书》约定的转让标的是土地使用权的依据不足。

其次，判断合同效力的主要依据是合同约定内容。从合同约定内容看，长通公司通过挂牌方式将土地使用权确认到项目公司名下，后由鹏跃公司受让项目公司100%股权。该约定并未违反相关法律、司法解释的规定。《土地管理法》第二条第三款规定："任何单位和个人不得侵占、买卖或者以其他形式非法转让土地。土地使用权可以依法转让。"但《项目转让协议书》约定的是长通公司通过挂牌方式取得土地使用权，因此，并不存在非法转让土地的情形。《城市房地产管理法》第三十九条第一款第（一）项规定："以出让方式取得土地使用权的，转让房地产时，应当符合下列条件：（一）按照出让合同约定已经支付全部土地使用权出让金,并取得土地使用权证书……"该规定是管理性强制规定,并非效力性强制规定。即使《项目转让协议书》违反了该规定,亦不必然无效。且《项目转让协议书》签订后,因案涉土地尚未征转为国有土地,因此,根本不存在该法条规定的上述情形。至于长通公司能否通过挂牌方式取得土地使用权,是判定合同能否实际履行的因素,并不能因此认定该协议无效。《国有土地使用权合同解释》第九条规定:"转让方未取得出让土地使用权证书与受让方订立合同转让土地使用权,起诉前转让方已经取得出让土地使用权证书或者有批准权的人民政府同意转让的,应当认定合同有效。"因《项目转让协议书》的性质并非国有土地使用权转让合同,不应适用该规定认定《项目转让协议书》的效力。

综上,鹏跃公司与长通公司签订的《项目转让协议书》是鹏跃公司与长通公司的真实意思表示,除了第 7.9 条中"若乙方不能在甲方发出书面终止本协议的通知之日 30 日内全额还款(含违约金),则甲方可视为已将本协议地 2.4 条约定物业已全额付款,要求乙方交付,或转售第三人"的约定因违反了《担保法》第五十七条的规定而无效外,该协议书的其他内容均合法有效。

【案例来源】

中国裁判文书网,http://wenshu.court.gov.cn。

【案件名称Ⅱ】

上诉人柳州市全威电器有限责任公司、柳州超凡房地产开发有限责任公司与被上诉人南宁桂馨源房地产有限公司土地使用权转让合同纠纷案[最高人民法院(2004)民一终字第 46 号民事判决书,2004.8.31]

【裁判精要】

裁判摘要:签订国有土地使用权转让合同时,转让人虽未取得国有土地使用权证,但在诉讼前已经取得该证的,应认定转让合同有效。当事人取得国有土地使用权证后未足额缴纳土地出让金,或对转让土地的投资开发未达到投资总额 25% 以上的,属转让标的瑕疵,不影响转让合同的效力。

最高人民法院认为:

全威公司、超凡公司与桂馨源公司于 2003 年 9 月 18 日签订的《土地开发合同》约定,全威公司、超凡公司将柳州市柳石路 153 号土地使用权转让给桂馨源公司,桂馨源公司向全威公司、超凡公司支付 2860 万元土地转让价款,故本案性质为土地使用权转让合同纠纷。该《土地开发合同》为三方当事人协商一致后作出的真实意思表示,内容亦不违反法律规定。合同签订前,柳州市国土资源局已同意全威公司以出让方式取得讼争土地的使用权,双方订有《国有土地使用权出让合同》。本案一审起诉前全威公司办理了国有土地使用权证,讼争土地具备了进入市场进行依法转让的条件。而土地出让金的缴纳问题,属土地出让合同当事人即柳州市国土资源局和全威公司之间的权利义务内容,其是否得到完全履行不影响对本案土地使用权转让合同效力的认定,故超凡公司提出的因《土地开发合同》签订时未取得国有土地使用权证及土地出让金未全部交清违反法律强制性规定应认定该合同无效的上诉主张,本院不予支持。关于投资开发的问题,《城市房地产管理法》第三十八条关于土地转让时投资应达到开发投资总额25%的规定,是对土地使用权转让合同标的物设定的于物权变动时的限制性条件,转让的土地未达到25%以上的投资,属合同标的物的瑕疵,并不直接影响土地使用权转让合同的效力,《城市房地产管理法》第三十八条中的该项规定,不是认定土地使用权转让合同效力的法律强制性规定。因此,超凡公司关于《土地开发合同》未达到25%投资开发条件应认定无效的主张,本院亦不予支持。关于转让土地使用权是否已向抵押权人履行通知义务的问题,中国工商银行柳州分行2004年1月18日向柳州恒茂源房地产有限公司出具的复函,2003年12月2日全威公司、超凡公司与中国工商银行柳州分行商谈银行贷款了结事宜的函件,及《土地开发合同》第3条第2款三方当事人关于抵押债务数额及处理方式的约定内容等证据均表明,本案讼争土地的抵押权人中国工商银行柳州分行知道该土地使用权的转让事宜,且未提出异议。超凡公司关于本案土地使用权转让未通知该土地抵押权人导致转让无效的理由与事实不符,不能成立。综上,《土地开发合同》于签订之时虽有瑕疵,但经补正后已不存在违反法律强制性规定的情形,应认定有效。一审法院关于合同效力的认定,适用法律正确,应予维持。

当事人各方在有效合同的履行过程中对合同条款的约定内容发生歧义,应依《合同法》规定的合同解释方法确定发生争议条款的真实意思表示。一审判决根据合同目的、合同条款之间的关系,确认《土地开发合同》第7条约定的应由桂馨源公司提供抵押担保的"未付款项"是指桂馨源公司依合同第3条约定的义务内容"代全威公司支付2300万元款项以外的余款2200万元",认定事实并无不当。全威公司要求桂馨源公司先行就全部转让款项提供抵押担保作为其履行合同义务的前置条件,与合同约定不符。同时,因柳州恒茂源房地产有限公司不是履行《土地开发合同》付款义务的债务人,其工商注资问题与认定桂馨源公司是否具有履约能力之间不具有关联性。因此,全威公司在未能提供确切证据证明桂馨源公司于履行期限届至时将不履行或不能履行合同的情形下,其行使合同解除权的条件尚未成就,故全威公司以存在履约风险为由要求解除合同的主张因缺乏事实和法律依据,本院不予支持。

关于办理土地过户手续的问题,《土地开发合同》虽然存在前后条款约定不准确的问题,但从文义表述、交易习惯等方面综合判断,可以认定合同第3条第2款关于"办理完成市政府同意该宗土地转让给桂馨源公司控股的或桂馨源公司法定代表人控股的、在柳州新成立的公司,并给予今年或明年上半年土地开发计划指标"的约定,是指全威公司、超凡公司应履行的义务为办理政府同意将土地使用权转让给合同约定的公司和政府给予土地开发指标的手续。合同第4条则应是全威公司向土地管理部门办理土地使用权变更过户手续的义务。全威公司主张的其已办理的经柳州市发展计划委员会批准的土地变性手续就是履行合同第3条第2款的义务,与合同约定内容不符。一审判决认定全威公司、超凡公司于桂馨源公司支付定金后未能按期履行合同第3条第2款所约定的义务,已构成违约,适用法律未有不妥。至于全威公司、超凡公司履行《土地开发合同》第3条第2款义务的期限,一审判决指定为五个工作日,符合本案的实际情况。

【权威解析】

　　《城市房地产管理法》第三十八条第一款规定:"以出让方式取得土地使用权的,转让房地产时,应当符合下列条件:(一)按照出让合同约定已经支付全部土地使用权出让金,并取得土地使用权证书;(二)按照出让合同约定进行投资,属于房屋建设工程的,完成开发投资总额的百分之二十五以上,属于成片开发土地的,形成工业用地或者其他建设用地条件。"据此规定,出让土地使用权的转让不仅应当取得土地使用权证书,还应达到一定的投资开发条件。依前述,对转让行为不符合第一个转让条件即转让方未取得土地使用权证书所订立的转让合同可按照无权处分行为予以认定处理,但对转让行为不符合第二个转让条件即转让的土地没有达到法定投资开发条件的情况下,对所订立的土地使用权转让合同效力问题,我们认为,应在我国现行法律采取的债权形式主义的物权变动模式下予以认定。

　　在债权形式主义的物权变动模式下,由于在债权合同之外,还须有交付或者登记行为手续的办理,方可实现物权变动的目的。依前述通说的观点,我国民事立法虽在物权变动采取的是债权形式主义的模式,但没有严格区分负担行为和处分行为,而是将处分行为纳入债权行为之中,在债权形式主义的物权变动模式下处分行为实际所指又为当事人对特定标的物所订立的以引起标的物物权变动为目的的债权合同。因此,在"债权契约+交付(或登记)"的物权变动模式下,债权合同与处分行为相统一,交付或者登记并不是对标的物的处分行为,其只是完成物权变动必须践行的法定方式,即如果没有经过动产交付或者不动产权属变更登记,不发生物权变动的效力。因此,债权形式主义立法模式下的交付或者登记行为只是作为标的物所有权移转的表征,其作用是将物权变动的时间界限确定在标的物的交付或者登记之时,属于债权合同的履行问题,不是债权合同的生效要件。《城市房地产管理法》作为行政性法律,其规范调整的主要是房地产开发经营行为,第三十八条所规定的第二个条件的立法本意也只是对土地使用权人"炒地"行为的限制,属于政府土地行政管理部门对土地转让的一种监管措施,而非针对转让合同这种债权行为所作的禁止性规定。因此,《城市房地产管理法》第三十八条规定的第二个转让条件,即转让的土地没有达到法定投资开发条件不得转让,仅仅是从行政管理的角度,规定转让的土地不符合法定投资开发条件的,不得办理土地使用权权属变更登记手续。接前述,土地使用权转让合同所转让的标的物——土地因没有达到法定的投资开发条件,导致无法办理土地使用权权属变更登记的属于土地使用权转让合同的转让方不能完全履行合同的问题,可通过瑕疵担保责任制度和违约责任制度对受让人进行救济,作为民事合同法律关系,不能因转让的标的物有瑕疵而认定合同无效,标的物能否移转在逻辑上直接影响的是其能否依约履行转移标的物的合同义务,不能因为其不能按约履行转让义务,就否认合同的效力。

最高人民法院审理终结的(2004)民一终字第46号上诉人柳州市全威电器有限责任公司、柳州超凡房地产开发有限责任公司与被上诉人南宁桂馨源房地产有限公司土地使用权转让合同纠纷一案对此已有明确裁决:"……本案一审起诉前全威公司办理了国有土地使用权证,讼争土地具备了进入市场进行依法转让的条件。而土地出让金的交纳问题,属土地出让合同当事人即柳州市国土资源局和全威公司之间的权利义务内容,其是否得到完全履行不影响对本案土地使用权转让合同效力的认定。故超凡公司提出的因《土地开发合同》签订时未取得国有土地使用权证及土地出让金未全部交清违反法律强制性规定应认定该合同无效的上诉主张,本院不予支持。关于投资开发的问题,《城市房地产管理法》第三十八条关于土地转让时投资应达到开发投资总额25%的规定,是对土地使用权转让合同标的物设定的于物权变动时的限制性条件,转让的土地未达到25%以上的投资,属合同标的物的瑕疵,并不直接影响土地使用权转让合同的效力,《城市房地产管理法》第三十八条中的该项规定,不是认定土地使用权转让合同效力的法律强制性规定。因此,超凡公司关于《土地开发合同》未达到25%投资开发条件应认定无效的主张,本院亦不予支持。"此外,最高人民法院〔2004〕民一他字第18号《关于已经取得国有土地使用权证,但未交清土地使用权出让金的当事人所订立的房地产转让合同是否有效的答复》再次明确:"土地受让人虽未全部交纳土地使用权出让金,但已取得国有土地使用权证书的,其与他人签订的房地产转让合同可以认定有效。"由此可见,《城市房地产管理法》第三十八条规定的第二个转让条件,即转让的土地没有达到法定投资开发条件不得转让,仅仅是行政管理部门对不符合法定投资开发条件的土地在办理土地使用权权属变更登记问题上所作出的限制性规定,而非为认定土地使用权转让合同效力的要件。[1]

---

[1] 参见韩延斌:《〈最高人民法院关于审理涉及国有土地使用权合同纠纷案件适用法律问题的解释〉的理解适用》,载最高人民法院民事审判第一庭编:《民事审判指导与参考》(总第22集),法律出版社2005年版,第74~76页。

【案例来源】

《中华人民共和国最高人民法院公报》2005 年第 7 期(总第 105 期)。

编者说明

　　最高人民法院对未达到投资开发条件订立的转让合同效力的观点,有一个渐进的修正过程。在早期的司法政策中,一般认为不符合投资开发条件的转让合同无效,例外情形方有效。如最高人民法院答复广西高级人民法院桂高法〔2001〕342 号《关于土地转让方未按规定完成对土地的开发投资即签订土地使用权转让合同是否有效问题的请示》时认为:"根据《城市房地产管理法》第三十八条的规定,以出让方式取得土地使用权的转让房地产时,应当符合两个条件:(一)按照出让合同约定已经支付全部土地出让金,并取得土地使用权证书;(二)按照出让合同约定进行投资开发,属于房屋建设工程的,完成开发投资总额的 25% 以上。因此,未同时具备上述两个条件,而进行转让的,其转让合同无效。"最高人民法院在认为不达到投资开发条件的转让合同无效的同时,设置了例外有效的情形,即"以出让方式取得土地使用权后转让房地产的,转让方已经支付全部土地出让金,并且转让方和受让方前后投资达到完成开发投资总额的 25% 以上,已经办理了登记手续,或者虽然没有办理登记手续,但当地有关主管部门同意补办土地使用权转让手续的,转让合同可以认定有效。"

　　最高人民法院在 2005 年《中华人民共和国最高人民法院公报》发布的权威案例,修正了过去不符合投资开发条件的转让合同无效的观点,转而改采有效观点。在桂馨源公司诉全威公司等土地使用权转让合同纠纷案中,当事人以合同签订时国有土地出让金未全部付清,尚未取得国有土地使用权证,转让的工业用地没有投入开发资金,更未达到 25% 的投资标准,不符合法律规定的转让条件为理由,请求确认土地使用权转让合同无效。最高人民法院判决认为:关于投资开发的问题,《城市房地产管理法》第三十八条(该法修正前条款)关于土地转让时投资应达到开发投资总额 25% 的规定,是对土地使用权转让合同标的物设定的于物权变动时的限制性条件,转让的土地未达到 25% 以上的投资,属合同标的物的瑕疵,并不直接影响土地使用权转让合同的效力。《城市房地产管理法》第三十八条中的该项规定,不是认定土地使用权转让合同效力的法律强制性规定。因此,超凡公司关于《土地开发合同》未达到 25% 投资开发条件应认定无效的主张,不予支持。

　　2007 年《城市房地产管理法》第三十九条第一款规定:"以出让方式取得土地使用权的,转让房地产时,应当符合下列条件:(一)按照出让合同约定已经支付全部土地使用权出让金,并取得土地使用权证书;(二)按照出让合同约定进行投资开发,属于房屋建设工程的,完成开发投资总额的 25% 以上,属于成片开发土地的,形成工业用地或者其他建设用地条件。"对于不符合该项规定的土地使用权转让合同,前述最高人民法院案例从物权变动与债权合同效力的关系角度或者从将该种合同属于转让标的物瑕疵的角度出发,认为不影响转让合同的效力。此外,最高人民法院(2004)民一他字第 18 号《关于已经取得国有土地使用权证,但未交清土地使用权出让金的当事人所订立的房地产转让合同是否有效的答复》再次明确:"土地受让人虽未全部交纳土地使用权出让金,但已取得国有土地使用权证书的,其与他人签订的房地产转让合同可以认定有效。"因此,《城市房地产管理法》第三十九条规定的第二个转让条件,即转让的土地没有达到法定投资开发条件不得转让,仅仅是行政管理部门对不符合法定投资开发条件的土地在办理土地使用权权属变更登记问题上所作出的限制性规定,而非为认定土地使用权转让合同效力的要件。①

　　在房地产领域,存在土地出让、合作开发和房屋买卖、房屋租赁、房地产中介的一、二、三级市场,从公权力干预的程度上看,是依次减弱的,因此,在对合同效力的把握上,也要依次放宽。② 为此,《第八次全国法院民事商事审判工作会议(民事部分)纪要》第十三条进一步明确:"城市房地产管理法第三十九条第一款第二项规定并非效力性强制性规定,当事人仅以转让国有土地使用权未达到该项规定条件为由,请求确认转让合同无效的,不予支持。"根据对效力性强制性规定的判断标准,第一,该条并未明确规定不符合规定条件的,将导致合同无效。第二,该条实际上只是对土地开发利用者转让土地使用权时对土地开发完成程度的要求,是否完成一定开发资本投入与转让土地使用权并无根本的利害冲突,使得合同继续有效并不会导致国家集体利益受损,此规定只是规范土地市场秩序的行政管理行为,不应因此导致民事合同的无效。第三,从立法目的看,该法第一条规定,"为了加强对城市房地产的管理,维护房地产市场秩序,保障房地产权利人的合法权益,促进房地产业的健康发展",可见,该法的主要目的是为了加强对城市房地产管理的需要而设置,并非主要针对行为内容本身。第四,从调整对象看,该条规定是针对土地受让者再行转让的资格条件的限制,主要规范的是开发企业。综上,该条规定不属于效力性强制性规定,不应因此导致合同无效。③

---

　　① 参见最高人民法院民事审判第一庭编著:《最高人民法院国有土地使用权合同纠纷司法解释的理解与适用》,人民法院出版社 2005 年版,第 123 页。最高人民法院民一庭意见也认为:土地使用权转让合同的转让方没有"完成开发投资总额的 25% 以上",对于成片开发土地,转让方没有"形成工业用地或者其他建设用地条件"的,不影响土地使用权转让合同的效力。参见最高人民法院民一庭:《没有完成开发投资总额的 25% 以上,是否影响合同的效力》,载最高人民法院民事审判第一庭编:《民事审判指导与参考》(总第 34 集),法律出版社 2008 年版,第 93~99 页。

　　② 参见《适应新形势新常态,统一裁判理念规则,践行司法为民,促进社会和谐——最高人民法院民一庭负责人就〈第八次全国法院民事商事审判工作会议(民事部分)纪要〉答记者问》(2016 年 11 月 30 日),载《人民法院报》2016 年 12 月 1 日。

　　③ 参见王丹:《房地产纠纷案件审理中的疑难问题》,载最高人民法院民事审判第一庭编:《民事审判指导与参考》(总第 68 辑),人民法院出版社 2017 年版,第 36~37 页。对于强制性规定的识别,2019 年《全国法院民商事审判工作会议纪要》(法〔2019〕254 号,2019 年 11 月 8 日)从鼓励交易原则出发,明确了强制性规定的识别标准,尽量避免泛化认定合同无效。纪要第三十条规定:"人民法院在审理合同纠纷案件时,要依据《民法总则》第 153 条第 1 款和合同法司法解释(二)第 14 条的规定慎重判断'强制性规定'的性质,特别是要在考量强制性规定所保护的法益类型、违法行为的法律后果以及交易安全保护等因素的基础上认定其性质,并在裁判文书中充分说明理由。下列强制性规定,应当认定为'效力性强制性规定':强制性规定涉及金融安全、市场秩序、国家宏观政策等公序良俗的;交易标的禁止买卖的,如禁止人体器官、毒品、枪支等买卖;违反特许经营规定的,如场外配资合同;交易方式严重违法的,如违反招投标等竞争性缔约方式订立的合同;交易场所违法的,如在批准的交易场所之外进行期货交易。关于经营范围、交易时间、交易数量等行政管理性质的强制性规定,一般应当认定为'管理性强制性规定'。"

533　未取得土地使用权证的转让合同的效力认定

【关键词】

｜土地使用权转让｜合同效力｜产权证｜

【案件名称】

再审申请人北京秦龙投资有限公司与被申请人珠海市嘉德利投资有限公司及二审被上诉人中经信（珠海）国际担保有限公司、中国人民解放军空军后勤部驻广州办事处建设用地使用权转让合同纠纷案［最高人民法院（2015）民申字第196号民事裁定书，2015.4.23］

【裁判精要】

裁判摘要：国有土地使用权转让合同最基本的含义是：转让人将其依法取得的出让土地使用权有偿转让于受让方并由受让方支付价款。由于国有土地使用权转让合同属民事合同，因而判断此类合同的效力，仍然遵循认定合同效力的一般标准，即合同主体是否具有相应的行为能力、意思表示是否真实及是否违反法律、行政法规强制性规定或者公序良俗。特别值得注意的，包括以下三点：第一，如何理解相关法律、行政法规的强制性规定。也就是说，违反了哪些法律规定将影响合同的效力。《城市房地产管理法》第三十八条第（六）项规定，未依法登记领取权属证书的房地产不得转让；第三十九条第一款规定，以出让方式取得土地使用权的，转让房地产时，应当按照出让合同约定已经支付全部土地使用权出让金并取得土地使用权证书。《城市房地产管理法》第三十八条、第三十九条属于强制性规定似无争议，但是未取得土地使用权证书的规定不宜认定为效力性强制规定。第二，土地使用权属于物权的一种，故《物权法》确立的不动产物权变动的原因与结果相区分原则，无疑应当适用于国有土地使用权转让合同效力的认定。第三，由于土地使用权转让合同属于有偿转让权利的合同，《合同法》有关合同权利转让的规定及《买卖合同解释》所确立的原则与精神应当适用于土地使用权转让合同效力的判断。①

最高人民法院认为：

一、关于原判决是否认定事实错误的问题

2007年1月17日秦龙公司与空后广州办签订的《军用土地使用权转让合同》及

---

① 参见汪治平：《未领取权属证书的土地使用权转让合同的效力——秦龙公司与嘉德利公司、中经信公司、空后广州办土地使用权转让合同纠纷案》，载最高人民法院民事审判第一庭编：《民事审判指导与参考》（总第74辑），人民法院出版社2018年版，第170页。

其补充合同虽然名为军用土地使用权转让，但并无对所涉土地使用权为军事用途、地上建筑物为军事设施的任何表述，受让人秦龙公司亦非军事单位，而且秦龙公司意图获得的是可以在市场自由交易的土地使用权而不是流转限制的军用土地使用权。2007年3月30日秦龙公司与嘉德利公司、中经信公司三方签订的《协议书》及其补充协议也明确约定《军用土地使用权转让合同》中所述地块须符合用地性质或用途为出让商住用地的条件，这说明秦龙公司作为出让人已承诺其所转让的土地使用权的来源和用途应为出让商住用地并与嘉德利公司形成合意。故秦龙公司关于本案所争议标的物为划拨军用土地使用权的主张因无事实根据而不能成立。

二、关于原判决对《协议书》效力认定是否适用法律错误的问题

就不动产交易而言，物权变动的原因为合同，合同的结果为物权变动，原因与结果需做法律上的区分，即合同于当事人意思表示一致时产生债法上的相对效力，而物权的变动则必须依赖登记这一公示行为方能产生对世的绝对效力，债权合同的效力独立存在，不以合同是否履行以及能否履行等物权变动为生效要件。因此，本案《军用土地使用权转让合同》所附生效要件成就时生效，《协议书》则自成立之日即生效，是否办理物权登记均属于合同履行的情形，并非认定合同效力的法定事由，不影响合同的效力。秦龙公司虽引用《合同法》第四十四条第二款关于"法律、行政法规规定应当办理批准、登记等手续生效的，依照其规定"的规定主张本案所涉《协议书》无效，但我国现行法律、行政法规并无关于国有土地使用权转让合同须经登记或批准等手续方发生效力的具体规定。《城市房地产管理法》(2007年修正)第三十八条第(六)项关于"未依法登记领取权属证书的"房地产不得转让的规定，只是房地产登记部门在行使行政管理职能时审查房地产变更登记的所需条件，不是《合同法解释(二)》第十四条所指的效力性强制性规定。《国有土地使用权合同解释》第九条关于"转让方未取得出让土地使用权证书与受让方订立合同转让土地使用权，起诉前转让方已经取得出让土地使用权证书或者有批准权的人民政府同意转让的，应当认定合同有效"的规定，并未直接否定合同的效力或确认自始无效。故秦龙公司关于原判决认定《协议书》有效系适用法律错误的主张因无法律依据而不能成立。

三、关于原判决是否超出嘉德利公司诉讼请求范围问题

从本案查明的事实来看，广东省珠海市国土资源局已就本案所涉B、C地块土地使用权做出变更登记，其内容与秦龙公司和嘉德利公司订立《补充协议(一)》所约定的转让条件相一致，而空后广州办于本案再审审查期间明确表示已全额收取合同标的款、愿意依照合同约定办理B、C地块使用权转让手续，且A地块使用权也已经过户至秦龙公司名下，故秦龙公司关于本案所涉地块无法履行过户手续的理由不能成立。另外，原审已查明：B地块房地产权证号原为C0301227、现为粤C6571353，C地块房地产权证号原为C0301226、现为粤C6571351。因此嘉德利公司所主张的C0301227和C0301226土地使用权与一审判决主文所列粤C6571353和粤C6571351

土地使用权为相同地块。故秦龙公司关于原审判决内容超出嘉德利公司诉讼请求范围的主张因无事实依据而不能成立。

【权威解析】

《国有土地使用权合同解释》第九条规定："转让方未取得出让土地使用权证书与受让方订立合同转让土地使用权,起诉前转让方已经取得出让土地使用权证书或者有批准权的人民政府同意转让的,应当认定合同有效。"

从字面上分析,本条司法解释含义似乎包括如下几点:一是转让方与受让方订立土地使用权转让合同,尚未取得出让土地使用证书,就表明转让方未取得出让土地使用权。二是转让方尚未取得出让土地使用权,其与受让方订立合同应当为效力待定的合同。三是如果转让方在起诉前取得土地使用权证书或者有批准权的人民政府同意转让的,该合同应订立时起有效;否则不能认定有效。① 以上三层含义似应是解释出台时起草者所欲表达的意思。在当时的情况下,不但不保守,甚至有较大的超前性。

然而《国有土地使用权合同解释》是在《城市房地产管理法》实施十多年的情况下制定的,最高人民法院在制定司法解释时难免不受到该法所确立的对房地产行业实行严格行政管理思想的影响。虽然统一《合同法》当时已经实施五年多,但对《合同法》有关合同效力规定的精神仍然在领悟和深入研究之中。在市场经济充分发展及对《合同法》有更深入研究的今天,特别在《物权法》实施之后,应当重新认识和理解《国有土地使用权合同解释》第九条的规定。

未取得土地使用权证书所订立的土地使用权转让合同,有人认为"应按照无权处分的原则对土地使用权转让合同的效力进行认定"。② 不过,这种理解值得商榷。《合同法》第五十一条规定:"无处分权的人处分他人财产,经权利人追认或者无处分权的人订立合同后取得处分权的,该合同有效。"本条明确了无权处分人与相对人订立处分他人财产权的合同的效力问题。其反面推论是,无权处分人在履行期限届满前未取得处分权,权利人又不予追认的,合同无效。但该无效不得对抗善意第三人。故《物权法》第一百零六条③规定的善意取得制度实施后,《合同法》第五十一条

① 参见最高人民法院民事审判第一庭编著:《最高人民法院国有土地使用权合同纠纷司法解释的理解与适用》,人民法院出版社 2005 年版,第 104 页。

② 参见最高人民法院民事审判第一庭编著:《最高人民法院国有土地使用权合同纠纷司法解释的理解与适用》,人民法院出版社 2005 年版,第 121 页。

③ 《物权法》第一百零六条规定:"无处分权人将不动产或者动产转让给受让人的,所有权人有权追回;除法律另有规定外,符合下列情形的,受让人取得该不动产或者动产的所有权:(一)受让人受让该不动产或者动产时是善意的;(二)以合理的价格转让;(三)转让的不动产或者动产依照法律规定应当登记的已经登记,不需要登记的已经交付给受让人。受让人依照前款规定取得不动产或者动产的所有权的,原所有权人有权向无处分权人请求赔偿损失。当事人善意取得其他物权的,参照前两款规定。"

规定的无权处分制度的适用范围大受影响。

就土地使用权转让合同而言,未取得土地使用权证书的转让人与受让人签订土地使用权转让合同难以认定为无权处分。理由如下:

其一,债权人依法转让其合同权利是其应有的民事权利,是合同自由原则的体现。依照《土地管理法》第九条"国有土地和农民集体所有的土地,可以依法确定给单位或者个人使用"及《城镇国有土地使用权出让和转让暂行条例》第三条"中华人民共和国境内外的公司、企业、其他组织和个人,除法律另有规定者外,均可依照本条例的规定取得土地使用权,进行土地开发、利用、经营"之规定,任何单位和个人均可依法取得土地使用权。也就是说,现行法律对土地使用权的主体未作限制规定。单位或个人与出让方签订土地使用权出让合同或者与转让方签订土地使用权转让合同后,依法享有向对方请求转让土地使用权的合同权利。根据《合同法》第七十九条的规定,只要符合下列条件,债权人即可转让其合同权利:一是存在有效的债权;二是被转让的合同权利具有可转让性或者可让与性,即不属于依合同性质不得转让的权利、不属于约定不得转让的权利、不属于法律规定不得转让的权利;三是转让人与受让人就合同权利的转让达到一致。另外,如前所述,依现行法律、行政法规的规定,取得出让土地使用权的方式包括与政府土地管理部门签订土地使用权出让合同、与其他土地使用权人签订土地使用权转让合同等。土地使用权出让,无论采取拍卖、招标还是双方协议的方式,从签订土地使用权出让合同到取得土地使用权证书,存在一个合理期间;土地使用权转让,通常采取签订土地使用权转让合同形式,从签订合同到最终办理土地使用权变更登记手续,并由受让人取得土地使用权证书,同样存在一个合理期间。在前述两个期间内,作为受让人,对其将取得的土地使用权再行转让,无论从事实上还是从法律上,都不应当认定为无权处分。虽然《城市房地产管理法》于1994年出台,早于1999年的《合同法》,但2007年《城市房地产管理法》修正时,并未对土地使用权出让或者转让合同的当事人转让其合同权利作出任何限制。因而,可以认为对合同权利的转让不受是否取得土地使用权证书的影响。

其二,土地使用权转让合同的受让人易于了解也应当了解拟转让的土地使用权的状况。土地使用权转让合同中以土地使用权作为转让标的物且以固定的土地为载体,受让人只要稍加注意,或者实地考察,或者向政府土地部门查询,或者向转让方的上一家了解,即可知悉被转让的土地或者使用权的权利主体,比较容易判断转让人是否有权处分;同时土地使用权转让价款往往不菲,对双方当事人利益重大,转让人能够随意以他人的土地使用权作为标的物与相对人签订合同的可能性很小。更为重要的是,转让方未取得土地使用权证书的情况下转让土地使用权,权利人或者说名义上的权利人应为出让方或者持有土地使用权证的人,依现行法律规定,无论是作为出让方的土地管理部门还是土地使用权证的持有人,似不存在对未取得土地使用权证书的转让人予以追认的问题。因为《合同法》第五十一条中的追认是以无权处分人侵害权利人权利为前提。

其三,土地使用权证书只是享有土地权利的证明之一。按照《土地管理法》第十一条的规定,"单位和个人依法使用的国有土地,由县级以上人民政府登记造册,核发证书,确认使用权"。基于这一规定,国土资源部发布的《土地登记办法》第十六条规定:"土地权利证书是土地权利人享有土地权利的证明。"在转让人尚未取得土地使用权证书且未提供其他可供证明其享有土地权利材料的情形下,相对人仍然相信转让人享有拟转让土地的权利并与之签订土地使用权转让合同,如果双方不存在恶意串通,则只能说明该相对人对自己利益的漠视。因此,转让人虽未取得土地使用权证书但能够提供其他材料足以证明其享有土地权利或者合同权利,其与受让人签订的合同不宜适用《合同法》有关无权处分的规定。

其四,房地产管理法只强调被转让的"房地产"须取得证书,并未规定未取得证书的房地产不得流转。《城市房地产管理法》第三十八条和第三十九条的表述分别是"下列房地产,不得转让""以出让方式取得土地使用权的,转让房地产时",法律条文强调的是房地产本身应当有权利证明,即这两个条文针对是"房地产",而不是针对房地产转让合同。虽然法律条文中使用了"不得"字样,但未取得证书的房地产毕竟不属于如同枪支①那样的禁止流通物。从理论上分析,如果法律、行政法规的强制性规定禁止某类物的流转、禁止当事人实施某类行为,因而转让此类禁止流通物的行为就成为不得实施的行为。土地使用权无论是出让取得还是划拨取得,均可以依法流转。

未取得证书的土地使用权的转让合同被认定无效,不仅不利于解决当事人之间的争议,维持交易安全,而且还可能助长不诚信行为。本文笔者赞成解决这一问题的办法是:将土地使用权证作为履行合同的前提,即物权发生变动的要件,而不是将其作为土地使用权转让合同的生效要件。这样的解决方案并不影响国家对房地产市场的管制特别是防止炒买炒卖土地的立法初衷。②

基于上述分析,我们认为,《国有土地使用权合同解释》第九条应当理解为:该条解释只就转让方未取得出让土地使用权证书与受让方订立转让土地使用权合同在起诉前转让方已经取得出让土地使用权证书或者有批准权的人民政府同意转让的情况下,合同效力应当认定有效作了规定。至于在起诉前转让方未取得出让土地使用权证书或者有批准权的人民政府同意转让的情况,土地使用权转让合同的效力,

---

① 《合同法》第一百三十二条规定:"出卖的标的物,应当属于出卖人所有或者出卖人有权处分。法律、行政法规禁止或者限制转让的标的物,依照其规定。"《枪支管理法》(2015年修正)第三条规定:"国家严格管制枪支。禁止任何单位或者个人违反法律规定持有、制造(包括变造、装配)、买卖、运输、出租、出借枪支。"

② 参见刘贵祥:《合同效力研究》,人民法院出版社2012年版,第202页。

司法解释未予以明确,而是要根据具体案件情况予以认定。①

【案例来源】

中国裁判文书网,http://wenshu. court. gov. cn。

编者说明

《国有土地使用权合同解释》第九条主要是就房地产二级市场的土地使用权转让合同效力的认定处理所作的规定。理解本条规定应当注意以下几点:一是转让方与受让方订立土地使用权转让合同时,尚未取得出让土地使用权证书,这就表明转让方未取得出让土地使用权。二是转让方尚未取得出让土地使用权,其与受让方订立的合同应当为效力待定的合同。三是如果转让方在起诉前取得土地使用权证书或者有批准权的人民政府同意转让的,该合同应从订立时起有效;否则不能认定有效。

应当注意的是,2012 年《买卖合同解释》第三条规定了无权处分情形下买卖合同的效力:"当事人一方以出卖人在缔约时对标的物没有所有权或者处分权为由主张合同无效的,人民法院不予支持。出卖人因未取得所有权或者处分权致使标的物所有权不能转移,买受人要求出卖人承担违约责任或者要求解除合同并主张损害赔偿的,人民法院应予支持。"该条依据《物权法》第十五条关于物权变动原因与结果区分原则之规定精神,理顺了《合同法》第五十一条与第一百三十二条之间的关系。根据合同归《合同法》调整,物权变动归《物权法》规制的原则,在买卖合同法律关系中,买卖合同是物权变动的原因行为,所有权转移是物权变动之结果。出卖人在缔约时对标的物没有所有权或者处分权,并不影响作为原因行为的买卖合同的效力,但能否发生所有权转移的物权变动效果,则取决于出卖人嗣后能否取得所有权或者处分权,物权变动属于效力待定状态。因无权处分致使标的物所有权不能转移的,出卖人应当承担违约赔偿责任。②

前述北京秦龙投资有限公司、珠海市嘉德利投资有限公司与中经信(珠海)国际担保有限公司、中国人民解放军空军后勤部驻广州办事处建设用地使用权转让合同纠纷申请再审案案情如下:2007 年 1 月 17 日秦龙公司与空后广州办签订的《军用土地使用权转让合同》第 1 条约定,空后广州办将面积为 122111. 9 平方米的土地转让给秦龙公司。第 7 条约定,空后广州办向秦龙公司提供四宗土地的房地产权证、用地红线图、建设用地规划许可证等土地原始资料,办理书面交接手续,并积极协助秦龙公司办理产权过户手续。第 5 条还约定,土地产权过户手续办妥后三日内,秦龙公司一次性将土地转让费 5168 万元转入空后广州办指定的银行账户。依据这些约定,秦龙公司将获得绝非军用用途的土地使用权,更不是不可转让的土地使用权,至少秦龙公司在支付相应价款后获得了向空后广州办要求交

---

① 参见汪治平:《未领取权属证书的土地使用权转让合同的效力》,载刘贵祥主编:《最高人民法院第一巡回法庭精选案例裁判思路解析(一)》,法律出版社 2016 年版,第 236 ~ 243 页。

② 参见最高人民法院民事审判第二庭编著:《最高人民法院关于买卖合同司法解释理解与适用》,人民法院出版社 2012 年版,第 69 页。

付相应面积的土地的债权。2007 年 3 月 30 日秦龙公司与嘉德利公司、中经信公司签订的《协议书》及补充协议约定，秦龙公司将其与空后广州办签订的《军用土地使用权转让合同》中的两宗土地转给嘉德利公司并出函通知空后广州办直接过户至嘉德利公司名下；过户至嘉德利公司名下的土地用地性质为出让商住用地。这些约定表明，秦龙公司转让给嘉德利公司名义上的标的物是"两宗土地"，并且直接从空后广州办过户到嘉德利公司名下，因而秦龙公司所转让的是其享有的对空后广州办的债权，或者因该债权的实现而将取得的土地使用权。秦龙公司的行为完全符合《合同法》第七十九条关于"债权人可以将合同的权利全部或者部分转让给第三人"的规定。本案原审查明的事实表明，中国人民解放军空军后勤部函复空后广州办，同意《军用土地使用权转让合同》有关土地（使用权）转让事宜；珠海市国土资源局与空后广州办签订《国有土地使用权变更协议书》，约定将案涉土地使用权由划拨改为出让。至此《军用土地使用权转让合同》履行条件完全具备，该合同虽名为军用土地使用权转让合同，但实际上该合同项下的土地使用权不涉及军事用地。空后广州办在履行合同至本案诉讼过程中，不但表示其应收到的土地使用权转让价款已经全部收取，而且《军用土地使用权转让合同》约定的 A 地块过户至秦龙公司并由秦龙公司将该地块的土地使用权转移给另一公司，案涉 B、C 地块因秦龙公司不配合，土地使用权仍在空后广州办名下，但表示愿意配合办理相关手续。这些事实表明，秦龙公司与嘉德利公司签订的协议及补充协议完全不存在履行不能的情形，秦龙公司未取得案涉土地使用权证书不构成合同履行的障碍。虽然在签订协议时，秦龙公司未取得案涉 B、C 地块的土地使用权，但无论依据《物权法》有关不动产变动的原因与变动结果相区分规定，还是依据《买卖合同解释》第三条有关买卖合同的特殊效力规则，不宜适用对《国有土地使用权合同解释》第九条的反面解释规则，认定秦龙公司与嘉德利公司签订的相关协议无效。秦龙公司拒绝履行对嘉德公司的合同义务有违诚实信用原则。根据本案的具体情况，《国有土地使用权合同解释》第九条应仅从字面表述理解，不涉及在起诉前转让方未取得出让土地使用权证书或者有批准权的人民政府同意转让的土地使用权转让合同的效力问题。这种情形下的合同效力应根据具体案件情况按照通常判决合同效力的原则予以认定。[①]

534 在特定历史条件下，取得土地代用证而未取得国有土地使用权证的，不影响土地使用权转让合同的效力

【关键词】

| 土地使用权转让 | 合同效力 | 土地使用权证 |

【案件名称】

京津发展实业股份有限公司与廊坊国际房地产开发有限公司土地使用权转让

[①] 参见汪治平：《未领取权属证书的土地使用权转让合同的效力》，载刘贵祥主编：《最高人民法院第一巡回法庭精选案例裁判思路解析（一）》，法律出版社 2016 年版，第 243 页。

合同纠纷上诉案［最高人民法院二审民事判决书］

【裁判精要】

最高人民法院认为：

京津公司与廊坊国际于 1993 年 9 月 8 日签订的《国有土地使用权转让合同》的基础是廊坊市土地管理局与廊坊国际于 1992 年 7 月 20 日签订的《国有土地使用权出让合同》。该出让合同明确约定廊坊市土地管理局将讼争的 15 万平方米的土地出让给廊坊国际，出让金为 17602560 元。廊坊国际依据该出让合同支付了相应的土地出让金后，廊坊市土地管理局为其核发讼争土地的土地使用证（代用），并注明了正式土地使用证待规划红线宗地图正式绘出后核发。该土地使用证（代用）是我国改革开放过程中特定历史条件下的产物，其虽非正式的土地使用权证，但该代用证和前述土地使用权出让合同足以证明廊坊国际是通过出让的方式有偿取得讼争土地使用权的事实。廊坊国际在取得代用证后，与京津公司于 1993 年 9 月 8 日签订的《国有土地使用权转让合同》。为将土地使用证办理至京津公司名下完善手续的需要，廊坊市土地管理局开发区分局于 1993 年 11 月 14 日与京津公司倒签了签字时间为 1992 年 5 月 28 日（其时京津公司尚未成立）的《国有土地使用权出让合同》及《补充协议》，而京津公司亦未按照倒签合同的约定向有关部门支付土地出让金。1993 年 11 月 24 日，廊坊市土地管理局开发区分局给廊坊国际发函，也明确同意廊坊国际将涉案土地使用权变更给京津公司并已为京津公司办理了相关审批手续。上述事实表明，京津公司就涉案土地使用权，系依据其与廊坊国际的土地使用权转让合同取得。京津公司关于廊坊国际从未合法取得本案土地的使用权、亦未经任何有权部门批准转让，以及涉案土地是京津公司以出让方式从土地管理部门原始取得的主张，缺乏事实依据，本院不予支持。廊坊国际与京津公司之间订立的《国有土地使用权转让合同》是双方真实的意思表示，合同内容不违反法律的规定，该合同合法有效且已经由双方当事人履行完毕。京津公司关于合同无效的主张，缺乏事实依据和法律依据，不应予以支持。综上所述，一审判决认定事实清楚，适用法律正确。故判决：驳回上诉，维持原判。

【权威解析】

本案当事人争议的问题集中在土地使用权转让合同的效力问题。尽管京津公司主张合同无效的理由也包括廊坊国际以欺诈方式订立合同，损害国家利益等其他情形，但廊坊国际在订立转让合同时未取得国有土地使用权证无疑是其中最核心的理由，也是当事人之间的核心争点。

从我国近二十年来房地产案件民事审判政策的发展来看，是否取得涉案土地的国有土地使用权证一直是影响土地使用权转让合同效力的重要因素。在 1995 年公布的《最高人民法院关于审理房地产管理法施行前房地产开发经营案件若干问题的解答》第七条规定："转让合同的转让方,应当是依法办理了土地使用权登记或变更登记手续,取得土地使用证的土地使用者。未取得土地使用证的土地使用者为转让方与他人签订的合同,一般应当认定无效,但转让方已按出让合同约定的期限和条件投资开发利用了土地,在一审诉讼期间,经有关主管部门批准,补办了土地使用权登记或变更登记手续的,可以认定合同有效。"2005 年最高人民法院《国有土地使用权合同解释》第九条规定："转让方未取得出让土地使用权证书与受让方订立合同转让土地使用权,起诉前转让方已经取得出让土地使用权证书或者有批准权的人民政府同意转让的,应当认定合同有效。"可见,从民事审判政策的延续来看,订立转让合同时转让方未取得土地使用权证的,转让合同应当认定为无效,除非转让方在特定期间之前取得土地使用权证或经有批准权的人民政府批准。这是人民法院审理此类案件的一贯立场。

就本案而言,廊坊国际在与京津公司订立土地使用权转让合同时,并未取得国有土地使用证,但取得了土地使用权证(代用)。在《城市房地产管理法》施行前,我国的城市国有土地有偿使用制度和土地市场处于发育成长时期,土地出让的程序不完备,不能以今天土地制度已经基本完备的标准来看待历史问题。土地使用权代用证虽不是正式的土地使用权证,在程序上不规范,但能够反映出廊坊国际受让土地的行为已经得到廊坊市土地管理部门的同意,在有批准权的机构批准后即能够取得国有土地使用权证的事实。该代用证和土地使用权出让合同足以证明廊坊国际是通过出让的方式,有偿取得讼争土地使用权的事实。且廊坊国际在与京津公司订立土地转让合同后,廊坊市土地管理局开发区分局给廊坊国际发函,也明确同意廊坊国际将涉案土地使用权变更给京津公司并已为京津公司办理了相关审批手续。因此,京津公司以廊坊国际未取得土地使用权证为由主张合同无效,不符合本案的客观情况,不应支持。①

【案例来源】

最高人民法院民事审判第一庭编:《民事审判指导与参考》(总第 42 集),法律出版社 2010 年版,第 239 ~ 240 页。

编者说明

在《城市房地产管理法》施行前,我国的城市国有土地有偿使用制度和土地市场处于

---

① 参见宋春雨:《未取得国有土地使用权证但取得土地代用证后转让土地使用权不影响转让合同的效力——京津发展实业股份有限公司与廊坊国际房地产开发有限公司土地使用权转让合同纠纷上诉案》,载最高人民法院民事审判第一庭编:《民事审判指导与参考》(总第 42 集),法律出版社 2010 年版,第 240 ~ 241 页。

发育成长时期,土地出让的程序不完备,实践中经常出现土地管理部门在土地出让合同签订后报有权批准机关审批过程中,为受让方发放土地使用权代用证的情况。当事人在取得土地使用权代用证后转让土地使用权的,转让合同的受让方不得在合同已经履行完毕后,以转让方未取得土地使用权证为由,主张转让合同无效。

535 法院查封期间的土地使用权转让合同的效力认定

【关键词】

│ 土地使用权转让 │ 合同效力 │ 查封 │

【案件名称】

方辉等三人与浙江五联建设有限公司、海南昌台物资燃料总公司确认土地使用权转让合同无效纠纷申请再审案［最高人民法院再审民事判决书］

【裁判精要】

最高人民法院认为:

关于五联公司以昌台公司与方辉等三人签订《转让协议》因违反法律强制性规定,故依据《合同法》第五十二条第(五)项规定而属于无效的观点应否支持。昌台公司与方辉等三人签订《转让协议》时,虽然正值案涉土地使用权处于被法院查封期间,但是法院的查封行为,并不意味着该土地使用权属于法律意义上的绝对不能转让,只是合同标的物因受到限制而依法不能在查封期间产生物权变动的法律效果。也就是说,案涉土地使用权是否被查封,不影响双方签订《转让协议》行为的合法成立,更不能据此作为认定《转让协议》无效的评判依据。浙江高院第一次再审时关于"查封、抵押等行为只是对标的物的流转在一定期间内进行一定的限制,即在查封、抵押等期间的转让行为受到一定条件的约束,不能自由流转,而非标的物本身的法律性质决定其绝对不能转让"的表述,是正确的。相反,其第二次再审时,认为1994年《城市房地产管理法》第三十七条以及《最高人民法院关于人民法院执行工作的若干规定(试行)》第四十八条等系法律强制性规定,《转让协议》违反上述法律规定的行为,符合《合同法》第五十二条第(五)项关于合同无效的规定情形继而认定合同无效,属于适用法律错误,应予纠正。

关于昌台公司的问题。昌台公司将从政府手中取得的土地通过与他人签订合同方式转让,是平等民事主体之间的行为。昌台公司的法定代表人王天福以及副总经理王素萍,均在不同时期、不同场合下就本案合同效力等重要问题上前后作出相互矛盾的意思表示。关于合同效力问题,王天福时而称有效,时而又主张因违反法律强制性规定而无效。王素萍在取得昌台公司授权后,先是积极筹划、运作案涉土地使用权的转让事宜,后又出具材料证明案涉土地转让没有得到王天福的同意以及被逼骗取王天福授权。浙江高院鉴于王素萍与昌台公司之间存在利害关系,对昌台公司提供的王素萍的证明材料未予采信,并无不当。纵观全案,昌台公司对于《转让协议》的效力等问题出尔反尔、在办理转让事宜过程中向相关人员行贿,原审法院对其主观恶意的认定,是正确的。昌台公司系《转让协议》的一方当事人,协议签订后,其并未向人民法院提起诉讼,现在五联公司以其作为被告要求确认合同无效的本案诉讼中,昌台公司亦认为合同无效,对其在本案中的答辩意见及理由,不予采信。昌台公司与方辉等三人签订的《转让协议》合法有效,双方均应依约履行。虽然因合同标的物处于被法院查封状态而暂时无法办理土地权属的变更登记手续,但是一旦该限制情形消失,方辉等三人要求对方继续履行合同的主张就应当得到支持而无须双方必须重新协商并达成新的协议。2001 年 11 月 19 日,台州中院根据隧道公司的申请裁定解除了对案涉土地使用权的查封,临海市土地管理局于 2001 年 12 月 17 日将案涉土地使用权的归属确认给方辉等三人,方辉等三人于 2002 年 4 月 26 日取得了土地使用权证书。可见,方辉等三人最终取得案涉土地使用权时,限制办理土地使用权权属变更登记的情形已经不复存在。虽然围绕案涉土地使用权的归属问题,临海市土地管理局曾经先后几次作出处理,不过从作出各次行政行为的时间上看,其发现案涉土地被法院查封故撤销原来将土地确权给方辉等三人的决定以及得知法院解封后再次确认给方辉等三人并为其办理转让变更登记的一系列行为和做法,并无不当。

【案例来源】

最高人民法院立案一庭、立案二庭编:《立案工作指导》(总第 31 辑),人民法院出版社 2012 年版,第 55 ~ 57 页。

编者说明

本案争议核心在于法院查封期间当事人签订的土地使用权转让合同是否有效。案件经过五次审理、四次改判,对此问题的认识分歧较大。本文认为,法院的查封行为,并不意味着该土地使用权属于法律意义上的绝对不能转让,只是合同标的物因受限制不能在查封期间产生物权变动的法律效果。因而,案涉土地使用权是否被查封,不影响双方签订的土地使用权转让合同的合法成立,更不能据此作为认定合同无效的评判依据。①

---

① 参见梁曙明:《对法院查封期间签订的土地使用权转让合同的效力的司法认定——方辉等三人与浙江五联建设有限公司、海南昌台物资燃料总公司确认土地使用权转让合同无效纠纷申请再审案》,载最高人民法院立案一庭、立案二庭编:《立案工作指导》(总第 31 辑),人民法院出版社 2012 年版,第 45 页。

536 双方签订土地出让合同时明知占地范围内有部分集体土地的合同效力确定

【关键词】

| 土地使用权出让 | 合同效力 | 集体土地 |

【案件名称】

上诉人香港大横沥国际度假村投资管理公司、绵阳市新南湖乐园有限公司、绵阳经济技术开发区管理委员会与被上诉人绵阳市人民政府土地出让合同纠纷案〔最高人民法院（2017）最高法民终 194 号民事判决书，2018.3.1〕

【裁判精要】

最高人民法院认为：

（一）关于《购买土地协议》

根据《合同法》第二条之规定，合同是平等主体的自然人、法人、其他组织之间设立、变更、终止民事权利义务关系的协议。《民法总则》第十二条规定，中华人民共和国领域内的民事活动，适用中华人民共和国法律。法律另有规定的，依照其规定。故大横沥公司虽系台商在香港特别行政区注册的公司，但并非在我国境内就完全不具有民事主体资格，其是否违反《外国（地区）企业在中国境内从事生产经营活动登记管理办法》从事生产经营活动属于行政管理之范畴，不影响大横沥公司作为平等民事主体参与订立合同。

2002 年 2 月 23 日经开区管委会与大横沥公司签订的《购买土地协议》包含了项目规划、投资规模、位置选址、土地供给的数量、方式、价格、项目实施方式、基础设施配套建设、优惠政策等多项内容，虽然没有明确具体的土地四至，仅模糊地约定"位于南湖公园周边山坡地"，占地面积也约定"约 2000 亩"，"使用期限 50 年，争取 70 年"，但已经具备了合同的条款内容，是当事人之间设立、变更、终止民事权利义务关系的协议，属于具有招商引资性质的总体性、框架性的合同，其具体的实施履行还有待协商，签订进一步的协议。正因为此，经开区管委会与大横沥公司成立的项目公司新南湖公司，于 2002 年 12 月 2 日签订《土地出让协议》，新南湖公司与三江公司，于 2002 年 12 月签订《南湖公园承包经营合同》，上述行为均属具体履行《购买土地协议》之举措，故《购买土地协议》不仅已经成立生效，各方当事人也事实上开始实际履行。

经开区管委会和绵阳市政府主张《购买土地协议》无效的主要依据是违反法律规定。《合同法》第五十二条规定，有下列情形之一的，合同无效：（一）一方以欺诈、胁迫的手段订立合同，损害国家利益；（二）恶意串通，损害国家、集体或者第三人利益;(三)以合法形式掩盖非法目的;(四)损害社会公共利益;(五)违反法律、行政法规的强制性规定。经开区管委会和绵阳市政府举示的《绵阳市土地利用总体规划(1997—2010)》《绵阳市城市总体规划(1997—2010)》等,均不属于法律、行政法规的强制性规定,《土地管理法》和《城市房地产管理法》等法律和其他行政法规也未禁止当事人订立具有招商引资性质的总体性、框架性合同。尽管签订《购买土地协议》之时,各方均确知占地范围内尚有相当部分土地的使用权性质为集体所有,但正如该协议没有约定明确具体的四至一样,在协议具体实际履行的过程中,各方还可能通过推动土地使用权性质转换或者协商一致的其他变通方式,以推进项目。绵阳市政府及其派出机构经开区管委会在本案诉讼发生前的十余年间,均未以土地使用权的归属和性质主张《购买土地协议》无效,而是一直在召集组织城建、国土、规划等相关行政主管部门协调,委托新南湖公司进行规划修编,其中,将南湖项目范围内绵阳市南湖公园管理处名下的划拨国有土地使用权从绵阳市涪城区转让至经开区管委会直属投资公司三江公司,再由三江公司与新南湖公司签订《南湖公园承包经营合同》,即为以变通方式履行《购买土地协议》的具体体现。故经开区管委会和绵阳市政府关于《购买土地协议》违反相关法律的强制性规定而自始无效的主张不能成立,一审关于《购买土地协议》效力的认定正确。

但《购买土地协议》合法有效并不意味着大横沥公司和新南湖公司要求"判令绵阳市政府、经开区管委会继续履行其在《购买土地协议》中所约定的义务"的一审诉请就能够得到支持。

首先,各方均确认《购买土地协议》系总体性、框架性合同,具体的实施履行有待进一步磋商,形成如《南湖公园承包经营合同》《土地出让协议》等可实际履行的合同。《购买土地协议》订立之时项目公司新南湖公司尚未成立,各方权利义务虽有概括约定但并不明晰,大横沥公司的项目"占地面积约2000亩",经开区管委会向大横沥公司出让土地的范围"南湖乐园以北、鸿南路以西土地200亩",均没有明确具体可实际履行的意思表示,其本身即为概括约定。

其次,《购买土地协议》所约定的项目内容符合当时法律法规和政策的规定,但时隔多年,开发高尔夫球场、配套别墅区等,已为国家政策调整所禁止。本案新南湖公司及至2011年尚且按绵阳市政府的要求组织调整规划修编,意味着双方已认可《购买土地协议》约定的项目内容不能实现,需变更修订。大横沥公司和新南湖公司要求判令绵阳市政府、经开区管委会继续履行其在《购买土地协议》中所约定的义务,显与实际相悖。

最后,《南湖公园承包经营合同》和《土地出让协议》均为对《购买土地协议》的实际履行,现大横沥公司和新南湖公司认为绵阳市政府和经开区管委会在《购买土地协议》中尚有其他义务,其可以依据《购买土地协议》要求绵阳市政府和经开区管委会与之进一步磋商,人民法院不能代替当事人在总体性、框架性合同的基础上进一步订立明确具体可实际履行的合同。

《合同法》第一百零七条规定,当事人一方不履行合同义务或者履行合同义务不符合约定的,应当承担继续履行、采取补救措施或者赔偿损失等违约责任。第一百一十条规定,当事人一方不履行非金钱债务或者履行非金钱债务不符合约定的,对方可以要求履行,但有下列情形之一的除外:(一)法律上或者事实上不能履行;(二)债务的标的不适于强制履行或者履行费用过高;(三)债权人在合理期限内未要求履行。第一百一十二条规定,当事人一方不履行合同义务或者履行合同义务不符合约定的,在履行义务或者采取补救措施后,对方还有其他损失的,应当赔偿损失。本案大横沥公司和新南湖公司仅诉请"判令绵阳市政府、经开区管委会继续履行其在《购买土地协议》中所约定的义务",其一审的第二项诉讼请求"由绵阳市政府、经开区管委会赔偿资金占用损失 7000 万元"已然撤回,故人民法院不支持其要求绵阳市政府和经开区管委会继续履行《购买土地协议》中所约定义务的该项诉请,不影响当事人另案依法主张其他合同权利。

(二)关于一审法律适用

经开区管委会上诉提出,一审判决引用《城市房地产管理法》法条时遗漏关键字,违法确立了"出让土地合同签订在前,国家征收程序在后"的裁判规则。本院查明,一审判决引用《城市房地产管理法》第八条"城市规划区的集体所有的土地,经依法征用转为国有土地后,该幅土地的使用权可有偿出让"。2007 年修正前的《城市房地产管理法》第八条原文为:"城市规划区内的集体所有的土地,经依法征用转为国有土地后,该幅国有土地的使用权方可有偿出让。"故一审判决在引用法律条文时确有遗漏"方"字,应予纠正。但该遗漏并未造成对法律条文的曲解。根据《物权法》第十五条之规定,当事人之间订立有关设立、变更、转让和消灭不动产物权的合同,除法律另有规定或者合同另有约定外,自合同成立时生效;未办理物权登记的,不影响合同效力。故订立土地使用权出让合同并不会同时产生土地使用权出让的物权效力,仅产生履行合同的债权债务关系。法律并未规定只能在土地已经依法征用转为国有土地后,方可签订土地使用权出让合同。

【案例来源】

中国裁判文书网,http://wenshu. court. gov. cn。

537 政府机关对有关事项或者合同审批或者批准的权限和职责，源于法律和行政法规的规定，不属于当事人约定的范畴，不产生限制合同效力的法律效果

【关键词】

　│ 土地使用权出让 │ 合同效力 │ 审批 │ 附条件合同 │

【案件名称】

　　上诉人青岛市崂山区国土资源局与被上诉人青岛南太置业有限公司国有土地使用权出让合同纠纷案 [最高人民法院（2004）民一终字第 106 号民事判决书，2005.12.22]

【裁判精要】

　　裁判摘要：根据《合同法》第四十五条规定，当事人对合同的效力约定所附条件，是指在合同中特别约定一定的条件，以条件成就与否作为合同效力发生的根据。该条件必须是将来发生的、不确定的、约定的、合法的事实。政府机关对有关事项或者合同审批或者批准的权限和职责，源于法律和行政法规的规定，不属于当事人约定的范畴。当事人将上述权限和职责约定为合同所附条件，不符合法律规定。

　　最高人民法院认为：

　　1. 关于双方签订的《国有土地使用权出让合同》是否生效的问题

　　根据《合同法》第四十五条规定，当事人对合同的效力可以约定附条件。附条件的合同，自条件成就时生效。所谓附条件的合同，是指当事人在合同中特别约定一定的条件，以条件是否成就作为合同效力发生的根据。合同所附条件，必须是将来发生的、不确定的事实，是当事人约定的而不是法定的，同时还必须是合法的。在我国，政府机关对有关事项或者合同审批或者批准的权限和职责，源于法律和行政法规的规定，而不属于当事人约定的范围。当事人将法律和行政法规规定的政府机关对有关事项或者合同的审批权或者批准权约定为附条件的合同中的条件，不符合《合同法》有关附条件的合同的规定。当事人将法律和行政法规没有规定的政府机关对有关事项或者合同的审批权或者批准权约定为附条件的合同中的条件，同样不符合《合同法》有关附条件合同的规定。根据《合同法》规定精神，当事人在订立合同时，将法定的审批权或者批准权作为合同生效条件的，视为没有附条件。将法律未规定为政府机关职责范围的审批权或者批准权作为包括合同在内的民事法律行为生效条件的，同样视为没有附条件，所附的"条件"不产生限制合同效力的法律效果。

　　根据一审法院和本院查明的事实，本案涉及的"澳洲花园"项目是山东省青岛市

人民政府在招商引资活动中引入的项目,与该项目相关的立项、规划、用地等手续已经山东省青岛市人民政府有关职能部门及山东省青岛市崂山区人民政府有关职能部门陆续批准。2002 年 12 月 26 日,山东省青岛市人民政府向山东省人民政府报送了《关于崂山区 2002 年第十八批城市建设用地的请示》,内容中包括了本案所涉及的土地。2003 年 2 月 19 日,山东省人民政府下发鲁政土字(2003)52 号《关于青岛市崂山区 2002 年第十八批次城市建设用地的批复》,同意青岛市将崂山区沙子口街道办事处 20 万平方米农用地转为建设用地。上述农用地转用后同意征用,用于青岛市城市建设。该批复还指出,要严格按照有关规定向具体建设项目提供用地,供地情况要经青岛市国土资源部门及时报山东省国土资源厅备案。这表明山东省人民政府对建设项目供地管理采取的是备案制而不是审批制,有关供地事项不需要报经山东省人民政府审批。

崂山区国土局与南太公司在《国有土地使用权出让合同》中约定"本合同项下宗地出让方案尚须经山东省人民政府批准,本合同自山东省人民政府批准之日起生效",虽然表明双方约定经山东省人民政府批准合同项下宗地出让方案作为《国有土地使用权出让合同》的生效条件,但该条件不属于我国《合同法》规定的附生效条件合同的条件,并且山东省人民政府在有关批复中明确指出,具体建设项目提供用地情况经青岛市国土资源部门及时报山东省国土资源厅备案,表明不需要报经批准。因此,双方关于合同项下宗地出让方案须经山东省人民政府批准生效的约定,对本案所涉《国有土地使用权出让合同》不产生限制合同效力的法律效果。崂山区国土局认为双方签订的《国有土地使用权出让合同》约定的合同生效条件未成就,以此为由主张所涉土地出让合同未生效,没有法律依据。一审法院认为山东省青岛市人民政府报送的请示中是否包括合同约定的"出让方案",不影响该合同的效力,适用法律是正确的。

【案例来源】

《中华人民共和国最高人民法院公报》2007 年第 3 期(总第 125 期)。

编者说明

司法实践中,对于当事人在国有土地使用权出让合同中约定将政府机关对土地出让方案的审批作为土地出让合同生效的条件如何处理,尚有不同的认识。

自 1999 年 1 月 1 日起施行的《土地管理法》与 1987 年的《土地管理法》相比,在土地使用权出让的问题上,一个重大的修改就是将过去的土地分级限额审批制改为土地用途管制,同时上提农用地转为建设用地以及征地审批权限。建设占用土地涉及农地的,只要办理了农用地转为建设用地手续和征地手续就符合《土地管理法》的规定。在已经批准的农用地转用范围内,具体建设项目用地可以由市、县人民政府批准。在实践中已经没有将土地出让方案上报上级政府审批的法律、行政法规和国家政策方面的规定。因此,当事人主张因土地出让方案未经上级政府批准而要求认定土地出让合同未生效,没有法律依据。根据《合同法》第四十五条规定的精神,当事人对合同的效力约定所附条件,是指当事人在合同中特别约定一定的条件,以条件是否成就作为合同效力发生的根据,该条件必须是将来发生的、不确定的事实,是当事人约定的而不是法定的,同时还必须是合法的,而政府机关对有关事项或者合同审批或者批准的权限和职责,源于法律和行政法规的规定,而不属于当事人约定的范围。当事人将法律和行政法规规定的政府机关对有关事项或者合同的审批权或者批准权约定为附条件的合同中的条件,不符合《合同法》有关附条件的合同的规定。所附的"条件"不产生限制合同效力的法律效果。

538　国家政策对国有土地使用权出让合同效力的影响

【关键词】

　│ 土地使用权出让 │ 合同效力 │ 政策 │

【案件名称】

　上诉人青岛市崂山区国土资源局与被上诉人青岛南太置业有限公司国有土地使用权出让合同纠纷案 [最高人民法院(2004)民一终字第 106 号民事判决书,2005.12.22]

【裁判精要】

　裁判摘要:(1)根据《合同法》第五十二条第(五)项和《合同法解释(一)》第四条的规定,确认合同无效应当以法律和行政法规作为依据,不得以地方性法规和行政规章作为依据。双方当事人签订的《国有土地使用权出让合同》中约定的土地用途与规划和评估报告中的土地用途不同,如果可能导致土地使用权出让金低于订立合同时当地政府按照国家规定确定的最低价的,属于影响国有土地使用权出让合同价格条款效力的因素,但不导致国有土地使用权出让合同无效。

　(2)根据《民法通则》第六条的规定,民事主体从事民事活动,除必须遵守法律外,在法律没有规定的情况下还应当遵守国家政策。国务院下发的有关规范整顿土地出让市场秩序的通知以及国务院有关部委颁发的贯彻配套规定等规范性文件,属于国家政策。按照国家有关政策规定,在 2002 年 7 月 1 日前未经市、县政府前置审批或者签订书面项目开发协议而在此后协议出让经营性用地的,应当按照有关规定改为以招标拍卖挂牌方式出让。完善招标拍卖挂牌手续的,属于对有关国有土地使用权出让合同的变更或者解除,会产生相关合同能否实际履行以及是否解除问题,不影响和限制合同的效力。

　(3)解除权在实体方面属于形成权,在程序方面则表现为形成之诉。在没有当事人依法提出该诉讼请求的情况下,人民法院不能依职权径行裁判。

最高人民法院认为:

2. 关于双方签订的《国有土地使用权出让合同》是否有效的问题

本案双方所签《国有土地使用权出让合同》,是在平等自愿基础上达成的协议,意思表示真实。根据自 1999 年 1 月 1 日起施行的《土地管理法》第四十四条规定,建设占用土地,涉及农用地转为建设用地的,应当办理农用地转用审批手续。在土地利用总体规划确定的城市和村庄、集镇建设用地规模范围内,为实施该规划而将农用地转为建设用地的,按土地利用年度计划分批次由原批准土地利用总体规划的机关批准。在已批准的农用地转用范围内,具体建设项目用地可以由市、县人民政府批准。本案讼争土地已经山东省人民政府鲁政土字(2003)52 号批复批准,属于已批准的建设用地,土地出让方案应由市、县人民政府批准。根据自 1999 年 1 月 1 日起施行的《土地管理法实施条例》第二十二条规定,具体建设项目占用土地利用总体规划确定的城市建设用地范围内的国有建设用地的,需要市、县土地行政主管部门出具建设项目用地预审报告,由市、县人民政府批准土地行政主管部门拟定的供地方案,市、县人民政府批准供地方案后向建设单位颁发建设用地批准书,然后由市、县土地行政主管部门与土地使用者签订国有土地有偿使用合同。本案中,作为市、县一级土地行政主管部门的崂山区国土局与作为土地使用者的南太公司签订《国有土地使用权出让合同》之前,虽然没有颁发建设用地批准书,但这属于崂山区国土局在办理有关供地手续过程中程序的简化或者遗漏,不属于违反《合同法》第五十二条规定导致合同无效的情形。

在崂山区国土局与南太公司于 2003 年 1 月 6 日签订《国有土地使用权出让合同》后不久,即 2003 年 2 月 19 日,山东省人民政府批准了合同项下宗地农用地转为建设用地的审批手续和征地手续,同时要求按照有关规定向具体建设项目提供用地并将供地情况报山东省国土资源厅备案。这表明双方签订的《国有土地使用权出让合同》项下的土地已经履行了农用地转为建设用地以及征地手续,符合《土地管理法》规定的由市、县人民政府批准具体建设项目用地条件,不再需要将合同项下宗地出让方案报经山东省人民政府批准,合同项下宗地符合建设用地条件,可以进入土地出让市场。双方于 2003 年 1 月 6 日签订的《国有土地使用权出让合同》效力自此得到补正,符合《合同法》第五十一条关于无处分权的人处分他人财产,订立合同后取得处分权的,该合同有效的规定精神。故崂山区国土局主张双方签订的《国有土地使用权出让合同》违反法律和行政法规的强制性规定,应认定为无效合同,于法无据,不予支持。

山东省人大常委会制定的《山东省实施〈中华人民共和国土地管理法〉办法》,是一部地方性法规;自 2002 年 7 月 1 日起施行的《招标拍卖挂牌出让国有土地使用权规定》,是国土资源部为加强土地管理而制定的部门规章。根据《合同法》第五十二条第(五)项的规定和《合同法解释(一)》第四条"合同法实施以后,人民法院确认合同无效,应当以全国人大及其常委会制定的法律和国务院制定的行政法规为依据,不得以地方性法规、行政规章为依据"的规定,只有违反法律和行政法规强制性规定的合同才能被确认为无效,地方性法规和行政规章不能作为确认合同无效的依据。因此,崂山区国土局提出双方签订的《国有土地使用权出让合同》违反山东省人大常委会制定的地方性法规和国土资源部制定的部门规章,应认定为无效的请求,于法无据,不予支持。此外,按照国家有关规定,在2002年7月1日前未经市、县政府前置审批或者签订书面项目开发协议而在此后协议出让经营性用地的,应当按照有关规定改为以招标拍卖挂牌方式出让。崂山区国土局提出其出让讼争土地的行为违反有关行政管理规定需要完善招标拍卖挂牌手续,无法继续履行《国有土地使用权出让合同》,属于对相关合同的变更或者解除,影响到相关合同能否实际履行以及是否解除的问题,不影响和限制合同的效力,不是认定合同无效的理由和依据。

根据崂山区国土局提供的已经生效的山东省泰安市中级人民法院于2005年1月13日作出的(2004)泰刑二初字第20号刑事判决书认定,路国强在2001年8月签订《国有土地使用权预约协议》后,送给于志军价值3万元的购物卡。于志军于2003年1月以购车为由,向路国强索要33万元。于志军利用时任崂山区国土局局长职务的便利条件受贿和索贿,是其个人犯罪行为,已由有关法院对其追究了相应的刑事责任。崂山区国土局与南太公司签订《国有土地使用权预约协议》和《国有土地使用权出让合同》,是具体落实山东省青岛市人民政府有关招商引资项目,于志军在签订有关协议时虽然担任崂山区国土局局长,但不具有决定有关协议和合同是否签订的权力和责任。作为时任崂山区国土局局长的于志军,在签订有关协议后向对方索要33万元购车款的事实,不能证明崂山区国土局与南太公司签订有关国有土地使用权预约协议和出让合同时,恶意串通,损害国家利益。没有证据证明崂山区国土局与南太公司在签订《国有土地使用权出让合同》过程中存在恶意串通,损害国家利益的情形。故崂山区国土局以此为由主张认定有关国有土地使用权出让合同无效,证据不足,不予采信。

关于本案所涉土地的评估是否符合有关规定的问题。崂山区国土局主张其在处理群众对本案的举报中委托青岛衡元评估有限责任公司同以2002年8月13日为基准日,对本案项下土地的评估价格,与当时作为签订出让合同价款依据的青岛东部房地产评估咨询有限公司对本案项下土地的评估价格相差很大,以此为由主张土地使用权出让合同无效,并未对鉴定机构的鉴定资质提出异议。南太公司委托评估的鉴定机构由两名土地估价人员进行评估,符合有关规定。崂山区国土局委托评估时的土地用途为住宅用地,双方签订出让合同之前南太公司委托评估的土地用途为综合用地。因此,虽然同是以2002年8月13日为基准日,但由于鉴定结论出自不同的鉴定机构和鉴定人员,评估时间不同,土地用途不同,土地评估价格会出现较大差异。双方在国有土地使用权预约合同中约定的土地用途是综合用地,但山东省青岛市规划局于2002年2月4日下发的青规函字(2002)84号《建设工程规划审查意见书》载明意见,根据山东省青岛市人民政府批复的沙子口镇总体规划,该项目用地规划性质为居住用地,开发性质与规划用地性质相符,同意选址建设。因此,在双方签订《国有土地使用权出让合同》之前南太公司委托评估土地用途为综合用地,在签订《国有土地使用权出让合同》中将土地用途变成住宅,属于崂山区国土局与南太公司通过签订合同的形式对部分条款内容的变更,与《土地管理法》第五十六条关于建设单位使用国有土地的,应当按照土地使用权出让等有偿使用合同的约定或者土地使用权规划批准文件的规定使用土地的内容不相冲突。双方签订的《国有土地使用权出让合同》与规划和评估报告中的土地用途不相同,如果可能导致土地使用权出让金低于订立合同时当地政府按照国家规定确定的最低价的,属于影响国有土地使用权出让合同价格条款效力的因素,但不导致国有土地使用权出让合同无效。

3. 关于一审判决是否违反"不告不理"民事诉讼原则的问题

经查,南太公司在一审当庭宣读起诉状第一项请求判令崂山区国土局继续履行双方所签合同时,特意明确了办理《国有土地使用权证》这一继续履行合同的实质内容,并有一审庭审笔录佐证。按照双方在《国有土地使用权出让合同》第十五条第二款约定,崂山区国土局应依法为南太公司办理出让土地使用权登记,颁发《国有土地使用权证》。这是崂山区国土局基于双方签订的《国有土地使用权出让合同》而应尽的合同义务,属于继续履行合同义务范畴。一审法院对此进行审理并作出判决,没有超出民事审判范围,并未违反"不告不理"民事诉讼原则。

在对当事人的上述三个争议焦点问题作出评判之后,本案还面临着双方签订的《国有土地使用权出让合同》如何处理的问题。从双方当事人在本案一审和二审中的诉辩情况看,当事人争议的焦点问题始终围绕本案所涉《国有土地使用权出让合同》的效力问题。在经法院审理确认崂山区国土局主张合同未生效、无效的理由不成立的情况下,从本案的具体情况看,还存在一个合同权利义务是否应当终止问题,或者说合同应否解除问题。民事主体从事民事活动,除必须遵守法律外,在法律没有规定的情况下还应当遵守国家政策。按照国家有关规定,在2002年7月1日前未经市、县政府前置审批或者签订书面项目开发协议,而在此后协议出让经营性用地的,应当按照有关规定改为以招标拍卖挂牌方式出让。本案所涉项目用地在2002年7月1日前只取得计划立项而未取得《建设用地规划许可证》,不属于已进行了前置审批情形;在2002年7月1日前,双方当事人虽然签订了联建合同书和国有土地使用权预约协议,但未签订书面项目开发协议,故本案讼争用地不符合国家有关规定确定的历史遗留问题可以协议方式出让的范围。南太公司在一审中提出的请求法院判令崂山区国土局继续履行《国有土地使用权出让合同》,立即为南太公司颁发国有土地使用权证,因本案讼争国有土地使用权需要按照国家有关规定改为以招标拍卖挂牌方式出让,属于国家政策性要求。崂山区国土局未严格执行国家有关政策通过招标拍卖挂牌方式出让本案讼争土地使用权,是造成双方签订的《国有土地使用权出让合同》无法继续履行的原因。这一政策方面的程序要求虽不导致本案所涉《国有土地使用权出让合同》无效,但却影响该合同在客观上无法继续履行,故南太公司要求判令崂山区国土局继续履行《国有土地使用权出让合同》的诉讼请求,难以支持,一审判决相关判项应予撤销,对南太公司的该项诉讼请求应予驳回。根据有关法律规定精神,解除权在实体方面属于形成权,在程序方面则表现为形成之诉,在没有当事人依法提出该诉讼请求的情况下,人民法院不能依职权径行裁判。该《国有土地使用权出让合同》的解除或者权利义务终止及其法律责任承担问题,需通过独立的诉讼请求予以保护。本案中,南太公司始终未就此问题提出诉讼请求。限于本案当事人的诉讼请求和二审案件的审理范围,本院对此问题不予审理。

综上所述,崂山区国土局上诉主张本案所涉《国有土地使用权出让合同》未生效、无效的理由不能成立,认为一审判决违反民事诉讼原则的理由亦不能成立。因双方签订的《国有土地使用权出让合同》事实上无法继续履行,南太公司要求判令继续履行该合同的诉讼请求难以支持,一审判决相关判项应予撤销,南太公司的该项诉讼请求应予驳回。本案所涉《国有土地使用权出让合同》是否应当依法予以解除及其法律后果承担问题,当事人可依法另行解决。由于双方纠纷成讼以及南太公司关于继续履行合同的诉讼请求不能得到支持的根本原因,是崂山区国土局的行为造成的,崂山区国土局应当为诉讼成本付出代价,即承担本案的全部诉讼费用。

【权威解析】

《民法通则》第六条规定:民事活动必须遵守法律,法律没有规定的,应当遵守国家政策。这就是我们通常所说的民事主体从事民事活动,除必须遵守法律外,在法律没有规定的情况下还应当遵守国家政策的法律上的依据。自2002年7月1日起施行的国土资源部令第11号《招标拍卖挂牌出让国有土地使用权规定》,是国土资源部制定的部颁规章。国务院于2001年4月30日下发的国发〔2001〕15号《关于加强国有土地资产管理的通知》,也强调大力推行国有土地使用权招标、拍卖等。虽然这些规范性文件都没有被形成为法律和行政法规,即"入法",能否以上述规定作为认定有关国有土地使用权出让合同的效力的依据,在司法实务中也存在不同的看法和做法。但具体如何认定合同的效力,还是应当由人民法院从中国国情出发,根据案件具体情况,实事求是地作出处理。关于未经招标拍卖挂牌签订国有土地使用权出让合同的效力问题,涉及目前的相关规定是《招标拍卖挂牌出让国有土地使用权规定》,该规定第四条规定,商业、旅游、娱乐和商品住宅等各类经营性用地,即四类明确的用地范围必须以招标、拍卖或者挂牌等方式出让。此前,国务院《关于加强国有土地资产管理的通知》也强调要大力推行国有土地使用权招标、拍卖,规定涉及商业性房地产开发用地同一地块有两个以上意向用地者的,都必须以招标、拍卖方式提供。该通知还提到,要严格限制协议用地范围,确实不能采用招标、拍卖方式的,方可采用协议方式。该通知没有规定不得采用协议用地的方式,也没有提及合同的效力问题。对这个通知是否属于行政法规性质的法律规范性文件,有不同的意见,尚无定论。上述国务院通知和国土资源部规章,都没有上升为法律和行政法规层面。至于在实践中没有按照招标拍卖挂牌出让国有土地使用权的规定进行协议转让国有土地使用权的,是否应认定无效的问题比较复杂,目前认识也不统一,依法属于人民法院或者仲裁机构的职权范围,各级政府机关无权作出认定合同无效的决定。当然,涉及土地使用权出让行为是否违法的问题,作为政府土地行政主管部门可以进行查处,作出行政处罚决定。有些地方政府直接认定土地使用权出让合同无效的做法,没有法律和政策依据。对于此类问题,占主流的观点认为,在国家政策规定的期限内,出让国有土地使用权,没有进行招、拍、挂的,要改为招、拍、挂,重新出让。如果认为国有土地使用权出让合同目的无法实现的,可以依法行使解除合同的权利,但政府国土部门应当对受让方的损失承担相应的违约赔偿责任。而对于2002年7月1日以后没有进行招、拍、挂就出让国有土地使用权,并与开发商签订国有土地使用权出让合同,是地方国土部门违反了行政管理规定的违规行为,应当予以纠正,出让合同继续履行出现了政策层面上的障碍,对合同相对方的利益就要充分保护,国土管理部门要赔偿由此造成的合同相对方损失。

此外,按照国家有关政策规定,在2002年7月1日前未经市、县政府前置审批或者签订书面项目开发协议而在此后协议出让经营性用地的,应当按照有关规定改为以招标拍卖挂牌方式出让。如果因此而导致无法继续履行国有土地使用权出让合同,属于对相关合同的变更或者解除,影响到相关合同能否实际履行以及是否解除的问题。考虑到法院判决要与国家规范整顿出让土地市场政策不相冲突的思路是可行的,即认定合同有效,但是在国家政策不允许自2002年7月1日后协议出让国有土地使用权的情况下,受让方提出继续履行原来所签订的国有土地使用权出让合同的请求,在客观上是无法支持的。法院的判决必须考虑到法律效果与社会效果,与国家政策精神不吻合的判决,肯定不是两个效果有机统一的判决。因此对于受让人要求继续履行合同的请求,不予支持,该类合同权利义务终止及其法律责任承担问题,由当事人另寻法律途径解决。应当说从目前的有关法律、行政法规和国家政策等方面综合考虑,这是一条实事求是的妥善处理此类问题的途径。①

---

① 参见程新文:《国有土地使用权出让合同效力的认定条件以及国家政策在此类合同履行中的具体体现——青岛市崂山区国土资源局与青岛南太置业有限公司土地使用权出让合同纠纷上诉案》,载最高人民法院民事审判第一庭编:《民事审判指导与参考》(总第25集),法律出版社2006年版,第194~197页。

【案例来源】

《中华人民共和国最高人民法院公报》2007 年第 3 期(总第 125 期)。

539 对投资款只约定享受固定收益，不负责项目盈亏的，应认定为名为投资，实为借贷

【关键词】

　土地使用权转让｜合同效力｜投资｜借贷｜

【案件名称】

再审申请人湖南金天地房地产开发有限公司与被申请人永州市恒丰房地产有限公司项目转让合同纠纷案［最高人民法院（2018）最高法民再 154 号民事判决书，2018.6.25］

【裁判精要】

最高人民法院认为：

（一）关于金天地公司与恒丰公司签订的《转让开发协议书》《项目转让协议》的效力认定

原审查明，汉寿县人民政府于 2012 年 7 月与恒丰公司订立《项目合同书》，约定由恒丰公司对汉寿县新西套市场进行改造开发，建立以市场功能为主体，包含地下停车、高层商居的现代综合市场。之后，恒丰公司分别于 2013 年 9 月和 2013 年 10 月与金天地公司签订《转让开发协议书》和《项目转让协议》，约定将恒丰公司开发的前述项目转让给金天地公司，汉寿县人民政府对项目转让书面表示同意。此后，金天地公司对项目进行升级改造，并于 2016 年 12 月 18 日开盘销售。可见，恒丰公司与金天地公司签订的《转让开发协议书》《项目转让协议》，是将原《项目合同书》项下的权利义务概括转移给金天地公司。

金天地公司主张，因《项目合同书》属无效合同，故转让该合同的《转让开发协议书》《项目转让协议》亦应无效。对此，本院认为，《项目合同书》不是无效合同。《项目合同书》约定，恒丰公司做好项目的土地征收、房屋拆迁安置补偿工作，负责项目建设的一切费用，按汉寿县人民政府批准的用地规划办理用地手续，缴纳出让金，恒丰公司取得土地使用权后，对项目用地进行规划设计，办理用地规划、建设报批等手续。从该合同约定可见，汉寿县人民政府只是将案涉项目的升级改造的主体地位授予恒丰公司，并未通过该合同将土地使用权直接转让给恒丰公司，恒丰公司取得土地使用权还必须依法办理用地手续。同时，该合同也没有否认汉寿县人民政府是

对外拆迁安置补偿的义务主体,而是强调作为项目开发主体的恒丰公司需承担项目建设的一切费用。因此,《项目合同书》并未违反《城市房地产管理法》第十三条、《城乡规划法》第三十八条和第三十九条、《招标拍卖挂牌出让国有建设用地使用权规定》第四条、《国有土地上房屋征收与补偿条例》第四条和第五条的相关规定。既然《项目合同书》是有效合同,该合同的转让又符合《合同法》第八十八条、第八十九条有关合同概况转让的相关规定,故《转让开发协议书》《项目转让协议》有效,金天地公司由此取代恒丰公司成为《项目合同书》中的项目开发主体。金天地公司主张《转让开发协议书》《项目转让协议》等系列合同无效,无法律依据,本院不予支持。

(二)关于《补充协议(三)》中有关1500万元固定投资回报条款的性质和效力认定

原审查明,2013年10月10日的《转让付款协议》明确约定,恒丰公司前期为项目垫付的房产购置、置换补偿等一切货币资金支出,金天地公司承担2200万元。2013年12月10日的《补充协议(一)》约定,金天地公司应在2013年12月26日之前付给恒丰公司合同义务款1200万元。2014年1月16日的《补充协议(三)》约定,因金天地公司资金未到位构成违约,金天地公司累计欠恒丰公司本息2088.22万元,金天地公司保证当日付488.22万元,2014年2月28日前再付100万元,剩余1500万元作为恒丰公司入股投资新西套市场升级改造项目,不计利息,投资期限18个月,金天地公司在18个月内按照1∶1投资回报付给恒丰公司固定红利,2015年7月16日前付本金及红利3000万元,恒丰公司入股后,不负责公司盈亏。2015年7月31日的《合同结算书》约定,根据《补充协议(三)》,金天地公司于2015年7月15日欠付恒丰公司义务款本息合计3000万元整,双方确认该款改为欠款,即金天地公司欠恒丰公司3000万元。另,一审法院已告知恒丰公司就金天地公司于2014年2月28日之前应付的588.22万元另行起诉。

由此可见,恒丰公司主张金天地公司支付项目转款本金3000万元,是根据《补充协议(三)》由1500万元欠款作为投资款在18个月内按照1∶1投资回报计算而来。从投资款的性质看,投资人一旦将资金入股投资到公司的经营活动之中后,就必然承担相应的投资风险,不能只享受固定收益而不负责公司盈亏。本案中,双方约定将1500万元欠款投资入股,还约定恒丰公司只享受固定投资回报收益,不负责项目盈亏,这种资金入股的收益模式显然不符合投资款的性质,而属于借款的性质,故该1500万元应认定为名为投资,实为借贷。协议约定的18个月内1∶1的投资回报属于对借款利息的约定,1500万元本金在18个月内的利息为1500万元,即构成《合同结算书》确认的欠款本息共计3000万元。《最高人民法院关于审理民间借贷案件适用法律若干问题的规定》第二十六条第一款规定,借贷双方约定的利率未超过年利率24%,出借人请求借款人按照约定的利率支付利息的,人民法院应予支持。本案中,1500万元本金在18个月内按照1∶1计算出的利息显然已经超过了法律保护的借款利率上限,超过部分不应保护。在金天地公司就该条款提出无效主张的情况下,本院宜对 1500 万元本金产生的合法利息予以保护。因此,1500 万元项目转让欠款的利息,从《补充协议(三)》出具之日 2014 年 1 月 16 日至《合同结算书》所结算的付款前一日 2015 年 7 月 14 日按年利率 24% 计算。从 2015 年 7 月 15 日起,则按照原审确定的月利率 18‰计算。

【案例来源】

中国裁判文书网,http://wenshu. court. gov. cn。

540 国有土地使用权出让合同与转让合同的区分

【关键词】

│土地使用权出让│合同效力│土地使用权转让│

【案件名称】

上诉人长沙兆盛房地产有限公司、上诉人长城信息产业股份有限公司与被上诉人长沙市国土资源局土地使用权转让合同纠纷案[最高人民法院二审民事判决书]

【裁判精要】

裁判摘要:国有土地原使用权人与国有土地使用权受让人对交地事项作出约定,不能必然得出案涉法律关系为国有土地使用权转让性质的结论,更不能以此否定国有土地使用权出让关系的性质。在具体判断国有土地出让还是转让关系时,应结合两者在合同签订主体、标的土地使用权用途及其使用期限等方面的不同特征加以正确界定。

最高人民法院认为:

关于案涉合同纠纷的法律性质问题。长沙国土局认为本案的性质是土地使用权转让合同纠纷,而兆盛公司、长城公司均认为本案性质为土地使用权出让合同纠纷。本院认为,本案性质为国有土地使用权出让合同纠纷,土地使用权的出让方为长沙国土局。理由如下:

第一,长城公司并未将其名下的案涉土地由工业用地变更为住宅用地。1997 年 4 月 25 日,湖南省长沙市国土管理局与湖南计算机厂签订《出让合同》(划拨土地使用权补办出让合同)将案涉土地以工业用地形式出让给后者。2005 年 9 月 23 日,案涉土地变更登记为长城公司名下。由此可见,长城公司持有的案涉土地原为工业用地使用权性质。根据《城市房地产管理法》第十八条"土地使用者需要改变土地使用权出让合同约定的土地用途的,必须取得出让方和市、县人民政府城市规划行政主管部门的同意,签订土地使用权出让合同变更协议或者重新签订土地使用权出让合同,相应调整土地使用权出让金"之规定,长城公司要将案涉土地由工业用地变更为住宅用地,必须先取得国土部门及规划部门的同意,重新签订土地使用权出让合同,相应调整土地使用权出让金。另根据《城镇国有土地使用权出让和转让暂行条例》第十八条:"土地使用者需要改变土地使用权出让合同规定的土地用途的,应当征得出让方同意并经土地管理部门和城市规划部门批准,依照本章的有关规定重新签订土地使用权出让合同,调整土地使用权出让金,并办理登记。"可知,土地变更用途后,还必须办理土地变更登记。从本案查明事实来看,长城公司并没有与国土部门重新签订土地使用权出让合同,国土部门也未调整案涉土地使用权出让金,更未将长城公司名下案涉土地变更为住宅用地。由上可知,长城公司并未完成案涉土地改变性质的手续,也未曾取得过案涉土地变更为住宅用地后的使用权。

第二,兆盛公司取得案涉土地使用权时,该土地用途并非工业用地。既然长城公司并未将其名下案涉土地用途由工业用地变更为住宅用地,那么其要转让案涉土地使用权则只能以工业用地形式转让。具体到本案,如长城公司是以转让形式将土地使用权卖给兆盛公司,那么兆盛公司取得该土地使用权时,土地的用途应仍为工业用地。但根据案涉土地使用权证记载可知,该土地使用权登记到兆盛公司名下时,用途已为住宅用地性质。根据《城镇国有土地使用权出让和转让暂行条例》第二十七条"土地使用权转让后,需要改变土地使用权出让合同规定的土地用途的,依照本条例第十八条的规定办理"之规定,兆盛公司即便受让长城公司土地使用权后,需要改变土地用途为住宅用地,仍应当征得出让方同意并经土地管理部门和城市规划部门批准,重新签订土地使用权出让合同,调整土地使用权出让金,并办理登记。本案中,如兆盛公司是通过转让方式从长城公司取得案涉土地后,要将工业用地变更为住宅用地,仍要以自己名义报土地管理部门和规划部门批准后重新签订土地使用权出让合同。本案中,并无证据证明兆盛公司曾向国土部门及规划部门申请变更案涉土地使用权用途。可见,本案不存在长城公司将案涉土地使用权以工业用地性质转让给兆盛公司后,再由兆盛公司自行向有关部门申请变更土地用途的事实。由上可知,兆盛公司取得案涉土地使用权时,该土地使用权的用途为住宅用地而非工业用地。

第三,长沙国土局在兆盛公司取得案涉土地使用权过程中出具的相关材料能够证明该案涉土地是以出让方式由该局出让给兆盛公司。首先,2007年6月15日,《三湘都市报》上登载的《挂牌出让公告》中全文都未涉及长城公司也未提及转让二字。《挂牌出让公告》中"经长沙市人民政府批准,长沙市国土资源局委托长沙市国土资源交易中心以挂牌方式出让五宗国有土地使用权"的描述已经明确说明案涉土地的出让主体是长沙国土局,出让的方式为委托交易中心挂牌出让。其次,2007年8月16日,长沙国土局(出让人)与兆盛公司(受让人)签订《出让合同》。该合同标题就表明了是国有土地使用权出让合同而非转让合同。合同中约定了出让人将涉案土地出让给受让人,出让土地用途为住宅,出让年限为70年,自出让方向受让方实际交付土地之日起算。受让人同意自本合同签订之日起10个工作日内,一次性付清上述土地使用权出让金等内容。由此可知,长沙国土局是以土地使用权出让人身份签署合同,案涉土地出让用途为住宅用地而非工业用地,出让年限是自实际交付土地之日起70年。根据《城镇国有土地使用权出让和转让暂行条例》第二十二条"土地使用者通过转让方式取得的土地使用权,其使用年限为土地使用权出让合同规定的使用年限减去原土地使用者已使用年限后的剩余年限"之规定,如果该合同是长城公司委托国土部门挂牌转让案涉土地,那么受让人取得的土地使用权使用年限不可能高于原合同约定的使用年限。从住宅用地最高使用年限为70年可知,该合同中约定的使用年限70年肯定超过长城公司原工业用地转让后的剩余使用年限。这也从反面印证了该合同不可能是长城公司委托国土局签订的国有土地使用权转让合同。最后,从土地价款的给付来看,也可证明案涉土地买卖关系的卖方为长沙国土局。2007年7月19日签订的《成交确认书》中明确约定违约金随同土地出让收入一并缴入财政专户。2007年8月20日,兆盛公司汇付给长沙国土局出让地价款20000万元。2007年10月29日,兆盛公司汇付给长沙国土局出让地价款22600万元,加已交定金4000万元,兆盛公司共支付出让地价款4.66亿元。由上可知,案涉土地价款由作为出让人的长沙国土局收取,而非直接交付给长城公司。

【权威解析】

本案中,双方当事人争议的主要问题就是合同性质及其违约责任承担。关于案涉合同究竟是国有土地使用权出让合同抑或转让合同,应结合合同文义表述、合同签订主体是否特定、土地使用权年限长短、土地使用权用途是否变化以及土地使用权价款的归属等因素加以判断。从一、二审查明的事实可知:

首先,案涉合同签订过程中相关材料中的文字表述均表明案涉合同为国有土地使用权出让合同。例如《挂牌出让公告》中登载的"经长沙市人民政府批准,长沙市国土资源局委托长沙市国土资源交易中心以挂牌方式出让五宗国有土地使用权"的描述已经明确说明案涉土地使用权的出让主体是长沙国土局,出让的方式为委托交易中心挂牌出让;又如长沙国土局(出让人)与兆盛公司(受让人)所签订合同的标题就表述的是出让合同。从合同的全部文字表述来看,并没有涉及案涉土地使用权是由长城公司委托长沙国土局挂牌出让的表述。虽然之前长城公司与竞买人签订的《付款与交地协议》约定了长城公司转让案涉土地使用权,但该协议中并未约定转让价款,也未明确表示案涉土地的唯一受让人就是兆盛公司。至于长城公司与长沙国土局之间也未就案涉土地使用权的委托挂牌转让的要求、价款的给付、挂牌费用的负担以及受托人是否有权获得从事委托事项的报酬作出明确约定。虽然长城公司就案涉土地曾向土管处出具《挂牌委托书》，载明了委托挂牌交易的土地的四至及相邻情况及其交地标准，并特别说明长城公司要求竞得人报价前在长沙土地市场与长城公司签订《付款与交地协议》。同时承诺，如属长城公司责任未按所委托的交易条件、所承诺的交地标准和所约定的交地期限签订协议履行协议和交付土地，将承担全部的经济和法律责任。但该委托书中并未就款项由谁收取、如何交付给委托人长城公司作出约定。而且从查明的事实来看，该委托书的内容也未得到完全履行。因此，从三方之间的现有协议的文字表述上，不能确定案涉法律关系为国有土地使用权委托转让关系。

其次，案涉出让合同中约定的土地使用权用途为住宅及其出让年限为70年说明，案涉土地应为出让而非转让。理由是，第一，案涉国有土地原使用权人长城公司持有的案涉土地为1997年取得的工业用地。根据《城镇国有土地使用权出让和转让暂行条例》第十二条之规定，工业用地土地使用权出让最高年限50年。故长城公司持有的案涉土地使用权应在2047年到期。又根据该条例第二十二条"土地使用者通过转让方式取得的土地使用权，其使用年限为土地使用权出让合同规定的使用年限减去原土地使用者已使用年限后的剩余年限"之规定，兆盛公司的土地使用权最长只能到2047年。显然，这与案涉国有土地使用权证上记载的兆盛公司的案涉土地使用权使用年限不一致。第二，案涉国有土地使用权证记载的兆盛公司取得的案涉土地使用权用途为住宅用地。这也与长城公司所持有案涉土地使用权为工业用地不同。根据上述条例第十八条规定："土地使用者需要改变土地使用权出让合同规定的土地用途的，应当征得出让方同意并经土地管理部门和城市规划部门批准，依照本章的有关规定重新签订土地使用权出让合同，调整土地使用权出让金，并办理登记。"从查明的事实可知，长城公司并没有申请变更土地用途，也未与国土部门重新签订土地使用权出让合同，国土部门也未调整案涉土地使用权出让金，更未将长城公司名下案涉土地变更为住宅用地。故也不存在长沙国土局替长城公司将案涉土地使用权转让给兆盛公司补办相关土地用途变更手续的可能。

再次，兆盛公司是通过在交易中心土地挂牌方式取得案涉土地使用权且长沙国土局收取了相关土地价款。既然挂牌公告是以长沙国土局名义出让土地，且案涉土地价款主要由长沙国土局收取，未转交长城公司，那么也就不符合委托关系中受托人以委托人名义进行交易，所收取款项转交委托人的特征。

最后，一般而言，划拨土地使用权人所持有的划拨土地使用权要上市交易，应当将该土地使用权交由国家收回后，再以国家作为出让人对外进行出让。也即划拨土地使用权人自身一般不可将划拨土地使用权直接转让给他人。由于划拨土地使用权人在取得土地时未向国家交纳土地使用权出让金，故国家收回划拨土地使用权时原则上也不用给划拨土地使用权人支付相应对价。也就是说，划拨土地使用权人在土地使用权被收回后再出让这个过程中一般得不到土地使用权的利益。但从司法实践来看,有些划拨土地使用权人为了使自身利益最大化,往往采取先与竞买人签订协议要求竞买人满足其利益要求后才将土地交由国土部门收回后以招拍挂形式出让土地使用权。这种方式既规避了现行国有土地使用权出让和转让的相关法律、行政法规的规定,又造成了国家土地收入的隐性损失,应当予以纠正。本案中,长城公司正是通过要求竞得人报价前在长沙土地市场与长城公司签订《付款与交地协议》,在协议中约定与竞得人在付款交地、拆迁安置补偿和交易过程中的责、权、利关系的方式在国土部门挂牌出让案涉土地过程中给竞得人附加了出让合同没有规定的义务。事后,长城公司也从国土部门获得了一定的补偿,客观上达到了从国有土地使用权出让关系中获取利益的目的。

由上可知,在长城公司否认其与兆盛公司存在国有土地使用权出让关系的情形下,一、二审查明事实均不能证明本案性质为国有土地使用权委托转让关系。反而,从案涉土地使用权出让主体、案涉土地使用权使用年限、案涉土地使用权用途等多个方面来看,现有证据足以认定案涉土地使用权为国有土地使用权出让关系。[①]

【案例来源】

最高人民法院民事审判第一庭编:《民事审判指导与参考》(总第 54 辑),人民法院出版社 2013 年版,第 179~181 页。

541 国土资源局的挂牌出让国有土地使用权公告属于要约邀请

【关键词】

│ 土地使用权出让 │ 合同效力 │ 挂牌出让 │ 要约邀请 │

【案件名称】

上诉人时间集团公司与被上诉人浙江省玉环县国土局土地使用权出让合同纠纷案〔最高人民法院(2003)民一终字第 82 号民事判决书,2004.6.15〕

【裁判精要】

最高人民法院认为:

时间公司与国土局之间国有土地使用权出让合同关系是否已成立的问题,是时

---

① 参见肖峰:《国有土地使用权受让人与国有土地原使用权人约定交地义务不足以否定国有土地使用权受让人与国土部门随后签订的国有土地使用权出让合同性质——上诉人长沙兆盛房地产有限公司、上诉人长城信息产业股份有限公司与被上诉人长沙市国土资源局土地使用权转让合同纠纷一案》,载最高人民法院民事审判第一庭编:《民事审判指导与参考》(总第 54 辑),人民法院出版社 2013 年版,第 186~188 页。

间公司请求继续履行合同的前提,也是国土局承担合同责任的基础。对这一问题的判定应综合挂牌出让公告的法律性质、本案是否存在承诺、国土局承担责任的法律根据等三方面内容进行确定。

关于挂牌出让公告的法律性质是要约邀请还是要约的问题,其区分标准应首先依照法律的规定。《合同法》第十五条载明拍卖公告和招标公告的法律性质为要约邀请,本案刊登于报纸上的挂牌出让公告与拍卖公告、招标公告相同,亦是向不特定主体发出的以吸引或邀请相对方发出要约为目的的意思表示,其实质是希望竞买人提出价格条款,其性质应认定为要约邀请。时间公司于2002年11月21日所作的报价应为本案要约。时间公司诉称挂牌出让公告即为要约的主张缺乏法律依据,不能成立。《合同法》对要约邀请的撤回未作条件限制,在发出要约邀请后,要约邀请人撤回要约邀请,只要没有给善意相对人造成信赖利益的损失,要约邀请人一般不承担法律责任。要约邀请不形成合同关系,撤回要约邀请亦不产生合同上的责任。因此,时间公司要求国土局继续挂牌并与之签订国有土地使用权出让合同的主张于法无据,不予支持。

关于本案是否存在承诺的问题,2002年11月22日,即时间公司与渝汇公司虽已报价但未开始竞价的次日,浙江省国土资源厅以“未经依法批准,擅自挂牌出让国有土地使用权”为由,责令国土局停止挂牌,从而使正在进行中的缔约行为因事实原因的出现而发生中断,此时,挂牌出让程序中的竞价期限尚未届满,国有土地使用权出让合同的主要条款即讼争宗地使用权的价格未能确定,国土局尚未对时间公司的报价作出承诺,双方关系仍停留于缔结合同过程中的要约阶段,因此,本案合同因尚未承诺而没有成立,双方当事人之间没有形成合同关系。时间公司主张存在有效承诺,双方之间已形成合同关系的理由不能成立。因本案合同未成立,故时间公司认为其与国土局之间存在效力待定合同的主张,亦不予支持。

【案例来源】

《中华人民共和国最高人民法院公报》2005年第5期(总第103期)。

编者说明

关于挂牌出让公告行为的法律性质问题。时间公司上诉认为国土局的挂牌出让公告应为要约。其一,《合同法》第十五条第一款并未排除“招标公告”作为“要约”的情形;其二,涉案挂牌公告中明确表示将与出价最高者订立合同,这种意思表示已具有“要约”性质;其三,国土局在时间公司报名后,向时间公司提供的“挂牌出让须知”“挂牌出让竞买申请书”“国有土地使用权出让合同”等系列文件的行为已构成完整的“要约”。如何正确区分要约与要约邀请,在实践中较为复杂,各国立法和实践对此所规定的标准并不完全一致。由于区分标准不同,对本案国有土地挂牌出让过程中经历的挂牌公告、挂牌报价、与最高价者签订确认书这三个不同环节的法律性质亦随之发生变化,这也是本案双方当事人的主要分歧所在,直接关系到对本案合同是否成立、相关当事人是否应当承担合同上的义务和责任问题的判定。根据我国立法、司法实践和理论,对此问题的确认应首先统一到法律规定本身来认识,即应依照法律的规定作出区分,即法律如果明确规定了某种行为为要约或要约邀请,即应按照法律的规定作出判断。《合同法》第十五条第一款明确载明:"要约邀请是希望他人向自己发出要约的意思表示。寄送的价目表、拍卖公告、招标公告、招股说明书、商业广告等为要约邀请。"而登载于报刊之上的挂牌公告与拍卖公告、招标公告相同,亦是向不特定主体发出的以吸引或邀请相对方发出要约为目的的意思表示,该表示中并不包括合同成立的主要条件,特别是未包括价格条款,其实质只是希望挂牌人提出价格条款,属当事人订立合同的预备行为,因此就其性质而言,应为一种"要约邀请",时间公司 2002 年 11 月 21 日的报价则为本案的"要约"。因此,时间公司诉称挂牌公告即为"要约"的主张缺乏法律依据,不能成立。因为要约邀请只是引诱他人发出要约,既不能因相对人的承诺而成立合同,也不能因自己作出某种承诺而约束要约人,因而,我国法律对"要约邀请"的撤回未作条件限制。在发出要约邀请以后,要约邀请人撤回其邀请,只要没有给善意相对人造成信赖利益的损失,要约邀请人一般不承担法律责任。从此意义上讲,取消"要约邀请"应视为当事人的一项民事权利,不能因取消原因的不同而加以区别对待,故本案国土局停止挂牌,取消要约邀请的行为并不违反法律规定,国土局取消要约邀请亦不产生合同上的违约责任。时间公司要求其必须继续挂牌并与之签订出让合同的主张缺乏法律依据。[①]

542 挂牌出让土地使用权交易的法律适用和合同效力认定

【关键词】

│土地使用权出让│合同效力│恶意串通│刑民交叉│

【案件名称】

上诉人阳江市练达房地产开发有限公司与被上诉人阳江市国土资源局及第三人陈伟康、吴伟泉、曹汉威、广东阳江农村商业银行股份有限公司、广东阳东农村商业银行股份有限公司建设用地使用权出让合同纠纷案[最高人民法院(2015)民一终字第 143 号民事判决书,2015.11.24]

【裁判精要】

最高人民法院认为:

根据练达公司与阳江国土局的诉辩主张及第三人的陈述并经各方当事人确认,

---

① 参见张颖新:《挂牌出让公告的法律性质及缔约过失责任的确定》,载最高人民法院民事审判第一庭编:《民事审判指导与参考》(总第 19 集),法律出版社 2004 年版,第 221~222 页。

本院确定本案二审争议的焦点问题是对于案涉《土地使用权交易成交确认书》及《国有土地使用权出让合同》应否确认无效的问题。对此,本院认为:

一、关于确认案涉《土地使用权交易成交确认书》及《国有土地使用权出让合同》的效力所应当适用的法律

根据本案各方当事人确认并经一、二审查明的事实,案涉土地使用权出让交易是以挂牌出让的方式实施的。挂牌出让土地使用权交易作为一种特定的民事行为,应当按照国家有关土地使用权挂牌出让的规定执行并受合同法的规制。虽然土地使用权的挂牌出让与拍卖出让两种方式在部分操作程序上有相近之处,但却在交易的主体资格、竞买人数要求、竞报价方式、成交条件等方面存有重大差异;而拍卖法约束和规范的只是拍卖行为。《拍卖法》第二条明确规定,该法只适用于由拍卖企业所组织实施的拍卖行为,国家工商行政管理部门在执法实践中,不但对于土地使用权的挂牌出让行为不适用《拍卖法》,而且对于不属于拍卖企业的土地管理部门组织实施的土地使用权拍卖行为,亦明确强调不适用该法。本案中,《土地使用权交易成交确认书》《国有土地使用权出让合同》是基于土地使用权的挂牌出让而非拍卖出让行为而签署,并且其组织实施的主体是当地土地管理部门设立的土地使用权交易机构,该机构属于专门的事业单位而非拍卖企业,故对于本案所涉土地使用权挂牌出让行为,不应适用《拍卖法》的规定。对于本案当事人因该项挂牌出让活动所签署的《土地使用权交易成交确认书》和《国有土地使用权出让合同》的效力问题,应当依据《合同法》的相关规定进行审查认定。原审判决依照《拍卖法》第三十七条、第六十五条的规定确认上述成交确认书和出让合同无效,属于适用法律错误,本院予以纠正。

二、关于影响案涉《土地使用权交易成交确认书》及《国有土地使用权出让合同》之效力的事实情节

《合同法》第五十二条规定:"有下列情形之一的,合同无效:(一)一方以欺诈、胁迫的手段订立合同,损害国家利益;(二)恶意串通,损害国家、集体或者第三人利益;(三)以合法形式掩盖非法目的;(四)损害社会公共利益;(五)违反法律、行政法规的强制性规定。"本案中,根据各方当事人的诉辩主张和一、二审查明的事实,案涉土地使用权挂牌出让行为及《土地使用权交易成交确认书》《国有土地使用权出让合同》并不存在《合同法》第五十二条中所列的第(一)、(三)、(四)、(五)项的情形。就本案所涉合同效力问题,首先应当针对练达公司与陈伟康等人之间是否存在恶意串通的事实进行审查。

本院认为,原审判决依据阳江市人民检察院向阳江市人民政府制发的阳检函〔2009〕42号《关于对高凉路北侧等三幅国有土地重新拍卖处理的意见函》和阳江市中级人民法院(2009)阳中法刑一初字第18号刑事案件中的公诉意见,认定本案挂牌出让竞买人之间存在恶意串通行为,证据不够充分。

（一）对于徐练向阮湾、阮运秋支付 20 万元的事实,练达公司在接受有关机关调查时以及在本案诉讼中均辩解称系由于受到黑恶势力的恐吓、威胁所为。尽管阳江市中级人民法院在(2009)阳中法刑一初字第 18 号刑事案件中根据阳江市人民检察院的公诉意见,经审理认定"有证据证明各被告人实施非法干扰拍卖、恶意串通拍卖的违法行为",但是,这一认定是对于包括本案讼争土地在内的四项土地使用权挂牌出让活动中的行为一并做出的,并且仅是针对该刑事案件的被告人阮湾、阮运秋等人的违法行为做出的认定,至于阮湾、阮运秋等人实施相关行为是否确系受练达公司指使或请托,或者系与练达公司人员共同实施以及练达公司与陈伟康等人是否存在恶意串通行为等情况,在该案判决中并未做出认定。在此情况下,应当认为阳江市中级人民法院就(2009)阳中法刑一初字第 18 号刑事案件所做出的判决,尚不足以作为认定练达公司实施恶意串通行为或参与干扰拍卖之事实的证据采信。

（二）阳江市人民检察院阳检函〔2009〕42 号《关于对高凉路北侧等三幅国有土地重新拍卖处理的意见函》中,载有练达公司在案涉土地使用权挂牌出让活动中"利用阮湾、阮运秋等黑恶势力,威胁恐吓及利诱其他竞买人曹汉威等人退出竞拍""徐万华找到曹汉威等人商议,同意支付其 300 万元,条件是放弃竞拍"等内容。这些内容表明练达公司参与了阮湾等人干扰挂牌出让活动的违法行为以及练达公司与陈伟康等人就其以 300 万元为条件退出挂牌竞价而进行串通、共谋的意思联络情况。然而,该函件内容所反映的这些情况是否能作为案件事实在本案中予以认定,仍需要有效证据予以证明。本院认为,根据现有证据,尚不能予以认定。第一,该函件中所表述的上述情况只是检察机关在其就另一刑事案件的审查、起诉过程中所查知和指控的事实,并不是经过法定程序认定的事实;第二,其指控的根据即有关案涉人员的供述、陈述中,并未充分说明练达公司人员与阮湾等人以及练达公司人员与陈伟康等人曾经进行过沟通或共谋的情况;第三,该函件中的有关表述及其结论与工商行政执法部门的调查结果相反,阳江市工商行政管理局经调查认定"该违法事实不成立";第四,在上级检察机关针对该函件的内容提出有关意见后,阳江市人民检察院也对该函件中表述的内容和意见进行了自我修正,明确答复练达公司:对于该公司在竞拍案涉土地过程中的问题,应由相关行政执法机关做出判定和处理。故根据上述情况应当认为,对于阳江市人民检察院阳检函〔2009〕42 号《关于对高凉路北侧等三幅国有土地重新拍卖处理的意见函》,不应作为认定本案争议事实的证据采信。

（三）在案涉土地使用权挂牌出让的过程中,练达公司先后向阮湾、阮运秋支付 20 万元、向陈伟康等人支付 300 万元。这些行为有可能是练达公司雇请阮湾等人干扰土地使用权出让活动的共同行为,或者是基于利诱陈伟康等人退出竞价的目的,与阮湾及陈伟康等人共谋实施的,但是,现有证据尚不足以证明练达公司确系出于如此目的或确实存在与陈伟康等人串通、共谋的事实。第一,如上所述,生效的另案刑事判决中并没有认定相关事实,阳江市人民检察院阳检函〔2009〕42 号函件也不能证明上述事实;第二,有关机关在侦查、调查过程中形成的讯问笔录内容,亦没有明确肯定有关串通、共谋的事实,本案当事人在诉讼中也未申请有关人员出庭作证;第三,对于支付上述款项的缘由和目的,练达公司一直主张系因受到黑恶势力的恐吓,以求"花钱免灾",而陈伟康等人在诉讼中亦否认其与练达公司进行过串通、共谋,并称其放弃最终竞价的原因是"对当地各方面的投资环境越来越没有信心"。由此应当认为,原审判决在没有足以证明练达公司与陈伟康等人存在串通、共谋之事实的其他有效证据的情况下,针对"练达公司与陈伟康在本案均辩称是受胁迫支付或收取相关款项"的主张,仅以其"并未对此提供足够的证据予以证明"为由,令双方承担举证不能的不利后果,进而认定其行为构成恶意串通,属于举证责任分配不当。

三、关于案涉土地使用权挂牌出让的行为后果

根据一、二审查明的事实,在案涉土地使用权挂牌出让前,练达公司为阳江市的市政工程建设投入了大量资金,阳江市人民政府一直承诺以向其出让案涉地块的土地使用权的方式对其投资进行补偿。后因土地使用权管理政策的调整,至政府落实补偿计划时,须改协议出让方式为招拍挂方式出让。在此背景下,阳江国土局将阳江市人民政府在上述文件中所指明的地块的土地使用权委托阳江市土地交易中心进行挂牌出让。在具体的挂牌出让活动过程中,除本案争议的事实外,该项挂牌出让的手续齐备,规则明晰,程序合法,并且其实际成交价格高于评估的总地价和出让底价。出让成交后,阳江国土局不但为练达公司核发了土地使用权证书,而且将土地交由该公司占有使用;而练达公司不但先行支付了补充耕地指标、迁坟等前期费用,而且在取得该地块后亦实施了填土工程和种植户拆迁遣散、青苗补偿等开发准备工作,投入了大量资金,对此当地政府包括有关行政管理部门始终没有异议。这些情况表明,将案涉地块以有偿出让的方式交由练达公司开发建设,符合阳江市人民政府有关当地经济建设的具体部署及其就该宗土地进行开发建设的合理预期,无损于国家、集体及第三人的利益。相反,如果仅因练达公司向陈伟康等人给付钱款的事实而认定案涉《土地使用权交易成交确认书》《国有土地使用权出让合同》无效,双方须相互返还土地使用权和出让价款以及相关费用,不但其投入资金的具体金额难以确定,政府既定的建设计划以及对练达公司的投资补偿方案无法实现,而且,阳江市人民政府、阳江国土局以及各有关当事人须在收回案涉土地使用权后,另行安排对练达公司的投资补偿方案、重新组织土地使用权出让活动、另寻法律途径解决投资结算和有关抵押权问题等等,势必使趋于平稳的多重社会关系再次陷于不稳定状态,土地资源长期不能合理、有效利用,社会管理成本徒然增加,无益于国家和社会公共利益。

综合以上事实,根据现有证据,本院不能作出本案有关当事人在案涉土地使用权挂牌出让过程中的行为及其出让结果存在损害国家、集体或者第三人利益之情况

的认定。

总之,本案中没有充分证据证明有关当事人在案涉土地使用权挂牌出让过程中的行为构成恶意串通,其行为内容和结果也不损害国家、集体和第三人的利益;案涉《土地使用权交易成交确认书》《国有土地使用权出让合同》合乎当事人的真实意思表示,签订程序正当合法,不存在导致其无效的法定情形,故依法应当确认其合法有效。

【权威解析】

恶意串通属于当事人双方之间的主观活动,只能通过案件事实来做客观的判断,在2010年第10期《中华人民共和国最高人民法院公报》案例最高人民法院(2009)民申字第1760号陈全、皮治勇诉重庆碧波房地产开发有限公司等合同纠纷案中,法院确定的裁判规则是:对于恶意串通行为的认定,应当分析合同双方当事人是否具有主观恶意,并全面分析订立合同时的具体情况、合同约定内容以及合同的履行情况,在此基础上加以综合判定。在最高人民法院民提字第45号日照国晖电子科技有限公司与山东国恒能源有限公司等招商合同纠纷案中,该案的裁判精要是:要从双方签约时的交易背景、主观认识状态,特别是关键人员的任职履历、管理经历及其在签约中的作用,综合认定双方是否构成恶意串通。可见,恶意串通要根据个案具体的情形客观地加以认定。我们认为,在认定恶意串通时,除了需要考虑前述因素外,还需要注意以下两点:

1. 要注意区分是否为通谋虚伪表示。在通谋虚伪表示的情况下,通谋虚伪表示本身就可以认定双方具有损害社会公共利益或特定第三人利益的恶意。如甲出卖房屋予乙,后又与丙订立买卖合同,此时,一旦认定甲与丙之间的合同属于通谋虚伪表示,就可以认定其具有侵害乙的债权的恶意,从而可以根据恶意串通的规则宣告甲与丙之间的合同无效。

2. 慎重判断真实意思表示情况下是否构成恶意串通。还以一物二卖为例,如甲与乙签订房屋买卖合同后,又与丙签订房屋买卖合同,此时乙以丙知道甲乙之间曾经签过合同这一事实为由,认为甲丙构成恶意串通,从而请求宣告合同无效。丙抗辩说,自己确实知道甲与乙签订了合同,但甲说房屋既没有交付更没有变更登记,而且还查看了房屋登记,房屋仍然登记在甲名下,所以甲是有权处分,自己是合法买卖,不存在侵害乙的债权的问题。法院该支持谁的观点?有观点认为,根据《商品房买卖合同解释》第十条的规定,如丙明知甲与乙之间曾经签订买卖合同这一事实,其就是恶意当事人,其与甲之间签订的第二份买卖合同就属于恶意串通所订的合同,依法应归于无效。我们认为,如上所述,如果甲与丙之间的合同属于虚假合同,这属于典型的通过签订合同逃避履行债务,确应根据恶意串通侵害他人权利之规定宣告合同无效;如双方尽管系真实的买卖,但甲以明显不合理的低价将房屋转让给丙的,可以根据《合同法》第七十四条有关债权撤销权的规定,撤销甲丙之间的买卖合同;如果不存在前述情形,即便乙能够举证证明丙明知其已先和甲签订了房屋买卖合同这一事实,也不足以构成"恶意串通"。理由如下:其一,在甲乙间的买卖合同尚未办理过户登记的情况下,乙仅享有合同债权,并不对房屋享有所有权,真正享有所有权的仍然是甲。甲与丙签订买卖合同并将房屋过户给丙,本身系合法行使处分权,并未侵害乙的合同债权。如果认为乙可以去确认甲丙之间的合同无效,则无疑使乙享有的合同债权具有了对世效力,既违反了债权的平等性,也违反了债权的相对性。其二,不动产物权以登记作为公示方法,丙相信不动产登记,并根据登记从事交易,不仅没有恶意,反而是善意的相对人,何来恶意之说?况且,根据公示的公信力原则,丙信赖公示并以此作为交易的基础,法律保护丙的信赖,既是对登记的公示效力的维护,也是对登记的公信力的保护。其三,对丙来说,其签订买卖合同的目的并不是侵害乙的债权,而是为了自己得到房屋。作为一个经济人,追求自身利益最大化并无过错。且乙完全可以通过追究甲的违约责任,达到如同合同已经履行了那样的效果。实践中,甲之所以随意毁约,在很大程度上与违约责任过轻有关。总之,丙信赖公示,并非恶意当事人,且较之于乙享有的合同债权,丙对公示的信赖显然更值得保护,因而,即便丙知道甲乙曾经签订了房屋买卖合同,也不宜以恶意串通为由宣告其与甲之间的买卖合同无效。

事实上,《合同法解释(二)》第十五条规定:"出卖人就同一标的物订立多重买卖合同,合同均不具有合同法第五十二条规定的无效情形,买受人因不能按照合同约定取得标的物所有权,请求追究出卖人违约责任的,人民法院应予支持。"可见,该司法解释认可了多重买卖合同原则上是有效的。《买卖合同解释》第九条在认可出卖人就同一普通动产订立的多重买卖合同均有效的情况下,就其如何处理作出了明确规定,进一步认可了多重买卖合同本身的有效性,也从另一个侧面说明,不能轻易援引恶意串通无效制度否定多重买卖合同的效力。总之,在双方所为的是真实意思表示的情况下,仅观念认知层面的知道或应当知道还不足以认定当事人具有主观恶意,只有当事人从主观意志上积极追求或放任损害特定第三人利益行为的发生,即只有在双方具有加损害于他人的恶意时,才能认定构成恶意串通。①

【案例来源】

中国裁判文书网,http://wenshu. court. gov. cn。

---

① 参见周帆:《民事活动中恶意串通行为的认定》,载刘贵祥主编:《最高人民法院第一巡回法庭精选案例裁判思路解析(一)》,法律出版社2016年版,第135~137页。

编者说明

　　本案系土地使用权出让合同纠纷案件。案涉土地使用权出让是以挂牌出让的方式进行的,诉讼中争议的问题是案涉土地使用权出让合同是否因一方当事人与他人在挂牌出让过程中的恶意串通行为而应当认定无效。

　　案件首先面临的是权利请求基础规范的确定,即确认案涉合同效力所应当适用的法律问题。一般情况下,《合同法》是约束和规范合同当事人的合同行为的,其关于恶意串通的规定也应当是指向合同各方当事人之间的串通行为,并且因当事人的恶意串通行为认定合同无效,还须以损害国家、集体或者第三人利益为条件;而根据《拍卖法》的规定,恶意串通行为的主体不限于成交合同的当事人,竞买人之间的恶意串通也可能导致合同无效。

　　其次面临的是挂牌出让的竞价人之间的行为是否构成恶意串通,属于事实认定问题。支持构成恶意串通的证据主要是另一刑事案件中的材料,包括刑事判决书,有关涉案人员的供述、陈述以及公诉机关的起诉书和检察建议函等。民事诉讼过程中对于相关联的刑事案件在侦查、起诉、审判过程中所形成的材料以及刑事案件的处理结果如何对待,在相关的民事诉讼程序中,这些证据材料是否可以当然地作为认定民事争议事实的证据采信、哪些材料还需要通过举证、质证活动以确定其证明力等问题,在所谓"民刑交叉"的案件中是常常遇到并且难以掌握的问题,也是本案审理过程中要重点解决的基础性问题。

　　最后面临的是对于当事人签订和履行合同的行为后果的审查判断问题。无论是《拍卖法》还是《合同法》,就恶意串通导致合同无效的具体规范条文中,在规定了恶意串通这一事实要件的同时,还分别以损害他人利益和损害国家、集体或者第三人利益为结果要件,故在本案审理过程中对当事人行为后果的审查判断是必需的;而更为必要的是,人民法院处理民商事纠纷案件,在严格执行法律,维护法律权威的前提下,应当注重对当事人行为以及案件处理效果的价值评判,应当通过调处化解矛盾纠纷,维护社会经济秩序,保障交易的公平、顺捷与安全,倡导诚信,提高效益,促进公共资源的合理有效利用,既保证办案的法律效果,也要追求更好的社会效果。①

543　土地使用权出让合同部分内容无效,但不影响其他部分效力的,应当认定合同其他部分内容有效

【关键词】

　　|土地使用权出让|合同效力|部分无效|合同成立|

【案件名称】

　　青岛市国土资源和房屋管理局崂山国土资源分局与青岛乾坤木业有限公司

---

　　①　参见周帆:《民事活动中恶意串通行为的认定》,载刘贵祥主编:《最高人民法院第一巡回法庭精选案例裁判思路解析(一)》,法律出版社 2016 年版,第 111 页。

土地使用权出让合同纠纷案［最高人民法院（2007）民一终字第84号民事判决书，2007.11.30］

【裁判精要】

裁判摘要：(1)对于双方当事人意思表示真实，约定内容不损害国家、集体和第三人的合法权益，且已经过公证的合同，应认定已经成立。

(2)根据《合同法》的相关规定，依法成立的合同，自成立时生效。法律、行政法规规定应当办理批准、登记等手续生效的，依照其规定。

(3)合同部分内容无效，但不影响其他部分效力的，应当认定合同其他部分内容有效。

最高人民法院认为：

本案涉及三个争议焦点：(1)关于《国有土地使用权出让合同》效力的认定；(2)一审认定乾坤公司交纳土地出让金的数额是否正确；(3)崂山国土资源分局是否有权解除合同。

(一)关于《国有土地使用权出让合同》效力的认定问题

本合同虽约定合同须经山东省人民政府批准方可生效，但在合同签订前，合同项下的84亩土地已经山东省人民政府批准，由农业用地转为建设用地，故这部分土地未经审批不影响相应部分的合同效力；合同项下其余部分土地尚未办理农用地转用审批手续，按约定合同尚未生效，依法不得出让。崂山国土资源分局认为合同已经成立但未生效，不应认定部分有效、部分无效。本院认为，涉案合同是双方当事人的真实意思表示，内容不损害国家、集体和第三人的合法权益，且已经过公证，应认定已经成立。我国《合同法》第四十四条规定："依法成立的合同，自成立时生效。法律、行政法规规定应当办理批准、登记等手续生效的，依照其规定。"《土地管理法》第四十四条规定："建设占用土地，涉及农用地转为建设用地的，应当办理农用地转用审批手续。"据此认定本案中未经政府批准农转用土地的部分合同无效。根据《合同法》第五十六条的规定，部分合同无效，不影响其他部分效力的，其他部分仍然有效。就本案情况看，认定部分合同无效，不会影响其他部分的效力。因此，应当认定合同中经过政府批准的84亩土地使用权出让有效，未经政府批准的131亩土地使用权出让无效，其他合同条款仍然有效。对于崂山国土资源分局关于涉案合同项下转让的土地是不可分物，不适用量上的部分有效、部分无效的上诉主张，本院不予支持。

(二)关于一审认定乾坤公司交纳土地出让金的数额是否正确的问题

一审认定乾坤公司已向崂山国土资源分局交纳土地出让金788万元，乾坤公司对此不持异议。而崂山国土资源分局只承认收到乾坤公司的土地出让金488万元，且被崂山区人民法院划走 3813357 元,目前仅剩 1066643 元。双方当事人的主要分歧在于 2003 年 3 月 26 日乾坤公司向土地管理所交付的一张 300 万元的支票应否算作已付土地出让金。鉴于该支票因无出票日期而被认定为无效,凭无效支票不能划转乾坤公司的银行存款。乾坤公司的出票行为应被认定为无效民事行为。尽管土地管理所收到这张支票后出具了收据,但因支票无效,土地管理所出具的收据并不意味着已经或者能够收到 300 万元土地出让金,事后乾坤公司也未对这张支票进行补正。事实上崂山国土资源分局也未收到此笔款项。由于乾坤公司对这张支票的无效具有过错,不能认定乾坤公司提交这张支票即视为其支付了 300 万元土地出让金。崂山国土资源分局关于该支票无效的抗辩具有事实和法律依据,本院应予支持。一审认定乾坤公司已向崂山国土资源分局支付土地出让金 788 万元有误,应予纠正。

为执行(2004)崂执字 297 号、1162 号民事裁定书,崂山区人民法院于 2005 年 3 月 25 日扣划被执行人乾坤公司在北宅街道办事处的出让土地定金 907528 元、2905829 元至该院账户。同月 29 日,北宅街道办事处致函乾坤公司称,崂山区人民法院强行扣划北宅街道办事处财政款 3813357 元,北宅街道办事处已从乾坤公司交付的土地出让金 488 万元中支付 486.623 万元。因此,一审判决认定乾坤公司交纳的土地出让金为 488 万元是正确的。乾坤公司应交纳的土地出让金应按照合同有效部分的土地出让面积计算,乾坤公司应交纳的土地出让金为 5782089.6 元(84 亩 ×667 平方米 ×103.2 元 =5782089.6 元),所付 488 万元低于应付的土地出让金数额,故应认定乾坤公司未交齐合同有效部分的土地出让金。

(三)崂山国土资源分局是否有权解除合同

解除合同的前提是合同已经生效。涉案《国有土地使用权出让合同》第 31 条约定,受让人延期支付土地出让金超过 6 个月的,出让人有权解除合同。该合同未约定行使合同解除权的期限,也未约定出让方在解除合同前要进行催告。鉴于该合同部分有效,乾坤公司应在合同有效部分的范围内履行义务。涉案合同于 2003 年 1 月 16 日签订,截至 2003 年 3 月 26 日,乾坤公司向崂山国土资源分局交付土地出让金 488 万元,未达到 84 亩土地的出让金总额。因此,解除合同的条件已经成就。崂山国土资源分局根据《合同法》第九十三条第二款的规定,行使了合同解除权,且已经通知了乾坤公司。其未对乾坤公司进行催告,并不构成违约。对崂山国土资源分局关于乾坤公司没有按期付清合同项下全部土地出让金,其有权解除合同的主张,本院应予支持。对乾坤公司关于解除合同的条件未成就,崂山国土资源分局无权单方解除合同的主张,本院不予支持。

综上,本院认为,根据双方当事人在土地出让合同中的约定,涉案合同经过政府批准的部分有效、未经政府批准的部分无效。对于合同的有效部分,双方当事人均有义务履行。乾坤公司未在合同约定的期限内履行合同有效部分的交纳土地出让金的义务,解除合同的条件已经成就,崂山国土资源分局解除合同的行为有效。合同解除后,崂山国土资源分局不再履行向乾坤公司出让84亩土地使用权的义务。崂山国土资源分局的上诉有理,本院予以支持。一审法院认定事实不清,适用法律不当,应予改判。

【案例来源】

《中华人民共和国最高人民法院公报》2008年第5期(总第139期)。

编者说明

　　土地使用权出让合同项下部分土地经过审批、部分未经审批,该合同是否可以认定为部分有效部分无效?根据《合同法》第五十六条的规定,部分合同无效,不影响其他部分效力的,其他部分仍然有效。部分合同无效分为量上的无效和质上的无效,通常这种无效条款具有独立性和可分性,亦即独立于合同的其他有效部分并可与之分离。只有在合同的部分无效条款与其他条款具有不可分性或者合同目的违法或者其他条款的有效性对当事人没有实际意义,无法实现合同目的等特殊情况下,才能确认合同全部无效。本案中,部分合同条款无效属于量上的无效,其与合同的其余部分可以分离,故不应认定合同全部无效。①

544 国有划拨土地使用权转让中受让方已经取得国有土地使用证,但因政府相关主管人员失职行为导致未办理土地出让手续的,不影响转让合同效力

【关键词】

　　| 土地使用权转让 | 合同效力 | 出让金 | 审批程序 |

【案件名称】

　　延安三利建筑工程有限公司与中国外运延安支公司转让合同纠纷再审案[最高人民法院再审民事判决书]

【裁判精要】

　　裁判摘要:国有划拨土地使用权转让合同中,双方已经就转让行为共同向政府相关部门提出申请,有批准权的人民政府已经为受让方颁发了国有土地使用证,但因政府相关主管人员失职行为导致未办理土地出让手续,未缴纳土地出让金的,转

---

　　① 参见张进先:《能否认定土地使用权出让合同部分无效部分有效》,载最高人民法院民事审判第一庭编:《民事审判指导与参考》(总第33集),法律出版社2008年版,第143～149页。

让合同的转让方不得在合同已经履行完毕后,以该转让合同未经有批准权的人民政府批准为由,主张转让合同无效。

最高人民法院认为:

关于转让合同是否有效的问题。由于转让合同标的物为国有划拨土地及地上建筑物,故其有效与否关键在于该转让合同是否经有批准权的人民政府批准。综合本案已经查明的事实,双方签订转让合同后,积极向延安市土地管理部门办理报批手续,并得到批准,延安市土地管理部门根据审批结果向三利公司颁发了国有土地使用证。虽然本案中不存在一个形式意义上的"政府批准行为",但直接为受让方办理国有土地使用证的事实显然表明政府已经准予转让。延安市人民政府行政复议决定在撤销延安市国土资源局对三利公司国有土地使用证作废声明的同时,并未责令延安市国土资源局重新作出具体行政行为,也未依职权作废已颁发给三利公司的国有土地使用证,故登记在三利公司名下的国有土地使用证书仍为合法有效,原审判决将上述颁证行为视为政府对于转让合同的认可并无不妥。

至于案涉划拨土地转让未按照要求办理土地出让手续、缴纳土地出让金问题。《城市房地产管理法》第四十条规定,以划拨方式取得土地使用权的,转让房地产时,应当按照国务院规定,报有批准权的人民政府审批。有批准权的人民政府准予转让的,应当由受让方办理土地使用权出让手续,并依照国家有关规定缴纳土地使用权出让金。该条规定的关键在于划拨土地使用权转让须经有批准权的人民政府批准,对于是否需要办理土地使用权出让手续、缴纳土地使用权出让金,属政府行政管理职权范围,不应因此影响民事合同效力。本案中,作为行政相对人的三利公司和外运公司,已经按照规定履行了相应的申请登记义务,只是在延安市土地管理部门审批该事项过程中,因为其主管人员的滥用职权,导致案涉划拨土地出让未按规定办理土地使用权出让手续、缴纳土地使用权出让金。此种土地使用权出让手续上存在的瑕疵,是行政部门内部管理不规范所致,不应因此影响民事合同的效力。

关于外运公司所提转让合同未经内部职工代表大会同意和其上级公司审批而无效的问题。外运公司具有独立的法人资格,其企业内部决策程序和向上级公司报批程序不因此影响其对外民事行为的效力,外运公司以违反上述程序为由主张合同无效的申请再审事由不能成立。

案涉转让合同已生效并实际履行完毕近十年,从维护交易安全和物权平等保护原则考虑,亦不宜否定合同效力。

【权威解析】

本案的关键是国有划拨土地使用权转让合同的效力问题。最高人民法院《国有土地使用权合同解释》第十一条规定,土地使用权人未经有批准权的人民政府批准,与受让方订立合同转让划拨土地使用权的,应当认定合同无效。但起诉前经有批准权的人民政府批准办理土地使用权出让手续的,应当认定合同有效。根据该条的规定,"有批准权的人民政府的批准"是国有划拨土地转让合同有效与否的关键。当然,对尚未经有批准权的人民政府批准的转让合同,是合同未生效还是无效还值得商榷,但作为审理具体案件裁判依据,仍不能逾越现行有效司法解释的规定,因此,对何谓"有批准权的人民政府批准"就成为问题的关键。本案中,尽管没有一个形式意义上的政府批准行为,但相关政府部门已经为三利公司颁发了国有土地使用证,延安市人民政府的行政复议决定书也认可了给三利公司颁发的国有土地使用证,说明延安市人民政府对案涉国有划拨土地转让行为的批准和认可。《城市房地产管理法》第四十条规定,以划拨方式取得土地使用权的,转让房地产时,应当按照国务院规定,报有批准权的人民政府审批。有批准权的人民政府准予转让的,应当由受让方办理土地使用权出让手续,并依照国家有关规定缴纳土地使用权出让金。该条规定的关键在于划拨土地使用权转让须经批准权的人民政府批准,对于是否需要办理土地使用权出让手续、缴纳土地使用权出让金,属政府行政管理职权范围,不应因此影响民事合同效力。本案中,三利公司和外运公司已经就案涉土地转让问题向延安市土地管理部门共同提出申请,只是在土地管理部门审批该事项过程中,因为其主管人员的滥用职权,导致案涉划拨土地出让未按规定办理土地使用权出让手续、缴纳土地使用权出让金。此种土地使用权出让手续上存在的瑕疵,是行政部门内部管理不规范所致,不应因此影响民事合同的效力。当然,对于未缴纳的土地出让金,土地管理部门有权追偿,这是行政管理问题,但不能以此作为合同效力的依据。①

【案例来源】

最高人民法院民事审判第一庭编:《民事审判指导与参考》(总第 49 辑),人民法院出版社 2012 年版,第 181～188 页。

545 经有权人民政府批准转让划拨土地使用权的,应按照补偿合同性质处理

【关键词】

| 土地使用权转让 | 合同效力 | 划拨土地 | 补偿合同 |

---

① 参见王丹:《国有划拨土地使用权转让中受让方已经取得国有土地使用证,但因政府相关主管人员失职行为导致未办理土地出让手续的,不影响转让合同效力——延安三利建筑工程有限公司与中国外运延安支公司转让合同纠纷再审案》,载最高人民法院民事审判第一庭编:《民事审判指导与参考》(总第 49 辑),人民法院出版社 2012 年版,第 188 页。

【案件名称】

海天公司与京门公司、海商建公司合资、合作开发房地产合同纠纷上诉案〔最高人民法院二审民事判决书〕

【裁判精要】

裁判摘要:划拨土地使用权人将划拨土地使用权转让给具有划拨土地使用权资格的受让方后,起诉前有批准权的人民政府决定将土地使用权直接划拨给受让方,应按照补偿合同性质处理。

最高人民法院认为:

关于涉案合同的性质。海商建公司、京门公司、龙格兰公司于2000年1月7日签订的《合作建设"海天大厦"的协议书》,是三方当事人的真实意思表示,且并未违反法律法规的强制性规定,应为有效合同。从协议书约定的内容看,京门公司并不承担经营风险,只收取固定收益。根据最高人民法院《国有土地使用权合同解释》第二十四条的规定,可以认定涉案合同的性质名为合作开发房地产合同实为土地使用权转让合同。本案中,京门公司虽然没有11500平方米土地的使用权证,但从海天大厦的实际开发状况看,涉案土地的使用权应当属于京门公司,海商建公司对于京门公司享有11500平方米土地的使用权亦不持异议。海天公司虽主张其是基于与政府签订的土地使用权出让合同获得涉案土地的使用权证,但是从本案的实际情况看,其是基于双方所签订的《合作建设"海天大厦"的协议书》中的合同约定取得的涉案土地使用权。虽然京门公司交付时涉案土地为国有划拨用地,但其转让土地使用权已经取得海淀区政府的同意。最高人民法院《国有土地使用权合同解释》第十二条规定:"土地使用权人与受让方订立合同转让划拨土地使用权,起诉前经有批准权的人民政府同意转让,并由受让方办理土地使用权出让手续的,土地使用权人与受让方订立的合同可以按照补偿性质的合同处理。"根据上述规定,本案应当按照补偿性质的合同处理。

关于一审判决海天公司返还京门公司1.59亿元是否正确。京门公司在三方合同中虽约定其负有四项义务,实际仅履行了其中两项义务,但在其主张的金额当中其已经作了相应的扣除,并按照投资比例予以折价,即其仅提出1.59亿元的诉讼请求,其请求数额远远低于涉案土地使用权在合同签订时和诉讼时的市场价格。因此,一审判决全额支持其诉讼请求并无不当之处。

【权威解析】

本案中,双方当事人争议较大的问题是涉案合同的性质与效力。

有观点认为,根据《城市房地产管理法》第三十九条的规定,受让方与政府部门办理土地出让手续是基于政府同意划拨土地使用权人与受让方之间的转让行为,所以划拨土地使用权人与受让方之间的合同仍应是转让合同。笔者认为,此认识一是忽略了划拨土地不得转让的强制性规定;二是对《城市房地产管理法》第三十九条规定理解的偏差。该条第一款中的"准予转让"是附有前提条件的,即受让方应当办理土地使用权出让手续并缴纳土地出让金。在受让方办理土地使用权出让手续并缴纳土地出让金后,土地的性质已由划拨土地转化为出让土地。本来根据《城镇国有土地使用权出让和转让暂行条例》第四十五条的规定,划拨土地使用权人和受让方均可以办理土地使用权的出让手续,但由于划拨土地使用权人办理土地使用权手续后还要将土地再变更至受让方名下,不仅当事人还要花费一笔费用,而且对于政府和各方当事人来说手续繁杂且重复。基于实务中此类情况很少发生,《城市房地产管理法》直接规定由受让方办理土地的出让手续。

由转让合同转化为补偿性质的合同,符合当事人之间的意思表示。划拨土地使用权人转让土地的目的是为了获取一定的利益,受让方受让土地是为了取得土地的使用权,但由于划拨土地未经批准不得转让,划拨土地使用权人与受让方之间订立的土地转让合同是无效的。为了减少无效合同的大量出现,促使土地资源的有效利用,司法解释规定将在起诉前政府部门同意转让,并由受让方直接办理土地出让手续的,转性为补偿性质的合同。这样做,不仅可以避免当事人间的合同无效,还可以使各方当事人的合同目的得以实现。

由转让合同转化为补偿性质的合同,也符合无效法律行为的转换原理。法律行为转换多半发生在法律行为因未具备某类型法律行为所规定的意思以外的其他要件,如登记或票据的法定方式,而当事人约定的因素,已具备其他类型法律行为的全部要件。我国法律目前没有关于法律行为转化的规定,台湾地区"民法"第一百一十二条的规定为:"无效之法律行为,若具备他法律行为之要件,并因其情形,可认当事人若知其无效,即欲为他法律行为者,其他法律行为,仍为有效。"我国现有法律对划拨土地使用权人的利益保护规定是不够的。一般认为,划拨土地使用权人取得划拨土地是无偿的,因而当国家收回土地时不应给其任何补偿,但事实上,划拨土地使用权人在取得划拨土地使用权时往往要付出一定的代价,比如,划拨土地使用权人获取的如果是一片居民住宅地,他要负责拆迁、安置等,而这笔费用是很大的,尽管政府会给予一定的帮助,用地者也要负担很大的一部分费用。又如,国家划拨给划拨土地使用权人的土地为一片荒地,划拨土地使用权人要想利用这片土地,还要进行大量的投入,由生地变成熟地,当国家收回时,该宗土地已不需要进行太大的投入了。这种对划拨土地使用权人利益的忽视会减低用地者开发土地的积极性。司法解释将划拨土地使用权人与受让方直接签订合同定位于补偿合同的规定可以弥补法律规定的这一不足,并肯定了在划拨土地使用权变动过程中必然存在的利益驱动,同时,为该种利益界定了法律性质——补偿金。

补偿性质的合同属于无名合同,是一方当事人对另一方当事人所失利益的补偿。受让方对于划拨土地使用权人的补偿,包括对土地的占有、使用和地上物、拆迁安置的费用。根据《民法通则》第八十条"国家所有的土地,可以依法由全民所有制单位使用,也可以依法由集体所有制单位使用,国家保护它的使用、收益的权利"的规定,土地使用权包括使用和收益两项权能。划拨土地使用权作为一项土地使用权,自然应包括使用和收益两项权能。其中的收益权是指通过占有、使用而获取土地利益的权利,此处的土地利益既包括使用土地的收益,也包括使用土地的便利。从补偿合同的角度来理解本案中海天公司与京门公司之间的关系较为妥当。海天公司正是基于与京门公司之间的补偿关系方取得涉案土地使用权证,其认为自己是从政府处原始取得土地使用权缺乏依据。①

【案例来源】

最高人民法院民事审判第一庭编:《民事审判指导与参考》(总第50辑),人民法院出版社2012年版,第187~201页。

编者说明

《国有土地使用权合同解释》第十二条是关于划拨土地使用权转让后,经政府主管部门批准由受让方直接办理土地使用权出让手续,土地使用权转让合同如何处理的规定。划拨土地使用权人转让划拨土地使用权后,起诉前经有批准权的人民政府同意转让,而由受让方办理土地使用权出让手续的,划拨土地使用权人与受让方订立的土地使用权转让合同按照补偿性质合同对待。

546 当事人以股权转让方式实现收购公司房地产的目的,对其效力应就各方当事人的真实意思表示及相应客观行为作出认定

【关键词】

│土地使用权转让│合同效力│股权转让│

【案件名称】

上诉人周盈岐、营口恒岐房地产开发有限公司与被上诉人付学玲、沙沫迪、

---

① 参见王毓莹:《经有权人民政府批准转让划拨土地使用权的,应按照补偿合同性质处理——海天公司与京门公司、海商建公司合资、合作开发房地产合同纠纷上诉案》,载最高人民法院民事审判第一庭编:《民事审判指导与参考》(总第50辑),人民法院出版社2012年版,第199~201页。

王凤琴及原审被告营口经济技术开发区明虹房地产开发有限公司股权转让纠纷案

[最高人民法院(2016)最高法民终222号民事判决书,2016.5.19]

【裁判精要】

最高人民法院认为:

(一)关于《公司股权转让合同书》的效力问题

本院认为,合同效力应当依据《合同法》第五十二条之规定予以判定。在上诉中,周盈岐、恒岐公司主张《公司股权转让合同书》第六条第一款、第二款、第四款第一项、第二项因违反法律法规的强制性规定而无效,其无须履行否则会给社会造成危害。但经审查上述条款,第六条第一款约定了合同生效后,恒岐公司所有董事及法定代表人即失去法律赋予的所有权利,意在表明沙建武受让全部股权后即实际控制恒岐公司;第二款约定了合同生效后,涉案土地交由沙建武开发使用;第四款第一项约定沙建武支付第一笔5000万元转让款后,恒岐公司应将涉案土地的所有资料原件交由沙建武保管,沙建武可开发使用,勘探、设计、施工、销售等相关人员可进入;第四款第二项进一步约定恒岐公司应当将工商、税务有关证件交给沙建武,印章由恒岐公司派人持有并配合使用。可见,上述条款约定的内容属股权转让中的具体措施及方法,并未违反法律法规所规定的效力性强制性规定,亦未损害国家、集体或其他第三人利益。此外,本院已经注意到,该《公司股权转让合同书》存在以股权转让为名收购公司土地的性质,且周盈岐因此合同的签订及履行而被另案刑事裁定[(2015)营刑二终字第00219号刑事裁定书]认定构成非法倒卖土地使用权罪,但对此本院认为,无论是否构成刑事犯罪,该合同效力亦不必然归于无效。本案中业已查明,沙建武欲通过控制恒岐公司的方式开发使用涉案土地,此行为属于商事交易中投资者对目标公司的投资行为,是基于股权转让而就相应的权利义务以及履行的方法进行的约定,既不改变目标公司本身亦未变动涉案土地使用权之主体,故不应纳入土地管理法律法规的审查范畴,而应依据《公司法》中有关股权转让的规定对该协议进行审查。本院认为,在无效力性强制性规范对上述条款中的合同义务予以禁止的前提下,上述有关条款合法有效。另,在周盈岐签署的《公司股权转让合同书》中约定将周盈岐所持100%的股权予以转让,虽然该合同主体为恒岐公司与沙建武,但鉴于周盈岐在其一人持股的恒岐公司中担任法定代表人且股东个人财产与公司法人财产陷入混同的特殊情形,即便有合同签订之主体存在法人与股东混用的问题,亦不影响该合同在周盈岐与沙建武之间依法产生效力。因此,周盈岐、恒岐公司提出部分条款无效的主张缺乏法律依据,本院不予支持。

【案例来源】

中国裁判文书网,http://wenshu.court.gov.cn。

合同履行与合同解除

547 对房地产项目转让中一物数卖行为的认定处理

【关键词】

│土地使用权转让│合同履行│房地产开发│一物数卖│

【案件名称】

再审申请人东莞市利成电子实业有限公司、河源市源城区宝源房地产发展有限公司与再审申请人东莞市晶隆实业发展有限公司、被申请人东莞市大岭山镇房地产开发公司、东莞市大岭山镇颜屋村村民委员会及一审第三人麦赞新、蔡月红项目转让合同纠纷案［最高人民法院（2012）民提字第 122 号民事判决书，2013.10.31］

【裁判精要】

裁判摘要：一物数卖是房地产纠纷案件中常见的一种类型，表现形式多样，无法采用同一标准进行处理。因此，如何认定和解决此类纠纷成为困扰民事审判工作的一个难点。要准确判断和认定是否构成一物数卖，必须根据每个案件的不同事实情况，剖析当事人的内心真意，依法公平合理地平衡各方当事人的利益。

最高人民法院认为：

一、关于《转让合同书》及《调解协议》的效力问题

本院认为，根据查明的案件事实，利成公司、宝源公司与长新公司签订的《转让合同书》应为有效。

第一，2008 年 3 月 26 日麦赞新代表长新公司与利成公司、宝源公司签订《转让合同书》时，东莞市工商局的公司档案登记的长新公司法定代表人仍是麦赞新。同时，一审法院在审理（2008）东中法民二初字第 43、44 号案件的诉讼过程中，通知麦赞新以长新公司法定代表人的身份参加了诉讼调解，并由麦赞新代表长新公司领取民事调解书。虽然在 2006 年 8 月 6 日麦赞新代表长新公司与李炳签订《协议书》，约定长新公司将其全部股份及名下的"莲湖山庄"项目整体转让给李炳，并将长新公司的公章、财务章、法定代表人私章及《土地使用权转让合同书》正本、登记在大岭山房地产公司名下的 9 本国有土地使用权证书以及广东建设项目选址意见书、关于莲湖山庄房地产开发立项申请批复、建设用地规划许可证、用地红线图等原件移交给李炳接收，同时授权李炳代为履行其作为长新公司法定代表人一职，将长新公司全部资产委托给李炳经营管理，而且二审法院（2008）粤高法民二终字第 86 号民事判决也判决长新公司将全部股权过户给李炳，但双方并未办理股东变更工商登记，直到 2008 年 12 月 24 日才经东莞市工商行政管理局核准变更登记，李炳成为长新公司法定代表人。《公司法》第十三条规定，公司法定代表人依照公司章程的规定，由董

事长、执行董事或者经理担任,并依法登记。公司法定代表人变更,应当办理变更登记;第三十三条第三款规定,公司应当将股东的姓名或者名称及其出资额向公司登记机关登记,登记事项发生变更的,应当办理变更登记,未经登记或者变更登记的,不得对抗第三人。据此,在 2008 年 12 月 24 日长新公司股权和法定代表人变更登记之前,利成公司、宝源公司有理由相信麦赞新仍是长新公司的法定代表人,尽管麦赞新授权李炳代为履行其作为长新公司法定代表人一职,将长新公司全部资产委托给李炳经营管理,但长新公司不能以此对抗合同相对人。

第二,根据长新公司于 2003 年 7 月 10 日与颜屋村委会、大岭山房地产公司共同签订的《土地使用权转让合同书》约定,长新公司对受让的土地在符合规划主管部门有关规定的前提下,享有自行规划、设计、建设、转让、抵押等法律规定的处分、收益的各项权利。另颜屋村委会、大岭山房地产公司出具的情况说明也证实"莲湖山庄"房地产项目所涉的土地有 9 块土地使用权虽登记在大岭山房地产公司名下,但 9 块土地的实际权益属于长新公司。

第三,在 2008 年 12 月 24 日长新公司法定代表人核准变更登记为李炳之前,麦赞新虽然仍是登记的长新公司法定代表人,但其已授权李炳代为履行其长新公司法定代表人的职权,其法定代表人的权力本已受到限制。然而,《合同法》第五十条规定:"法人或者其他组织的法定代表人、负责人超越权限订立的合同,除相对人知道或者应当知道其超越权限的以外,该代表行为有效。"因此,利成公司、宝源公司与麦赞新在 2008 年 3 月 26 日签订《转让合同书》时,有理由相信麦赞新有权代表长新公司订立合同,而且长新公司的《收据》《银行进账单》《银行还款凭证》等证据证明,利成公司按照合同约定向长新公司支付的 6000 万元项目转让款,全部归还了长新公司所有的欠款,并赎回了长新公司抵押的 2 块涉案土地,已部分履行了合同。

综上,麦赞新以长新公司法定代表人的名义代表长新公司与利成公司、宝源公司签订的《转让合同书》应为有效。一审判决、二审判决对长新公司与利成公司、宝源公司签订的《转让合同书》的效力认定不当,应予纠正。

关于长新公司与利成公司、宝源公司 2008 年 6 月 12 日签订的《调解协议》效力问题。根据查明的案件事实,长新公司与利成公司、宝源公司 2008 年 6 月 12 日签订的《调解协议》虽然在 6 月 13 日经源城区法院作出 443 号民事调解书予以确认。但 443 号调解书此后被源城区法院以(2008)源法民再字第 12 号民事裁定予以撤销,并移送一审法院审理。利成公司、宝源公司在一审法院、二审法院对《调解协议》效力作出无效和部分无效的认定后,又向本院再审请求确认《调解协议》有效。本院认为,麦赞新在代表长新公司与利成公司、宝源公司签订《调解协议》时,已将长新公司公章、财务章、法人私章及 9 本《国有土地使用权证》正本、广东省建设项目选址意见书原件一份、莲湖山庄房地产开发立项申请批复原件、建设用地规划许可证原件、附用地红线图原件移交给李炳。麦赞新再行与利成公司、宝源公司达成包含物权变动内容的《调解协议》并请求法院确认,以达到案涉项目及相关土地使用权变动的目的,将会损害第三人的合法权益。据此,本院对《调解协议》的效力不予确认。

二、关于《转让合同书》的履行问题

本院认为,虽然《转让合同书》应认定为有效,但由于其所约定转让的标的物涉及长新公司与颜屋村委会、大岭山房地产公司签订的《土地使用权转让合同》《土地转让补充合同》中的权利义务转让,《合同法》第八十条规定:"债权人转让权利的,应当通知债务人,未经通知,该转让对债务人不发生效力";第八十八条规定:"当事人一方经对方同意,可以将自己在合同中的权利和义务一并转让给第三人。"根据本案查明的事实,没有证据证明麦赞新代表长新公司将其与颜屋村委会、大岭山房地产公司签订的《土地使用权转让合同》《土地转让补充合同》中的权利义务约定转让给利成公司、宝源公司时,通知或者征得颜屋村委会、大岭山房地产公司的同意,只是在2008年6月19日,利成公司才将443号民事调解书及有关法律文书送达给大岭山房地产公司、颜屋村委会,要求其协助将《土地使用权转让合同》《土地转让补充合同》的权利义务全部转让给利成公司,并办理合同主体的更名手续。据此,《转让合同书》所约定的内容只是对长新公司、利成公司、宝源公司之间具有约束力,利成公司、宝源公司只能对长新公司提出履行请求,而对大岭山房地产公司、颜屋村委会不发生效力。利成公司、宝源公司据此要求解除长新公司与颜屋村委会和大岭山房地产公司挂靠协议并要求大岭山房地产公司协助将挂靠在其名下的9块土地使用权更名过户到利成公司、宝源公司名下的主张,没有合同依据和法律依据,本院不予支持。

对《转让合同书》中所约定转让的登记在长新公司名下的2块土地使用权的效力问题,二审判决认定有效正确。晶隆公司主张麦赞新与利成公司、宝源公司恶意串通,损害长新公司及股东的利益,《转让合同书》应认定全部无效证据不足,对其提出的麦赞新转让长新公司名下2块土地使用权给利成公司、宝源公司的合同约定应属无效的再审请求本院不予支持。

关于麦赞新代表长新公司分别与李炳、利成公司、宝源公司签订合同转让"莲湖山庄"房地产项目是否构成一地二卖的问题。根据本案事实,麦赞新与李炳签订的《协议书》已明确约定了将长新公司全部股份及名下的莲湖山庄项目整体转让给李炳,利成公司、宝源公司虽然再审提出,在蔡月红提起的确认《协议书》无效诉讼一案中,一审、二审均是以股权转让侵权纠纷立案审理,麦赞新与李炳也都明确表示双方签订的协议是单一的股权转让关系,但本院已生效的(2008)民申字第677号民事裁定书认定,《协议书》包含了长新公司向李炳转让"莲湖山庄"项目的法律关系和股权转让关系,该协议是将股权转让和项目转让一并进行约定。本院认为,二审判决据此作出关于涉案土地在麦赞新代表长新公司与李炳签订《协议书》将长新公司股权及涉案"莲湖山庄"项目转让后,又代表长新公司与利成公司、宝源公司签订《转让合同书》再次转让"莲湖山庄"项目的行为构成一地二卖的认定,并无不妥。

关于《转让合同书》的履行问题。由于麦赞新代表长新公司通过签订《协议书》约定将长新公司股权及"莲湖山庄"项目转让给李炳,李炳已先后向麦赞新支付股权转让款和项目转让款共计6363万元,并经麦赞新和长新公司的授权,已实际接管长新公司和合法先行占有包括涉案11块土地在内的"莲湖山庄"项目并进行了开发建设,涉案标的物不动产已发生了重大变化,根据《物权法》占有制度的立法目的,在占有人有权占有的情况下,为保持和维护现有物的事实秩序和法律秩序,事实上已不能按照《转让合同书》的约定履行交付涉案标的物。虽然利成公司、宝源公司在与长新公司签订《转让合同书》后也先后向长新公司支付了6000多万元的项目转让款,但作为签约在先的李炳已先行合法占有涉案土地,也先行支付了涉案土地使用权的部分转让价款并进行开发建设。根据《合同法》第一百一十条关于当事人一方不履行非金钱债务或者履行非金钱债务不符合约定,事实上不能履行的规定和《国有土地使用权合同解释》第十条的规定,利成公司、宝源公司要求长新公司继续履行的主张,理据不足,本院不予支持。根据《国有土地使用权合同解释》第十条的规定,没有取得土地使用权的受让方依法可以请求解除合同、赔偿损失。经本院释明,利成公司、宝源公司对合同不能继续履行的后果处理并未提出请求,故本院对此不予审理。利成公司、宝源公司可就无法继续履行导致的损失另循法律途径主张权利。

【权威解析】

本案涉及两个争点问题,第一个是如何认定麦赞新代表长新公司与利成公司、宝源公司签订的《转让合同书》的效力问题,这是认定涉案房地产项目转让是否构成一物数卖的前提基础。

东莞中院一审以麦赞新无权代表长新公司行使有关民事权利,也没有征得长新公司的同意为由认定《转让合同书》涉及的11块土地中的9块土地为无权处分为由,认定为无效;长新公司名下的2块土地使用权为有权处分,认定有效。最高人民法院再审则认为,《转让合同书》应当全部有效。之所以有不同认识,关键在于对认定事实和把握认定合同效力条件的法律适用理解上存在歧义。

首先,根据查明的案件事实,麦赞新代表长新公司与利成公司、宝源公司签订《转让合同书》时,东莞市工商局的公司档案登记的长新公司法定代表人仍是麦赞新。虽然在此之前麦赞新代表长新公司与李炳签订《协议书》,将涉案房地产项目的相关手续资料及长新公司的公章、财务章、法定代表人私章移交给李炳接收,同时授权李炳代为履行其作为长新公司法定代表人一职,但并不能就由此认定麦赞新丧失了法人代表的权利,而且在诉讼之前,双方并未办理股东变更工商登记。《公司法》第十三条规定,工商法定代表人变更,应当办理变更登记;第三十三条第三款规定,公司应当将股东的姓名或者名称及其出资额向工商登记机关登记,登记事项发生变更的,应当办理变更登记,未经登记或者变更登记的,不得对抗第三人。据此,在麦赞新代表长新公司与利成公司、宝源公司签订《转让合同书》时,麦赞新仍是长新公司的法定代表人,一审判决认定麦赞新无权代理长新公司是错误的。

其次,根据长新公司与颜屋村委会、大岭山房地产公司签订的《土地使用权转让合同书》约定,长新公司对受让的土地在符合规划主管部门有关规定的前提下,享有自行规划、设计、建设、转让、抵押的那个法律规定的处分、收益的各项权利。另颜屋村委会、大岭山房地产公司出具的情况说明也证实"莲湖山庄"房地产项目所涉的土地有9块土地使用权虽登记在大岭山房地产公司名下,但9块土地的实际权益属于长新公司,另2块土地使用权登记在长新公司名下,长新公司有权处分。据此,可以认定麦赞新有权代表长新公司处分涉案项目的11块地块,无须经过颜屋村委会、大岭山房地产公司的同意。二审判决认定无效的事实依据错误。

第二个争点是是否构成一地两卖。只有认定了麦赞新代表颜屋村委会、大岭山房地产公司的《协议书》《转让合同》都是有效的前提下,才进一步涉及如何认定麦赞新代表颜屋村委会、大岭山房地产公司签订合同转让"莲湖山庄"房地产项目是否构成一物数卖的问题。

经最高人民法院审判委员会讨论决定,认为构成一地两卖。根据本案事实,麦赞新与李炳签订的《协议书》已明确约定了将长新公司全部股份及名下的莲湖山庄项目整体转让给李炳,利成公司、宝源公司虽然再审提出在蔡月红提起的确认《协议书》无效诉讼一案中,一审、二审均是以股权转让侵权纠纷立案审理,麦赞新与李炳也都明确表示双方签订的协议是单一的股权转让关系,李炳向二审法院提交的上诉状也明确表示"《协议书》是单一的股权转让关系",并不是一审判决认定的包括股权转让关系和房地产项目转让关系在内的多种法律关系,协议书只有长新公司股权变更登记的约定而没有房地产项目变更登记的约定,证明房地产项目无须另行进行法律意义上的转让,以此证明《协议书》只是单一的股权转让,不包括房地产项目的转让。但最高人民法院已生效的(2008)民申字第677号裁定认为《协议书》包含了长新公司与李炳转让"莲湖山庄"项目的法律关系和股权转让关系,该协议是将股权转让和项目转让一并进行约定。麦赞新代表长新公司与李炳签订《协议书》将长新公司股权及涉案"莲湖山庄"项目转让后,又与利成公司、宝源公司签订《转让合同书》再次转让"莲湖山庄"项目的行为构成一地二卖。[①]

【案例来源】

中国裁判文书网,http://wenshu.court.gov.cn;最高人民法院民事审判第一庭编:

---

① 参见韩延斌:《对房地产项目转让中一物数卖行为的认定处理——东莞利成公司、宝源公司与东莞晶隆公司、大岭山房地产公司房地产项目转让合同纠纷案》,载最高人民法院民事审判第一庭编:《民事审判指导与参考》(总第61辑),人民法院出版社2015年版,第212~214页。

《民事审判指导与参考》(总第61辑),人民法院出版社2015年版,第209~212页。

编者说明

《国有土地使用权合同解释》第十条是关于一地数转的处理原则,规定:"土地使用权人作为转让方就同一出让土地使用权订立数个转让合同,在转让合同有效的情况下,受让方均要求履行合同的,按照以下情形分别处理:(一)已经办理土地使用权变更登记手续的受让方,请求转让方履行交付土地等合同义务的,应予支持;(二)均未办理土地使用权变更登记手续,已先行合法占有投资开发土地的受让方请求转让方履行土地使用权变更登记等合同义务的,应予支持;(三)均未办理土地使用权变更登记手续,又未合法占有投资开发土地,先行支付土地转让款的受让方请求转让方履行交付土地和办理土地使用权变更登记等合同义务的,应予支持;(四)合同均未履行,依法成立在先的合同受让方请求履行合同的,应予支持。未能取得土地使用权的受让方请求解除合同、赔偿损失的,按照《中华人民共和国合同法》的有关规定处理。"该条在如何处理"一地数转"引发的纠纷问题上,纠正法发〔1996〕2号《关于审理房地产管理法施行前房地产开发经营案件若干问题的解答》第十四条(土地使用者就同一土地使用权分别与几方签订土地使用权转让合同,均未办理土地使用权变更登记手续的,一般应当认定各合同无效)对"一地数转"合同效力的无效认定,在认可数个土地使用权转让合同均为有效的前提下,总结审判实践经验,分别情况制定不同的处理原则。一是根据我国立法确立的物权变动原则规定,确认土地使用权由已经办理权属变更登记手续的受让人取得。二是对均未办理土地使用权变更登记手续的,按照土地利益效益原则,判决先行投资开发的受让人与出让人订立的合同先行履行。三是对均未办理土地使用权变更登记手续,又均未投资开发的,根据诚实信用的原则,判决依法成立在先的土地使用权转让合同先行履行。无法取得土地使用权的受让人请求解除合同、返还已付转让款及利息、赔偿损失的,应予支持。[1]

一地数转为一物数卖的一种形式,也称二重买卖,是指出卖人就同一宗土地订立数个转让合同,分别转让给数个受让方的行为。出让土地使用权人就同一土地使用权与他人订立数个转让合同,在数个转让合同均为有效的情况下,如果数个土地受让方均请求继续履行合同,取得土地使用权的,就根据我国立法确立的物权变动原则规定,确认土地使用权由已经办理权属变更登记手续的受让方取得;对均未办理土地使用权变更登记手续的,按照合法占有原则和土地利用效益原则,土地使用权由先行占有投资开发的受让方取得;对均未办理土地使用权变更登记手续,或者均未投资开发的,按照诚实信用和合同履行的原则,土地使用权由先行支付土地转让款的受让方取得;对合同均未履行的,按照诚实信用原则,土地使用权由依法成立在先的土地使用权转让合同的受让方取得。对于以上有权取得土地使用权的受让方请求继续履行合同的,应予支持。对于没有取得土地使用权的受让方请求解除合同、赔偿损失的,人民法院应当按照《合同法》的有关规定处理。

---

[1] 参见韩延斌:《国有土地使用权出让、转让纠纷中的法律对策及其展望》,载最高人民法院民事审判第一庭编:《民事审判指导与参考》(总第18集),法律出版社2004年版,第145页。

此外,可以参考《第八次全国法院民事商事审判工作会议(民事部分)纪要》第十五条的规定:"审理一房数卖纠纷案件时,如果数份合同均有效且买受人均要求履行合同的,一般应按照已经办理房屋所有权变更登记、合法占有房屋以及合同履行情况、买卖合同成立先后等顺序确定权利保护顺位。但恶意办理登记的买受人,其权利不能优先于已经合法占有该房屋的买受人。对买卖合同的成立时间,应综合主管机关备案时间、合同载明的签订时间以及其他证据确定。"即根据债权平等原则,在数个买卖合同均为有效合同的情况下,数个买受人作为债权人的合法利益均应受到法律保护,各受让方均可要求继续履行合同。但房屋只有一个,哪一份合同能够得到继续履行,着重考察各个合同的履行程度确定对不同当事人的保护顺序。如果数份合同均有效且买受人均要求履行合同的,一般应优先保护已经办理房屋所有权变更登记的买受人,因为此时该买受人已经成为合法的物权人;对于各买受人均没有办理登记的,应当优先保护已经合法占有房屋的买受人;如果各个买受人均未办理所有权变更登记,也未合法占有,则要进一步考察合同履行情况,比如购房款的缴纳情况、买卖合同的登记备案情况、办理贷款情况等,总体的原则应是公平原则和经济原则,避免因恢复原状或者重复履行造成社会经济和司法成本的巨大浪费。如果数个买卖合同均未履行的情况,可以参考买卖合同成立先后等顺序确定权利保护顺位。由于合同关系仅在当事人内部发生,如果各方对买卖合同的成立时间存在争议的,应综合主管机关备案时间、合同载明的签订时间以及其他证据等综合确定。①

548 出让人未向受让人交付案涉土地,系对合同履行的正当抗辩,不构成违约

【关键词】

│土地使用权出让│合同履行│交付土地│同时履行抗辩权│

【案件名称】

上诉人厦门福康经济发展有限公司与上诉人龙海市国土资源局建设用地使用权出让合同纠纷案[最高人民法院(2017)最高法民终 888 号民事判决书,2018.6.27]

---

① 当然,注意防止当事人之间通过倒签合同或者篡改合同签订时间等方式获取不法利益。特别说明的是,虽然根据物权优先于债权的基本原则,应当优先保护已经办理所有权登记的买受人利益,但如果根据已查明的案件事实,在办理所有权转移登记之前,其他买受人已经合法占有该房屋的,办理登记的买受人不能作出合理说明,一般情况下出卖人与该买受人可能存在关联公司或者近亲属等密切关系的,要注意审查当事人之间是否存在恶意串通损害第三人利益的情形,如果存在,则相应的买卖合同应当认定为无效,该恶意办理登记的买受人,其权利不能优先于已经合法占有该房屋的买受人。参见王丹:《房地产纠纷案件审理中的疑难问题》,载最高人民法院民事审判第一庭编:《民事审判指导与参考》(总第 68 辑),人民法院出版社 2017 年版,第 39 ~ 42 页。

【裁判精要】

最高人民法院认为：

一、关于龙海国土局应当按净地还是按现状将案涉土地交付给福康公司的问题

2006年11月29日，龙海国土局发布《出让文件》《出让须知》及其他相应文件，挂牌出让2006F15、2006F16诉争两宗商住用地，符合国有土地使用权出让的法律规定。福康公司于2007年1月5日竞拍得到上述案涉土地，并与龙海国土局签订《成交确认书》两份，双方虽然未签订国有土地使用权出让合同，但福康公司竞拍案涉土地符合法律规定，《成交确认书》对案涉土地国有土地使用权的出让基本内容进行了确认，系双方真实意思表示，原审判决认定本案国有土地使用权出让合同关系成立生效正确。福康公司通过竞拍取得案涉土地使用权，并认可《出让文件》及《出让须知》等文件，应当按照文件中规定的内容履行合同，龙海国土局按文件规定系按现状交付案涉土地，福康公司无权要求龙海国土局按净地交付。《出让须知》第四条规定："出让条件：（一）本次挂牌的两宗地以现状出让，地上、地下附着物（包括管线）由竞得者自行拆除、迁移，周边各种配套以现状为主。（二）挂牌地块规划区域内的市政公共设施项目由竞得者按规划要求自费配套完善。"由此可见，本案案涉土地系以现状交付，由竞得者自行拆除、迁移地上、地下附着物，福康公司竞得土地后，应当自行拆除、迁移地上、地下附着物。福康公司作为竞拍人，应当提前查看案涉土地的现状并评估其风险，在竞得土地后应自行承担相应责任。另，福康公司亦当庭确认龙海国土局可按现状交付诉争土地。因此，根据龙海国土局公布的相应文件内容、福康公司对此确认以及同意现状交付的事实，原审法院直接判决龙海国土局按现状交付案涉土地，符合双方约定，亦为节约司法资源之所需，本院予以确认。

二、关于龙海国土局是否应当支付迟延交付案涉土地违约金的问题

本院认为，龙海国土局未向福康公司交付案涉土地并不构成违约，不需向福康公司支付迟延交付违约金。理由如下：

（一）按照龙海国土局与福康公司的约定，双方并未确定龙海国土局交付案涉土地的时间，故龙海国土局并没有违反双方约定。福康公司与龙海国土局签订《成交确认书》后，并未及时签订国有土地使用权出让合同，双方对于龙海国土局交付案涉土地的时间并没有约定，龙海国土局未交付案涉土地并不直接违反双方约定。因此，龙海国土局并未明确交付案涉土地的期限，福康公司主张龙海国土局因未及时交付案涉土地构成违约并无合同依据。

（二）福康公司未按双方约定及时支付土地出让款，龙海国土局有权不交付案涉土地。根据《出让须知》及《成交确认书》约定，福康公司应于2007年1月30日前付清全部出让金等款项，但对于龙海国土局交付地块的时间并未约定。《合同法》第六十六条规定："当事人互负债务，没有先后履行顺序的，应当同时履行。一方在对方

履行债务之前有权拒绝其履行要求。一方在对方履行债务不符合约定时,有权拒绝其相应的履行要求。"本案国有土地使用权出让合同系双务合同,在福康公司没有按约定履行其付款义务时,龙海国土局有权不交付案涉土地,故在福康公司交付全部款项前,龙海国土局未交付土地并不构成违约。

(三)福康公司交付全部土地出让款项后,龙海国土局以福康公司应支付延期付款违约金为由拒绝交付案涉土地,系对合同履行的正当抗辩,并不构成违约。《出让须知》第十二条规定:"竞得人应在约定时限内支付全部成交价款和佣金。如果竞得人不能按时全部支付,从期满次日起每日按欠缴款额的万分之五加收滞纳金,滞纳超过60天仍未全部支付的,以及竞得人不在约定的时间内签订《国有土地使用权出让合同》,均被视为违约,挂牌人有权取消竞得人的竞得,没收定金,竞得人必须赔偿出让国有土地使用权挂牌出让所支出的全部费用,并承担由此造成的相应损失。"按照约定,福康公司应于2007年1月30日前付清全部款项,但实际上福康公司于2014年1月16日才全部付清款项,远超过付款日期。因此,根据《出让须知》关于违约责任的约定,福康公司应向龙海国土局支付相应滞纳金。在福康公司未向龙海国土局支付滞纳金的情况下,福康公司履行合同义务并不符合约定,龙海国土局有权提出抗辩主张,故其未向福康公司交付案涉土地并不构成违约。原审法院认为双方系同时履行的双务合同,故龙海国土局应当在福康公司交清土地出让款时交付土地,系认定事实错误,应予纠正。根据《成交确认书》,福康公司除应当按照交纳土地出让金外,还应当支付延期延款滞纳金,这部分款项是作为国有土地出让时必须付清的款项。因此,在福康公司未按双方约定交付相应滞纳金时,龙海国土局拒绝交付土地,并不构成违约。

综上所述,龙海国土局未向福康公司交付案涉土地,系对合同履行的正当抗辩,并不构成违约,福康公司主张龙海国土局应当承担未交付案涉土地的违约赔偿责任,于法无据,本院不予支持。原审判决对于龙海国土局违约之认定系适用法律错误,应予改正,但原审判决未支持福康公司要求龙海国土局支付迟延交付地块违约金诉讼请求的结果正确,本院予以维持。

【案例来源】

中国裁判文书网,http://wenshu.court.gov.cn。

549 土地边界的调整,均为出让人所交付的土地不符合出让合同约定的使用条件所致,其行为构成违约

【关键词】

土地使用权出让 | 合同履行 | 交付土地 | 违约责任

【案件名称】

上诉人山东丛亿置业有限公司与被上诉人青州市国土资源局建设用地使用权出让合同纠纷案［最高人民法院（2016）最高法民终 130 号民事判决书，2017. 12. 26］

【裁判精要】

最高人民法院认为：

一、关于青州国土局是否存在违约行为问题

青州国土局与丛亿投资有限公司于 2011 年 4 月 6 日和 2011 年 4 月 7 日分别签订的《国有建设用地使用权出让合同》，系双方当事人的真实意思表示，内容不违反法律、行政法规的强制性规定，应当认定合法有效。丛亿公司作为丛亿投资有限公司上述出让合同中全部权利义务的承继者，与青州国土局双方均应积极、全面地履行合同义务。青州国土局的行为是否构成违约，应结合全案事实综合考虑认定。

1. 关于北边界。2011 年 4、5 月份，丛亿公司向青州市人民政府提出北邻鸿基公司遗留部分建筑垃圾、搅拌站及简易房等附着物问题，青州市人民政府协调有关部门进行了处理。2011 年 9 月 15 日，丛亿公司、鸿基公司和城建投公司签订的《协议》，再次确定丛亿公司与鸿基公司的边界为世纪鸿基已建车库南墙向南 4 米。丛亿公司从已拍得土地中让出 2444 平方米，鸿基公司按拍卖价购买丛亿公司土地。土地价款按丛亿公司土地投标价格 2640 元/平方米执行，计款 6452160 元。以上事实能够证明，虽然案涉土地的北边界是明确的，与北邻鸿基公司的宗地边界不存在重叠和冲突，但鸿基公司遗留的建筑垃圾、搅拌站、简易房和已建车库，并非因两宗土地边界存在重叠和冲突所致，而是由于鸿基公司的地下车库和遗留物侵入案涉宗地地界以内所致，且该侵入行为发生在在青州国土局向丛亿公司交付土地之前，而非丛亿公司接收土地之后。丛亿公司在当地政府的协调下让出 2444 平方米的已竞得土地，是基于鸿基公司在丛亿公司接收案涉土地之前建设车库的既成事实，而非基于丛亿公司与鸿基公司的自愿交易。结合青州市财政局、国土局和城建投公司于 2011 年 9 月 23 日共同作出的《关于山东丛亿置业有限公司与青州世纪鸿基投资置业有限公司土地问题的说明》中关于收回原出让金发票并作废，重新手工开具二份发票，鸿基公司将 6452160 元土地价款交城建投公司，由城建投公司退还丛亿公司相应价款 6452160 元等事实，再结合 2011 年 11 月 1 日青州国土局为丛亿投资有限公司重新开具土地出让金收款收据，以及由鸿基公司向城建投公司缴纳土地出让金，再由城建投公司向丛亿公司退还土地出让金，而非由鸿基公司向丛亿公司直接支付购买土地使用权价款等事实和情形，进一步证明了丛亿公司与鸿基公司自由交易土地使用权的观点不能成立。之所以发生北边界的调整，是由于青州国土局所出让的土地在出让之前存在侵权行为未消除所致，而非丛亿公司接收土地后发生侵权行为而与鸿基公司私下交易所致。

2. 关于西边界。2011 年 12 月 18 日,青州市规划局向青州市人民政府提交的《关于山东丛亿置业有限公司对文化中心西北地块西规划道路多占其土地报告的意见》中指出,经核实国土部门划定出让土地界线时,出让用地占用市政道路用地约 670 平方米,突破市政道路红线 2 米,建议市政府可考虑同意丛亿公司所请,退还其多缴纳的占用道路用地部分的土地价款。2012 年 7 月 6 日,城建投公司向丛亿公司退还土地出让金 1832160 元。2012 年 8 月 17 日,青州国土局向丛亿公司重新开具土地出让金收款据。以上事实能够证明,案涉土地西边界调整的原因,系由于青州国土局划定出让土地界线时,突破市政道路红线,出让用地占用市政道路用地所致。青州国土局主张案涉土地的周边土地存在已竞得土地面积中包含市政道路的面积的情形,与本案没有必然的关联性,青州国土局关于出让面积并不完全等同于净地面积的主张没有事实依据和法律依据。西边界的调整系由于青州国土局所交付的土地不符合出让合同约定的使用条件所致。

3. 关于东边界。2014 年 5 月 20 日,丛亿公司向青州市住房和城乡建设局提交《报告》称,发现昭德路道路红线位于丛亿公司地界内,总计超占丛亿公司土地面积 302 平方米。2014 年 5 月 30 日,青州市国土局向青州市人民政府作出《关于山东丛亿置业有限公司"龙苑"项目土地证与道路红线不符的意见》称,关于企业反映"龙苑"土地证与昭德路红线不符的问题,建议由规划部门重新确认用地红线,超出用地红线部分按程序返还土地价款。2014 年 6 月 16 日,青州市规划局向青州市人民政府作出《关于山东丛亿置业有限公司"龙苑"项目土地证与昭德路道路红线不符的意见》载明:经查,规划局所出具的龙苑项目用地规划设计条件(〔2001〕02 号)中的附图,所用地形图为老版地形图,在进行地形图转换时出现了失误,致使道路中心线发生偏移,由于地形图的航拍测绘和新老转换不可避免地存在一定误差。2014 年 6 月 30 日,青州国土局认定,"龙苑"土地证超出昭德路红线面积为 352 平方米。2014 年 7 月 17 日,青州国土局向丛亿公司重新开具土地出让金收款据;2014 年 9 月 2 日,城建投公司向丛亿公司退还土地出让金 92.928 万元。以上事实能够证明,之所以发生东边界的调整,是因为龙苑项目用地的东边界与昭德路西侧道路红线存在偏移误差,是技术原因导致的失误,既然地形图的航拍测绘和新老转换不可避免地存在一定误差,那么该误差的发生与政府是否调整规划没有关联,与丛亿公司开发的 9 栋住宅楼主体是否完工亦无关联。青州国土局关于该调整并不违反《国有建设用地使用权出让合同》第十九条约定"本合同项下宗地在使用期限内,政府保留对本合同项下宗地的规划调整权",以及丛亿公司沿东边界的建筑已经办理了预售许可证,在东边界调整之前沿昭德路的九栋建筑主体均已完工的主张不能成立。

综合上述分析可见,案涉土地的北边界、西边界与东边界的三次调整,均为青州国土局所交付的土地不符合出让合同约定的使用条件所致,青州国土局的行为构成违约,一审法院认为青州国土局的行为不构成违约,属于认定事实错误,应予纠正。

【案例来源】

中国裁判文书网,http://wenshu. court. gov. cn。

550 出让人交付的土地不符合出让合同约定的使用条件的,如何确定受让人的经济损失

【关键词】

│土地使用权出让│合同履行│交付土地│违约责任│赔偿损失│

【案件名称】

上诉人山东丛亿置业有限公司与被上诉人青州市国土资源局建设用地使用权出让合同纠纷案[最高人民法院(2016)最高法民终130号民事判决书,2017.12.26]

【裁判精要】

最高人民法院认为:

二、关于丛亿公司的经济损失如何确定的问题

(一)关于三次退还的土地出让金的利息损失问题。本院认为,案涉土地边界历经三次调整,土地面积分别减少了2444平方米、694平方米和352平方米。城建投公司分别于2011年10月10日退还丛亿公司土地出让金6452160元,于2012年7月6日退还丛亿公司土地出让金1832160元,于2014年9月2日退还丛亿公司土地出让金929280元。因此,丛亿公司主张该三宗减少的土地所对应的出让价款被占用期间的利息损失,本院予以支持。丛亿公司主张土地出让金系通过与案外人签订借款合同得来的,因而应以与案外人所签订的借款合同确定的利率作为利息损失的计算依据。本院认为,由于丛亿公司与案外人签订的借款合同系在借款行为之后补签的,况且,丛亿公司与案外人因借款合同产生的利息损失并不能作为本案认定丛亿公司损失的依据,因为缴纳土出让金本来就是丛亿公司应当承担的合同义务,该义务的履行并不依赖于对外借贷才能实现,故丛亿公司主张以年利率13%作为计算三次退还的土地出让金的利息损失,由于缺乏法律依据,本院均不予支持。本院认为,对其损失的利率计算依据,可参照《最高人民法院关于审理民间借贷案件适用法律若干问题的规定》第二十九条第一款第(一)项规定的年利率6%计算为宜。青州国土局应赔偿丛亿公司三次退还的土地出让金的利息损失为:(1)以6452160元为基数,自2011年4月12日至2011年10月10日,按年利率6%计付为193034.48元;(2)以1832160元为基数,自2011年4月12日至2012年7月6日,按年利率6%

计付为 135830.82 元;(3)以 929280 元为基数,自 2011 年 4 月 12 日至 2014 年 9 月 2 日,按年利率 6% 计付为 189114.84 元。以上合计为 517980.14 元。

（二）关于丛亿公司实缴土地出让金的利息损失问题。2011 年 4 月 6 日、2011 年 4 月 7 日的《国有建设用地使用权出让合同》第十六条约定的开工日期为 2011 年 10 月 7 日;2012 年 7 月 23 日的《国有建设用地使用权出让合同变更协议》将开工时间顺延至 2012 年 12 月 7 日;2014 年 12 月 17 日青州国土局向青州市人民政府提交的《关于"龙苑"项目开竣工时间顺延的意见》将开工时间再次顺延至 2015 年 6 月 30 日。如前所述,由于案涉土地边界历经三次调整,土地面积一再减少,原规划设计条件所依据的土地现状随之发生改变,相关的容积率等规划指标也相应的发生变化,对原有的规划设计方案进行修改、原定的开竣工时间相应顺延符合客观事实。2014 年 6 月 16 日,青州市规划局向青州市人民政府作出的《关于山东丛亿置业有限公司"龙苑"项目土地证与昭德路道路红线不符的意见》和 2014 年 12 月 17 日,青州国土局向青州市人民政府提交的《关于"龙苑"项目开竣工时间顺延的意见》中也载有建议开发企业根据新的用地范围提报新的规划建设方案和同意延长开竣工时间的内容。青州市规划局实际向丛亿公司颁发《建设工程规划许可证》的时间为 2013 年 6 月 20 日,颁发《建筑工程施工许可证》的时间为 2013 年 8 月 1 日。由此可见,案涉土地边界的多次调整与开工时间的多次顺延有直接因果关系,开工时间的延迟必然导致已竞得土地的闲置,土地的闲置必然导致购买土地资金的闲置,丛亿公司要求青州国土局赔偿实缴土地出让金闲置期间的利息损失,本院予以支持。如前所述,丛亿公司与案外人因借款合同产生的利息损失并不能作为本案认定丛亿公司损失的依据,故丛亿公司主张以年利率 13% 作为计算实缴土地出让金的利息损失,尽管缺乏法律依据,但可参照年利率 6% 计算。丛亿公司主张实缴土地出让金利息损失的截止日为 2013 年 7 月 7 日,早于青州市规划局实际向丛亿公司颁发《建筑工程施工许可证》的时间 2013 年 8 月 1 日,系丛亿公司对自身权利的处分,应予准许。青州国土局应赔偿丛亿公司实缴土地出让金的利息损失为:以 313375920 元 (322589520 元 − 6452160 元 − 1832160 元 − 929280 元)为基数,乘以自原定开工日 2011 年 10 月 7 日的次日(即 2011 年 10 月 8 日)起至 2013 年 7 月 7 日签订施工合同日的天数,按年利率 6% 计付损失,为 32968863.91 元。

（三）关于变更规划设计方案而增加的设计费用损失问题。虽然地界多次调整会导致发生设计变更,但丛亿公司也因自身原因进行了相应的设计变更,包括:取消入户大堂,将南主入口设计为开敞式入口,优化地面消防道路以及改善儿童乐园、健身器材等居民服务设施的空间布局,调整户型,沿地块西侧规划道路增设沿街商业房等因素,这些都会导致设计费用的增加。因此,对于设计费用的增加应当由双方共同承担。根据本案情况,本院酌定丛亿公司因此增加的 1510000 元设计费由丛亿公司与青州国土局各承担一半,青州国土局应当支付丛亿公司设计费 755000 元。

（四）关于因开发周期滞后致使丛亿公司公司长期空转的损失问题。丛亿公司缺乏证据支持,本院不予采信。

【案例来源】

中国裁判文书网,http://wenshu. court. gov. cn。

551 **双方的前期履行行为均不符合出让合同的约定,构成双方违约,但双方均未依据合同约定追究对方的违约金责任,而是采取变更合同、继续履行的方式填补损害、实现合同目的,受让人追究出让人迟延交付的违约责任,不符合权利义务对等原则**

【关键词】

| 土地使用权出让 | 合同履行 | 出让金 | 合同变更 | 违约金 |

【案件名称】

上诉人大连富泰房地产开发有限公司与被上诉人大连市国土资源和房屋局及原审第三人大连市土地储备中心建设用地使用权出让合同纠纷案[最高人民法院(2018)最高法民终 1179 号民事判决书,2018. 11. 20]

【裁判精要】

最高人民法院认为:

综合本案各方当事人的诉辩情况,经征得双方当事人的同意,本案争议焦点为:大连市国土局应否向富泰公司支付逾期交付净地的违约金及返还因逾期交付导致土地使用年限减少相应的土地出让金。

（一）大连市国土局应否向富泰公司支付逾期交付净地的违约金

大连市国土局（出让人）与富泰公司（受让人）于 2007 年 7 月 26 日签订的《出让合同》及 2011 年 9 月 29 日签订的《补充合同》均系双方当事人真实意思表示,内容不违反法律、行政法规的强制性规定,应认定为合法有效。

《出让合同》未对案涉土地的交付方式、交付时间作出具体明确的约定,但依据《竞买须知》第五条（一）项"除电瓷厂搬迁补偿费用外的拆迁安置补偿工作由竞得人自行解决"的内容,再综合富泰公司出具的相关报告、土储中心的相关文件,可以认定大连市国土局系以两种方式向富泰公司交付土地:一是 B 区地块 84700 平方米土地（即电瓷厂占用范围内土地）由大连市国土局交付净地;二是 A、C 区地块 39500平方米土地为毛地交付,由富泰公司自行负责净地,由此产生的拆迁安置补偿费用抵顶该地块土地出让金。《出让合同》未约定大连市国土局完成 B 区地块拆迁以及富泰公司完成 A、C 区地块拆迁的时间,仅约定案涉地块项目于 2007 年 12 月底前开工,则双方理应在约定开工时间之前完成土地拆迁。《出让合同》签订后,富泰公司按约交缴了 B 区 84700 平方米土地对应的土地出让金 26230 万元,大连市国土局因未完成对电瓷集团的拆迁工作,未能在《出让合同》约定的开工时间之前向富泰公司交付 B 区地块净地,构成迟延履行。同时,富泰公司亦未在约定开工时间之前完成对 A、C 区地块的拆迁,导致 A、C 区地块未能按时开工建设,故富泰公司也构成迟延履行,双方均存在违约行为。《出让合同》第七章违约责任部分第三十二条、第三十三条约定,出让人未按时提供出让土地致使受让人本合同项下宗地占有延期的,每延期一日,出让人应当按受让人已经支付的土地使用权出让金的 1‰ 向受让人给付违约金……受让人自本合同签订之日起满一年未动工开发的,出让人向受让人征收相当于土地使用权出让金 20% 的土地闲置费等。依据上述约定,大连市国土局和富泰公司均可要求合同相对方承担相应的违约责任。

但是,从《出让合同》约定的开工时间 2007 年 12 月底至 2011 年 9 月 29 日《补充合同》签订,在长达 4 年的时间中,双方当事人均未主张解除合同或者追究对方违约责任,而是继续履行合同。双方通过积极磋商于 2011 年 9 月 29 日签订《补充合同》,对 A、B、C 三区的用地范围进行了调整,并根据国家土地管理工作的有关政策,重新约定项目的开、竣工时间。《补充合同》签订之后,电瓷集团与富泰公司于 2010 年 6 月 1 日签订《交接书》,在《补充合同》约定的开工时间 2010 年 11 月 30 日之前将 B 区净地交给富泰公司,此举应视为大连市国土局按约履行了交付 B 区地块的合同义务,富泰公司也已完成该地块项目的开发建设并进行销售。

《合同法》第一百零七条规定:"当事人一方不履行合同义务或者履行合同义务不符合约定的,应当承担继续履行、采取补救措施或者赔偿损失等违约责任。"违约责任兼顾填补损害和惩罚违约双重功能,法定的几种违约责任方式可以择一适用,也可以同时适用,但以达到填补损害、惩罚违约的目的以及不超过当事人合理预见范围为限度。本案中,大连市国土局和富泰公司的前期履行行为均不符合《出让合同》的约定,构成双方违约,但双方均未依据合同约定追究对方的违约金责任,而是采取变更合同、继续履行的方式填补损害、实现合同目的。大连市国土局按《补充合同》约定履行了交付净地义务,使得富泰公司获得 B 区地块项目开发的合同目的得以实现;而富泰公司至今未完成 A、C 区地块的拆迁和项目开发,也客观上影响了政府对 A、C 区地块的土地收益以及项目规划的实现。案涉土地出让合同属于双务合同,权利义务应对等,在富泰公司未全面完成己方合同义务的情况下,该公司追究大连市国土局迟延交付净地的违约责任,不符合权利义务对等原则,一审判决不予支持并无不当,本院予以维持。

(二)大连市国土局应否向富泰公司返还因逾期交付导致土地使用年限减少相

应的土地出让金

富泰公司上诉主张,大连市国土局逾期交付净地造成整宗土地(126600 平方米)使用年限减少,其应退还减少的 884 天对应的土地出让金 19878755 元。对此,本院认为,富泰公司受让国有土地使用权的目的系进行房地产项目的开发销售,土地使用权最终要分割转让给购买房地产的消费者,富泰公司所支付的土地出让金也将通过房地产买卖转由购买房地产的消费者承担。大连市国土局已按《补充合同》约定履行了交付 B 区地块的合同义务,富泰公司取得了该地块的国有土地使用权证并完成该地块的开发销售,该地块项下的国有土地将随其上附着的房屋分割成若干独立单元,形成分别的土地使用权而为购买房屋的消费者享有,消费者支付的购房款中包含了 70 年土地使用权的对价,富泰公司不承担土地使用年限减少的损失,其无权向土地出让人主张返还相应的土地出让金。对于 A、C 地块,富泰公司尚未实际支付土地出让金或者完成该地块上的拆迁安置补偿工作,也未实际取得国有土地使用权证,其更是无权要求出让人返还整宗土地减少年限的土地出让金。据此,富泰公司此项上诉请求理据不足,本院不予支持。

【案例来源】

中国裁判文书网,http://wenshu. court. gov. cn。

552 转让方未按合同约定提供合格发票的,受让方享有抗辩权,可以拒绝转让方支付转让尾款的履行要求

【关键词】

| 土地使用权转让 | 合同履行 | 发票 | 抗辩 |

【案件名称】

再审申请人韩国日新织物株式会社与被申请人金昌石业(沈阳)有限公司、金常焕土地使用权转让纠纷案 [最高人民法院(2013)民申字第 1664 号民事裁定书,2013. 9. 25]

【裁判精要】

裁判摘要:判决日新会社向金昌公司交付合格的发票,符合日新公司和金昌公司在《土地转让协议》和《补充协议》中的约定,不能视为超出本案的审理范围。虽然金昌公司并未提起反诉,但向金昌公司交付合格发票是日新公司的合同义务,而且是在先履行的义务。在日新公司提供的发票不合格的情况下,按照《合同法》第六十七条的规定,金昌公司作为后履行义务的一方,享有抗辩权,可以拒绝其履行要求。

最高人民法院认为：

一、关于二审判决是否超出原告的诉讼请求范围

日新会社的诉讼请求是金昌公司支付转让尾款。但金昌公司对合同尾款的支付是附有条件的。判决日新会社向金昌公司交付合格的发票，符合日新公司和金昌公司在《土地转让协议》和《补充协议》中的约定，不能视为超出本案的审理范围。虽然金昌公司并未提起反诉，但向金昌公司交付合格发票是日新公司的合同义务，而且是在先履行的义务。在日新公司提供的发票不合格的情况下，按照《合同法》第六十七条的规定，金昌公司作为后履行义务的一方，享有抗辩权，可以拒绝其履行要求。

二、关于判决日新会社向金昌公司交付合格发票是否超越司法管辖的范围

交付发票是日新公司对金昌公司负有的合同义务，属于民事权利义务的范畴，人民法院有权在合同当事人未履行时判决其履行，二审判决没有超越管辖权范围。

三、关于金昌公司给付剩余的土地转让款的条件是否具备

《补充协议》约定了当事人对合同义务的履行顺序，在日新公司的合同义务尚未履行完毕的情况下，金昌公司向日新公司支付剩余的 500 万元土地使用权转让款的条件尚不具备。原审判决对日新会社要求金昌公司直接向其给付剩余土地使用权转让款的请求未予支持并无不当。

【案例来源】

中国裁判文书网，http://wenshu. court. gov. cn。

553 行政机关注销国有土地使用证但并未注销土地登记的，国有土地的使用权人无权以国有土地使用证被注销、其不再享有土地使用权为由主张解除合同

【关键词】

│土地使用权转让│合同解除│合作开发│

【案件名称】

上诉人四川省聚丰房地产开发有限责任公司与被上诉人达州广播电视大学合资、合作开发房地产合同纠纷案［最高人民法院（2013）民一终字第 18 号民事判决书，2013.5.28］

【裁判精要】

裁判摘要:根据《物权法》的规定,不动产物权应当依不动产登记簿的内容确定,不动产权属证书只是权利人享有该不动产物权的证明。行政机关注销国有土地使用证但并未注销土地登记的,国有土地的使用权人仍然是土地登记档案中记载的权利人。国有土地使用权转让法律关系中的转让人以国有土地使用证被注销、其不再享有土地使用权为由主张解除合同的,人民法院不应支持。

最高人民法院认为:

(一)关于合同性质和效力问题

本院认为,涉案合同虽然冠以"合作开发协议书"之名,但合同中明确约定电大财校只享有固定开发收益,不承担开发经营的风险。根据《国有土地使用权合同解释》第二十四条"合作开发房地产合同约定提供土地使用权的当事人不承担经营风险,只收取固定利益的,应当认定为土地使用权转让合同"的规定,《合作开发协议书》性质为土地使用权转让合同。一审法院关于合同性质的认定有误,本院予以纠正。

根据《合同法解释(一)》第四条"合同法实施以后,人民法院确认合同无效,应当以全国人大及其常委会制定的法律和国务院制定的行政法规为依据,不得以地方性法规、行政规章为依据"的规定,以及《合同法解释(二)》第十四条关于"合同法第五十二条第(五)项规定的'强制性规定',是指效力性强制性规定"的规定,因"违反法律、行政法规的强制性规定"而无效的合同,是指违反了法律、行政法规中的效力性强制性规定,法律、行政法规中的管理性强制性规定不能作为认定合同无效的依据。本案中,电大财校主张合同无效的理由是《合作开发协议书》违反了《国有资产评估管理办法》第三条第(一)项、《招标拍卖挂牌出让国有建设用地使用权规定》《事业单位国有资产管理暂行办法》第二十八条,以及《城镇国有土地使用权出让和转让暂行条例》第十九条、《城市房地产管理法》第三十九条第(二)项的规定,但《国有资产评估管理办法》《招标拍卖挂牌出让国有建设用地使用权规定》《事业单位国有资产管理暂行办法》系行政规章,而《城市房地产管理法》第三十九条第(二)项、《城镇国有土地使用权出让和转让暂行条例》第十九条为法律、行政法规中的管理性强制性规定,均不能作为认定合同无效的依据。电大财校关于合同无效的主张,缺乏法律依据,本院不予支持。聚丰公司和电大财校之间订立的《合作开发协议书》是双方当事人真实的意思表示,不违反法律、行政法规的强制性规定,合同有效。

(二)关于《合作开发协议书》是否解除问题

本院认为,根据《合同法》第九十三条的规定,"当事人协商一致,可以解除合同。当事人可以约定一方解除合同的条件。解除合同的条件成就时,解除权人可以解除合同"。第九十四条规定:"有下列情形之一的,当事人可以解除合同:(一)因不可抗力致使不能实现合同目的;(二)在履行期限届满之前,当事人一方明确表示或者以自己的行为表明不履行主要债务;(三)当事人一方迟延履行主要债务,经催告后在合理期限内仍未履行;(四)当事人一方迟延履行债务或者有其他违约行为致使不能实现合同目的;(五)法律规定的其他情形。"本案中,双方在《合作开发协议》第十条中约定电大财校可以解除合同的条件为,"在乙方(聚丰公司)未按照本合同第九条第一款约定按期兑现甲方(电大财校)利益"以及"乙方(聚丰公司)违反合同第六条第七款之规定(即不得将本项目整体或部分转让给其他任何单位或个人开发)"。电大财校所主张的政府拟对合作开发的土地重新拍卖、无法履行合作协议的解除合同的理由,并非合同约定的电大财校可以解除合同的条件,也不属于《合同法》第九十四条可以行使法定解除权的情形。《合同法》第九十六条和《合同法解释(二)》第二十四条关于合同的约定解除和法定解除权利行使方式和期限的规定,不能适用于本案电大财校通知解除合同的情形。电大财校以《解除函》通知聚丰公司解除合同的行为,不发生解除合同的效力。一审判决根据《合同法》第九十六条和《合同法解释(二)》第二十四条的规定认定《合作开发协议书》已经解除,适用法律错误,本院予以纠正。

(三)关于《合作开发协议书》能否继续履行问题

2011年11月17日,达州市人民政府在《达州日报》刊登《关于注销土地使用证的公告》,注销了涉案土地的国有土地使用证。一审判决据此认定合同在法律上或事实上不能继续履行。电大财校在二审期间亦辩称,达州市国土资源局向其发出了收回土地的函告,达州市人民政府已经注销了土地使用权证,其"不再享有该宗土地使用权,双方合作开发房地产这一行为丧失了履行合同的基础和条件,该协议书在客观上已经不能履行"。

本院认为,根据《物权法》第十四条的规定,"不动产物权的设立、变更、转让和消灭,依照法律规定应当登记的,自记载于不动产登记簿时发生效力";第十七条规定:"不动产权属证书是权利人享有该不动产物权的证明。不动产权属证书记载的事项,应当与不动产登记簿一致;记载不一致的,除有证据证明不动产登记簿确有错误外,以不动产登记簿为准"。上述法律规定表明,不动产权利人的确定,应当以不动产登记簿的记载为依据。达州市人民政府虽然公告注销了作为涉案土地不动产物权证明的国有土地使用证,但并未注销土地登记,且至二审诉讼期间,涉案土地的土地登记档案中载明的权利人仍然是达州市广播电视大学。这一事实说明,达州市人民政府注销国有土地使用证的行为,并未改变涉案土地的权属状况。根据《城镇国有土地使用权出让和转让暂行条例》第四十二条的规定,"国家对土地使用者依法取得的土地使用权不提前收回。在特殊情况下,根据社会公共利益的需要,国家可以依照法律程序提前收回,并根据土地使用者已使用的年限和开发、利用土地的实际情况给予相应的补偿"。《物权法》第四十二条、第四十四条也对为了公共利益以及因抢险、救灾等紧急需要,依照法律规定的权限和程序可以征收单位、个人的不动产作出规定。但迄今并无证据证明涉案土地已经被依法征收、征用的事实。综上,涉案土地使用权的权属并未发生变化,电大财校仍然是涉案土地使用权的权利人,《合作开发协议书》的履行不存在法律上的障碍,能够继续履行。

关于电大财校提出的涉案土地的政府出让批文中明确表示该宗土地仅用于抵押给银行贷款不能用于其他目的、合作开发协议书无法履行的抗辩,本院认为,2008年1月28日达市府阅〔2008〕6号《研究达州电大和财贸校临街出让土地化解学校债务的会议纪要》的内容已经表明,电大财校与聚丰公司就涉案土地进行合作开发已获达州市人民政府同意,电大财校的此项抗辩无事实依据,本院不予支持。关于电大财校提出的政府不可能受理审批《校园总体规划调整方案》、合作开发协议书不可能履行的抗辩,本院认为,政府是否受理审批《校园总体规划调整方案》系尚未确定的事实,以此作为合同不能实际履行的依据,缺乏事实基础,本院不予支持。

【案例来源】

《中华人民共和国最高人民法院公报》2014年第10期(总第216期)。

第三章｜CHAPTER 03

土地出让金

554 出让人迟延交付土地，受让人有权行使先履行抗辩权，但在出让人迟延交付土地情形消失后，受让人应当履行支付土地出让金义务

【关键词】

|土地使用权出让 | 出让金 | 先履行抗辩权 |

【案件名称】

上诉人霍邱县人民政府国土资源局与上诉人安徽文峰置业有限公司建设用地使用权出让合同纠纷案 [最高人民法院（2017）最高法民终 308 号民事判决书，2017.6.16]

【裁判精要】

最高人民法院认为：

一、关于合同双方违约时间的认定问题

首先，关于霍邱县国土局交付土地时间的认定。霍邱县国土局提交《国有建设用地交地确认书》，以证明其已于 2014 年 4 月 9 日按时交付土地，并不存在违约。但该确认书与霍邱县政府常务副县长 2014 年 5 月 9 日在相关文件上所作"霍邱县国土局和城关镇尽快办理交接手续"的批示明显矛盾，且该局在二审庭审中承认其他地块存在没有真实交付的情况下先签订《国有建设用地交地确认书》做法，故仅有《国有建设用地交地确认书》无法证实其已经实际交付土地，一审对该证据不予采信并不不当。文峰置业公司提交的《关于公园路五宗地块相关情况的报告》只能证明其在该报告中单方认可 2014 年 5 月 28 日交付土地的事实，霍邱县国土局不予认可，其未提交其他证据予以佐证，以此证明霍邱县国土局于 2014 年 5 月 28 日交付土地，亦不足以采信。故一审按照证据的高度概然性判定霍邱县国土局于 2014 年 5 月 9 日交付案涉 136 号地，并不违反法律规定。

其次，关于文峰置业公司支付 136 号地块土地出让金时间的认定。文峰置业公司主张 2.5 亿元出让金在 2014 年 1 月 7 日支付给霍邱县国土局时即被该局支配收益，因此不存在逾期支付情形。经查，案涉五宗出让土地分别签订了五份独立的《国有土地使用权出让合同》，文峰置业公司 2014 年 1 月 7 日支付给霍邱县国土局的 2.5 亿元系 132 号至 135 号四宗地块定金；2015 年 11 月 24 日双方在《安徽省政府非税收入一般缴款书（收据）》记载的"根据第十六届第 60 次县长办公会议纪要及国土局与文峰置业公司签订的调解协议书，该票据中的 3.2 亿元土地出让金转为第 136 号地块的出让金〔2013〕136 号"显示，2.5 亿元的定金结转为五号地土地出让金。根据合同相对性原则，在 2015 年 11 月 24 日之前双方未就 2.5 亿元定金结转为五号地土地出让金问题协商一致，该 2.5 亿元定金尚不能改变性质冲抵五号地的土地出让金，至于在此期间是否因该定金被霍邱县国土局占用给其造成损失的问题，

应在另案中解决,不能与本案的法律关系相混淆。故一审将 2015 年 11 月 24 日认定为文峰置业公司交付五号地出让金 2.5 亿元的时间正确。关于 1055 万余元尾款,因霍邱县国土局存在迟延交付土地行为,文峰置业公司有权行使先履行抗辩权,但在 2014 年 5 月 9 日国土局迟延交付土地情形消失后,该公司应当履行支付土地出让金义务。一审将 136 号地块迟延支付的土地出让金分为 132 号至 135 号四宗地块 2.5 亿元定金结转和尾款 1055.911 万元两部分,分别按照违约迟延支付天数计算违约金,并无不当。

【案例来源】

中国裁判文书网,http://wenshu. court. gov. cn。

555 出让人具有将竞买保证金作为担保债权实现的意思表示,该竞买保证金具有定金性质

【关键词】

|土地使用权出让|出让金|竞买保证金|定金|

【案件名称】

上诉人四川省南充市鑫达房地产开发有限公司与上诉人南充市国土资源局建设用地使用权出让合同纠纷案[最高人民法院(2017)最高法民终 584 号民事判决书,2017.10.24]

【裁判精要】

最高人民法院认为:

(一)关于鑫达公司已经支付的竞买保证金 1300 万元是否适用定金罚则的问题

《拍卖须知》为拍卖系列法律文件之一,属于案涉合同的组成部分,在拍卖成交后,对当事人双方均具有法律约束力。《拍卖须知》第十六条载明"未尽事宜依照《出让国有土地使用权规范》办理",根据该条约定,当事人具有将《出让国有土地使用权规范》内容转化为合同条款的意思表示,该转引条款属于书面约定,符合法律规定。《出让国有土地使用权规范》是相关行政主管部门为规范国有土地使用权招标拍卖挂牌出让行为,统一程序和标准,优化土地资源配置,推进土地市场建设的规范性文件,对相关当事人的行为具有指引作用。当事人可以根据双方合意直接将有关条文作为合同内容,与《出让国有土地使用权规范》是否系强制性法律规范无关。《出让国有土地使用权规范》第 14.2 条规定,中标人、竞得人支付的投标、竞买保证金,在中标或竞得后转作受让地块的定金。南充市国土局主张,根据《拍卖须知》约

定,"八、付款期限……竞得人所交竞得履约保证金可以抵支拍卖价款,也可在交清全部拍卖成交总价款后退回。十四、注意事项……(五)竞得人交纳的竞拍保证金,在拍卖成交后可转为交易费或土地出让金……"双方已明确该笔竞拍保证金不属于定金性质。

对此,本院认为,根据《合同法》第一百一十五条、《担保法》第八十九条之规定,当事人可以约定一方向对方给付定金作为债权的担保。债务人履行债务后,定金应当抵作价款或者收回。《拍卖须知》关于竞买保证金可以抵支拍卖价款或退回的约定与定金的作用和功能并不矛盾,不足以得出该笔竞买拍卖保证金不是定金的结论。而且,《拍卖须知》载明:(七)竞得人有下列行为之一的,视为违约,拍卖人可取消其竞得人资格,竞拍保证金不予退还。《拍卖成交确认书》也载明"6. 以上约定,竞得人必须严格遵守,若违反上述条款之一者,保证金不予退还……"从前述内容可知,南充市国土局具有将竞买保证金作为担保债权实现的意思表示,上述约定符合担保法及合同法关于定金性质的规定,符合权利义务相一致原则。一审判决认定案涉1300万元竞买保证金具有定金性质,并无不当。南充市国土局的该项上诉主张依据不足,本院不予支持。

【案例来源】

中国裁判文书网,http://wenshu. court. gov. cn。

556 出让人在函件中要求受让人支付延期付款滞纳金,并以此为由拒绝签订土地出让合同,且未交付土地的,系在事实上要求受让人支付延期付款滞纳金,构成诉讼时效中断

【关键词】

│土地使用权出让│出让金│滞纳金│诉讼时效│

【案件名称】

上诉人厦门福康经济发展有限公司与上诉人龙海市国土资源局建设用地使用权出让合同纠纷案 [最高人民法院 (2017) 最高法民终 888 号民事判决书,2018. 6. 27]

【裁判精要】

最高人民法院认为:

三、关于福康公司是否应当支付逾期付款滞纳金的问题

本案中,龙海国土局主张福康公司未按《出让须知》及《成交确认书》中约定的时间支付土地出让款,应当按照双方约定支付滞纳金。本院认为,龙海国土局在函

件中要求福康公司支付延期付款滞纳金,并以此为由拒绝与福康公司签订国有土地出让合同,且未向福康公司交付案涉土地,系在事实上要求福康公司支付延期付款滞纳金,构成诉讼时效中断,故龙海国土局要求福康公司支付滞纳金并未超过诉讼时效,原审法院认定龙海国土局该项诉讼请求超过诉讼时效错误,本院予以改正。具体理由如下:

(一)龙海国土局要求福康公司支付延期付款滞纳金符合双方约定。《出让须知》第十二条违约责任中约定:"竞得人应在约定时限内支付全部成交价款和佣金。如果竞得人不能按时全部支付的,从期满次日起每日按欠缴款额的万分之五加收滞纳金,滞纳超过 60 天仍未全部支付的,以及竞得人不在约定的时间内签订《国有土地使用权出让合同》,均被视为违约,挂牌人有权取消竞得人的竞得资格,没收定金,竞得人必须赔偿出让国有土地使用权挂牌出让所支出的全部费用,并承担由此造成的相应损失。"按照上述约定,福康公司在签订《成交确认书》后,未按照约定准时支付土地出让款,按照双方约定应当支付滞纳金。

(二)龙海国土局要求福康公司支付延期付款滞纳金符合法律规定。《合同法》第一百零七条规定:"当事人一方不履行合同义务或者履行合同义务不符合约定的,应当承担继续履行、采取补救措施或者赔偿损失等违约责任。"第一百一十四条第一款规定:"当事人可以约定一方违约时应当根据违约情况向对方支付一定数额的违约金,也可以约定因违约产生的损失赔偿额的计算方法。"福康公司未按照双方约定支付土地出让金,未按约定履行合同义务,应当承担违约责任。福康公司认可在《出让须知》中约定的违约损失计算方法,故龙海国土局的该项诉讼请求于法有据,本院予以支持。

(三)龙海国土局要求福康公司支付延期付款滞纳金,福康公司以该请求超过诉讼时效为由进行抗辩没有法律依据。根据查明的事实,2007 年 1 月 5 日,福康公司与龙海国土局签订《成交确认书》,福康公司应于 2007 年 1 月 30 日前付清全部土地出让金,但福康公司直至 2014 年 1 月 16 日才付清该款项。在此期间,2009 年 7 月 16 日龙海国土局向福康公司出具《通知》,要求其在 2009 年 7 月 31 日前与龙海国土局签订土地出让合同,并付清拖欠的土地出让金及滞纳金。2012 年 6 月 13 日,龙海国土局再次向福康公司出具《催缴函》,要求福康公司付清尚欠出让金并滞纳金。此后,福康公司于 2014 年 1 月 16 日付清全部土地出让金,但仍未交纳任何滞纳金。福康公司付清土地出让金后,双方确未进一步签订土地出让合同,对此双方虽未提交证据证明系何原因未签订土地出让合同,但结合以上龙海国土局一直以来催收土地出让金并同时要求支付滞纳金的事实,再结合龙海国土局一直未与福康公司签订土地出让合同且并未向其交付案涉土地之事实,并至本案诉讼时龙海国土局提起反诉要求福康公司支付延期付款滞纳金,足可看出龙海国土局一以贯之要求福康公司支付滞纳金的抗辩与主张。因此,龙海国土局拒绝签订土地出让合同及交付案涉土地,既是对福康公司要求交付土地的抗辩,更是以此行为表明不放弃对福康公司支付滞纳金的主张。原审法院认定龙海国土局并未向福康公司主张支付滞纳金,与本案事实显然不符,亦不合常理。故龙海国土局一直以福康公司未支付延期付款滞纳金为由拒绝与福康公司签订土地出让合同并拒交土地的事实,符合《民法通则》中关于诉讼时效中断的规定,龙海国土局本案中要求福康公司支付滞纳金的主张并未超过诉讼时效,原审判决认定龙海国土局该主张超过诉讼时效,于法无据,应予纠正。

(四)龙海国土局主张福康公司按《出让须知》支付延期付款滞纳金,符合双方约定,亦不违反公平原则,应当予以支持。首先,关于延期付款滞纳金的计算标准及具体金额,《出让须知》对福康公司违约应当承担的责任具有明确约定,福康公司对此应有预期且未提出异议,双方应按约定履行。《出让须知》中明确约定如果竞得人不能按时全部支付的,从期满次日起每日按欠缴款额的万分之五加收滞纳金,因此,福康公司未按约定支付全部款项,应当按照该条约定支付相应的滞纳金。龙海国土局按其收到款项的日期计算福康公司延期付款滞纳金,本院不持异议,但龙海国土局主张 2013 年 5 月 14 日收到 5000 万元与福康公司提交的付款凭证不符,龙海国土局亦未提交证据证明其于 5 月 14 日才收到,因此,应按照 2013 年 5 月 13 日收到款项计算。对此,根据本院查明及双方认可的事实,福康公司应交纳的延期付款滞纳金为 1.775425 亿元。其次,《合同法》第一百一十四条第二款规定:"约定的违约金低于造成的损失的,当事人可以请求人民法院或者仲裁机构予以增加;约定的违约金过分高于造成的损失的,当事人可以请求人民法院或者仲裁机构予以适当减少。"福康公司虽在庭审中要求降低违约金,但其并未举证证明该违约金明显高于龙海国土局的损失,故对于福康公司要求降低违约金的请求,本院不予支持。最后,根据公平原则,福康公司向龙海国土局支付延期付款滞纳金并不构成显失公平。福康公司以 2.14 亿元竞拍取得 181.33 亩土地,按照现有地价,案涉土地的价值将远高于该地价。另,按现有相关土地出让金延期后的违约标准,龙海国土局按日万分之五所主张的违约金数额亦明显不高。因此,福康公司向龙海国土局支付滞纳金并不构成显失公平。

【案例来源】

中国裁判文书网,http://wenshu.court.gov.cn。

557 政府收回划拨土地使用权后对原使用权人的补偿不是划拨土地使用权本身的对价,不包括对划拨土地使用权增值部分的补偿

【关键词】

土地使用权出让 | 出让金 | 划拨土地 | 补偿

【案件名称】

上诉人山东省总工会、上诉人山东省青岛工人疗养院与被上诉人山东省青岛华丽房地产有限公司国有建设用地使用权转让合同纠纷案［最高人民法院（2013）民一终字第 47 号民事判决书，2013.11.7］

【裁判精要】

裁判摘要：国有土地使用权的取得有出让取得和划拨取得两种。当事人从政府手中划拨取得土地使用权无须按市场价格支付土地使用权出让金，相应地，政府从当事人手中收回划拨土地使用权亦无须支付该土地使用权的对价。划拨土地的公益性决定了其本身没有市场价值，只有在变更为出让土地后才存在所谓的市场价格。进而，划拨土地使用权也不会随着市场供求关系变化发生价值增减。至于划拨土地使用权人的划拨土地使用权被政府收回后所取得的补偿，只是根据个案实际情况对其地上建筑物、其他附着物，给予原划拨土地使用权人的适当补偿。该补偿款既非划拨土地使用权的市场价，亦非所谓的划拨土地使用权的增值，更不是用划拨土地使用权出资后的投资收益。

最高人民法院认为：

一、关于省总工会、工人疗养院是否应向华丽公司支付效益补偿 51778430 元的问题

综合本案已查明事实，本院认为，一审判决关于省总工会、工人疗养院向华丽公司支付效益补偿 51778430 元的认定缺乏依据。在双方当事人对效益补偿的计算方式没有约定的情形下，一审法院参酌青岛市相关规定、土地收益等因素另行确定了效益补偿计算方式。即根据《青岛市人民政府关于经营性土地使用权出让有关问题的通知》（青政发〔2002〕74 号）规定，有关划拨土地使用权收回纳入储备的补偿费最高为"按土地变现收益扣除有关税费（含土地储备成本）后的 70% 确定"，得出省总工会、工人疗养院得到的补偿费中超过 70% 部分视为增值获利部分。鉴于土地出让金扣除相关税费后已作为土地补偿费全额退还省总工会、工人疗养院，故以退还土地补偿费的 30% 为基数，以华丽公司签订《协议书》后投入的 3200 万元、实际支出 14647277.19 元，与青岛市有关部门批复中确定的项目总投资 40000 万元之间的比例为基准予以确定。具体而言，为 14.8 亿元 × （1 - 70%）× ［（3200 万元 + 14647277.19 元）/40000 万元］= 51778430 元。因此，华丽公司所获得的效益补偿应为 51778430 元。本院认为，一审法院的上述计算方式，在以下方面存在依据不足：

1. 一审法院认定案涉土地使用权补偿费中有 30% 为增值获利缺乏依据。根据已查明事实，在案涉土地使用权被青岛市国土资源和房屋管理局收回前，是登记在

工人疗养院名下的划拨用地。根据青土资房函发〔2001〕19 号《青岛市国土资源和房屋管理局关于中国纺织工人疗养院和青岛工人疗养院改造有关问题的复函》可知,根据青岛市政策,土地使用权出让所得扣除出让业务费等有关费用后的 50% 返还原用地单位,作为对收回原划拨土地的补偿。但考虑到两院的实际困难,青岛市政府拟在此补偿的基础上,给予工人疗养院适当优惠。至于适当优惠的具体内容,根据青岛市国土资源和房屋管理局出具《青岛市国土资源和房屋管理局关于市政府领导批办件 2003 年第 Q－16 号办理意见的报告》[青土资房发(督字)〔2003〕26 号]载明:"二、考虑到发展工会劳福事业的需要,建议拍卖所得除按规定扣除储备成本和有关费用后全部返还给省总工会,用于工疗、纺疗现有土地的补偿和温泉疗养院的改造。"在随后的青岛市国土资源和房屋管理局印发的青土资房发(土字)〔2008〕83 号《青岛市国土资源和房屋管理局关于山东省总工会所属青岛工人疗养院等院区土地处置有关情况和办理意见的报告》中载明,2003 年 2 月,青岛市领导对该局《关于市政府领导批办件 2003 年第 Q－16 号办理意见的报告》[青土资房发(督字)〔2003〕26 号]已作出批示,同意拍卖所得除按规定扣除储备成本和有关税费后,全部返还给省总工会,用于工人疗养院现有土地补偿和温泉疗养院的改建。由上,青岛市国土资源和房屋管理局之所以将超过 50% 以上部分的土地出让金也返还给省总工会,是经过青岛市领导同意,为了解决工人疗养院的实际困难,发展工会劳福事业的需要。该返还金额除了用于工人疗养院的土地补偿之外,还要用于案外人温泉疗养院的改建。这说明省总工会、工人疗养院得到的金额中超过青岛市政策规定的补偿费部分应为青岛市政府对案外人温泉疗养院的改建支持资金,而非一审法院认定的案涉补偿费中超过 70% 部分为因案涉土地使用权增值而获得的利润。

2. 一审法院以华丽公司对项目的投入总额与青岛市有关部门批复中确定的项目总投资 40000 万元之间的比例作为项目效益补偿比例缺乏依据。一审法院将土地使用权增值原因部分归因于华丽公司在该土地项目上投入了 46647277.19 元(3200 万元＋14647277.19 元),但对该投入款项与案涉土地使用权增值 30% 之间有何因果关系则缺乏证据证明。而且,即便按华丽公司项目投资金额和与项目总投资金额之间比例来确定华丽公司可得效益补偿比例,一审法院在认定项目总投资金额问题上也存在不当。一般而言,房地产项目的价值都至少包括土地使用权价值和项目建设资金两大部分。根据 2001 年 1 月 19 日,青岛市计划委员会印发青计投资〔2001〕25 号《青岛市计划委员会关于青岛工人疗养院院区改造开发项目立项的批复》中第三条规定可知,项目总投资 40000 万元,资金来源由工人疗养院自筹解决。这说明该总投资 40000 万元仅指案涉土地使用权以外的资金投入,并不包括案涉土地使用权本身的评估价值。因此,一审法院在计算项目总投资时,只计算项目投入的建设资金而不将案涉土地使用权价值考虑在内有失妥当。

综上,一审法院关于省总工会、工人疗养院应向华丽公司支付效益补偿

51778430 元的认定缺乏依据,不予支持。但考虑到省总工会在《遗留协议》中确有承诺给予适当补偿,只是双方当事人对"适当补偿"的形式、计算方式、给付时间以及金额等事项尚未达成一致,故本院对此不予处理,双方当事人可就适当补偿问题另行协商解决。

二、关于省总工会、工人疗养院是否应向华丽公司支付其实际支出 14647277.19元的问题

对省总工会、工人疗养院的该主张,本院不予支持。第一,一审判决关于"即使至签订解决遗留问题协议时,合作开发工疗项目还是双方的重要的合同选择"的认定并无不当。根据已查明事实,《协议书》直至《遗留协议》签订之日才双方协商解除。在此之前,虽然双方曾就《协议书》的履行问题以《备忘录》等形式多次进行协商,但并未就解除协议达成一致。即使在《遗留协议》中,双方也就案涉项目的继续合作提出了新的合作方案。因此,一审法院认定合作开发工疗项目仍是双方的合同选择具有事实依据。

第二,华丽公司主张的实际支出与合作项目具有关联性。根据《遗留协议》可知,省总工会要对华丽公司的相关实际支出进行补偿,实际支出"以审计数额和甲乙双方共同认定为据"。在双方约定对实际支出进行审计的情况下,一审法院已根据省总工会和工人疗养院的申请,就华丽公司因案涉项目的支出进行了审计鉴定。根据鉴定意见可知,华丽公司在案涉项目上的支出主要包括前期工程费和管理费两大部分。鉴定意见按照中国注册会计师审计准则的规定分别采用直接认定法、直接排除法、辅助分配法和公允价值法等进行分配认定。在实际支出的鉴定流程符合现行法律法规、行业规范且对省总工会、工人疗养院关于鉴定意见的疑问已进行答复的情形下,省总工会、工人疗养院再以鉴定意见没有阐明实际支出是因为履行合同的哪一条款而产生的费用以及履行合同的具体履行时间、地点、履行行为人等为由否认其中与案涉项目有关的实际支出数额的鉴定结论缺乏依据。

第三,省总工会和工人疗养院承担 2012 年 1 月 21 日以后的华丽公司的房屋租赁费、人员工资等费用具有依据。2002 年 1 月 21 日,三方当事人签订的《备忘录》确认,双方同意就终止 2000 年签订的《协议书》事宜进行协商这一事实。再结合《遗留协议》中《协议书》自《遗留协议》签订之日才解除的约定可知,省总工会、工人疗养院关于《备忘录》约定该《协议书》不再履行,故华丽公司此后发生的费用与合作开发没有关系的主张与事实不符。

至于省总工会、工人疗养院所主张的鉴定意见存在诸多问题,省总工会、工人疗养院多次提出其他异议的问题。从本案查明事实可知,鉴定机构也出具了答疑书,一一进行了答复。综上,在省总工会、工人疗养院没有提出充分证据证明鉴定机构的鉴定意见及答复存在问题的情形下,本院对其关于实际支出数额的鉴定意见不实的主张不予支持。

三、关于省总工会、工人疗养院是否应向华丽公司支付自2000年10月9日至2010年12月6日的利息补偿问题

对省总工会、工人疗养院的该主张,本院不予支持。第一,《遗留协议》第5条中已明确约定,省总工会、工人疗养院应返还银行同期贷款利息。根据《遗留协议》第5条"工疗院区合作补偿金返还方式及金额。省总收到政府土地补偿金之后,返还华丽公司3200万元补偿金及相当于银行同期贷款利息和相关实际支出(以审计数额和甲乙双方共同认定为据)"之约定的文义解释可知,省总工会已经承诺返还华丽公司3200万元补偿金及银行同期贷款利息。

第二,省总工会、工人疗养院关于案涉3200万元的利息应自2008年1月21日计算至款项返还之日2010年12月6日的主张与已查明事实不符。根据已查明事实,华丽公司为履行《协议书》在2000年10月18日和2001年1月17日,分别向省总工会汇款3000万元和800万元,两次共计3800万元。2002年1月23日,省总工会向华丽公司支付300万元;2003年7月9日,省总工会又返还华丽公司补偿金300万元。因此,自2003年7月9日至2008年1月21日签订《遗留协议》这一期间内,不管省总工会是否将该款项用于了前期拆迁等合同履行,都不影响省总工会长期占用案涉3200万元这一事实的成立。既然《协议书》直到《遗留协议》签订之日才解除且双方承诺互不追究责任,那么双方在《遗留协议》中对《协议书》解除前这一时间段内,华丽公司已支付给省总工会的款项及其相应利息返还问题作出约定也是应有之义。

第三,一审判决关于"返还义务不仅包括华丽公司的投资款本金也包括相应的孳息"的认定并无不当。利息作为法定孳息,一般不属于违约责任的范畴。既然《协议书》已经被认定为无效,那么根据《合同法》第五十八条之规定,因该合同取得的财产,应当予以返还。具体到本案中,省总工会已通过无效的《协议书》取得了华丽公司给付的3200万元。这笔款项因《协议书》无效应返还给华丽公司。又根据《物权法》第一百一十六条第二款"法定孳息,当事人有约定的,按照约定取得;没有约定或者约定不明确的,按照交易习惯取得"之规定,既然双方当事人已在《遗留协议》中约定省总工会收到政府土地补偿金之后,返还华丽公司3200万元补偿金及相当于银行同期贷款利息,那么一审法院关于返还义务不仅包括华丽公司的投资款本金也包括相应的利息的认定则并无不当。

【权威解析】

本案双方当事人争议的核心问题是案涉划拨土地使用权被国家相关部门收回后是否存在效益补偿。综合双方观点及已查明事实,最高人民法院对省总工会、工人疗养院提出的不应向华丽公司支付效益补偿51778430元的主张,依法予以支持。其理由在于:

第一，华丽公司在一审法院进行的第三次庭审中曾对其主张的效益补偿数额提供了两种计算方式。两种方式都是以《协议书》约定为依据，区别在于比例不同：第一种方式是根据《协议书》约定的收益分配比例确定效益补偿数额；第二种方式是根据《协议书》约定的投入资产比例确定效益补偿数额。但在本案中，《协议书》已因违法被认定为无效。在已对《协议书》的效力作出否定性评价的情况下，当事人已经不能再依据《协议书》中的无效约定主张案涉项目的利益。因此，华丽公司关于以《协议书》中约定的收益分配比例或投资资产比例来确定双方的项目比例，进而确定效益补偿的主张缺乏依据。退一步而言，案涉土地使用权即便有升值也是自然升值，而不是因为华丽公司的投资或者劳动升值。土地使用权升值后，政府补贴的对象也是原划拨土地使用权人，华丽公司不是原土地使用权人，不能因为签了一个无效合同而取得土地升值权益。华丽公司要的是"效益补偿"，在合同无效的前提下，很难说有项目效益。

第二，双方在《遗留协议》中既未明确效益补偿的含义，又未就效益补偿给付时间以及给付金额达成一致。《遗留协议》第六条约定："双方同意补偿形式和补偿数额均须在合法合规条件下并按工会系统的有关规定程序进行。华丽公司要求省总和工疗本着共赢的原则，在省总资产增值获利的基础上，对华丽公司的投入给予适当的效益补偿。鉴于土地补偿金存在政策、市场土地价格等不确定因素，省总获得政府返还全部应得土地补偿金后，将研究答复华丽公司的要求，给予适当补偿。"上述约定共表达了三层含义：第一层含义是，双方当事人对补偿不持异议，至于具体的补偿形式和补偿数额则按照工会系统的有关规定程序确定。第二层含义是，华丽公司提出在省总工会资产增值获利的前提下，省总工会和工人疗养院对华丽公司的投入进行适当的效益补偿的要求。第三层含义是，省总工会承诺，由于存在一些不确定性因素，故只有在获得政府返还全部应得土地补偿金后，才会研究答复本条第二句中华丽公司的要求，给予适当补偿。三者结合可知，虽然华丽公司向省总工会和工人疗养院提出了给予效益补偿的要求，但是并未明确效益补偿的含义及其具体数额。对此，省总工会和工人疗养院在协议中也只是不确定地表示"将研究答复华丽公司的要求，给予适当补偿"。至于何谓适当补偿以及何时给付该补偿，双方也仅不确定地表示须按工会系统的有关规定程序确定补偿形式和补偿数额。

第三，一审法院关于效益补偿的认定缺乏依据。在双方当事人对效益补偿的数额计算方式没有明确约定的情形下，一审法院参酌青岛市相关规定、土地收益等因素另行确定了效益补偿计算方式。即，根据《青岛市人民政府关于经营性土地使用权出让有关问题的通知》（青政发〔2002〕74 号）规定，有关划拨土地使用权收回纳入储备的补偿费最高为"按土地变现收益扣除有关税费（含土地储备成本）后的70%确定"，得出省总工会、工人疗养院得到的补偿费中超过 70% 部分视为增值获利部分。这一认定与划拨土地使用权性质及划拨土地使用权补偿性质均不一致。首先，根据《城市房地产管理法》第二十三条第一款之规定,土地使用权划拨,是指县级以上人民政府依法批准,在土地使用者缴纳补偿、安置等费用后将该幅土地交付其使用,或者将土地使用权无偿交付给土地使用者使用的行为。从该条文可知,划拨土地使用权人从国家手中取得划拨土地使用权时,是未支付土地使用权出让金的。之所以不向国家支付土地使用权出让金,是因为其取得划拨土地使用权的用途是特定的——主要用于公益性用途。既然是用于公益性用途,划拨土地使用权人(注:国有企业、集体企业等例外)一般就不能利用该划拨土地使用权进行营利性活动。相应地,划拨土地使用权人一般也不能将该划拨土地使用权作为投资获利的工具。既然划拨土地使用权一般不能用于投资,自然也就无所谓投资收益或效益之说。其次,国家依法收回划拨土地使用权时,并未支付相应对价。既然国家将划拨土地使用权交给使用权人时是无偿的,未收取相应对价,那么收回时,亦不须向划拨土地使用权人支付对价亦为应有之义。对此,相应法规也有明确规定。根据《城镇国有土地使用权出让和转让暂行条例》第四十七条第二款、第三款规定可知,对划拨土地使用权,市、县人民政府根据城市建设发展需要和城市规划的要求,可以无偿收回,并可依照本条例的规定予以出让。无偿收回划拨土地使用权时,对其地上建筑物、其他附着物,市、县人民政府应当根据实际情况给予适当补偿。因此,地方人民政府收回划拨土地使用权时,是无偿收回。只是对其地上建筑物、其他附着物,根据实际情况给予适当补偿。也即,政府在无偿收回划拨土地使用权后,只对原划拨土地使用权人的地上建筑物、其他附着物给予适当补偿而非足额补偿或超额补偿。换言之,在政府无偿收回划拨土地使用权的情形下,原划拨土地使用权人并无所谓补偿款之外的投资效益。因此,一审法院将省总工会、工人疗养院得到的补偿费中的70%视为划拨土地使用权对价,而将超过70%部分视为增值获利与法律行政法规的规定不符。事实上,划拨土地使用权收回后,政府给原划拨土地使用权人的补偿费的数额大小,也即何谓"适当"本身是政府综合个案相关主客观因素,自由裁量的结果,并无客观统一标准。具体到本案中,虽然青岛市政府当地政策原则性规定土地使用权出让所得扣除出让业务费等有关费用后的50%返还原用地单位,但根据青土资房函发〔2001〕19号《青岛市国土资源和房屋管理局关于中国纺织工人疗养院和青岛工人疗养院改造有关问题的复函》可知,青岛市政府考虑到两院的实际困难,拟在50%补偿的基础上,给予工人疗养院适当优惠。至于适当优惠的具体内容,根据2003年1月31日,青岛市国土资源和房屋管理局出具《青岛市国土资源和房屋管理局关于市政府领导批办件2003年第Q-16号办理意见的报告》[青土资房发(督字)〔2003〕26号]载明:"二、考虑到发展工会劳福事业的需要,建议拍卖所得除按规定扣除储备成本和有关费用后全部返还给省总工会,用于工疗、纺疗现有土地的补偿和温泉疗养院的改造。"在随后的2008年2月22日,青岛市国土资源和房屋管理局印发的青土资房发(土字)〔2008〕83号《青岛市国土资源和房屋管理局关于山东省总工会所属青岛工人疗养院等院区土地处置有关情况和办理意见的报告》中载明,2003 年 2 月,青岛市领导对该局《关于市政府领导批办件 2003 年第 Q－16 号办理意见的报告》[青土资房发(督字)〔2003〕26 号]已作出批示,同意拍卖所得除按规定扣除储备成本和有关税费后,全部返还给省总工会,用于工人疗养院现有土地补偿和温泉疗养院的改建。由上可知,青岛市国土资源和房屋管理局之所以将超过 50% 以上部分的土地出让金也返还给省总工会,是经过青岛市领导同意,为了解决工人疗养院的实际困难,发展工会劳福事业的需要。该返还金额除了用于工人疗养院的土地补偿之外,还要用于温泉疗养院的改建。这说明省总工会、工人疗养院得到的补偿费中超过政策规定的部分中包括青岛市政府对温泉疗养院的改建支持资金,而非一审法院认定的省总工会、工人疗养院得到的补偿费中超过 70% 部分为因案涉土地使用权增值而获得的利润。

第四,即便按一审法院的认定标准,也因忽略案涉土地使用权价值而计算结果错误。一审法院在认定案涉土地使用权增值 30% 的前提下,将土地使用权增值原因部分归因于华丽公司在该土地项目上投入了 4664. 727719 万元（3200 万元 + 1464. 727719 万元）,但对该投入款项与案涉土地使用权增值 30% 之间有何因果关系则缺乏证据证明。而且,即便按华丽公司项目投资金额和与项目总投资金额之间比例来确定华丽公司可得效益补偿比例,一审法院也在认定项目总投资金额问题上存在不当。一般而言,房地产项目的价值都至少包括土地使用权价值和项目建设资金两大部分。根据 2001 年 1 月 19 日,青岛市计划委员会印发青计投资〔2001〕25 号《青岛市计划委员会关于青岛工人疗养院院区改造开发项目立项的批复》中第三条规定可知,项目总投资 40000 万元,资金来源由工人疗养院自筹解决。这说明该总投资 40000 万元仅指案涉土地使用权以外的资金投入,并不包括案涉土地使用权本身的投资价值。因此,一审法院在计算项目总投资时,只计算项目投入的建设资金而不将土地使用权价值考虑在内有失妥当。

另外,华丽公司也无权以填补损失为由,要求省总工会给予适当补偿。第一,根据《遗留协议》的约定,双方同意 2000 年《协议书》及双方已签署的与工疗项目有关的其他所有协议均自本次合作协议签署之日自动解除,双方互不追究上述协议项下的任何违约责任。这说明,不管《协议书》是否有效,华丽公司已在《遗留协议》中明确表示,自《协议书》签订之日至《遗留协议》签订之日这一时间段内,即便其因省总工会、工人疗养院有违反约定行为给其造成损失,也不会追究省总工会、工人疗养院的相关赔偿责任。因此,华丽公司不能以赔偿损失为由,向省总工会主张适当补偿。第二,省总工会所承诺的适当补偿也不是对华丽公司对案涉项目投入的补偿。根据《遗留协议》约定,省总工会已承诺收到政府土地补偿金之后,返还华丽公司 3200 万元补偿金及相当于银行同期贷款利息和相关实际支出(以审计数额和甲乙双方共同认定为据)。这说明,省总工会所作的适当补偿承诺也不是对华丽公司已投入资金和利息,以及相关实际支出的补偿。因此,在华丽公司不能就该"适当补偿"的补偿对象、计算方式及其数额的依据提出其他证据的情形下,对其在本案中提出的效益补偿主张不予支持。最后补充说明的是,虽然华丽公司在本案中因缺乏依据没有得到省总工会承诺的补偿,但考虑到双方在案涉项目开发过程中,华丽公司作为专业房产公司过错程度更大且关于实际投入的鉴定意见中确定的金额在某种意义上也是对其的一种补偿,故应该说,从结果上看,双方之间大体得到了利益平衡。①

【案例来源】

中国裁判文书网,http://wenshu.court.gov.cn;最高人民法院民事审判第一庭编:《民事审判指导与参考》(总第 59 辑),人民法院出版社 2015 年版,第 163～183 页。

---

① 参见肖峰:《人民政府依法收回划拨土地使用权后对原划拨土地使用权人的补偿不是划拨土地使用权本身的对价,不包括对划拨土地使用权增值部分的补偿——上诉人山东省总工会、上诉人山东省青岛工人疗养院与被上诉人山东省青岛华丽房地产有限公司国有建设用地使用权转让合同纠纷案》,载最高人民法院民事审判第一庭编:《民事审判指导与参考》(总第 59 辑),人民法院出版社 2015 年版,第 183～187 页。

第四章 — CHAPTER 04

违约责任

558 **国有建设用地使用权出让合同中的诸多重要条款必须符合法律和政策规定，除经特殊程序，合同主体一般无权作出变更或另行协商**

【关键词】

│ 土地使用权出让 │ 违约责任 │ 违约金 │ 合同变更 │

【案件名称】

再审申请人西安市国土资源局与再审申请人西安晟森房地产开发有限公司建设用地使用权出让合同纠纷案［最高人民法院（2018）最高法民再 422 号民事判决书，2018.11.26］

【裁判精要】

最高人民法院认为：

综合各方再审请求和诉辩意见，晟森公司主要的主张为，按照日利率计算1‰违约金，明显高于西安市国土局实际损失，故其不应支付违约金或者按照中国人民银行同期贷款利率支付违约金；而西安市国土局的主要主张为，该违约金的约定不应调整。因此，本案的焦点为：案涉《国有建设用地使用权出让合同》约定的日 1‰ 违约金是否予以调整。

首先，《合同法》第一百一十四条规定，违约金过分高于损失的，当事人可以请求调整。但这并非意味着只要过分高于损失就必须调整。依据《合同法解释（二）》第二十九条规定，当事人主张违约金过高时，人民法院应以实际损失为基础，兼顾合同履行情况、当事人过错程度以及预期利益等综合因素，根据公平原则和诚信原则予以衡量。

其次，国有建设用地使用权出让事关土地资源的充分保护和合理利用，其方式、程序、权利、义务由《物权法》《土地管理法》《城市房地产管理法》等法律、行政法规明确规定，受到严格限制，并通常由国家根据具体情况予以严格的政策调控。这些规定和政策通过国有建设用地使用权出让合同最终转化成当事人的民事权利和民事义务。因此，合同中的诸多重要条款必须符合法律和政策规定，除经特殊程序合同主体一般无权作出变更和另行协商。经查，《国务院办公厅关于规范国有土地使用权出让收支管理的通知》（国办发〔2006〕100 号）第七条，及《财政部、国土资源部、中国人民银行关于印发〈国有土地使用权出让收支管理办法〉的通知》第三十四条都明确规定，对国有土地使用权人不按土地出让合同、划拨用地批准文件等规定及时足额缴纳土地出让收入的，应当按日加收违约金额 1‰的违约金。其目的不仅在于弥补损失，更在于通过惩罚性加强土地市场调控，提高土地利用效率，保证国家及时取得土地收益并投入国家建设。作为一项宏观政策，全国各地国有土地管理部门都据此执行。根据一、二审查明的事实，案涉《国有建设用地使用权出让合同》的违约金条款作为土地拍卖文件的一部分,晟森公司在参加竞拍前既已知晓,其自愿竞拍取得案涉土地并签订案涉《国有建设用地使用权出让合同》,不存在超出当事人预期或显失公平之情形。因此,对该违约金条款的约定,除非有充足理由和其他因素,不应予以调整。

最后,就本案的合同履行和违约情况而言,2014年3月4日西安市国土局和晟森公司签订《国有建设用地使用权出让合同》,系双方当事人真实意思表示,其内容没有违反国家相关法律、行政法规的强制性规定,应依法确认有效。该合同第十条约定了晟森公司支付出让价款的数额及日期;第三十条约定未依照约定支付,每日按迟延支付款项的1‰缴纳违约金。晟森公司未按合同约定支付足额出让价款,从2014年5月5日起至2018年6月欠付余款2156万出让金,达4年之久。西安市国土局依约交付了土地,在合同履行过程中没有违约行为,且晟森公司在实施棚户区改造项目时享受了棚户区改造的相关优惠政策。在此情况下,若对违约金予以调整,既不符合有关政策规定,也有悖公平和诚信原则,因此,对本案合同约定的违约金标准予以调整缺乏充足理由。

综上所述,晟森公司主张不支付违约金或按照中国人民银行同期贷款利率支付违约金的请求缺乏依据,不予支持。西安市国土局主张按照每日1‰支付违约金的请求,符合国家相关规定及双方合同约定,依法予以支持。

【案例来源】

中国裁判文书网,http://wenshu.court.gov.cn。

559 土地出让合同中约定的违约金标准,受行政文件及部门规章的约束,在无特殊情形下应不予调减

【关键词】

| 土地使用权出让 | 违约责任 | 违约金 | 利息 |

【案件名称】

上诉人昆明市国土资源局与被上诉人云南仁泽房地产开发有限公司及原审原告昆明滇池国家旅游度假区管理委员会建设用地使用权出让合同纠纷案[最高人民法院(2017)最高法民终561号民事判决书,2017.12.26]

【裁判精要】

最高人民法院认为:

本案二审争议的焦点问题是,《土地出让合同》约定的违约金计算标准应否进行

调整。

土地出让合同相较于普通的民事合同的确具有其特殊性,其中一方主体为政府国土资源行政主管部门,由其提供的土地出让合同格式文本必然会受到相关法律、法规和规范性文件的约束。国务院国有土地收支通知对于国有土地出让合同中土地使用者不按时足额缴纳土地出让收入的违约金标准作了明确规定,并明确了对违反本通知规定的责任后果。此规范性文件中关于土地出让合同违约金标准的规定,系针对国有土地交易市场做出的政策性规定,体现在土地出让合同中,不属于双方能够任意协商达成的条款,该类条款如不存在违反法律、行政法规强制性效力性规定的情形,原则上不宜以私法判决的方式否定其效力,亦不宜依职权作相应调整,而应以此为依据确认各方当事人的民事权利义务。况且,房地产企业在签订合同、取得土地使用权时,对于土地出让合同的内容包括违约责任的约定应当是知道的,合同一旦签署,应当对政府主管部门和房地产企业双方具有约束力。本案中,《土地出让合同》系双方真实意思表示,仁泽公司作为专业的房地产开发公司,在取得国有土地使用权时应当知道违约责任后果,亦不存在其不能预见的情形。因此,原审法院将仁泽公司承担逾期交付土地出让金的违约金责任,由约定按每日迟延交付款项的1‰调整为按同期银行贷款利率计算不当,本院予以纠正。但同时,考虑到昆明国资局因仁泽公司违约所受损失及仁泽公司重组中的实际情况,基于公平原则,仁泽公司的违约责任按照合同约定的违约金标准计算至一审法院受理昆明国资局起诉的2016年12月12日止为宜,此足以体现对仁泽公司违约的惩罚。故对昆明国资局违约金计算至仁泽公司付清全部土地出让金之日止的上诉请求,本院不予支持。

综上,《土地出让合同》中约定的违约金标准,受行政文件及部门规章的约束,受让方逾期支付土地出让金给出让方造成的资金损失,不能简单地以银行同期贷款利率或民间借贷规定的利息标准进行评判,应当考虑违约金条款内容的法定性、行政管理的强制性、违约责任的可预见性等因素,在无特殊情形下原则上应不予调减。一审法院将违约金标准调减为中国人民银行同期同类贷款利率标准,系适用法律错误。

【案例来源】

中国裁判文书网,http://wenshu.court.gov.cn。

560　未按约交纳土地出让金时违约责任的认定

【关键词】

土地使用权出让｜违约责任｜违约金｜利息

【案件名称】

贵阳市国土资源局与贵州太升房地产开发有限公司建设用地使用权出让合同二审纠纷案［最高人民法院二审民事判决书］

【裁判精要】

　　裁判精要：土地使用权出让合同中，双方当事人通常对未按约交纳土地出让金时如何承担违约责任的争议较大。应综合涉案合同的履行情况、当事人的过错程度、预期利益等以及违约方给守约方造成的损失情况，根据公平原则和诚实信用原则，予以确定。

　　最高人民法院认为：

　　本案的争议焦点是：太升公司承担的违约金应当如何计算。

　　双方当事人对于太升公司未按约支付土地使用权出让金这一事实均不持异议。太升公司应当承担未按时支付土地使用权出让金的违约责任。对于违约金的计算标准，贵阳市国土局主张应当依照合同约定计算违约金，认为双方关于违约金的约定标准符合《国务院办公厅关于规范国有土地使用权出让收支管理的通知》中的规定。本院认为，该规定系从行政管理角度规范国有土地出让收入的缴纳，属于行政规章，在调整平等民事主体之间的法律关系中不宜直接作为计算违约金的依据。双方当事人对于违约金的承担虽然参照上述规定作了约定，但是土地使用权受让人作为民事平等主体，有权请求人民法院对于过分高于实际损失的违约金予以适当减少，人民法院可以进行调整。贵阳市国土局主张涉案违约金不能调整，缺乏依据，本院不予支持。对于调整标准，太升公司主张应当依据人民银行贷款率计算涉案违约金。本案中，贵阳市国土局并无任何违约行为，而太升公司直至现在仍未交清涉案土地土地使用权出让金。从违约金的目的看，既有补偿性，亦有惩罚性。如果以中国人民银行同期同类贷款利率计算涉案违约金，等同于太升公司低成本占用贵阳市国土局的土地出让金。太升公司亦主张迟延支付土地出让金的理由是"因为全国整体经济环境的恶化及信贷的收缩"。在信贷政策收缩的情况下，太升公司很难以中国人民银行同期贷款利率融到资，以同期同类贷款利率计算违约金不能体现违约金的惩罚性。因此，太升公司主张以银行贷款利率计算违约金亦缺乏依据，本院亦不予支持。违约金一方面具有惩罚性，另一方面具有补偿性。违约金的计算不能过分高于违约方给非违约方造成的损失。贵州市国土局的损失为太升公司所拖欠其土地使用权出让金的利息损失。在贵州市国土局未举证证明其还存在其他损失的情况下，一审判决以年24%利率计算涉案违约金过高，显属不当，应予纠正。本院认为，综合涉案合同的履行情况、太升公司的过错程度、预期利益等以及贵州市国土局的损失情况,根据公平原则和诚实信用原则,应以中国人民银行公布的同期同类贷款利率的二倍计算涉案违约金。

【案例来源】

最高人民法院民事审判第一庭编:《民事审判指导与参考》(总第 68 辑),人民法院出版社 2017 年版,第 195～196 页。

编者说明

民事合同的违约金既具有补偿性,又具有惩罚性。其不同于行政法上的滞纳金,更多地体现为对于损失的一种弥补,在出让人不能举证证明除利息损失外还存在其他损失的情况下,不宜以日 1‰的标准确定违约金,否则脱离了民事违约金的补偿性。同时,在坚持违约金补偿性的前提条件下,亦不能忽略违约金的惩罚性。违约金设立的目的在于对非守约方的一种惩罚。从逻辑以及诚实信用的原则出发,当事人不能因其违约行为获得比守约更多的利益。以本案为例,受让人主张以同期贷款利率计算涉案违约金。如果支持其主张,意味着其可以低成本地变相向守约方融资,无异于鼓励违约行为,不能体现违约金的惩罚性。在确立违约责任时,应当同时考虑违约金的惩罚性与补偿性的双重属性,综合涉案合同的履行情况、当事人的过错程度、预期利益等以及违约方给守约方造成的损失情况,根据公平原则和诚实信用原则,予以确定。本案直至二审诉讼时,受让人仍然没有交清全部土地出让金,过错程度较大,因此以同期同类人民银行贷款利率的二倍来确定违约金较为合理。①

561　政府通知系从行政管理角度规范国有土地使用权出让合同的签订及出让收入的缴纳,不能直接作为土地使用权出让合同诉讼纠纷中计算违约金的法律依据

【关键词】

│土地使用权出让│违约责任│违约金│政府通知│赔偿损失│

【案件名称】

上诉人霍邱县人民政府国土资源局与上诉人安徽文峰置业有限公司建设用地使用权出让合同纠纷案［最高人民法院（2017）最高法民终 308 号民事判决书,2017.6.16］

---

① 参见王毓莹:《未按约交纳土地出让金时违约责任的认定——贵阳市国土资源局与贵州太升房地产开发有限公司建设用地使用权出让合同二审纠纷案》,载最高人民法院民事审判第一庭编:《民事审判指导与参考》(总第 68 辑),人民法院出版社 2017 年版,第 195～196 页。

【裁判精要】

最高人民法院认为：

二、关于应否对约定的违约金进行调整的问题

霍邱县国土局上诉主张违约金应当依照双方签订的《国有土地使用权出让合同》中"……自滞纳之日起,每日按迟延支付款项的1‰向出让人缴纳违约金"的约定进行计算,该约定标准符合国办发〔2006〕100号通知的规定,并将该通知作为新证据于二审期间予以提交。首先,国办发〔2006〕100号通知,在一审庭审前已经存在,且非因客观原因无法取得或者在规定期限内不能提供,不属于新证据。其次,该通知系政府从行政管理角度规范国有土地使用权出让合同的签订及出让收入的缴纳,不能直接作为土地使用权出让合同诉讼纠纷中计算违约金的法律依据。《国有土地使用权出让合同》出让方为土地行政管理机关,受让方为土地使用者,在合同中虽然有政府行使行政职能的表现,但签订合同时依据的是平等、自愿、有偿原则。人民法院可以依照《合同法》第一百一十四条、《合同法解释（二）》第二十九条之规定,根据土地使用权受让人的请求,对过分高于实际损失的约定违约金进行调整。最后,本案中,一审法院综合考虑在136号地《国有土地使用权出让合同》履行过程中,霍邱县国土局迟延交付土地违约在先的情节,根据合同履行情况、当事人过错程度,认定每日按迟延支付款项的1‰向出让人缴纳违约金明显过高,依照中国人民银行公布的同期同类贷款利率计算涉案违约金足以填补霍邱县国土局实际损失并非显失公平,应予维持。故霍邱县国土局的该项上诉理由不能成立。

三、关于文峰置业公司是否应按136号地块面积比例承担小学、道路代建费用问题

首先,《霍邱县国有建设用地使用权公开出让公告》中已明确案涉地块为带规划设计方案出让,并且同时公布了《公园路收储地块规划设计条件》霍规函〔2013〕121号函、霍规函〔2013〕126号补充函,即政府在公告出让时地价成本中已经包括代建小学道路等附随义务因素,文峰置业公司在竞价时应当也已经明确代建成本。双方签订的《国有建设用地使用权出让合同》中约定,具体规划设计指标详见《公园路收储地块规划设计条件》霍规函〔2013〕121号函,从该函"公园路收储地块总面积约538亩,分五个地块,若五个地块由同一竞买人取得,五个地块城市综合体形式统一规划,执行综合规划设计条件"的文义来看,强调的是五个地块由同一竞买人取得的情况下,五地块如何规划设计,而非将"五个地块由同一竞买人取得",作为霍规函〔2013〕126号补充函中承建小学、道路所附的前提条件。虽然文峰置业公司与霍邱县国土局解除了132号至135号四宗地块合同,但文峰置业公司已经竞得136号地块并按规划进行了开发建设,该公司依合同按比例承担规划相关的代建义务,既源自合同约定,亦符合社会利益需要和公平原则。其次,文峰置业公司认为霍邱县国

土局一审提交的《工程造价评估意见》不能作为认定案涉工程造价的依据,但对案涉工程造价既未提交相关反驳证据,也不申请重新鉴定,故一审按照《工程造价评估意见》载明的价款进行判决无误,应予以维持。

【案例来源】

中国裁判文书网,http://wenshu.court.gov.cn。

562 如何确定出让人对受让人的合同利益进行适当赔偿的范围

【关键词】

│土地使用权出让│违约责任│违约金│赔偿损失│

【案件名称】

上诉人北京中科拜克生物技术有限公司、绥中中科拜克生物工程有限公司与被上诉人辽宁东戴河新区管理委员会、绥中县国土资源局建设用地使用权出让合同纠纷案〔最高人民法院(2017)最高法民终 340 号民事判决书,2017.12.26〕

【裁判精要】

最高人民法院认为:

(二)北京中科公司、绥中中科公司请求赔偿基建投资以外的损失应否得到支持

北京中科公司、绥中中科公司上诉请求东戴河管委会、绥中国土局赔偿经济损失,主要包括《国有建设用地使用权出让合同》项下违约的经济损失与项目建设用地使用权损失,以及项目开办费 200 余万元。

关于项目综合开办费 200 余万元应否得到支持。东戴河管委会、绥中国土局认为地上物基建投资审计金额 3023639.98 元中包含项目综合开办费,北京中科公司、绥中中科公司提出异议。一审法院已经释明,鉴于东戴河管委会同意就开办费进行重新完善审计,北京中科公司、绥中中科公司可选择通过复核审计增加审计金额,或者通过司法审计确定相应金额。北京中科公司、绥中中科公司既不同意东戴河管委会复核审计,又不申请司法审计,应承担举证不能的不利后果。北京中科公司、绥中中科公司如有证据证明该部分损失确已发生,可依法另行主张。一审判决驳回该项诉讼请求并无不当。

关于绥中国土局所应承担的违约责任。绥中中科公司虽系北京中科公司成立的项目公司,两公司的利益在一定程度上具有一致性,但北京中科公司与绥中中科公司为独立法人,案涉《国有建设用地使用权出让合同》系绥中国土局和绥中中科公司签订,北京中科公司、东戴河管委会并非该合同的当事人,故北京中科公司无权依

据上述出让合同主张权利,东戴河管委会无须承担《国有建设用地使用权出让合同》的合同责任。北京中科公司请求东戴河管委会及绥中国土局赔偿相关违约损失的上诉请求,以及绥中中科公司请求东戴河管委会承担责任的上诉请求,均不能成立。

《物权法》第九条规定:"不动产物权的设立、变更、转让和消灭,经依法登记,发生效力;未经登记,不发生效力,但法律另有规定的除外。"案涉项目土地使用权并未登记在绥中中科公司名下,故北京中科公司、绥中中科公司关于其已取得案涉项目用地使用权并请求赔偿的上诉理由,并无法律依据,本院不予支持。

《物权法》第十五条规定:"当事人之间订立有关设立、变更、转让和消灭不动产物权的合同,除法律另有规定或者合同另有约定外,自合同成立时生效;未办理物权登记的,不影响合同效力。"涉案土地使用权未登记在绥中中科公司名下,不影响本案《国有建设用地使用权出让合同》的效力。绥中中科公司在合同签订后,案涉项目一期工程已完成部分建设,环保方案亦通过绥中环保局批复同意。经政府有关部门准许,绥中中科公司原已实际占有案涉项目土地,且为履行《国有建设用地使用权出让合同》投入了一定的人力、物力,应当视为《国有建设用地使用权出让合同》已经得到部分履行。《物权法》第一百三十五条规定:"建设用地使用权人依法对国家所有的土地享有占有、使用和收益的权利,有权利用该土地建造建筑物、构筑物及其附属设施。"建设用地使用权具有经济利益性质,如案涉《国有建设用地使用权出让合同》能够得到适当履行,绥中中科公司将依法享有土地使用权益。绥中国土局在案涉《国有建设用地使用权出让合同》的土地使用权出让年限内,将项目用地另行出让,损害了绥中中科公司的合同利益,而绥中国土局对绥中中科公司因合同目的不能实现而产生的损失以及其客观上可能通过违约获利,应有预见。在东戴河管委会决定将案涉土地由工业用地调整为二类居住用地以及绥中县人民政府将该项目用地收回后,绥中中科公司多次发函提出异议,请求恢复施工、并保证尽快建成投产,绥中中科公司并非缺乏履行意愿。绥中国土局将案涉项目用地另行出让给他人,《国有建设用地使用权出让合同》客观上无法继续履行,合同目的不能实现。对于确因政府规划调整、政策变化导致当事人签订的民商事合同不能履行的,当事人请求依法解除合同并返还已经支付的国有土地使用权出让金、投资款、租金或者承担损害赔偿责任的,依法应予支持,故绥中中科公司依法有权请求解除合同,并由绥中国土局赔偿损失。依据《合同法》第一百一十三条的规定,绥中国土局应当赔偿对方因其违约所造成的损失,包括合同履行后合同相对方即绥中中科公司可以获得的利益。绥中国土局出让给保定宇邦房地产开发有限公司的土地出让金每平方米1215.13元,绥中中科公司受让的案涉项目用地面积43113平方米,绥中国土局因违约再次出让案涉项目用地获得土地出让金5000万元左右。绥中国土局对绥中中科公司的合同利益进行适当赔偿的范围,应当考虑绥中国土局因上述违约行为的获利、绥中中科公司基于《国有建设用地使用权出让合同》本可享有的合同期内工业用地的土地使用权益、实际投入的资金金额和资金使用利益的损失,以绥中中科公司曾交纳的土地使用权出让金 900 万元作为涉案工业用地土地价格参考,结合该公司能否按期投产经营具有一定的不确定性,加之未来经营风险、市场风险等因素,综合认定。本院以 5000 万元为基数,酌定绥中国土局在 5000 万元 15% 的范围内即 750 万元,对绥中中科公司承担违约赔偿责任。

【案例来源】

中国裁判文书网,http://wenshu. court. gov. cn。

563 违约损失赔偿包括因违约产生的直接损失及可得利益损失

【关键词】

| 土地使用权出让 | 违约责任 | 赔偿损失 | 可得利益 |

【案件名称】

上诉人四川省南充市鑫达房地产开发有限公司与上诉人南充市国土资源局建设用地使用权出让合同纠纷案 [最高人民法院 (2017) 最高法民终 584 号民事判决书,2017. 10. 24]

【裁判精要】

最高人民法院认为:

(二)关于南充市国土局应否以及如何承担违约责任的问题

根据本院已生效的(2016)最高法民终 187 号民事判决(以下简称 187 号判决)认定,南充市国土局已构成根本违约。南充市国土局虽主张其已就该案向本院申请再审以及向最高人民检察院提起抗诉,但并未提供证据证明 187 号判决已被撤销,一审判决以生效判决关于南充市国土局根本违约的判决结果为基础认定南充市国土局应承担违约责任,并无不当。关于南充市国土局应当如何承担违约责任的问题。《合同法》第一百一十三条规定,当事人一方不履行合同义务或者履行合同义务不符合约定,给对方造成损失的,损失赔偿额应当相当于因违约造成的损失,包括合同履行后可以获得的利益,但不得超过违反合同一方订立合同时预见到或者应当预见到的因违反合同可能造成的损失。违约损害赔偿的目的在于填补受害人因对方违约所受损害。我国《合同法》规定的定金具有违约定金性质,属于当事人预先约定的违约赔偿金,但如果适用定金罚则后不能弥补守约方损失的,守约方仍有权就超出部分损失主张权利。南充市国土局关于适用定金罚则后即不能再要求损失赔偿的主张,无法律依据,本院不予支持。违约损失赔偿包括因违约产生的直接损失及可得利益损失。

由上所述,案涉竞买保证金在竞拍成功后已经转化为定金,具有定金的性质和功能,该定金属于违约定金,在南充市国土局存在根本违约的情况下,鑫达公司可以主张适用定金罚则来赔偿其损失。对于超出部分的损失,鑫达公司应当举证证明。根据已经查明的事实,南充市国土局另行出让案涉建设用地使用权的溢价收益为2221.8万元,此属合同履行后可获利益范畴,该部分损失即已超过适用定金罚则后赔偿的1300万元,除此之外,鑫达公司的损失还应包括履行合同过程中实际支出的费用,可见,适用定金罚则尚不足以弥补鑫达公司的损失,鑫达公司主张适用定金罚则外,还应赔偿其超出部分的损失,有事实依据。对于鑫达公司实际损失的具体数额,原判决综合合同履行情况、当事人过错程度以及预期利益等综合因素,根据公平原则和诚实信用原则予以衡量,酌定鑫达公司在1300万元外,尚有2221.8万元的损失,符合本案实际情况,并无明显不当。南充市国土局主张鑫达公司的损失总额为2221.8万元,依据不足。

鑫达公司上诉主张南充市国土局还应赔偿其各项直接损失共计4899.29万元,包括为履行合同而产生的设备闲置费、管理人员工资等费用1402.05万元,为避免损失扩大提供保全担保物的资金损失2978.15万元,竞买保证金资金占用利息519.09万元。关于设备闲置费、管理人员工资等费用,鑫达公司称该部分费用系竞拍成功后施工方产生的建设费用。对此,本院认为,双方尚未就案涉国有土地使用权签订出让合同,鑫达公司亦未实际占有使用案涉土地,对案涉土地进行开发尚需要前期的规划设计等工作,根据先设计后施工的基本建设原则,案涉土地的开发建设尚未进入必要的施工准备阶段,即便鑫达公司存在上述损失,根据已经查明的事实,鑫达公司对案涉国有土地使用权再次拍卖是知情的,其理应采取适当措施防止损失扩大,该部分损失亦属于扩大部分损失,其该项赔偿请求,无法律依据。关于另案中鑫达公司因申请保全提供担保财产的占用损失,该部分损失系鑫达公司在另案中行使诉讼权利而应当履行的义务或付出的成本,鑫达公司并未就此提供充分的证据证明该项损失的具体数额,且该损失超出了南充市国土局订立合同时应当预见到的因违反合同可能造成的损失,其该项上诉主张,无事实和法律依据,本院不予支持。对于竞买保证金资金占用利息,鑫达公司明确,该项请求未包含在一审诉讼请求中,因超出了一审诉讼请求,不作为本院二审审理范围。

南充市国土局主张鑫达公司行使抵销权即为根本违约,该违约行为给其造成损失401.7万元,应予扣减。因南充市国土局一审对此未提出反诉,不属于本案审理范围,对其该项主张,本院不予支持。

南充市国土局主张因案涉土地使用权二次出让中新增了7.5亩的商业用地,二次出让的溢价金额应扣减新增用地价值666.54万元。本院认为,《拍卖成交确认书》及《拍卖须知》均载明案涉土地用途为居住兼商业,2013年5月,南充市土地交易中心发出的望天坝 1 号地块的《拍卖须知》亦载明"土地用途为居住、商业服务业用地"。南充市国土局二审提供的证据不能证明案涉国有土地使用权二次拍卖溢价 2221.8 万元中有 666.54 万元系因周边增加纯商业用地导致。退一步讲,即便周边新增商业用地导致原国有土地使用权增值,亦属于鑫达公司因合同履行可获利益范畴,南充市国土局的该项上诉主张,依据不足,本院不予支持。

【案例来源】

中国裁判文书网,http://wenshu.court.gov.cn。

564 国有土地使用权出让方因出让公告违反法律的禁止性规定,撤销公告后,造成竞买人在缔约阶段发生信赖利益损失的,应对竞买人的实际损失承担缔约过失责任

【关键词】

│ 土地使用权出让 │ 违约责任 │ 缔约过失 │ 信赖利益 │

【案件名称】

上诉人时间集团公司与被上诉人浙江省玉环县国土局土地使用权出让合同纠纷案［最高人民法院（2003）民一终字第 82 号民事判决书,2004.6.15］

【裁判精要】

裁判摘要:根据《合同法》第十五条第一款的规定,国有土地使用权出让公告属于要约邀请,竞买人在竞买申请中提出报价,并按要约邀请支付保证金的行为,属于要约,双方当事人尚未形成土地使用权出让合同关系。国有土地使用权出让方因出让公告违反法律的禁止性规定,撤销公告后,造成竞买人在缔约阶段发生信赖利益损失的,应对竞买人的实际损失承担缔约过失责任。

最高人民法院认为:

关于国土局承担责任的法律根据问题,本案正在进行中的国有土地使用权挂牌交易,不仅于挂牌之时未获审批且至本院二审庭审结束时止该宗国有土地使用权出让仍未获浙江省人民政府批准,从而造成时间公司期待缔结国有土地使用权出让合同的目的不能实现,国土局对此存在过错,应承担相应的缔约过失责任。在缔约阶段所发生的信赖利益的损失,必须通过独立的赔偿请求予以保护。本案二审期间,虽然国土局同意承担缔约过失的赔偿责任,但时间公司直至二审庭审结束前仍坚持要求国土局承担继续履行合同或双倍返还保证金的责任,未就国土局缔约过失致其

损失提出赔偿请求,限于当事人的诉讼请求和二审案件的审理范围,对此问题,本院不予审理。鉴于本案当事人之间的合同关系尚未成立,一审判决驳回时间公司要求国土局承担合同责任的诉讼请求,适用法律并无不当。

至于《挂牌出让公告》和《挂牌出让须知》所规定的2000万元保证金是否为定金的问题,该2000万元在本案《挂牌出让公告》中载明为"保证金",双方并未约定为定金。《担保法》及其解释中规定了定金和保证金的界定标准,即当事人主张保证金为定金的前提是双方有明确约定。时间公司所引用的台州市政府令第29条将保证金作为定金处理的规定,因其既不是双方当事人的约定,又不符合法律的相关规定,该政府令不能作为本案认定2000万元保证金为定金的法律依据。一审判决认定本案2000万元保证金不是定金,适用法律正确。时间公司关于该2000万元保证金应为担保正式订立合同的立约定金,国土局应予以双倍返还的主张,缺乏事实和法律依据,本院不予支持。

时间公司在二审期间提出的对渝汇公司的报价单和国土局的底价单的真实性进行重新鉴定,对渝汇公司是否实际交纳2000万元保证金的事实进行调查的请求,因对本院认定双方当事人之间的合同并未成立没有影响,故不予同意。

【案例来源】

《中华人民共和国最高人民法院公报》2005年第5期(总第103期)。

编者说明

土地使用权出让作为一种创设土地使用权的民事法律行为,是通过合同的形式来完成实现的,其基础是合同行为。《城市房地产管理法》第十五条和《城镇国有土地使用权出让和转让暂行条例》第八条规定,土地使用权出让应当签订书面出让合同。土地使用权出让法律关系由土地使用权出让合同确立,双方当事人的权利义务也须依合同确定。关于土地使用权出让合同的概念,最高人民法院《国有土地使用权合同解释》第一条明确:土地使用权出让合同,是指市、县人民政府土地管理部门作为出让人将国有土地使用权在一定年限内让与受让人,受让人支付土地使用权出让金的协议。

根据《合同法》第十五条的规定,国有土地使用权出让公告属于要约邀请,竞买人在竞买申请中提出报价,并按要求邀请支付保证金的行为,属于要约,双方当事人尚未形成土地使用权出让合同关系;国有土地使用权出让方因出让公告违反法律的禁止性规定,撤销公告后,造成竞买人在缔约阶段发生信赖利益损失的,应对竞买人的实际损失承担缔约过失责任。

565 国土局出让的土地使用权存在瑕疵的，可以延长土地使用权年限的方式折价赔偿

【关键词】

| 土地使用权出让 | 违约责任 | 赔偿损失 | 告知义务 |

【案件名称】

上诉人上海虹城房地产有限公司与被上诉人上海市房屋土地资源管理局土地使用权纠纷案［最高人民法院（2002）民一终字第15号民事判决书，2002.6.20］

【裁判精要】

裁判摘要：上海房地局没有依法履行告知土地受让人虹城公司A、B地块存在民防工程的义务，导致虹城公司订立出让合同目的不能实现，其行为违反了民事活动应当遵循的诚实信用原则，构成合同违约，理应承担相应的民事责任。

最高人民法院认为：

虹城公司依据与上海房地局签订的《A地块出让合同》及《B地块出让合同》的约定，缴纳的土地出让金已经列入国家财政预算，用于城市建设和土地开发，上海房地局依约交付了出让的A、B地块，且虹城公司对一审法院判决驳回其解除土地出让合同的主张及以延长虹城公司受让的A、B地块土地使用权年限作为虹城公司使用土地年限减少的损失之判项没有提起上诉，因此，虹城公司上诉主张上海房地局赔偿其土地出让金及利息，依据不足，本院不予支持。

上海房地局与虹城公司之间不存在拆迁补偿的法律关系，在虹城公司与虹口区政府之间履行《委托拆迁和市政配套合同》及《虹口区大市政配套费的合同》中，由于虹口区政府对B地块逾期拆迁，导致虹城公司已经受让的A地块延期开发建设，为此，本院（1998）民终字第161号民事判决已经判令虹口区政府偿付虹城公司赔偿金2645912.13美元，赔偿虹城公司A地块土地使用年限减少的损失130146.91美元。虹城公司与虹口区政府之间的拆迁合同合法有效，已经履行，因此，虹城公司主张上海房地局支付其拆迁费及利息损失，缺乏依据，本院不予支持。

根据《人民防空法》及《上海市民防工程管理办法》的有关规定，民防工程系防空设施，不得擅自拆除。拆除民防工程必须由用地单位提出申请，经批准后方可拆除。虹城公司至今尚未向有关民防部门提出拆除民防工程的申请，该工程项目用地至今亦尚未开发建设，且本院（1998）民终字第161号民事判决已经认定"虹城公司在委托拆迁及大市政配套方面也存在违约"，因此，虹城公司的违约行为亦是造成其土地开发工作闲置的原因之一。虹城公司主张上海房地局赔偿工程设计费、工程款

等费用,事实根据和法律依据不足,本院不予采纳。因虹城公司没有办理拆除民防工程的报批手续,民防工程尚未实际拆除,一审法院委托中南会计师事务所对该民防工程的评估结论,应当作为上海房地局支付虹城公司拆除民防工程费用的依据,虹城公司以中南会计师事务所评估非实际发生的费用为由主张上海房地局再行支付民防工程的拆除费用,没有事实根据。一审法院根据上海房地局在履行双方签订的《A地块出让合同》及《B地块出让合同》中,没有将虹城公司受让的土地存在民防工程的现状告知虹城公司的违约事实,判决由上海房地局赔偿虹城公司受让取得的A、B地块使用权年限,即从2002年1月1日起算持续50年,上海房地局已经承担了相应的违约责任,虹城公司没有举证证明其他实际经济损失存在的事实,本院不予认定。

综上,一审法院判决认定事实清楚,适用法律正确,应当予以维持。

【案例来源】

最高人民法院民事审判第一庭编:《最高人民法院二审民事案件解析》(第3集),法律出版社2007年版,第184~191页。

编者说明

土地管理部门在出让土地所有权时,依法负有向土地使用者履行告知出让地块现状等法定义务,以保证双方订立《出让合同》所指向的地块不存在瑕疵,避免交易风险,使土地所有者与土地使用者实现订立《出让合同》的目的。

本案中,虹城公司与上海房地局就出让的A、B地块签订两份土地使用权出让合同。A地块有一处建筑面积69平方米的民防工程;B地块分别有建筑面积76平方米及建筑面积42平方米的民防工程,三处民防工程合计为建筑面积187平方米。上海房地局在与虹城公司签订《A地块出让合同》《B地块出让合同》时,违反诚实信用原则没有如实告知出让土地存在瑕疵,未履行告知出让土地现状的义务,致使影响虹城公司对出让土地的拆迁和开发。一审法院判决认定:土地出让方没有将出让土地存在民防工程的现状告知受让人构成违约,应对出让地块存在民防工程瑕疵承担相应的民事责任,赔偿民防工程拆除费用和土地延期开发的损失,并创造性裁处了出让人的民事赔偿责任和受让人的损害填补问题。即认定上海房地局提供的土地存在瑕疵,而土地使用权又是有价值的,故可延长土地使用权年限来折价赔偿。据此直接判决延长虹城公司受让取得的A、B地块的土地使用权使用年限,重新从2002年1月1日起算持续50年。

最高人民法院二审判决以维持原判的方式对上述延长土地使用权使用年限来折价赔偿的判项表示认可。

566 合同无效后在当事人之间可能产生的返还财产、折价补偿或者赔偿损失权利，可以作为合同转让的标的

【关键词】

| 土地使用权出让 | 合同无效 | 权利转让 |

【案件名称】

惠阳惠良工业实业有限公司与湖北益昌房地产开发有限公司、惠州市（工贸）工程开发公司大亚湾公司、曾贯泉、第三人中国信达资产管理股份有限公司广东省分公司建设用地使用权转让合同纠纷上诉案［最高人民法院二审民事判决书］

【裁判精要】

裁判摘要：根据《合同法》第五十八条的规定，合同无效之后，可能在当事人之间产生返还财产、折价补偿或者赔偿损失的权利。上述权利的权利人可以通过合同将上述权利进行转让。对于以合同无效后返还财产、折价补偿或者赔偿损失权利为标的的转让合同效力的判断，应根据《合同法》的相关规定加以评价，而不能以之前的合同无效作为理由来认定此种返还财产、折价补偿或者赔偿权利的转让合同无效。

最高人民法院认为：

关于益昌公司、卓鹏公司与大亚湾公司签订的《合同权利转让协议书》的效力问题。根据《合同法》第五十八条的规定，合同无效之后，可能在当事人之间产生依法返还财产、折价补偿或者赔偿损失的责任。在惠良公司与大亚湾公司之间的建设用地使用权转让关系除涉及发生权属转移部分以外为无效的情况下，惠良公司与大亚湾公司之间亦可能存在返还财产、折价补偿或者赔偿损失的责任。大亚湾公司作为土地使用权的受让方，其对作为转让方的惠良公司也可能享有基于合同无效的返还财产、折价补偿或者赔偿损失权利。对于此种可能存在的权利，大亚湾公司通过与益昌公司、卓鹏公司签订《合同权利转让协议书》约定，将该权利加以让与，系当事人之间的真实意思表示，且该种权利转让的意思表示并不存在《合同法》第七十九条规定"根据合同性质不得转让""按照当事人约定不得转让""依照法律规定不得转让"的情形，也不违反法律、行政法规的强制性规定，故一审法院认定该《合同权利转让协议书》合法有效，并无不当。

至于惠良公司主张，益昌公司、卓鹏公司与大亚湾公司系恶意串通，通过签订《合同权利转让协议书》以损害惠良公司的合法利益以及以合法形式掩盖非法侵害惠良公司利益的目的，一方面，惠良公司并未提供相关证据证明上述主张；另一方面，根据《合同法》第八十二条"债务人接到债权转让通知后，债务人对让与人的抗

辩,可以向受让人主张"的规定,大亚湾公司将可能对惠良公司享有的相应权利转让给益昌公司、卓鹏公司后,则惠良公司对大亚湾公司的相关抗辩完全可以向受让人益昌公司、卓鹏公司主张,且该种合同权利的转让并不影响惠良公司的利益,故惠良公司的上述主张,无事实及法律依据,本院不予采纳。

至于一审法院在判决理由中所表述的"大亚湾公司将其与惠良公司之间无效建设用地使用权转让合同产生的赔偿权利转让给益昌公司、卓鹏公司",鉴于大亚湾公司与惠良公司之间基于无效合同是否产生返还财产、折价补偿或者赔偿损失的责任,由于大亚湾公司在本案中并未加以主张,故针对该种未决的责任,本案不宜处理。但是,鉴于惠良公司将该表述理解为大亚湾公司已经基于无效建设用地使用权转让合同享有了对惠良公司的赔偿权利,且该种表述按照字面含义也可能给惠良公司产生此种误解,故该表述应纠正为"大亚湾公司将其与惠良公司之间无效建设用地使用权转让合同可能产生的返还财产、折价补偿或者赔偿损失的权利转让给益昌公司、卓鹏公司"。当然,一审法院的上述表述尽管有失妥当,但是该表述并不影响对于《合同权利转让协议书》效力的认定,故惠良公司以该表述为由主张《合同权利转让协议书》无效,无事实及法律依据,本院不予采纳。

【权威解析】

（一）合同无效后产生的返还财产、折价补偿或者赔偿损失权利能够成为转让合同的标的

对于当事人依据《合同法》第五十八条规定的债权性质的请求权来说,其转让实质上系债权让与,对其效力的判断要依据《合同法》的相关规定进行判断,同时还要兼顾《合同法》第七十九条的相关规定。具体言之,债权作为一种财产权,其着眼点在于债权的财产性,这也往往是债权具有处分性的基础。因此,《合同法》第七十九条的前段就承认了此种自由转让性。但是,对于有些债权来说,有的特别强调以特定人之间的个人因素或者个人信赖关系为依据,有的则是出于某种社会政策考虑而要求必须向特定债权人作出给付,在上述情况下,债权的自由让与性必须受到限制。对此,《合同法》第七十九条但书对债权转让的让与规定了三种限制:（1）根据合同性质不得转让;（2）按照当事人约定不得转让;（3）依照法律规定不得转让。

而对于其中的物权返还请求权,其也当然具有财产的属性,亦可以成为转让合同的标的。对于该种物权返还请求权的转让,在没有相关法律加以规定的情况下,其也可以准用上述关于债权转让的相关法律规定。

（二）本案《合同权利转让协议书》效力的分析

基于上述的分析,在惠良公司与大亚湾公司之间的建设用地使用权转让关系除涉及发生权属转移部分以外为无效的情况下,大亚湾公司作为土地使用权的受让方,其对作为转让方的惠良公司也可能享有基于合同无效的返还财产、折价补偿或

者赔偿损失权利。对于此种可能存在的权利,大亚湾公司通过与益昌公司、卓鹏公司签订《合同权利转让协议书》约定,将该权利加以让与,系当事人之间的真实意思表示,也不存在《合同法》第五十二条所规定的无效的情形,并且该种权利转让的意思表示并不存在《合同法》第七十九条规定"根据合同性质不得转让""按照当事人约定不得转让""依照法律规定不得转让"的情形,故一审法院认定该《合同权利转让协议书》合法有效,并无不当。而惠良公司在本案中主张《合同权利转让协议书》无效,无事实及法律依据,故不予采纳。

至于一审法院在判决理由中所表述的"大亚湾公司将其与惠良公司之间无效建设用地使用权转让合同产生的赔偿权利转让给益昌公司、卓鹏公司",其所存在的缺陷是比较明显的,一方面,其将无效合同的法律后果概括为赔偿权利有失偏颇。赔偿权利仅仅是一种债权,而其忽略了无效合同还可能产生的物权返还请求权。另一方面,鉴于大亚湾公司与惠良公司之间基于无效合同是否产生返还财产、折价补偿或者赔偿损失的责任,由于大亚湾公司在本案中并未加以主张,故还不能确定,故一审判决表述为赔偿权利也同案件事实不符合。当然,一审法院的上述表述尽管有失妥当,但是该表述并不影响对于《合同权利转让协议书》效力的认定,故惠良公司以该表述存在瑕疵为由主张《合同权利转让协议书》无效,无事实及法律依据。①

【案例来源】

最高人民法院民事审判第一庭编:《民事审判指导与参考》(总第 55 辑),人民法院出版社 2014 年版,第 182~195 页。

---

① 参见仲伟珩:《合同无效后在当事人之间可能产生的返还财产、折价补偿或者赔偿损失权利,可以作为合同转让的标的——惠阳惠良工业实业有限公司与湖北益昌房地产开发有限公司、惠州市(工贸)工程开发公司大亚湾公司、曾贯泉、第三人中国信达资产管理股份有限公司广东省分公司建设用地使用权转让合同纠纷上诉案》,载最高人民法院民事审判第一庭编:《民事审判指导与参考》(总第 55 辑),人民法院出版社 2014 年版,第 182~195 页。

一、主体

567 建设用地使用权出让合同的出让方是国土局还是管委会

【关键词】

│土地使用权出让│主体│管委会│

【案件名称】

上诉人何伟忠与被上诉人常昆工业园区管理委员会、常熟市国土资源局、常熟市石油机械有限公司，原审第三人常熟市常昆大酒店有限公司建设用地使用权出让合同纠纷案［最高人民法院（2017）最高法民终215号民事判决书，2017.6.9］

【裁判精要】

最高人民法院认为：

（一）关于案涉土地使用权出让合同的订立主体

从《意向书》内容分析，其主要约定了甲、乙两方的权利义务。从落款处看，常昆工业园管委会在甲方落款处盖章，并由其法定代表人签字确认；常昆大酒店在乙方落款处盖章，并由其法定代表人签字确认。《意向书》虽记载土地使用权出让方系常熟国土局，常昆工业园管委会系代理方，但常熟国土局并未在落款处签字、盖章，且何伟忠亦未能提供证据证明常昆工业园管委会有权代理常熟国土局订立该合同或常熟国土局事后对常昆工业园管委会的行为予以追认，故一审判决认定本案土地使用权出让合同订立主体为常昆工业园管委会与常昆大酒店，并无不当。

何伟忠上诉称常发〔2001〕30号文件可以证明常熟国土局授予常昆工业园管委会执行园区建设方面的职能。经查，上述文件虽含有园区内建设、规划、收费、管理授权园区管委会负责的内容，但并未提及常熟市人民政府或常熟国土局授予常昆工业园管委会履行园区建设用地使用权出让的职能。

何伟忠上诉称常昆工业园管委会在2002年4月4日提交给常熟市城乡规划局的《报告》可证明常熟国土局授权常昆工业园管委会签订《意向书》。经查，该报告仅能证明常熟国土局同意通过竞标拍卖方式出让案涉地块的土地使用权，并不能证明常熟国土局授权常昆工业园管委会签订《意向书》或与常昆大酒店订立土地使用权出让合同。

何伟忠上诉提出的常昆大酒店曾举行奠基仪式并有相关媒体报道，亦不能证明常熟国土局授权常昆工业园管委会签订《意向书》。

综上,何伟忠关于常熟国土局系案涉土地使用权出让合同订立主体的上诉理由不能成立。

【案例来源】

中国裁判文书网,http://wenshu. court. gov. cn。

二、证据

568　人民法院可以根据实际情况确定举证时限，可以根据案件具体情况要求当事人补充证据

【关键词】

│土地使用权转让│证据│举证时限│

【案件名称】

上诉人北海大西南投资股份有限公司与被上诉人成都锦尚置业有限公司建设用地使用权转让合同纠纷案［最高人民法院（2012）民一终字第 32 号民事判决书］

【裁判精要】

最高人民法院认为：

1. 关于一审在证据采信上是否存在程序违法的情形的问题

首先，关于是否存在一审判决对相互矛盾的证据予以确认的情形。从一审判决可以看出，一审法院根据当事人的质证意见，只对大西南公司提供的以下证据的真实性、合法性、关联性进行了确认：(1)第一组证据，包括大西南公司的《企业法人营业执照》《税务登记证》《组织机构代码证》《法定代表人身份证明》；(2)第三组证据中的证据 1［大西南公司成国用（2002）字第 1570 号《国有土地使用权证》]、证据 4（2003 年 6 月 23 日锦尚公司与大西南公司签订的《协议书》）；(3)第四组证据中的证据 4（2010 年 3 月 25 日黄秀文、季秀红与永竞公司签订《上海坚峰投资发展有限公司及冠生集团有限责任公司股权转让协议》）。而对于大西南公司提供的上述证据之外的其他证据，只是确认了其真实性。对于锦尚公司提供的证据，一审法院根据当事人的质证意见，对其真实性予以了确认。综上所述，一审判决是在确认了双方当事人提交的大部分证据的真实性的基础上，综合证据情况，依据法律规定进行了认定，大西南公司上诉所称的一审法院对于双方提交的相互矛盾的证据的"三性"均予以确认的理由不能成立。

其次，关于一审判决认定和采信锦尚公司提供的鼎新鉴定报告是否存在错误的问题。锦尚公司提供鼎新鉴定报告是在一审开庭（2011 年 5 月 12 日）之后，大西南公司认为已超过举证期限，并且该报告与本案没有关联性，不应作为证据使用。对此，本院认为，鼎新鉴定报告的形成时间是在本案一审开庭审理后的 2011 年 9 月 28

日,客观上存在无法在本案一审庭审前提供的合理原因。而且,根据《最高人民法院关于民事诉讼证据的若干规定》第四十条和《最高人民法院关于适用〈关于民事诉讼证据的若干规定〉中有关举证时限规定的通知》第一条的规定,人民法院可以根据实际情况确定举证时限,针对某一特定事实或特定证据或者基于特定原因,人民法院可以根据案件的具体情况,要求当事人补充证据。因此,一审法院在举证期限届满之后对锦尚公司提供的鼎新鉴定报告要求大西南公司进行质证,并不违反上述规定。此外,大西南公司在一审中对鼎新鉴定报告进行了质证,其虽不认可该证据的关联性,但对真实性并不否认,一审法院针对质证意见对该证据进行了审查和认定,并在与大西南公司提供的君一审计报告相比较的基础上加以使用并无不当。

另外,从一审判决中可知,大西南公司在一审中提供的第二组证据 2、3、4、5 和第四组证据 2 也是在举证期限届满之后提交的,一审法院对这些证据的真实性也进行了确认。可见,一审法院为了查明案件事实,对于双方在举证期限届满后提交的证据均进行了审查,并不存在适用双重标准采信证据的问题。

综上,大西南公司关于一审法院在证据采信上存在程序违法的理由不能成立,不予支持。

【案例来源】

最高人民法院民事审判第一庭编:《民事审判指导与参考》(总第 54 辑),人民法院出版社 2013 年版,第 203～204 页。

图书在版编目(CIP)数据

最高人民法院民商事判例集要. 建工房产卷 / 杜万华总主编；

王松分册主编. —北京：中国民主法制出版社，2019.11

ISBN 978 - 7 - 5162 - 2110 - 5

Ⅰ.①最… Ⅱ.①杜…②王… Ⅲ.①民事诉讼 - 审判 -

案例 - 汇编 - 中国②建筑工程 - 审判 - 案例 - 汇编 - 中国

Ⅳ.①D925.118.25

中国版本图书馆 CIP 数据核字(2019)第 253876 号

图书出品人：刘海涛
出 版 统 筹：乔先彪
图书策划：曾 健
责 任 编 辑：陈 曦 孙振宇

书名/**最高人民法院民商事判例集要·建工房产卷**
ZUIGAO RENMIN FAYUAN MINSHANGSHI PANLI JIYAO · JIANGONG FANGCHAN JUAN

作者/杜万华 总 主 编
刘德权 副总主编
王 松 本卷主编

出版·发行/中国民主法制出版社
地址/北京市丰台区右安门外玉林里 7 号 （100069）
电话/ （010）63055259 （总编室） 63057714 （发行部）
传真/ （010）63056975 63056983
http：//www.npcpub.com
E-mail：mzfz@npcpub.com
经销/新华书店
开本/16 开 730 毫米×1030 毫米
印张/84 字数/1690 千字
版本/2019 年 11 月第 1 版 2019 年 11 月第 1 次印刷
印刷/三河市东方印刷有限公司

书号/ISBN 978 - 7 - 5162 - 2110 - 5
（上下册）总定价 278.00 元